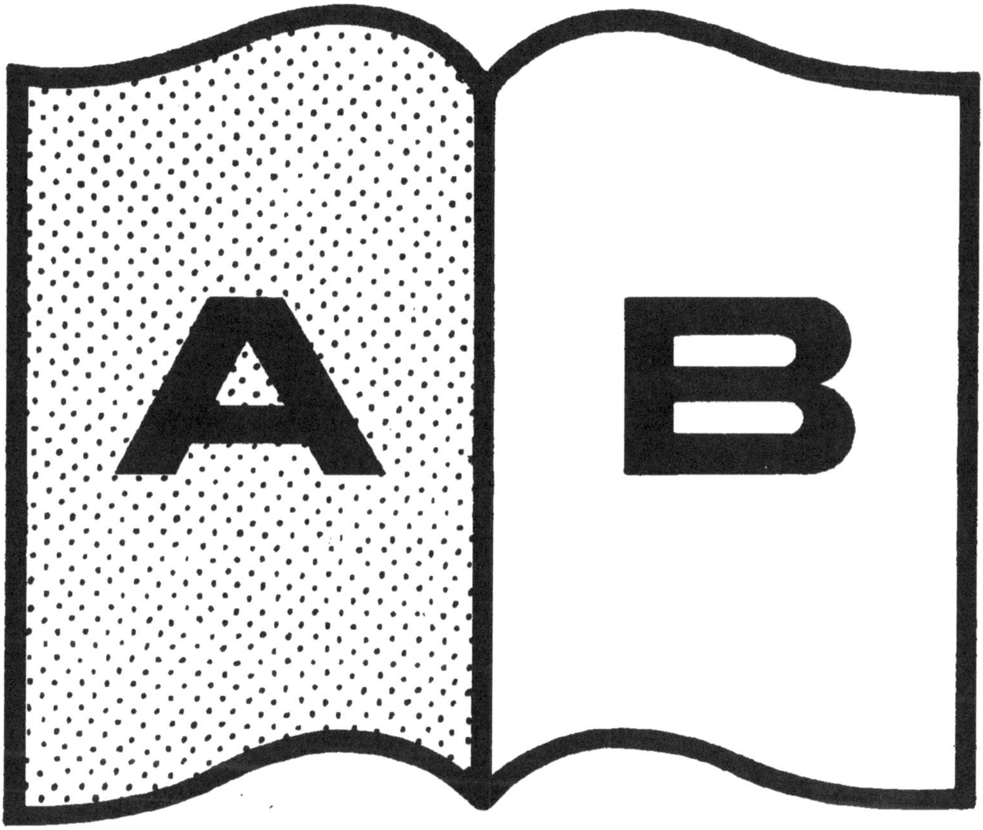

Contraste insuffisant

**NF Z 43**-120-14

# OEUVRES COMPLÈTES

DE

# BARTOLOMEO BORGHESI

## TOME DIXIÈME

<small>PUBLIÉ SOUS LES AUSPICES DE M. LE MINISTRE DE L'INSTRUCTION PUBLIQUE
PAR LES SOINS DE L'ACADÉMIE DES INSCRIPTIONS ET BELLES-LETTRES</small>

### LES PRÉFETS DU PRÉTOIRE

2ᵉ PARTIE

II. LES PRÉFETS DU PRÉTOIRE DEPUIS CONSTANTIN
(2° *LES PRÉFETS D'ILLYRIE*; 3° *LES PRÉFETS D'ITALIE*; 4° *LES PRÉFETS D'AFRIQUE*;
5° *LES PRÉFETS DES GAULES*)

## PARIS
IMPRIMERIE NATIONALE

M DCCC XCVII

# ŒUVRES COMPLÈTES

DE

# BARTOLOMEO BORGHESI

TOME DIXIÈME

# ŒUVRES COMPLÈTES

DE

# BARTOLOMEO BORGHESI

## TOME DIXIÈME

PUBLIÉ SOUS LES AUSPICES DE M. LE MINISTRE DE L'INSTRUCTION PUBLIQUE
PAR LES SOINS DE L'ACADÉMIE DES INSCRIPTIONS ET BELLES-LETTRES

LES PRÉFETS DU PRÉTOIRE

PARIS

IMPRIMERIE NATIONALE

M DCCC XCVII

# AVERTISSEMENT.

Les *schede* des *Praefecti praetorio* n'existaient qu'à l'état embryonnaire. Non seulement les notes manuscrites de Borghesi étaient incomplètes, mais les fiches d'un grand nombre de Préfets manquaient absolument. Nous aurions hésité à reprendre un travail qui exigeait des recherches d'une nature particulière, si l'Académie ne nous avait pas donné pour auxiliaire un juriste tout désigné par ses publications antérieures pour cette tâche délicate. M. Édouard Cuq, professeur à la Faculté de droit de Paris, a accepté de compléter et de remettre au point les notes de Borghesi. Il l'a fait avec un dévouement auquel nous sommes heureux de rendre hommage. La part importante qu'il a prise à la rédaction du tome X des *Œuvres de Borghesi* est facile à établir : toutes les additions placées entre crochets et non signées lui appartiennent.

Notre regretté confrère, W. H. Waddington, a suivi la présente publication jusqu'à la feuille 24. La mort l'a enlevé au moment où sa collaboration nous eût été si précieuse pour les Préfets d'Orient.

Les Préfets dont les noms sont inscrits en capitales italiques et précédés d'un numéro d'ordre sont incertains; ceux dont les noms sont inscrits en capitales italiques, mais sans numéro d'ordre, sont à rejeter.

A. HÉRON DE VILLEFOSSE.

# ŒUVRES COMPLÈTES

DE

# BARTOLOMEO BORGHESI

TOME DIXIÈME

# ŒUVRES COMPLÈTES

DE

# BARTOLOMEO BORGHESI

## TOME DIXIÈME

PUBLIÉ SOUS LES AUSPICES DE M. LE MINISTRE DE L'INSTRUCTION PUBLIQUE
PAR LES SOINS DE L'ACADÉMIE DES INSCRIPTIONS ET BELLES-LETTRES

### LES PRÉFETS DU PRÉTOIRE

PARIS

IMPRIMERIE NATIONALE

M DCCC XCVII

# PRAEFECTI PRAETORIO.

# PRAEFECTI PRAETORIO.

Dei prefetti del pretorio diede la serie P. Fabri[1]. Di essi vedrai il Carli[2]. Dei prefetti del pretorio parla [anche] il Noris[3].

[— « Breviter commemorare necesse est, unde constituendi praefec-
« torum praetorio officio origo manaverit. Ad vicem magistri equitum
« praefectos praetorio antiquitus institutos esse, a quibusdam scriptoribus
« traditum est. Nam quum apud veteres dictatoribus ad tempus summa
« potestas crederetur, et magistros equitum sibi eligerent, qui adsociati
« participales curae ac militiae gratia, secundam post eos potestatem
« gererent, regimentis reipublicae ad imperatores perpetuos translatis,
« ad similitudinem magistrorum equitum praefecti praetorio a princi-
« pibus electi sunt; data est plenior eis licentia ad disciplinae publicae
« emendationem [4]. »]

« Constantinus magnus unum hunc magistratum praefecti in quattuor
« imperia discerpsit, unum Orientis, alterum Illyrici, tertium Italiae,
« quartum Galliarum constituens. Quintum addidit Justinianus prae-
« fectum praetorii Africae [5]. »

— « (Constantinus) conturbavit et magistratuum officia jam olim
« instituta. Nam cum duo essent praefecti praetorii, qui hoc officium
« communiter gerebant, non palatini tantum ordines eorum cura po-
« testateque gubernabantur, sed etiam ii quibus Urbis erat commissa
« custodia, et quotquot in omnibus limitibus erant collocati. Hic enim

---

[1] *Semestr.* lib. I, *loco citato* nelle note ad Erodiano.
[2] *Antichità italiane*, t. III, p. 15.
[3] *Ep. cons.* p. 169 e p. 224. [Drakenborch, *Dissertatio de officio praefectorum praetorio* in Oelrichs, *Thesaur. diss. selectiss. in Acad. Belg. habitarum*, vol. II, t. II, p. 49.
Cf. Goyau, *Chronologie de l'empire romain.*]
[4] [Aurelius Arcadius Charisius, lib. sing. *de officio Praefecti praetorio*, *Dig.* lib. I, tit. xi, 1 pr. Cf. Johannes Lydus, *De magistratibus*, lib. I, c. xiv.]
[5] Jacobus Gualterius, *De officiis domus Augustae*, lib. II, c. iv.

« praefectorum praetorii magistratus, qui post imperatorem secundus
« existimabatur, et annonas erogabat, et contra militarem disciplinam
« admissa convenientibus poenis corrigebat [1]. »

Il Fabretti [2] credè che sotto Traiano non vi fosse che un solo prefetto del pretorio, ma vien confutato dal Reimaro [3] e dal Noris [4].

Pare certo che Constantino fino dal principio avesse più d'un prefetto, perchè, nella costituzione del 314 [5], scrive : « De istis... omnibus... ad praefectos nostros... scripta direximus [6]. »

[Borghesi n'a pas entendu faire ici une dissertation sur la préfecture du prétoire. Il n'a pas même indiqué sommairement les vicissitudes de cette charge avant et après Constantin. Il s'est contenté de consigner sur des fiches (*schedae*) les livres qu'il a eu l'occasion de consulter. Il a noté surtout avec le plus grand soin et transcrit tous les textes littéraires, juridiques ou épigraphiques concernant les préfets du prétoire et permettant de fixer la date à laquelle ils ont exercé leurs fonctions. Il a ordinairement accompagné ces textes de courtes observations. Borghesi a pu ainsi dresser une liste des préfets du prétoire depuis l'origine jusqu'à la disparition de cette institution. Malgré des lacunes inévitables par suite de l'insuffisance des renseignements parvenus jusqu'à nous, cette liste comprend plus de six cents noms.]

---

[1] Zosimus, lib. II, c. xxxii, che segue poi a narrare largamente l'istituzione dei quattro nuovi prefetti del pretorio. [Συνετάραξε δὲ καὶ τὰς πάλαι καθεσ]αμένας ἀρχάς. Δύο γὰρ τῆς αὐλῆς ὄντων ὑπάρχων καὶ τὴν ἀρχὴν κοινῇ μεταχειριζομένων, οὐ μόνον τὰ περὶ τὴν αὐλὴν τάγματα τῇ τούτων ᾠκονόμητο φροντίδι καὶ ἐξουσίᾳ, ἀλλὰ γὰρ καὶ τὰ ἐπιτετραμμένα τὴν τῆς πόλεως φυλακὴν καὶ τὰ ταῖς ἐσχατιαῖς ἐγκαθήμενα πάσαις· ἡ γὰρ τῶν ὑπάρχων ἀρχὴ δευτέρα μετὰ τὰ σκῆπ]ρα νομιζομένη καὶ τῶν σιτήσεων ἐποιεῖτο τὰς ἐπιδόσεις καὶ τὰ παρὰ τὴν σ]ρατιωτικὴν ἐπισ]ήμην ἁμαρτανόμενα ταῖς καθηκούσαις ἐπηνώρθου κολάσεσι. Cf. Lenain de Tillemont, *Hist. des Empereurs*, t. IV, p. 284, édition de Paris, 1697.]

[2] *De col. Trai.* p. 8.

[3] Pag. 1114, n. 91. [Cassii Dionis *Historiae romanae*, vol. II, Hambourg, 1752.]

[4] *Ep. cons.* II, p. 126.

[5] Che troverai in nota al *Cod. Theod.*, lib. IX, tit. v, c. 1.

[6] [Éd. Haenel, *Cod. Theod.* col. 833-834. C'est un fragment d'un édit de Constantin *De accusationibus*, dont le texte a pu être reconstitué presque intégralement grâce à deux inscriptions trouvées l'une au xvi° siècle à Padoue (*Corp. inscr. Lat.* vol. V, n. 2781), l'autre tout récemment en Crète (*Ephem. epigr.* vol. VII, p. 418). Une autre inscription, également trouvée en Crète, mentionne encore une constitution adressée *omnibus... praefectis nostris*. (*Ephem. epigr.* vol. VII, p. 419.)]

# PREMIÈRE PARTIE.

LES PRÉFETS DU PRÉTOIRE D'AUGUSTE À CONSTANTIN.

[ — «Ex equitibus autem duos quosdam praestantissimos praetoria-
«nis tuis militibus praeficies. Nam uni id committere, res est periculi;
«multis vero, turbarum plena. Duo igitur hi praetorianorum praefecti
«sint, ut etiam si alter eorum aliquid accidere corpori suo sentiat, tu
«tamen custode non careas[1]. »

Ce passage du discours de Mécène à Auguste révèle deux faits importants pour l'histoire des préfets du prétoire :

1° Ces préfets étaient au nombre de deux : telle fut du moins la règle générale jusqu'à Constantin; il y eut quelques exceptions que nous aurons à signaler;

2° Ils étaient choisis parmi les membres de l'ordre équestre. Cette seconde règle fut observée, sauf quelques rares exceptions, jusqu'à Alexandre Sévère.

— L'histoire des préfets du prétoire antérieurs à Constantin a été écrite par Joh.-Dan. Ritter[2]. La liste des préfets d'Auguste à Dioclétien a été dressée par O. Hirschfeld[3].]

---

[1] [Dion. lib. LII, c. xxiv : Τῶν δὲ δὴ ἱππέων δύο τοὺς ἀρίστους τῆς περὶ σε φρουρᾶς ἄρχειν· τό τε γὰρ ἑνὶ ἀνδρὶ αὐτὴν ἐπιτρέπεσθαι, σφαλερὸν, καὶ τὸ πλείοσι, ταραχῶδές ἐστι. Δύο τε οὖν ἔστωσαν οἱ ἔπαρχοι οὗτοι, ἵν' ἂν καὶ ὁ ἕτερος αὐτῶν πείσηταί τι τῷ σώματι, μήτοιγε καὶ ἐνδεὴς τοῦ φυλάξοντός σε εἴης. Cf. Johannes Lydus, *De magistratibus*, lib. II, c. vi.]

[2] [*Historia praefecturae praetorianae ab origine dignitatis ad Constantinum magnum*, 1745 (in fasc. 1, *Thesauri novi dissertationum juridicarum*, vol. I, t. I, appendix, p. i-xxvi).]

[3] [*Untersuchungen auf dem Gebiete der römischen Verwaltungsgeschichte*, 1876, t. I, p. 219-239.]

# PRAEFECTI PRAETORIO.

## I

[*CILNIUS MAECENAS*,
praef. praet. (?) sub Augusto.

Le titre de préfet du prétoire est attribué à Mécène par les scolies des *Géorgiques* de Virgile :

— « Maecenas praefectus praetorio fuit ad quem fecit Vergilius Geor-
« gica, ut Hesiodes ad Persen Gallus dicit [1]. »

Ce renseignement paraît confirmé par un passage de Velleius Paterculus :

— « Tunc Urbis custodiis praepositus C. Maecenas, equestri, sed
« splendido genere natus vir [2]. »

Mécène fut-il effectivement préfet du prétoire? Les avis sont partagés [3]. Il semble résulter de divers témoignages qu'il exerça en fait tout au moins, sinon en droit, des fonctions analogues :

— « Augustus bellis civilibus Cilnium Maecenatem, equestris ordi-
« nis, cunctis apud Romam atque Italiam praeposuit [4]. »

— « Etiam cum absentis Caesaris partibus fungeretur (Maecenas),
« signum a discincto petebatur [5]. »

— « (Maecenas) tum Romae Italiaeque administrandae prae-
« fectus [6]... »]

## II-III

752 = 2 a. J. C.

Q. OSTORIUS SCAPULA,
P. SALVIUS APER,
primi praefecti praetorio sub Augusto.

— « Atque praetorianorum militum eparchos Q. Ostorium Scapu-

---

[1] [Laur. plut., XLV, cod. xiv, membr. saec. x, publié par Mommsen (*Rheinisches Museum*, t. XVI, p. 448).]

[2] [Lib. II, c. lxxxviii.]

[3] [Mommsen, *Röm. Staatsrecht*, 3ᵉ éd., t. II, p. 1115, n. 1; Hirschfeld, *Römische Verwaltungsgeschichte*, t. I, p. 219-239;

Henzen *sur* Borghesi. (Voir plus haut, t. IV, p. 436, n. 3.)]

[4] [Tacit. *Ann.* lib. VI, c. xi.]

[5] [Senec. *Epist.* cxiv.]

[6] [Dion. lib. LI, c. iii : (Μαικήνας), ᾧ καὶ τότε ἥ τε Ῥώμη καὶ ἡ λοιπὴ Ἰταλία προσετέτακτο...]

«lam et P. Salvium Aprum tunc primum instituit (Augustus) : hoc
« enim nomine ego quoque eos solos inter praefectos muneri alicui,
« quandoquidem sic usus obtinuit, appello [1]. »

## IV

[Circa 767 = 14.]

VALERIUS LIGUR,
praef. praet. sub Augusto.

— « Claudius Rufrio Pollioni, praefecto praetorianarum cohor-
« tium, imaginem quoque ac sedem inter senatores, quoties ipsum in
« curiam comitatus esset, concessit; ac, ne novum id facere videretur,
« dixit Augustum hoc idem Valerio cuidam Liguri tribuisse [2]. »

Sembra dunque che sia stato prefetto di Augusto.

## V

767 [= 14 (?) — 769 = 16 ,

L. SEIUS STRABO [3],
praef. praet. sub Augusto et Tiberio.

Dopo la morte di Augusto, primo, dopo i consoli, « in verba Tiberii
« Caesaris iuravit... Seius Strabo..., cohortium praetoriarum prae-
« fectus [4]. »

---

[1] Frammento di Dione [lib. LV, c. x] (edito dal Morelli) del codice Marciano. [Καὶ μέντοι καὶ ἐπάρχους τῶν δορυφόρων τότε πρῶτον Κύιντόν τε Ὀστώριον Σκαπούλαν καὶ Πούπλιον Σαλούϊον Ἄπρον ἀπέδειξεν· οὕτω γάρ τοι αὐτοὺς καὶ ἐγὼ μόνους τῶν ἐπαρχόντων τινὸς, ἐπειδήπερ ἐκνενίκηκεν, ὀνομάζω.]

[2] Dion. lib. LX, c. xxiii. [Ἔνειμε δὲ... Ῥουφρίῳ... Πωλίωνι τῷ ἐπάρχῳ εἰκόνα καὶ ἕδραν ἐν τῷ βουλευτικῷ, ὁσάκις ἂν ἐς τὸ συνέδριον αὐτῷ συνεσίῃ· καὶ ἵνα γε μὴ καινοτομεῖν τι δόξῃ, ἔφη καὶ τὸν Αὔγουστον ἐπὶ Οὐαλερίου τινὸς Λίγυος τοῦτο πεποιηκέναι.]

[3] [Le prénom de Seius Strabo est fourni par une inscription latine du Musée Campana qui a fait l'objet d'un mémoire de Borghesi (voir plus haut, t. IV, p. 435 et suiv.) :

LIBVRNVS · L · SEI
STRABONIS · A · MANV
SALVILLA · CONIVNX · FECIT

Corp. inscr. Lat. vol. VI, n. 9535. Une autre inscription trouvée près de Brescia mentionne également ce personnage, mais sans son prénom. Cf. Corp. inscr. Lat. vol. V, n. 4716. HÉRON DE VILLEFOSSE.]

[4] Tacit. Ann. lib. I, c. vii.

Fu poi prefetto dell' Egitto [1].

[L. Seius Strabo fut préfet du prétoire sous Auguste et probablement collègue de Valerius Ligur. Au début du règne de Tibère il était seul préfet : c'était une exception au principe de la collégialité qui fut appliqué aux préfets du prétoire. L. Seius Strabo eut bientôt pour collègue son fils Séjan [2]. Il fut ensuite nommé préfet de l'Égypte, où il mourut peu de temps après [3].]

## VI

[768 = 15 — 784 = 31.]

L. AELIUS SEIANUS [4],
praef. praet. sub Tiberio.

[Séjan, fils du précédent, fut préfet du prétoire avec son père en 15 ou 16; il fut ensuite seul préfet. Il reçut les *ornamenta praetoria* en l'an 20 et fut consul avec Tibère au commencement de 31 [5]. Il fut mis à mort le 18 octobre de la même année [6].]

— « Aelius Seianus, praetorii praefectus, collega Straboni patri suo « datus [7], » comes Drusi adsignatur in itinere Germanico ad sedandam seditionem Pannoniarum legionum.

Fu costui l'autore della potenza dei prefetti :

— « Vim praefecturae modicam antea intendit, dispersas per Urbem « cohortes una in castra conducendo, ut simul imperia acciperent, nu- « meroque et robore et visu inter se fiducia ipsis, in ceteros metus ore- « retur [8]. »

---

[1] Vedi la mia memoria stampata nello *Saggiatore romano*. [Voir plus haut, t. IV, p. 441 et 444.]

[2] [Tacit. *Ann.* lib. VI, c. vIII.]

[3] [Cf. Letronne, *Recueil des inscriptions grecques et latines de l'Égypte*, t. I, p. 237.]

[4] [Séjan, comme le prouve son nom, avait été donné en adoption à L. Aelius. D'après une conjecture de Borghesi, son père adoptif serait Aelius Gallus, préfet d'Égypte en 730. Voir plus haut, t. IV, p. 445.]

[5] [Dion. lib. LVIII, c. IV; Sueton. in *Tib.* c. LXV. C'est une des rares exceptions à la règle qui réserve la charge de préfet du prétoire aux membres de l'ordre équestre. Voir Dion. lib. LVIII, c. VII; Capitol. in *Pertinac.* c. II. Cf. Mommsen, *Römisches Staatsrecht*, t. II, p. 866, n. 3.]

[6] [Dion. lib. LVIII, c. XI.]

[7] Tacit. *Ann.* lib. I, c. XXIV.

[8] Tacit. *Ann.* lib. IV, c. I et II; [Dion. lib. LVII, c. XIX.]

## VII

784 [= 31] — 790 [= 37].

NAEVIUS SERTORIUS MACRO,

praef. praet. sub Tiberio et Caligula.

— «Macro successit Seiano [1].»

— «Mox Tiberius Sertorium Macronem secretorum participem ad-
«vocat, cohortibus praetoriis praefectum destinat [2].»

— «(Caligula) Enniam Naeviam [3], Macronis uxorem, qui tum prae-
«torianis cohortibus praeerat, sollicitavit ad stuprum, pollicitus et
«matrimonium suum, si potitus imperio fuisset : deque ea re et jure-
«jurando et chirographo cavit. Per hanc insinuatus Macroni, veneno
«Tiberium aggressus est, ut quidam opinantur [4].»

— «(Caligula) aviae Antoniae secretum petenti denegavit, nisi ut
«interveniret Macro praefectus [5].»

Macrone caduto in disgrazia da Caligola è costretto ad occidersi [6].

— «[Leve ac frigidum sit his addere quo propinquos amicosque
«pacto tractaverit... et in primis ipsum Macronem, ipsam Enniam,
«adiutores imperii : quibus omnibus] pro... meritorum gratia cruenta
«mors persoluta est [7].»

[Macron succéda à Séjan le 18 octobre de l'an 31 et fut seul préfet du prétoire.
Le sénat lui conféra les *ornamenta praetoria* la même année [8]. Caligula, peu de temps
après son avènement, le nomma préfet de l'Égypte, mais Macron fut contraint de
se donner la mort avant d'entrer en fonctions [9].]

---

[1] Fl. Joseph. *Antiq. Jud.* lib. XVIII,
c. vi. [Μάκρων, ὃς Σηϊανοῦ διάδοχος ἦν.
Dion. lib. LVIII, c. ix.]

[2] Brotier, Suppl. in lib. V *Ann.* Taciti.

[3] Il Casaubono opinò giustamente che sia
risecato il testo di Suetonio, e che si abbia
a leggere *Enniam Naevii Macronis uxorem.*

[4] Sueton. in *Calig.* c. xii.

[5] Sueton. in *Calig.* c. xxiii.

[6] Philon. *Leg. ad Caium*, § 6; Dion.
lib. LIX, c. x.

[7] Sueton. in *Calig.* c. xxvi.

[8] [Dion. lib. LVIII, c. xii.]

[9] [Dion. lib. LIX, c. x. Suivant Hirschfeld, p. 219, Macron resta préfet du prétoire jusqu'en 38.]

## VIII

[Circa 793 = 40.]

### ARRECINUS CLEMENS,
praef. praet. sub Caligula [1].

Fu padre d'Arricino Clemente prefetto del pretorio sotto Vespasiano [2].

— « (Titus) Arricidiam [*lisez* Arrecinam] Tertullam, patre equite ro-
« mano, sed praefecto quondam praetorianarum cohortium, duxit uxo-
« rem [3]. »

È questa Arricidia la ragione per cui Arricino Clemente si dice parente della casa dei Flavi.

— « Clemens, praefectus praetorio, in societatem coniurationis in
« Caium accipitur a Cherea, aetate ingravescente [4]. »

Sotto Caligola due erano i prefetti del pretorio, perchè narra Zonara che quel condannato e pregato di fare delle rivelazioni, nominò « et « praefectos et Callistum et Caesoniam », ond' egli « praefectis et Callisto « seorsim accersitis : Unus, inquit, ego sum, vos tres estis [5]. »

## IX

[794 = 41 — 797 = 44.]

### RUFRIUS POLLIO,
praef. praet. sub Claudio.

— « (Pollio), quem Claudius, vix electus imperator, corporis custo-
« dibus praefecit [6]. »

---

[1] Fl. Joseph. *Antiq. Jud.* lib. XIX, c. I.
[2] Tillemont, *Hist. des Empereurs*, t. II, p. 9. [Cf. Tacit. *Hist.* lib. IV, c. LXVIII.]
[3] Sueton. in *Tit.* c. IV.
[4] Cf. Fl. Joseph. *Antiq. Jud.* lib. XIX, c. VI et VII.
[5] Zonar. *Ann.* lib. XI, c. VI. [Καὶ πολ-λοὺς ἂν ἀπώλεσεν, εἰ μὴ καὶ τοὺς ὑπάρ-χους καὶ τὸν Κάλλιστον καὶ τὴν Καισωνίαν προσδιαβαλὼν ἡπιστήθη. Καὶ ὁ μὲν ἀπέθα-νεν, τῷ δὲ Γαΐῳ τὸν ὄλεθρον αὐτὸ τοῦτο παρεσκεύασεν. Ἰδίᾳ γὰρ τοὺς ὑπάρχους τε καὶ τὸν Κάλλιστον προσκαλεσάμενος· «εἷς εἰμι,» ἔφη, «τρεῖς δὲ ὑμεῖς.»]
[6] Fl. Joseph. *Antiq. Jud.* lib. XIX, c. IV et V. [Πολλίωνος, ὃν μικρῷ πρότερον Κλαύ-διος στρατηγὸν ᾑρεῖτο τῶν σωματοφυλά-κων.]

— «Rufrio Pollioni, praefecto praetorianarum cohortium, imaginem
«quoque ac sedem inter senatores quoties ipsum in curiam comitatus
«esset, concessit (Claudius) [1]. »

## IX bis.
[796 = 43.]
*POMPEIUS RUFUS* [?],
praef. praet. sub Claudio.

Seneca, nell' Apocolocintosi, fra gli uccisi da Claudio, memora :
« praefecti duo Justus Catonius et Rufus Pompei filius. » Giusto Catone
fu certamente prefetto del pretorio, onde deve esserlo anche l'altro [2].

## X
[794 = 41 — 796 = 43.]
CATONIUS JUSTUS,
praef. praet. sub Claudio.

[Catonius Justus, simple primipile sous Tibère [3], devint préfet du prétoire sous
le règne de Claude en même temps que Rufrius Pollio.]

— «Messalina, cum ipsa libidinose vivebat, tum alias mulieres ad
«impudicitiam cogebat... Justum Catonium, militibus praetorianis
«praefectum, quum Claudio aperire quippiam earum rerum vellet,
«nece praevenit [4]. »

— «Praefectus praetorianarum cohortium inter occisos a Claudio

---

[1] Dion. lib. LX, c. xxiii. [Ἔνειμε δὲ...
Ῥουφρίῳ... Πωλίωνι τῷ ἐπάρχῳ εἰκόνα
καὶ ἕδραν ἐν τῷ βουλευτικῷ ὁσάκις ἂν ἐς
τὸ συνέδριον αὐτῷ συνεσίη.]

[2] [Il paraît plus probable que ce Pompeius Rufus n'est autre que Rufrius Pollio. Cf.
Reimar sur Dion Cassius, lib. LX, c. xxiii
(p. 960, § 220): «Fortasse Ῥούφῳ legendum pro Ῥουφρίῳ quod habent codices. »]

[3] [Voir plus loin p. 12, note 3.]

[4] Dion. lib. LX, c. xviii. [Μεσσαλίνα δὲ
ἐν τούτῳ αὐτή τε ἠσέλγαινε καὶ τὰς ἄλλας
γυναῖκας ἀκολασταίνειν ὁμοίως ἠνάγκαζε...
Καὶ τότε καὶ Κατώνιον Ἰοῦστον, τοῦ τε
δορυφορικοῦ ἄρχοντα, καὶ δηλῶσαί τι αὐτῷ
περὶ τούτων ἐθελήσαντα, προδιέφθειρε.]

« memoratur a Seneca in Apocolocyntosi cum praefecto altero Rufo
« Pompeii filio[1]. »

— « Deinde praefecti duo Justus Catonius et Rufus Pompeii filius[2]. »
Idem est qui, cum primi ordinis centurio esset, a Druso una cum
Jun. Blaeso et L. Apronio ad Tiberium mittitur, « ut placatus legionum
« preces exciperet[3]. »

## XI-XII
800 [= 47] — 804 [= 51].
### RUFRIUS CRISPINUS,
### LUSIUS GETA,
praefecti praetorio sub Claudio.

— « Lusium Getam praetorianis inpositum [Claudius] percontatur. »

— « Trepidabatur... a Caesare : quippe Getae, praetorii praefecto,
« haud satis fidebant, ad honesta seu prava juxta levi[4]. »

— « [Nondum tamen summa moliri Agrippina audebat, ni] prae-
« toriarum cohortium cura exsolverentur Lusius Geta et Rufrius Cris-
« pinus, quos Messalinae memores et liberis ejus devinctos credebat.
« Igitur distrahi cohortes ambitu duorum et, si ab uno regerentur, in-
« tentiorem fore disciplinam asseverante uxore, transfertur regimen
« cohortium ad Burrum Afranium[5]. »

— « Claudius [nihil ultra scrutatus, citis cum militibus, tanquam
« opprimendo bello,] Crispinum, praetorii praefectum, misit; a quo
« (Valerius Asiaticus) repertus est apud Baias, vinclisque inditis, in
« Urbem raptus[6]. »

Rufrio Crispino, cavaliere romano, fu marito di Poppea, la moglie
di Nerone, e ne aveva anche avuto un figlio prima che Ottone la pren-
desse per se[7].

— « Pellitur et Rufrius Crispinus occasione coniurationis, sed Neroni
« invisus, quod Poppaeam quondam matrimonio tenuerat[8]. »

---

[1] Reimar [t. II], p. 956 [§ 177].
[2] Senec. *Apokolokyntosis*, c. XIII.
[3] Tacit. *Ann.* lib. I, c. XXIX.
[4] *Ibid.* lib. XI, c. XXXI, XXXIII.
[5] Tacit. *Ann.* lib. XII, c. XLII.
[6] *Ibid.* lib. XI, c. I.
[7] *Ibid.* lib. XIII, c. XLV.
[8] *Ibid.* lib. XV, c. LXXI.

— «[Mela et] Crispinus, equites romani, dignitate senatoria : nam
« hic quondam praefectus praetorii et consularibus insignibus donatus,
« ac nuper crimine conjurationis in Sardiniam exactus, accepto jussae
« mortis nuntio, semet interfecit[1]. »

[Rufrius Crispinus était préfet du prétoire en 47[2]. Il reçut en cette année les *insignia praeturae*[3], et plus tard les *ornamenta consularia*[4]. Relégué en Sardaigne en 65 par Néron, qui ne lui pardonnait pas d'avoir été le mari de Poppée, il y reçut l'ordre de mourir et se tua lui-même, en 66.

Lusius Geta n'apparaît comme préfet du prétoire qu'en 48. Il n'est plus fait mention de lui après 51.]

✶

812 [= 59].
*VALERIUS CAPITO,*
*LICINIUS GABOLUS.*

— «[Nero] Valerium Capitonem et Licinium Gabolum, praefec-
« tura functos, sedibus patriis reddidit, ab Agrippina olim pulsos[5]. »

Di qual prefettura si tratta[6]?

[La correction apportée au texte de Tacite et reproduite par Borghesi n'est pas exacte : au lieu de *praefectura*, tous les manuscrits portent *praetura*. Il faut rayer ces deux noms de la liste des préfets du prétoire.]

## XIII

804 [= 51] — 815 [= 62].
[SEX.] AFRANIUS BURRUS,
praef. praet. sub Claudio et Nerone.

— « Transfertur regimen cohortium ad Burrum Afranium, egregiae
« militaris famae[7]. »

---

[1] Tacit. *Ann.* lib. XVI, c. xvii.
[2] *Ibid.* lib. XI, c. i.
[3] *Ibid.* lib. XI, c. iv.
[4] *Ibid.* lib. XVI, c. xvii.
[5] Tacit. *Ann.* lib. XIV, c. xii.
[6] [Cf. Nipperdey, 3ᵉ édition, t. II, p. 174.]
[7] Tacit. *Ann.* lib. XII, c. xlii. [Dion. lib. LXI, c. iii.]

An. 807 [= 54]. — Burro prefetto, dopo la morte di Claudio, presenta Nerone ai pretoriani, da cui è salutato imperadore[1].

— « Rector imperatoriae juventae[2]. »

— « Multarum rerum experientia cognitus[3]. »

— « Truncam manum habebat[4]. »

An. 808 [= 55]. — « Praefectura fere demotus[5] accusatur et absol« vitur[6]. »

— « A Nerone in consilium occidendae matris accitus[7]. »

An. 815 [= 62]. — « Concessit vita Burrus, incertum valetudine « an veneno... Plures iussu Neronis inlitum palatum ejus noxio me« dicamine adseverabant[8]. »

— « Burrus, militiae praefectus[9]. » — « Burro praefecto, remedium « ad fauces pollicitus, Nero toxicum misit[10]. »

[Sex. Afranius Burrus fut seul préfet du prétoire de 51 à 62. Il faillit perdre sa charge en 55; son successeur était même désigné, au dire de Fabius Rusticus, et la nomination de Caecina Tuscus signée par Néron, lorsque l'intervention de Sénèque empêcha la disgrâce de son ami[11]. Une inscription, récemment découverte à Vaison et conservée aujourd'hui au musée d'Avignon, fait connaître la partie de la carrière de Burrus antérieure à sa préfecture du prétoire; elle fournit son prénom *Sextus* et apprend qu'il avait reçu (sous Claude ou sous Néron) les *ornamenta consularia*[12] :

```
   VASIENS ❦ VOC
      PATRÓNO
 SEX ❦ AFRANIO ❦ SEX ❦ F ❦
       VOLT ❦ BVRRÓ
 TRIB ❦ MIL ❦ PROC ❦ AVGVS
  TAE ❦ PROC ❦ TI · CAESAR
   PROC ❦ DIVI ❦ CLAVDI
  PRAeF·PRaeTORI❦ORNA
   mentis ❦ CONSVLAR
```

[1] Tacit. *Ann.* lib. XII, c. LXIX.
[2] *Ibid.* lib. XIII, c. II.
[3] *Ibid.* c. VI.
[4] *Ibid.* c. XIV.
[5] *Ibid.* c. XX.
[6] *Ibid.* c. XXIII.
[7] *Ibid.* lib. XIV, c. VII.
[8] *Ibid.* c. LI.
[9] Fl. Joseph. *Ant. Jud.* lib. XX, c. VIII, 2. [...... Τὸν τῶν σ]ρατευμάτων ἔπαρχον Βοῦρρον.]
[10] Sueton. in *Neron.* c. XXXV; Seneca, *De clementia*, lib. II, c. I.
[11] Tacit. *Ann.* lib. XIII, c. XX.
[12] [Allmer, *Revue épigraphique du Midi de la France*, t. II, p. 75, n° 513, et p. 232;

Non seulement Burrus était le patron des Vasienses, mais son inscription dans la tribu Voltinia permet de croire qu'il était originaire de Vaison.

Une inscription de Rome, une autre de Lucques mentionnent des affranchis de Burrus[1].]

## XIV

815 [= 62] – 818 [= 65].

[L.] FAENIUS RUFUS,

praef. praet. sub Nerone[2].

— « Civitati grande desiderium ejus mansit per memoriam virtutis
« et successorum alterius segnem innocentiam, alterius flagrantissima
« flagitia. Quippe Caesar duos praetoriis cohortibus imposuerat, Fae-
« nium Rufum, ex vulgi favore, quia rem frumentariam sine quaestu
« tractabat, Sophonium Tigellinum, veterem impudicitiam atque infa-
« miam in eo secutus. Atque illi pro cognitis moribus fuere, validior
« Tigellinus in animo principis et intimis libidinibus assumptus, pro-
« spera populi et militum fama Rufus, quod apud Neronem adversum
« experiebatur[3]. »

An. 818[=65]. Fenio Rufo, prefetto del pretorio, prende parte alla congiura di Pisone contro Nerone[4].

---

Bloch, *Annuaire de la Faculté des lettres de Lyon*, 1885, p. 1; Mowat, *Bulletin épigraphique de la Gaule*, t. V, p. 329; *Corp. inscr. Lat.* vol. XII, n. 5842.]

[1] Fabretti, p. 93, n. 194. [*Corp. inscr. Lat.* vol. VI, n. 16963; vol. XI, n. 1531; cf. les n°ˢ 11200 à 11208 du vol. VI, où sont mentionnés plusieurs *Afranii* portant le prénom *Sextus*, qui appartiennent vraisemblablement à une famille d'affranchis de Burrus; cf. vol. XI, n. 3397.]

[2] [L'estampille suivante d'une brique trouvée à Rome nous donne les noms complets de ce préfet:

L·FAENI·RVFI·PR·PR

(*Notizie degli Scavi*, 1891, p. 92). W. H. WADDINGTON.]

[3] Tacit. *Ann.* lib. XIV, c. LI.

[4] *Ibid.* lib. XV, c. L. [Summum robur in Faenio Rufo, praefecto, videbatur; quem, vita famaque laudatum, per saevitiam impudicitiamque Tigellinus in animo principis anteibat fatigabatque criminationibus, ac saepe in metum adduxerat, quasi adulterum Agrippinae et desiderio ejus ultioni intentum. Igitur, ubi conjuratis praefectum quoque praetorii in partes descendisse, crebro ipsius sermone facta fides, promptius jam de tempore ac loco caedis agitabant. Cf. Dion. lib. LXII, c. XXIV.]

16 PRAEFECTI PRAETORIO.

Fenio Rufo è ucciso per comando di Nerone[1].

— « Burrum Nero veneno sustulit, et Sophonium Tigellinum, homi-
« nem petulantia et homicidiis dolosis omnium suae aetatis facile prin-
« cipem, praetorianis militibus praefecit, qui his moribus Neronem sibi
« obnoxium fecit, et collegam Rufum habuit pro nihilo[2]. »

[L. Faenius Rufus avait été préfet de l'annone de 55 à 62, avant d'être préfet du prétoire.]

XV

815 [= 62] — 822 [= 69].

SOPHONIUS TIGELLINUS,
praef. praet. sub Nerone.

— « (Nero) triumphale decus. . . . . Tigellino, praefecto praetorii,
« tribuit[3]. »

— « Praefecti praetorii cytharam (Neroni sustinebant)[4]. »

— « (Galba), populo Romano deposcente supplicium Haloti et Ti-
« gellini, solos ex omnibus Neronis emissariis vel maleficentissimos in-
« columes praestitit. Atque insuper Halotum procuratione amplissima
« ornavit: pro Tigellino etiam saevitiae populum edicto increpuit[5]. »

— « Tigellinus, qui praefectus erat praetorii Neronis, Roma ex-
« pulit [Demetrium anno quo Telesinus consul fuit, nempe qui post-
« quam Nero gymnasium absolvit, orationem habuit adversus eos, qui
« balneis utebantur][6]. »

— « Sophonius Tigellinus, obscuris parentibus, foeda pueritia, im-
« pudica senecta, praefecturam vigilum et praetorii et alia praemia vir-

---

[1] Tacit. *Ann.* lib. XV, c. LXVIII.

[2] Dion. lib. LXII, c. XIII. [Τοῦτον μὲν οὖν φαρμάκῳ διώλεσε · Τιγελλῖνον δέ τινα Σωφόνιον, ἀσελγείᾳ τε καὶ μιαιφονίᾳ πάντας τοὺς καθ' ἑαυτὸν ἀνθρώπους ὑπεράραντα, σὺν ἑτέρῳ τινὶ ἐπὶ τὴν τῶν δορυφόρων ἀρχὴν κατέστησε. Ὅς... τόν τε Νέρωνα ἀπ' αὐτῶν προσεποιήσατο, καὶ τὸν συνάρχοντα Ῥοῦφον παρ' οὐδὲν ἐτίθετο.]

[3] Tacit. *Ann.* lib. XV, c. LXXII.

[4] Sueton. in *Neron.* c. XXI.

[5] Sueton. in *Galba*, c. XV.

[6] Philostr. *Vita Apollonii*, lib. IV, c. 42. [Τιγελλῖνος γὰρ, ὑφ' ᾧ τὸ ξίφος ἦν τοῦ Νέρωνος, ἀπήλαυνεν αὐτὸν τῆς Ῥώμης ὡς τὸ Βαλανεῖον κατασκάψαντα οἷς εἶπε.]

« tutum, quia velocius erat vitiis adeptus, crudelitatem mox, deinde
« avaritiam, et virilia scelera exercuit, corrupto ad omne facinus Ne-
« rone, quaedam ignaro ausus, ac postremo ejusdem desertor ac
« proditor... Tigellinus, accepto apud Sinuessanas aquas supremae
« necessitatis nuntio, inter stupra concubinarum et oscula et deformes
« moras, sectis novacula faucibus, infamem vitam foedavit etiam exitu
« sero et inhonesto [1]. »

> Pone Tigellinum : taeda lucebis in illa,
> Qua stantes ardent, qui fixo gutture fumant,
> Et latum media sulcum diducis arena.
> Qui dedit ergo tribus patruis aconita, vehatur
> Pensilibus plumis atque illinc despiciat nos [2] ?

Probo grammatico o sia lo scoliaste di Giovenale è l'unico a farci sapere : « Tigillinus, homo omnium nequissimus, tres patruos habuit,
« quos omnes, ut eorum haereditatibus potiretur, veneno adsumpsit,
« subtractisque anulis et falso tabulis signatis hereditates summo scelere
« consecutus est [3]. »

Col che acquista significato il verso di Giovenale :

> Qui dedit ergo tribus patruis aconita.....

— « C. Sofonius Tigillinus, patre Agrigentino Scyllaceum relegato,
« juvenis egens, verum admodum pulcher, in concubinatu Ma Bincio
« (*leggi* Vinicio) et Lucio Domitio, maritis Agrippinae et Juliae, soro-
« rum Caesaris, adque in utriusque uxoribus suspectus, ob hoc urbe
« summotus, piscatoriam in Achaia exercuit : quoad accepta hereditate
« reditum sub condicione impetravit ut conspectu Claudii abstineret.
« Quare saltibus in Apulia et Calabria comparatis, cum studiose equos
« aleret quadrigarios, amicitiam Neronis nactus, primus illum ad stu-
« dium circensium movit [4]. »

An. 820 [=67]. Tigellino era con Nerone in Acaja [5].

---

[1] Tacit. *Hist.* lib. I, c. LXXII.
[2] Juvenal. Sat. I, v. 155.
[3] [Éd. Otto Jahn, p. 185.]
[4] Scoliast. ad Juven. [éd. Otto Jahn p. 184].
[5] Dion. lib. LXIII, c. VIII et XII. [Τὸν

Sporum vero Sabinam nominavit, eumque in Graecia Neroni «Ti-
«gellinus, ut lex jubebat, despondit[1]».

> Titine Thermis, an lavatur Agrippae
> An impudici balneo Tigellini[2].

[Sophonius Tigellinus fut préfet des vigiles jusqu'en 62. Il succéda à Sex. Afranius Burrus comme préfet du prétoire, avec L. Faenius Rufus pour collègue. Il reçut les ornements du triomphe en 65, fut révoqué à l'instigation de Nymphidius Sabinus, le successeur de Faenius Rufus[3], et se donna la mort en 69[4].]

## XVI
818 [= 65 — 822 = 69].

### NYMPHIDIUS SABINUS,
praef. praet. sub Nerone.

[Fils d'une affranchie, Nymphidius Sabinus succéda à L. Faenius Rufus en 65. Aspirant à l'Empire[5], il commença par se débarrasser de son collègue Sophonius Tigellinus et fit demander par ses soldats à Galba de le nommer à vie, et sans collègue, préfet du prétoire. Il fut mis à mort par les prétoriens en 69[6].]

[An. 818 = 65. — «Consularia insignia Nymphidio (tribuit)...
«Matre libertina ortus, quae corpus decorum inter servos libertosque
«principum vulgaverat, ex C. Caesare se genitum ferebat, quoniam,
«forte quadam, habitu procerus et torvo vultu erat, sive C. Caesar,
«scortorum quoque cupiens, etiam matri ejus illusit[7].»]

An. 822 [= 69]. — «Miles urbanus..... scelere..... Nymphidii
«Sabini praefecti imperium sibi molientis agitatur. Et Nymphidius
«quidem in ipso conatu oppressus : sed, quamvis capite defectionis
«ablato, manebat plerisque militum conscientia[8].»

---

γὰρ Τιγελλῖνον ἐν προσθήκης μέρει τοῦ
Νέρωνος, ὅτι σὺν αὐτῷ ἦν, τίθημι.]

[1] Dion. lib. LXIII, c. XIII. [Ὠνόμασε δὲ
Σαβῖναν τὸν Σπόρον... ὅτι καὶ ἐγήματο
αὐτῷ, ὥσπερ καὶ ἐκείνη, ἐν τῇ Ἑλλάδι,
κατὰ συμβόλαιον, ἐκδόντος αὐτὸν τοῦ Τιγελ-
λίνου, ὥσπερ ὁ νόμος ἐκέλευσε.]

[2] Martial. lib. III, epigr. XX.

[3] [Plutarch. in *Galba*, c. VIII.]
[4] [Plutarch. in *Othon*. c. II.]
[5] [Voir cep. Mommsen, *Der letzte Kampf der römischen Republik* (*Hermes*, t. XIII, p. 102).]
[6] [Plutarch. in *Galba*, c. VIII-XIV.]
[7] Tacit. *Ann.* lib. XV, c. LXXII.
[8] Tacit. *Hist.* lib. I, c. V.

— « (Galba) non prius usum togae recuperavit, quam oppressis
« qui novas res moliebantur, praefecto praetorii Nymphidio Sabino,
« Romae [1]. »

— « (Galba) praetorianos etiam metu et indignitate commovit, re-
« movens subinde plerosque ut suspectos, et Nymphidii socios [2]. »

Otho, in oratione apud Tacitum [3], inter occisos a Galba memorat
Nymphidium in castris.

— « Nymphidius quidam et Capito tam dementi fuerunt, eo (Galba)
« principe, insolentia, [ut Capito, cum forte quidam reus ab eo jus
« dicente provocavisset, statim in sellam excelsiorem transilierit, his
« verbis : Age, dic causam apud Caesarem, eumque, causa cognita,
« capite damnarit.] In hos Galba has ob causas animadvertit [4]. »

## XVII

822 [= 69].

### CORNELIUS LACO,

praef. praet. sub Galba.

— « Potentia principatus divisa in T. Vinium, consulem, et Corne-
« lium Laconem, praetorii praefectum [5]. »

— « (Galba) regebatur trium arbitrio, [quos una et intra Palatium
« habitantes, nec unquam non adhaerentes, paedagogos vulgo voca-
« bant]. Hi erant... Cornelius Laco, ex assessore praefectus praeto-
« rii, arrogantia socordiaque intolerabilis [6]. »

— [« Galba, post nuntios Germanicae seditionis..., comitia imperii
« transigit; adhibitoque, super Vinium ac Laconem, Mario Celso,
« consule designato, ac Ducenio Gemino, praefecto Urbis, pauca prae-

---

[1] Sueton. in *Galba*, c. xi.
[2] *Ibid.* c. xvi.
[3] *Hist.* lib. I, c. xxxvii.
[4] Dion. lib. LXIV, c. ii. [Νυμφίδιος δέ τις καὶ Καπίτων οὕτως ἐξεφρόνησαν ὑπ' αὐτοῦ, ὥστε ὁ Καπίτων, ἐφέντος τινὸς ἀπ' αὐτοῦ ὅτε ᾧ δικάζοντος, μετεπήδησέ τε ἐπὶ δίφρον ὑψηλὸν, καὶ ἔφη· «Λέγε τὴν δίκην παρὰ τῷ Καίσαρι,» διαγνούς τε, ἀπέκτεινεν αὐτόν. Τούτοις μὲν δὴ διὰ ταῦτα ὁ Γάλβας ἐπεξῆλθεν.]
[5] Tacit. *Hist.* lib. 1, c. xiii.
[6] Sueton. in *Galba*, c. xiv.

« fatus de sua senectute, Pisonem Licinianum accessiri jubet; seu pro-
« pria electione, sive, ut quidam crediderunt, Lacone instante, cui
« apud Rubellium Plautum exercita cum Pisone amicitia : sed callide,
« ut ignotum, fovebat, et prospera de Pisone fama consilio ejus fidem
« addiderat[1]. »]

— « T. Vinius et Cornelius Laco, alter deterrimus mortalium, alter
« ignavissimus[2]. »

— « Quaedam apud Galbae aures praefectus Laco elusit, gnarus
« militarium animorum, consiliique quamvis egregii, quod non ipse
« afferret, inimicus, et adversus peritos pervicax[3]. »

— « Laco praefectus, tanquam in insulam seponeretur, ab evocato,
« quem ad caedem ejus Otho praemiserat, confossus[4]. »

## XVIII-XIX
### 822 [= 69].
### [C.] PLOTIUS FIRMUS,
### LICINIUS PROCULUS,
praefecti praetorio sub Othone.

— « Omnia deinde arbitrio militum acta. Praetorii praefectos sibi
« ipsi legere, Plotium Firmum, e manipularibus quondam[5], tum vigi-
« libus praepositum[6], et incolumi adhuc Galba, partes Othonis secutum.
« Adjungitur Licinius Proculus, intima familiaritate Othonis, suspectus
« consilia ejus fovisse[7]. »

---

[1] Tacit. *Hist.* lib. I, c. xiv.

[2] *Ibid.* lib. I, c. vi.

[3] *Ibid.* c. xxvi.

[4] *Ibid.* c. xlvi.

[5] [Ce n'est pas là un fait isolé; il y a d'autres préfets du prétoire ayant débuté comme simples soldats ou comme primipiles. Voir Marquardt, *Römische Staatsverwaltung*, t. II, p. 377, n. 10.] — [Selon Mommsen (*Ephem. epigr.* V, 97), le consul suffect de l'année 84, C. Tullius Capito Pomponianus *Plotius Firmus*, dont le nom se lit dans un diplôme militaire conservé au musée de Pesth, serait le même personnage que le préfet du prétoire d'Othon. W. H. WADDINGTON.]

[6] [Voir la liste des préfets des vigiles dans Hirschfeld, *Römische Verwaltungsgeschichte*, p. 146.]

[7] Tacit. *Hist.* lib. I, c. xlvi.

— « Peditum equitumque copiis Suetonius Paullinus, Marius Cel-
« sus, Annius Gallus, rectores destinati. Sed plurima fides Licinio Pro-
« culo, praetorii praefecto. Is urbanae militiae impiger, bellorum in-
« solens, auctoritatem Paullini, vigorem Celsi, maturitatem Galli, ut
« cuique erat, criminando, quod facillimum factu est, pravus et calli-
« dus, bonos et modestos anteibat[1]. »

— « Manipulatim allocuti sunt Licinius Proculus et Plotius Firmus,
« praefecti, ex suo quisque ingenio mitius aut horridius[2]. »

— « (Otho) Roma cum primoribus egressus est. Et parte militum
« Proclo data recessit, se pugnam civium inter se videre posse ne-
« gans[3]. »

— [ « (Otho)... Titianum fratrem suum ad exercitus misit et Pro-
« clum praefectum, penes quem revera erat summa rerum, Titiano
« titulum gerente[4]. »

— « Pollione praefectorum altero[5]. » ]

## XX-XXI
### 822 [= 69].
PUBLI[LI]US SABINUS,
JULIUS PRISCUS,
praefecti praetorio sub Vitellio.

— « (Vitellius) praeposuerat praetorianis Publi[li]um Sabinum, a
« praefectura cohortis, Julium Priscum, tum centurionem [6] : Priscus
« Valentis, Sabinus Caecinae gratia pollebant[7]. »

Vitellio, dopo saputa la defezione di Cecina, « Publi[li]um Sabinum,

---

[1] Tacit. *Hist.* lib. I, c. LXXXVII.
[2] *Ibid.* c. LXXXII. — [Sur Plotius Firmus cf. *ibid.* lib. II, c. XLVI et XLIX.]
[3] Zonar. *Ann.* lib. XI, c. XV. [Κἀκ τῆς Ῥώμης δὲ ἐξωρμήθη καὶ τοὺς πρώτους ἐξήγαγε. Μέρος δέ τι τῆς δυνάμεως τῷ Πρόκλῳ δούς, αὐτὸς ἀνεχώρησε, λέγων μὴ φέρειν μάχην ἀνδρῶν ὁμοφύλων ἰδεῖν.]

[4] [Plutarch. in *Othon.* c. VII. Ἔπεμψεν... Πρόκλον τὸν ἔπαρχον, ὃς εἶχεν ἔργῳ τὴν πᾶσαν ἀρχήν, πρόσχημα δὲ ἦν ὁ Τιτιανός.]
[5] [*Ibid.* c. XVIII. Πολλίωνος τοῦ ἑτέρου τῶν ἐπάρχων. C'est par erreur que Plutarque donne à Plotius le nom de Pollio.]
[6] [Voir plus haut, p. 20, note 5.]
[7] Tacit. *Hist.* lib. II, c. XCII.

« praetorii praefectum, ob amicitiam Caecinae, vinciri jubet, substituto
« in locum ejus Alfeno Varo[1]. »

Nell' 823, dopo l'ingresso di Marciano in Roma, « Julius Priscus,
« praetoriarum sub Vitellio cohortium praefectus, se ipse interfecit,
« pudore magis quam necessitate[2]. »

## XXII
### 822 [= 69].
### ALFENUS VARUS,
praef. praet. sub Vitellio.

Vedi le schede precedente di Publi[li]o Sabino da cui apparisce che Vitellio fece da prima suoi prefetti Publi[li]o Sabino e Giulio Prisco, ma che, dopo saputa la defezione di Cecina, fece imprigionare Sabino, a gli sostitui nella prefettura Alfeno Varo.

Nell' 823 [= 70], dopo l'ingresso di Marciano in Roma, « Julius
« Priscus, praetoriarum, sub Vitellio, cohortium praefectus, se ipse in-
« terfecit, pudore magis quam necessitate. Alfenus Varus ignaviae infa-
« miaeque suae superfuit[3]. »

[Alfenus Varus fut *praefectus castrorum* dans l'armée de Fabius Valens[4] et prit part à la bataille de Bedriacum[5].]

## XXIII
### [822 = 69] — 823 [= 70].
### ARRIUS VARUS,
praef. praet. sub Vespasiano.

An. 807 [= 54]. — Arrius Varus, praefectus cohortis sub Corbulone, in Armenia[6].

— [« Antonio... comes fuit Arrius Varus, strenuus bello : quam

---

[1]. Tacit. *Hist.* lib. III, c. xxxvi.
[2]. *Ibid.* lib. IV, c. xi.
[3]. *Ibid.*
[4]. Tacit. *Hist.* lib. II, c. xxix.
[5]. *Ibid.* lib. II, c. xliii.
[6]. Tacit. *Ann.* lib. XIII, c. ix.

PRAEFECTI PRAETORIO. 23

« gloriam et dux Corbulo et prosperae in Armenia res addiderant. Idem
« secretis apud Neronem rumoribus ferebatur Corbulonis virtutes cri-
« minatus : unde infami gratia primum pilum adepto, laeta ad prae-
« sens male parta, mox in perniciem vertere[1]. »]

Siccome Arrio Varo compariva troppo possente a Muciano, gli tolse
la carica di prefetto del pretorio per dargli quella di curatore dell' annona. Gli successe Clemente Arricino[2].

— « Interfecto Vitellio...praefectura praetorii penes Arrium Varum[3]. »

Il Reimaro scrive[4] : « Sub Vespasiano Arrium Varum et Cornelium
« Fuscum praefectos fuisse, et Varo Clementem et Titum successisse
« suspicatur Petrus Faber[5]. »

Ma non si ha alcun' indizio, che Fosco fosse prefetto del pretorio
prima di Domiziano.

[Arrius Varus fut seul préfet du prétoire au début du règne de Vespasien. Il
reçut les *praetoria insignia* en 70[6]. Il devint suspect peu de temps après, et on lui
retira sa charge pour lui donner celle de la préfecture de l'annone, ce qui était
une déchéance.]

## XXIV

823 [=70] — 824 [=71].

[M.][7] ARRECINUS CLEMENS,
praef. praet. sub Vespasiano.

Parendo a Muciano troppo possente Arrio Apro, gli tolse la prefet-

---

[1] [Tacit. *Hist.* lib. III, c. vi.]
[2] *Ibid.* lib. IV, c. lxviii ; Tillemont, *Hist. des Empereurs*, t. II, p. 9
[3] Tacit. *Hist.* lib. IV, c. ii.
[4] [T. II], p. 1114, § 91.
[5] *Semestr.* lib. I, p. 5.
[6] [Tacit. *Hist.* lib. IV, c. iv.]
[7] [Le prénom d'Arrecinus Clemens est donné par une inscription de Rome (*Corp. inscr. Lat.* vol. VI, n. 199) : PERMISSV· M·ARRECINI·CLEMENTIS. Cf. *Ephem. epigr.* vol. VIII, n. 79.] — [Un tuyau de plomb trouvé à Rome, près du Colysée, porte l'inscription :

IMP DOMITIANI CAES AVG SVB
CVRA M ARRICINI CLEMENTIS

Sur un autre tuyau de plomb, découvert à Rimini, près de la porte de Saint-André, on lit : M ARRECINI CLEMENTIS. Ces deux inscriptions (R Lanciani, *Silloge epigraph. aquaria*, n. 5 et 7) pourraient se rapporter à notre personnage. HÉRON DE VILLEFOSSE.]

tura del pretorio e la diede a Clemente Arrecino, figlio di un' altro Clemente che l'aveva esercitata sotto Caligola[1]. Domiziano l'amava assai, ed essi erano allecti. Tacito dice ch' egli era senatore, cio' ch' era novo, non essendosi fino allora data quella carica che a cavalieri[2].

An. 824 [= 71]. — «[Arrius] Varus, praetorianis praepositus, vim « atque arma retinebat : eum Mucianus pulsum loco, ne sine solatio « ageret, annonae praefecit. Utque Domitiani animum Varo haud alie- « num deliniret, Arrecinum Clementem, domui Vespasiani per adfi- « nitatem innexum et gratissimum Domitiano, praetorianis praeposuit, « patrem ejus sub Gaio Caesare, egregie functum ea cura, dictitans : « laetum militibus idem nomen, atque ipsum, quamquam senatorii « ordinis, ad utraque munia sufficere[3]. »

✷

## TI. IULIUS ALEXANDER,
### sub Vespasiano.

[Dans son mémoire sur l'inscription de Nettuno (*Journal des Savants*, 1867, p. 243-248), Léon Renier avait émis l'opinion que *Ti. Julius Alexander*, ancien procurateur de Judée, ancien préfet d'Égypte, un des plus chauds partisans de Vespasien, avait été nommé préfet du prétoire par cet empereur, en récompense de son dévouement. Il s'était fondé sur deux passages de Josèphe dans lesquels Ti. Julius Alexander est qualifié ὁ πάντων τῶν στρατευμάτων ἔπαρχος, ou bien ὁ τῶν στρατευμάτων ἄρχων (*Bell. Jud.* lib. VI, c. VI, 3; lib. V, c. I, 6). L'opinion de Léon Renier a été combattue par Th. Mommsen (voir *Corp. inscr. Lat.* suppl. au vol. III, p. 1241), qui admet simplement que Ti. Julius Alexander a exercé une fonction analogue à celle de préfet du prétoire. La charge confiée

---

[1] [Voir plus haut, p. 10, n° VIII.]

[2] Tacit. *Hist.* lib. IV, c. LXVIII : *Ipsum quamquam senatorii ordinis ad utraque munia sufficere.* Tillemont, *Hist. des Empereurs*, t. II, p. 10 et 83. [Mommsen, *Römisches Staatsrecht*, t. II, p. 866, n. 3.] — [Suétone, *Domit.*, 11, le qualifie de *consularis*. Il fut en effet deux fois consul : la première fois en l'année 73, ainsi que le prouve un fragment des fastes des féries latines (*Corp. inscr. Lat.* vol. VI, n. 2016), et la seconde à une date inconnue. Ce second consulat est mentionné dans une inscription trouvée à Nîmes, mais qui a été transportée au siècle dernier au Musée de Brunswick. (*Corp. inscr. Lat.* vol. XII, n. 3637.) HÉRON DE VILLEFOSSE.]

[3] Tacit. *Hist.* lib. IV, c. LXVIII.

à Ti. Julius Alexander est celle de commandant de corps d'armée (*praefectus exercitus*). Les monuments épigraphiques et les auteurs anciens en offrent quelques exemples [1].]

## XXV

[824 =] 71 — [832 = 79].
TITUS FLAVIUS VESPASIANUS,
praef. praet. sub patre Vespasiano.

Tito, dopo tornato a Roma da Gerusalemme, « praefecturam quoque « praetorii suscepit, nunquam ad id tempus nisi ab equite Romano ad- « ministratam [2]. »

— « Triumphalis et censorius ter, sexiesque consul, ac tribuniciae « potestatis particeps, et quod his nobilius fecisti, dum illud patri pa- « riter et equestri ordini praestas, praefectus praetorio ejus [3]. »

— [« Praefecturam praetorianam, patre imperante, adeptus, suspec- « tum quemque et oppositum sibi, immissis qui per theatra et castris « invidiosa jactantes ad poenam poscerent, quasi criminis convictos « oppressit [4]. »]

## XXVI

[839 = 86 (?) — 841 = 88.]
CORNELIUS FUSCUS,
praef. praet. sub Domitiano.

— « A Dacis Oppius Sabinus, consularis, et Cornelius Fuscus, prae- « fectus praetorio, cum magnis exercitibus, occisi sunt [5]. »

— « [Expeditiones] in Dacos duas, primam Oppio Sabino consulari

---

[1] [Voir *Corp. inscr. Graec.* vol. III, *add.* n. 4536 *f. Corp. inscr. Lat.* vol. III, *Suppl.* n. 6809 : *P. Anicius Maximus praefectus exercitui qui est in Aegypto.* Cf. Tacit. *Ann.* lib. XV, c. xxviii : *minister bello datus.* Dion. lib. LXXVII, c. xxi, et plus bas, p. 99.]

[2] Sueton. in *Tito*, c. vi. [Cf. Aur. Victor. *Caesar.* c. ix.]

[3] Plin. *Hist. nat.* [praef. 3] ; Tillemont, *Hist. des Empereurs*, t. II, p. 29.

[4] [Aur. Victor. *Epitome*, c. x.]

[5] Eutrop. *Breviarium*, lib. VII, c. xxiii. Tillemont, *Hist. des Empereurs*, t. II, p. 92.

« oppresso, secundam Cornelio Fusco, praefecto cohortium praetoria-
« narum, cui belli summam commiserat¹. »

> Cum fas esse putet curam sperare cohortis,
> Qui bona donavit praesepibus et caret omni
> Majorum censu, dum pervolat axe citato
> Flaminiam (puer Automedon nam lora tenebat,
> Ipse lacernatae cum se jactaret amicae)².

Il Silvestri aggiudica questa cosa a Cornelio Fosco, che profuse in cavalli al tempo di Nerone, a cui servi anche di cocchiere, menandolo attorno con Sporo ch'è la sua amica. Altri l'intendono di Tigellino.

Giovenale taccia di bevitrice la moglie di Fusco dicendo³:

> .....urnae cratera capacem,
> Et dignum sitiente Pholo, vel conjuge Fusci.

— Trajanus (anno 854) in spoliis Daciis « signum illud reperit
« quod captum sub Fusco fuerat⁴ ».

Questo Fosco è uno dei senatori che consultano sul ponte di Ancona presso Giovenale⁵ :

> Et qui vulturibus servabat viscera Dacis,
> Fuscus, marmorea meditatus proelia villa.

— « Procurator (Pannoniae) aderat Cornelius Fuscus, vigens aetate,
« claris natalibus : prima juventa, quietis cupidine, senatorium ordi-
« nem exuerat. Idem pro Galba dux coloniae suae, eaque opera procu-
« rationem adeptus, susceptis Vespasiani partibus, acerrimam bello
« facem praetulit; non tam praemiis periculorum quam ipsis periculis
« laetus : pro certis et olim partis, nova, ambigua, ancipitia malebat⁶. »

---

[1] Sueton. in *Domit.* c. vi; [Orose, lib. VII, c. x].
[2] Juvenal. Sat. I, v. 58.
[3] *Ibid.* XII, v. 44.
[4] Dion. lib. LXVIII, c. ix. [Ὁ δὲ Τραϊανὸς ὄρη τε ἐντετειχισμένα ἔλαβε, καὶ ἐν αὐτοῖς τά τε ὅπλα, τά τε μηχανήματα, καὶ τὰ αἰχμάλωτα, τό τε σημεῖον τὸ ἐπὶ τοῦ Φούσκου ἁλὸν, εὗρε.]
[5] Juvenal. Sat. IV, v. 111.
[6] Tacit. *Hist.* lib. II, c. LXXXVI; cf. lib. III, c. iv.

Nota lo scoliaste di Giovenale : «Fuscus sub Domitiano exercitui
«praepositus, in Dacia periit. Notat autem eum quia, cum luxuria
«diffueret, inter delicias bellorum actus exercebat [1].»
A Fosco è diretto da Marziale l'epigramma seguente [2] :

> Si quid, Fusce, vacas adhuc amari,
> Nam sunt hinc tibi, sunt et hinc amici;
> Unum, si superest, locum rogamus;
> Nec me, quod tibi sum novus, recuses :
> Omnes hoc veteres tui fuerunt.
> Tu tantum inspice, qui novus paratur,
> An possit fieri vetus sodalis.

Ille sacri lateris custos, Martisque togati,
  Credita cui summi castra fuere ducis;
Hic situs est Fuscus : licet hoc, Fortuna, fateri;
  Non timet hostiles jam lapis iste minas.
Grande jugum domita Dacus cervice recepit,
  Et famulum victrix possidet umbra nemus [3].

Sic Tiburtinae crescat tibi silva Dianae,
  Et properet caesum saepe redire nemus;
Nec Tartessiacis Pallas tua, Fusce, trapetis
  Cedat, et immodici dent bona musta lacus;
Sic fora mirentur, sic te Pallatia laudent,
  Excolat et geminas plurima palma fores.
Otia dum medius praestat tibi parva december,
  Excipe, sed certa, quos legis, aure jocos.
Scire libet verum : res est haec ardua; sed tu
  Quod tibi vis dici, dicere, Fusce, potes [4].

— «Quare ab incunabulis reipublicae romanae notus est cornicu-
«larius, quamvis nihil ei praeter nomen relictum sit; ex quo enim
«Domitianus, cum Fuscum (sic autem Romani colore nigrum vocant)
«praefectum praetorio contra Augusti institutionem creasset, magistri

---

[1] [Éd. Otto Jahn, p. 226.]
[2] Lib. I, epigr. LV.
[3] Martial. lib. VI, epigr. LXXVI.
[4] *Ibid.* lib. VII, epigr. XXVIII.

« equitum electionem, ipse exercitum ducens, supervacaneam ostendit,
« cuncta mutata sunt[1]. »

— « Fuere igitur, inquam, et haec praefectorum praetorio insignia ad
« Domitianum usque : is autem, cum Fuscum quemdam praefecturae
« praeposuisset, totam fere magistri equitum muneris memoriam extinxit,
« non securim, non vexilla, neque palmites, quos vocant, relinquens [2]. »

[Cornelius Fuscus était d'origine sénatoriale, mais dès sa jeunesse il renonça, par amour du repos, au rang de sénateur. Il fut procurateur de Pannonie sous Galba en 69, puis préfet de la flotte de Ravenne[3]. En 70, il reçut les *praetoria insignia* [4]. Plus tard il fut préfet du prétoire sous Domitien. Il mourut en 88 pendant la seconde guerre contre les Daces.]

## XXVII

[Circa 840 = 87.]

### CRISPINUS,
praef. praet. sub Domitiano.

Il Glandorpio[5] scrive che Vettio Crispino, figlio di Vezzo Bolano, fu prefetto del pretorio di Domiziano, che di lui parla Stazio o Giovenale. Ma niuno di due dice questo, e non so se questa sia una sua congettura, o donde l'abbia ricavato.

> Cum pars Niliacae plebis, cum verna Canopi
> Crispinus, Tyrias humero revocante lacernas,
> Ventilet aestivum digitis sudantibus aurum,
> Nec sufferre queat majoris pondera gemmae[6].

---

[1] Lydus, *De magistratibus*, lib. III, c. XXII. [Ὥστε ἐκ προοιμίων τῆς Ῥωμαϊκῆς πολιτείας γνώριμος ὁ κορνικουλάριός ἐστιν· κἂν εἰ μηδὲν αὐτῷ παρὰ τὴν προσηγορίαν ἀπολέλειπται· ἐξότε Φοῦσκον (οὕτω δὲ μελαγχρῶτα Ῥωμαῖοι καλοῦσι) Δομετιανὸς πραιτωρίων ὕπαρχον κατὰ τὴν Αὐγούστου ἐγχείρησιν προβαλλόμενος, τὴν τοῦ ἱππάρχου περιττὴν ἀπέδειξε προαγωγήν, ὅπλων ἡγούμενος, μετηνέχθη πάντα.]

[2] Lydus, *De magistratibus*, lib. II, c. XIX.

[Ἦν μὲν οὖν, φημί, καὶ ταῦτα γνωρίσματα τῶν πραιτωρίων ὑπάρχων ἄχρι Δομετιανοῦ. Αὐτὸς δὲ Φοῦσκον τοὔνομα τῆς ἀρχῆς προστησάμενος, ἐγγὺς ὅλην τὴν τῆς ἱππαρχίας μνήμην ἀπήλειψε, μὴ πέλεκυν, μὴ βήξιλλα, μηδὲ τὰ λεγόμενα κλήματα καταλιπών.]

[3] [Tacit. *Hist.* lib. III, c. XII.]

[4] [*Ibid.* lib. II, c. LXXXVI.]

[5] [*Onomasticon historiae romanae*], p. 884.

[6] Juvenal. Sat. I, v. 26.

Nota l'antico scoliaste : «Niliacus, unus de consulibus Liciniae ac
« de plebe Aegypti fuit, magnarum postea Romae facultatum¹. » Sarebbe
mai da leggersi : *consularibus Miniciae*². Certo console non può essere,
perchè niuno Egiziano lo fu prima di Comazonte.

Lo stesso scoliaste, sul principio della satira IV :

> Ecce iterum Crispinus adest, mihi saepe vocandus
> Ad partes³......,

nota che Crispino «Aegyptius erat, egens, et modo magister peditum
« atque equitum factus. »

Crispino «chartapola fuit» :

> [Hoc tu
> Succinctus patria quondam, Crispine, papyro
> Hoc pretium squamae⁴?]

Fra i senatori invitati al consiglio del rombo si nomina anche Crispino⁵ :

> Et matutino sudans Crispinus amomo,
> Quantum vix redolent duo funera...

Era prefetto del pretorio. Al consiglio del rombo si danno come
prefetti insieme Fosco e Crispino. In quella satira si allude manifestamente a questo suo officio, chiamandovi *princeps equitum*⁶ :

> [Jam princeps equitum, magna qui voce solebat
> Vendere municipes Pharia de merce siluros.]

---

¹ [Éd. Otto Jahn, p. 775.]

² [Les *curatores Miniciae* étaient-ils, dès le temps de Domitien, des personnages de rang consulaire? Cela nous semble très douteux. On a un exemple d'un *curator de Minicia* du temps de Claude : c'était un affranchi de l'empereur (Wilmanns, 1365). Plus tard on paraît avoir distingué parmi les administrateurs du *Porticus Minucia* les *praefecti Miniciae* qui sont tous prétoriens (Gruter, 422, 7; *Corp. inscr. Lat.* vol. VIII, n. 11810; vol. X, n. 3723) et les *curatores Miniciae* de rang consulaire (*Corp. inscr. Lat.* vol. VI, n. 1408). — Voir Hirschfeld, *Getreideverwaltung*, dans *Philologus*, 1869, t. XXXIX, p. 63; et *Röm. Verwaltungsgeschichte*, p. 33 et 166; Mommsen, *Römisches Staatsrecht*, t. II³, p. 1059, n. 4.]

³ Juven. Sat. IV, v. 1.

⁴ *Ibid.* v. 23.

⁵ *Ibid.* v. 108.

⁶ *Ibid.* v. 32.

È da meravigliarsi come niuno dei commentatori fino al Lemaire ch' è l'ultimo ch' io conosco, servendomi della sua edizione di Parigi del 1823, abbia veduto chi sia il Crispino contro cui tanto inveisce Giovenale. Egli lo dice *pars Niliacae plebis, verna Canopi, succinctus patria papyro, qui solebat vendere municipes Pharia de merce siluros*, dunque apertamente un Egiziano, e con tutto ciò lo fa intervenire al consiglio del rombo. Ma questo fu un consiglio di senatori, che tali erano coloro che aspettavano in anticamera: *Exclusi spectant admissa opsonia patres.* E che questi fossero i chiamati al consiglio, lo dimostrano le parole del Liburno, *qui admissionibus praeerat*, come nota lo scoliaste: *Currite, jam sedit*, giacchè se avesse dovuto andar a chiamarli a Roma dodici miglia lontano, prima che fosse giunto, gli avesse trovati, e fossero venuti, Domiziano avrebbe avuto un bell' aspettarli sulla sua sedia. Corrisponde il dirli altrove: *proceres quos oderat ille*[1], del qual' odio ci è testimonio Dione[2]; e veramente tutti i nominati, ad eccezione di uno solo, o si conoscano già per consolari, o si ha ragione per supporli.

Il Lemaire non pone difficoltà, che anche Crispino, benchè di vilissima estrazione, pure a motivo delle sue richezze, fosse un senatore. « Senatu dignus erat, quia mulum sex millibus emebat[3]. » Ma egli non si è dunque ricordato della legge [formale] di Augusto, citata da Dione[4], che niun Egiziano fosse ammesso nel senato di Roma, della cui osservanza ci fa fede lo stesso storico, affermando poco dopo che in fatti niuno di loro vi fu ascritto prima dei tempi di Caracalla. Il che ripete[5] quando ci avvisa ch' Elio Coerano dopo esser stato richiamato dall' esiglio da questo principe, *primus ex Aegyptiis hominibus cooptatus est in ordinem senatorium*. E realmente non ricavasi altro se non che Crispino fu un cavaliere.

Ora se egli non fu certamente senatore, nasce la gravissima difficoltà, come un semplice cavaliere potesse venire ammesso in quel

---

[1] Juven. Sat. IV, v. 73.
[2] Lib. LXVII, c. II.
[3] Nota 116.
[4] Lib. LI, c. XVII.
[5] Lib. LXXVI, c. V.

consiglio di proceri. Io non ho trovato altro modo di toglierla se non reputando ch'egli fosse nella stessa condizione dell'altro che non era senatore, voglio dire di Cornelio Fosco appartenente, anch'esso, all'ordine equestre, se era prefetto del pretorio. I prefetti in fatti erano due, e due costumò di averne Domiziano, sapendosi che quando fu ucciso, occupavano quel posto Norbano e Petronio Secondo [1], onde cosi sarà tolto anche di domandare, perchè Giovenale in quest' incontro nonne abbia nominato che un solo. Questa mia opinione viene favorita dallo scoliaste, che notò : *magister equitum factus est* [2]. Pomponio [3] parlando dell' antico maestro dei cavalieri aveva già detto : *quod officium fere tale erat, quod hodie praefectorum praetorio*, e più apertamente Aurelio Arcadio Carisio lasciò scritto [4] : *Ad similitudinem magistrorum equitum praefecti praetorio a principibus electi sunt*. Questa credenza in appresso magiormente si estese, onde Giovanni Lorenzo Lido [5] asserì positivamente che i Cesari diedero al maestro dei cavalieri il nome di prefetto del pretorio, ed anzi [6] fa avvertire la piccola differenza che vi fu nel chiamarlo ἔπαρχος invece d'ἵππαρχος. È chiaro dunque in qual senso, seguendo l'opinione dei suoi tempi, lo scoliaste, che visse dopo l'anno di Cristo 352, se memora [7] la prefettura urbana di Neratio Cereale, abbia potuto chiosare con verità il *princeps equitum* del testo sostituendo al *princeps* il magistro.

Anche un altra considerazione torna in mio favore. Io so bene che la legge di Nerone rammentata da Suetonio [8] colla quale *interdixit usum amethystini et Tyrii coloris* dovette, dopo la sua morte, andar presto in dimenticanza, poichè Marziale attribuisce comunemente ai cavalieri ed ai ricchi le lacerne tirie ed ametistine. Ma anche ammesso ciò, se questo solo avesse avuto di vista Giovenale, molto freddo mi resterebbe il suo *purpureus scurra palati* [9], perchè qual maraviglia che un buffone di

---

[1] Dion. lib. LXVII, c. xv.
[2] [Voir plus haut, p. 29.]
[3] [Lib. sing. *Enchirid.*, *Dig*. lib. I, tit. ii, l. 2], § 19.
[4] [Voir plus haut, p. 3, n. 4.]
[5] *De magistratibus*, lib. I, c. xiv.
[6] *Ibid.* lib. II, c. vi.
[7] Al v. 24 della Sat. X.
[8] In *Neron.* c. xxii.
[9] [Juven. Sat. IV, v. 31.]

corte, il quale aveva modo di spendere sei mila sesterzi in un pesce, ne avesse anche dieci mila per comprarsi una lacerna di porpora, quanto si apprezza dallo stesso Marziale? Ma ben acuto sarà il suo frizzo se il *purpureus* contraposto allo *scurra* vorrà indicare la carica da lui occupata, sapendosi dallo stesso Lido [1] che una delle insegne degli antichi prefetti del pretorio fu la *mandue* o clamide di porpora, da cui si nota altresì in che differenziava dalla clamide imperiale.

Infine a chi vuole intenderlo, lo stesso Giovenale ha dichiarato apertamente chi era Crispino, quando l'ha chiamato *princeps equitum*. Chi fosse il principe dei cavalieri l'aveva già detto Velleio Paterculo [2], scrivendo che il celebre Seiano, figlio di Seio Strabone, prefetto del pretorio di Augusto e di Tiberio, era nato da un padre *principe equestris ordinis*. Altrettanto benchè implicitamente risulta da Erodiano [3], il quale racconta ch' Eliogabalo prepose all' ordine equestre uno scenico, imperocchè Lampridio [4] ci narra lo stesso fatto con quest' altre parole: *Ad praefecturam praetorii saltatorem, qui histrionicam Romae fecerat, adscivit*, e da Dione [5] più largamente impariamo che questo scenico fu Eutichiano. E giustamente a questi prefetti pote darsi il titolo di *principes equitum*, perchè la loro eminente dignità, la prima in possanza dopo l'imperatore, fu riserbata ai cavalieri, e la maggiore che da essi si potesse conseguire.

Per le quali cose tutte non dubito che Crispino sia stato l'ignoto collega di Cornelio Fosco. Così meglio s'intenderanno anche i due epigrammi di Marziale [6], il quale è l'altro scrittore che fa menzione di lui, e come in ispecie egregiamente in tal modo gli convenga la *Tyria abolla* presa nel più antico senso [di veste militare], come in quel luogo è necessario di ammettere, proseguendo il poeta *dum mutat cultus induiturque togam*. Può dunque esservi un sospetto, che l'odio di Giovenale contra Crispino nascesse dall' essere stato colui, che lo

---

[1] [*De magistratibus*], lib. II, c. xiii.
[2] Lib. II, c. cxxvii.
[3] Lib. V, c. vii.
[4] In *Heliogabal.* c. xii.
[5] Lib. LXXIX, c. iv.
[6] Lib. VII, epigr. xcix; lib. VIII, epigr. xlviii.

mandò nell' Egitto, sapendosi che la destinazione dei militari dipendeva appunto dai prefetti del pretorio[1].

## XXVIII
845 [=92−(?)].

### [L.] CASPERIUS AELIANUS,
praef. praet. sub Domitiano.

Filostrato[2] fa venire a Roma circa il 92 il suo Apollonio, e trovare favore presso Casperio Eliano, prefetto del pretorio[3]. Casperio, con tutto che suo amico, è obbligato di far arrestare Apollonio[4].

— «Praefectus praetorio tunc Aelianus fuit, qui vir jampridem Apol-
«lonium amabat, quem aliquando in Aegypto offenderat... Artibus
«tamen clandestinis in quibus aliquid esset praesidii omnibus pro eo
«utebatur[5].»

Vi dice di se: «Ergo... adolescens eram, quo tempore Aegyptum
«venit imperatoris pater... meque tribunum militum secum ducebat
«imperator[6].»

[Vespasien séjourna en Égypte pendant une partie de l'année 69[7].]

---

[1] [Cette dissertation de Borghesi sur Crispinus avait été communiquée en 1847 par l'auteur à M. le professeur Otto Jahn; elle a été déjà publiée, en partie, au t. V, p. 513-516. — O. Hirschfeld, *Röm. Verwaltungsgeschichte*, p. 223, a émis des doutes sur la valeur des raisons invoquées par Borghesi; il pense que Crispinus a pu figurer au Conseil comme secrétaire de l'empereur. Telle était sa situation à l'époque où Martial lui adresse le 7ᵉ livre de ses épigrammes, c'est-à-dire en décembre 92, cinq ans au moins après la scène décrite par Juvénal: la fonction qu'il remplit auprès de l'empereur est celle d'un secrétaire et non celle d'un préfet du prétoire. Cette observation ne nous paraît pas suffisante pour affaiblir la portée de la conclusion qui se dégage de l'ensemble des arguments présentés par Borghesi.]

[2] *Vita Apollon.* VII, 16.

[3] Tillemont, *Hist. des Empereurs*, II, 107.

[4] Philostr. *op. cit.* VII, 17. Tillemont, *op. cit.*, 127.

[5] Philostr. VII. 16. [Τὸ μὲν δὴ βασίλειον ξίφος ἦν ἐπ' Αἰλιανῷ τότε, ὁ δ' ἀνὴρ οὗτος πάλαι τοῦ Ἀπολλωνίου ἦρα ξυγγεγονώς ποτ' αὐτῷ κατ' Αἴγυπτον, ... τέχναι μὴν ὁπόσαι εἰσὶν ἀφανῶς ἀμύνουσαι, πάσαις ὑπὲρ αὐτοῦ ἐχρῆτο.]

[6] Philostr. VII, 18 : [Ἐγὼ... μειράκιον ἦν κατὰ τοὺς χρόνους, οὓς ὁ πατὴρ τοῦ βασιλέως ἐπ' Αἴγυπτον ἦλθε... καὶ χιλίαρχον μὲν ὁ βασιλεὺς ἦγεν.]

[7] [Tacit. *Hist.* lib. IV, c. LXXXI.]

— «Aelianus admodum erat adolescens tempore illo, quo Vespa-
«sianus pater in Aegyptum Diis sacrificaturus et Apollinem de suis
«rebus consulturus profectus est. Atque huc quidem tribunus militum
«imperatorem comitabatur.»

Fu allora che Apollonio gli predisse la prefettura, e di là cominciò
la loro amicizia della quale gli diede buoni segni, quando fu Apollonio
imprigionato[1].

Philostratus[2] refert Aelianum sub Domitiano praefectum praetorio
fuisse, cum Apollonius Domitiano ob amicitiam Nervae suspectus
Romae vinculis teneretur. Quod secundum Philostrati chronologiam
incidit in an. 845.

Questo fatto è pero sospetto al Reimaro: «Sed postremo Norbanum
«et Petronium praefectos praetorio fuisse constat ex Dione, ut proinde
«Norbanus in Aeliani locum a Domitiano suffectus sit, et vicissim ut
«hic locus docet, Aelianus iterum in Norbani a Nerva. Nam Petronium
«mansisse in hac dignitate verisimile est, quia eo vel maxime adni-
«tente Nerva factus erat imperator[3]. Videtur ergo Aelianus Petro-
«nium collegam ex aemulatione de medio tollere voluisse, et milites
«ad ejus caedem magnis sumptibus redemisse[4].»

## XXIX
### 849 [= 96].
### NORBANUS,
praef. praet. sub Domitiano.

[Norbanus était préfet du prétoire à la mort de Domitien.]

— «Neque Domitia uxor, neque Norbanus, praefectus praetorio,
«neque collega ejus, Petronius Secundus, id dicuntur ignorasse[5].»

---

[1] Philostrat. *Vita Appollon.* VII, 18.
[2] *Ibid.* VII, 16.
[3] Eutrop. *Breviarium historiae romanae*, lib. VIII, c. 1, 3.
[4] Reimarus, p. 1120, § 21.

[5] Dion. lib. LXVII, c. xv. [Καὶ αὐτὸ οὔτε ἡ Δομιτία ἡ γυνὴ αὐτοῦ, οὔτε δὲ ὁ Νωρϐανὸς ὁ ἔπαρχος, οὐδ' ὁ σύναρχος Πετρώνιος Σεκοῦνδος ἠγνόησαν, ὥς γε καὶ λέγονται.]

« Earum insidiarum et Domitia uxor, et Norbanus praefectus, et
« collega Petronius, conscii fuerunt¹. »

## XXX
849 [=96 — 850 =97].
### T. PETRONIUS SECUNDUS,
praef. praet. sub Domitiano et Nerva.

— « Nerva... senex admodum, operam dante Petronio Secundo,
« praefecto praetorio, item Parthenio, interfectore Domitiani, impera-
« tor factus, aequissimum se et civilissimum praebuit². »

Praefectus Aegypti in XIII consulatu Domitiani³.

« Petronius, praefectus praetorio, creat Nervam imperatorem⁴. »

— « Sed milites, neglecto principe, requisitos, Petronium uno ictu,
« Parthenium vero, demptis prius genitalibus et in os conjectis, jugu-
« lavere, redempto magnis sumptibus Casperio⁵. »

## XXXI
850 [=97] - 851 [=98].
### [L.] CASPERIUS AELIANUS,
praef. praet. II sub Nerva.

[Casperius Aelianus avait déjà été préfet du prétoire sous Domitien (voir le
n° XXVIII). Appelé aux mêmes fonctions par Nerva, il succéda à Norbanus.]

---

¹ Zonar. *Annal.* XI, xix. [Τὴν δ' ἐπι-
βουλὴν οὔτε ἡ γυνὴ αὐτοῦ Δομιτία ἠγνόη-
σεν, οὔτε ὁ ἔπαρχος Νωρβανὸς, οὔτε ὁ συν-
άρχων Πετρώνιος.]

² Eutrop. VIII, 1.

³ Vedi le schede dell' Egitto di cui fu prefetto. — [L'indication du XIII° consulat de
Domitien est inexacte. Borghesi avait sous
les yeux une copie fautive d'une inscription
gravée sur le pied droit de la statue de
Memnon, à Thèbes, en Égypte. Au lieu
de XIII, le texte porte XVII. Voici, d'ailleurs,
cette inscription :

IMP·DOMITIANO
CAESARE·AVG GERMANICO XVII Cos
T · PETRONIVS · SECVNDVS PR AEG
AVDIT·MEMNONEM HORA Ī PR IDVS
[MART

*Corp. inscr. Lat.* vol. III, n. 37. Petronius
était donc préfet d'Égypte en 848 = 95;
l'inscription est du 14 mars. Héron de Villefosse.]

⁴ Oros. lib. VII, c. xi.

⁵ Victor. *Epit.* XII, viii. Cosi vuole che
si legge il Reimaro, p. 1120, § 23, che tu
consulterai.

Casperio si solleva coi pretoriani contro Nerva per punire gli uccisori di Domiziano, essendo ancor prefetto del pretorio nel 97 [1].

An. 85o [= 97]. — « Casperius autem Aelianus quem (ut antea
« quoque factum erat a Domitiano) praetoriis praefecerat, milites in
« Nervam concitavit, instigatos ut quosdam ad supplicium deposcerent.
« Quibus adeo restitit Nerva, ut etiam nudatum ipsis jugulum prae-
« buerit, et abscindendum commonstravit, quanquam profecit nihil,
« quando illi utique, quos volebat Aelianus, interfecti sunt [2]. »

An. 851 [= 98]. — « (Trajanus) Aelianum, praetorianosque milites,
« qui contra Nervam seditionem fecerant quasi uti vellet eorum opera,
« arcessitos de medio sustulit [3]. »

## XXXII

[Circa 852 = 99.]

[SEX. ATTIUS] SUBURANUS,
praef. praet. sub Trajano.

Anche sotto l'impero di Trajano due furono i prefetti del pretorio, perchè Plinio dice: « Vinctus mitti ad praefectos praetorii mei debet [4]. »

---

[1] Aur. Victor. *Epit.* c. xii; Sueton. in *Domit.*, 23. Tillemont, *op. cit.*, p. 141.

[2] Dion. lib. LXVIII, c. iii. [Αἰλιανὸς δὲ ὁ Κασπέριος, ἄρχων, καὶ ὑπ' αὐτοῦ καθάπερ ὑπὸ τοῦ Δομιτιανοῦ, τῶν δορυφόρων γενόμενος, τοὺς στρατιώτας ἐστασίασε κατ' αὐτοῦ, παρασκευάσας ἐξαιτησαί τινας ὥστε θανατωθῆναι. Πρὸς οὓς ὁ Νερούας τοσοῦτον ἀντέσχεν, ὥστε καὶ τὴν κλεῖν ἀπογυμνῶσαι, καὶ τὴν σφαγὴν αὐτοῦ προδεῖξαι. Οὐ μὴν τι καὶ ἤνυσεν, ἀλλ' ἀνῃρέθησαν οὓς ὁ Αἰλιανὸς ἐβουλήθη.]

[3] Dion. lib. LXVIII, c. v. [Αἰλιανὸν δὲ καὶ τοὺς δορυφόρους τοὺς κατὰ Νερούα στασιάσαντας, ὡς καὶ χρησόμενός τι αὐτοῖς, μεταπεμψάμενος, ἐκποδὼν ἐποιήσατο.] — [En 1887, on a trouvé une brique portant l'estampille CASPERI AELIAN*i*, *Notizie degli scavi di antichità*, 1887, p. 251. D'autre part, une inscription bilingue découverte près de Samsoun, l'antique Amisus, et conservée aujourd'hui au Musée Britannique, est ainsi conçue :

L·CASPERIVS·AELIANVS
APPOLLINI·D·D·
Λ·ΚΑΣΠΕΡΙΟΣ·ΑΙΛΙΑΝΟ[Σ]
ΑΠΟΛΛΩΝΙ·ΔΙΑ
ΕΥΧΗΝ

*Corp. inscr. Lat.* vol. III, *Suppl.* n. 6976. Ces deux inscriptions appartiennent sans doute à quelque membre de la famille du préfet, sinon au préfet lui-même. W. H. Waddington.]

[4] Nell' ep. 65, lib. X.

## PRAEFECTI PRAETORIO.

Infatti l'iscrizione del Kellermann cita i PRÆFECTI praetorii [1].

— « Ego quidem in me... etiam praefecti manum armavi [2]. »

— « (Trajanus) cum praefectum praetorio designaret, eique ensem
« porrigeret quo is accingi debebat : Cape hunc, inquit, et si bene im-
« pero, pro me, sin male, contra me illo utitor [3]. »

— « [Mater, amisso filio..., libertos ejus, eosdemque cohaeredes
« suos, falsi et veneficii reos detulerat ad principem, judicemque impe-
« traverat Julium Servianum [4]... Finem cognitioni quaestio imposuit,
« quae secundum reos dedit.] Postea mater adiit principem : affirmavit
« se novas probationes invenisse. Praeceptum est Suburano [5] ut vacaret
« finitam causam retractanti, si quid novi afferret... Rogo, inquit
« (Julius Africanus), Suburane, permittas mihi unum versum adji-
« cere [6]. »

Ognuno vede come stia bene, che l'imperatore rimettesse la causa al prefetto del pretorio [7].

---

[1] [*Vigilum Romanorum latercula duo Coelimontana*, n. 46.] — [Il s'agit d'une inscription de Matilica en Ombrie (Henzen, 6771), qu'il ne faut pas confondre avec l'inscription ligorienne de Privernum (*Corp. inscr. Lat.* vol. X, n. 925*) fabriquée sur la première et contenant la même mention. HÉRON DE VILLEFOSSE.]

[2] Plin. *Panegyr.* c. LXVII.

[3] Zonar. *Annal.* XI, 21. [Ἔπαρχον μέντοι τῶν δορυφόρων προχειριζόμενος, καὶ ὀρέγων αὐτῷ τὸ ξίφος ὃ παραζώννυσθαι αὐτὸν ἐχρῆν, «λάβε τοῦτο», ἔφη, «καὶ εἰ μὲν ἄρχω καλῶς, ὑπὲρ ἐμοῦ τούτῳ χρῆσαι, εἰ δὲ κακῶς, κατ' ἐμοῦ ».] Cf. Dion. lib. LXVIII, 16.

[4] [Il s'agit de L. Julius Ursus Servianus, qui fut consul antérieurement à 98 et pour la seconde fois en 102 (*Corp. inscr. Lat.* vol. VI, n. 2185). Cf. Mommsen, *Index Plin.* p. 415 et 417.]

[5] [Certaines éditions portent par erreur *Severiano*. Ce Suburanus est vraisemblablement notre préfet du prétoire, qui fut également deux fois consul. Son premier consulat est de l'année 101; il est indiqué dans le fragment d'un procès-verbal des Arvales découvert en 1867 : SEx·attIO·SVBVRANO (*Corp. inscr. Lat.* vol. VI, n. 2074). Son second consulat est de l'année 104; une inscription grecque trouvée dans le grand théâtre d'Éphèse le fait connaître et nous donne d'une manière complète son prénom et son nom : ΣΕΣΤΩ·ΑΤΤΙΩ·ΣΟΥΒΟΥΡΑΝΩ (Wood, *Discoveries at Ephesus*, p. 36. Cf. *The collection of ancient Greek inscriptions in the British Museum, Ephesos*, p. 123, 1. 318).]

[6] Plin. lib. VII, epist. VI.

[7] [Le passage précité de Pline présente un intérêt particulier pour l'histoire de la juridiction impériale. On savait bien que les préfets du prétoire pouvaient être appelés par l'empereur à juger *vice sacra*, mais on ne connaissait pas d'exemple aussi ancien d'une délé-

Il Tillemont lo crede quel prefetto del pretorio che instantamente volea da Trajano separarsi[1] e di cui parla Plinio[2].

— « (Trajanus) usque eo innocentiae fidens, uti praefectum praeto- « rio, Suburanum nomine, cum insigne potestatis, ut mos erat, pugio- « nem daret, crebro monuerit : Tibi istum ad munimentum mei com- « mitto, si recte agam; sin aliter, in me magis[3]. »

## XXXIII
854 [= 101 — ?].
[TI.] CLAUDIUS LIVIANUS,
praef. praet. sub Trajano.

An. 854 [= 101]. — « Decebalus legatos misit ad Trajanum..., « orans ut ipsi... potestatem faceret in... colloquium imperatoris « veniendi, sin minus, saltem ut aliquis mitteretur, qui de pace cum eo « ageret. Missi sunt hoc nomine Sura Claudiusque Livianus praefectus « praetorii, sed effectum omnino nihil[4]. »

[1[5].
TI · CLAVDIO
LIVIANO · PR · PR ·
AMICO · OPTIM

2[6].
TI · CLAVDI · LIVIANI · PR · PR
IXX

gation de cette nature. Cf. Édouard Cuq, *Le Conseil des empereurs d'Auguste à Dioclétien*, p. 357.]

[1] *Hist. des Empereurs*, II, 160.
[2] *Panegyr.* c. LXXXVI.
[3] Victor. *De Caesaribus*, c. XIII, 9.
[4] Dion. lib. LXVIII, c. IX. [Ὁ Δεκέβαλος πρέσβεις ἔπεμψε..... Καὶ ἐκεῖνοι..... ἐδεήθησαν τοῦ Τραϊανοῦ, μάλιστα μὲν αὐτῷ τῷ Δεκεβάλῳ καὶ ἐς ὄψιν καὶ ἐς λόγους αὐτοῦ ἐλθεῖν..... εἰ δὲ μή, σταλῆναί γέ τινα τὸν συμβησόμενον αὐτῷ. Καὶ ἐπέμφθη ὅ Σούρας καὶ Κλαύδιος Λιβιανὸς ὁ ἔπαρχος. Ἐπράχθη δὲ οὐδέν.]

[5] [Sur un cippe trouvé à Rome. *Corp. inscr. Lat.* vol. VI, n. 1604.] — [Le nom du même personnage se lisait, gravé sur le flanc d'un taureau, dans un bas-relief mithriaque également trouvé à Rome, mais perdu aujourd'hui (*ibid.* n. 718). HÉRON DE VILLEFOSSE.]

[6] [Sur un tuyau de plomb découvert dans une vigne, aux environs d'Olevano, près de Préneste. *Corp. inscr. Lat.* vol. XIV,

## PRAEFECTI PRAETORIO.

Livianus était préfet du prétoire pendant la première guerre contre les Daces en 101-102.

Hirschfeld[1] pense que c'est à notre préfet du prétoire que Spartien fait allusion dans le passage suivant : «Expeditionis Parthicae tempore... utebatur Hadrianus «amicitia... ex equestri... ordine Attiani, tutoris quondam sui et Liviani Tur-«bonis[2].» Le texte parle, il est vrai, de Livianus Turbo, mais le préfet du prétoire Turbo n'a jamais porté le surnom de Livianus. Hirschfeld propose d'intercaler *et* entre les mots Livianus et Turbo, qui désigneraient deux personnages distincts. Borghesi pensait au contraire que Livianus Turbo fut le père du préfet du prétoire[3].]

✶

### L. POBLICIUS[4] CELSUS,
sub Trajano.

*l. poblicio*....................... ᴄ ᴄAM · CELSO
............... AED · PLEB · CERIAL · Q · ADLECT
*in amplissim*VM · SENATVS · ORDINEM · AB
*imp. caes. nerv*A · TRAIANO · AVG · GERM · DACIC · PRAEF · COH · BREVCOr
*omn. hon. functo. in muni*CIPIO · SVO · ALBA · POMPEIA · PATRONO · COLONIARVM
.................*ite*M · MVNICIPIOR · ALBAE · POMPEIAE · AVG · BAGIENNORVM
........................ ENS · GENVENS · AQVENS · STATIEL
............................................... DOVER[5]

Questo dev' essere uno dei primi prefetti di Trajano. Egli fu console per la seconda volta nel 866 [= 113][6], qualche altro anno dev' essere

n. 3439.] — [Le même nom se retrouve sur une tuile recueillie à Préneste (*ibid.* n. 4091, 30). W. H. Waddington.]

[1] [*Röm. Verwaltungsgeschichte*, p. 224.]
[2] [In *Hadrian.* c. iv.]
[3] [Voir plus loin, p. 47.]
[4] [Si ce personnage est bien, comme le pense Borghesi, le même qui devint consul pour la seconde fois en 113, son véritable nom est Publilius. La forme *Poblicius* se rencontre cependant sur une brique trouvée à Ostie : *L. Poblicio Celso II Clodio Crispo cos. ex pr(aediis) Al(ieni) Proc(uli)*. Voir *Corp. inscr. Lat.* vol. XIV, n. 4089, 6.]
[5] Vernazza, *Monumenta Albae Pompeiae*, 1782, p. 13. [*Corp. inscr. Lat.* vol. V, n. 7153.]
[6] [Orelli, n. 3787; Wilmanns, n. 2083;

scorso dopo il conseguimento del primo consolato, e avanti questo dovrà riporsi la sua prefettura, non essendo uso allora che i già senatori, e molto meno i consolari, fossero prefetti.

[Rien ne prouve que Celsus ait été préfet du prétoire. L'opinion émise par Borghesi reposait sur une copie inexacte de l'inscription. Au lieu de PRAEF·COH· BREVCOr· il lisait à la cinquième ligne PRAEF·COH·PRAET·COS.]

## XXXIV
?

*SEPTIMIUS* [?],
praef. praet. sub Trajano(?).

— « Tranquillus (Suetonius), Septimio, qui tum erat praefectus « praetorianarum cohortium, Caesarum vitas exponens, praefectum eum « praetorianorum ordinum, et phalangum ducem esse ostendit[1]. »

Forse ha da leggersi *Septicio*, onde sia *Septicio Claro*, e allora si parlarebbe dei tempi di Adriano [2].

Meglio può essere il Settimio Vegeto, prefetto dell' Egitto sotto Nerva [3].

*Corp. inscr. Lat.* vol. XI, n. 3614. Voir plus haut, t. V, p. 34.]

[1] Lydus, *De magistratibus rei publicae romanae* [lib. II, c. VI : Τράκυλλος τοίνυν τοὺς τῶν Καισάρων βίους ἐν γράμμασιν ἀποτείνων Σεπτιμίῳ, ὃς ἦν ὕπαρχος τῶν πραιτωριανῶν σπειρῶν ἐπ' αὐτοῦ, πραίφεκτον αὐτὸν τῶν πραιτωριανῶν ταγμάτων καὶ φαλάγγων ἡγεμόνα τυγχάνειν ἐδήλωσεν.]

[2] [Voir plus loin, p. 47, n° XXXVIII.]

[3] [Voir le diplôme du 17 février 86 trouvé à Thèbes, en Égypte, en 1735, et conservé aujourd'hui à Rome à la bibliothèque du Vatican. Il est accordé par Domitien à un soldat faisant partie des *classici* :

QVI·MILITANT·IN·AEGYPTO·SVB·C SEPTIMIO·VEGETO·ET·CLAVDIO·CLEMEN TE·PRAEFECTO·CLASSIS................

*Corp. inscr. Lat.* vol. III, 2ᵉ partie, p. 856.]
— [Il résulte de ce diplôme que C. Septimius Vegetus fut préfet d'Égypte sous Domitien et non pas sous Nerva. W. H. Waddington.]

## XXXV

[ Circa 870 = 117. ]

### CAELIUS ATTIANUS,
praef. praet. sub Hadriano.

— «(Hadrianus), decimo aetatis anno patre orbatus, Ulpium Tra-
«janum, praetorium tunc, consobrinum suum, qui postea imperium
«tenuit, et Caelium Attianum, equitem romanum, tutores habuit[1].»

— «Qua quidem tempestate (cum consul factus est), utebatur
«Hadrianus amicitia... Attiani, tutoris quondam sui, et Liviani [et]
«Turbonis[2].»

— «Sub primis imperii diebus ab Attiano per epistulas est admo-
«nitus, ut et Baebius Macer, praefectus Urbis[3], si reniteretur ejus
«imperio, necaretur... Post haec Antiochia digressus est ad inspi-
«ciendas reliquias Trajani, quas Attianus, Plotina et Matidia defe-
«rebant[4].»

— «Senatus fastigium in tantum extulit, difficile faciens senatores,
«ut cum Attianum, ex praefecto praetorii ornamentis consularibus
«praeditum, faceret senatorem, nihil se amplius habere quod in eum
«conferri posset, ostenderit[5].»

— «Cum Attiani, praefecti sui et quondam tutoris, potentiam ferre
«non posset, nisus est eum obtruncare; sed revocatus est, quia jam
«consularium quattuor occisorum (quorum quidem necem in Attiani
«consilia refundebat), premebatur invidia. Cui cum successorem dare
«non posset quia non petebat, id egit ut peteret : atque ubi primum
«petiit, in Turbonem transtulit potestatem[6].»

— «(Hadrianus) prope cunctos vel amicissimos, vel eos quos sum-
«mis honoribus evexit, postea ut hostium loco habuit, ut Attianum, et
«Nepotem, et Septicium Clarum[7].»

---

[1] Spartian. in *Hadrian.* c. I.
[2] *Ibid.* c. IV.
[3] [Voir plus haut, t. IX, p. 279.]
[4] Spartian. in *Hadrian.* c. V.
[5] Spartian. in *Hadrian.* c. VIII.
[6] *Ibid.* c. IX.
[7] *Ibid.* c. XV.

42 PRAEFECTI PRAETORIO.

Il Salmasio, contro il parere del Panvinio, distingue diligentemente costui del Titiano console con Gallicano [1].

An. 870 [= 117]. — « Verum Trajano sine liberis defuncto, Attianus, « qui municeps ejus (Hadriani) erat tutorque fuerat, et Plotina ex amoris « consuetudine, Caesarem eum imperatoremque designaverunt [2]. »

— « Hadrianum Plotina, Trajani conjunx, ex amorum illecebris, et « Tatianus, ejus procurator, Caesarem et imperatorem designarunt [3]. »

Il Reimaro [4] opina che Attiano e Simile fossero prefetti insieme.

## XXXVI

[Circa 870 = 117.]

SULPICIUS SIMILIS,

praef. praet. sub Hadriano.

[Sulpicius Similis débuta comme centurion sous Trajan [5]. Il devint, sous ce prince, préfet de l'annone et préfet de l'Égypte. Au commencement du règne d'Hadrien, il fut préfet du prétoire avec Attianus.]

— « (Hadrianus) cum (Attiano) successorem dare non posset quia « non petebat, id egit ut peteret : atque ubi primum petiit, in Turbo- « nem transtulit potestatem; quum quidem etiam Simili, alteri prae- « fecto, Septicium Clarum successorem dedit [6]. »

Vedi su costui la nota del Salmasio [7].

---

[1] [Saumaise avait raison : le collègue de Gallicanus dans le consulat de l'an 127 s'appelait Titianus (voir plus haut, t. VII, p. 77, n. 10. Le Bas-Waddington, n. 1619; Expl. p. 379. Corp. inscr. Lat. vol. III, n. 42. Mém. de l'Acad. des inscr. Savants étrangers, 1<sup>re</sup> série, t. VI, 2<sup>e</sup> partie, p. 191, 1, et 193, 13). Il n'a aucun rapport avec notre préfet du prétoire, que Zonaras appelle Tatianus, mais dont le nom était, d'après Spartien et Dion Cassius, Attianus.]

[2] Dion. lib. LXIX, c. I. [ἀλλὰ καὶ Καίσαρα αὐτὸν καὶ αὐτοκράτορα, τοῦ Τραϊανοῦ ἄπαιδος μεταλλάξαντος, ὅ τε Ἀτ7ιανὸς, πολίτης αὐτοῦ ὤν, καὶ ἐπίτροπος γεγονὼς, καὶ ἡ Πλωτῖνα ἐξ ἐρωτικῆς φιλίας...]

[3] Zonar. lib. XI, c. XXIII. [Καίσαρά τε καὶ αὐτοκράτορα τὸν Ἀδριανὸν ἥ τε τοῦ Τραϊανοῦ σύζυγος Πλωτίνα ἐξ ἐρωτικῆς φιλίας καὶ ὁ Τατιανὸς ἐπίτροπος αὐτοῦ γεγονὼς ἀπέδειξαν.]

[4] Pag. 1114, § 91; p. 1167, § 148.

[5] [Dion. lib. LXIX, c. XIX. Voir plus haut, t. III, p. 235-236.]

[6] Spartian. in Hadrian. [c. IX].

[7] [In Spartiano, ad h. l. (ed. Lugduni Batavorum, 1671, vol. I, p. 76) : «Non po-

## PRAEFECTI PRAETORIO.

— « Fuere autem illis temporibus (Hadriani) alii quoque optimi viri,
« quorum celeberrimi erant Turbo et Similis, qui et statuis honorati
« fuere... Similis vero, ut hunc aetate et honore anteibat, ita nemini
« viro principi, ut ego quidem arbitror, moribus et virtute secundus
« erat, idque licet ex re perexigua cognoscere. Nam cum centurio esset,
« cumque Trajanus ante praefectos intro advocavisset : Turpe, inquit,
« est, Caesar, cum centurione te, foris stantibus praefectis, colloqui.
« Idem praetorianorum praefecturam sub Hadriano invitus accepit, et
« acceptam deposuit, ac vix tandem dimissus, ruri reliquos septem
« vitae annos exegit, suoque sepulchro moriens inscribi jussit haec
« verba : Hic jacet Similis, cujus aetas tot annorum fuit, ipse septem
« duntaxat annos vixit[1]. »

De Simili vide Fabrettum[2] :

GENIO<br>
SIMILIS<br>
FAMILIA

— « ...Sed non alios puto excusandos, quam qui intra numerum
« constituti centenarium pistrinum secundum litteras divi Trajani ad

test ex Dione, vel ex Xiphilino potius, colligi duos illa tempestate fuisse praefectos praetorio. Dissentit etiam Spartianus a Dione de hoc Simili. Nam videtur Spartianus hic innuere Hadrianum, Simili offensum, successorem ei dedisse ut Attiano. Sequitur enim : *summotis his a praefectura quibus imperium debebat, Campaniam petiit.* Contrarium plane scribit Dio, qui et Similem invitum ad praefecturam venisse, ac brevi illam tempore administrasse ac statim sponte sua dimisisse narrat. »]

[1] Dion. lib. LXIX, c. xviii et xix. [Γεγόνασι δὲ καὶ ἄλλοι τότε ἄριστοι ἄνδρες· ὧν ἐπιφανέστατοι Τούρβων τε καὶ Σίμιλις ἤστην, οἳ καὶ ἀνδριάσιν ἐτιμήθησαν... Ὁ δὲ δὴ Σίμιλις ἡλικίᾳ μὲν καὶ τάξει προήκων αὐτοῦ, ἐν τρόποις οὐδενὸς τῶν πάνυ, ὥς γε ἐγὼ νομίζω, δεύτερος ἦν. Ἔξεστι δὲ καὶ ἐξ ὀλιγοστῶν τεκμήρασθαι. Τῷ τε γὰρ Τραϊανῷ, ἑκατονταρχοῦντα αὐτὸν ἐσκαλέσαντί ποτε εἴσω πρὸ τῶν ἐπάρχων, ἔφη· Αἰσχρόν ἐστι, Καῖσαρ, ἑκατοντάρχῳ σε, τῶν ἐπάρχων ἔξω ἑστηκότων, διαλέγεσθαι· καὶ τὴν τῶν δορυφόρων ἀρχὴν ἄκων τότε ἔλαβε, καὶ λαβὼν ἐξίστατο· μόλις τε ἀφεθεὶς, ἐν ἀγρῷ ἡσυχος ἑπτὰ ἔτη, τὰ λοιπὰ τοῦ βίου, διήγαγε, καὶ ἐπί γε τὸ μνῆμα αὐτοῦ τοῦτο ἐπέγραψεν ὅτι· Σίμιλις μὲν ἐνταῦθα κεῖται, βιοὺς μὲν ἔτη τόσα, ζήσας δὲ ἔτη ἑπτά.]

[2] Fabretti, *Inscr.* p. 75, vii; Gruter, p. 111, n. 11. [*Corp. inscr. Lat.* vol. VI, n. 259. Voir plus haut, t. III, p. 127.]

« Sulpicium Similem exerceant; quae omnia litteris praefecti annonae
« significanda sunt¹. »

Pare adunque che sia stato prefetto dell' annona². Fu prefetto dell'Egitto nel xii anno di Trajano. Vedi quella scheda e l'altra iscrizione data dal Mai negli escerpti di Dione³ e segnatamente il Labus⁴.

1⁵.

ANN XII IMP NERVA TRAIANO
CAESARE AVG GERMANICO
DACICO
PER SVLPICIVM SIMIleM
PRAEF·AEG

2⁶.

claυDIA·C·F·QVARTA
sibi.eT·SVLPICIO·SIMILI
.....S·VIRO·SVO·ET·SEX·TESITAN
......O·QVARTINO·FILIS·SVIS·EX·HS·C̄D̄
monumenTVM·ET·AEDIFICIA·QVAE·IVNCTA·SVNT
T·F·I

¹ [Vat. fr., 233. Cf. Gaius, I, 34, qui mentionne également cette constitution de Trajan, mais sans indiquer le nom du destinataire : « Denique Trajanus constituit, ut si (Latinus) in Urbe tr(ien)nio pistrinum exercuerit (in quo in) dies singulos non minus quam centenos m(odios) frument(i pi)nseret, ad jus Quiritium perven(iat). » Trajan avait reconstitué le *collegium pistorum* en vue de faciliter les distributions de blé que l'on faisait au peuple chaque année sous la surveillance du préfet de l'annone. La corporation des boulangers recevait le blé des greniers impériaux à prix réduit, à charge de faire du pain de bonne qualité et à bon marché. Pour les récompenser du service qu'ils rendaient à l'État, Trajan leur accorda divers privilèges : la faculté, pour ceux d'entre eux qui étaient latins, d'acquérir au bout de trois ans la cité romaine; l'exemption de la tutelle des fils d'un collègue. Voir plus haut, t. III, p. 134; Hirschfeld, *Philologus*, 1869, p. 39.]

² [En l'année 109. Borghesi rectifie ici l'opinion qu'il avait émise en 1824 (voir plus haut, t. III, p. 128) et d'après laquelle Similis aurait été élevé directement de la préfecture de l'annone à celle du prétoire.]

³ Pag. 222.

⁴ *I Prefetti dell' Egitto*, p. 102.

⁵ A [Gebel-Fatîre], nell' Egitto. Lettera dal Sgʳ Burton. *Giornale Arcadico* del marzo 1824. *Rivista enciclopedica*, t. XXI, p. 458. Labus, *Di un' epigrafe latina scoperta in Egitto dal viaggiatore Belzoni*, p. 101. [*Corp. inscr. Lat.* vol. III, n. 24. Voir plus haut, t. VI, p. 280.]

⁶ In Museo Vaticano. Mai, *Nova collectio Vaticana*, t. II, p. 222, che consulterai anche pei nuovi passi di Dione. [Voir plus haut, t. III, p. 236, et la note de Mommsen relative au prénom de ce personnage.]

## XXXVII
872 [= 119 (?) — 888 = 135 (?)].
### Q. MARCIUS TURBO FRONTO PUBLICIUS SEVERUS,
praef. praet. sub Hadriano.

[Attianus et Similis eurent pour successeurs Turbo et Clarus. Q. Marcius Turbo Fronto Publicius Severus avait été antérieurement préfet de la Maurétanie[1], puis de la Pannonie et de la Dacie[2], enfin préfet de l'Égypte[3]. Plus tard Hadrien le poursuivit avec acharnement comme bien d'autres de ses meilleurs amis[4].]

Vedi costui nelle schede della Mauretania, della Pannonia, della Dacia e dell' Egitto.

— «Fuerunt et Turbo et Similis inter optimos clarissimi. Ac Turbo, «ut rei militaris peritissimus, cum praefectus praetorio factus esset, ut «unus e populo vitam exegit, nec unquam ob perpetuam cum impe-«ratore consuetudinem domi, licet aegrotans, interdiu visus est. A quo «aliquando adversa valetudine admonitus ut quieti se daret, respon-«dit praefectum praetorio stantem mori oportere[5].»

```
     Q · MARCIO · TVRBONI
     FRONTONI · PVBLICIO
     SEVERO · PRAEF · PRAET
     IMP · CAESARIS · TRAIANI
     HADRIANI · AVGVSTI · P · P
     COLON · VLP · TRAIAN · AVG
     DACICA · SARMIZEGETVS
```

[1] [Spartian. in *Hadrian.* c. v : «Marcio Turbone, Judaeis compressis, ad deprimendum tumultum Mauretaniae destinato.» Cf. Pallu de Lessert, *Les gouverneurs des Maurétanies*, p. 116.]

[2] [*Ibid.* c. vi : «Marcium Turbonem post Mauretaniam praefecturae infulis ornatum Pannoniae Daciaeque ad tempus praefecit.»]

[3] [*Ibid.* c. vii : «Dacia Turboni credita, titulo Aegyptiacae praefecturae, quo plus haberet auctoritatis ornato.»]

[4] [Spartian. c. xv : «Turbonem graviter insecutus est.»]

[5] Zonar. XI, 24. [Ἦσαν δὲ καὶ Τούρβων καὶ Σίμιλις τῶν ἀρίστων ἐπιφανέστατοι. Καὶ ὁ μὲν Τούρβων, οἷα στρατηγικώτατος, ἔπαρχος γεγονὼς εἶτ' οὖν ἄρχων τοῦ δορυφορικοῦ, ὡς εἶς τῶν πολλῶν διεβίω · ὃς οὔ ποτε ἡμέρας οἴκοι ὦπτο, οὐδὲ νοσήσας, ἀλλὰ πρὸς τὸν βασιλέα διέτριβε. Καί ποτε νοσοῦντι ἀτρεμήσειν αὐτῷ τοῦ αὐτοκράτορος συμβουλεύοντος, εἶπεν ὅτι τὸν ἔπαρχον ἑστῶτα δεῖ τελευτᾶν.]

Ecco la vera lezione di questa lapide conservata nel Museo Vindobonense[1] :

— « Fuere autem illis temporibus alii quoque optimi viri, quorum
« celeberrimi erant Turbo et Similis, qui et statuis honorati fuere.
« Turbo, vir rei militaris peritissimus, praefectus praetorio fuit, nihil-
« que in eo munere unquam molliter facere aut insolenter est visus.
« Vivebat enim tanquam unus ex multis, quamvis tota die moraretur
« cum principe, cumque saepe adiret ante mediam noctem quando
« caeteri dormire inceperant... Turbo autem nunquam interdiu, ne
« aegrotus quidem, domi visus est. Nam et Hadriano, consulenti sibi ut
« quiesceret, respondit praefectum praetorio stantem mori oportere[2]. »

— « Niger Censorius... Turboni Marcio et Erucio Claro erat fami-
« liarissimus : qui duo egregii viri, alter equestris, alter senatorii or-
« dinis primarii fuerunt. »

Così scrive il Frontone[3]. La lettera non può essere anteriore al
892 [=139] nè posteriore al 914 [=161]. Sembra chiaro delle formole usate che Turbone e Claro fossero allora morti. Intanto se ne
ricava che Turbone non salì mai a carica senatoria e che morì in bona
grazia di Antonino, il che può far credere che continuasse nella prefettura del pretorio anche sotto di lui fino alla morte[4].

---

[1] Maffei, *Museum Veronense*, p. 242, 4.
Muratori, 1122, 1. Donatus, p. 257, 2.
Orelli, n. 831. [Cette inscription a été
trouvée, en Dacie, en double exemplaire;
elle fournit les noms complets de Turbo.
*Corp. inscr. Lat.* vol. III, n. 1462.] —
[Un fragment récemment découvert à Tivoli
se rapporte au même personnage; l'inscription contenait également tous ses noms
(*Corp. inscr. Lat.* vol. XIV, n. 4243). W. H.
Waddington.]

[2] Dion. lib LXIX, c. xviii. [Γεγόνασι δὲ
καὶ ἄλλοι τότε ἄριστοι ἄνδρες· ὧν ἐπιφανέστατοι Τούρβων τε καὶ Σίμιλις ἤστην,
οἱ καὶ ἀνδριάσιν ἐτιμήθησαν· Τούρβων μὲν,
στρατηγικώτατος ἀνήρ, ὃς καὶ ἔπαρχος

γεγονώς, εἴτ᾽ οὖν ἄρχων τῶν δορυφόρων,
οὔτε τι ἁβρὸν οὔτε τι ὑπερήφανον ἔπραξεν,
ἀλλ᾽ ὡς εἷς τῶν πολλῶν διεβίω. Τά τε γὰρ
ἄλλα καὶ τὴν ἡμέραν πᾶσαν πρὸς τὸν
βασιλέα διέτριβε, καὶ πολλάκις καὶ πρὸ
μέσων νυκτῶν πρὸς αὐτὸν ᾔει, ὅτε τινὲς
τῶν ἄλλων καθεύδειν ἤρχοντο..... Οἴκοι
δὲ ὁ Τούρβων οὔποτε ἡμέρας, οὐδὲ νοσήσας,
ὤφθη· ἀλλὰ καὶ πρὸς τὸν Ἀδριανὸν συμ-
βουλεύοντα αὐτῷ ἀτρεμήσειν, εἶπεν ὅτι τὸν
ἔπαρχον ἑστῶτα ἀποθνήσκειν δεῖ.]

[3] Lib. I, p. 7. [*M. Cornelii Frontonis
epistulae ad Antoninum Pium*, III, p. 165,
éd. Naber.]

[4] [Hirschfeld, *op. cit.*, p. 225, à l'inverse
de Borghesi, conclut de cette lettre de Fron-

Essendo privato «utebatur Hadrianus amicitia Sosii Papi, et Plae-«torii Nepotis, ex senatorio ordine : ex equestri autem Attiani, tutoris «quondam sui, et Liviani Turbonis [1]». Lo credo il padre del prefetto piuttosto che il prefetto medesimo.

## XXXVIII
[Circa 872 = 119] — 874 [= 121].
### C. SEPTICIUS CLARUS,
praef. praet. sub Hadriano.

[Clarus succéda à Similis dans la charge de préfet du prétoire[2]. Il ne resta pas longtemps en fonctions : en 121, il reçut un successeur.]

— «Septicio Claro, praefecto praetorii, et Suetonio Tranquillo, «epistularum magistro, multisque aliis qui apud Sabinam uxorem in-«jussu ejus familiarius se tunc egerant, quam reverentia domus au-«licae postulabat, successores dedit[3].»

— «(Hadrianus) prope cunctos vel amicissimos vel eos quos summis «honoribus evexit, postea ut hostium loco habuit, ut... Septicium «Clarum[4].»

Il Tillemont[5] pone la prefettura di Septicio fra il 119 circa ed il 121.

Questo prefetto si crede quel Septicio, a cui dopo l'860 Plinio indirizzò le sue lettere, come si ha dall' ep. I, 1[6]. Chiamavasi C. Septicio; era fratello di Erucio Claro[7] e zio di Sesto Erucio Claro, console del 899, come si ha dall' ep. IX, 2. Anzi chiamavasi C. Septicio Claro[8].

---

tou que Turbo était mort à l'avènement d'Antonin le Pieux.]

[1] Spartian. in *Hadrian.* c. IV.
[2] [Spartian. in *Hadrian.* c. IX. Voir plus haut, p. 42, n. 6.]
[3] *Ibid.* c. XI.
[4] *Ibid.* c. XV.
[5] *Hist. des Empereurs*, t. II [p. 255 et 258, éd. de Paris, 1691].
[6] [Voir Mommsen, *Ind. Plin.* p. 425.]
[7] [Sex. Erucius Clarus fut préfet de la ville en 146, sous Antonin le Pieux. Voir plus haut, t. IX, p. 293.]
[8] Plin. lib. I, epist. XV.

## XXXIX

...?...

praef. praet. sub Hadriano.

Adriano, essendo mai conscio della salute di Elio Cesare, si lamentò di aver perduto *ter millies*, cioè il donativo fatto ai soldati ed al popolo.

— « Et haec quidem Hadrianus cum praefecto suo locutus est; quae « cum prodidisset praefectus, ac per hoc Aelius Caesar in dies magis « magisque sollicitudine, ut pote desperati hominis, adgravaretur, prae- « fecto suo Hadrianus, qui rem prodiderat, successorem dedit[1]. »

Il Casaubono, nelle note, si mostra incerto quel prefetto fosse costui, se del pretorio, di Roma, dell'erario, ed inclina a leggere piuttosto *cum praefecto Severo*, che vorrebbe fosse il prefetto di Roma Catilio Severo[2]. Non ne sono presuaso, constante essendo in tutti i codici la lezione due volte, e dico che la frase *praefectus suus* abbastanza ci spiega ch' era il prefetto del pretorio, del cui nome però siamo incerti non avendolo detto l'autore.

## XL

[891 = 138 (?).]

### SEX. PETRONIUS MAMERTINUS,
praef. praet. sub Antonino Pio.

[Mamertinus fut préfet du prétoire probablement dès le début du règne d'Antonin le Pieux. Il figure, en cette qualité, avec son collègue Gavius Maximus, dans des inscriptions datées des années 139, 140, 142 et 143. Fils de Petronius Sura, procurateur sous Hadrien[3], il avait été préfet d'Égypte en 134.]

---

[1] Spartian. in *Aelio Vero*, c. vi. — [2] [Voir plus haut, t. IX, p. 288.] — [3] [*Corp. inscr. Lat.* vol. VI, n. 977.]

## 1.

M · AVRELIO · CAESARI
IMP · CAESARIS · T · AELI · HADRIANI
ANTONINI · AVG · PII · FIL · DIVI
HADRIANI · NEP · DIVI · TRAIANI · PARTHICI
PRONEP · DIVI · NERVAE · ABNEP · COS
PETRONIVS · MAMERTINVS · ET · GAVIVS · MAXIMVS · PR · PR
TRIBVNI · COHORTIVM · PRAETORIARVM · DECEM . ET
VRBANARVM TRIVM · CENTVRIONES · COHORTIVM
PRAETORIARVM · ET · VRBANARVM · ET STATORVM
EVOCATI · COHORTES · PRAETORIAE · DECEM · ET
VRBANAE · X · XII · XIIII · CENTVRIAE · STATORVM
OPTIMO · AC · PIISSIMO [1].

## 2.

..... PETRONIO · MA*mertino*
*xv vir* SACR · FAC · PRAEF...
*alle*CTO · INTER · QVAES*torios* [2].

Vedi un' altra iscrizione tra i prefetti dell' Egitto.

---

[1] Cod. Vat. Manutii, n° 6035, p. 22. Più corretta nel Fabretti, p. 131, n° 68. Mazzocchio, p. 108. Gruter, p. 258, 8. Orelli, n. 3422. [*Corp. inscr. Lat.* vol. VI, n. 1009.] — [Cette inscription, trouvée à Rome, paraît être de l'année 140. Trois autres inscriptions, également découvertes à Rome, dans les fouilles de l'Esquilin, en 1885 et 1886, sur l'emplacement même de la caserne des *equites singulares*, fournissent encore des dates précises pour la préfecture commune de Petronius Mamertinus et de Gavius Maximus. La première est de l'année 139 : ...SVB · PETRONIO ‖ MAME*r*TINO · ET GAVIO MAXIMO Pr ‖ *pra*ET...; la deuxième a été gravée en l'année 142 : ...SVB · PETRONIO · MAMERTINO · ET · GAVIO · MAXIMO ‖ PRAEF · PR.....; la troisième est de l'année 143 : SVB · PETRONIO ‖ MAMERTINO · ET · GAVIO · MAXIMO ‖ PR · PR... (*Bullettino della commiss. archeol. municip. di Roma*, 1885, p. 151 et 155; 1886, p. 98; cf. G. Henzen, *Iscrizioni recentemente scoperte degli equites singulares* (dans *Annali dell' Instit.*, 1885, p. 235 à 291). W. H. Waddington.]

[2] Marini, *Fr. Arval.* II, p. 728. Vedi Gruter, p. 415, 7. — [*Corp. inscr. Lat.* vol. VI, n. 1488. Borghesi, adoptant l'opinion de Marini, a attribué cette inscription au préfet du prétoire d'Antonin. Cela ne paraît pas possible. Le texte concerne plutôt Petronius Mamertinus, consul en 182. Héron de Villefosse.]

[3.
Sex·PETRONIVS MAMƐNS
PRAEF·AEG·AVDI MEMNON
VI·IDVS MARTIAS
SERVIANO·III·ET·VARO COS
HORA·DIES ANTE PRIMAM[1] (*sic*)]

## XLI
[891 = 138 (?) — 911 = 158 (?).]
M. GAVIUS MAXIMUS,
praef. praet. sub Antonino Pio.

— « Gavius Maximus, praefectus praetorii, usque ad vicensimum an-
« num sub eo pervenit, vir severissimus. Cui Tatius Maximus successit.
« In cujus demortui locum duos praefectos substituit[2]. »

Sembra adunque che sul principio del suo impero non avesse che un solo prefetto[3].

[Gavius Maximus eut pour collègue, au début du règne d'Antonin, Petronius Mamertinus[4]. Les inscriptions des années 139, 140, 142, 143, citées au paragraphe précédent, se rapportent à leur préfecture commune.]

— « Praefectos suos et locupletavit, et ornamentis consularibus do-
« navit[5]. »

[1] [Inscription du 10 mars 134, gravée à Thèbes, en Égypte, sur le pied gauche de la statue de Memnon. *Corp. inscr. Lat.* vol. III, n. 44. Cf. n. 77, l'inscription métrique de Talmis, où Mamertinus est nommé au vers 9: «Sacra *Mamertino* sonuerunt praeside sig(na).»]

[2] Capitolin. in *Antonin.* c. VIII.

[3] [Cf. Mommsen, *Römisches Staatsrecht*, t. II, p. 866, n. 8.]

[4] Lapidem vide in schedis collegae Petronii Mamertini. [Voir plus haut, p. 49, n. 1. Sur le point de départ de la préfecture de Gavius, voir plus haut, t. VI, p. 191, où Borghesi exprime l'avis que Gavius fut préfet dès la fin du règne de l'empereur Hadrien.]

[5] Capitolin. in *Antonin.* c. X. Il Tillemont [*Hist. des Empereurs*, t. II, p. 343] distingue il prefetto del console. [Mais l'attribution des *ornamenta consularia* à un préfet du prétoire n'est pas sans exemple. Voir plus haut, p. 13, n. 4. Cf. Waddington, *Explic.* t. III, p. 601 et 659.]

# PRAEFECTI PRAETORIO.

[Gavius Maximus n'a pas été consul comme on l'a cru autrefois d'après une inscription qui est fausse ou qui tout au moins ne s'applique pas à notre préfet [1]. Gavius reçut seulement les ornements consulaires.]

Gavio Maximo commendat Plinius Arrianum Maturum [2].

[Les inscriptions gravées en l'honneur d'un préfet qui conserva ses fonctions pendant vingt ans ne sont pas rares. En voici une que les anciens recueils ont reproduite d'une façon inexacte [3] ou incomplète [4] :]

```
        M · G A V I o
        M A X I M o
        P R A E F E C t o
        P R A E T O R i o
        L  C A M M I V s
        S E C V N D i n u s
      P·P·PRAEF·LEG·X
          PROC·AVG
           AMICO
```

[1] Il Casaubono nota [In *Capitolino*, ad h. l., vol. I, p. 267 : «Vetus lapis: *C. Gavius c. f. Strabo Maximus cos.*»] Ex Panvinio Gruter, 1093, 2. [Mommsen, ad *Corp. inscr. Lat.* vol. V, n. 3464 *in fine*, dit à propos de cette inscription : «(Titulus) aut fictus est, aut certe ad Veronam non pertinet.»]

[2] Lib. III, epist. II. [La lettre est adressée à Maximus. Borghesi suppose qu'il s'agit de notre préfet du prétoire. La conjecture est difficile à admettre : le troisième livre des lettres de Pline est de l'année 101 ou 102 (voir Mommsen, *Étude sur Pline le Jeune*, p. 11); Gavius n'a été préfet du prétoire qu'en 138 ou 139.]

[3] Seccaviae supra Leibnitzam, Stiriae. Ex appendice *Annal. Vindob.*, 1829, n. 298. Kellermann, *Vigil.* p. 54, n. 113. Pococke, p. 110, 5; mendosissima apud Grut., p. 415, 7, et p. 1025, 9, qui a Lazio et Appiano acceperat. Qua lectione decepti Gudius et Hagenbuchius (*Dipt. Brix.* p. 73)

oleum et operam in ejus illustratione perdiderunt. Orellius, n. 3158. [Trouvé à Seckau, l'antique Flavia Solva; *Corp. inscr. Lat.* vol. III, n. 5328. Borghesi n'avait eu d'abord entre les mains que la copie inexacte de Gruter, qui avait lu ILLYRICAN au lieu de L·CAMMIVs. Il l'avait fait suivre de la note suivante :] Gruter lo crede assai posteriore, perche il prefetto del pretorio d'Illirico fu istituito circa i tempi di Costantino. Ma per me Illiriciano è nome proprio del dedicante, e quindi è tolta ogni difficoltà; deve leggersi *M. Gavio, Maximi praef(ecti) praet(orio) liberto, Illyriciano...*

[4] *M. Gavi Maxim. praetor. Claud.* Questa mal copiata iscrizione, o forse frammento, proviene dal Lazio (lib. XII, comm. R. P., l. III, c. IX), che la pone in Castro Leibnitzii in Stiria. La diedero poi il Gruter, p. 369, 6, ed il Reinesio, cl. VI, n. 46. [Cf. Mommsen, ad *Corp. inscr. Lat.* vol. III, n. 5328.]

52 PRAEFECTI PRAETORIO.

[Les trois inscriptions suivantes, trouvées à Fermo (Firmum Picenum), donnent lieu de penser que Gavius Maximus était originaire de cet endroit [1] :

*a.*

M·GA*vio m.f.pal.*
MA*ximo*
PRAEF✪PRAET✪
CONSVLAR✪OR
*namentis ornato*

———

*b.*

*m.gavi*O · M · *f*
*pal.* ᴍAXIMO
*prae*F · PRAET
...VS·PERPET
*pr*OC·AVG[2]

*c.*

La troisième inscription de Fermo prouve, comme la première, que Gavius reçut les ornements consulaires pendant qu'il était préfet du prétoire [3]; elle confirme le témoignage de Capitolin :]

M · GAVIO · M · F
PALAT · MAXIMO
PRAEF · PRAET
CONSVLARIBVS · ORNA
MENTIS · ORNATO
TI · CLAVDIVS
FIRMVS · P · P
EX · CORNICVLAR
IPSIVS
L · D · D · D

[Sur un tuyau de plomb trouvé à Mesagne [4] :

S·M G M PR·PR

---

[1] [*Corp. inscr. Lat.* vol. IX, n. 5359.]
[2] [*Corp. inscr. Lat.* vol. IX, n. 5360.]
[3] Firmi. Muratori, 705, 6. Orellius, n. 3157. Steiner, *Inscr. Danub.* n. 1275. [*Corp. inscr. Lat.* vol. IX, n. 5358.]
[4] [*Corp. inscr. Lat.* vol. IX, n. 6083, 125. Bormann et Mommsen lisent : S(*yntrophi?*) M · G(*avi*) M(*aximi*) PR(*aefecti*) PR(*aetorii*).] — [Cf.] Augustae Trevirorum,

fragmentum : Wyttenbach, *Neue Beiträge zur Epigraphik,* 17; Zell, n. 1625; Steiner, *Inscr. Danub.* n. 1716. [G. Brambach, *Corp. inser. Rhenan.* n. 798 :]

M · GA | *vio*
M · F | *pal*
M A X | *imo*
PRAEF | *praet*

Mommsen[1] conjecture, d'après le nom de la tribu (Palatina) où était inscrit Gavius Maximus, qu'il était fils d'un affranchi. Telle paraît avoir été également la manière de voir de Borghesi, qui a réuni dans ses *schede* un certain nombre d'inscriptions relatives à des membres de la famille des Gavii, dont plusieurs furent des affranchis. Mais comme aucune des personnes nommées dans ces inscriptions ne se rattache par un lien quelconque au préfet du prétoire, nous avons jugé inutile de les reproduire ici. On les retrouvera toutes, avec beaucoup d'autres, dans les Index des volumes du *Corpus inscriptionum Latinarum* qui concernent l'Italie[2]. Notons cependant que Borghesi croyait Gavius Maximus originaire de Vérone, non seulement à cause des nombreuses inscriptions relatives à la *gens Gavia* trouvées dans cette ville, mais surtout à cause de la présence du surnom *Maximus* qui apparaît dans l'une d'elles[3].]

Censorio Nigro, nel suo testamento in cui offese l'imperatore Antonino Pio, «inclementius progressus est in Gavium Maximum, claris«simum et nobis observandum virum. Ob eam rem necessarium visum «scribere me Domino nostro patri tuo et ipsi Gavio Maximo difficilli«mae quidem rationis epistolas.»

Così scrive Frontone a M. Aurelio[4], e si ha il frammento della lettera che gli scrisse[5]. Queste epistole non possono essere posteriori al 914 in cui M. Aurelio divenne imperadore, nè anteriori al 899, in cui fu console Erucio Claro, che vi si nomina. Si noti il titolo *clarissimus*, che dimostra che, al tempo di questa lettera, Gavio Massimo aveva già avuto gli onori consolari.

## XLII

[911=158.]

[C.] TAT[T]IUS MAXIMUS,
praef. praet. sub Antonino.

— «Gavius Maximus, praefectus praetorio, usque ad vicensimum

---

[1] [Ad *Corp. inscr. Lat.* vol. IX, p. 511.]
[2] [Voir *Corp. inscr. Lat.* vol. V, n. 793, 916, 3401, 3402, 3441, 3472, 3622, 3624, 3625, 3627, 3628, 3630, 3631; vol. VI, n. 2894, 18908.]
[3] [Voir plus haut, t. III, p. 27 et 60; t. VI, p. 197.]
[4] Lib. I, p. 10 [*Ep.* IV, p. 167, éd. Naber.]
[5] *Ibid.* p. 13.

« annum sub eo pervenit, vir severissimus. Cui Tatius Maximus suc-
« cessit. In cujus demortui locum duos praefectos substituit, Fabium
« Repentinum et Cornelium Victorinum[1]. »

[C. Tattius Maximus avait été précédemment tribun commandant le corps des *equites singulares*, puis préfet des vigiles[2].]

## XLIII
[Circa 912 = 159.]
### SEX. CORNELIUS REPENTINUS,
praef. praet. sub Antonino Pio.

[L'existence de ce préfet est attestée par l'inscription d'un tuyau d'aqueduc trouvé à Rome, à Saint-Alexis :]

SEX·CORNELI·REPENTINI·PR·PR·C·v[3]

[Le même préfet du prétoire est mentionné dans le fragment suivant trouvé à Rome[4] :]

................ I L I O ✧ C ✧ F I L ✧ ..............
*adlecto in amplissimum* ORDINEM INTER PRAETORIOS IVDICIo.............
......*ab episț*VLIS·LATINIS·PROCVRATORI·SVMMARVM RATIO*num*......
*procuratori prov.* aSIAE·IVRIDICO·ALEXANDREAE·AB EPISTVLIS· *latinis adiutor*
*procuratori prov.* MACEDONIAE·AB COMMENTARIIS·CORNELI·RE*pentini. pr. pr*

---

[1] Capitolin. in *Antonin.* c. viii.

[2] *Corp. inscr. Lat.* vol. VI, n. 222. — [Cf. G. Henzen, *Iscrizioni degli equites singulares* (dans *Annali dell' Instit.*, 1885, p. 235 à 291); Tattius Maximus est nommé en 142 et en 143 comme tribun commandant le corps des *equites singulares*. Dans une autre inscription trouvée à Rome sur l'emplacement de la station même de la Ve cohorte des *vigiles*, il figure en 156 comme préfet des vigiles. Dans ces différents documents son gentilice est écrit TATTIVS; le dernier texte fournit son prénom. Héron de Villefosse.]

[3] In una fistula aquaria. Marini, *Fr. Arval.* t. II, p. 550. [Voir aussi Lanciani, *Silloge epigrafica aquaria*, p. 237, n. 172.]

[4] [Borghesi, *Nuove memorie dell' Instituto di corrisp. archeol. di Roma*, 1865, p. 288, restitue ainsi cette inscription : «... Quinct]ilio, C(aii) fil(io), [... adlecto in amplissimum] ordinem inter praetorios judici[o imp(eratoris) Antonini Aug(usti), ab epist]ulis latinis, procuratori summarum ratio[num, proc(uratori) prov(inciae) A]siae, juridico Alexandreae, ab epistulis [M(arci) Aurelii Caesaris (?), proc(uratori) prov(inciae)] Macedoniae, ab commentariis Corneli(i) Re[pentini, praef(ecti) praet(orio). »] *Corp. inscr. Lat.* vol. VI, n. 1564. Cf. Édouard Cuq, *Le Conseil des empereurs*, p. 386.

[Il ne faut pas le confondre avec Cornelius, Sex. f., Repentinus, qui fut préfet de Rome sous Didius Julianus et gendre de cet empereur, dont il avait épousé la fille unique, Didia Clara[1]. Il est difficile de dire auquel de ces deux personnages se rapporte l'inscription suivante[2] :]

SILVANO
SANCTISSIMO
CORNELIVS·RE
PENTINVS
V·C·FECIT

[Le préfet du prétoire Cornelius Repentinus était surnommé Contuccius :]

— « Cornelio Repentino FR · PR · SALVTEM · Fecisti, frater « Contucci, pro tua perpetua consuetudine et benignitate, quod Fa- « bianum spectatum in judiciis civilibus, frequentem in forum, meum « familiarem, ita tutatus es, ut ei existimationem incolumem conser- « vares[3]. »

Paragonando questi monumenti se ne cave, che quantumque nel codice Milanese si legga FR·PR·, come attesta il Mai[4], cio non può certo essere che per errore del copista, e che sicuramente dev' esservi PR·PR· dipoi che questi chiamassi anche Contuccio, e finalmente ch' egli è l'istesso che il Fabio Repentino, detto da Capitolino prefetto del pretorio sotto Antonino, sia ch' abbia avuto anche il nome di Fabio, sia che ciò provenga da errore. Lo è anzi sicuramente; è tutta sbada- tezza del copista, il quale ha scambiato i nomi, imperocchè il nome di

---

[1] [Spartian. in *Didio*, c. III et VIII. Voir plus haut, t. IX, p. 329. Borghesi pense que le préfet du prétoire était le père du préfet de la ville. Cf. t. VII, p. 541.]

[2] In S. Sebastiano. Mazochius, p. 174. Abraso altero Cornelii Repentini nomine, adscriptum est in Metello, Cod. Vat. 6039, p. 260, et in Metello emendato. In aedibus Reginaldi Candelerii, Cod. Vat. 5253, p. 163. [*Corp. inscr. Lat.* vol. VI, n. 654, où l'on fait observer que : « Vv. 3-5 in litura repositi ac litteris pessimis aevi posterioris scripti sunt. »]

[3] [Ad amicos, II, 4, p. 191, éd. Naber. Voir plus haut, t. III, p. 501.]

[4] [Naber, *loc. cit.*, affirme que *PR.* est une addition de Mai et n'existe pas dans le manuscrit.]

Repentino lo ha dato a Vittorino, cui non conviene, perchè non Cornelio chiamassi egli, ma Furio come si ha dalla sua lapide e da un altro passo dello stesso Capitolino; a Repentino poi ha dato quello di Vittorino, quantunque mal scritto, perchè non Fabio, ma Furio egli si disse.

Il ragionamento superiore in parte non regge, perchè mi sono poi accorto che la lapide di L. Furio Vittorino è falsa, come ho provato nelle mie iscrizioni di Fuligno [1].

## XLIV

[Circa 912=159 — 920=167.

*FABIUS*(?) VICTORINUS,

praef. praet. sub Antonino Pio et Vero et sub M. Aurelio.]

### A)

*CORNELIUS*[?] VICTORINUS,
praef. praet. sub Antonino Pio.

— « In cujus (Tattii Maximi) demortui locum duos praefectos sub-
« stituit, Fabium [?] Repentinum et Cornelium [?] Victorinum. Sed Re-
« pentinus famosa voce percussus est, quod per concubinam principis
« ad praefecturam venisset [2]. »

Forse è quel Vittorino, con cui Antonino già vecchio scrive a M. Aurelio di villegiare in compagnia di Frontone [3]. Cornelio Vittorino dall' Amati è creduto fratello di Cornelio Frontone, maestro di M. Aurelio [4].

---

[1] [Voir plus haut, t. V, p. 10. Cf. plus loin, p. 172.]

[2] Capitolin. in *Antonino Pio*, c. VIII.

[3] Fronto, I, 31 [?].

[4] *Giornale Arcadico*, 1823 (agosto), p. 221.

## PRAEFECTI PRAETORIO.

B)

*FURIUS* [?] VICTORINUS,
praef. praet. sub M. Aurelio et Vero.

— «(In expeditione Marcomanica) Lucius quidem, quod amissus « esset praefectus praetorio Furius[?] Victorinus atque pars exercitus « interisset, redeundum esse censebat[1].»

Il Casaubono[2] sospetta che possa essere l'istesso che il Cornelio Vittorino, prefetto del pretorio sotto Antonino Pio[3].

[Nous avons réuni les notices relatives à ces deux préfets du prétoire qui, suivant la conjecture de Casaubon, sont un seul et même personnage. Borghesi a établi[4] que Capitolin, dans sa biographie d'Antonin le Pieux, a transposé les noms des préfets du prétoire, successeurs de Tattius Maximus : au lieu de Fabius Repentinus et de Cornelius Victorinus, il faut lire Fabius Victorinus et Cornelius Repentinus. Ce Fabius Victorinus est-il le même que le Furius Victorinus qui fut préfet du prétoire sous Marc Aurèle et Verus? C'est d'autant plus vraisemblable que, d'après Peter, l'un des éditeurs de Capitolin, le premier *u* de Furius n'est pas lisible sur le manuscrit de Bamberg; il est très probable que le manuscrit original portait Fabius[5]. Le nom de notre préfet du prétoire devait être par conséquent Fabius Victorinus.]

### XLV et XLVI

[921 = 168 — 930 = 177.]

[M.] BASSAEUS RUFUS,
[praef. praet. sub M. Aurelio, L. Vero et Commodo].

921 = 168 — 925 = 172.

[M.] MACRINIUS VINDEX,
praef. praet. sub M. Aurelio [et L. Vero].

[Bassaeus Rufus et Macrin[i]us Vindex sont cités comme préfets du prétoire

---

[1] Capitolin. in *M. Antonino*, c. xiv.
[2] [Ad. h. loc. vol. I, p. 344.]
[3] Vedi il Tillemont, *Hist. des Empereurs*, t. II [p. 394].
[4] [Voir plus haut, t. IX, p. 330, et t. X, p. 56. Cf. t. VI, p. 190.]
[5] [Voir Hirschfeld, *Röm. Verwaltungsgeschichte*, p. 226.]

dans une inscription d'Altilia, près de Saepinum [1], dont la date se place entre 166 et 169, et vraisemblablement en 168 [2].]

BASSAEVS · RVFVS · ET · MACRINVS · VINDEX · MAGG
SAEPINAT                                           SALVTEM
EXEMPLVM EPISTVLAE · SCRIPTAE · NOBIS · A COSMO · AVG · LIB
A · RATIONIBVS CVM HIS QVAE IVNCTA · ERANT · SVBIECIMVS . ET ADMONEM
VS · ABSTINEATIS · INIVRIS · FACIENDIS CONDVCTORIBVS · GREGVM · OVIARICO
RVM · CVM · MAGNA FISCI INIVRIA NE · NECESSE · SIT · RECOGNOSCI · DE · HOC
ET · IN · FACTVM · SI · ITA · RES · FVERIT                VINDICARI
COSMI · AVG · LIB · A RATIONIBVS · SCRIPTAE · AD BASSEVM · RVFVM · ET · AD
MACRINVM · VINDIC · PR · PR · E · V · )EXEMPLVM · EPISTVL · SCRIPTAE · MIHI
A · SEPTIMIANO · COLLIBERTO · ET · ADIVTORE · MEO · SVBIECI · ET · PETO · TANTI ·
(sic) FACIATIS SCIBERE · MAGG · SAEPIN · ET · BOVIAN · VTI · DESINANT · INIVRIAM
(sic) CONDVCTORIBVS · GREGVM · OVIARICORVM QVI SVNT · SVNT · SVB · CVRA · MEA · FACERE
(sic) VT · BEFICIO VESTRO · RATIO FISCI · INDEMNIS · SIT · SCRIPT · A · SEPTIMIANO · AD · CO
SMVM · CONDVCTORES · GREGVM · OVIARICORVM · QVI · SVNT · SVB · CVRA · TVA IN RE PRESENTI
SVBINDE MIHI · QVERERENTVR · PER · ITINERA · CALLIVM · FREQVENTER · INIVRIA
SE · ACCIPERE · A STATIONARIS · ET · MAGG · SAEPINO · ET · BOVIANO · EO QVOD IN TRASITV
IVMENTA ET PASTORES · QVOS · CONDVCTOS · HABENT · DICENTES · FVGITIVOS ESSE ET
IVMENTA ABACTIA HABERE · ET · SVB · HAC · SPECIE OVES QVOQVE · DOMINICAE
sibi perEANT IN · ILLO · TVMVLTV · NECESSE · HABEAMVS · ETIAM · SCRIBERE · QVIETIVS · AG
ERENT NE RES DOMINICA DETRIMENTVM PATERETVR ET CVM IN EADEM CONTVMACIA
PERSEVERENT · DICENTES NON CVRATVROS · SE NEQVE MEAS · LITTERAS NEQVE · SI · TV EIS
SCRIPSeris haVT FIERI REm ROGO · DOMINe · SI TIBI VIDEBITVR INDICES BASSEO RVFO ·
ET MACRINO, VINDICI PR PR E V· VT EPISTVLAS · EMITTANT · AD EOSDEM MAGG ET · STATI
ONARIOS \ . QVAM . A..... ANDIVTIA . RE.. IRRITVM FACTVM EST·

M[acrinio] Vindice fu disfatto ed ucciso in una pugna coi Marcomanni, nell' anno [3] 925 [=172].

— « Cum autem Marcomannis in quodam proelio bene res succes« sisset, ab iisque Macrin[i]us Vindex praefectus interfectus esset, tres « ei statuas posuit [4]. »

---

[1] Saepini. Mutila presso il Gruter, p. 513, 1. Diede la poi intera il *Giornale Doniano*, p. 83, et quindi il Muratori 606, 1, la di cui copia io ho corretta sopra un' altra che sta nel Cod. Vatic. 5253, p. 214. Sta pure nel Cod. Vatic. 6039, p. 363. [*Corp. inscr. Lat.* vol. IX, n. 2438.]

[2] [Voir une inscription de Rome, datée de 168, qui mentionne également Cosmus *a rationibus* et son *adjutor* Septumanus. *Corp. inscr. Lat.* vol. VI, n. 455.]

[3] Vedi Dione, lib. LXXI, [c. III] ed il Tillemont, all' anno 170 (*Hist. des Empereurs*, t. II, p. 362). [Voir plus haut, t. VIII, p. 236.]

[4] Dion. lib. LXXI, c. III. [Τῶν δὲ Μαρκο-

— «Cum Marcus latine quemdam alloqueretur et neque is ne-
«que quisquam alius e praesentibus dicta intellexisset, Rufus prae-
«fectus ait : Consentaneum est, Caesar, orationem vestram ab hoc
«non intelligi, qui graece nescit. Quippe et ipse Rufus nihil intel-
«lexerat [1]. »

Basseo Rufo fu prefetto dell' Egitto, e vedine le schede ove troverai un' altra sua lapide.

[Nous reproduisons l'inscription signalée par Borghesi[2]; elle donne le *cursus honorum* de ce préfet du prétoire que Dion dépeint comme un homme de basse extraction et sans instruction [3]. Bassaeus Rufus débuta comme primipile; il fut ensuite tribun de cohorte, procurateur de l'Asturie et de la Gallécie, procurateur du Norique [4], procurateur de la Belgique et des deux Germanies, procurateur

μάνων εὐτυχησάντων ἔν τινι μάχῃ, καὶ τὸν Βίνδικα τὸν Μακρῖνον, ἔπαρχον ὄντα, ἀποκτεινάντων, τούτῳ μὲν τρεῖς ἀνδριάντας ἔστησε.]

Une inscription du Musée du Vatican (*Corp. inscr. Lat.* vol. VI, n. 1449) débute ainsi : M·MACRINIO·AVITO·M·F· CLAVD · CATONIO ‖ VINDICI · COS... etc. Borghesi (voir plus haut, t. III, p. 376) considère ce personnage, *consul suffectus* sous Commode, comme le fils du préfet du prétoire de Marc Aurèle qui périt en 172, en combattant contre les Marco- mans. Ce texte nous fournirait donc le pré- nom du préfet *M(arcus)* et nous donnerait la certitude que son gentilice était bien *Macri- nius* et non *Macrinus*. Borghesi pense égale- ment (voir plus haut, t. VIII, p. 201, 236 et 270) que M·CL·MACRINIVS·VIN- DEX·HERMOGENIANVS, proconsul d'Afrique sous Septime Sévère, connu par deux inscriptions de Venafrum (*Corp. inscr. Lat.* vol. X, n. 4860 et 4861) doit être con- sidéré comme le second fils du préfet du prétoire. Héron de Villefosse.]

[1] Dione, *Excerpta* apud Maium, p. 223.

[Ὅτι ὁ Μάρκος ἐλάλει πρός τινα τῇ Λατί- νων φωνῇ, καὶ οὐ μόνον ἐκεῖνος, ἀλλ' οὐδὲ ἄλλος τις τῶν παρόντων ἔγνω τὸ λα- ληθέν, ὥστε Ῥοῦφον τὸν ἔπαρχον εἰπεῖν· Εἰκός ἐστι, Καῖσαρ, μὴ γνῶναι αὐτὸν τὰ παρ' ὑμῖν λαληθέντα, οὔτε γὰρ Ἑλληνιστὶ ἐπίσταται. Καὶ γὰρ αὐτὸς ἠγνόηκε τὸ λα- ληθέν.]

[2] [*Corp. inscr. Lat.* vol. VI, n. 1599. Cf. Édouard Cuq, *op. cit.* p. 395 et 397.]

[3] [Dion Cassius, lib. LXXI, c. v, rapporte que Bassaeus «n'était pas entré volontaire- ment au service : quelqu'un le surprit un jour sur un arbre, occupé à tailler une vigne, et, comme Rufus ne descendait pas au pre- mier commandement, il l'en reprit et lui dit : «Allons, préfet, descends.» Il donnait ainsi à Bassaeus, comme à un homme qui, malgré la bassesse de sa condition, se laisse emporter par l'orgueil, un titre que la for- tune lui accorda dans la suite.»]

[4] [Dans une inscription trouvée à Cilli, l'antique Celeia (*Corp. inscr. Lat.* vol. III, n. 5171), Bassaeus Rufus figure comme procurateur du Norique. Héron de Ville- fosse.]

*a rationibus*, préfet de l'annone, préfet de l'Égypte, enfin préfet du prétoire. Il reçut même les *ornamenta consularia*. Rufus fut préfet de l'Égypte entre 161 et 166[1]; il était préfet du prétoire dès l'année 168, comme le prouve l'inscription de Saepinum; il occupait encore cette charge en 171[2] et en 177[3].

```
       M · BASSAEO · M ·    F ·   STel
       RVFO · PR · PR
   imPERATORVM · M · AVRELI · ANTONINI · ET
   l · AVRELI VERI · ET · L · AVRELI · COMMODI · AVGG
   cONSVLARIBVS · ORNAMENTIS · HONORATO
   eT OB VICTORIAM · GERMANICAM · ET · SARMATIC
   aNTONINI · ET · COMMODI · AVGG . CORONA
   mVRALI · VALLARI · AVREA · HASTIS · PVRIS · IIII
   toTIDEMQVE · VEXILLIS · OBSIDIONALIBVS
   ab iisdem DONATO · PRAEF · AEGYPTI PRAEF
   ann PROC · A RATIONIBVS · PROC · BELGicae et
   duARVM · GERMANIARVM · PROC · REGNI no
   riCI · PROC · ASTVRIAE · ET · GALLECIAE · TRIB · coh
   . . PR · TRIB · COH X · VRB · TRIB · COH · V · VIGVL · P · P · BIS
   huic senATVS · AVCTORIBVS · IMPP · ANTONINO · ET
   commODO · AVGG · STATVAM · ARMATAM · IN FORO
   divi trajaNI · ET · ALIAM · CIVILI AMICTV · IN · TEMPLO
   divi pii et TERTIAM · LORICATAM · IN TEM
   plo martis ultoris (?) poNENDAS censuit
```

Si memora come prefetto del pretorio da Filostrato[4]. Macrinio Vindice fu prefetto dell'Egitto[5].

---

[1] [*Corp. inscr. Graec.* vol. III, p. 312.]

[2] [Philostrate, *Vita Sophistarum*, II, 1, 28.]

[3] [Cf. Wilmanns, *Exempla inscript. latin.* n. 638; *Corp. inscr. Lat.* vol. VI, n. 1599; voir plus haut, t. VII, p. 67. M. Bassaeus Rufus fut donc honoré de trois statues, à l'instigation des empereurs Marc Aurèle et Commode, au plus tôt en 177; d'après le texte de Dion cité plus haut, son collègue Macrinius Vindex avait reçu le même honneur après sa mort, arrivée en 172.]

[4] Nella vita di Erode Attico, § 11. [Voir plus haut, note 2.]

[5] [Voir plus haut, t. VIII, p. 201, et t. III, p. 370 et 376.] — [Cela est démontré par l'inscription de Rome; mais le diplôme incomplet du Musée de Vienne sur lequel Borghesi croyait retrouver une confirmation de ce fait se rapporte probablement à l'armée de Dacie et non pas à des troupes stationnées en Cyrénaïque comme il le supposait; voir L. Renier, *Recueil de dipl. milit.* n° 42, p. 195 à 197. Dans une lettre adressée à Henzen, Borghesi est du reste revenu de sa première opinion; voir plus haut, t. VIII, p. 472. Héron de Villefosse.]

## T. VITRASIUS POLLIO,
### sub M. Aurelio, L. Vero et Commodo.

Vedi le sue iscrizioni al nostro anno consolare 929.

[On s'accorde aujourd'hui à reconnaître que le nom de T. Vitrasius Pollio doit être rayé de la liste des préfets du prétoire [1]. Borghesi, qui s'est plusieurs fois occupé de la question [2], avait cru pouvoir se prononcer pour l'opinion contraire; à son avis, Pollio aurait été le successeur de Vindex. Il s'était fondé d'abord sur une copie inexacte d'une inscription mutilée de Gréoux [3].

Il avait cru aussi trouver un témoignage explicite en faveur de son opinion dans une lettre de Marc Aurèle relative à l'appui miraculeux qu'il reçut dans une bataille contre les Quades en 927. Cette lettre mentionne Βιτράσιος Πολλίων πραιφεκτος [4]. Mais il est certain, et Borghesi le reconnaît lui-même, que c'est un document fabriqué deux ou trois siècles après la mort de Marc Aurèle [5]. Cela lui enlève beaucoup de son autorité, bien que Borghesi pense que «sia ricavata da buona «fonte e veritiera nel fondo».

Enfin Borghesi avait attribué au préfet du prétoire Vitrasius Pollio une inscription mutilée dans laquelle il restituait à la première ligne PR(*aefecto*) p(*raetorio*) *Augustorum* [6]. Mais il n'y a pas d'exemple d'une formule de ce genre : on trouve toujours *pr. pr.* ou *pr. pr. imperatorum*... D'autre part il est bien difficile de croire qu'on ait, au II° siècle, appelé à la préfecture du prétoire un ancien consul. Marc Aurèle n'a jamais confié cette charge qu'à des membres de l'ordre équestre [7]. Il faut lire sans doute à la première ligne [*adfini Aug*]*ustorum*, puisque Vitrasius Pollio avait épousé Annia Faustina, fille d'un oncle paternel de l'empereur [8].]

---

[1] [Wilmanns, n. 639; Hirschfeld, *Untersuchungen*, p. 227.]

[2] [Voir plus haut, t. III, p. 244; t. V, p. 37; et surtout la lettre du 29 avril 1854 à Léon Renier, t. VIII, p. 415. Cf. t. IX, p. 312, note 5.]

[3] [Voir plus haut, t. VIII, p. 417.]

[4] [Justin, *Mart. Apolog.* t. II, p. 214, éd. Otto; Iéna, 1847.]

[5] [Voir plus haut, t. VIII, p. 421. Cf. Tillemont, *Histoire des Empereurs*, t. II, p. 629.]

[6] [Voir plus haut, t. VII, p. 391; t. VIII, p. 415. *Corp. Inscr. Lat.* vol. VI, n. 1540.]

[7] [Capitolin. in *Pertinac.* c. II: «Doluitque palam Marcus quod, cum senator esset, praefectus praetorii fieri a se non posset.»]

[8] [Hirschfeld, *loc. cit.*]

## XLVII
. . . . .
[praef. praetorio sub Avidio Cassio.

— «Imperatorio animo cum processisset, eum, qui sibi aptaverat « ornamenta regia, statim praefectum praetorii fecit: qui et ipse oc- « cisus est[1].»]

## XLVIII
[932 = 179 — 936 = 183.]
TARRUTENIUS PATERNUS,
praef. praet. sub Commodo.

[Tarrutenius[2] ou Tarruntenus[3] Paternus fut secrétaire de Marc Aurèle (*ab epistulis latinis*) jusqu'en 174. Préfet du prétoire en 179 au plus tard, il conserva sa charge sous Commode jusqu'en 183. Il a laissé un nom comme jurisconsulte : c'est lui qui le premier composa un traité sur le droit militaire.]

— «Crudelis vita Commodi Quadratum et Lucillam compulit ad « ejus interfectionem consilia inire, non sine praefecti praetorio Tarru- « teni Paterni consilio. — Praefecti praetorio... (Saoterum) cujus poten- « tiam populus Romanus ferre non poterat... per frumentarios occi- « derunt. Id vero gravius, quam de se ipso, Commodo fuit. Paternum « autem, et hujus caedis auctorem, et quantum videbatur paratae « necis Commodi conscium et interventorem, ne conjuratio latius pu- « niretur, instigante Tigidio, per laticlavi honorem a praefecturae ad- « ministratione summovit. Post paucos dies insimulavit eum conjura- « tionis, cum diceret ob hoc promissam Juliani filio filiam Paterni, ut

---

[1] [*Vita Cassii*, c. vii. Cf. Capitolin. in *Antonin. philos.* c. xxv.]

[2] [Une inscription de Castelmada, dans le Latium, inscription que l'on trouvera au *Corp. inscr. Lat.* vol. XIV, n. 3517, concerne un personnage sénatorial portant, parmi ses noms, celui de TARRVT*enius*, ce qui semble confirmer l'adoption de cette première forme. Héron de Villefosse.]

[3] [Cette seconde forme est la seule que l'on trouve au Digeste, soit dans l'*index auctorum*, soit dans l'inscription des fragments empruntés au traité de Paternus sur le *jus militare*. Cf. Krueger, *Geschichte der Quellen und Litteratur des römischen Rechts*, p. 194, n. 18.]

## PRAEFECTI PRAETORIO.   63

«in Julianum transferretur imperium. Quare et Paternum et Julia-
«num et Vitruvium Secundum, Paterni familiarissimum, qui epi-
«stolas imperatorias curabat, interfecit[1].»

— «(Commodus) praefectos Paternum et Perennem non diu tulit, ita
«tamen ut etiam de his praefectis, quos ipse fecerat, triennium nullus
«impleret; quorum plurimos interfecit vel veneno vel gladio[2].»

An. 934 [= 181]. — «Occidit praeterea Commodus Salvium Ju-
«lianum et Tarrutenium Paternum inter consulares relatum... Sed
«et Paternus, cum nullo negotio, quippe praefectus praetorii, eum
«occidere potuisset, si illi struxisset insidias, ut accusabatur, tamen
«id non fecerat[3].»

Index praefixus Pandectis [xxxii] : Ταρρουντηνοῦ Πατέρνου [1 milita-
rion βιϐλία τέσσαρα][4].

Fuerat in primo *ab epistolis latinis* divi Marci, ut scribit Dio[5].

«Post in bello quod Marcus ultimum gessit cum Sarmatis et
«Quadis, exercitui romano legatus praefuit, sicut refert ibidem Dio[6].»

— «Perennis..., qui post Paternum praefuit praetorianis cohor-
«tibus[7].»

— «Cotini vero, cum similia Marco nuntiari jussissent, nacti Tar-
«rutenium Paternum, qui ei ab epistolis latinis erat, tanquam in
«Marcomannos expeditionem cum eo suscepturi, non tantum id non
«facere, sed etiam Paterno grave detrimentum intulerunt, ac deinceps
«ipsi quoque perierunt[8].»

An. 931 [= 178]. — «M. Aurelius (ad bellum Germanicum) pro-

---

[1] Lamprid. in *Commod.* c. iv.
[2] *Ibid.* c. xiv. Vedi il Tillemont [*Hist. des Empereurs*, t. II, p. 481].
[3] Dion. lib. LXXII, c. v. [Ἀπέκτεινε δὲ ὁ Κόμμοδος Ἰουλιανὸν τὸν Σαλούιον καὶ Πάτερνον Ταρρουτήνιον ἐς τοὺς ὑπατευκότας κατειλεγμένον... Ὁ Πάτερνος ῥᾳδίως ἂν αὐτὸν, εἴπερ ἐπιϐεϐουλεύκει οἱ, ὥσπερ ᾐτιάθη, φονεύσας ἕως ἔτι τῶν δορυφόρων ἦρχεν, οὐκ ἐποίησεν.]
[4] [Éd. (stéréotype) Mommsen, p. xxxii.]
[5] Dion. lib. LXXI [c. xii. Cf. Édouard Cuq, *Le Conseil des empereurs*, p. 389].
[6] Valesius in notis ad Dionem, lib. LXXI, [c. xxxiii], p. 1207, § 36 [éd. Reimar].
[7] Dion. lib. LXXII, c. ix. [Περέννιον δὲ τῶν δορυφόρων μετὰ τὸν Πάτερνον ἄρχοντα συνέϐη...]
[8] Dion. lib. LXXI, c. xii. [Κοτινοὶ δὲ ἐσηγγείλαντο μὲν αὐτοῖς ὅμοια· Ταρρου-

« liciscitur. Paterno magnas copias dat, eumque ad proelium commit-
« tendum mittit. Restitere barbari totam diem, tandem vero omnes a
« Romanis caesi sunt [1]. »

Era dunque prefetto anche sotto M. Aurelio[2].

Paternus quidam, Urbi praefectus, sub imperatore Commodo refertur a Lampridio[?]. Eum existimat Reinesius[3] esse Tarrutenium
Paternum illum qui etiam praefectus praetorio fuit, et cujus fragmenta quaedam de re militari in Pandectas relata sunt, quem diligen-
tissimum juris militaris adsertorem appellat Vegetius[4]. Il quale poi lo
distingue, non vedo con qual ragione, dal Paterno legato, di cui parla
Dione.

Tarruntenus Paternus scripsit de re militari libros quattuor[5].

## XLIX

[933=180]—938—185.

[*TIGIDIUS*(?)] PERENNIS,
praef. praet. sub Commodo.

Fu solo nella prefettura.

[Il semble cependant résulter de divers textes qu'avant d'être seul préfet du

τήνιον δὲ Πάτερνον, τὸν τὰς ἐπισ]ολὰς
αὐτοῦ τὰς Λατίνας διὰ χειρὸς ἔχοντα, παραλαβόντες, ὡς καὶ ἐπὶ τοὺς Μαρκομά-
νους αὐτῷ συσ]ρατεύσοντες, οὐ μόνον
οὐκ ἐποίησαν τοῦτο, ἀλλὰ καὶ αὐτὸν ἐκεῖνον δεινῶς ἐκάκωσαν καὶ μετὰ ταῦτα ἀπ-
ώλοντο.]

[1] Dion. lib. LXXI, c. xxxiii. [Ὁ δὲ Μάρκος... ἐξωρμήθη· καὶ τῷ Πατέρνῳ δοὺς
χεῖρα μεγάλην, ἔπεμψεν αὐτὸν εἰς τὸν τῆς
μάχης ἀγῶνα. Καὶ οἱ βάρβαροι ἀντέτειναν
μὲν διὰ τῆς ἡμέρας ἀπάσης, κατεκόπησαν
δὲ ὑπὸ τῶν Ῥωμαίων πάντες.]

[2] Vide Gothofredum, *Cod. Theod.* t. V,
lib. XV, tit. xii. [Nous croyons devoir reproduire ici une observation de Borghesi sur les
préfets du prétoire de Marc Aurèle : « Non vi è
impero in cui la serie di quei prefetti sia più
oscura e mancante quanto sotto M. Aurelio. »
(Voir plus haut, t. VIII, p. 420)].

[3] *Syntagma* [*inscript.*], cl. I, 16.

[4] Fl. Veget. *De re militari*, lib. I, c. viii.
[Lydus, *De magistrat.* I, ix, 47. Le Digeste
de Justinien a conservé quelques fragments
du traité de Tarrutenius Paternus. Voir *Dig.*
lib. L, tit. vi, l. 7; lib. XLIX, tit. xvi, l. 7,
et l. 12, § 1. Cf. Lenel, *Palingenesia juris
civilis*, t. II, col. 335; Dirksen, *Hinterlassene Schriften*, t. II, p. 423.]

[5] Index Pandect. Florent.

prétoire Perennis fut collègue de Paternus[1]. Il entra en fonctions en 180[2]. C'est à son instigation que Commode exclut Paternus de la préfecture du prétoire en lui donnant le laticlave. Lampride[3] attribue cette proposition à Tigidius, mais ce nom est vraisemblablement le gentilice de Perennis[4], qui devint seul préfet en 183.]

Dopo aver narrato molte cose della potenza di Perenne, e della sua morte, [Lampridio dice] : « Et in potentia quidem Cleander Perenni « successerat, in praefectura vero Niger[5]. »

— « Commodus pauculis annis nihil non honoris paternis amicis « exhibebat, eorumque consilio omnibus in rebus utebatur. Postea vero « cum imperii curam sibi ipsi commisit, praetorianis praeposuit Per- « ennem, hominem Italum, qui militaris disciplina peritus habebatur, « quo potissimum nomine praeesse eum exercitibus voluit. Is ado- « lescentis abuti aetate coepit, eumque deliciis et crapulis indulgere « sinens et a curis laboribusque imperatoriis avocans, totam impe- « rii administrationem suscepit. Erat in homine inexhausta divitiarum « sitis..... Hic et paternos Commodi amicos primus calumniis pre- « mere, et locupletissimum quemque nobilissimumque in suspicionem « adducere institit..... Perennis, sublatis e medio quos imperator « reverebatur, imperium tum ipsum animo invaserat, persuasoque « Commodo ut suos liberos adolescentes adhuc Illyricis praeficeret « exercitibus, ipse pecuniae vim ingentem contraheret, ut scilicet prae- « torianos ab ipso amplissimis largitionibus abalienaret. Filiique item « ejus clanculum copias colligebant eo consilio, ut cum primum Peren- « nis Commodum occidisset, ipsi principatum arriperent. Proditae sunt « insidiae incredibili quodam modo, dum ludi romani Jovi Capitolino « agerentur..... Perenni submissi noctu a Commodo quidam caput « absciderunt. Filius ab Illyrico revocatus, ut attigit Italiam per eos « quibus id negotium datum fuerat, occiditur..... Post haec Com-

---

[1] [Dion. lib. LXXII, c. x : (Περέννιος) διὰ τὴν φιλαρχίαν αἰτιώτατος τῷ Πατέρνῳ τῷ συνάρχοντι τοῦ ὀλέθρου ἐγένετο.]

[2] [Herodian. lib. I, c. viii.]

[3] [In Commod. c. iv: « Paternum autem, instigante Tigidio per lati clavi honorem a praefecturae administratione summovit. »]

[4] [Cf. Hirschfeld, Röm. Verwaltungsgeschichte, p. 228.]

[5] In Commod. c. vi.

# PRAEFECTI PRAETORIO.

« modus duos constituit praefectos, tutius fore ratus tantam illam po-
« testatem non uni duntaxat credere, sed, dissectam in partes, imbe-
« cilliorem eo pacto contra principem reddere[1]. »

— « Perenni vero, qui post Paternum praefuit praetorianis cohorti-
« bus, accidit ut propter seditionem militum necaretur. Cum enim Com-
« modus se studio agitandorum curruum et libidinibus dedisset, nec
« quidquam fere ageret eorum, quae ad principatum spectarent, Per-
« ennis non modo negotia militaria, sed etiam cetera tractare, atque
« adeo reipublicae praeesse cogebatur. Itaque milites, quoties eis aliquid
« parum ex sententia eveniret, conjecta in Perennem culpa, eidem gra-
« viter irascebantur. Idem fecere ii, qui erant in Britannia; objurgati
« quod seditionem fecissent, nec enim ante sedati fuerant quam eos Per-
« tinax placavisset. Miserunt vero in Italiam mille quingentos jacula-
« tores delectos ex ipsorum numero : qui cum a nemine prohibiti jam
« Romam adventarent, occurrit eis Commodus, eosque ita interrogavit :
« Quid hoc rei est, commilitones, quamobrem venistis? Illi respon-

[1] Herodian. lib. I, c. vιιι et ιx. [Χρόνου μὲν οὖν τινὸς ὀλίγων ἐτῶν τιμὴν πᾶσαν ἀπένεμε τοῖς πατρῴοις φίλοις, πάντα τε ἔπραττεν ἐκείνοις συμβούλοις χρώμενος· ἐπεὶ δὲ τὴν πρόνοιαν ἐνεχείρισε τῆς ἀρχῆς ἑαυτῷ, ἐπιστήσας τοῖς στρατοπέδοις Περέννιον, ἄνδρα τὸ μὲν γένος Ἰταλιώτην, στρατιωτικὸν δ᾽εἶναι δοκοῦντα (διὸ καὶ μάλιστα αὐτὸν ἔπαρχον ἐποίησε τῶν στρατοπέδων), τῇ τοῦ μειρακίου ἀποχρώμενος ἡλικίᾳ, ἐκεῖνος εἴασεν αὐτὸν τρυφαῖς σχολάζοντα καὶ κραιπάλαις, τῆς τε φροντίδος καὶ τῶν βασιλείων καμάτων ἀπῆγεν αὐτόν, πᾶσαν δὲ τὴν διοίκησιν τῆς ἀρχῆς αὐτὸς ἀνεδέξατο πλούτου τε ἀκρατήτῳ ἐπιθυμίᾳ ... Τούς τε πατρῴους φίλους πρῶτος διαβάλλειν ἤρξατο, καὶ ὅσοι πλούσιοί τε ἦσαν καὶ εὐγενεῖς, τούτους ἐς ὑποψίαν ἄγων τὸ μειράκιον ἐφόβει... Ὁ δὲ Περέννιος ἀποσκευασάμενος πάντας, οὓς καὶ ὁ Κόμοδος ᾔδεῖτο... ἐπεβούλευε τῇ ἀρχῇ, καὶ τοῖς τε υἱοῖς αὐτοῦ νεανίαις οὖσιν ἐγχειρίσαι πείθει τὸν Κόμοδον τὴν πρόνοιαν τῶν Ἰλλυρικῶν στρατευμάτων, αὐτός τε πλεῖστα χρήματα ἤθροιζεν ἐς τὸ ἐπιδόσεσι λαμπραῖς ἀποστῆσαι τὸ στρατιωτικόν. Οἱ δὲ παῖδες αὐτοῦ λανθάνοντες συνεκρότουν δύναμιν, ὡς ἂν τοῦ Περεννίου κατεργασαμένου τὸν Κόμοδον ἐπιθοῖντο τῇ ἀρχῇ. Ἐγνώσθη δ᾽ἡ ἐπιβουλὴ παραδόξῳ τρόπῳ. Ἱερὸν ἀγῶνα τελοῦσι Ῥωμαῖοι Διῒ Καπετωλίῳ .... Νύκτωρ ὁ Κόμοδος πέμψας ἀποτέμνει τὴν κεφαλήν· καὶ τὴν ταχίστην ..... αὐτὸν (τὸν παῖδα τοῦ Περεννίου) ἥκειν κελεύει..... Γενόμενον δὲ αὐτὸν κατὰ τὴν Ἰταλίαν, οἷς τοῦτο ἐνετέταλτο, διεχρήσαντο... Ὁ δὲ Κόμοδος δύο τοὺς ἐπάρχους καταστήσας ἀσφαλέστερον ᾤήθη μὴ ἑνὶ πιστεύειν τοσαύτην ἐξουσίαν, μερισθεῖσαν δὲ αὐτὴν ἀσθενεστέραν ἔσεσθαι ἤλπισε πρὸς τὴν βασιλείας ἐπιθυμίαν.]

« dere : Propterea quod Perennis tibi insidias parat ut filium suum im-
« peratorem designet. Quod ubi Commodus credidisset, instigante po-
« tissimum Cleandro, qui Perennem graviter oderat, a quo omnia agere
« pro libidine prohibebatur, praefectum praetorio militibus, quibus
« ipse praeerat, dedidit, nec est ausus mille quingentos milites contem-
« nere, cum ipse multo plures praetorianos haberet. Illi Perennem
« caesum verberibus obtruncant, ejusdemque mox uxorem ac sororem
« cum filiis duobus interficiunt. Ita Perennis occisus est, indignus eo
« genere mortis, tum sua, tum romani imperii causa; nisi quod, ut so-
« lus praeesset praetorianis militibus, Paterno collegae auctor interitus
« fuerat, cum alioquin nunquam incumberet ad opes et gloriam priva-
« tim comparandas, sed continentissimus ac modestissimus esset [1]. »

— « Commodus...., cum occidisset Perennem, appellatus est
« Felix [2]. » Ergo anno 938 [= 185] testibus numis [3].

[1] Dion. lib LXXII, c. ιx. [Περέννιον δὲ τῶν δορυφόρων μετὰ τὸν Πάτερνον ἄρχοντα συνέβη διὰ τοὺς σ]ρατιώτας σ]ασιάσαντας ἀναιρεθῆναι. Τοῦ γὰρ Κομμόδου ἁρματηλασίαις καὶ ἀσελγείαις ἐκδεδωκότος ἑαυτὸν, καὶ τῶν τῇ ἀρχῇ προσηκόντων οὐδὲν, ὡς εἰπεῖν, πράτ]οντος, ὁ Περέννιος ἠναγκάζετο οὐχ ὅτι τὰ σ]ρατιωτικὰ, ἀλλὰ καὶ τἄλλα διὰ χειρὸς ἔχειν, καὶ τοῦ κοινοῦ προσ]ατεῖν. Οἱ οὖν σ]ρατιῶται, ὁπότε τι σφίσι μὴ καταθύμιον ἀπαντῆσαι, τὴν αἰτίαν ἐπὶ τὸν Περέννιον ἀναφέροντες, ἐμηνίων αὐτῷ. Καὶ οἱ ἐν Βρετ]ανίᾳ τοίνυν ὑπάρχοντες, ἐπειδή τι ἐπετιμήθησαν ἐφ᾽ οἷς ἐσ]ασίαζον (οὐ γὰρ πρὶν ἡσύχασαν, ἢ αὐτοὺς τὸν Περτίνακα παῦσαι), χιλίους καὶ πεντακοσίους ἀκοντισ]ὰς ἀπὸ σφῶν ἀπολέξαντες, ἐς τὴν Ἰταλίαν ἔπεμψαν· ὧν μηδενὸς κωλύοντος τῇ Ῥώμῃ πλησιασάντων, ὁ Κόμμοδος ἀπήντησέ τε αὐτοῖς καὶ ἐπυθετο· Τί ταῦτα, ὦ συσ]ρατιῶται; τί βουλόμενοι πάρεσ]ε; Εἰπόντων δὲ αὐτῶν· Ἥκομεν· Περέννιος γάρ σοι ἐπιβουλεύει, ἵνα αὐτοκράτορα τὸν υἱὸν ἀποδείξῃ. Ἐπείσθη τε αὐτοῖς, ἄλλως τε καὶ τοῦ Κλεάνδρου ἐνάγοντος, ὃς, κωλυόμενος ὑπὸ τοῦ Περεννίου ποιεῖν ὅσα ἠβούλετο, δεινῶς αὐτὸν ἐμίσει· καὶ ἐξέδωκε τὸν ἔπαρχον τοῖς σ]ρατιώταις ὧν ἦρχεν· οὐδὲ ἐτόλμησε καταφρονῆσαι χιλίων καὶ πεντακοσίων πολλαπλασίους αὑτῶν δορυφόρους ἔχων. Καὶ αὐτὸν ἐκεῖνον καὶ ᾐκίσαντο καὶ κατέκοψαν, καὶ ἡ γυνὴ αὐτοῦ καὶ ἡ ἀδελφὴ καὶ υἱεῖς δύο προσδιεφθάρησαν. — C. x. Ὁ μὲν οὖν οὕτως ἐσφάγη, ἥκισ]α δὲ τοῦτο παθεῖν, καὶ δι᾽ ἑαυτὸν, καὶ διὰ τὴν πᾶσαν τῶν Ῥωμαίων ἀρχὴν ὀφείλων, πλὴν καθ᾽ ὅσον διὰ τὴν φιλαρχίαν αἰτιώτατος τῷ Πατέρνῳ τῷ συνάρχοντι τοῦ ὀλέθρου ἐγένετο· ἰδίᾳ μὲν γὰρ οὐδὲν πώποτε οὔτε πρὸς δόξαν οὔτε πρὸς πλοῦτον περιεβάλετο, ἀλλὰ καὶ ἀδωρότατα καὶ σωφρονέστατα διήγαγε.] Cf. Zonaras, lib. XII, c. ιv.

[2] Lamprid. in Commod. [c. vιιι].

[3] [Eckhel, Doctrina numorum, t. VII, p. 135.]

— «(Pertinax) jussus est... a Perenni in Liguriam secedere...,
«fuitque illic per triennium..... Occiso sane Perenni, Commodus
«Pertinaci satisfecit[1]. »

Perenni è nominato come prefetto del pretorio negli atti di S. Apollonio[2].

## L
[938=185.

### NIGER,
praef. praet. sub Commodo.

— «Et in potentia quidem Cleander Perenni successerat, in prae-
«fectura vero Niger, qui sex tantum horis praefectum praetorio fuisse
«perhibetur[3]. »]

## LI
[938=185.]

### MARCIUS QUARTUS,
praef. praet. sub Commodo.

— «Mutabantur enim praefecti praetorio per horas ac dies, Com-
«modo pejora omnia, quam fecerat ante, faciente. Fuit Marcius
«Quartus praefectus praetorio diebus quinque[4]. »

## LII
[938=185.

### Post MARCIUM QUARTUM.

— «Horum successores ad arbitrium Cleandri aut retenti sunt aut
«occisi[5]. »]

---

[1] Capitolin. in *Pertinac.* [c. III].
[2] Tillemont, *Mém. sur l'hist. ecclésiastique*, t. III, p. 58. Zonar. lib. XII, c. IV. Negli atti di S. Apollonio presso il Ruinart [*Acta sincera martyrum*], p. 71. Eusebio, *Hist.* lib. V, c. XXI [voir plus haut, t. IX, p. 320].
[3] [Lamprid. in *Commod.* c. VI.]
[4] Lamprid. *ibid.*
[5] [Lamprid. *ibid.*]

## LIII
[940=187.]
### AEBUTIANUS,
praef. praet. sub Commodo.

— «Cleander..... [tantum per stultitiam Commodi potuit ut] «Byrrum, [sororis Commodi virum,]..... occideret; multis aliis qui «Byrrum defendebant, pariter interemptis. Praefectus etiam Aebutia- «nus inter hos est interemptus [1]. »

Il Tillemont pone la sua morte verso l'anno 187 [2].

## LIV
[940=187 — 942=189.]
### [M. AURELIUS] CLEANDER,
praef. praet. sub Commodo.

[M·AVRELI·CLE
ANDRI A CVBI
CVLO AVG N̄ [3]

— «Perennis..... hostis appellatus lacerandusque militibus est «deditus. In cujus potentiae locum Cleandrum *ex cubiculariis* subro- «gavit [4]. »]

— «Praefectus etiam Aebutianus inter hos est interemptus: in cujus «locum ipse Cleander cum aliis duobus, quos ipse delegerat, praefectus «est factus. Tuncque primum tres praefecti praetorio fuere: inter quos «libertinus, qui a pugione appellatus est. Sed et Cleandro dignus tan- «dem vitae finis impositus [5]. »

---

[1] Lamprid. in *Commod.* c. VI.

[2] *Hist. des Empereurs*, t. II [p. 486].

[3] [Les noms complets de ce préfet sont fournis par un sceau en bronze, trouvé à Rome en 1887 et dont nous donnons le texte d'après les *Notizie degli scavi*, 1887, p. 401. Il s'agit évidemment de l'affranchi de Commode qui, de la charge de *cubicula-* *rius*, fut élevé à la préfecture du prétoire. W. H. Waddington.]

[4] [Lamprid. in *Commod.* c. VI.]

[5] Lamprid. in *Commod.* c. VI et VII. [Saumaise et Casaubon ont interprété les mots *a pugione* en ce sens que Cleander au- rait eu un pouvoir supérieur à celui de ses collègues; seul il aurait eu le pouvoir de

## PRAEFECTI PRAETORIO.

— « Cleander erat quidam genere quidem Phryx, ex iis qui publice
« solent per praeconem vendi, sed qui in imperatoria domo servus
« factus, cum accrevisset cum Commodo, in tantum ab ipso honoris
« et auctoritatis provectus est ut et corporis custodia et *cubiculi cura* et
« militum praefectura ipsi mandaretur[1]. »

Il popolo tumultua contro Cleandro. Commodo ne è avvisato da sua sorella Fadilla.

— « Populus insuper trucidavit filios Cleandri; duo autem erant[2]. »

An. 938 [= 185]. — « (Commodus Perennem militibus dedidit),
« instigante potissimum Cleandro, qui eum graviter oderat, a quo omnia
« agere pro libidine prohibebatur... Cleander autem, cujus post mor-
« tem Perennis maxima fuit auctoritas, servus fuerat inter servos vendi-
« tus et cum iis, ut baiulus esset, Romam deductus. Progrediente vero
« tempore usque adeo est auctus, ut *cubicularius* Commodi factus sit,
« pellicemque ejus Damostratiam uxorem duxerit, et praeter alios
« multos Saoterum[3] Nicomediensem, qui ante ipsum eumdem hono-
« rem habuerat, interfecerit... Hic igitur Cleander altius a fortuna
« elatus et largiebatur et vendebat dignitatem senatoriam, officia mili-
« taria, procurationes, imperia, ac postremo res omnes. Jamque multi,
« absumptis omnibus suis facultatibus, cooptabantur in ordinem sena-
« torium ita ut dictum sit de Julio Solone, homine admodum ignobili,

---

punir, symbolisé par le *pugio*. Cette interprétation, adoptée par Hirschfeld, *Röm. Verwaltungsgeschichte* (p. 228), est rejetée par
Mommsen (*Röm. Staatsrecht*, t. II, p. 867,
n. 1). *A pugione* est, d'après ce dernier,
un sobriquet, et ne désigne nullement un
pouvoir dont Cleander aurait été investi.
Cf. Friedlaender, *Darstellungen aus der Sit-
tengeschichte Roms*, 4° éd., t. I, p. 111.]

[1] Herodian. lib. I, c. xii, 3. [Κλέανδρός
τις ἦν, τὸ μὲν γένος Φρύξ, τῶν δημοσίᾳ
εἰωθότων ὑπὸ κήρυκι πιπράσκεσθαι· οἰκέ-
της δὲ βασιλικὸς γενόμενος συναυξηθεὶς τε
τῷ Κομόδῳ ἐς τοσοῦτον ὑπ' αὐτοῦ τιμῆς
καὶ ἐξουσίας προήχθη ὡς τήν τε τοῦ σώ-
ματος φρουρὰν καὶ τὴν τοῦ θαλάμου ἐξουσίαν τήν τε τῶν σ]ρατιωτῶν ἀρχὴν ἐγχει-
ρισθῆναι.]

[2] *Ibid.* c. xiii, 6. [Προσανεῖλον δὲ καὶ
τοὺς παῖδας τοῦ Κλεάνδρου (δύο δὲ ἦσαν
ἄρρενες αὐτῷ).]

[3] [Le gentilice de Saoterus, prédécesseur
de Cleander dans la charge de *cubicularius*
de l'empereur, est connu par un fragment
des fastes du collège des prêtres de la maison impériale. Il s'appelait Aelius Saoterus.
(*Corp. inscr. Lat.* vol. VI, n. 2010.) Héron
de Villefosse.]

«eum, facultatibus orbatum, in senatum esse relegatum. Neque vero
« Cleander hoc solum fecit, sed etiam consules xxv in annum unum
« designavit : quod neque ante id tempus, neque post, unquam factum
« est : in quorum numero Severus, qui postea factus est princeps,
« consulatum gessit. Quamobrem colligebat undique pecuniam, mul-
« toque plura acquisivit, quam unquam ab ullis cubiculariis factum
« sit. Ex his multa largiebatur Commodo ejusque pellicibus, multa in
« aedificationem aedium et balinearum, ceterasque res privatis juxta
« ac civitatibus utiles impendebat[1]. »

Narra poi [Dione] come fosse ucciso dal popolo[2].

An. 942 [= 189]. — « Comprehendi Cleandrum imperat, et caput
« ejus amputatum hastaque longa praefixum mittit jucundum et opta-
« tum populo spectandum[3]. »

— « Opera ejus (Commodi), praeter lavacrum quod Cleander no-
« mine ipsius fecerat, nulla exstant[4]. »

[1] Dion. lib. LXXII [c. ix et xii : Ἄλλως τε καὶ τοῦ Κλεάνδρου ἐνάγοντος, ὃς,
κωλυόμενος ὑπὸ τοῦ Περεννίου ποιεῖν ὅσα
ἠβούλετο, δεινῶς αὐτὸν ἐμίσει, καὶ ἐξέδωκε
τὸν ἔπαρχον τοῖς σ7ρατιώταις ὧν ἦρχεν...
Ὁ δὲ δὴ Κλέανδρος, ὁ μετὰ τὸν Περέννιον
μέγισ7ον δυνηθεὶς, καὶ ἐπράθη μετὰ τῶν
ὁμοδούλων, μεθ᾽ ὧν καὶ ἀχθηφορήσων ἐς
τὴν Ῥώμην ἐκεκόμισ7ο· χρόνου δὲ προ-
ϊόντος οὕτως ηὐξήθη, ὥσ7ε καὶ τοῦ Κομμόδου προκοιτῆσαι, τήν τε παλλακίδα αὐτοῦ
Δαμοσ7ρατίαν γῆμαι, καὶ τὸν Σαώτερον τὸν
Νικομηδέα, τὸν πρὸ αὐτοῦ τὴν τιμὴν ἔχοντα
ταύτην, ἀποκτεῖναι πρὸς πολλοῖς καὶ ἄλλοις... Ὁ γοῦν Κλέανδρος μέγας ὑπὸ τῆς
τύχης ἀρθεὶς, καὶ ἐχαρίσατο καὶ ἐπώλησε
βουλείας, σ7ρατείας, ἐπιτροπείας, ἡγεμονίας, πάντα πράγματα. Καὶ ἤδη τινὲς
πάντα τὰ ὑπάρχοντα σφίσιν ἀναλώσαντες,
βουλευταὶ ἐγένοντο· ὥσ7ε καὶ λεχθῆναι
ἐπὶ Ἰουλίου Σόλωνος ἀνδρὸς ἀφανεσ7άτου,

ὅτι εἰς τὸ συνέδριον, τῆς οὐσίας σ7ερηθεὶς,
ἐξωρίσθη. Ταῦτά τε ὁ Κλέανδρος ἐποίει καὶ
ὑπάτους ἐς ἐνιαυτὸν πέντε καὶ εἰκοσιν ἀπέδειξεν, ὃ μήτε πρότερόν ποτε, μήθ᾽ ὕσ7ε-
ρον ἐγένετο· καὶ ἐν αὐτοῖς καὶ Σεβῆρος, ὁ
μετὰ ταῦτα αὐταρχήσας, ὑπάτευσεν. Ἡρ-
γυρολόγει μὲν οὖν πανταχόθεν, καὶ ἐκτή-
σατο πλεῖσ7α τῶν πώποτε ὀνομασθέντων
προκοίτων, καὶ ἀπ᾽ αὐτῶν πολλὰ μὲν τῷ
Κομμόδῳ ταῖς τε παλλακαῖς αὐτοῦ ἐδίδου,
πολλὰ δὲ καὶ ἐς οἰκίας, καὶ ἐς βαλανεῖα,
ἄλλα τε τινα χρήσιμα καὶ ἰδιώταις καὶ πό-
λεσιν, ἐδαπάνα.]

[2] Lib. LXXII, c. xiii. Le cose di Dione
sono ripetute da Zonara, lib. XII, c. iv.

[3] Herodian. lib. I, c. xiii, 4. [Ἐλθόντα
δ᾽αὐτὸν (τὸν Κλέανδρον) συλληφθῆναι κελεύει, καὶ τὴν κεφαλὴν ἀποτεμὼν δόρατί
τε ἐπιμήκει ἐγκαταπήξας ἐκπέμπει τερ-
πνὸν καὶ ποθεινὸν τῷ δήμῳ θέαμα.]

[4] Lamprid. in Commod. [c. xvii].

## PRAEFECTI PRAETORIO.

### LV
942 [=189].

[L. JULIUS *VEHILIUS*(?) *GRATUS*(?)] JULIANUS,
praef. praet. sub Commodo.

[Une inscription très importante, qui nous fait connaître les noms et toute la carrière de ce préfet, a été trouvée à Rome en 1887; elle se compose de trois fragments qui ont été retirés du Tibre, près de la Marmorata [1]:

```
     L · IVLIO · VEHiliOGRato
     IVLIANO · PRAef · PR · PRAEF
     ANN · ÁRATIONIḂ · PRAEF · Classis · pRAET · MISENAT · PRAef
     CLASSIS · PRAET · RAVENnat · proc · AVG · ET · PRAEP · VEXILla
   5 TION · TEMPORE · BELLI · britannici · prÓC · AVG · PROVINCiae
     LVSITaniae · ET · VETToniae · proc · aVG · ET · PRAEPOSITo
     VEXILLATIONIS · PER.....................PRÓC · AV̓G ·
     ET · PRAEF · CLASSIS · POnticAe · proc · augg · eT · PRAep
     VEXILLATIONIS · PER · ACHAIAM · ET · MACEDONIM
  10 ET · IN · HISPANIAS · ADVERSVS · CASTABOCAS · ET
     MAVROS · REBELLES · PRAEPOSITO · VEXILLATIO
     NIBVS · TEMPORE · BELLI GERMANICI · ET · SARMAT ·
     PRAEF · ALAE · TAMPIANAE · PRAEF · ALAE · HER
     CVLANAE · TRIḂ · COHORT · PRIMAE · VLPIAE · PAN
  15 NONIORVM · PRAEF · COHORT · TERTIAE · AVGVST
     THRACVM · DONIS · MILITARIBVS · DONATO · AB · IMPE
     ratoRIBVS · ANTONINO · ET · VERO · OB · VICTORIAM ·
     belli · parthiCI · ITEM · AB · ANTONINO · ET ·
     commodo · ob · vicTOR · BELLI · GERMaNIC ·
  20 et sarmatici......................................
```

Le monument remonte à l'année 189; il a été certainement élevé à l'occasion de la promotion de L. Julius Julianus à la préfecture du prétoire. D'après les charges militaires du début de sa carrière, charges qui nous ramènent toutes aux troupes auxiliaires de la Pannonie et de la Thrace, on doit admettre que L. Julius

---

[1] [M. F. Barnabei a publié cette inscription dans les *Notizie degli scavi*, 1887, p. 536 à 553, avec un commentaire étendu; les explications et les compléments reproduits ici lui appartiennent. W. H. WADDINGTON.]

# PRAEFECTI PRAETORIO.

Julianus a passé la première partie de sa vie dans ces provinces. En 175, il commande une *vexillatio* dans la guerre germanique; en 176-177, il passe en Espagne pour réprimer les incursions des Maures; en 178-179, il commande une *vexillatio* en Achaïe et en Macédoine contre les *Castaboci*; en 180, il est préfet de la flotte du Pont; en 181, il commande une *vexillatio* dans une province inconnue, peut-être en Maurétanie; en 182, il est procurateur de la Lusitanie et de la Vettonie; en 183-184, il combat en Bretagne; en 185, de retour en Italie, il commande la flotte prétorienne de Ravenne; en 186, il commande la flotte prétorienne de Misène; en 187, il passe à l'administration du fisc comme préposé à la caisse impériale; en 188, il est préfet de l'annone; en 189, il arrive à la préfecture du prétoire.]

— «In cujus (Cleandri) locum Julianus et Regillus subrogati sunt, «quos et ipsos postea poenis affecit[1].»

— «Praefectum praetorio suum Julianum, togatum, praesente «officio suo, in piscinam detrusit; quem saltare etiam nudum ante «concubinas suas jussit, quatientem cymbala, deformato vultu[2].»

— «Commodus autem, ubi expleverat animum voluptatibus ludis«que, tum demum caedes meditabatur, occidebatque nobiles viros, «in quorum numero fuit Julianus praefectus, quem publice amplecti «atque osculari patremque appellare consueverat[3].»

## LVI

942 [= 189].

REGILLUS,

praef. praet. sub Commodo.

— «In cujus (Cleandri) locum Julianus et Regillus subrogati sunt, «quos et ipsos postea poenis affecit[4].»

---

[1] Lamprid. in *Commod.* c. VII.
[2] *Ibid.* c. XI. [D'après Hirschfeld, *Röm. Verwaltungsgesch.* p. 229, ce passage de Lampride se rapporterait à un préfet du prétoire autre que le collègue de Regillus.]
[3] Dion. lib. LXXII, c. XIV. [Κόμμοδος δὲ, ἀπὸ τῶν εὐθυμιῶν καὶ παιδιῶν ἀνανεύων, ἐφόνα, καὶ τοὺς ἐπιφανεῖς ἄνδρας διεχειρίζετο· ὧν ἦν καὶ Ἰουλιανὸς ὁ ἔπαρχος, ὃν καὶ δημοσίᾳ περιελάμβανέ τε καὶ κατεφίλει, καὶ πατέρα ὠνόμαζεν.]
[4] Lamprid. in *Commod.* c. VII.

## LVII

[Circa 943 = 190.]

**METILENUS,**

praef. praet. sub Commodo.

Dopo la morte del prefetto del pretorio Cleandro, di Giuliano e di Regillo, e di infiniti altri personnaggi :

— «(Commodus) Motilenum, praefectum praetorii, per ficus ve-
«neno interemit[1]. »

Nota il Casaubono che il codice regio ha Metilenum : «Malim,
«[si liceat,] M. Attilianum, vel Atilicinum, quae scimus esse nomina
«romana[2]. »

Io leggerei «Metilenum».

## LVIII

[945 = 192.]

**Q. AEMILIUS LAETUS,**

praef. praet. sub Commodo et Pertinace.

— «(Commodus) urbem incendi jusserat, utpote coloniam suam :
«quod factum esset, nisi Laetus, praefectus praetorio, Commodum
«deterruisset[3]. »

È questo Emilio Leto memorato da Dione.

— «Q. Aemilius Laetus praefectus, et Marcia, concubina ejus
«(Commodi), inierunt conjurationem ad occidendum eum[4]. »

— «Laeto, praefecto praetorii..., auctore, et Commodus inter-
«emptus, et ipse (Pertinax) imperator est factus[5]. »

Leto, prefetto del pretorio, abbandona Pertinace, mentre i soldati lo cercarono a morte [6]. Didio Giuliano ordina che sia ucciso Leto [7].

— «(Caracalla) Laetum ad mortem coegit, misso a se veneno :

---

[1] Lamprid. in *Commod.* c. ix.
[2] [In Lamprid. ad h. l. vol. I, p. 496.]
[3] Lamprid., in *Commod.* c. xv.
[4] *Ibid.* c. xvii.
[5] Capitolin. in *Pertinac.* c. v.
[6] *Ibid.* c. xi.
[7] Spartian. in *Did. Jul.* c. vi.

## PRAEFECTI PRAETORIO. 75

« ipse enim inter suasores Getae mortis primus fuerat, qui et primus
« interemptus est[1]. »

— « Commodus praefectum exercitibus Laetum et Eclectum, cubi-
« culi custodem, accitos parare jubet in ludo ipso gladiatorio, quo se
« dormiturum recipiat... Illi supplicabant ne quid imperio indignum
« faceret... Id aegre ferens... illos nocte interficere destinaverat...
« (Quo forte detecto, veneno prius a Martia porrecto, suadentibus Laeto
« et Eclecto...), deinde immisso Narcisso robusto juvene, qui eum
« strangulavit, occiditur[2]. »

— « Interfecto Commodo..., Laetus et Eclectus et Marcia decer-
« nunt Pertinacem ad imperium deligere. Laetus praefectus Pertinacem
« ad milites adducit[3]. »

— « Severus, postquam imperator factus est, eos qui Pertinacem
« occiderant morte multavit[4]. »

« Cum Severus statim omnes auctores caedis Pertinacis ultus sit...
« omnes praetorianos exauctoravit, novumque sibi praefectum praetorio
« constituit, Flavium Juvenalem. Verisimile est illum Laetum, praefec-
« tum praetorianis, statim initio interfectum esse[5]. »

---

[1] Spartian. [in *Caracall.*], c. III. Credo ciò spettare a Mecio Leto, prefetto del pretorio. [Voir cep. Hirschfeld, *Röm. Verwaltungsgesch.*, p. 231, qui pense que ce Laetus est le consul de l'an 215 et non le préfet Maecius Laetus.]

[2] Herodian. lib. I [c. xvi, 5 : Ὁ δὲ Κόμοδος, μεταπεμψάμενος Λαῖτόν τε τὸν ἔπαρχον τῶν σ]ρατοπέδων Ἔκλεκτόν τε τὸν τοῦ θαλάμου προεσ]ῶτα, ἐκέλευεν αὐτῷ παρασκευασθῆναι ὡς διανυκτερεύσων ἐν τῷ τῶν μονομάχων καταγωγίῳ... Οἱ δ' ἱκέτευον, καὶ πείθειν ἐπειρῶντο μηδὲν ἀνάξιον τῆς βασιλείας ποιεῖν. Ὁ δὲ Κόμοδος ἀσχάλλων τοὺς μὲν ἀπεπέμψατο, αὐτὸς δὲ... γράφει ὅσους χρὴ τῆς νυκτὸς φονευθῆναι... C. xvii, 8, 11 : Ἀρέσκει δὲ δοῦναι φάρμακον δηλητήριον τῷ Κομόδῳ... Νέον τινὰ ὄνομα Νάρκισσον... πείθουσιν εἰσελθόντα τὸν Κόμοδον ἀποπνῖξαι.]

[3] Herodian. lib. II [c. 1, 1, 3 : Ἀνελόντες δὲ τὸν Κόμοδον... ὅ τε Λαῖτος καὶ Ἔκλεκτος ἅμα τῇ Μαρκίᾳ τὸ πρακτέον ἐβουλεύοντο... Οὐδένα οὕτως ἐπιτήδειον εὕρισκον ὡς Περτίνακα... C. 11 : Καὶ πρῶτον ἀρέσκει προελθεῖν ἐπὶ τὸ σ]ρατόπεδον... Πείσειν δὲ αὐτοὺς ὁ Λαῖτος ὑπισχνεῖτο, ἐπείπερ αὐτῷ ἐπάρχῳ ὄντι μετρίαν ἀπένεμον αἰδῶ.]

[4] Dion. lib. LXXIV, c. I. [Σεβῆρος μὲν δή... τοὺς μὲν χειρουργήσαντας τὸ κατὰ τὸν Περτίνακα ἔργον θανάτῳ ἐζημίωσε.]

[5] Reimar ad Dionem, p. 1267, § 75 : [« Alterum vero Laetum, quo duce Severus in bellis usus est, fuisse ab eo diversum, sicut et fuit Laetus ille quem Antoninus

An. 940 [(?) = 187]. — « Assistebant (Commodo) pugnanti (in « amphitheatro) Aemilius Laetus, praefectus praetorio [et Eclectus cubi- « cularius] ¹. »

An. 945 [=192]. — « Laetus et Eclectus, qui Commodo partim « infensi erant, quod versaretur in hujusmodi rebus, partim eumdem « timebant quod minaretur talia se facere prohibentibus, insidias ei « paraverunt... His permoti rebus, Laetus et Eclectus in eum conju- « rant, communicato cum Marcia consilio. Itaque postremo die anni..., « venenum ei noctu per Marciam dant in carnibus bovinis... Verum « cum jam vomere inciperet..., Narcissum athletam ad eum mittunt, « lavantemque ejus opera suffocant ². »

An. 946 [=193]. — « Cum autem nondum divulgata esset caedes « Commodi, Eclectus Laetusque ad Pertinacem veniunt... eique... « principatum deferunt... Sed quod Laetus aderat, quodque ipse « multa pollicebatur... omnes sibi devinxit ³. »

— « Interea Laetus non solum Pertinacem afficiebat laudibus, sed « etiam Commodum gravabat ignominia... Neque vero Laetus perpe- « tuam fidem servavit Pertinaci vel potius ne palam quidem. Nam cum « ea quae cuperet non esset consecutus, milites... contra eum con- « citavit ⁴. »

postea ad mortem coegit, misso a se veneno, teste Spart. in *Carac.* c. III.»]

¹ Dion. lib. LXXII, c. xix. [Παρει-σ7ήκεσαν δὲ αὐτῷ μαχομένῳ Αἰμίλιός τε Λαῖτος ὁ ἔπαρχος καὶ ὁ Ἔκλεκτος ὁ πρό-κοιτος.]

² Dion. lib. LXXII, c. xxii. [Ὁ γὰρ Λαῖτος καὶ ὁ Ἔκλεκτος, ἀχθόμενοι αὐτῷ δι' ἃ ἐποίει, καὶ προσέτι καὶ φοβηθέντες (ἠπείλει γὰρ σφίσιν ὅτι ἐκωλύετο ταῦτα ποιεῖν), ἐπεβούλευσαν αὐτῷ... Διὰ μὲν δὴ ταῦτα ὅ τε Λαῖτος καὶ ὁ Ἔκλεκτος ἐπέθεντο αὐτῷ, κοινωσάμενοι καὶ τῇ Μαρκίᾳ τὸ βού-λευμα. Ἐν γοῦν τῇ τελευταίᾳ τοῦ ἔτους ἡμέρᾳ, ἐν τῇ νυκτί, τῶν ἀνθρώπων ἀσχο-λίαν περὶ τὴν ἑορτὴν ἐχόντων, φάρμακον διὰ τῆς Μαρκίας ἐν κρέασι βοείοις αὐτῷ ἔδωκαν... Ἀλλὰ καὶ ἐξήμεσέ τι... Οὕτω δὴ Νάρκισσόν τινα γυμνασ7ὴν ἔπεμψαν αὐτῷ, καὶ δι' ἐκείνου λουόμενον αὐτὸν ἀπ-έπνιξαν.]

³ Dion. lib. LXXIII, c. i. [Λανθάνον-τος γὰρ ἔτι τοῦ γεγενημένου περὶ τὸν Κόμμοδον, ἦλθον πρὸς αὐτὸν οἱ περὶ τὸν Ἔκλεκτον καὶ Λαῖτον... διὰ τὴν ἀρετὴν γὰρ καὶ τὸ ἀξίωμα αὐτοῦ ἡδέως αὐτὸν ἐπ-ελέξαντο... Καὶ ἔκπληξιν μὲν τοῖς σ7ρα-τιώταις παρέσχε, τῇ δὲ δὴ παρουσίᾳ τῶν περὶ τὸν Λαῖτον καὶ ἐξ ὧν ὑπέσχετο... προσεποιήσατο αὐτούς.]

⁴ Dion. lib. LXXIII, c. vi. [Ὁ δὲ Λαῖτος τὸν Περτίνακα δι' εὐφημίας ἦγε, καὶ τὸν

## PRAEFECTI PRAETORIO. 77

— « Laetus, occasione ex causa Falconis arrepta, magnum numerum
« militum, quasi jussu imperatoris, interfecit[1]. »

— «(Didius Julianus) Laetum et Marciam interfecit, ita ut omnes
« qui contra Commodum conjuraverant interierint[2]. »

Il Reimaro si scordò di questo passo quando sospettò che Leto fosse
ucciso da Severo.

— « Pertinax... egit gratias senatui, et praecipue Laeto, praefecto
« praetorii, quo auctore... ipse imperator factus est[3]. »

— « Sed Pertinaci factio praeparata est per Laetum, praefectum
« praetorii, et eos quos Pertinacis sanctimonia offenderat. Laetum enim
« poenituerat, quod imperatorem fecerat Pertinacem, idcirco, quia eum
« velut stultum intimatorem nonnullarum rerum reprehendebat[4]. »

— «Julianus, sperans Laetum fautorem Severi, cum per eum Com-
« modi manus evasisset, ingratus tanto beneficio, jussit eum occidi[5]. »

— «(Julianus) Laetum quoque occidit, et complures emisit qui Se-
« verum dolo occiderent[6]. »

### LIX et LX

[946=193.]

#### FLAVIUS GENIALIS,
#### TULLIUS CRISPINUS,
praefecti praetorio sub Didio Juliano.

— « Tunc Julianus Flavium Genialem et Tullium Crispinum, suffra-
« gio praetorianorum, praefectos praetorii fecit[7]. »

Κόμμοδον ὕβριζε..... Οὐ μέντοι γε καὶ
δι' ὅλου ὁ Λαῖτος πιστὸς ἔμεινε τῷ Περτί-
νακι, μᾶλλον δὲ οὐδ' ἐν ἀκαρεῖ· ὧν γὰρ
ἤθελε μὴ τυγχάνων, προσπαρώξυνε τοὺς
σ]ρατιώτας, ὡς λελέξεται, κατ' αὐτοῦ.]

[1] Dion. lib. LXXIII, c. ix. [Ὁ δὲ Λαῖτος,
παραλαβὼν τὴν κατὰ τὸν Φάλκωνα ἀφ-
ορμήν, πολλοὺς τῶν σ]ρατιωτῶν, ὡς καὶ
ἐκείνου κελεύοντος, διέφθειρεν.]

[2] Dion. lib. LXXIII, c. xvi. [Ἔσφαξε

μὲν οὖν καὶ τὸν Λαῖτον, καὶ τὴν Μαρκίαν·
ὥσ]ε σύμπαντας τοὺς ἐπιβουλεύσαντας τῷ
Κομμόδῳ φθαρῆναι.]

[3] Capitolin. in *Pertinac.* [c. v].
[4] *Ibid.* [c. x].
[5] Spartian. in *Did. Jul.* [c. vi].
[6] Zonar. lib. XII, c. vii. [Ἐφόνευσε δὲ
καὶ τὸν Λαῖτον, καὶ ἐπὶ τὸν Σεβῆρον καθῆκε
συχνοὺς ὡς τὸν ἄνδρα δολοφονήσοντας.]
[7] Spartian. in *Did. Jul.* c. iii.

— « Tullius Crispinus, praefectus praetorio, contra Severum missus, « ut classem produceret, repulsus Romam rediit[1]. »

— « Post senatusconsultum (de participatione imperii cum Severo) « statim Didius Julianus unum ex praefectis, Tullium Crispinum, « misit[2]. »

— « Et Crispinus quidem, cum occurrisset praecursoribus Severi, « Julio Laeto auctore, a Severo interemptus est[3]. »

— « Brevi autem desertus est ab omnibus Julianus, et remansit in « Palatio cum uno de praefectis suis Geniali et genero Repentino[4]. »

## LXI
[946=193.]
### VETURIUS MACRINUS,
praef. praet. sub Didio Juliano.

— « Post senatusconsultum (de participatione imperii cum Severo) « Didius Julianus... tertium fecit praefectum, Veturium Macrinum, « ad quem Severus litteras miserat ut esset praefectus[5]. »

## LXII
[946=193 — 953=200[6] (?).]
### FLAVIUS JUVENALIS,
praef. praet. sub Septimio Severo.

Appena morto Giuliano, Severo « fecit statim praefectum praetorii « Flavium Juvenalem, quem etiam Julianus tertium praefectum sibi « adsumpserat[7]. » Ecco una delle altre solite oscurità di Sparziano. Nella vita di Giuliano, aveva detto che questo terzo prefetto fù Veturio

---

[1] Spartian. in *Did. Jul.* c. VI.
[2] *Ibid.* c. VII.
[3] *Ibid.* c. VIII.
[4] *Ibid.* c. VIII.
[5] *Ibid.* c. VII.

[6] [Flavius Juvenalis était peut-être encore préfet avec Plautianus vers l'an 200. Voir plus bas, p. 79, n. 2 et 3.]
[7] Spartian. in *Sever.* [c. VI].

Macrino, ed ora come fa uscir fuori Flavio Giovenale? Ov' è contradizione, o un' uomo solo aveva tutti questi nomi, cosa però non insolita [1].

— «Erat enim Juvenalis praefectus praetorii Severi[2].»

«[Hujus illud pueri fertur insigne quod, cum vellet partium diver«sarum viros Severus occidere]», Geta fu d'avviso che si perdonasse del padre ai seguaci di Pescennio. «Et optinuisset ejus sententia, nisi «Plautianus praefectus vel Juvenalis institissent spe proscriptionum, «ex quibus ditati sunt[3].»

[Le préfet du prétoire Juvenalis est mentionné dans une inscription de Lambèse, en Numidie[4]:]

```
        D · M · S
    P · AELIO · P · F
    CRESCENTIANO
    NOTARIO · LEGAT
    IN OFFICIO IVVENA
    LIS PRAEF · PRAETORI
    DEFVNCTO VIXIT
    ANNIS VIGINTI DVO
    ET MILITAVIT AN IIII
    AELIA PROCESSA
     MATER FILIO
       INNOCENTI
```

[1] [Hirschfeld, *Römische Verwaltungsgeschichte*, p. 230, propose une autre conciliation : il conjecture que Flavius Juvenalis aurait été nommé après la mort de Crispinus.]

[2] Spartian. in *Get.*, c. ii.

[3] *Ibid.* [c. iv].

[4] Lambaesi, Renier, *Inscr. romaines de l'Algérie*, n. 204. Henzen, *Supp. Orell.* n. 7420. [*Corp. inscript. Lat.* vol. VIII, n. 2755.] — [En 193, après la prise de Byzance par Pescennius Niger, Septime Sévère envoya des troupes en Afrique pour défendre cette province contre son compétiteur : «Ad Africam tamen legiones misit ne per Libyam atque Aegyptum Niger Africam occuparet.» (Spart. in *Sev.* c. viii.) La présence à Lambèse du préfet du prétoire Flavius Juvenalis pourrait s'expliquer ainsi. Héron de Villefosse.]

## LXIII

[950 = 197 — 958 = 205.]

### C. FULVIUS PLAUTIANUS,
praef. praetorio sub Severo.

[C. Fulvius Plautianus [1] passait pour avoir été, *dès le début* du règne de Septime Sévère, l'homme de confiance de l'empereur et l'un de ses préfets du prétoire [2]. Il est certain aujourd'hui qu'il n'exerça pas cette fonction avant l'année 197 [3]. Il acquit promptement l'autorité la plus étendue [4]. Momentanément disgracié [5], il ne tarda pas à revenir en faveur : il devint consul pour la seconde fois en 203 [6].

[1] [Le nom gentilice et le prénom de Plautianus sont donnés par les différentes estampilles de briques indiquées plus loin, p. 82. Cf. Spartian. in *Pescenn.* c. v, et in *Sever.* c. IV.]

[2] [Spartian. in *Sever.* c. VI, et in *Pescenn.* c. v.]

[3] [C'est ce qui résulte d'une inscription de Pettau, l'antique Poetovio dans la Pannonie supérieure. Le texte de cette inscription, déjà connue mais insuffisamment publiée (*Corp. inscr. Lat.* vol. III, n. 4037), a été récemment l'objet d'une vérification qui a fait reconnaître sur la pierre les noms, martelés postérieurement, de C. Fulvius Plautianus. Voici la nouvelle lecture donnée par M. A. von Premerstein :

PRAESTITO IOVI S
C FVLVIVS PLAVTIANVS
TRIBVNVS·COH·X·
PRAET·CVLTOR·NV
MINIS·IPSIVS PROFIC
ISCENS · AD · OPPRIMEN
DAM·FACTIONEM
GALLICANAM IVSSV
PRINCIPIS·SVI·ARAM
ISTAM POSVIT

(*Archaeolog. epigr. Mittheil. aus OEsterreich*, 1888, p. 131). Il en résulte qu'à la fin de l'année 196 Plautianus n'était encore que tribun de la X<sup>e</sup> cohorte prétorienne et qu'en cette qualité il marchait contre Clodius Albinus. Tout porte à croire qu'il assista à la bataille de Lyon (19 février 197). W. H. Waddington.] — [Une inscription votive de Rome, élevée probablement par des soldats qui avaient pris part à l'expédition contre Albinus, prouve que Plautianus était préfet du prétoire dès le 9 juin 197 (*Corp. inscr. Lat.* vol. VI, n. 224). Il porte à cette date le titre de *clarissimus vir;* il était donc déjà revêtu des ornements consulaires, qu'il reçut sans doute cette même année. Héron de Villefosse.]

[4] [Dion. lib. LXXV, c. xiv : Πλαυτιανὸς δὲ παραδυναστεύων τῷ Σεβήρῳ, καὶ τὴν ἐπαρχικὴν ἔχων ἐξουσίαν, πλεῖστά τε ἀνθρώπων καὶ μέγιστα δυνηθείς.]

[5] [Spartian. in *Sever.* c. xiv.]

[6] [Dion. lib. XLVI, c. xlvi. *Corp. inscr. Lat.* vol. III, n. 5802; vol. VI, n. 220; vol. VIII, n. 2557 et 2655; Wilmanns, 2812 c.; *Corp. inscr. Attic.* vol. III, n. 633; Ulpian. 13 ad Sab., *Dig.* lib. XXXVIII, tit. xvii, l. 2, § 47.] — [Le second consulat

Il fut mis à mort le 22 janvier, probablement en l'année 205[1]. Son nom fut effacé de tous les monuments publics[2].]

Il nome di Fulvio attribuito a Plauziano eragli provenuto solo per congetture del resto eccellenti del Noris[3], et dell' Eckhel[4]. Se poi nelle iscrizioni degli archi di Settimio, e delli argentieri[5], ed in altre, fossero una volta il nome di Plauziano, come crede il Fontanini[6], o di Geta[7], il solo m[onimento][8] ch' io conosca, in cui per certo e notato il tempo del secondo consolato di Plauziano, è una tavola di bronzo del museo Capitolino, pubblicata dal Fabretti[9], dal Maffei[10] o dal Guasco[11].

de Plautianus est également mentionné sur les estampilles de briques citées plus bas et sur un précieux sceau en bronze conservé à Volterra, dans le musée Guarnacci. Borghesi a démontré l'intérêt de ce petit monument dont un fac-similé a été donné plus haut, t. VI, p. 60 et 67. Héron de Villefosse.]

[1] [Dion. lib. LXXVI, c. III, IV; Herodian. lib. III, c. XI, XII.]

[2] [On en a la preuve par les monuments épigraphiques (neuf inscriptions de Rome, inscriptions de Padoue, de Pettau, d'Éleusis, d'Éphèse et de Lambèse). Deux seulement ont échappé au martelage : une inscription de Luna, conservée au Musée de Florence (*Corp. inscr. Lat.* vol. XI, n. 1337), et une inscription de Lyon (Allmer et Dissard, *Musée de Lyon. Inscriptions antiques*, t. I, p. 111, n° 14). Ce dernier document, dont on n'a retrouvé que la partie droite, était gravé sur la base d'une statue décernée à Plautianus par l'assemblée des Trois Gaules; il a été retiré de la Saône en 1873. Héron de Villefosse.]

[3] *Ep. Syr.* p. 412.

[4] *Doctr. num. vet.* t. VII, p. 227.

[5] [L'arc de Septime Sévère (*Corp. inscr. Lat.* vol. VI, n. 1033) ne paraît pas avoir jamais porté le nom de Plautien; l'inscription est de l'année 203. Quant à l'arc des *argentarii* sur le *forum boarium* (*Corp. inscr. Lat.* vol. VI, n. 1035), M. Bormann a établi qu'on y lisait primitivement les noms de Plautilla et de Plautianus (*Bull. Inst. arch.*, 1867, p. 18). Cette dernière inscription est de l'année 204 et prouve d'une manière évidente que Plautianus ne fut pas mis à mort en 203 comme le veut la chronique d'Alexandrie. Héron de Villefosse.]

[6] [*Antiquit. Hort.*]

[7] Veggasi una lettera del conte Camillo Silvestri, t. II, *Opusc.* Calogeri, p. 63, i numi Pesaresi dell' Olivieri, p. 35, e le iscrizioni di Palermo del Torremuzza, p. 146.

[8] [Le manuscrit de Borghesi porte *marmo*; il faut évidemment corriger ce mot, puisqu'il s'agit d'une inscription sur bronze.]

[9] *Col. Trai.* p. 37.

[10] *Museum Ver.* p. 309.

[11] [*Musei Capitolini antiq. inscr.*], t. I, p. 176. [*Corpus inscript. Latin.* vol. VI, n. 220.]

## PRAEFECTI PRAETORIO.

[IMPP · SEVERO · ET · ANTONINO · AVGG
BRITTANICIS · PP · ET · IVLIAE · AVG · MATRI · AVGG · ET · CASTROR ·
ET · FVLVIAE PLAVTILLAE AVG C FVLVIO PLAVTIANO P̄R̄ P̄R̄
C · V · ĪĪ · P SEPTIMIO GETA ĪĪ · CoS · C · IVNIO · RVFINO · P̄R̄ · C · IVNIO · BALBO · S̄ · P̄R̄
M · VLPIO · CONSTANTINO · T̄R̄ · C · ATTICIO · SPERATO · ⟩ ·
GENIO · ⟩ · II · Q V I · FRVMENT · PVBL · INCISI SVNT · KAL · MARTIS ·
DE · SVO · POSVERVNT · QVORVM · NOMINA · INFRA SCRIPTA SVNT · MILITES · FACT
ANVLLINO · ĪĪ · ET · FRONTONE · CoS · ¹]

Ma cosi i nomi suoi, come quelli del suo collega, P. Settimio Geta, fratello dell' imperatore Severo, messo da ultimo come in alcune vecchie serie consolari², sono stati cancellati, nè altro ora resta nel luogo, ove dovea stare il consolato, che le lettere... C.V.II...II.COS. Sono persuaso che la linea, precedente tali lettere, ora abrasa dal tutto, fosse una volta occupata dai nomi, non di Geta, figlio di Severo (ch' essere veramente stato nominato al principio della seconda linea, osservò il Fabretti³), ma di Plauziano, al quale si riferiscono le rimaste lettere C · V · II · Ben mi sorprende che siano cassati i nomi del suo compagno cui pure in questo monumento, e non altrove, si da il secondo consolato; ma ciò è avvenuto forse per isbaglio, preso il nome di lui per quello del nipote Geta, che fu dovunque abolito dopo ch' ebbelo ucciso il fratello Caracalla⁴.

Il Fabretti attribue il bronzo ad un' altr' anno, cioè al 208, ingannato dai vestigi delle lettere:

P · SEPTIMIO · GETA · II · COS

¹ [Nous reproduisons ici les huit premières lignes seulement de cette célèbre inscription, qui est gravée sur une plaque de bronze, conservée au Musée du Capitole. Trouvé à Rome, ce texte est de l'année 203 et se rapporte à la IVᵉ cohorte des vigiles. A la ligne 2, les mots BRITTANICIS PP ont été gravés à la place des mots ET GETAE CAES, dont il reste des traces apparentes. Voir plus haut, t. VII, p. 58-59.]

² Vedi i fasti del Relando, ed il Tillemont, *Hist. des Empereurs* [t. III], art. xxviii, [p. 64].

³ . Pag. 38.

⁴ [Cf. Henzen, ad *Corp. inscr. Lat.* vol. VI, n. 220 : «Nomen Getae consulis erasum, ut videtur, errore, cum nomen deleretur Getae Caesaris.»]

Vedendole corrose ad arte, ne vennegli in capo che tal fatto avesse potuto incontrare un' altro Geta. Ebbe adunque questi per Geta console la seconda volta, col fratello Caracalla la terza volta, senza badare che a costui non poterano in alcun modo convenire le lettere C · V · II, e che al nome di Caracalla non sarebbesi fatto quest' oltraggio.

Come poi Plauziano si nominasse *cos. iterum*, senza esserlo mai stato prima nè ordinario, nè suffetto, lo sappiamo da Dione[1] :

— «Primus Severus imperator, cum Plautiano honores consulares « tribuisset, eumque deinde in senatum adscriptum consulem designa- « ret, velut iterum consulem renuntiari jussit. »

Ed è appunto pel senatorato accordatagli dall' imperatore che uomo chiarissimo si dice sempre nelle tegole, nel citato bronzo, ed in un' iscrizione del Grutero[2]. Così il Marini nelle figuline[3] :

[OP DOL EX PR C FVL PLAVT PR PR
C V COS II FIG BVCCONIA

(*Rome casquée, assise sur un trophée.*)

L · NVMER

IVSTVS · FEC

Plautianus était le beau-père de Caracalla. Les monuments épigraphiques l'appellent *necessarius Augustorum, adfinis dominorum nostrorum Augustorum*].

---

[1] Dion. lib. XLVI, c. xlvi : [Σεβῆρος γὰρ αὐτοκράτωρ πρῶτος Πλαυτιανὸν ὑπατικαῖς τιμαῖς τιμήσας, καὶ μετὰ τοῦτο ἔς τε τὸ βουλευτικὸν ἐσαγαγὼν, καὶ ὕπατον ἀποδείξας, ὡς καὶ δεύτερον ὑπατεύσαντα ἀνεκήρυξε. Cf. Reimar, ad lib. LXXVIII, c. xiii; vol. II, p. 1321. Voir plus haut, t. III, p. 101.]

[2] Pag. 46, 9.

[3] [*Syll.* n. 893; *Corp. inscript. Lat.* vol. XV, n. 47.] — [Outre les *figlinae Bucconianae*, Plautianus possédait plusieurs autres briqueteries qui provenaient de la famille impériale. M. H. Dressel en a donné la liste (*ibid.* p. 22); il fait remarquer que toutes les estampilles de briques portant le nom de Plautien (*ibid.* n. 47, 184, 185, 197, 206, 240, 241, 406) appartiennent au court espace de temps qui s'écoula entre son second consulat et sa mort, c'est-à-dire entre les années 203 et 205. Héron de Villefosse.]

## PRAEFECTI PRAETORIO.

1[1].

*fulviae plautillae aug. conjugi*
IMP · M · AVRELI · ANTONINI · AVG
PII · FELICIS · PONTIFICIS · CONS
IMP · L · SEPTIMI · SEVERI · AVG · PII · FELICIS
PONTIFICIS · ET · PARTHICI · MAXIMI · CONS · III · NVRVI
FILIAE
*c. fulvii plautiani c. v.*
PONTIFICIS · NOBILISSIMI · PR · PR · NECESSARII
AVGG · ET · COMITIS · PER · OMNES · EXPEDITIONES · EORVM
T · STATILIVS · CALOCAERVS · NOMENCL
CVM · STATILIO · DIONYSIO · TRIB · LEG · XVI · FLAVIAE
ET · STATILIO · MYRONE · DISSIGNATORE · SCAENAR
FILIIS · ET · STATILIO · DIONYSIO · DISCIPVLO · FICTORVM
PONTIFICVM · C · C · V · V · NEPOTE · SVO
*a*MPLA · BENEFICIA · DE · INDVLGENTIA
*au*GVSTORVM · SVFFRAGIO · PATRIS . EIVS
CONSECVTVS

[2[2].

. . . S · PROC · *augg*
*nostr*OR · ITEM · PRAE*sidi*
*alpium* M · COTTIAR · ET · M*Arit. praef*
*vehic* VLATIONIS · PANNO*niae*
*ustriu*SQ · ET MOESIAE SVP*erioris*
*et n*ORICI · PRAEF · AL · PR · A*sturum*
*tri*B · LEG · XI · CL · ADVOC · F*isci co*
*miti fulvi plautiani pr. pr.*
*c* · V · ADFINIS · DOMIN*orum*
*nostr*ORVM AVGVSTOR*um*
?*ly*CVS · AVGVSTO*rum*
*ser a*DIVTOR · TABVL · PR*ov · asiae ·*
. . . . . OR · ARK · MAG · O . . . . . ]

---

[1] In aedibus Colotianis. Smetius, p. 67, n. 1. Mazochi, p. 100. Cod. Vat. p. 415. Gruter, p. 270, 6. [*Corp. inscr. Lat.* vol. VI, n. 1074.]

[2] [Inscription trouvée à Éphèse, *Corp. inscr. Lat.* vol. III, n. 6075.] — [On n'a pas encore expliqué comment Plautianus était *adfinis Augg*. La mère de Septime Sévère s'appelait Fulvia Pia et son aïeul maternel Fulvius Pius (Spartian. in *Sev.* c. 1, où il faut corriger : «avus paternus Macer, maternus Fulvius Pius»). Plautianus était donc cousin de Septime Sévère du côté de la mère de l'empereur. C'est sans doute à la même famille qu'appartenait Fulvius Pius, consul en 238. W. H. WADDINGTON.]

« Plautiano et Geta coss., Plautianus consul a. d. XI kal. Februa-
« rii necatus est¹. »

Erodiano, dopo aver largamente descritto la morte di Plauziano,
aggiunge : « Severus autem posthac duos praefectos militares consti-
« tuit². »

Parla longamente di Plauziano Dione ³, e dice specialmente ⁴ : « Oc-
« ciso Aemilio Saturnino, caeterorum qui post eum praefecti praetorio
« fuerunt, vires ac nervos omnes incidit, eo consilio ut ne quis posthac
« ex praefectura ejusmodi spiritus sumeret, aut eum omnino locum ap-
« peteret. Jam enim non modo solus, sed etiam perpetuus volebat esse
« praefectus praetorii. »

Plauziano fu solo nella prefettura del pretorio, come attesta Erodiano ⁵ : « Suspensum habebat ensem, ac summa dignitatis insignia ges-
« tabat solus. »

## LXIV

[? —]953 [= 200].

### AEMILIUS SATURNINUS,
praef. praet. sub Severo.

An. 953 [= 200]. — « Interea Plautianus, cujus erat apud Severum

---

¹ *Chronicon Paschale*, p. 496, ed. Dindorf. [Ὕπ. Πλαυτιανοῦ καὶ Γέτα. Πλαυτιανὸς ὁ ὕπατος ἐσφάγη πρὸ ια′ καλανδῶν
Φεβρουαρίων. La date de la mort de Plautianus est douteuse. Tillemont, dans son
*Histoire des Empereurs*, t. III, p. 460-461,
a exposé les raisons qui lui donnent lieu
de penser que Plautianus a été tué en
204, ou peut-être même en 205, ce qui
est le plus vraisemblable. Une inscription
de Rome prouve, en effet, que Plautianus
vivait encore en 204. *Corp. inscr. Lat.*
vol. VI, n. 1035.]

² Lib. III, c. XII, 12. [Ὁ δὲ Σεβῆρος τοῦ
μὲν λοιποῦ ἐπάρχοντας δύο τῶν στρατοπέδων κατέστησεν.]

³ Lib. LXXV, c. XIV et seq.; lib. LXXVI,
c. I et seq.

⁴ Nel primo luogo. [Ἀποκτείνας δὲ τὸν
Αἰμίλιον τὸν Σατουρνῖνον, τῶν ἄλλων, τῶν
μετ' αὐτὸν ἀρξάντων τοῦ δορυφορικοῦ,
πάντα τὰ ἰσχυρότατα περιέκοψεν, ὅπως
μηδεὶς φρόνημα ἀπὸ τῆς προστασίας αὐτῶν
σχών, τῇ τῶν σωματοφυλάκων ἡγεμονίᾳ
ἐφεδρεύσῃ· ἤδη γὰρ οὐχ ὅπως μόνος, ἀλλὰ
καὶ ἀθάνατος ἔπαρχος εἶναι ἤθελεν.]

⁵ Lib. III, c. XI, 2. [Παρῃώρητό τε τὸ
ξίφος, καὶ παντὸς ἀξιώματος σχῆμα ἔφερε
μόνος. Voir cep. Mommsen, *Röm. Staatsrecht*,
t. II, p. 866, n. 8 *in fine*, d'après Dio Cass.
lib. LXXV, c. XIV : Plautianus fut sans doute
seul préfet du prétoire à la fin de sa carrière.]

« maxima auctoritas, quique praefecti potestatem habebat, eratque
« omnium hominum potentissimus, morte affecit magnum numerum
« clarorum virorum, et sibi honore parium. Occiso quippe Aemilio Sa-
« turnino, caeterorum qui post eum praefecti praetorio fuerunt, vires
« ac nervos omnes incidit : eo consilio ut ne quis posthac ex praefec-
« tura ejusmodi spiritus sumeret, aut eum omnino locum appeteret.
« Jam enim non modo solus, sed etiam perpetuus volebat esse praefec-
« tus praetorii [1]. »

## LXIV bis.

[Post 950 = 197.]

[SEX. VARIUS MARCELLUS,
vice praeff. praet. functus sub Severo (?).

D'après l'inscription gréco-latine d'un sarcophage en marbre, trouvé en 1764 à Velletri et conservé au Musée du Vatican[2], le père d'Élagabal, Sex. Varius Marcellus[3], fut chargé de faire fonction de préfet du prétoire et de préfet de Rome, vraisemblablement sous le règne de Sévère. Sex. Varius Marcellus mourut vers la fin du règne de ce prince ou au début de celui de Caracalla.

SEX ✥ VARIO ✥ MARCELLO ✥
PROC✥AQVAR✥C̄✥PROC✥PROV✥BR̄T✥C̄C̄✥PROC✥RATIONIS✥
PRIVAT✥C̄C̄C̄✥VICE✥PRAEFF✥PR✥ET✥VRBI✥FVNCTO✥
C ✥ V ✥ PRAEF ✥ AERARI MILITARIS ✥ LEG ✥ LEG ✥ IIĪ AVG ✥
PRAESIDI PROVINC NVMIDIAE ✥
IVLIA SOAEMIAS BASSIANA ✥ C ✥ F ✥ CVM FILIS ✥
MARITO ET PATRI AMANTISSIMO ✥ [4]

[1] Dion. lib. LXXV, c. xiv. [Voir plus haut, p. 85, n. 3 et 4, et Reimar, ad h. l. vol. II, p. 1267, § 75.]

[2] [Corp. inscr. Graec. vol. III, n. 6627. Corp. inscr. Lat. vol. X, n. 6569. Inscr. Graec. Siciliae et Italiae, n. 911. Voir plus haut, t. V, p. 407.]

[3] [L. Renier (Mélanges d'épigraphie, p. 129) a supposé qu'une inscription bilingue de Vaison avait été élevée par Sex. Varius Marcellus, mais cette conjecture hardie n'a pas été admise par O. Hirschfeld, Corp. inscr. Lat. vol. XII, n. 1277. Héron de Villefosse.]

[4] [La charge de *procurator rationum privatarum* fut créée par Septime Sévère après la défaite d'Albinus. Spartien (in *Sever.* c. xii) le dit positivement : « Tuncque primum privatarum rerum procuratio constituta est. » Il en résulte que Sex. Varius

Le texte grec est ainsi conçu, d'après la transcription du *Corpus*:

Σέξτῳ Οὐαρίῳ Μαρκέλλῳ
ἐπιτροπεύσαντι ὑδάτων, ἐπιτροπεύσαντι ἐπαρχείου
Βριταννείας, ἐπιτροπεύσαντι λόγων πρειβάτης, πισ]ευ
θέντι τὰ μέρη τῶν ἐπάρχων τοῦ πραιτωρίου καὶ Ῥώμης
λαμπροτ[ά]τῳ ἀνδρί, ἐπάρχῳ ἐραρίου σ]ρατιωτικοῦ,
ἡγεμόνι λεγειῶνος γ̄ Αὐγούσ]ης, ἄρξαντι ἐπαρχείου Νουμιδίας,
Ἰουλία Σοαιμιὰς Βασσιανὴ σὺν τοῖς τέκνοις τῷ προσ
φιλεσ]άτῳ ἀνδρὶ καὶ γλυκυτάτῳ πατρί.]

✶

[955 = 202.]

*JULIANUS,*

sub Severo et Antonino.

— «Impp. Severus et Antoninus AA. Juliano P.P.» — [D....III et Antonino AA. conss[1].]

[Borghesi a cru pouvoir identifier ce Julianus avec le préfet du prétoire Aurelius Julianus, mentionné dans une inscription de Brescia : il avait transcrit ici, dans ses notes, cette inscription, que nous reproduirons plus loin[2]. Il semble plus probable que ces deux personnages sont distincts, ou tout au moins qu'Aurelius Julianus fut préfet du prétoire à une époque ultérieure, vers le temps de l'empereur Macrin. La recension des manuscrits du Code de Justinien a permis à Krueger de retrouver la suscription de ce rescrit, et par suite de déterminer l'époque où il a été rendu : c'est, selon toute vraisemblance, l'année 202. D'autre part, Krueger émet l'avis que les lettres *P. P.* qui suivent le mot *Juliano* doivent être supprimées. Le destinataire du rescrit ne serait donc pas un préfet du prétoire.]

— «Idem AA. Juliano [Serpio]. — PP. V kal. Oct. Severo III et «Antonino conss.[3].»

[D'après les manuscrits du Code de Justinien, ce rescrit est adressé à Julianus Marcellus ne remplit pas cette charge avant l'année 197 et qu'il ne fit l'intérim de la préfecture du prétoire que postérieurement. HÉRON DE VILLEFOSSE.]

[1] *Cod. Just.* lib. VII, tit. xxxiii, c. 1.
[2] [Voir p. 107. Dans une lettre à Labus

(voir plus haut, t. VII, p. 493), Borghesi a donné les raisons de cette opinion. Il a proposé ailleurs d'identifier ce Julianus avec Cl. Julianus, qui fut préfet de l'annone en 201. (Cf. t. III, p. 128 et 378; t. V, p. 551-552.)]

[3] *Cod. Just.* lib. IV, tit. xxxii, c. 3.

88    PRAEFECTI PRAETORIO.

Serpius : il ne s'agit donc pas ici du préfet du prétoire Aurelius Julianus, comme Borghesi l'avait pensé. D'un autre côté, sur la foi de certains éditeurs du Code qui avaient interverti la suscription de cette constitution et celle de la précédente, Borghesi avait lu : *Data non. Jul., Geta et Plautiano conss.*, ce qui reportait le rescrit à l'an 203. Les manuscrits portent *PP. V k. Oct. Severo A. II* [*et Victorino*] *conss.* (an. 200). Cependant, comme le manuscrit de Pistoia donne *Severo AA. II*, Krueger pense qu'on peut suppléer *Severo III et Antonino AA. conss.* (an. 202).]

## LXV
958[= 205].
MAECIUS LAETUS,
praef. praet. sub Septimio Severo.

### A)

An. 958[=205]. — «(Occiso Plautiano), Severus duos praefectos « militares constituit [1]. »

[Maecius Laetus exerçait les fonctions de préfet du prétoire en l'an 205. Il avait pour collègue le jurisconsulte Papinien. C'est ce qui résulte d'une inscription de Rome, datée du 28 mai 205 et dont Borghesi rapporte seulement la partie finale [2]:]

```
20 . . . . . . . . . . . . . . .SVB
   MAECIO·LAETO·ET·AEMILIO
   PAPINIANO  Pr · Pr  v v E M
   OCTAVIO PISONE · ET  VALERIO
   HERCVLANO·TRIBB·EQVIT·SING
25 DDD · NNN · AVGGG · ET  AELIO
   FLAVIANO · ET · AVR · LVPO · ET
   VLPIO·PAETO·>>>·EXERCITATOR
   DEDIC · IMPP · M · AVRELIO
   ANTONINO · II̅ · eT P · SEPTIMIO
   GETA COS V kAL IVNIAS
```

An. 958[=205]. — «Impp. Severus et Antoninus AA. Laeto. — «Pp. XII kal. Mart. Antonino A. et Geta utrisque II conss. [3]. »

---

[1] Herodian. lib. III, c. XIII, 12. [Ὁ δὲ Σεβῆρος τοῦ μὲν λοιποῦ ἐπάρχοντας δύο τῶν σ7ρατοπέδων κατέσ7ησεν.]

[2] Finis cujusdam lapidis apud Muratorium, p. CCCLI, n. 1. [*Corp. inscr. Lat.* vol. VI, n. 228.]

[3] *Cod. Just.* lib. II, tit. XII [XI], c. 9. [Dans l'édition de Krueger, l'inscription et

## PRAEFECTI PRAETORIO.

— «(Caracalla) Laetum ad mortem coegit, misso a se veneno. Ipse
« enim inter suasores Getae mortis primus fuerat, qui et primus inter-
« emptus est[1]. »

Mecio Leto era stato prefetto dell' Egitto.

An. 955 [= 202]. — «Severo annum imperii decimum agente
« Alexandriae, et totius Aegypti praefecturam obtinente Laeto, episco-
« patum vero ecclesiarum illarum post Juliani obitum Demetrio recens
« adepto, » passus est S. martyr Leonides[2].

— «Postquam vero decimo Severi imperii anno Laetus Aegypto
« praefectus est, ecclesiarumque persecutio admodum invaluit, tantam
« dicunt martyrii cupiditatem Origeni incessisse[3]... »

Gli atti di S. Eugenio, che per me non valgono nulla, dicono che al
suo padre Filippo fu dato per successore un Terenzio; e quindi il Baronio, all' anno 204, opina che il Leto di Eusebio si chiamasse Terenzio
Leto.

M. Ulpio Primiano dev' essere stato l'antecessore di Leto, e a lui
dev' essere succeduto immediatamente Atiano Aquila[4].

Mecio Leto fu poi prefetto del pretorio.

---

la suscription de ce rescrit sont légèrement
modifiées : *Idem* (imp. Antoninus) *A. Laeto.
— PP. XII k. Mart. Antonino A. et Geta
utrisque III. conss.* (an. 208).]

[1] Spartian. in *Caracall.* c. III. [Voir plus
haut, p. 75, n. 1.]

[2] Euseb. *Hist. eccles.* lib. VI, c. II.
[Δέκατον μὲν γὰρ ἐπεῖχε Σεβῆρος τῆς
βασιλείας ἔτος, ἡγεῖτο δὲ Ἀλεξανδρείας
καὶ τῆς λοιπῆς Αἰγύπ]ου Λαῖτος, τῶν δὲ
αὐτόθι ϖαροικιῶν τὴν ἐπισκοπὴν νεωσ]ὶ
τότε μετὰ Ἰουλιανὸν Δημήτριος ὑπειλήφει.
Voir] *Martyrium sanctorum Leonidis, Plu-
tarchi et aliorum martyrum Alexandrinorum*
ap. Ruinart [*Acta martyrum*], p. 100. Hujus
martyrii passionem ad an. 203 refert Eusebius in Chron. — [Laetus était déjà préfet
d'Égypte en 202 ; la dixième année de Septime Sévère commence le 1ᵉʳ juin 202. W. H.
Waddington.]

[3] Nicephorus, *Histor. ecclesiast.* lib. V,
c. III.

[4] Letronne [ *Recueil des inscriptions grecques et latines de l'Égypte*, t. I, p. 448].
— [Le nom du successeur de Laetus en
Égypte n'est pas Atianus Aquila, mais *Su-
batianus Aquila*, ainsi que le montre une
inscription latine de Syène conservée au
Musée du Louvre. *Corp. inscr. Lat.* vol. III,
n. 75. W. H. Waddington.]

B

Forse Mecio Leto potrebbe esser figlio di quel Leto, di cui all' anno 948 parla Dione : « Severus deinde Nisibim venit, ibi ipse quidem sub- « stitit, Lateranum vero, Candidum et Laetum contra... barbaros alios « alia via misit [1]. »

An. 948[=195]. — « Severus autem rursus exercitum in tres par- « tes distribuit, quarum partium uni Laetum, alteri Anulinum, tertiae « Probum praeficit; dein eos in Adiabenen misit [2]. »

An. 950[=197]. — Nella pugna fra Severo ed Albino, «(inimicos) « adorti ex obliquo equites, qui cum Laeto supervenerant, penitus rem « confecerunt. Laetus quidem, quamdiu pugna aequalis fuerat, otiosus « spectaverat certamen, sperans utrumque periturum, sibique reliquos « utrinque milites imperium daturos. Sed posteaquam Severum jam « superiorem esse cognovit, tandem operam suam sociam contulit, at- « que ita Severus victoria potitus est [3]. »

Herodianus id pluribus enarrat [4], dicitque non prius in pugna descendisse Laetum, quam ubi Severum cecidisse nuntiatum sit, ideoque Severus proditionis ejus memorem postea necasse.

An. 952[=199]. — « Post haec ad bellum contra Parthos profec- « tus est (Severus), qui, (eo) occupato in bellis civilibus securitatem « nacti, Mesopotamiam ceperant, magnis copiis conductis, cepissentque « propemodum Nisibim nisi Laetus, in ipsa urbe obsessus, eam conser- « vasset; qui inde majorem adeo gloriam est adeptus, cum in ceteris

---

[1] Dion. lib. LXXV, c. ii. [Μετὰ δὲ ταῦτα ἐς τὴν Νίσιβιν ὁ Σεβῆρος ἐλθὼν, αὐτὸς μὲν ἐνταῦθα ὑπέμεινε· Λατερανὸν δὲ καὶ Κάνδιδον καὶ Λαῖτον εἰς τοὺς... βαρβάρους ἄλλον ἄλλῃ ἀπέσ]ειλε.]

[2] Dion. lib. LXXV, c. iii. [Ὁ δὲ Σεβῆρος αὖθις τρία τέλη τοῦ σ]ρατοῦ ποιήσας, καὶ τὸ μὲν τῷ Λαίτῳ, τὸ δὲ τῷ Ἀνυλίνῳ, καὶ τῷ Πρόβῳ δοὺς, ἐπὶ τὴν Ἀδιαβηνὴν ἐξέπεμψε.]

[3] Dion. lib. LXXV, c. vi. [Καὶ αὐτοῖς ἐνταῦθα ἱππεῖς ἐκ πλαγίου, οἱ μετὰ τοῦ Λαίτου ἐπιγενόμενοι, τὸ λοιπὸν ἐξειργάσαντο. Ὁ γὰρ Λαῖτος, ἕως μὲν ἀγχωμάλως ἠγωνίζοντο, περιωρᾶτο, ἐλπίζων ἐκείνους τε ἀμφοτέρους ἀπολεῖσθαι, καὶ ἑαυτῷ τὸ κράτος τοὺς λοιποὺς σ]ρατιώτας ἑκατέρωθεν δώσειν· ἐπεὶ δὲ εἶδεν ἐπικρατέσ]ερα τὰ τοῦ Σεβήρου γενόμενα, προσεπελάβετο τοῦ ἔργου. Ὁ μὲν δὴ Σεβῆρος οὕτως ἐνίκησεν.]

[4] Lib. III, c. vii, ix.

« rebus civilibus, publicis, ac privatis, belli pacisque temporibus, opti-
« mus vir esset... Parthi, adventu Severi minime exspectato, domum
« sunt reversi [1]. »

Adunque Leto, ch' era stato alla battaglia di Lione, fu subito mandato a difendere la Mesopotamia.

An. 952 [=199]. — « Occidit praeterea Laetum, quod magnos
« spiritus aleret, et militibus carus esset : hi enim, nisi Laeto duce, se
« negabant militaturos. Cujus caedis culpam imputavit militibus, quasi
« contra voluntatem suam id facinus essent ausi : quippe manifestam
« causam nullam, nisi invidiam, habebat [2]. »

— « (Severus occidit) Laetum ob animi magnitudinem et gratiam
« apud milites, qui se nonnisi illo duce militaturos affirmabant. Et
« crimen caedis ejus in milites transtulit, quod eo ex invidia interfecto
« causam dicere non poterat [3]. »

— « Cum occisi essent nonnulli, Severus se excusabat, et post
« eorum mortem negabat fieri se jussisse quod factum est : quod de
« Laeto praecipue Marius Maximus dicit [4]. »

Costui chiamavasi Giulio Leto : « Crispinus (praefectus praetorii
« Juliani), cum occurrisset praecursoribus Severi, Julio Laeto auc-
« tore, a Severo interemptus est [5]. »

---

[1] Dion. lib. LXXV, c. ix. [Μετὰ δὲ ταῦτα ὁ Σεβῆρος ἐκστρατεύει κατὰ τῶν Πάρθων· ἀσχολουμένου γὰρ αὐτοῦ ἐς τοὺς ἐμφυλίους πολέμους, ἐκεῖνοι ἀδείας λαβόμενοι, τήν τε Μεσοποταμίαν εἷλον, στρατεύσαντες παμπληθεί, καὶ μικροῦ καὶ τὴν Νίσιβιν ἐχειρώσαντο, εἰ μὴ Λαῖτος αὐτὴν πολιορκούμενος ἐν αὐτῇ διεσώσατο. Καὶ ἀπ' αὐτῆς ἐπὶ πλεῖον ἐδοξάσθη, ὢν καὶ ἐς τὰ ἄλλα καὶ τὰ ἴδια καὶ τὰ δημόσια, καὶ ἐν τοῖς πολέμοις καὶ ἐν τῇ εἰρήνῃ, ἄριστος... Τῶν δὲ Πάρθων οὐ μεινάντων αὐτόν, ἀλλ' οἴκοι ἀναχωρησάντων...]

[2] Dion. lib. LXXV, c. x. [Ἀπέκτεινε δὲ καὶ τὸν Λαῖτον ὅτι τε φρόνημα εἶχε, καὶ ὅτι ὑπὸ τῶν στρατιωτῶν ἠγαπᾶτο καὶ οὐκ ἄλλως στρατεύσειν ἔλεγον, εἰ μὴ Λαῖτος αὐτῶν ἡγοῖτο. Καὶ τούτου τὸν φόνον, διότι οὐκ εἶχε φανερὰν αἰτίαν, εἰ μὴ τὸν φθόνον, τοῖς στρατιώταις προσῆπτεν, ὥσπερ παρὰ γνώμην αὐτοῦ τοῦτο τετολμηκόσιν.]

[3] Zonar. lib. XII, c. ix. [Τὸν δὲ Λαῖτον, ὅτι φρόνημα εἶχε καὶ ὅτι ὑπὸ τῶν στρατιωτῶν ἠγαπᾶτο, καὶ οὐκ ἄλλως στρατεύσειν ἔλεγον εἰ μὴ Λαῖτος αὐτῶν ἡγοῖτο. Καὶ τὸν φόνον αὐτοῦ τοῖς στρατιώταις προσῆπτεν, ὅτι φθόνῳ αὐτὸν ἀνελὼν οὐκ εἶχε λέγειν αἰτίαν.]

[4] Spartian. in *Sever.* c. xv.

[5] Spartian. in *Did. Jul.* [c. viii].

## LXVI

[958 = 205 — 965 = 212.]

AEMILIUS PAPINIANUS,
praef. praet. sub Severo et Caracalla.

— « (Bassianus) Papinianum, juris asylum et doctrinae legalis the-
« saurum[1], quod parricidium excusare noluisset, occidit et praefectum
« quidem, ne homini per se et per scientiam suam magno deesset et
« dignitas[2]. »

— Pescennius auctor fuit « ut assessores, in quibus provinciis ad-
« sedissent, in his administrarent: quod postea Severus et deinceps
« multi tenuerunt, ut probant Pauli et Ulpiani praefecturae, qui Papi-
« niano in consilio fuerunt : ac postea cum unus ad memoriam, alter
« ad libellos paruisset, statim praefecti facti sunt[3]. »

— « (Caracalla) Capitolium petiit, et eos quos occidere parabat,
« affabiliter est allocutus, innitensque Papiniano et Ciloni, ad Palatium
« rediit[4]. »

— « Dein in conspectu ejus (Caracallae) Papinianus securi per-
« cussus a militibus et occisus est; quo facto percussori dixit : Gladio
« te exsequi oportuit meum jussum... Filium etiam Papiniani, qui
« ante triduum quaestor opulentum munus ediderat, interemit[5]. »

— « Papinianum amicissimum fuisse imperatori Severo et, ut aliqui
« loquuntur, adfinem etiam per secundam uxorem, memoriae traditur[6]. »

An. 964 [= 211]. — Antoninus postquam imperare coepit, « domes-
« ticos suos partim dimisit, in quorum numero fuit Papinianus, prae-
« fectus praetorio[7]. »

Non è dunque vero che Papiniano restasse prefetto fino alla morte
di Geta, come sembra indicare Sparziano.

---

[1] [Cf. *Cod. Just.* lib. VI, tit XLII, c. 30.]
[2] Spartian. in *Sever.* c. XXI.
[3] Spartian. in *Pescenn.* c. VII.
[4] Spartian. in *Carac.* c. III.
[5] *Ibid.* c. IV.

[6] Spartian. in *Carac.* c. VIII.
[7] Dion. lib. LXXVII, c. I. [Μετὰ δὲ
ταῦτα ὁ Ἀντωνῖνος πᾶσαν τὴν ἡγεμονίαν
ἔλαβε... τοὺς δὲ δὴ οἰκείους τοὺς μὲν ἀπ-
ήλλαξεν, ὧν καὶ Παπινιανὸς ὁ ἔπαρχος ἦν.]

An. 965 [= 212]. — Dopo la morte di Geta, « caesi sunt ex illus-
« tribus quoque multi, et maxime Papinianus, cujus interfectorem in-
« crepavit, quod eum securi interfecisset, non gladio[1]. »

An. 957 [2] [= 204]. — Bulla, latro Italus, « cum interrogaretur a
« Papiniano, praefecto praetorii, cur latrocinia exercuisset, respondit:
« Et tu cur praefectus es [3]? »

Nota il Reimaro [4]: « Severus modo unum habuerat praefectum prae-
« torio Flavium Juvenalem, modo duos Aemilium Saturninum et Plau-
« tianum, sed Saturnino fraude Plautiani interempto, ipse fere solus
« praetorianis militibus praeerat. Post Plautiani interitum duos iterum
« a Severo constitutos scribit Herodianus [5], ubi pro ὑπάρχοντας legen-
« dum esse ἐπάρχοντας dubio caret. Horum ergo alter Aemilius Papinia-
« nus celeberrimus jurisconsultus [6]. »

Papiniano nel 961 [= 208] segui Severo in Inghilterra [7].

— « Lecta est in auditorio Aemilii Papiniani praefecti praetorio,
« jurisconsulti, cautio hujusmodi [8]. »

— « (Severus) moriturus et ipsi et alteri filio Getae, imperii here-
« dibus institutis, tutorem Papinianum reliquit, virum justissimum et

---

[1] Dion. lib. LXXVII, c. iv. [Ἀπέκτεινε...
ἐκ..... τῶν ἐπιφανῶν ἀνδρῶν ἄλλους τε
καὶ τὸν Παπινιανόν.]

[2] [La date de 957 est inscrite en tête
du chapitre de Dion Cassius où il est question du brigand Bulla; mais, d'après le con-
texte, les faits rapportés par Dion seraient
postérieurs à la mort de Plautien, qui a été
racontée dans les chapitres précédents. C'est
donc au plus tôt à l'année 958=205 qu'il
faut reporter l'interrogatoire de Bulla. Cette
date s'accorderait avec la présence de Papinien à la préfecture du prétoire. Dion dit,
du reste, que Bulla tint la campagne pendant
deux années avant d'être arrêté. Héron de
Villefosse.]

[3] Dion. lib. LXXVI, c. x. [Βούλλας τις,
Ἰταλὸς ἀνὴρ..... συνελήφθη. Καὶ αὐτὸν

ὁ Παπινιανὸς ὁ ἔπαρχος ἀνήρετο· Διὰ τί
ἐλῄστευσας; Καὶ αὐτὸς ἀπεκρίνατο· Διὰ τί
σὺ ἔπαρχος εἶ;]

[4] [P. 1279, § 46.]

[5] Lib. III, c. xiii, 1. Spartian. in Carac.
c. xi.

[6] De quo Fabricius, Bibl. Lat. lib. IV,
c. ix, n. 23. [Ev. Otto, Papinianus; Rudorff,
Römische Rechtsgeschichte, t. I, p. 188;
Bremer, Die Rechtslehrer und Rechtsschulen
im röm. Kaiserreich, p. 90; Karlowa, Römische Rechtsgeschichte, t. I, p. 735;
Krueger, Geschichte der Quellen und Litteratur
des römischen Rechts, p. 197.]

[7] Dion. lib. LXXVI, c. xiv.

[8] [Paul. 3 Quaest.], Dig. lib. XII, tit. i,
l. 40.

« qui tam cognitione quam latione legum omnes ante pariter et post se
« Romanos jurisconsultus superavit. Hunc praefecti praetorio munere
« fungentem suspectum Antoninus habebat, alia nulla de causa quam
« quod Papinianus animadvertens eum infesto erga Getam fratrem
« animo esse, quo illi minus insidiaretur, pro viribus impediret. Hoc
« igitur impedimentum e medio removere volens, Papiniano per mi-
« lites necem struit [1]. »

« Aemilius Papinianus scripsit *Quaestionum* libros XXXVII, *Respon-*
« *sorum* libros XIX, *Definitionum* libros II [2], et libros singulares *de adul-*
« *teriis* [3] et ἀσ7υνομικὸν μονοϐίϐλον [4]. »

[1] Zosim. lib. I, c. ix. [Καὶ ἐπειδὴ τελευτᾶν ἔμελλε, διαδόχους τῆς ἀρχῆς αὐτὸν
καὶ Γέταν τὸν ἕτερον υἱὸν καταστήσας
ἐπίτροπον αὐτοῖς Παπινιανὸν καταλέλοι-
πεν, ἄνδρα δικαιότατον καὶ ἐπὶ νόμων γνώ-
σει τε καὶ εἰσηγήσει πάντας τοὺς πρὸ
αὐτοῦ καὶ μετ' αὐτὸν Ῥωμαίους νομοθέ-
τας ὑπερϐαλόμενον. Τοῦτον ὕπαρχον ὄντα
τῆς αὐλῆς δι' ὑποψίας εἶχεν ὁ Ἀντωνῖνος,
δι' οὐδὲν ἕτερον ἢ ὅτι δυσμενῶς ἔχοντα
πρὸς τὸν ἀδελφὸν Γέταν αἰσθανόμενος
ἐπιϐουλεῦσαι, καθ' ὅσον οἷός τε ἦν, διεκώ-
λυε. Τοῦτο τοίνυν ἐκ μέσου βουλόμενος
ποιῆσαι τὸ κώλυμα, τῷ μὲν Παπινιανῷ τὴν
διὰ τῶν σ7ρατιωτῶν ἐπιϐουλεύει σφαγήν.]

[2] [Les *Quaestiones* et les *Responsa* sont
les deux principaux ouvrages de Papinien :
le premier a été rédigé en grande partie
sous le règne de Septime Sévère (193-198).
Cf. Fitting, *Ueber das Alter der Schriften
römischen Juristen von Hadrian bis Alexander*,
p. 30. Le second recueil est plus récent : il
date de l'époque où Sévère régnait avec
Caracalla ; il paraît même postérieur à 206,
au moins à partir du 5° livre.]

[3] [Papinien a composé deux ouvrages
sous ce titre, l'un en deux livres, l'autre en
un seul. On admet généralement que le
dernier ouvrage traite de la marche de
la procédure dans l'accusation d'adultère.
Cujas (éd. de Modène, 1777), t. IV,
col. 4 ; Dirksen, *Ueber die Schriftstellerische
Bedeutsamkeit des röm. Rechtsgelehrten Aemil.
Papinianus*, dans *Hinterlassene Schriften*,
t. II, p. 461. Krueger (*Geschichte der
Quellen*, p. 200) croit plutôt que c'est un
recueil de *responsa* et peut-être un appendice au premier ouvrage.]

[4] [On ne connaît l'ἀσ7υνομικός que par
l'*Index* du Digeste et par un fragment unique conservé par Justinien (*Dig.* lib. XLIII,
tit. x, l. 1). On n'est pas d'accord sur
l'objet de cet ouvrage ; les uns considèrent
les ἀσ7υνόμοι comme des édiles (Otto, *Papinianus*, c. iv, § 3 ; c. xii, § 5) ; d'autres le
contestent, parce que les édiles s'appellent
ἀγορανόμοι : ils conjecturent que ce sont
les *curatores reipublicae* des municipes
(Kuhn, *Die städtische und bürgerliche Ver-
fassung des römischen Reichs bis auf Zeiten
Justinians*, t. I, p. 58 et n. 400. Cf. Karlowa, *Röm. Rechtsgeschichte*, t. I, p. 737).
Mommsen (*Römisches Staatsrecht*, t. II,
p. 603, n. 4) pense qu'il s'agit plutôt
des *quattuorviri viis in Urbe purgandis* muni-
cipaux, qui avaient recueilli les attributions

[Il est à remarquer que Borghesi, qui a recueilli si soigneusement tous les textes relatifs aux préfets du prétoire, n'a pas entièrement reproduit un passage bien connu de la vie de Caracalla[1] dans lequel Spartien signale plusieurs particularités de la carrière de Papinien. D'après ce texte, tel qu'il est rapporté par le manuscrit du Vatican[2], Papinien aurait été l'élève du jurisconsulte Q. Cervidius Scaevola et le condisciple de celui qui devait plus tard devenir empereur sous le nom de Septime Sévère. Il lui aurait succédé, sous Marc Aurèle, en qualité d'*advocatus fisci*.

L'authenticité de ce passage de Spartien a été contestée. Mommsen a établi qu'il a été interpolé au xiiie siècle; il ne figure pas en effet dans le manuscrit de Bamberg[3]. Si cette observation est exacte, les conjectures que l'on avait proposées pour déterminer l'âge et la patrie de Papinien perdent une partie de leur valeur. On le considérait comme étant du même âge que Sévère, puisqu'il avait été son condisciple, et par suite on supposait qu'il était né sous Antonin le Pieux. Puis, comme Spartien le disait allié à la seconde femme de Sévère, on pensait qu'il était originaire d'Hemesa en Syrie.

Il faut désormais s'en tenir aux documents d'une autre provenance qui nous apprennent simplement que Papinien fut assesseur des préfets du prétoire[4], qu'il devint *a libellis* sous Septime Sévère[5] et préfet du prétoire en l'année 205. Il fut sans doute l'un des successeurs immédiats de Plautianus : il est cité comme préfet du prétoire dans une inscription qui porte la date du 28 mai 205[6]. Suivant les uns, il fut relevé de ses fonctions par Caracalla, puis mis à mort au commencement de l'année 212[7]; d'après les autres, il serait resté préfet jusqu'à son décès[8].

des édiles quant à la police de la voie publique. L'ἀσ7υνομικός était écrit en grec; il est difficile d'en indiquer la raison (voir Dirksen, *Ueber den öffentlichen Gebrauch fremder Sprachen bei den Römern* dans *Civilistische Abhandlungen*, t. I, p. 81).]

[1] [C. viii.]
[2] [Pal. 809.]
[3] [*Zeitschrift der Savigny-Stiftung* (Romanistische Abtheilung), 1890, t. XI, p. 30.]
[4] [Papinien, 20 Quaest. *Dig.* lib. XXII. tit. 1, l. 3, § 3 : *praefectis praetorio suasi.*]
[5] [Spartian. in *Pescenn.* c. vii. Cf. Édouard Cuq, *Le Conseil des empereurs*, p. 344 et 365.]
[6] [Voir plus haut l'inscription citée p. 88.]
[7] [Dion. lib. LXXVII, c. 1.]
[8] [Spartian. in *Sever.* c. xxi; Zosim. lib. I, c. ix.]

[INSCRIPTIONS APOCRYPHES RELATIVES À AEMILIUS PAULUS PAPINIANUS.]

1[1].

D· M
AEMILIO · PAVLO · PAPINIANO · PRAEFEC · PRAETOR · IVRIS · CONSVL
TO · QVI · VIXIT · ANN · XXXVI · DIEBVS · X · M · IIII · PAPINIA
NVS·HOSTILIVS·EVGENIA·GRACILIS·TVRBATO·ORDINE·IN
SENIO · HEV · PARENTES · FECERVNT · FILIO · OPTIMO

2[2].

AEMILII · PAPINIANI · IVRIS
CONSVLTI · ET · PRAEFECTI
PRAETORIO · REQVIESCVNT
HIC · OSSA · CVI · INFELIX · PA
TER · ET · MATER · SACRVM · FE
CERVNT · MORTVO · ANNO · SV
AE · AETATIS · XXXVIII

3[3].

AEMILIO · PAVLO · PAPINIANO
PRAEFECTO · PRAETORIO · IVRIS
CONSVLTO · Q · V · ANN · XXXVI
D · X · MENS · IIII · PAPINIANVS
ET · EVGENIA · TVRBATO · OR
DINE · IN · SENIO · HEV · PAREN
TES · FECERVNT · FILIO · OPTIMO

---

[1] In Palatio card. Genuensis, Mazochius, p. LXVII. Poco diversamente il Grutero, p. 348, 8. In urna argentea, Apianus, p. 239. Fleetwood, p. 142, 2 [*Corp. inscr. Lat.* vol. VI, pars V², n. 11*].

[2] Metellus, Cod. Vat. 6039, p. 430. Vedi il Cod. Vat. 5253, p. 317. Fra le apocrife, il Donati, p. 433, 3.

[3] Idem Metellus, p. 430. Di ambedue non si dice ove esistono. — Questa seconda lapide, ma colla aggiunta di GRACILIS dopo EVGENIA, e di HOSTILIVS dopo PAPINIANVS trovasi nel codice 5245, p. 48, che mi è, penso, scritto avanti l'anno 1478, e ponesi Romae. Cod. Vat. 6036, p. 97, che legge

PAPINIANVS · HOSTILIVS · EVGENIA · GRACILIS

Legge lo stesso il Cod. Vat. 5253, p. 317 ed anche *annis XXXVIII*, ma aggiunge cosa che fa molto dubitare della verità della iscrizione, ed è che la dice *in urna argentea*.

4[1].

AEMILIO · PAVLO · PAPI
NIANO · PRAEFECTO · PRAE
TORIO · IVRISCONSVLTO
QVI · VIXIT · ANNOS · XXXVI
DIES · X · MENSES · IIII · PAPI
NIANVS            HOSTILIVS
EVGENIA           GRACILIS
TVRBATO           ORDINE
            IN SENIO
HEV ·             PARENTES
            FECERVNT
FILIO ·           OPTIMO[2]

— « (In Britannia) pater (Severus) ei (Antonino), Papiniano et
« Castore praesentibus, .... dixit : Si me cupis interficere, hic me con-
« ficito, non inspectantibus omnibus; sin tuis manibus me occidere
« dubitas, Papinianum praefectum praetorio id facere jubeto : neque
« enim tibi, cum sis imperator, non parebit [3]. »

[1] Manutius, *Orth.* p. 449. Il Grutero, p. 348, 8, la mette *Romae, in palatio cardin.* *Genuensis* e la tiene *e Mazochii et Metelli schedis*, et Magioll. 2 Miscell. c. xi. La riporta anche l'Orsini, *De imaginibus*, p. 84.

[2] [Les doutes émis par Borghesi sur l'authenticité de ces copies diverses d'une même inscription sont absolument fondés. Nous ajouterons simplement que l'âge attribué à Papinien au jour de sa mort est purement fantaisiste. Il y a tout lieu de croire qu'au début du règne de Sévère Papinien avait déjà écrit plusieurs livres de son grand ouvrage intitulé *Quæstiones*. Jusqu'au livre XIII, Marc Aurèle seul est qualifié *divus*; à partir du livre XIV, cette dénomination est donnée également à Commode (cf. Fitting, *op. cit.* p. 30). Il est donc très probable que la réputation de Papinien comme jurisconsulte était déjà établie au temps de Commode, c'est-à-dire entre 180 et 192. D'autre part, comme Papinien a été mis à mort en 212, on est en droit d'affirmer qu'il avait à ce moment beaucoup dépassé l'âge que lui donne le faussaire qui a fabriqué cette inscription. Mommsen (ad *Corp. inscr. Lat.* vol. VI, pars V^a, n. 11*) conjecture que cette inscription a été inspirée par deux textes, l'un de Paul (3 Quaest., *Dig.* lib. XII, tit. 1, l. 40), l'autre de Papinien (14 Quaest., *Dig.* lib. V, tit. ii, l. 15).]

[3] Zonar. lib. XII, c. x. [Καλέσας δὲ αὐτὸν καὶ τὸν Παπιανὸν καὶ τὸν Κάστορα..., καὶ ξίφος εἰς τὸ μέσον θέμενος, ἔφη πρὸς τὸν υἱόν· Εἰ ἀποκτεῖναί με θέλεις, ἐνταῦθά με κατάχρησαι, καὶ μὴ πάντων ὀρώντων · εἰ δ᾽ αὐτόχειρ μου γενέσθαι ὀκνεῖς, κέλευσον παρόντι Παπιανῷ τῷ ἐπάρχῳ ἵνα με ἐξεργάσηται ·..οὐ γὰρ ἀπειθήσει σοι αὐτοκράτορι ὄντι.]

« Antoninus... Papiniano, praefecto praetorio, magistratum abro-
« gavit...; occidit... denique fratrem quoque Getam [1]. »

\*

[960 = 207.]
*METRODORUS,*
sub Severo et Caracalla.

Graeca constitutio « Severi et Antonini AA. ad Metrodorum. — PP.
« id. Oct. Apro et Maximo conss. [a. 207][2]. »

[L'inscription de cette constitution est ainsi conçue : *Impp. Severus et Antoninus
AA. Metrodoro.*

Rien n'autorise à dire que Métrodore fut préfet du prétoire. Les lettres *PP.*, qui
font partie de la suscription, signifient *proposita.*]

— « Impp. Severus et Antoninus AA. Metrodoro [3]. »

\*

969 [= 216].
*THEOCRITUS,*
sub Caracalla.

An. 969 [= 216]. — « (Caracalla), postquam a Partho, metu per-
« territo, Teridatem et Antiochum recepit, statim a bello destitit.
« Theocritum vero misit cum exercitu in Armenios, a quibus victus
« magnam cladem accepit. Erat Theocritus natus ex servo et in or-
« chestra a puero versatus, a quo Antoninus saltare didicerat, fuerat-
« que olim Saotero in deliciis; quam ob causam productus in scenam
« populi romani, cum minus placuisset, relicta urbe, Lugdunum migra-
« verat, ubi Lugdunenses, quippe agrestiori ingenio praeditos, mirifice
« delectavit, tandem vero ex mancipio ac saltatore dux militum ac prae-
« fectus evasit praetorii. Is ad tantam apud Antoninum auctoritatem

---

[1] Zonaras, lib. XII, c. XII. [Ἀντωνῖνος
δὲ....... τὸν ἔπαρχον τὸν Παπιανὸν
μετέστησε τῆς ἀρχῆς..... ἀπέκτεινε... καὶ ἐπὶ τούτοις τὸν ἑαυτοῦ ἀδελφόν.]
[2] *Cod. Just.* lib. IV, tit. XXIV, c. 1.
[3] *Ibid.* lib. V, tit. III, c. 1.

« evasit, ut prae ipso ambo praefecti nihili ducerentur. . . . Theocritus
« autem sursum deorsumque discursabat, ad annonam et commeatus
« tam comparandos quam cauponandos : quamobrem etiam complures
« interfecit. Fuit in eorum numero Flavius Titianus, qui, cum esset
« procurator Alexandriae, nonnihil offendit Theocritum, qui ubi ob
« eam causam prosiluisset e sede, distrinxissetque gladium, Titianus :
« Et hoc, inquit, ut saltator fecisti. Hanc ob rem vehementer inflam-
« matus Theocritus eum interfici jussit[1]. »

[Il n'est pas certain que Theocritus ait été préfet du prétoire. L'expression
σ]ρατιάρχης καὶ ἔπαρχος désigne plutôt un général en chef[2].]

## LXVII

[965] = 212 — [970 = 217].

### M. OPELLIUS MACRINUS,
praef. praet. sub Caracalla.

— « (Caracalla, apud Carrenos,) insidiis a Macrino praefecto
« praetorii positis, qui post eum invasit imperium, interemptus est[3]. »
— « Et fertur quidem Papinianum, cum raptus a militibus ad Pala-
« tium traheretur occidendus, praedivinasse, dicentem : Stultissimum

[1] Dion. lib. LXXVII, c. xxi. [Τοῦ δὲ
Πάρθου βοηθέντος, καὶ τὸν Τηριδάτην
καὶ τὸν Ἀντίοχον ἐκδόντος, ἀφῆκε τὴν
σ]ρατείαν ἐν τῷ παραυτίκα. Ἐς δὲ τοὺς
Ἀρμενίους σ]είλας τὸν Θεόκριτον μετὰ
σ]ρατιᾶς, ἰσχυρῶς ἔπ]αισε παρ' αὐτῶν
ἡτ]ηθείς. Ἦν δὲ ὁ Θεόκριτος ἐκ δούλου γεγονὼς καὶ τῇ ὀρχήσ]ρᾳ ἐμπαιδοτριβηθείς,
δι' οὗ ὀρχεῖσθαι ὁ Ἀντωνῖνος μεμάθηκε,
καὶ παιδικὰ τοῦ Σαω]ἐρου ἐγεγόνει καὶ κατὰ
τοῦτο καὶ ἐς τὸ τῶν Ῥωμαίων θέατρον
ἐσῆκτο. Ἐπεὶ δὲ κακῶς ἐν αὐτῷ ἐφέρετο,
ἐκ μὲν τῆς Ῥώμης ἐξέπεσεν, ἐς δὲ τὸ Λούγ-
δουνον ἐλθὼν, ἐκείνους ἅτε καὶ ἀγροικοτέ-
ρους ἔτερπε· καὶ ἐκ δούλου καὶ ἐξ ὀρχησ]οῦ
καὶ σ]ρατιάρχης καὶ ἔπαρχος ἐγένετο. Εἰς
τοσαύτην γὰρ ἤλασε δυνασ]είαν παρ' Ἀν-
τωνίνῳ, ὡς μηδὲν εἶναι ἀμφὼ πρὸς αὐτὸν
τοὺς ἐπάρχους... Ὁ γοῦν Θεόκριτος (δι-
εφοίτα γὰρ ἄνω καὶ κάτω, τῆς τῶν ἐπι-
τηδείων καὶ παρασκευῆς καὶ καπηλείας
ἕνεκεν) συχνοὺς διά τε ταῦτα καὶ ἄλλως
ἀπέκτεινε· μεθ' ὧν καὶ Τιτιανὸς Φλάβιος
ἐφονεύθη. Ἐπιτροπεύων γὰρ ἐν τῇ Ἀλεξανδρείᾳ, προσέκ]λαισέ τι αὐτῷ· κἀκεῖνος ἀνα-
πηδήσας ἐκ τοῦ βάθρου, τὸ ξίφος ἐσπά-
σατο· ἐφ' ᾧ ὁ Τιτιανός· Καὶ τοῦτο, εἶπεν,
ὡς ὀρχησ]ὴς ἐποίησας. Ὅθεν ἐκεῖνος ὑπερ-
αγανακτήσας ἀποσφαγῆναι αὐτὸν ἐκέλευσεν.]

[2] [Voir plus haut, p. 25, note 1.]
[3] Spartian. in *Carac.* [c. vi].

« fore, qui in suum subrogaretur locum, nisi adpetitam crudeliter « praefecturam vindicaret. Quod factum est : nam Macrinus Antoninum « occidit[1]. »

Sembra dunque che Macrino succedesse immediatamente a Papiniano.

— « Occiso ergo Antonino Bassiano, Opilius Macrinus, praefectus « praetorii ejus, qui antea privatas curarat, imperium arripuit[2]. »

Della prefettura di Macrino, vedi Dione[3].

[Macrin naquit à Césarée en Maurétanie[4]. Les auteurs anciens ne s'accordent pas sur les professions qu'il remplit avant d'occuper des fonctions publiques. Petit avocat, suivant les uns[5], gladiateur, suivant les autres[6], la connaissance des lois et le zèle qu'il mit à défendre un ami en justice lui valurent la confiance de Plautien, puis la charge de procurateur de ses biens[7]. Il devint *advocatus fisci*[8], *praefectus vehiculorum per viam Flaminiam*[9] sous Sévère, *procurator rei privatae* de Caracalla[10], *procurator aerarii majoris*[11], enfin préfet du prétoire[12].]

M OPELLI MACRINI PR PR C V
M OPELLI DIADVMENIANI C P[13]

---

[1] Spartian. in *Carac.* c. VIII.
[2] Capitolin. in *Macrin.* c. II.
[3] Lib. LXVIII, c. IV et XI.
[4] [Dion. *ibid.* c. XI.]
[5] [Aur. Vict. ap. Capitolin. in *Macrin.* c. IV. « Macrinum libertinum, hominem prostibulem, servilibus officiis occupatum in domo imperatoria, venali fide, vita sordida sub Commodo, a Severo remotum etiam a miserrimis officiis relegatumque in Africam, ubi, ut infamiam damnationis tegeret, lectioni operam dedisse, egisse causulas, declamasse, jus postremo dixisse... Sed et haec dubia ponuntur. »]
[6] [Capitolin. in *Macrin.* c. II: « Plerique gladiatoriam pugnam eum exhibuisse dixerunt. »]
[7] [Dion. *loc. cit.* : Τά τε νόμιμα οὐχ οὕτως ἀκριβῶς ἠπίστατο, ὡς πιστῶς μετεχειρίζετο. Κἀκ τούτου τε καὶ τῷ Πλαυτιανῷ διὰ φίλου τινὸς συνηγόρημα γνωρισθείς, τὸ μὲν πρῶτον τῶν ἐκείνου χρημάτων ἐπετρόπευσεν.]
[8] [Capitolin. in *Macrin.* c. IV.]
[9] [Dion. *loc. cit.*]
[10] [Capitolin. in *Macrin.* c. II et VII.]
[11] [Lamprid. in *Diadumen.* c. IV.]
[12] [Dion. *ibid.* : Ἔπαρχος ἀπεδείχθη, καὶ διῴκησε τὰ τῆς ἡγεμονίας ταύτης ἄριστα καὶ δικαιότατα, ὅσα γε καὶ αὐτογνωμονήσας ἔπραξεν. Cf. *Cod. Just.* lib. IX, tit. LI, c. 1.]
[13] In duobus tubis plumbeis. Murat. 480, 7. Furono trovati presso S. Gio. Laterano nel 1732 ed erano nel museo. Furono stampati dal Lupi, *Ep. S. Sev.* p. 43; dal Murat. 480, 7; dal Wesselingio, *Osser. var.* Amstelod., 1787. Negli *Arvali*, p. 350, Marini, *Piombi*, n. 33 et 34. [Lanciani. *Silloge epigr. aquaria*, p. 214, n. 16.]

PRAEFECTI PRAETORIO. 101

— «Macrinum, praefectum praetorii, milites, qui ad Urbem erant,
« imperatorem dicunt [1]. »

— « Opilius deinde Macrinus, qui praefectus praetorio erat...,
« factus imperator [2]. »

Della prefettura del pretorio data a Macrino, non da Severo come
dice il Wesselingio, ma da Caracalla nel 212, parla Dione [3], e siccome
i prefetti solevano essere dell'ordine equestre [4], cosi prende questo titolo nella lettera al senato riferita da Erodiano [5].

— « Macrinus, praefecturam praetorii gerens, imperator factus [6]. »

— « Macrinus, praetorio praefectus, cui vates quidam imperium
« praedixerat, veritus ne ea de causa ab Antonino tolleretur, nihil
« cunctatus, per duos tribunos militum, insidias ei struxit [7]. »

— « Erat natione Maurus Siciliensis, parentibus ortus obscurissimis,
« unde Maurorum more alteram aurem perforatam habuit, sed vir mo-
« deratus et legum custos fidelissimus, qui praefectus praetorio magis-
« tratum eum optime administrarat [8]. »

## LXVIII

[970 = 217.]

OCLATINIUS ADVENTUS,
praef. praet. sub Caracalla et Macrino.

— « Imp. Antoninus A., cum salutatus (esset) ab Ecdiciano Advento

---

[1] Zosim. *Hist.* lib. I, c. x. [Τὰ μὲν ἐν
Ῥώμῃ σ7ρατόπεδα Μακρῖνον ὕπαρχον ὄντα
τῆς αὐλῆς ἀναδείκνυσι βασιλέα.]

[2] Eutrop. *Hist.* lib. VIII, c. xii.

[3] [Lib. LXXVIII, c. xi.]

[4] Vedi il Pagi, *Crit. ad Baronii Annal.
eccles.* 94.

[5] Nel principio del lib. V.

[6] Euseb. *Chron.* 220.

[7] Zonar. lib XII, c. xii. [Ὁ γὰρ Μακρῖνος ὁ ἔπαρχος ἐκ μάντεώς τινος προειρη-
μένον ἔχων αὐτῷ ὡς αὐταρχήσει, καὶ
φοβηθεὶς μὴ διὰ τοῦτο ὑπὸ τοῦ Ἀντωνίνου
διαφθαρῇ, οὐκ ἀνεβάλετο, ἀλλὰ δύο τινὰς
χιλιαρχοῦντας ἐν τῷ δορυφορικῷ παρασκευάσας ἐπεβούλευσεν αὐτῷ.]

[8] Zonar. lib. XII, c. xiii. [Τὸ μὲν γένος
Μαῦρος τυγχάνων ἐκ Σικελίας καὶ γονέων
ἀσημοτάτων (ὅθεν κατὰ τὸ τῶν Μαύρων
ἔθος τῶν ὤτων τὸ ἕτερον διετέτρητο),
ἐπιεικὴς δὲ καὶ τῶν νόμων φύλαξ πισ7ό-
τατος. Ὃς καὶ ἔπαρχος γεγονὼς ἄρισ7α τὰ
τῆς ἀρχῆς διῳκήσατο.]

« et Opilio Macrino, praefectis praetorio. — Sine die et consulibus. »
Così si legge nell' edizione dell' Hermanno. Altri codici leggono Oclatinio Advento, e questa è certamente la lezione da preferirsi[1].

— « (Macrinus), cum esset praefectus praetorio, collega ablegato,
« Antoninum Caracallam, imperatorem suum, interemit..... Dein
« corpus Antonini Romam remisit... Mandavit collegae dudum suo
« praefecto praetorio, ut munus suum curaret, ac praecipue Antoninum
« honorabiliter sepeliret, ducto funere regio... Timuit autem etiam
« collegam ne et ipse imperare cuperet, sperantibus cunctis quod, si
« unius numeri consensus accederet, neque ille recusaret[2]. »

Collega hic est Ecdecianus Adventus, cujus mentio in lege prima Codicis [Justiniani], *de sententiam passis*, [quem] Herodiani codices Αὔδεντον male nominant.

— « Erant praefecti exercituum duo, alter senex admodum ac prae-
« terea idiota, rerumque civilium imperitus, sed qui bonus miles fuisse
« existimaretur: Adventus erat ei nomen; alter, qui Macrinus vocabatur,
« rerum forensium haud imperitus erat, ac praecipue legum scientiae[3]. »

Dopo la morte di Caracalla, « eligunt ergo imperatorem primo qui-
« dem Audentium, ut militarem virum et praefectum non malum, sed
« ille, senectutem praetendens, recusavit[4]. » Vi sono molti che pretendono essere costui lo stesso che il console Oclatinio Advento[5].

---

[1] *Cod. Just.* lib. IX, tit. LI, c. I. [Il y a de nombreuses variantes dans les manuscrits: les uns portent *ab Ecdiano*, les autres *ab Ecdiciano*, *ab Dautiano*, *ab Hoclatiano*. Certains éditeurs ont lu *ab* ou *a Gentiano* : ce Gentianus serait un préfet du prétoire distinct d'Adventus. La leçon de Borghesi est la bonne; elle est aujourd'hui unanimement adoptée. Le nom gentilice d'Adventus est donné par les inscriptions : *Corp. inscr. Lat.* vol. VI, n. 531, 367 et 793; Wilmanns, 1486. Son prénom est inconnu; voir plus haut, t. IX, p. 348 à 350.]

[2] Capitolin. in *Macrin.* c. IV et V.

[3] Herodian. lib. IV, c. XII, 1. [Ἦσαν δὲ αὐτῷ ἐπάρχοντες τοῦ σ]ρατοπέδου δύο, ὁ μὲν πρεσβύτης πάνυ, τὰ μὲν ἄλλα ἰδιώτης καὶ πολιτικῶν πραγμάτων ἀπείρως ἔχων, σ]ρατιωτικὸς δὲ γεγενῆσθαι δοκῶν· Ἀδουεντος ὄνομα αὐτῷ. Ὁ δὲ ἕτερος Μακρῖνος μὲν ἐκαλεῖτο, τῶν δὲ ἐν ἀγορᾷ οὐκ ἀπείρως εἶχε, καὶ μάλισ]α νόμων ἐπισ]ήμης.]

[4] *Ibid.* c. XIV, 2. [Αἱροῦνται δὴ βασιλέα πρῶτον μὲν Ἀδουεντον ὡς σ]ρατιωτικόν τε καὶ ἔπαρχον οὐ φαῦλον γενόμενον· ὁ δὲ γῆρας προϊσχόμενος παρῃτήσατο.]

[5] [Voir plus haut, t. III, p. 420, et t. V, p. 466.]

PRAEFECTI PRAETORIO. 103

Oclatinius Adventus [consul], an. U. C. 971 [= 218], praefectus Urbi[1]. Varios hujus Adventi honores ab Herodiano, Dione[2], Capitolino et consularibus etiam fastis conspicimus. Ipsum una cum Macrino, Caracallae temporibus, praetorio praefectum fuisse testatur Herodianus[3]. Postquam vero Caracallae cineres Macrini jussu Romam detulit, senator, praefectus Urbi et, anno Christi 218, cum Macrino ipso consul processit[4].

## LXIX
### 970 [= 217].
### ULPIUS JULIANUS,
praef. praet. sub Macrino.

— « Haec ubi sunt Macrino... nuntiata..., Julianum praefectum « ad obsidendos eos cum legionibus misit. Quibus cum Antoninus os- « tenderetur, miro amore in eum omnibus inclinatis, occiso Juliano « praefecto, ad eum omnes transierunt[5]. »

— « Macrinus, contemnens eam rem quasi puerilem, utens consueta

[1] [Voir plus haut, t. IX, p. 348 à 350, la dissertation de Borghesi sur Oclatinius Adventus, préfet de la ville.]

[2] [Dion. lib. LXXVIII, c. xiv : Ταῦτά τε οὖν αὐτοῦ πολλοὶ ᾐτιῶντο, καὶ ὅτι καὶ τὸν Ἀδουεντον, ἐν τοῖς διόπ7αις τε καὶ ἐρευνηταῖς μεμισθοφορηκότα, καὶ τὴν ἐν αὐτοῖς τάξιν λελοιπότα, ἔς τε τοὺς γραμματοφόρους τελέσαντα, καὶ πρόκοιτον ἀποδειχθέντα, καὶ μετὰ τοῦτο ἐς ἐπιτρόπευσιν(?) προαχθέντα, καὶ βουλευτήν, καὶ συνύπατον, καὶ πολίαρχον, μηθ' ὁρᾶν ὑπὸ γήρως, μήτ' ἀναγινώσκειν ὑπ' ἀπαιδευσίας, μήτε πράτ7ειν τι ὑπ' ἀπειρίας δυνάμενον, ἀπέφηνε. Adventus, comme plusieurs autres préfets du prétoire, commença par être simple soldat. Il devint ensuite estafette, cubiculaire, procurateur. Au lieu de πρόκοιτον, Hirschfeld (Röm. Verwaltungsgeschichte, p. 194, n. 2) propose de lire πρόκριτον, ce qui signifierait qu'Adventus fut non pas simple estafette, mais princeps (tabellariorum). Il est difficile de croire en effet, et sans exemple, qu'un homme qui n'appartenait pas à la classe des affranchis de l'empereur ait passé, sans transition, d'un emploi aussi humble que celui de tabellarius à celui de cubiculaire et de procurateur. Adventus fut procurator Britanniae entre 205 et 209 (Corp. inscr. Lat. vol. VII, n. 1003); préfet du prétoire jusqu'en 217, époque où il fut nommé préfet de la ville; consul en 218.]

[3] Lib. IV, c. xii, xiv.

[4] [Oclatinius Adventus avait précédemment reçu les ornements consulaires (Dion. lib. LXXVIII, c. xiii).]

[5] Capitolin. in Macrin. c. x. Al che corrisponde l'edizione di Dione del Bekker : Μαθὼν δὲ ταῦτα ὁ Ἰουλιανὸς ὁ ἔπαρχος... [Cf. Herodian. lib. V, c. iv.]

« socordia, ipse domi manens mittit unum e praefectis exercituum,
« copiis traditis, quantas putabat facillime expugnaturas illos qui de-
« fecerant. Uti autem venit Julianus, hoc enim nomen erat praefecto, ac
« successit moenibus, intus milites conscensis turribus ac pinnis eum
« puerum obsidenti exercitui ostenderunt, Antonini filium celebrantes;
« tum sacculos cum nummis simul ipsis ostenderunt. At illi credentes
« Antonini esse filium, et quidem simillimum, videre enim ita volebant,
« Juliano caput amputant mittuntque Macrino [1]. »

— « Proinde usque adeo omnes milites, qui erant cum Juliano, re-
« rum jam novarum alioqui percupidos, commoverunt ut praefectos
« sibi omnes, praeter Julianum, interfecerint et tradiderint arma Pseu-
« dantonino... (Dum Macrinus congiarium largiebatur), accessit miles
« ex eorum numero qui defecerant; Juliani caput (nam is alicubi lati-
« tans inventus fuerat et occisus), multis linteolis involutum, et valide
« funiculis colligatum, afferens, velut ac si esset Pseudantonini caput,
« Juliani quippe annulo obsignatum. Et hic quidem, post id factum,
« interea dum caput evolveretur, celeri se cursu subduxit [2]. »

[*L'editore del*] *Corpus inscriptionum Graecarum* [3] ha creduto che questo

[1] Herodian. lib. V, c. iv, 2-4. [Ὁ δὲ Μακρῖνος καταφρονῶν τοῦ πράγματος ὡς παιδαριώδους, χρώμενός τε τῇ συνήθει ῥᾳθυμίᾳ, αὐτὸς μὲν οἴκοι μένει, πέμπει δὲ ἕνα τῶν ἀρχόντων τοῦ στρατοπέδου, δύναμιν δοὺς ὅσην ᾤετο ῥᾷστα ἐκπορθήσειν τοὺς ἀφεστῶτας· ὡς δ᾽ ἦλθεν Ἰουλιανὸς (τοῦτο γὰρ ἦν ὄνομα τῷ ἐπάρχῳ) καὶ προσέβαλε τοῖς τείχεσιν, οἱ ἔνδοθεν στρατιῶται ἀνελθόντες ἐπί τε τοὺς πύργους καὶ τὰς ἐπάλξεις τόν τε παῖδα τῷ ἔξωθεν πολιορκοῦντι στρατῷ ἐδείκνυσαν, Ἀντωνίνου υἱὸν εὐφημοῦντες, βαλάντιά τε χρημάτων μεστὰ δέλεαρ προδοσίας αὐτοῖς ἐδείκνυσαν. Οἱ δὲ πιστεύσαντες Ἀντωνίνου τε εἶναι τέκνον καὶ ὁμοιότατον γε (βλέπειν γὰρ οὕτως ἤθελον) τοῦ μὲν Ἰουλιανοῦ τὴν κεφαλὴν ἀποτέμνουσι καὶ πέμπουσι τῷ Μακρίνῳ.]

[2] Dion. lib. LXXVIII [c. xxxii et] xxxiv. [Πάντας τοὺς σὺν τῷ Ἰουλιανῷ στρατιώτας, ἄλλως τε καὶ προθύμως πρὸς τὸ νεωτεροποιεῖν ἔχοντας, διέφθειραν ὥστε τοὺς μὲν ἐπιτεταγμένους σφίσι, πλὴν τοῦ Ἰουλιανοῦ..... ἀποκτεῖναι, ἑαυτοὺς δὲ τά τε ὅπλα τῷ Ψευδαντωνίνῳ παραδοῦναι... Καὶ αὐτῷ ταῦτα πράττοντι, στρατιώτης τις ἀπὸ τῶν ἀφεστηκότων προσῆλθε, τὴν τοῦ Ἰουλιανοῦ κεφαλὴν (εὑρέθη γὰρ κεκρυμμένος που καὶ ἐσφάγη) κομίζων ἐν ὀθονίοις πολλοῖς ἰσχυρῶς σφόδρα σχοινίοις καταδεδεμένην, ὡς καὶ τοῦ Ψευδαντωνίνου οὖσαν· καὶ γὰρ τῷ τοῦ Ἰουλιανοῦ δακτυλίῳ ἐσημήνατο. Καὶ ὁ μὲν τοῦτο ποιήσας ἐξέδρασεν, ὡς ἐκείνη ἐξεκαλύπτετο.]

[3] N. 5973. [Vol. III, p. 313 et 800.]

Ulpio Giuliano fosse prima prefetto dell' Egitto, alla qual congettura non ho consentito nelle schede dell' Egitto.

[Avant d'être préfet du prétoire, Ulpius Julianus fut *centurio frumentariorum*[1], puis *a censibus* en 217[2].]

## LXX

[Circa 971 = 218.]

### NESTOR JULIANUS,
praef. praet. sub Macrino.

— «Non ab re... quidam in Macrino culpabant, et quod prae-
«fectos praetorio Ulpium Julianum et Nestorem Julianum designasset,
«viros nec ulla virtute praeditos, nec variarum rerum usu exercitatos :
«imo qui, Caracallo rerum potiente, fuerant nequitia oppido nobilitati,
«quod cum praefecti frumentariorum fuissent[3], multum ei nefariis et
«curiosis in explorationibus operae navassent[4]. »

Nestore fu ucciso nella Siria per ordine di Elagabalo[5].

★

[971 — 218.]

### *BASILIANUS*,
sub Macrino.

— «Erat Ægypti praefectus Basilianus, quem et Macrinus, loco

---

[1] [Dion. lib. LXXVIII, c. xv.]

[2] [Dion. lib. LXXVIII, c. iv : ὑπὸ Οὐλπίου Ἰουλιανοῦ τοῦ τότε τὰς τιμήσεις ἐγκεχειρισμένου.]

[3] [Une inscription de Rome conservée au Musée du Capitole mentionne un Claudius Julianus, préfet de l'annone en l'année 201 (*Corp. inscr. Lat.* vol. VI, n. 1603). Henzen a conjecturé que ce Julianus est le même que notre préfet du prétoire Nestor Julianus.]

[4] Dion. lib. LXXVIII, c. xv. [Ἐκεῖνά τε οὖν τινες αὐτοῦ οὐκ ἀπεικότως ἐμέμφοντο καὶ ὅτι ἐπάρχους, τόν τε Ἰουλιανὸν τὸν Οὔλπιον, καὶ Ἰουλιανὸν Νέστορα ἀπέδειξε, μήτ' ἄλλην τινὰ ἀρετὴν ἔχοντας, μήτε ἐν συλλαῖς πράξεσιν ἐξητασμένους, ἀλλὰ καὶ πάνυ περιβοήτους ἐπὶ πονηρίᾳ ἐν τῇ τοῦ Καρακάλλου ἀρχῇ γενομένους, διὰ τὸ πολλὰ αὐτῷ τῶν ἀγγελιαφόρων σφᾶς ἡγουμένους, πρὸς τὰς ἀνοσίους πολυπραγμοσύνας ὑπηρετῆσαι.]

[5] Dion. lib. LXXIX, c. iii. [Ἐφόνευσε μὲν γὰρ ἐν τῇ Συρίᾳ τόν τε Νέστορα...]

«Juliani, praefectum praetorio designaverat... Ast ubi allatus de
« clade Macrini est nuntius, ingens seditio coorta est, qua multi e plebe
« et militum non pauci perierunt... Basilianus autem, veritus ne
« statim occideretur, profugit ex Ægypto, et, in Italiam appulsus, circa
« Brundisium deprehensus est, prodente quodam amico, ad quem
« Romae versantem clam miserat petitum alimenta, atque ita ille, cum
« paulo post Nicomediam revectus esset, jugulatus est[1]. »

Questo va casciato dalla serie, perchè Dione non dice ἔπαρχον τῶν δορυφόρων, ma semplice ἔπαρχον. C'è un errore del Reimaro[2] l'aver spiegato l'ἔπαρχον del testo : *praefectum praetorio*, quando allude al *praefectum Ægypti* ch'era stato sostituito ad un'altro Giuliano[3].

## LXXI

[Circa 970 = 217.

M. AURELIUS JULIANUS,

praef. praet. sub Macrino (?).

La date de cette préfecture est incertaine. Aurelius Julianus paraît avoir été

---

[1] Dion. LXXVIII, c. xxxv. [Ἦρχε μὲν αὐτῆς ὁ Βασιλιανὸς, ὃν καὶ ἐς τὴν τοῦ Ἰουλιανοῦ χώραν ἔπαρχον ὁ Μακρῖνος ἐπεποιήκει... Ἐπεὶ δὲ τῆς ἥττης τοῦ Μακρίνου ἀγγελία ἀφίκετο, στάσις ἰσχυρὰ ἐγένετο· καὶ τοῦ τε δήμου πολλοὶ καὶ τῶν στρατιωτῶν οὐκ ὀλίγοι διώλοντο... Καὶ ὁ Βασιλιανὸς, φοβηθεὶς μὴ καὶ ἐν χερσὶν ἀπόληται, ἔκ τε τῆς Αἰγύπτου ἐξέδρα, καὶ ἐς τὴν Ἰταλίαν, τὴν περὶ τὸ Βρεντέσιον ἐλθὼν, ἐφωράθη, προδοθεὶς ὑπὸ φίλου τινὸς, ᾧ ἐν τῇ Ῥώμῃ ὄντι κρύφα προσέπεμψε, τροφὴν αἰτῶν. Καὶ ὁ μὲν οὕτως, ὕστερον ἐς τὴν Νικομήδειαν ἀναχθεὶς, ἐσφάγη.]

[2] [Vol. II, p. 1343, § 178.]

[3] [Borghesi propose d'exclure Basilianus de la liste des préfets du prétoire; je suis tout à fait de son avis. Basilianus n'a jamais été préfet du prétoire. Sans doute Dion emploie assez souvent le mot ἔπαρχος tout court pour désigner le préfet du prétoire; mais il ne faut pas oublier que ἔπαρχος est le mot propre appliqué en grec aux fonctions du *praefectus Aegypti*, et employé plusieurs fois par Dion. Il me semble évident que Macrin avait nommé Basilianus préfet d'Égypte, en remplacement d'un certain Julianus, l'un des nombreux Juliani de cette époque qui suivirent la carrière des fonctions équestres. W. H. WADDINGTON.]

préfet du prétoire vers le temps de l'empereur Macrin[1]. Il avait été auparavant secrétaire *a rationibus et a memoria*[2].

1 [3].

MARCO
AVRELIO·IVLIANO
A RATIONIBVS
ET A MEMORIA
SOCERO OPTIMO
SEX·PEDIVS
IVSTVS]

2 [4].

AVRELIO·IVLIANO
PRAEF·PRAET
EMINENTISSIM
ET·SINGVLARIS
EXEMPLI·VIRO
ORDO·BRIXIANOR
PATRONO·CLEME···

## LXXII

[Ante 973 = 220.]

P. VALERIUS [EUTYCHIANUS] COMAZON,

praef. praet. sub Elagabalo.

— « Ad praefecturam praetorii saltatorem, qui histrionicam Romae « fecerat, adscivit (Heliogabalus) [5]. »

— « Attalum, qui Thraciae fuerat olim praeses... et qui Cypro «praefectus erat, interfecit (Elagabalus) propterea quod offendisset

---

[1] [Cf. Hirschfeld, *Röm. Verwaltungsgeschichte*, p. 232.]

[2] [Édouard Cuq, *Le Conseil des empereurs*, p. 398.]

[3] [Cette inscription a été trouvée près de Marino. *Corp. inscr. Lat.* vol. VI, n. 1596; vol. XIV, n. 2463. Cf. l'inscription gravée sur un tuyau de plomb trouvé près de Rome dans la vigne Cicciaporci : M· AVRELI IVLIANI A MEMORIA. Fabretti, 543, 395; Lanciani, *Silloge aquaria*, n. 236.]

[4] Trovata a Brescia nel 1844, vicino alla porta della città che conduce a Verona. Mandata mi dal Labus. [*Corp. inscr. Lat.* vol. V, n. 4323. C'est l'inscription que Borghesi avait rapportée à un préfet du prétoire du temps de Septime Sévère et de Caracalla. Voir plus haut, p. 87].

[5] Lamprid. in *Heliogab.* c. XII.

« Comazontem. Hunc enim, olim in Thracia militantem et praevari-
« cantem aliquid, ad triremium milites dejecerat. Cum talis autem esset
« Comazon (quod nominis Eutychianus habuit ab arte histrionica et jo-
« culari), tamen praefectus praetorio factus est, cum in nulla omnino
« procuratione vel praefectura aliqua, praeterquam castrensi, versatus
« esset; et honores consulares est consecutus, et postea consulatum
« gessit, praefecturam vero Urbis non modo semel, sed et iterum at-
« que tertio, quod nemini unquam alii contigit, ideoque inter maxime
« nefaria referetur [1]. »

— Cum Pseudantonino occisus est « Fulvius praefectus Urbi, cui
« Comazon successit, sicuti ei quoque, qui fuerat ante ipsum. Nam ut
« persona quaedam in theatrum immitti solet, quo tempore est a comoe-
« dorum actionibus vacuum, ita et ille in vacuum eorum locum, qui
« Urbi praefecti fuerant, inserebatur [2]. »

— « Eutychianus praetorianis militibus praefectus bis ac tertium
« consulatum gessit [3]. »

[Comazon reçut d'abord les ornements consulaires. Il fut consul en 220. On
ignore la date de sa troisième préfecture.]

---

[1] Dion. lib. LXXIX, [c. III et] IV.
[Κλαύδιον Ἄτ]αλον, τὸν τῆς Θράκης ποτὲ
ἄρξαντα..., καὶ τότε ἐκ τοῦ κλήρου τῇ
Κύπρῳ προσ]αχθέντα, ὅτι τῷ Κωμάζοντι
προσεκεκρούκει· σ]ρατευόμενον γάρ ποτε
αὐτὸν ἐν Θράκῃ, καὶ κακουργήσαντά τι,
ἐς τοὺς τριηρίτας ἀπεώσατο. Τοιοῦτος γάρ
τις ὁ Κωμάζων ὢν (καὶ τοῦτο γὰρ τοὔνομα
ἔκ τε μίμων καὶ γελωτοποιίας ἔσχε) τῶν τε
δορυφόρων ἦρξεν, ἐν μηδεμιᾷ τὸ παράπαν
ἐπιτροπείᾳ, ἢ καὶ προσ]ασίᾳ τινί, πλὴν
τῆς τοῦ σ]ρατοπέδου, ἐξετασθεὶς, καὶ τὰς
τιμὰς τὰς ὑπατικὰς ἔλαβε, καὶ μετὰ τοῦτο
καὶ ὑπάτευσε· καὶ ἐπολιάρχησεν, οὐχ ἅπαξ
μόνον, ἀλλὰ καὶ δεύτερον, καὶ τρίτον, ὃ
μηδενὶ πώποτε ἄλλῳ ὑπῆρξεν· ὅθεν που
καὶ τοῦτ' ἐν τοῖς παρανομωτάτοις ἐξαριθμή-
σεται. L'appréciation de Dion Cassius est
sujette à caution. Il résulte des monuments
épigraphiques que Comazon était le véritable surnom de Valerius, et non pas un
sobriquet. (Voir plus haut, t. III, p. 500.)
Cf. Hirschfeld, *Röm. Verwaltungsgeschichte*,
p. 234.]

[2] Dion. lib. LXXIX, c. XXI. [Καὶ Φου-
λούιος σὺν αὐτῷ ὁ πολίαρχος. Καὶ αὐτὸν ὁ Κωμάζων, ὡς καὶ τὸν πρὸ αὐτοῦ,
διεδέξατο. Ὥσπερ γὰρ προσωπεῖόν τι ἐς τὰ
θέατρα ἐν τῷ διακένῳ τῆς τῶν κωμῳδῶν
ὑποκρίσεως εἰσεφέρετο, οὕτω καὶ ἐκεῖνος
τῇ τῶν πολιαρχησάντων ἐπ' αὐτοῦ κενῇ
χώρᾳ προσετάτ]ετο.]

[3] Zonar. lib. XII, c. XIV. [Ὁ μὲν οὖν
Εὐτυχιανὸς τῶν τε δορυφόρων ἦρξε καὶ
μετὰ τοῦτο καὶ ὑπάτευσε καὶ δὶς καὶ
τρίς.]

— «Eutychianus quidam, qui in ludicris et gymnasiis aliquando pla-
«cuerat[1].»

Seditionem militum et Aviti electionem adjuvat[2].

— «Periere cum Heliogabalo Hierocles et praefecti pretorio[3].»

Egli adunque non era più prefetto del pretorio, essendo certo che dopo la morte di Elagabalo fu prefetto di Roma per la terza volta, come poco dopo asserisce lo stesso Dione[4].

## LXXIII
[? — 974 = 221.]
### ANTIOCHIANUS,
praef. praet. sub Elagabalo.

— «Antiochianus igitur, e praefectis unus, milites qui in hortos «venerant, sacramenti admonitione exoravit ne illum occiderent[5].»

Antochiano è uno dei prefetti del pretorio che furono uccisi con Elagabalo.

## LXXIV
[975 = 222.]
................
praef. praet. sub Elagabalo.

— «Periere cum Heliogabalo praeter alios et Hierocles et praefecti «praetorio[6].»

Nota a ragione il Reimaro che da questo loco apparisce che Comazonte aveva cessato di essere prefetto del pretorio, perchè questi furono uccisi ed egli sopravisse[7].

---

[1] Dion. lib. LXXVIII, c. xxxi. [Εὐτυχιανός τις ἔν τε ἀθύρμασιν καὶ ἐν γυμνασίοις ἀρέσας.]

[2] Dion. [éd. Reimar], p. 1339, l. 66, et p. 1340, l. 93.

[3] Dion. lib. LXXIX, c. xxi. [Καὶ αὐτῷ ἄλλοι τε καὶ ὁ Ἱεροκλῆς, οἵ τε ἔπαρχοι συναπώλοντο.]

[4] [Voir t. IX, p. 352, 355 et 357.]

[5] Lamprid. in *Heliogabal.* c. xiv.

[6] Dion. lib. LXXIX, c. xxi.

[7] [Vol. II, p. 1367, § 96.]

## LXXV

[Intra 971 = 218 et 975 = 222.
. . . . . . . . . . . . . . . . .
praef. praet. sub Elagabalo.

Une double inscription, malheureusement mutilée, trouvée à Rome sur l'Esquilin et conservée maintenant au Capitole, mentionne un préfet du prétoire d'Élagabal. Le nom de ce préfet n'a pas pu être reconstitué [1].

*a*

. . . . . . . . . . A T O .
. . . *a s*T V D I S · L E G · L E G ·
. . . *cos . c*O M I T I · A M I C O ·
*fidissimo p* R A E F ⊠ A N N ·
*pontifici mino*R I · P R A E F · P R A E T ·
*imp. caes. m. a* V R E L L I ·
*antonini pil ·* F E L I C I S · A V G ·
*pontificis ·* M A X I M I ·
*sacerdotis* A M P L I S S I M I .
*l. iul. aur. he*R M O G E N E S ·
*ob insignem* E I V S · E R G A · S E ·
*benevolen* T I A M · Q V A ·
*sibi viam str* A V I T · I N ·
*indulgentia* M · S A C R A M ·
*alloquii divini honore*
*obtento oblatis commentariis*

*b*

. . . . . . . . . . A S *tudi* S ·
*leg. leg.* . . *c*O S · C O M I T I ·
*amico fidis*S I M O · P R A E F ·
*ann. pontifi*C I · M I N O R I ·
*praef. p*R A E T ·
*imp. caes. m.* A V R E L L I
*antonini pil ·* F E L I C I S · A V G ·
*pont. max.* S A C E R D O T I S ·
*amplissimi* L · I V L · A V R ·
*hermogenes . o*B . I N S I G N E M · E I V S ·
*erga se benevol* E N T I A M · Q V A · S I B I ·
*viam stravit in in* D V L G E N T I A M ·
*sacram alloqui* I · D I V I N I · H O N O R E ·
*obtento obla*T I S · C O M M E N T A R I S ·|

## LXXVI et LXXVII

[975 = 222.]

FLAVIANUS,
CHRESTUS,
praefecti praetorio sub Alexandro.

— « Praefectum praetorii sibi ex senatus auctoritate constituit. . . « Alterum praefectum praetorii fecit, qui, ne fieret, etiam fugerat [2]. »

[1] [*Corp. inscr. Lat.* vol. VI, n. 3839.] — [2] Lamprid. in *Alexandr.* c. xix.

## PRAEFECTI PRAETORIO.

— « Praefectis praetorii suis senatoriam addidit dignitatem ut viri
« clarissimi et essent et dicerentur : quod antea vel raro fuerat, vel
« omnino [non] diu non fuerat, eo usque ut, si quis imperatorum suc-
« cessorem praefecto praetorii dare vellet, laticlaviam eidem per liber-
« tum summitteret[1]. »

— « Ulpianus (praefectus praetorio), cum Flavianum et Chrestum
« occidisset, ut iis succederet, ipse quoque non multo post a praetoria-
« nis... interfectus est[2]. »

— « (Alexander) praefectos praetorio constituit Flavianum et Chres-
« tum, viros nec rei militaris imperitos et ad res togatas praeclare dispo-
« nendas idoneos. Verum ubi Mammaea, mater imperatoris, Ulpia-
« num eis arbitrum quasique consortem officii praefecisset, quod et
« jurisconsultus esset praestantissimus et recte res disponere praesen-
« tes ac futura prospicere posset[3], offensi milites mortem homini clan-
« destinam moliuntur. Id cum animadvertisset Mammaea, statimque,
« detectis insidiis, horum consiliorum auctores e medio sustulisset,
« Ulpiano soli praefectorum praetorii munus committitur[4]. »

---

[1] Lamprid. in *Alexandr.* c. xxi. [C'est
là une innovation importante dans la situation des préfets du prétoire. Elle eut pour
conséquence de permettre à ces préfets
d'assister aux séances du conseil impérial lorsqu'il y avait à juger une accusation
portée contre un sénateur. Cf. Édouard Cuq,
*Le Conseil des empereurs*, p. 356.]

[2] Dion. lib. LXXX, c. ii. [Ὁ Οὐλπιανὸς... τὸν δὲ δὴ Φλαβιανὸν τὸν τε Χρῆ-
στον ἀποκτείνας, ἵνα αὐτοὺς διαδέξηται
καὶ αὐτὸς οὐ πολλῷ ὕστερον ὑπὸ τῶν δορυ
φόρων ἐπιθεμένων οἱ νυκτὸς κατεσφάγη.]

[3] [C'est sans doute à partir d'Ulpien que
les *formae generales* des préfets du prétoire
prirent un certain développement. La validité
en fut consacrée pour la première fois en
235 par un rescrit d'Alexandre Sévère. Ce
rescrit porte, il est vrai, une date postérieure
à la mort de ce prince; mais cette date est
vraisemblablement celle de l'expédition du
rescrit par le bureau des archives impériales.
*Cod. Just.* lib. I, tit. xxvi, c. 2. Voir cep.
plus haut, t. III, p. 449.]

[4] Zosim. lib. I, c. xi. [Ἐπιστήσας ὑπάρχους τῇ αὐλῇ Φλαβιανὸν καὶ Χρηστὸν, ἄνδρας τῶν τε πολεμικῶν οὐκ ἀπείρους καὶ
τὰ ἐν εἰρήνῃ διαθεῖναι καλῶς ἱκανούς. Μαμαίας δὲ τῆς τοῦ βασιλέως μητρὸς ἐπιστη-
σάσης αὐτοῖς Οὐλπιανὸν ἐπιγνώμονα καὶ
ὥσπερ κοινωνὸν τῆς ἀρχῆς, ἐπειδὴ καὶ νομοθέτης ἦν ἄριστος καὶ τὸ παρὸν εὖ διαθεῖναι καὶ τὸ μέλλον εὐστόχως συνιδεῖν
δυνατός, ἐπὶ τούτῳ δυσχεράναντες ἀναιρε-
σιν αὐτῷ μηχανῶνται λαθραίαν οἱ στρατιῶται. Αἰσθομένης δὲ τούτου Μαμαίας, καὶ
ἅμα τῷ φθάσαι τὴν ἐπίθεσιν τοὺς ταῦτα βου-
λεύσαντας ἀνελούσης, κύριος τῆς τῶν ὑπάρχων ἀρχῆς Οὐλπιανὸς καθίσταται μόνος. —
Voir plus haut, t. IX, p. 359-360.]

## LXXVIII

[975 = 222 — 981 = 228.]

### DOMITIUS ULPIANUS,
praef. praet. sub Alexandro Severo.

— « [Pescennius] intimavit... ut assessores, in quibus provinciis
« adsedissent, in his administrarent[1] : quod postea Severus et deinceps
« multi tenuerunt, ut probant Pauli et Ulpiani praefecturae qui Papi-
« niano in consilio fuerunt[2], ac postea cum unus ad memoriam, alter
« ad libellos paruisset, statim praefecti facti sunt[3]. »

— « (Heliogabalus) removit et Ulpianum jurisconsultum, ut bonum
« virum... Silvinus... occisus est, Ulpianus vero reservatus[4]. »

— « (Alexander) Paulum et Ulpianum in magno honore habuit; quos
« praefectos ab Heliogabalo alii dicunt factos, alii ab ipso : nam et con-
« siliarius Alexandri et magister scrinii Ulpianus fuisse perhibetur; qui
« tamen ambo assessores Papiniani fuisse dicuntur[5]. »

— « In ejus [Alexandri] consilio fuit... Domitius Ulpianus, juris
« peritissimus[6]. »

— « Alexander, qui statim post Pseudantoninum imperavit......,
« Domitio Ulpiano praetorianorum praefecturam et reliqua quae ad
« summam rerum gerendarum pertinent, commisit[7]. »

— « Ulpianus multa quae haud recte a Sardanapalo instituta fue-
« rant correxit. Sed cum Flavianum et Chrestum occidisset, ut iis suc-

---

[1] [Cf., sur les assesseurs des magistrats, Édouard Cuq, *Le Conseil des empereurs*, p. 352-354, 361, 412 et 413.]

[2] [Sur l'organisation du conseil des préfets du prétoire, cf. Édouard Cuq, *op. cit.* p. 358. Ulpien avait été précédemment assesseur d'un préteur. Ulp., 11 ad Ed., *Dig.* lib. IV, tit. II, l. 9, § 3.]

[3] Spartian. in *Pescenn.* c. VII. [Sur les secrétariats *a memoria* et *a libellis*, cf. Édouard Cuq, *Le Conseil des empereurs*, p. 397 et 363.]

[4] Lamprid. in *Heliogabal.* c. XVI.

[5] Lamprid. [in *Alex. Sever.*], c. XXVI. [L'opinion d'après laquelle Ulpien aurait été préfet du prétoire d'Élagabal est erronée : Ulpien n'était que préfet de l'annone au commencement de l'an 222.]

[6] *Ibid.* c. LXVIII.

[7] Dion. lib. LXXX, c. 1. [Ἀλέξανδρος δὲ, μετ' ἐκεῖνον εὐθὺς αὐταρχήσας..., Δομιτίῳ τινὶ Οὐλπιανῷ τήν τε τῶν δορυφόρων προσ]ασίαν καὶ τὰ λοιπὰ τῆς ἀρχῆς ἐπέτρεψε πράγματα.]

« cederet, ipse quoque non multo post a praetorianis, qui eum noctu
« per insidias aggressi sunt, interfectus est, tametsi cursu se proripuis-
« set in palatium, et ad ipsum imperatorem ejusque matrem confu-
« gisset ¹. »

Ciò avenne sicuramente avanti il 982 [= 229], perchè Dione si
protesta « quae usque ad secundum consulatum meum gesta sunt, enar-
« rabo ². »

Responsum « Domitii Ulpiani, praefecti annonae, jurisconsulti,
« amici mei » refert Alexander [in rescripto quodam Sabinae, PP. II k.
April. Alexandro A. cons. (an. 222)] ³.

Domitium Ulpianum « praefectum praetorio et parentem meum » appellat [Alexander in rescripto quodam Arrio Sabino, PP. k. Dec. Alexandro A. cons. (an. 222)] ⁴.

— « [Ubi] Mamaea... Ulpianum eis (Flaviano et Chresto) arbitrum
« quasique consortem officii praefecisset, quod et jurisconsultus esset
« praestantissimus et recte res disponere praesentes ac futura prospi-
« cere posset, offensi milites mortem hominis clandestinam moliuntur.

---

¹ Dion. lib. LXXX, c. ii. [Ὁ Οὐλπιανὸς πολλὰ μὲν τῶν οὐκ ὀρθῶς ὑπὸ τοῦ
Σαρδαναπάλου πραχθέντων ἐπηνώρθωσε·
τὸν δὲ δὴ Φλαβιανὸν τόν τε Χρῆσ7ον ἀποκτείνας, ἵνα αὐτοὺς διαδέξηται, καὶ αὐτὸς
οὐ πολλῷ ὕσ7ερον ὑπὸ τῶν δορυφόρων
ἐπιθεμένων οἱ νυκτὸς κατεσφάγη· καίτοι
καὶ πρὸς τὸ παλάτιον ἀναδραμὼν καὶ πρὸς
αὐτὸν τὸν αὐτοκράτορα τήν τε μητέρα αὐτοῦ καταφυγών.]

² Ibid. [Κεφαλαιώσης μέντοι ταῦτα, ὅσα
γε καὶ μέχρι τῆς δευτέρας μου ὑπατείας
ἐπράχθη, διηγήσομαι.]

³ Cod. Just. lib. VIII, tit. xxxvii, c. 4.

⁴ Ibid. lib. IV, tit. lxv, c. 4 [§ 1. La
nomination d'Ulpien à la préfecture du prétoire se place entre la date de ce rescrit
et celle du précédent, par conséquent entre
le 31 mars 222 et le 1ᵉʳ décembre de la
même année. Il y a cependant une difficulté :
Spartien affirme qu'Ulpien était *magister
libellorum* au moment où il fut élevé à la
préfecture, et l'on admet généralement qu'il
s'agit de la préfecture du prétoire. Si cette
assertion était exacte, Ulpien serait resté
très peu de temps à la tête du secrétariat
*a libellis*, ou bien il aurait été simultanément *magister libellorum* et préfet de l'annone. Mais il n'est guère probable que le secrétariat *a libellis* ait été, à cette époque,
considéré comme un avancement pour un
préfet de l'annone, ni qu'une même personne ait été chargée à la fois de deux fonctions aussi importantes. Ulpien a dû être
*magister libellorum* avant d'être préfet de
l'annone. Cf. Karlowa, *Röm. R. G.* t. I,
p. 740; Krueger, *Gesch. der Quellen*, p. 214,
n. 148.]

## 114 PRAEFECTI PRAETORIO.

« Id cum animadvertisset Mamaea, statimque, detectis insidiis, horum
« consiliorum auctores e medio sustulisset, Ulpiano soli praefectorum
« praetorii munus committitur. Sed quod exercitibus in suspicionem
« venisset de causis quas equidem accurate dicere non habeo, quando
« de ipsius instituto diversa litteris prodita sunt, seditione mota truci-
« datur, cum ne ipse quidem imperator ei opem ferre potuisset[1]. »

— « Sabinum, consularem virum, ad quem libros Ulpianus scrip-
« sit..., [(Heliogabalus) jussit occidi][2]. »

— « Alexander adsessorem habuit vel scrinii magistrum Ulpianum
« juris conditorem[3]. »

— « Ulpianus, jurisconsultus, assessor Alexandri insignis habe-
« tur[4]. »

Plurima scripsit quae recensentur in indice Pandectarum Florentinarum[5].

Domitii nomen ei tribuitur in [Pandectis][6].

« Vir prudentissimus Domitius Ulpianus, in publicarum disputatio-
« num libris, » refertur a Diocletiano[7].

---

[1] Zosim. lib. I, c. xi. [Μαμαίας δὲ...
ἐπισ]ησάσης αὐτοῖς Οὐλπιανὸν ἐπιγνώμονα
καὶ ὥσπερ κοινωνὸν τῆς ἀρχῆς, ἐπειδὴ καὶ
νομοθέτης ἦν ἄρισ]ος καὶ τὸ παρὸν εὖ διαθεῖναι καὶ τὸ μέλλον εὐσ]όχως συνιδεῖν δυνατός, ἐπὶ τούτῳ δυσχεράναντες ἀναίρεσιν
αὐτῷ μηχανῶνται λαθραίαν οἱ σ]ρατιῶται,
αἰσθομένης δὲ τούτου Μαμαίας, καὶ ἅμα τῷ
φθάσαι τὴν ἐπίθεσιν τοὺς ταῦτα βουλεύ-
σαντας ἀνελούσης, κύριος τῆς τῶν ὑπάρχων ἀρχῆς Οὐλπιανὸς καθίσ]αται μόνος.
Ἐν ὑποψίᾳ δὲ τοῖς σ]ρατοπέδοις γενόμενος
(τὰς δὲ αἰτίας ἀκριβῶς οὐκ ἔχω διεξελθεῖν·
διάφορα γὰρ ἱσ]ορήκασι περὶ τῆς αὐτοῦ
προαιρέσεως) ἀναιρεῖται σ]άσεως κινηθεί-
σης, οὐδὲ τοῦ βασιλέως ἀρκέσαντος αὐτῷ
πρὸς βοήθειαν.]

[2] Lamprid., in *Heliogabal.* [c. xvi, fait
une confusion : le Sabinus dont Ulpien a
commenté l'ouvrage dans ses 51 *libri ad Sabinum* est un contemporain de Tibère.]

[3] Eutrop. *Brev. hist. rom.* lib. VIII,
[c. xiv].

[4] Euseb. *Chron.* an. 228.

[5] [Ulpien a été le plus fécond des jurisconsultes classiques après Paul : il a composé environ 287 livres. Ces ouvrages ont
été écrits pour la plupart sous le règne de
Caracalla (212-217). Cf. Rudorff, *Rom. R.
G.* t. I, p. 189; Fitting, *Ueber das Alter der
römischen Juristen von Hadrian bis Alexander*, p. 34; Krueger, *Gesch. der Quellen*,
p. 215; Pernice, *Ulpian als Schriftsteller*,
p. 446; Lenel, *Palingenesia juris civilis*,
t. II, col. 379.]

[6] [Modest., 4 Excusat.] *Dig.* lib. XXVII.
tit. ii, l. 13, [§ 2].

[7] *Cod. Just.* lib. IX, tit. xli, c. 11.

Ulpiano, chi nelle Pandette[1] confessa di essere nativo di Tiro, dovrebbe esser figlio dell' altro Ulpiano Tirio, ch' è uno dei Deipno-sofisti presso Ateneo, di cui parla nell'argomento dell' opera e in più altri luoghi, e di cui descrive la morte dopo Comodo[2].

— « Domitius Ulpianus, praetorio praefectus, rei publicae gerendae « cura suscepta, multa Sardanapali acta rescidit. Qui, Flaviano et « Chresto occisis, ut eis succederet, non multo post et ipse a militibus « noctu occisus est[3]. »

Il Tillemont[4] ha trattato ampiamente d'Ulpiano, e, nella nota VI sopra Alessandro, agita la questione della sua morte. Fra le ragioni che adduce per collocarla nel 981, o sia 228 di Cristo, cita la legge del codice Giustinianeo del 20 d'agosto, diretta a Decimo, prefetto del pretorio[5], che crede suo successore in compagnia di Giulio Paolo.

## LXXIX

[ 981 = 228. ]

*DECIMUS*,

sub Alexandro Severo.

An. 228. — « Imp. Alexander A. Decimo P. P. — D. xiii k. Sept. « Modesto et Probo conss.[6] »

---

[1] [Ulp., 1 de censibus, *Dig.* lib. L, tit. xv, l. 1 pr... « In Syria Phoenice splendidissima Tyriorum colonia, unde mihi origo est. » Cela veut-il dire qu'Ulpien est né à Tyr, ou simplement que Tyr est sa patrie d'origine? La question est douteuse. Voir Bremer, *Rechtslehrer*, p. 82; Karlowa, *Röm. R. G.* t. I, p. 789.]

[2] P. 686 [I, 2. Voir cependant, au sujet de cet Ulpien, de Tyr mentionné par Athénée, Kämmerer, *Observationes juris civilis*, p. 135.]

[3] Zonar. lib. XII, c. xv. [ Δομιτίῳ δέ γε Οὐλπιανῷ τῆς τῶν δορυφόρων ἀνατεθείσης ἀρχῆς καὶ τῆς τῶν κοινῶν διοικήσεως, πολλὰ τῶν ὑπὸ Σαρδαναπάλου πραχθέντων παρ' ἐκείνου ἐπηνωρθώθη. Ὃς τὸν Φλαβιανὸν καὶ τὸν Χρῆσ7ον ἀποκτείνας, ἵν' αὐτοὺς διαδέξηται, καὶ αὐτὸς οὐ πολλῷ ὕσ7ερον ὑπὸ τῶν δορυφόρων νυκτὸς ἐπιθεμένων αὐτῷ κατεσφάγη.]

[4] [*Histoire des Empereurs*, t. III, p. 623.]

[5] *Cod. Just.* lib. I, tit. LIV, c. 2. [Les sigles P. P. après *Decimo* manquent dans divers manuscrits. Ils ne sont pas reproduits dans l'édition du Code de Krueger.]

[6] *Cod. Just.* lib. I, tit. LIV, c. 2. [On a vu, à la note précédente, que l'existence de ce préfet du prétoire n'est pas confirmée par les manuscrits du Code de Justinien.]

Il Tillemont[1] da per successore ad Ulpiano questo Decimo in compagnia di Giulio Paolo.

## LXXX

[Circa 978 = 225.]

JULIUS PAULUS,

praef. praet. sub Alexandro Severo.

[Julius Paulus débuta comme Ulpien : il fut membre du conseil du préfet du prétoire de Papinien[2]. Il devint ensuite secrétaire de l'empereur (*a memoria*)[3], membre du conseil impérial[4] sous Sévère et Caracalla[5], enfin préfet du prétoire d'Alexandre Sévère[6]. On ignore où il né[7].]

Julius Paulus, jurisconsultus, plurima scripsit quæ recensentur in indice Pandectarum Florentinarum[8].

---

[1] *Loc. cit.*

[2] Spartian. in *Pescenn.* c. VII. [Paul, 3 Quaest., *Dig.* lib. XII, tit. I, l. 40 pr. Voir cep. Bremer, *Rechtslehrer*, p. 62. Paul avait d'abord été avocat. (Paul, 2 ad Vitellium, *Dig.* lib. XXXII, l. 78, § 6).]

[3] Spartian. *loc. cit.* [Cf. Édouard Cuq, *Le Conseil des empereurs*, p. 398.]

[4] [Paul, 1 Decretorum, *Dig.* lib. IV, tit. IV, l. 38 pr.]; Lamprid. in *Alex. Sever.* c. LXVIII : «In consilio (Alexandri) fuit... Julius Paulus, juris peritissimus.» [Voir, sur ce texte, Mommsen, *Zeitschrift der Savigny-Stiftung*, R. A., t. XI, p. 30.]

[5] [Paul, 3 Decret., *Dig.* lib. XXIX, tit. II, l. 97. Cf. Édouard Cuq, *op. cit.* p. 443 et 446.]

[6] Spartian. in *Pescenn.* c. VII. [On admet généralement que Paul fut collègue d'Ulpien pendant sa préfecture, bien que le texte de Spartien ne soit guère décisif. Cf. Karlowa, *Röm. R. G.* t. I, p. 745.]

[7] [Des inscriptions apocryphes en ont fait un Padouan; Borghesi a conjecturé que le jurisconsulte Paul était le fils du poète satirique Julius Paulus à qui Caracalla fit don de 250,000 drachmes pour avoir composé des vers contre lui (Dion. lib. LXXVII, c. XI), le petit-fils du poète Julius Paulus, ami d'Aulu-Gelle (*Noct. attic.* lib. XIX, c. VII). Voir plus haut, t. III, p. 251; t. VIII, p. 580. Cf. Tzchirner, *Zeitschrift für Rechtsgeschichte*, 1876, t. XII, p. 149.]

[8] [Paul a écrit 86 ouvrages divisés en 319 livres, sans parler de ses annotations sur les œuvres de Julien, de Scaevola, de Papinien. Justinien en a extrait 2,080 fragments qui figurent au Digeste. Voir Rudorff, *Röm. Rechtsgeschichte*, t. I, p. 192. Krueger, *Gesch. der Quellen*, p. 204. Cf., sur le caractère du droit résultant de l'interprétation des jurisconsultes, Édouard Cuq, *Les Institutions juridiques des Romains*, t. I, p. 470.]

✶
[976 = 223.]
*SEVERUS*,
sub Alexandro Severo.

— « Idem [(imp. Alexander)] A. Severo P. P. — [PP. k. Dec.
« Maximo II et Aeliano conss.[1]. »

[L'inscription de ce rescrit de l'an 223 n'est pas rapportée uniformément dans les manuscrits du Code. Seul le manuscrit du Mont-Cassin, du xie ou du xiie siècle, porte les lettres *P. P.* après *Severo;* elles manquent dans la *Summa Perusina*. Dans le manuscrit de Vérone, du vi[e] ou du viie siècle, on lit : *praef. urb.* Cette leçon est la bonne, ainsi que Borghesi l'a démontré dans son mémoire sur les *Praefecti urbis Romae*[2].]

— « Idem [(imp. Alexander)] A. Severae. — [PP. xv k. Jan.
« Alexandro A. III et Dione conss.[3]. »

[D'après les anciennes éditions du Code, ce rescrit est adressé *Severo*. La plupart des manuscrits donnent *Severae*, et cette leçon est confirmée par un autre fragment du même rescrit rapporté au Code de Justinien[4].]

## LXXXI

[981 = 228.]
*SOSIANUS*,
sub Alexandro Severo.

An. 228. — « Imp. Alexander A. Sosiano P. P. — PP. iii id. April.
« Modesto et Probo conss.[5]. »

[Les lettres *P. P.* après *Sosiano* sont une addition de Haloander[6]; elles ne sont justifiées par aucun manuscrit. Cette remarque n'avait sans doute pas échappé à Borghesi. Aussi, pour comprendre comment il a maintenu quand même Sosianus

---

[1] *Cod. Just.* lib. IV, tit. lvi, c. 2.
[2] [Voir plus haut, t. IX, p. 359.]
[3] *Cod. Just.* lib. VII, tit. xlv, c. 4.
[4] [*Cod. Just.* lib. VI, tit. xxxiv, c. 1.]
[5] *Ibid.* lib. V, tit. xxix, c. 3.

[6] [Sur la valeur, souvent trop dépréciée, de l'édition de Haloander, cf. Mommsen, *Zeitschrift der Savigny-Stiftung*, R. A., t. XII, p. 150.]

sur la liste des préfets du prétoire, n'est-il pas inutile de reproduire ici une observation qu'il a faite ailleurs à propos de deux constitutions adressées au préfet de la ville Simonius Julianus, « le quali mancano, è vero, dell' indicazione della dignità, ommessa quasi sempre dal codice Giustinianeo nelle leggi anteriori a Costantino, ma che però non hanno aspetto di appartenere alla classe de' rescritti privati, mentre anzi la prima contenendo un alto principio di legislazione criminale, mostra ogni probabilità di essere una costituzione indirizzata ad un primario magistrato [1]. » On verra par la suite que Borghesi a inscrit sur sa liste un certain nombre de préfets du prétoire, sur la foi de quelques manuscrits isolés du Code de Justinien.]

## LXXXII
?

[M. AURELIUS VOLO...(?),
praef. praet. sub.....?

M·AVR·VOLO
eMINENTissimo viro

Ce fragment d'inscription, trouvé à Rome[2] et conservé dans le cloître de Saint-Paul, sur la route d'Ostie, mentionne un personnage appelé M. Aurelius Volo... et qualifié *eminentissimus vir*. Henzen conjecture qu'il s'agit d'un préfet du prétoire, et cette conjecture a été accueillie par Hirschfeld[3]. L'inscription paraît être du IIIe siècle (*litteris bonis saeculi fere tertii*).]

## LXXXIII
?

[M. ATTIUS CORNELIANUS,
praef. praet. sub Alexandro Severo (?).

Une inscription découverte en 1882 dans les fouilles exécutées à Henchir-ed-Duâmis (Uci Majus)[4] a révélé le nom de ce préfet du prétoire jusqu'alors inconnu.

---

[1] [*Cod. Just.* lib. IX, tit. VI, c. 6. Voir plus haut, t. III, p. 485. Cf. t. IX, p. 374.]

[2] [*Corp. inscr. Lat.* vol. VI, n. 3857. — On pourrait aussi lire M. *Aurelius*, *Vol(tinia tribu)*, *O[restes]* ou *Olympius*. Ce dernier surnom fait penser au poète didactique M. Aurelius O[lympius] Nemesianus, originaire de Carthage, qui, en 284, adressait son poème sur la chasse à Carin et à Numérien. Le prénom et le nom M. *Aurelius* ont été portés par des empereurs de la fin du IIIe siècle et rien ne s'oppose au classement de cette inscription dans le dernier quart de ce siècle, après l'année 275. Héron de Villefosse.]

[3] [*Op. cit.* p. 235.]

[4] *Comptes rendus de l'Académie des inscriptions et belles-lettres*, 1883, t. X,

```
         M · ATTIO
      CORNELIANO
      PRAEFECTO PRAE
      TORIO EMINENTISSIMO
      VIRO CIVI ET PATRONO˅
      OB  INCOMPARABILEM
      ERGA PATRIAM ET CIVES
      AMOREM · RES PVBLICA
      COLONIAE MARIANAE AV˅
      GVSTAE ALEXANDRIANAE
      VCHITANORVM  MAIORVM
```

Ch. Tissot a conjecturé que M. Attius Cornelianus fut préfet du prétoire sous Alexandre Sévère. L'*oppidum Ucitanum Majus* mentionné par Pline[1] s'est ici transformé en *colonia Mariana Augusta Alexandriana*. Le mot *Alexandriana* indique que cette transformation s'est opérée sous le règne d'Alexandre Sévère. Il est vraisemblable que l'inscription a été gravée pour remercier M. Attius Cornelianus, né à Uci, d'avoir, par son influence, fait élever l'*oppidum* au rang de colonie.]

## LXXXIV
[988 = 235.
. . . . . . . . . . . . . . . . . . .
praef. praet. sub Alexandro Severo.

— « Mamaea vero cum praefectis egressa praetorio, quasi tumultum « sedatura, cum praefectis et ipsa necatur[2]. »]

## LXXXV
Ante an. 991 [= 238.]
M. AEDINIUS JULIANUS,
praef. praet. [sub Alexandro Severo].

Forte idem qui praefectus praetorio fuit sub Macrino[3].

p. 292. *Eph. epigr.* vol. V, n. 561. *Corp. inscr. Lat.* vol. VIII, *Suppl.* n. 15454].

[1] [*Hist. nat.* lib. V, c. IV, 4.]
[2] Zosim. lib. I, c. XIII. [Μαμαῖα δὲ προελθοῦσα μετὰ τῶν ὑπάρχων ἐκ τῆς αὐλῆς ὡς δὴ τὴν ταραχὴν καταπαύσουσα αὐτῇ τε κατασφάττεται καὶ οἱ ὕπαρχοι σὺν αὐτῇ.]
[3] [Il ne nous paraît pas possible d'admettre cette conjecture : Ulpius Julianus et Nestor Julianus furent mis à mort, l'un avant Macrin, l'autre en 218 par Élagabal.

M. Edinio Giuliano si memora nella tavola Canusiana presso il Fabretti[1]. Vedila all' an. 976 [=223].

[M. Aedinius Julianus y est qualifié (*clarissimus*) *v(ir)*; il appartenait par conséquent à l'ordre sénatorial[2]. Il fut dans la suite *leg(atus) Aug(usti) prov(inciae) Lugd(unensis)* et enfin préfet du prétoire. Ce double titre lui est donné dans l'inscription célèbre dite de Thorigny[3], découverte à Vieux (*civitas Viducassium libera*) au xvi⁰ siècle et conservée aujourd'hui à la mairie de Saint-Lô.]

```
T · SENNIO · SOLEMNI · SOLLEM
NINI · FIL........................
.................................
FVIT CLƎNS PROBATISSIMVS AƎDINI IVLIANI
LEG · AVG · PROV · LGD · QVI · POSEA PRAEF · ℞A et
FVIT SICVT EPISTLA QVAE AD LTS SCRIPTA ESt
DECLRℱR........................
   T R E S ℞ O V G A L
PRIMO VMQVM IN SVA CIVITAE POSVERN
LOCVM · ORDO · CIVITATIS · VƉGSS · LBƎR DƎDt
P[4] · XVII · K · IAN · PIO · Ǝ · PROCLO
          COS[5]
```

M. Aedinius Julianus vivait en 223, alors qu'il est qualifié simplement *clarissimus vir;* il a été préfet du prétoire après cette date. Quant à Aurelius Julianus, la différence de nom gentilice ne permet pas de l'identifier avec Aedinius.]

[1] P. 598. Mommsen, *Inscr. regni Neapolit.*, n. 635. [*Corp. inscr. Lat.* vol. IX, n. 338. L'album municipal de Canosa a été découvert en 1675; il est gravé sur une plaque de bronze conservée à Florence. C'est ce document, daté de l'année 223, qui nous a appris le prénom d'Aedinius Julianus, omis sur le marbre de Thorigny. Ce personnage figure parmi les patrons de la colonie, en tête du texte :
M · AEDINIVS · IVLIANVS.]

[2] [Voir plus haut, t. IX, p. 321, et t. X, p. 111, n. 1.].

[3] [Le texte le moins imparfait de cette inscription a été donné, avec une bibliographie assez complète, par le général Creuly dans le *Recueil de la Société des antiquaires de France*, 1876, t. XXXVII, p. 34 et suiv. Cf. Héron de Villefosse, *Le marbre de Vieux*, dans le *Bulletin monumental*, 1889. Nous ne reproduisons ici que les lignes qui se rapportent à notre préfet du prétoire.]

[4] Cioè *V(i)d(uca)ss(ium) l(i)b(ente)r ded(it) p(edum)*. [La lecture de cette ligne et de la suivante a été rectifiée partie par Léon Renier, partie par Borghesi lui-même. Il faut lire : *locum ordo civitatis Viducassium liberae dedit. P(ositum monumentum) xvii k(alendas) Jan(uarias) Pio et Proculo co(n)s(ulibus)*.]

[5] [Voir plus haut la lettre du 24 juillet

## PRAEFECTI PRAETORIO.

Il consolato di [Fulvio] Pio e di [Pontio Proculo] Pontiano cade nel 991 [= 238].

[Aedinius Julianus fut préfet du prétoire quelque temps auparavant. La lettre qu'il écrivit en cette qualité à Badius Comnianus est gravée sur l'une des faces du monument. Elle commence ainsi :]

> EXEMPLVM EPISTVL·AEDINI
> IVLIANI PRAEFECTI PRAET
> AD BADIVM COMNIANVM Ro
> CVR·ET·VICE PRAESIDIS AGEN*t*·
> AEDINIVS IVLIANVS·BADIO
> COMNIANO·SAL[1]............

## LXXXVI

[990 = 237.]

*VITALIANUS*,

sub Maximino[2].

— « [(Gordianus) Romam] ad senatum litteras [misit, quae,] occiso Valeriano, duce militum praetorianorum, in odium Maximini gratanter acceptae sunt[3]. »

— « Usque adeo autem magis Gordianis quam Maximinis est cre-

---

1849 à Henzen (t. VIII, p. 170). Borghesi avait conjecturé que le nom du consul Pius était Betitius. Cette conjecture n'était pas fondée : une inscription de Rome prouve qu'il s'appelait Fulvius. *Corp. inscr. Lat.* vol. VI, n. 816.]

[1] Basis est marmorea in Nortomanniae castro Torigny. Inscriptionis partem edidit Sponius, *Miscell.* p. 282, sed corruptam. Ex ipso marmore mihi nunc diligentissime totam transcripsit vir eruditus et cum compendiis suis versuumque servato ordine ut jacet reddidit. Maffei, *Antiq. Galliae*, p. 82. [Cf. *Acad. des inscriptions et belles-lettres, Mémoires*, t. XXI, p. 497. Mommsen, *Epigr.*

*Analekten*, n. 22, dans les *Berichte der Sächsischen Gesellsch. der Wissensch.*, 1852, p. 235 ; et plus haut, t. VIII, p. 169.]

[2] [Hirschfeld, p. 236, donne pour collègue à Vitalianus un certain Sabinus, dont l'existence serait attestée par Eusèbe, *Hist. eccles.* lib. IX, c. 1, 11. Suivant Neumann, *Der römische Staat und die allgemeine Kirche bis auf Diocletian*, t. I, p. 218, n. 5, le passage d'Eusèbe ne se rapporte pas à Maximin le Thrace. On verra plus loin (p. 158) que telle est aussi l'opinion de Borghesi, qui place la préfecture du prétoire de Sabinus sous le règne de Maximin Daza.]

[3] Capitolin. in *Maximin.* c. xiv.

« ditum, ut Vitalianus quidam, qui praetorianis militibus praeerat, per
« audacissimos quaestorem et milites, jussu senatus occideretur[1]. »

Vitalianus, praefectus praetorii [?], clarissimus et devotissimus Maximino, jussu Gordiani, misso juvene quaestore et quibusdam militibus, Romae occiditur[2].

Il Casaubono, al passo sopracitato di Capitolino, nota che in vece di *Valeriano* si ha da scrivere *Vitaliano*, e in fatto Vitaliano si dice poi dallo stesso Capitolino quando parla ripetutamente dalla sua uccisione.

[Dans aucun texte, Vitalianus n'est formellement appelé préfet du prétoire. Les expressions *dux militum praetorianorum, qui praetorianis militibus praeest,* τὸν κατὰ τὴν Ῥώμην τῶν στρατοπέδων προεστῶτα, semblent plutôt désigner celui qui commandait à Rome le dépôt de la garde[3]. Mommsen croit cependant qu'il y a là simplement une impropriété de langage[4].]

## LXXXVII
[991 = 238.]
ANULLINUS,
praef. praet. sub Maximino.

— « (Occiso ad Aquileiam Maximino,) in oppido... vicino statim Maximini statuae atque imagines depositae sunt, et ejus praefectus praetorii occisus est cum amicis carioribus[5]. »

— « Idem (Dexippus) addidit, in conspectu Maximini, jam deserti a militibus, (Anolinum) praefectum praetorio ipsius et filium ejus occisum[6]. »

---

[1] Capitolin. in *Gordian.* c. x.
[2] Herodian. lib. VII, c. vi, 4. [Προυνοήσατο δὲ τοῦ πρότερον ἀναιρεθῆναι τὸν κατὰ τὴν Ῥώμην τῶν στρατοπέδων προεστῶτα· Βιταλιανὸς δὲ ἦν ὄνομα αὐτῷ. Τοῦτον ᾔδει τραχύτατα καὶ ὠμότατα πράττοντα, φίλτατόν τε ὄντα καὶ καθωσιωμένον τῷ Μαξιμίνῳ .. Πέμπει τὸν ταμίαν τοῦ ἔθνους, νεανίσκον φύσει εὔτολμον καὶ τὸ σῶμα οὐκ ἀγεννῆ καὶ τὴν ἡλικίαν ἀκμάζοντα, πρόθυμόν τε ἐς τὸν ὑπὲρ αὐτοῦ κίνδυνον, παραδοὺς αὐτῷ ἑκατοντάρχας καὶ στρατιώτας τινάς...]

[3] [Cf. Herzog, *Geschichte und System der römischen Staatsverfassung*, t. II, p. 503.]
[4] [*Hermes*, t. XXV, p. 237.]
[5] Capitolin. in *Maximin.* c. xxiii.
[6] Capitolin. in *Maximin. jun.* c. vi. —

[990 = 237.]
## M. ANTONIUS GORDIANUS AFRICANUS,
sub patre.

— «Post hoc Carthaginem ventum cum pompa regali et fascibus
«laureatis : filiusque legatus patris, exemplo Scipionum, ut Dexippus
«Graecae historiae... auctor est, pari potestate succinctus est[1].»

— «Iisdemque per Africam diebus, milites Gordianum, Gordiani
«filium, qui forte contubernio patris praetextatus ac deinceps praefectus
«praetorio intererat, Augustum creavere[2].»

[Le récit d'Aurelius Victor est sujet à caution[3]. N'est-ce pas à lui, ou plutôt à l'auteur dont il s'est inspiré, que s'appliquent ces mots de Capitolin :

— «His accedit scriptorum imperitia, qua praefectum praetorii
«fuisse Gordianum parvulum dicunt, ignorantibus multis collo saepe
«vectum, ut militibus ostenderetur[4].»

Ce qui a fait croire à Borghesi qu'il s'agissait ici du fils et non du petit-fils de Gordien, c'est que les anciens éditeurs de la biographie de Gordien avaient lu *gladii potestate succinctus est*. La *gladii potestas* semblait bien désigner la charge de préfet du prétoire. Il est reconnu aujourd'hui que cette leçon est inexacte : il faut lire *pari* et non *gladii*.]

[Hirschfeld, *Röm Verwaltungsgeschichte*, p. 236, fait observer que le mot *Anolinum* manque dans les bons manuscrits, ainsi que dans Hérodien (lib. VIII, c. v, 9). Il ne croit pas cependant que le nom ait été interpolé. Des inscriptions mentionnent assez souvent le nom d'*Anullinus* (et non *Anolinus*). Il y a notamment sous le règne de Septime Sévère un proconsul d'Afrique qui parvint à la préfecture urbaine, et qui porte le nom de Cornelius Anullinus. Voir plus haut, t. V, p. 224, et t. IX, p. 333.]

[1] Capitolin. in *Gordian.* [c. ix].
[2] Aur. Victor, *de Caesaribus* [c. xxvii].
[3] [Cf. Mommsen, *Hermes*, t. XXV, p. 269.]
[4] [In *Maxim. et Balbin.* c. xv. La préfecture du prétoire de Gordien étant imaginaire, il n'y a pas d'intérêt à chercher à en déterminer la date. La chronologie des Gordiens est d'ailleurs loin d'être certaine. Voir Seeck, *Rheinisches Museum für Philologie*, t. XLI, p. 161-169, et plus haut, Borghesi, t. V, p. 485.]

## LXXXVIII
[991 — 238.]
### PINARIUS VALENS,
praef. praet. sub Balbino et Pupienio.

— « Praefectura Urbi in Sabinum conlata est, virum gravem et « Maximi moribus congruentem : praetoriana in Pinarium Valentem [1]. »

— « (Pupienius) pueritiam omnem in domo parentis Pinarii fecit. « Quem statim ad praefecturam praetorii subvexit, ubi factus est impe- « rator [2]. »

✸

991 [= 238.]
### HERODOTUS,
sub Gordiano.

— « Imp. Gordianus A. Herodoto P. P. — PP. xii kal. Sept. Pio « et Pontiano conss. [3]. »

Alcuni codici omettono il *P. P.*

[Dans le manuscrit du Mont-Cassin et dans celui de Bamberg, les sigles *P. P.* manquent après *Herodoto*. Krueger ne les a pas reproduits dans son édition du Code. Le rescrit est certainement adressé à un simple particulier.]

## LXXXIX
[992] = 239.
### CELER,
sub Gordiano.

— « Imp. Gordianus A. Celeri P. P. — Dat. id. Sept. Gordiano A. « et Aviola conss. [4] [239]. »

[Les sigles *P. P.* manquent après *Celeri* dans la plupart des manuscrits. Mais l'opinion de Borghesi semble confirmée par l'objet du rescrit.]

---

[1] Capitolin. in *Maxim. et Balbin.* c. iv. — [2] *Ibid.* c. v. — [3] *Cod. Just.* lib. V, tit. xi, c. 2. — [4] *Cod. Just.* lib. I, tit. liv, c. 3.

## XC

993 [= 240].
*AMMONIUS*,
sub Gordiano.

— « Imp. Gordianus A. Ammonio P. P. — PP. vi id. Aug. Sabino II
« et Venusto conss.[1] [240]. »

[Les sigles *P. P.* manquent dans bon nombre de manuscrits et particulièrement
dans ceux du Vatican, de Bamberg, de Leipzig[2].]

*

?

*FABIANUS*,
sub Gordiano.

— « Imp. Gordianus A. Fabiano P. P. — Sine die et consule[3]. »

[Les sigles *P. P.* ont été intercalés par Haloander contrairement aux manuscrits les meilleurs.]

## XCI

993 [= 240].
*DOMITIUS*,
praef. praet. sub Gordiano Pio.

Una legge del 3 novembre di quest' anno 240 di Cristo gli è indirizzata[4] :

— « Imp. Gordianus A. Domitio P. P. — D. iii non. Nov. Sabino II
« et Venusto conss. »

— « Imp. Gordianus A. Domitio. — PP. xii kal. Jun. Sabino II et
« Venusto conss[5]. »

---

[1] *Cod. Just.* lib. VI, tit. xlv, c. 2.
[2] [Paulina, 883. Cf. Hermann, p. 422, n. 1.]
[3] *Cod. Just.* lib. IX, tit. li, c. 6.
[4] *Cod. Just.* lib. I, tit. l, c. 1. — Tillemont, *Hist. des Empereurs*, t. III [p. 288].
[5] *Ibid.* lib. VIII, tit. xxx, c. 2. [Bien que les sigles *P. P.* manquent ici après *Domitio*,

✷

993 [= 240].
*CLAUDIUS,*
sub Gordiano.

— « Imp. Gordianus A. Claudio P. P. — PP. k. Jan. Sabino et Ve-
« nusto conss [1]. »

[Les sigles *P. P.* après *Claudio* manquent dans la plupart des manuscrits. Il suffit de lire le rescrit pour se convaincre qu'il a été adressé à un simple particulier.]

A un Claudio, senza nome di dignità, rescrive lo stesso imperatore [2] :

— « Imp. Gordianus A. Claudio. — [PP. iii k. Aug. Gordiano A. II
« et Pompeiano conss. »]

— « Imp. Gordianus A. Claudio. — D. vii k. Mai. Peregrino et
« Aemiliano conss [3]. »

## XCII

[Circa 993 = 240.]
FELICIO,
praef. praet. sub Gordiano Pio.

— « Denique nunc demum intellego, neque Felicionem praetorianis
« cohortibus praeponi debuisse, neque Serapammoni quartam legionem
« credendam fuisse. »

Cosi scrive Gordiano a Misiteo in una lettera riferita da Capitolino [4]. Il Tillemont lo chiama Felice [5].

il est vraisemblable que le destinataire de ce rescrit est notre préfet du prétoire. La constitution a été rendue en la même année que la précédente et à quelques mois de distance.]

[1] *Cod. Just.* lib. V, tit. xi, c. 3.
[2] *Ibid.* lib. III, tit. xliv, c. 7. [An. 241.]
[3] *Ibid.* lib. VI, tit. xx, c. 6. [An. 244.]
[4] In *Gordian.* c. xxv.
[5] *Hist. des Empereurs*, t. III [p. 287].

## XCIII
[994 = 241 — 996 = 243.]
[C. FURIUS SABINIUS AQUILA] TIMESITHEUS,
praef. praet. sub Gordiano Pio.

— « Gordianus, priusquam ad bellum proficisceretur, duxit uxorem
« filiam Misithei[1], doctissimi viri, quem causa eloquentiae dignum pa-
« rentela sua putavit et praefectum statim fecit[2]. »

— « (Post bellum Persicum) Misitheo (decretus est)... titulus hu-
« jusmodi[3] :

MISITHEO<br>
EMINENTI · VIRO<br>
PARENTI · PRINCIPVM<br>
PRAEF·PRAETORIO<br>
ET · TOTIVS · VRBIS<br>
TVTORI · REIP<br>
S·P·Q·R<br>
VICEM·REDDIDIT [4]

— « Dum haec geruntur, Gordianus uxorem ducit Timesiclis filiam,
« nobilis ex doctrina viri; quem ubi praefectum praetorii creasset, visus
« est id quod curationi rerum propter aetatem ipsius sane teneram
« deesset supplere[5]. »

— « (Gordianus) cum rerum potitus esset, Timesoclem socerum prae-

---

[1] Zosimus Misitheum vocat *Timesiclem* [lib. I, c. xviii. Zonaras, lib. XII, c. xviii, l'appelle *Timesocles*. Son véritable nom est Timésithée. Voir ci-après l'inscription de Lyon et celle de Saint-Jean de Latran.]

[2] Capitolin. in *Gordian.* c. xxiii.

[3] *Ibid.* c. xxvii.

[4] Gruter, p. 439, 4. Il Casaubono, nelle note [*ad h. loc.* Voir l'éd. des *Historiae Augustae scriptores*, Lugd. Batav., 1671, t. II, p. 122], riferisce questo frammento d'iscrizione. [Hirschfeld, *Röm. Verw.*, p. 237, restitue ainsi cette inscription : *C. Furio Sabinio Aquilae Ti]m[e]sitheo, eminenti[s-simo] viro, parenti principum, praefecto praetorii, totius [o]rbis, [resti]tutori reip(u blicae), senatus populusque Romanus vicem reddidit.*] — [La disposition des lignes a été établie arbitrairement par Gruter. Cette inscription, citée par Capitolin, n'a pas été retrouvée. Cf. *Corp. inscr. Lat.* vol. VI, p. V*, n. 1*r. HÉRON DE VILLEFOSSE.]

[5] Zosim. lib. I. c. xvii. [Ἐν τούτῳ δὴ πρὸς γάμον ἄγεται Γορδιανὸς Τιμησικλέους θυγατέρα, τῶν ἐπὶ παιδεύσει διαβοήτων ἀνδρός, ὃν ὕπαρχον τῆς αὐλῆς ἀναδείξας ἔδοξε τὸ διὰ τὸ νέον τῆς ἡλικίας τῇ κηδεμονίᾳ τῶν πραγμάτων ἐλλεῖπον ἀναπληροῦν.]

« fectum praetorio designavit. Eoque superstite res imperii bene se habue-
« runt prospereque successerunt : eo vero defuncto Philippus praefectus
« designatus, ut seditionem concitaret, stipendia militum minuebat[1]. »

[Le piédestal d'une statue, trouvé à Lyon, dans une construction voisine de l'église Saint-Nizier, sur le terrain même de l'association des trois Gaules, donne le *cursus honorum* de Timésithée au début de sa carrière[2].]

Questa lapide, essendo ricomparsa a Lione, cosi è stata emendata dal Renier[3] :

C·FVRIO·SABINIO AQVILAE
TIMESITHEO PROC·PROV·LVGVD·ET
AQVIT·PROC·PROV·ASIAE·IBI·VICE·XX
ET·XXXX ITEMQ·VICE·PROCOS·PROC
PROV·BITHYNIAE PONTI·PAPHLAGON
TAM·PATRIMONI QVAM·RAT·PRIVATAE
IBI·VICE·PROC·XXXX·ITEM·VICE·PROC
PATRIMON·PROV·BELGIC·ET·DVARM
GERMANIAR·IBI·VICE·PRAESID·PROV
GERMAN·INFERIOR·PROC·PROV·SY
RIAE PALESTINAE·IBI·EXACTORI·RELI
QVOR·ANNON·SACRAE EXPEDITIO
NIS·PROC·IN·VRBE·MAGISTRO·XX·IBI
LOGISTAE·THYMELAE PROC·PROV
ARABIAE·IBI·VICE·PRAESID BIS·PRoc
RATION·PRIVAT·PER BELGIC·ET·DVAS
GERM·PRAEF·COH·I·GALLIC·IN HISPAN

C·ATILIVS·MARVLLVS·ARVERN
ET·C·SACCONIVS·ADNATVS ME
DIOMATR·PATRONO OPTIMO

---

[1] Zonar. lib. XII, c. xviii. [Οὗτος γὰρ ὁ Γορδιανὸς ἄρξας ἔπαρχον τὸν οἰκεῖον προεχειρίσατο πενθερὸν Τιμησοκλέα καλούμενον. Μέχρι μὲν οὖν περιῆν οὗτος, καλῶς εἶχε τὰ τῆς ἐξουσίας τῷ αὐτοκράτορι καὶ κατὰ ροῦν ἐφέρετο οἱ τὰ πράγματα· Τιμησοκλέους δὲ τελευτήσαντος Φίλιππος προκεχείρισ7ο ἔπαρχος. Καὶ σ7ασιάσαι τοὺς σ7ρατιώτας βουλόμενος τὰς αὐτῶν σιτήσεις ἠλάτ7ωσεν.]

[2] [Cf. Édouard Cuq, *Études d'épigraphie juridique*, p. 67.]

[3] Spon [*Recherches des antiquités et curiosités de la ville de Lyon*], éd. 1857 [p. 163, avec l'intéressant commentaire de L. Renier. — Nous donnons le texte de cette inscription d'après la nouvelle recension de MM. Allmer et Dissard, *Musée de Lyon, inscriptions antiques*, t. I, n. 24, p. 167.]

PRAEFECTI PRAETORIO.

In pavimento S. Johannis in Laterano[1] :

    c. *furi*VS · TIMISITHEVS
    v. em. PRAEF · PRAETORIO
    . . . ATI·CVM·MAIOR*iaris*
    . . . MO·FORTISSIMOQVE

Mortuus est, Arriano et Papo consulibus, fraude Philippi[2]. [An. 243.]

### XCIII bis.
[Circa 994 = 241.
### VALERIUS VALENS.
vices agens praeff. praet. sub Gordiano.

Timésithée ne fut pas seul préfet du prétoire pendant toute la durée de ses fonctions. Une inscription d'Ostie mentionne Valerius Valens, *v(ir) p(erfectissimus), praef(ectus) vigil(um), v(ices) a(gens) praef(ectorum) praet(orio) em(inentissimorum) v(irorum)* en 241-244, mais plutôt en 241, peu de temps après le mariage de Gordien avec la fille de Timésithée[3].

    FVRIAE · SABINIAE ·
    TRANQVILLINAE ·
    SANCTISSIMAE · AVG
    CONIVGI · DOMINI · N̄ ·
    GORDIANI · AVG
    CVRANTIBVS
    VALERIO · VALENTE · V̄ · P̄ ·
    PRAEF · VIGIL · V · A · PRAEF ·
    PRAET · Ē · Ē · M̄ · M̄ · V̄ · V̄ · ET ·
    VALERIO · ALEXANDRO · V̄ · Ē.
    SVB PRAEF · VIGIL · ITEM ·
    IVLIO · MAGNO · V · E · SVB PRAEF
    ANNONAE · V · A · SVB PRAEF · VIGIL
    COHORTES · SEPTEM VIGILVM GORDIANAE

Valerius Valens avait été, peu de temps auparavant, préfet de la flotte de Misène[4].]

---

[1] Cod. Vat. 5249, p. 207. [Le texte rapporté ici par Borghesi est plus exact que celui qu'il avait publié, en 1834, dans sa *Dichiarazione d'una lapide Gruteriana* (voir plus haut, t. III, p. 484, n. 5). Nous avons ajouté, à la fin de la 3ᵉ ligne, le complément IARIS d'après la note de M. J.-B. de Rossi. *Corp. inscr. Lat.* vol. VI, n. 1611.]

[2] [Cf. Capitolin. in *Gordian.* c. xxix.] Ejus elogium, *ibid.* c. xxviii, xxix.

[3] [*Ephem. epigr.* t. VII, n. 1211.]

[4] [*Corp. inscr. Lat.* vol. X, n. 3336.]

## XCIV

[996 = 243.]

**M. JULIUS PHILIPPUS,**
praef. praet. sub Gordiano.

— «Misitheus... artibus Philippi qui post eum praefectus prae-
«torii est factus... exstinctus est... Quo mortuo, Arriano et Papo
«consulibus, in ejus locum praefectus praetorii factus est Philippus
«Arabs [1]. »

— «Philippo in ejus (Timesithei) locum suffecto, paulatim bene-
«volentia militum erga imperatorem exstincta est [2]. »

— «Gordianus fraude Philippi, praefecti praetorio, interfectus
«est [3]. »

— «(Gordianus), Ctesiphontem profectus, insidiis Philippi praefecti
«praetorio periit... Eo (Timesocle) vero defuncto Philippus praefec-
«tus designatus, ut seditionem concitaret, stipendia militum minuebat,
«quasi id jussisset imperator. Alii frumentum quod in castra perferen-
«dum esset, eum inhibuisse ferunt : itaque milites commeatus penuria
«laborantes contra imperatorem tanquam famis causam insurrexisse.
«Quem sexto imperii anno occiderunt. Philippus vero statim summam
«rerum arripere studebat [4]. »

---

[1] Capitolin. in *Gordian.* c. xxviii.
[2] Zosim. lib. I, c. xviii. [Φιλίππου γὰρ ὑπάρχου προχειρισθέντος, κατὰ βραχὺ τὰ τῆς εἰς τὸν βασιλέα τῶν σ⎯ρατιωτῶν εὐνοίας ὑπέρρει.]
[3] Euseb. *Chron.* ad an. 246. Zonaras. lib. XII, c. xviii.
[4] Zonar. lib. XII, c. xviii. [Εἶτα πρὸς Κτησιφῶντα γενόμενος ἐξ ἐπιβουλῆς Φιλίππου τοῦ ἐπάρχου τοῦ δορυφορικοῦ ἀνῃρέθη... Τιμησικλέους δὲ τελευτήσαντος Φίλιππος προκεχείρισ⎯ο ἔπαρχος. Καὶ σ⎯α- σιάσαι τοὺς σ⎯ρατιώτας βουλόμενος τὰς αὐτῶν σιτήσεις ἠλάτ⎯ωσεν, ὡς τάχα τοῦτο κεκελευκότος τοῦ αὐτοκράτορος. Οἱ δέ φασιν ὅτι τὸν σῖτον ἐπέσχε τὸν εἰς τὸ σ⎯ρατόπεδον κομιζόμενον, ὥσ⎯ε τοὺς σ⎯ρατιώτας ἐνδείᾳ πιέζεσθαι κἀντεῦθεν αὐτοὺς πρὸς σ⎯άσιν ἐρεθισθῆναι. Σ⎯ασιάσαντες δὲ κατὰ τοῦ αὐτοκράτορος ἐπανέσ⎯ησαν ὡς αἰτίου αὐτοῖς γεγονότος λιμοῦ, καὶ ἐπελθόντες αὐτῷ ἀπέκτειναν αὐτόν, ἐπὶ ἐνιαυτοὺς ἡγεμονεύσαντα ἕξ. Καὶ αὐτίκα ὁ Φίλιππος ἐπεπήδησε τῇ ἀρχῇ.]

[Une inscription grecque de Palmyre[1] mentionne le préfet du prétoire Julius Philippus.]

```
Η ΒΟΥΛΗ ΚΑΙ Ο ΔΗΜΟΣ
ΙΟΥΛΙΟΝ ΑΥΡΗΛΙΟΝ ΖΗΝΟΒΙΟΝ
ΤΟΝ ΚΑΙ ΖΑΒΔΙΛΑΝ ΔΙC ΜΑΛ
ΧΟΥ ΤΟΥ ΝΑCCΟΥΜΟΥ CΤΡΑΤΗ
ΓΗCΑΝΤΑ ΕΝ ΕΠΙΔΗΜΙΑ ΘΕΟΥ
ΑΛΕΞΑΝΔΡΟΥ ΚΑΙ ΥΠΗΡΕΤΗ
CΑΝΤΑ ΠΑΡΟΥCΙΑ ΔΙΗΝΕΚΕΙ
ΡΟΥΤΙΛΛΙΟΥ ΚΡΙCΠΕΙΝΟΥ ΤΟΥ
ΗΓΗCΑΜΕΝΟΥ ΚΑΙ ΤΑΙC ΕΠΙΔΗ
ΜΗCΑCΑΙC ΟΥΗΞΙΛΛΑΤΙΟCΙΝ Α
ΓΟΡΑΝΟΜΗCΑΝΤΑ ΤΕ ΚΑΙ ΟΥΚ ΟΛΙ
ΓΩΝ ΑΦΕΙΔΗCΑΝΤΑ ΧΡΗΜΑΤΩΝ
ΚΑΙ ΚΑΛΩC ΠΟΛΕΙΤΕΥCΑΜΕΝΟΝ
ΩC ΔΙΑ ΤΑΥΤΑ ΜΑΡΤΥΡΗΘΗΝΑΙ
ΥΠΟ ΘΕΟΥ ΙΑΡΙΒΩΛΟΥ ΚΑΙ ΥΠΟ ΙΟΥ
ΛΙΟΥ ΦΙΛΙΠΠΟΥ ΤΟΥ ΕΞΟΧΩΤΑ
ΤΟΥ ΕΠΑΡΧΟΥ ΤΟΥ ΙΕΡΟΥ ΠΡΑΙΤΩ
ΡΙΟΥ ΚΑΙ ΤΗC ΠΑΤΡΙΔΟC ΤΟΝ ΦΙΛΟ
ΠΑΤΡΙΝ ΤΕΙΜΗC ΧΑΡΙΝ ΕΤΟΥC ΔΝΦ
```

[L'inscription rappelle que Julius Aurelius Zenobius était stratège de Palmyre lorsque Alexandre Sévère, marchant contre les Perses, traversa cette ville, en 229, avec Rutilius Crispinus, commandant de son armée. Zenobius fut ensuite agoranome et fit en cette qualité des largesses. Sa conduite lui mérita l'approbation de sa patrie, du dieu Iarhibol et du préfet du prétoire Philippe. La date à laquelle l'inscription fut gravée (242-243) se rapporte à l'époque où Philippe venait d'être nommé préfet du prétoire et accompagnait Gordien en Orient[2].]

---

[1] Palmirae in transactionibus anglicanis. Muratori, 558, 1. Vedila nel *Corp. inscr. Graec.* n. 4483.

[2] [W. H. Waddington, *Inscriptions grecques et latines de la Syrie*, n. 2598 (*Explication*, p. 598). Voici la transcription de cette inscription : Ἡ βουλὴ καὶ ὁ δῆμος Ἰούλιον Αὐρήλιον Ζηνόβιον, τὸν καὶ Ζαβδίλαν, δὶς Μάλχου τοῦ Νασσούμου, σ7ρατηγήσαιτα ἐν ἐπιδημίᾳ Θεοῦ Ἀλεξάνδρου καὶ ὑπηρετήσαντα παρουσίᾳ διηνεκεῖ Ῥουτιλλίου Κρισπείνου τοῦ ἡγησαμένου καὶ ταῖς ἐπιδημησάσαις οὐηξιλλατί[ω]σιν, ἀγορανομήσαντά τε καὶ οὐκ ὀλίγων ἀφειδήσαντα χρημάτων

Il Muratori sta in dubbio se questo prefetto del pretorio sia Giulio Paolo o Giulio Filippo. Inchinerei piuttosto al secondo, perchè troverebbesi una ragione per cui il suo nome sia stato cancellato, giacchè tutto il resto della lapide essendo intero pare che non sia casuale la perdita fatta del nome di questo prefetto. Però questa lapide pare certamente che parli di Alessandro Severo. Se si sapesse che Massimino fosse stato prefetto del pretorio, la lapide parlarebbe certamente di lui. Osta la data del 554, che se è tolta dell'era Seleucida risponde al 995-996; onde allora non potrebbe parlarsi che di Filippo.

## XCV

[997 = 244.]

MAECIUS GORDIANUS,
praef. praet. sub Gordiano Pio.

— «(Gordianus), adstante praefecto Maecio Gordiano, adfini suo, «in tribunali conquestus est, sperans posse imperium Philippo abro-«gari[1].»

## XCVI

?
. . . . .
praef. praet. post Gordianum.

[Une inscription mutilée de Rome[2] mentionne un préfet du prétoire postérieur au règne de Gordien. Il avait précédemment été chargé de diverses procuratelles; il était devenu ensuite vice-préfet d'Égypte, *juridicus* d'Alexandrie, préfet de Mésopotamie. Son nom est inconnu. M. Waddington conjecture qu'il s'agit peut-être de

καὶ καλῶς πολειτευσάμενον, ὡς διὰ ταῦτα μαρτυρηθῆναι ὑπὸ Θεοῦ Ἰαριβώλου καὶ ὑπὸ Ἰουλίου [Φιλίππου] τοῦ ἐξοχωτάτου ἐπάρχου τοῦ ἱεροῦ πραιτωρίου καὶ τῆς πατρίδος, τὸν φιλόπατριν, τειμῆς χάριν. Ἔτους δνφ'. Le nom du préfet du prétoire Philippe a été martelé comme sur beaucoup de monuments.]

[1] Capitolin. in *Gordian.* c. xxx. [Maecius Gordianus était préfet du prétoire au jour de la mort de Gordien, par conséquent en 244.]

[2] In Romo. Marini, *Iscriz. Alb.* p. 52. Vedi le schede della Mesopotamia e dell'Egitto. [*Corp. inscr. Lat.* vol. VI, n. 1638.]

Priscus, préfet de Mésopotamie, qui, à l'avènement de son frère Philippe à l'empire, l'aurait remplacé dans les fonctions de préfet du prétoire [1].]

```
              PRAEF·PRAetorio
           PRAEF·MESOP·IVridico Alexandreae
           VICE·PRAEF · AEGgypti proc. prov
           MACED·PROC·PROv..........
           VBIQ·VIC·PRAESidis....praeposito
           VEXILLATION·INDIA...item a divo
           GORDIANO·LEG·I.........item
           vEXILL·CLASS·PR......proc. prov
           hisP·CIT·PROC·PRov..........
           proc·pROV·I.................
           ........V...................
```

## XCVII

[Intra 1007 = 254 et 1013 = 260.]

ABLAVIUS MURAENA,
praef. praet. sub Valeriano.

Trebellio Pollione riferisce una lettera dell' imperatore Valeriano *ad Ablavium Mur(a)enam praefectum praetorii*, nella vita di Claudio il Gotico [2].

## XCVIII

?

CENSORINUS,
praef. praet. [sub...?].

— « Censorinus, vir plane militaris, et antiquae in curia dignitatis,
« bis consul, bis praefectus praetorii, ter praefectus Urbi [3], quarto
« proconsul, tertio consularis, legatus praetorius secundo, quarto
« aedilicius, tertio quaestorius, extra ordinem quoque legatione Persica
« functus, etiam Sarmatica. Post omnes tamen honores cum in agro suo
« degeret senex, atque uno pede claudicans vulnere, quod bello Per-

---

[1] [*Voyage archéol.* t. III, n. 2077. *Explic.* p. 492.] — [2] [C. xv.] — [3] [Voir plus haut, t. IX, p. 380.]

«sico, Valeriani temporibus, acceperat, factus est imperator et scur-
«rarum joco Claudius appellatus est[1].» Mox occisus.

## XCIX
[Intra 1007 = 254 et 1013 = 260.]
### MULVIUS GALLICANUS,
praef. praet. sub Valeriano.

Vopisco riferisce una lettera di Valeriano imperatore a Mulvio Gallicano, prefetto del pretorio, in cui assegna il salario di Probo da lui nominato tribuno[2].

## C
[Intra 1008 = 255 et 1013 = 260.]
### *ACHILLINUS,*
sub Valeriano.

— «Impp. Valerianus et Gallienus [AA. A]chillino P. P. — Sine die «et consulibus[3].»

[Il y a quelques variantes sur le nom du destinataire de ce rescrit. Les manuscrits les meilleurs portent *Achillino.* Cujas et avec lui Borghesi ont lu *Chilino.* Les sigles *P. P.* sont une addition de Cujas, acceptée par Borghesi, sans doute d'après l'objet de la constitution, qui contient cette règle générale : «Pater trium inco-«lumium liberorum legationibus publicis liberatur.»]

## CI
[1011 = 258.]
### BAEBIUS MACER,
praef. praet. sub Valeriano.

— «Cum consedisset Valerianus Augustus in thermis apud Byzan-«tium... assidentibus [Memmio Fusco, consule ordinario], Baebio

---

[1] Trebell. Pollio, in *Triginta tyrannis,* c. xxxiii. — [2] In *Probo,* c. iv. — [3] *Cod. Just.* lib. X, tit. lxv, c. 1.

« Macro praefecto praetorii [1], » Aurelianus postea imperator donis militaribus donatur, et ab Ulpio Crinito adoptatur.

## CII
[1011 = 258.]
SUCCESSIANUS,
praef. praet. sub Valeriano.

— « Barbari... Pityuntem primam adorti sunt... Sed cum dux
« militum ejus loci Successianus... [objecisset..., Scythae... domum
« reverterunt]... Sed ubi Valerianus arcessitum ad se Succesianum
« praefectum praetorii dixisset, et cum eo res Antiochenae civitatis et
« instaurationem ejus ordinaret [2]... »

## CIII
[Circa 1014 = 261.]
BALISTA,
praef. praet. sub Valeriano et Macriano.

— « Hi qui erant cum filio Macriani, Quieto nomine, consentientes
« Odenato, auctore praefecto Macriani Balista, juvenem occiderunt, mis-
« soque per murum corpore, Odenato se omnes statim dediderunt [3]. »
— « Capto Valeriano... cum Gallienum contemnendum Balista
« praefectus Valeriani, et Macrianus, primus ducum [4], intellegerent...
« unum in locum concesserunt, quaerentes quid faciendum esset [5]. »

---

[1] Vopisc. in *Aurelian.* c. XIII. [Memmius Fuscus, ou plutôt Tuscus, qui figure dans cette séance du conseil impérial en qualité de consul ordinaire, remplit cette charge en 258. Voir *Corp. inscr. Lat.* vol. VI, n. 1222. Cf. de Rossi, *Bull. arch. crist.* s. 2, t. II, p. 45.]

[2] Zosim. lib. I, c. XXXII. [Οἱ δὲ βάρβαροι τῷ Πιτυοῦντι πρώτῳ προσέβαλλον... Σουκεσσιανοῦ δὲ τῶν ἐκεῖσε σΤρατιωτῶν ἡγεμόνος... ἀντιστάντος. . οἱ Σκύθαι... τὰ οἰκεῖα κατέλαβον... Οὐαλεριανοῦ δὲ Σουκεσσιανὸν μετάπεμπΤον ποιησαμένου καὶ ὕπαρχον τῆς αὐλῆς ἀναδείξαντος καὶ σὺν αὐτῷ τὰ περὶ τὴν Ἀντιόχειαν καὶ τὸν ταύτης οἰκισμὸν οἰκονομοῦντος...]

[3] Trebell. Pollio, in *Gallieno*, c. III.

[4] [Gibbon pense que Macrianus était, lui aussi, préfet du prétoire. Mais l'expression *primus ducum* n'est pas assez précise pour que l'on puisse accueillir cette opinion, surtout si l'on remarque que Trebellius Pollio oppose ce titre à celui de préfet. Cf. Mommsen, *Hermes*, t. XXV, p. 217.]

[5] [Trebell. Pollio, in *Triginta tyran.* c. XI.]

Finalmente Macriano accettò l'impero e disse a Balista : « Tu tantum
« praefecti mihi studium, et annonam in necessariis locis praebe [1]. »

Post Macriani mortem, Odenatus ejus filium « Quintum .. cum
« Balista praefecto dudum interemit [2].

— « Romani... Callistum quemdam ducem crearunt; qui, cum
« Persas palantes ac omnis hostilis metus expertes temere provincias
« incursare videret, aggressione repentina maximam barbarorum cae-
« dem edidit, et Saporis concubinas cum magnis opibus cepit [3]. »

Il Tillemont crede che Callisto sia l'istesso che Balista [4].

— « (Macrinus) filios... Macrianum et Quintum... vestem impe-
« ratoriam... induere jussit (in Asia)... Balista, quem magistrum
« equitum crearat, contra Persas relicto... Verum Macrini et Macriani
« clade Pannonica nuntiata multae urbes a Quinto et Balista defecerunt.
« Quos Odenathus Emesae aggressus vicit, ac Balistam ipse occidit,
« Quintum cives [5]. »

## CIV

[Intra 1007 = 254 et 1013 = 260.

### RAGONIUS CLARUS,
praef. praet. sub Valeriano.

Trebellius Pollio rapporte une lettre de Valérien à Ragonius Clarus, *praefecto*

---

[1] [Trebell. Pollio, in *Triginta tyrannis*, c. XI.]

[2] Vedi la sua vita scritta dallo stesso Trebellio Pollione [*ibid.* c. XIII. Cf. Mommsen, *Röm. Gesch.* t. V, p. 433.]

[3] Zonar. lib. XII, c. XXIII. [Οἱ μέντοι Ῥωμαῖοι... στρατηγὸν ἑαυτοῖς ἐπέστησαν Κάλλιστόν τινα· ὃς σκεδαννυμένους τοὺς Πέρσας ὁρῶν καὶ ἀπερισκέπτως ἐπιόντας ταῖς χώραις τῷ μή τινα οἴεσθαι αὐτοῖς ἀντιτάξασθαι, ἐπιτίθεται ἀθρόον αὐτοῖς, καὶ φόνον τῶν βαρβάρων πλεῖστον εἰργάσατο, καὶ παλλακὰς εἷλε Σαπώρου σὺν πλούτῳ πολλῷ.]

[4] [*Hist. des Empereurs*, t. III, p. 704.]

[5] Zonar. lib. XII, c. XXIV. [Ὁ Μακρῖνος τοῖς δ' υἱοῖς Μακριανῷ καὶ Κυΐντῳ... τὴν στολὴν τὴν βασίλειον... περιέβαλε (ἐν τῇ Ἀσίᾳ)... Καὶ τοῖς Πέρσαις Βαλλίσταν ἀντικατέστησεν, ὃν αὐτὸς προεχειρίσατο ἵππαρχον... Τῆς ἥτ7ης δὲ τῶν Μακρίνων τῆς κατὰ Παιονίαν συμβάσης ἀγγελθείσης τῷ Κυΐντῳ καὶ τῷ Βαλλίστᾳ, πολλαὶ τῶν ὑπ' αὐτοὺς ἀπέστησαν πόλεων. Οἱ δ' ἐν Ἐμέσῃ διῆγον. Ἔνθα γενόμενος ὁ Ὠδέναθος καὶ συμβαλὼν αὐτοῖς νικᾷ, καὶ τὸν μὲν Βαλλίσταν αὐτὸς ἀναιρεῖ, τὸν δὲ Κυΐντον οἱ τῆς πόλεως.]

## PRAEFECTI PRAETORIO. 137

*Illyrici et Galliarum*[1]. Cette dénomination est tout à fait inusitée au temps de Valérien : la compétence territoriale des préfets du prétoire s'étend à tout l'empire; c'est seulement à une époque ultérieure qu'elle a été limitée. Mais c'est là une impropriété de langage qu'il n'est pas rare de rencontrer chez quelques-uns des *scriptores historiae augustae* : ils appliquent à l'époque antérieure les dénominations usitées de leur temps[2].]

### CV

[Circa 1014 = 261.]

L. PETRONIUS TAURUS VOLUSIANUS,
praef. praet. forte sub Valeriano et Gallieno.

[Le *cursus honorum* de ce préfet du prétoire est donné par une inscription d'Arrezzo, l'antique Arretium, conservée dans le musée de cette ville[3]. L. Petronius Volusianus fut consul en 261[4], puis préfet de la ville en 267 et 268[5].]

```
    L · PETRONIO · L · F ·
   SAB   TAVRO   VOLV
      SIANO · V · COS
ORDINARIO  PRAEF  PRAETE
EM · V · PRAEF · VIGVL · P · V · TRIB
COH · PRIMAE · PRAET · PROTECT
AVGG · NN · ITEM TRIB · COH · IIII · PRAE
TRIB · COH · XI · VRB · TRIB · COH · III · VIG · LEG · X
ET XIIII GEM · PROV · PANNONIAE SVPERIORI
ITIM LEG DACIAE PRAEPOSITO EQVITVM SIN
  GVLARIOR · AVGG · NN · P P LEG XXX · VL
PIAE · CENTVRIONI · DEPVTATO · EQ · PVB
   EX · V DEC · LAVR · LAVIN ·
ORDO  ARRETINORVM  PATRONO
         OPTIMO
```

[1] [Trebellius Pollio, in *Triginta tyrannis*, c. XVII.]

[2] [Mommsen, *Hermes*, t. XXV, p. 233.]

[3] Fabretti, p. 356, 69. Zaccaria, *Storia lett.* t. III, p. 443. [*Corp. inscr. Lat.* vol. XI, n. 1836.]

[4] [*Corp. inscr. Lat.* vol. X, n. 1706. Voir plus haut, t. V, p. 385. Le prénom du préfet est L(ucius), et non T(itus), comme l'avait cru par erreur Henzen. Voir Bormann ad *Corp. inscr. Lat.* vol. XI, n. 1836.]

[5] [Voir Corsini, *Series praefectorum Urbis*, p. 144. *Chronogr.* an. 354.]

## CVI et CVII

[Circa 1013 = 260.]

*INGENUUS,*
*VALENTINUS,*
sub Gallieno.

[L'existence de ces préfets du prétoire résulte, d'après Borghesi, d'un passage des *Post Dionem excerpta ex anonymo usque ad Constantinum*, publiés par Mai[1].

— « Gallieni imperatoris uxor vultu Ingenui offensa est; vocatoque
« ad se Valentino : Animum quidem, inquit, tuum probe compertum
« habeo, atque imperatoris de te judicium laudo; non item quod Inge-
« nuum elegerit, quia hic mihi valde suspectus est. Ceteroquin impera-
« tori resistere nequeo; sed tu hominem observa. Respondit Valentinus :
« Utinam Ingenuus in obsequio vestro fidelis deprehendatur! Ego certe
« quantum in me est, nihil praetermittam quod ad meam compro-
« bandam erga vestram domum benivolentiam spectet[2]. »]

## CVIII

?

[M. ACILIUS] AUREOLUS,
praef. praet. sub Gallieno.

— « Aureolus vero, ex provincia Getica (sic enim Dacia quondam
« vocabatur) obscuro genere ortus (pastor enim fuit), cum a fortuna

---

[1] *Scriptorum veterum nova collectio* [*Vaticanis codicibus edita*, t. II], p. 236 [c. cxx : Ὅτι ἡ τοῦ Γαλιηνοῦ γαμετὴ τοῦ βασιλέως ἀπηρέσθη τῷ προσώπῳ Ἰνγενούου, καὶ μεταπεμψαμένη Βαλεντῖνον εἶπεν αὐτῷ ὅτι· ἐγὼ τὴν σὴν προαίρεσιν οἶδα· τόν τε βασιλέα ἐπὶ μὲν τῇ σῇ ἐπιλογῇ ἐπαινῶ, τῇ δὲ Ἰνγενούου οὐκ ἐπαινῶ· ἐν πολλῇ γάρ μοι ὑπονοίᾳ ἐστίν· ἀλλ' ἀντιπρᾶξαι τῷ βασιλεῖ οὐ δύναμαι· ἀλλὰ σὺ ἐπιτήρει τὸν ἄνδρα. Ἀποκρίνεται Βαλεντῖνος ὅτι· γένοιτο μὲν καὶ Ἰνγενούον γνήσιον περὶ τὴν δουλείαν ὑμετέραν ὀφθῆναι· ἐπεὶ τὸ ἐν ἐμοὶ οὐκ ἂν παραλείψω τί τῶν εἰς εὔνοιαν ὁρώντων τοῦ ὑμετέρου οἴκου.]

[2] [Mai fait la remarque suivante sur ce passage : «Valentinus sub Gallieno dux aut praefectus haud scio an antehac notus; nisi forte idem est homo quem Trebellius, in *Gall.* cap. II, appellat *Valentem.*»]

« evehendus esset, militavit, atque industria consecutus est ut equi
« imperatorii suae fidei mandarentur. Quos quia praeclare tractabat,
« carus habebatur imperatori. Deinde cum Moesiae legiones Ingenuum
« per seditionem imperatorem dixissent... Aureolus, magister equitum[1],
« strenue dimicando, multis hostibus caesis, reliquos ipsumque Inge-
« nuum rebus desperatis in fugam conjecit, in qua a suis satellitibus
« est occisus[2]. »

## CIX

[1021 = 268.]

HERACLIANUS,
praef. pract. sub Gallieno.

— « Heraclianus, praefectus praetorio, socium consilii Claudium
« nactus, qui secundum imperatorem administrationi rerum praeesse
« videbatur, necem Gallieno molitur[3]... »

[1] [Le texte grec dit ἱππαρχῶν; mais les écrivains de l'époque impériale comparent la situation du préfet du prétoire à l'égard de l'empereur à celle qu'avait, sous la République, le *magister equitum* à l'égard du dictateur. (Voir Pomponius, lib. sing. *Enchirid.*, *Dig.* lib. I, tit. ii, l. 2, § 19 : «Et his dictatoribus magistri equitum injungebantur... quod officium fere tale erat quale hodie praefectorum praetorio.» Lydus, *De magistratibus*, lib. I, c. xiv : Οἱ Καίσαρες, ἔπαρχον τὸν ἵππαρχον μετονομάσαντες... Zonaras lui-même donne le titre d'ἵππαρχος au préfet du prétoire Balista (voir plus haut, p. 136, note 5.) Cf. Mommsen, *Romisches Staatsrecht*, t. II, p. 1117, n. 1. C'est là sans aucun doute ce qui a décidé Borghesi à compter Aureolus parmi les préfets du prétoire. Voir au surplus ses *Annotazioni alle Satire di Giovenale* (plus haut, t. V, p. 515).]

[2] Zonar. lib. XII, c. xxiv. [Αὐρίολος δὲ ἐκ χώρας ὢν Γετικῆς, τῆς ὕστερον Δακίας ἐπικληθείσης, καὶ γένους ἀσήμου (ποιμὴν γὰρ ἐτύγχανε πρότερον), τῆς τύχης δὲ αὐτὸν εἰς μέγα βουληθείσης ἐπᾶραι, ἐστρατεύσατο, καὶ περιδέξιος γεγονώς, τῶν βασιλικῶν ἵππων φροντιστὴς προκεχείριστο. Καὶ περὶ τούτους εὐδοκιμῶν, κεχαρισμένος ἔδοξε τῷ κρατοῦντι. Τῶν δὲ ἐν τῇ Μυσίᾳ στρατιωτῶν στασιασάντων καὶ ἰγγενοῦον αὐτοκράτορα ἀνειπόντων..... ὁ Αὐρίολος ἱππαρχῶν γενναίως μετὰ τῶν ἱππέων ἀγωνισάμενος πολλοὺς τῶν τὰ ἰγγενούου φρονούντων διώλεσε καὶ τοὺς λοιποὺς ἐτρέψατο εἰς φυγήν, ὡς καὶ αὐτὸν τὸν ἰγγενοῦον φεύγειν ἀπεγνωκότα καὶ ἐν τῷ φεύγειν ἀναιρεθῆναι παρὰ τῶν δορυφόρων αὐτοῦ. Cf. Trebell. Pollio, in *Triginta tyrannis*, c. x; et in *Gallieno*, passim.]

[3] Zosim. lib. I, c. xl. [Ἡρακλειανὸς, ὁ τῆς αὐλῆς ὕπαρχος, κοινωνὸν τῆς σκέψεως λαβὼν Κλαύδιον ὃς μετὰ βασιλέα τῶν

— « Alii ab Heracliano praefecto (Gallienum) caesum esse tradunt[1]. »
Zosimo lo dice ὁ τῆς αὐλῆς ὕπαρχος[2].

## CX

[Ante 1021 = 268.]

[M. AURELIUS] CLAUDIUS [postea cognomento] GOTHICUS,
praef. praet. sub Gallieno.

— « Mulier quaedam, cujus praedium ipse ante imperium ex dono
« imperatoris acceperat, accessit, a Claudio magistro equitum[3] injuriam
« sibi esse factam conquerens. Tum ille : Quod, inquit, Claudius dum
« privatus erat nec leges curabat abstulit, hoc factus imperator resti-
« tuit[4]. »

## CXI

[Circa 1021 = 268.]

*CALPURNIUS,*
sub Claudio Gothico.

— « Romae passus est Valentinus presbyter, imperante Claudio, sub
« Calpurnio praefecto[5]. »

Non essendovi il nome di questo Calpurnio nell' indice dei prefetti
di Roma, resta che fosse prefetto del pretorio.

---

ὅλων ἐπιτροπεύειν ἐδόκει, θάνατον ἐπιβουλεύει Γαλλιηνῷ.]

[1] Zonar. lib. XII, c. xxv. [Οἱ δὲ παρὰ
Ἡρακλειανοῦ τοῦ ἐπάρχου σφαγῆναι τοῦτον φασί.]

[2] Loc. cit.

[3] [Voir plus haut, p. 139, n. 1.]

[4] Zonar. lib. XII, c. xxvi. [Προσῆλθεν
οὖν γυνή τις, ἧς χωρίον αὐτὸς πρὸ τῆς
βασιλείας εἰλήφει ἐκ βασιλικῆς δωρεᾶς,
λέγουσα· «Κλαύδιος ὁ ἵππαρχος ἠδίκησέ
με.» Ὁ δέ· «ὅπερ ὁ Κλαύδιος ἰδιώτης ὢν
ἀφείλετο» εἶπεν «ἡνίκα μή τι αὐτῷ τῶν
νόμων ἔμελε, τοῦτο βασιλεύσας ἀποκαθ-
ίστησιν.»]

[5] Ex ejus actis, Tillemont [*Mémoires
pour servir à l'histoire ecclésiastique*], t. IV,
p. 678. [Cf. *Acta Sanctorum*, 14 febr.,
t. II, p. 753.]

## CXII

[Intra 1023 = 270 et 1027 = 274.]

. . . . .
praef. praet. sub Aureliano.

Aureliano aveva stabilito di dare il vino al popolo romano : « (At) « a praefecto praetorii suo prohibitum, qui dixisse fertur: Si et vinum « populo romano damus, superest ut et pullos et anseres demus [1]. »

## CXIII

[Intra 1022 = 269 et 1026 = 273.]

JULIUS PLACIDIANUS,
praef. praet. [sub Aureliano (?)]

IGNIBVS
AETERNIS·IVL
PLACIDIANVS
V·C·PRAEF·PRAE
TORI
EX VOTO POSVIT [2]

Costui è un ignoto prefetto. Della dedicazione gentilesca parerebbe che costui dovesse essere prefetto di uno dei principi che da Diocleziano in poi furono nelle Gallie, prima della istituzione fatta da Costantino dei quattro prefetti del pretorio, o pure di alcuno dei tiranni che da Postumo occuparono le Gallie [3].

[L'époque où Julius Placidianus fut préfet du prétoire peut aujourd'hui être

---

[1] Fl. Vopisc. in *Aureliano*, c. XLVIII.

[2] A Vif nel paese dei Vocontii. *Mémoires présentés à l'Acad. des inscr. et belles-lettres*, 2ᵉ série, t. II (1849, p. 460), Long, *Rech. sur les antiquités romaines du pays des Vocontiens.* [*Corp. inscr. Lat.* vol. XII, n. 1551.]

[3] [Voir plus haut, t. VIII, p. 311, et la note de Léon Renier.]

fixée d'une manière plus précise. Une inscription trouvée à Grenoble en 1879, dans les travaux de la citadelle, et conservée au musée de cette ville, nous apprend que Julius Placidianus fut préfet des vigiles en 269[1].

```
        IMP · CAESARi
      M · AVR · CLAVDIO
      PIO · FELICI · INVICTO
      AVG · GERMANICO
      MAX · P · M · TRIB · POTES
      TATIS · II · COS · PATRI · PA
      TRIAE · PROC · VEXIL
      LATIONES · ADQVE
      EQVITES · ITEMQVE
      PRAEPOSITI · ET · DVCE
      NAR · PROTECT · TEN
      DENTES · IN · NARB
      PROV · SVB · CVRA · IVL
      PLACIDIANI · V · P · PRÆ
      FECT · VIGIL · DEVOTI
      NVMINI · MAIESTA
          TIQ · EIVS
```

On sait d'autre part que Julius Placidianus fut consul avec Tacite en 273. Il fut donc préfet du prétoire entre ces deux dates : 269-273.]

## CXIV

[1028 = 275.]

MAESIUS GALLICANUS,
praef. praet. sub Tacito.

Maesius[2] Gallicanus, *praefectus praetorio*, presentò ai soldati con un' arringa il nuovo imperatore Tacito[3].

---

[1] [L. Renier, dans les *Comptes rendus de l'Académie des inscriptions et belles-lettres*, 1879, p. 193, et dans le *Bulletin épigraphique de la Gaule*, t. I, p. 4 à 7; *Corp. inscr. Lat.* vol. XII, n. 2228. Hirschfeld ad n. 1551 : «Praefectum praetorio haud dubium est in Gallia Narbonensi moratum esse bello contra Tetricum gerendo intentum.»]

[2] In altri codici *Maecius*.

[3] Vopisc. in *Tacito*, c. VIII.

## CXV
[1029 = 276.]
### M. ANNIUS FLORIANUS,
praef. praet. sub Tacito.

— « Tacitus (Scythas) partim ipse debellatos ad internecionem de-
« levit, partim Floriano designato praetorii praefecto debellandos tra-
« didit, et in Europam contendit [1]. »

— « Tacitus et Florianus praefectus multos (Scythas) occiderunt :
« reliqui fuga salutem quaesiverunt [2]. »

[On sait qu'il était le frère de l'empereur Tacite et qu'il s'empara de l'empire après sa mort.]

## CXVI
[1029 = 276.]
### CAPITO,
praef. praet. sub Probo.

Vopisco riferisce la prima lettera che il nuovo imperatore Probo scrisse al prefetto del pretorio, Capitone [3].

## CXVII
[1035 = 282.]
### M. AURELIUS CARUS,
praef. praet. sub Probo.

— « Hic... per civiles et militares gradus, ut tituli statuarum ejus
« indicant, praefectus praetorii a Probo factus, tantum sibi apud mili-
« tes amoris locavit ut, interfecto Probo tanto principe, solus dignissi-
« mus videretur imperio [4]. »

---

[1] Zosim. lib. I, c. LXIII. [Τάκιτος τοὺς μὲν αὐτὸς καταπολεμήσας ἐξεῖλε, τοὺς δὲ Φλωριανῷ προβεβλημένῳ τῆς αὐλῆς ὑπάρχῳ παραδοὺς ἐπὶ τὴν Εὐρώπην ἐξώρμησεν.]

[2] Zonar. lib. XII, c. XXVIII. [Τούτοις ὁ Τάκιτος συμμίξας καὶ ὁ Φλωριανὸς ὕπαρχος ὢν πολλοὺς ἀνεῖλον, οἱ δὲ λοιποὶ φυγῇ τὴν σωτηρίαν ἐπραγματεύσαντο.]

[3] In *Probo*, c. x.

[4] Vopisc. in *Caro*, c. v.

*PRAESIDORUS*,
sub Caro.

[D'après une inscription apocryphe d'un rescrit inséré au Code de Justinien.]

— « Imp. Carus Praesidoro P. P. Sacrosancta Thessalonicensis « ecclesia, etc. — Sine die et consule [1]. »

Ho gran sospetto però che sia sbagliato il nome dell' imperatore, perchè mi sembra assai strano che un principe gentile come Caro potesse dare il titolo di *sacrosancta* alla chiesa di Tessalonica.

[Les doutes de Borghesi sont entièrement fondés. L'inscription de cette constitution est ainsi conçue d'après les manuscrits du Code : *Imp. Theodosius A. Isidoro pp. Illyrici.* La suscription porte la date : *D. vi id. Oct. Constantinopoli. Victore cons.* (a. 424).

*Carus* au lieu de *Theodosius*, *Praesidoro* au lieu de *Isidoro* se trouvent dans l'édition de Nuremberg (1475), dans Haloander (1530) et dans Contius (1566). La suscription manque dans Haloander.

Praesidorus doit donc être rayé de la liste des préfets du prétoire.]

## CXVIII

[1036 = 283.]

MATRONIANUS,
praef. praet. sub Carino.

— « (Carinus) praefectum praetorii, quem habebat, occidit : in ejus « locum Matronianum, veterem conciliatorem (*ruffiano*), fecit [2]. »

## CXIX

[1037 = 284.]

ARRIUS APER,
praef. praet. sub Caro et Numeriano.

— « (Diocletianus) cum... Augustus esset appellatus, et quaere-

---

[1] *Cod. Just.* lib. I [tit. II], c. 8. — [2] Vopisc. in *Carino* [c. XVI].

«retur quemadmodum Numerianus esset occisus, educto gladio,
«Aprum praefectum praetorii ostentans percussit, addens verbis suis :
«Hic est auctor necis Numeriani[1]. »

— «Cum (Carus) avidus gloriae, praefecto suo maxime urgente
«qui et ipsius et filii ejus quaerebat exitium cupiens imperare, lon-
«gius progressus esset[2]... »

Vedi presso lo stesso autore [Vopisco] la descrizione della morte di Numeriano[3].

— «Numerianus, impulsore Apro qui socer ejus erat, per insidias
«occisus est[4]. »

— «(Diocletianus) ad Aprum, praefectum militum, conversus : Hic,
«inquit, illius percussor est; eumque ense arrepto interfecit[5]. »

## CXX
[1037 = 284 — ?]
### [AURELIUS] ARISTOBULUS,
praef. praet. Carini et Diocletiani.

Aristobolo era prefetto del pretorio sotto Carino e fu confermato da Diocleziano[6].

An. 304[?]. — «Impp. Diocletianus et Maximianus AA. [et CC.]
«Aristobulo salutem. — D. III id. Sept. AA. III et II conss.[7] »

Vi si dice : «Inter litigatores audientiam tuam impertire debebis. »

[En reproduisant la suscription de ce rescrit d'après Haloander, Borghesi a
noté : *consolato falso*, et avec raison, Dioclétien et Maximien n'ont pas été ensemble
*cons. III et II*. C'est la remarque que faisait déjà Beck, en 1829, dans son édition
du Code de Justinien. Dans quelques manuscrits on a par erreur transporté ici la

---

[1] Vopisc. in *Numeriano*, c. xiii.
[2] Vopisc. in *Caro* [c. viii].
[3] [Vopisc. in *Numeriano*, c. xii.]
[4] Eutrop. [*Breviar. hist. rom.*], lib. IX, c. xviii.
[5] Zonar. lib. XII, c. xxxi. [Καὶ ἐν τῷ ταῦτα λέγειν στραφεὶς πρὸς τὸν Ἄπρον ἔπαρχον ὄντα τοῦ στρατεύματος· «οὗτος, ἔφη, ὁ ἐκείνου φονεύς,» καὶ αὐτίκα τῷ μετὰ χεῖρας ξίφει αὐτὸν ἀνεῖλεν.]
[6] Aur. Victor, *de Caesaribus* [c. xxxix : «(a Diocletiano) ceteris venia data, retentique hostium fere omnes, ac maxime vir insignis Aristobulus, praefectus praetorio, per officia sua. » — C'est le consul de 285.]
[7] *Cod. Just.* lib. II, tit. xiii, c. 1.

suscription de la constitution 2 au même titre. En présence d'un texte aussi altéré, il est difficile de dater cette constitution[1].]

## CXXI
[1038 = 285 (?).]
*PLAUTIANUS*,
sub Diocletiano.

[Questo prefetto] apparisce degli atti di S. Genesio[2], che non sono però senza difficoltà :

— [« Diocletianus... statim eum, fustibus crudelissime caesum, « Plautiano praefecto tradidit. »]

Questi atti si trovano nel Ruinart[3]. Si sogliono riferirsi al 286, perchè da essi apparisce che, all' vııı k. Septembris, Diocleziano era in Roma, ma di questa sua venuta nella capitale in quell' anno non si ha nella storia altro riscontro.

Il Marini[4] l'ha però creduto piuttosto un prefetto di Roma.

## CXXII
[Circa 1046 = 293.]
*POMPEIANUS*,
sub Diocletiano.

— « Impp. Diocletianus et Maximianus AA. et CC. Pompeiano « P. P. — Subscripta v k. Jan. Sirmii AA. conss.[5] »

[Les sigles *P. P.* après *Pompeiano* ont été ajoutés par les anciens éditeurs: ils ne

---

[1] [Mommsen y a renoncé (*Ueber die Zeitfolge der Verordnungen Diocletians und seiner Mitregenten*, p. 446). Krueger, plus hardi, lit : *D. IIII id. Sept. AA. conss.* et fixe la date de 293. En Byzacène et dans la Numidie proconsulaire on a retrouvé plusieurs inscriptions mentionnant Aurelius Aristobulus comme proconsul d'Afrique. *Corp. inscr. Lat.* vol. VIII, n. 608, 624, 4645, 5290. D'après Ch. Tissot, *Fastes de la prov. rom. d'Afrique*, p. 183-185, il aurait exercé ces fonctions entre les années 290 et 294. Son consulat est rappelé par Ammien (xxııı. 1, 1); il est également mentionné à la fin des *Acta SS. Claudiae, Asterii et alior.* dans Ruinart, *Acta sincera*, p. 282. HÉRON DE VILLEFOSSE.]

[2] Presso il Tillemont [*Hist. ecclésiast.*], vol. IV, p. 419 [et 694].

[3] [*Acta martyrum*, p. 237. *Passio sancti Genesii ex mimo martyris.*]

[4] Nella *Difesa* del Corsini.

[5] *Cod. Just.* lib. VIII, tit. 1, c. 3. [Du 28 déc. 293 : Mommsen, *op. cit.* p. 432.]

figurent pas dans les manuscrits. Le contenu de ce rescrit et celui des constitutions ci-après désignées donnent cependant quelque créance à la conjecture de Borghesi.]

— «Impp. Diocletianus et Maximianus AA. ad Pompeianum. — «Dat. s.[d.]. non. Decembr. AA. conss.[1]. »

— «Idem AA. et CC. Pompeiano. — PP. III k. Mai. CC. conss.[2]. »

## CXXIII
?

VERCONIUS HERENNIANUS,
praef. praet. sub Diocletiano.

— «Verconius Herennianus, praefectus praetorio Diocletiani, teste «Asclepiodoto, saepe dicebat Diocletianum frequenter dixisse, cum «Maximiani asperitatem reprehenderet : Aurelianum magis ducem «esse debuisse quam principem[3]. »

È questi probabilmente l'Erenniano, che Vopisco nomina insieme con Leonide Cecropio, Pisoniano, Gaudioso ed Ursiniano fra gli eccellenti capitani, che uscirono dalla scuola di Probo[4].

Trebellio Pollione, nella vita di Claudio il Gotico, riferisce una lettera di Gallieno a Venusto, con cui lo incarica « ut eum (cioè Claudio) facias « a Grato et Herenniano placari[5] ».

## CXXIV
[1056 = 303.
. . . . .
praef. praet. sub Diocletiano.

Lactance rapporte que, le 23 février 303, le préfet du prétoire fit raser l'église de Nicomédie, après l'avoir mise au pillage. Le nom de ce préfet n'est pas connu.

— «Terminalia deliguntur quae sunt ad septimum kalendas Mar-«tias ut quasi terminus imponeretur huic religioni... Qui dies cum «illuxisset, agentibus consulatum senibus ambobus octavum et septi-

---

[1] *Cod. Just.* lib. IX, tit. IX, c. 19. [Mommsen a renoncé à dater cette constitution, *op. cit.* p. 446. Krueger fixe la date de 287.]
[2] *Cod. Just.* lib. VI, tit. I, c. 2. [Du 29 avril 294 : Mommsen, *op. cit.* p. 437.]
[3] Vopisc. in *Aureliano*, c. XLIV.
[4] Vopisc. [in *Probo*, c. XXII].
[5] [In *Claudio*, c. XVII.]

« mum, repente adhuc dubia luce ad ecclesiam praefectus [1] cum duci-
« bus et tribunis et rationalibus venit... Veniebant igitur praetoriani
« acie structa... et immissi undique fanum illud editissimum paucis
« horis solo adaequant [2]. »]

### CXXV

[1039] = 286 [1041] = 288.
#### C. CEIONIUS RUF[I]US VARUS,
praef. praet. sub Maximiano Hercule.

[« Riciovarus praefectus expetivit a Maximiano imperatore ut inter
« Gallias praefecturae ageret potestatem [3]. »

Ceionius Varus avait été préfet de la ville en 284-285 [4].]

Questo prefetto fece martirizzare a Treveri S. Tirso, come si ha nel
Tillemont [5], che lo chiama « Rictius Varus ». Si nomina anche negli atti
di S. Quintino del 287 [6] e di S. Fusciano e di S. Vittorico [7], in quelli di
S. Rufino [8] nei quali con nome corrotto dicesi « Rictiovarus ».

Vedilo pure nello stesso [Tillemont [9]], ove crede che morisse nel 288,
dopo il martirio di SS. Crispino e Crispiniano, e che gli da per successore
un Giuliano.

### CXXVI

[1041 =]288 — [1043] = 290 [?].
#### JULIANUS,
sub [Maximiano].

— « Impp. Diocletianus et Maximianus AA. Juliano P.P. [?] — PP.
« iiii non. Mai. Maximo II et Aquilino conss. [10]. »

[1] [Le manuscrit porte *professus*, ce qui n'a aucun sens. Cf. édit. de Paris, 1748, t. II, p. 199, Haenel, *Corpus legum ab imp. Rom. ante Justinianum latarum*, p. 181, lit *profectus*.]

[2] [*De mort. persecutorum*, c. xii.]

[3] [*Acta Sanctorum* octobris, t. XIII, p. 781.]

[4] [*Chronogr.* an. 354.]

[5] *Hist. ecclés.* t. IV, p. 429.

[6] [*Ibid.*], p. 433. [*Acta Sanctorum*, 31 oct., *loc. cit.*]

[7] [*Ibid.*], p. 455. [*Martyrol.* 11 déc.]

[8] [*Ibid.*], p. 459 e 718. [*Acta Sanctorum*, 14 juin, t. II, p. 796.]

[9] [*Ibid.*], t. V, p. 3 e 4.

[10] *Cod. Just.* lib. III, tit. xxxiv, c. 7. [Du 4 mai 286. — P. P. après *Juliano* est

— « Impp. Diocletianus et Maximianus AA. et CC. Juliano. — Sub-
« scripta xvii k. Feb. AA. conss. [1]. »

— « Idem AA. et CC. Juliano. — S. xi k. Nov. AA. conss. [2]. »

— « Idem AA. Juliano. — PP. iii non. Dec. ipsis iiii et iii AA. conss. [3]. »

— « Idem AA. et CC. Juliano. — D. xvi k. Dec. CC. conss. [4]. »

Il Tillemont[5] fa succedere a Rufo Varo nella prefettura, nel 288, un Giuliano, il quale si pretende che face morire S. Yone a Chastres nel Lionese e S. Luciano a Beauvais nella Belgica.

[Bien que les *Acta Sanctorum*[6] donnent à Julianus le titre de *praefectus*, Tillemont admet[7] qu'il pourrait n'avoir été que vicaire des Gaules. S'il faut l'identifier avec le destinataire des constitutions précitées, il n'aurait pu être préfet du prétoire en 286, date du premier rescrit, puisque cette charge était alors remplie par Rufius Varus.]

## CXXVII-CXXVIII

Circa [1043=] 290.

### ASTERIUS et EUTYCHIUS,
sub Maximiano Hercule.

Circa an. 290, Asterius et Eutychius, praefecti praetorio Maximiani Herculei, sub quibus passus est Victor martyr Massiliae[8].

Tillemont gli fa succedere Giuliano nel 290 o nel 291[9].

[Le texte ne dit pas expressément qu'Asterius et Eutychius aient été préfets du prétoire. On peut seulement l'induire de ce passage : « Sed quia (Victor) vir clarus erat, judicatum a praefectis est uti ejus causa ad Caesaris audientiam referretur. »]

une addition de Russard dans son édition du Code de Justinien de 1561. Les éditeurs modernes l'ont supprimée conformément aux manuscrits.]

[1] *Cod. Just.* lib. VIII, tit. xvii, c. 7. [Du 16 février 293 (?).]

[2] *Ibid.* tit. xl, c. 21. [Du 22 octobre 293 (?).]

[3] *Cod. Just.* lib. VI, tit. xlii, c. 20. [Du 3 décembre 290.]

[4] *Cod. Just.* lib. III, tit. xxxii, c. 24. [Du 16 novembre 294.]

[5] Tillemont [*Hist. ecclés.*], t. V, p. 4.

[6] [8 januar., t. I, p. 460; 5 august., t. II, p. 15.]

[7] Tillemont [*ibid.*], t. IV, p. 743 et 538.

[8] Ex ejus actis, Tillemont, *Hist. ecclés.*, t. IV, p. 550. [Voir *Passio SS. Victoris, Alexandri, Feliciani atque Longini martyrum*, § 10 ap. Ruinart, *Acta Martyrum*, éd. de Vérone, 1731, p. 260.]

[9] *Hist. ecclés.* t. V, p. 4. [Cf. t. IV, p. 756.]

## CXXIX

[1047 = 294 (?).]

*TRYPHONIANUS*,

sub Diocletiano et Maximiano.

— [Idem] (Impp. Diocletianus et Maximianus) AA. et CC. Try-« phoni P. P. — Sine die et conss.[1]. »

— « Idem AA. et CC. Tryphoniano. — PP. xii k Dec. CC. conss.[2]. »

## CXXIX bis.

[1048 = 295.]

SEPTIMIUS VALENTIO,

agens vices praeff. praet. sub Maximiano.

[Ce personnage nous est connu par deux inscriptions. La première est gravée sur une base de statue trouvée à Rome, et qui a dû être élevée entre les années 293 et 296; elle est conservée au Vatican :]

1[3].

MAGNO · ET · INVICTO · AC
SVPER · OMNES · RETRO
PRINCIPES · FORTISSIMO
IMP · CAES · M · AVR · VALERIO
MAXIMIANO PIO FEL ·
INVICTO AVG · COS · IIII
P P PROCOS·
SEPTIMIVS·VALENTIO·V P
A·V·PRAEFF·PRAETT·CC VV
D·N·M·Q·EIVS

---

[1] *Cod. Just.* lib. IX, tit. LI, c. 12. [Les sigles *P. P.* manquent dans plusieurs manuscrits.]

[2] *Cod. Just.* lib. VIII, tit. L, c. 18. [Du 20 novembre 294.]

[3] Romae, in villa Giustiniani. Nos ipsi vidimus. Gruterus, 281, 4. Panvinius in fastis ad a. 290, qui cum scripsisset AVG · PRAEF · PRAET · effecit ut Tillemontius (*Hist. des Empereurs*, Dioclétien, art. 7, t. IV, p. 16]), crediderit Valentinianum (Valentionem) praefectum fuisse praetorio, imperante Maximiano. Ad S. Marcum Manutius, Cod. Vat. 6035, p. 36. In domo Julii Maddalenae, ad S. Marcum, Cod. Vat. 5234, p. 293. Gruterus, p. 281, n. 9. Panvinius, ad an. 1042. Fleetwood, p. 116, 1. Smetius, p. 58, 6. Manutius, *Orthogr.* p. 323. [*Corp. inscr. Lat.* vol. VI, n. 1125. Voir plus haut, t. V, p. 500.]

[La seconde est une inscription d'Augsbourg (*Augusta Vindelicum*), gravée en 290, et conservée au musée de cette ville; elle montre que Septimius Valentio avait été précédemment *praeses provinciae Raetiae :*]

2.

PROVIDENTISSIMO
PRINCIPI RECTORI
ORBIS AC DOMINO
FVNDATORI PACIS
AETERNAE
DIOCLETIANO P F
INVICTO AVG PONT
MAX GER · MAX PERS
MAX TRIB POT VII
COS IIII PATRI PAT
PROCOS SEPT
*vale* NTIO V P P P R
D N M QVE EIVS D D [1]

## CXXIX *ter.*

[1051 =] 298.

AURELIUS AURICULANUS (vel AGRICOLANUS),
agens vices praeff. praet. in Africa sub Maximiano.

Si memora negli atti sinceri di S. Marcello che soffri a Tingi, nella Mauretania, circa l'anno 298, e in quelli pure di S. Cassiano, esistenti ambedue presso il Ruinart [2].

[— « Anastasius Fortunatus praeses dixit : Temeritatem tuam dissi-
« mulare non possum, et ideo referam hoc imperatoribus et Caesari.
« Ipse sanus transmitteris ad dominum meum Aurelium Agricolanum
« agentem vicem praefectorum praetorio. »

— « Cum beatissimus Cassianus Aureliano Auriculano agenti vices
« praefectorum praetorio militaris exceptor... ejusdem parebat offi-
« cio... graphium et codicem projecit in terra. »

Il ne faut pas confondre l'*agens vices praefectorum praetorio*, dont nous avons

---

[1] [*Corp. inscr. Lat.* vol. III, n. 5810.] — [2] P. 312 à 315. Morcelli [*Afr. christ.* t. II], p. 178.

rencontré quelques exemples[1], avec les *vicarii praefectorum praetorio* institués par Dioclétien[2]. Le *vices agens* est un délégué extraordinaire qui fait fonction de préfet en l'absence des préfets du prétoire. Le *vicarius* au contraire remplit une fonction normale et permanente. La distinction est marquée très nettement dans le texte suivant :
« Saepe quaesitum est utrum vicarius dici debeat etiam is, qui ordine codicillo-
« rum vices agit amplissimae praefecturae, ille vero, cui vices mandantur propter
« absentiam praefectorum, non vicarius sed vices agens, non praefecturae sed prae-
« fectorum, dicitur tantum[3]. »

## CXXX

[1054 = 301.

EUGENIUS HERMOGENIANUS,

praef. praet. sub Maximiano.

Extrait des actes de saint Sabin, évêque de Spolèto[4] :

— « Cum Maximianus Herculius Romae esset et decimo quinto kal.
« Maias in circo maximo spectaret circenses ludos... acclamatum est :
« ...Christiani tollantur... Ex quo factum est ut Eugenius Hermogenianus, praefectus praetorio, retulerit in senatu de persecutione in

---

[1] [Voir plus haut, p. 86 et 129.]

[2] [Mommsen (*Röm. Staatsrecht*, t. II, 973, n. 4) admet que l'institution du vicariat a son point de départ dans un usage antérieur à Dioclétien. Il arrivait parfois que l'empereur déléguait à certains personnages la juridiction appartenant au préfet du prétoire (Ulp., 1, Fideicom., *Dig.* lib. XXXII, l. 1, § 4 : *is qui vice praefecti ex mandatis principum cognoscit*.) Le délégué exerçait sa mission à côté du préfet du prétoire sans être son subordonné. L'empereur avait seul qualité pour connaître de l'appel interjeté contre les jugements rendus par le délégué. Mais on a continué, même après Dioclétien, à nommer à titre exceptionnel des *vices agentes praeff. praet*. Voir plus haut, t. V, p. 500, et t. VIII, p. 351.

Godefroy, *Cod. Theod.* t. II, p. 144. Cf. cependant Cantarelli, *Bullet. della Commissione municip. archeol. di Roma*, 1890, p. 87.]

[3] [Cledonius, p. 1865; Putsch, cité par Mommsen, *Nuove memorie dell'Inst.* p. 309. Cf. Cassiodor. lib. VI, ep. 15 : « Vices agentium mos est sic judicum voluntatibus obedire, ut suas non habeant dignitates : splendent mutuato lumine; nituntur viribus alienis, et quaedam imago in illis videtur veritatis, qui proprii non habent jura fulgoris. Tu autem vicarius diceris, et tua privilegia non relinquis, quando propria est juridictio quae a Principe datur. » Voir plus haut, t. VII, p. 53.]

[4] [Apud Baron. *Annal. eccles.* ad an. 301, n. 18; Haenel, *Corpus legum*, p. 182.]

« Christianos decernenda... Rescriptumque dedit Maximianus ad Ve-
« nustianum Augustalem Tusciae his verbis : Ex suggestione patris
« nostri Hermogeniani P. P. apud nos claruisse cognosce... »

Les Actes des martyrs mentionnent un préfet du prétoire d'Italie qui, en 303,
fit mettre à mort l'évêque de Thibiuca, Felix [1] :

— « Diocletiano octies et Maximiano septies... jussit illum Anuli-
« nus proconsul ad praefectum praetorio mitti, idibus Julii [2]. »

On ignore le nom de ce préfet. Eugenius Hermogenianus, le préfet de 301,
était-il encore en charge en 303? Cela est possible, mais les textes manquent pour
le décider.]

## CXXXI
[Circa 1053 =] 300.
ASCLEPIODOTUS,
praef. pract. [sub Fl. Val. Constantio].

— « Eum (Carausium) post septennium Allectus, socius ejus, occi-
« dit, atque ipse post eum Britannias triennio tenuit, qui ductu Ascle-
« piodoti, praefecti praetorio, est oppressus. Ita Britanniae decimo
« anno receptae [3]. »

An. Chr. 300. — « Post decem annos per Asclepiodotum praefectum
« praetorio Britanniae receptae [4]. »

— « [Idem] (impp. Diocletianus et Maximianus) AA. et CC. Asclepio-
« doto. — Subscripta III non. Dec. CC. conss. [5]. »

Sarebbe mai questo l'Asclepiade che, essendo prefetto del pretorio
nel 303, condanni S. Romano ad Antiochia, come narra Prudenzio [6].

---

[1] [Ruinart, *Acta sincera*, p. 377. Sur les difficultés soulevées par le texte rapporté par Ruinart, cf. *Acta Sanctorum* octobris, t. X, p. 631.]

[2] [15 juillet 303.]

[3] Eutrop. [*Breviar. hist. rom.*], lib. IX [c. xv].

[4] Euseb. *Chronic.* [lib. II]. Orosius, lib. VII, c. xxv. [Preuss (*Kaiser Diokletian und seine Zeit*, p. 121) fait remonter à 296 l'entrée en charge de ce préfet.]

[5] *Cod. Just.* lib. VIII, tit. xvii, c. 9. [Du 2 décembre 294.]

[6] Pag. 114. Tillemont [*Hist. ecclésiast.*], t. V, p. 207. [Il y a cependant une raison de douter : Asclepiodotus était préfet du

— « Crassum (*cioè* Carausium), qui Britanniam per triennium occu-
« parat, Asclepiodotus praefectus sustulit[1]. »

— « Verconius Herennianus, praefectus praetorio Diocletiani, teste
« Asclepiodoto, saepe dicebat Diocletianum frequenter dixisse: Aurelia-
« num magis ducem esse debuisse quam principem[2]. »

## CXXXII

[1056 = 303.]

### ASCLEPIADES,

praef. praet. sub Galerio.

Quest' Asclepiades, prefetto del pretorio sotto Galerio, era in Antiochia, ove fece martirizzare S. Romano[3].

Vedi Prudenzio ed Eusebio citati dal Tillemont[4].

## CXXXIII

[1058 =] 305.

### FLACCINUS,

praef. praet. sub Galerio Maximiano.

Viene ricordato da Lattanzio, dicendoci che fece dare la tortura a S. Donato[5].

— « Donate carissime, cum incidisses in Flaccinum praefectum non
« pusillum, homicidam, deinde in Hieroclem ex vicario praesidem...
« omnibus invictae fortitudinis praebuisti[6]. »

---

prétoire de Constance, Asclepiades préfet du prétoire de Galère. Il faudrait admettre qu'Asclepiodotus aurait changé de préfecture et serait passé sous les ordres d'un autre César.]

[1] Zonar. lib. XII, c. xxxi. [Κράσσον τε Βρετίανίαν κατεσχηκότα ἐπὶ ἐνιαυτοὺς τρεῖς ὁ ἔπαρχος ἀνεῖλεν Ἀσκληπιόδοτος.] Theophanus [Chronogr.], p. 9.

[2] Vopisc. in *Aureliano*, c. xliv, il quale poco dopo torna a citare la sua testimonianza. [Cf. Mommsen, *Hermes*, t. XXV, p. 258, n. 4.]

[3] [Voir *Martyrium S. Romani*, ap. Ruinart, *op. cit.* p. 315.]

[4] [*Mém. ecclés.* t. V, p. 207 et 671.]

[5] Tillemont [*Mém. ecclés.* t. V, p. 81].

[6] Lactantius, *De mort. persecut.* c. xvi.

## CXXXIV

[Circa 1059 = 306.]

ANULLINUS,
praef. praet. [sub Flavio] Severo.

— « Severum Caesarem Maximianus Gallerius ablegat, bellum « Maxentio facturum. Eum Mediolano profectum, et cum Maurorum « ordinibus accedentem, Maxentius, militum animis majori ex parte « pecunia corruptis, atque etiam praefecto praetorii Anullino sibi conci- « liato, nullo negotio vicit[1]. »

Sara questi l'Anullino, che si nomina come consigliere di Massimiano Ercoleo negli atti di S. Crispina e S. Felice[2].

## CXXXIV bis.

[Circa 1061 = 308.]

[L. DOMITIUS] ALEXANDER[3],
agens vicem praef. praet. sub Maxentio.

Maxentius ab Alexandro, « qui vicem praefecti praetorio Africae

---

[1] Zosim. lib. II, c. x. [Μαξιμιανὸς ὁ Γαλλέριος ἐκπέμπει τὸν Καίσαρα Σεβῆρον πολεμήσοντα Μαξεντίῳ. Ἐξορμήσαντος δὲ αὐτοῦ τοῦ Μεδιολάνου καὶ διὰ τῶν Μαυρουσίων ἐλθόντος ταγμάτων, χρήμασι τὸ πολὺ μέρος τῶν σὺν αὐτῷ σ]ρατιωτῶν διαφθείρας Μαξέντιος, ἤδη δὲ καὶ τὸν τῆς αὐλῆς ὕπαρχον προσποιησάμενος Ἀνουλλῖνον, ἐκράτησε ῥᾶσ]α...]

[2] Tillemont [Mém. ecclés. t. V, p. 268. Voir] Acta S. Felicis episcopi et martyris; acta S. Crispinae martyris, ap. Ruinart, Acta Martyrum, p. 312 et 315.

[3] [Une inscription, trouvée en 1876 à Constantine et conservée au musée de cette ville, nous fait connaître les noms complets d'Alexander que les historiens ne nous avaient pas révélés :

```
RESTITVTOri
PVBLICAE LIBEr
TATIS AC PROPA
GATORI TOTIVS
GENERIS HVMANI
NOMINISQVE
ROMANI DN LDO
MITIO ALEXAN
DRO PFINV AVG
SCIRONIVS PA
SICRATES V P
p. p. n u m i D I A e
```

Corp. inscr. Lat. vol. VIII, n. 7004. Il existe quelques monnaies d'Alexander frap-

156  PRAEFECTI PRAETORIO.

« agebat..., filium sibi obsidem dari cœpit... Milites... Alexandro
« purpuream tradunt[1]. »

Il Morcelli[2] pone la ribellione di Alessandro, vicario dell' Africa, nel
308, e la guerra contro di lui, non che la sua morte, nel 311.

## CXXXV
[1064 =] 311.
[C. CAEIONIUS] RUFIUS VOLUSIANUS,
praef. praet. Maxentii.

Nel 311, Rufio Volusiano, prefetto del pretorio di Massenzio, venne
nell' Africa per la guerra contro Alessandro, che presè ed uccisè. Ed
è questo il prefetto presso cui fu accusato Mensurio di aver celato Felice[3].

— « Maxentius occasione gerendi adversus Constantium belli quae-
« rebat... Itaque coactis hominum copiis eisque dato duce Rufio Vo-
« lusiano, praetorii praefecto, in Africam illas transmittit[4]. »

[Ce Rufius Volusianus, préfet du prétoire de Maxence, est, selon toute vraisemblance, le frère de C. Caeionius Rufius Volusianus, qui fut préfet de la ville
de 310 à 311 et de 313 à 315, consul en 311 et 314, préfet du prétoire
en 321. On a parfois confondu ces deux personnages[5] : il est cependant difficile

pées en Afrique, mais aucune ne donne son
prénom ni son gentilice. Cf. Cohen-Feuar-
dent, *Descr. hist. des monnaies frappées sous
l'emp. rom.* t. VII, p. 184 à 187. Sur ce
personnage, voir Poulle, *Recueil de la Soc.
archéol. de Constantine*, t. XVIII, p. 463 et
suiv.; Pallu de Lessert, *Vicaires et comtes
d'Afrique*, p. 36 à 40. Héron de Villefosse.]

[1] Zosim. lib. II, c. xii. [Ὁ Μαξέντιος... διὰ τὸ δεδιέναι μή ποτε Ἀλέξαν-
δρος ἀντιστάιη, τόπον ἐπέχειν τοῦ ὑπάρχου
τῆς αὐλῆς ἐν Λιβύῃ καθεσταμένος... ἐν-
ετράπη πρὸς Ἀλέξανδρον, ὅμηρον αἰτῶν
αὐτῷ τὸν ἐκείνου παῖδα δοθῆναι... Οἱ
στρατιῶται... τὴν ἁλουργίδα περιέθεσαν
Ἀλεξάνδρῳ.]

[2] [T. II] pag. 201.

[3] Optato, *De schism. Donat.* lib. I, c. xvii.
Morcelli [*Afr. chr.* t. II], p. 203-204.

[4] Zosim. lib. II, c. xiv. [Ἐντεῦθεν προ-
φάσεις ἀναζητεῖ τοῦ πρὸς Κωνσταντῖνον
πολέμου... Καὶ συναγαγὼν δυνάμεις ἀνδρῶν, ἡγεμόνα τε ταύταις ἐπιστήσας Ροὺ-
φιον Βολουσιανὸν τὸν τῆς αὐλῆς ὕπαρχον,
εἰς τὴν Λιβύην διαβιβάζει.] Aur. Victor, *de
Caesaribus*, in Constantio.

[5] [*Corp. inscr. Lat.* vol. VI, n. 1707.
Voir Mommsen, *Nuove memorie dell' Istituto
di corrisp. arch. di Roma*, t. II, p. 303.]

d'admettre que C. Caeionius Rufius Volusianus ait pu en 313, pendant qu'il était préfet de la ville, se transporter en Afrique pour y commander les troupes envoyées par Maxence contre le tyran Alexandre[1].]

## CXXXVI

[1065 =] 312.

### RURICIUS POMPEIANUS,
praef. praet. sub Maxentio.

— « Aderat [quidem] Ruricius, experientissimus belli, et tyranni« corum ducum culmen[2]. »

— « Verona maximo hostium exercitu tenebatur, acerrimis ducibus, « pertinacissimoque praefecto; scilicet ut quam coloniam Cn. Pompeius « aliquando deduxerat, Pompeianus everteret[3]. »

Constantinus, apud Veronam victis ducibus tyranni, Romam petiit.

## CXXXVII

[Circa 1064 = 311.]

### PEUCEDIUS,
praef. praet. sub Maximino Daza.

Morto Massimino, legittimo principe, « judices ejus, quos ille in ty« rannicis dominationibus ministros sceleris habuerat, interfici jusse« runt. In quibus maximus flagitiorum ejus signifer Peucedius fuit, qui « secundo ab eo et tertio provectus est, ac praefecturae tenuit culmen[4]. »

---

[1] [Seeck, *Symmachus* (dans *Mon. Germ. histor.*, Auct. antiq. t. VI, p. 1ª), p. CLXXVI.]

[2] Nazarius, in *Panegyrico* Constantino Augusto [c. XXV], che segue a dirci come fu vinto a Verona da Costantino alla sua venuta in Italia.

[3] Anonymus, *Panegyricus* [Constantino Augusto], c. VIII. Tillemont, *Hist. des Empereurs*, t. IV, p. 133.

[4] Euseb. *Hist. eccles.* lib. IX [c. XI : Ἐκτείνοντο δὲ καὶ πάντες οἱ τὰ Μαξιμίνου φρονοῦντες, ὅσοι μάλιστα τῶν ἐν ἀρχικοῖς ἀξιώμασιν ὑπ' αὐτοῦ τετιμημένοι, τῇ πρὸς αὐτὸν κολακείᾳ συβαρῶς ἐνεπαρῴνησαν τῷ καθ' ἡμᾶς λόγῳ· οἷος ἦν ὁ παρὰ πάντας αὐτῷ τιμιώτατος καὶ αἰδεσιμώτατος, ἑταίρων τε γνησιώτατος, Πευκέτιος, δισύπατος καὶ τρισύπατος, καὶ τῶν καθόλου λόγων ἔπαρχος πρὸς αὐτοῦ καθεσταμένος.]

## CXXXVIII

[1064 =] 311.

SABINUS,
praef. praet. sub Maximino Daza.

Eusebio[1] riporta in greco la lettera che Sabino prefetto del pretorio scrisse in latino ai governatori delle provincie per far cessare la persecuzione nel 311[2].

[— «Sabinus quidem, qui praefecturae praetorianae dignitatem, «quae apud illos summa habetur, tunc temporis obtinebat, singularum «provinciarum praesidibus voluntatem imperatoris (Maximini) per «epistolam latino sermone conscriptam insinuavit[3].»]

Un altro editto è diretto al medesimo Sabino da Massimino nel 313[4].

## CXXXIX

?

*THEOTECNUS,*
sub Maximino Daza.

Fra i ministri di Massimino fatti uccidere da Licinio nel 314, Eusebio[5] memora Teotecno prestigiatore, «qui propter statuam, quam «Antiochiae crearat, putabat se rem prospere gesturam et jam praefec-«tura [?] a Maximino donatus fuerat.»

---

[1] Lib. IX, c. 1.

[2] Tillemont [*Mémoires pour servir à l'histoire ecclésiastique*], t. V, p. 103.

[3] [Euseb. *loc. cit.* : Ὁ γοῦν παρ' αὐτοῖς τῷ τῶν ἐξοχωτάτων ἐπάρχων ἀξιώματι τετιμημένος Σαβῖνος, πρὸς τοὺς κατ' ἔθνος ἡγουμένους τὴν βασιλέως ἐμφαίνει γνώμην διὰ Ῥωμαϊκῆς ἐπιστολῆς.]

[4] [Euseb. *loc. cit.*], c. ix. Tillemont, *op. cit.* t. V, p. 114. [Haenel, *Corpus legum*, p. 186.]

[5] Lib. IX, c. xi. [Ἐπὶ μὲν γὰρ τῷ κατ' Ἀντιόχειαν ἱδρυθέντι παρ' αὐτοῦ ξοάνῳ δόξας εὐημερεῖν, ἤδη καὶ ἡγεμονίας ἠξίωτο παρὰ Μαξιμίνου. Le mot ἡγεμονία n'est peut-être pas assez précis pour qu'il soit permis d'affirmer que Theotecnus fut préfet du prétoire.]

# PRAEFECTI PRAETORIO.

## [PRAEFECTI PRAETORIO ANNI INCERTI.]

### I

**Q. HERENNIUS POTENS,**
praef. praet. [sub...?].

[Inscriptions trouvées sur la voie Appienne, à six milles de Rome.]

1[1].

Basis statuae militaris.

Q·HERENNIO
POTENTI
*praef. praet*[2].

2.

Basis statuae togatae.

Q·HERENNIO
POTENTI
V·C

### II

**C. ATTIUS ALCIMUS FELICIANUS,**
vice praefectorum praetorio[3].

[Inscription de la fin du IIIe siècle[4].]

```
. . . . . . . . . . . .  N E S / I D i
C · ATTIO · ALCIMO · FELICIANO · P · V ·
VICE · PRAEFF · PRAET · PRAEF · ANNO
NAE · VICE · PRAEF · VIGVLVM · MAG · R e i
SVMMAE · PRIVATAE · MAGISTRo summa
RVM · RATIONVM · CVRATORI · OPERIS thea
TRI · PROC · HEREDITATIVM · P r o c u r a t o r i ?
s A C R A E · M O N E T A E . . . . . . . . . . . . . . . p r o c
PROV · NARBONENS · PROC · PRIV · PER SALARIAM
TIBVRTINAM · VALERIAM · TVSCIAM · PROC · PER
FLAMINIAM · VMBRIAM · PICENVM · ITEM · VICE
PROC · QVADRAG · GALLIAR · PROC · ALIMENTOR · PER
TRANSPADVM · HISTRIAM · LIBVRNIAM ADvOCATo
FISCI · PROVINCIAR · XI · OB EXIMIVM · AMOREM · IN
PATRIAM · SPLENDIDISSIMVS · ORDO · TVRCET · PATRONO
```

---

[1] Mazochius, p. 171. Gruter, p. 418, 8 et 9. [*Corp. inscr. Lat.* vol. VI, n. 1427.]

[2] [Borghesi lisait : PRF·PRT.]

[3] [Cf. Mommsen, *Röm. Staatsrecht*, t. II, p. 973, n. 4.]

[4] In oppido Turca in Africa. Maffei, *Mus. Ver.* p. 362, 2. [*Corp. inscr. Lat.* vol. VIII, 822. Au milieu de la première ligne, on distingue les restes de quelques lettres : *Mnesidi* (?).]

## III

. . . . . . .
praef. praet. [?]

. . . . . . . . . . . . . . . . . . . . . . . . . .
*in eade*M ✿ PROVINCIA ✿ PRAEF ✿ ALE ✿
. . . . . ANE ✿ IN ✿ EADEM ✿ PROVINCIA ✿
*praef*·VEHICVLORVM ✿ PER ✿ GALLIAS ✿
*proc*·MONETAE ✿ TRIVERICE ✿ PRAESES ✿
*prov*INCIAE ✿ GERMANIAE ✿ SVPERIORIS ✿ V ✿ P ✿
. . . . . . MVLIS ✿ V · C · M ✿ PRAEF ✿ PRAET ✿ ET ✿ C ✿ V ✿
*praef* VRBI ✿ VIXIT ✿ ANNIS ✿ LV
*mens*ES ✿ N ✿ XI ✿ DIES ✿ N ✿ XXVII

[Cette inscription[1] est, d'après Mommsen, de la fin du IIIe siècle. Au IVe siècle, les deux Germanies ne sont plus distinguées par la qualification de *superior* et d'*inferior*, mais par celle de *prima* et de *secunda*. Quant à la charge remplie par ce personnage à la fin de sa carrière, Mommsen renonce à l'expliquer : il pense toutefois qu'elle devait ressembler à celle de Sex. Varius Marcellus, le père d'Élagabal, qui fut *agens vices praefectorum praetorio et urbi*[2].]

---

[1] Gruter, p. 493, 3. Smetius, p. 65, 10. [*Corp. inscr. Lat.* vol. VI, n. 1641.] — [2] [Voir plus haut, p. 86.]

# PRAEFECTI PRAETORIO.

## [INSCRIPTIONS LIGORIENNES
### OU D'AUTRES PROVENANCES SUSPECTES
### MENTIONNANT DES PRÉFETS DU PRÉTOIRE.]

### 1*
#### [M. ABURIUS SILVANUS.]

fauno slvano | sancto | sacr | m. aburis m. f. silva | nus praef. praet. | v.s.l.m

In foro Boario. Ex Ligorio Gudius, p. 55, 6. [*Corp. inscr. Lat.* vol. VI, pars V<sup>e</sup>, n. 217*.]

### 2*
#### [Q. ACUTIUS TREIUS.]

dis manibus | q. acutius q. f. quir. treius | trib. mil. prim. pil. eq. pub | evokatus aug. n̄. praef. fab | leg. x̄ geminae praefec | praetorius v. f. crepid. | ped. xiiii quoque versus | sub massam privatam | empt.....

In via Latina. Gudius, p. 145, 8. Ligorius, t. I. [*Corp. inscr. Lat.* vol. VI, p. V<sup>e</sup>, n. 1008*.]

### 3*
#### ?

t. aelio malco lictori | eq. praef. praetori c... | coh. iii pr. quieti praef. coh. | urb. vigil. item antistiti | sacerd. templ. martis cast| ror. praetor.......... | fecit bene merenti coniugi | dul. suo roscia successa cum | quo vix. an. xl decessit anno|rum lxvi

In Cod. Otthob. Bibl. Vatic. n. 3381. Ex Ligorio, lib. LI, *De magistr. Rom.*

### 4*
#### ?

d. m. s. | l. aelio l. f. trepulo | mil. loxaens... | praef. praetorio... |

aug. evocato vix. a.... | mil. ann. x̄ m. ii..... | m. aelius l. f. casp..... | fratri karissim... | ex t. f. p. cur

In via Tiburtina. Ex Ligorio Gudius, p. 146, 8. [*Corp. inscr. Lat.* vol. VI, p. V*, n. 1042*.]

### 5*

[*M. AEMILIUS PAULLUS SEVERIANUS.*]

cereri sacrum | m. aemilius m. f. ouf. paullus | severianus | praefectus praetorius īī | corrector viae lat | īī vir quinq

In Anagni. Ligorio, t. II. Ex Ligorio Gudius, p. 20, 2. [*Corp. inscr. Lat.* vol. X, n. 766*.]

Troverai in questa lapide molte cose che ti offenderanno: *Praetorius* per *praetorio*; l'*iterum* insolito, e più il *corrector viae*, invece di *curator*.

### 6*

[*M. AERUMNIUS TORVUS.*]

d. m. s | m. aerumnio m. f. clau. | torvo tebul. mutusT | praefecto praetori | ex coh. ū praet. sibi et | suis vivens fecit in fr | ped. xi in agr. ped. xiii | et aerumniae nummo|niae coniugi suae pilssi| mae vix. ann. xxx m. iii | d. viiii b. d. s. m. p

Reperta in via Quinctia Nomentana. Ex Ligorio Gudius, p. 147, 3. Graevius, in praef. t. I, *Antiquit. rom.* [*Corp. inscr. Lat.* vol. VI, p. V*, n. 1075*.]

### 7*

[*M. ALLIUS ALLIENUS.*]

fortunae primig | m. allius m. f. allienus | praefectus praet | d. d sign. duo

Stanno in guardia, che la provenienza dal Volpi è cattiva.

Praeneste. Ex Vulpio, p. 132. Petrini, p. 300. [*Corp. inscr. Lat.* vol. XIV, n. 262*.]

## 8*

[L. AMPSANIUS MERENDA.]

robigo et cereri et florae | sacrum. | l. ampsanius mer|enda Ianum vinus praefec|tus praetorius pecun. s. d. d

Tolta dal Ligorio, e publicata da Monsig.<sup>r</sup> Bajardi nel suo prodromo alle *Antichità di Ercolano*, t. I, p. 131. Io l'ho per falsa. Gudius, p. 55, 4. Reinesius, 233, cl. I, p. 218. Maffeius, *Art. crit. lapid.* p. 210. [*Corp. inscr. Lat.* vol. XIV, n. 89*.]

## 9*

[SEX. ANNEIUS CREPUSUS.]

q. anncio q. f. pol. | quintiliano | veterano evok. | aug. vixit ann. lxxix | men. vii hor. iiii | sex. anneius sex. f. | pol. crepusus | praefectus | praet. | ex t. f. c.

Fani Fortunae. Ex Ligorio Gudius, p. 149, 6.

## 10*

[A. APONIUS VOLSCUS.]

dis manibus sacrum | aponian. monum | a. aponius a. f. anI. volscus pr | praet. et m. aponiu. m. f. pompt. | structus coh. vi pelign. vete|ranus fecerunt in f. p. xi in a p. | xiii

Ligorio, t. III, che la dice in casa del Card. di Carpi. In via Appia la pone il Gudio, p. 115 [2], e legge VOLVSCVS. E cosi egualmente nel *Dizion. antiq.*, Cod. Vat. 3365, p. 2. [*Corp. inscr. Lat.* vol. VI, p. V*, n. 1227*.]

## 11*

[M. ARBACIUS LICINUS.]

libero patri sacr. | m. arbacius c. f. palatina | licinus praef. praet | s. p. d. d.

In via Aurelia. Ex Ligorio Gudius, p. 45, 3.

## 12*

[M. ARBUSCOLUS VOLUSIANUS.]

m. arbuscolus m. f. quir | volusianus praefec. pr|aeTorianus opt. tribun | sibi et arbusculae | volusiae matri pilssimae | fecit

Romae sub colle Vaticano. Ex Ligorio Gudius, p. 151, 3. Ligorius, *Dizion. antiq.*, Cod. Vatic. 3385, p. 29. [*Corp. inscr. Lat.* vol. VI, p. Vᵃ, n. 1261*.]

## 13*

[L. ARGIRIUS CALDUS.]

opi divinae consen..... | conservatrici praed... | l. argirius l. f. ouf. caldus | praefectus praetorius | sacrum

In via Severiana Septimiana. Ex Ligorio Gudius, p. 14, 3. [*Corp. inscr. Lat.* vol. VI, p. Vᵃ, n. 590*.]

## 14*

. . . . . . .

mavortio sacrum | t. aterius t. l. phronimus | nomenclator praetor | praef. praetori....... | candidatus anton..... | augusti pil.

In tabella aenea reperta in castro praetorio. Gudius ex Ligorio, p. 38, 6. [*Corp. inscr. Lat.* vol. VI, p. Vᵃ, n. 510*.]

## 15*

[L. AVENIUS CURIO.]

dis manibus | l. avenio l. f. pal. curion..... | v. praef. praetor. vix. an. lxix | avenia verissima uxori s | ex testam. p. curavit | m. avenius l. f. m. n. pal. asper | equ. rom. et q. avenius | l. filius priscus hered. tit | ded. kal. octobr. ti. claudio caes. | ii ii et l. vitellio ii cos.

In via Appia reperta. Ligorius, t. III. Ex Ligorio Gudius, p. 152, 7. [*Corp. inscr. Lat.* vol. VI, p. Vᵃ, n. 1331*.]

### 16*

[*M. AVIDIUS CANIDIANUS.*]

dIs manibus | avidiae paullinae l. avidI f | vIx. ann. lviii mens. viii d. iii | m. avidius m. f. ocric. canidia|nus praefect. praet. fec | uxori fidelissimae et pilss | bene de se merito et sibi | in fr. ped. xv in agr. ped. xiix.

In via Flaminia reperta. Ex Ligorio Gudius, p. 265, 12. [*Corp. inscr. Lat.* vol. VI, p. V*, n. 1350*.]

### 17*

[*L. AURELIUS AMATIANUS.*]

memoriae aeter | amatiae aug. liber | merope et | amatia l. veri aug | lib. antigon | sororI suae pils|simae v. f. et | sibi et s. lib | l. aurelius amati|anus praef. praet | . . . . . . . . . legat. causs. | tutel . . . . . . .

Trovata nel fare i bastioni a porta Pinciana. Ligorio, t. I; Gudius, p. 291, 2. [*Corp. inscr. Lat.* vol. VI, p. V*, n. 1118*.]

### 18*

[*L. AURELIUS ANNIUS VERUS.*]

l. aurelio annio vero | v. c. praefecto praetor | trib. mil. correctori | tusciae et umbr. propr | prov. asiae iudaeae palae|stinae leg. propr. aegyp | t. aurelius aelius anto | ninus iocundus patri | optimo pos.

Romae. Ex Ligorio Gudius, p. 116, 4. [*Corp. inscr. Lat.* vol. VI, p. V*, n. 1364*.]

### 19*

[*P. AURELIUS CARICUS.*]

marti ultori pacifero | imp. caesar aug. m. aurelius | antoninus pius germanicus | maximus britannicus max | arabicus adiabenicus parthi|cus maxim. imp. vi cos. iii p.p. d. d | cur. p. aurelio carico | praefecto praetorI | et l. ceionio liberalae praef | castrens

Nelle mine del castro pretorio di Caracalla. Ligorio, t. V. Gudius, p. 37, 4. [*Corp. inscr. Lat.* vol. VI, p. V*, n. 524*.]

### 20*

[SEX. AURELIUS PROCIANUS.]

sancto fidio sanco | invicto sacr | sex. aurelius procia|nus v. c. praefectus | praetor. ann. | x̄ v. s. l. m

In vinea Card. Rudolfi. Ex Ligorio Gudius, p. 59, 8. [*Corp. inscr. Lat.* vol. VI, p. V*, n. 220*.]

### 21*

[M. AURELIUS SEVERIANUS.]

martI minervae sacr | m. aurelius m. f. severianus prae|fectus praetorius curator | lud. castren. quinquenn. iter | praefectus armor. cusT | tribunus milit | vicarius praef. praetorI i. d

In castro praetorio. Ligorius, t. V. In vinea Vincentii Rotulantis. Gudius, p. 36, 8. [*Corp. inscr. Lat.* vol. VI, p. V*, n. 526*.]

### 22*

[C. AUTRONIUS ALBINUS.]

dIs manibus | c. autroniu c. f. pal | albinus praef | praet. sibi et au|troniae aquilliae | conjugi et heredib | fecit

Nella vigna degli Arcioni, sulla via Appia. Del Ligorio il Gudio, p. 154, 9. Nel ms. Torinese, t. II, si legge ALBINVS. [*Corp. inscr. Lat.* vol. VI, p. V*, n. 1418*.]

### 23*

[L. AXIDIUS CORYTHUS.]

dIs manibus | l.l. axidio l. corytho | praefecto praetorio iu|ris consulto patrono ka|strens. praetorian... | a. axidius a. l. physchr..... | et axidia a. l. eutych... | parentes fecer

In via Salaria, in vinea Laurentii Cuffiae. Ligorius, t. VI. Gudius, 155, 2. [*Corp. inscr. Lat.* vol. VI, p. V*, n. 1421*.]

## 24*

[T. BAEBIUS BALBILLUS.]

paciferae | minervae | sacrum | t. baebius t. f. cor
balbillus | praef. praetor | d. d

Inter rudera viae Sacrae. Ligorius, t. IV. Gudius, p. 52, 4. [*Corp. inscr. Lat.* vol. VI, p. V^a, n. 572*.]

## 25*

[C. BALBURIUS ALBANUS.]

veneri bal|burianae | c. balburius q. f |
albanus | praef. praet

Poco lungi da Albano. Ligorio, t. IV. Gudius, p. 38, 11. [*Corp. inscr. Lat.* vol. XIV, n. 134*.]

## 26*

[C. BLAESIUS PAULLINUS.]

dIs manibus | blaesiae sabinae m. f | plautillae aug | á cubiculo |
m. blaesius m. f. faler | balbus eq. rom | coniugi carissimae be|ne
merenti posuit | et sibi et c. blaesio m. fil | faler. paullino pr.
praeT | filio pIIssimo q. vix | ann. xIxix m. viii d. vi

Reperta cum via nova Nomentana sterneretur. Ligorius, t. IV. Gudius, p. 193, 4. [*Corp. inscr. Lat.* vol. VI, p. V^a, n. 1444*.]

## 27*

[M. CAELIUS CURIANUS.]

m. cÆlius m. f. fal | curianus | praef. fabrum | praef. praetor |
candidatus | Imp. caes. vesp. aug | praefectus stat. alb | famen
(*sic*) quinquenal | fecit sibi et suis | posteris

Trovata vicino ad Albano. Ligorio, t. I. Gudius, p. 118, 1. [*Corp. inscr. Lat.* vol. XIV, n. 137*.]

## 28*

[*M. CAESONIUS GRATIANUS.*]

m. caesonio m. f. pol. gratiano | xv viro stlitibus iudicand | trib. milit. leg. xxii aug. f | praefec. praet. vix. an. lxiiii | m. viii d. iiii h. viii t. p. i | l. matridius l. f. m. n. pol. cae|sonianus praef. vigil. leg | caussa monum. effecit | in fr. p. xiii in agr. ped. xvi

In via Aurelia circa a San Pancratio. *Corp. inscr. Lat.* vol. VI, p. V*a*, n. 1497*.]

## 29*

[*C. CALPURNIUS SEXTILIANUS.*]

dIs manibus | c. calpurnio c. f. frugi sex|tiliano praefecto praet | vix. an. lx m. viii d. vii | marcucus calpurinius c. f | quirina fecit sibi et | patri suo piissimo et cal|purniae marcianae an|niae uxori fidelissimae | et liberis | in fr. ped. xvi in agr. ped. xxii

In via Appia, Gudius, 158, 2. Ligorius, t. V, qui in 5ᵃ linea scripsit MAR-CVCVS. [*Corp. inscr. Lat.* vol. VI, p. V*a*, n. 1513*.]

## 30*

[*L. CALPURNIUS FABATUS.*]

l. calpurnius l. f. ouf. | fabatus | vi vir iiii vir i. d. p. r. m. | praef. praet. tribu. m. leg. xxi | rapac. praef. cohortis vii lusitan. | et nation. gaetulic. arsen. | quae sunt in numidia | flamini divi aug. patrono munic. | t. f. i

Comi ad D. Abundii. Ex schedis Manutianis, Bibl. Vat., Gorius in Donianis, cl. iv, p. 27[1].

---

[1] [L. Calpurnius Fabatus est l'aïeul de la femme de Pline le Jeune. Cette inscription, conservée à Côme, est parfaitement authentique. Un texte correct qui ne contient pas la mention *praef. praet.* mais bien celle de PRAEF FABR a été donné dans le *Corp. inscr. Lat.* vol. V, n. 5267. HÉRON DE VILLEFOSSE.]

## 31*

[L. CALPURNIUS SABINIANUS.]

dIanae. aug | sacr | l. calpurnius l. f. cor | sabinianus | praef. praeT | m. postumius. l. f. cor | albinus | trib. praeT | hon. aug. d. d

[Canusii], in tabula aenea. Ex Ligorio Gudius, p. 26, 10. [*Corp. inscr. Lat.* vol. IX, n. 103*.]

## 32*

[L. CISPIUS MODESTINUS.]

dIs man | l. cispius l. f. esq | modestinus | praefectus praet | eT salivus martialis | et m. cispius m. f. esq | torinus | flamin. titialis | et sevir augusTa|lis fecerunt et | cispiae modestinae | matri sanctissimae | et cispiae torinae | m. torinI filiae | dulcissimae h. sep | sunt

In via Praenestina. Ex Ligorio Gudius, p. 161, 1. [*Corp. inscr. Lat.* vol. VI, p. V*, n. 1594*.]

## 33*

[C. LAUDIUS ANTIQUO.]

dis man. sacr | laudiae vericundae | m. laudI filiae pIIssimae | castissimae c. laudius | cn. f. faler. antiquo | praef. prat. sorori carissi|mae bene merenti posuiT

In via Ostiensi. Ex Ligorio Gudius, p. 294, 5. [*Corp. inscr. Lat.* vol. VI, p. V*, n. 2205*.]

## 34*

[TI. CLAUDIUS CYRILLUS.]

dIs manibus | ti. claudius aug. lib | cyrillus praefectus | praetoric. hydriae mar|moriae v. posuit sibi | et suIIs fil. et claudiae | nice uxori dulcissimae

In via Nomentana. Ex Ligorio Gudius, p. 194, 4. [*Corp. inscr. Lat.* vol. VI, p. V*, n. 1606*.]

## 35*

[*Q. COCIDIUS PROBUS.*]

dis manibus | l. cócldio l. f. col. vero | veterano praetoriano | et tesserario praet. an|n. iii vix. ann. lix m. iiii | d. xvi mil. ann. xx m. ii | h. s. e | q. cócldius l. f. col. probus | praefect. praet | fratri optimo | ex testam. p. f. c

Nella via Tiburtina. Ligorio, t. VI. Gudius ex Ligorio, p. 162, 2. [*Corp. inscr. Lat.* vol. VI, p. V*, n. 1688*.]

## 36*

[*C. CURIUS SUFFENAS.*]

c. curius q. f. fal. suffenas | trib. leg. i minervae piae | praef. praetor. stat. alban | praefectus fabrum pa|tronus castrimoenénsium | flamen quinquen | aedificavit sibi et suis | liberis | in fr. p. xxs in agr. p. xxvs

Trovata tra Albano e S. Maria della Stella. Ligorio, t. I. Gudius, p. 163, 1. [*Corp. inscr. Lat.* vol. XIV, n. 139*.]

## 37*

[*T. FLAVIUS RUBRIUS VARINIANUS.*]

tito flavio rubrio t. f. esq | variniano | praefecto praetoriciano ii | praef. fabrum ⋗ coh. vii praet | praef. annonae praef. vixillat | ... bel. dac. sarmat. donato ab | imp. caes. m. aureli antonini pii aug | torq. et armil. ii et hast. pur... | vicario praefecti praetorio | iiii viro quinquen. patrono coll | castr. fabrorum ex m. d. d

In castro praetorio. Ligorius, t. V. In vinea Vincentii Rotulantis, Gudius, p. 166, 7. [*Corp. inscr. Lat.* vol. VI, p. V*, n. 1893*.]

## PRAEFECTI PRAETORIO.

### 38*

[*M. FOURIUS FEROX.*]

m. fouris m. f. gal. ferox tribunus | leg. xi claudiae piae fidelis | flamen divI claudI praef. praet | trib. milit. leg. v̄ rapacis | fecit sibi | et suIs liberis et | herd. ex testam | in fronte ped. xx á retro ped. xxix

Repertum in via Claudia. Ex Ligorio, lib. LI. Cod. Othobon. Bibl. Vatic., n. 3381. [*Corp. inscr. Lat.* vol. VI, p. Vª, n. 1914*.]

### 39*
. . . . .

dIs manibus | m. fourius q. f. rom | surdinus ⟩ eT | praef. praetor. ex coh | primae claudiae fid | vivus sibi et suis he|redibus fecit in rur | paternian | in fronte pedes xv | in agro pedes xx

In via Sacra ante ecclesiam S. Hadriani. Ex Ligorio Gudius, p. 166, 8. [*Corp. inscr. Lat.* vol. VI, p. Vª, n. 1918*.]

### 40*

[*M. FURFANIUS LATINUS.*]

dIs manibus sacr | m. furfanius m. f. pal. latinus | praefectus praetorius et | furfania faustiniana cubic | et l. furfanius m. f. popillus v | fecerunt h. m. d. m. a | in fr. p. xix in agr. p. xxxiiii

In tabula marmorea reperta in via Lavicana quarto ab urbe lapide. Ex Ligorio Gudius, p. 125, 1. [*Corp. inscr. Lat.* vol. VI, p. Vª, n. 1931*.]

### 41*

[*L. FURIUS L. F. PAL. VICTOR.*]

l. furio l. f. pal. victori | praef. praet. imperatoribus omnium | honorato et donato in provinciam parthicam | et ver... coron. murali | vallari | hasta pur. sine vexillis obsidionali|que corona donato [pr.] aegypti praef. urb | proc. a rat. praefec praetorium missa [clas.]

ravennatium | proc. ludi magni proc. provinciae hispaniae | et gall. praef. alae frontonianae | tr. leg. ii adiuctric.⟩ coh. | bracarum in brita[nnia | vicario praefecti praetorio iur. dic. magistr. milit. ob mer. e. d. d

Si ha senza le due ultime righe nel Grut. 414, 8, e nel Cod. Vatic. 6035, p. 47, e nel codice 5253, p. 302[1]. La giunta proviene dal Ligorio, e fu data dal Corsini, p. 386, e dal Muratori. Senza le due righe la da il Manuzio, *Orthog.* p. 108. Senza le due righe si ha pure nel Ligorio, lib. LI. Cod. Othobon. Bibl. Vatic. 3381, che nella quinta riga legge : ET·L·AVR·AVG·CORONA nella undecima : PRAEF·PRAET·MISSV. Senza le due righe anche nel Rossi, *Hist. Rav.* lib. I, p. 5, e nello Spreti, cl. 2, 4, 5, che l'ha dall' *Orthogr.* del Manuzio.

La lezione data dal Ligorio, nel lib. LI, confronta con quella che da pure nel lib. XVII, Ravenna. In quella che per altro da nel lib. XIX, 143, ommette le due ultime righe; legge nella quinta : ET·VER...CORONA, e nella undecima : PRAETOR·MISS·CLASS.

Ho provato ch'è falsa nelle mie iscrizioni di Foligno [2].

## 42*

[*A. GABINIUS PRISCUS.*]

a. gabinius m. f. quir. priscus | v. c. vir a. a. f. f. quaestor | ab aerario saturni tribunus | mil. bis praef. praetor. et pro|praetor in illyrico praef. urbi | propraetor provinciae achaiae | et bithyniae praef. annonae | carae leg. propr. leg. xi claud. | britanniae pro-

---

[1] [*Corp. inscr. Lat.* vol. XIV, n. 440*; vol. V, n. 648*; vol. VI, p. V*, n. 1937*.]

[2] *Annali* [*dell' Instituto di corrispondenza archeologica di Roma*], t. XVIII, p. 319. [Voir plus haut, t. V, p. 10 : «Il Ligorio... ha ingannato non pochi coll'altra (lapide) di L. Furio Vittore che da questa procurazione (del ludo magno) promosse per diversi gradi fino alla prefettura del pretorio. Con ciò volle farlo passare pel Furio Vittorino, che giusta Capitolino ebbe quell' eminente dignità sotto M. Aurelio et L. Vero; tra quelli ch'è giunto ad illudere si contano il Manuzio, il Grutero ed il Corsini (*Series praefector. Urbis*, p. 386)...; non però l'oculatissimo Marini, che la disprezzò. E veramente qual fiducia riporre in un' iscrizione che, prescindendo da altre mende minori, chiama provincia la *Parthia*, la quale non fu mai soggetta ai Romani, che conferisce la prefettura di Roma a chi apparisce dal contesto non essere mai stato console e nè meno senatore, e che vi parla del *magister militum* ai tempi di M. Aurelio, mentre ognuno sa che furono istituiti la prima volta da Constantino?»]

cons. provinciae | africae curator aquarum leg. pro|vinciae asiae iiii vir viar. curand | latinae lavicanae et novae traia|nae ab Imp. caesari hadr. electus in|ter familiam patriciam patronus | coloniae aeliae zamae regiae xv|vir stlltibus Iudicandis et procur. | $\overline{xx}$ hered

Romae, in vinea Cardinalis Rodolfi. Ex Ligorio Gudius, p. 125, 6. [*Corp. inscr. Lat.* vol. VI, p. V$^a$, n. 1944*.]

## 43*

### [C. JULIUS NIGER.]

v. dIs man. sac | c. iulio l. f. fab. nigro | praefecto praetorio | iuris consulto proc. | $\overline{xx}$ hered. patrono | castr. statian. fabian | tribuno pleb. coloniae | brixiae defunctus in | off. curatori optimae | fidei iulia valeria | avia ex test. p. c. | qui vixit ann. lxiix m. | x dies xvi hor. vii | l. d. d. d

Brixiae. Ligorio, t. VI. Gudio, 128, 3. Et ex Ligorio lib. LI, in cod. Othobon. Bibl. Vatic. n. 3381. [*Corp. inscr. Lat.* vol. V, n. 490*.]

## 44*

### [LICINIUS.]

Iovi optimo peregrino | c. sentius l. f. pal. reppulus | cent. coh. v vigil.⟩ licini | praef. praetor. flamen lucular | laurentinal. princeps per . . . . . .

Ex Ligorio, lib. LI, in cod. Othobon. Bibl. Vatican. n. 3381. [*Corp. inscr. Lat.* vol. VI, p. V$^a$, n. 437*.]

## 45*

### [L. LONGINIUS MACERUS.]

dIs manibus | l. longinio l. f. macero | durocas | praefecto praetor | et ⟩ coh. vii draetor | vixit ann. | lv | c. carvius c. f. laenus | t. p. c

In via Flaminia. Ex Ligorio Gudius, p. 174, 2. [*Corp. inscr. Lat.* vol. VI, p. V$^a$, n. 2242*.]

## 46*

### [L. LUCCEIUS VATINUS FEROX.]

m. lucceio l. f. ter. crispo | anullino | veterano eq. r. leg. iii Italica | vIx. ann. | lxxv mil. lxxii mens iii | l. lucceius l. f. ter. vatinus | ferox praef. praetor. p. c | h. m. d. m. a

In via Praenestina Gabina. Ex Ligorio Gudius, p. 174, 4. Ligorius, lib. XI, v° Lucceia [*Corp. inscr. Lat.* vol. VI, p. V°, n. 2244*.]

## 47*

### [L. LUCRECIUS JUNIANUS.]

cereri frugiferae | sacrum | l. lucrecius l. f. oufent | iunianus asper | praefectus praetorius | patronus et procur | kastrens

A monte di Compatri, in una pietra malamente trattata. Ligorio, t. VI. [*Corp. inscr. Lat.* vol. XIV, n. 233*.]

## 48*

### [C. MEMMIUS SEPULLUS.]

Iovi optimo max | serenatori | custodi | c. memmius c. f. col | sepullus praef. | prator

'Inter rudera fori Romani. Ex Ligorio Gudius, p. 4, 3. Ligorius, lib. XII, v° Memmia. [*Corp. inscr. Lat.* vol. VI, p. V°, n. 433*.]

## 49*

### [M. MEVIUS PLENUS.]

dIs manibus sacr | c. mevio c. f. quir. pleno | praef. praetorio vixit | ann. |lv mens. vii d. viii | mevia marciana et | m. mevius m. f. quir. asper | paren. p. c

In via Latina. Ex Ligorio Gudius, p. 177, 1. Ligorius, lib. XI, v° Meviano. [*Corp. inscr. Lat.* vol. XIV, n. 201*.]

## 50*

[*M. NEBULEIUS VICTOR.*]

dils laribus | sacrum | m. nebuleius m. f. pal |
victor praefect. praeT | d. d

Romae, apud Hieronynum Mastaeum. Ex Ligorio Gudius, p. 62, 8. Ligorius, lib. XVII, p. 236. [*Corp. inscr. Lat.* vol. VI, p. Vª, n. 469*.]

## 51*

[*M. ODANIUS.*]

Iunoni odaniae conservatrici | dom. odanior. sacrum | odania luperca
et m. odanius | praefectus praetoriu | verissimus

In Esquiliis. Ex Ligorio Gudius, p. 13, 9. [*Corp. inscr. Lat.* vol. VI, p. Vª, n. 383*.]

## 52*

[*ODANIUS.*]

genio odanio conservatori sim. fam | et vestae custod. sacrum | odania
flaccilla luperca et odanius | m. f. verissimus praefectus | praetorius

In tabella aenea, litteris argenteis, reperta in Esquilino. Ex Ligorio Gudius, p. 69, 6. [*Corp. inscr. Lat.* vol. VI, p. Vª, n. 292*.]

## 53*

[*P. OLFUS SCAEVA.*]

p. olius p. f. vetur. scaeva | praefectus praet. fecit | sibi et suis liberis | h. m. d. m. a | in fr. ped. xvi in agr. p. xxiv̄ | c. olia
iocunda uxor et | olia tertulliana fil. urn | marm. posuer. vi in parriet | lap. quadrat...

In vico quadrigae agri Ferrariensis; lapis advectus ex via Cassia vico Spadocetico. Gorius in Donianis, cl. 2, n. 198. Muratori, 726, 9. Un manoscritto anonimo del principio del xvi secolo dice che questa lapide era nella chiesa di

Codrea. Frizzi, *Mem. della storia di Ferrara*, t. I, p. 243, che legge SECVNDA in vece di IOCVNDA e TERTVLIANA per TERTVLLIANA, e SVVA in vece di SCAEVA. Nello stesso manoscritto si asserisce che nella stessa chiesa vi era un'altra pietra che incomincia P·OLIVS·TERTVLLIA*nus*, la quale, per attestato dallo stesso Frizzi, esiste tuttora nel museo di Ferrara, p. 152, n. 12, confessando pero che in parte controfatta è la copia datane dal Ligorio, onde vi è tutta la probabilità ch' egli abbia fatto quest' altra. [*Corp. inscr. Lat.* vol. VI, p. V*ᵃ*, n. 2463*. Cf. vol. V, n. 165*; vol. XI, n. 199*.]

### 54*

[*M. OSTORIUS FLACCUS.*]

m. ostorius m. f. esq. flaccus | praefectus pract. et praef. | coh. vii praet. ann. iiii v. f | sibi et ostoriae albinae au|reliae uxori carissimae et | l. ostorio l. f. esq. marciano | eq. rom. nep. suo plissimo | et ostoriae marcianae fil | cum q. vix. ann. xx m. iiii d. vi·| h. s. s | in fr. ped. xiv in agr. ped. xx

Romae in schedis Card. Barberini. Spon, *Miscell.* p. 261. Donatus, p. 296, 2. Si ha anche nelle schede Amaduziane, ma non fu veduta da lui, e nella seconda riga legge : PRAEF in vece di PRAEFECT.

La rigetta fra le false provenienze dal Ligorio, Fabretti, p. 186, n. 418. [*Corp. inscr. Lat.* vol. VI, p. V*ᵃ*, n. 2473*.]

### 55*

[*L. PAEDANIUS SAENIANUS.*]

l. paedanio l. f. quirin | saeniano praef. et | vicario praefecti praetorio | Iur. dic | praefecto et leg. legion. | ī minerviae candidato imp. | titi flavI caes. ob merita eius | s. p. q. caeres

A Cerveteri. Gudius, p. 178, 9. Ligorius, t. V. [*Corp. inscr. Lat.* vol. XI, n. 416*.]

### 56*

[*P. PAPIRIUS PROCUS.*]

Iovi optimo max | statorI | p. papIrius p. f. lem. procus | praefect. praetor | sign. aen. cum hypobas | marm. d. d

In via Sacra. Ex Ligorio Gudius, p. 6, 5. [*Corp. inscr. Lat.* vol. VI, p. V*ᵃ*, n. 435*.]

## PRAEFECTI PRAETORIO.

### 57*

[*P. PETRONIUS.*]

h. petroniorum monum | m. petronius q. f. pal. barbatus eq. rom |
l. petronius q. f. pal. priscus trib. mil | leg. vii claudiae et p. petronius sex. fil | esquilina praefect. praetor. et c. petro|nius l. f. serenus paplria inchoarunt | et perfec. in fr. ped. xx in agr. ped. xxviii | petronia felicita petronia avinia | mater marcI petronI l. petronI prsIcI mat | barbatI pro par. iii e. em. pro par. iii | HS n. cc. HS n. cc | petronia sex. petroni uxor | em. pro par. iii HS n. cc.

In via Appia. Ex Ligorio Gudius, p. 180, 6. [*Corp. inscr. Lat.* vol. VI, p. V*, n. 2509*.]

### 58*

[*PLABIUS SILVANUS.*]

plabiorum famil. h. s. e | com. empt | t. plabius t. f. sabinus eq. r |
t. plabius t. f. crus. iunianus eq | sing. et plabius q. f. t. n. silvanus | praefectus praet. castrens. | p. plabius q. f. crus. plancus | ⸺ cohor. vi vigil. urban | in fr. p. xvi in agr. p. xiix

In via Collatina. Ex Ligorio Gudius, p. 135, 9. [*Corp. inscr. Lat.* vol. VI, p. V*, n. 2527*.]

### 59*

[*Q. POPILLIUS AVITUS.*]

dianae arecinae | q. popillius m. f. pal. avitus |
praefectus | praetorius | d. d

In colle Albano. Ex Ligorio Gudius, p. 29, 7. [*Corp. inscr. Lat.* vol. XIV, n. 123*.]

### 60*

[*P. POPLISIUS MARCIANUS.*]

poplisianorum monument | p. poplisius p. f. quir. marcianus | praefectus coh vi vigil. praef. coh. ii ii | urb. praefectus praetorius

vi vir | aug. commod. fec. sibi et s. liberis | in agr. poplisian. in
fr. p. xx in a. p. xxv

In via Aurelia. Ex Ligorio Gudius, p. 181, 6. [*Corp. inscr. Lat.* vol. VI, p. V*, n. 2588*.]

### 61*

[*T. PRASSIUS VARIANUS PUCCINUS.*]

dis manibus sacrum | t. prassio. t. f. cluen | variano. puccin |
praefecto. praetorio | aureliano. e. coh | praet. ann. x. e. coh. xii |
urb. ann. iii. praef. fabr. | leg. iii italicae. vix. ann | lxxxv. m. iii.
d. vi. h. v. | sex. prassius. t. f. pacul | lus. eran. leg. iii. italic |
et. vicarius. praef. praet | ex. test. fac. cura h. m. | in. fron. pe-
des. xxxvi | in. lat. ped. xxxviii

Ferrariae, in agro Puccino. Fabretti, p. 181, n. 378. [*Corp. inscr. Lat.* vol. V, n. 153*.]

### 62*

[*Q. RABIRIUS TITILINUS.*]

sIlvano | salutifero | q. rabIrius q. f. esq. ti | tilinus praef. pr | ex vot.
l. m. d. d | non. aug. | fl. domitiano augusto $\overline{viii}$ | p. valerio
messallino cos [1].

In Janicolo. Ex Ligorio Gudius, p. 42, 6. [*Corp. inscr. Lat.* vol. VI, p. V*, n. 607*.]

### 63*

[*RUST...*]

rusT. praefectus praet|orius tabernacul. aquili|ferum leg. ii Italicae
d. d | kal. mart. fl. domitiano | aug. iii et c. valerio messallino cos

Ex Ligorio Gudius, p. 75, 3. [*Corp. inscr. Lat.* vol. VI, p. V*, n. 2642*.]

---

[1] [Ce sont les consuls de l'an 826=73. Voir plus haut, t. V, p. 527.]

## 64*

[L. SIPULLIUS CTESTUS.]

dis manib. sac | m. sipullio syntropho vete|rano ⟩ favorl vixit ann. xli | militavit ann. xx m. iiii d. xv | l. sipullius l. f. ctestus praeF | praetoricius v. f. sibi et fra|tri optimo incomparabil..... | in fr. p. iiii in agr. p. viii.....

In via Tiburtina. Ex Ligorio Gudius, p. 184, 2. [*Corp. inscr. Lat.* vol. VI, p. V\*, n. 2761\*.]

## 65*

[M. STATILIUS ALBINUS.]

herculi cust. invicTo | sacrum | m. statilius m. f. quirina albinus praef. praet | d. d. xvii kal. iun. | l. caesonio paeto et t. pe|tronio turpiliano cos[1] | voto susc. lib. anim...

Ex Ligorio lib. LI, in cod. Othobon. Bibl. Vaticanae, n. 3381. [*Corp. inscr. Lat.* vol. VI, p. V\*, n. 335\*.]

## 66*

[M. STATILIUS SATURNINUS.]

iovi optumo conser|vatori sacrum | m. statilius m. f. pol. | saturninus | praefectus praetor | mutinens. v. s. l. m

Mutinae. Ex Ligorio Gudius, p. 5, 5. [*Corp. inscr. Lat.* vol. XI, n. 114\*.]

## 67*

[CN. STELLENIUS AUCTUS.]

cn. stellenio cn. f. ocric. aucto | iiii. viro. viarum flamin. august. | praef. fabr. ocric. et iiii. viro | coll. centhon et dendriphor | quinquenn. patrono munic. ocr | leg. leg. xv apollinar. iter |

---

[1] [P. Petronius Turpilianus et L. Caesennius Paetus furent consuls en 814=61. Voir Tac. *Ann.* lib. XIV, c. xxix. Cf. Waddington, *Fastes*, p. 107.]

procurat. xx. hereditat. proc | fisc. galliae lugdun. praef | praet.
candidato ab imp. caes | m. aurelli. alexandri. severi pii | aug.
ob merita eius l. d. d. d |

Fabretti, p. 37, n. 179. Corretta dal Marini nell' esemplare datone dal Guittoni.
t. V, p. 54. Gudius, nell'indic., p. LIV. [*Corp. inscr. Lat.* vol. XI, n. 488* (inédit) [1].]

## 68*

[*C. TENATIUS PLANCUS.*]

dIs manibus | c. tenatius c. f. velin | plancus ricin | ⟩ coh. v fort
legion. | iii parthicae praefec. | praet. optio tribun | sibi v. f. et suis
hered | et posterisque suis | loc. empt. HS cc | xxxv | ante fronte
portic | ped. xxiiii a retro mon | ped. xx et xxiii.

In colonia Helvia Ricina. Descripsit Petronius Barbatus. Ex Ligorio Gudius,
p. 184, 5. [*Corp. inscr. Lat.* vol. IX, n. 597*.]

## 69*

[*C. TINIUS SABINIANUS.*]

dIs manibus | c. tinius q. f. claud. sabinianus | praef. praetor. sibi
et suis heredibus fecit in fr. p. xīī in agro | pedes xīī īī | tiniae
q. f. valeriae sorori raris|simae posuit vix. am. xxx m. iii

Inter viam Nomentanam et Tiburtinam. Ex Ligorio Gudius, p. 185, 3. [*Corp.
inscr. Lat.* vol VI, p. V*, n. 2835*.]

## 70*

[*C. TURPILIUS NAEUS.*]

Iovi optimo maximo | c. turpilius C. f. ouf. naeus |
vet. cohor. v̄īī praet. et praef. | praet. īīīī vir quinquenn. d. d

Prope Comum. Gudius ex Ligorio, p. 9, 3. [*Corp. inscr. Lat.* vol. V, n. 608*.]

[1] [Nous devons cette indication à une obligeante communication de M. Bormann.]

## 71*

[*T. TUSCINIUS URGULANUS.*

t. tuscinio t. f. urgulano | praef. praetor. an. xxx | vixit ann. lxxxv men. iiii | c. tuscinius c. f. latinus | her ext. fec

<small>Trovato nella via Appia presso Albano. Ligorius, Taur., vol. XXIII, f. 573. *Corp. inscr. Lat.* vol. XIV, n. 156*.]</small>

## 72*

[*M. VALERIUS NOMENIUS.*]

Iovi optimo maximo | pro salute imp. caes. diocletiano invicto | aug. pro itu et reditu semp... | m. valerius nomenius v. c. primiscrinius... | praefectus praetor. vi vir augustal... | corrector tusciae et umbr... | d. n. m. q. e. dd. prid. idus... | c. numidio tusco et anullino cos [1]

<small>Ex Ligorio lib. LI, in cod. Othobon. Bibl. Vaticanae, n. 3381. [*Corp. inscr. Lat.* vol. VI, p. V*, n. 412*.]</small>

## 73*

[*C. VATINIUS ALBINIANUS.*]

valloniae va|tinianae sacr | c. vatinius c. f | pal. albinianus | praefectus | praetorius

<small>Ad radicem montis Albani. Ex Ligorio Gudius, p. 56, 11. [*Corp. inscr. Lat.* vol. XIV, n. 157*.]</small>

## 74*

[*SEX. VEIRIUS,*

iovi statori | sex. veirius sex. f. esquil | praefectus praet. | d. d

<small>Romae. Ex Ligorio Gudius, p. 6, 6. Ligorius, lib. XVII, p. 243. *Corp. inscr. Lat.* vol. VI, p. V*, n. 447*.]</small>

---

[1] [Ce sont les consuls de l'an 295.]

## 75*

[*Q. VITORIUS ARGAEUS.*]

dIs manibus sacrum | q. vitorius q. l. argaeus praefec. praetor⋄ | v. f. sibi et vitoriae olympusinae matri | et antidiae sabinae marcianillae uxori s | et libertIs libertabus posterisque eorum | in fronte p. xi in agro p. xiii s.

Romae. In via Salaria. Ex Ligorio Gudius, p. 187, 6. [*Corp. inscr. Lat.* vol. VI, p. V*, n. 3000*.]

## 76*

[*L. VERATIUS LEVINUS.*]

silvano | sancto sacrum | c. veratius c. f | quir. cusilaus | mag. vici florae | d. d | pro salute l. vera|tI. leveni | praef. praet | Idib. augus. q. ninio hasta et p. | manilio vopisco cos[1]

In colle Viminali. Ex Gudio Ligorius, p. 42, 1. [*Corp. inscr. Lat.* vol. VI, p. V*, n. 612*.]

---

[1] [Q. Ninnius Hasta et P. Manilius Vopiscus furent consuls en 867=114. Voir *Corp. inscr. Lat.* vol. VI, n. 2411; vol. XI, n. 3614.]

# PRAEFECTI PRAETORIO

## DEUXIÈME PARTIE

LES PRÉFETS DU PRÉTOIRE DEPUIS CONSTANTIN

# DEUXIÈME PARTIE.

LES PRÉFETS DU PRÉTOIRE DEPUIS CONSTANTIN.

[— « Constantinus, recte constituta loco movens, unum hunc magis-
« tratum in quattuor imperia discerpsit.

« Nam uni praefecto praetorii totam Aegyptum, cum Libyae Pentapoli
« et Orientem ad Mesopotamiam usque, et praeterea Cilices, Cappa-
« doces, Armnios, oramque maritimam totam a Pamphylia Trapezun-
« tem usque et usque ad castella propter Phasidem sita, tradidit;
« eidem et Thracia commissa et Moesia, Haemi ac Rhodopes ac Doberi
« oppidi finibus circumscripta; praeterea Cyprum adjecit et Cycladas
« insulas, Lemno et Imbro et Samothracia exceptis.

« Alteri Macedonas attribuit, et Thessalos et Cretenses et Graeciam
« et circumjacentes insulas, et Epirum utramque; et praeter has Illyrios
« et Dacas et Triballos et Pannonios ad Valeriam usque, et Moesiam
« praeterea superiorem.

« Tertio totam Italiam et Siciliam et circumjacentes insulas, itemque
« Sardiniam et Corsicam et Africam a Syrtibus Cyrenem usque.

« Quarto Transalpinos Celtas et Hispanos cum insula Britannica
« commisit [1]. »

---

[1] Zosim. lib. II, c. xxxiii : [Κωνσ7αν-
τῖνος τὰ καλῶς καθεσ7ῶτα κινῶν μίαν
οὖσαν ἐς τέσσαρας διεῖλεν ἀρχάς. Ὑπάρχῳ
γὰρ ἑνὶ τὴν Αἴγυπ7ον ἅπασαν πρὸς τῇ
Πεντατόλει Λιβύης καὶ τὴν ἑῴαν ἄχρι Με-
σοποταμίας, καὶ προσέτι γε Κίλικας, καὶ
Καππαδόκας, καὶ Ἀρμενίους, καὶ τὴν παρά-
λιον ἅπασαν, ἀπὸ Παμφυλίας ἄχρι Τραπε-
ζοῦντος, καὶ τῶν παρὰ τὸν Φᾶσιν φρουρίων,
παρέδωκε· τῷ αὐτῷ καὶ Θράκην ἐπιτρέψας,
Μυσίαν τε μέχρις Αἵμου καὶ Ῥοδόπης καὶ
μέχρι Δοβήρου πόλεως ὁριζομένην· καὶ
Κύπρον μέντοι, καὶ τὰς Κυκλάδας νήσους
δίχα Λήμνου καὶ Ἴμβρου καὶ Σαμοθράκης·
ἑτέρῳ δὲ Μακεδόνας, καὶ Θεσσαλοὺς καὶ
Κρῆτας, καὶ τὴν Ἑλλάδα, καὶ τὰς περὶ

Zosime attribue à Constantin l'institution des quatre préfectures d'Orient, d'Illyrie, d'Italie et des Gaules. La pluralité des préfets du prétoire, dès le début du règne de Constantin, est un fait certain[1]. Toutefois, dans les textes de la première moitié du IV° siècle, le titre de préfet du prétoire n'est pas suivi de l'indication de la partie de l'empire où le préfet exerçait ses fonctions. Le plus ancien exemple que l'on connaisse d'un usage contraire est relatif à Mamertinus, préfet d'Illyrie en 363[2]. C'est vers la même époque que cet usage commence à apparaître dans l'adresse des constitutions du Code Théodosien[3]. Par suite, il n'est pas toujours possible, pour les préfets de la période antérieure, d'établir d'une manière sûre la région qu'ils furent chargés d'administrer.

On ne saurait même affirmer qu'ils aient été, dans les premières années du règne de Constantin, affectés à une région déterminée. Un rescrit des préfets Petronius Annianus et Julius Julianus au vicaire d'Afrique Domitius Celsus est daté de Trèves[4]; une inscription de Tropaea, en Illyrie, est dédiée par les mêmes préfets. Il semble donc qu'ils avaient autorité sur les Gaules, sur l'Italie et sur l'Illyrie[5]. C'est dans une inscription d'Ancyre, dédiée à Constantin par Fl. Constantius (324-327), qu'on voit pour la première fois un préfet du prétoire agir isolément[6], et sans doute comme préfet d'Orient.

Ces textes, dont le plus important n'a été publié qu'après la mise en pages de ces notes, paraissent donc infirmer, dans une certaine mesure, la valeur des assertions de Zosime qui étaient admises jusqu'ici sans contestation pour le règne de Constantin. Nous n'avons pas cru cependant pouvoir modifier le classement que Borghesi avait proposé : nous nous sommes contenté de supprimer, pour les préfets du règne de Constantin, la mention de la région qu'il avait indiquée.

— «Hac ratione diviso praefectorum magistratu, studiose conatus est (Constantinus) aliis quoque modis eorum potestatem imminuere.

αὐτὴν νήσους, καὶ ἀμφοτέρας Ἠπείρους, καὶ πρὸς ταύταις Ἰλλυριοὺς καὶ Δάκας καὶ Τριβαλλοὺς, καὶ τοὺς ἄχρι τῆς Βαλερίας Παίονας, καὶ ἐπὶ τούτοις τὴν ἄνω Μυσίαν. Τῷ δὲ τρίτῳ τὴν Ἰταλίαν ἅπασαν καὶ Σικελίαν, καὶ τὰς περὶ αὐτὴν νήσους, καὶ ἔτι γε Σαρδόνα, καὶ Κύρνον καὶ τὴν ἀπὸ Σύρτεων Κυρήνης ἄχρι Λιβύην. Τῷ δὲ τετάρτῳ τοὺς ὑπὲρ τὰς Ἄλπεις Κελτούς τε καὶ Ἴβηρας πρὸς τῇ Βρεττανικῇ νήσῳ.]

[1] [Voir plus haut, p. 4, n. 5 et 6.]
[2] [Voir plus bas, p. 440.]
[3] [Cf. Mommsen, *Nuove memorie dell' Inst.* p. 301.]
[4] [Voir plus bas, p. 190, n. 1.]
[5] [Mommsen, *Archaeologisch-epigraphische Mittheilungen aus Oesterreich-Ungarn*, 1894, XVII, p. 115.]
[6] [*Corp. inscr. Lat.* vol. III, n. 6751. Il convient d'ailleurs de remarquer que, même après Constantin, il y a des exemples de dispositions prises au nom de trois préfets. Voir plus bas, p. 208, n. 4; 309, n. 1; 323, n. 9; 360, n. 2.]

# PRAEFECTI PRAETORIO. 187

« Nam cum praessent ubique locorum militibus, non modo centuriones
« et tribuni, verum etiam duces (sic enim appellabantur qui quolibet
« in loco praetorum vicem obtinebant), magistris militum institutis,
« altero equitum, peditum altero, et in hos translata potestate militum
« ordinandorum, et coercendi delinquentes, hac etiam in parte prae-
« fectorum auctoritati detraxit [1]. »

Avant Constantin, les préfets du prétoire étaient surtout les chefs des cohortes prétoriennes. Si l'on confia parfois cette fonction à des administrateurs, à d'anciens chefs de service de la chancellerie impériale comme Ulpien, Paul ou Papinien, on choisissait de préférence des soldats de profession. Constantin enleva aux préfets le commandement des cohortes prétoriennes [2]. Les préfets du prétoire devinrent dès lors des fonctionnaires civils chargés de la haute administration des provinces avec des attributions financières et judiciaires. C'est à eux que les empereurs adressent le plus ordinairement leurs instructions pour tout ce qui touche à l'administration de l'État et à l'application de la loi.

Ces instructions, conçues sous forme de mandats ou de rescrits, ont été recueillies dans le Code Théodosien et dans le Code de Justinien. C'est à cela que l'on doit de posséder aujourd'hui un nombre si considérable de textes sur les préfets du prétoire de Constantin à Justinien, et que l'on peut suivre ces préfets année par année, et quelquefois jour par jour [3]. Borghesi a fait, dans ses *schede*, l'inventaire de toutes ces constitutions impériales. Le temps lui avait manqué pour les classer; nous les avons rétablies dans leur ordre chronologique.]

---

[1] Zosim. *loc. cit.* : [Ταύτῃ διελόμενος τὴν τῶν ὑπάρχων ἀρχὴν, καὶ ἄλλοις τρόποις ἐλαττῶσαι ταύτην ἐσπούδασεν· ἐφεστώτων γὰρ τοῖς ἀπανταχοῦ στρατιώταις οὐ μόνον ἑκατοντάρχων, καὶ χιλιάρχων, ἀλλὰ καὶ τῶν λεγομένων δουκῶν, οἳ στρατηγῶν ἐν ἑκάστῳ τόπῳ τάξιν ἐπεῖχον· στρατηλάτας καταστήσας, τὸν μὲν τῆς ἵππου, τὸν δὲ τῶν πεζῶν, εἰς τούτους τε τὴν ἐξουσίαν τοῦ τάττειν στρατιώτας καὶ τιμωρεῖσθαι τοὺς ἁμαρτάνοντας μεταθείς, παρείλετο καὶ ταύτης τοὺς ὑπάρχους τῆς αὐθεντίας.]

[2] [Aur. Victor, *De Caesar.* c. xxxix : « Praetoriae legiones ac subsidia, factionibus aptiora quam Urbi Romae, sublata penitus simul arma atque usus indumenti militaris. » Dioclétien avait déjà affaibli le pouvoir militaire des préfets : « Discordiarum metu..... quasi truncatae urbis vires, imminuto praetoriarum cohortium atque in armis vulgi numero. » (*Ibid.*)]

[3] [Il y a lieu toutefois de vérifier avec soin l'adresse de ces constitutions. « Cum magna constitutionum pars ad praefectos praetorio data sit, librarii notam *pp.* scribere adeo adsuefacti sunt, ut eam passim privatis quoque hominibus perperam adponerent. » (Krueger, *Praef. ad Cod. Just.* p. xxxi.)]

# I
## PRAEFECTI PRAETORIO ORIENTIS.

### I
1068 = 315.
*EVAGRIUS*,
sub Constantino.

Imp. Constantinus A. ad Evagrium P. P.
An. 313 [?]. — Constantino A. III et Licinio III conss.
Id. Mart. PP....[1].
An. 315 [?]. — Constantino IV et Licinio IV conss.
XIV kal. Oct. Dat. Naïsso. Acc. viii id. Nov.[2].
XV kal. Nov. Dat. Murgillo[3].

[Seeck a fait remarquer que, le 13 août 315, Constantin était à Rome[4]. Il ne croit donc pas qu'il ait pu être le 18 septembre à Murgillum, en Pannonie, ni même le 18 octobre à Naïssus, en Mésie. Dès lors la suscription des deux constitutions de 315 serait fausse; il faudrait lire : *Id. Aug.* et *xiv kal. Oct. ipso* (Constantino A. VIII) *et* (Constantino) *C. IV conss.*[5] (329).]

### II
[Intra 1068 = 315 et 1069 =] 316.
[PETRONIUS] ANNIANUS,
praef. praet. sub Constantino.

« Exemplum epistulae praefectorum praetorio ad Celsum vicarium :

---

[1] *Cod. Theod.* lib. XII, tit. 1, c. 1, *De decurionibus. Cod. Just.* lib. X, tit. xxxii, c. 14. [Les sigles P. P. après *Evagrium* manquent au code de Justinien et dans quelques manuscrits du Code Théodosien. Sur la date, voir plus bas, p. 199, n. 2]

[2] *Cod. Theod.* lib. XIV, tit. viii, c. 1.

[3] *Cod. Theod.* lib. XVI, tit. viii, c. 1, *De Judaeis. Cod. Just.* lib. I, tit. ix, c. 3.

[4] [*Vat. fr.* 33.]

[5] *Zeitschrift der Savigny-Stiftung*, R. A. t. X, p. 35 et 240. [Voir cep. Mommsen, *Arch.-epigr. Mittheilungen aus Oesterreich-Ungarn*, 1894, XVII, p. 114.]

« Petronius Annianus, et Julianus Domitio Celso, vicario Africae, etc.
« — [Hilarius princeps optulit iv kal. Maias Triberis.][1] »

Petronio Probiano fu prefetto d'Italia nel 316[2], e nello stesso anno fu vicario dell'Africa Domitio Celso[3], onde questa lettera, benchè senza data, molto plausibilmente a questo tempo si riporta. Petronio è senza dubbio il prefetto d'Italia. In altre lettere o editti indirizzati al prefetto d'Italia in cui sono nominati tutti i prefetti, il secondo luogo concedesi sempre a quello d'Oriente, onde con ragione può supporsi, pel posto che occupa, che Anniano godesse questa prefettura[4].

[La conjecture de Borghesi est infirmée par une inscription récemment trouvée à Tropaea, dans la Mésie inférieure[5]. Cette inscription nous fait connaître les noms des deux préfets en charge lors de la dédicace du monument, et prouve qu'il ne faut pas confondre le préfet Petronius Annianus avec le proconsul d'Afrique Petronius Probianus.

ROMANAE SECVRITATIS LIBERTATISQ vINDICIBVS
D D N N FL VAL CONSTANTINO et liciniano
licinio PIIS FELICIBVS AETERNIS AVGG
QVORVM VIRTVTE ET PROVIDENTIA EDOMITIS
VBIQVE BARBARARVM GENTIVM POPVLIS
AD CONFIRMANDAM LIMITIS TVTELAM ETIAM
TROPEENSIVM CIVITAS AVSPICATO A FVNDAMENTIS
FELICITER     OPERE     CONSTRVCTA EST
PETR·ANNIANVS VC ET IVL IVNIANVS V EM PRAEFF PRAET NVMINI EoRVM SEMPER DICATISSIMI

---

[1] In calce Optati operum, p. 483, édit. Paris, 1631. In appendice tomi IX operum D. Augustini, p. 216, édit. Wenck, et apud Labbaeum, t. I, p. 1471. [Corpus scriptorum ecclesiast. Latin. éd. Ziwsa, t. XXVI, p. 213. La première ligne du texte cité ne se trouve que dans le manuscrit de Paris n° 1711 du xi° siècle (éd. Ziwsa, p. 232). — Cf., sur la valeur de ce document, L. Duchesne, Le dossier du Donatisme dans les Mélanges d'archéologie et d'histoire de l'École française de Rome, t. X, p. 607.]

[2] [Cod. Theod. lib. XI, tit. xxx, c. 5 et 6 : « Petronio Probiano suo salutem. »]

[3] Cod. Theod. lib. I, tit. xxii, c. 1, De officio judicum omnium.

[4] [Voir plus haut, t. V, p. 501. Dans un mémoire publié en 1852 (dans Die Schriften der römischen Feldmesser, éd. Lachmann, t. II, p. 202, n. 111), Mommsen avait déjà exprimé l'avis que Petronius et Annianus formaient un seul et même personnage, et qu'il n'y avait, à cette époque, que deux préfets du prétoire pour tout l'empire.]

[5] [Arch.-epigr. Mittheilungen aus Oesterreich-Ungarn, 1894, XVII, p. 109.]

Le préfet Petronius Annianus doit être le même qui fut consul en 314 avec C. Ceionius Rufius Volusianus et qui est mentionné par saint Augustin :

— « Sicut ergo consulum ordo declarat, primo Caecilianus episco-
« pali judicio Melchiadis est absolutus, deinde non post longum tem-
« pus Felicem proconsulari judicio constitit innocentem... Nam Mel-
« chiades judicavit, Constantino ter et Licinio iterum consulibus, sexto
« nonas octobres. Aelianus proconsul causam Felicis audivit, Volusiano
« et Anniano consulibus, quinto decimo calendas martias, id est post
« menses ferme quattuor[1]. »]

### III
1070 = 317.
*LEONTIUS*,
sub Constantino.

An. 317 [?]. — « Imp. Constantinus A. Leontio P. P. — Dat. vii kal.
« Aug., Gallicano et Basso coss.[2] »

[Cette constitution sur la fabrication de la fausse monnaie et sur l'altération des monnaies paraît se rattacher à un règlement rapporté dans un autre titre du Code[3], et dont elle n'est peut-être qu'un fragment. Ce règlement général étant de 343, ce serait par erreur qu'on aurait daté notre constitution de l'an 317. Si cette conjecture est exacte, il n'y aurait pas eu de préfet du prétoire du nom de Leontius, sous Constantin, comme l'avait cru Borghesi.]

### IV
[1077 =] 324 — [1080 =] 327.
[FL.] CONSTANTIUS,
praef. praet. sub Constantino.

[Avant d'être préfet du prétoire, Fl. Constantius occupa un poste élevé, proba-

---

[1] [*Ad Donatistas, post collat.*, c. xxxiii, éd. Migne, t. IX, col. 687. Cf. Borghesi, *Fasti consulares mss.* vol. V, f° 589.]

[2] *Cod. Theod.* lib. IX, tit. xxii, c. 1.

[3] [Voir plus bas, p. 208, note 1. Cf. Seeck, p. 248.]

blement celui de vice-préfet. C'est sans doute à ce titre que Constantin lui envoya un rescrit reçu le 22 janvier 315 et un autre du 28 avril[1].]

Imp. Constantinus A. ad Constantium P. P.

An. 324. — Crispo III et Constantino III conss.

XVII kal. Jun. PP...[2].

Vi si parla dell'abrogazione degli atti di Licinio, per cui deve spettare all' Oriente, in cui egli imperava[3].

An. 325. — Paulino et Juliano conss.

IV kal. Sept. Dat. Antiochiae[4].

In vece di *Dat.* dovrebbe essere *PP*.

[Borghesi a eu raison d'émettre des doutes sur l'exactitude de cette suscription. Antioche était la résidence du vicaire d'Orient et non celle de Constantin, qui, en août et septembre 325, était à Nicomédie. L'original devait porter *PP.* ou *Acc. Antiochiae.* Ce n'est pas la seule correction à faire : le rescrit de Constantin vise l'édit *Ad universos provinciales* promulgué au lieu de la résidence de l'Empereur le 17 septembre[5]; il n'est pas possible qu'il ait été promulgué à Antioche le 29 août. Il faut donc lire *iv kal. Oct.* et non *iv kal. Sept.*, et en raison du court intervalle qui sépare cette date de la promulgation à Nicomédie, il est vraisemblable qu'elle indique le jour de la réception, et non celui de la promulgation à Antioche[6].

Les compilateurs du Code ont souvent confondu *Dat.* avec *PP.* ou avec *Acc.* Il nous suffira d'expliquer une fois pour toutes pourquoi ils n'ont mentionné ordinairement qu'une seule de ces trois dates. Régulièrement la suscription des constitutions adressées aux magistrats devrait contenir : 1° la date de la constitution; 2° celle de la réception; 3° celle de la promulgation dans le ressort de ces magistrats. Ces trois dates pouvaient être séparées par un intervalle plus ou moins grand. Une négligence dans l'expédition par la chancellerie impériale, la distance à franchir par les courriers, les difficultés du voyage retardaient la réception. La

---

[1] [*Cod. Theod.* lib. VIII, tit. v, c. 1, *De cursu publico;* tit. xv, c. 1, *De cohortalibus*, où il faut lire *P(ro) P(raefecto)*. Voir cep. sur la date du premier de ces textes, Mommsen, *Arch.-epigr. Mittheil. aus Oesterreich-Ungarn*, 1894, XVII, p. 114, n. 2.]

[2] *Cod. Theod.* lib. XV, tit. xiv, c. 1. *De infirmandis.*

[3] [Seeck, *Die Zeitfolge der Gesetze Constantins* (*Zeitschrift der Savigny-Stiftung*, R. A., 1889, t. X, p. 192), lit *Jan.* au lieu de *Jun.* et retarde au 16 décembre l'abrogation des lois de Licinius.]

[4] *Cod. Theod.* lib. I, tit. v, c. 1. *De officio praef. praet.*

[5] [*Ibid.* lib. IX, tit. 1, c. 4. *De accusationibus.*]

[6] [Seeck, p. 233.]

promulgation pouvait elle-même être différée par le fait du magistrat, à moins que l'Empereur ne lui eût donné des instructions spéciales à cet égard, comme on en trouve des exemples [1]. C'est pour cela qu'une même constitution envoyée aux divers magistrats de l'Empire peut avoir été promulguée dans leurs ressorts respectifs à des époques sensiblement différentes [2].

Les compilateurs se sont contentés le plus souvent de noter la date de la constitution : c'est la seule qu'ils devaient trouver consignée sur les registres des archives impériales mis à leur disposition. Pourquoi, cependant, dans un certain nombre de cas, ont-ils indiqué uniquement la date de la réception ou celle de la promulgation ? Voici comment on peut l'expliquer : depuis la division de l'Empire sous Dioclétien, il n'y avait plus, comme au temps de Marc Aurèle, un registre général des constitutions impériales [3]. Les Augustes et les Césars avaient chacun leurs archives particulières [4]. Ces archives ne furent pas toujours conservées avec soin. Pour combler les lacunes qu'ils rencontraient, les compilateurs du Code durent consulter les archives des gouverneurs des provinces. Or, dans ces archives, c'est la date de la réception, ou le plus souvent celle de la promulgation, qui devait être mentionnée : c'est la seule que les justiciables avaient intérêt à connaître [5].]

Non. Oct. Dat... [6].
Imp. Constantinus A. ad Constantium P. P.
An. 327. — Constantino et Maximo conss.
III id. Jun. Dat. Constantinopoli [?] [7].

[Fl. Constantius est, suivant quelques auteurs, le consul de 327. Mais le nom du consul de cette année n'est pas certain. Borghesi, dans les *Matériaux* de ses *Fastes*

---

[1] [*Nov.* CXX, Epilog. : «Eminentia tua... edicto in solemnibus et legitimis locis per decem dies proposito...»]

[2] [Une const. de Marcien, exécutoire dans le diocèse de Thrace en 437, ne fut appliquée dans les diocèses d'Orient, d'Égypte, de Pont et d'Asie qu'en l'année 441. *Cod. Just.* lib. XI, tit. LIV, c. 1, § 2].

[3] [C'étaient les *semenstria*. Cf. Édouard Cuq, *Le Conseil des empereurs*, p. 421. Il y avait aussi un *liber libellorum rescriptorum a domino nostro et propositorum Romae*. Voir le décret de Gordien contenu dans une inscription de Skaptoparene (*Zeitschrift der Savigny-Stiftung*, R. A. t. XII, p. 244).]

[4] [Édouard Cuq, p. 483.]

[5] [Il n'y a pas là, bien entendu, une règle absolue. Il a dû arriver plus d'une fois que la date de la promulgation a été recueillie plutôt que toute autre par suite d'un fait accidentel tel que la négligence de l'un des compilateurs. Cf. Mommsen, *Zeitschrift der Savigny-Stiftung*, R. A. t. X, p. 351.]

[6] *Cod. Theod.* lib. XII, tit. I, c. 11. *De decurion.* [*Cod. Just.* lib. XI, tit. LXVIII, c. 1.]

[7] *Cod. Theod.* lib. II, tit. XXIV, c. 2. *Familiae herciscundae*.

194     PRAEFECTI PRAETORIO ORIENTIS.

*consulaires* (vol. 13, f° 5218), dit: «Il primo di questi consoli è chiamato Costanzio da alcuni[1], Costantino dagli altri[2], ed è probabilmente il Costanzo che in questo tempo era prefetto dal pretorio[3].»

Une inscription d'Ancyre mentionne le préfet Fl. Constantius[4] :

cLEMEnTISSIMO   ADQV
E  PERPETVO  IMPERATORI
D N   COnstaNTINO
MAXimo VICTORI SEM
pER Aug FL CONSTANTIVs
V C PRAEFECTVS PRETORII
PIETATI EIVS SEMPER
DICATISsimVs

La conjecture de Borghesi qui a classé Constantius parmi les préfets d'Orient serait ainsi confirmée par la provenance de cette inscription[5].]

IV *bis*.

[1078 =] 325 [— 1079 = 326.]

DRACILIANUS,

agens vices praeff. praet. [sub Constantino].

An. 325. — «Imp. Constantinus A. ad Dracilianum agentem vices «P. P. — PP. Caesareae, xv kal. Mai. Paullino et Juliano conss.[6].»

---

[1] [*Chron. Pasch.* ad an. 327. *Fasti Vindob.* priores, posteriores.] — [L'inscription chrétienne du cimetière de Lucine, sur la route d'Ostie, que Borghesi rapporte à l'année 327, appartient en réalité à l'année 397, ainsi que l'a démontré J. B. de Rossi (*Inscr. christ.* vol. I, p. 198, n. 454). La mention CONSS·FL·CAESARI·ET·MAXIMI désigne donc les consuls de l'année 397, Fl. Caesarius et Nonius Atticus Maximus. Héron de Villefosse.]

[2] [*Mon. Germ. hist.*, Chronica minora, t. IX, p. 1ᵃ, p. 233; p. 2ᵃ, p. 450.]

[3] [Cf. Tillemont, t. IV, p. 651.]

[4] [*Corp. inscr. Lat.* vol. III, n. 6751.]

[5] [Il est probable que ce personnage fut gouverneur de Carie. Une inscription d'Aphrodisias le mentionne en cette qualité avec le même gentilice, ΦΛ·ΚΩΝϹΤΑΝ-ΤΙΟΝ (*Corp. inscr. Graec.* n. 2745.)

[6] *Cod. Theod.* lib. II, tit. xxxiii, c. 1. *De usuris*. [Seeck, p. 234, pense qu'on a omis *p. c.* avant l'indication du consulat. Dracilianus n'a pu, suivant lui, être vice-préfet pendant que Maximus était vicaire d'Orient. Mais ce sont deux charges distinctes qui peuvent bien coexister. Voir plus haut, p. 151. Cf. Tillemont, t. IV, p. 648.]

[En 326, Constantin écrit à Macarius, l'un des évêques de la Palestine, au sujet de la construction de la basilique de Jérusalem :

— « Ac de parietum quidem substructione et elegantia, Draciliano « amico nostro, agenti vices praefectorum praetorio, et praesidi provin- « ciae, scias a me curam esse commissam[1]. »]

## V

[1079 = 326 — 1081 = 328.]
VALERIUS MAXIMUS BASILIUS,
praef. praet. sub Constantino.

Le date delle due leggi del 316[2] debbono corregersi *iii non. Febr. Severo et Rufino coss.*, onde spettano al 323, e cosi pure emendasi *P. U.* in vece di *P. P.*, spettando al prefetto di Roma Valerio Massimo, come si dimostra dal confronto fattone coll' intera costituzione di Costantino, di cui queste leggi non sono chè una parte, e ch'è stata pubblicata nelle nove Pandette del Mai[3]. Quelle colla data del 325 spettano a Massimo vicario dell' Oriente.

Imp. Constantinus A. ad Maximum P. P. [?].

An. 325. — Paulino et Juliano conss.

Kal. Oct. PP. Beryto[4].

Il Gotofredo avverte che deve leggersi *Maximo P(ro) P(raefecto)*[5].

XV kal. Jan. PP. Antiochiae[6].

[Id.... PP....[7].]

Imp. Constantinus A. ad Maximum P. U.

---

[1] [Euseb. *Vita Constantini*, lib. III, c. xxxi : Καὶ περὶ μὲν τῆς τῶν τοίχων ἐγέρσεώς τε καὶ καλλιεργίας, Δρακιλιανῷ τῷ ἡμετέρῳ φίλῳ τῷ διέποντι τὰ τῶν λαμπροτάτων ἐπάρχων μέρη, καὶ τῷ τῆς ἐπαρχίας ἄρχοντι, παρ' ἡμῶν τὴν φροντίδα ἐγκεχειρίσθαι γίνωσκε.]

[2] *Cod. Theod.* lib. III, tit. xxx, c. 2. *De admin. et periculo tutorum.* Lib. VIII, tit. xii, c. 1. *De donationibus.* — *Cod. Just.* lib. V, tit. xxxvii, c. 21. Lib. VIII, tit. liii, c. 25.

[3] P. 60. [*Vatic. frg.* 249. Cf.¦, sur la date de ces lois, Haenel, col. 214.]

[4] *Cod. Theod.* lib. XV, tit. xii, c. 1. *De gladiatoribus.* *Cod. Just.* lib. XI, tit. xliv, c. 1.

[5] [T. VI, pars 2, p. 5.]

[6] *Cod. Theod.* lib. VII, tit. xx, c. 4. *De veteranis.* — Lib. XII, tit. 1, c. 10 et 12. *De decurionibus.*

[7] [*Cod. Just.* lib. XI, tit. l, c. 1. *In quibus causis coloni censiti dominos accusare possunt.*]

An. 326. — Constantino A. VII et Constantio C. coss.
III kal. Febr. Dat. Serdicae[1].
VIII kal. April. PP. in foro Trajani[2].
XI kal. Jun. Dat. Sirmio. Acc. Romae[3].

Si è giusta la data, non può Massimo essere stato a questo tempo prefetto di Roma. In alcuni codici si scrive semplicemente *ppo*.

Imp. Constantinus A. ad Maximum P. P.

An. 327. — Constantino Caes. V et Maximo coss.
XII kal Febr. Dat...[4].
V kal. Oct. Dat. Treviris[5].

In questo caso non si può correggere *P. U.* perchè nel 326 fu prefetto di Roma Anicio Giuliano. Ritengo adunque il *P. P.* e penso qu'egli sia il Valerio Massimo che fu prefetto di Roma dal 319 al 322[6], e chi ebbe il consolato in quest'anno medesimo; dal che sia stato nello stesso tempo console e prefetto del pretorio.

Gli editori del codice Teodosiano gli riferiscono una legge data *iv kal. Jan. Treviris* del 328[7], che iscrivono *ad Maximum P. P.*, sospettandolo prefetto delle Gallie. Ma parmi migliore consiglio di ritener la lezione che la stessa legge ha nel codice Giustinianeo, ove l'iscrive *ad Maximum praesidem provinciae*[8].

[Deux autres constitutions des mois de mai 332 et 333 sont adressées à un préfet du prétoire du nom de Maximus[9].]

---

[1] *Cod. Theod.* lib. II, tit. xxii, c. 1. *De heredit. petitione.*

[2] *Ibid.* lib. IX, tit. xix, c. 2. *Ad leg. Cornel. de falso.*

[3] *Ibid.* lib. IX, tit. i, c. 5. *De accusat.*

[4] *Ibid.* lib. I, tit. v, c. 2. *De off. praef. praet.*

[5] *Ibid.* lib. I. tit. iv, c. 2. *De resp. prud.*

[6] [Voir plus haut, t. III, p. 510. Cf. Seeck, *loc. cit.* p. 216.]

[7] *Cod. Theod.* lib. I, tit. xvi, c. 4. *De off. rect. prov.* Lib. VII, tit. xx, c. 5. *De veteranis.* — *Cod. Just.* lib. I, tit. xl, c. 2; lib. XII, tit. xlvi, c. 2. [Cf. Krueger, ad h. l.]

[8] [Cf. Hermann, p. 116, n. 19. Cette correction est difficile à admettre en présence de ce passage du texte : *Ad gravitatis tuae scientiam referre.* Cf. Krueger, ad h. l.]

[9] [*Cod. Just.* lib. VI, tit. xxxvi, c. 7. *Cod. Theod.* lib. VIII, tit. i, c. 3.]

## VI

[1079 = 326 — 1084 = 331.]

### EVAGRIUS,
praef. praet. sub Constantino.

[La chronologie des constitutions du Code Théodosien donne lieu à de sérieuses difficultés. Les inscriptions et les suscriptions sont plus d'une fois inexactes[1]; il serait imprudent de s'y fier sans réserve. Il faut, toutes les fois que la chose est possible, les contrôler par des documents d'une autre provenance et, en tout cas, tenir compte de toutes les circonstances qui ont pu altérer les suscriptions des constitutions adressées à un même personnage ou relatives à un même objet.

L'une des causes d'erreur le plus fréquentes est la nécessité où étaient les compilateurs de dater d'une manière intelligible des constitutions dont la suscription contenait, dans les originaux déposés aux archives, une de ces abréviations familières à la chancellerie impériale, par exemple *ipsis AA. conss.* ou *CC. conss.* ou *ipso A. et C. conss.* Ajoutons à cela que l'analogie existant entre certains noms, tels que ceux de Constantinus, Constantius, Constans, les leur a fait prendre bien souvent les uns pour les autres.

Ces observations s'appliquent tout particulièrement aux textes relatifs à Evagrius. On rencontre des constitutions adressées à ce préfet du prétoire à des dates très différentes, depuis 326 jusqu'à 354. Il est difficile de croire qu'il n'y ait pas eu d'erreur, surtout lorsqu'il n'y a pas de motif de supposer que les textes concernent des personnes différentes portant le même nom.

Borghesi a consacré quatre fiches distinctes à Evagrius : trois dans la série des préfets d'Orient, une dans celle des préfets des Gaules. Nous les réunissons ici pour qu'on puisse saisir plus facilement les affinités qui existent entre plusieurs de ces textes, et aussi parce qu'il est permis de conjecturer qu'ils sont tous relatifs à un seul et même préfet du prétoire du règne de Constantin.]

Imp. Constantinus A. ad Evagrium[2].
An. 326. — Constantino A. VII et Constantio C. conss.
III non. Feb. Dat. Heracleae[3].

---

[1] [Krueger l'a démontré pour une partie des constitutions de Valentinien et Valens (*Ueber die Zeitbestimmung der Constitutionen aus den Jahren 364-373*), dans *Commentationes in honorem Mommseni*, p. 75); et Seeck pour celles de Constantin (*loc. cit.*).]

[2] [L'indication de la fonction remplie par Evagrius manque.]

[3] *Cod. Theod.* lib. IX, tit. III, c. 2, *De custodia reorum. Cod. Just.* lib. IX, tit. IV.

198    PRAEFECTI PRAETORIO ORIENTIS.

    VII kal. Mai. PP. Nicomediae[1].
    XVI kal. Jun. Dat..... [2].
Imp. Constantinus A. ad Evagrium P. P.
    An. 329. — Constantino A. VIII et Constantino C. IV conss.
    Id. Aug. Dat. Constantinopoli[3].
    XV kal. Nov. Dat. Constantinopoli[4].
    An. 331. — Basso et Ablabio conss.
    Prid. non. Aug. Dat..... [5].
    Prid. id. Aug. Dat...... [6].
    An. 336 [?]. — Nepotiano et Facundo conss.
    XI kal. Sept. Dat. Constantinopoli [7].
    An. 339 [?]. — Constantio II et Constante AA. conss.
    Id. Aug. Dat... [8].
    An. 353 [?]. — Constantio A. VI et Constantio[9] II conss.
    III id. Aug. Dat.... [10].
    An. 354 [?]. — Constantio A. VII et Constantio III conss.
    X kal. Oct. Dat. Aquileiae [11].

[D'après Seeck, la constitution datée de 339 est un fragment de celle qu'un autre texte reporte au 13 août 315. Il faut dans les deux textes lire : 13 août 329, c'est-à-dire *id. Aug. ipso* (Constantino A. VIII) *et* (Constantino) C. IV conss.[12].

c. 2. Vi è dell' imbroglio. [Cf. Haenel, col. 827, n. *h.*]

[1] *Cod. Theod.* lib. IX, tit. vii, c. 2, *Ad leg. Jul. de adult. Cod. Just.* lib. IX, tit. ix, c. 29. [Le Code Théodosien seul donne à Evagrius le titre de préfet du prétoire.]

[2] *Cod. Theod.* lib. XII, tit. 1, c. 13. *De decurionibus. Cod. Just.* lib. X, tit. xxxii, c. 17.

[3] *Cod. Theod.* lib. XVI, tit. ix, c. 2.

[4] *Ibid.* tit. viii, c. 1.

[5] *Ibid.* lib. VII, tit. xxii, c. 3, *De filiis militarium apparitorum.* [Les sigles *P. P.* manquent.] *Cod. Just.* lib. XII, tit. xlvii, c. 1. *Cod. Theod.* lib. XII, tit. 1, c. 19. *De decurionibus.* [Les sigles *P. P.* n'existent que dans le manuscrit *Reg. Paris.* 4404. Cf. Haenel, col. 1202, n. *h.*]

[6] *Cod. Theod.* lib. XII, tit. 1, c. 20.

[7] *Ibid.* lib. XII, tit. 1, c. 22.

[8] *Ibid.* lib. XVI, tit. viii, c. 6, *De Judaeis;* tit. ix, c. 2. *Cod. Just.* lib. I, tit. x, c. 1. *Ne christianum mancipium haereticus vel paganus vel Judaeus habeat vel possideat vel circumcidat.*

[9] [Au Code Théodosien on lit *Constante.* Cf. *Chron. Pasch.*]

[10] *Cod. Theod.* lib. VII, tit. xx, c. 7. *Cod. Just.* lib. XII, tit. xlvi, c. 3, *De veteranis.*

[11] *Cod. Just.* lib. II, tit. xix, c. 11, *De his quae vi.*

[12] [Voir plus haut, p. 189, n. 5.]

La constitution datée de 336 est un fragment de celle qu'un autre texte fait remonter à 326. Celle-ci fait elle-même partie d'un règlement général sur le recrutement des curies rendu en 325 et dont une copie fut adressée à Constantius, Maximus et Evagrius, à des intervalles certainement très rapprochés[1]. A ce règlement général se rattache une constitution datée de 313, mais qui est évidemment postérieure au règlement qu'elle est venue compléter. Elle était sans doute datée : *PP. id. Mart. Constantino A. VII et Constantio C. conss.*, c'est-à-dire du 15 mars 326[2].

Restent les constitutions attribuées à 353 et 354. La date 353 est fausse, car une constitution du même titre[3], adressée *ad universos veteranos*, invoque l'autorité de la décision qui est censée n'avoir été prise qu'en 353, et cette constitution est beaucoup plus ancienne. Est-elle de 320 comme l'indique la suscription? Assurément non, puisqu'elle est datée de Constantinople[4], qui ne tomba au pouvoir de Constantin qu'en 323 ou 324. Les deux constitutions sont très probablement de la même année que les précédentes, c'est-à-dire de 326.

Enfin, c'est à la même année qu'il faudrait faire remonter la constitution datée de 354, et destinée à protéger ceux qui, sous l'empire de la crainte, ont consenti à une vente au profit d'un fonctionnaire public dans la province où il exerce ses fonctions. Plusieurs manuscrits attribuent la décision à Constantin. La date peut dès lors être aisément fixée en admettant que la suscription portait : *Constantio A. VII* pour *Constantino A. VII* (326)[5].

Si ces conjectures sont exactes, Evagrius fut préfet du prétoire depuis février 326, peut-être même depuis 325. Il l'était encore en 329 et en 331.]

## VII

1079=326 — 1090=337.

### ABLABIUS,
praef. praet. sub Constantino.

Vedi su questo prefetto il Tillemont[6], che statuisce la sua prefettura dal 326 al 337 in cui fu ucciso.

---

[1] [*Cod. Theod.* lib. XII, tit. 1, c. 10, 11 et 13. Seeck, p. 233, fait remonter au 17 octobre 325 la c. 13, dont il rectifie ainsi la suscription : «Dat. xvi kal. Nov. Acc... Jan. Constantino A. VII et Constantio conss.»]

[2] [Seeck, *loc. cit.* p. 236.]

[3] [*Cod. Theod.* lib. VII, tit. xx, c. 3.]

[4] [Le texte original devait porter *Byzantii.* Voir plus bas, p. 200, n. 6.]

[5] [Seeck, p. 236, rectifie ainsi la suscription : «Dat. x kal. Dec. Aquileiae, Constantino A. VII et Constantio conss.»]

[6] *Hist. des Empereurs* [t. IV, p. 218].

Ablabium, praefectum praetorio Orientis, statuit Gothofredus ad annos 330, 331, 333[1].

Ablavio ebbe pure qualche impiego in Italia nel 315 :

— «Imp. Constantinus A. ad Ablavium. — Aereis tabulis vel ce-
«russatis aut linteis mappis scripta per omnes civitates Italiae propo-
«natur lex, quae parentum manus a parricidio arceat, votumque vertat
«in melius. Officiumque tuum haec cura perstringat, ut, si quis parens
«afferat sobolem quam pro paupertate educare non possit, nec in
«alimentis nec in veste impertienda tardetur, cum educatio nascentis
«infantiae moras ferre non possit. Ad quam rem et fiscum nostrum et
«rem privatam indiscreta jussimus praebere obsequia. — Dat. III id.
«Mai. Naïsso, Constantino A. IV et Licinio A. IV AA. conss[2]. »

[Deux constitutions de l'année 326 sont adressées au préfet du prétoire Ablabius.]

Imp. Constantinus A. ad Ablavium[3] P. P.
An. 326. — Constantino A. VII et Constante C. conss.
Kal. jun. PP. . . .[4].
XIV kal. Oct. Dat. . .[5].

[Ablabius est, suivant toute vraisemblance, le premier préfet qui ait résidé à Constantinople. Son séjour en Orient est attesté soit par une constitution de novembre 330 relative aux synagogues juives, soit par l'inscription d'Orcistos de 331. Or la dédicace solennelle de la ville eut lieu le 11 mai 330[6], et c'est

---

[1] Notit. Dignit. *Cod. Theod.* [Cf. Tillemont, t. IV, p. 216, 230, 242.]

[2] *Cod. Theod.* lib. XI, tit. XXVII, c. 1. *De alimentis quae inopes parentes de publico petere debent.* [Seeck, *op. cit.* p. 25, prétend que ce rescrit est de 331, comme *Cod. Theod.* lib. V, tit. VII, c. 1.]

[3] [Les manuscrits du Code Théodosien appellent notre préfet Ablavius; son véritable nom est Ablabius, ainsi qu'il résulte de l'inscription d'Orcistos. Cf. Mommsen, *Corp. inscr. Lat.* vol. III, p. 66.]

[4] *Cod. Theod.* lib. XVI, tit. II, c. 6. *De naviculariis.*

[5] *Ibid.* lib. XIII, tit. V, c. 5. *De episcopis.*

[6] [*Consularia Constantinopolitana* : «His conss. (Gallicano et Symmacho) dedicata est Constantinopoli, die v idus Mai.»]

## PRAEFECTI PRAETORIO ORIENTIS.

en cette même année que le siège de la préfecture d'Orient fut établi à Constantinople :

— « Idem religiosissimus imperator Constantinus Constantinopoli « mansit, quam ab Europae provincia, seu illius metropoli Heraclea « avulsit, praefecto praetorio et praefecto urbi, ceterisque majoribus « magistratibus in ea constitutis[1]. »]

Imp. Constantinus A. ad Ablavium P. P.
An 330. — Gallicano et Symmacho conss.
III kal. Dec. Dat. Constantinopoli[2].
An. 331. — Basso et Ablabio conss.
XV kal. Mai. Dat. Constantinopoli[3].
III non. Mai. Dat... [4].
An. 333. — Dalmatio et Zenophilo conss.
[III non. Mai. Dat... [5].]
Id. Nov. Dat. et PP... [6].

[C'est pendant qu'il était préfet du prétoire d'Orient qu'Ablabius transmit aux habitants d'Orcistos en Phrygie le rescrit de Constantin du 30 juin 331, par lequel l'empereur les dispense de la redevance qu'ils payaient à leurs voisins de Nacolia[7]. Il fut consul, avec Annius Bassus, en cette même année 331[8].]

Ablavio sortito di una famiglia meno che mediocre se trovi elevato

---

[1] [*Chron. Pasch.* p. 530 : Ὁ αὐτὸς θειότατος βασιλεὺς Κωνσταντῖνος ἔμεινεν βασιλεύων ἐν Κωνσταντινουπόλει, ἀφελόμενος αὐτὴν ἀπὸ τῆς ἐπαρχείας Εὐρώπης ἤγουν τῆς μητροπόλεως αὐτῆς Ἡρακλείας, προβαλόμενος τῇ αὐτῇ Κωνσταντινουπόλει ἔπαρχον πραιτορίων καὶ ἔπαρχον πόλεως καὶ τοὺς λοιποὺς μεγάλους ἄρχοντας.]

[2] *Cod. Theod.* lib. XVI, tit. VIII, c. 2.

[3] *Ibid.* lib. V, tit. VII, c. 1. *De expositis.*

[4] *Ibid.* lib. III, tit. XVI, c. 1. *De repudiis.* Vedi la nota del Gotofredo. Constitutiones Sirmondi, 1 [éd. Haenel, p. 445. Schulte, *Constitutio Constantini ad Ablavium* (dans *Festschrift für Windscheid*), a établi que la date de cette constitution doit être reportée à 333.]

[5] [Voir la note précédente.]

[6] *Cod. Theod.* lib. VII, tit. XXII, c. 5. *De filiis milit. apparit.*

[7] [*Corp. inscr. Lat.* vol. III, n. 7000 (= 352); cf. p. 66 et 1268.]

[8] [Borghesi, *Fasti consulares mss.* vol. V, f° 601; J. B. de Rossi, *Inscr. christ.* vol. I, p. 38 et 574.]

dal favore di Constantino ad un potere che sopretendeva sorpassare quello dell' imperatore.

Parla di Ablavio lungamente Eunapio.

— « Ablabio, caedis architecto et machinatori, genus fuit obscurissi-
« mum et, quoad paternam originem, infra mediocritatem abjectum
« et humile... Nato infanti nomen fuit Ablabius, qui usque adeo pila
« et ludus exstitit Fortunae nova semper molientis ut imperatore plus
« potuerit[1]. »

Si ha una lettera, stampata nel Labbe[2], dell' imperatore Costantino colla quale nel 314 commette che i Donatisti vescovi si recchino al concilio Arelatense. È diretta *Aelafio* che si dice vicario dell' Africa, ma si è corretto *Ablabio*, e il Gotofredo nella Prosopografia consente che sia il console di quest' anno.

[Bien que l'opinion générale soit fixée en ce sens, il n'est pas démontré qu'Ablabius ait été vicaire d'Afrique en 314. Rien ne prouve que le destinataire du rescrit ne soit pas réellement Aelafius, comme le porte le manuscrit[3].]

Aveva promesso in isposa la sua figlia Olimpiade al Cesare Costante, che fu poi data in moglie ad Arsace, re degli Armeni :

An. 360. — Constantius imperator « Olympiada, Ablabii filiam
« praefecti quondam praetorio, ei (Arsaci) copulaverat conjugem,
« sponsam fratris sui Constantis[4]. »

— « Constantius imperator sponsam fratris Olympiadem barbaris
« tradidit, quam ille quousque ad mortem apud se servavit educa-
« vitque quasi propriam sibi uxorem[5]. »

---

[1] *Vitae Philosophorum*, in Aedesio, cosi pure gli atti di S. Nicolo presso il Baronio, an. 326, n. 90, e seg. [Ἀϐλαϐίῳ τῷ τὸν φόνον ἐργασαμένῳ γένος ἦν ἀδοξότατον, καὶ τὰ ἐκ πατέρων τοῦ μετρίου καὶ φαύλου ταπεινότερα... Καὶ ὁ τεχθεὶς ἦν Ἀϐλάϐιος, καὶ τοσοῦτον ἐγένετο παίγνιον τῆς εἰς ἄπαντα νεωτεριζούσης Τύχης, ὥστε οὕτω πλείονα ἐδύνατο τοῦ βασιλεύοντος. (Eu-napii *Vitae*, p. 463, éd. Didot.) Cf. Tillemont, t. IV, p. 648.]

[2] T. I, p. 1445. [*Corp. script. eccles. Lat.* vol. XXVI, p. 204.]

[3] [C'est l'avis de M. l'abbé Duchesne, *Bulletin critique*, 1886, p. 127; Pallu de Lessert, *Vicaires et comtes d'Afrique*, p. 48.]

[4] Ammian. Marcell. lib. XX, c. XI, 4.

[5] S. Athanasius, in *Ep. ad Solitar.*

Si parla assai della casa che aveva a Costantinopoli, la quale fu poi il palazzo di Placidia figlia di Teodosio il Grande [1].

Fu autore per gelosia della morte del filosofo Sopatro :

— « (Constantius) Dalmatio Caesari... insidias struit... Tunc et « Ablabius praefectus praetorii necatus est, ipsa Vindicta merita homi- « nem poena multante, quod per insidias Sopatro philosopho mortem « machinatus fuisset, cum ei Constantini familiaritatem invideret [2]. »

Egli non fu spossessato della sua carica se non che nel 337 da Costanzo, che fece parimente toglierli la vita insieme con molti altri.

An. 337. — « Ablabius, praefectus praetorii, et multi nobilium « occisi [3]. »

Pare che fosse anche privato di sepoltura [4].

[On peut juger de la tournure d'esprit d'Ablabius par cet extrait d'une lettre de Sidoine Apollinaire [5] :]

— « Ut mihi non figuratius Constantini domum vitamque videatur « vel pupugisse versu gemello consul Ablabius vel momordisse disti- « cho tali clam Palatino foribus appenso :

« Saturnini aurea saecla quis requirat?
« Sunt haec gemmea, sed Neroniana.

« Quia scilicet praedictus Augustus isdem fere temporibus extinxerat « conjugem Faustam calore balnei, filium Crispum frigore veneni. »

---

p. 836. [Historia Arianorum ad monachos, c. LXIX : Τὴν δὲ μνηστὴν αὐτοῦ τὴν Ὀλυμπιάδα βαρβάροις ἐκδέδωκεν, ἣν ἐκεῖνος μέχρι τελευτῆς ἐφύλατ7ε, καὶ ὡς ἰδίαν ἀνέτρεψεν ἑαυτῷ γυναῖκα.]

[1] Synesius, ep. LXI [205].
[2] Zosim. lib. II, c. XL. [(Κωνσ7άντιος) Δαλματίῳ τῷ Καίσαρι ῥάπ7ει τὴν... ἐπιβουλήν... Ἀνῃρέθη δὲ τότε Ἀϐλάϐιος ὁ τῆς αὐλῆς ὕπαρχος, τῆς Δίκης ἀξίαν αὐτῷ ποινὴν ἐπιθείσης ἀνθ' ὧν ἐβούλευσε θάνατον Σωπάτρῳ τῷ φιλοσόφῳ φθόνῳ τῆς Κωνσ7αντίνου πρὸς αὐτὸν οἰκειότητος.]

[3] Euseb. Chron. ad an. 341. Hieronym. in Chron. [eod. Cf. Eunap. Vitae philos. p. 464, éd. Didot].
[4] Euseb. Vita Constantini, IV, 30.
[5] Lib. V, ep. 8. [On possède également une épigramme grecque d'Ablabius, Anthol. Palat. c. IX, 762 (éd. Didot, t. II, p. 151).]

204     PRAEFECTI PRAETORIO ORIENTIS.

✶

1079=326 — 1082=329.

*SECUNDUS,*

sub Constantino.

Imp. Constantinus A. Secundo P. P. Orientis.

An. 326. — Constantino A. VII et Constantio C. conss. III kal. Jul. Dat...[1].

An. 328. — Januarino et Justo conss. Kal. Dec...[2].

An. 329. — Constantino A. VIII et Constante C. IV conss. XIV kal. Mai. Dat. Constantinopoli[3].

[Ces trois textes ont été interpolés. Secundus fut préfet du prétoire sous Julien, et non sous Constantin[4].]

## VIII

1091 = 338.

[FL.] DOMITIUS LEONTIUS,

praef. praet. Orientis sub Constantio II.

— « Idem A. ad Leontium P. P. — Dat. III id. April. Pacatiano et « Hilariano coss. » (332)[5].

[La suscription est inexacte : la même constitution est reproduite ailleurs avec la date 343[6]. Leontius n'était pas préfet du prétoire en 332.]

— « Imp. Constantius A. Dometio[7] Leontio P. P. — Dat. xv kal. « Nov. Urso et Polemio coss. » (338)[8].

---

[1] *Cod. Theod.* lib. XV, tit. 1, c. 3. *De operibus publicis.*

[2] *Ibid.* lib. IX, tit. 1, c. 6. *De accusationibus.*

[3] *Ibid.* lib. I, tit. XVI, c. 5. *De officio rectoris prov.*

[4] [Voir plus bas, p. 229.]

[5] *Cod. Theod.* lib. VII, tit. XXII, c. 4. *De filiis milit. apparit.*

[6] [*Ibid.* lib. XII, tit. 1, c. 35.]

[7] [Au Code Théodosien, on lit *Dometio* au lieu de *Domitio.*]

[8] *Cod. Theod.* lib. IX, tit. 1, c. 7. *De accusationibus.*

Il Tillemont[1] crede sbagliata la data di questa legge, mà finora nulla si oppone chè Leonzio posse essere succeduto ad Ablabio, che dopo un anno abbia ceduto l'ufficio ad Acindino, e che infine l'abbià egli apresso[2].

[L'inscription suivante trouvée à Beyrouth prouve que Leontius fut préfet du prétoire d'Orient.

LEONTI*o . v . c . praefecto*
PRAETORIO ADQVE O*rdi*NARIO CONSVLI
PROVOCANTIBVS EIVS MERITIS QVAE PER
SINGVLOS HONORVM GRADOS AD HOS
*e*VM DIGNITATVM APICES PROVEXERVNT
DECRETIS PROVINCIAE PHOENICES SENTEN
TIA DIVINA FIRMATIS DD NN CONSTANĪ ET
CONSTANTIS AETERNORVM PRINCI
PVM ORDO BERYTIORVM STATVAM
SVMPTIBVS SVIS E*x* AERE LOCATAM
CIVILI HABITO DEDICAVIT[3]

Fl. Domitius Leontius fut consul en 344 avec Fl. Sallustius Bonosus[4].]

## IX
[1091=]338 — [1093=]340.
[SEPTIMIUS] ACYNDINUS,
praef. praet. Orientis sub Constantio II.

Acindino fu prefetto d'Oriente nel 338, 339 et 340. È il console del 340[5].

Attica palla tegit socerum, toga picta parentem :

[1] [*Hist. des Empereurs*, t. IV, p. 316.]

[2] [Godefroy avait d'abord proposé de corriger l'inscription de cette constitution et de lire *Imppp. Constantinus, Constantius et Constans AAA*. Cette correction a été admise par Beck dans son *Jus civile Antejustinianeum*, publié en 1815. Mais Godefroy était lui-même revenu sur son opinion (*Notit.* et *Chronol.*). Remarquant qu'il n'existe aucune constitution du Code Théodosien dont l'inscription contienne les noms des trois frères empereurs, il a émis l'avis qu'il fallait conserver ici la leçon des manuscrits. Voir Haenel, col. 1205, n. *p.*]

[3] [Waddington, *Inscr. grecques et latines de la Syrie*, n. 1847 a; *Corp. inscr. Lat.* vol. III, n. 167 et p. 971.]

[4] [Voir plus haut, t. VII, p. 173, la tablette de patronat de Paestum. *Corp. inscr. Lat.* vol. X, n. 478. Sur ces consuls, cf. J. B. de Rossi, *Inscr. christ.* vol. I, p. 53, n. 75 à 80.]

[5] Gothofredus, *Notit. Dignit.* [Plusieurs inscriptions chrétiennes de Rome sont datées

Praefuit ille sacris, hic dixit jura Quiriti.
At mihi castrensem quod mordet fibula vestem
Aurorae in populis regum Praetoria rexi.
Si fasces pictura tacet, tu respice Fastos [1].

Da questo epigramma risolta ch' egli fu figlio di Settimio Acindino prefetto di Roma l'anno 1046 [= 293], a cui attribuisce l'iscrizione che sta nelle schede della Spagna Tarraconese [2].

Benchè fosse stato officiale in Oriente, pare che avesse una terra nella Campagna, e che venisse a passarvi la sua vecchiaia [3].

« Antiochiae, ante quinquaginta ferme annos, Constantii tempori-
« bus, Acyndinus tunc praefectus, qui etiam consul fuit », diede una notabile sentenza [4]. I manoscritti notano: « circiter annum 343, quippe
« haec Augustinus scribebat sub a. 393. »

[D'autres textes permettent de fixer d'une manière plus précise l'époque où Acyndinus fut préfet d'Orient. Il remplissait cette charge dès le 27 décembre 338, et il l'occupait encore, d'après un papyrus du musée de Berlin, le 14 août 340.]

An. 338. — « [Imppp. Constantinus, Constantius et Constans AAA.]
« ad Acyndinum P. P. — Dat. et PP. vi kal. Jan. Antiochiae, Urso et
« Polemio coss. [5] »

An. 340. — « Imp. Constantius A. Acyndino P. P. — Dat. non.
« April. Acyndino et Proculo coss [6]. »

[. . . . . . . . . . . . . . . . . . . . . . . . . . . . Ὑπατείας
Σεπτιμίου Ἀκινδύνου τοῦ λαμπροτάτ(ου) ἐπάρχου τοῦ ἱεροῦ
πραιτωρίου καὶ Ποπλωνίου Προκούλου τῶν λαμ(προτάτων)] [7].

---

de l'année 340 (J. B. de Rossi, *Inscr. christ.* vol. I, n. 56-60, 1129). Le nom de ce personnage y apparaît sous les formes ACYNDINO, ACINDVNO, AQVINDINO. Héron de Villefosse.]

[1] Ita cecinit de eo Symmachus, lib. I, epist. l.

[2] [Borghesi, *Matériaux des Fastes consulaires*, vol. XIII, f° 5310.]

[3] Symmach. *loc. cit.*

[4] Augustinus, lib. I, c. l, in *Sermone Domini in monte.*

[5] *Cod. Theod.* lib. II, tit. vi, c. 4. *De temporum cursu et reparationibus appellationum.* [Les noms des empereurs ont été restitués d'après les fastes consulaires.]

[6] *Ibid.* lib. IX, tit. iii, c. 3. *De custodia reorum. Cod. Just.* lib. IX, tit. iv, c. 3.

[7] [*Ægyptische Urkunden aus den Museen zu Berlin.* Griech. Urk. II, 21, 14-17.]

Il y a, il est vrai, une constitution adressée à Acyndinus en 326 :]

— «Imp. Constantinus A. ad Acyndinum P. P. — PP. xv kal. «Mart. Constantino A. VII et Constantio C. coss. [1]. »
Correggi in ambedue i luoghi *Constantio*. Riportola al 339.

[Cette correction ne nous paraît pas nécessaire. Une inscription de Tarragone mentionne un Septimius Acyndinus qui, entre 317 et 326, fut *agens per Hispanias vicem praeff. praet.*[2]. Le rescrit de 326 fut sans doute adressé *ad Acyndinum p(ro) p(raefectis) p(raetorio)*.]

## X

[1093 = 340 (?)] — [1097 =] 344.

[FL. DOMITIUS] LEONTIUS,
praef. praet. Orientis [iterum] sub Constantio seniore et Constante.

[Acyndinus était encore préfet le 14 août 340. Il eut probablement pour successeur immédiat Leontius. Une constitution des empereurs Constantius et Constans au préfet du prétoire Leontius porte cette suscription : *Dat. v id. Oct. conss. su*[3]. Au Code de Justinien, on lit : *Dat. v id. Oct... conss.*[4]. Krueger pense qu'il faut lire, au Code Théodosien, *cons(ulibu)s su[pra scriptis]*. Cette constitution, qui est la seconde du titre, serait du même consulat que la première, c'est-à-dire du consulat d'Acyndinus et Proculus, par conséquent de 340. Les compilateurs du Code de Justinien, n'ayant pas reproduit la première constitution du titre, ont dû substituer à la mention *consulibus suprascriptis* l'énonciation des noms des consuls.]

Impp. Constantius et Constans AA. Leontio P. P.
An. 342. — Constantio III et Constante II conss.
V id. Mai. Dat. Antiochiae[5].
III kal. Aug. Dat...[6].
V id. Oct. Dat...[?][7].

---

[1] *Cod. Just.* lib. XII, tit. l, c. 2. *Cod. Theod.* lib. VIII, tit. v, c. 3. *De cursu publico.*

[2] [*Corp. inscr. Lat.* t. II, n. 4107.]

[3] [*Cod. Theod.* lib. VII, tit. ix, c. 2.]

[4] [*Cod. Just.* lib. XII, tit. xli, c. 1. *De salgamo hospitibus non praebendo.*]

[5] *Cod. Theod.* lib. XI, tit. xxxvi, c. 6. *Quorum appellationes non recipiantur.* [Bien que la qualité de Leontius soit omise, on est d'accord pour suppléer *P. P.*].

[6] *Ibid.* lib. I, tit. v, c. 4. *De off. praef. praet.*

[7] [Voir le texte cité note 4 ci-dessus.]

An 343. — Placido et Romulo conss.
XII kal. Mart. Dat. Antiochiae [1].
V kal. Jul. Dat. Hierapoli [2].
An. 344. — Leontio et Sallustio conss.
Prid. non. Jul. Dat... [3].

[Une inscription récemment trouvée [4] aux environs de Nova Zágora, dans la Thrace, nous fait connaître les noms des deux préfets qui étaient en charge en même temps que Domitius Leontius sous le règne de Constant. C'étaient Antonius Marcellinus pour l'Italie, Fabius Titianus pour les Gaules.]

✵

[1096 =] 343.

*SEVERUS*,

sub Constantio.

An. 343 [?]. — «Imp. Constantinus [5] A. ad Severum P. U. [6]. — «Dat. iv non. Jul. Hierapoli, Placido et Romulo coss. [7].»

Il Gotofredo ben si accorse che l'Anonimo escludeva costui dalla serie dei prefetti di Roma, onde sospetti che lo fosse di Costantinopoli. Mà il Corsini [8] ben avverti che questi non furono istituiti se non che nel 359. Convien adunque incorrere all'altra congettura del Gotofredo che fosse invece prefetto del pretorio, ed allora bisognerà ammettere che lo fosse dell'Oriente, perchè in Occidente regnavi allora Costante, e la legge è sicuramente di Costanzo, siccome lo dimostra la data di Hierapoli ov' egli risedeva realmente in quest' anno siccome lo mostra un' altra legge [9] diretta al prefetto del pretorio Leonzio.

[Il y a une autre solution qui nous semble préférable. Pour faire de Severus un

---

[1] *Cod. Theod.* lib. IX, tit. xxi, c. 5. *De falsa moneta.*

[2] *Ibid.* lib. XII, tit. i, c. 35. *De decurion.*

[3] *Ibid.* lib. XIII, tit. iv, c. 3. *De excusat. artificum. Cod. Just.* lib. X, tit. lxvi, c. 2.

[4] [*Archaelog.-epigr. Mittheilungen aus Oesterreich-Ungarn*, 1892, XV, p. 160.]

[5] [Borghesi lit avec Godefroy *Constantius.* Cf. Haenel, col. 1462, n. *r.*]

[6] Corrige *P. P.*

[7] *Cod. Theod.* lib. XV, tit. viii, c. 1. *De lenonibus.*

[8] [*Series praefectorum Urbis*, p. 204.]

[9] [Voir la note 2 ci-dessus.]

préfet du prétoire de Constance, il faut apporter une double correction à l'inscription qui donne à Severus la qualité de préfet de la ville et attribue la constitution à Constantin. La suscription, il est vrai, ne concorde pas avec l'inscription, mais l'erreur a pu se glisser bien plus facilement dans la première que dans la seconde. Elle est d'autant plus certaine que, en 343, c'est Leontius qui était préfet du prétoire. Le parti le plus sûr est de voir, dans le destinataire de cette constitution, le préfet de la ville de 325-326, Acilius Severus [1].]

## XI

[1099 =] 346 — [1104 = 351].

[FL.] PHILIPPUS,

praef. praet. Orientis sub Constantio II.

De hoc Philippo agunt Zosimus[2], Socrates[3], Theophanes[4] ad ann. 340, 346, 349.

Libanio[5], fra coloro «qui sub Constantio a sordidis paene natalibus «ad summum honoris fastigium pervenere», cita «Philippum».

An. 342 [?][6]. — Costanzo, avvertito del ritorno di Paolo, vescovo di Costantinopoli, inviò ordine a Filippo, prefetto del pretorio, di cacciarlo della città, e di mettere Macedonio in possesso della chiesa, cosa che non potè eseguire senza una gran strage del popolo[7].

Socrate e Sozomeno dicono Paolo essere stato obbligato quest' anno a lasciare Costantinopoli, essere presso fuggendo, menato a Cucuso, tormentato lungamente della fame, e infine essere strangolato per ordine di Filippo, prefetto del pretorio[8].

— «Constantinopolitanum episcopum Paulum persecuti, nactique

---

[1] [Cf. Seeck, *loc. cit.* p. 234.]

[2] Lib. II, c. xlvi.

[3] [*Hist. eccles.*], lib. II, c. xvi; lib. V, c. ix.

[4] [*Chronogr.*], p. 65. [Cf.] Gothofred. *Notitia dignit. Cod. Theod.*

[5] Nell' orazione inedita citata dal Gotofredo, t. IV, p. 7. [Cf. Sievers, *Das Leben des Libanius*, p. 55, n. 9.]

[6] [A cette date, c'est Domitius Leontius qui était préfet du prétoire. Il doit y avoir une erreur, ou dans l'année, ou dans le titre donné à Philippe. Voir plus bas, p. 210, notes 4 et 5.]

[7] Socrat. *H. E.* lib. II, c. xvi. Orsi, *Storia ecclesiastica*, t. V, p. 431.

[8] [Socrat. *H. E.* lib. II, c. xxvi]. Sozomen. [*H. E.* lib. IV, c. ii]. Tillemont, [*Mém. ecclés.*], t. VI, p. 325.

« apud Cucusum, ut vocant, Cappadociae, palam strangulandum cura-
« runt, carnifice ad eam rem usi Philippo praefecto qui et haeresis ipso-
« rum vindex ac defensor erat, et minister perversorum consiliorum [1]. »

— « Ensem inde ab initio praefectus praetorio gerebat, quippe qui
« copiis etiam praeesset : quod hodieque ipso adspectu reperire licet,
« si quis antiquitatis amator, Chalcedonem transvectus, Philippi praefecti
« praetorio effigiem intueatur [2]. »

Teofano pure parla della commissione che il prefetto del pretorio
ebbe da Costanzo di cacciare da Costantinopoli il Paolo e del moto
con qual l'esegui [3].

— « Constantii anno v, Paulus crudelitate praefecti Philippi (nam
« fautor Macedonii partium erat) et Arianorum insidiis strangulatur [4]. »

— « Constantius, rursum indignatus, iterum divinum Paulum
« exulare perpetuo jubet. Etenim Philippus praefectus, hoc admittens,
« sanctum virum in exilium ablegavit, et Macedonium S. Spiritus im-
« pugnatorem in ecclesia reponit [5]. »

Il menologio di S. Basilio ricorda S. Martino subdiacono e S. Marciano cantore, fatti uccidere dal prefetto Filippo [6].

An. 350. — Filippo, prefetto del pretorio, non era favorevole a
S. Atanasio [7].

[1] Athanasius, apud Theodoretum [Hist. ecclés. lib. II. c. IV : Τὸν γὰρ τῆς Κωνσταντινουπόλεως Παῦλον τὸν ἐπίσκοπον διώξαντες, καὶ εὑρόντες, προφανῶς ἀποπνιγῆναι πεποιήκασιν, ἐν τῇ λεγομένῃ Κουκουσῷ τῆς Καππαδοκίας, δήμιον ἐσχηκότες εἰς τοῦτο Φίλιππον τὸν γενόμενον ἔπαρχον· ἦν γὰρ καὶ τῆς αἱρέσεως αὐτῶν προστάτης, καὶ τῶν πονηρῶν βουλευμάτων ὑπηρέτης].

[2] Joh. Lydus [lib. II. c. IX : Ξίφος δὲ ἐζώννυτο ἀνέκαθεν ὁ ὕπαρχος, οἷα καὶ τῶν ὅπλων ἔχων τὴν δύναμιν· καὶ τοῦτο δυνατὸν αὐταῖς ὄψεσιν ἐπὶ τοῦ παρόντος εὑρεῖν, εἴγε τις φιλάρχαιος ὤν, ἐπὶ τὴν Καλχηδόνα περαιωθείς, τὴν Φιλίππου τοῦ ὑπάρχου εἰκόνα καταμάθοι.]

[3] [Loc. cit.]

[4] Hieronymus, in Chron. Euseb., in chron. an. 341. [Prosperi Tironis Epitoma chronicon ed. Mommsen (Monum. Germ. histor., Auct. antiq. t. IX), p. 453.]

[5] Photius [Biblioth.], cod. 257. [Καὶ πάλιν περιοργὴς ὁ Κωνστάντιος, καὶ πάλιν πρόσταγμα εἰς ὑπερορίαν ἄγον τὸν ἀοίδιμον. Καὶ γὰρ τοῦτο δεξάμενος ὁ ὕπαρχος Φίλιππος ἐξορίζει μὲν τὸν ὅσιον, ἀντικαθίστησι δὲ τῇ τοῦ Θεοῦ Ἐκκλησίᾳ τὸν πνευματομάχον Μακεδόνιον.]

[6] Tillemont [Mém. ecclés.], t. VI, p. 399.

[7] Athanasius, Ad solitar. p. 845 [c. LI]. Tillemont, Mém. ecclés. t. VIII, p. 135.

## PRAEFECTI PRAETORIO ORIENTIS.

Zosimo[1] parla ampiamente dall' ambasciata che da Costanzo fu commessa a Filippo.

Philippum, anno nondum vertente quo Paulum crudeliter occiderat, praefectura depositum moxque mortuum scribit Athanasius : « At hoc « scelus divina vindicta inultum non praeterivit : Philippus enim, non- « dum vertente anno, praefectura sua depositus, magna cum ignominia « spoliatus est, ac jam inde privatus in quibus minime volebat ludibrio « fuit; moestis igitur mirum in modum et quotidie percussorem exspec- « tans longe a suis ac patria sua velut attonitus, quod minime volebat, « morte extinctus est[2]. »

Cio essere successo l'anno 351 provasi dal Gotofredo[3] e dal Tillemont[4].

[Il y a au Code Théodosien plusieurs constitutions adressées au préfet du prétoire Philippe par Constantius et Constans.]

Dat. v kal. Aug. Constantio IV et Constante III AA. coss.[5] (346).
PP. v id. Jun. post cons. Constantii iterum et Constantis AA.[6] (340).

Saviamente il Gotofredo corregge «*post cons. Constantii IV et Constantis III*», e cosi del 340 la riporta al 347[7].

Dat. xii kal. Oct. Limenio et Catulino coss.[8] (349).

---

[1] Lib. II, c. xlvi.

[2] Athanasius, *Ad solitar.* p. 630 [c. vii : ἀλλ' οὐδὲ τοῦτο παρεῖδεν ἡ θεία δίκη· οὐδὲ γὰρ παρῆλθεν ἐνιαυτὸς, καὶ μετὰ πολλῆς ἀτιμίας καθῃρέθη τῆς ἀρχῆς ὁ Φίλιππος, οὕτως ὡς ἰδιώτην γενόμενον, ὑφ' ὧν οὐκ ἤθελε καταπαίζεσθαι. Πάνυ γοῦν καὶ αὐτὸς λυπούμενος, καὶ κατὰ τὸν Κάϊν σ7ένων καὶ τρέμων, καὶ καθ' ἡμέραν προσδοκῶν τὸν ἀναιροῦντα ἔξω τῆς ἑαυτοῦ πατρίδος καὶ αὐτὸς καὶ τῶν ἰδίων, ὥσπερ ἐκπλαγεὶς, ἐπεὶ μὴ οὕτως ἤθελεν, ἀπέθανε.]

[3] Nella Prosopografia, p. 58. [Cf. Sievers, *Das Leben des Libanius*, p. 55, n. 9.]

[4] [*Hist. des Empereurs*], t. IV, [p. 383].

[5] *Cod. Theod.* lib. XI, tit. xxii, c. 1. *Ne collationis translatio postuletur.*

[6] *Cod. Theod.* tit. xxx, c. 20. *De appellationibus.*

[7] [Haenel n'admet pas cette correction. Les constitutions, dit-il, sont toujours rangées au Code Théodosien dans l'ordre chronologique. Si notre rescrit était de 347, il faudrait le reporter après la c. 23, ce qui bouleverserait l'ordre des constitutions. Mais comme, d'autre part, Philippe fut préfet du prétoire entre 346 et 349, Haenel préfère admettre qu'il y a eu erreur dans l'indication du destinataire du rescrit.]

[8] *Cod. Theod.* lib. III, tit. xiii, c. 1. *De dotibus.* — Lib. VIII, tit. xiii, c. 1 et 2. *De revocandis donationibus. Cod. Just.* lib. VIII, tit. lv, c. 7.

[Il faut y joindre une constitution non datée du code de Justinien [1], et une constitution attribuée à Constantin :]

An. 326 [?]. — Dat. III non. Nov. Arelate. Constantino A. VII et Constantio C. coss. [2].

Il Gotofredo a giustamente veduto che questa legge non può spettare a Costantino e al 326, onde ha corretto « *Constantio A. VI et Constantio C. II* », e cosi passa al 353 [3]. Nondimeno nota il Tillemont [4] che questo tempo era prefetto Talassio, onde dovve conchiudersene ch' è sbagliato il nome.

[Philippus fut consul en 348 avec Fl. Sallia [5]. Il resta préfet du prétoire jusqu'en 351 : cela résulte d'une inscription de Cythri, dans l'île de Chypre [6] :

```
          D  d                        n  N
     cONSTANTius        VICTOR  AC
     tRIVMFATor     seMPER  AVG·ET
     |.|  |  |  |  |.|  |
     NOBILISSimus cAESAR·PRO
     VIRTVTVM meritis ET LABORVm
     QVOS IN PraefecturA EMENSVs est
     VIRO CLARissimo FILIPPO PRaef
     PRAETORIO statuaM  EX  AERE
     FVSAM AVRo condECORATAM
     CONLOCAri iusseRVNT
```

A la troisième ligne était gravé un nom qui a été martelé, celui du prince qui

---

[1] [Lib. XII, tit. 1, c. 4.]

[2] Cod. Theod. lib. VIII, tit. VII, c. 2. *De div. officiis.*

[3] [La correction de Godefroy, approuvée par Borghesi, est repoussée par Beck et par Haenel. « Certe h. c. ad ann. 353 referre non licet, recentior enim esset sq. c. 3 contra rationem c. Th. » Le préfet du prétoire à qui notre constitution est adressée serait alors un autre que celui dont nous nous occupons. Seeck, p. 248, admet avec Borghesi que cette constitution est du règne de Constance.]

[4] [*Hist. des Empereurs*], t. IV, p. 387.

[5] [Ce consulat est mentionné sur plusieurs inscriptions chrétiennes de Rome. (J. B. de Rossi, *Inscr. christ.* vol. I, n. 96 à 103). Un de ces textes, aujourd'hui perdu (n. 101), est ainsi daté :

....... FLAVIO FILIPPO
ET FLAVIO SALLEA CON
SVLIBVS . . . . . . . . . . . .

Il fait connaître un des noms de notre préfet. Héron de Villefosse.]

[6] [Waddington, *Inscr. grecques et latines de Syrie*, n. 2769. *Explic.* t. III, p. 639; *Corp. inscr. Lat.* vol. III, n. 214.]

ost qualifié César à la ligne suivante : Fl. Claudius Constantius Gallus. Gallus reçut le titre de César le 15 mars 351 : l'inscription est postérieure à cette date, pas de beaucoup cependant, puisqu'en cette même année Thalassius succéda à Philippus comme préfet du prétoire.]

## XII
### [1104 =] 351 — [1106 =] 353.
### THALASSIUS,
praef. praet. Orientis sub Constantio II.

De eo Ammianus et Epiphanius.

— « Thalassius... ea tempestate praefectus praetorio praesens, « ipse quoque arrogantis ingenii, considerans incitationem ejus ad mul- « torum augeri discrimina, non maturitate vel consiliis mitigabat, ut « aliquoties celsae potestates iras principum molliverunt : sed adver- « sando jurgandoque, cum parum congrueret, eum ad rabiem potius « evibrabat[1]. »

Hic autem comes fuit, teste Athanasio[2], et a Constantio ad Constantem fratrem missus erat Pitybionem, ut ait idem Athanasius[3].

De ejusdem apud Constantium auctoritate et gratia, Zosimus[4].

An. 349. — L'imperatore Costanzo scrisse a S. Atanasio per esortarlo a ritornare « et comites suos Polemium, Dacianum, Bardionem, « Thalassium, Taurum, Florentium, quibus etiam magis fidendum « erat, in eamdem sententiam scribere jussit[5] ».

An. 351. — « Thalassius qui principem locum apud Constantium « obtinebat[6]. »

Talassio fu uno dei senatori giudici della disputa fra Fotino e Basilio d'Ancira nel concilio Sirmiensi del 351. Da Costanzo furono dati

---

[1] Ammian. lib. XIV, c. 1, 10.
[2] In *Epist. ad solitar.* [c. xxii].
[3] In *apolog. ad Constantium* [c. iii].
[4] Zosim. lib. XIV, c. xlviii.
[5] Athanasius, *Ep. ad solitar.* [c. xxii : Καὶ γὰρ καὶ τοὺς κόμητας αὐτοῦ πεποίηκε γράψαι, Πολέμιον, Δατιανὸν, Βαρδίωνα, Θάλασσον, Ταῦρον καὶ Φλωρέντιον, οἷς καὶ μᾶλλον πιστεύειν ἦν.]
[6] Zosim. lib. II, c. xlviii. [Θάλασσος, τὰ πρῶτα παρὰ βασιλεῖ φέρων.]

per giudici della disputa al Sirmio fra l'eretico Fozio, vescovo di quella città, e Basilio, vescovo di Ancira, «Thalassius, Dacianus, Cerealius, «Taurus, Marcellinus, Evanthius, Olympius, Leontius[1]». Erant omnes hi comites et magistratus imperatoris.

Nota il Pagi che nel 351 fu mandato prefetto del pretorio in Oriente con Costanzo Gallo, e che mori nel 353 secondo Ammiano[2]:

— «Constantius qui... Thalassium... obiisse compererat... «mandabat Domitiano... praefecto...»

Da cio ne viene che è per certo sbagliato o il nome o la data della legge [seguente] del codice Teodosiano:

An. 357 (?) — «[Idem] (impp. Constantius) A. et Julianus C. ad «Thalassium P. P. — Dat. v non. Jul. Mediolano, Constantio A. IX et «Juliano Caes. II coss[3].»

## XIII

[1106 =] 353.

### DOMITIANUS,

praef. praet. Orientis sub Constantio II.

Libanio[4], fra coloro «qui sub Constantio a sordidis pene natalibus «ad summum honoris fastigium pervenere», ricorda «Domitianum.»

An. 353. — «Apollinaris, Domitiani gener, paulo ante agens palatii «Caesaris curam, ad Mesopotamiam missus (est) a socero[5].»

De eo Ammianus Marcellinus[6].

An. 353. — «Constantius, qui Thalassium obiisse compererat, «mandabat Domitiano, ex comite sacrarum largitionum, praefecto, ut,

---

[1] S. Epifanio, *Adversus haereses*, lib. III [t. I, LXXI, 1, contra Photinianos].

[2] Lib. XIV, c. VII, 9. [Au lieu de *quem obiisse jam compererat*, certains éditeurs lisent: *quem movisse*. Sievers, *Das Leben des Libanius*, p. 227, pense que Thalassius n'était plus préfet au moment de sa mort. Il se fonde sur une lettre que Libanius écrivit en sa faveur à Euphemius (*ep.* 535).]

[3] *Cod. Theod.* lib. XVI, tit. VIII, c. 7. *De Judaeis. Cod. Just.* lib. I, tit. VII, c. 1. [Cf. Tillemont, *Hist. des Empereurs*, t. IV, p. 1118; Sievers, *op. cit.* p. 226.]

[4] Nell' orazione inedita citata dal Gotofredo, t. IV, p. 7. [Cf. Tillemont, t. IV, p. 396.]

[5] Ammian. lib. XIV, c. VII, 19.

[6] Lib. XIV, c. VII, 9; lib. XV, c. III, 1.

« cum in Syriam veniret, Gallum... ad Italiam properare blande hor-
« taretur... Eodem impetu Domitianum praecipitem per scalas, itidem
« funibus constrinxerunt; eosque conjunctos per ampla spatia civitatis
« acri raptavere discursu... Mox abjecerunt in flumen [1]. »

— « Constantius Domitianum, senem illustrem, praetorii praefec-
« tum, misit Antiochiam cum arcano mandato, ut Gallo arte persua-
« deret ut ad se veniret. Sed ille profectus Antiochiam, rem sine ullo
« tractavit ingenio, aperte jusso Caesare ad imperatorem proficisci,
« comminatus ni pareret se commeatus eorum, qui illi parerent, deten-
« turum. His ille... commotus praefectum detinet et militibus custo-
« diendum tradit. Eam rem Montio quaestore culpante... Caesar...
« ab uxore inflammatus quasi contemneretur : et quaestorem in vin-
« cula conjecit, et ambos militibus tradit qui utrumque per forum trac-
« tum et excruciatum, denique in flumen conjectum suffocarunt [2]. »

— « Constantius Gallus quaestorem vocabulo Magnum, et Domitia-
« num praefectum Orientis, occidit [3]. »

An. 353. — « Gallus... Domitianum praefectum praetorio per
« Orientem et Magnum quaestorem sua ipsius auctoritate jusserat in-
« terfici, eo quod conatus ipsius indicassent Constantio [4]. »

An. 355. — « Hoc anno Gallus, qui et Constantius, Caesar, per ca-

---

[1] Ammian. lib. XIV, c. vii, 9 [et 16].
[2] Zonar. lib. XIII, c. ix. [Ὁ Κωνσ7άν-
τιος... Δομιτιανὸν, ἄνδρα ἐπιφανῆ τε
καὶ γηραιὸν, ἔπαρχον πραιτωρίων, προ-
χειρισάμενος, εἰς Ἀντιόχειαν ἔσ7ειλεν,
ἐντειλάμενος τῷ ἀνδρὶ ἐν ἀπορρήτοις εὐ-
φυῶς πως τὸν Γάλλον ὑπελθεῖν, καὶ πεῖ-
σαι ἀφίξεσθαι πρὸς αὐτόν. Ὁ δὲ εἰς Ἀντιόχειαν παραγεγονὼς, καὶ πάνυ ἀδεξίως
τὸ πρᾶγμα μετεχειρίσατο, ἀναφανδὸν ἐπι-
τάξας τῷ Καίσαρι πορεύεσθαι πρὸς τὸν
Αὐτοκράτορα, καὶ ἀπειλήσας, εἰ μὴ πεί-
θοιτο, τὰς σιτήσεις τῶν ὑπ' αὐτὸν ἐπισχεῖν.
Τούτοις εἰς θυμὸν ἐκεῖνος παροξυν-
θεὶς... συνέσχε τὸν ἔπαρχον καὶ φρουροὺς
αὐτῷ σ7ρατιώτας ἐπέσ7ησε. Μοντίου δὲ
τοῦ κοιαίσ7ωρος αἰτιωμένου τὴν πρᾶξιν...
ὁ Καῖσαρ... πρὸς τῆς γυναικὸς ἐξαφθεὶς
εἰς ὀργὴν ὡς καταφρονούμενος, καὶ αὐτὸν
ὑπὸ δεσμοῖς ἐποιήσατο τὸν κοιαίσ7ωρα,
καὶ τοῖς σ7ρατιώταις καὶ ἄμφω παρέδωκεν.
Οἱ δὲ ἄμφω τὼ ἄνδρε συνδήσαντες ἔσυ-
ραν διὰ τῆς ἀγορᾶς καὶ ᾐκίσαντο· καὶ τέλος
ἐνέβαλον εἰς τὸν ποταμὸν καὶ διέφθειραν.]
[3] Epiphanius, scholast., l. V, c. 2. *Historia miscella*, lib. XI, c. xxiii.
[4] Socrat. lib. II [c. xxxiv : Δομετιανὸν
γὰρ τὸν τότε ἔπαρχον τῆς ἑῴας, καὶ Μάγνον
κυαίσ7ωρα αὐθεντήσας ἀνεῖλε, μηνύσαντας
τῷ βασιλεῖ τὸν σκοπὸν αὐτοῦ.]

«lumniam, quasi praeter voluntatem Constantii Augusti praefectum
«praetorio et quaestorem interfecisset, Antiochia accersitus, in Istro
«insula sublatus est[1].»

## XIV

[1107 =] 354 — [1111 =] 358.

### STRATEGIUS MUSONIANUS,

praef. praet. Orientis sub Constantio II.

«Musonianus, is erat Arianus, cujus meminit Athanasius in epistola
«ad Solitarios, ubi ait Eusebianos ad concilium Sardicense venientes
«secum adduxisse comitem Musonianum Hesychiumque castrensem[2].
«De eodem loquitur in Apologia ad Constantium. Idem postea pro-
«consul Achaiae a Constantio factus est, extincta jam Magnentii fac-
«tione, ut scribit Libanius in oratione de vita sua, ubi etiam ejus
«mansuetudinem et benignitatem commendat quemadmodum Marcel-
«linus noster. Eumdem denique praefectum praetorio Orientis fuisse
«testatur. Fuit autem domo Antiochenus, teste eodem Libanio[3] qui
«quidem semper eum Strategium nominat pristino nomine[4].»

Nel 352, Acacio, forse conte d'Oriente, e il conte Strategio Musoniano inviati poco prima per cacciare S. Eustazio, vescovo di Berea,
scrivono a Costantino[5].

An. 355. — «Domitiano crudeli morte consumpto, Musonianus, ejus
«successor, Orientem praetoriani regebat potestate praefecti, facundia
«sermonis utriusque clarus : unde sublimius quam sperabatur eluxit.
«Constantinus enim cum limatius superstitionum quaereret sectas Ma-
«nichaeorum et similium, nec interpres inveniretur idoneus, hunc sibi

---

[1] *Chron. Pasch.* [p. 541, édit. Dindorf :
Τούτῳ τῷ ἔτει Γάλλος ὁ καὶ Κωνσ1άντιος,
Καῖσαρ ὤν, ἐκ διαϐολῆς, ὡς παρὰ γνώμην
Κωνσ1αντίου τοῦ Αὐγούσ1ου ἀποκτείνας
ἔπαρχον πραιτωρίων καὶ κυέσ1ωρα, μετα-
σ1αλεὶς ἀπὸ τῆς Ἀντιοχέων ὑπὸ Κωνσ1αν-
τίου τοῦ Αὐγούσ1ου ἐν Ἴσ1ρῳ τῇ ν.,σῳ ἀνῃρέθη. Cf. Theophan. p. 62.]

[2] *Epist. ad solitarios* [c. xv].

[3] In *epist.* 396 et 451.

[4] Valesius *ad* Ammian. [t. I, p. 172, éd.
de Leipzig, 1808. Voir plus haut, t. III,
p. 511].

[5] Euseb. [*De vita Constantini*, lib. III],
c. 59, 60. Tillemont [*Mém. ecclés.*], t. VI,
p. 277.

« commendatum ut sufficientem elegit : quem officio functum perite
« Musonianum voluit adpellari, ante Strategium dictitatum : et ex eo
« percursis honorum gradibus multis, adscendit ad praefecturam; pru-
« dens alia, tolerabilisque provinciis et mitis et blandus; sed ex qua-
« libet occasione, maximeque ex controversis litibus, quod nefandum
« est, et in totum lucrandi aviditate sordescens[1]. »

An. 356. — « Musonianus... praefectus praetorio, multis (ut ante
« diximus) bonis artibus eruditus, sed venalis et flecti a veritate pecu-
« nia facilis, per emissarios quosdam fallendi perstringendique gnaros,
« Persarum sciscitabatur consilia[2]. »

[Strategius, surnommé Musonianus par Constance, avait le rang de *comes* à
l'époque du concile de Sardique[3]. Il fut probablement proconsul de Constantinople vers 350[4]. Il devint ensuite proconsul d'Achaïe vers 352[5], enfin préfet du
prétoire d'Orient de 354 à 358. Il était en fonctions le 25 juillet 354.]

Imp. Constantius A. ad Musonianum P. P.

An. 354. — Constantio A. VII et Constantio C. conss.

VIII kal. Aug. Dat... [6].

An. 356. — Constantio A. VIII et Juliano C. conss.

XVIII kal. Febr. Dat. Mediolano. Indictione xv[7].

An. 358. — Datiano et Cereale coss.

VII id. Jun. Dat. Haerbillo[8] [?].

III id. Jun. Dat. Mediolani. Indictione xv[9].

An. 358. — (Legati ad Saporem missi) « Prosper comes, et Specta-
« tus tribunus et notarius, itemque Eustathius, Musoniano suggerente,
« philosophus, ut opifex suadendi[10]. »

---

[1] Ammian. lib. XV, c. xiii, 1.

[2] *Ibid.* lib. XVI, c. ix, 1. [Cf. Liban. *ep.* 1039.]

[3] [Tillemont, *Mém. ecclés.* t. VIII, p. 92, place l'ouverture de ce concile en 347. Sievers, *Das Leben des Libanius*, p. 222, le fait remonter à 341.]

[4] [Cf. Sievers, *op. cit.* p. 214, d'après Libanius, *Orat.* XVI, 6.]

[5] [Libanius, I, 58.]

[6] *Cod. Theod.* lib. VIII, tit. v, c. 5. [« Nullum patimur praefectorum in aliena diocesi emolumenta annonaria erogare. »]

[7] *Ibid.* lib. XII, tit. xii, c. 2. *De leg.*

[8] *Ibid.* lib. I, tit. v, c. 6. *De off. praef. praet.*

[9] *Ibid.* c. 7.

[10] Ammian. lib. XVII, c. v, 15.

Era morto nel 371 perche nella legge di Valentiniano[1] si ha: « Juxta
« eum tenorem quem a divo principe Constantio, data Musoniani cla-
« rissimae memoriae P. P. exsecutione, constat esse roboratum, [intra
« Orientales provincias navicularium corpus impleri jubemus »].

Da essa consta pure che fu prefetto d'Oriente.

## XV

[1111 =] 358 — [1112 =] 359.

### HERMOGENES,
praef. praet. Orientis sub Constantio II.

« Hermogenes Musoniano seu Strategio successerat, ut ait Libanius
« in oratione de vita sua, ubi eum a lenitate morum commendat, per-
« inde ac Marcellinus[2]. »

[Hermogenes avait précédemment occupé une charge à la cour de Constance, probablement celle de questeur[3]. Il fut ensuite proconsul d'Achaïe[4]. Il était préfet du prétoire lors du tremblement de terre qui détruisit Nicomédie, le 23 août 358[5]. La dernière constitution adressée à Strategius étant du 7 juin 358, c'est entre ces deux dates qu'Hermogenes fut appelé à la préfecture d'Orient.]

An. 359. — « Hermogenes enim Ponticus, ea tempestate praefectus
« praetorio, ut lenioris ingenii spernebatur[6]. »

An. 358. — Basilio d'Ancira rescrive ad Ermogene, prefetto del pretorio, e al preside di Siria quali erano quelli che bisognava bandire, e dove si dovevano relegare[7].

---

[1] [Dat. III id. Febr. Constantinopoli.] Cod. Theod. lib. XIII, tit. v, c. 14 pr. De naviculariis.

[2] Valesius, ad Amm [t. I, p. 351].

[3] [Himerius, Orat. XIV, 30 : Μέσος γὰρ βασιλέως τε καὶ τῶν ἀρχομένων ἑσίὼς, ἐκείνῳ μὲν τὰς τῶν ὑπηκόων χρείας, τοῖς δὲ τὰ παρὰ τοῦ βασιλέως διηκόνει προστάγματα. Cf. Sievers, op. cit. p. 225.]

[4] [Himerius, Orat. XIV : Εἰς τὸν Ἑρμογένην τὸν τῆς Ἑλλάδος ἀνθύπατον, éd. Didot, p. 71.]

[5] [Libanius, I, 80. Cf. Sievers, op. cit. p. 224.]

[6] Ammian. lib XIX, c. XII, 6.

[7] Sozomen. lib. IV, c. XXIV : [Ἑρμογένει δὲ τῷ ὑπάρχῳ καὶ τῷ κρατοῦντι Συρίας ἔγραψε τίνας τε καὶ ὅπῃ χρὴ μετοικισθῆναι.

PRAEFECTI PRAETORIO ORIENTIS.  219

An. 359. — « Imp. Constantius A. et Julianus C. Hermogeni P. P.
« — Dat. v kal. Jun. Sirmio. Eusebio et Hypatio coss. [1]. »

Ermogene morì nella prefettura, come vedrai nella scheda dello successore Elpidio.

[D'après Ammien Marcellin [2], Hermogenes serait mort en hiver, alors que Constance était à Antioche, par conséquent en 360-361. Mais ce témoignage est contredit par celui du Code Théodosien, qui rapporte une constitution adressée au successeur d'Hermogenes dès l'année 359 [3].]

## XVI
[1112 =] 359 — [1114 =] 361.

### HELPIDIUS,
praef. praet. Orientis sub Constantio II.

— « Inter tot urgentia Hermogene defuncto, ad praefecturam pro-
« movetur Helpidius, ortus in Paphlagonia, adspectu vilis et lingua,
« sed simplicioris ingenii, incruentus et mitis, adeo ut, cum ei coram
« innocentem quemdam torquere Constantius praecepisset, aequo animo
« abrogari sibi potestatem oraret, haecque potioribus aliis ex sententia
« principis agenda permitti [4]. »

Libanio, fra coloro « qui sub Constantio a sordidis pene natalibus
« ad summum honoris fastigium pervenerunt », memora... « Helpi-
« dium [5] ».

Il Ritter [6] lo crede lo stesso che fu *agens vices praefectorum praetorio*
nel 321 [7], ma mi pare poco probabile [8].

« Helpidius fuit christiano cultui deditus : quare non mirandum si
eum Marcellinus noster acerbius perstrinxit. Cui uxor Aristaenete fuit,
mulier ob pietatem eximiam celebranda, quae SS. Antonium et Hila-

---

[1] *Cod. Theod.* lib. I, tit. vii, c. 1. *De off. mag. milit.*
[2] Amm. Marcell. lib. XXI, c. vi, 9.
[3] [Cf. Sievers, *op. cit.* p. 223.]
[4] Amm. Marcell. *loc. cit.*
[5] Citato dal Gotofredo, t. IV, p. 7.
[6] [T. I, p. 132.]
[7] [*Cod. Just.* lib. VIII, tit. x, c. 6.]
[8] [On ignore également si notre Helpidius est le même que le *consularis* de Pannonie de l'an 352. *Cod. Theod.* lib. VII, tit. xx, c. 6.]

rionem magnopere coluit, ut docet Hieronymus : « Aristaenete, in-
« quit, Helpidii qui postea praefectus praetorio fuit, uxor, valde nobi-
« lis inter suos, et inter christianos nobilior, revertens cum marito et
« tribus liberis a beato Antonio[1]... » Eamdem matronam laudat Libanius[2]. Extat epistola Libanii ad eumdem Helpidium in qua ob justitiam et fortitudinem eum magnopere laudat[3]. Sed eumdem Helpidium
proscripsit Libanius[4].

« Aristaenete illa, cujus supra fecimus mentionem, tunc praefecti
uxor, sed nihil de praefecti ambitu habens, venit ad Hilarionem, volens
etiam ad Antonium pergere. » Di cui gli fa annunziare la morte di
S. Antonio[5].

[Le Code Théodosien contient plusieurs constitutions adressées à Helpidius :]

Imp. Constantius A. et Julianus C. Elpidio P. P.

An. 358. — Datiano et Cereale conss.
IV kal. Jan. Dat. Doridae[6].

An. 359. — Eusebio et Hypatio conss.
Prid. id. Mart. Dat. Constantinopoli[7].

[Haenel constate, pour la première de ces constitutions, que les manuscrits n'indiquent pas la dignité dont Helpidius était revêtu : ce n'était pas celle de préfet du
prétoire d'Orient, puisque Hermogenes remplissait alors cette fonction, qu'il conserva jusqu'à sa mort en 359. La dernière constitution, adressée à Hermogenes,
est du 28 mai 359; la première adressée à Helpidius, en cette année, est du
14 mars. Il y a évidemment une erreur dans l'une ou l'autre de ces suscriptions,
probablement dans la dernière.]

An. 360. — Constantio A. X et Juliano C. III conss.
Prid. non. Febr. Dat. Constantinopoli[8].

---

[1] In *Hilarionis vita* [c. xiv].
[2] In *epist.* 1301.
[3] In *epist.* 1463.
[4] Orat. *adversus Polyclem* [t. II, p. 316, éd. Reiske. Ailleurs Libanius l'appelle ὁ σκαιός. (*Ep.* 618.) Cf.] Vales. *ad* Ammian. [t. I, p. 405].
[5] Hieronymus, in *vita Hilarionis* [c. xxix].
[6] *Cod. Theod.* lib. VII, tit. iv, c. 4. *De erogat. milit. annonae.*
[7] *Ibid.* c. 5.
[8] *Ibid.* lib. XI, tit. xxiv, c. 1. *De patrociniis vicorum.*

XVl kal. Jun. Dat. Hierapoli[1].
XVI kal. Dec. Dat... Indictione xv[2].

[Helpidius resta vraisemblablement en fonctions jusqu'à la mort de Constance, survenue en octobre ou novembre 361[3].]

Il Baronio dice che fu poi martirizzato da Giuliano, xvi kal. Decemb. del 362, dopo averlo spogliato della prefettura :

— [«Consignatum enim est et ipsius et sociorum martyrium, tum
«apud Graecos, tum etiam Latinos, in ecclesiasticis monumentis hoc
«titulo : xvi kal. Decembris Natalis sanctorum martyrum Helpidii,
«Marcelli, Eustachii et sociorum; ex quibus Helpidius, cum esset or-
«dinis senatorii et coram Juliano Apostata christianam fidem constan-
«tissime profiteretur, primum equis indomitis cum sociis alligatus atque
«protractus, deinde in ignem injectus, gloriosum martyrium consum-
«mavit.»

Ce texte prouve bien qu'un personnage de l'ordre sénatorial et du nom d'Helpidius fut martyrisé en 362, mais nullement qu'il s'agit de notre préfet du prétoire. D'autres textes parlent d'un Helpidius qui, pour gagner la faveur de Julien, n'hésita pas à renier la foi chrétienne et se montra particulièrement dur pour ses anciens coreligionnaires :

— «Ille (Julianus) Elpidium quemdam perditionis magistrum misit
«una cum Pegasio, et ipso ex thesauris cœlestibus ejecto[4].»

— «... Julianus, comes Orientis, avunculus apostatae Juliani, et
«Felix, comes largitionum, et Elpidius praepositus domus regiae quos
«Romani vocare solent comites rerum privatarum. Hi porro tres erant
«ex numero eorum qui in imperatoris gratiam a religione nostra desci-
«verant[5].»

[1] Cod. Theod. lib. VII, tit. iv, c. 6. Cod. Just. lib. XII, tit. xxxviii, c. 1.

[2] Ibid. lib. VIII, tit. v, c. 11. De cursu publico.

[3] [Amm. Marcell. lib. XXI, c. xv. Hist. aceph. 6.]

[4] [Ruinart, Acta martyrum, p. 652.]

[5] [Philostorg. Hist. eccles. lib. VII, c. 10 (éd. Migne, t. LXV, col. 547) : Ἰουλιανός τε, ὁ τῆς ἑῴας ἄρχων, θεῖος ὤν κατὰ τὸ μητρῷον γένος τοῦ ἀποστάτου Ἰουλιανοῦ, καὶ Φῆλιξ ὁ τοὺς θησαυροὺς ἐπιτετραμμένος καὶ Ἐλπίδιος τῆς βασιλικῆς οἰκίας προεστώς· κόμητας πριουάτων ἡ Ῥω-

Le préfet du prétoire de Constance est-il le même que ce *comes rerum privatarum* de Julien?]

Il Valesio nota[1] che fu diverso dall' Elpidio *comes rerum privatarum*.

[Il lui a paru sans doute difficile d'admettre qu'Helpidius ait accepté une charge inférieure à celle qu'il occupait sous le précédent empereur. Mais il ne faut pas perdre de vue le changement qui se produisit dans l'administration de l'empire à l'avènement de Julien. La plupart des hauts fonctionnaires furent disgraciés, bannis ou mis à mort. Libanius fait allusion, dans une de ses lettres, à l'amoindrissement survenu dans la situation d'Helpidius :

— «Ex illis eram qui te, amplo illo magistratu fungentem, lauda«bant : et nunc quoque justitiam et fortem animum laudare non de«sino[2].»

D'un autre passage de Libanius[3] il semble résulter qu'Helpidius devint proconsul d'Asie sous Valens. Enfin Philostorge nous apprend qu'il prit part à l'usurpation de Procope et qu'il finit misérablement en 366 :

— «Elpidius denique, licet serius quam reliqui, tamen cum Pro«copii, qui adversus Valentem rebellaverat, tyrannidi favisse depre«hensus fuisset, bonis spoliatus et in carceribus perpetuo degens, cum «summa ignominia vitam finivit, omnibus eum detestantibus et sacri«ficatorem Elpidium cognominantibus[4].»]

---

μαίων γλῶτ7α καλεῖ. Οὗτοι δ' οἱ τρεῖς τῶν ἐξαρνησαμένων τὴν εὐσέβειαν εἰς τῷ βασιλεῖ κεχαρισμένον ἦσαν. Cf. Theodoret. *Hist. eccles.* lib. III, c. 8 (éd. Migne, t. LXXXII, col. 1099), qui donne par erreur à Julianus le titre de préfet du prétoire d'Orient, alors qu'il était seulement *comes Orientis.*]

[1] [*Animadv.* in Theodoret., col. 1561.]

[2] [*Ep.* 1463 : Τῶν ἐπαινούντων σε ἦν, ἡνίκα ἦρχες τῶν μεγάλου ἀρχοῦ, καὶ νῦν δὲ ἐπαινῶν...]

[3] [*Ep.* 1315. Cf. Sievers, *op. cit.* p. 139, n. 29, p. 213.]

[4] [*Loc. cit.* : Καὶ ὁ Ἐλπίδιος δὲ, εἰ καὶ τῶν ἄλλων βραδύτερον, ἀλλ' οὖν τῇ τοῦ Προκοπίου τυραννίδι συμπράτ7ων φωραθείς, ὃς ἐπανέσ7η τῷ Οὐάλεντι, τῶν τε χρημάτων γυμνωθεὶς, καὶ εἰρκταῖς καταβιοὺς, ἀκλεῶς καταστρέφει τὸν βίον ἐπάρατος πᾶσι γεγονώς, καὶ ὁ Θύτης Ἐλπίδιος ἐπονομαζόμενος. Cf. Sievers, p. 225.]

✻
[1115=]362.
*GERMANIANUS*,
sub Juliano.

An. 362. — «Imp. Julianus A. ad Germanianum P. P. — Emissa
«xv kal. Jan. Mamertino et Nevitta coss.[1].»

Il Gotofredo lo crede prefetto del pretorio d'Oriente, perchè nella legge si nominano *comites Orientis*.

[Il est très douteux que Germanianus ait été préfet d'Orient. Il ne l'était certainement pas à la date du rescrit de Julien. En décembre 362, c'est Saturninius Secundus qui remplissait cette charge. L'année précédente, Germanianus était suppléant de Nebridius dans la préfecture des Gaules[2] ; il l'était peut-être encore en 362. Il devint lui-même préfet des Gaules en 364-366[3].

Une constitution de Valentinien et Valens est adressée *Germano P. P.* On s'accorde à reconnaître qu'il n'y a pas eu de préfet du prétoire de ce nom sous le règne de ces empereurs et qu'il faut lire *Germaniano comiti sacrarum largitionum*[4].]

## XVII

[1114=]361 — [1118=]365.
SALLUSTIUS SATURNINIUS SECUNDUS,
praef. praet. Orientis sub Juliano et Joviano.

An. 361. — «Brevi deinde Secundo Sallustio, promoto praefecto «praetorio, summam quaestionum agitandarum ut fido commisit[5].»
Sallustius, praefectus Juliani, gentilis erat[6].

---

[1] *Cod. Theod.* lib. XI, tit. xxx, c. 30. *Cod. Just.* lib. VII, tit. LXVII, c. 2.

[2] [Ammian. lib. XXVI, c. v, 5.]

[3] [*Cod. Just.* lib. XI, tit. xi, c. 1. Cf. Hermann, p. 685, n. 19. Krueger, p. 432, n. 18.]

[4] [Ce *comes s. l.* est cité dans plusieurs constitutions de 365 à 367. *Cod. Just.* lib. XI, tit. viii, c. 3; tit. LXIII, c. 2. L'une d'entre elles mentionne des *litterae datae ad clarissimos praefectos praetorio. Cod. Theod.* lib. VII, tit. vii, c. 1.]

[5] Ammian. lib. XXII, c. iii, 1.

[6] Rosinus, in continuat. *Hist. eccles.* Eusebii, lib. X, c. iii. Sozomen. lib. V, c. xx. [Σαλούστιος δὲ ὁ τὴν ὕπαρχον ἐξου-

Rende breve testimonianza di questo prefetto anche il Nazianzeno[1] :

— [« Qui tum praefecti munere fungebatur (quamquam enim reli-
« gione gentilis, moribus tamen gentili sublimior erat, ac praeclarissimis
« quibusque et laudatissimis tam veteris quam nostrae memoriae viris
« comparandus) multiplicem hominis hujusce cruciatum ac tolerantiam
« non ferens, illud ad imperatorem fidenter ac libere dixisse memo-
« ratur. »]

Libanio[2] lo chiama Fenice « quod ut Achillem Phœnix, sic ipse Ju-
« lianum praeceptis imbuerat. »

Un' orazione « in Sallustium praefectum » fu scritta dal sofista Imerio[3].

Nota il Valesio[4] : « Hic sub Juliano quidem praefectus praetorio Gal-
« liarum fuerat, itemque sub Joviano. Postea vero divisione imperii
« inter Valentinianum ac Valentem facta, praefectus praetorio fuit per
« Orientem, donec Nebridius in ejus locum factus est. »

Il Ritter[5] e l'indice del Ammiano distinguono esattamente due Sallustii in questa età, uno prefetto del pretorio delle Gallie e console, l'altro detto Secondo Sallustio e prefetto del pretorio d'Oriente al quale spettano le cose seguenti[6].

---

σίαν ἐπιτετράμμενος, καίπερ Ἕλλην ὑπάρχων, οὐκ ἐπήνεσε τὴν βουλήν.]

[1] [Κατὰ Ἰουλιανοῦ Βασιλέως] Στηλιτ[ευ-
τικὸς πρῶτος. Λογ. Δ΄, ζΑ΄... Φασί...
τὸν τηνικαῦτα ὕπαρχον (γενέσθαι γὰρ ἄνδρα Ἕλληνα μὲν τὴν θρησκείαν, τὸν τρόπον δὲ ὑπὲρ Ἕλληνα, καὶ κατὰ τοὺς ἀρίστους τῶν πάλαι καὶ νῦν ἐπαινουμένων),
ἐκεῖνο πρὸς τὸν βασιλέα μετὰ παρρησίας
εἰπεῖν, οὐ φέροντα τὸ πολυειδὲς τῆς τοῦ
ἀνδρὸς οἰκίας καὶ καρτερίας. Patrol. Graeca
t. XXXV, éd. Migne, col. 622.]

[2] Orazione consolare citata dal Valesio
[t. II, p. 108. Cf. Ep. 1144].

[3] Citata da Fozio, Bibl. cod. 165. [Cf.
Himerii op. éd. Didot, p. 2. Le texte porte :
Διάλεξις εἰς Σαλούστιον ἔπαρχον, ἧς ἐστι
καὶ (προ)θεωρία.]

[4] [T. II, p. 155.]

[5] Nella Prosopografia del Codice Teodosiano. [Cf. Pagi, Critica hist. chronolog. in
Annales Baronii, ad an. 362, n. xxvi,
p. 186, éd. 1689. Voir plus haut, t. VII,
p. 175.]

[6] [Borghesi insiste sur cette distinction
dans une lettre adressée à l'abbé Matranga,
qui a été publiée plus haut, t. VIII, p. 191-
193. HÉRON DE VILLEFOSSE.]

## PRAEFECTI PRAETORIO ORIENTIS.

[L'opinion de Ritter et de Borghesi est confirmée par une inscription d'Ancyre, qui prouve qu'en 362 Saturninius Secundus était préfet d'Orient [1] :

DOMINO TOTIVS ORBIS
IVLIANO AVGVSTO
EX OCEANO BRI
TANNICO VIS PER
BARBARAS GENTES
STRAGE RESISTENTI
VM PATEFACTIS ADVS
QVE TIGRIDEM VNA
᛭ AESTATE TRANSVEC
TO SATVRNINIVS
SECVNDVS V·C·*praef*
PRAET·*d·N·M·q·e·*]

— « (Julianus Apostata) cum Anatolio magistro, Sallustio praefecto « praetorio caeterisque ducibus, Abborae fluminis ponte trajecto, clas- « sem suam, mccl naves numero habentem, per Euphratem adven- « tantem, praestolatus est [2]. »

Irritato Giuliano che gli Antiocheni avevano cantato alcuni imni in dispregio degli suoi dei, e dovendo partire per la spedizione Persica, « dat mandatum Sallustio, praetorii praefecto, ut eos qui illorum psal- « morum canendorum authores fuissent, ad supplicia rapiendos cave- « ret. Praefectus vero, quamvis esset religione gentilis, mandatum tamen « illud exequendum invito animo suscepit..... Unum adolescentem « Theodorum variis tormentis affecit [3]. »

Sallustius seditionem sedat Antiochiensium contra Jovianum [4].

---

[1] [*Corp. inscr. Lat.* vol. III, n. 247.]

[2] Jo. Malal. lib. XIII [p. 329 : Ἰουλια-νὸς... ἔχων μεθ' ἑαυτοῦ Ἀνατόλιον μάγισ-τρον, καὶ Σαλούσ7ιον ἔπαρχον πραιτωρίων καὶ τοὺς σ7ρατηλάτας αὐτοῦ... παρῆλθε τὸν Ἀββοράν ποταμὸν διὰ τῆς γεφύρης, τῶν πλοίων φθασάντων εἰς τὸν Εὐφράτην ποταμόν.]

[3] Socrat. lib. III, c. xix. [Κελεύει Σα- λουσ7ίῳ τῷ ἐπάρχῳ, συλλαβεῖν ἐπὶ τὸ κο- λάσαι τοὺς μάλισ7α σπουδαίους τῶν ψαλ- μῳδῶν. Ὁ δὲ ἔπαρχος, καίτοι Ἕλλην ὢν τὴν θρησκείαν, τὸ μὲν ἐπίταγμα ἡδέως οὐκ ἐδέξατο... Ἕνα δὲ νεανίσκον ὀνόματι Θεόδωρον... βασάνοις καὶ διαφόροις κο- λασ7ηρίοις ὑπέβαλλε.]

[4] Suidas, v° Ἰοβιανός [éd. Bernhardy, t. II, col. 1001.]

Da Sallustio, Zosimo: « (Mortuo Juliano), Sallustius praefectus prae-
« torii, quum ex equo decidisset, imminentibus hostibus fere fuisset
« trucidatus, nisi quidam ex apparitoribus equo descendens fugae ca-
« pessendae facultatem ei praebuisset [1]. »

An. 363. — Nella pugna coi Persiani in cui resta morto Giuliano
Apostata, « Sallustius praefectus (praetorio), actus in exitium praeceps
« et opera sui adparitoris ereptus, Sophorio amisso consiliario, qui ei
« aderat, casu evasit et fuga [2]. »

Sallustius praefectus cum Arinthaeo, magistro militum, mittitur legatus ad regem Persarum pacis componendae causa [3].

Dopo la morte di Juliano, « pacis mentionem (cum Persis) cum
« Jovianus admitteret, ac Sallustium praefectum praetorii cum Arinthaeo « misisset, institutis inter hos de pace colloquiis mutuis, annorum
« quidem triginta factae sunt induciae [4]. »

— « Post Romanorum sub Juliano cladem, inter Sallustium praefec-
« tum praetorio, ab nostra parte, et Persarum nobilissimos posteaque
« Isdigerdem convenit, ut communibus utriusque imperii sumptibus
« castellum ad dictum (Caucasi) introitum aedificaretur [5]. »

Juliano extincto, Sallustius dignus imperatoria dignitate est habitus,
quam tamen recusavit, « causans morbos et senectutem [6] ».

Zosimo pero e Zonara dicono che cio avvenne dopo la morte di Gioviano.

— « (Mortuo Joviano), omnium suffragia in unum Sallustium prae-

---

[1] Zosim. lib. III, c. xxix. [Καὶ Σαλούστιος ὁ τῆς αὐλῆς ὕπαρχος, ἐκπεσὼν τοῦ
ἵππου, μικροῦ κατεσφάγη τῶν πολεμίων
ἐπικειμένων, εἰ μὴ τῶν ὑπηρετῶν τις ἀπο-
βὰς τοῦ ἵππου δέδωκεν αὐτῷ ῥᾳστώνην φυ-
γῆς.]

[2] Ammian. lib. XXV, c. III, 14.

[3] Ibid. c. VII, 7.

[4] Zosim. c. xxxi. [Ἰοβιανοῦ δὲ τοὺς περὶ
τῆς εἰρήνης προσδεξαμένου λόγους, στεί-
λαντός τε Σαλούστιον τὸν τῆς αὐλῆς ὕπαρχον καὶ Ἀρινθαῖον σὺν τούτῳ, λόγων περὶ
τούτου γενομένων αὐτοῖς πρὸς ἀλλήλους,
ἐγίνοντο μὲν τριακοντούτεις σπονδαί.]

[5] Lydus, De magistr. lib. III, c. LII.
[Γίνονται δὴ οὖν λόγοι μετὰ τὴν ἐπὶ Ἰουλιανοῦ Ῥωμαίων ἀσλοχίαν Σαλουστίῳ τε, ὃς
ἦν ὕπαρχος, ἐξ ἡμῶν, καὶ Περσῶν τοῖς
ἐξοχωτάτοις, καὶ Ἰσδιγέρδῃ ὕστερον, ὥστε
κοιναῖς δαπάναις ἄμφω τὰ πολιτεύματα
φρούριον ἐπὶ τῆς εἰρημένης εἰσόδου κατα-
σκευάσαι.]

[6] Ammian. lib. XXV, c. v, 3.

« fectum praetorii concurrebant. Illo senectutem praetendente ac prop-
« terea rebus laborantibus se suffecturum negante, filium summae
« rerum praefici postulabant [1]. »

Dopo la morte di Giuliano, trattandosi del successore, « aliis autem
« alios nominantibus, plures in Sallustium praetorio praefectum con-
« senserunt. Verum ille excusata aetate tenuit. Cum ejus filium postu-
« larent, non concessit, tanto imperio cum ob aetatem tum ob simpli-
« citatem ingenii ratus imparem [2]. »

An. 364. — « Romanis imperavit Valentinianus Augustus, eum eli-
« gente Sallustio, praefecto praetorio et ex patricio [3]. »

Forse è il console dell' anno precedente [363] [4].

Sub Valentiniano praefecti praetorii « munere adhuc Sallustius fun-
« gebatur [5]. »

— « A Valentiniano cum Sallustius eam pro novata in electione opera
« gratiam repeteret, ut praefecturæ molestiis liberaretur : Eone, inquit
« imperator, tantam mihi rerum molem imposuisti ut eam tu ne attin-
« geres quidem [6]? »

— « Omnes quibuscumque a Juliano provinciarum administrationes,

---

[1] Zosim. lib. III, c. xxxvi. [Πάντων δὲ ἡ ψῆφος εἰς ἕνα συνῄει Σαλούστιον τῆς αὐλῆς ὕπαρχον. Τοῦ δὲ τὸ γῆρας προϊσχομένου καὶ διὰ τοῦτο φήσαντος οὐχ οἷός τε ἔσεσθαι πεπονηκόσιν ἀρκέσειν τοῖς πράγμασι, τὸν παῖδα γοῦν ᾔτησαν εἰς τὴν τῶν ὅλων ἀρχὴν ἐλθεῖν.]

[2] Zonar. lib. XIII, c. xiv. [Καὶ οἱ μὲν τόνδε, οἱ δὲ τόνδε ὠνόμαζον, οἱ πλείους δ' ἐπὶ τῷ Σαλουστίῳ ὑπάρχῳ τῶν πραιτωρίων τυγχάνοντι ὡμοφώνησαν. Ὁ δ' ἀπηνήνατο, τὸ γῆρας εἰς παραίτησιν προβαλλόμενος. Αἰτουμένων δὲ τὸν τούτου υἱόν, οὐ κατένευσε, διὰ νεότητα καὶ γνώμης ἀφέλειαν κρίνας ἐκεῖνον πρὸς ἀρχὴν τοιαύτην ἀνεπιτήδειον.]

[3] Chronicon Pasch. ad an. 364 [p. 555: Ῥωμαίων .. ἐβασίλευσεν Οὐαλεντινιανὸς Αὔγουστος, Σαλουστίου τοῦ ἐπάρχου πραιτωρίων καὶ παλαιοῦ πατρικίου ἐπιλεξαμένου τὸν αὐτὸν Οὐαλεντινιανόν.]

[4] [Cette conjecture n'est pas exacte : le consul de 363 s'appelle Flavius Sallustius ; c'est le préfet des Gaules. Borghesi l'a reconnu ailleurs. Voir plus haut, t. VII, p. 175, et t. VIII, p. 191 et suiv. : inscription de Rome relative à ce personnage.

[5] Zosim. lib. IV, c. 1.

[6] Zonaras, lib. XIII, c. xv. [Ὁ δὲ Σαλούστιος ὅτι σπουδὴν ἐνεδείξατο ἀναρρηθῆναι αὐτὸν, ἀμοιβὴν ᾔτει τῶν τῆς ἐπαρχότητος ἀνεθῆναι φροντίδων. Καὶ ὁ βασιλεύς· Διὰ τοῦτο, εἶπε, τοσούτων μοι πραγμάτων ἐπεφόρτισας ὄγκον, ἵν' αὐτὸς μηδ' ἐφάπτοιο τούτου;]

« aliive magistratus crediti fuerant, abdicabantur; quorum in numero
« praefectus etiam praetorii Sallustius erat [1]. »

— « Valentinianus imperator edicta proposuit, ut si quis a Sallustio
« praetorii praefecto injuria affectus fuisset, is imperatorem adiret [2]. »

— « Valentinianus simul ac suscepit imperium, Sallustio praefecto
« praetorio exauctorato, dignitatem statim reddidit, hac apposita cau-
« tione, ut adversus illum emitteretur decretum, quo cuivis, qui ab eo
« injuriam passus esset, imperatorem convenire liceret. Verum nemo
« contra Sallustium prodiit, ut qui esset inculpatae prorsus vitae [3]. »

— « (Valentiniano) diadema imposuit, qui et eum imperatorem nomi-
« navit, et quasi imperium suscipere coegit, Sallustius praetorio praefec-
« tus... Hic vero quam primum regnare coepit, Sallustium praefectura
« abdicavit, et stipulatis qui pro eo responderent fidejussoribus, publico
« contra eum edicto denunciavit, ut, si quis ab eo laesus fuisset, ad
« imperatorem accederet. Nemo autem contra Sallustium prodiit : erat
« enim vir summa integritate [4]. »

— « Sallustius, praefectus praetorio, sub Juliano, vir humanitate
« praestantissimus : cui tantum lenitatis et clementiae in cunctos su-
« perfuit ut Marcellum eum, a quo ipse Caesar multis injuriis erat
« affectus, ob haec terrore correptum cum etiam ejus filius ob benevo-
« lentiam in Constantium res novas agitasse convictus esset, juvenem
« quidem supplicio affecerit, patrem vero magnopere honoraverit [5]. »

---

[1] Zosim. lib. IV, c. II. [Οἱ μὲν οὖν ἄλλοι πάντες, ὅσοι παρὰ Ἰουλιανοῦ διοικήσεις ἐθνῶν ἢ ἄλλας ἀρχὰς ἔτυχον ἐπιτετραμμένοι, παρελύοντο τούτων· ἐν οἷς καὶ Σαλούστιος ὁ τῆς αὐλῆς ὕπαρχος ἦν.]

[2] Suidas, v° Προθέματα [t. II, col. 435 : Καὶ ἔθηκεν ὁ Οὐαλεντινιανὸς ὁ βασιλεὺς προθέματα, ἵνα, εἴ τίς τι ἠδίκηται παρὰ Σαλουστίου τοῦ ἐπάρχου, προσέλθῃ τῷ βασιλεῖ.]

[3] Chron. Pasch. p. 556. [Οὐαλεντινιανὸς ἅμα ἐβασίλευσεν, διεδέξατο τὸν ἔπαρχον τῶν πραιτωρίων Σαλούστιον, καὶ ὑπὸ ἐγγύας αὐτὸν ποιήσας ἔθηκε προθέματα κατ' αὐτοῦ, ἵνα, εἴ τις ἠδίκηται παρ' αὐτοῦ, προσέλθῃ τῷ βασιλεῖ Οὐαλεντινιανῷ. Καὶ οὐδεὶς προσῆλθεν κατὰ Σαλουστίου· ἦν γὰρ ἀγνότατος πάνυ.]

[4] Malala [p. 337 : Οὗτος δὲ... ἐστέφθη βασιλεὺς ὑπὸ Σαλουστίου τοῦ ἐπάρχου τῶν πραιτωρίων, ἐπιλεξαμένου αὐτὸν καὶ καταναγκάσαντος αὐτὸν βασιλεῦσαι... Ἢ μόνον δὲ ἐβασίλευσεν, εὐθέως... ἀγνότατος.]

[5] Suidas, v° Σαλούστιος : [Ὅτι Σαλούστιος ὁ τῆς αὐλῆς ἔπαρχος ἐπὶ Ἰουλιανοῦ ἀνὴρ ἦν διαφερόντως περιττὸς εἰς φιλαν-

— « Nebridius in locum Sallustii praefectus praetorio... promotus[1]. »

[Il y a au Code Théodosien un certain nombre de constitutions adressées à Secundus; elles sont datées de 362 à 365. Il y en a par exception trois qui, d'après leur suscription, sont de 326, 328, 329 :

— « Imp. Constantinus A. Secundo P. P. — Dat. iii kal. Jul. « Constantino A. VII et Constantio conss. (326)[2]. »

— « Idem A. Secundo P. P. — Dat. kal. Dec. Januarino et Justo « conss. (328)[3]. »

— « Idem A. Secundo P. P. Orientis. — Dat. xiv kal. Mai. Constan- « tinopoli. Constantino A. VIII et Constantio IV conss. (329)[4]. »

Ces trois textes ont été interpolés : ils sont dus non à Constantin, mais à Julien. Le destinataire des rescrits n'était pas, comme Borghesi l'a pensé[5], un préfet du prétoire de Constantin, mais le préfet du prétoire de Julien, celui-là même dont nous nous occupons. Le premier texte défend aux gouverneurs de province d'entreprendre des constructions nouvelles avant d'avoir terminé celles que leurs prédécesseurs ont commencées. Exception est faite en faveur des temples. Cette exception appartient incontestablement au restaurateur du paganisme. Le deuxième texte est la reproduction d'une décision adressée le 21 novembre 363 à un collègue de Secundus, le préfet d'Illyrie Mamertinus[6]. Quant au troisième texte, il contient deux anomalies qui prouvent qu'il a été retouché : la première, c'est que Secundus est qualifié préfet du prétoire d'Orient, alors que l'usage de désigner la partie de l'empire où le préfet exerce ses fonctions n'est pas antérieur au milieu du ive siècle; la seconde a été signalée par Borghesi lui-même : ]

Si badi che Costantinopoli da cui si dice data questa legge non fu dedicata se non che nel 330.

[Ces trois constitutions sont donc, comme celles que nous allons citer, de 362-363.]

θρωπίαν· ᾧ γε τοσούτου ἡμερότητος καὶ πραότητος ὑπῆρχεν εἰς ἅπαντας, ὥστε καὶ τὸν Μάρκελλον ἐκεῖνον, τὸν ἡνίκα ἦν Καῖσαρ ὑβριστικῶς αὐτῷ χρησάμενον, πάνυ περιδεᾶ ὄντα διὰ τὰ προγεγενημένα, καίτοι τοῦ παιδὸς ἐλεγχθέντος ἐπανίστασθαι διὰ τὴν πρὸς Κωνστάντιον φιλίαν, τῷ νεανίσκῳ τὴν δίκην ἐπέθηκε, τὸν δὲ Μάρκελλον καὶ διαφερόντως ἐτίμησε.]

[1] Ammian. lib. XXVI, c. vii, 3.
[2] Cod. Theod. lib. XV, tit. i, c. 3. De operibus publicis. Forse si ha da riportare al 329.
[3] Ibid. lib. IX, tit. i, c. 6. De accusationibus.
[4] Ibid. lib. I, tit. xvi, c. 5. De off. rect. prov.
[5] [Voir plus haut, p. 204.]
[6] [Cod. Theod. lib. I, tit. xxii, c. 3.]

Imp. Julianus A. Sallustio P. P.[1].
An. 362. — Mamertino et Nevitta conss.
VIII id. Jan. Dat...[2].
Non. Febr. Dat. Constantinopoli[3].
Kal. Mart. Dat...[4].
III id. Mart. Dat. Constantinopoli[5].
III kal. Mai. Dat...[6].
V kal. Aug. Dat. Antiochiae[7].
Kal. Aug. Dat. Nicomediae[8].
XV kal. Sept. Dat. Antiochiae[9].
III non. Sept. Dat. Antiochiae[10].
XIV kal. Oct. Dat. Antiochiae[11].
VII kal. Oct. Dat. Antiochiae. Acc. v id. Nov. Naïsso[12].
VIII id. Dec. Dat. et PP. in foro Trajani[13] [Antiochiae].
An. 363. — Juliano A. IV et Sallustio conss.
Prid. non. Febr. Lecta apud acta[14].
XIV kal. Mart. Dat. Antiochiae[15].

[1] [Ce préfet du prétoire est désigné tantôt par son nom Sallustius, tantôt par son surnom Secundus. Voir plus haut, t. VII, p. 175.]

[2] [*Cod. Theod.* lib. VII, tit. IV, c. 7. *De erogat. milit. annonae.*]

[3] *Ibid.* lib. IX, tit. II, c. 1, *De exhibendis vel transmittendis reis. Cod. Just.* lib. XII, tit. I, c. 8, *De dignitatibus.* — [Cf. Sidon. Apollin. *Ep.* lib. I, VII, 11.]

[4] *Ibid.* lib. VIII, tit. I, c. 7. *De numerariis.*

[5] *Ibid.* lib. XI, tit. XXIII, c. 2. *De protostasia.* — Lib. X, tit. III, c. 1. *De locatione fundorum juris emphyteutici.* — Lib. XI, tit. XVI, c. 10. *De extraord. muneribus.* — Lib. XII, tit. I, c. 50. *De decurion.* — Lib. XIII, tit. I, c. 4. *De lustr. collatione.*

[6] *Ibid.* lib. XII, tit. XIII, c. 1. *De auro coronario.*

[7] *Cod. Theod.* lib. I, tit. XVI, c. 8, *De officio rectoris provinciae. Cod. Just.* lib. III, tit. III, c. 5. *De pedaneis judicibus.*

[8] *Ibid.* lib. VII, tit. IV, c. 8. *De erogat. milit. ann.*

[9] *Ibid.* lib. VI, tit. XXIV, c. 1. *De domesticis.*

[10] *Ibid.* lib. II, tit. V, c. 1. *Cod. Just.* lib. III, tit. XL, c. 1. *De consortibus ejusdem litis.*

[11] *Ibid.* lib. XII, tit. I, c. 53. *De decurion.*

[12] *Ibid.* lib. VI, tit. XXVI, c. 1. *De proximis.*

[13] *Ibid.* lib. IV, tit. XI, c. 6. *Ad Sc. Claud.*

[14] *Ibid.* lib. II, tit. XII, c. 1. *De cognitoribus et procuratoribus. Cod. Just.* lib. II, tit. XII, c. 23.

[15] *Ibid.* lib. XI, tit. III, c. 3. *Cod. Just.* lib. IV, tit. XLVII, c. 3. *Sine censu vel reliquis fundum comparari non posse.*

## PRAEFECTI PRAETORIO ORIENTIS.

Kal. Mart. PP. Beryto[1].
Imp. Jovianus ad Secundum P. P.
An. 364 [?]. — Joviano et Varroniano conss.
 XI kal. Mart. Dat. Antiochiae[2].
 V kal. Oct. Dat. Aedessa[3].

[Si les constitutions de *xi kal. Mart.* et *v kal. Oct.* émanent de Jovianus, elles sont antérieures au 25 février 364, date de l'avènement de Valentinien : d'où la nécessité d'admettre une erreur dans l'adresse ou dans la suscription. D'après un manuscrit[4], la première constitution serait de Julien, par conséquent de 363[5]. Quant à la seconde, les compilateurs ont vraisemblablement indiqué les consuls de l'année où la constitution a été reçue par Secundus, et ils ont omis d'indiquer le jour et le mois de la promulgation. Cette constitution est également de 363[6].]

Impp. Valentinianus et Valens AA. Secundo P. P.
An. 364. — Joviano et Varroniano conss.
 XV kal. Mai. Dat. Constantinopoli[7]...
 V id. Sept. Dat...[8].
 V kal. Oct. Dat... Aedessa. [Acc...][9].
 VI id. Dec. PP...[10].

[La constitution de *xv kal. Mai.* est reproduite au Code de Justinien, mais elle est adressée *ad Julianum comitem Orientis.* Y a-t-il eu erreur de la part des compilateurs de ce code? Ou bien les copistes du Code Théodosien ont-ils par mégarde inséré ici le nom de Secundus qu'ils venaient d'écrire dans le texte qui précède immédiatement? Cette seconde conjecture semble plus plausible; mais dans ce cas

---

[1] *Cod. Theod.* lib. VI, tit. xxvii, c. 2. *De agentibus in rebus.*

[2] *Ibid.* lib. IX, tit. xxv, c. 2, *De raptu vel matrimonio sanctimonialium virginum. Cod. Just.* lib. I, tit. iii, c. 5. *De episcopis.* [Cf. Sozomen. *H. E.* lib. VI, c. 3.]

[3] [Voir plus bas, note 6.]

[4] [Vaticanus Reginae Sueciae 1128.]

[5] [Cf. Haenel, col. 900, n. *b* et *c.* Krueger, *Add.* et p. 500, n. 1.]

[6] [Cf. Haenel, col. 621, n. *e.* Krueger, p. 472, n. 11.]

[7] *Cod. Theod.* lib. XIII, tit. 1, c. 5. *De lustr. collat.*

[8] *Ibid.* lib. IX, tit. xvi, c. 7. *De maleficis.* [Cf. Zosim. lib. IV, c. 3.]

[9] *Ibid.* lib. VII, tit. iv, c. 9. *De erogat. milit. ann. Cod. Just.* lib. XII, tit. xxxvii, c. 2.

[10] *Cod. Theod.* lib. II, tit. xii, c. 2, *De cognitoribus et procuratoribus. Cod. Just.* lib. III, tit. xl, c. 2. *De consortibus ejusdem litis.* [Au lieu de *Secundo P. P.*, on lit au Code de Justinien *Sallustio P. P.*]

il faut admettre que l'inscription et la suscription ont été interpolées. Julien, *comes Orientis*, est mort au commencement de 363. La constitution est donc de 362; elle eut pour auteur Julien et non Valentinien et Valens, et elle a été rendue sous le consulat de Mamertinus et de Nevitta [1].]

An. 365. — Valentiniano et Valente conss.
XIV kal. April. Dat. Constantinopoli [2].
IV non. Jul. Dat. Caesarea [3].
III kal. [?] Aug. Dat. [?] [4] Constantinopoli [5].

[Cette suscription est erronée. La constitution qui précède au Code Théodosien étant du 4 août, celle-ci ne saurait être du 30 juillet : il faut lire *III id. Aug.* [6]. Cette date est importante : c'est celle de la dernière constitution qui, à notre connaissance, ait été adressée à Secundus pendant sa première préfecture.]

## XVIII

[1118 = 365.]

NEBRIDIUS,
praef. praet. Orientis sub Valente.

Nel 353, Nebridio chi era Conte dell' Oriente fu mandato a socorrere Seleucia ad Calicadno chi era assediata [7].

Era successo ad Onorato come apparisce dall' ep. 402 di Libanio a Mantiteo [8].

Fu poi dato da Costanzo per questore di palazzo al Cesare Giuliano, e mentre occupava quest' ufficio, fu fatto prefetto del pretorio delle Gallie in luogo di Florenzio [360] [9]. Ma nel 361 non avendo voluto prestar giuramento a Giuliano contro Costanzo, corse pericolo di essere

---

[1] [*Cod. Just.* lib. IV, tit. LXIII, c. 1. Cf. Krueger, *Comm. in honorem Momms.* p. 80; ad *Cod. Just.* p. 188, n. 4.]

[2] *Cod. Theod.* lib. XI, tit. XVI, c. 11. *De extraord. muneribus.*

[3] *Ibid.* lib. XII, tit. VI, c. 5. *De susceptoribus.*

[4] [Reiche, *Chronol. der letzten 6 Bücher des Amm. Marcellinus*, p. 15, pense qu'il faut lire : *Acc.;* Valens était à cette date à Césarée et non à Constantinople.]

[5] *Cod. Theod.* lib. XII, tit. VI, c. 8. *Cod. Just.* lib. X, tit. LXXII, c. 2.

[6] [Cf. Krueger, *ad h. loc.* p. 426, n. 8. Haenel, col. 1281, n. *c.*]

[7] Ammian. lib. XIV, c. II, 20.

[8] [Cf. Libanius, *ep.* 36 et 475.]

[9] Ammian. lib. XX, c. IX. 5.

ucciso dai soldati, ma, salvato dall' imperatore, fu rimandato a casa sua in Tuscia[1].

Tocca la stessa cosa Libanio nell' orazione funebre, le cui parole riferisce il Valesio[2] a questo tempo. Finalmente da Valente, come si è veduto[3], fu chiamato alla prefettura del pretorio nel 365, ma essendo stato preso da Procopio, morì in prigione.

Procopius adversus Valentem rebellatus, «quum Caesarium quem «imperatores praefectum Urbis constituerant, itemque Nebridium, «quem post Sallustium praefectum praetorii fecerant, adprehendisset, «hos quaecumque sibi viderentur ad subditos scribere coegit[4].»

An. 365. — «Nebridius in locum Sallustii praefectus praetorio fac- «tione Petronii recens promotus, et Caesarius Constantinopolitanae «urbis praefectus in vincula compinguntur (a Procopio)... Julius «comes per Thracias... Nebridii litteris adhuc clausi violenter ex- «pressis accitus Constantinopolim, strictius tenebatur[5].»

Paulo post in carcere mortuus est, ut videtur indicare Themistius[6] in his verbis: «E summis vero magistratibus alter, qui erat vere mor- «tuus, non credebatur: qui vivebat, mortuus putabatur.» Hi... sunt Nebridius praefectus praetorio et Caesarius Urbis praefectus[7].

## XIX

[1118 = 365 — 1119 = 366.]

### ARAXIUS,
praef. praet. Orientis sub Procopio.

An. 365. — «Araxius exambita regia praetorio praefectus accessit, «velut Agilone genero suffragante[8].»

---

[1] Ammian. lib. XXI, c. v, 11. [Cf. Libanius, ep. 1391.]
[2] [In Amm. Marcell. t. I, p. 402.]
[3] [Voir le texte cité note 5.]
[4] Zosim. lib. IV, c. vi. [Καὶ συλλαβὼν Καισάριον, ὃν ἔτυχον οἱ βασιλεῖς πόλεως ὕπαρχον καταστήσαντες, ἔτι δὲ καὶ Νεβρίδιον, ᾧ τῆς αὐλῆς μετὰ Σαλούστιον παρ- έδωκαν τὴν ἀρχὴν, γράφειν τὰ αὐτῷ δοκοῦντα τοῖς ὑπηκόοις ἠνάγκαζεν.]
[5] Ammian. lib. XXVI, c. vii, 4.
[6] In oratione IX. [Τοῖν δ' ἀρχόντοιν τοῖν κορυφαίοιν ὁ μὲν τεθνηκὼς ἠπιστεῖτο, ὁ δὲ ζῶν ἐπιστεύθη τεθνάναι.]
[7] Valesius [t. II, p. 155.]
[8] Ammian. lib. XXVI, c. vii, 6.

An. 366. — Occiso Procopio, « ad gratiam precantium coerciti sunt
« aliqui lenius : inter quos eminebat Araxius, in ipso rerum exusta-
« rum ardore adeptus ambitu praefecturam : et, Agilone intercedente
« genero, supplicio insulari multatus, breve post tempus evasit[1]. »

[Procope fut proclamé empereur à Constantinople le 28 septembre 365. Il fut mis à mort le 27 mai 366. C'est pendant ces huit mois que notre préfet du prétoire exerça ses fonctions.

Araxius avait été l'ami de l'empereur Julien. Il avait d'abord gouverné la Palestine, puis un groupe de provinces, sans doute à titre de vicaire :

— « Cum Palestinam gubernabas, non negligebas ad nos rescri-
« bere, cujus nunc, multis populis praefectus, obliviseris. Procul tu
« remotus amicorum recordabaris, in vicinia vero existens te praestas
« immemorem[2]. »

En 356, il avait été vraisemblablement proconsul de Constantinople :

— « Optimae urbi nunc tandem redditum est illud... Pulchram
« enim civitatem pulchriorem adhuc videbit, divino capite res admi-
« nistrante[3]. »

Il y a au Code Théodosien divers fragments d'une *oratio* de l'empereur Constance sur la nomination des préteurs par le Sénat[4]. Cette *oratio*, rendue à Milan le 11 avril 356, fut lue au Sénat les 9 et 10 mai par le proconsul Braxius. Sievers conjecture que ce nom a été altéré et qu'il faut lire Araxius. La lecture aurait été faite au Sénat de Constantinople[5].]

---

[1] Ammian. lib. XXVI, c. x, 7.

[2] [Libanius, *ep.* 11 : Τῆς Παλαισ7ίνης ἄρχων οὐκ ἠμέλεις μοι γράφειν, νῦν πολλῶν ἀρχῶν ἐθνῶν ἐπελάθου μοι γράφειν. Καὶ μακρὰν μὲν ὢν ἐμνημόνευσας τῶν φίλων, ἐγγὺς δὲ κατασ7ὰς ἀμνημονεῖς.]

[3] [*Ibid.* 1273: Ἐπανήκει τῇ καλῇ πόλει τὸ τῆς προσηγορίας ἔργον... 1294 : Τὴν γὰρ δὴ καλὴν πόλιν ἔτι καλλίω ὄψεται, τῆς θείας ἀρχούσης κεφαλῆς. L'expression ἡ καλὴ πόλις désigne Constantinople. Cf. Sievers, *op. cit.* p. 213.]

[4] [*Cod. Theod.* lib. VI, tit. iv, c. 8 et 9. De praetoribus et quaestoribus.]

[5] [*Das Leben des Libanius*, p. 214.]

## XX

[1118 = 365 — 1120 = 367.]

**SALLUSTIUS SATURNINIUS SECUNDUS,**
praef. praet. Orientis iterum sub Valente.

An. 365. — « Orientem quidem regebat potestate praefecti Sallus-
« tius [1]. »

— « Valens... praefectum praetorii declarabat Auxonium, Sal-
« lustio propter senectutem hoc munere liberato, qui jam secundo ma-
« gistratum hunc gesserat [2]. »

« Sallustius praetorii praefectus fuit Orientis, donec Nebridius in
« eum locum suffectus est, Valentiniano et Valente consulibus. Orta de-
« inde Procopii tyrannide, cum Nebridius ab eo comprehensus fuisset,
« Sallustius iterum praefectus praetorio Orientis a Valente factus est, ut
« testatur Eunapius [3]. Tandem Lupicino et Jovino coss. Valens cum ad-
« versus Gothos exercitum moturus esset, Marcianopoli degens, Auxo-
« nium praefectum praetorio constituit, Sallustio ob senectutem remoto
« qui jam secundum eam potestatem gesserat, ut scribunt Zosimus [4] et
« Eunapius [5]. »

[Les deux préfectures de Secundus ont été séparées par un très court intervalle.
Secundus était préfet d'Orient au commencement de 365 ; il l'était encore le 11 août [6].
Il ne l'était plus le 29 septembre. Entre ces deux dates, il avait été remplacé par
Nebridius, sous l'influence de la faction de Petronius, le beau-père de Valens [7].
Mais il était déjà rappelé à la préfecture le 1ᵉʳ décembre de la même année, ainsi
qu'il résulte de la constitution suivante.]

Impp. Valentinianus I et Valens AA. Secundo P. P.

---

[1] Amm. Marcell. lib. XXVI, c..v, 5.

[2] Zosim. lib. IV, c. 10. [Ὕπαρχον μὲν οὖν τῆς αὐλῆς Αὐξόνιον ἀπεδείκνυ, Σαλούστιον ταύτης διὰ τὸ γῆρας ἀφεὶς ἤδη δεύτερον ταύτην μεταχειρισάμενον τὴν ἀρχήν.]

[3] In Maximo.

*Loc. cit.*

[5] In Maximo, p. 109. Valesius *ad* Ammian. [t. II, p. 155].

[6] [Voir plus haut, p. 232, n. 5.]

[7] [Amm. Marcell. lib. XXVI, c. vii, 4. Zosim. IV, 2 et 6.

An. 365. — Valentiniano et Valente conss.
   Kal. Dec. Acc. Chalcedone[1].
An. 366. — Gratiano NB. P. et Dagalaipho conss.
   Prid. non. April. Dat. Treviris [?][2].

[Une inscription de Rome donne le *cursus honorum* de Secundus. Il fut *praeses* de la province d'Aquitaine, *magister memoriae, comes ordinis primi*, proconsul d'Afrique, *comes ordinis primi intra consistorium*, questeur et deux fois préfet du prétoire[3].]

SATVRNINIO SECVNDO V C
PRAESIDI PROVINCIAE AQVITANICAE
MAGISTRO MEMORIAE COMITI ORDI
NIS PRIMI PROCONSVLI AFRICAE ITEM
COMITI ORDINIS PRIMI INTRA CON
SISTORIVM ET QVAESTORI PRAEF⚹
PRAETORIO ITERVM OB EGREGIA
EIVS IN REM PVBLICAM MERITA
DD̄ N̄N̄ VALENTINIANVS ET
VALENS VICTORES AC TRIVMFA
TORES SEMPER AVGVSTI
STATVAM SVB AVRO CONSTI
TVI LOCARIQVE IVSSERVNT

Una bella giustizia di Sallustio sotto Valentiniano si narra dalla Cronaca Pasquale[4], ma dove sbagliare nel riportarla all' anno 369 : mi pare che, a questo tempo, non fosse più prefetto del pretorio[5].

---

[1] *Cod. Theod.* lib. VII, tit. iv, c. 14. *De erogat. milit. ann.* [Cf. Reiche, *Chron.* p. 17.]

[2] *Ibid.* lib. IV, tit. xi, c. 7. *Ad. Sc. Claudianum.* [La suscription *Treviris* est erronée, comme l'a remarqué Godefroy. Mais on ne peut substituer *Remis*, comme il le propose, car Secundus fut préfet d'Orient et non des Gaules.]

[3] Effossa ad forum Trajani. Manutius, *Cod. Vat.* 6035, p. 57 et 99, p. 55, typis excussa. Gruter, 465, 8. Smetius, p. 69, 14. Prosopogr. *Cod. Theod.* p. 63. Orellius, n. 3192. Si ha anche nel Ligorio, lib. XVII, p. 292. AQVITANIAE legge il Manuzio. Gruter, p. 641. [*Corp. inscr. Lat.* vol. VI, n. 1764.]

[4] Pag. 558.

[5] Vedi la *Prosopographia* del codice Teodosiano, ove si demostra essere il medesimo con Sallustio Secondo.

✶
[Circa 1120 = 367.]
*JULIANUS*,
sub Valentiniano et Valente.

— « Idem AA. et Gratianus A. ad Julianum P. P. — Sine die et conss.[1]. »
— « Impp. Valentinianus et Valens AA. ad Julianum Pf. annonae. »
— « Dat. xviii kal. Jul. Remis. Gratiano et Dagalaifo conss. (366)[2]. »

Giustamente, a proposto di questa legge, ha notato il Gotofredo ch'è errato il titolo della legge del Codice Giustinianeo, e che questi non è un prefetto del pretorio, ma dell' annona[3].

## XXI

[1120 =] 367 — [1122 =] 369.
AUXONIUS,
praef. praet. Orientis sub Valente.

Auxonium praefectum praetorio Orientis ad ann. 368, 369, 370 statuit Gothofredus[4].

[Avant d'être préfet du prétoire, Auxonius avait été *corrector Tusciae* en 362, sous Julien[5], puis vicaire d'Asie en 365, sous Valens[6]. Il fut appelé à la préfecture du prétoire au moment où la guerre des Goths allait éclater, en 367. Il mourut peu de temps après la fin de la guerre, en 370[7].]

— « Valens... praefectum quidem praetorii declarabat Auxonium, « Sallustio hoc munere liberato..... Auxonius vero, licet adeo ma- « gnum bellum immineret, tamen... exigendis tributis justus erat[8]. »

---

[1] *Cod. Just.* lib. XI, tit. xi, c. 2. *De veteris numismatis potestate.*

[2] *Ibid.* tit. xxiii, c. 1. *De canone frument. urbis Romae.*

[3] [Il paraît difficile d'identifier le destinataire du premier rescrit avec le préfet de l'annone de 366. La constitution portant le nom de Gratianus ne saurait être antérieure à 367. Or, à cette date, c'est Aurelianus qui était préfet de l'annone. Krueger, p. 433, n. 1, pense qu'il faut peut-être lire *ad Aurelianum Pf. ann.*]

[4] In Notitia dignitatum Cod. Theod.

[5] [*Cod. Theod.* lib. VIII, tit. 1, c. 6.]

[6] [*Ibid.* lib. XII, tit. 1, c. 69.]

[7] [Zosim. lib. IV, c. xi.]

[8] Zosim. lib. IV, c. x. [Ὕπαρχον μὲν οὖν τῆς αὐλῆς Αὐξόνιον ἀπεδείκνυ, Σα-

238  PRAEFECTI PRAETORIO ORIENTIS.

An. 367. — Anche Eunapio[1] asserisce che, in luogo di Sallustio prefetto per la seconda volta, fu sostituito Aussonio[2] :

— « Quare abrogato Sallustio suo magistratu et officio, Auxonium « reliquis rebus praefecit. »

[En fixant le point de départ de la préfecture d'Auxonius, ces textes permettent de rectifier la conclusion que l'on pourrait tirer de certains passages du Code Théodosien ou du Code de Justinien. Il y a beaucoup d'erreurs dans la chronologie des constitutions de Valentinien et Valens : les constitutions des années 365, 368, 370, 373, sont uniformément désignées par *Valentiniano et Valente AA. coss.* ou *ipsis AA. coss.*[3]]

Impp. Valentinianus et Valens AA. ad Auxonium P. P.
Dat. id. Dec. Martianopoli. Valentiniano et Valente AA. (*adde* II) coss. (365) [?][4].

[Cette constitution est de 368. Auxonius n'a pas été préfet du prétoire avant 367, et Valens n'a pas été à Marcianopolis en 365. On l'y trouve au contraire en 367 et 368, pendant la guerre contre les Goths. On ne peut dater la constitution de 367 : ce serait attribuer aux rédacteurs du Code non plus une simple négligence, l'omission du chiffre du consulat des Empereurs, mais une erreur véritable, la substitution d'un consulat à un autre : en 367, les consuls étaient Lupicinus et Jovinus[5].]

Dat. kal. Sept. Valentiniano et Valente AA. (*adde* II) coss. (365) [?][6].
[Cette constitution est également de 368.]

Dat. prid. id. Nov. Martianopoli. Valentiano et Valente III. AA. coss. (370) [?][7].

[Cette constitution n'est pas de 370 : Modestus avait alors succédé à Auxonius

λούσ]ιον ταύτης διὰ τὸ γῆρας ἀφείς, ἤδη δεύτερον ταύτην μεταχειρισάμενον τὴν ἀρχήν· Αὐξόνιος δέ, καίπερ ἐνεσ]ῶτος οὕτω μεγάλου πολέμου, περί τε τὴν τῶν εἰσφορῶν εἴσπραξιν δίκαιος ἦν.]

[1] In Maximo, p. 109. [Éd. Didot, p. 479 : Τῷ γοῦν Σαλουσ]ίῳ τὴν ἀρχὴν παραλύσας, Αὐξόνιον ἐπενόησε τοῖς τῆς αὐλῆς ἔργοις.]

[2] Vedi il Valesio *ad Ammian.* [t. II, p. 155 et 273].

[3] [Voir Krueger, *Comment. in honorem Mommseni*, p. 75.]

[4] *Cod. Theod.* lib. X, tit. xx, c. 4, *De murilegulis. Cod. Just.* lib. XI, tit. viii, c. 4.

[5] [Voir Ammien Marcellin, lib. XXVII, c. v. Cf. Haenel, ad h. loc.]

[6] *Cod. Theod.* lib. X, tit. xvi, c. 1. *De fisci debitoribus.*

[7] *Ibid.* lib. XI, tit. xxiv, c. 2. *De patroc. vicorum.*

comme préfet du prétoire; et Valens était à cette époque à Hiérapolis et non à Marcianopolis. Il faut sans doute reporter la date de cette constitution à 368.]

Dat. xiv kal. Dec. Martianopoli. Valentiniano et Valente AA. coss. (365) [?][1].

[Cette constitution est également de 368.]

Dat. v non. Maii. Martianopoli. Valentiniano NB. P. et Victore coss. (369)[2].

Dat. iv kal. Jan. Constantinopoli. Valentiniano NB. P. et Victore coss. (369)[3].

Data indictione xii (369)[4].

## XXII

[1123 =] 370 — [1131=] 378.

[FL.] DOMITIUS MODESTUS,
praef. praet. Orientis sub Valente.

— «Et quia praefectus praetorio Auxonius diem suam in terris «supremum clauserat, Modesto magistratum hunc tradit; atque his in «hunc modum administratis ad bellum contra Persas gerendum pro- «perat (Valens)[5].»

Modesto fu conte dell'Oriente sotto Costanzo nel 359[6]. Da Ammiano si riprende di turpe adulazione Modesto allora prefetto del pretorio. «Qui, dum formidine successoris agitaretur in dies, obumbratis «blanditiarum concinnitatibus cavillando Valentem subrusticum homi-

---

[1] *Cod. Theod.* lib. VII, tit. vi, c. 2, *De milit. veste. Cod. Just.* lib. XII, tit. xxxix, c. 1.

[2] *Ibid.* lib. VII, tit. iv, c. 15, *De erog. mil. ann. Cod. Just.* lib. XII, tit. xxxvii, c. 4.

[3] *Cod. Theod.* lib. V, tit. i, c. 2. *De legitimis heredibus.*

[4] *Ibid.* lib. X, tit. xxiii, c. 1, *De classicis. Cod. Just.* lib. XI, tit. xiii, c. 1.

[5] Zosim lib. IV, c. xi et rursus c. xiv. [Τελευτήσαντος δὲ τοῦ τῆς αὐλῆς ὑπάρχου Μοδέσ7ῳ ταύτην παραδίδωσι τὴν ἀρχὴν. Καὶ ταῦτα οὕτω διοικησάμενος ἐπὶ τὸν κατὰ Περσῶν ἠπείγετο πόλεμον.]

[6] Ammian. lib. XIX, c. xii, 12. [Modestus est apprécié d'une façon très différente par Ammien Marcellin et par Libanius. Cf. Sievers, p. 232.]

« nem sibi varie commulcebat, horridula ejus verba et rudia flosculos
« Tullianos adpellans, et ad extollendam ejus vanitiem sidera quoque,
« si jussisset, exhiberi posse promittens[1]. »

Nota il Valesio[2] che Modesto successe ad Aussonio o sul principio di quest' anno o sulla fine del precedente; e chè in premio del processo fatto, di cui tratta Marcellino, ottenne il consolato dell' anno seguente :

[Fl. Domitius Modestus fut consul en 372 avec Fl. Arintheus[3].]

« Hunc porro Modestum intelligit Gregorius Nazianzenus[4], ut testatur
« etiam Theodorus : quem quidem Arianum fuisse, utpote ab Arianis
« baptizatum, Gregorius refert, et variis blanditiarum artibus Valentem
« sibi conciliando praefecturam praetorianam diutius retinuisse. »

An. 374. — Lo stesso vizio dell' adulazione in quest' anno, in cui seguitava ad essere prefetto del pretorio, gli rinfaccia Ammiano[5]. Nota qui il Valesio che costui fu conte d'Oriente sotto Costanzo, morto il quale fu accusato presso lo Giuliano, « quod Constantii partes studiosius « quam par erat adversus ipsum ac diutius fovisset. Sed Julianus cum « in Orientem venisset, non modo eum absolvit, sed etiam praefectum « urbis Constantinopolis creavit », ut docet Libanius[6].

Idem sub Juliano se Deorum cultui deditum esse simulavit, ut ex epistola Libanii[7] didici... Hic idem Modestus iterum urbi Constantinopolis praefectus fuit anno 369, ut scribit Idatianus in fastis[8]. (Tunc

---

[1] Ammian. lib. XXIX, c. 1, 10.

[2] [Ad Ammian. t. II, p. 274.]

[3] [Voir plus haut, t. VII, p. 174.] — [Une inscription chrétienne de Rome, de l'année 372, est ainsi datée : FL·DOMITIO · ET·FL· ARVNTTHEO · COSS (J. B. de Rossi, *Inscr. christ.* vol. I, n. 230); une autre inscription trouvée en 1857 au cimetière de Cyriaque (n. 231) porte la même date mais exprimée de cette façon : DOMITIo mODESTO ET ARONtEO CONSS Il est donc certain, comme le remarque Rossi, que les noms complets du consul de 372 étaient *Flavius Domitius Modestus*. Héron de Villefosse.]

[4] In *Orat. funebri de laudibus Basilii magni* [XX, p. 349].

[5] Lib. XXX, c. iv, 2.

[6] In epist. 714 ad Maximum et 702 ad Hyperechium.

[7] In epist. 704.

[8] [«Valentiniano nob. p. et Victore. His couss. opus magnificum cisternae Constantinopolitanae conpletum est a Domitio Modesto v̄. c̄. iterum praefecto urbis, quod in prima inchoaverat praefectura. »]

## PRAEFECTI PRAETORIO ORIENTIS.

cisternam condidit quæ) ex ejus nomine Modestiaca dicta est, eratque regione XI urbis, ut est in descriptione urbis Constantinopolis. Filium autem habuit Infantium, qui postea comes fuit Orientis[1] [an. 393[2]].

Modestum praefectum praetorio Orientis ad an. 365, 366, 370, 371, 373, 377 statuit Gothofredus[3].

[Modestus est devenu préfet du prétoire, au plus tôt au début de 370; son prédécesseur, Auxonius, était encore en fonctions le 29 décembre 369[4]. Modestus avait été antérieurement *comes Orientis*: il l'était depuis un certain temps en 359, car Ammien dit *etiam tunc*; il l'était encore en 361 pendant la préfecture d'Helpidius[5]. Il fut ensuite deux fois préfet de Constantinople, la première fois à la fin du règne de Julien[6], puis en 369. Dans l'intervalle, il était resté sans fonctions[7].]

Imppp. Valentinianus, Valens et Gratianus[8] AAA. ad Modestum P. P.

An. 370. — Valentiniano et Valente III AA. couss.

IV id. Jun. Dat. Cyzico[9].

[D'après la suscription "Valentiniano et Valente AA. conss.", cette constitution sur le droit d'appel des *officiales* serait de 365. Mais, comme Modestus n'a pas été préfet du prétoire avant 370, Borghesi hésite entre 370 et 373.]

Kal. Aug. Dat. Martianopoli [?][10].

[Godefroy date cette constitution tantôt de 368, tantôt de 370 ou 373. Si l'on accepte la première date, il faut corriger l'inscription et lire P. U. au lieu de P. P., car alors Modestus était préfet de Constantinople[11]. Borghesi propose d'intercaler après *Valente* le chiffre *III*. La constitution est donc, d'après lui, de 370. Mais

---

[1] Valesius, t. II, p. 323. Per Modesto si consulta il Wernsdorf ad Himerium, p. 132, edit. minor. Vedi per Modesto il Gotofredo, t. IV, p. 356; t. VI, p. 48.

[2] [*Cod. Just.* lib. I, tit. IX, c. 7.]

[3] In Notitia dignitatum Cod. Theod.

[4] [Voir *Cod. Theod.* lib. V, tit. I, c. 2. Cf. Krueger, *Comment. in honor. Mommseni*, p. 76.]

[5] [Libanius, *ep.* 551.]

[6] [*Ibid. ep.* 701, 712, 1429. Cf. Sievers, *op. cit.* p. 229, 230. Reiche, *Chronologie*, p. 43.]

[7] [Libanius, *ep.* 1074.]

[8] [Dans l'adresse de quelques constitutions, le nom de Gratianus a été omis.]

[9] *Cod. Theod.* lib. XI, tit. XXXVI, c. 17. *Quorum appell. non recipiuntur. Cod. Just.* lib. VII, tit. LXV, c. 3.

[10] *Cod. Theod.* lib. XI, tit. XXX, c. 35. *De appellationibus.*

[11] [Voir plus haut, p. 240, n. 8.]

dans ce cas, il faut lire « Hierapolis » au lieu de « Marcianopolis », parce qu'en 370 Valens résidait dans la première de ces localités [1].]

XIV kal. Oct. Dat. Hierapoli [2].
XVI kal. Nov. Dat. Hierapoli [3].

[La suscription porte : « Valentiniano et Valente AA. » (365). Borghesi note après « Valente » : *aggiunge* III. La constitution est de 370.]

VI id. Dec. Dat. Constantinopoli [4].

[Cette constitution, datée « Valentiniano et Valente IV. AA. conss. » (373), est reportée par Haenel à 370, parce que Valens ne paraît pas avoir été à Constantinople en 373.]

Prid. id. Dec. Dat. Constantinopoli [5].

[La suscription de cette constitution, qui édicte la peine capitale contre ceux qui se livrent à l'*ars mathematica*, porte « Valentiniano et Valente AA. » (365). Haenel, suivi par Borghesi, intercale *III* après *Valente*. La constitution est de 370, ce qui concorde avec le lieu d'où elle est datée : Valens rentra à Constantinople à la fin de cette année.]

An. 371. — Gratiano A. II et Probo conss.
XVII kal. Febr. Dat. Constantinopoli [6].
III id. Febr. Dat. Constantinopoli [7].
Kal. Mart. Dat. Constantinopoli [8].

---

[1] [Cf. Reiche, *Chronol.* p. 26.]
[2] *Cod. Theod.* lib. VII, tit. XIII, c. 6. *De tironibus. Cod. Just.* lib. XII, tit. XLIII, c. 1. [Tillemont, *Hist. des Empereurs*, t. V, p. 15, note VII, corrige la suscription et lit : *Valentiniano et Valente IV*, ce qui reporte à l'année 373. Cette correction est généralement repoussée. Pagi (*Critica in Ann. Baronii*, p. 206), Haenel, Borghesi, Krueger maintiennent la date 370.]
[3] *Cod. Theod.* lib. XVI, tit. II, c. 19. *De episcopis.*
[4] *Ibid.* lib. IX, tit. XVI, c. 8. *De maleficis. Cod. Just.* lib. IX, tit. XVIII, c. 8.
[5] *Cod. Theod.* lib. XI, tit. XXXI, c. 6. *De reparat. appellat.*
[6] *Ibid.* lib. XIII, tit. X, c. 7. *De censu.*
[7] *Ibid.* tit. V, c. 14. *De navicularius.*
[8] *Ibid.* lib. XII, tit. I, c. 14. *De decurionibus.*

## PRAEFECTI PRAETORIO ORIENTIS.

VII id. April. Dat. Constantinopoli [1].
Kal. Maii. Dat. Constantinopoli [2].

[La suscription « Gratiano A. et Dagalaïpho coss. » est erronée : Modestus n'était pas préfet du prétoire en 366. Godefroy propose de restituer ici les consuls de l'an 371 : « Gratiano A. II et Probo coss. »]

VII id. Jul. Dat. Ancyrae [3].

[Krueger attribue en outre à l'année 370 ou 371 une constitution non datée du Code de Justinien sur les *procuratores rei publicae* [4].]

An. 372. — Modesto et Arintheo conss.
Prid. non. April. Dat. Seleucia [5].
Non. jun. Dat. [et] PP. Bersti [*sic*] [6].
V kal. Jul. Dat. . . . [7].

An. 373 [?]. — Valentiniano et Valente IIII AA. conss.
Kal. Jun. PP. Beryto [8].

[La date de cette constitution est discutée. A s'en tenir à la leçon des manuscrits, elle serait de 365. Godefroy, suivi par Borghesi, la reporte à 373. Il fait remarquer d'une part que Modestus n'a pu devenir préfet d'Orient avant la fin de 369, et d'autre part que Valens n'a manifesté son hostilité envers les moines et les Égyptiens qu'après la mort d'Athanase en 372. Pagi [9] soutient au contraire qu'Athanase est mort en mai 373, et que notre constitution est de 370. Haenel, tout en reconnaissant la force de l'argumentation de Godefroy, estime qu'il faut s'en tenir à la leçon des manuscrits, et que, s'il y a une erreur de date, il faut l'attribuer aux compilateurs du Code et non aux copistes. Krueger [10] confirme l'opinion de Godefroy et de Borghesi par un argument décisif : si notre constitution

---

[1] *Cod. Theod.* lib. XI, tit. xxi, c. 1. *De collatione aeris.*

[2] *Ibid.* tit. 1, c. 14. *De tributis. Cod. Just.* lib. XI, tit. xlvii, c. 4.

[3] *Cod. Theod.* lib. XII, tit. 1, c. 76. *De decurion. Cod. Just.* lib. [X], tit. xxxii, c. 31.

[4] [*Cod. Just.* eod. tit. c. 30.]

[5] *Cod. Theod.* lib. XI, tit. iv, c. 1. *Ne collatio per logographos celebretur.*

[6] *Ibid.* lib. XIII, tit. ix, c. 1. *De naufragiis. Cod. Just.* lib. XI, tit. vi, c. 2. [*Bersti* est pour *Beryti.*]

[7] *Cod. Theod.* lib. XI, tit. xx, c. 6. *De collat. donatarum vel relevatarum possession.*

[8] *Ibid.* lib. XII, tit. 1, c. 63. *De decurionibus. Cod. Just.* lib. X, tit. xxxii, c. 26.

[9] [Critic. ad *Annal.* Baronii, ad an. 372; n. 9 et 10.]

[10] [*Comment. in honor. Mommseni*, p. 76.]

était de 372, comme elle a été promulguée le 1er janvier à Béryte, elle aurait été rendue à une date où Modestus n'était pas préfet du prétoire, puisque son prédécesseur était encore en fonctions le 29 décembre[1].]

An. 375. — Post consulatum Gratiani A. III et Equitii v. c.
IV non. Jun. Dat. Antiochiae[2].
III non. Dec. Dat. Antiochiae[3].
An. 377. — Gratiano A. IIII et Merobaude conss.
Prid. non. April. Dat. Antiochiae[4].
V id. Aug. Dat. Hierapoli[5].
XIII kal. Nov. Dat...[6].
IV non. Nov. Dat...[7].

Modesto, chi era succeduto ad Aussonio nel 370, banni Eunomio come pertubatore della chiesa, e lo relegò nell' isola di Nasso[8].

Nello stesso anno, d'ordine di Valente, fa morire ottanta ecclesiastici catolici di Costantinopoli[9].

An. 370. — « Valens Modesto praefecto clam dedit mandatum ut LXXX ecclesiasticos Constantinopoli comprehensos morte multaret[10]. »

[D'après saint Grégoire de Nazianze[11], un seul prêtre aurait été mis à mort.]

Persecutio Edessae, jussu Valentis, mota a Modesto, qui id temporis praefectus erat[12].

---

[1] [*Cod. Theod.* lib. V, tit. 1, c. 2. *De legit. hered.*]

[2] *Ibid.* lib. VII, tit. xiii, c. 7. *De tironibus.*

[3] *Ibid.* lib. XII, tit. 1, c. 79. *De decurionibus. Cod. Just.* lib. XII, tit. lvii, c. 5.

[4] *Cod. Theod.* lib. VII, tit. iv, c. 17. *De erog. mil. ann. Cod. Just.* lib. XII, tit. xxxvii, c. 6.

[5] *Cod. Theod.* lib. VII, tit. vi, c. 3. *De milit. veste. Cod. Just.* lib. XII, tit. xxxix, c. 2.

[6] *Ibid.* lib. VIII, tit. x, c. 8. *De aedificiis privatis.*

[7] *Cod. Just.* lib. XI, tit. lxii, c. 5. *De fundis patrimon.*

[8] Philostorg. lib. IX, c. xi.

[9] *Ibid.* p. 383. Socrat. [*H. E.*] lib. IV, c. xiii. Sozomen. [*H. E.* lib. VI, c. xiv]. Theodoret, lib. IV, c. xxi.

[10] Socrat. lib. IV, c. xvi : [Ὁ βασιλεύς, τοσοῦτον ἐπέκρυψε τῆς ὀργῆς, ὅσον λαθραίως Μοδέστῳ τῷ ἐπάρχῳ κελεῦσαι συλλαβεῖν καὶ θανάτῳ ζημιῶσαι τοὺς ἄνδρας... τὸν ἀριθμὸν ὄντας ὀγδοήκοντα.]

[11] [*Orat.* XXIII, p. 416. Cf. Sievers, *op. cit.* p. 231.]

[12] Theodoret. IV, xv. [Theophan. p. 92.]

Edessae Valens Modestum praefectum plebem orthodoxam ad S. Thomae aedem congregatam concludere praecepit et crudeliter mactare[1].

A Valente ad S. Basilium mittitur Caesareae[2].

Modesto fu prefetto fino alla fine del regno del Valente, essendosi sempre mantenuto per l'accuratezza di saper lusingare le passioni del Procopio. Fu nemico dei catolici non tanto come ministro di Valente, ma perchè egli era Ariano, e l'è attezzato degli Ariani[3]. Nel 371 e 372 viaggiò con Valente nella Bitinia, nella Galazia e nella Cappadocia, persecutando i Cristiani[4]. Valente nel 372 gli diede un pugno nel viso, perchè non aveva cacciato i catolici d'Edessa[5].

## XXIII

[1131 = 378.]

MARIANUS,

praef. praet. Orientis sub Valente.

« Impp. Valens et Gratianus AA. ad Marinum ppm. — Dat. vııı id. Mart. [Valente II et] Valentiniano II AA. coss.[6] (368). »

Sed in codice novo Theodosiano sic recitatur[7] :

« Impp. Valens, Gratianus et Valentinianus AAA. ad Marianum P. P. — Dat. VII id. Mart. Valente VI et Valentiniano II. AA. coss. (378). »

[D'après les manuscrits, cette constitution serait de 368; mais il y a là une erreur évidente. En 368 régnait Valentinien I<sup>er</sup>; s'il était l'un des auteurs de la constitution, il devrait figurer dans l'inscription et dans la suscription avant Valens. L'erreur s'explique d'ailleurs aisément : les copistes ont lu *Valente II* au lieu

---

[1] Theodoret. lib. IV, c. xvi. [Tillemont, *Mém. ecclés.* t. IX, p. 153 et 663.]

[2] Theodoret. lib. IV, c. xv.

[3] Tillemont [*Mém. ecclésiast.* t. VI, p. 555.]

[4] S. Gregorio Nisseno in Eunomio, p. 322. S. Gregor. Nazianz. *Orat.* XX, p. 347.

[5] Sozomen. [*H. E.* lib. VI, c. xvııı] Theodoret. p. 679. Rufin. p. 254. Baron. t. X, p. 340.

[6] Clossius [*Theodosiani Codicis genuini fragmenta*], p. 41.

[7] *Cod. Theod.* lib. I, tit. v, c. 8. *De off. praef. praet.* [Cf. Haenel, col. 117, n. *h*.]

de *Valente VI*. — Le nom de ce préfet varie suivant les manuscrits. On lit Marius, Marinus et Marianus[1].]

## XXIV

[1131 =] 378 — [1132 =] 379.

### Q. CLODIUS HERMOGENIANUS OLYBRIUS,
praef. praet. Orientis sub Gratiano.

[Le *cursus honorum* d'Olybrius est donné par une inscription trouvée à Rome sur l'Esquilin[2]. Olybrius fut d'abord *consularis* de la Campanie[3], proconsul d'Afrique en 361-363, puis préfet de la ville en 368-370, préfet d'Illyrie en 376, préfet d'Orient en 378-379, enfin consul avec Ausone en 379[4].

Tissot a prétendu que ce préfet du prétoire fut proconsul d'Afrique en 354[5]. A l'appui de cette assertion, il a invoqué un rescrit de Constance et Constant adressé *Olybrio proconsuli Africae* et portant la suscription : *Dat. III non. Aug. Antiochiae. Constantio A. VII et Constante C. III conss.*[6]. Godefroy avait déjà fait remarquer que cette suscription était erronée, car en 354 Constance était en Gaule et en Italie et non à Antioche. Il avait en conséquence proposé de lire : *Constantio A. III et Constante II conss.* [342]. Si cette correction est exacte[7], le destinataire de ce rescrit ne serait pas le même que notre préfet du prétoire. Deux inscriptions d'Afrique[8], l'une du règne de Constance et Julien, l'autre du règne de Julien, nous apprennent en effet que notre préfet fut proconsul d'Afrique après avoir été *consularis* de la Campanie. D'autre part le Code Théodosien contient deux rescrits du 19 mai 361 adressés à Olybrius sans indication de qualité[9]. Était-il à cette date proconsul d'Afrique? Non, car Flavianus, qui remplissait cette fonction en 358[10], était encore

---

[1] [Cf. Haenel, col. 117, n. z.]

[2] Gruter, p. 353, 2. [*Corp. inscr. Lat.* vol. VI, n. 1714. Cf. n. 1657.] Vedi la serie consolare del 379 in cui fu console. [Cf. J. B. de Rossi, *Inscr. christ.* vol. I, n. 281-284.]

[3] [*Corp. inscr. Lat.* vol. X, n. 6083.]

[4] [Si le fragment de tuyau de plomb conservé au musée de Capitole et portant la légende mutilée HERMOGENIANI · C·V· se rapporte à ce personnage, on peut croire avec Lanciani (*Sylloge epigraphica aquaria*, n. 26) que sa résidence urbaine était près du Colysée, via del Colosseo. Héron de Villefosse.]

[5] [*Fastes de la province romaine d'Afrique*, p. 238.]

[6] [*Cod. Theod.* lib. VIII, tit. v, c. 7.]

[7] [Haenel, col. 716, n. c, la rejette parce que cela dérangerait l'ordre chronologique des constitutions du tit. v.]

[8] [*Corp. inscr. Lat.* vol. VIII, n. 1860 et 5334.]

[9] [*Cod. Theod.* lib. II, tit. XIX, c. 4; tit. XX, c. 1.]

[10] [*Ibid.* lib. VIII, tit. v, c. 10.]

en charge le 3 août 361[1]. Olybrius ne devait être que *consularis* le 29 mai 361; il devint proconsul d'Afrique vers la fin de cette année[2].
Voici l'inscription de l'Esquilin :]

>TYRANNIAE ANICIAE
>IVLIANAE C̄ · F̄ · CONIVGI
>Q · CLODII · HERMOGENIANI
>OLYBRII · V · C ✥
>CONSVLARIS CAMPANIAE
>PROCONSVLIS AFRICAE
>PRAEFECTI · VRBIS ✥
>PRAEF · PRAET · ILLYRICI
>PRAEF · PRAET · ORIENTIS
>CONSVLIS · ORDINARII
>FL · CLODIVS · RVFVS · V̄ · P̄ ·
>PATRONAE PERPETVAE

Non solo da questa lapide, ma anche dalle due laminette che troverai nei monumenti ipatici[3] consta che costui era ex prefetto di Roma

---

[1] [*Cod. Theod.* lib. XI, tit. xxxvi, c. 14.]

[2] [Cf. *Corp. inscr. Lat.* vol. VIII, ad n. 1860. Seeck, *Symmachus* (dans *Monum. Germ. histor.* t. VI, 1), p. xcvii.]

[3] N. 6. [On conserve au Cabinet des médailles de la Bibliothèque nationale de Paris une tablette de bronze envoyée de Rome au comte de Caylus et léguée au roi par cet antiquaire; elle est oblongue, munie à sa partie supérieure d'une anse trouée et inscrite sur les deux faces. On y lit :

| D'un côté | De l'autre |
|---|---|
| DEHORT | CLODIHE (*sic*) |
| VOLYBRI | MOGENIA |
| V · C · PREFE | NI VC EX P |
| CTI PRET | REFECTO |
| ORISVM | VRBI DE H |
| NOLIMET | ORTVM IP |
| ENERENO | SI VS SVM |
| NTIBI EX | (monogramme |
| (*sic*) PERET | d'*Olybrius*) |

(Caylus, *Recueil d'antiquités*, VI, p. 314, pl. CI, n. 1-2; cf. Orelli, n. 4321.)

Le musée de Munich possède une tablette analogue qui diffère peu de celle de Paris; elle faisait partie au xviiie siècle de la coll. de Marc Antoine Sabatini à Rome et passa dans celle du cardinal Albani. Les lettres sont formées par un double pointillé très léger. J'en dois les empreintes au professeur von Christ :

| D'un côté | De l'autre |
|---|---|
| DEORTVM | CLODI |
| OLIBRIVC | HERMO |
| SVM PRE | GENIAN |
| FECTI PR | IVCEXPR |
| ETORISN | EFECTO |
| OLI MET | VRBI DEO |
| ENERE | RTVM IP |
| NONT | SIVS |
| IBI EX | SVM (monogramme d'*Olybrius*) |
| PEDET | |

(Fabretti, *Inscr. domest.* p. 523, n. 360; Muratori, *Thes. inscr.* p. 691, 2; Maffei, *Mus. Ver.* p. 311; J. B. de Rossi, *Bull. d'arch. chrétienne*, 1874, p. 67.) Ces petits

quando fu prefetto del pretorio. Ora egli fu prefetto di Roma nel 368, 369 e 370[1]. Era, nella prefettura d'Oriente, Modesto successo nel 370 ad Aussonio defunto ed ivi continuò fino al 377, e nel tempo del 378 troviamo nella prefettura Mariano. Dal 380 in cui troviamo prefetto Neoterio, per longo tempo la serie è seguita. Non resta dunque libera ad Olibrio se non che una parte del 378[2] e il 379, per cui probabilmente era prefetto e console. Certo egli fu il console orientale, perchè Ausonio fu certamente l'occidentale.

[Borghesi avait d'abord noté une constitution du Code de Justinien qui, d'après certains manuscrits, confirmait l'existence de ce préfet du prétoire. Il a rectifié ensuite sa note, en reconnaissant qu'il fallait lire P. U. et non P. P.[3]]

## XXV

[1133 =] 380 — [1134 =] 381.

NEOTERIUS,

praef. praet. Orientis sub Theodosio.

[Neoterius, qui avait commencé par être simple *notarius* de Valentinien en 366[4], fut trois fois préfet du prétoire de 380 à 390 : en Orient, de 380 à 381 ; en Italie, en 385 ; en Illyrie, en 390[5]. Il fut consul ordinaire avec Valentinien en 390[6].]

Impp. Gratianus, Valentinianus et Theodosius AAA. Neoterio P. P.

monuments, qui tous deux donnent les noms complets d'Olybrius et mentionnent sa préfecture du prétoire, ont été constamment confondus par ceux qui les ont publiés. Héron de Villefosse.]

[1] [Corsini, p. 245. Seeck, *Hermes*, t. XVIII, p. 300.]

[2] [Seeck, *Symmachus*, p. xcvii, pense qu'Olybrius a été chargé de la préfecture du prétoire d'Orient à l'automne de 378. Il se fonde sur un passage d'Ausone, *Grat. act.* XII, 55, d'où il conclut que, pendant l'été de cette année, Olybrius n'était pas préfet.]

[3] *Cod. Theod.* lib. IX, tit. xl, c. 9. *De poenis. Cod. Just.* lib. IX, tit. xlvii, c. 19. [La constitution est datée du consulat de 365. Cependant, comme Olybrius ne devint préfet de la ville qu'en 368, Godefroy, suivi par Beck et par Krueger, pense que la date doit être reportée à 368 ou 370. Haenel hésite à cause des changements que cela entraînerait dans l'ordre chronologique des constitutions.]

[4] [Amm. Marcell. lib. XXVI, c. v, 14.]

[5] [Seeck, *Symmach.* p. cliii.]

[6] [Cf. J. B. de Rossi, *Inscr. christ.* vol. I, n. 383 à 386. Dans un de ces textes son nom est écrit *Neuterius*. Cf. Haenel, col. 128, n. *i*.]

## PRAEFECTI PRAETORIO ORIENTIS.

An. 380. — Gratiano V et Theodosio I. AA. coss.
 XVIII kal. Febr. Dat. Thessalonica[1].
 IV non. Febr. Dat. Thessalonicae[2].
 XVI kal. April. Dat. Thessalonicae[3].
 VI kal. Mai. PP. Antiochiae[4].
 III kal. Mai. PP. Antiochiae[5].
 XV kal. Jul. Dat. Thessalonicae[6].
 VI id. Sept. Dat. Sirmio[7].

An. 381. — Eucherio et Syagrio VV. CC. coss.
 XVII kal. Febr. Dat...[8].

[Reste une constitution de Valentinien, Théodose et Arcadius. Le lieu où elle a été rendue est ainsi désigné :]

 ...Dat. Ulpianis ad Julianam[9] [?].

---

[1] *Cod. Theod.* lib. IX, tit. xxvii, c. 1. *Ad leg. Jul. repetundarum. Cod. Just.* lib. XII, tit. i, c. 12.

[2] *Cod. Theod.* lib. VIII, tit. ii, c. 3. *De tabulariis.*

[3] *Ibid.* lib. XII, tit. i, c. 81. *De decurion. Cod. Just.* lib. X, tit. xxxii, c. 32. *Cod. Theod.* lib. XII, tit. i, c. 82. Si ha da congiungere alla superiore.

[4] *Ibid.* lib. VII, tit. xviii, c. 3. *De desertoribus.*

[5] *Ibid.* lib. VII, tit. xiii, c. 9. *De tironibus.* Si ha da congiungere alla superiore, onde in uno luogo o nell' altro la data «iii kal.» o «vi kal.» è sbagliata.

[6] *Cod. Theod.* lib. III, tit. xi, c. 1. *Si quacunque praeditus potestate nuptias petat invitae. Cod. Just.* lib. V, tit. vii, c. 1.

[7] *Cod. Theod.* lib. VII, tit. xxii, c. 11. *De filiis militarium apparitorum. Cod. Just.* lib. XII, tit. xlvii, c. 2.

[8] *Cod. Theod.* lib. VII, tit. xviii, c. 5. *De desertoribus.*

[9] *Ibid.* lib. I, tit. vi, c. 10. *De officio praef. Urbis.* [M. v. Domaszewski (*Arch.-epigr. Mitth. aus Oesterreich-Ungarn*, XIII, p. 150) a reconnu l'emplacement d'*Ulpiana*, ville célèbre de la Dardanie, dans le bourg actuel de Lipljan dont le nom moderne est une évidente corruption du nom antique (*Corp. inscr. Latin.* vol. III, p. 1457). Cette localité se trouve au sud de Nisch, l'antique Naïssus, sur la route de Scupi. D'autre part, à l'ouest de Naïssus dans la direction de Sophia, l'antique Serdica, à Bela Palanka, on a retrouvé deux inscriptions du temps de Septime Sévère, élevées par la *respublica Ulpianorum* (*ibid.* n. 1685 et 1686). Il est difficile d'admettre que ces monuments, connus depuis le xviie siècle, aient été apportés d'une autre localité. D'ailleurs au même endroit on a découvert une dédicace faite par la province de Mésie supérieure en l'honneur d'un empereur du iiie siècle (*ibid.* n. 8257). Il faut donc penser que la *respublica Ulpianorum* avait à cette époque une certaine importance. Nécessairement il fallait distinguer l'une de l'autre ces deux

# PRAEFECTI PRAETORIO ORIENTIS.

[L'indication du consulat manque. On lit seulement :]

Accepta II id. A[ug.] [C]rágo[1].

Nella prefazione al t. III del Codice Teodosiano[2] si prova lungamente che Neoterio fu veramente il prefetto del pretorio d'Oriente nel 380, che Eutropio lo fu dell' Illirico orientale, che nell' unica legge di quest' anno diretta *Floro P. P.*[3] si deve correggere *Floro M. O.* ossià *magistro officiorum*[4], e che nell' altra pure di quest' anno indirizzata *Tatiano P. P.*[5], deve egualmente emendarsi *Tatiano C. S. L.*, cioè *comiti sacrarum largitionum*[6].

villes, *Ulpiana* et *Ulpiani*, appartenant à la même province et dont les noms étaient si faciles à confondre. Altérée ou non, l'expression *ad Julianam* servait à désigner clairement la seconde. L'Itinéraire d'Antonin (n. 135) indique entre Naïssus et Serdica une station appelée *Remesiana*, que le calcul des distances fait tomber à Bela Palanka, au même point que la *respublica Ulpianorum*. Si cette identification était exacte, il en résulterait que *Remesiana*, connu d'ailleurs par d'autres documents, pourrait avoir été le second nom de la ville antique et peut-être faudrait-il corriger ainsi la date de la loi : «Dat. Ulpianis Remesiana (?).» HÉRON DE VILLEFOSSE.]

[1] [Le manuscrit porte : *Accepta III d'á. crágo.* Le mot *Crago* indique certainement le lieu où la constitution a été reçue. Cragus est une ville de Lycie citée par Strabon (XIV, 3, 5), καὶ μετὰ τοῦτον ὁ Κράγος, ἔχων ἄκρας ὀκτὼ καὶ πόλιν ὁμώνυμον. Si les ruines de cette ville ont échappé jusqu'ici aux investigations des savants, son existence est attestée par des médailles à la légende ΛΥΚΙΩΝ ΚΡΑΓ (Barclay V. Head, *Historia numorum*, p. 577); d'autres médailles portent la mention des alliances monétaires de Cragus avec certaines villes voisines connues. Dans son *Voyage numismatique en Asie Mineure*, p. 118-120, W. H. Waddington a consacré une notice aux monnaies de Cragus. Il faut donc lire avec Haenel : *Accepta II id. A(ug.) Crago.* HÉRON DE VILLEFOSSE.]

[2] [Ritter, ad *Cod. Theod.* t. III, p. 2.]

[3] [*Cod. Theod.* lib. VIII, tit. xv, c. 6 : «Imppp. Gratianus Valentinianus et Theodosius AAA. Floro P. P. — Dat. xv kal. Jul. Thessalonica, Gratiano V et Theodosio I AA. coss. Cf. Haenel, col. 783, n. *i*.]

[4] Il Gotofredo in luogo di Floro corregge Eutropio.

[5] [*Cod. Just.* lib. VIII, tit. xxxvi, c. 3 : «Imppp. Gratianus, Valentinianus et Theodosius AAA. Tatiano P. P. — Dat. xv kal. Jul. Thessalonicae, Gratiano V et Theodosio AA. coss.» Sur cette suscription, qui varie suivant les éditions, voir plus bas, p. 270 et 271.]

[6] Parla di Neoterio il Tillemont [*Hist. des Empereurs*], t. V, p. 30, 203, 208, 235, 242, 734, 736, 768.

## XXVI

[1134 =] 381 — [1136 =] 383.

### FLORUS,

praef. praet. Orientis sub Theodosio Magno.

[Florus était *magister officiorum* en 380[1] et au commencement de 381[2]. Très peu de temps après, il fut appelé à la préfecture d'Orient en remplacement de Neoterius : il était en charge le 30 juillet 381. Florus conserva cette fonction pendant deux ans. Quelques années plus tard, en 389, on trouve un préfet d'Illyrie du nom de Florus[3]. C'est peut-être le même que notre préfet d'Orient.]

Imppp. Gratianus, Valentinianus et Theodosius AAA. Floro P. P.
An. 381. — Eucherio et Syagrio coss.
  III kal. Aug. Dat. Heracleae[4].
  Id. Dec. Dat. Constantinopoli[5].
  XII kal. Jan. Dat. Constantinopoli[6].
  [III kal. Jan. Dat. Constantinopoli][7].
An. 382. — Antonio et Syagrio conss.
  VIII kal. Mart. Dat. Constantinopoli[8].
  III kal. April. Dat. Constantinopoli[9].
  Prid. kal. April. Dat. Constantinopoli[10].
  VIII kal. Mai. Dat. Constantinopoli[11].
  XV kal. Jun. Dat. Constantinopoli[12].

---

[1] [*Cod. Theod.* lib. VI, tit. xxvii, c. 3.]
[2] [*Ibid.* lib. VI, tit. xxix, c. 6.]
[3] [*Ibid.* lib. V, tit. xiii, c. 31.]
[4] *Ibid.* lib. XII, tit. i, c. 87.
[5] *Ibid.* lib. VI, tit. x, c. 3, *De primicerio et notariis*; tit. xxvii, c. 6, *De honor. codic.*
[6] *Ibid.* lib. XVI, tit. x, c. 7. *De paganis.* [Cf. Sozomen. *H. E.* lib. VII, c. xx. *Chron. Pasch.* p. 561.]
[7] [*Lex Rom. Wisig.* App. H, 4.]
[8] *Cod. Theod.* lib. I, tit. ii, c. 8. *De diversis rescriptis. Cod. Just.* lib. I, tit. xix, c. 4.
[9] *Cod. Theod.* lib. X, tit. xxi, c. 2. *De vestibus holoveris et auratis. Cod. Just.* lib. XI, tit. ix, c. 2.
[10] *Ibid.* lib. XVI, tit. v, c. 9. *De haereticis.*
[11] *Ibid.* lib. VIII, tit. v, c. 38. *De cursu publico.*
[12] *Ibid.* lib. III, tit. viii, c. 2. *De sec. nuptiis. Cod. Just.* lib. V, tit. ix, c. 3. — *Cod. Theod.* lib. IX, tit. xxxvii, c. 3. *De abolitionibus. Cod. Just.* lib. IX, tit. xlvi, c. 9. *De calumniatoribus*, et lib. IV, tit. xix, c. 25. *De probationibus.*

Kal. Jun. Dat. Constantinopoli[1].
XVII kal. Aug. Dat. Constantinopoli[2].
X kal. Aug. Dat. Constantinopoli[3].
X kal. Sept. Dat... [4].
IV kal. Sept. Dat. Constantinopoli[5].
XVIII kal. Oct. Dat. Constantinopoli[6].
X kal. Nov. Dat. Constantinopoli[7].
[III kal. Jan. Dat. Constantinopoli[8].]
An. 383. — Merobaude II et Saturnino coss.[9].
IV non. Febr. Dat. Constantinopoli.
III non. Mart. Dat. Constantinopoli[10].

✯

[1135 = 382.

*PANCRATIUS,*

sub Theodosio.

Une constitution du 4 avril 382 est adressée, d'après certains manuscrits, *Pancratio Pfp*[11]. Au Code Théodosien[12] on lit *P. U.*, et cette leçon est la bonne. Pancratius fut en 382 préfet de Constantinople[13].]

---

[1] *Cod. Theod.* lib. IV, tit. xx, c. 2. *Qui bonis ex lege Julia cedere possunt.*

[2] *Ibid.* lib. VIII, tit. v, c. 39. *De cursu publico.*

[3] *Ibid.* c. 40. *Cod. Just.* lib. XII, tit. L, c. 9.

[4] *Cod. Theod.* lib. IX, tit. xxvii, c. 4. *Ad leg. Jul. repetund. Cod. Just.* lib. IX, tit. xxvii, c. 2.

[5] *Cod. Theod.* lib. X, tit. xix, c. 10. *De metallis. Cod. Just.* lib. X, tit. vii, c. 3.

[6] *Cod. Theod.* lib. VIII, tit. 1, c. 13. *De numerariis;* tit. xv, c. 7. *De iis quae administrantibus.*

[7] *Ibid.* lib. XII, tit. 1, c. 92. *De decurionibus. Cod. Just.* lib. X, tit. xxxii, c. 34.

[8] [*Lex Rom. Wisigoth.* App. II, 4.]

[9] *Cod. Theod.* lib. VIII, tit. xi, c. 4. *Ne quid publicae laetitiae nuntii. Cod. Just.* lib. XII, tit. LXIII, c. 1.

[10] *Cod. Theod.* lib. XII, tit. 1, c. 96. [Il y a encore une constitution de 380 qui, d'après les manuscrits, aurait été adressée au préfet du prétoire Florus. On a vu précédemment (p. 250, n. 3) que Borghesi préfère lire *Floro M(agistro) O(fficiorum).*]

[11] [*Consultatio vet. jcti*, III, 13.]

[12] [Lib. II, tit. xii, c. 3.]

[13] [*Cod. Theod.* lib. XIV, tit. x, c. 1.]

## XXVII

[1136 =] 383.
[RUFIUS (?)] POSTUMIANUS,
praef. praet. Orientis sub Theodosio Magno.

[Postumianus était le petit-fils de l'un des consuls en charge lors de la naissance de Libanius[1], vraisemblablement Rufius Volusianus[2]. Une inscription de l'an 448 nous fait connaître un Postumianus qui porte ce nom gentilice[3].
Postumianus succéda à Florus entre le 5 mars et le 6 avril 383.]

Imppp. Gratianus, Valentinianus et Theodosius AAA. Postumiano P. P.
An. 383. — Merobaude II et Saturnino coss.
    VIII id. April. Dat. Constantinopoli[4].
    XIII kal. Jun. Dat. Constantinopoli[5].
    IV kal. Jun.[6] Dat. Constantinopoli[7].
    XIV kal. Aug. Dat. Constantinopoli[8].
    VIII kal. Aug. Dat. Constantinopoli[9].
    III non. Sept. Dat. Constantinopoli[10].
    V non. Oct. Dat...[11].
    VII id. Nov. Dat. Constantinopoli[12].
Sine die et conss.[13].

---

[1] [Libanius, *ep.* 956.]

[2] [Sievers, *op. cit.* p. 207.]

[3] [*Corp. inscr. Lat.* vol. VI, n. 1761.]

[4] *Cod. Theod.* lib. IX, tit. xlii, c. 10. *De bonis proscriptorum.* Lib. XII, tit. I, c. 98. *Cod. Just.* lib. X, tit. xxxii, c. 35. *De decurionibus.*

[5] *Cod. Theod.* lib. XVI, tit. vii, c. 2. *De apostatis.*

[6] Il Gotofredo ha iv kal. Jan.

[7] *Cod. Theod.* lib. VI, tit. xxii, c. 7. *De honorariis codicillis.*

[8] *Ibid.* lib. VII, tit. ii, c. 1. *Quid probare debeant ad quamcumque militiam venientes.* — Lib. XII, tit. I, c. 102. *De decurion.* [Cette constitution est adressée *Postumiano II.* Godefroy, suivi par Borghesi, explique ce *II* par *iterum.* Postumianus aurait été préfet du prétoire pour la deuxième fois.] *Cod. Just.* lib. X, tit. xxxii, c. 37.

[9] *Cod. Theod.* lib. XVI, tit. v, c. 11. *De haereticis.* [Cf. Sozomen. *H. E.* lib. VII, c. xii.]

[10] *Cod. Theod. ibid.* c. 12.

[11] *Ibid.* lib. XII, tit. vi, c. 19. *De susceptoribus.*

[12] *Ibid.* tit. I, c. 104. *De decurionibus.*

[13] *Cod. Just.* lib. XI, tit. lxiii, c. 3. *De mancipiis et colonis patrimonialium et saltuensium et emphyteuticariorum fundorum.*

# 254 PRAEFECTI PRAETORIO ORIENTIS.

[Il y a encore une constitution qui, d'après les manuscrits, aurait été adressée à Postumianus le 8 novembre 384[1] : ]

« Iidem AAA. Have Postumiane Karissime nobis. — Dat. vi id. Nov. Richomere et Clearcho coss. »

Ma in questo tempo gli era già succeduto Cinegio[2].

[Une inscription de la fin du ive siècle mentionne Postumianus et le qualifie ex-préfet du prétoire[3] : ]

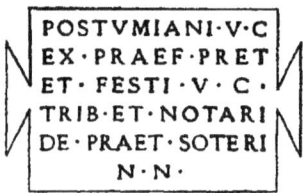

Non mi pare che posse spettare a costui[4].

« Ad hunc Postumianum extat Gregorii Nazianzeni epistola[5], ubi aperte et eum christianum fuisse et praefecturam ejus indicat praetorianam seu aliis seu his potissimum verbis : *Venisti ad summam potestatis apicem*[6], et quidem Orientis, cum sub ejus dispositione Cappadociam fuisse diceret[7]. »

*

[Post 1136 =] 383.

*ANTIOCHUS CHUZON*,
sub Theodosio Magno.

— Post Merobaude et Saturnino coss. (cioè dopo il 383), « Theo-

---

[1] *Cod. Theod.* lib. XIII, tit. 1, c. 13. *De lustrali collatione.*

[2] [Godefroy exprime également des doutes sur la suscription de cette constitution. Le destinataire du rescrit ne peut être le préfet du prétoire d'Orient.]

[3] Roma, in lamella aenea. Marini, *Iscr. crist.* p. 173, 3.

[4] [J. B. de Rossi, *Inscr. christianae*, vol. I, p. 376, n. 846, est d'un avis contraire.]

[5] *Ep. de pace*, 72 vel 68. Tillemont [*Hist. des Empereurs*], t. V, p. 224.

[6] [Ἦλθες ἐπὶ τὸ ἀκρότατον τῆς ἐξουσίας. Cf. Libanius, *ep.* 956. Sievers, p. 291, pense que le destinataire de cette lettre de Libanius est notre préfet du prétoire.]

[7] [Godefroy, *Prosopogr.* t. VI, 2, p. 59.]

« dosius imperator synodum Constantinopoli convocavit CL episcopo-
« rum... Porro Theodosius imperator praetorio praefectum constituit
« Antiochum Magnum cognomento Chuzonem, ex Antiochia oriundum.
« Hic vero statim a munere suscepto ad imperatorem Theodosium re-
« tulit, de Antiochia Magna Syriae : ad molem nempe tantam crevisse
« eam, ut ab ipsis urbis moenibus, ad distantiam milliarii unius, in
« suburbia excurreret. Imperator itaque jussit uti aedificia, etiam quae
« extra urbem posita erant, muro cingerentur[1]. »

Qui v'è certo un gran impaccio s'egli era il prefetto del 431 al tempo
del concilio Efesino[2].

[Il y a au sujet d'Antiochus une certaine confusion dans les auteurs anciens et
modernes. Malalas est le seul auteur qui cite un préfet du prétoire du nom d'Antiochus sous le règne de Théodose I$^{er}$. N'a-t-il pas confondu avec le préfet du même
nom qui fut en fonctions sous Théodose II? C'est ce que pensent divers auteurs.
Telle est aussi l'opinion de Borghesi[3]. Cependant Sievers[4] croit que ce pourrait
être le fils du proconsul d'Achaïe, Musonius[5]. S'il en était ainsi, il faudrait distinguer le préfet du prétoire cité par Malalas, et qui aurait été en charge vers l'an 383,
et le préfet du même nom qui fut consul en 431.

On trouve ensuite en 448 un préfet du prétoire qui porte également le nom
d'Antiochus. Ce n'est pas le même que le préfet de 431, car une novelle de Théodose de 444[6] cite un Antiochus *inlustris memoriae*, par conséquent décédé. D'autre
part, en 429, dans la commission chargée de rédiger le Code Théodosien, figurent
deux personnages du nom d'Antiochus, l'un *ex quaestore et praefecto*, l'autre *quaestor*

---

[1] Malalas, lib. XIII [p. 346 : Ἐπὶ τῆς ὑπατείας Μηροβαύδου καὶ Σατουρνίνου... Θεοδόσιος ἐπὶ τῆς ἑαυτοῦ βασιλείας ἐποίησε τὴν σύνοδον τῶν ρν' ἐπισκόπων τῶν ἐν Κωνσταντινουπόλει... Ὡσαύτως δὲ ὁ αὐτὸς Θεοδόσιος βασιλεὺς προήγαγε τὸν ἔπαρχον πραιτωρίων Ἀντίοχον τὸν ἐπίκλην Χούζωνα τὸν μέγαν, καταγόμενον ἀπὸ Ἀντιοχείας τῆς μεγάλης. Ἡ μόνον δὲ προήχθη ἔπαρχος, ἀνήγαγε τῷ αὐτῷ Θεοδοσίῳ βασιλεῖ ὅτι ἐπλατύνθη καὶ ηὐξήθη ἡ αὐτὴ μεγάλη πόλις Ἀντιόχεια τῆς Συρίας καὶ ἔχει πολλὰ οἰκήματα ἔξω τειχέων ἐπὶ μίλιον ἕνα. Καὶ ἐκέ- λευσεν ὁ αὐτὸς βασιλεὺς Θεοδόσιος περιτειχισθῆναι καὶ τὰ ἔξω τῆς πόλεως ὄντα οἰκήματα.] Malala molto si stende a descrivere il circuito di questi nuovi muri. Pero di questo prefetto Antioco, presso altri, non trovo menzione.

[2] [Cf. *Prosopogr. Cod. Theod.* t. VI, p. 30. Tillemont, *Hist. des Empereurs*, t. VI, p. 63, 70, 110, 609.]

[3] [Voir plus bas, p. 332.]

[4] [*Das Leben des Libanius*, p. 264.]

[5] [Zosim. lib. V, c. v.]

[6] [*Nov. Theod.* xxvi, c. 1, § 2.]

*sacri palatii*. Enfin, il y eut un eunuque du nom d'Antiochus, qui fut *praepositus sacri cubiculi* et fut disgracié en 436.]

— «Theodosius minor Antiochum praepositum dignitate privatum
«in presbyterorum ordinem rettulit. Idem Cyrum qui in magistratu
«principem Constantinopoli successerat et duas maximas praefectu-
«ras eodem tempore administrabat... episcopum fecit Cotyaii Phry-
«giae[1].»

— [«(Hoc anno 436), Theodosius imperator Antiochum praeposi-
«tum et patricium et bajulum suum, clericum esse jussit[2].»]

## XXVIII

[1137] = 384 — [1341 =] 388.

### MATERNUS CYNEGIUS,
praef. praet. Orientis sub Theodosio Magno.

— «Cynegius Theodosii praefectus habetur inlustris, qui factis in-
«signibus praeditus et usque ad Aegyptum penetrans gentium simulacra
«subvertit[3].»

[Avant d'être appelé à la préfecture du prétoire, Cynegius occupa d'importantes situations. Il était *comes sacrarum largitionum* en mars 383[4]. Il fut aussi ἐπὶ τῶν δεήσεων τεταγμένος[5], ce qui désigne sans doute la charge de questeur[6]. Il était préfet d'Orient dès le 18 janvier 384.]

---

[1] Suidas, v° Θεοδόσιος. [Ὅτι Θεοδόσιος ὁ μικρὸς καταλύσας Ἀντίοχον τὸν πραιπόσιτον ἐν τοῖς πρεσβυτέροις κατέταξεν. Ὁ αὐτὸς Κῦρον, τὸν τούτου διαδεξάμενον τὴν δυναστείαν, καὶ τὰς δύο μεγίστας τῶν ἐπάρχων ἀρχὰς κατὰ τὸν αὐτὸν διανύοντα χρόνον... γέγονεν ἐπίσκοπος ἐν Κοτυαείῳ τῆς Φρυγίας. Cf. v° Ἀντίοχος ὁ πραιπόσιτος.]

[2] [Theophanes, *Chronogr.* I, p. 148 : Τούτῳ τῷ ἔτει Θεοδόσιος ὁ βασιλεὺς Ἀντίοχον τὸν πραιπόσιτον καὶ πατρίκιον τὸν καὶ βάγυλον αὐτοῦ, ἐποίησε παπᾶν. Cf., sur cet Antiochus, Sievers, *Studien zur Geschichte der Röm. Kaiser*, p. 423-424.]

[3] Fasti Hydat. [dans *Monum. Germ. hist.* Chronica minora, t. XI, p. 1ᵃ, p. 15.]

[4] [*Cod. Theod.* lib. VI, tit. xxxv, c. 12. De privilegiis eorum qui in sacro palatio militarunt. Lib. XII, tit. 1, c. 97. De decurionibus.]

[5] [Libanius, II, p. 571.]

[6] [Arg. Symmach. *Ep.* l, 17. Cf. Sievers, *Das Leben des Libanius*, p. 265.]

Imppp. Gratianus, Valentinianus et Theodosius AAA. Cynegio P. P.
An. 384. — Richomere et Clearcho coss.
  XV kal. Feb. Dat. Constantinopoli [1].
  XII [kal.] Febr. Dat. Constantinopoli [2].
Imppp. Valentinianus, Theodosius et Arcadius AAA. Cynegio P. P.
  VI non. Mart. Dat. Constantinopoli [3].
  IV id. April. Dat. Constantinopoli [4].
  Prid. non. Maii. Dat. Constantinopoli [5].
  VIII id. Jul. Dat. Heracleae [6].
  Prid. kal. Sept. Dat. Beroeae [7].
  X kal. Oct. Acc. Regio[?] [8].
  III non. Oct. Dat. Constantinopoli [9].
  VIII id. Nov. Dat. Constantinopoli [10].
An. 385. — Arcadio A. et Bautone coss.
  III non. Febr. Dat. Constantinopoli [11].
  VI id. April. Dat. Mediolano [12].

---

[1] *Cod. Theod.* lib. XII, tit. xiii, c. 5. *De auro coronario. Cod. Just.* lib. X, tit. lxxvi, c. 1. [Cette constitution et les deux suivantes sont de Gratien, Valentinien et Théodose; les autres de Valentinien, Théodose et Arcadius. Néanmoins, un bon nombre de constitutions de 384 à 386 portent l'inscription : Gratianus, Valentinianus et Theodosius.] *Cod. Theod.* lib. XV, tit. i, c. 23, *De operib. publ. Cod. Just.* lib. VIII, tit. xi, c. 7.

[2] *Cod. Theod.* lib. XVI, tit. v, c. 13. *De haereticis.* [Cf. Haenel, col. 1532, n. *b.*]

[3] *Cod. Theod.* lib. VIII, tit. v, c. 44. *De cursu publico. Cod. Just.* lib. XII, tit. l, c. 11.

[4] *Cod. Theod.* lib. VIII, tit. v, c. 45. *De cursu pub.* — Lib. VII, tit. i, c. 12. *De re militari. Cod. Just.* lib. XII, tit. xxxv, c. 11.

[5] *Cod. Theod.* lib. XII, tit. i, c. 105. *De decurion.*

[6] *Ibid.* c. 106.

[7] *Cod. Theod.* c. 107. [Les manuscrits portent *Veronae;* il faut lire *Veroeae* ou *Beroeae* : c'est une ville de Thrace située entre Héraclée et Hadrianopolis. Théodose était en juin 384 à Héraclée; en septembre on le trouve à Constantinople : il a dû, pour s'y rendre, traverser Beroe. Cf. Godefroy, *Chronol.* p. cxviii.]

[8] *Cod. Theod.* lib. III, tit. i, c. 5. [Dans un manuscrit on lit *Remigio.*]

[9] *Ibid.* lib. X, tit. xix, c. 11. *De metallis.*

[10] *Ibid.* lib. XII, tit. i, c. 108, *De decurionibus. Cod. Just.* lib. X, tit. xxxii, c. 38.

[11] *Cod. Theod.* lib. XV, tit. i, c. 24. *Cod. Just.* lib. VIII, tit. xi, c. 8. *De operibus publicis.*

[12] *Cod. Theod.* lib. VIII, tit. v, c. 46. *De cursu publico.* [Si cette constitution a bien été *data Mediolano*, elle n'a pu être adressée à Cynegius, qui était préfet d'Orient, mais à Neoterius. Cf. Godefroy, *Chronol.* p. cxxv.]

VI kal. Maii. Dat...[1].
Prid. kal. Maii. Dat. Constantinopoli[2].
VIII kal. Jun. Dat. Constantinopoli[3].
XV kal. Jul. Dat. Constantinopoli[4].
VIII kal. Jul. Dat. Constantinopoli[5].
III id. Dec. Dat. Constantinopoli[6].
X kal. Jan. Dat. Constantinopoli[7].
An. 386. — Honorio NB. P. et Evodio conss.
XIV kal. Febr. Dat. Constantinopoli[8].
VII kal. Febr. Dat. Constantinopoli[9].
IV kal. Mart. Dat. Constantinopoli[10].
Prid. kal. Ma... Dat. Constantinopoli[11].
Prid. kal. Mart. Dat. Constantinopoli[12].
IV non. Mart. Dat. Constantinopoli[13].
III non. Mart. Dat. Constantinopoli[14].

---

[1] *Cod. Theod.* lib. XII, tit. I, c. 109. *De decurion.*

[2] *Ibid.* lib. IX, tit. I, c. 15, *De accusationibus. Cod. Just.* lib. IX, tit. II, c. 14.

[3] *Cod. Theod.* lib. XVI, tit. x, c. 9, *De paganis. Cod. Just.* lib. I, tit. XI, c. 2. [Cf. Zosim. lib. IV, c. 37.]

[4] *Cod. Theod.* lib. VIII, tit. v, c. 47. *De cursu publico. Cod. Just.* lib. XII, tit. L, c. 12.

[5] *Cod. Theod.* lib. XV, tit. VII, c. 10. *De scenicis.*

[6] *Ibid.* lib. IX, tit. VII, c. 4, *Ad leg. Jul. de adult. Cod. Just.* lib. IX, tit. IX, c. 31; tit. XVI, c. 8. *Ad leg. Cornel. de sicariis.*

[7] *Cod. Just.* lib. I, tit. XL, c. 6. *De off. rectoris provinciae.* [Cf. Böcking, *Notitia dignitatum Or.* p. 145.]

[8] *Cod. Theod.* lib. XI, tit. I, c. 21, *De annona. Cod. Just.* lib. X, tit. XVI, c. 8.

[9] *Cod. Theod.* lib. IX, tit. XXXIV, c. 9, *De famosis libellis.* — *Ibid.* lib. XI, tit. xxx, c. 47. *De appellationibus.*

[10] *Cod. Theod.* lib. IX, tit. XVII, c. 7. *De sepulcris violatis. Cod. Just.* lib. I, tit. II, c. 3, *De sacros. eccles.*; lib. III, tit. XLIV, c. 14. *De religiosis.*

[11] *Cod. Theod.* lib. VI, tit. XXVI, c. 4, *De proximis, comitibus disposit. Cod. Just.* lib. XII, tit. XIX, c. 1. [Godefroy reporte cette constitution au 30 avril. Le sigle *Ma.* qu'on lit dans le manuscrit peut en effet s'interpréter dans le sens de *Maii.* Haenel préfère la signification *Martis* à cause de l'analogie qui existe entre l'objet de cette constitution et celui de la suivante, datée *prid. kal. Mart.*]

[12] *Cod. Theod.* lib. VI, tit. XXVIII, c. 3, *De principibus agentum in rebus. Cod. Just.* lib. XII, tit. XXI, c. 1.

[13] *Cod. Theod.* lib. VIII, tit. v, c. 48. *De cursu pub.*

[14] *Ibid.* lib. VI, tit. XXVIII, c. 3.

VI kal. April. Dat. Constantinopoli[1].
XVIII kal. Maii. Dat. Constantinopoli[2].
Prid. kal. Maii. Dat. Constantinopoli[3].
Prid. non. Jul. Dat. Constantinopoli[4].
III non. Sept. Dat. Valentiae [?][5].
VIII kal. Nov. Dat. Constantinopoli[6].
VI kal. Nov. Dat. Constantinopoli[7].
VIII kal. Dec. Dat. Constantinopoli[8].
IV [?] kal. Dec. Dat. Constantinopoli[9].
Prid. kal. Jan. Dat. Constantinopoli[10].

An. 387. — Valentiniano A. III et Eutropio conss.
VI id. Mart. Dat. Constantinopoli[11].
VI kal. April. Dat. Constantinopoli[12].

---

[1] *Cod. Theod.* lib. XIII, tit. xi, c. 3. *De censitoribus. Cod. Just.* lib. XI, tit. lviii, c. 3. — *Cod. Theod. ibid.* c. 2. *Cod. Just.* lib. XI, tit. xlviii, c. 10. *De agricolis censitis.*

[2] *Cod. Theod.* lib. XIII, tit. i, c. 15. *De lustrali collatione.*

[3] *Ibid.* lib. XII, tit. i, c. 111. *De decurionibus.*

[4] *Ibid.* lib. IX, tit. xliv, c. 1. *De sententiam passis. Cod. Just.* lib. I, tit. xxv, c. 1. *De his qui ad statuas confugiunt.*

[5] *Cod. Theod.* lib. XI, tit. i, c. 22. *De annona. Cod. Just.* lib. X, tit. xvi, c. 9. [Bien que *Valentiae* se lise également au Code de Justinien, Godefroy pense qu'on doit lire *Melantiae*. Il semblerait en effet plus naturel que la constitution fût datée d'une ville de Thrace, à une époque où Théodose venait précisément de délivrer ce pays des ennemis qui l'avaient envahi.]

[6] *Cod. Theod.* lib. II, tit. xxxiii, c. 2. [Théodose rétablit la peine du quadruple contre les usuriers. Cf. Édouard Cuq, *Les Institutions juridiques des Romains*, t. I<sup>er</sup>, p. 350.] — Lib. V, tit. ix, c. 2. *De fugit. colon. Cod. Just.* lib. XI, tit. lxiv, c. 2. — *Cod. Theod.* lib. V, tit. xiii, c. 30. *Cod. Just.* lib. XI, tit. lix, c. 7. *De omni agro deserto.*

[7] *Cod. Theod.* lib. XII, tit. vi, c. 20. *De susceptoribus. Cod. Just.* lib. X, tit. lxxii, c. 8.

[8] *Cod. Theod.* lib. XII, tit. iii, c. 1. *De praediis et mancipiis curialium. Cod. Just.* lib. X, tit. xxxiv, c. 1.

[9] *Cod. Theod.* lib. XII, tit. vi, c. 21. *De susceptoribus. Cod. Just.* lib. X, tit. lxxii, c. 9. [Cette constitution est datée iv kal. Dec., bien qu'elle se rattache à la précédente qui est datée viii kal. Dec. Haenel pense qu'il y a une erreur dans l'une ou l'autre des suscriptions, et qu'il faut lire dans les deux endroits viii ou iv kal. Dec.]

[10] *Cod. Theod.* lib. XII, tit. i, c. 115. *De decurion.*

[11] *Ibid.* lib. XIII, tit. iii, c. 14. *De medicis et professoribus.*

[12] *Ibid.* lib. XII, tit. i, c. 116.

[VI (?)] kal. April. Dat. Constantinopoli[1].
Prid. non. Jul. Dat. Constantinopoli[2].
An. 388. — Theodosio A. II et Cynegio conss.
III id. Mart. Dat. Thessalonica[3].
V id. Aug. Dat. Constantinopoli[4].

[Dans cette constitution et dans les constitutions subséquentes, il y a une erreur soit dans le nom du destinataire du rescrit, soit dans la date. Cynegius était mort en 388, selon le témoignage de Zosime. Idace précise et dit qu'il fut enterré le 19 mars[5].]

An. 389. — Timasio et Promoto conss.
V kal. Jul. Dat. . . .[6].
IV kal. Dec. Dat. Constantinopoli[7].
XV kal. Jan. Dat. Constantinopoli[8].

— « (Theodosius dedit) in mandatis Cynegio, praefecto praetorii,
« quum eum ablegaret in Aegyptum et omnibus numinum religione per
« ipsum interdici ac fana claudi praecepisset ut imaginem Maximi con-
« spiciendam Alexandrinis exhiberet, publice poneret, et consortem hunc
« imperii factum esse habita ad populum oratione declararet. Qua qui-
« dem in re Cynegius, quod imperatum fuerat, praestitit; aditusque tem-
« plorum per Orientem et universam Aegyptum et ipsam Alexandriam
« occlusit[9]. »

---

[1] *Cod. Theod.* lib. XII, tit. I, c. 117. *Cod. Just.* lib. X, tit. xxxii, c. 40. [Cf. Haenel, col. 1244, n. *u*; Krueger, p. 413, n. 6.]

[2] *Cod. Theod.* lib. XII, tit. I, c. 118. *Cod. Just.* lib. X, tit. xxxii, c. 41.

[3] *Cod. Theod.* lib. III, tit. vii, c. 2. *Si provinciae rector vel ad eum pertinentes sponsalia dederint.* *Cod. Just.*, lib. I, tit. ix, c. 6. [Certains manuscrits du Code Théodosien et ceux du Code de Justinien portent *prid.* au lieu de *iii.*] *Cod. Theod.* lib. IX, tit. vii, c. 5. *Ad leg. Jul. de adult.* — Lib. XVI, tit. v, c. 14. *De haereticis.*

[4] *Ibid.* lib. XVI, tit. v, c. 16.

[5] [Voir plus bas, p. 261, n. 3.]

[6] *Cod. Theod.* lib. VIII, tit. iv, c. 17. *De cohortalibus.* [Cf. Édouard Cuq, *Études d'épigraphie juridique*, p. 73.]

[7] *Ibid.* lib. XII, tit. vi, c. 23. *De susceptoribus.* *Cod. Just.* lib. X, tit. lxxii, c. 10.

[8] *Cod. Theod.* lib. XI, tit. ii, c. 5. *Tributa in ipsis speciebus.*

[9] Zosim. lib. IV, c. xxxvii. [Theodoret. *Hist. eccles.* lib. V, c. 21 : Ὥστε καὶ Κυνηγίῳ τῷ τῆς αὐλῆς ὑπάρχῳ πεμπομένῳ κατὰ τὴν Αἴγυπτον, προσ]ετάγμενῳ τε πᾶσι τὴν εἰς τὰ θεῖα θρησκείαν ἀπαγορεῦσαι καὶ κλεῖθρα τοῖς τεμένεσιν ἐπιθεῖναι, τὴν Μαξίμου

Ei posita est inscriptio apud Donatum[1].

DOMINI NOSTRI INVICTISSIMI ET VENERABILES
AC PERPETVI AVGVSTI THEODOSIVS ET
ARCADIVS TOTO ORBE VICTORES
MATERNO CYNEGIO OMNIVM VIRTVTVM VIRO ET AD
INSIGNEM LAVDEM GLORIAMQVE PROGENITO · PER
OMNES · HONORVM GRADVS · MERITORVM CON
TEMPLATIONE PROVECTO PRAEFECTO
PRAETORIO PER ORIENTEM STATVAM
CIVILI HABITV AD PETITVM PRIMORVM NOBILISSIMe
ALEXANDRINAE VRBIS IN EADEM SPLENDIDA
VRBE AD PERPETVITATIS FAMAM LOCO CELE
BERRIMO CONSTITVI COLLOCARIQVE IVSSERVNT
PER CLARISSIMOS ALEXANDRINAE CVITATIS

— « Mortuo in itinere Cynegio praefecto praetorii, quum ex
« Aegypto reverteretur[2]... »

An. 388. — « Theodosio Aug. II et Cynegio cons.... defunctus est
« Cynegius praefectus Orientis in consulatu suo Constantinopolim. Hic
« universas provincias longa temporis labe deceptas in statum pristinum
« revocavit, et usque ad Aegyptum penetravit et simulacra gentium
« evertit. Unde cum magno fletu totius populi civitatis deductum est
« corpus ejus ad apostolos die xiii kal. April. Et post annum transtulit
« eum matrona ejus Achantia ad Hispanias pedestre[3]. »

[Maternus Cynegius fut consul ordinaire avec Théodose en 388; il mourut en
charge[4].]

εἰκόνα δεῖξαι τοῖς Ἀλεξανδρεῦσιν ἐπέταξεν,
ἀναθεῖναί τε δημοσίᾳ ταύτην, καὶ ὅτι συμ-
βασιλεύσειν ἔλαχεν αὐτῷ προφωνῆσαι τῷ
δήμῳ. Κυνήγιος μὲν οὖν καὶ ἐν τούτῳ τὸ
προσταχθὲν ἐπλήρου καὶ τῶν κατὰ τὴν
ἑῴαν καὶ τὴν Αἴγυπτον ἁπασᾶν ἱερῶν καὶ
αὐτὴν δὲ τὴν Ἀλεξάνδρειαν ἀπέκλεισε τὰς
εἰσόδους. Cf. Libanius, II, p. 572. Sur le
rôle de Cynegius à Alexandrie, cf. J. B. de
Rossi, *Bull. di arch. crist.*, 1866, p. 54.]

[1] Pag. 123, 5. [Trouvée à Alexandrie, *Corp. inscr. Lat.* vol. III, n. 19 = 6587.]

[2] Zosim. lib. IV, c. xlv. [Ἐπειδὴ Κυνήγιος ὁ τῆς αὐλῆς ὕπαρχος ἐπανιὼν ἐξ
Αἰγύπτου κατὰ τὴν ὁδοιπορίαν ἔτυχε τεθνεώς...] Dell' epoca della morte di Cinegio,
vedi la nota di Reinesio.

[3] [*Consularia Constantinopolitana* dans
*Mon. Germ. hist.* t. IX, 1, p. 244].

[4] [Les fastes, les lois et les actes publics

## XXIX

1139 = 386.

[*FL.* (?)] *CLEARCHUS*,
sub [Theodosio Magno].

— « Is (Clearchus) fuit e Thesprotis oriundus, opulento genere,
« illustri et secunda fama qui, mutatis jam rebus, Valentiniano ad Occi-
« dentis imperium translato, Valente extremis involuto periculis, nec de
« imperio jam, sed de capite et vita, periclitante (nam Procopius rebel-
« lans cum innumeris copiis undecumque vires illius ita carpebat, ut ad
« pactiones descendere eum compulerit), toti praefuit tunc Asiae, cujus
« jurisdictio ab Hellesponto per Lydiae ac Pisidiae fines in Pamphyliam
« excurrit, multumque rebus bene gerendis contulit, primis quibusque
« periculis corpus objectans, et ex professo inimicitias cum praetorii prae-
« fecto gerens, ita ut ea simultas imperatorem latere non potuerit. Is
« vocitabatur Sallustius qui suam fortunam jam tum imperante Juliano
« exornaverat. Hujus tamen mollitiem, senile vitium, redarguebat Clear-
« chus et Niciam nuncupabat; nam ipse tunc temporis studio habebat
« pectus irrigare atque animum confirmare lectione historica et rerum
« usu [1]. »

de l'année 388 s'accordent pour indiquer Cynegius comme consul ordinaire avec Théodose, mais aucune des épitaphes romaines datées de cette année ne fait mention de son consulat. Dans une seule inscription de Rome, du 11 janvier, c'est Merobaudes qui apparaît comme le collègue de Théodose; les autres textes romains postérieurs au 11 janvier mentionnent comme consul l'usurpateur Maximus, alors maître de la capitale. J. B. de Rossi (*Inser. christ.* vol. I, p. 162-163) a expliqué ce fait par le récit des événements contemporains, l'entrée de Maximus à Rome et la mort de Merobaudes tué par Maximus. Immédiatement après cet événement Théodose désigna Cynegius comme consul ordinaire pour remplacer Merobaudes. Héron de Villefosse.]

[1] [Eunap. *Vitae Sophist. in Maximo*, p. 479, éd. Didot : Ἦν μὲν γὰρ ὁ Κλέαρχος ἐκ Θεσπρωτῶν τῶν εὐδαιμόνων, καὶ διαφερόντως περὶ δόξαν καλὴν γενόμενος, τῶν πραγμάτων ἤδη μεταβεβλημένων, καὶ Βαλεντινιανοῦ μὲν εἰς τὴν ἑσπέραν ἀποκεχωρηκότος, τοῦ δὲ βασιλέως Βάλεντος κινδύνοις τοῖς ἐσχάτοις ἐμβεβηκότος, καὶ οὐ τὸν περὶ βασιλείας, ἀλλὰ τὸν περὶ σωτη-

[C'est en 365 que Clearchus avait été vicaire d'Asie[1]. Lors de la révolte de Procope il rendit de grands services à Valens et reprocha très vivement au préfet Salluste son manque d'énergie. Nommé peu de temps après proconsul d'Asie[2], il était préfet de Constantinople en 372[3] et 373[4]. Il fut consul avec Ricomer en 384[5].]

Imppp. Gratianus, Valentinianus, Theodosius AAA. Clearcho P. P.
An. 382. — Antonio et Syagrio coss.
XVI kal. Jun. Dat. Constantinopoli[6].
X kal. Sept. Dat. Constantinopoli[7].
VII kal. Dec. Dat...[8].
Imppp. Gratianus, Valentinianus, Theodosius et Arcadius AAAA. Clearcho P. P.
An. 386. — Honorio NP. et Evodio coss.
VI kal. Mai. Dat. Constantinopoli[9].
Dev' essere sbaglio perchè in questo tempo era prefetto Cinegio.

[Dans plusieurs textes des années 382, 383 et 384, Clearchus est appelé tantôt

πίας ἀγῶνα τρέχοντος (ὁ γὰρ Προκόπιος ἀντανασ7ὰς ϖολλαῖς καὶ ἀπείροις δυνάμεσι ϖανταχόθεν αὐτὸν ϖεριέκοπ7εν εἰς τὸ συνῆμεναι), τῆς οὖν Ἀσίας ἁπάσης κατ' ἐκεῖνον τὸν καιρὸν ὁ Κλέαρχος ἐπεσ7άτει, ὅση κατὰ τὴν ἐξουσίαν ἀφ' Ἑλλησπόντου διὰ Λυδίας καὶ Πισιδίας ἐπὶ Παμφυλίαν ἀφορίζεται. Πολλὴν εἰς τὰ ϖράγματα συνέφερεν εὔνοιαν, τῷ τε σώματι ϖαραβαλλόμενος ἐς τοὺς ϖρώτους κινδύνους, καὶ ϖρὸς τὸν τῆς αὐλῆς ἔπαρχον ἄντικρυς διαφερόμενος ὥσ7ε οὐδὲ ὁ βασιλεὺς τὴν διαφορὰν ἠγνόει. Καί τοί γε ἦν ἔπαρχος Σαλούτιος, ἀνὴρ καὶ ἐπὶ τῆς Ἰουλιανοῦ βασιλείας κοσμήσας τὴν ἑαυτοῦ τύχην, ἀλλ' ὅμως τήν τε βλακείαν αὐτοῦ διὰ τὸ γῆρας ἀπήλεγξε καὶ Νικίαν ἀπεκάλει· καὶ γὰρ ἔμελεν αὐτῷ κατὰ τὸν καιρὸν ἐκεῖνον μοσχεύειν καὶ ῥωννύναι τὴν ψυχὴν ὑπ' ἀναγνώσεώς τε καὶ τῆς ἱσ7ορικῆς ἐμπειρίας.]

[1] [Cod. Theod. lib. V, tit. XI, c. 1; lib. VIII, tit. 1, c. 9.]

[2] [Eunap. loc. cit. : Ὁ Βάλης... Κλέαρχον... εἰς ἀρχὴν μετέσ7ησε μείζονα, ἀνθύπατον αὐτὸν ἐπισ7ήσας τῆς νῦν ἰδίως Ἀσίας καλουμένης.]

[3] [Cod. Theod. lib. XIV, tit. XVII, c. 7.]

[4] [Hieronym. Chron. an. 374.]

[5] [Dans les fastes il est quelquefois appelé Flavius, mais ce renseignement n'est pas confirmé par les documents épigraphiques. Les nombreuses inscriptions chrétiennes datées de l'année 384 (J. B. de Rossi, Inscr. christ. vol. I, n. 336-353) présentent le nom de Clearchus écrit d'une façon très variée, CLEARCHO, CLEARCO, CLIARCO, CLYARCO, CLVARCIO, CLAEARCO. HÉRON DE VILLEFOSSE.]

[6] Cod. Theod. lib. IV, tit. XVII, c. 2. De sententiis ex periculo recitandis.

[7] Ibid. c. 3. [Lex Rom. Wisig. App. I, 22.]

[8] Cod. Theod. lib. XII, tit. 1, c. 93.

[9] Cod. Just. lib. XI, tit. LXII, c. 8. De fundis patrimonialibus.

préfet du prétoire, tantôt préfet de la ville[1]. A-t-il été réellement préfet d'Orient, ou seulement préfet de Constantinople? Borghesi incline vers cette dernière hypothèse. C'est aussi l'opinion de Godefroy[2] et de Haenel[3]. Que Clearchus ait été à une certaine époque préfet de la ville, cela n'est pas douteux. Un passage de Socrate le prouve :

— « Cum enim aquaeductus ille in urbem perductus esset, Clear« chus, praefectus urbis, in foro quod nunc Theodosii dicitur, ingens « lavacrum aedificavit[4]. »

Il nous paraît cependant difficile de contester que la constitution du 26 avril 386 ait été adressée à un préfet du prétoire. Elle réglemente l'attribution des fonds patrimoniaux dans les provinces de Mésopotamie et d'Osrohène, qui étaient sous l'autorité du préfet du prétoire et non du préfet de la ville[5]. Il est vrai, comme le fait remarquer Borghesi, qu'en 386 Cynegius était préfet d'Orient. Il faut alors opter entre ces deux solutions : ou bien il faut lire dans l'adresse de la constitution *Cynegio* au lieu de *Clearcho*, ou bien il y a eu, dès cette époque et pendant un certain temps, deux préfets d'Orient, comme cela eut lieu, peu de temps après, sous le règne d'Arcadius.]

## XXX

[1142 =] 389.

EPINECIUS,

praef. praet. Orientis sub Valentiniano, Theodosio et Arcadio.

Una legge del codice Teodosiano[6] che, presso il Gotofredo[7], si dice : « Dat. v kal. Jul. Timasio et Promoto coss. », e diretta « Cynegio P. P.

---

[1] [*Cod. Theod.* lib. XV, tit. II, c. 3. *De aquaeductu* (a. 382). Lib. VI, tit. V, c. 1, *Ut dignitatum ordo servetur* (a. 383); tit. II, c. 9. *De senatoribus* (384).]

[2] [*Prosopogr.* t. VI, 2, p. 36.]

[3] [Col. 416, n. v.]

[4] [*Hist. eccles.* lib. IV, c. VIII : Τοῦ ὑδραγωγοῦ γὰρ εἰσαχθέντος εἰς τὴν πόλιν, Κλέαρχος ἔπαρχος ὢν τῆς πόλεως ὑδρεῖον μέγιστον κατεσκεύασεν ἐν τῇ νῦν Θεοδοσίου ἀγορᾷ καλουμένῃ.]

[5] [Libanius, *ep.* 1533, dit à Clearchus : Ἠδικήμεθα ὑφ' ἑνὸς τῶν ἀρχόντων τῶν ὑπό σοι.]

[6] *Cod. Theod.* lib. VIII, tit. IV, c. 17. *De cohortalibus.* [Voir plus haut, p. 260, n. 6.]

[7] T. II, p. 489.

«per Orientem», nel codice Torinese[1] è indirizzata «Epinecio P. P.»
Nota il Peyronio : «Recte, nam Cynegius hoc anno 389 jam fato
«functus erat. Epinecius ex hac una lege innotescit.»

Nella nuova edizione del Codice[2] si fa poi la difficoltà che converrebbe pure correggere le due [leggi] seguenti [dirette] «Cynegio P. P.»
e date «Constantinopoli iv kal. Dec.»[3] e «xi kal. Jan.»[4] dello stesso anno.

È che il nome di Epinecio è nuovo, per che si è creduto di doverlo cambiare?

★

[1142 =] 389.

*THEOPHILUS*,
sub Theodosio.

— «Imperante Theodosio, praetorii praefecto Theophilo, Evagrio
«Urbis praefecto et Romano Aegypti regiones cum imperio obtinente,
«Serapidis aedes Alexandriae funditus demolita est[5].»

Si pensa che quel *praetorii praefecto Theophilo* sia una caricatura,
e che allude a Teofilo, vescovo di Alessandria, principale autore di
questa demolizione. Questa traduzione di Eunapio data dal Baronio è
infidele, e il Pagi la corregge[6] :

«Imperante Theodosio, Theophilo se ducem praebente (vel prae-
«sidente[7]), Evagrio praefecto augustali et Romano, etc.»

Del resto la destruzione del Serapio non avvenne se non che nel 391.

---

[1] Pag. 184 [Codicis Theodosiani fragmenta inedita].

[2] [Wenck, Codicis Theodosiani libri V priores.]

[3] Cod. Theod. lib. XII, tit. vi, c. 23. *De susceptoribus.*

[4] *Ibid.* lib XI, tit. ii, c. 5. *Tributa in ipsis speciebus*

[5] Eunapio in *vita Aedesii* : [Θεοδοσίου πότε βασιλεύοντος, Θεοφίλου δὲ προστατοῦντος, Εὐαγρίου τὴν πολιτικὴν ἀρχὴν, Ῥομάνου δὲ τοὺς κατ' Αἴγυπ7ον σ7ρατιώτας πεπισ7ευμένου, οἵτινες τῷ τε Σαραπείῳ κατελυμήναντο.]

[6] [*Critica in Ann. eccles. Baronii*, p. 257.] Vedi Gotofredo [t. VI, 1, p. 250].

[7] [«Episcopi namque Graecis προστατοῦντες quoque καὶ προσ7ᾶτες, ut Latinis *praesidere, praesides, praesidentes.*» Pagi, *loc. cit.*]

## XXXI

[1142 = 389 — 1145 =] 392.

[FL. EUTOLMIUS] TATIANUS,

praef. praet. Orientis sub [Valentiniano], Theodosio [et Arcadio].

— « Mortuo... Cynegio [praefecto praetorii, cum ex Aegypto re-
« verteretur, quemnam praefectum praetorii constitueret dispiciebat...]
« Arcessitum igitur Aquileia Tatianum, qui et alios sub Valente magis-
« tratus gesserat et erat in omnibus virtute singulari praeditus, prae-
« torii praefectum in patria declarat, et missis ad eum magistratus in-
« signibus filio ipsius Proculo praefecturam urbanam tradit[1]. »

[Fl. Eutolmius Tatianus était originaire de Lycie[2]. C'est lui vraisemblablement qui fut préfet d'Égypte en 367, 369, 370 et que saint Athanase appelle « Tatianus Lucius[3] ». Il fut ensuite *comes Orientis*[4] et, en 374, *comes sacrarum largitionum*[5]. Il fut consul avec Symmaque en 391[6].]

Era il padre di Proculo, prefetto di Costantinopoli, cui fu troncata la testa nel 393[7]. Fu spogliato della prefettura nel 392 (nella quale gli

---

[1] Zosim. lib. IV, c. xlv. [Ἐπειδὴ Κυνήγιος ὁ τῆς αὐλῆς ὕπαρχος, ἐπανιὼν ἐξ Αἰγύπτου... ἔτυχε τεθνεώς, ὅν τινα δέοι προσθήσασθαι τῆς αὐλῆς ὕπαρχον ἀνεζήτει... Μετακαλέσας τοίνυν ἐκ τῆς Ἀκυληίας Τατιανόν, ἤδη μὲν ἄλλας ἐπὶ Οὐάλεντος ἐγκεχειρισμένον ἀρχάς, ἄνδρα δὲ ἐν πᾶσι σπουδαῖον, ἀναδείκνυσι τῆς αὐλῆς ὕπαρχον ἐν τῇ πατρίδι, καὶ τὰ τῆς ἀρχῆς σύμβολα πέμψας αὐτῷ τὸν παῖδα τὸν αὐτοῦ Πρόκλον τῆς πόλεως ὕπαρχον κατέστησεν.]

[2] [Arg. *Cod. Theod.* lib. IX, tit. xxxix, c. 9. Zos. lib. IV, c. lii; Eunap. frag. 59. Libanius, III, p. 216 et 217. Cf. Godefroy, *ad h. l.* Sievers, *Das Leben des Libanius*, p. 266.]

[3] [Hist. acephala Athanasii. Cf. Phot. *Bibl.* 250.]

[4] [Libanius, II, p. 467. La date est incertaine. Cf. Sievers, p. 262.]

[5] [*Cod. Theod.* lib. X, tit. xx, c. 8; tit. xxii, c. 1; lib. IX, tit. xxi, c. 7.]

[6] [Cf. J. B. de Rossi, *Inscr. christ.* vol. I, n. 391-398. Un de ces textes ainsi daté, *Fl(avio) Tatiano et Quinto Aur(elio) Summaco viris clarissimis*, avait fait connaître le prénom de Tatianus. Héron de Villefosse.]

[7] [Le 6 décembre. Chron. Pasch. p. 305. Mais d'après Zosime, lib. IV, c. liii, Proculus aurait été décapité peu de temps après la mort de Valentinien II, survenue en août 392. On verra plus loin que Borghesi, suivant l'opinion de Godefroy, considère la date de 392 comme seule exacte.]

successe Rufino), sottospoto a un giudizio insieme col figlio, e relegato nella sua patria. Ampiamente ciò narra Zosimo[1].
La sua memoria fu nobilitata da Arcadio colla legge 9 del codice

[1] Lib. IV, c. LII. [M. Carl Wescher a publié une curieuse inscription découverte en Égypte et relative à Tatianus (*Bullet. dell' Inst. di corr. arch.*, 1866, p. 153; cf. *ibid.* p. 238-239, les observations de Mommsen). Cette inscription est gravée sur le revers d'un piédestal en granit rose trouvé dans les ruines d'Antinoé :

ΤΟΥΣΤΗΣΥΦΗΛΙѠΓΗΣΑΥΤΟΚΡΑ
ΤΟΡΑΣΚΑΙΤΡΟΠΑΙΟΥΧΟΥΣΔΕΣΠΟΤΑΣ
ΗΜѠΝΟΥΑΛΕΝΤΙΝΙΑΝΟΝΘΕΟΔΟΣΙΟΝ
ΑΡΚΑΔΙΟΝΤΟΥΣΑΙѠΝΙΟΥΣ ΑΥΓΟΥΣ
ΤΟΥΣΚΑΙΦΛΑΥΙΟΝ ΟΝѠΡΙΟΝΤΟΝ
ΕΠΙΦΑΝΕΣΤΑΤΟΝΦΛ ΕΥΤΟΛΜΙΟΣ

ΤΑΤΙΑΝΟΣ ΟΛΑΜΠΡΟΤΑΤΟΣ ΕΠΑΡΧΟΣ

ΤΟΥ ΙΕΡΟΥ ΠΡΑΙΤѠΡΙΟΥ ΤΗ ΣΥΝΗΘΕΙ
ΚΑΘΟΣΙѠΣΕΙ ΑΦΟΣΙѠΣΕΙΕΠΙΦΛΑΥΙΟΥ
ΣΕΠΤΙΜΙΟΥΕΥΤΡΟΠΙΟΥΤΟΥΛΑΜΠΡΟΤΑΤΟΥ
ΗΓΕΜΟΝΟΣ

Τοὺς τῆς ὑφ' ἡλίῳ γῆς αὐτοκράτορας καὶ τροπαιούχους δεσπότας ἡμῶν Οὐαλεντινιανὸν Θεοδόσιον Ἀρκάδιον τοὺς αἰωνίους Αὐγούστους καὶ Φλαύιον Ὀνώριον τὸν ἐπιφανέστατον Φλ. Εὐτόλμιος Τατιανὸς ὁ λαμπρότατος ἔπαρχος τοῦ ἱεροῦ πραιτωρίου τῇ συνήθει καθοσιώσει ἀφοσιώσει· ἐπὶ Φλαυίου Σεπτιμίου Εὐτροπίου τοῦ λαμπροτάτου ἡγεμόνος.

Ce préfet du prétoire d'Orient s'appelait donc *Fl(avius) Eutolmius Tatianus.* Cet important document a permis à M. Wescher de faire une heureuse correction à un autre texte, malheureusement mutilé, trouvé aussi en Égypte, aux environs d'Aboukir, et se rapportant au même personnage. La copie relevée par Sonnini, et publiée dans le *Corp. inscr. Graec.* n. 4693, portait aux deux premières lignes :

........ΦΛ' ΕΥΤΟΛ
ΤΟΣΕΠΑΡΧ' ΤΟΥΙΘ

M. Wescher pense avec raison qu'il faut lire : ΦΛ·ΕΥΤΟΛ[μιος Τατιανὸς λαμπρότα]ΤΟΣ ΕΠΑΡΧ(ος) ΤΟΥ ΙΕ[ροῦ πραιτωρίου].

Sur l'inscription d'Antinoé les noms de Tatianus ont été martelés. Il serait important de savoir si ces noms ont été rétablis plus tard, comme le nom de son fils Proculus fut rétabli sur l'obélisque de l'hippodrome de Constantinople (*Corp. inscr. Latin.* vol. III, n. 737), sans doute après la chute de Rufinus. HÉRON DE VILLEFOSSE.]

Teodosiano[1], di cui consulterai il commentario : « ... Nec unius viri
« inlustris Tatiani tantum valuerit temporalis offensio teterrimi judicis
« inimici, ut adhuc macula in Lycios perseveret. »

Beatus Asterius[2] loquens de consulibus, qui in summas calamitates
incidere, de Tatiano et Proculo filio ejus haec habet : « Praesidem illum
« rectoremque provinciae fortissimum et invictum, ut existimabat, qua-
« lis vitae catastrophe excipit ? Primum quidem filium suum vidit ca-
« pite truncatum, et ipse postea capitali sententia damnatus est, la-
« queoque gulae jam admoto, clementia Principis manibus carnificis
« exemptus est, ut quantulum aetatis supereret senex in dolore et cala-
« mitate, sensuque malorum exigens, ac plenus dedecoris et ignominiæ
« tam magni consulatus exitu vita decederet[3]. »

[Le Code Théodosien et le Code de Justinien contiennent un grand nombre de
constitutions adressées au préfet du prétoire Tatianus. Il y en a quelques-unes de
388 et 389, ce qui aggrave la confusion commise par les compilateurs du Code
Théodosien entre les noms des préfets d'Orient, pendant le second semestre de
388 et l'année 389. Les rescrits de ces deux années sont adressés les uns à Cynegius, mort le 19 mars 388, les autres à Epinecius ou à Tatianus.]

Imppp. Valentinianus, Theodosius et Arcadius AAA. Tatiano P. P.
An. 388. — Theodosio A. II et Cynegio coss.

XVI kal. Jul. Dat. Stobis[4].
XI kal. Jul. Dat. Scupis[5].
XV kal. Nov. Dat...[6].

An. 389. — Timasio et Promoto coss.
VI non. Mart. Dat. Mediolani[7].

---

[1] Lib. IX, tit. xxxviii. [Borghesi a reproduit ici l'opinion de Godefroy, bien que
Pagi en ait montré l'inexactitude. Arcadius,
loin de rendre témoignage à l'innocence de
Tatianus, l'appelle *teterrimus judex*.]

[2] *Homilia* in festum Kalendarum.

[3] Ex Pagio [*Crit. ad Ann. Baron.*], ad
an. 392, n. vi [p. 262].

[4] *Cod. Theod.* lib. XVI, tit. iv, c. 2. *De
his quae de religione contendunt.*

[5] *Ibid.* lib. XII, tit. i, c. 119. *De decurionibus.*

[6] *Ibid.* lib. X, tit. xxii, c. 2. *De fabricensibus. Cod. Just.* lib. XI, tit. x, c. 1.

[7] *Cod. Theod.* lib. I, tit. v, c. 9. *De off.
praef. praet. Cod. Just.* lib. I, tit. vi, c. 3.

IV kal. Mai. Dat. Mediolani[1].
III non. Mai. Dat. Mediolano[2].
V kal. Jul. Dat. Constantinopoli[3].
VIII id. Sept. Dat. Foroflaminii[4].
VI kal. Dec. Dat. Mediolano[5].
XVI kal. Jan. Dat. Mediolano[6].

An. 390. — Valentiniano A. IV et Neoterio coss.
XII kal. Febr. Dat. Mediolano[7].
XV kal. Mart. Dat. Mediolano[8].
XV kal. Jul. Dat. Mediolano[9].
XI kal. Jul. Dat. Mediolano[10].
III non. Jul. Dat. Mediolano[11].
X kal. Sept. Dat. Veronae[12].
IIII non. Sept. Dat. Veronae[13].
VI id. Sept. Dat. Veronae[14].

An. 391. — Tatiano et Symmacho coss.
V id. Mart. Dat. Mediolano[15].
XI kal. April. Dat. Mediolano[16].
XV kal. Aug. Dat. Constantinopoli[17].

---

[1] *Cod. Theod.* lib. I, tit. xv, c. 13. *De off. vicarii.* Lib. VIII, tit. xi, c. 5. *Ne quid publicae laetitiae nuntii.*

[2] *Ibid.* lib. VIII, tit. iv, c. 16. *De cohortalibus. Cod. Just.* lib. XII, tit. LVII, c. 7. — *Cod. Theod.* lib. XVI, tit. v, c. 17. *De haereticis.*

[3] *Ibid.* lib. IX, tit. xxi, c. 9. *De falsa moneta.*

[4] *Ibid.* tit. xxxv, c. 5. *De quaestionibus.*

[5] *Ibid.* lib. XVI, tit. v, c. 19.

[6] *Ibid.* lib. XII, tit. i, c. 120.

[7] *Ibid.* lib. III, tit. xvii, c. 4. *De tutoribus et curat. Cod. Just.* lib. V, tit xxxv, c. 2.

[8] *Cod. Theod.* lib. IX, tit. i, c. 17. *De accusationibus.*

[9] *Cod. Theod.* lib. XII, tit. i, c. 121. *De decurionibus.*

[10] *Ibid.* lib. XVI, tit. ii, c. 27. *De episcopis.*

[11] *Ibid.* lib. XI, tit. xvi, c. 18. *De extraord. muneribus.*

[12] *Ibid.* lib. XVI, tit. ii, c. 28.

[13] *Ibid.* lib. XII, tit. i, c. 122; lib. XVI, tit. iii, c. 1. *De monachis.*

[14] *Ibid.* lib. XIII, tit. v, c. 19. *De navicculariis.*

[15] *Ibid.* lib. III, tit. iii, c. 1. *De patribus qui filios distraxerunt.*

[16] *Ibid.* lib. XI, tit. xvi, c. 19. *De extraord. muner. Cod. Just.* lib. X, tit. XLVIII, c. 14.

[17] *Cod. Theod.* lib. XIII, tit. ix, c. 4. *De naufragiis. Cod. Just.* lib. XI, tit. vi, c. 4.

V kal. Aug. Dat. Constantinopoli [1].
XV kal. Oct. Dat. Constantinopoli [2].
An. 392. — Arcadio A. II et Rufino coss.
III id. Mart. Dat. Constantinopoli [3].
V id. April. Dat. Constantinopoli [4].
XV kal. Maii. Dat. Constantinopoli [5].
VI kal. Jun. Dat. Constantinopoli [6].
XVII kal. Jul. Dat. Constantinopoli [7].
Prid. kal. Jul. Dat. Constantinopoli [8].
[Sine die et conss [9].]
An. 393. — Theodosio A. III et Abundantio coss.
Prid. kal. Aug. Dat. Constantinopoli [10].

Il Gotofredo [11] ha dimostrato che non può stare cosi questa legge, che fosse stata indirizzata a Rufino, il quale fino dall' anno passato aveva fatto deporre Taziano della prefettura per succedergli.

[Il y a encore au Code de Justinien [12] une constitution adressée *Tatiano P. P.* par Gratien, Valentinien et Théodose, et dont la suscription est ainsi conçue d'après Haloander :]

— « Dat. xv kal. Jul. Thessalonicae. Item rursus Constantinop. xiii kal. « Januar. Gratiano V et Theodosio AA. couss. (380). »

[Dans le manuscrit de Pistoia, on lit : « *Gratiano vi kal. Jan. Constantinopoli, Pompeiano et Avieno conss.* » (501). Hermann pense qu'il faut compléter l'une par l'autre ces deux suscriptions, et que la décision rendue en 380 fut renouvelée en 501 :

---

[1] *Cod. Theod.* lib. XII, tit. i, c. 123.
[2] *Ibid.* lib. XI, tit. iii, c. 5. *Sine censu.*
[3] *Ibid.* lib. IX, tit. xl, c. 15. *De poenis.* *Cod. Just.* lib. V, tit. x, c. 1.
[4] *Cod. Theod.* lib. I, tit. xxix, c. 8. *De defensoribus civitatum. Cod. Just.* lib. I, tit. lv, c. 6.
[5] *Cod. Theod.* lib. XVI, tit. iii, c. 2, *De monachis.* Tit. viii, c. 8. *De Judaeis.*
[6] *Cod. Theod.* lib. II, tit. viii, c. 21. *De feriis. Cod. Just.* lib. III, tit. xii, c. 7.
[7] *Cod. Theod.* lib. XVI, tit. v, c. 21. *De haereticis.*
[8] *Ibid.* lib. XII, tit. i, c. 127.
[9] [*Cod. Just.* lib. XI, tit. xxv, c. 2. Voir plus bas, p. 343.]
[10] *Ibid.* lib. VII, tit. iv, c. 19. *De erog. mil. ann.*
[11] [T. II, p. 305.]
[12] *Cod. Just.* lib. VIII, tit. xxxvi, c. 3. *De litigiosis.* [Voir plus haut, p. 250, n. 5.]

c'est ce que prouveraient les mots *item rursus* conservés par Haloander[1]. Krueger pense au contraire que le consulat de 501 se rapporte à une constitution d'Anastase dont le texte a été omis au manuscrit. Les mots *item rursus* seraient une correction ou une addition de Haloander[2]. Krueger laisse d'ailleurs subsister comme Hermann les sigles *P. P.* dans l'inscription. Mais Ritter pense que Tatianus n'a pu être préfet du prétoire en 380 et qu'il faut lire : *C. S. L.* (*Comiti sacrarum largitionum*)[3].]

Nelle schede del successore Rufino, vedrai una lettera di S. Ambrosio a questo Taziano.

## XXXII

[1145 =] 392 — [1148 =] 395.

[FL.] RUFINUS,
praef. praet. Orientis sub Arcadio.

Rufino, nel 392, successe a Taziano nella prefettura che gli fece togliere relegandolo nel suo paese, che fu certo la Licia, e condannato a morte suo figlio Proculo, prefetto di Costantinopoli[4].

— «Rufinus sub Theodosio vixit, homo animi profundi et occulti, «et cum Stilicone tutor liberorum Theodosii. Hi ambo rapiebant om«nia, in divitiis potentiam sitam esse judicantes; neque quicquam «erat cuiquam proprium, nisi istis placuisset. Omnesque controver«siae ab iis disceptabantur, magnaque multitudo erat circumstan«tium; si cui praedium esset locuples atque fertile, dominus statim «comprehendebatur crimine probabili a calumniatoribus, qui ad hoc «subornati erant, adversus eum conficto. Ita is, cui fiebat injuria, «condemnabatur ab auctore injuriae. Rufini improbitas autem ad «tam immensam avaritiam processit, ut et publica mancipia venderet, «et publica praetoria omnia Rufino servirent. Ac magna circa eum «fuit adulatorum turba... Cumque immensas opes congessisset, Ru«finus imperii spem etiam somniare coepit[5]. »

— «Rufinus, ex magistro officiorum, factus est in consulatu prae-

---

[1] [P. 543, n. 11.]
[2] [P. 349, n. 16 et 17.]
[3] [T. III, praef.]
[4] Zosim. lib. IV, c. LII.
[5] Suidas, v° Ῥουφῖνος. [Οὗτος ἐπὶ Θεοδοσίου ἦν, βαθυγνώμων ἄνθρωπος καὶ

« fectus praetorio, ac per hoc plus posse coepit, sed tibi jam nihil
« obesse; est enim aliarum praefectus partium [1]. »

Questa cosa S. Ambrosio scrive a Taziano, predecessore di Rufino, ed io confesso di non intenderla chiaramente.

[Fl. Rufinus fut *magister officiorum* de 382 à 392 [2]. Il succéda dans cette charge à Palladius, qui était encore en fonctions le 21 mars 382 [3]. Il y a, il est vrai, une constitution de 384 qui donne à Palladius le titre de *magister officiorum* [4], mais cette date n'est pas exacte. Il ressort d'une lettre de Symmaque [5] qu'à l'époque où Flavianus était questeur, c'est-à-dire avant 383, Rufinus occupait à la cour un poste tout au moins égal. Fl. Rufinus devint consul en 392 avec Arcadius [6]. Il était Gaulois d'origine [7].]

— « Sub Arcadio, Rufinus cognomine insatiabilis, quo praefecto
« praetorii ille utebatur, tyrannidem meditatus, a proposito quidem,
« bono reipublicae, aberravit... Deinde fabricarum, id est armorum
« conficiendorum, necnon cursus publici curam, et ceteras omnes, e
« quibus magisterium quod vocant, conflatum est [8]. »

κρυψίνους. Ἦσαν δὲ οὗτος τε καὶ Στελίχων ἐπίτροποι τῶν Θεοδοσίου παίδων. Ἄμφω τὰ πάντα συνήρπαζον, ἐν τῷ πλούτῳ τὸ κράτος τιθέμενοι, καὶ οὐδεὶς εἶχεν ἴδιον οὐδὲν, εἰ μὴ τούτοις ἔδοξε. Δίκαι τε ἅπασαι πρὸς τούτων ἐδικάζοντο· καὶ πολὺς ἦν ὄχλος τῶν περιθεόντων· εἴ πού τινι χωρίον ὑπάρχοι παντομιγές τε καὶ εὔκαρπον, καὶ ὁ δεσπότης εὐθὺς συνήρπαστο, κατηγορίας πεπλασμένης εὐλόγου, διά τινων ὑφειμένων ἐνηδρευμένος. Καὶ ὁ ἀδικούμενος ἠδικεῖτο τοῦ ἀδικοῦντος κρίνοντος. Ἐς τοῦτο δὲ ὁ Ῥουφῖνος ἐχώρησεν ἀμετροκάκου πλεονεξίας, ὥστε καὶ ἀνδράποδα δημόσια ἀπημπόλει, καὶ ὅσα δημόσια δικαστήρια Ῥουφίνῳ πάντες ἐδίκαζον. Καὶ ὁ τῶν κολάκων περὶ αὐτὸν ὄχλος ἦν πολύς... Ἐπεὶ δὲ ἄσπετος ἦν αὐτοῖς πλοῦτος συνειλεγμένος, ἤδη καὶ τὴν βασιλείαν ἑαυτῷ μνᾶσθαι ὁ Ῥουφῖνος ὠνειροπόλει.]

[1] Ambros. *Ep.* V, c. LII.

[2] [*Cod. Theod.* lib. X, tit. XXII, c. 3, du 8 mars 390.]

[3] [*Ibid.* lib. VI, tit. XXVII, c. 3.]

[4] [*Ibid.* lib. VII, tit. VIII, c. 3.]

[5] [Lib. III, *ep.* 86. Cf. Seeck, p. CXVI.]

[6] [Deux inscriptions chrétiennes de Rome, datées de l'an 392 (J. B. de Rossi, *Inscr. christ.* vol. I, n. 399 et 400), nous font connaître le prénom de Rufinus. HÉRON DE VILLEFOSSE.]

[7] [Zos. lib. IV, c. LII. Claudian. *in Rufin.* I, 137.]

[8] Lydus [*De magistr.* lib. II, c. x : Ἐφ' οὗ συμβέβηκε Ῥουφῖνον τὸν ἐπίκλην ἀκόρεστον, ὃς ἦν ὕπαρχος αὐτῷ, τυραννίδα μελετήσαντα, τοῦ μὲν σκοποῦ, ὑπὲρ λυσιτελείας τῶν κοινῶν, ἐκπεσεῖν... Εἶτα τῆς τῶν λεγομένων φαβρικῶν, οἱονεὶ ὁπλοποιῶν, φροντίδος, τῆς τε τοῦ δημοσίου δρόμου, καὶ πάσης ἑτέρας, δι' ὧν τὸ λεγόμενον συνέστη μαγιστέριον.]

— Arcadius Rufini potentiam metuit... «Rufinus, postquam sua «sponte in Orientem venit, comitem Orientis, ut vocant, flagellatum «interemit, quod verbis aemulari praefecturam ausus esset[1].»

— «Prius magistratu Tatianus abdicatur et in jus ducitur, Rufino «praefecto praetorio designato[2].»

— «Dum imperator Arcadius, secundum consuetudinem ad portas «occurrisset exercitui remeanti, tunc milites Rufinum praefectum Im-«peratoris peremerunt[3].»

Teodosio, partendo per la guerra contro Eugenio, lascio a Costantinopoli Arcadio : «Rufinum ibidem relinquit qui simul et aulae prae-«fectus esset, et ex animi sui arbitratu in quasvis res alias dominatum «haberet[4].»

Della potenza e dell' arroganza di Rufino, vedi Zosimo[5] :

— [«Zosimus certe, gentilis scriptor, non alia de causa Tatianum «hunc laudibus efferre, Rufinum vero conviciis proscindere videtur, «quam quod ille gentilibus aequior fuerit, hic vero eorum superstitioni «adversus maxime[6].»]

Dopo avere ucciso Luciano, conte d'Oriente, «Rufinus plebem de-«mulcens regiam porticum exstruxit, qua nullum habet urbs (Antio-«chia) aedificium splendidius[7].»

Nel 394, Rufino reduce a Costantinopoli gran numero di vescovi perchè assistero al suo battesimo e alla dedicazione della basilica

---

[1] Lyd. [lib. III, c. xxiii : Ὁ Ἀρκάδιος, τὸ τῆς ἀρχῆς δυνατὸν δεδιτ7όμενος... Ὁ Ῥουφῖνος, ἐξότε δι' ἑαυτοῦ ἐπὶ τὴν ἕω ἦλθε, τὸν λεγόμενον κόμητα τῆς ἀνατολῆς μασ7ί-ξας ἀπώλεσεν, ἀνθ' ὧν ἐτόλμησε ζηλῶσαι τῷ λόγῳ τὴν ἐπαρχότητα.]

[2] Zosim. lib. IV, c. lii, [Πρότερον ἀπ-ετίθετο Τατιανὸς τὴν ἀρχὴν καὶ ἤγετο εἰς κρίσιν, ὑπάρχου τῆς αὐλῆς ἀποδεδειγμέ-νου Ῥουφίνου.] Lib. V, c. iv.

[3] Historia miscella, lib. XIII [c. xviii, p. 306, 17, éd. Eyssenhardt].

[4] Zosim. lib. IV, c. lvii. [Ἀπέλιπεν αὐ-τόθι Ῥουφῖνον, ἅμα τε τῆς αὐλῆς ὑπαρχον ὄντα καὶ ἐς πᾶν ὁτιοῦν ἕτερον τῆς ἑαυτοῦ κυριεύοντα γνώμης.]

[5] Zosim. lib. V, c. i. [Symmaque, Ep. lib. VI, xiv (xv), l'appelle praedo annosus. Claudien (adv. Rufinum, lib. II, v. 498) lui reproche insatiabilem auri proluviem. Cf. Godefroy, t. III, p. 347.]

[6] [Godefroy, t. VI, 1, p. 251.]

[7] Zosim. lib. V, c. ii. [Ὁ δὲ τιθασ-σεύων τὸν δῆμον βασιλικὴν ᾠκοδόμει σ7οάν, ἧς οὐδὲ ἓν ἡ πόλις ἔχει διαπρε-πέσ7ερον οἰκοδόμημα.]

ch' egli aveva fatto costruire «ad Quercum», vicino a Calcedone in onore dei SS. Pietro e Paolo, insieme con una fastuosa villa e un magnifico palazzo[1].

Voleva dare per moglie la propria figlia ad Arcadio[2]. Si narrà poi come fu ucciso[3] (27 nov. 395). Sua moglie e sui figlii ebbero il permesso di retirarsi a Gerusalemme[4].

— «Rufini caput Constantinopolim gestatum est et abscissa manu
«dextera ad dedecus insatiabilis avaritiae vindicante[5].»

A dire di Marcellino e di Socrate[6], l'uccisione di Rufino successe «v kal. Decembris» del 395.

— «Rufinus patricius, Arcadio principi insidias tendens, Alaricum
«Gothorum regem, missis clam pecuniis, infestum reipublicae fecit et
«in Graeciam misit. Porro detectus dolo suo Rufinus, ab Italicis mili-
«tibus cum Gaïna comite Arcadio missis, ante portas urbis merito tru-
«cidatus est. Caput ejus manusque dextra per totam Constantinopolim
«demonstrata[7].»

An. 395. — «Et Rufinus, praefectus praetorio, in Hebdomo ab
«exercitu sublatus est[8].»

Rufini mentio est in una legge del 396 ad Caesarium P. P.[9].

[D'assez nombreuses constitutions du règne de Théodose et Arcadius, de celui de Théodose, Arcadius et Honorius, et enfin d'Arcadius et Honorius sont adressées au préfet du prétoire Rufinus. Il y a même au Code Théodosien une constitution de 386 par laquelle Théodose renouvelle la défense de donner des spectacles le dimanche et détermine les cas dans lesquels les magistrats pourront vaquer en raison des jeux publics.]

— «Impp. Gratianus [?], Theodosius et Arcadius AAA. Rufino

---

[1] Sozomeno, lib. VIII, c. xvii; e Palladio, *Historia Lausiaca*, c. ii.

[2] *Ibid.* c. ii et iii.

[3] *Ibid.* c. vii.

[4] [*Ibid.* c. viii.]

[5] Hieronym. *Epist.* lii, *ad Nepotianum*.

[6] [*Hist. eccles.*], lib. VI, c. i.

[7] Marcellino, nel Cronaco. [Dans *Mon. Germ. histor.*, Auct. antiq., t. XI, p. 1ᵃ, p. 64.]

[8] *Chron. Pasch.* [p. 566 : Καὶ ἀνῃρέθη Ῥουφῖνος ἔπαρχος πραιτωρίων ἐν τῷ Ἑϐδόμῳ ὑπὸ τοῦ ἐξερκέτου.]

[9] *Cod. Theod.* lib. IX, tit. xlii, c. 14. [Voir plus bas, p. 282, n. 4.]

P. P. — Dat. xiii kal. Jun. Heracleae. Honorio NB. P. et Evodio coss.[1]. »

È chiaro che non può stare cosi. Il Gotofredo la rigetta al 394, in cui altre leggi furono datate da Eraclea[2].

Imppp. Theodosius, Arcadius et Honorius AAA. Rufino P. P.
An. 392. — Arcadio A. II et Rufino coss.
  VII kal. Sept. Dat. Constantinopoli[3].
  IV id. Sept. Dat. Constantinopoli[4].
  Prid. non. Nov. Dat. Constantinopoli[5].
  VI id. Nov. Dat. Constantinopoli[6].
  X kal. Dec. Dat. Constantinopoli[7].
  VII id. Dec. Dat. Constantinopoli[8].
An. 393. — Theodosio A. III et Abundantio coss.
  Prid. id. Febr. Dat. Constantinopoli[9].
  III non. April. Dat. Constantinopoli[10].
  Prid. id. April. Dat. Constantinopoli[11].
  Kal. Maii. Dat. Constantinopoli[12].

---

[1] *Cod. Theod.* lib. XV, tit. v, c. 2. *De spectaculis.*

[2] [On a proposé également de substituer Cynegius à Rufinus, ou bien de faire remonter la constitution à 376, alors que le préfet de la ville s'appelait Rufinus. Haenel constate que ces conjectures s'écartent trop de l'inscription et de la suscription, et se borne à constater le doute que fait naître cette constitution.]

[3] *Cod. Theod.* lib. VIII, tit. vi, c. 2. *Cod. Just.* lib. XII, tit. li, c. 1. *De tractoriis et stativis.*

[4] *Cod. Theod.* lib. IX, tit. xxviii, c. 1. *De crimine peculatus.*

[5] *Ibid.* lib. II, tit. xxvi, c. 5. *Finium regundorum.* [*Gromatici veteres*, éd. Lachmann, t. I, p. 269.] *Cod. Just.* lib. III, tit. xxxix, c. 6.

[6] *Cod. Theod.* lib. XVI, tit. x, c. 12. *De paganis.*

[7] *Ibid.* lib. XII, tit. i, c. 129.

[8] *Ibid.* lib. IX, tit. vii, c. 7. *Ad leg. Jul. de adult. Cod. Just.* lib. IX, tit. ix, c. 32.

[9] *Cod. Theod.* lib. VII, tit. iii, c. 1. *Quis in gradu praeferatur.* — Lib. X, tit. xix, c. 13. *De metallis.*

[10] *Ibid.* lib. XIII, tit. xi, c. 4. *De censitoribus. Cod. Just.* lib. XI, tit. lviii, c. 4.

[11] *Cod. Theod.* lib. XI, tit. vii, c. 14. *De exactionibus. Cod. Just.* lib. X, tit. xix, c. 5. — *Cod. Theod.* lib. XII, tit. 1, c. 134. *De decurion. Cod. Just.* lib. X, tit. xxxii, c. 43.

[12] *Cod. Theod.* lib. IX, tit. xlii, c. 11. *De bonis proscriptorum.*

XII kal. Jun. Dat. Constantinopoli [1].
Prid. non. Jun. Dat. Constantinopoli [2].
Prid. id. Jun. Dat. Constantinopoli [3].
IX kal. Jul. Dat. Constantinopoli [4].
IV id. Jul. Dat. Constantinopoli [5].
XVIII kal. Aug. Dat. Constantinopoli [6].
VII kal. Aug. Dat. Constantinopoli [7].
III kal. Aug. Dat. Constantinopoli [8].
V id. Aug. Dat. Constantinopoli [9].
III non. Sept. Dat. Constantinopoli [10].
XI kal. Oct. Dat. Constantinopoli [11].
IV kal. Oct. Dat. Constantinopoli [12].
III kal. Dec. Dat. Constantinopoli [13].
Prid. non. Dec. Dat. Constantinopoli [14].

[1] *Cod. Theod.* lib. XI, tit. xxv, c. 1. *De quadrimenstruis brevibus.*

[2] *Ibid.* lib. XII, tit. I, c. 135. *Cod. Just.* lib. X, tit. xlv, c. 7.

[3] *Cod. Theod.* lib. IX, tit xlii, c. 12. *De bonis proscriptorum.* — Lib. XI, tit. 1, c. 23. *De annona.*

[4] *Cod. Theod.* lib. XII, tit. 1, c. 136.

[5] *Ibid.* lib. IX, tit. xxi, c. 10. *De falsa moneta. Cod. Just.* lib. IX, tit. xxiv, c. 3.

[6] *Cod. Theod.* lib. V, tit. xiii, c. 32. [Cf. *Cod. Just.* lib. XI, tit. lxi, c. 3, du 24 septembre 365.]

[7] *Ibid.* lib. VIII, tit. v, c. 52. *De cursu publico.* — Lib. XIII, tit. iii, c. 15. *De medicis et prof.*

[8] *Ibid.* lib. V, tit. xiii, c. 33. — Lib. VII, tit. iv, c. 20. *De erogat. mil. ann. Cod. Just.* lib. XII, tit. xxxvii, c. 7.

[9] *Cod. Theod.* lib. IX, tit. iv, c. 1. *Cod. Just.* lib. IX, tit. vii, c. 1. *Si quis imperatori maledixerit.* — *Cod. Theod.* lib. XII, tit. 1, c. 137. *De decurionibus. Cod. Just.* lib. X, tit. xxxii, c. 44.

[10] *Cod. Theod.* lib. XIII, tit. v, c. 22. *De naviculariis.*

[11] *Ibid.* lib. XV, tit. vii, c. 11. *De scenicis.*

[12] *Ibid.* lib. II, tit. xii, c. 5. *De cognit. et procur.* — Lib. IV, tit. iii, c. 1. *De Carbon. edict. Cod. Just.* lib. VI, tit. xvii, c. 2. — *Cod. Theod.* lib. IV, tit. viii, c. 9. *De lib. causa.* — Lib. XI, tit. xxx, c. 52. *De appellationibus.* [Ce sont les fragments d'une constitution sur la procédure civile : 1° il est interdit aux femmes de plaider pour autrui; 2° on fixe les conditions requises pour obtenir l'envoi en possession en vertu de l'édit Carbonien; 3° on supprime dans trois cas l'obligation de recourir à un *adsertor libertatis;* 4° il est défendu de produire en appel une demande nouvelle.]

[13] *Ibid.* lib. XIII, tit. xi, c. 5. *De censitoribus. Cod. Just.* lib. XI, tit. lviii, c. 5.

[14] *Cod. Theod.* lib. IX, tit. vii, c. 8. *Cod. Just.* lib. IX, tit. ix, c. 33.

III id. Dec. Dat... ¹.
An. 394. — Arcadio III et Honorio II AA. coss.
IV non. Mart. Dat. Constantinopoli ².
III kal. Jun. Dat. Heracleae ³.
XII kal. Jul. Dat. Hadrianopoli ⁴.
III non. Jul. Dat. Constantinopoli ⁵.
VII id. Jul. Dat. Constantinopoli ⁶.
VIII id. Nov. Dat. Tyro metropoli ⁷.
Sine die et conss. ⁸. [Intra 392-395.]

Impp. Arcadius et Honorius AA. Rufino P. P.
An. 395. — Olybrio et Probino coss.
V id. Jan. Dat. Constantinopoli ⁹.
III id. Mart. Dat. Constantinopoli ¹⁰.
III kal. April. Dat. Constantinopoli ¹¹.
VII id. Aug. Dat. Constantinopoli ¹².

---

¹ *Cod. Theod.* lib. XIII, tit. v, c. 23. *De naviculariis.*

² *Ibid.* lib. II, tit. xxix, c. 2. *Si certum petatur.*

³ *Ibid.* lib. I, tit. xiii, c. 1. (*Rufino P. P. Orientis.*) *Cod. Just.* lib. XII, tit. lvi, c. 1. *De apparitoribus comitis Orientis.* [Cette constitution porte dans les deux codes la date III kal. Jan. Les éditeurs s'accordent à lire *Jun.*, parce que c'est en mai 394, et non en décembre 393, que l'empereur d'Orient était à Héraclée. Cela résulte de la suscription de trois constitutions rendues III kal. Jun. à Héraclée.] *Cod. Theod.* lib. VIII, tit. iv, c. 18. *De cohortalibus.* — Lib. XII, tit. i, 139. — Lib. XV, tit. vii, c. 12. *De scenicis. Cod. Just.* lib. I, tit. iv, c. 4; lib. XI, tit. xli, c. 4. [Au *Cod. Just.* cette constitution est datée III kal. Jul.]

⁴ *Cod. Theod.* lib. XVI, tit. v, c. 23. *De haereticis.* [Cf. Sozomen. *H. E.* lib. VII, c. xii.]

⁵ *Cod. Theod.* lib. XV, tit. i, c. 31. *De operib. publ. Cod. Just.* lib. VIII, tit. xi, c. 10.

⁶ *Cod. Theod.* lib. XVI, tit. v, c. 24. *De haereticis.*

⁷ *Ibid.* lib. V, tit. xiii, c. 34. *Cod. Just.* lib. XI, tit. lix, c. 9. *De omni agri deserto.*

⁸ *Cod. Just.* lib. XI, tit. lii, 1. *De colonis Thracensibus.*

⁹ *Cod. Theod.* lib. XIII, tit. viii, c. 1. *Ne quid oneri publico. Cod. Just.* lib. XI, tit. v, c. 1. [Théodose étant mort seulement le xvi k. Febr. (17 janvier) 395, il y a une erreur soit dans l'inscription, où l'on a omis *Theodosius*, soit dans la date, où il faut peut-être lire *Jun.* au lieu de *Jan.*]

¹⁰ *Cod. Theod.* lib. XVI, tit. v, c. 25. *De haereticis.*

¹¹ *Ibid.* c. 26.

¹² *Ibid.* tit. x, c. 13. *De paganis.*

V id. Oct. Dat. Constantinopoli[1].
Prid. non. Dec. Dat. Constantinopoli[2].

[Joh. Lydus signale un changement introduit par Arcadius, après la chute de Rufinus, dans les attributions du préfet du prétoire quant à la direction du service des postes (*cursus publicus*) :

— « Igitur quae quomodocumque apud praefectos praetorii age-
« bantur, solus cornicularius regebat, ex iisque reditus in suum solatium
« ferebat : quod cum a Domitiano usque ad Theodosium nostrum obti-
« nuisset, Rufini tyrannide mutatum est. Legem enim tulit imperator
« Arcadius, magistratus potentiam metuens, ut princeps apparitorum
« magistri, maxima judicia obiens, diligenter curioseque vim in iis
« agendorum inquireret et quare cursus synthemata fierent, cognos-
« ceret[3]. »

— « Imperator continuo potentiam ab armis magistratui adimit;
« deinde fabricarum, id est armorum conficiendorum, nec non cursus
« publici curam, et ceteras omnes, e quibus magisterium quod vocant,
« conflatum est. Cum autem incommodum esset praefectum praetorio
« equos publicos iisque praepositos in provinciis sustentare, aliorum
« vero sub potestate eos administrationeque esse, lex data est, ut cursus
« publici curam praefectus praetorio retineret quidem; primus tamen
« frumentariorum... in auditorio ejus semper adesset, et cuncta curiose
« investigaret, causasque inquireret, cur multi, impetratis a praefecto
« praetorio synthematis, cursu publico utantur... utque synthemata

---

[1] *Cod. Theod.* lib. II, tit. ιx, c. 3. *Cod. Just.* lib. II, tit. ιv, c. 41. *De transactionibus.*

[2] *Cod. Theod.* lib. I, tit. xιv, c. 2. *Cod. Just.* lib. I, tit xxxvιι, c. 2. *De off. praef. Augustali.*

[3] [Lib. III, c. xxιιι : Τοιγαροῦν τὰ ὁπωσοῦν παρὰ τοῖς ὑπάρχοις πραττόμενα μόνος διέταττεν ὁ κορνικουλάριος, καὶ τοὺς ἐξ αὐτῶν πόρους εἰς οἰκείαν ἀπεφέρετο πα-
ραψυχήν· καὶ τοῦτο, ἀπὸ Δομετιανοῦ ἕως τοῦ καθ᾽ ἡμᾶς Θεοδοσίου κρατοῦν, ἡμείφθη διὰ τὴν Ῥουφίνου τυραννίδα. Νόμον γὰρ ἔθετο ὁ βασιλεὺς Ἀρκάδιος, τὸ τῆς ἀρχῆς δυνατὸν δεδιττόμενος, ὥστε τὸν πρίγκιπα τῆς τάξεως τοῦ μαγίστρου, παρίοντα (ἐπὶ) τὰ μέγιστα δικαστήρια, περιεργάζεσθαι καὶ πολυπραγμονεῖν τὴν δύναμιν τῶν πραττομένων ἐν αὐτοῖς, καὶ οὗ τινος χάριν γίνοιντο τὰ τοῦ δρόμου συνθήματα, εὑρίσκειν.]

« ad cursus et magister, quem vocant, isque primus subscriberet.
« Quod ita esse, ipsa constitutio docet, in vetere Codice Theodosiano
« exstans, in novo autem praetermissa [1]. »]

## XXXIII et XXXIV

[1148 =] 395 — [1150 =] 397.

[FL.] CAESARIUS,
[FL.] EUTYCHIANUS,
praeff. praet. Orientis sub Arcadio.

[Au début du règne d'Arcadius, l'empire d'Orient était gouverné de fait par le préfet du prétoire. Lorsque Rufinus eut été mis à mort, c'est l'eunuque Eutrope qui, pendant près de quatre ans, imposa ses volontés à l'empereur[2]. Sans avoir le titre de préfet du prétoire, Eutrope en eut les pouvoirs et en porta les insignes : un rescrit d'Arcadius en contient la preuve[3]. Le premier soin d'Eutrope fut d'affaiblir la puissance du préfet d'Orient. Un préfet unique aurait pu devenir un rival : il en fit nommer deux[4].

Cette dualité de préfets d'Orient, sous le règne d'Arcadius, fut maintenue après la disgrâce et la mort d'Eutrope : on en trouve la trace jusqu'en 407[5]. Elle subsista

---

[1] [Lib. II, c. x; III, c. lx : Αὐτίκα μὲν ὁ Βασιλεὺς τῆς ἐκ τῶν ὅπλων ἰσχύος ἀφαιρεῖται τὴν ἀρχήν, εἶτα τῆς τῶν λεγομένων φαβρικῶν, οἱονεὶ ὁπλοποιῶν, φροντίδος, τῆς τε τοῦ δημοσίου δρόμου, καὶ πάσης ἑτέρας, δι᾽ ὧν τὸ λεγόμενον συνέσ]η μαγισ]ήριον. Ὡς δὲ δύσεργον ἦν ἀποτρέφειν μὲν τὸν ὕπαρχον ἀνὰ τὰς ἐπαρχίας τοὺς δημοσίους ἵππους καὶ τοὺς αὐτοῖς ἐφεσ]ῶτας, ἑτέρους δὲ κεκτῆσθαι τὴν ἐπ᾽ αὐτοῖς ἐξουσίαν τε καὶ διοίκησιν, νόμος ἐτέθη θεσπίζων ἀντέχεσθαι μὲν τὸν ὕπαρχον τῆς τοῦ δημοσίου δρόμου φροντίδος· τὸν πρῶτον μὲν τῶν φρουμενταρίων... παρεῖναι διὰ παντὸς τῷ δικασ]ηρίῳ τοῦ τῶν πραιτωρίων ὑπάρχου καὶ πολυπραγμονεῖν, καὶ τὰς αἰτίας ἐξερευνᾷν, ὧν ἕνεκα πολλοί, ποριζόμενοι παρὰ τῆς ἀρχῆς τὰ λεγόμενα συνθήματα, τῷ δημοσίῳ κέχρηνται δρόμῳ... προσεπιγράφοντος τοῖς ἐπὶ τῶν δρόμων συνθήμασι καὶ τοῦ λεγομένου μαγίσ]ρου. Ὅτε δὲ οὕτως αὐτῆς δυνατὸν ἀκοῦσαι τῆς διατάξεως, ἐν μὲν τῷ παλαιῷ Θεοδοσιανῷ κειμένης, ἐν δὲ τῷ νεαρῷ παροφθείσης.]

[2] [Tillemont, Hist. des Empereurs, t. V, p. 429.]

[3] [Cod. Theod. lib. IX, tit. xl, c. 17. Cf. Claudian. in Eutrop. I, 105, 286.]

[4] [Cette hypothèse, émise par Seeck (Philologus, 1893, p. 451), résout d'une façon ingénieuse les difficultés auxquelles donne lieu la préfecture d'Eutychianus et que Tillemont a signalées (Hist. des Empereurs, t. V, p. 775).]

[5] [Synesius, ep. lxxix, 226 (Epistologr. Graeci, éd. Didot, p. 628) : Πρόκειται γὰρ

pareillement pendant les premières années du règne de Théodose le Jeune. Les deux premiers préfets qui succédèrent à Rufinus furent Fl. Caesarius et Fl. Eutychianus.

## A)

Fl. Caesarius était, comme Seeck l'a établi dans son étude sur Synesius[1], l'un des fils de Palladius Rutilius Taurus Aemilianus, le préfet d'Italie de l'an 355, l'auteur du *De re rustica*[2]. C'est lui qui, dans le roman de Synesius, *L'Égyptien*, est désigné sous le nom de Typhon[3], tandis que son frère Osiris n'est autre, comme on l'a reconnu depuis longtemps, qu'Aurelianus, le successeur de Caesarius à la préfecture d'Orient. Plusieurs passages du roman sont caractéristiques à cet égard et ne permettent pas de douter qu'il s'agisse d'un préfet du prétoire :

— « ... In turpis mercedem licentiae magistratus atque imperia
« consequebatur... Aliam privato homini, aliam familiae, aliam uni-
« versae civitati noxam infligebat... Itaque cum dispensatoribus obnixe
« contendebat, quotnam medimnus tritici grana, aut congius cyathos
« contineret, supervacuam quamdam et importunam animi solertiam
« prae se ferens. Nonnumquam et somnus opportune Typhonem inva-
« dens hominem eripuit imminenti exitio; quo ille correptus e sella in
« caput deturbatus esset, ni abjecta eum lampade aliquis ex lictoribus
« substentasset[4]. »

Ce que dit Synesius[5] de l'amour de Typhon pour sa femme et de l'influence qu'elle avait sur lui concorde également avec ce que l'on sait de la femme de

οὐ τὸ πληρωθῆναι τὰ δημόσια, ἀλλὰ τοὺς ὑπάρχους ὑγιαίνειν... Ἀνδρόνικος γάρ... εὐεργέτης τῆς εὐτυχοῦς τῶν ὑπάρχων οἰκίας ἐσόμενος...]

[1] [*Philologus*, t. LII, p. 442.]
[2] [Voir plus haut, t. III, pages 486 et 513.]
[3] [Druon, *OEuvres de Synesius*, p. 131, pense au contraire que c'est Gaïnas qui a été dépeint sous les traits de Typhon. Cette hypothèse nous écarterait beaucoup du récit de Synesius qui présente Osiris et Typhon comme deux frères ennemis.]

[4] [Éd. Migne, t. LXVI, col. 1217-1219 : Ἀρχαί τινες ὑπῆρξαν αὐτῷ μισθὸς αἰσχρᾶς παρρησίας... Συμφορὰν προσετρίβετο τὴν μὲν ἰδιώτῃ, τὴν δὲ οἰκίᾳ, τὴν δὲ ὁλοκλήρῳ πόλει... Ὁ δὲ ἐξυγομάχει πρὸς τοὺς ἐπὶ τῶν διοικήσεων περὶ τοῦ πόσους ὁ μέδιμνος ἔχει πυροὺς καὶ πόσους κυάθους ὁ χοῦς, περιτ]ήν τινα καὶ ἄτοπον ἀγχίνοιαν ἐνδεικνύμενος. Ἤδη δέ ποτε καὶ ὕπνος ἀφείλετο συμφορᾶς ἄνθρωπον, ἦν ἂν ἐπὶ κεφαλὴν ὤσας, εἰ μή τις ὑπηρέτης μεθεὶς τὴν λαμπάδα ὑπήρειδεν.]

[5] [*Ibid.* c. XIII, col. 1241.]

Caesarius. Elle était de la secte des Macédoniens[1]. Or l'un des premiers actes du préfet Caesarius fut d'obtenir le retrait des incapacités dont son prédécesseur avait frappé les Eunomiens[2]. Sozomène dit aussi avec quel soin il remplit les dernières volontés de sa femme[3].

Avant d'être préfet du prétoire, Caesarius avait été, d'après Synesius[4], ταμίας χρημάτων ἀποδείχθεις. Ces mots ne désignent pas la *comitiva rerum privatarum* ou *sacrarum largitionum* qui est une dignité très élevée, car Synesius dit qu'il s'essaya ἐν ἐλάτ]οσιν ὑποθέσεσιν. Il s'agit plutôt, suivant la conjecture de Seeck[5], de la fonction de *rationalis*. Caesarius fut ensuite *magister officiorum*. Il remplissait cette charge en 387 ou 388, lorsque Théodose l'envoya à Antioche pour apaiser une insurrection[6]. Une constitution du 3 septembre 389 lui donne également le titre de maître des offices[7]. Préfet du prétoire d'Orient en 395-397, consul en 397 avec Nonius Atticus Maximus[8], il reçut le titre de patrice, comme le prouve une inscription trouvée dans le théâtre de Tralles en Carie[9].

ΤΟΝ ΥΠΕΡΛΑΜ ΚΑΙ ΕΞΟΧѠΤΑΤΟΝ
ΠΑΤΡΙΚΙΟΝ ΚΑΙ ΑΠΟ ΥΠΑΤѠΝ
ΕΠΑΡΧΟΝ ΤΟΥ ΙΕΡΟΥ ΠΡΕΤѠΡΙΟΥ
ΦΛ ΚΑΙΣΑΡΙΟΝ ΚΑΤΑ͞ ΘΕΙΑΝ
ΚΡΙϹΗΝ ΗΙΤΡΑΛΛΙΑΝ͞ѠΝ
ΜΗΤΡΟΡΟΛΕΙ ΤΟΝ ΕΑΥΤΗϹ
ϹѠΤΗΡΑ ΚΑΙ ΕΝ ΠΑϹΙΝ
ΕΥΕΡΓΕΤΗΝ.

Τὸν ὑπερλαμ(πρότατον) καὶ ἐξοχώτατον πατρίκιον καὶ ἀπὸ ὑπάτων, ἔπαρχον τοῦ ἱεροῦ πρετωρίου, Φλ. Καισάριον κα[τ]ὰ θείαν κρίσ[ι]ν ἡ Τραλλιανῶν μητρόπολ[ις] τὸν ἑαυτῆς σωτῆρα καὶ ἐν πᾶσιν εὐεργέτην.

Fl. Caesarius fut une seconde fois appelé à la préfecture d'Orient à la fin de l'année 400.]

---

[1] [Sozomen. *Hist. eccles.* lib. IX, c. 11.]
[2] [*Cod. Theod.* lib. XVI, tit. v, c. 27.]
[3] [Sozomen. *loc. cit.*]
[4] [*Ibid.* col. 1218.]
[5] [*Loc. cit.* p. 453.]
[6] [Theodoret. *Hist. eccles.* lib. V, c. xx.]
[7] [*Cod. Theod.* lib. VIII, tit. v, c. 62.]
[8] [Voir plus haut, p. 194, n. 1. Un grand nombre d'inscriptions chrétiennes sont datées de ce consulat (J. B. de Rossi, *Inscr. christ.* vol. I, n. 441-459). Sept d'entre elles, comme l'inscription de Tralles, donnent à Caesarius le prénom Flavius. Cf. J. B. de Rossi, *La Roma sotterranea*, III, p. 298. HÉRON DE VILLEFOSSE.]
[9] [Le Bas-Waddington, *Voyage archéologique en Grèce et en Asie Mineure*, Inscriptions, t. III, p. 391-392, n. 1652 d.]

An. 395. — Olybrio et Probino coss.
Impp. Arcadius et Honorius AA. Caesario P. P.
VIII kal. Jul. [?]. Dat. Constantinopoli[1].

[La suscription de cette constitution n'est pas exacte : Rufinus est resté préfet du prétoire jusqu'à sa mort, survenue le 27 novembre. Il faut sans doute lire, comme le propose Godefroy, *viii kal. Jan.* La première constitution adressée au préfet Caesarius est du 30 novembre 395.]

Prid. kal. Dec. Dat. Constantinopoli[2].
IV kal. Jan. Dat. Constantinopoli[3].
An. 396. — Arcadio IV et Honorio III AA. coss.
Id. Febr. Dat. Constantinopoli[4].
XVI kal. Mart. Dat. Constantinopoli[5].
IV kal. Mart. Dat. Constantinopoli[6].
X kal. April. Dat. Constantinopoli[7].
IX kal. April. Dat... [8].
XV kal. Maii. Dat... [9].
XI kal. Maii. Dat. Constantinopoli[10].
X kal. Maii. Dat. Constantinopoli[11].

---

[1] *Cod. Theod.* lib. XVI, tit. v, c. 27. *De haereticis.*

[2] *Ibid.* lib. X, tit. vi, c. 1. *Cod. Just.* lib. XI, tit. lxxvi, c. 1. *De grege dominico.*

[3] *Cod. Theod.* lib. XII, tit. i, c. 150. *Cod. Just.* lib. X, tit. xxxii, c. 47. *De decurionibus.*

[4] *Cod. Theod.* lib. IX, tit. xlii, c. 14. [Défense est faite à ceux qui ont été victimes de la rapacité de l'ex-préfet du prétoire Rufinus de chercher à recouvrer leurs biens autrement que par les voies de droit.]

[5] *Ibid.* lib. VI, tit. xxvi, c. 7. *De proximis.*

[6] *Cod. Theod.* tit. xxvii, c. 10. *De agentibus in rebus.* [*Lex Rom. Wisigoth.* App. II, 1.]

[7] *Ibid.* lib. XVI, tit. vii, c. 6. *De apostatis.*

[8] *Ibid.* lib. XV, tit. i, c. 34. *Cod. Just.* lib. VIII, tit. xi, c. 12. *De operibus publicis.* [Cf. Claudian. *in Rufinum*, II, 28. Zosim. lib. V, c. 20. Socrat. *H. E.* lib. VI, c. 1. Sozom. *H. E.* lib. VIII, c. 1, 25.]

[9] *Cod. Theod.* lib. VII, tit. iv, c. 21. *De erog. mil. ann.*

[10] *Ibid.* lib. XVI, tit. v, c. 31. *De haereticis.*

[11] *Ibid.* c. 32. [Cf. Philostorg. lib. XI, c. 5.]

VII kal. Maii. Dat. Constantinopoli[1].
VIII id. Maii. Dat. Constantinopoli[2].
III non. Aug. Dat. Constantinopoli[3].
Prid. id. Aug. Dat. Constantinopoli[4].
Prid. kal. Sept. Dat. Constantinopoli[5].
VI id. Dec. Dat. Constantinopoli[6].
. . . . . . . PP. Regio[7].

An. 397. — Caesario et Attico coss.
XIV kal. Mart. Dat. Constantinopoli[8].
Prid. non. Mart. Dat. Constantinopoli[9].
VI id. April. Dat. Constantinopoli[10].
III kal. Maii. Dat. Constantinopoli[11].
IX kal. Jul. Dat. Constantinopoli[12].
Kal. Jul. Dat. . . [13].
III id. Jul. Constantinopoli[14].

An. 398. — Honorio IV et Eutychiano coss.
VII kal. Aug. Dat. . .

Le altre leggi delle quali è desunta [questa costituzione] sono dirette ad Eutychiano, onde pare che qui si sia sbagliato nell' iscrizione.

---

[1] *Cod. Theod.* lib. XV, tit. vi, c. 1. *Cod. Just.* lib. XI, tit. xlvi, c. 1. *De majuma.*
[2] *Ibid.* lib. VIII, tit. xvii, c. 1. *De jure liberorum.*
[3] *Ibid.* lib. IX, tit. i, c. 18, *De accusationibus;* tit. xlii, c. 15. *De bonis proscriptorum.*
[4] *Ibid.* lib. VI, tit. iii, c. 2. *De praediis senatorum.*
[5] *Ibid.* lib. IX, tit. xxxviii, c. 9. *De indulgentiis criminum.* [Voir plus haut, p. 268, n. 1. Arcadius appelle le préfet du prétoire *excellens eminentia tua.*]
[6] *Ibid.* lib. XVI, tit. x, c. 14. *De paganis.*
[7] *Ibid.* lib. XV, tit. i, c. 35. *De operib. publ.* [La date de cette constitution n'a pas été conservée.]
[8] *Cod. Theod.* lib. IX, tit. xxvi, c. 1. *Ad leg. Jul. de ambitu.*
[9] *Ibid.* lib. XI, tit. viii, c. 1. *De superexactionibus.*
[10] *Ibid.* lib. VI, tit. xxvi, c. 9. *De proximis.*
[11] *Ibid.* tit. ii, c. 14. *De senatoribus.*
[12] *Ibid.* tit. xxvi, c. 10.
[13] *Ibid.* lib. XVI, tit. viii, c. 13. *De Judaeis.*
[14] *Ibid.* lib. VIII, tit. xv, c. 8. *De his quae administrantibus.*

[Cette constitution d'Arcadius *De ordinatione clericorum* a été découpée en cinq fragments. D'après les manuscrits du Code Théodosien, l'un est adressé à Caesarius [1], les quatre autres à Eutychianus [2]. Cette particularité, qui avait frappé Godefroy et Borghesi, s'explique aisément si l'on admet que Caesarius et Eutychianus furent simultanément préfets d'Orient.

La même observation s'applique à une constitution du Code de Justinien :]

Sine die et conss.

Vi si parla del *comes Orientis* e del *praefectus Augustalis*.

[Cette constitution, non datée, d'après Borghesi, porte, d'après Krueger, la suscription : *Dat. vi kal. Aug. Mnizo, Honorio A. IV et Eutychiano conss.* (398) [3]. Le nom du destinataire varie suivant les manuscrits. Haloander et les anciens éditeurs lisaient *Caesario* dans l'inscription. Les éditeurs modernes, depuis Beck, donnent la leçon *Eutychiano*.]

Il prefetto Cesario fece trasportare il corpo di Eunomio a Tiana per ordine di Eutropio.

— « Sed et libros ejusdem Eunomii publicis edictis jussit aboleri [4]. »

[Ce n'est pas à notre Caesarius que se rapporte un texte cité par Borghesi et qui mentionne un fait relatif à l'an 451 [5] :]

— « Ind. iv Marciano Augusto et Adelfio conss.

« Pulcheria, Marciani imperatoris conjux, Sanctorum XL Martyrum « Sebastiae passorum per visum reliquias invenit, reconditas in aede « S. Thyrsi, pone ambonem : iisque aedem sacram extruxit extra muros Troadenses Caesarius consul et praefectus [6]. »

---

[1] *Cod. Theod.* lib. XVI, tit. ii, c. 32. *De episcopis.*

[2] *Ibid.* lib. IX, tit. xl, c. 16. *De poenis. Cod. Just.* lib. I, tit. iv, c. 6 et 7. — *Cod. Theod.* lib. IX, tit. xlv, c. 3 : *De his qui ad ecclesias. Cod. Just.* lib. I, tit. iii, c. 12. — *Cod. Theod.* lib. XI, tit. xxx, c. 57. *De appellationibus. Cod. Just.* lib. VII, tit. lxii, c. 29. — *Cod. Theod.* lib. XVI, tit. ii, c. 33. *De episcopis. Cod. Just.* lib. I, tit. iii, c. 11. [Les suscriptions du Code de Justinien donnent une indication qui manque au Code Théodosien : le lieu où fut rendue cette constitution.]

[3] *Cod. Just.* lib. VII, tit. lxii, c. 29.

[4] Philostorg. lib. XI, c. v. [Ἀλλὰ καὶ τὰς βίβλους αὐτοῦ δημοσίοις γράμμασιν ἀφανίζεσθαι διετάξατο.]

[5] [Godefroy, *Prosopogr.* t. VI, 2, p. 34.]

[6] *Chron. Pasch.* [p. 590 : Ἰνδ. δ΄. α΄. ὑπ.

B)

[La coexistence des deux préfets d'Orient, Eutychianus et Caesarius, est certaine à partir du commencement de l'an 396. Elle est attestée par une constitution du 27 février adressée à Eutychianus, et qu'il faut rapprocher des constitutions adressées à la même époque à Caesarius.]

Impp. Arcadius et Honorius Eutychiano P. P.

An. 396. — Arcadio IV et Honorio III coss.
  VI kal. Mart. Dat. Constantinopoli [1].
  VI id. Dec. Dat. Constantinopoli [2].
  XVIII kal. Jan. Dat. Constantinopoli [3].
  Prid. kal. Jan. Dat. Constantinopoli [4].

An. 397. — Caesario et Attico coss.
  XI kal. Mart. Dat. Constantinopoli [5].
  Kal. April. Dat. Constantinopoli [6].
  Prid. Non. Sept. Dat. Ancyra [7].
  VI id. Nov. Dat. Constantinopoli [8].

Μαρκιανοῦ Αὐγούστου καὶ Ἀδελφίου. Πουλχερία ἡ γυνὴ Μαρκιανοῦ τοῦ βασιλέως τῶν ἁγίων τεσσαράκοντα τῶν ἐν Σεβαστείᾳ μαρτυρησάντων κατ' ὀπλασίαν εὑρίσκει τὰ λείψανα κατακρυπτόμενα εἰς τὸν οἶκον τοῦ ἁγίου Θύρσου ὀπίσω τοῦ ἄμβωνος. Καί ἀνεδομήσατο αὐτῶν οἶκον ἔξω τῶν τειχῶν τῶν Τρωαδησίων Καισάριος ὕπατος καὶ ἔπαρχος.] Ducangius, Christ. Constantinop. p. 191.

[1] Cod. Theod. lib. III, tit. xxx, c. 6. De admin. et periculo tutorum. [Cette constitution est reproduite avec plusieurs interpolations dans] Cod. Just. lib. V, tit. xxxvii, c. 24.

[2] Cod. Theod. lib. III, tit. xii, c. 3. De incestis nuptiis. Cod. Just. lib. V, tit. v, c. 6.

[3] Cod. Theod. lib. XII, tit. xviii, c. 2. Si curialis relicta civitate rus habitare ma-lucrit. Cod. Just. lib. X, tit. xxxviii, c. 1.

[4] Cod. Theod. lib. VI, tit. iv, c. 30. De praetoribus.

[5] Ibid. lib. XIII, tit. ii, c. 1. De argenti pretio quod thesauris infertur. Cod. Just. lib. X, tit. lxxviii, c. 1.

[6] Cod. Theod. lib. XVI, tit. v, c. 33. De haereticis.

[7] Ibid. lib. VI, tit. iii, c. 4. De praediis senatorum. — Lib. IX, tit. xiv, c. 3. Ad leg. Corneliam de sicariis. [C'est la constitution célèbre d'Arcadius de factionibus adversus praecipua post principem in republica capita. Cf. Godefroy, t. III, p. 94.] Cod. Just. lib. IX, tit. viii, c. 5.

[8] Cod. Theod. lib. IX, tit. vi, c. 3. Ne praeter crimen majestatis servus dominum vel patronum libertus seu familiaris accuset. Cod. Just. lib. IX, tit. i, c. 20.

IX kal. Dec. Dat. Constantinopoli[1].
Sine die et conss.[2].
An. 398. — Honorio A. IV et Eutychiano coss.
III non. Febr. Dat. Constantinopoli[3].
IV non. Mart. Dat. Constantinopoli[4].
Non. Mart. Dat. Constantinopoli[5].
VIII kal. April. Dat. Constantinopoli[6].

[L'inscription de cette constitution renferme une lacune. On lit seulement : *Iidem AA*. Le nom et la qualité du destinataire manquent. On a suppléé P. P. parce que l'empereur appelle le destinataire «Excellentia tua». Beck pense que ce préfet du prétoire doit être Eutychianus, à qui est adressée la constitution suivante dans les deux Codes.]

X kal. Jun. Dat. Constantinopoli[7].
V non. Jul. Dat. Constantinopoli[8].
Prid. id. Nov. Dat. . . .[9].

[Cette suscription empruntée par Borghesi aux éditions anciennes n'est ni exacte ni complète; il faut lire : *Prid. non. Jul., Nicomediae.*]

VI kal. Aug. Dat. Mnyzo[10].

---

[1] *Cod. Theod.* lib. II, tit. xxxiii, c. 3. *De usuris.*

[2] *Ibid.* lib. V, tit. xiii, c. 36. [La suscription manque. Haenel conjecture, tant d'après l'objet de cette constitution (*de amplificanda urbe Constantinop.*) que d'après la place qu'elle occupe au Code, qu'elle doit être de l'an 397 ou au plus tard de 398.]

[3] *Ibid.* lib. II, tit. i, c. 10. *De jurisdictione et ubi quis conveniri debeat. Cod. Just.* lib. I, tit. ix, c. 8. [D'après le Code de Justinien, la constitution est de *vi non. Febr.*]

[4] *Cod. Theod.* lib. XVI, tit. v, c. 34. *De censitoribus.*

[5] *Ibid.* lib. XIII, tit. xi, c. 9. *De haereticis. Cod. Just.* lib. XI, tit. lix, c. 10.

[6] *Cod. Theod.* lib. VII, tit. iv, c. 24. *De erog. mil. ann. Cod. Just.* lib. XII, tit. xxxviii, c. 9.

[7] *Cod. Theod.* eod., c. 25. *Cod. Just.* eod., c. 10.

[8] *Cod. Theod.* lib. XV, tit. i, c. 38. *De operibus publicis.*

[9] *Cod. Just.* lib. XI, tit. lxii, c. 9. *De fundis patrimonialibus.*

[10] *Cod. Theod.* lib. IX, tit. xl, c. 16. *De poenis. Cod. Just.* lib. I, tit. iv, c. 6 [divers manuscrits portent par erreur *Rufino*]; lib. VII, tit. lxii, c. 29. — *Cod. Theod.* lib. IX, tit. xlv, c. 3. *De his quae ad ecclesias. Cod. Just.* lib. I, tit. iii, c. 12. — *Cod. Theod.* lib. XI, tit. xxx, c. 57. *De appellat. Cod. Just.* lib. VII, tit. lxii, c. 29. — *Cod. Theod.* lib. XVI, tit. ii, c. 33. *De episcopis. Cod. Just.* lib. I, tit. iii, c. 11.

VI kal. Aug. Dat. Mediolani [?][1].
VIII kal. Nov. Dat. Constantinopoli[2].
VIII id. Dec. Dat. Constantinopoli[3].
Id. Dec. Dat. . . .[4].

An. 399. — Theodoro coss.
VI id. Mart. Dat. Constantinopoli[5].
Prid. id. Mart. Dat. Constantinopoli[6].
IV id. April. Dat. Constantinopoli[7].
VIII kal. Jun. Dat. Constantinopoli[8].
Prid. non. Jul. Dat. Constantinopoli[9].
III id. Jul. Dat.[10] Damasci[11].
VIII kal. Aug. Dat. Constantinopoli[12].

[Eutychianus fut consul d'Orient en 398, Honorius étant consul d'Occident[13]. C'est vraisemblablement le même personnage dont parle Libanius dans ses lettres[14], et qui reçut une mission de l'empereur entre 388 et 392.

[1] *Cod. Just.* lib. I, tit. IV, c. 7. *De episcopali audientia.* [Il y a sans nul doute une erreur dans la suscription : il faut lire *Minizo* et non *Mediolani*. Cf. Krueger, p. 40, n. 3.]

[2] *Cod. Theod.* lib. XII, tit. 1, c. 159. *De decurion. Cod. Just.* lib. X, tit. XXXII, c. 50.

[3] [*Lex Rom. Wisigoth.* App. I, 24.] *Cod. Theod.* lib. I, tit. II, c. 11. *De diversis rescriptis.* [Cf., sur l'autorité des rescrits depuis Hadrien, Édouard Cuq, *Le Conseil des empereurs*, p. 337.]

[4] *Cod. Theod.* lib. XV, tit. 1, c. 40. *De petitionibus operum publicorum. Cod. Just.* lib. VIII, tit. XI, c. 15.

[5] *Cod. Theod.* lib. XI, tit. XXIV, c. 4. *De patrociniis vicorum.*

[6] *Ibid.* lib. XIII, tit. VII, c. 1. *De navibus non excusandis.* [Ce texte et le précédent sont deux fragments d'une même constitution et doivent avoir la même date. Ils sont tous deux de VI id. *Mart.* ou de prid. id. *Mart.* Cf. Haenel, col. 1115, n. k.]

[7] *Cod. Just.* lib. XI, tit. LXII, c. 10. *De fundis patrim.*

[8] *Cod. Theod.* lib. XI, tit. XXIV, c. 5. *De patrociniis vicorum.*

[9] *Ibid.* lib. XVI, tit. V, c. 36. *De haereticis.*

[10] [Arcadius étant à cette époque à Constantinople, il faut, suivant Godefroy, lire *Proposita* au lieu de *Data*.]

[11] *Cod. Theod.* lib. XVI, tit. X, c. 16. *De paganis.* [Cf. Socrat. *H. E.* lib. V, c. 2.]

[12] *Ibid.* lib. IX, tit. XL, c. 18. *De poenis. Cod. Just.* lib. IX, tit. XLVII, c. 22.

[13] [Sur ces deux consuls voir J. B. de Rossi, *Inscr. christ.* vol. I, n. 460 à 470. Deux inscriptions chrétiennes de Rome (n. 462 et 465) donnent à Eutychianus le prénom *Flavius*. HÉRON DE VILLEFOSSE.]

[14] [*Ep.* 783 et 770.]

— «Johannes in episcopali sede constituitur iv kal. Martii, consu-
«latu proximo insequenti, quem Romae quidem imperator Honorius,
«Constantinopoli vero Eutychianus praefectus praetorio editionibus
«ludisque celebrarunt¹. »]

## XXXV et XXXVI
[1152 =] 399 — [1153 = 400].
AURELIANUS,
FL. EUTYCHIANUS,
praeff. praet. Orientis sub Arcadio.

A)

[Fils de Palladius et frère de Caesarius, Aurelianus avait, dans sa jeunesse, rempli les fonctions d'assesseur². En 383, il avait une situation à la cour de Théodose; il fit bâtir aux environs de Constantinople une église dédiée à saint Étienne³. Il devint ensuite *magister officiorum*⁴, puis, en 393, préfet de Constantinople⁵. Au cours de l'année 399, le tout-puissant Eutrope encourut le ressentiment de l'impératrice qu'il avait gravement offensée⁶; exilé dans l'île de

¹ [Socrat. *H. E.* lib. VI, c. 11 : Χειροτονηθεὶς οὖν πρὸς τὴν τῆς ἐπισκοπῆς ἱερωσύνην ἐνθρονίζεται τῇ εἰκάδι ἕκτῃ τοῦ Φεβρουαρίου μηνός, ὑπατείᾳ τῇ ἑξῆς, ἣν ἐπετέλουν ἐν μὲν τῇ Ῥώμῃ ὁ βασιλεὺς Ὀνώριος, ἐν δὲ τῇ Κωνσταντινουπόλει Εὐτυχιανὸς ὁ τότε τῶν βασιλείων ὕπαρχος.]

² [Synes. *De provid.* 91 a, col. 1217 : Ὄσιρις μὲν οὖν εὐθὺς ἀφ' ἥβης συνεστράτηγει τοῖς ἀποδεδειγμένοις, οὕτω μὲν ὅπλα διδόντος τοῖς τηλικοῖσδε τοῦ νόμου, γνώμης δὲ ἄρχων. Οἱονεὶ νοῦς ὢν καὶ τοῖς σ7ρατηγοῖς χερσὶ χρώμενος.]

³ [*Acta sanctorum*, Mai., t. VI, p. 610 : Αὐρηλιανὸς δέ, εἷς τῶν ἐνδόξων τοῦ βασιλέως, ἀντικρὺ τοῦ μοναστηρίου τοῦ ἀββᾶ Ἰσαακίου κατὰ μεσημβρίαν ἔκτισε μαρτύριον τοῦ ἁγίου πρωτομάρτυρος Στεφάνου. Cf. Tillemont, *Hist. des Empereurs*, t. V, p. 782.]

⁴ Synes. *loc. cit.* : Ἐπιστάτης δὲ δορυφόρων γενόμενος καὶ τὰς ἀνοὰς πιστευθεὶς καὶ πολιαρχήσας καὶ βουλῆς ἄρξας ἑκάστην ἀρχὴν ἀπεδίδου παρὰ πολὺ σεμνοτέραν, ἢ παρελάμβανεν.]

⁵ [*Cod. Theod.* lib. I, tit. 1, c. 3; lib. VI, tit. III, c. 1; tit. IV, c. 26; lib. XII, tit. 1, c. 130 et 131; lib. XV, tit. 1, c. 29 et 30 (Dat. III kal. Mart., Constantinopoli). — Lib. XIV, tit. XVII, c. 11 (Dat. VI kal. Mai., Constantinopoli). — *Cod. Just.* lib. V, tit. XXXIII, c. 2 (Dat. VIII kal. Aug...). — *Cod. Theod.* lib. VI, tit. II, c. 10 (Dat. prid. kal. Sept., Constantinopoli). — Lib. XIV, tit. XVII, c. 12 (Dat. XII kal. Dec. Constantinopoli). — Lib. XII, tit. 1, c. 138 (Dat. VI id. Dec., Constantinopoli).]

⁶ [Philostorg. *Hist. eccles.* lib. XI, c. VI. Sozomen. *Hist. eccles.* lib. VIII, c. VII. Cf. Zosim. lib. V, c. XIII-XVIII. Claudian. *in Eutrop.*, praef. 19.]

Chypre[1], il fut bientôt après mis à mort[2]. Le préfet du prétoire Caesarius fut simplement disgracié et remplacé par son frère Aurelianus. Consul d'Orient en 400, Stilichon étant consul d'Occident[3], Aurelianus fut à son tour exilé à la demande de Gaïnas vers le milieu de cette même année[4]. Il fut une seconde fois rappelé à la préfecture d'Orient vers la fin de l'année 402.

Deux constitutions de l'an 396 sont adressées à Aurelianus, préfet du prétoire.]

Impp. Arcadius et Honorius AA. Aureliano P. P.
An. 396. — Arcadio IV et Honorio III. conss.
Prid. non. Oct. Dat. Constantinopoli[5].

Spettano ad una stessa legge, e perciò deve ritenersi la lezione del Gotefredo *P. U.* e correggere *Arcadio III et Honorio II AA. conss.*, rimandandola al 394, in cui può star bene.

[Aurelianus était en 393 préfet de Constantinople. Rien ne prouve qu'il l'était encore en 394. Seeck lit : *Arcadio et Honorio AA. V conss.*, ce qui reporte ces textes à la seconde préfecture du prétoire d'Aurelianus[6].

Faut-il corriger également l'adresse de trois constitutions de l'an 399 ?]

XVI kal. Febr. [?][7]. Dat. Constantinopoli[8].
VI kal. Sept. Dat. Constantinopoli[9].
VI non. Oct. Dat. Constantinopoli[10].

[Borghesi fait sur la première de ces constitutions l'observation suivante :]

È indubitato che questa legge spetta a quest'anno perchè vi si tratta della deposizione del console Eutropio, e perchè sappiamo da Filo-

---

[1] [*Cod. Theod.* lib. IX, tit. xl, c. 17.]
[2] [Zosim. lib. V, c. xviii.]
[3] [Marcellini *Chron.* éd. Mommsen, p. 66; Cassiodori *Chronic.* p. 154.] — [Aurelianus ne fut jamais promulgué en Occident. Son nom n'a été relevé sur aucune des inscriptions découvertes dans l'étendue de l'empire d'Honorius (J. B. de Rossi, *Inscr. christ.* vol. I, p. xxxii, 208 et 577). Héron de Villefosse.]
[4] [Zosim. lib. V, c. xviii, 7.] Socrat. *Hist. eccles.* lib. VI, c. vi. Tillemont, *Hist. des Empereurs*, t. V, p. 782, n. xxv.]
[5] *Cod. Theod.* lib. IV, tit. ii, c. 1. *Unde liberi.* Lib. V, tit. i, c. 5. *De legit. hered.*
[6] [*Philologus*, t. LII, p. 448.]
[7] [Cf. Tillemont, *Hist. des Empereurs*, t. V, p. 780, n. xxii; Haenel, col. 942, n. h.]
[8] *Cod. Theod.* lib. IX, tit. xl, c. 17. *De poenis.*
[9] *Ibid.* lib. II, tit. viii, c. 23. *De feriis.*
[10] *Ibid.* lib. XV, tit. vi, c. 2. *De majuma.*

storgio[1] e da Niceforo[2] che Aureliano, prefetto, sedi giudice con altri, e portò sentenza contro Eutropio.

[Borghesi formule ainsi son opinion sur les trois constitutions adressées à Aurelianus :]

Non sono convincenti le ragioni che adduce il nuovo editore [del Codice Teodosiano][3] per ritenere nella legge del 399 la lezione *Pf. P.* noto essendo che in quest'anno nell' Oriente era prefetto Eutichiano. Egualmente trovasi impedita nel 399 la prefettura di Costantinopoli. Quando adunque non vaglià cambiarsi l'anno, non resterà se non che crederlo prefetto dell' Illirico.

[Borghesi déplace la difficulté sans la résoudre : en 397 et en 398, Anatolius était préfet d'Illyrie; il l'était encore le 12 novembre 399[4]. Aurelianus a donc été forcément le collègue d'Anatolius ou d'Eutychianus. Or rien ne prouve qu'il y ait eu simultanément deux préfets d'Illyrie. On a vu plus haut pourquoi il en fut autrement en Orient après la mort de Rufinus.

### B)

Eutychianus, préfet d'Orient avec Caesarius, conserva ses fonctions avec Aurelianus. Trois constitutions, insérées au Code Théodosien, lui furent adressées pendant cette période.]

III id. Déc. Dat. . . [5].
V kal. Jan. Dat. . . [6].
III kal. Jan. Dat. . . [7].

An. 403 [?]. — Theodosio A. I et Rumorito coss.
III kal. Jan. Dat. . . [8].

[Cette suscription, empruntée par Borghesi aux éditions de Haloander, de Russard et de Contius, est inexacte. Dans son édition de 1829, Beck donnait déjà la

---

[1] [*Hist. eccles.* lib. XI, c. vi.]
[2] [Lib. XIII, c. iv.]
[3] [Haenel, col. 358, n. *d.*]
[4] [*Cod. Theod.* lib. VI. tit. xxviii, c. 6.]
[5] *Cod. Theod.* lib. XII, tit. 1, c. 163. *De decurion.*
[6] *Ibid.* c. 164.
[7] *Ibid.* c. 165.
[8] *Cod. Just.* lib. I, tit. ix, c. 10.

vraie leçon : *Theodoro v. c. cos.* Il suffit d'ailleurs de lire le texte de cette constitution pour se convaincre qu'elle est la reproduction de la précédente. Elle est donc de 399 et non de 403.]

✱

[1150 = 397.]

*ASTERIUS*,
sub Arcadio.

— « Asterius, praefectus Orientis, Johannem Chrysostomum de mandato imperatoris Arcadii, Constantinopolim ad episcopatum capessendum abducit[1]. »

Il testo greco ha Ἀστέριος ὁ τῆς ἕω ἡγούμενος, che il traduttore ha traslato : *praefectus Orientis*, ma che deveva rendersi : *comes Orientis*, come hanno osservato il Valesio ed il Gotofredo[2].

## XXXVII et XXXVIII

[1153 =] 400 — [1155 = 402].

[FL.] CAESARIUS,
praef. praet. Orientis iterum sub Arcadio.

[*FL. EUTYCHIANUS*,
praef. praet. Orientis sub Arcadio.

Caesarius fut rappelé à la préfecture d'Orient lors du bannissement de son frère Aurelianus. Il était en fonctions le 8 décembre 400. Caesarius conserva sa charge pendant près de deux ans. Il eut sans doute pour collègue Eutychianus.]

An. 400. — « Impp. Arcadius et Honorius AA. Caesario P. P. — « Dat. vi id. Dec. Constantinopoli, Stilicone et Aureliano coss.[3] »

---

[1] Sozomen. *Hist. eccles.* lib. VIII, c. 11. [Οὐκ εἰς μακρὰν δὲ τὰ βασιλέως γράμματα δεξάμενος Ἀστέριος ὁ τῆς ἕω ἡγούμενος, ἐδήλωσεν Ἰωάννῃ παραγενέσθαι πρὸς αὐτὸν, ὡς περί του δεησόμενος...]

[2] [T. V, p. 281.] Hunc Gudius memoratum censuit in Gruteriana, 192, 3.

[3] [*Lex Rom. Wisigoth.* App. I, 28.] *Cod. Theod.* lib. I, tit. xxi [xxxv], c. 1. *De assessoribus.*

An. 401. — « Iidem AA. Caesario P. P. — Dat. iii non. Febr. Con-
« stantinopoli, Vincentio et Fravitta coss. [1]. »

Sine die et conss. [2].

[La suscription de cette constitution, relative au tribut imposé aux riverains du Nil, a été rétablie par Krueger. Elle est ainsi conçue d'après les manuscrits : *III id. Jun. Theodosio A. et Romorito conss.* (an. 403). Il y a là une erreur, ou plutôt une lacune : en 403, Caesarius avait cédé la place à Aurelianus. Il faut lire sans doute : *III id. Jun. (Constantinopoli. Arcadio et Honorio A. V conss.* (402). *Accept...  Jan.....) Theodosio A. et Romorito conss.* [3].]

✷

[1155 =]402.

*REMIGIUS,*

sub Arcadio et Honorio.

— « Impp. Arcadius et Honorius AA. Remigio P. P. — Dat.
« xii kal. April. Arcadio et Honorio AA. V conss. (402). »

Dell' Hermanno è corretta cosi :

— « Impp. Arcadius et Honorius AA. Remigio praefecto augustali.
« — Dat. xii kal. April. Constantinopoli, Arcadio IV et Honorio III
« AA. conss [4]. »

## XXXIX et XL

[1155 = 402 (?) — 1157 = 404.

*AURELIANUS,*

praef. praet. Orientis iterum sub Arcadio (?).

FL. EUTYCHIANUS,

praef. praet. Orientis sub Arcadio.

### A)

D'après une inscription gravée sur une statue d'or que le sénat de Constan-

---

[1] *Cod. Theod.* lib. VIII, tit. v, c. 62. *De cursu publico.*

[2] *Cod. Just.* lib. VII, tit. xli, c. 2. *De adluvionibus.*

[3] [Cf. Krueger, *ad h. loc.*]

[4] *Cod. Just.* lib. I, tit. xx, c. 1. *Quando libellus principi datus litis contestationem facit. Cod. Theod.* lib. I, tit. ii, c. 10.

tinople lui fit élever, Aurelianus fut trois fois préfet, et reçut le titre de patrice.

> Οὗτος ὁ κοσμήσας ὑπάτων θρόνον, ὃν τρισέπαρχον
> Καὶ πατέρα βασιλῆες ἑὸν καλέσαντο μέγιστοι,
> Χρύσεος ἕστηκεν Αὐρηλιανός, τὸ δὲ ἔργον
> Τῆς βουλῆς ἧς αὐτὸς ἑκὼν κατέπαυσεν ἀνίας [1].

Aurelianus fut préfet de Constantinople en 393, préfet du prétoire en 399-400. A quelle époque fut-il préfet pour la seconde fois? La chronique d'Alexandrie mentionne un Aurelianus, *praefectus praetorio iterum* en 414 et 415 [2]. Mais Seeck ne croit pas que ce soit le fils du préfet d'Italie de 355, sans doute parce qu'il aurait été alors d'un âge trop avancé. Il conjecture que c'était peut-être le neveu du consul de l'an 400; ce n'était sûrement pas son fils qui s'appelait Taurus [3].

Seeck croit pouvoir fixer la seconde préfecture du prétoire d'Aurelianus de la manière suivante. Deux lettres de Synesius présentent Aurelianus comme préfet du prétoire; or ces deux lettres ont été écrites dans l'intervalle qui s'est écoulé entre le départ de Synesius d'Alexandrie et son retour dans cette ville, c'est-à-dire entre le printemps et l'automne de l'année 404 [4].

D'autre part, il y a au Code Théodosien deux rescrits adressés au préfet du prétoire Aurelianus et qui, d'après leur suscription, seraient de 396. Cette suscription est certainement inexacte: nous avons vu que Borghesi [5] reporte ces constitutions à 394, en corrigeant à la fois la suscription et l'adresse. Seeck [6], reprenant une conjecture de Tillemont [7], pense au contraire qu'elles sont de 402, et se rapportent à la seconde préfecture du prétoire d'Aurelianus. A l'appui de cette opinion, il fait observer qu'il y a au Code Théodosien deux autres exemples de substitution du consulat de 396 à celui de 402 [8].

Si ces conjectures sont exactes, Aurelianus aurait été préfet du prétoire depuis le mois d'octobre 402 jusqu'à l'automne de 404. Il est vraisemblable qu'il fut remplacé par Anthemius aussitôt après la mort de l'impératrice Eudoxie (6 octobre 404).

---

[1] [*Anthol.* Planud. IV, 78.]
[2] [Voir plus bas, p. 305, n. 2.]
[3] [*Loc. cit.* p. 449.]
[4] [*Ibid.* p. 470-472.]
[5] [Voir plus haut, p. 289 et note 6.]
[6] [*Loc. cit.* p. 448.]
[7] [*Hist. des Empereurs*, p. 782, n. XXIII; p. 775, n. IX.]
[8] [*Cod. Theod.* lib. XVI, tit. v, c. 30. Lib. XI, tit. xxxix, c. 12. Clearchus fut préfet de la ville en 401-402, Aeternalis était proconsul d'Asie en 402.]

B)

Dans la liste des constitutions adressées à Eutychianus, préfet du prétoire d'Orient, il y a une lacune entre le 30 décembre 399 et le 3 février 404. Eutychianus avait-il, dans l'intervalle, cessé d'être préfet? On l'ignore. Cependant, comme il n'est jamais qualifié *praefectus praetorio iterum*, il serait possible qu'il fût resté en charge sans interruption de 396 à 405. Il aurait été successivement deux fois collègue de Caesarius et d'Aurelianus, et il aurait terminé sa carrière avec Anthemius. Comment Eutychianus a-t-il réussi à se maintenir en fonctions si longtemps? Comment n'a-t-il pas subi le contre-coup des influences diverses qui prévalaient à la cour d'Arcadius? La raison en est sans doute qu'il s'occupait uniquement d'affaires administratives et qu'il ne joua aucun rôle au point de vue politique [1].]

An. 404. — Honorio A. VI et Aristaeneto coss.
III non. Febr. Dat. Constantinopoli [2].
Prid. id. Jul. Dat. Constantinopoli [3].

[Le préfet Eutychianus était, avec l'impératrice Eudoxie, l'adversaire de saint Jean Chrysostome.]

— «Quattuor legati Romam missi a fautoribus Joh[annis] Chryso-
«stomi... breviculum ostenderunt praedicti, quo pretiosa vasa tradi-
«derunt judicibus, Studii praefecti Urbis, Eutychiani praefecti prae-
«torio, et Johannis comitis thesaurorum, et Eustathii quaestoris, ac
«tabularii in auro, argento et vestibus, calumniam a Johanne episcopo
«depellentes [4].»

---

[1] [Seeck, *op. cit.* p. 451.]
[2] *Cod. Theod.* lib. XVI, tit. VIII, c. 15. *De Judaeis.*
[3] *Ibid.* lib. XV, tit. I, c. 42. *De operib. publ.* [Décision relative aux habitants d'Eudoxiopolis.]
[4] Theodorus diaconus apud Palladium, *Vita Chrysosotomi* [c. III : Ἐν οἷς καὶ βρέ-
βιον ἐπέδειξαν οἱ προειρημένοι, ὅπου τὰ κειμήλια παραδιδούσιν ὑπὸ μάρτυσι τοῖς δικασταῖς, Στουδίου ἐπάρχου πόλεως καὶ Εὐτυχιανοῦ τῶν πραιτωρίων, καὶ Ἰωάννου κόμητος Θησαυρῶν, καὶ Εὐσταθίου κυαίστορος, καὶ ταβελλαρίου, ἔν τε χρυσῷ καὶ ἀργύρῳ καὶ ἀμφίοις, ἀποτριψάμενοι τοῦ ἐπισκόπου Ἰωάννου τὴν συκοφαντίαν.]

## XLI et XLII

[1157 =]404 — [1158 =]405.

### ANTHEMIUS,
### FL. EUTYCHIANUS,
praeff. praet. Orientis sub Arcadio.

#### A)

Antemio fu console nel 405[1]. Fu suocero del Procopio[2], maestro delle due milizie[?] e patrizio; e quindi avo materno dell' imperatore Antemio[3]. Era nipote del prefetto Filippo, che fece strangolare S. Paolo, vescovo di Costantinopoli[4].

[Petit-fils de Fl. Philippus préfet d'Orient sous Constance[5], *comes sacrarum largitionum* en 400[6], *magister officiorum* en 404[7], Anthemius fut appelé à la préfecture d'Orient entre le 30 juillet 404[8] et le 10 juillet 405[9], vraisemblablement en octobre 404, après la mort d'Eudoxie et la retraite d'Aurelianus[10]. Il fut consul d'Orient en 405, Fl. Stilichon étant consul pour la seconde fois en Occident. Il reçut en 406 la dignité de patrice[11].]

---

[1] [Anthemius, consul d'Orient, a été inconnu en Occident pendant la plus grande partie de l'année 405 (J. B. de Rossi, *Inscr. christ.* vol. I, p. 229 à 235; cf. p. 577). Dans l'ouest de la Gaule, le nom de son collègue Stilichon paraît être resté également inconnu au moins pendant quelque temps. Une inscription chrétienne trouvée à Sainte-Croix-du-Mont (Gironde) et conservée au Musée de Bordeaux (C. Jullian, *Inscr. rom. de Bordeaux*, t. II, n. 946, pl. VI; cf. Le Blant, *Inscr. chrét. de la Gaule*, n. 591) est ainsi datée : *p(ost) c(onsulatum) dom(ini) n(os)tri Honori(i) Augusti sex(tum)*. Ce texte est donc de l'année 405 et prouve que les noms des deux consuls de cette année étaient ignorés à Bordeaux au moment où il a été rédigé. La même observation s'applique à une inscription du Musée d'Angoulême (Le Blant, *Nouveau recueil*, n. 277). Héron de Villefosse.]

[2] [En parlant de Procopius, Sidoine Apollinaire (*Carm.* 2, 94) s'exprime en ces termes :

Huic socer Anthemius praefectus, consul et idem
Judiciis populos atque annum nomine rexit.

Héron de Villefosse.]

[3] Vedi le schede consolari del 405.
[4] Baronio, all' an. 405, n. 3.
[5] [Voir plus haut, p. 209.]
[6] [*Cod. Theod.* lib. I, tit. x, c. 5.]
[7] [*Ibid.* lib. XVI, tit. iv, c. 4.]
[8] [*Ibid.* lib. X, tit. xxii, c. 5.]
[9] [*Ibid.* lib. VII, tit. x, c. 1.]
[10] [Voir plus haut, p. 293. Cf. Tillemont, *Hist. des Empereurs*, t. V, p. 188.]
[11] [*Cod. Theod.* lib. IX, tit. xxxiv, c. 11.]

An. 405. — S. Gio. Crisostomo, dal suo esiglio di Cucuso scrisse ad Antemio l'epistola 147. In congratulazione del suo consolato vi dice : « Nec nos praefectum atque consulem amamus, sed dominum meum « suavissimum Anthemium cum magna prudentia atque ingenii acu- « mine, cum etiam ingenti philosophia refertum [1]. » Era dunque prefetto quando ottenne il consolato.

— « Anthemius, qui postea fuit praefectus et consul, cum electus « legatus profectus est ad Persas... » Nel ritorno portò in regalo al monaco Afraste una monaca del suo paese di Persia [2].

Imppp. Arcadius, Honorius et Theodosius II AAA. ad Anthemium P. P.
    An. 405. — Stilichone II et Anthemio coss.
        VI id. Jul. Dat. Ancyrae [3].
        VIII id. Nov. Dat... [4].
        Id. Nov. Dat. Constantinopoli [5].
        VII id. Dec. Dat. Constantinopoli [6].
        XIV kal. Jan. Dat. Constantinopoli [7].

B)

Imppp. Arcadius, Honorius et Theodosius AAA. Eutychiano P. P.
    An. 404. — Honorio A. VI et Aristaeneto coss.
        XIV kal. Dec. Dat. Constantinopoli [8].

---

[1] [Οὐδὲ τὸν ὕπαρχον καὶ ὕπατον ἡμεῖς φιλοῦμεν, ἀλλὰ τὸν δεσπότην μου τὸν ἡμερώτατον Ἀνθέμιον, τὸν πολλῆς μὲν συνέσεως, πολλῆς δὲ γέροντα φιλοσοφίας.]

[2] Theodor. *Hist. S. Petr.* c. VIII.

[3] *Cod. Theod.* lib. VII, tit. x, c. 1. *Ne quis in palatiis maneat.*

[4] *Ibid.* lib. X, tit. x, c. 24. *De petitionibus.*

[5] *Ibid.* lib. IV, tit. VI, c. 6. *De naturalibus filiis et matribus eorum.* [Cette constitution a été modifiée dans] *Cod. Just.* lib. V, tit. XXVII, c. 2.

[6] *Cod. Theod.* lib. I, tit. v, c. 14. *De officio praeff. praet. Cod. Just.* lib. I, tit. XXVI, c. 5.

[7] *Cod. Theod.* lib. XI, tit. xxx, c. 63. *De appellationibus.*

[8] *Ibid.* lib. XVI, tit. IV, c. 6. *De his qui super relig. contendunt.*

An. 405. — Stilichone II et Anthemio coss. III id. Jun. Dat. Nicaeae[1].

[C'est la dernière constitution adressée, à notre connaissance, au préfet du prétoire Eutychianus[2].]

## XLIII et XLIV
1158 = 405 — 1165 = 412.
### ANTHEMIUS,
[*AURELIANUS*,
praeff. praet. Orientis sub Arcadio et Theodosio II.

Après la mort ou la retraite d'Eutychianus, Anthemius conserva la préfecture du prétoire. Il la conserva également après la mort d'Arcadius, pendant les premières années du règne de Théodose le Jeune. C'est lui qui, en fait, gouverna l'empire[3]. Il resta en charge près de douze ans, de 404 à 416. Durant cette longue période, il eut pour collègues, après Eutychianus, Monaxius et Aurelianus : Monaxius depuis la fin de 412 jusqu'à la fin de 414, Aurelianus de la fin de 414 jusque vers le milieu de 416. Mais Aurelianus était alors préfet du prétoire pour la seconde fois; d'où il est permis de conjecturer qu'il fut une première fois collègue d'Anthemius pendant la période comprise entre 405 et 412, à une date qu'on ne peut d'ailleurs déterminer.]

An. 406. — «Arcadio Aug. VI et Probo coss... Allatae sunt Con«stantinopolim reliquiae Sancti Samuelis per Scalam Chalcedonensem, «mense Artemisio ex a. d. xiv kal. Jun., praeeuntibus Arcadio Augusto «et Anthemio praefecto praetorio et ex consule, Aemiliano praefecto «Urbi ac universo senatu[4].»

— «Mortuo igitur imperatore Arcadio kalendis Maii, Basso et Phi-

---

[1] *Cod. Just.* lib. V, tit. iv, c. 19. *De nuptiis.*

[2] [Une constitution de 414 mentionne un préfet de la ville du nom d'Eutychianus. *Cod. Theod.* lib. VII, tit. viii, c. 11. Cf. Tillemont, *Hist. des Empereurs*, t. V, p. 818.]

[3] [Cf. Tillemont, *Hist. des Empereurs*, t. V, p. 475; t. VI, p. 2-4.]

[4] *Chronic. Pasch.* [p. 569 : Ὑπ' Ἀρκαδίου Αὐγούσ7ου τὸ ϛ' καὶ Πρόϐου... Ἐκομίσθη τὰ λείψανα τοῦ ἁγίου Σαμουὴλ ἐν Κωνσ7αντινουπόλει διὰ τῆς Χαλκηδονησίας σκάλας μηνὶ ἀρτεμισίῳ πρὸ ιδ' καλανδῶν ἰουνίων, προηγουμένου Ἀρκαδίου Αὐγούσ7ου καὶ Ἀνθημίου ἐπάρχου πραιτωρίων καὶ ἀπὸ ὑπάτων Αἰμιλιανοῦ ἐπάρχου πόλεως καὶ πάσης τῆς συγκλήτου.]

«lippo conss., Honorius quidem frater ejus Occidentis partes guber-
«nabat : Orientis vero imperium sub ditione fuit Theodosii junioris
«ejus filii, qui tunc temporis octo annos natus erat. Anthemius vero
«praefectus praetorio summam rerum sub illo administrabat. Erat hic
«nepos Philippi illius qui, regnante Constantio, Paulum episcopum
«Ecclesia expulerat... Idem Constantinopolim magnis undique moe-
«nibus cinxit. Omnium porro sui temporis prudentissimus et habi-
«tus est et revera fuit. Nihil unquam inconsulto gerere solitus, sed
«de rebus agendis cum plurimis familiarium consultabat, praesertim
«vero cum Troïlo sophista[1] qui, praeterquam illi amicitia conjunctus
«erat, civilium quoque rerum peritia Anthemio par existimabatur[2].»

Imppp. Arcadius, Honorius et Theodosius II AAA. ad Anthemium
P. P.
An. 406. — Arcadio A. VI et Probo coss.
Kal. April. Dat. Constantinopoli[3].
V id. April. Dat. Constantinopoli[4].
IV kal. Maii. Dat. Constantinopoli[5].
III non. Oct. Dat. Constantinopoli[6].
V kal. Dec. Dat. Constantinopoli[7].

[1] [Cf. Synesius, *ep.* 73 et 118.]
[2] Socrates, *H. E.* lib. VII, c. 1. [Τοῦ δὴ βασιλέως Ἀρκαδίου τελευτήσαντος τῇ πρώτῃ τοῦ Μαΐου μηνός, ἐν ὑπατείᾳ Βάσσου καὶ Φιλίππου, Ὀνώριος μὲν ὁ αὐτοῦ ἀδελφὸς τὰ ἑσπέρια διεῖπε μέρη· ὑπὸ δὲ τῷ υἱῷ τῷ νέῳ Θεοδοσίῳ ὀκταέτει τυγχάνοντι τὰ τῆς ἑῴας ἐτάτ]ετο, Ἀνθεμίου τοῦ ὑπάρχου τὴν διοίκησιν ποιουμένου τῶν ὅλων. Ὃς ἔγγονος μὲν ἦν Φιλίππου τοῦ Παῦλον τὸν ἐπίσκοπον ἐπὶ Κωνσ]αντίου ἐκβαλόντος τῆς ἐκκλησίας... Οὗτος τὰ μεγάλα τείχη τῇ Κωνσ]αντίνου πόλει περιεβάλετο. Φρονιμώτατος δὲ τῶν τότε ἀνθρώπων καὶ ἐδόκει καὶ ἦν, καὶ ἀβούλως ἔπρατ]εν οὐδέν· ἀλλὰ ἀνεκοινοῦτο πολλοῖς τῶν γνωρίμων περὶ τῶν πρακτέων, μάλισ]α δὲ Τρωΐλῳ τῷ σοφισ]ῇ, ὃς μετὰ τῆς οὔσης αὐτῷ σοφίας καὶ κατὰ τὴν πολιτικὴν φρόνησιν τῷ Ἀνθεμίῳ ἐφάμιλλος ἦν.]
[3] *Cod. Theod.* lib. VII, tit. IV, c. 27. *De erog. mil. ann.*
[4] *Ibid.* c. 28. *Cod. Just.* lib. XII, tit. XXXVII, c. 12.
[5] *Cod. Theod.* lib. IX, tit. XXXIV, c. 10. *De famosis libellis.* [Anthemius est ici qualifié P. P. et patricio.]
[6] *Ibid.* lib. XII, tit. I, c. 167. *De decurionibus.*
[7] *Ibid.* lib. VII, tit. XI, c. 1. *Ne comitibus et tribunis lavacra praestentur.* *Cod. Just.* lib. I, tit. XLVII, c. 1.

## PRAEFECTI PRAETORIO ORIENTIS.

Sine die et conss.[1].

[La suscription, qui manque dans Haloander, est ainsi rétablie par Krueger, après une recension nouvelle des manuscrits : *Dat. prid. id. Oct. Constantinopoli, Arcadio A. et Probo coss.* La constitution est donc de 406.]

Kal. Dec. Dat. Constantinopoli[2].
An. 407. — Honorio VII et Theodosio II AA. coss.
XVI kal. April. Dat. Constantinopoli[3].
IV non. Maii. Dat. Constantinopoli[4].
IV non. Aug. Dat. Constantinopoli[5].
IX kal. Dec. Dat. Constantinopoli[6].
An. 408. — Basso et Philippo coss.
V kal. Maii. Dat. Constantinopoli[7].
Impp. Honorius et Theodosius II AA. Anthemio P. P.
IV kal. Jun. Dat. Constantinopoli[8].
XIV kal. Oct. Dat. Constantinopoli[9].
VII id. Dec. Dat. Constantinopoli[10].

[Il faut intercaler ici deux constitutions du Code de Justinien adressées *Anthemio P. P.* par Honorius et Théodose II, et dont la suscription manque[11]. Ces deux empereurs ayant commencé à régner ensemble au mois de mai 408, les constitutions ne sont pas antérieures à cette date. Krueger pense que la première est de 408 ou 409; la deuxième se place entre 408 et 415.]

---

[1] *Cod. Just.* lib. II, tit. xii, c. 26. *De procuratoribus.*

[2] *Cod. Theod.* lib. X, tit. xxv, c. 1. *De privil. domus Augustae.*

[3] *Ibid.* lib. VIII, tit. iv. c. 20. *De cohortalibus. Cod. Just.* lib. XII, tit. lvii, c. 10. — *Cod. Theod.* lib. VIII, tit. xviii, c. 8. *De maternis bonis. Cod. Just.* lib. VI, tit. xxx, c. 17.

[4] *Cod. Theod.* lib. VII, tit. iv, c. 29. *De erog. mil. ann.*

[5] *Ibid.* lib. VIII, tit. v, c. 66. *De cursu publico. Cod. Just.* lib. XII, tit. l, c. 20.

[6] *Cod. Theod.* lib. VII, tit. x, c. 2. *Ne quis in palatiis maneat.*

[7] *Ibid.* lib. IX, tit. xxxv, c. 7. *De quaestionibus. Cod. Just.* lib III, tit. xii, c. 8.

[8] *Cod. Theod.* lib. XVI, tit. viii, c. 18. *De Judaeis. Cod. Just.* lib. I, tit. ix, c. 11.

[9] *Cod. Theod.* lib. XII, tit. xii, c. 14. *De legatis.*

[10] *Ibid.* lib. XI, tit. vii, c. 17. *De exactionibus.*

[11] *Cod. Just.* lib. IV, tit. lxiii, c. 4. *De commerciis et mercatoribus.* — Lib. XI, tit. lxiv, c. 3. *De fugitivis colonis.*

## 300 PRAEFECTI PRAETORIO ORIENTIS.

An. 409. — Honorio VIII et Theodosio III AA. coss.

XIV kal. Febr. Dat. . . [1].
X kal. Febr. Dat. Constantinopoli [2].
V kal. Mart. Dat. Constantinopoli [3].
Prid. kal. Mart. Dat. . . [4].
X kal. April. Dat. Constantinopoli [5].
Prid. id. April. Dat. Constantinopoli [6].
XV kal. Jun. Dat. Constantinopoli [7].
XIV kal. Jun. Dat. . . [8].
XIV kal. Aug. Dat. Constantinopoli [9].
XIII kal. Aug. Dat. Constantinopoli [10].

---

[1] *Cod. Theod.* lib. XV, tit ix, c. 2. *De expensis ludorum.* [L'inscription porte par erreur *Anthemio P(raefecto) U(rbi)*.]

[2] *Cod. Theod.* lib. XIII, tit. v, c. 32. *De naviculariis. Cod. Just.* lib. XI, tit. 1 [11], c. 6 [4].

[3] *Cod. Theod.* lib. XIII, tit. xi, c. 12. *De censitoribus.*

[4] *Cod. Just.* lib. I, tit. iii, c. 16. *De episcopis.* [La date de cette constitution n'est pas certaine. L'indication du consulat ne repose que sur le témoignage d'Ant. Contius dans ses éditions du Code.]

[5] *Cod. Theod.* lib. V, tit. iv, c. 2. *De bonis militum.* — Lib. VII, tit. iv, c. 30. *De erog. milit. annonae. Cod. Just.* lib. XII, tit. xxxvii, c. 13.

[6] *Cod. Theod.* lib. V, tit. iv, c. 3. *De bonis militum.* [Théodose permet à tout propriétaire foncier de demander au préfet du prétoire, pour la culture de la terre, des hommes de la nation des Scyres qui venait d'être soumise aux Romains. Ces hommes auront la condition de colons et non celle d'esclaves. Ils ne pourront être envoyés que dans les provinces situées au delà des mers et non en Thrace ou en Illyrie. Cf. sur ce document, qui a une grande importance pour l'histoire du colonat, Savigny, *Vermischte Schriften*, t. II, p. 50; Fustel de Coulanges, *Recherches sur quelques problèmes d'histoire*, p. 52.]

[7] *Cod. Theod.* lib. XII, tit. I, c. 168. *De decurionibus.*

[8] *Ibid.*, lib. XI, tit. xxii, c. 4. *Ne collationis translatio postuletur.* [Il est vraisemblable que cette constitution, qui révoque les privilèges des *autopractores*, se confond avec la précédente, et par suite que toutes deux doivent avoir la date *xv kal. Jun.* ou *xiv kal. Jun.* Cf. Haenel, col. 1112. n. s.]

[9] *Ibid.* lib. XIII, tit. v, c. 33. *De naviculariis. Cod. Just.* lib. XI, tit. 1 [11], c. 7 [5].

[10] *Cod. Theod.* lib. XII, tit. viii, c. 1. *De auri publici prosecutoribus. Cod. Just.* lib. X, tit. lxxiv, c. 1. — *Cod. Just.* lib. I, tit. xlv, c. 2. *De officio civilium judicum.* [Ces constitutions doivent avoir la même date que la précédente : Krueger pense qu'elles doivent être toutes de *xiv kal. Aug.* Haenel préfère la date *xiii kal. Aug.*]

PRAEFECTI PRAETORIO ORIENTIS.        301

VIII id. Aug. Dat. Constantinopoli[1].
X kal. Oct. Dat. Constantinopoli[2].
V kal. Oct. Dat. Constantinopoli[3].
VII kal. Nov. [?]. Dat. Constantinopoli[4].

[La suscription porte : *Honorio IX et Theodosio V AA. coss.*, ce qui désigne l'année 412. Borghesi lit : *Honorio VIII et Theodosio V*, et il ajoute : *leggi III;* ce qui désignerait l'année 409. Cette correction n'est pas admise par les éditeurs modernes. La constitution est en effet empruntée à *Cod. Theod.* lib. XV, tit. III, c. 5, qui est bien de 412.]

Prid. kal. Dec. Dat. Constantinopoli[5].
VIII kal. Jan. Dat. Constantinopoli[6].
An. 410. — Varane v. c. cos.
IX kal. Mart. Dat. Constantinopoli[7].
... kal. Mart. Dat. ...[8].
Prid. non. April. Dat. Constantinopoli[9].
VIII kal. Maii. Dat. Constantinopoli[10].
VIII kal. Jul. Dat. ...[11].
VII kal. Sept. Dat. Constantinopoli[12].
An. 412. — Honorio IX et Theodosio V AA. conss.

---

[1] *Cod. Theod.* lib. XV, tit. v, c. 3. *De spectaculis. Cod. Just.* lib. XI, tit. XLI, c. 5.

[2] *Cod. Theod.* lib. VII, tit. III, c. 2. *Quis in gradu praeferatur.* — Lib. IX, tit. XXXII, c. 1. *De Nili aggeribus. Cod. Just.* lib. IX, tit. XXXVIII, c. 1.

[3] *Cod. Theod.* lib. XI, tit. VII, c. 18. *De exactionibus.* — Lib. XII, tit. I, c. 169. *De decurionibus.*

[4] *Cod. Just.* lib. X, tit. XXV, c. 2. *De immunitate nemini concedenda.*

[5] *Cod. Theod.* lib. VII, tit. IV, c. 31. *De erogat. milit. annonae.*

[6] *Ibid.* lib. XII, tit. XIV, c. 1. *De irenarchis. Cod. Just.* lib. X, tit. LXXVII, c. 1.

[7] *Cod. Theod.* lib. XVI, tit. v, c. 48. *De haereticis.*

[8] *Ibid.* c. 49. [Cette constitution, qui fait suite à la précédente et a le même objet, est certainement de la même date et a été rendue au même lieu. Cf. Haenel, col. 1555, n. z.]

[9] *Ibid.* lib. VIII, tit. IV, c. 21. *De cohortalibus.*

[10] *Ibid.* lib. VII, tit. XVI, c. 2. *De litorum et itinerum custodia.*

[11] *Ibid.* lib. XIII, tit. I, c. 20. *De lustrali collatione.*

[12] *Ibid.* lib. XII, tit. I, c. 173. *De decurionibus. Cod. Just.* lib. X, tit. XXII, c. 1.

V kal. Febr. Dat. Constantinopoli[1].
XV kal. Jun. Dat. Constantinopoli[2].

✶

[1162 = 409.]
*NICAENUS*,
sub Theodosio juniore.

— «Impp. Honorius et Theodosius AA. Nicaeno P. P. — Sine die
«et conss.[3].»

Alii legunt *Decio*, alii *Cynegio*. Gothofredus mavult *Monaxio* vel
*Nicetio*.

— «Imppp. Valentinianus, Theodosius et Arcadius AAA. ad Nicae-
«num praefectum annonae. — Dat. kal. Febr. Mediolani, Arcadio A.
«et Bautone conss. (385)[4].»

[*Nicaenum* est la leçon de Haloander. Krueger lit *Nicetium* d'après le manuscrit
du Mont-Cassin. Mais le manuscrit de Pistoie, l'un des manuscrits de Leipzig et
l'édition de Nuremberg de 1475 donnent la leçon *Vincentium*, qui est certainement
la bonne. Il s'agit du préfet de l'annone Ragonius Vincentius Celsus, à qui les
*mensores Portuenses* érigèrent un monument en 389, ainsi qu'il résulte d'une inscription de Rome[5].]

Nelle nuove edizioni del Codice Giustinianeo, la prima legge è
corretta cosi :
— «Impp. Honorius et Theodosius AA. Decio P. U. — Dat. vii kal.
«Sept. Eudoxiopoli, Honorio VIII et Theodosio juniore III AA. conss.
«(409).»

[Krueger lit *Aetio P. U.*[6].]

---

[1] *Cod. Theod.* lib. XIV, tit. xxvi, c. 1.
*De frumento Alexandrino. Cod. Just.* lib. XI,
tit. xxviii, c. 1.

[2] *Cod. Theod.* lib. X, tit. xxii, c. 6. *De
fabricensibus. Cod. Just.* lib. XI, tit. x, c. 4.

[3] *Cod. Just.* lib. I, tit. [ii], c. 4. *De
sacrosanctis Ecclesiis.*

[4] *Cod. Just.* lib. I, tit. xxiii, c. 5. *De
diversis rescriptis.*

[5] [*Corp. inscr. Lat.* vol. VI, n. 1759-
1760. Cf. Hirschfeld, *Röm. Verwaltungsgeschichte*, I, 135, n. 2.]

[6] [Cf. l'édition d'Ant. Contius de l'année
1562.]

## XLV et XLVI

1165 = 412 — 1167 = 414.

ANTHEMIUS,
MONAXIUS,
praeff. praet. Orientis sub Theodosio II.

A)

Impp. Honorius et Theodosius II AA. Anthemio P. P.
An. 412. — Honorio IX et Theodosio V AA. coss.
   VII kal. Nov. Dat. Constantinopoli[1].
An. 413. — Lucio v. c. cos.
   XII kal. April. Dat. Constantinopoli[2].
   IV kal. April. Dat... [3].
   Prid. non. April. Dat... [4].
   XVII kal. Maii. Dat... [5].
   V kal. Maii. Dat. Constantinopoli[6].
   VIII id. Oct. Dat... [7].
An. 414. — Constantio et Constante conss.
   V id. April. Dat. Constantinopoli[8].
   XIV kal. Maii. Dat... [9].

An. 413. — Da questo prefetto furono in quest' anno dilatate le mura di Costantinopoli, come attesta Niceforo Callisto : « Anthemius «iste, urbis muros demolitus et in majorem amplitudinem eos produ-

---

[1] *Cod. Theod.* lib. XV, tit. III, c. 5. *De itinere publico. Cod. Just.* lib. X, tit. xxv, c. 2.

[2] *Cod. Theod.* lib. XVI, tit. vi, c. 6. *Ne sanctum baptisma iteretur. Cod. Just.* lib. I, tit. vi, c. 2.

[3] *Cod. Theod.* lib. XVI, tit. vi, c. 7.

[4] *Ibid.*, lib. XV, tit. I, c. 51. *De operibus publicis. Cod. Just.* lib. VIII, tit. xi, c. 18.

[5] *Cod. Theod.* lib. XIV, tit. xx, c. 1. *De pretio piscis.*

[6] *Cod. Just.* lib. III, tit. xiii, c. 6. *De jurisdictione omnium judicum.*

[7] *Cod. Theod.* lib. VI, tit. xxvii, c. 16. *De agentibus in rebus.*

[8] *Ibid.* lib. XI, tit. xxviii, c. 9. *De indulgentiis debitorum.*

[9] *Ibid.* lib. IX, tit. xl, c. 22. *De poenis. Cod. Just.* lib. IX, tit. xlvii, c. 23.

« cens, ingentibus qui nunc cernuntur muris eam circumdedit, opere
« eo per menses duos magna et fere incredibili celeritate confecto[1]. »

[Valesius a révoqué en doute le témoignage de Socrate et de Nicéphore quant à la construction des murs de Constantinople par Anthemius. Voici cependant une inscription qui semble bien faire allusion à l'œuvre d'Anthemius[2] :

PORTARUM UALIDO FIRMAUIT LIMINE MUROS
PUSAEUS MAGNO NON MINOR ANTHEMIO

La constitution du 4 avril 413 concerne également cette construction.]

B)

Impp. Honorius et Theodosius AA. Monaxio P. P.
An. 412. — Honorio A. IX et Theodosio V AA. conss.
VI kal. Jan Dat. . . [3].
An. 414 — Constantio et Constante conss.
Prid. kal. Dec. Dat. Constantinopoli[4].

[Monaxius avait été préfet de la ville en 409.]

Impp. Honorius et Theodosius AA. Monaxio P. U.
An. 409. — Honorio VIII et Theodosio III AA. conss.
IX kal. Mart. Dat. Constantinopoli[5].
VI kal. Maii. Dat. Constantinopoli[6].
Sine die[7].

---

[1] Lib. XIV, c. 1. [Οὗτος δὴ ὁ Ἀνθέμιος καὶ τῆς Κωνσταντίνου τὰ τείχη περιελών, καὶ μεῖζον εὑρύνας, τὰ νῦν ὁρώμενα μεγάλα χερσαῖα τείχη ταύτην περιεβάλλετο, δύο μῆνας τῷ ἔργῳ τῷ πολλῷ καὶ σχεδὸν ἀπίστῳ τάχει ἐκδαπανήσας. (Éd. Migne, Patrol. Gr. t. CXLVI, col. 1057.) Voir plus haut, p. 298, n. 2.]

[2] [Corp. inscr. Lat. vol. III, n. 739 = 7404.]

[3] Cod. Just. lib. I, tit. XL, c. 12. De off. rector. prov.

[4] Cod. Theod. lib. XIII, tit. III, c. 16. De medicis et professoribus. Cod. Just. lib. X, tit. LII, c. 11.

[5] Cod. Just. lib. VIII, tit. XI, c. 17. De operib. publ. [Cod. Theod. lib. XV, tit. 1, c. 47. Au lieu de IX kal. et P. U., Borghesi avait écrit VII kal. et Pf. P.; c'est une correction des anciens éditeurs d'après Haloander.]

[6] Cod. Theod. lib. XIV, tit. XVI, c. 1. De frumento urbis Constantinopolitanae.

[7] Cod. Just. lib. V, tit. XXXIV, c. 13. Qui dare tutores.

## PRAEFECTI PRAETORIO ORIENTIS.

### XLVII et XLVIII
#### 1167 = 414 — 1169 = 416.

**ANTHEMIUS,**
praef. praet. Orientis sub Theodosio II,

**AURELIANUS,**
praef. praet. Orientis iterum sub Theodosio II.

#### A)

Impp. Honorius et Theodosius AA. Anthemio P. P.
An. 415. — Honorio X et Theodosio VI AA. conss.
XIII kal. Mart. Dat. Constantinopoli[1].

[C'est la dernière constitution adressée, à notre connaissance, à Anthemius. Il est probable qu'il est resté en charge quelque temps encore, jusqu'au milieu de l'année suivante. Le nouveau collègue d'Aurelianus n'apparaît qu'au mois d'août 416.]

#### B)

An. 414. — «Constantio et Constante consulibus..., dedicatae «sunt in senatu tres pectorales imagines Honorii et Theodosii Augus- «torum et Pulcheriae Augustae, ab Aureliano iterum praefecto sacri «praetorii et patricio, mense appellaeo ex a. d. III kal. Jan.[2]. »

An. 415. — «Honorio X et Theodosio A. VI conss... Dedicata «quoque est statua aurea in senatu domini Theodosii junioris Augusti «ab Aureliano iterum praefecto praetorio et patricio[3]. »

Impp. Honorius et Theodosius II AA. Aureliano P. P. II.

---

[1] *Cod. Theod.* lib. VIII, tit. IV, c. 26. *De cohortalibus. Cod. Just.* lib. XII, tit. LVII, c. 11.

[2] *Chron. Pasch.* p. 571 : [Ὑπ. Κωνσταντίου καὶ Κώνσταντος..... Ἀφιερώθησαν σληθάρια γ' ἐν τῇ συγκλήτῳ Ὀνωρίου καὶ Θεοδοσίου Αὐγούστων καὶ Πουλχερίας Αὐγούστης ἀπὸ Αὐρηλιανοῦ δὶς ἐπάρχου τῶν ἱερῶν πραιτωρίων καὶ πατρικίου μηνὶ ἀπελλαίῳ πρὸ γ' καλανδῶν ἰανουαρίων.]

[3] *Chron. Pasch.* p. 572 : [Ὀνωρίου τὸ ι' καὶ Θεοδοσίου νέου Αὐγούστου τὸ ς'... Καὶ ἀφιερώθη ἀνδριὰς χρυσοῦς ἐν τῇ συγκλήτῳ τοῦ δεσπότου Θεοδοσίου νέου Αὐγούστου ὑπὸ Αὐρηλιανοῦ δὶς ἐπάρχου πραιτωρίων καὶ πατρικίου.]

An. 415. — Honorio X et Theodosio VI AA. conss.
III non. Mart. Dat. Constantinopoli [1].
XVII kal. Jun. Dat. Constantinopoli [2].
X kal. April. Dat. Constantinopoli [3].
V id. Jul. Dat. Constantinopoli [4].
Non. Aug. Dat. Constantinopoli [5].
Non. Sept. Dat... [6].
XIII kal. Nov. Dat. Constantinopoli [7].
Prid. kal. Nov. Dat. Constantinopoli [8].

[La constitution est adressée, d'après certains éditeurs : *Urso P. U. et Aureliano comiti Orientis et Strategio Pf. P. Illyrici.*]

Correge il Gotofredo e legge *P. P. Orientis,* perchè un conte dell' Oriente non si sarebbe nominato innanzi un prefetto [9].

VIII id. Nov. Dat. Constantinopoli [10].
III non. Dec. Dat... [11].
An. 416. — Theodosio A. VII et Palladio conss.
VI id. Maii. Dat... [12].

---

[1] *Cod. Theod.* lib. IX, tit. xxviii, c. 2. *De crimine peculatus. Cod. Just.* lib. IX, tit. xii, c. 9.

[2] *Cod. Theod.* lib. III, tit. xii, c. 4. *De incestis nuptiis.*

[3] *Ibid.* lib. VIII, tit. xii, c. 8. *De donationibus.*

[4] *Ibid.* lib. XI, tit. xxviii, c. 10. *De indulgentiis debitorum.*

[5] *Ibid.* lib. V, tit. xiii, c. 38.

[6] *Ibid.* lib. VII, tit. vii, c. 4. *De pascuis.*

[7] *Ibid.* lib. XVI, tit. viii, c. 22. *De Judaeis. Cod. Just.* lib. I, tit. ix, c. 15.

[8] *Cod. Theod.* lib. VI, tit. xxiii, c. 1. *De decurionibus et silentiariis. Cod. Just.* lib. XII, tit. xvi, c. 1.

[9] *Chronologia,* p. cxc. [Cf. Haenel, c. 556, n. m; Krueger, p. 457.]

[10] *Cod. Theod.* lib. XVI, tit. v, c. 58. *De haereticis.*

[11] *Ibid.* lib. XI, tit. xxiv, c. 6. *De patrociniis vicorum.* [Le § 5 est reproduit au *Cod. Just.* lib. XI, tit. lix, c. 14. — Cf., sur cette constitution, Édouard Cuq, *L'examinatio per Aegyptum,* dans *Mélanges d'archéologie et d'histoire de l'École française de Rome,* 1893, p. 20.]

[12] *Cod. Theod.* lib. VII, tit. ix, c. *De salgamo hospitibus non praebendo.*

## XLIX et L

[1169 = 416.

AURELIANUS,
MONAXIUS

praeff. praet. Orientis iterum sub Theodosio II.]

### A)

Impp. Honorius et Theodosius AA. Aureliano P. P. II.
An. 416. — Theodosio A. VII et Palladio conss.
   VII id. Dec. Dat... [1].

### B)

Impp. Honorius et Theodosius II AA. Monaxio P. P.
An. 416. — Theodosio A. VII et Palladio conss.
   VII kal. Sept. Dat. Eudoxiopoli [2].
   VI kal. Sept. Dat. Eudoxiopoli [3].
   [III kal. Sept. Dat Eudoxiopoli [4].]
   V id. Sept. Dat. Heracleae [5].
   III kal. Oct. Dat. Constantinopoli [6].
   III non. Oct. Dat. Constantinopoli [7].
   III id. Nov. Dat. Constantinopoli [8].
   XV kal. Dec. Dat. Constantinopoli [9].
   XV kal. Jan. Dat. Constantinopoli [10].

---

[1] *Cod. Theod.* lib. XVI, tit. x, c. 21. *De paganis.*

[2] *Cod. Theod.* lib. XII, tit. I, c. 182. *De decurion.*

[3] *Cod. Just.* lib. I, tit. XLVI, c. 2. *De off. judicum milit.*

[4] [*Cod. Theod.* lib. IX, tit. XL, c. 23. *De poenis. Cod. Just.* lib. IX, tit. XLVII, c. 24. Haenel pense que cette constitution doit avoir la même date que les précédentes. Les unes et les autres ont été rendues ou *VII kal. Sept.* ou *III kal. Sept.*]

[5] *Cod. Theod.* lib. XI, tit. XXVIII, c. 11. *De indulgentiis debitorum.*

[6] *Ibid.* lib. XVI, tit. II, c. 42. *De episcopis. Cod. Just.* lib. I, tit. III, c. 17.

[7] *Cod. Theod.* lib. XII, tit. XII, c. 15. *De legatis. Cod. Just.* lib. X, tit. LXV, c. 6.

[8] *Cod. Theod.* lib. VI, tit. XXV, c. 1. *De praepositis laborum. Cod. Just.* lib. XII, tit. XVIII, c. 1.

[9] *Cod. Theod.* lib. VI, tit. XXIV, c. 8. *De domesticis et protectoribus.*

[10] *Ibid.* c. 9.

## LI

1170 = 417 — 1173 = 420.

### MONAXIUS,
praef. praet. Orientis [iterum] sub Theodosio II.

Impp. Honorius et Theodosius AA. Monaxio P. P.

An. 417. — Honorio A. XI et Constantio II conss.
   Prid. id. Mart. Dat. Constantinopoli[1].
   IV id. April. Dat. Constantinopoli[2].
   V kal. Aug. Dat. Constantinopoli[3].
   V kal. Oct. Dat. Constantinopoli[4].

An. 418. — Honorio XII et Theodosio VIII AA. conss.
   III non. Feb. Dat. Constantinopoli[5].
   XV kal. Maii. Dat. Constantinopoli[6].
   XII kal. Sept. Dat. Constantinopoli[7].

An. 419. — Monaxio et Plinta conss.
   VIII id. Mart. Dat. Constantinopoli[8].
   VIII kal. Oct. Dat. Constantinopoli[9].

An. 420. — Theodosio A. IX et Constantio III conss.
   III non. Maii. Dat. Constantinopoli[10].

An. 418. — «Exemplar edicti Junii Palladii. Junius Quartus

---

[1] *Cod. Theod.* lib. VIII, tit. xii, c. 9. *De donationibus. Cod. Just.* lib. VIII, tit. liii, c. 28.

[2] *Cod. Theod.* lib. XVI, tit. ix, c. 4. *Ne christianum mancipium Judaeus habeat.*

[3] *Ibid.* lib. VII, tit. xi, c. 2. *Ne comitibus et tribunis lavacra praestentur.*

[4] *Ibid.* lib. XV, tit. xi, c. 2. *De venatione ferarum.*

[5] *Ibid.* lib. XVI, tit. ii, c. 43. *De episcopis. Cod. Just.* lib. I, tit. III, c. 18.

[6] *Cod. Theod.* lib. XII, tit. i, c. 183. *De decurionibus.*

[7] *Ibid.* lib. XIII, tit. 1, c. 21. *De lustrali collatione.*

[8] *Ibid.* lib. XI, tit. xxx, c. 66. *De appellationibus.*

[9] *Ibid.* lib. IX, tit. xl, c. 24. *De poenis. Cod. Just.* lib. IX, tit. xlvii, c. 25.

[10] *Cod. Just.* lib. VIII, tit. x, c. 10. *De aedificiis privatis.*

«Palladius, Monaxius et Agricola iterum praefecti praetorio edixe-
«runt[1].»

[Monaxius fut consul d'Occident en 419[2], Plinta étant consul d'Orient.]

✶

[Circa 1178 = 420.]

*MAXIMUS,*
sub Honorio.

[Deux constitutions, dont la suscription manque dans Haloander, sont adressées au préfet du prétoire Maximus :]

— «Impp. Honorius et Theodosius AA. Maximo P. P. — Sine die
«et conss.»

— «Iidem AA. Maximo P. P. — Dat. v kal. Oct. Ravennae.»

Cosi ambedue si correggono nell' Hermanno :

— «Iidem AA. Monaxio P. P. — Dat. III kal. Oct. Constantinopoli.
«Theodosio A. VII et Palladio conss. (416)[3].»

— «Iidem AA. Monaxio P. P. — Dat. III non. Febr. Constantino-
«poli. Honorio XII et Theodosio VIII AA. conss. (418)[4].»

[Deux autres constitutions sont, d'après Haloander, adressées au préfet du prétoire Maximus; l'une est sans date, l'autre est de 420 :]

— «Iidem AA. Maximo P. P. — Sine die et conss.[5].»

---

[1] Ex edicto contra Pelagium et Olybrium quod habetur apud Norisium. *Hist. Pelag.* lib. I, c. XIII. Labbaeus, t. III, p. 466. [Haenel, *Corpus legum*, p. 239.]

[2] [Dans les fastes on le nomme à tort *Flavius* Monaxius. Dans toutes les inscriptions de Rome qui portent la date de 419 il est simplement appelé Monaxius. On avait cru reconnaître son nom sur une inscription trouvée en 1857 à Milan, dans l'église Saint-Celse; mais J. B. de Rossi, qui a examiné la pierre elle-même, a reconnu que le premier éditeur, Biraghi, en avait altéré le texte et que l'inscription se rapportait à un certain FL·MONTANnus (*Inscr. christ.* vol. I, n. 608, et p. 579; cf. Bourquelot, *Mém. de la Soc. des antiq. de Fr.*, 1864, p. 75; *Corp. inscr. Latin.* vol. V, n. 6227). Le prénom *Flavius* ne peut donc être admis. HÉRON DE VILLEFOSSE.]

[3] *Cod. Just.* lib. I, tit. III, c. 17. *De episcopis.*

[4] *Ibid.* c. 18.

[5] *Ibid.* lib. IX, tit. XLVII, c. 24. *De poenis.* [*Cod. Theod.* lib. IX, tit. XL, c. 23. Voir plus haut, p. 307, n. 4.]

« Iidem AA. Maximo P. P. — Dat. v kal. Oct. Ravennae, Theo-
« dosio XIII et Valentiniano III AA. conss.¹. »

Deve in ambedue i luoghi correggersi *P. U.*, perchè appartengono a Petronio Massimo chi, in questo anno, fu veramente prefetto di Roma, mentre al contrario prefetto del pretorio era in quest' anno Palladio.

[La suscription de la dernière constitution est en effet inexacte; il faut lire : *Theodosio A. IX et Constantio III conss.* (420). Mais la constitution précédente est adressée à Monaxius : elle est datée du 30 août 416.]

## LII
[1173=] 420 — [1175=] 422.
### EUSTATHIUS², 
praef. praet. Orientis sub Theodosio juniore.

Impp. Honorius et Theodosius II AA. Eustathio P. P.

An. 420. — Theodosio A. IX et Constantio III conss.

XIV kal. Oct. Dat. Constantinopoli³.

An 422. — Honorio XIII et Theodosio X conss.

V non. Mart. Dat. Constantinopoli⁴.

X kal. April. Dat. Constantinopoli⁵.

XIII kal. Jul. Dat. Constantinopoli⁶.

[Sine die et conss.⁷.

Eustathius avait été *quaestor* en 416⁸. Il fut consul d'Orient en 421, Agricola étant consul d'Occident.]

---

¹ *Cod. Just.* lib. VI, tit. LV, c. 10. *De suis et legit.* [*Cod. Theod.* lib. V, tit. I, c. 6.]

² [Eustathius doit être le personnage qui fut consul avec Agricola en 421. Aucune inscription n'a encore donné les noms de ces consuls (J. B. de Rossi, *Inscr. christ.* vol. I, p. 266). HÉRON DE VILLEFOSSE.]

³ *Cod. Theod.* lib. VII, tit. XVI, c. 3. *De littorum et itinerum custodia.* [Cf. *Cod. Just.* lib. IV, tit. XLI, c. 8 et 11.] *Cod. Just.* lib. XII, tit. XLIV, c. 1.

⁴ *Cod. Theod.* lib. VII, tit. VIII, c. 13. *De metatis. Cod. Just.* lib. XII, tit. XL, c. 7.

⁵ *Cod. Theod.* lib. I, tit. XXXV, c. 2. *De assessoribus. Cod. Just.* lib. I, tit. LI, c. 7. — *Cod. Theod.* lib. II, tit. X, c. 6. *Cod. Just.* lib. II, tit. VII, c. 4. *De advoc. div. judiciorum.*

⁶ *Cod. Theod.* lib. VIII, tit. IV, c. 27. *De cohortalibus.*

⁷ [*Cod. Just.* lib. XII, tit. XLVI, c. 4.]

⁸ [*Cod. Theod.* lib. VI, tit. XXVI, c. 17. Cf. Tillemont, *Hist. des Empereurs*, t. VI, p. 601.]

★
[1175=] 422.
*ANATOLIUS*,
sub **Theodosio** juniore.

An 422. — « Theodosius... Helionem patricium... et Anato-
« lium, Orientis praefectum, legatos mittit pacis foedus firmaturos cum
« Persis [1]. »

[Le texte grec porte τὸν τῆς ἀνατολῆς σ]ρατηγόν. Anatolius fut maître de la
milice d'Orient, et non préfet du prétoire [2].]

★
Circa [1176=] 423.
*FL. BOETHUS [THEODULUS]*,
sub **Theodosio** juniore.

Nel *Corpus inscriptionum Graecarum* [3] si riferisce una lunga iscrizione
di Mylasa nelle Carie in cui si ricorda ΜΕΓΑΛΟΠΡΕ. ΕΠΑΡΧΟΣ
ΤΩΝ ΙΕΡΩΝ ΠΡΕΤΩΡΙΩΝ Τ ΦΛ ΒΟΗΘΟΣ.

Vi si parla di una causa, in cui ha parte la nobilissima Placidia che
fu Augusta, ma che non fu riconosciuta in Oriente se non che nel
424. Il Boeck riferisce questa iscrizione all' anno 423.

[Le texte de cette inscription, tel que le donne Borghesi d'après Böckh, est
inexact. Zachariae l'a ainsi rectifié :

Φλ. Ἐλιανὸς Δωρόθεος (?) Δ[ιόσκορος] μεγαλοπρε. ἔπαρχος τῶν [ἱερ]ῶν πρε-
τωρίων. Φλ. Βοηθός | Θεόδουλος, τὸν λόγον ποιόμενος ὑπὲρ Ἀλεξάνδρου τοῦ με-
γα[λ]οπρε. κόμετος τῶν θίων πριουάτων γενικοῦ κουράτορος τῶν προσ[ηκόν]των |
πραγμάτων Πλακιδίᾳ τῇ ἐπιφανεσ]άτῃ καὶ Ἰωάννου τοῦ λαμπρο. φροντίζοντος καὶ
αὐτοῦ πραγμάτων τῆς αὐτῆς ἐπιφανεσ]άτης οἰκίας εἴσοδον | ποιησάμενος εἰς τὸ

---

[1] Theoph. *Chron.* p. 134. [Θεοδόσιος ὁ Βασιλεύς... ἀποσ]έλλει πρεσβευτὰς Ἡλίωνά τε τὸν πατρίκιον... καὶ Ἀνατόλιον, τὸν τῆς ἀνατολῆς σ]ρατηγόν, εἰρήνην σπείσασθαι.] Tillemont [*Hist. des Empereurs*], t. VI, p. 45. [Cf., sur la date de ce traité, Valesius *ad Socrat. Hist. eccles.* lib. VII, c. xx.]

[2] [Procop. *De bello Persico*, I, 2. Cf. Tillemont, VI, p. 83. Voir plus bas, p. 344.]

[3] [Vol. II], n. 2712.

ἡμέτερον δικασ]ήριον ἀτοπωτάτην ἡμῖν προσήνγιλεν πρᾶξιν τῶν τελούντων εἰς τὸ πριουάτον ὑποδεκτῶν, κ. τ. λ.

Fl. Boethus Theodulus n'a pas été préfet du prétoire. C'était un employé subalterne dans l'*officium* d'Alexander, *comes rerum privatarum* et curateur de la *domus Placidia*. L'inscription est, non pas de 423, mais de 472 ou 475[1].]

## LIII

1176=423 — 1178=425.

### ASCLEPIODOTUS,

praef. praet. Orientis sub Theodosio juniore.

[Asclepiodotus fut consul d'Orient en 423, Fl. Avitus Marinianus étant consul d'Occident[2]. Il avait été en 422 *comes sacrarum largitionum*[3].]

Impp. Honorius et Theodosius II AA. Asclepiodoto P. P.

An. 423. — Asclepiodoto et Mariniano coss.

XVI kal. Mart. Dat. Constantinopoli[4].

XV kal. Mart. Dat. Constantinopoli[5].

Non. Mart. Dat. Constantinopoli[6].

VII id. Mart. Dat. Constantinopoli[7].

III kal. April. Dat. Constantinopoli[8].

---

[1] [Zachariae von Lingenthal, *Monatsberichte der K. Pr. Akademie d. Wiss. zu Berlin*, 1879, p. 160, lin. 1-4.]

[2] [Asclepiodotus, consul d'Orient, ne fut promulgué en Occident qu'à la fin de l'année 423, probablement au mois de décembre. Sur les inscriptions trouvées en Occident il est toujours cité le second, tandis que sur les inscriptions découvertes en Orient il est constamment nommé le premier (J. B. de Rossi, *Inscr. christ.* vol. I, p. 271). Héron de Villefosse.]

[3] [*Cod. Theod.* lib. VI, tit. xxx, c. 23. *De palatinis sacr. largit.*]

[4] *Ibid.* lib. VII, tit. iv, c. 35. *De erog. mil. ann. Cod. Just.* lib. XII, tit. xxxvii, c. 15. [Cette constitution est sans aucun doute du xv kal. Mart. comme les suivantes.]

[5] *Cod. Theod.* lib. XV, tit. iii, c. 6. *De itinere muniendo. Cod. Just.* lib. I, tit. ii. c. 7; lib. XI, tit. lxxv, c. 4. — *Cod. Theod.* lib. XVI, tit. viii, c. 25. *De Judaeis.*

[6] *Cod. Theod.* lib. VII, tit. xv, c. 2. *De terris limitaneis. Cod. Just.* lib. XI, tit. lx. c. 2.

[7] *Cod. Theod.* lib. VII, tit. vi, c. 5. *De milit. veste. Cod. Just.* lib. XII, tit. xxxix, c. 4.

[8] *Cod. Theod.* lib. IV, tit. xviii, c. 2. *De fructibus et lit. expensis. Cod. Just.* lib. VII, tit. li, c. 3. — *Cod. Theod.* lib. XI, tit. xxx, c. 67. *De appell. Cod. Just.*

V d. April. Dat. Constantinopoli [1].
XVII kal. Maii. Dat. Constantinopoli [2].
XV kal. Jun. Dat. Constantinopoli [3].
Prid. kal. Jun. Dat. Constantinopoli [4].
VI id. Jun. Dat. Constantinopoli [5].
VI id. Aug. Dat. Eudoxiopoli [6].
V id. Aug. Dat. Eudoxiopoli [7].

Imp. Theodosius II A. Asclepiodoto P. P.

An. 424. — Victore cos.

X kal. Mart. Dat. Constantinopoli [8].
VII kal. Mart. Dat. Constantinopoli [9].
III id. Maii. Dat. Constantinopoli [10].

Impp. Theodosius A. II et Valentinianus C.

XVIII kal. Dec. Dat. Constantinopoli [11].

An. 425. — Theodosio A. XI et Valentiniano C. coss.

Kal. Febr. Dat. Constantinopoli [12].

---

lib. VII, tit. LXII, c. 31. — *Cod. Theod.* lib. XI, tit. XXXI, c. 9. *De reparationibus appellationum.* [Ce sont trois fragments d'une même constitution.]

[1] *Cod. Theod.* lib. XVI, tit. v, c. 59. *De haereticis.* — *Ibid.* tit. VIII, c. 26. *De Judaeis. Cod. Just.* lib. I, tit. IX, c. 16. — *Cod. Theod.* lib. XVI, tit. IX, c. 5. *Ne Christ. mancip.*; tit. X, c. 22. *De paganis.*

[2] *Cod. Theod.* lib. XII, tit. I, c. 184. *De decurion.*

[3] *Ibid.* lib. VI, tit. xxxv, c. 14. *De privil. eor. qui in S. palatio.* — Lib. VIII, tit. IV, c. 28. *De cohortal.*

[4] *Ibid.* lib. I, tit. xxxv, c. 3. *De assessoribus. Cod. Just.* lib. I, tit. LI, c. 8.

[5] *Cod. Theod.* lib. XVI, tit. v, c. 60; — tit. VIII, c. 27; — tit. X, c. 23; — tit. X, c. 24. *Cod. Just.* lib. I, tit. XI, c. 6.

[6] *Cod. Theod.* lib. XVI, tit. v, c. 61. *De haereticis.*

[7] *Cod. Theod.* lib. XII, tit. III, c. 2. *De praediis et mancipiis curialium.* [Cette constitution et la précédente doivent être de la même date; il faut lire VI id. Aug. ou V id. Aug. dans les deux suscriptions.]

[8] *Cod. Theod.* lib. IV, tit. IV, c. 7. *De test. et codicil. Cod. Just.* lib. VI, tit. XIII, c. 2 (ubi male inscribitur *Anastasio*); tit. XXXVI, c. 8. [Il y a dans les manuscrits quelques variantes sur le jour où a été rendue cette constitution.]

[9] *Cod. Theod.* lib. II, tit. XIX, c. 7. *De inoff. test.*

[10] *Ibid.* lib. XI, tit. XX, c. 5. *De collatione donatarum.*

[11] *Ibid.* lib. II, tit. XII, c. 7. *De cogn. et procur.* — Lib. IV, tit. XIV, c. 1. *De act. certo temp. finita. Cod. Just.* lib. VII, tit. xxxix, c. 3.

[12] *Cod. Theod.* lib. XV, tit. v, c. 5. *De spectaculis.*

## LIV
[1178=]425.
*AETIUS*,
praef. praet. Orientis [?] sub Theodosio juniore.

Impp. Theodosius A. Valentinianus C. Aetio P. P.
An 425. — Theodosio A. XI et Valentiniano C. coss.
III non. Maii. Dat... [1].

[Bien que ce soit le seul texte qui donne à Aetius le titre de préfet du prétoire, il n'est pas douteux, d'après l'objet de la constitution, que le destinataire n'ait eu cette qualité. Théodose détermine les règles à suivre par les *judices* lors de l'érection des statues de l'empereur ou de l'exhibition de son effigie dans les jeux publics.

Aetius fut-il préfet d'Orient, comme l'a pensé Borghesi? Il n'y a à cet égard que des présomptions. La date de la préfecture du prétoire d'Aetius n'est pas non plus absolument certaine. Au lieu de *Theodosio A. XI et Valentiniano C. coss.*, Haloander lit: *Theodosio A. XIII et Valentiniano A. III coss.*, ce qui la reporterait à l'année 430. Si l'on admet la leçon commune et s'il est vrai qu'Aetius ait été préfet d'Orient, il ne remplit cette charge que fort peu de temps, puisque Asclepiodotus était préfet le 1ᵉʳ février 425 et Hierius le 22 septembre de la même année.]

«Aetius hic ille est qui, anno D. 419, P. U. Constantinopoli fuit : teste Chronic. Alexandr. p. 720, 721, edit. Rader[2] et l. 5 supr. *de calc. coctor.*[3], et cujus cisterna constructa Constantinopoli anno D. 421, teste Marcellini *Chronico*[4]: quique anno 432 consul fuit. Alius vero ab hoc est Aetius ille, Occidentalis imperii salus, sub Valentin. Jun., qui et hoc anno ipso 425[5], curam palatii Johannis tyranni agebat, ut testatur Renatus Profuturus Frigeridus, apud Gregor. Turon.,

---

[1] *Cod. Theod.* lib. IV, tit. IV, c. 1. *De imag. imperialibus. Cod. Just.* lib. I, tit. XXIV, c. 2.

[2] [Ἰνδ. β'. ια'. ὑπ. Μοναξίου καὶ Πλίνθα. Ἐπὶ τούτων τῶν ὑπάτων ἡμέρᾳ κυριακῇ εἰσελθόντος Ἀετίου ἐπάρχου πόλεως μετὰ τοῦ σχήματος ἐν τῇ μεγάλῃ ἐκκλησίᾳ μηνὶ Περιτίῳ πρὸ ζ' καλανδῶν Μαρτίων ἐπὶ τῷ εὐξάμενον αὐτὸν ἀπελθεῖν κληθέντα ἐν τῷ παλατίῳ, Κυριακός τις γέρων βαλὼν μάχαιραν μεγάλην εἰς χάρτην, ὡσανεὶ λίβελλον αὐτῷ προσφέρων, ἔκρουσεν αὐτῷ κατὰ τοῦ δεξιοῦ μέρους τοῦ στήθους, ὥστε τὸ πενόλιον αὐτοῦ καὶ τὴν τόγαν τρηθῆναι.]

[3] [*Cod. Theod.* lib. XIV, tit. VI, c. 5.]

[4] [Éd. Mommsen, *Mon. Germ. histor.* t. XI, p. 1ʳ, p. 75.]

[5] [Cf. Tillemont, *Hist. des Empereurs*, t. VI, p. 179 et suiv.]

lib. II, cap. 8, et deinceps comes rei militaris, mox magister militum factus est[1]. »

[Cette assertion de Godefroy est critiquée par Ritter. D'après Ritter, ce n'est pas le préfet du prétoire Aetius qui fut consul en 432. Le consul appartient à l'empire d'Occident[2], tandis que le préfet du prétoire paraît avoir toujours été attaché à l'empire d'Orient[3].]

## LV
[1178=]425 — [1181=]428.
### HIERIUS,
praef. praet. Orientis sub Theodosio juniore.

[Hierius est le consul de l'an 427; son collègue était Ardabur[4].]

Impp. Theodosius II A. et Valentinianus C. Hierio P. P. Orientis. An. 425. — Theodosio A. XI et Valentiniano C. coss.
X kal. Febr. Dat. Constantinopoli[5].

[D'après la suscription de cette constitution, Hierius aurait été préfet du prétoire d'Orient dix jours avant les calendes de février 425. Mais un autre texte nous apprend qu'Asclepiodotus était préfet du prétoire le jour même des calendes de février. La nomination de Hierius est donc postérieure à cette date, postérieure même au III non. Maii, s'il est vrai qu'Aetius ait été préfet d'Orient. C'est seulement en septembre 425 qu'Hierius apparaît avec certitude comme préfet du prétoire. Il faut donc, suivant Krueger, corriger l'inscription et la suscription de notre constitution et lire : *Theodosius et Valentinianus AA. et Theodosio XII et Valentiniano II AA. coss.*[6] (426). La constitution aurait été rendue le même jour que celle qui va être indiquée à cette date.]

---

[1] [Godefroy, ad *Cod. Theod.* loc. cit. n. *b.* Cf. Tillemont, *Hist. des Empereurs*, t. VI, p. 34.]

[2] [Arg. *Cod. Theod.* lib. IX, tit. XLV, c. 5 : Dat. v kal. April. Constantinopoli, Valerio et qui fuerit nuntiatus (432).]

[3] [Cf. *Prosopographia Codicis Theod.* éd. Ritter, p. 28. J. B. de Rossi, *Inscr. christ.* vol. I, p. 698.]

[4] [Tous deux furent consuls d'Orient. Aussi leurs noms n'apparaissent jamais séparément sur les monuments tant en Orient qu'en Occident. (J. B. de Rossi, *Inscr. christ.* vol. I, p. 282 et 580.) HÉRON DE VILLEFOSSE.]

[5] *Cod. Theod.* lib. IX, tit. XLI, c. 1. Ne sine jussu principis. *Cod. Just.* lib. IX, tit. XLVIII, c. 1.

[6] [Cf. Krueger, p. 393, n. 3.]

X kal. Oct. Dat. Topiso[1].
XV kal. Dec. Dat. Constantinopoli[2].
An. 426. — Theodosio XII et Valentiniano II AA. coss.
X kal. Febr. Dat. Constantinopoli[3].
Kal. Jun. Dat. Nicomediae[4].
X kal. Jul. Dat. Nicomediae[5].
X kal. Jan. Dat. . .[6].
An. 427 [?]. — Hierio et Ardabure coss.
X kal. Mart. Dat. Constantinopoli[7].

[La suscription porte, dans le manuscrit de Vérone, *Hierio et Tauro*. Comme Hierius et Taurus n'ont pas été consuls ensemble, Borghesi a adopté la correction de Haloander *Hierio et Ardabure*, ce qui reporte la constitution à 427. Les éditeurs modernes préfèrent lire *Felice et Tauro*, et la raison qu'ils invoquent est décisive : c'est que telle est la date de constitution du Code Théodosien à laquelle la nôtre a été empruntée[8].]

XVII kal. April. Dat. . .[9].
An. 428. — Felice et Tauro coss.
X kal. Mart. Dat. Constantinopoli[10].
XI kal. Maii. Dat. . .[11].

---

[1] *Cod. Theod.* lib. VI, tit. x, c. 4. *De primicerio et notariis;* — tit. XXII, c. 8. *De honorariis codicillis.*

[2] *Ibid.* tit. XXX, c. 24. *De palatinis sacr. largit.*

[3] *Ibid.* lib. IX, tit. XLII, c. 24, *De bonis proscriptorum. Cod. Just.* lib. IX, tit. XLIX, c. 10.

[4] *Cod. Theod.* lib. XII, tit. XII, c. 16. *De legatis.*

[5] *Cod. Theod.* lib. VIII, tit. VII, c. 21, *De div. officiis. Cod. Just.* lib. XII, tit. XLIX, c. 7; tit. LIX, c. 6.

[6] *Cod Theod.* lib. VI, tit. XXVII, c. 21. *De agentibus in rebus.*

[7] *Cod. Just.* lib. VI, tit. XVIII, c. 1. *Unde vir et uxor.*

[8] [*Cod. Theod.* lib. V, tit. 1, c. 9. *De legit. hered.*]

[9] *Ibid.* lib. VI, tit. XXIV, c. 10. *De domesticis et protect.*

[10] *Cod. Theod.* lib. II, tit. III, c. 1. *De omissa actionis impetratione. Cod. Just.* lib. II. tit. LVII, c. 2. — *Cod. Theod.* lib. III, tit. v, c. 13. *De sponsalibus. Cod. Just.* lib. V, tit. III, c. 17. — *Cod. Theod.* lib. III, tit. VII, c. 3. *De nuptiis. Cod. Just.* lib. V; tit. IV, c. 22. — *Cod. Theod.* lib. III, tit. XIII, c. 4. *De dotibus. Cod. Just.* lib. V, tit. XI, c. 6. — *Cod. Theod.* lib. IV, tit. VI, c. 8. *De naturalibus liberis.* — *Ibid.* lib. V, tit. 1, c. 9. *De legit. heredibus.* [*Cod. Just.* lib. VI, tit. XVIII, c. 1]; — tit. XXIV, c. 11; — tit. LXI, c. 2.

[11] *Cod. Just.* lib. VIII, tit. LIII, c. 29.

## LVI

[1181=] 428 — [1182=] 429.

**FLORENTIUS,**
praef. praet. Orientis sub Theodosio juniore.

[Florentius avait été préfet de Constantinople en 422 [1]. Il fut consul en 429, avec Dionysius pour collègue. Tous deux furent consuls d'Orient [2]. Florentius fut une seconde fois préfet d'Orient en 438-439, et une troisième fois en 445. En 448, il assista par ordre de l'empereur au synode de Chalcédoine; il était alors revêtu de la dignité de patrice [3].]

Impp. Theodosius II et Valentinianus III AA. Florentio P. P.
An. 428. — Felice et Tauro coss.
XI kal. Maii. Dat... [a].
III kal. Jun. Dat. Constantinopoli [5].
V id. Jun. Dat. Constantinopoli [6].
VI id. Jul. Dat. Constantinopoli [7].

[Cette constitution est rappelée par Zénon en 478 dans les termes suivants : «Donationibus quae sine scripto conficiuntur suam firmitatem habentibus secundum constitutionem Theodosii et Valentiniani ad Hierium praefectum praetorio promulgatam.»] *Ibid.* c. 31. [La suscription donne lieu à une difficulté : la date est la même que celle de la première constitution adressée au successeur de Hierius. Cujas (*Opera*, t. X, p. 719, éd. de Naples) a proposé de lire I kal. Mart. à cause de l'analogie qui existe entre l'objet de cette constitution et celui de *Cod. Just.* lib. VI, tit. xviii, c. 1.]

[1] [*Cod. Theod.* lib. VI, tit. viii, c. 1.]

[2] [Ils restèrent tous deux inconnus en Occident jusqu'au mois de mai (J. B. de Rossi, *Inscr. christ.* vol. I, p. 286).]

[3] [*Ex actis Concilii Chalcedonensis* : «Quoniam scimus magnificentissimum patricium Florentium esse fidelem et testimoniis probatum in recta fide, volumus ipsum interesse audientiae synodali, quoniam sermo de fide est.» Baron. *Ann. eccles.* a. 448, n. 45.]

[a] *Cod. Theod.* lib. XV, tit. viii, c. 2. *De lenonibus. Cod. Just.* lib. I, tit. iv, c. 12. *De episcop. audientia;* lib. XI, tit. xli, c. 6. *De spectaculis.*

[5] *Cod. Theod.* lib. XVI, tit. v, c. 65. *De haereticis.* [Cf. Socrat. lib. VII, c. xxxi.] *Cod. Just.* lib. I, tit. v, c. 5, tit. vi, c. 3. *Ne sanctum baptisma iteretur.*

[6] *Cod. Theod.* lib. XII, tit. iv, c. 1. *De imponenda lucrativis descriptione. Cod. Just.* lib. X, tit. xxxiv, c. 2, *De praediis curialium;* tit. xxxv, c. 2, *Quando et quibus debetur quarta pars ex bonis decurionum.*

[7] *Cod. Theod.* lib. VIII, tit. iv, c. 29. *De cohortalibus.*

318 PRAEFECTI PRAETORIO ORIENTIS.

An. 429. — Florentio et Dionysio coss.
V id. Mart. Dat... [1].
VI kal. April. Dat. Constantinopoli [2].

[Borghesi rapporte à notre préfet du prétoire plusieurs constitutions adressées à d'autres personnages :]

— «Impp. Arcadius et Honorius Florentio P. P. — Sine die et «consulibus[3].»

[Le règne d'Arcadius et Honorius se place entre 395 et 402; c'est entre ces deux dates que fut rendue cette constitution. Il n'est pas possible d'admettre qu'elle s'applique au préfet du prétoire de 428. Il est facile du reste de rectifier l'inscription, en rapprochant cette constitution de *Cod. Theod.* lib. XIV, tit. IV, c. 7, adressée *Florentino P. U.* Les deux fragments ont le même objet; ils devaient faire partie d'une même décision adressée au préfet de la ville de l'an 397, Florentinus.]

— «Iidem (Theodosius et Valentinianus) AA. Florentio P. P. — «Sine die et coss.[4]»

[L'inscription est inexacte. Krueger lit : *Thomae P. P.* La constitution est postérieure à l'an 436, date de celle qui la précède au Code de Justinien; elle est sans doute de 442 [5].]

— «Impp. Theodosius et Valentinianus AA. Florentio P. P. — Sine «die et coss.[6]»

[La suscription, qui manque dans Haloander et dans les anciennes éditions, est ainsi rétablie par les éditeurs modernes : *Dat. VII id. April. Constantinopoli, Theodosio A. XVII et Festo conss.* Cette constitution est donc de l'année 439, et s'applique à une préfecture subséquente de Florentius [7].]

---

[1] *Cod. Just.* lib. VI, tit. LXII, tit. IV. *De hereditatibus decurionum.*

[2] *Ibid.* lib. I, tit. XIX, c. 8. *De precibus imperatori offerendis.*

[3] *Ibid.* lib. XI, tit. XVII, c. 2. *De suariis.*

[4] *Ibid.* lib XII, tit. LVII, c. 13. *De cohortalibus.*

[5] [Voir plus bas, p. 333.]

[6] *Cod. Just.* lib. IV, tit. LXV, c. 30. *De locato et conducto.*

[7] [Il en est de même de celle de *Cod. Just.* lib. V, tit. XXVIII, c. 8, que Borghesi a insérée ici par mégarde et qu'il a d'ailleurs rétablie plus tard à sa véritable place dans les *schede* relatives au préfet du prétoire de 439. Voir plus bas, p. 326, n. 5.]

## LVII

[1183 =]430 — [1184 =]431.

[FL.] ANTIOCHUS CHUZON,
praef. praet. Orientis sub Theodosio juniore.

[Un Antiochus fut préfet du prétoire en 427; cela résulte du texte suivant :]

— «Mandata impp. Theodosii et Valentiniani AA. missa ad Antio-
«chum P. P. per referendarium. — Dat. prid. id. Oct. Constantinopoli,
«Hierio et Ardabure coss.[1].»

[Une constitution de Théodose et Valentinien *ad Senatum* de 429 mentionne :]
«Antiochum virum illustrem, ex quaestore et praefecto[2].»

[Cet Antiochus fut-il préfet d'Orient en 427? Il est difficile de l'admettre, car Hierius, à cette époque, exerçait cette fonction. Il ne faut pas le confondre avec le successeur de Florentius dans la préfecture d'Orient. Tous deux furent membres de la commission chargée, en 429, de préparer le Code Théodosien[3], mais il n'est plus question du premier dans la constitution de 435 qui énumère ceux qui ont pris une part effective à la rédaction du Code[4]. Le second était *quaestor sacri palatii* en 429; il fut consul d'Orient en 431, Anicius Auchenius Bassus étant consul d'Occident[5].]

Impp. Theodosius et Valentinianus AA. Antiocho P. P.
An. 430. — Theodosio A. XIII et qui fuerit nuntiatus.
Prid. kal. Jan. Dat. Constantinopoli[6].

---

[1] *Cod. Just.* lib. I, tit. ʟ, c. 2. [Ces instructions furent envoyées en même temps à tous les préfets : *Magnificentia vestra, vestrae sedis, vestrae celsitudinis.*]

[2] *Cod. Theod.* lib. I, tit. 1, c. 5. *De const.*

[3] [*Ibid.*]

[4] [*Ibid.* c. 6, § 2.]

[5] [Au commencement de l'année 431, aucun de ces consuls n'est connu à Rome; l'année est désignée par la formule *post consulatum Theodosii XIII et Valentiniani III.* Cette formule se retrouve sur un marbre chrétien découvert à Lyon dans les ruines de l'ancienne église des Macchabées et conservé aujourd'hui au Musée du Louvre (Le Blant, *Inscr. chrét. de la Gaule,* n° 44). A la fin du mois de juin, le consul d'Occident, Bassus, n'était pas encore connu en Orient : cela résulte d'une lettre de Théodose au concile d'Éphèse qui se termine par ces mots : ὑπάτου Φλαουίου Ἀντιόχου καὶ τοῦ δηλωθησομένου (J. B. de Rossi, *Inscr. christ.* vol. I, p. 288). Fl. Antiochus, au contraire, était publié à Rome dès le mois de mai (*ibid.* n. 667). Héron de Villefosse.]

[6] *Cod. Theod.* lib. XI, tit. xx, c. 6.

An. 431. — Antiocho v. c. et qui fuerit nuntiatus.
X kal. April. Dat. Constantinopoli[1].

« Epistola Nestorii ad praefectum praetorii Antiochenum (*correggi* « Antiochum) », con cui risponde alla lettera da questo speditagli, che gli era permesso, dopo la sua deposizione, di ritornare al suo antico monastero[2].

[Dans une constitution de 435, Théodose, parlant des rédacteurs de son Code, fait allusion aux fonctions dont Antiochus avait été investi :]

« Antiochus amplissimus ac gloriosissimus *praefectorius*[3] ac consu-« laris[4]. » Non era più dunque prefetto.

Convien credere che fosse anche *magister officiorum*, perchè si ha una lettera di Giovanni, vescovo di Antiochia, e degli altri suoi seguenti *ad praefectum et magistrum*[5]. Si nomina di nuovo *magnificentissimus magister*[6].

## LVIII

[1185 =] 432.

HIERIUS,

praef. praet. Orientis [iterum] sub Theodosio juniore.

An. 432. — « Impp. Theodosius et Valentinianus AA. Hierio P. P.

---

[1] *Cod. Theod.* lib. IX, tit. xlv, c. 4. *De his qui ad eccles. confugiunt. Cod. Just.* lib. I, tit. xii, c. 3.

[2] Labbaeus, t. III, p. 286.

[3] [C'est la leçon adoptée par Schrader et Wenck. Le manuscrit porte *praefecturis ad consulares.*] Cf. *Nov. Theod.* tit. 1, 1, § 7, où Antiochus est qualifié *ex praefecto et consule.*

[4] *Cod. Theod.* lib. I, tit. 1, c. 6, § 2. *De constitutionibus.* Cf. c. 5.

[5] *Ep.* lxxxviii [ubi etiam ait eum, τὰς μεγίστας κεκοσμηκότα ἀρχάς, καὶ τὰς ὑπερτάτας εἰληθότα τιμὰς, « ornasse maximas potestates et supremos accepisse honores. » Item tribuit ei μεγαλοφυΐαν, « magnificentiam »; tandem τῶν ἀξιωμάτων τὸ ὕψος καὶ τὸ τῶν νομίμων πρωτεύειν, « omnium dignitatum apicem et quod inter justos aequosque principatus obtineat ». Éd. Migne, t. LXXXIII, col. 1281.]

[6] Labbaeus, p. 1261. [Il résulte d'une constitution de Théodose II (voir plus haut, p. 255, n. 6) dans laquelle Fl. Antiochus est appelé *vir amplissimae recordationis et inlustris memoriae*, que ce personnage a dû mourir avant l'année 444 ou cette année même. Héron de Villefosse.]

« — Dat. v kal. April. Constantinopoli, Valerio et qui fuerit nun-
« tiatus[1]. »

[Hierius avait été déjà préfet d'Orient de 425 à 428. D'après la chronique d'Alexandrie[2], il fut deux fois préfet, δὶς ἔπαρχος. La constitution qui précède se rapporte à sa seconde préfecture.]

## LXI

### [1186 =] 433 — [1187 =] 434.

### TAURUS,
praef. praet. Orientis sub Theodosio juniore.

Ad hunc Taurum patricium exstat Theodoreti epistula[3] ubi summam ejus dignitatem tribus locis indicat; et epistula Isidori Pelusiotae. Consul fuit anno 428.

[Taurus est le fils du préfet d'Orient Aurelianus[4], qui était lui-même fils du préfet d'Italie Palladius Rutilius Taurus Aemilianus[5]. Il fut *comes rerum privatarum* en 416[6], puis en 428 consul d'Orient, Fl. Felix étant consul d'Occident[7].]

An. 434. — Epistola Joannis Antiocheni episcopi, quam scripsit Tauro praefecto praetorio atque patricio de ordinatione Procli Constantinopolitani episcopi[8].

---

[1] *Cod. Theod.* lib. IX, tit. XLV, c. 5. *Cod. Just.* lib. I, tit. XII, c. 4. *De his qui ad eccles.*

[2] [P. 580 : Ἰνδ. ι'. ιθ'. ὑπ. Ἱερίου καὶ Ἀρδαβουρίου. Ἐπὶ τούτων τῶν ὑπάτων ἐνεκαινίσθη τὸ δημό σιον τὸ ποτὲ μὲν Κωνσταντινιαναί, νῦν δὲ Θεοδοσιαναί, τελέσαντος αὐτὸ Ἱερίου τοῦ δὶς ἐπάρχου καὶ ὑπάτου μηνὶ Ὑπερβερεταίῳ πρὸ ε' νωνῶν Ὀκτωβρίων.]

[3] Lib. III, *ep.* 365 [ubi eum vocat ἀρχικῆς ἀρετῆς ἀψευδέστατον βασανιστήριον, « virtutis illius quae a praefecto requiritur, verissimum examen ». Cf. lib. V, *ep.* 40, ἀγχινοίας τέμενον, *sagacissimum virum. Patrol. Gr.* t. LXXVIII, col. 1017 et 1352.]

[4] [Voir plus haut, p. 288.]

[5] [Synes. *Ep.* 31.]

[6] *Cod. Theod.* lib. VI, tit. XXX, c. 21. *De palatinis sacr. largit.* [Tillemont, *Hist. des Empereurs*, t. VI, p. 59.]

[7] [*Prosopogr. Cod. Theod.*, p. 69. J. B. de Rossi, *Inscr. christ.* vol. I, p. 580, pense que Taurus fut publié tardivement en Occident. Mommsen, *Neues Archiv der Gesellschaft für älteste Geschichtskunde*, t. XIV, p. 238, combat l'opinion de Rossi et soutient que les deux consuls furent publiés ensemble.]

[8] Ex cap. XXXIII synodici adversus tragoediam Irenaei apud Labbaeum, t. IV, p. 390. Anche nel cap. seguente si nomina: *magnificentissimus Taurus praefectus.*

Impp. Theodosius et Valentinianus AA. Tauro P. P.

An. 433. — Theodosio A. XIV et Maximo coss.

X kal. Maii. Dat. . . [1].

V non. Jul. Dat. Constantinopoli [2].

An. 434. — Ariovindo et Aspare coss.

XIV kal. Jul. Dat. Constantinopoli [3].

XII kal. Jul. Dat. Constantinopoli [4].

XVIII kal. Jan. Dat. . . [5].

## LX

[1188 =] 435 — [1189 =] 436.

### FL. ANTHEMIUS ISIDORUS,

praef. praet. Orientis sub Theodosio juniore.

[Fl. Anthemius Isidorus avait été préfet d'Illyrie en 424. Tillemont [6] pense que c'est le même qui fut préfet de Constantinople en 410 [7]. Isidorus devint préfet d'Orient entre le 15 décembre 434 et le 29 janvier 435.]

An. 435. — Theodosio A. XV et qui fuerit nuntiatus.

— «Impp. Theodosius et Valentinianus AA. Valerio magistro «officiorum. — Dat. iv Febr. Constantinopoli. Eodem exemplo Isi- «doro P. P., Regino P. P. Illyrici, Leontio P. U., Theodoto comiti «Aegypti, etc. [8]. »

---

[1] *Cod. Theod.* lib. XI, tit. xxviii, c. 16. *De indulgentiis debitorum.*

[2] *Ibid.* lib. VIII, tit. i, c. 17. *De numerariis.* Vedi il Gotofredo nel commentario su questa legge intorno a Tauro [t. II, p. 465]. — *Cod. Just.* lib. I, tit. li, c. 9. *De assessoribus.*

[3] *Cod. Theod.* lib. V, tit. xiii, c. 39. *Cod. Just.* lib. XI, tit. lxii, c. 12. *De fundis patrimon.*

[4] *Cod. Theod.* lib. XI, tit. xxviii, c. 15. *De indulg. debitorum.*

[5] *Ibid.* lib. V, tit. iii, c. 1. *De bonis clericorum. Cod. Just.* lib. I, tit. iii, c. 20. [Ces trois dernières constitutions sont adressées, d'après le Code Théodosien, «Tauro P. P. et patricio».]

[6] [*Hist. des Empereurs*, t. VI, p. 71.]

[7] [*Cod. Theod.* lib. VIII, tit. xvii, c. 2 et 3. *Cod. Just.* lib. I, tit. xix, c. 6. Dans les anciennes éditions cette constitution est datée de 416. Krueger donne la suscription : *Varane cons.* (410).]

[8] *Cod. Theod.* lib. VI, tit. xxviii, c. 8. *De principibus agentum in rebus.* [Cf. *Cod. Just.* lib. XII, tit. xxi, c. 4.]

— « Impp. Theodosius et Valentinianus AA. Isidoro P. P. — Dat.
« xviii kal. Dec. Constantinopoli¹. »
An. 436. — Isidoro et Senatore coss.
  III non. April. Dat. Constantinopoli².
  Prid. non. Jun. Dat. Constantinopoli³.
  Prid. id. Jul. Dat. Constantinopoli⁴.
  Prid. non. Aug. (*correggi* Jun.⁵). Dat. Constantinopoli⁶.

[Fl. Isidorus fut consul en 436; il eut pour collègue Fl. Senator. Tous deux furent consuls d'Orient⁷.]

— « Antigraphum interpretationis decreti imperatorii, scripti ad Isi-
« dorum praefectum praetoriorum et consulem de exilio Nestorii⁸. »

— « Edictum praefectorum de Nestorii libris non legendis. Flavius
« Anthemius Isidorus, Flavius Bassus, Flavius Simplicius Reginus, prae-
« fecti edicunt⁹. »

---

¹ *Cod. Theod.* lib. XVI, tit. x, c. 25. *De paganis.* [Certains éditeurs rapportent cette constitution à 426. En sens contraire, Tillemont, *Hist. des Empereurs*, t. VI, p. 72. Voir plus loin, p. 467.]

² Eodem exemplo Ebulo P. P. Illyrici. *Cod. Theod.* lib. VIII, tit. iv, c. 30, *De cohortal. Cod. Just.* lib. XII, tit. lvii, c. 12. — *Cod. Theod.* lib. XII, tit. i, c. 187. *De decurion.* — *Ibid.* c. 188. *Cod. Just.* lib. X, tit. xxxii, c. 55.

³ *Cod. Theod.* lib. XI, tit. v, c. 3. *De indictionibus.* — Lib. XII, tit. i, c. 189-191, *De decurionibus. Cod. Just.* lib. X, tit. xxxii, c. 5, c. 56-58. — *Cod. Theod.* lib. XIV, tit. xxvi, c. 2, *De frumento Alexandrino. Cod. Just.* lib. XI, tit. xxviii, c. 1. — *Cod. Theod.* lib. XIV, tit. xxvii, c. 2, *De Alexandrinae plebis primatibus. Cod. Just.* lib. XI, tit. xxviii, c. 1.

⁴ *Cod. Theod.* lib. XI, tit. xxviii, c. 17. *De indulgentiis debitorum.*

⁵ [Godefroy, Cujas, Krueger substituent également *Jun.* à *Aug.* pour rattacher cette constitution à *Cod. Theod.* lib. XII, tit. i, c. 189-191. Dans le sens contraire, Haenel, col. 1274.]

⁶ *Cod. Theod.* lib. XII, tit. i, c. 192. *De decurion. Cod. Just.* lib. X, tit. xxxii, c. 59.

⁷ [Ils furent publiés ensemble, mais tardivement, en Occident. Sur une inscription de Rome, Senator est nommé le premier (J. B. de Rossi, *Inscr. christ.* vol. I, n. 696); mais dans les fastes et sur les autres monuments, c'est toujours Isidorus qui figure en tête (*ibid.* n. 697; *Corp. inscr. Lat.* vol. XI, n. 1691). Héron de Villefosse.]

⁸ In actis concilii Ephesini, parte III, c. xv. Labbe, t. III, p. 1578. [Haenel, *Corpus legum*, p. 246 : Ἀντίγραφον ἑρμηνείας βασιλικοῦ θεσπίσματος γραφέντος πρὸς Ἰσίδωρον ἔπαρχον πραιτωρίων καὶ ὕπατον περὶ τῆς ἐξορίσεως.]

⁹ Labbaeus, t. III, p. 1731. [Haenel,

De eo Isidorus Pelusiota[1].
Hujus Fl. Isidori meminit Theodoretus[2].

## LXI
[1189 =] 436 — [1190 = 437].

### DARIUS,
praef. praet. Orientis sub Theodosio juniore.

Ad Darium virum illustrem, exsta[n]t Augustini (qui decessit anno 450) epistola[e][3] et ipsius Darii ad Augustinum[4].

[Darius succéda à Fl. Isidorus entre le 4 juin et le 28 août 436.]

Impp. Theodosius et Valentinianus AA. Dario P. P.
An. 436. — Isidoro et Senatore coss.
V kal. Sept. Dat. Apameae[5].
Iidem AA. Dario viro illustri P. P. Orientis.
An. 437. — Post consulatum Isidori et Senatoris.
XVIII [?] kal. April. Dat. Constantinopoli[6].

## LXII
[1191 =] 438 — [1192 = 439].

### FLORENTIUS,
praef. praet. Orientis [iterum] sub Theodosio juniore.

Impp. Theodosius et Valentinianus AA. Florentio P. P. Orientis.
An. 438. — Theodosio A. XVI et Fausto coss.

*Corpus legum*, p. 247.] Textus autem graecus ita: [Διάταγμα τῶν ἐπάρχων, ὥστε μὴ ἀναγινώσκεσθαι τὰ Νεστορίου.] Φλάβιος Ἀνθέμιος Ἰσίδωρος, Φλησβάσσος (corr. Φλάβιος Βάσσος), καὶ Φλάβιος Σιμπλίκιος Ῥηγῖνος, οἱ ἔπαρχοι λέγουσι.

[1] *Epist.* 299, lib. I. [*Patrol. Græca*, t. LXXVIII, col. 356.]

[2] *Ep.* XLVII «Proclo episcopo Constantinopolitano» [et XLII «Constantio praefecto».]

[3] S. Augustini *opera* [(éd. Migne), II, *epist.* 229 et 231.]

[4] *Ibid.* [*epist.* 230.]

[5] *Cod. Theod.* lib. XI, tit. I, c. 37. *De annona.* — *Ibid.* tit. v, c. 4, *De indictionibus. Cod. Just.* lib. X, tit. XVII, c. 2.

[6] *Cod. Theod.* lib. VI, tit. XXIII, c. 4. *De decurionibus.* [*Cod. Just.* lib. XII, tit. XVI, c. 3, § 3 et 4. Cf. Haenel, col. 558, n. *b*.]

Prid. kal. Febr. Dat. Constantinopoli[1].
XV kal. Mart. Dat. Constantinopoli[2].
[V kal. Mart. Dat. Constantinopoli[3].]

An. 439. — Theodosio A. XVII et Festo coss.
XIII kal. [Febr.] Dat. Constantinopoli[4].
III non. April. Dat. . . .[5].
VIII id. April. Dat. Constantinopoli[6].
VII id. April. Dat. Constantinopoli[7].
[XIII kal. Maii.] Dat. Constantinopoli[8].
III kal. Jun. Dat. Constantinopoli[9].
VI id. Jun. Dat. Constantinopoli[10].

---

[1] *Cod. Just.* lib. I, tit. v, c. 7. *De haereticis.* — Lib. I, tit. vii, c. 5. [Borghesi, d'après Haloander, date cette constitution sur les apostats de 435 (*Theodosio XV et Valentiniano IV AA. coss.*). C'est une erreur. La date exacte est donnée par *Nov. Theod.* tit. iii, 1, § 4, dont cette constitution est la reproduction. Puis en 435, c'est Isidore, et non Florentius, qui était préfet du prétoire.] — Lib. I, tit. ix, c. 19. *De Judaeis.* [Certains éditeurs, suivis par Borghesi, datent cette constitution du *ix kal. Apr.* Elle ne saurait cependant avoir une autre date que la précédente, dont elle est la reproduction.]

[2] *Nov. Theod.* tit. i.

[3] [*Nov. Theod.* tit. iv, *Ne duciani vel limitanei milites ad comitatum exhibeantur.* Une autre constitution du même jour et qui ne figure pas au Code Théodosien a été conservée dans les *Gromatici veteres* (éd. Lachmann, t. Ier, p. 273). Elle a été empruntée à un recueil de Novelles plus complet que celui que nous possédons. Elle est datée *Theodosio A. cons.* et doit être de 438 ou 439. Cf. Haenel, *Novell.* col. 67, n. *c.*]

[4] *Cod. Just.* lib. I, tit. li, c. 10. *De adsessoribus.* — Lib. III, tit. xxv, c. 1. *In quib. causis militantes fori praescr. uti non possunt.* [La date de cette dernière constitution a été complétée d'après *Nov. Theod.* tit. xi. Les anciennes éditions, suivies par Borghesi, n'indiquent pas le mois.]

[5] *Cod. Just.* lib. I, tit. xxiv, c. 3. *De statuis.*

[6] *Ibid.* tit. ii, c. 10. *De sacros. ecclesiis.* — Lib. XI, tit. iv, c. 2. *De navibus non excusandis.*

[7] *Ibid.* lib. I, tit. xiv, c. 5. *De legibus.* [Cf. sur le droit antérieur, Édouard Cuq, *Les institutions juridiques des Romains*, t. Ier, p. 462.] — Lib. IV, tit. lxv, c. 30. *De loc. et cond.* [Voir plus haut, p. 318, n. 6.]

[8] *Ibid.* lib. II, tit. vii, c. 6. *De advocatis diversorum judiciorum.* [La date est rectifiée d'après *Nov. Theod.* tit. x. Borghesi avait reproduit la suscription du Code : *viii kal. Mart.*]

[9] *Ibid.* lib. I, tit. lii, c. 1. *De annonis et capitu administrantium.*

[10] *Ibid.* lib. XI, tit. lxii, c. 13. *De fundis patrimonialibus.*

XV kal. Jul. Dat. Constantinopoli[1].
VI id. Jul. Dat. Constantinopoli[2].
Kal. Aug. Dat. . . [3].
VII id. Sept. Dat. Constantinopoli[4].
Prid. id. Sept. Dat. Constantinopoli[5].
XIII kal. Nov. Dat. Constantinopoli[6].
VI kal. Dec. Dat. Constantinopoli[7].
Idem AA. Florentio P. P. — Sine die et coss.[8].

[Dans une novelle adressée à Cyrus, le 6 décembre 439, Théodose fait l'éloge de Florentius :

— «Cum virum illustrem Florentium, praefecturae praetorianae «administratione subfultum, cernamus, non jam cum majorum lau-«dibus, sed cum suis magnis in rempublicam meritis praeclari animi «aemula virtute certantem, existimationem reipublicae non solum «consilio suo ac providentia, sed etiam devotione ac munificentia pu-«dendae turpitudinis labe atque ignominia liberasse[9].»

Dans la correspondance de Théodoret il y a une lettre adressée Φλωρεντίῳ πατρικίῳ[10].

C'est pendant la seconde préfecture de Florentius que fut promulgué le Code Théodosien. Théodose le charge en ces termes d'en assurer la publication :

— «Quod restat, Florenti, parens carissime et amantissime, illustris

---

[1] *Cod. Just.* lib. II, tit. xv, c. 2. *Ut nemo privatus... vela regalia suspendat.*

[2] *Ibid.* lib. VI, tit. LVI, c. 6, *Ad Sc. Tertull.;* — tit. LVIII, c. 10. *De legit. hered.* — Lib. VIII, tit. xiv, c. 6. *In quibus causis pignus tacite contrahitur.* — [Borghesi, suivant Haloander, avait omis le mois et le lieu où la constitution fut rendue.]

[3] *Ibid.* lib. I, tit. xiv, c. 6. *De legibus.*

[4] *Ibid.* lib. V, tit. ix, c. 5. *De secundis nuptiis.* — Lib. VI, tit. LXI, c. 3. *De bonis quae liberis.*

[5] *Ibid.* lib. V, tit. xxviii, c. 8. *De tutela testam.* — Lib. VII, tit. ii, c. 14. *De testam.*

*manumiss.* — Lib. VI, tit. xxiii, c. 21. *De testamentis.*

[6] *Nov. Theod.* tit. xvii. *De competitionibus.*

[7] *Cod. Just.* lib. IX, tit. xxvii, c. 6. *De crimine peculatus.*

[8] *Cod. Just.* lib. XII, tit. xxiii, c. 14. *De palatinis.*

[9] *Nov. Theod.* tit. xviii, 1 pr. *De lenonibus.*

[10] [*Ep.* LXXXIX, éd. Migne, t. LXXXIII, col. 1284. Cf. *Ep.* XLVII. Il y a aussi une lettre d'Isidorus Pelusiota à Florentius. *Ep.* lib. I, 486, éd. Migne, t. LXXVIII, col. 448.]

« et magnifica auctoritas tua, cui amicum, cui familiare est placere prin-
« cipibus, edictis propositis, in omnium populorum, in omnium provin-
« ciarum notitiam scita majestatis augustae nostrae faciat pervenire[1]. »]

## LXIII

[1192 = 439 — 1195 = 442.]

### CYRUS,
praef. praet. Orientis sub Theodosio juniore.

— « Valentiniano Augusto VII et Albino coss... Priscus Thrax... ait
« Cyrum praefectum praetorio et praefectum Urbi creatum esse. Idem
« vero praedictus praefectus praetorio in carruca praefecti Urbi se-
« dens (hos enim geminos magistratus per IV annos obtinuit, quod
« inculpatae prorsus esset vitae) processit. Ipsa etiam lumina vesper-
« tina in officinis, similiter et nocturna accendi adinvenit. Et acclama-
« verunt illi factiones in circo, toto die : Constantinus condidit, Cyrus
« renovavit. Ob hasce acclamationes Cyro factas offensus imperator,
« ipsique iratus, alium substituit et bonis ejus publicatis, clericum
« fieri coegit, misitque Smyrnam Asiae civitatem ut ibi episcopum age-
« ret... Ibique mansit usque ad mortem[2]. »

Si esamini se mai fosse il console del 441, come io sospetto.

[Deux constitutions des 5 avril et 30 décembre 440 sont adressées *Cyro P. P.
et consuli designato*[3]. D'après une autre constitution, le consulat de Cyrus se reporte

---

[1] [*De Theodos. Codicis auctoritate*, § 8.]
[2] *Chron. Pasch.* [p. 587 : Οὐαλεντινιανοῦ
Αὐγούσ7ου τὸ ζ' καὶ Ἀϐήνου... Πρίσκος
ὁ Θρᾷξ... λέγει ὅτι Κῦρος προεϐλήθη ἐν
Κωνσ7αντινουπόλει ἔπαρχος πραιτωρίων
καὶ ἔπαρχος πόλεως. Καὶ προῄει μὲν ὡς
ἔπαρχος πραιτωρίων εἰς τὴν καροῦχαν τῶν
ἐπάρχων· ἀνεχώρει δὲ καθήμενος εἰς τὴν
καροῦχαν τοῦ ἐπάρχου τῆς πόλεως· ἐκρά-
τησεν γὰρ τὰς δύο ἀρχὰς ἐπὶ χρόνους τέσσαρας, διότι καθαρὸς ἦν πόλυ· καὶ αὐτὸς
ἐπενόησεν τὰ ἑσπερινὰ φῶτα ἅπ7εσθαι εἰς
τὰ ἐργασ7ήρια, ὁμοίως καὶ τὰ νυκτερινά.
Καὶ ἔκραξαν αὐτῷ τὰ μέρη εἰς τὸ Ἱππικὸν
ὅλην τὴν ἡμέραν· Κωνσ7αντῖνος ἔκτισεν,
Κῦρος ἀνενέωσε. Καὶ ἐχόλεσεν αὐτῷ ὁ
Βασιλεύς, ὅτι ταῦτα ἔκραξαν, καὶ διεδέξατο
αὐτὸν δημεύσας καὶ ἐποίησεν αὐτὸν κλη-
ρικὸν καὶ ἔπεμψεν αὐτὸν ἐπίσκοπον εἰς
Σμύρναν τῆς Ἀσίας· ... καὶ ἔμεινεν ἐκεῖ
ἕως θανάτου αὐτοῦ.]

[3] [Voir plus bas, p. 331, n. 3 et 6.]

à vingt-huit ans avant le second consulat d'Anthemius (468), c'est-à-dire à l'an 441[1].]

Della prefettura di Ciro parla anche Gio. Malala[2]: «Theodosius ju-
«nior... Prasinis gradus dedit... Cyro praefecto subindicans, velle
«se, quos caros sibi habuit e regione sui eos spectare.»

— «(Theodosius junior) praetorio urbique praefectum constituit
«Cyrum patricium, virum philosophum, et in omnibus solertissimum :
«qui et munus utrumque per quadriennium integrum obivit; car-
«rucaque vectus praefectoria, aedificiorum per urbem omnium curam
«suscepit; ipsamque adeo Constantinopolim omnem de integro reno-
«vavit[3].»

— «Cyrus, Panopolita poeta, vixit sub imperatore Theodosio ju-
«niore, a quo praefectus praetorii et urbis creatus est; fuitque consu-
«laris et patricius[4].»

— «Cyrus... Aegyptius, quem ob poesim etiam nunc admirantur,
«praefectura urbis et praetorii simul fungens, neque aliud quidquam
«praeter poesim sciens, veterem consuetudinem transgredi ausus est,

---

[1] [*Cod. Just.* lib. XI, tit. LIV, c. 1, § 2. *Ut nemo ad suum patrocinium suscipiat vicos vel rusticanos eorum.*] — [En 1893 on a découvert à Pavie, dans les murs de l'église Sainte-Marie-du-Peuple un fragment d'épitaphe chrétienne sur lequel Cyrus est mentionné sans collègue, CYRO CŌN, comme dans la suscription des lois de l'année 441 citées p. 331 (Barnabei, *Notizie degli scavi*, 1893, p. 349). Le texte de Pavie est du mois d'août ou de la fin de juillet 441. Les inscriptions datées de la première moitié de cette année, connues avant cette découverte, portent simplement *post consulatum Valentiniani V et Anatolii.* Cf. J. B. de Rossi, *Inscr. christ.* vol. I, n. 707; Le Blant, *Inscr. chrétiennes de la Gaule*, n. 415. HÉRON DE VILLEFOSSE.]

[2] Lib. XIV [p. 351 : Καὶ τὰ βάθρα ἔδωκε τοῖς τοῦ Πρασίνου μέρους... εἰρηκὼς τῷ ἐπάρχῳ Κύρῳ ὅτι· οὓς φιλῶ κατεναντί μου θέλω θεωρεῖν.]

[3] *Ibid.* p. 361, che poi narra la sua disgrazia, come la Cronaca Pasquale. [Ὁ δὲ αὐτὸς βασιλεὺς προεβάλετο ἔπαρχον πραιτωρίων καὶ ἔπαρχον πόλεως τὸν πατρίκιον Κῦρον, τὸν φιλόσοφον, ἄνδρα σοφώτατον ἐν πᾶσι. Καὶ ἦρξεν ἔχων τὰς δύο ἀρχὰς ἔτη τέσσαρα, προϊὼν εἰς τὴν καροῦχαν τοῦ ἐπάρχου τῆς πόλεως καὶ φροντίζων τῶν κτισμάτων καὶ ἀνανεώσας πᾶσαν Κωνσταντινούπολιν.]

[4] Suidas, v° Κῦρος. [Κῦρος, Πανοπολίτης, ἐποποιός. Γέγονεν ἐπὶ Θεοδοσίου τοῦ νέου βασιλέως, ὑφ' οὗ καὶ ἔπαρχος πραιτωρίων καὶ ἔπαρχος πόλεως προεβλήθη· καὶ γέγονεν ἀπὸ ὑπάτων καὶ πατρίκιος.] Vedi le schede consolari.

« decretaque Graeco sermone protulit; cum Romana lingua fortunam
« quoque magistratus amisit... Legem enim autographam ferre persuasus
« est Imperator, omni magistratum potestate spoliantem[1]. »

[Cyrus cultivait la poésie, ce qui lui valut la faveur de l'impératrice Eudoxie.
L'une des épigrammes de Cyrus a été conservée dans l'Anthologie Palatine [2] :

> Αἴθε πατήρ μ' ἐδίδαξε δασύτριχα μῆλα νομεύειν,
> ὥς κεν ὑπὸ πτελέῃσι καθήμενος, ἢ ὑπὸ πέτρης
> συρίσδων καλάμοισιν ἐμὰς τέρπεσκον ἀνίας.
> Πιερίδες, φεύγωμεν ἐϋκτιμένην πόλιν, ἄλλην
> πατρίδα μασ]ευσωμεν. Ἀπαγγελέω δ'ἄρα πᾶσιν
> ὡς ὀλοοὶ κηφῆνες ἐδηλήσαντο μελίσσας.

Utinam pater me docuisset villosas oves pascere,
Ut sub ulmis considens, aut sub saxis
Modulans calamis meos mulcerem moerores !
Pierides, fugiamus bene conditam urbem, aliam
Patriam quaeramus. Nunciabo jam omnibus
Quod funesti fuci perdiderunt apes.]

Di questo Ciro o vero Constantino Ciro vedi il Ducangio [3].

— « Hoc anno (del mondo 5937), Cyrum Urbis et praetoriano-
« rum praefectum, virum litteratissimum et in negotiis gerendis prae-
« stantem, qui Urbis moenia partim exstruxerat, et Urbem ex parte
« reparaverat, cum de eo, sedente in circo imperatore et audiente,
« exclamassent Byzantini : Constantinus condidit, Cyrus instauravit;
« indignatus imperator de hujusmodi acclamationibus et eum cum gen-
« tilibus sentire causatus, praefecti dignitatem Cyro abrogavit, et ejus
« facultates publicavit. Ille ad ecclesiam se recipiens factus est clericus.

---

[1] Lydus, *De magistr.* [lib. II, c. XII : Κύρου... Αἰγυπ]ίου, ἐπὶ ποιητικῇ καὶ νῦν θαυμαζομένου, ἅμα τὴν πολίαρχον, ἅμα τὴν τῶν πραιτωρίων ἐπαρχότητα διέπον-τος, καὶ μηδὲν ἄλλο παρὰ τὴν ποίησιν ἐπισ]αμένου, εἶτα παραβῆναι θαρρήσαν-τος τὴν παλαιὰν συνήθειαν, καὶ τὰς ψή-φους Ἑλλάδι φωνῇ προενεγκόντος, σὺν τῇ Ῥωμαίων φωνῇ καὶ τὴν τύχην ἀπέβαλεν ἡ ἀρχή... Lib. III, CXLII : Νόμον γὰρ ἀντι-γράφειν ὁ βασιλεὺς ἀνεπείσθη πάσης ἀφαι-ρούμενον ἐξουσίας τὴν ἐπαρχόντα.]

[2] [Ed. Dübner, cap. IX, 136; vol. II, p. 26 et 177.]

[3] *Constantinopolis christiana*, lib. I, c. x [p. 39, 40, éd. de Paris, 1680].

« Imperator autem, miseratione in eum motus, Smyrnae, quae Asiae
« urbs est, episcopum fieri jussit. Eumdem vero comprehensum quasi
« gentilium opinionibus adhuc detentum in ipsa ecclesia interficere
« meditabantur. Ille confertam ecclesiam conveniens et ad populum con-
« cionem habere compulsus, ait : « Viri fratres, nativitas Dei et Salva-
« toris nostri Jesu Christi colatur silentio, quandoquidem auditu etiam
« solo in sancta Virgine Dei Verbum conceptum est. Ipsi gloria in sae-
« cula saeculorum, amen. » His populus in hilaritatem versus felicibus
« votis eum prosecutus est; et episcopi provinciam apud illos piissime
« administravit [1]. »

Vedi sopra Ciro la nota del Tillemont [2].

— « Theodosius minor Antiochum Praepositum dignitate privatum
« in presbyterorum ordinem rettulit. Idem Cyrum, qui in magistratu
« ipsi successerat, et duobus maximis imperiis eodem tempore prae-
« erat. Hic, felicitatis suae magnitudinem admiratus, dixit : Non places
« mihi, Fortuna, tam blande ridens. Hinc et ipse magistratu spoliatur
« ut gentilis quique affectans imperium ac, bonis publicatis, factus est
« episcopus Cotyaii in Phrygia. Post hunc autem solus Chrysaphius,
« cognomento Zummas, dominatus est [3]. »

---

[1] Theophan. *Chronogr.* p. 199. [An. 437
(?) : Τούτῳ τῷ ἔτει Κῦρον, τὸν ἔπαρχον τῆς
πόλεως καὶ τῶν πραιτωρίων, ἄνδρα σοφώτατον καὶ ἱκανὸν κτίσαντά τε τὰ τείχη τῆς
πόλεως καὶ ἀνανώσαντα πᾶσαν Κωνσταντινούπολιν, περὶ οὗ ἔκραξαν οἱ Βυζάντιοι
ἐπὶ τοῦ ἱππικοῦ καθεζομένου τοῦ βασιλέως
καὶ ἀκούοντος· «Κωνσταντῖνος ἔκτισεν, Κῦρος ἀνενέωσεν.» Καὶ ἐχόλεσεν ὁ βασιλεὺς
ὅτι ταῦτα εἶπον περὶ αὐτοῦ, καὶ προφα-
σισάμενος αὐτὸν Ἑλληνόφρονα εἶναι, καθ-
εῖλεν αὐτὸν τῆς ἀρχῆς καὶ ἐδήμευσεν αὐτόν.
Ὁ δὲ προσφυγὼν τῇ ἐκκλησίᾳ ἐγένετο
παπᾶς καὶ αὐτός. Ὁ δὲ βασιλεὺς σπλαγχ-
νισθεὶς ἐπ' αὐτῷ ἐκέλευσε γενέσθαι αὐτὸν
ἐπίσκοπον Σμύρνης, τῆς ἐν Ἀσίᾳ. Οἱ δὲ
Σμυρναῖοι καταλαβόντα αὐτὸν πρὸ τῶν
ἁγίων Θεοφανίων ὑφορώμενοι αὐτὸν ὡς
Ἑλληνόφρονα ἠβούλοντο αὐτὸν ἀνελεῖν.
Τοῦ δὲ εἰσελθόντος ἐν τῇ ἐκκλησίᾳ καὶ
προτραπέντος λαλῆσαι τῷ λαῷ, ἔφη· Ἄνδρες ἀδελφοί, ἡ γέννησις τοῦ Θεοῦ καὶ
Σωτῆρος ἡμῶν Ἰησοῦ Χριστοῦ σιωπῇ τιμά-
σθω, ὅτι ἀκοῇ καὶ μόνῃ συνελήφθη ἐν τῇ
ἁγίᾳ Παρθένῳ ὁ τοῦ Θεοῦ Λόγος· αὐτῷ ἡ
δόξα εἰς τοὺς αἰῶνας. Ἀμήν. Καὶ ἐχάρη ὁ
λαός, καὶ εὐφήμησαν αὐτόν, καὶ ἐπεσκό-
πησεν αὐτοὺς εὐσεβῶς.]

[2] [*Hist. des Empereurs*], t. VI, p. 608.

[3] Suidas, v° Θεοδόσιος. [Ὅτι Θεοδόσιος

## PRAEFECTI PRAETORIO ORIENTIS.

[Cyrus succéda à Florentius entre le 26 novembre et le 6 décembre 439. Préfet de Constantinople dès le 23 mars [1], il cumula pendant quatre ans la charge de préfet d'Orient et celle de préfet de la ville, depuis la fin de 439 jusqu'au début de l'an 442.]

Imp. Theodosius et Valentinianus AA. Cyro P. P.

[An. 439. — Theodosio A. XVII et Festo v. c. conss.

VIII id. Dec. Dat. Constantinopoli [2].]

An. 440. — Valentiniano A. V et Anatolio conss.

Non. April. Dat. Constantinopoli [3].

XII kal. Jun. Dat. . . [4].

[XI kal. Oct. Dat. Constantinopoli [5].]

III kal. Jan. Dat. . . [6].

An. 441. — Cyro v. c. cons.

Prid. non. Mart. Dat. Constantinopoli [7].

VI kal. Jul. Dat. Constantinopoli [8].

ὁ μικρὸς καταλύσας Ἀντίοχον τὸν Πραιπόσιτον ἐν τοῖς πρεσβυτέροις κατέταξεν. Ὁ αὐτὸς Κῦρον, τὸν τούτου διαδεξάμενον τὴν δυναστείαν, καὶ τὰς δύο μεγίστας τῶν ἐπάρχων ἀρχὰς κατὰ τὸν αὐτὸν διανύοντα χρόνον. Ὃς τὴν τοσαύτην εὐπραγίαν θαυμάσας ἀπεφθέγξατο τόδε· Οὐκ ἀρέσκεις μοι, Τύχη, πολλὰ γελῶσα. Καθαιρεῖται γοῦν καὶ αὐτὸς ὡς Ἕλλην καὶ βασιλείαν(?) ἐλπίζων καὶ τῆς οὐσίας αὐτοῦ δημευθείσης γέγονεν ἐπίσκοπος ἐν Κοτυαείῳ τῆς Φρυγίας. Μετὰ δὲ τοῦτον ἐδυνάστευσε μόνος Χρυσάφιος ὁ ἐπίκλην Ζούμμας.]

[1] [Cod. Just. lib. I, tit. II, c. 9; lib. II, tit. XVIII, c. 1.]

[2] Nov. Theod. II, tit. XVIII, c. 1. De lenonibus. [Voir plus haut, p. 326, n. 9.]

[3] Cod. Just. lib I, tit. XIV, c. 7. De legibus. [Voir plus haut, p. 327, n. 3.]

[4] Ibid. lib. III, tit. IV, c. 1. Qui pro sua jurisdictione judices dare darive possunt. — Lib. VII, tit. LXII, c. 32 : De appellationibus ; tit. LXIII, c. 2. De temporibus et reparationibus appellationum.

[5] Ibid. lib. III, tit. XXIII, c. 2. Ubi quis de curiali vel cohortali aliave condicione conveniatur. [Borghesi attribue par erreur cette constitution à 441. Dans un certain nombre d'anciennes éditions du Code, on avait mis la suscription : Cyro v. c. cons.] — Lib. VII, tit. XLI, c. 3. De adluvionibus et paludibus et de pascuis ad alium statum translatis. Nov. Theod. tit. XX. [Cf. C. Lachmann, Gromatici veteres, I, p. 273-275; la suscription porte : Cyro P. P. Orientalium.]

[6] Ibid. lib. II, tit. VII, c. 8. De advocatis diversorum judiciorum.

[7] Ibid. lib. VII, tit. LXII, c. 33. [Nov. Theod. tit. VII, 4, § 6-8. De amota militantibus fori praescriptione.] — Lib. XII, tit. LIV, c. 3. De apparitoribus magistrorum militum. [Nov. Theod. cod., § 2.]

[8] Nov. Theod. tit. V, c. 3. De patrimonialibus.

XV kal. Sept. Dat. Constantinopoli[1].

[Il faut y joindre six constitutions dont la date n'a pas été conservée[2].]

✴

?

ANTHIOCHUS, Antiochi f., CHUZON,
sub Theodosio juniore.

— « (In locum Cyri) praefectus constitutus est Antiochus Chuzon, « magni Antiochi Chuzonis, qui Antiochenis in auctarium pecunias « dedit, sumptibus in Circensia, Olympia et Majumae festum facien- « dis, nepos. Post hunc imperator praefectum constituit Rufinum, « cognatum suum : qui, imperium sibi arripere tentans, interfectus « est[3]. »

Sta per altri dubbio se fu prefetto del pretorio o di Costantinopoli, perche Ciro lo fu dell' uno o dell' altra.

Sarebbe mai che Malala avesse confuso Constantino Ciro con Costantio prefetto del pretorio del 447, ambedue celebre per le pubbliche feste a Costantinopoli, e chè per cio quest' Antioco non fosse altro che l'Antioco prefetto del 448.

---

[1] *Cod. Just.* lib. I, tit. LV, c. 10. *De defensoribus civitatum.*

[2] *Cod. Just.* lib. X, tit. LXXI, c. 4. *De tabulariis scribis logographis et censualibus.* — Lib. XI, tit. XLIII, c. 5 et 6. *De aquaeductu.* — Lib. XII, tit. VIII, c. 2. *Ut dignitatum ordo servetur.* Tit. XXI, c. 5. *De principibus agentum in rebus.* Tit. L, c. 21. *De cursu publico.* [Hermann pense que cette constitution doit être reportée à l'an 445 à cause de celles de *Cod. Just.* lib. X, tit. XLVIII, c. 2, et lib. I, tit. I, tit. II, c. 11, relatives au même objet. Le destinataire de la constitution serait le préfet Taurus et non Cyrus. Cf. *Dict. des Antiquités grecques et latines*, t. I$^{er}$, p. 1651.]

[3] Jo. Malalas, lib. XIV, p. 362 : [Καὶ προηγάγετο ἔπαρχον Ἀντίοχον τὸν Χούζωνα, τὸν ἔγγονον Ἀντιόχου τοῦ Χούζωνος τοῦ μεγάλου, ὃς παρέσχεν ἐν Ἀντιοχείᾳ τῇ μεγάλῃ προσθήκην χρημάτων εἰς τὸ ἱππικὸν καὶ τὰ Ὀλύμπια καὶ τὸν Μαϊουμᾶν. Καὶ μετ' αὐτὸν προήχθη ἔπαρχος Ῥουφῖνος ὁ συγγενὴς τοῦ αὐτοῦ βασιλέως · καὶ ἐφονεύθη, ὡς μελετήσας τυραννίδα.]

✶
?
*RUFINUS*,
sub Theodosio juniore.

— «Post Antiochum imperator praefectum constituit Rufinum, co-
«gnatum suum, qui, imperium sibi arripere tentans, interfectus est[1].»

E prima aveva detto che Teodosio jiuniore, «qui praetorio Urbi-
«que praefectum constituit Cyrum patricium, virum philosophum, qui
«et munus utrumque per quadriennium integrum obivit,» dopo la cui
disgrazia «praefectus constitutus est Antiochus Chuzon, magni Antio-
«chi Chuzonis... nepos. Post hunc imperator praefectum constituit
«Rufinus, etc.»

Questo Rufino è affato sconosciuto e ne anche si avverti nelle note
ed anche in tutto il resto. Havvi grande impiccio, come ne ha per
l'Antioco magno Chuzone di cui Malala parla[2]. Parmi che, in tutta
questa disposizione dei prefetti fatta dal cronografo, non si sia una
parola di sano.

## LXIV

[1195 = 442.]

THOMAS,
praef. praet. Orientis sub Theodosio juniore.

Idem (Theodosius et Valentinianus) AA. Thomae P. P.
An. 442. — Eudoxio et Dioscoro conss.
V kal. Mart. Dat. Constantinopoli[3].
Sine die...[4].

---

[1] Jo. Malalas, *loc. cit.*
[2] P. 346. [Voir plus haut, p. 255.]
[3] *Cod. Just.* lib. X, tit. xxxii, c. 60.
*De decurionibus.* — Lib. I, tit. iii, c. 21.
*De episcopis.* La prima legge è stata corretta.
Avvisa il Gotofredo, t. I, p. ccxii, che in vece
di «Thomae» devesi referire a «Isidoro».
[Les anciens éditeurs, et Beck lui-même, lisaient:] «Isidoro et Senatore conss. (436).»
[Pourtant Cujas avait déjà rétabli la véri-
table suscription qui figure seule dans les
éditions modernes depuis Hermann.]

[4] *Cod. Just.* lib. XII, tit. lvii, c. 13.
*De cohortalibus principibus.* [Voir plus haut, p. 318, n. 4.]

## LXV

[1195 = 442 — 1197 = 444.

APOLLONIUS,

praef. praet. Orientis sub Theodosio juniore.

Apollonius était en charge le 21 août 442. Il était encore préfet le 15 décembre 443.

Voir la série des préfets d'Illyrie.]

## LXVII

[1197 = 444.]

ZOILUS,

praef. praet. Orientis sub Theodosio juniore.

Idem (Theodosius et Valentinianus) AA. Zoilo P. P. Orientis.
An. 444. — Theodosio A. XVIII et Albino conss.

V kal. Mart. Dat...[1].

X kal. Maii. Dat. Constantinopoli[2].

XIII kal. Aug.[3].

Sine die...[4].

Vedi il Zirardini[5] che lo dimostra prefetto d'Oriente in quest' anno.

Fra gli intervenuti al concilio di Calcedone, nella prima azione, VIII id. Oct. del 451, si nomina «magnificentissimus et gloriosissimus ex praefectus Zoilus»[6].

---

[1] *Cod. Just.* lib. I, tit. LI, c. 11. *De adsessoribus.* — Lib. XII, tit. IX, c. 1. *De magistris scriniorum.*

[2] *Ibid.* lib. X, tit. XII, c. 2. *De petitionibus bonorum sublatis.* Si corregge Zoilo in vece di Florentio perche cosi sta scritto nel codice Ottoboniano come attesta il Zirardini, *Novellae*, p. 199, e cosi certamente sta bene. [*Nov. Theod.* tit. XVII, 2.]

[3] *Nov. Theod.* tit. XV. *Ne curialis ad senatoriam dignitatem... adspiret.* Zirardini, p. 1.

[4] *Cod. Just.* lib. XII, tit. XXXVI, c. 6 : *De castrensi peculio;* tit. LII, c. 3. *De apparitoribus praefect. praet.*

[5] P. 75. [L'inscription du *Cod. Just.* lib. I, tit. LI, c. 11, porte «Zoilo Pf. P. Orientis».]

[6] Labbaeus [*Concilia*], t. IV, p. 78, [éd. Paris, 1671 : Καὶ τοῦ μεγαλοπρεπεστάτου καὶ ἐνδοξοτάτου ἀπὸ ἐπάρχων Ζωίλου.]

## LXVII

[1197 = 444.]

**HERMOCRATES,**
praef. praet. Orientis sub Theodosio juniore.

[Hermocrates avait été *comes rerum privatarum* en 435 [1].]

Lo dimostra prefetto dell' Oriente il Zirardini [2] e successore di Zoilo, contro il Ritter che l'aveva creduto prefetto dell' Illirico [3].

[Trois constitutions de Théodose et Valentinien sont adressées au préfet Hermocrates. Celle du 11 décembre lui donne le titre de *P. P. Orientis.*]

An. 444. — Theodosio A. XVIII et Albino conss.
   XII kal. Dec. Dat. Constantinopoli [4].
   III id. Dec. Dat. Constantinopoli [5].

## LXVIII

[1198 = 445.

**FLORENTIUS,**
praef. praet. Orientis III sub Theodosio juniore.]

Idem (Impp. Theodosius et Valentinianus) Florentio P. P.
[An. 445. — Valentiniano A. VI et Nomo conss.
   III id. Febr. Dat. Constantinopoli [6].]
Di Florenzio vedi le note alla novella di Teodosio [7].

---

[1] [*Cod. Just.* lib. X, tit. x, c. 5. Cf. Tillemont, *Hist. des Empereurs*, t. VI, p. 71.]

[2] *Nov. Theod.*, xxvi : «Impp. Theod. et Valent. A A. *Hermocrati Pf. P. Orientis.* Data III id. Dec. Constantinopoli, Theodosio A. XVIII et Albino v. c. conss. Eodem exemplo Theodoro viro illustri praefecto praetorio Illyrici.» Sic inscriptum in Cod. Ottoboniano testatur Zirardinus, *Novellae*, p. 76. [Cf. Haenel, col. 112, n. c.]

[3] [T. VI, 1, p. 385.]

[4] *Cod. Just.* lib. X, tit. xxviii, c. 1. *De collatione donatarum.* — Lib. XI, tit. lix, c. 17. *De omni agro deserto.*

[5] *Nov. Theod.* tit. xxvi. *De relevatis adaeratis vel donatis possessionibus.*

[6] *Cod. Just.* lib. I, tit. iii, c. 22. *De episcopis.* [La date a été rétablie d'après Krueger.]

[7] [T. VI, 1, p. 325.]

Fra gli intervenuti alla prima azione del concilio di Calcedone al vııı id. Octob. si nomina « magnificentissimus et gloriosissimus ex « praefectus praetoriorum *sexies* et ex consul ordinarius ac patricius « Florentius[1]. »

[D'après ce document, Florentius aurait été six fois préfet du prétoire. Les trois premières préfectures sont seules confirmées par les textes législatifs [2].]

## LXIX

[1198 =] 445.

### TAURUS,

praef. praet. Orientis [iterum (?)] sub Theodosio juniore.

[L'existence de ce préfet du prétoire est attestée par deux textes contenant des fragments d'une constitution de Théodose et Valentinien :]

An. 445. — Valentiniano A. VI et Nomo conss.
XIII kal. Mart. Dat. Constantinopoli [3].

[C'est probablement le même qui avait été consul en 428 et préfet d'Orient en 433-434. Il fut aussi patrice. Dans une lettre écrite vers l'an 448, Théodoret parle de sa haute situation [4] :

— « Transgredi me terminos cogunt sycophantae, et vobis, qui maxi-
« mas dignitates ornastis, supremosque honores adepti estis, scribere
« compellunt... Eccui vero injuriis vexatos defendere magis conveniat,

---

[1] Labbaeus, t. IV, p. 78. [Ἀπὸ ἐπάρχων πόλεως, καὶ ἀπὸ ἐπάρχων πραιτωρίων τὸ ἕκτον. Cf. Baron. ad ann. 448, n. 45.]

[2] [Cf. Tillemont, *Histoire des Empereurs*, t. VI, p. 60. Voir plus haut, p. 317 et 324.]

[3] *Cod. Just.* lib. I, tit. ıı, c. 11. *De sacros. eccles.* — Lib. X, tit. xlıx, c. 2. *De quibus muneribus vel praestationibus nemini liceat excusari.*

[4] [*Ep.* lxxxvııı. Ταύρῳ πατρικίῳ. Ὑπερβαίνειν με τοὺς ὅρους οἱ συκοφάνται βιάζονται, καὶ γράφειν ὑμῖν, τὰς μεγίσ7ας κεκοσμηκόσι ἀρχάς, καὶ τὰς ὑπερτάτας εἰληχόσι τιμάς, ἀναγκάζουσιν... Τίνι δὲ οὕτω προσήκει τῶν ἀδικουμένων ὑπερμαχεῖν, ὡς ὑμῖν, ὦ φιλόχρισ7οι, οἷς καὶ τοῦ γένους ἡ περιφάνεια, καὶ τῶν ἀξιωμάτων τὸ ὕψος, καὶ μέντοι καὶ τὸ τῶν νομίμων πρωτεύειν, παρέχει τὴν παρρησίαν;]

«quam tibi, vir christiane, cui et generis splendor et dignitatum subli-
«mitas et quod in legibus primas tenes, amplam tribuit facultatem?»

Taurus mourut en 449 :

An. 449. — «Ariobinda et Taurus patricii communi vita defuncti sunt[1].»]

## LXX
[1200 =] 447.
### [FL. [2]] CONSTANTINUS,
praef. praet. Orientis sub Theodosio juniore.

«Anno 447, praetorianam Orientis praefecturam a Constantino fuisse administratam ex Marcellino comite[3] discimus, qui et alium anno 448 fuisse Orientis praefectum, Antiochum nempe, prodit. Illum porro Constantinum a Marcellino memoratum, quo operam dante urbis Constantinopolitanae, muros terrae motu collapsos, intra tres menses, anno 447, restitutos. Ille refert eumdem esse ac eum qui alias Cyrus vocatur, ad quem variae utriusque codicis leges et quaedam Theodosii novellae exstant, pluribus docet doctissimus Ducangius[4], ubi de Cyro hoc plura habet; eumque et ipso anno 447, et postea etiam anno 450, praefectum praetorio fuisse censet[5].»

[Tillemont a démontré que Cyrus et Constantinus sont deux personnages distincts. D'autre part, Constantin n'a pas été préfet d'Orient en 450 : les préfets de cette année furent Hormisdas, puis Palladius.]

Fra gli intervenuti alla prima azione del concilio di Calcedone «sub «die VIII id. Oct.» del 451, si memora «magnificentissimus et glorio- «sissimus ex praefectus praetorio Constantinus»[6].

---

[1] [Marcell. com. *Chronic.*]

[2] [Ce prénom est celui du consul de 457 (J. B. de Rossi, *Inscr. christ.* vol. I, n. 810 et p. 356). On verra plus loin que ce consul est, suivant toute vraisemblance, le même que le préfet du prétoire de 447.]

[3] In *Chronico.* [«Eodem anno urbis augustae muri olim terrae motu conlapsi intra tres menses Constantino praefecto praetorio operam dante reaedificati sunt.»]

[4] In *Constantinopolis christiana*, lib. I, c. 10 [p. 40].

[5] Zirardini, *Novellae*, p. 77.

[6] Labbaeus, t. IV, p. 575.

## PRAEFECTI PRAETORIO ORIENTIS.

Supra portam Constantinopolis :

THEODOSII IVSSIS GEMINO NEC MENSE PERACTO
CONSTANTINVS OVANS HAEC MOENIA FIRMA LOCAVIT
TAM CITO TAM STABILEM PALLAS VIX CONDERET ARCEM
+ ΗΜΑϹΙΝ ΕΞΗΚΟΝΤΑ ΦΙΛΟϹΚΗΠΤΡѠ ΒΑϹΙΛΗΙ + ΚѠΝϹΤΑΝΤΙΝΟϹ
ΥΠΑΡΧΟϹ ΕΔΕιμΑΤΟ ΤΕΙΧΕΙ ΤΕΙΧΟϹ[1]

[Εἰς πόρταν τὴν ἐπιλεγομένην ξυλόκερκον ἐν Βυζαντίῳ.]

> Θεοδόσιος τόδε τεῖχος ἄναξ, καὶ ὕπαρχος Ἑῴας
> Κωνσ]αντῖνος ἔτευξαν, ἐν ἤμασιν ἐξήκοντα.

[In portam cognominem Xilocirci, Byzantii.]

> Theodosius hunc murum rex et praefectus Orientis
> Constantinus fecerunt intra dies sexaginta [2].

[Εἰς πόρταν τοῦ Ῥησίου ἐν Βυζαντίῳ.]

> Ἤμασιν ἐξήκοντα φιλοσκήπ]ρῳ βασιλῆϊ
> Κωνσ]αντῖνος ὕπαρχος ἐδείματο τείχεϊ τεῖχος.

[In portam Rhesii apud Byzantium.]

> Diebus sexaginta sceptrum-amanti regi
> Constantinus praefectus struxit muro murum [3].

[Le préfet Constantinus est appelé parfois Constantius. Dans une lettre adressée Κωνσ]αντίῳ ἐπάρχῳ, Théodoret lui signale les abus dont ses compatriotes sont victimes [4] :

— «Hoc unum excellentiam tuam obtestor, ne mendaciis ejus fidem

---

[1] Guys, *Voyage littéraire de la Grèce*, Paris, 1776, t. II, p. 12, xxxvii. [*Corp. inscr. Latin.* vol. III, n. 734; l'inscription grecque est gravée sur une seule ligne.]

[2] Ex *Anthologia*, lib. IV, c. 18 [éd. Dübner, cap. IX, 690, t. II, p. 141.] Du Cange, *op. cit.* p. 39 et 49.

[3] Ex *Anthologia*, *loc. cit.* [cap. IX, 691].

[4] [*Ep.* XLII: Τοῦτο δὲ μόνον τὴν ὑμετέραν μεγαλοφυΐαν ἀντιβολῶ, μὴ πισ]εῦσαι ταῖς ἐκείνου ψευδηγορίαις· ἀλλὰ κυρῶσαι τὴν ἐποψίαν, καὶ φείσασθαι μὲν τῶν ἀθλίων συντελῶν, φείσασθαι δὲ τῶν τρισαθλίων πολιτευομένων, ἀπαιτουμένων ἅπερ εἰσπράτ]ειν οὐ δύνανται. Τίς γὰρ ἀγνοεῖ τῆς ἀπογραφῆς τῶν παρ᾽ ἡμῖν ζυγῶν τὴν βαρύτητα, δι᾽ ἣν πεφεύγασι μὲν οἱ πλεῖσ]οι τῶν κεκτημένων, ἀπέδρασαν δὲ οἱ γηπόνοι, ἔρημα δὲ πολλὰ τῶν κτημάτων γεγένηται;]

« habeat, sed inspectionem confirmet, ac miseris parcat collatoribus,
« parcat et miserrimis decurionibus, a quibus ea deposcuntur, quae ipsi
« exigere non possunt. Quis enim gravitatem descriptionis jugorum nos-
« tratium ignorat, propter quam et possessorum plurimi solum verte-
« runt, et coloni abierunt, et agri plerique deserti jacent? »

De cette lettre et des lettres 43 et 45, Sievers[1] conclut que Constantinus succéda à Taurus vers le milieu de l'année 445.]

## LXXI

[1201 = 448.]

HORMISDAS,

praef. praet. Orientis sub Theodosio juniore.

[Αὐτοκράτορες Θεοδόσιος καὶ Οὐαλεντινιανὸς ΑΑ. Ὁρμίσδᾳ ἐπάρχῳ πραιτωρίων.]

An. 448. — Zenone et Postumiano conss.
XIV kal. Mart. Dat. Constantinopoli[2].

## LXXII

1201 = 448.

ANTIOCHUS,

praef. praet. Orientis sub Theodosio juniore.

An. 448. — « Utramque porticum Troadensem turresque portarum
« utrasque ignis subitus exussit : quarum ruina continuo repurgata,
« Antiochus praefectus praetorio in pristinam erexit speciem[3]. »

Quest' Antioco sarebbe mai quello che era questore nel 429, e
che fu uno dei compilatori del Codice Teodosiano, memorato percio
nella legge penult. tit. 1, lib. I, di quel codice?

[On a vu plus haut que ce personnage mourut en 444. Il s'agit ici d'un autre
Antiochus[4].]

[1] [*Studien*, p. 435.]
[2] *Cod. Just.* lib. I, tit. 1, c. 3. *De summa trinitate.*
[3] Marcellinus comes, in *Chronic.*
[4] [Voir plus haut, p. 320, n. 5. Cf. Sievers, *Studien*, p. 436.]

Assisteva alla sesta azione del concilio di Calcedone tenuto viii kal. Nov. del 451 : « Vir magnificentissimus ex praefectus et patricius Enga-« rus. » Il codice poi Corbeiense e le vecchie edizioni invece di « Engarus » hanno « Antiochus », e questa credo la lezione vera, essendo Engaro affatto sconosciuto [1].

[Antiochus conserva, après avoir été remplacé dans la préfecture d'Orient, une grande influence. Théodoret lui écrit en 448 :

— « Maximi magistratus curas quidem deposuistis, sed gloria vestra « apud omnes floret. Qui enim beneficiis vestris ornati fuerunt, assidue « illa commemorant (plurimi autem ii sunt, et ubique), laudesque ves-« tras apud alios praedicant, et ad praeconia vestra illorum etiam linguas « movent..... Adjuvet ergo illos (episcopos) amplitudo vestra, et ca-« lumnia oppresso consulens Orienti, et fidei apostolicae prospiciens [2]. »]

## LXXIII

[1201 = 448.

EUTRECHIUS,

praef. praet. Orientis sub Theodosio juniore.

L'existence de ce préfet nous est révélée par la correspondance de l'évêque de Cyrrhus, Théodoret. Dans une lettre adressée au préfet Eutrechius, il le félicite de sa nomination :

— « Hoc etiam nobis omnium rector indulsit ut de excellentiae tuae « dignitate audiremus, tibique tantum honorem adepto gratularemur; « gratularemur et subditis quos tanta regit mansuetudo [3]... »

---

[1] Labbaeus, *loc. cit.*

[2] [*Ep.* xcv. Ἀντιόχῳ ὑπάρχῳ. Τῆς μεγίστης ἀρχῆς τὰς μὲν φροντίδας ἀπέθεσθε, τὸ δὲ κλέος ὑμῶν παρὰ πᾶσιν ἄνθει. Οἱ γὰρ τὰς ὑμετέρας εὐεργεσίας τρυγήσαντες ᾄδουσι ταύτας ἐνδελεχῶς (πλεῖστοι δὲ οὗτοι, καὶ πανταχοῦ) καὶ πολλοῖς τὰς εὐφημίας προσφέροντες, καὶ τὰς ἐκείνων γλώττας πάλιν εἰς ἐπαίνους κινοῦντες..... Ἐπαμυνάτω τοίνυν αὐτοῖς τὸ ὑμέτερον μέγεθος, καὶ τῆς συκοφαντουμένης ἑῴας κηδόμενον, καὶ τῆς ἀποστολικῆς προμηθούμενον πίστεως...]

[3] [*Ep.* lvii. Εὐτρεχίῳ ὑπάρχῳ. Δέδωκεν ἡμῖν τῶν ὅλων ὁ Πρύτανις καὶ τοῦτο, τῆς ὑμετέρας μεγαλοφυΐας ἀκοῦσαι τὸ γέρας,

L'époque à laquelle Eutrechius était préfet est fixée implicitement par une autre lettre que lui adresse Théodoret après avoir été invité par l'empereur à se tenir tranquille dans sa ville épiscopale. Cette lettre rappelle les faits que Théodoret avait signalés à Antiochus au moment où il venait d'être relevé de ses fonctions. Elle est, comme celle-ci, de 448. Eutrechius fut le successeur d'Antiochus.

— « Valde miratus sum, destructis contra nos insidiis nihil esse nobis « a magnitudine vestra significatum... Et nos quidem sperabamus, cum « in urbem regiam accitus esses atque excelsam praefectorum sedem « regendam capesseres, ecclesiasticos metus omnes conquieturos. At vero « turbas experti sumus quantas nec in discidii exordio vidimus. In luctu « enim versantur Ecclesiae Phoenices, pariterque in luctu quae in Palae- « stina sunt [1]... »]

## LXXIV

[1201 = 448 — 1202 = 449.]

[FL.] PROTOGENES,

praef. praet. Orientis sub Theodosio juniore.

An. 451. — Fra gli intervenuti alla prima azione del concilio di Calcedone «sub die vııı id. Oct.» si nomina «magnificentissimus et « gloriosissimus ex praefectus et ex consul ordinarius ac patricius Pro- « togenes [2]. »

[Il y a au Code une constitution non datée adressée à Protogenes :]

— « Idem AA. Protogeni P. P. — Sine die et cons. [3]. »

[Protogenes, étant qualifié ex-préfet en 451, doit avoir rempli les fonctions de

καὶ συνησθῆναι μὲν ὑμῖν οὕτω τετιμημένοις, συνησθῆναι δὲ τοῖς ἀρχομένοις ὑπὸ τοιαύτης ἰθυνομένοις πραότητος...]

[1] [*Ep.* LXXX. Εὐτρεχίῳ ὑπάρχῳ. Ἐθαύμασα λίαν ὅτι τὰς καθ᾽ ἡμῶν ἐπιβουλὰς οὐ μεμήνυκεν ἡμῖν τὸ ὑμέτερον μέγεθος... Καὶ ἡμεῖς μὲν ἠλπίσαμεν, τῆς ὑμετέρας μεγαλοπρεπείας εἰς τὴν βασιλίδα κληθείσης πόλιν, καὶ τὸν ὑψηλὸν τῶν ὑπάρχων θρόνον

λαχούσης διακοσμεῖν, πᾶσαν ἐκκλησιαστικὴν κατευνασθήσεσθαι ζάλην. Ἐπειράθημον δὲ θορύβων, οὓς οὐδὲ ἐν ἀρχῇ τῆς διασ7άσεως ἑωράκαμεν. Ἐν θρήνοις γὰρ αἱ τῆς Φοινίκης Ἐκκλησίαι, ἐν θρήνοις δὲ καὶ αἱ τῆς Παλαισ7ίνης.]

[2] Labbaeus, t. IV, p. 77.

[3] *Cod. Just.* lib. XII, tit. XLIX, c. 8. *De numerariis actuariis.*

préfet du prétoire après Antiochus, vers l'an 449. Une lettre de Théodoret, adressée à Protogenes au moment où il venait d'être appelé à la préfecture, permet de fixer la date de son entrée en fonctions au cours de l'hiver 448-449.

— « Jam olim quidem benignus Dominus idoneam ad exsequendum « mentis consilium vobis tribuit facultatem : sed eamdem auxit hoc tem- « pore... Quam gravi enim procella oppletae sint Orientis Ecclesiae, « et ab aliis multis magnificentia vestra didicit, et accuratius ex Deo « charissimis episcopis cognitura est, qui hanc longam peregrinationem « hiemis tempore propterea susceperunt[1]. »

Il fut consul d'Orient en cette même année 449, Fl. Asturius étant consul d'Occident.

An. 449. — « Flavio Protogene viro clarissimo et qui fuerit nun- « tiatus[2]. »]

*

?

*TATIANUS*,
sub Marciano.

[Dans les anciennes éditions du Code de Justinien, on rencontre trois constitutions adressées à Tatianus, préfet du prétoire :]

« Imp. Marcianus A. Tatiano P. P. — Sine die et conss.[3] »

« Impp. Valentinianus et Marcianus AA. Tatiano P. P. — Dat. « xv kal. Januar Constantinopoli, Valentiniano A. VII et Avieno conss. « (450)[4]. »

---

[1] [*Ep.* xciv. Πρωτογενεῖ ὑπάρχῳ. Πάλαι μὲν δέδωκεν ὑμῖν ὁ φιλάνθρωπος Δεσπότης δύναμιν ἀρκοῦσαν ὑπουργῆσαι τῇ γνώμῃ. Ηὔξησε δὲ ταύτην ἐπὶ τοῦ παρόντος..... Ὁπόσης γὰρ ἐνεπλήσθησαν ζάλης τῆς ἑῴας αἱ Ἐκκλησίαι παρὰ πολλῶν μὲν καὶ ἄλλων ἡ ὑμετέρα μεγαλοφυΐα μεμάθηκεν, ἀκρι-βέστερον δὲ παρὰ τῶν θεοφιλεστάτων ἐπισκόπων μαθήσῃ, οἱ τῆς μακρᾶς ταύ-της ἀποδημίας ἐν ὥρᾳ χειμῶνος τούτου χάριν ἠνέσχοντο. — Cf. Sievers, *Studien*, p. 437.]

[2] [*Concil.* édit. Mansi, VI, 503. Sur ce personnage, cf. J. B. de Rossi, *Inscr. christ.* vol. I, p. 326. Héron de Villefosse.]

[3] *Cod. Just.* lib. XI, tit. xxv, c. 2. *De annonis civilibus.*

[4] *Ibid.* lib. I, tit. xxxix, c. 2. *De offic. praetorum.* — Lib. XII, tit. ii, c. 1. *De praetoribus.*

In queste leggi è corretto il titolo *P. P.* in *P. U.* perchè nel corso del 450 era già prefetto Palladio, e perchè Taziano fu veramente prefetto di Costantinopoli[1] nel 451[2], come consta della prima azione del concilio di Calcedone, ove non prende la denominazione di «ex prae-«fectus praetorio», che usono gli altri e ch'egli non avrebbe ommesso, se lo fosse stato.

[Les deux constitutions du 18 décembre 450 ont été effectivement adressées au préfet de la ville Tatianus: les manuscrits du Code portent *P. U.* et non *P. P.* Quant à la première constitution, elle s'applique bien à un préfet du prétoire, mais c'est au préfet de 392[3]. Ce qui a causé la confusion des anciens éditeurs, c'est que dans certains manuscrits on lit: «Imp. arc. a.», d'où l'on a déduit: «Imp. (M)arc(ianus)», au lieu de «Imp. Arc(adius) A.». La constitution est en effet, comme l'a démontré Godefroy, de Théodose, Arcadius et Honorius[4].]

## LXXV

[Ante 1204 = 451.]

### TRYPHON,

praef. praet. Orientis [?] sub Theodosio juniore.

Alla sesta sessione del concilio di Calcedone tenuta vııı kal. Novemb. del 451, intervenne «vir magnificentissimus ex praefectus «Tryphon[5]».

## LXXVI

Ante [1204 =] 451.

### PARMASIUS,

praef. praet. Orientis [?] sub Theodosio juniore.

Alla sesta sessione del concilio di Calcedone tenuta al vııı kal. No-

---

[1] Labbaeus, t. IX, p. 77: [καὶ ἐνδοξοτά-του ἐπάρχου πόλεως Τατιανοῦ. Cf. p. 574: Καὶ τῷ μεγαλοπρεπεστάτῳ ἐπάρχῳ τῆς βασιλίδος Κωνσταντινουπόλεως, νέας Ῥώμης, Τατιανῷ. Cf. Theophan. p. 162.]
— Tatianus est nommé, certainement comme préfet de la ville, dans une inscription de Constantinople (*Corp. inscr. Lat.* vol. III, n. 738). Héron de Villefosse.]

[2] [Cela résulte des mots: *de praesenti sexta indictione.*]

[3] [Voir plus haut, p. 270, n. 9.]

[4] [Cf. Krueger, p. 435, n. 14.]

[5] Labbaeus, t. IV, p. 575.

vemb. del 451 assisteva « vir magnificentissimus ex praefectus prae-« torio Parmasius [1] ».

Gran differenza vi è su questo nome. In margine si citano le varianti « Pharasius, Parnassius », e si cita che il codice Divionense ha Parnasio, il Parigino Parnassio, il Corbeiense « Artaxius Parnasius », e le antiche edizioni « Artaxius Parnasius ».

[Bien qu'à cette époque les préfets du prétoire restent peu de temps en fonctions, il paraît difficile d'admettre Tryphon et Parmasius dans la série des préfets d'Orient à la place indiquée par Borghesi. Il faut les reporter à l'année 446, ou peut-être les classer dans la série des préfets d'Illyrie.]

## LXXVII

[Ante 1254 = ] 451.

*ANATOLIUS*,

sub Valentiniano.

[Anatolius fut consul d'Orient en 440, l'empereur Valentinien étant consul d'Occident[2]. En 438, il était *magister utriusque militiae per Orientem*[3]. Il fut ensuite *magister militum* en 443[4]. Suivant Tillemont, c'est le même que le maître de la milice du diocèse d'Orient de 420 ou 422[5].]

Nel 451, fu uno dei giudici del concilio Calcedonense Anatolio, che intervenne e rette le Sussiani e nelle quali si nomina « magnificen-« tissimus et gloriosissimus magister militum et ex consule ac patricius « Anatolius[6]. »

---

[1] Labbaeus, t. IV, p. 575.

[2] [Cf. J. B. de Rossi, *Inscr. christ.* vol. I, n. 704-705, et p. 581.]

[3] [Voir plus haut, p. 311, n. 2.]

[4] [*Nov. Theod.* IV, 1 pr.]

[5] [*Cod. Just.* lib. I, tit. XLVI, c. 3; lib. XII, tit. LX, c. 7. Cf. Suidas, v° Ἀνατόλιος. Evagrius, *H. E.* lib. I, c. XVIII.]

[6] Labbaeus, p. 574 : [Τῷ ἐνδοξοτάτῳ σ]ρατηλάτῃ, ἀπὸ ὑπάτων καὶ πατρικίῳ Ἀνατολίῳ. — Dans le préambule des actes du concile de Chalcédoine il est toujours nommé le premier parmi les grands officiers de l'empire qui assistaient aux délibérations du concile, peut-être, dit Tillemont, à cause de sa qualité de patrice. «On lui donne une seule fois dans ce concile la qualité de préfet omise partout ailleurs. Ainsi c'est sans doute une faute en cet endroit, et je ne sais si les officiers militaires entraient dans les charges de judicature et de finances, dont la préfecture était le comble.» (*Hist. des Emp.* t. VI, p. 83).]

Nella sola azione seconda si aggiunze il titolo di «expraefectus» ἀπὸ ἐπάρχων καὶ ὑπάτων[1]. Dev' essere un prefetto del pretorio, perchè gli altri si dicono ἀπὸ ἐπάρχων πόλεως. Ma di questa sua prefettura, fin qui non ho altro sentore[2].

## LXXVIII

Ante [1204 =] 451.

*AUGUSTUS*,

sub Theodosio juniore.

Il codice Corbeiense è il solo ad aggiungere fra i personaggi che acompagnavano l'imp. Marciano alla sesta sessione del concilio di Calcedone tenuta VIII kal. Novemb. del 451 : «Vir magnificentissimus ex «praefectus Augustus[3]. »

## LXXIX

[Intra 1178 = 425 et 1203 = 450.]

EUTYCHIANUS,

praef. praet. Orientis sub Theodosio juniore.

— «Idem (Theodosius et Valentinianus) AA. Eutychiano P. P. — «Absque die et conss.[4] »

---

[1] Labbaeus, t. IV, p. 326. [Voir plus haut, t. VIII, p. 608.]

[2] [Dans son *Voyage autour de la mer Morte* (II, p. 623, pl. 53), Saulcy a fait connaître une inscription fruste de Baalbeck (Héliopolis), dont il a donné cette copie :

ΕΡΓΟΝ ΤΟΥΕΝΔΕ
...Τ...ΝΑΤΟΛΙΟΙ
ϹΤΡΑΤΟΝΟΜΑΡΧΟΥ
ΚΑΙ ΥΠΑΤΟΥ

C. Cavedoni dans ses *Osservazioni epigrafiche* (*Annali dell' Instituto*, 1859, p. 282) a le premier reconnu que, sur ce marbre, il s'agissait d'Anatolius. Son opinion a été adoptée par Kirchhoff (*Corp. inscr. Graec.* n. 8617) et par W. H. Waddington (*Inscr. grecques et latines de Syrie*, n. 1882), qui transcrit ainsi le texte : Ἔργον τοῦ ἐνδ[οξο-τά]τ[ου Ἀ]νατολίου σ]ρατο[πεδ]άρχου καὶ ὑπάτου. A cette transcription est jointe une notice sur Anatolius, dont la carrière politique s'étend au moins de l'année 420 à l'année 451. Sur Anatolius, cf. Tillemont, *Hist. des Empereurs*, VI, p. 114. HÉRON DE VILLEFOSSE.]

[3] Labbaeus, p. 575, nota 9.

[4] *Cod. Just.* lib. XI, tit. XLIII, c. 7. *De aquaeductu.*

## LXXX

[1202 = 449 — 1203 = 450.]

HORMISDAS,

praef. praet. Orientis [iterum (?)] sub Theodosio juniore.

[Hormisdas paraît avoir été le dernier préfet d'Orient sous le règne de Théodose et Valentinien. Il avait déjà rempli cette charge en février 448[1].]

Impp. Theodosius et Valentinianus AA. Hormisdae P. P.

An. 449. — Protogene et Asterio conss.

V id. Jan. Dat. . .[2].

An. 450. — Post cons. Protogenis et Asterii.

V id. Jan. Dat. . .[3].

III non. April. Dat. . .[4].

Sine die et conss.[5].

## LXXXI

[1203 = 450 — 1208 = 455.]

PALLADIUS,

praef. praet. Orientis sub Marciano.

An. 451. — «Inter judices gloriosissimos, vir magnificentissimus et gloriosissimus praefectus sacrorum praetoriorum Palladius» intervenne alla prima azione del concilio di Calcedone[6], viii id. Octobris del 451, fino alla decima festa v kal. Nov.

[Palladius était déjà préfet du prétoire d'Orient en 450 et conserva cette charge jusqu'en 455.]

Impp. Valentinianus et Marcianus Palladio P. P. Orientis[7].

---

[1] [Voir plus haut, p. 339.]

[2] *Cod. Just.* lib. V, tit. xvii, c. 8. *De repudiis.*

[3] *Ibid.* tit. xiv, c. 8. *De pactis conventis.*

[4] *Ibid.* lib. VI, tit. lii, c. 1. *De his qui ante apertas tabulas hereditates transmittunt.*

[5] *Cod. Just.* lib. XI, tit. xxii, c. 1. *De metropoli Beryto.*

[6] Labbaeus, t. IV, p. 77 : [Καὶ ἐνδοξοτάτου ἐπάρχον τῶν ἱερῶν πραιτωρίων Παλλάδιον.]

[7] [Le titre de préfet d'Orient lui est donné dans *Cod. Just.* lib. XI, tit. lxx, c. 5.]

## PRAEFECTI PRAETORIO ORIENTIS.

An. 450. — Valentiniano A. VII et Avieno conss.
    Sine die. — Dat...[1].
    Sine die. — Dat...[2].
An. 451. — Marciano A. cons.
    XV kal. Febr. Dat. Constantinopoli[3].
    Prid. id. Nov. Dat. Constantinopoli[4].
    XII kal. Jan. Dat. Constantinopoli[5].
    V kal. Jan. Dat. Constantinopoli[6].
An. 452. — Sporacio cons.
    [VII id.] Febr. Dat. Constantinopoli[7].
    IV kal. Jul. Dat. Constantinopoli[8].
    Prid. non. Jul. Dat. Constantinopoli[9].
    V kal. Aug. Dat. Constantinopoli[10].
An. 454. — Aetio et Studio conss.
    Prid. non. April. Dat. Constantinopoli[11].
An. 455. — Valentiniano A. VIII et Anthemio conss.
    X kal. Maii. Dat. Constantinopoli[12].

---

[1] *Nov.* Marciani, tit. II. *De indulgentiis reliquorum.*

[2] *Cod. Just.* lib. I, tit. LI, c. 12. *De adsessoribus.* — A questa legge malamente si applica la data VI kal. Jul. dal 487 che spetta ad una costituzione greca di Zenone ch'è stata ommessa. [Il ne reste de l'indication du consulat que les mots *Valentiniano A...*, ce qui peut désigner l'année 450 ou l'année 455.]

[3] *Ibid.* lib. XI, tit. LXX, c. 5. *De div. praediis urb. et rust. templorum.* — *Nov.* Marciani, tit. III, 1, § 1. *De praediis civitatum omnium.*

[4] *Ibid.* lib. I, tit. II, c. 12. *De sacrosanctis ecclesiis.* — Lib. I, tit. XI, c. 7. *De paganis.*

[5] *Ibid.* lib. IX, tit. XXXIX, c. 2. *De his qui latrones occultaverint.*

[6] *Cod. Just.* lib. X, tit. V, c. 2. *Ne fiscus rem quam vendidit evincat.*

[7] *Ibid.* lib. I, tit. I, c. 4. *De summa trinitate.* [Borghesi date cette constitution de VIII kal. Feb., d'après le manuscrit de Pistoia et l'édition de Hermann. Nous avons reproduit la suscription donnée par Krueger.]

[8] *Ibid.* lib. II, tit. VII, c. 10. *De advoc. div. judic.*

[9] *Ibid.* lib. I, tit. III, c. 23. *De episcopis.* Labbaeus, t. IV, p. 865.

[10] Labbaeus, t. IV, p. 867.

[11] *Cod. Just.* lib. I, tit. XIV, c. 9. *De legibus.* — Lib. V, tit. V, c. 7. *De incestis.* — *Nov.* Marciani, tit. IV, 1, § 3.

[12] *Cod. Just.* lib. I, tit. II, c. 13. *De sacros. eccles.* — *Nov.* Marciani, tit. V, [1, § 2].

348                PRAEFECTI PRAETORIO ORIENTIS.

VIII kal. Maii. Dat...¹.

Kal. Aug. Dat. Constantinopoli².

[Borghesi rapporte la première de ces constitutions à l'an 457. Il lit avec quelques anciens éditeurs : *Id. Aug. Constantino et Rufo conss.* C'est une erreur: cette suscription a été empruntée par Haloander à la constitution 9, dont le texte est en grec³.]

An. 452. — « Edictum piissimi et christianissimi imperatoris Mar-
« ciani propositum Constantinopoli de confirmatione gestorum Chalce-
« donensis synodi et eorum observatione. — Datum III idus Mart.
« Constantinopoli, Sporacio v. c. et qui fuerit nuntiatus conss. Et eo-
« dem exemplo scriptum Palladio, viro illustri, praefecto praetoriorum
« per Orientem, [Valentiniano, viro illustri, praefecto Illyrici, Tatiano,
« viro illustri, praefecto urbis, Vincomalo, viro illustri, magistro sacro-
« rum officiorum, et consuli designato⁴. »

— « De infirmandis iis quae contra sanctae memoriae Flavianum
« episcopum Constantinopolitanae urbis injuste sunt prolata, et confir-
« mandis iis quae postea de eo constituta sunt a sancta synodo Chalce-
« donensi. Valentinianus et Marcianus Augusti Palladio praefecto prae-
« toriorum Orientis, Valentiniano praefecto Illyrici..... — Datum
« Constantinopoli, pridie nonas Julii, Sporacio v. c. et qui fuerit nun-
« ciatus conss.⁵. »

---

¹ *Cod. Just.* lib. I, tit. III, c. 24. *De episcopis.*

² *Ibid.* tit. v, c. 8. *De haereticis.* [Cf. Mansi, VII, 501]; tit. VII, c. 6. *De apostatis.* Labbaeus, t. IV, p. 886.

³ [Sur l'édition du Code de Justinien publiée par Haloander, voir l'article de Mommsen cité p. 117, n. 6, et celui de Krueger, *Zeitschrift der Savigny-Stiftung*, R. A. t. XIII, p. 267.]

⁴ Labbaeus, t. IV, p. 841. [Διάταξις τοῦ εὐσεβεστάτου καὶ φιλοχρίστου βασιλέως Μαρκιανοῦ, προτεθεῖσα ἐν Κωνσταντινουπόλει μετὰ τὴν σύνοδον, βεβαιοῦσα τὰ παρ' αὐτῆς πεπραγμένα. — Ἐδόθη πρὸ τριῶν εἰδῶν Μαρτίων ἐν Κωνσταντινουπόλει, ὑπατείᾳ Σφωρακίου, καὶ τοῦ δηλωθησομένου. — Ἐγράφη Παλλαδίῳ ἐπάρχῳ τῶν κατὰ τὴν ἀνατολὴν πραιτωρίων, Οὐαλεντινιανῷ ἐπάρχῳ τῶν κατὰ τὸ Ἰλλυρικὸν πραιτωρίων, Τατιανῷ ἐπάρχῳ τῆς πόλεως, Βηκομάλῳ μαγίστρῳ τῶν θείων ὀφφικίων, καὶ ὑπάτῳ δεσιγνάτῳ.]

⁵ [Mansi, t. VII, p. 489. Ex actis Concil. Chalcedon.: Περὶ τοῦ ἀνατραπῆναι τὰ κατὰ τοῦ τῆς ἁγίας μνήμης Φλαυιανοῦ τοῦ ἐπισκόπου τῆς βασιλευούσης ἐν Κωνσταντινουπόλει, καὶ βεβαιωθῆναι τὰ μετὰ ταῦτα ὑπὲρ

— « De confirmandis quae a sancta synodo Chalcedonensi contra
« Eutychem et ejus monachos constituta sunt. Iidem Augusti Palladio
« praefecto praetorii. — Datum v kal. Aug. Constantinopoli, Sporacio
« v. c. et qui fuerit nunciatus conss. Eodem exemplo scripta Valenti-
« niano viro illustri praefecto Illyrici[1]... »]

[1207 = 454.]

### SPORACIUS,

#### sub Marciano.

[Sporacius fut consul d'Orient en 452, Fl. Bassus Herculanus étant consul d'Occident[2]. L'année précédente, il était *comes domesticorum*.]

Nell' ottobre del 451 fu uno dei giudici del concilio di Calcedone « magnificentissimus et gloriosissimus comes devotissimorum domesti-« corum Sporacius[3] ».

[Sporacius fit construire l'église de Saint-Théodore à Constantinople pour perpétuer le souvenir d'un danger auquel il avait échappé.

Εἰς τὸν ναὸν τοῦ ἁγίου Θεοδώρου ἐν τοῖς Σφωρακίου.

Σφωράκιος ποίησε φυγὼν φλόγα μάρτυρι νήον.

In Ecclesiam S. Theodori in Sphoracii tractu.

Sphoracius fecit, ex incendio elapsus, martyri ecclesiam[4].]

αὐτοῦ παρὰ τῆς ἁγίας συνόδου τυπωθέντα. Οἱ βασιλεῖς Παλλαδίῳ τῷ μεγαλοπρεπεστάτῳ ἐπάρχῳ τῶν πραιτωρίων, Οὐαλεντινιανῷ ἐπάρχῳ τοῦ Ἰλλυρικοῦ..... Ἐδόθη πρὸ μιᾶς νονῶν Ἰουλίων, ἐν Κωνσταντινουπόλει, ὑπατείᾳ Σφωρακίου τοῦ λαμπροτάτου, καὶ τοῦ δηλωθησομένου.]

[1] [Mansi, t. VII, p. 502. Περὶ τοῦ βέβαια εἶναι ταῦτα, ἅπερ τῆς ἁγίας συνόδου τῆς Καλχηδόνι κατὰ Εὐτυχοῦς καὶ τῶν αὐτοῦ μοναχῶν ὡρίσθη. Οἱ αὐτοὶ Αὔγουστοι τοῖς αὐτοῖς ἄρχουσι. — Ἐδόθη δὲ πρὸ πέντε καλανδῶν Αὐγούστων ἐν Κωνσταντινουπόλει, ὑπατείας Σφωρακίου τοῦ λαμπροτάτου καὶ τοῦ δηλωθησομένου. Καὶ ὡσαύτως ἐγράφη Οὐαλεντινιανῷ ἐπάρχῳ τοῦ Ἰλλυρικοῦ...]

[2] [Cf. J. B. de Rossi, *Inscr. christ.* vol. I, p. 332-334. Sporacius est resté inconnu en Italie, en Afrique et dans presque tout l'Occident. Héron de Villefosse.]

[3] Labbaeus, t. IV, p. 850. [Cf. *Cod. Just.* lib. XII, tit. III, c. 2.]

[4] [*Anthologia Palatina*, éd. Dübner, c. 1, 6, t. I, p. 1.]

Il Ritter[1] lo pone prefetto d'Oriente dopo il 452 in cui fu console.

« Impp. Valentinianus et Marcianus AA. Sporacio P. P. — [Dat. v kal.
« Nov. Roma Aetio et Studio coss. (454)][2]. »

[Les éditeurs modernes[3] rangent cette constitution parmi les novelles de Valentinien III[4], à cause du lieu de la suscription. Sporacius n'aurait donc pas été préfet d'Orient. D'ailleurs en 454 cette préfecture était occupée par Palladius.]

## LXXXII

[1209 =] 456 — [1212 = 459].

[FL.] CONSTANTINUS,

praef. praet. Orientis [iterum] sub Marciano.

[Suivant Tillemont[5], ce Constantinus est le même qui avait déjà été préfet d'Orient en 447.]

Imp. Marcianus A. Constantino P. P.
An. 456. — Varane et Johanne conss.
    VIII... April. Dat...[6].
    XV kal. Aug. Dat...[7].
    Sine conss...[8].
Imp. Leo A. Constantino P. P.
An. 459. — Patricio cons.
    V non. Mart. Dat. Constantinopoli[9].

---

[1] [T. VI, 1, p. 427. Ritter se fonde sur ce que cette constitution de Marcien déroge à une novelle de Théodose (*Nov. X*), applicable à l'Orient.]

[2] *Nov. Marciani*, tit. v. *De postulandis*.

[3] [Zirardini, Amadutius, Haenel (col. 137, n. c).]

[4] [Tit. ii, 4.]

[5] [*Hist. des Empereurs*, t. VI, p. 302.]

[6] *Cod. Just.* lib. I, tit. iii, c. 25. *De episcopis*. — Lib. I, tit. iv, c. 13. *De episcop. audientia*.

[7] *Cod. Just.* lib. X, tit. xxii, c. 3. *De apochis publicis*.

[8] *Ibid.* lib. IV, tit. xli, c. 2. *Quae res exportari non debeant*. [La date de cette constitution se place entre les années 455 et 457, pendant lesquelles Marcien a régné seul.] Prima leggevasi malamente *Aulo P. P.*

[9] *Ibid.* lib. VIII, tit. liii, c. 30. *De don.*

Sine conss...[1].

[Fl. Constantinus fut consul en 457, il eut pour collègue Rufus. Tous deux furent consuls d'Orient[2].]

## LXXXIII

[1212 = 459 — 1213 = 460.]

VIVIANUS,
praef. praet. Orientis sub Leone I.

Imp. Leo A. Viviano P. P.
[An. 459. — Patricio cons.
XV kal. Oct. Dat...[3].

Dans les anciennes éditions, cette constitution est adressée *Juliano P. P.*, et la suscription manque. Nous rétablissons *Viviano* d'après Beck et Krueger[4].]

An. 460. — Magno et Apollonio conss.
Kal. Febr. Dat. Constantinopoli[5].
Sine conss...[6].

[La nomination de Vivianus à la préfecture du prétoire donna lieu à une discussion entre l'empereur Léon et Aspar qui soutenait un autre candidat, Titianus[7]. Vivianus fut consul d'Orient en 463, Flavius Caecina Decius Basilius étant consul d'Occident[8]. Était-il encore préfet du prétoire à cette date? Cela est possible, mais les textes manquent pour le décider.]

---

[1] *Cod. Just.* lib. X, tit. xxxii, c. 62. *De decurion.* [La date de cette constitution est comprise entre 457 et 473, limites du règne de Léon.]

[2] [Ils furent promulgués en même temps à Rome entre le 2 et le 8 avril. J. B. de Rossi, *Inscr. christ.* vol. I, p. 347.]

[3] *Cod. Just.* lib. I, tit. iii, c. 26. *De episcopis.*

[4] [Voir les manuscrits cités par Krueger, p. 21, n. 14.]

[5] *Cod. Just.* lib. II, tit. vii, c. 11. *De advocatis.*

[6] *Ibid.* lib. IV, tit. xlii, c. 2. *De eunuchis.* — Lib. XI, tit. xvi, c. 1. *De pistoribus.* [*Cod. Just.* lib. X, tit. xxxii, c. 61. *De decurionibus.*]

[7] [Candid. ap. Phot., *Bibl.*, 79. Cf. Tillemont, t. VI, p. 483.]

[8] [Vivianus ne fut jamais promulgué en Occident. J. B. de Rossi, *Inscr. christ.* vol. I, p. 356.]

✱
?
*JULIANUS*,
sub Leone I.

Imp. Leo A. Juliano [?] P. P. — Sine die et conss.

Probabilmente costui è il «vir magnificentissimus comes privata-«rum Julianus», che assisteva alla sesta sessione del concilio di Calcedone tenuta viii kal. Novembris del 451.

[L'existence de ce préfet du prétoire est problématique. Au lieu de *Juliano*, on lit, dans la plupart des manuscrits du Code, *Viviano* [1].]

## LXXXIV
[Intra 1213 = 460 et 1217 = 464.

FL. CONSTANTINUS,
praef. praet. Orientis III sub Leone.]

An. 464. — «Legationem ad Persas suscepit Constantinus, qui ter «praefectus fuerat et ad consulatus et patriciatus honores evectus[2].»

[Fl. Constantinus, qui avait précédé Vivianus dans la préfecture d'Orient, fut aussi son successeur. Cela résulte des constitutions 61 et 62 du Code de Justinien, au titre *De decurionibus*, dont la première est adressée à Vivianus, la seconde à Constantin. Ce fait, signalé par Krueger[3], trouve son explication dans le passage de Priscus cité par Borghesi. Fl. Constantinus fut trois fois préfet d'Orient : en 447, en 456-459, enfin à une date qu'on ne peut préciser, mais qui est comprise entre 460 et 465.]

---

[1] [Voir plus haut, p. 351, n. 6.]

[2] Priscus, p. 180, a Ducangio adductus in notis ad *Chron. Pasch.* p. 592, 11 : [Παρὰ δὲ Πέρσας Κωνσ7αντῖνος τρίτον μὲν τὴν ὕπαρχον λαχὼν ἀρχήν, πρὸς δὲ τῇ ὑπατικῇ ἀξίᾳ, καὶ τῆς πατρικιότητος τυχών. *Frg. historic. Graec.* éd. Didot, t. IV, p. 105. Cf. Tillemont, *Histoire des Empereurs*, t. VI, p. 302, 382.]

[3] [P. 364, n. 1.]

## LXXXV

[1218 = 465 — 1220 = 467.]

PUSAEUS,
praef. praet. Orientis[1] sub Leone I.

Imp. Leo A. Pusaeo P. P.

An. 465. — Basilisco et Herminerico conss.

V id. Nov. Dat. Constantinopoli[2].

Sine cons. . .[3].

An. 467. — «Pusaeo et Johanne conss... Isocasius philosophus, «vir quaestorius, ... comprehensus jussu imperatoris (Leonis)... a «praefecto praetorio et consule Pusaeo, exanimatus est[4].»

— «Isocatius quaestor Antiochiae, qui et philosophus, quasi gentiles «ritus professus apud imperatorem est delatus : qui a praetoriorum «Constantinopoleos praefecto virum exanimari jussit. Eum itaque ma-«nibus retro devinctis in Zeuxippum deductum ita compellat Pusaeus «praefectus[5].»

[Le préfet d'Orient Pusaeus est cité, en même temps qu'un de ses prédéces-

---

[1] [Voir *Cod. Just.* lib. I, tit. xxxvi, c. 1, où, suivant la remarque de Borghesi,] agit de officio comitis Orientis.

[2] *Cod. Just.* lib. I, tit. xxxvi, c. 1. *De off. comitis Orientis.* — [Lib. X, tit. xliv, c. 3, *De his qui sponte munera susceperunt*, d'après la suscription restituée par Contius. Cf. Krueger, p. 84, n. 12.]

[3] *Ibid.* lib. XII, tit. v, c. 4. *De praepositis sacri cubiculi.* — Lib. XII, tit. l, c. 22. [Léon supprime dans tout l'*Orientalis tractus* le *cursus clabularis*.]

[4] *Chron. Pasch.* [p. 595 : Πουσαίου καὶ Ἰωάννου ὑπ... Ἰσοκάσιος ὁ φιλόσοφος καὶ κυεσ1όρως, ... συσχεθεὶς κατὰ κέλευσιν τοῦ βασιλέως... ἐξητάζετο ἀπὸ τοῦ ἐπάρχου τῶν πραιτωρίων καὶ ὑπάτου Πουσαίου.] Latius apud Jo. Malala, lib. XIV [p. 369. Cf. Tillemont, *Hist. des Empereurs*, t. VI, p. 393.]

[5] Theoph. *Chronogr.* p. 178. [Τούτῳ τῷ ἔτει Ἰσοκάσιος ὁ κοιαίσ1ωρ Ἀντιοχείας, ὁ καὶ φιλόσοφος, διεβλήθη τῷ βασιλεῖ ὡς Ἕλλην· καὶ ἐκέλευσεν ὁ βασιλεὺς ἐξετασθῆναι αὐτὸν παρὰ τῷ ἐπάρχῳ τῶν πραιτωρίων ἐν Κωνσ1αντινουπόλει. Ἐνεχθέντος δὲ αὐτοῦ ἐν τῷ Ζευξίππῳ δεδεμένου ὀπισθάγκωνα, ἔφη πρὸς αὐτὸν Πούσεως ὁ ἔπαρχος.]

seurs Anthemius, dans une inscription de Constantinople que nous avons déjà signalée plus haut[1] :

> *Portarum valido firmavit limine muros*
> *Pusaeus magno non minor Anthemio*[2].

Il fut consul en 467; son collègue s'appelait Johannes. Tous deux étaient consuls d'Orient[3].

C'est sous le consulat de Pusaeus que fut rendue une constitution mentionnée par Théodoret et par Nicéphore Callixte :

— « Leo imperator lege lata constituit, ut die dominico cuncti feria-« rentur isque dies ab omni opera vacuus esset ac venerabilis. Con-« stituit etiam ut clerici apud solum praefectum praetorio conveni-« rentur[4]. »

— « Constituit quoque ut qui in cleri ordinem lecti essent a solo « praefecto praetorio judicarentur[5]. »

Une inscription de Mylasa en Carie cite un édit du préfet Pusaeus :

... Ἔπιτα τῆς ἡμετέρας τάξεως διδαξάσης Πουσεον τὸν τῆς μεγαλοπρεποῦς μνήμης, | ἡνίκα τὸν ἡμέτερον διεκόσμι θρόνον, γενικὸν δεδωκένε τύπον τὸν βουλόμενον τοὺς ἑκασ]αχοῦ πολιτευομένους κὲ ὑποδέκτας τὲς παρ' αὐτῶ[ν] ἐγδιδομένες πληναρίες ἀποδίξεσιν ἐντιθένε | τῶν τε ζυγοκεφάλων κὲ τῶν ὑπὲρ [α]ὐτῶν [κ]αταβαλλομένων εἰδῶν ἢ χρημάτων ποσότητα, κ. τ. λ.[6]

---

[1] [P. 304.]

[2] [*Corp. inscr. Lat.* vol. III, n. 739 = 7404.]

[3] [Sur ces consuls, cf. Labbaeus, *Monum. epigr. Ambrosiani*, p. 25; *Corp. inscr. Lat.* vol. V, n. 6210; J. B. de Rossi, *Inscr. christ.* vol. I, n. 823.]

[4] [Theodor. *Lector.*, I, xiv. Λέων ἐνομοθέτησε, τὴν κυριακὴν παρὰ πᾶσιν ἀργεῖσθαι, ἄπρακτόν τε εἶναι καὶ σεβασμίαν· καὶ τοὺς κληρικοὺς παρὰ τῷ ἐπάρχῳ τῶν πραιτωρίων μόνον ἀποκρίνεσθαι. Cf. *Chron. Pasch.* p. 596.]

[5] [Nicephor. Callist. *Hist. eccles.* lib. XV, c. xxii : Τοῖς τ' ἐν κλήροις κατειλεγμένοις παρὰ μόνῳ τῷ τῶν πραιτωρίων ἐπάρχῳ κρίνεσθαι.]

[6] [*Corp. inscr. Graec.* vol. II, n° 2712. l. 7-9. Nous reproduisons le texte d'après la lecture de Zachariae von Lingenthal, *Monatsber. der K. Pr. Akademie d. Wiss. zu Berlin*, 1879, p. 161.]

## LXXXVI

[1221 = 468.]

### NICOSTRATUS,
praef. praet. Orientis sub Leone I.

Imp. Leo et Anthemius AA. Nicostrato P. P. Orientis[1].
An. 468. — Anthemio A. II cons.
   Prid. kal. April. Dat. Constantinopoli[2].
   XV kal. Sept. Dat...[3].
   V kal. Sept. Dat...[4].
   Kal. Sept. Dat...[5].
Sine die et conss...[6].

## LXXXVII

[1222 = 469 — 1223 = 470.]

### ARMASIUS,
praef. praet. Orientis sub Leone.

Impp. Leo et Anthemius AA. Armasio P. P.
An. 469. — Zenone et Marciano conss.
   VIII id. Mart. Dat. Constantinopoli[7].
   V id. Dec. Dat. Constantinopoli[8].

---

[1] [*Cod. Just.* lib. XI, tit. LIV, c. 1.]
[2] *Ibid.* lib. I, tit. IV, c. 15. *De episcopali audientia.* [Le même texte est reproduit dans Lib. II, tit. VI, c. 8.]
[3] *Ibid.* lib. I, tit. III, c. 28. *De episcopis.* [La suscription, qui manque dans Borghesi et dans la plupart des éditions, a été rétablie par Krueger.] — Lib. V, tit. XIV, c. 9. *De pactis conventis.*
[4] *Ibid.* lib. IX, tit. XII, c. 10. *Ad leg. Jul. de vi.*
[5] *Cod. Just.* lib. X, tit. XIX, c. 8. *De exactione tributorum.* — Lib XI, tit. LIV, c. 1. *Ut nemo ad suum patrocinium suscipiat vicos vel rusticanos eorum* — Lib. XI, tit. LVI, c. 1. *Non licere metrocomiae habitatoribus loca sua ad extraneum transferre.*
[6] *Ibid.* lib. XII, tit. XXI, c. 7. *De principibus agentum in rebus.*
[7] *Ibid.* lib. I, tit. III, c. 30. *De episcopis.* [Cf. Krueger, p. 22, n. 3 et 8.]
[8] *Ibid.* lib. III, tit. XII, c. 9. *De feriis.*

An. 470. — Jordane et Severo conss.
Kal. Jan. Dat. Constantinopoli[1].
..... Dat. Constantinopoli[2].

## LXXXVIII
[1224 =] 471.
CONSTANTINUS,
praef. praet. Orientis sub Leone.

Impp. Leo et Anthemius AA. Constantino P. P.
An. 471. — Leone A. IV et Probiano conss.
VII id. Aug. [?]. Dat. Constantinopoli[3].
VI kal. Jan. [?]. Dat. Constantinopoli[4].

[Cette constitution est la reproduction de la précédente; l'une et l'autre doivent avoir la même date, soit VII id. Aug., soit VI kal. Jan. La première date doit être la bonne, car Erythrius était préfet du prétoire le 1ᵉʳ janvier 472; il est peu probable que Constantin ait été en charge le 27 décembre 471.]

[Idem A. Constantino P. P. — Sine die et conss... [5].

Ce préfet est-il le même que le consul de 447? Est-ce lui qui en 465 avait déjà été trois fois préfet du prétoire? Cela paraît douteux en présence d'un passage de Lydus qui, parlant d'un préfet du prétoire de Léon, nommé Constantinus et originaire de la Cappadoce, ne fait aucune allusion aux fonctions analogues qu'il aurait antérieurement remplies.]

— «Sub quo (Leone) Constantinus, vir claro genere, e Mazaca «quidem et ipse oriundus, virtute autem improbi Cappadocis pravi-«tatem aequiparans, litteris quoque ac praecipue iis, quas tum Itali «maxime colebant, optime eruditus, cum praefecturam praetorii

---

[1] *Cod. Just.* lib. V, tit. XXVII, c. 4. *De natural. liberis.*

[2] *Ibid.* lib. I, tit. II, c. 14. *De sac. eccles.*

[3] *Ibid.* lib. I, tit. XL, c. 14. *De off. rect. prov.* Questa e la seguente si citano dal Haenel [*Index legum*, p. 80].

[4] *Cod. Just.* lib. XII, tit. LVII, c. 14. *De cohortalibus.*

[5] [*Ibid.* lib. I, tit. XL, c. 15. *De off. rect. prov.* Les anciens éditeurs attribuaient cette constitution à Anastase. Voir plus bas. p. 378.]

« gereret, curiam judicialem splendidissimam condidit, Leonisque ad-
« pellavit, in qua et electionem illius decreto inscripsit[1]. »

## LXXXIX
[1224 = 471 — 1225 = 472.]
ERYTHRIUS,
praef. praet. Orientis sub Leone.

Impp. Leo A. Erythrio P. P.
An. 466 [?]. — Leone A. III cons.
 Prid. kal. Mart. Dat. Constantinopoli[2].
 II non. Mart. Dat. Constantinopoli[3].
 Prid. non. Mart. Dat. Constantinopoli[4].
Impp. Leo et Anthemius[5] AA. Erythrio P. P.
An. 469 [?]. — Zenone et Marciano conss.
 V kal. Mart. Dat. Constantinopoli[6].
 II kal. Mart. Dat. Constantinopoli[7].
 Kal. Jul. Dat. Constantinopoli[8].

---

[1] Lydus, *De magistr.* [lib II, c. xx : Ἐφ' οὗ Κωνσ7αντῖνος τὴν ὕπαρχον ἔχων τιμήν, ἀνὴρ εὐπατρίδης, ἐκ Μαζακῆς μὲν καὶ αὐτὸς ὁρμηθείς, ἀνάλογον δὲ τὴν ἀρετὴν τῇ κακίᾳ τοῦ πονηροῦ Καππαδόκου κεκτημένος, διὰ λόγων τε ἄρισ7α, καὶ διαφερόντως τῶν παρ' Ἰταλοῖς τότε μάλισ7α τιμωμένων ἠγμένος, ἀγορὰν ἐδείματο διαπρεπεσ7άτην, Λέοντος αὐτὴν προσαγορεύσας, ἐν ᾗ καὶ τὴν προαγωγὴν ἐκείνου ψηφῖδι κατεγράψατο.]

[2] *Cod. Just.* lib. IX, tit. xxx, c. 2. *De sed.*

[3] *Ibid.* lib. I, tit. xii, c. 6. *De his qui ad ecclesias confugiunt.*

[4] *Ibid.* lib. I, tit. iii, c. 27. *De episcopis.* [Haloander lisait : *Eutychio P. P.*] L'Hermanno corregge *Erythrio P. P.*

[5] [Dans la plupart des constitutions qui vont être citées, « Imp. Leo » figure seul dans l'adresse.]

[6] *Cod. Just.* lib. VI, tit. xxiv, c. 12. *De hered. instit.* — Lib. XI, tit. xxxii, c. 3. *De vendendis rebus civitatis.*

[7] *Ibid.* lib. VIII, tit. xi, c. 22. *De operibus publicis.*

[8] *Ibid.* lib. I, tit. iv, c. 16. *De episcopali audientia.* Tit. xviii, c. 13. *De juris et facti ignorantia.* [Les anciens éditeurs ajoutaient au consulat « *Zenone et* », contrairement aux manuscrits.] — Lib. V, tit. i, c. 5. *De sponsalibus et arrhis sponsaliciis.* [La suscription manque dans les anciennes éditions.] — Lib. V, tit. vi, c. 8. *De interdicto matrimonio inter pupillam et tutorem.* — Lib. II, tit. iv, c. 42. *De transactionibus.* [Pour ces deux constitutions, les manuscrits indi-

[La suscription des constitutions adressées à Erythrius présente des lacunes dans les manuscrits et des variantes suivant les éditions. D'après Borghesi, Erythrius aurait rempli les fonctions de préfet d'Orient de 466 à 469; mais en 467 c'est Pusaeus qui était préfet, en 468 Nicostratus, en 469 Armasius. D'autre part, la recension des manuscrits faite par Krueger a conduit à modifier la suscription de quelques constitutions adressées à Erythrius : au lieu d'être datées de 469 (*Zenone et Marciano conss.*), elles sont en réalité du consulat de Marcianus, c'est-à-dire de 472. L'erreur est d'ailleurs facile à expliquer : les compilateurs du Code ont confondu le consulat de Marcien avec celui de Zénon et Marcien [1]. Restent les constitutions de 466. Mais sur les trois textes qu'on attribue à cette année, il en est un où on lit la date *Leone VI* qui n'existe pas, un autre où on lit seulement *Leone 3ss*; quant au troisième, la suscription manque [2]. Si ces constitutions n'étaient datées des mois de février et mars, on serait tenté de lire *Leone IV*, ce qui les reporterait à l'année 471.]

Impp. Leo et Anthemius AA. Erythrio P. P.
[An. 472. — Marciano cons.]
Kal. Jan. Dat. Constantinopoli [3].
V kal. Mart. Dat... [4].
II kal. Mart. Dat... [5].
Prid. non. April. Dat. Constantinopoli [6].

quent la date, *Marciano consule.*] — Lib. VIII, tit. xvii, c. 11. *Qui potiores in pignore.*

[1] [C'est la correction proposée par Krueger, p. 258, n. 5.]

[2] [Cf. Hermann, p. 605, n. 15; 89, n. 9; 31, n. 7.]

[3] *Cod. Just.* lib. VIII, tit. xxxvii, c. 10. *De contrah. et committ. stipul.* [Cf. *Inst.* lib. III, tit. xv, c. 2. — Les anciens éditeurs, et avec eux Borghesi, ajoutent *et Zenone* à l'indication du consulat donnée par les manuscrits.]

[4] *Ibid.* lib. VI, tit. xx, c. 17 : *De collationibus*; tit. LXI, c. 4. *De bonis quae liberis in potestate constitutis matrimonio vel aliter acquiruntur.* — [Le manuscrit de Pistoia porte *marc. coss.* Les anciens éditeurs, et avec eux Borghesi, lisaient *Pusaeo et Johanne.*]

[5] *Cod. Just.* lib. V, tit. ix, c. 6. *De secundis nuptiis.* [Krueger, p. 202, n. 8. pense que cette constitution est de v *kalendis Mart.* comme les précédentes. Les copistes confondent souvent les lettres V et II.]

[6] *Ibid.* lib. I, tit. iii, c. 32 et 33. *De episcopis.* [La suscription manque dans les éditions anciennes; elle est rétablie par Krueger d'après les manuscrits. Suivant Haloander, le destinataire des deux constitutions serait Eutropius.] L'Hermanno corregge in ambedue i luoghi *Erythrio P. P.* e le riporta ambedue al 469.

Kal. Jul. Dat. Constantinopoli[1].
Sine die et conss...[2].

## XC
[1225 =] 472 — [1228 = 475 (?)].
[FL. AELIANUS DOROTHEUS (?)] DIOSCORUS,
praef. praet. Orientis sub Leone.

— « Dioscorius Myraeus, grammaticus, praefectus urbi et praetorio, qui Leonis imperatoris filias Byzantii docuit[3]. »

[Une inscription de Mylasa, déjà citée[4], reproduit un édit d'un préfet du prétoire d'Orient dont le nom mutilé commence par un Δ.

Φλ. Ἐλιανος Δωρόθεος (?) Δ[ιόσκορος] μεγαλοπρε. ἔπαρχος τῶν [ἱερ]ων πρετωρίων.

Zachariae a établi que ce préfet n'est autre que Dioscorus[5]. L'édit est en effet postérieur à 465, antérieur à 518. Or, dans cette période, il n'y a qu'un préfet d'Orient dont le nom commence par un Δ : c'est Dioscorus.]

Impp. Leo et Anthemius AA. Dioscoro P. P.
An. 472. — Marciano cons.
XVII kal. Jun. [?]. Dat. Constantinopoli[6].
X kal. Jan. Dat. Constantinopoli[7].
[...] kal. Jan. Dat. Constantinopoli[8].
Sine die et cons...[9].

---

[1] *Cod. Just.* lib. V, tit. xxx, c. 3. *De legit. test.*

[2] *Ibid.* lib. I, tit. v, c. 10. *De haereticis.* — Lib. XII, tit. LIX, c. 10. *De div. off. et apparitoribus judicum.*

[3] Suidas, v° Διοσκόριος. [Διοσκόριος, Μυραῖος, γραμματικός, ὕπαρχος πόλεως καὶ πραιτωρίων· ὁ διδάξας τὰς Θυγατέρας Λέοντος τοῦ βασιλέως ἐν Βυζαντίῳ.]

[4] [Voir plus haut, p. 354.]

[5] [*Monatsberichte der K. Pr. Akad. der Wiss. zu Berlin*, 1879, p. 159.]

[6] *Cod. Just.* lib. II, tit. VII, c. 15. *De advoc. divers. judic.* [Erythrius était encore préfet le 1er juillet; il doit y avoir une erreur dans la suscription; il faut lire *Jan.* au lieu de *Jun.*]

[7] *Cod. Just.* lib. I, tit. III, c. 34. *De episcopis.*

[8] *Ibid.* lib. I, tit. III, c. 31. [La date *kal. Jan.* ne peut être admise : les compilateurs du Code ont dû omettre le jour précédant l'indication des calendes. C'est l'opinion émise par Krueger (*Addenda*).]

[9] *Ibid.* lib. I, tit. XI, c. 8. *De paganis.* — Lib. X, tit. XLIX, c. 3. *De quibus mune-*

# PRAEFECTI PRAETORIO ORIENTIS.

— « An. 473 vel 474, Felix Himelco P. P., Dioscurus[1], Aurelianus Protadius vv. cc. P. P., edictum proposuerunt quod habetur in operibus S. Leonis a Ballerinis curatis[2] et memoratur a Zirardinio[3]. »

[Cet édit, qui a pour but d'assurer l'exécution de la constitution rendue le 11 mars 473 par l'empereur Glycerius, *contra ordinationes simoniacas*, porte la suscription : *Datum III kal. Maii, Romae*. Il est sans aucun doute de la même année.]

Imp. Zeno A. Dioscoro P. P.
   An. 475 [?]. — Zenone A. II cons.
     Kal. Sept. Dat. Constantinopoli[a].
   An. 489 [?]. — Eusebio cons.
     Kal. Sept. PP. Constantinopoli[5].

[Dioscorus succéda à Erythrius dans le second semestre de l'an 472, et fut lui-même remplacé au plus tard en 477. Il y a cependant deux constitutions qui, d'après les manuscrits, sont datées de 479 et de 489. Borghesi reporte la constitution de 479 à 475, à l'exemple des anciens éditeurs : au lieu de « Zenone A. III cons. », il lit « Zenone A. II ». Mais Dioscorus a-t-il été rétabli dans les fonctions de préfet du prétoire en 489 ?]

Di questa legge veggasi il Zirardini ove prova che spetta al 472, e che la data dove leggersi *Marciano cons.*[6].

---

ribus vel praestationibus nemini liceat se excusare. — Lib. XII, tit. xxxiii, c. 4 : *qui militare possunt;* tit. xxxv, c. 16. *De re militari;* tit. xlix, c. 9. *De numerariis.*

[1] [Au Code de Justinien, ce préfet est toujours appelé Dioscorus.]

[2] T. III, p. 677. [Voir plus bas, p. 477, n. 8.]

[3] *Novel.* p. 358. [Haenel, *Corpus legum*, p. 260. On peut s'étonner de voir le préfet d'Orient figurer dans un édit rendu en exécution d'une décision de l'empereur d'Occident. Il n'y a là que l'application d'un ancien usage d'après lequel chacun des empereurs légiférait au nom de ses collègues et qui avait été étendu à leurs préfets respectifs. Dans le principe, cet usage contribua à maintenir l'unité de législation dans toute l'étendue de l'empire. (Cf. Édouard Cuq, *Le Conseil des empereurs*, p. 465 et 484.) Mais au temps de Glycerius il n'en était plus ainsi, et il est difficile de croire que son édit ait été applicable en Orient. Cf. Mommsen, *Arch. epigr. Mittheil. aus Oesterreich-Ungarn*, xvii. 115.]

[4] *Cod. Just.* lib. V, tit. xxxi, c. 11. *Qui petant tutores.* [Cf. *Inst.* lib. III, tit. iii, 6.]

[5] *Ibid.* lib. VI, tit. xlix, c. 6. *Ad Sc. Trebell.*

[6] *Novel.* p. 358. [Zachariae, p. 160, tient la date de 469 pour invraisemblable.]

## XCI

[1228 = 475.]

*EPINICUS,*

sub [Basilico].

— « Imp. Zeno [?] a. Epinico P.P. — Dat. kal. Sept. Constantino-
« poli [post consulatum Leonis junioris] (475)[1]. »

[Une constitution de l'année précédente donne à Epinicus le titre de *consularis* :]

— « Impp. Leo et Zeno AA. Epinico consulari. — Dat. vi id. Oct.
« Leone juniore A. cons. (474)[2]. »

È stata corretta « Eutychio P. P.[3]. »

[Phrygien d'origine, Epinicus avait été *comes sacrarum largitionum*[4]. Il devint préfet de la ville sous Basiliscus :

— « Epinicus, praefectus Urbi sub Basilisco, inexplebili pecuniae
« parandae cupiditate flagrans, et gentes urbesque omnes cauponans,
« provincias iniquis edictis implevit. Quae cum diutius ferre non pos-
« sent magistratuum ordines, nec senatus externi, fuga tributorum ex-
« actiones detrectarunt. Hujus autem avaritia pressi supplices in commu-
« nibus templis sederunt, furta hominis coarguentes. Omnibus autem
« erat invisus, quod nulli debitum honorem tribueret. Huic autem igno-
« miniose magistratum abrogarunt, eique surrogarunt Laurentium[5]. »

---

[1] *Cod. Just.* lib. V, tit. v, c. 8. *De incestis nuptiis.* [Nous avons rétabli le consulat qui manque dans Borghesi et dans les anciennes éditions. — J. B. de Rossi (*Inscr. christ.* vol. I, n. 863) a démontré que cette constitution émanait de Basiliscus. Après la chute de ce tyran, son nom fut effacé et remplacé par celui de Zénon. Discutant la notation chronologique du document et s'appuyant sur un passage de Suidas, il conclut que la constitution était adressée par Basiliscus à Epinicus *praefectus Urbi*, et non *praefectus praetorio.* HÉRON DE VILLEFOSSE.]

[2] *Cod. Just.* lib. X, tit. xv, c. 1. *De thesauris.* [Krueger propose de lire *comiti sacrarum largitionum* au lieu de *consulari.* Cf. Tillemont, *Hist. des Emp.* t. VI, p. 509.]

[3] [Cette correction, proposée par Spangenberg et par Beck, n'est pas admise par les éditeurs les plus récents, qui maintiennent la leçon des manuscrits.]

[4] [Johannes Antiochensis, fr. 211, éd. Müller, p. 618.]

[5] [Suidas, éd. Bernhardy, I, 2, 438 :

Y a-t-il contradiction entre le témoignage de Suidas, qui attribue à Epinicus la qualité de préfet de la ville, et le texte du Code qui lui donne celle de préfet du prétoire? Si Epinicus n'a occupé d'autre préfecture que celle de la ville, on ne voit pas à quel titre il rançonna les peuples et les villes et remplit les provinces d'édits iniques. N'est-ce pas plutôt le fait d'un préfet du prétoire? On ne voit pas non plus comment la constitution de Basiliscus, qui maintient la prohibition du mariage entre beaux-frères et belles-sœurs dans un cas où il était admis par la coutume d'Égypte, aurait été adressée à un préfet de la ville. Elle a une portée générale et s'applique à tout l'empire. Peut-être Epinicus fut-il en même temps préfet de la ville et préfet du prétoire, comme l'avait été son prédécesseur Dioscorus.]

## XCII

[Circa 1229 = 476.]

### ERYTHRIUS,

praef. praet. Orientis [iterum] sub Zenone.

— « Erythrius, praetorio praefectus sub Zenone. Hic cum nec pecu-
« niam publicam sufficere cerneret, neque tributis constitutis gravius
« onus addere, nec aeris alieni dissolvendi gratia injuste quicquam ut-
« pote vir humanus facere sustineret, Zenonem rogavit, ut sibi magis-
« tratu illo abire liceret : quod impetravit. Id magno dolore civitatem
« affecit cum magistratum deponeret [1]. »

[D'après Tillemont [2], c'est le même qui avait été préfet sous Léon.]

Ἐπίνικος, ὕπαρχος τῆς πόλεως ἐπὶ Βασιλίσκου, κόρον χρηματισμοῦ μὴ λαμβάνων μηδένα, καὶ τὰ ἔθνη καὶ τὰς πόλεις πάσας καπηλεύων, καὶ ἀτόπων τὰς ἐπαρχίας προσταγμάτων ἐμπλήσας· ἃ μὴ φέρουσαι ἔτι τῶν ἀρχόντων αἱ τάξεις μηδὲ αἱ ἔξω βουλαὶ φυγοῦσαι κατέλιπον τὰς τῶν φόρων εἰσπράξεις. Ἐκ δὲ τῆς τούτου πλεονεξίας ἀρχόμενοι ἱκέται ἐν τοῖς κοινοῖς ἱεροῖς ἐκαθέζοντο, ἐλέγχοντες τὰ τούτου κλέμματα. Ἦν δὲ πᾶσιν ἀπεχθής, τιμὴν οὐδενὶ νέμων προσήκουσαν. Καὶ τοῦτον τῆς ἀρχῆς ἀπήλλαξαν ἀτίμως· ἀνθαιροῦνται δὲ ἄνδρα Λαυρέντιον.]

[1] Suidas, v° Ἐρύθριος. [Ἐρύθριος, ἔπαρχος γεγονὼς ἐπὶ Ζήνωνος· ὃς ἐπεὶ μήτε τὰ κοινὰ διαρκοῦντα ἑώρα, μήτε βάρος προσθεῖναι πλεῖον τοῦ τεταγμένου ταῖς συντελέσιν ἠνείχετο, μήτε τινὰ ποιεῖν πονηρόν, ὡς ἂν φιλάνθρωπος, τῶν ὀφειλομένων ἠδύνατο χάριν, αἰτησάμενος παρὰ Ζήνωνος ταύτης τῆς ἀρχῆς ἐπαύσατο. Λύπην δὲ τῇ πόλει παρέσχεν, ἡνίκα ταύτην ἀπέθετο.]

[2] [Hist. des Empereurs, t. VI, p. 478.]

## XCIII

[1230 = 477 — 1233 = 480.]

### SEBASTIANUS,
praef. praet. Orientis sub Zenone.

— « Jam sub illius (Zenonis) imperio Romani quiete vivere po-
« tuissent, nisi Sebastianus tum in aula potentissimus, arbitratu suo
« quovis eum impulisset, omnia velut in foro cauponans, nec quicquam
« in aula Caesarea sine pretio confici sinens. Sed omnes magistratus
« vendebat, pretio partim sibi reservato, partim cum Imperatore com-
« municato[1]. »

Imp. Zeno A. Sebastiano P. P.

An. 477. — Post consulatum Armati v. c.

X kal. Mart. Dat...[2].
Id. Dec. Dat. Constantinopoli[3].
XVI kal. Jan. Dat...[4].
X kal. Jan. Dat. Constantinopoli[5].

An. 478. — Hillo v. c. cons.

Kal. Mart. Dat. Constantinopoli[6].

[An. 479.] — Zenone A. II cons.[7].

---

[1] Suidas, v° Ζήνων. [... Καὶ χρηστῆς ἂν βασιλείας ἔτυχον Ῥωμαῖοι, εἰ μὴ Σεβαστιανὸς ὁ τότε παραδυναστεύων ἦγεν αὐτὸν ὅπῃ ἐβούλετο, καπηλεύων ὥσπερ ἐξ ἀγορᾶς ἅπαντα, καὶ μηδὲν ἄπρατον ἐῶν ἐν τῇ βασιλέως αὐλῇ διαπράττεσθαι. Ἀλλὰ τὰς μὲν ἀρχὰς ἀπεδίδοτο πάσας, ἰδίᾳ μὲν ἑαυτῷ, ἰδίᾳ δὲ λαμβάνων τῷ βασιλεῖ τὰ τιμήματα. Cf. Tillemont, *Hist. des Emp.* t. VI, p. 477.]

[2] *Cod. Just.* lib. V, tit. xxvii, c. 5. *De naturalibus liberis.* [Borghesi, à l'exemple des éditeurs antérieurs à Krueger, date cette constitution « Basilisco A. II et Armato conss. (476)».]

[3] *Cod. Just.* lib. VIII, tit. iv, c. 9. *Unde vi.*

[4] *Ibid.* lib. I, tit. ii, c. 16. *De sacros. ecclesiis.*

[5] *Ibid.* tit. xxiii, c. 7. *De div. rescriptis et pragmaticis sanctionibus.*

[6] *Ibid.* lib. V, tit. ix, c. 7. *De sec. nuptiis.*
— Lib. VIII, tit. liii, c. 31. *De donationibus.*

[7] [Au lieu de « Zenone II», on trouve aussi « Ipso A. II». Borghesi rapporte ce consulat à l'année 475, Krueger à 479 (éd. 1877, App., p. *44). Cf. Mommsen (*Hermes*, t. VII, p. 478).]

Kal. Maii. Dat... [1].
V id. Oct. Dat... [2].
[An. 480. — Basilio juniore cons.
Kal. Maii. Dat. Constantinopoli [3].]
Sine die et conss... [4].

[Sebastianus conserva ses fonctions au moins jusqu'au milieu de l'année 480. Son successeur Aelianus figure dans une constitution du 28 décembre. Il fut sans doute rétabli dans ses fonctions peu de temps après, car son nom reparaît dans quatre constitutions de 484.]

## XCIV

[1233 = 480.]

AELIANUS,
praef. praet. Orientis sub Zenone.

Imp. Zeno A. Aeliano P. P.
[An. 480.] — Basilio juniore cons.
[...] Kal. Jan. Dat... [5].

---

[1] *Cod. Just.* lib. III, tit. xxviii, c. 29. *De inofficioso testamento.* — Lib. V, tit. iii, c. 18. *De donat. ante nuptias.*

[2] *Ibid.* lib. I, tit. xlix, c. 1. *Ut omnes judices tam civiles quam militares post administrationem depositam per L dies in civitatibus vel certis locis permaneant.*

[3] [*Ibid.* lib. VI, tit. xxiii, c. 22. *De testamentis.*]

[4] *Ibid.* lib. I, tit. xxix, c. 3. *De off. mag. milit.* — Lib. IV, tit. lxvi, c. 1. *De jure emphyt.* — Lib. V, tit. v, c. 9. *De incestis nuptiis.* Prima era iscritta. «Imp. Anastasius A. Severiano P. P.» — Lib. X, tit. xxxii, c. 64. *De decurionibus.* — Lib. X, tit. xxxiv, c. 3. *De praediis curialium sine decreto non alienandis.* — Lib. XI, tit. lxix, c. 2. *De praediis tamiacis.* — Lib. XII, tit. iii, c. 4. *De consulibus et non spargendis ab his pecuniis.*

[5] *Cod. Just.* lib. II, tit. xxi, c. 9. *De in integr. restit. minorum.* [La suscription manque dans Borghesi et dans Haloander. Les manuscrits portent *kal. Jan.* omettant *v,* qui existe dans la constitution citée à la note suivante. Aelianus n'a pu être préfet le 1er janvier 480 : c'est Sebastianus qui, à cette date, occupait cette charge.] — Lib. V, tit. xii, c. 28. *De jure dotium.* [Borghesi lit avec Haloander : «Basilio II et Armato conss.» (476). C'est là une erreur déjà signalée par Cujas, *Obs.* XVI, 14 (t. III, col. 431, éd. de Venise). Cf., sur la date des constitutions adressées à Aelianus et à Sebastianus, Tillemont, *Hist. des Empereurs,* t. VI, p. 645 et 646.]

V kal. Jan. Dat...¹.
Sine die et cons...².

## XCV

[1237 = 484.
SEBASTIANUS,
praet. praet. Orientis (iterum) sub Zenone.]

Imp. Zeno A. Sebastiano P. P.
An. 484. — Theoderico cons.
V kal. April. Dat. Constantinopoli³.
Id. April. Dat...⁴.

✳

Ante 1239 = 486.

*CAECINA MAVORTIUS BASILIUS DECIUS*,
sub Zenone.

[Pour justifier l'insertion de Basilius Decius dans la liste des préfets d'Orient, Borghesi cite le passage suivant d'une inscription trouvée sur la voie Appienne, près de Terracine :]

EX PROSA
PIE DECIORVM CAEC·MAV·BASILIO DECIO V C ET IN
L·EX·P V·EX·PPO EX CONS ORD·PAT⁵.

L'Henzen⁶ legge *ex P(raefecto) P(raetorio) O(rientis)*. Dovrebbe essere stato prefetto del pretorio prima del 486, in cui fu console.

[Cette interprétation des sigles PPO est inexacte : à l'époque où fut gravée cette inscription, ces lettres signifient *P(raefecto) P(raetori)o*⁷. Basilius Decius était alors

---

¹ *Cod. Just.* lib. V, tit. LXXV, c. 6. *De magistratibus conveniendis.* [Borghesi rapporte par erreur le consulat «Basilio v. c.» à 476.]

² *Ibid.* lib. XI, tit. LXX, c. 6. *De div. praediis... templorum et civitatum.*

³ *Ibid.* lib. I, tit. III, c. 36. *De episcopis.*
— Lib. IV, tit. LXVI, c. 33. *De iure emphy-teutico.* [C'est un abrégé de] c. 10, lib. VIII, tit. IV. *Unde vi.*

⁴ *Cod. Just.* lib. I, tit. III, c. 37. *De episcopis.*

⁵ Vedi i *Mon. hyp.* del 486, 8. [*Corp. inscr. Lat.* vol. X, n. 6850.]

⁶ App. all' Orelli.

⁷ [Mommsen, ad *Corp. inscr. Lat.*: «Lit-

non pas préfet d'Orient, mais préfet d'Italie : l'inscription est en effet dédiée à Théodoric. Il y eut cependant en 486 un préfet d'Orient du nom de Basilius. Ce n'est pas le même personnage, car le consul de 486 n'a pas été publié en Orient.]

## XCVI

[1239 = 486.]

ARCADIUS,

praef. praet. Orientis sub Zenone.

Imp. Zeno A. Arcadio P. P.

An. 486. — Longino v. c. cons.

XII kal. Jun. Dat. Constantinopoli[1].

Sine die et conss...[2].

— « Zeno patricium virum doctrina praestantem et pietate interfici « jussit. Quo percepto praefectus Arcadius convicia in imperatorem « misit : quibus ille perceptis accedentem in palatium mandavit occidi. « Praefectus, latam in caput sententiam resciens et in ecclesiae prae- « sidium se recipiens, misera nece liberatus est : domum tamen ejus « publicavit imperator[3]. »

— « Arcadius, praefectus praetorio, Zenonem imperatorem conviciis « est insectatus, quod Pelagium patricium interfecisset... Magnam Eccle- « siam Constantinopoleos ingressus... ab acerba morte liberatus est[4]. »

---

teris singularibus $\overline{PPO}$ significari hac scili- cet aetate p(raefec)tum p(raetori)o confirmat Chronicorum Cassiodorianorum inscriptio. » Cf. *Mon. Germ. hist.* t. XI, p. 120.]

[1] *Cod. Just.* lib. IV, tit. xx, c. 14. *De test.*

[2] *Ibid.* lib. III, tit. xxiv, c. 3. *Ubi senatores... conveniantur.* — [Lib. XII, tit. i, c. 17. *De dignitatibus.*] — Lib. VIII, tit. xii, c. 1. *De ratiociniis operum publicorum et de patribus civitatum.* — [Lib. XII, tit. xlix, c. 10. *De numerariis.*] — Lib. XII, tit. lx, c. 6. *De exsecutoribus et exactoribus.*

[3] Theophan. *Chronogr.* p. 208, che ri- porta questo fatto all' anno 482 secondo il suo falso computo. [Πατρίκιον δὲ, γενό- μενον ἄνδρα σοφὸν καὶ εὐσεβῆ καὶ συνετὸν καὶ ἐνάρετον, δημεύσας ἀδίκως καὶ εἰς φρου- ρὰν ἐμβαλών, ὑπὸ τῶν φυλαττόντων ἐξκου- 6ιτώρων ἀναιρεθῆναι προσέταξεν.Τούτου δὲ γενομένου ἀκούσας ὁ ἔπαρχος Ἀρκάδιος ἐλοιδόρησε τὸν βασιλέα· καὶ ἀκούσας ὁ βα- σιλεὺς ἐκέλευσεν αὐτὸν εἰσερχόμενον εἰς τὸ παλάτιον σφαγῆναι· ὁ δὲ ἔπαρχος μα- θὼν τοῦτο, προσέφυγε τῇ ἐκκλησίᾳ καὶ ἐρρύσθη τοῦ πικροῦ θανάτου· τὸν δὲ οἶκον αὐτοῦ ἐδήμευσεν.]

[4] *Chron. Pasch.* [p. 606 : Ὁ ἔπαρχος τῶν

## XCVII

[1239 = 486.]

BASILIUS,

praef. praet. Orientis sub Zenone.

[Basilius succéda à Arcadius entre le 21 mai et le 1ᵉʳ juillet 486.]

Imp. Zeno A. Basilio P. P.

An. 486. — Longino v. c. cons.
Kal. Jul. Dat. Constantinopoli[1].
Sine die et cons...[2].

[Le recueil des édits des préfets du prétoire[3] contient un édit[4] de Basilius :

— κα'. Περὶ ψευδομαρτυρίας. Βασιλείου[5].]

## XCVIII

[1240 = 487.]

LILIANUS [?],

praef. praet. Orientis sub Leontio tyranno.

An. 487. — «Leontius tanquam imperator Antiochiam ingressus

πραιτωρίων Ἀρκάδιος ἐλοιδόρησε τὸν βασιλέα Ζήνωνα διὰ τὸν πατρίκιον Πελάγιον, ὅτι ἐφονεύθη... Εἰσῆλθεν εἰς τὴν μεγάλην ἐκκλησίαν Κωνσταντινουπόλεως, καὶ... ἐρρύσθη πικροῦ θανάτου.] Jo. Malal. lib. XV [p. 390. Cf. Tillemont, *Hist. des Empereurs*, t. VI, p. 524].

[1] *Cod. Just.* lib. IX, tit. v, c. 1. *De privatis carceribus inhibendis.* [Ce rescrit vise spécialement le diocèse d'Égypte. Cf. Tillemont, *op. cit.* t. VI, p. 518].

[2] *Ibid.* lib. V, tit. VIII, c. 2. *Si nuptiae ex rescripto petantur.*

[3] [Cf., sur ce recueil, Mortreuil, *Hist. du droit byzantin*, t. Iᵉʳ, p. 48. Le texte en a été publié par Zachariae, Ἀνέκδοτα, p. 266.]

[4] [*Cod. Bodl.*, XXXIII, signale un second édit de Basilius : mais il y a là vraisemblablement une erreur, et il faut lire : Βασιλίδου au lieu de Βασιλείου. Voir plus bas, p. 384, n. 4.]

[5] [*Cod. Bodl.* XXI. De falso testimonio. Cf. *Cod. Marc.* XVI. Zachariae reporte à l'an 490 la préfecture de Basilius. Il accepte sans doute une correction de Beck qui, dans la suscription de la constitution du 1ᵉʳ juillet, ajoute *II* après *Longino*. Le second consulat de Longinus est en effet de l'an 490; mais cette correction n'est pas appuyée par les manuscrits.]

« est mensis Junii die vicesima septima, indictione septima, et praeto-
« riorum praefectum instituit Λιλιανόν[1]. »

Il Tillemont[2] sospetta che si debba leggere Αἰλιανόν.

[Si la conjecture de Tillemont est exacte, ce préfet du prétoire serait sans doute le même Aelianus qui avait déjà rempli cette charge en 480, sous Zénon[3].]

*

[Intra 1227 = 474 et 1244 = 491.]

*CHRYSEROS,*
sub Zenone.

— « Imp. Zeno A. Chryseroti P. P. » — Sine die et conss.[4].
È stata corretta : « Chryseroti praeposito sacri cubiculi. »

*

[1236 = 483.]

*CONSTANTINUS,*
sub Zenone.

— « Imp. Zeno A. Constantino P. P. — [Dat. xvii kal. Jan. post
« consulatum Trocondi (483) »[5].]

[L'inscription rapportée par Borghesi n'est pas exacte. Dans les manuscrits de Vérone, du Vatican, et de Leipzig (Paulina 883), on lit *P. U.* Constantin fut, sous Zénon, préfet de la ville, et non préfet du prétoire. La suscription qui manque dans Borghesi est rétablie par Hermann et par Krueger, d'après le manuscrit de Vérone, où les lettres *p. c.* sont omises.]

---

[1] Theophan. *Chronogr.* p. 201. [Εἰσῆλθε Λεόντιος ἐν Ἀντιοχείᾳ ὡς βασιλεὺς μηνὶ Ἰουνίῳ κζ', ἰνδικτιῶνι ζ', καὶ προεβάλετο ἔπαρχον πραιτωρίων Λιλιανόν.]

[2] [*Hist. des Empereurs,* t. VI, p. 513.]

[3] [Voir plus haut, p. 364.]

[4] *Cod. Just.* lib. XI, tit. LXIX, c. 1. *De praediis tamiacis.*

[5] *Ibid.* lib. IV, tit. LIX, c. 2. *De monopoliis.*

✽
?
*HELIODORUS*,
sub Zenone.

Scrive Teodorico al senato [1] : «Hi autem et in partibus Orientis «parentum laude viguerunt. Heliodorus enim, qui in illa re publica «nobis videntibus, praefecturam bis novenis annis gessit eximie, eorum «consanguinitati probatur adjungi.»

[Le récit de Théodoric s'applique au temps de Zénon ou d'Anastase. On ne peut songer à donner place à une préfecture aussi longue que celle d'Heliodorus dans la série des préfets d'Orient de cette époque. Aussi Tillemont [2] pense-t-il que la préfecture à laquelle fait allusion Théodoric pourrait être la préfecture de la ville ou celle de l'Illyrie. Cette dernière hypothèse est la plus vraisemblable : on connaît deux préfets de la ville du temps de Zénon, Adamantius et Constantinus, tandis qu'on ne connaît aucun des préfets d'Illyrie ni du règne de Zénon ni des neuf premières années du règne d'Anastase. Heliodorus a donc pu être préfet d'Illyrie à diverses reprises dans la période qui s'étend de l'année 454, date de la naissance de Théodoric, à l'année 488, où ce prince quitta l'Orient [3]. Cet Heliodorus est sans doute le même qui fut *comes sacrarum largitionum* en 468, sous le règne de Léon et Anthemius [4].]

✽
[Intra 1227 = 474 et 1244 = 491.]
*ADAMANTIUS*,
sub Zenone.

— «Imp. Zeno A. Adamantio P. P. — Sine die et conss. [5]»

[1] Nell' ep. IV del lib. I delle *Variarum* Cassiodori, éd. Mommsen, p. 15, 32. [Malalas, lib. XVI, p. 384, signale l'influence de Théodoric sur le choix des préfets du prétoire au temps de Zénon.]

[2] [*Hist. des Empereurs*], t. VI, p. 492.

[3] [Cf. Mommsen, praef. ad Cassiodori *Var.* p. VII : «Inter 454 et 488, quo Theodoricus Orientem reliquit, praefecturas diversis temporibus plures in Oriente administrare potuit; nam ita verba illa accipienda videntur, cum magis verisimile sit paulo inflatius auctorem hoc loco locutum esse versantem in laudibus suorum quam vestigium nullum ad nos pervenisse praefecturae praeter consuetudinem per annos duodeviginti continuatae.»]

[4] [*Cod. Just.* lib. X, tit. XXIII, c. 3 et 4.]

[5] *Ibid.* lib. IV, tit. LXV, c. 32. *De locato et conducto.*

[L'inscription rapportée par Borghesi n'est pas exacte : dans les manuscrits, on lit *P. U.* et non *P. P.* Adamantius fut préfet de la ville sous Zénon. Deux autres constitutions lui donnent cette qualité[1].]

## XCIX

[1244 =] 491.

MATRONIANUS,

praef. praet. Orientis sub Anastasio.

Imp. Anastasius A. Matroniano P. P.
An 491. — Olybrio v. c. cons.
[Kal. Jul...] Dat. Constantinopoli[2].
III kal. Aug. Dat. Constantinopoli[3].

## C

[Intra 1244 = 491 et 1271 = 518.]

[ARCADIUS,

praef. praet. Orientis sub Anastasio.

— « Imp. Anastasius A. Arcadio P. P. — Sine die et cons.[4] »]

---

[1] *Cod. Just.* lib. VIII, tit. x, c. 12. *De aedific. privatis*. — Lib. XI, tit. xliii, c. 8. *De aquaeductu*.

[2] *Ibid*. lib. I, tit. xxii, c. 6. *Si contra jus*. [Borghesi, d'après Haloander, note cette constitution comme étant *sine die et consule*. Le consulat manque en effet dans les manuscrits, qui indiquent seulement le jour et le mois. Il est vraisemblable que l'année est la même que celle où furent rendues les constitutions adressées au même préfet du prétoire. Cf. Tillemont, *Hist. des Empereurs*, t. VI, p. 542.]

[3] *Cod. Just.* lib. VII, tit. xxxix, c. 4. *De praescr. xxx vel xl annorum*. [La suscription manque dans Borghesi comme dans Haloander.] — Lib. X, tit. xxvii, c. 1. *Ut nemini liceat in coemptione specierum se excusare*. — Lib. XI, tit. lxii, c. 14. *De fundis patrimonialibus*.

[4] [*Ibid.* lib. XII, tit. xxxvii, c. 17.]

*

?

*LEO,*
sub Anastasio.

— « Imp. Anastasius A. Leoni P. P. — Sine die et conss.[1]. »

[Le nom de ce préfet du prétoire est Leontius (voir l'article suivant). *Leoni* est une correction des anciens éditeurs.]

## CI
[Intra 1244 = 491 et 1271 = 518.]
LEONTIUS,
praef. praet. Orientis sub Anastasio.

— « Cum Anastasius imperator commotus esset in Appionem virum « splendidissimum et qui imperium cum eo communicaverat (quo tem- « pore Coades, Persa, furebat, Leontio, viro legum peritissimo, prae- « fecturam praetorii tenente)...[2]. »

Uno dei compilatori del Codice Giustinianeo publicato nel 528 fu « Leontius, magister militum, ex praefectus praetorio, consularis atque « patricius[3] »; e nel 529 si ripete : « Vir sublimissimus ex praefecto « praetorio consularis atque patricius Leontius. »

[C'est à lui que fut adressée la constitution que Borghesi rapportait à Leo. Elle est peut-être postérieure à l'an 500, car la constitution précédente est adressée à Thomas, qui fut, en cette année, préfet d'Illyrie.

Le recueil des édits des préfets du prétoire contient un édit de Leontius :

— κϛ'. Περὶ γραμμάτων πίστεως. Λεοντίου[4].]

---

[1] *Cod. Just.* lib. VII, tit. xxxix, c. 6.
[2] Lydus, *De magistr.* lib. III [c. xvii : Ὡς Ἀναστασίου τοῦ βασιλέως κινηθέντος κατὰ Ἀπίωνος, ἀνδρὸς ἐξοχωτάτου, καὶ κοινωνήσαντος αὐτῷ τῆς βασιλείας (ὅτε Κωάδης ὁ Πέρσης ἐφλέγμαινε, Λεοντίου τὴν ἐπαρχότητα διέποντος, ἀνδρὸς νομικω-

τάτου)... Il ne faut pas confondre ce Leontius avec le jurisconsulte de Constantinople mentionné dans *Cod. Theod.* lib. VI, tit. xxi, c. 1.]

[3] [Const. *De novo Codice componendo.*]
[4] [*Cod. Bodl.* XXII. De literarum fide. Leontii. Cf. *Cod. Marc.* XVII.]

✱

[1248 = 495.]
*ASCLEPIODOTUS*,
sub Anastasio.

— « Imp. Anastasius A. Asclepiodoto P. P. — Dat. xiii kal. Mart...
« Viatore et Aemiliano conss. [1]. »

[Borghesi a emprunté à Haloander l'inscription et la suscription de cette constitution : elles ne sont pas conformes aux manuscrits, bien que le nom d'Anastasius existe dans le manuscrit de Vérone. Il faut lire :

— « Imp. Theodosius A. Asclepiodoto P. P. — Dat. xiii kal.
« Mart. Constantinopoli, Victore v. c. cons. (424). »

Il s'agit d'un préfet du prétoire du temps de Théodose [2]. La date 424 est confirmée même par le manuscrit de Vérone.]

## CII

[? — 1249 = ] 496.
HIERIUS,
praef. praet. Orientis sub Anastasio.

— « Anastasius, imperator factus, praetorio praefectum constituit
« Hierium patricium; qui Calliopium, cognatum suum, Orientis comi-
« tem designavit, ac... deinde Constantium Tarsensem [3]. »

— « Imp. Anastasius A. Hierio P. P. — Dat. id. Febr. Constanti-
« nopoli, Paulo v. c. cons. (496) [4]. »

[Le recueil des édits des préfets du prétoire cite un édit de Hierius :

— ζ'. Τύπος περὶ ζυγοσ]ατῶν Ἱερείου [5].]

---

[1] *Cod. Just.* lib. VI, tit. xiii, c. 2. *De bon. poss. e. tab. liberti.*

[2] [Voir plus haut, p. 313, n. 8. Cf. Hermann, p. 378, n. 15.]

[3] Johannes Malalas, lib. XVI [p. 392 : Ἐν δὲ τῇ αὐτοῦ βασιλείᾳ ἐποίησεν ἔπαρχον πραιτωρίων τὸν πατρίκιον Ἱέριον· ὅστις ἐποίησε κόμητα ἀνατολῆς Καλλιόπιον τον ἴδιον συγγενέα... καὶ εὐθέως... Κωνσ]άντιον τὸν Ταρσέα.]

[4] *Cod. Just.* lib. VI, tit. xxi, c. 16. *De testamento militis.*

[5] [ *Cod. Bodl.* VII. Forma de ponderatoribus, Hierii.]

## CIII

[1249 = 496.]

**ANTHEMIUS,**
praef. praet. Orientis sub Anastasio.

Αὐτοκράτωρ Ἀναστάσιος A. Ἀνθεμίῳ ἐπάρχῳ τῶν πραιτωρίων.

An. 496. — Paulo v. c. cons.
Kal. April. Dat... [1].

[Bien qu'on ignore le lieu où cette constitution a été rendue, il n'est pas douteux qu'elle n'ait été adressée au préfet d'Orient. Elle règle en effet le mode de payement des impôts dans une région qui était du ressort de ce préfet, l'Arménie. Elle restreint en même temps les pouvoirs des préfets du prétoire en général et de leur *officium* quant à la *relevatio animalis functionis*.]

XII kal. Aug. Dat... [2].

## CIII bis.

[1249 = 496.]

*EUPHEMIUS,*
sub Anastasio.

Imp. Anastasius A. Euphemio P. P.
An. 496. — Paulo v. c. cons.
Prid. kal. Mai. Dat... [3].

[Le lieu de la suscription manque, mais il est facile à suppléer. Anastase parle d'*instrumenta, quae in hac regia urbe confecta seu celebrata fuerint*.]

---

[1] *Cod. Just.* lib. X, tit. xvi, c. 13. *De annonis et tributis.* — [2] *Ibid.* lib. X, tit. xix, c. 9. *De exactionibus tributorum.* — [3] *Ibid.* lib. VIII, tit. liii, c. 32. *De donationibus.*

### CIII *ter*.
[Intra 1244 = 491 et 1271 = 518.

*ARMENIUS*,
sub Anastasio.

— « Imp. Anastasius A. Armenio P. P. — Sine die et cons.[1]. »

Anthemius, Euphemius, Armenius sont-ils trois personnages distincts? Ou ces trois noms, plus ou moins altérés par les copistes, s'appliquent-ils à un même préfet du prétoire? Il paraît d'abord certain qu'Anthemius et Euphemius ne font qu'un. Anthemius était préfet d'Orient le 1er avril et le 21 juillet 496; il est difficile de croire à l'existence d'un autre préfet le 30 avril de cette même année[2]. L'erreur commise dans les manuscrits est d'autant plus explicable que les deux noms ne diffèrent que par les trois premières lettres. Quant à Armenius, qu'on ne trouve cité nulle autre part, il est vraisemblable qu'il se confond lui aussi avec Anthemius : la constitution qui lui est adressée est, comme celle du 1er juillet 496, relative au service des postes, *per totius Orientalis tractus partes*. Elle a aussi la même sanction.]

### CIV
[1250 =] 497.

THEODORUS,
praef. praet. Orientis sub Anastasio.

— « Imp. Anastasius A. Theodoro P. P. — Dat. xv kal. Mart...
« Anastasio A. II cons. (497)[3]. »

### CV
[1251 =]498.

POLYCARPUS,
praef. praet. Orientis sub Anastasio.

— « Ceterorum scriniariorum res a Zenonis imperio tantum auctae

---

[1] [*Cod Just.* lib. XII, tit. L, c. 23.] — [2] [Voir Hermann, p. 634. Krueger, p. 402, n. 15, et 404, n. 11 (cf. éd. 1877, p. 895).] — [3] *Cod. Just.* lib. V, tit. xvii, c. 9. *De repudiis.*

PRAEFECTI PRAETORIO ORIENTIS. 375

« sunt, quantum officii imminutae : postquam enim cum alios multos,
« tum Polycarpum in praefecturam sub Anastasio traxere... ¹. »

— « Imp. Anastasius A. Polycarpo P. P. — Dat. kal. April.....
« Johanne et Paulino conss. (498)². »

— « Imp. Anastasius A. Polycarpo P. P. — Sine die et conss.
« (498-499)³. »

CVI

[Intra 1252 = 499 et 1255 = 502.]

MARINUS,

praef. praet. Orientis sub Anastasio.

« Marinus Syrus fuit praefectus praetorio iterum anno 519 sub Jus-
« tino seniore. Nam fuit primum sub Anastasio⁴. »

— « Postquam..... Polycarpum in praefecturam sub Anastasio
« traxere, deinde etiam Marinus totam reipublicae administrationem
« suscepit, qui et ipse unus e Syriae scriniariis erat⁵. »

— « Marinus quidam e scriniariis, ut vocant, Orientalis dioecesis,
« cum se callide rebus insinuasset, imperatori persuadet ut totam sibi
« rempublicam, tributa venditurο, credat, aurum se imperatori concilia-
« turum pollicitus⁶. »

---

[1] Lydus, *De magistr.* [lib. III, c. xxxvi : Ηὐξήθη δὲ λοιπὸν τὰ τῶν σκρινιαρίων ἀπὸ τῆς Ζήνωνος βασιλείας τοσοῦτον, ὅσον τὰ τῆς τάξεως ἔληξε· πολλῶν μὲν γὰρ ἄλλων, καὶ Πολυκάρπου δὲ ἀπ' αὐτῶν εἰς τὴν ἀρχὴν ἁρπασθέντος ὑπὸ τῷ Ἀναστασίῳ.]

[2] Cod. Just. lib. V, tit. xxx, c. 4. *De legit. tutela.*

[3] *Ibid.* lib. XII, tit. xvi, c. 5. *De silentiariis.* [Le nom du destinataire varie suivant les éditions. Hermann lit : «Antiocho praeposito sacri cubiculi.» Il date la constitution du 1ᵉʳ janvier 499.]

[4] Evagrius, *Hist. eccles.* lib. III, c. xlii. [Ἀναστάσιος... περιεῖλε... τὴν τῶν φόρων ἔσπραξιν ἐκ τῶν βουλευτηρίων, τοὺς καλουμένους βίνδικας ἐφ' ἑκάστῃ πόλει προβαλλόμενος εἰσηγήσει φασὶ Μαρίνου τοῦ Σύρου, τὴν κορυφαίαν διέποντος τῶν ἀρχῶν, ὃν οἱ πάλαι ὕπαρχον τῆς αὐλῆς ἐκάλουν.] Alemannus, ad *Hist. arc.* Procopii, p. 448. [Cf. Tillemont, *Hist. des Empereurs*, t. VI, p. 647.]

[5] Lydus [lib. III, c. xxxvi : Εἶτα καὶ Μαρίνου τὴν ὅλην ἀναζωσαμένου τῶν πραγμάτων διοίκησιν, ὃς καὶ αὐτὸς εἷς τῶν τῆς Συρίας σκρινιαρίων ἐτύγχανε.]

[6] *Ibid.* lib. III, c. xlvi : [Μαρῖνός τις ἐκ τῶν λεγομένων σκρινιαρίων τῆς ἑῴας διοικήσεως παρεισδὺς, ἐντέχνως τῷ βασιλεῖ ἀναπείθει πᾶσαν αὐτῷ τὴν πολιτείαν, διαψηφίσαντι τοὺς φόρους, κατα-

— [«Cum igitur Syrus homo et improbus tributa quasi aequus «suscepisset, curialia omnium urbium sustulit, cives cuilibet temere, «dummodo plus ei polliceretur, vendens; proque curialibus, antiquis «publicorum moderatoribus, creat quos vindices (quo nomine Itali «deum adpellare solent) vocant, qui, nacti in collatores potestatem, «nihilo quam hostes melius civitates habuere. Et auro quidem, si quis «fuit alius, ditissimus fit imperator, post eumque Marinus, et quot «omnino Mariniani : summa vero angustia et paupertatis abyssus «causas absorbuit, praefectura deinceps more pedanei judicis privatis «tantum litibus vacante. Verebatur tamen Marinus, videbaturque «colere magistratum, arte invidiam repellens[1].»]

In locum Johannis Paphlagonis «tractatorem et logothetam Ana«stasius substituit Marinum Syrum[2]».

Malala[3] raconta distesamente che Anastasio, mandò Marino ex praefecto contra Vitaliano ch'era venuto ad assediare Costantinopoli, e che lo vinse avendosi braciato la flotta con della polvere di getto. La più parte degli altri scrittori niente dicono di questa vittoria.

Nella sedizione del Trisagio nel 512 « in aedes Marini Syri ex prae«fecti irruentes, ignem tectis injiciebant bonaque ejus diripiebant «omnia... Marinum vero ipsum non invenerunt, quippe hic... sub-

πισ⁷εῦσαι, ὁμολογήσας χρυσίον τῷ βασιλεῖ περιποιεῖν.]

[1] Lydus, c. XLIX : [Ἐκλαβὼν τοίνυν Σύρος ἀνὴρ καὶ πονηρὸς ὡς ἐπιεικὴς τοὺς φόρους, τὰ μὲν βουλευτήρια πασῶν παρέλυσε τῶν πόλεων, ἀπεμπολῶν τοὺς ὑπηκόους παντί, ὡς ἔτυχεν, εἰ μόνον αὐτῷ τὸ πλέον ὑπόσχοιτο, καὶ ἀντὶ τῶν ἀνέκαθεν σ⁷ηριζόντων τὰ πράγματα βουλευτῶν προχειρίζεται τοὺς λεγομένους βίνδικας (Ἰταλοῖς Θεὸν ἀποκαλεῖν), οἱ παραλαβόντες τοὺς συντελεῖς, οὐδὲν πολεμίων ἧσσον τὰς πόλεις διέθηκαν. Καὶ γίνεται μὲν πολύχρυσος, εἴπερ τις ἄλλος, ὁ βασιλεὺς, καὶ μετ' αὐτὸν ὁ Μαρῖνος, καὶ ὅσοι Μαρινιῶντες ἁπλῶς· ἀπορία δὲ παντελὴς καὶ πενίας βάθος κατέπιε τὰ πράγματα, τὸ λοιπὸν τῆς ἐπαρχότητος τρόπῳ χαμαιζήλου δικασ⁷οῦ μόναις ταῖς ἰδιωτικαῖς διαδικασίαις σχολαζούσης. Ηὐθρία δὲ ὅμως ὁ Μαρῖνος, καὶ τὴν ἀρχὴν ἐδόκει τιμᾷν, τέχνῃ τὸν φθόνον ἀπωθούμενος.]

[2] Jo. Malal. lib. XVI [p. 400 : Ὁ δὲ αὐτὸς βασιλεὺς κουφίσας Ἰωάννην τὸν Παφλαγόνα ἐκ τοῦ τρακτεύειν τὰ δημόσια χαρτία τοῦ πραιτωρίου τῶν ἐπάρχων ἐποίησεν αὐτὸν ἀπὸ ὑπάτων, ἀντ' αὐτοῦ ποιήσας τρακτευτὴν καὶ λογοθέτην Μαρῖνον τὸν Σύρον.]

[3] Jo. Malal. [p. 405].

## PRAEFECTI PRAETORIO ORIENTIS. 377

« duxerat sese. Existimat enim popellus Marinum, quod Orientalis esset,
« clausulae hujus ... adjiciendae... auctorem fuisse[1]. »

— « Auctor [fuit] vectigalis ἐπιβολῆς[2]. »

— [« Marinus quidam vir injustissimus qui ex permissione Dei pu-
« blicorum negotiorum administrationem tenebat et imperatoris insta-
« bilem animum pro libito suo agebat ferebatque, agnita imperatoris
« circa remissionem sententia illico adveniens, non sivit ut constitutio de
« hujusmodi munere promulgaretur... Tunc sanctus pater noster
« Sabas... dixit ad Marinum : Desine bonum imperatoris dissipare
« consilium; ab siste bello adversus sanctas Dei ecclesias; cessa ab ava-
« ritia et nequitia; tibi caveto. Quod si mihi non auscultaveris, moles-
« tissima mala tum tibi non multo post tempus conciliabis, tum poten-
« tiae ipsius, totique imperio non parvum induces periculum; atque
« omnibus quidem uno temporis momento nudaberis, domus vero tua
« igni succendetur... Divini... senis praedictio... non aberravit a
« veritate. Paucis enim elapsis mensibus Marini domus in populi sedi-
« tione igni ambusta fuit[3]. »]

[1] Jo. Malal. lib. XVI [p. 407 : Ἀπελθόντες εἰς τὰ Μαρίνου τοῦ Σύρου τοῦ ἀπὸ ἐπάρχων ἔκαυσαν τὸν οἶκον αὐτοῦ καὶ ἐπραίδευσαν τὰ αὐτοῦ πάντα... Αὐτὸν γὰρ οὐχ εὗρον... ἔφυγεν· ἔλεγον γὰρ ὅτι ὡς ἀνατολικὸς αὐτὸς..... ὑπέβαλε λέγεσθαι τοῦτο.]

[2] Alemannus, ad Hist. arc. p. 449. [L'ἐπιβολή existait bien avant le règne d'Anastase. Cf. Monnier, Nouv. Rev. histor. de droit, t. XVI, p. 330.]

[3] Cyrillus Scythopolis. [Vita S. Sabae (éd. Cotelier, 1686, t. III, p. 304) : Μαρῖνος τις ἀδικώτατος, καὶ ἐκ συγχωρήσεως Θεοῦ τῶν τῆς πολιτείας πραγμάτων κρατῶν, καὶ κατὰ τὸ δοκοῦν αὐτῷ ἄγων καὶ φέρων τὴν τοῦ βασιλέως εὐρίπισ7ον γνώμην, γνοὺς τὰ τῷ βασιλεῖ περὶ τὰ συγχωρήσεως δόξαντα, παραυτίκα εἰσελθὼν, οὐ συνεχώρησε τὴν περὶ τῆς τοσαύτης συγχωρήσεως διάταξιν προσε(λθεῖν)... Τότε ὁ ἐν ἁγίοις πατὴρ ἡμῶν Σάβας... εἶπεν πρὸς Μαρῖνον· Παῦσαι διασκευάζων τὴν ἀγαθὴν τοῦ βασιλέως βουλήν· παῦσαι τοῦ κατὰ τῶν ἁγίων τοῦ Θεοῦ ἐκκλησιῶν πολέμου· παῦσαι τῆς φιλοχρηματίας καὶ πονηρίας, καὶ ἀσφάλισαι σεαυτόν. Εἰ δὲ ἐμοῦ παρακούσῃς, οὐ μετὰ πολὺν χρόνον πανέχθισ7α κακὰ σεαυτῷ μὲν προξενεῖς, τῷ δὲ κράτει αὐτοῦ οὐ μικρὸν ἐπαγάγῃς κίνδυνον (καὶ βασιλεία π)άσῃ· καὶ πάντων μὲν γυμνωθήσῃ ἐν μιᾷ καιροῦ ῥοπῇ· ὁ δὲ οἶκός σου πυρίκαυσ7ος χρήσεται... Ἡ δὲ πρὸς Μαρῖνον ῥηθεῖσα τοῦ θείου πρεσβύτου προφητεία οὐ διήμαρτεν. Ὀλίγων γὰρ μηνῶν διελθόντων, γέγονεν ἐν τῇ τοῦ δήμου σ7άσει ὁ οἶκος Μαρίνου πυρίκαυσ7ος. Cf. Tillemont, Hist. des Empereurs, t. VI, p. 536 et 578.]

## CVII

[1255 = 502 — 1258 = 505.]

[ASPAR (?)[1] ALYPIUS] CONSTANTINUS,
praef. praet. Orientis sub Anastasio.

Imp. Anastasius A. Constantino P. P.

An. 502. — Probo et Avieno juniore conss.

[XV kal. Mart. Dat. Constantinopoli[2].]

XII kal. Aug. Dat. Constantinopoli[3].

An. 505. — Sabiniano et Theodoro conss.

Kal. [Jan.]. Dat. Constantinopoli[4].

[Borghesi cite encore la constitution suivante qui, d'après lui, aurait été adressée à notre préfet du prétoire :]

«Idem A. (che sarebbe Leone) eidem (Constantino) P. P. — «Dat. vi id. Febr. Clementino et Probo conss. (an. 513)[5].»

[Ce texte, emprunté à Haloander, n'est pas probant. Le préfet du prétoire qu'il mentionne n'est pas le nôtre, bien qu'il porte le même nom : c'est le préfet de Léon et non celui d'Anastase[6]. C'est le Constantin dont il est question dans la constitution précédente datée de 471 (*Leone A. IV et Probiano conss.*). Quant à la suscription qui indique l'année 513, et que Haloander a placée ici, elle semble plutôt devoir être rattachée aux constitutions grecques qui suivent immédiatement[7].]

An. 512. — «Die dominicorum, dum jubente Anastasio Caesare

---

[1] [Au lieu de Ἄσπορ, qui est au *Cod. Marc.* XX, Zachariae, p. 260, n. 19, propose de lire Ἄσπαρ. Cette correction semble évidente.]

[2] *Cod. Just.* lib. III, tit. xiii, c. 7. *De jurisdictione omnium judicum.* [Borghesi ne donne pas la suscription qui manque dans Haloander. Cf. Tillemont, *Hist. des Empereurs*, t. VI, p. 555.]

[3] *Ibid.* lib. VI, tit. xx, c. 18 : *De collationibus;* tit. lviii, c. 11. *De legit. hercdibus.* — Lib. VIII, tit. xlviii, c. 5 *De emancipationibus liberorum.*

[4] *Cod. Just.* lib. II, tit. viii (vii), c. 3 (22). *De advocatis diversorum judiciorum.* [La constitution est datée du 1er juillet, mais il y a sans doute une erreur, car à ce moment Constantin avait déjà été remplacé par Eustathius. (Cf. Tillemont, *Hist. des Empereurs*, t. VI, p. 572; Krueger, p. 101, n. 10.) Il faut lire *Jan.* au lieu de *Jul.*]

[5] *Cod. Just.* lib. I, tit. xl, c. 15.

[6] [Voir plus haut, p. 356, n. 5.]

[7] [Cf. Krueger, p. 86, n. 8.]

« per Marinum perque Platonem in ecclesiae pulpito consistentes, in
« hymnum Trinitatis Deipassianorum quaternitas additur, multi Or-
« thodoxorum... perierunt : altera nihilominus die in atrio S. Theo-
« dori majori caede catholici pro fide unica perculsi sunt. Quaprop-
« ter... viii idus Novemb.... (insurrexerunt...) Domibus Marini
« et Pompeii succensis ... e foro plurimi convenerunt, Marinum
« Platonemque pravitatis ejus auctores feris subjici conclamantes[1]. »

[L'index des éparchiques du prétoire signale trois édits d'Aspar Alypius Constantinus[2] :

— κ'. ἴνδιξ Ἄσπ[α]ρος Ἀλυπίου Κωνσταντίνου[3].
— κα'. ἴνδιξ τῶν αὐτῶν[4].
— κϐ'. ἴνδιξ τῶν αὐτῶν[5].

Malgré le pluriel employé aux nᵒˢ 21 et 22, Zachariae pense qu'il s'agit, non pas de trois préfets distincts, mais d'un seul : Aspar Alypius Constantinus. L'erreur est facile à expliquer : au lieu de τοῦ αὐτοῦ les copistes ont lu τῶν αὐτῶν, parce que les abréviations usitées pour les syllabes ῶν et οῦ sont prises souvent l'une pour l'autre dans les manuscrits. L'auteur de ces édits ne serait autre, d'après Zachariae, que le préfet du prétoire d'Anastase[6].

Dans le recueil des édits des préfets du prétoire, trois autres édits sont attribués à Constantinus :

— ιζ'. Περὶ τῶν προσφευγόντων καὶ μὴ δικαζομένων [καὶ] περὶ ἐκσφραγίσματος. Κωνσταντίνου[7].

— ιη'. Περὶ τῶν ἐν ἐπαρχίαις ἀρχείων καὶ τοῦ ἀβάκτις. Κωνσταντίνου[8].

— ιθ'. Περὶ ἐκδόσεως χαρτῶν. Κωνσταντίνου[9].]

---

[1] Marcellin. com. [Chron.]

[2] [L'Index collectionis τῶν ὑπαρχικῶν τύπων ex Cod. Marciano 179 a été publié par Zachariae, Ἀνέκδοτα, p. 258. Cf. sur la Collectio edictorum praefectorum praetorio, quae in Codice Bodleiano 264 servata est, Zachariae, p. 262.]

[3] [Cod. Marc. XX. Index Asp[aris] (?) Alypii Constantini.]

[4] [Ibid. XXI. Index ejusdem (?).]

[5] [Cod. Marc. XXII. Index ejusdem (?)].

[6] [Zachariae, p. 260, n. 20.]

[7] [Cod. Bodl. XVII. De confugientibus et judicium non accipientibus, et de literis publicis. Constantini. Cf. Cod. Marc. X.]

[8] [Ibid. XVIII. De archiis in provinciis et de ab actis. Constantini. Cf. Cod. Marc. XIV.]

[9] [Ibid. XIX. De editione chartarum. Constantini. Cf. Cod. Marc. XV.]

## CVIII

[1258] = 505 — 1259 [= 506].

**EUSTATHIUS,**

praef. praet. Orientis sub Anastasio.

Imp. Anastasius A. Eustathio P. P.

An. 505. — Sabiniano et Theodoro conss.

XIII kal. Maii. Dat... [1].

An. 506. — Areovinda et Messala conss.

X kal. Aug. Dat. Constantinopoli [2].

XII kal. Dec. Dat. Constantinopoli [3].

[Dans la collection des édits des préfets du prétoire figure un édit d'Eustathius :

— ιϚ′. Περὶ τῶν διδομένων ἐπὶ νομῆς. Εὐσταθίου [4].]

✵

1263 = 510.

*ERYTHRIUS,*

sub Anastasio.

- «Imp. Anastasius [?] A. Erythrio P. P. — Dat. v id. Aug. Boethio «v. c. cons. [5].»

[Des deux parties qui composent ce texte, la première n'est pas exactement citée, et la seconde n'a aucun rapport avec la première. «Imp. Anastasius» n'est pas dans les manuscrits; on lit : «Id. aā», ou «Id. ā», ou «Id.». Rien n'autorise à penser qu'il s'agit d'Anastase. La suscription se rapporte, non pas à la constitution adressée à Erythrius, mais à la constitution grecque qui la suit. Le destina-

---

[1] *Cod. Just.* lib. I, tit. IV, c. 19. *De episcop audientia.* — [Lib. I, tit. LV, c. 11. *De defensoribus civitatum.* Cette constitution, qui manque dans les éditions anciennes, n'a pas été citée par Borghesi. Cf. Hermann, p. 26, n. *d.*]

[2] *Ibid.* lib. IV, tit. XXXV, c. 22. *Mandati vel contra.*

[3] *Cod. Just.* lib. II, tit. VIII (VII). c. 4 (23). *De advocatis div. judic.*

[4] [*Cod. Bodl.* XII. *De his quae in possessionem dantur. Eustathii.* Cf. *Cod. Marc.* VII.]

[5] *Cod. Just.,* lib. I, tit. V, c. 10. *De haereticis.* [Voir plus haut, p. 359, n. 2. Cf. Tillemont, *Hist. des Emp.* t. VI, p. 577.]

taire de notre constitution n'est pas un contemporain d'Anastase : c'est le préfet du prétoire de Léon et Anthemius [1].]

### SUUS,
#### sub Anastasio.

— « Imp. Anastasius A. Suo P. P. — Sine die et conss.[2]. »
Si è corretta : « Servo P. P. »

[Le nom du destinataire de cette constitution n'est pas Suus, comme l'avait pensé d'abord Cujas, ni Servius, comme il l'avait cru plus tard (éd. Fabrot). Le nom de Servus, proposé par Russard, n'est pas plus exact. Il s'agit d'un préfet du prétoire connu par d'autres textes du Code : Sergius[3].]

### CIX
[Intra 1259 = 506 et 1263 = 510.]

#### APPIO,
#### sub Anastasio.

[An. 503.] — « Imperator... Anastasius bellum Persis intulit, in « expeditionem hanc missis Areobindo..., Patricio..., et Hypatio..., « Appione quoque patricio quem et praetorio praefectum Orientis « constituit [4]. »

— « Cum Anastasius imperator commotus esset in Appionem, virum « splendidissimum, et qui imperium cum eo communicaverat... [5]. »

[Appio fut-il préfet sous Anastase ? C'est bien douteux, malgré Jo. Malalas. Lydus et Procope sont moins affirmatifs, et Théophane paraît dire qu'il fut appelé à la préfecture par Justin [6].]

---

[1] [Krueger, ad hunc loc.]

[2] Cod. Just. lib. XI, tit. XLIII, c. 11.

[3] [Voir plus bas, p. 383. Cf. Tillemont, Hist. des Empereurs, t. VI, p. 581.]

[4] Jo. Malal. lib. XVI, p. 398 : [Καὶ ἐπεσ]ράτευσε κατὰ Περσῶν ὁ αὐτὸς Ἀνασ]άσιος βασιλεύς, πέμψας Ἀρεόβινδον... καὶ Πατρίκιν..., καὶ Ὑπάτην..., καὶ τὸν πατρίκιον Ἀππίονα, ποιήσας αὐτὸν ἔπαρχον πραιτωρίων ἀνατολῆς.]

[5] Lydus, De magistr. [lib. III, c. XVII : ὡς Ἀνασ]ασίου τοῦ βασιλέως κινηθέντος κατὰ Ἀπίωνος, ἀνδρὸς ἐξοχωτάτου, καὶ κοινωνήσαντος αὐτῷ τῆς βασιλείας... Cf. Tillemont, Hist. des Emp., t. VI, p. 563.]

[6] [Voir plus bas, p. 388, n. 1.]

## CX

[1265 =] 512.

### ZOTICUS,

praef. praet. Orientis sub Anastasio.

— « Fortuna... Zoticum, civem meum, qui me non parum de-
« lectabatur, ad praefecturam praetorio, sub omnium imperatorum
« mansuetissimo Anastasio, provexit [1]. »

Lido prosegue : « Ut per totum praefecturae ejus tempus (modicum
« vero erat, neque anno multo longius...) [2]. »

— « Imperator autem [Anastasius Hierosolymitarum] petitioni ces-
« sit, reveritus senis [S. Sabae] sanctitatem, Zoticumque praefectum
« praetorio advocavit, ac jussit praedictam reliquiarum coactionem e
« Palaestinae scrinio auferri, eamque indulgentiam et concessionem
« sanctae civitati donari [3]. »

[Zoticus est l'auteur de plusieurs édits mentionnés dans l'index des éparchiques du prétoire :

ς'. Ἴδικτον περὶ ἐπιβολῶν, Ζωτικοῦ ὑπάρχου πραιτωρίων [4].

κε'. Ἴδικτον Ζωτικοῦ ὑπάρχου πραιτωρίων, περὶ τῶν ὑποδεχομένων ἀλλοτρίους γεωργούς [5].

κς'. Τοῦ αὐτοῦ τύπος περὶ συμβολαιογράφων [6].

---

[1] Lydus, lib. III, c. xxvi. [Ἡ δὲ τύχη... Ζωτικόν, πολίτην ἐμόν, καὶ χαίροντά μοι μετρίως, ἐπὶ τὴν ἐπαρχότητα τῶν πραιτωρίων, ὑπὸ τῷ πάντων βασιλέων ἡμερωτάτῳ Ἀναστασίῳ, προήγαγεν.]

[2] Ibid. [c. xxvii : ὥστε παρ' ὅλον τὸν τῆς ἀρχῆς χρόνον αὐτοῦ (μέτριος δὲ ἦν, καὶ βραχεῖ τὸν ἐνιαυτὸν ἐκβάς).]

[3] [Cyrillus Scythopolis, Vita S. Sabae, t. III, p. 304 (éd. Cotelier) : Ὁ δὲ βασιλεὺς τῇ παρακλήσει εἴξας, αἰδεσθεὶς τοῦ πρεσβύτου τὸν ἁγιό(τητα, μετε)πέμψατο τὸν ἔπαρχον τῶν πραιτωρίων Ζωτικόν, καὶ ἐκέλευσε κουφισθῆναι τὴν εἰρημένην περιαυτοπρακτίαν ἐκ τοῦ κατὰ Παλαιστίνων σκρινίου, καὶ ταύτην τὴν συγχώρησιν τῇ ἁγίᾳ πόλει φιλοτιμηθῆναι.]

[4] [Cod. Marc. II. Edictum de adjectionibus, Zotici praefecti praetorio. Cf. Cod. Bodl. XXIV et la novelle clxviii.]

[5] [Cod. Marc. XXV. Edictum Zotici praefecti praetorio de his qui suscipiunt alienos agricolas. Cf. Cod. Bodl. XXV.]

[6] [Ibid. XXVI. Ejusdem forma de tabellionibus. Cf. Cod. Bodl. XXVI.]

PRAEFECTI PRAETORIO ORIENTIS.

Le recueil des édits des préfets du prétoire attribue à Zoticus plusieurs autres édits :

ί. Περὶ τῶν δικαζομένων παρ' ἐπισκόποις καὶ ἐκκλησιεκδίκοις καὶ οἰκονόμοις. Ζωτικοῦ [1].

ια'. Ζωτικοῦ. Περὶ λόγου διδομένου τοῖς προσφεύγουσιν [2].

ιδ'. Ζωτικοῦ. Περὶ λόγου δόσεως [3].

ιε'. Περὶ ἐξωμοσίας διδομένης ὑπὸ τοῦ αἰτιαθέντος. Ζωτικοῦ [4].

ις'. Περὶ συστάσεως ὑπομνημάτων. Ζωτικοῦ [5].]

## CXI

[1270 = 517.]

SERGIUS,

praef. praet. Orientis sub Anastasio.

— « ...Clarissimus Sergius, et justissimus Proclus, et doctissimus « Tribonianus; quorum ille praefectus praetorio, qualis nemo alius, hi « vero ambo quaestores rempublicam ornarunt [6]. »

— « Postea vero Sergius, unus forensium oratorum, sophista, quem « propter doctrinam optimus Anastasius verebatur [7]. »

— « Hermias quidam e Lydiae scriniariis reprehensionem incurrit, « Sergio, qui tum praefectura fungebatur, succensente [8]. »

Imp. Anastasius A. Sergio P. P.

---

[1] [*Cod. Bodl.* X. De his qui apud episcopos et ecclesiarum defensores et oeconomos litigant. Zotici. Cf. *Cod. Marc.* VI.]

[2] [*Cod. Bodl.* XI. Zotici. De λόγῳ confugientibus dato. Cf. *Cod. Marc.* VII.]

[3] [*Cod. Bodl.* XIV. Zotici. De λόγῳ dando. Cf. *Cod. Marc.* XI.]

[4] [*Cod. Bodl.* XV. De juratoria cautione praestita a reo. Zotici. Cf. *Cod. Marc.* XII.]

[5] [*Cod. Bodl.* XVI. De confectione gestorum. Cf. *Cod. Marc.* XIII.]

[6] Lydus, *De magistr.* lib. III [c. xx : Σέργιός τε ὁ πολὺς, καὶ Πρόκλος ὁ δικαιότατος, Τριβουνιανός τε ὁ πολυμαθέστατος (ὧν ὁ μὲν ὕπαρχος, οἷος οὐκ ἄλλος, οἱ δὲ ἄμφω κυαίστωρες γενόμενοι τὴν πολιτείαν ἐκόσμησαν).]

[7] Lydus, *De magistr.* [lib. II, c. xxi : Σέργιος δὲ ὕστερον, ἐκ τῶν δικανικῶν ῥητόρων, ἀνὴρ σοφιστής, καὶ διὰ τοὺς λόγους αἰδέσιμος Ἀναστασίῳ τῷ χρηστῷ. ]

[8] *Ibid.* lib. III [c. l : Ἑρμίας τις τοῖς Λυδίας σκρινιαρίοις συναριθμούμενος ὑπὸ μέμψιν γέγονε, Σεργίου, τοῦ τότε τὴν ἐπαρχότητα διέποντος, ἀγανακτήσαντος.]

An. 517. — Anastasio et Agapito conss.
Kal. April. Dat...[1].
Kal. Dec. Dat...[2].
[Sine die et conss...[3].

Le recueil des édits des préfets du prétoire contient un édit de Sergius:

κγ΄. Περὶ προικὸς καὶ περὶ ἐναγωγῆς ἀκινήτων πραγμάτων ψῆφος Σεργίου[4].]

*

[1271 = 518.]
*ADAMANTIUS*,
sub Anastasio.

— «Vicesimo deinde et septimo imperii Anastasii anno, vidit idem «imperator in visu virum terribilem portantem codicem, qui hunc ape- «riens inveniens nomen imperatoris dicit ei : «Ecce propter malam «fidem tuam deleo quattuordecim.» Et delevit eos. Expergefactus «autem et advocato praefecto Adamantio, dixit ei visionem[5].»

[L'auteur de l'*Historia miscella* a altéré le nom et s'est mépris sur la qualité du personnage mandé par Anastase pour lui faire part de sa vision : c'était Amantius, *praepositus sacri cubiculi*.

— «Imperator Anastasius expergefactus ac viro perculsus Aman- «tium cubicularium et praepositum accersivit somniumque suum illi «exposuit[6].»

Marcellinus comes[7] et Victor Tonnensis[8] donnent également à Amantius le

[1] *Cod. Just.* lib. V, tit. xxvii, c. 6. De naturalibus liberis.

[2] *Ibid.* lib. II, tit. viii (vii), c. 5 (24). De advocatis.

[3] [*Loc. cit.* p. 381, n. 2.]

[4] [*Cod. Bodl.* XXIII. De dote et de actione super rebus immobilibus decretum Sergii. Cf. *Cod. Marc.* XIX.]

[5] *Historia miscella*, lib. XVII, p. 355.

[6] [*Chron. Pasch.* p. 610 : Καὶ διυπνι- σθεὶς καὶ καταρραγεὶς ὁ αὐτὸς βασιλεὺς Ἀναστάσιος, προσκαλεσάμενος Ἀμάντιν τὸν κουβικουλάριον καὶ πραιπόσιτον, εἶπεν αὐτῷ τὴν τοῦ ὁράματος δύναμιν. Cf. Theo- phan. *Chonogr.* 142. Anastasii *Chronogr.* tripertita, éd. de Boor, p. 130.]

[7] [In *Chron.* éd. Mommsen, p. 101, ad an. 519.]

[8] [In *Chron.* éd. Mommsen, p. 196, ad an. 519.]

titre de *praepositus*, et nous apprennent qu'il fut mis à mort en 519 par l'ordre de Justin.]

## CXII
### [Ante 1275 = 522.]
### ASCLEPIODOTUS,
praef. praet. Orientis sub Anastasio vel Justino.

[De quo Theophanes[1] : « Hoc anno qui octavae indictionis, adversus « gentiles et haeresim omnem Justinianus imperator persecutionem « movit et rerum facultates aerario publico addixit. Tunc accusatus est « Macedonius ex referendarius et Asclepiodotus ex praefectus, qui metu « pulsus fidem amplexus est et obiit mortem ».]

## CXIII
### [Ante 1280 = 527.]
### BASILIDES,
praef. praet. Orientis sub Anastasio vel Justino.

Uno dei compilatori del Codice Giustinianeo fu Basilides, « vir excel- « lentissimus ex praefectus praetorio Orientis atque patricius[2]. » Nel tit. II con cui, nel 529, se ne ordina la pubblicazione si ripete : « Vir « excellentissimus ex praefecto praetorio per Orientem et patricius, et « nunc praefectus praetorio per Illyricum Basilides[3]. »

L'Alemanno non lo cita tra i prefetti ne di Giustino seniore ne di Giustiniano.

[L'index des éparchiques du prétoire cite un édit de Basilides :

λγ΄. Ἴδικτον Βασιλίδου ὑπάρχου πραιτωρίων, περὶ νομῆς, περὶ ἐκκλήτου, καὶ ἀμφοτέρων κεφαλαίων[4].

[1] [*Chronogr.* p. 276 : Τούτῳ τῷ ἔτει τῆς η΄ ἐπινεμήσεως ἐποίησεν ὁ βασιλεὺς Ἰουστινιανὸς διωγμὸν μέγαν κατὰ Ἑλλήνων καὶ πάσης αἱρέσεως, καὶ τὰς τούτων οὐσίας ἐδήμευσεν. Κατηγορήθη δὲ καὶ Μακεδόνιος ὁ ἀπὸ ῥεφερενδαρίων καὶ Ἀσκληπιόδοτος ὁ ἀπὸ ἐπάρχων, ὅστις καὶ φοβηθεὶς ἐπίστευσε (?) καὶ ἀπέθανεν. Cf.] Alemannus [*loc. cit.*], p. 450.

[2] *Cod. Just.* De novo Cod. comp., § 1. [Du 13 février 528.]

[3] *Ibid.* De Just. Cod. confirm., § 2.

[4] [*Cod. Marc.* XXXIII. Edictum Basilidis praefecti praetorio de possessione, de appel-

C'est sans doute le même Basilides qui fut de 536 à 539 *magister officiorum* et qui reçut un exemplaire des novelles XXII et LXXIX de Justinien :

Ἐγράφη τὸ ἰσότυπον Βασιλίδῃ τῷ ἐνδοξοτάτῳ μαγίστρῳ τῶν θείων ὀφφικίων, ἀπὸ ἐπάρχων καὶ ὑπάτων καὶ πατρικίῳ.

La novelle LXXXV du 25 juin 539 lui fut directement adressée.]

## CXVI

[Intra 1244 = 491 et 1271 = 518.

ILLUS,

praef. praet. Orientis sub Anastasio (?).

Dans le recueil des édits des préfets du prétoire figurent deux édits attribués à Illus :

η'. Περὶ ἀγορανόμων. Ἴλλου [1].
θ'. Περὶ βουλευτῶν. Ἴλλου [2].

Ces mêmes édits sont mentionnés dans l'index des éparchiques du prétoire [3]. Illus a donc été préfet du prétoire et préfet d'Orient, comme les autres préfets dont on a recueilli les édits. On a conjecturé que cet Illus est le consul de 478 [4]. C'est une erreur : le consul Hillus avait été décapité en 488 [5].]

## CXV

?

[PARNASIUS,

praef. praet. Orientis sub Anastasio (?).

Le recueil des édits des préfets du prétoire cite un édit de Parnasius :

κ'. Περὶ συστάσεως γένους. Παρνασίου [6].

On ignore sous quel empereur il a exercé ses fonctions [7]. Mais, comme les

latione et duorum capitum. — D'après *Cod. Bodl.* XXXIII, cet édit serait de Basilius le préfet de 486. Mais Zachariae (Ἀνέκδοτα, p. 278, n. 238) pense que la leçon du *Cod. Marc.* est préférable, et que l'édit doit être attribué à Basilides.]

[1] [*Cod. Bodl.* VIII. De aedilibus. Illi.]
[2] [*Ibid.* IX. De curialibus. Illi.]
[3] [*Cod. Marc.* IV et V.]
[4] [Zachariae, p. 269, n. 72.]
[5] [Marcellin. *Chron.*]
[6] [*Cod. Bodl.* XX. De probatione generis. Parnasii. Cf. *Cod. Marc.* XVIII.]
[7] [Nous avons déjà rencontré un préfet du nom de Parmasius ou Parnasius antérieur à 451. Voir plus haut, p. 343.]

PRAEFECTI PRAETORIO ORIENTIS.   387

autres préfets mentionnés dans le recueil ont été en charge sous Anastase, Justin ou Justinien, Parnasius a dû, lui aussi, être préfet sous le règne d'un de ces empereurs [1].]

## CXVI

[1271 = 518 — 1272 = 519.]

APPIO,

praef. praet. Orientis sub Justino seniore.

[Appio avait été, sous Anastase, questeur de l'armée d'Areobindus en Orient.

— « Aerario castrensi praeerat Appion Aegyptius, patricii ordinis
« lumen, animo vir maxime impigro, quem etiam Anastasius publicis
« litteris consortem imperii renuntiaverat, quo staret ipsi authoritas
« sumptus pro arbitrio dispensandi [2]. »]

— « Idem vero imperator (Justinus) Appionem patricium revoca-
« vit, et Diogenianum ex magistro militum, et Philoxenum perinde
« ex magistro militum, a decessore imperatore in exilium missos. Ac
« Appionem quidem praefectum praetorio, Diogenianum vero ex ma-
« gistro militum per Orientem, Philoxenum denique post aliquod tempus
« consulem dixit [3]. »

An. 520. Appio patricius, in exilium ab Anastasio pulsus, revocatus a Justino licet sacerdos, praetorio praeficitur [4] :

— « Justinus cunctos ab Anastasio inique relegatos ab exilio revo-

---

[1] [Zachariae, p. 273, n. 135. Seul l'édit de Basilius remonte au temps de Zénon, si l'on n'admet pas la correction de Beck et de Zachariae. Voir plus haut, p. 367, n. 5.]

[2] Procopius, *De bello Persico*, lib. I [c. VIII : Χορηγὸς δὲ τῆς τοῦ σ7ρατοπέδου δαπάνης Ἀπ͞πίων Αἰγύπ͞τιος ἐσ7άλη, ἀνὴρ ἐν πατρικίοις ἐπιφανής τε καὶ δρασ7ήριος ἐς τὰ μάλισ7α, καὶ αὐτὸν βασιλεὺς κοινωνὸν βασιλείας ἐν γράμμασιν ἀνεῖπεν ὅπως οἱ ἐξουσία εἴη τὰ ἐς τὴν δαπάνην ᾗ βούλοιτο διοικήσασθαι. Cf. Theophan. p. 216.]

[3] *Chron. Pasch.* [ad an. 519, p. 612 :

Ὁ δὲ αὐτὸς βασιλεὺς ἀνεκαλέσατο τὸν πατρίκιον Ἀπίωνα καὶ Διογενιανὸν ἀπὸ σ7ρατηλατῶν καὶ Φιλόξενον καὶ αὐτὸν ἀπὸ σ7ρατηλατῶν, πεμφθέντας εἰς ἐξορίαν παρὰ τοῦ πρὸ αὐτοῦ βασιλέως. Καὶ ἐποίησεν Ἀπίωνα μὲν ἔπαρχον πραιτωρίων, Διογενιανὸν δὲ ἀπὸ σ7ρατηλατῶν ἀνατολῆς, καὶ Φιλόξενον μετὰ χρόνον ἐποίησεν ὕπατον.] Jo. Malala, lib. XVII, [p. 412.]

[4] Alemannus in notis ad *Hist. arc.* Procopii, p. 448. Hasius, *praef.* ad Jo. Lydum, p. VI. [Cf. Tillemont, VI, 577.]

«cavit, Appionem in primis patricium, quem invitum Niceae jusserat
«ille ordinari. Hunc vero Justinus velut prudentem et cordatum virum
«praetorio praefectum creavit[1]. »

[Appio était préfet du prétoire dès le 1ᵉʳ décembre 518 :

— «Imp. Justinus A. Appioni P. P. — Dat. kal. Dec. Constanti-
«nopoli, Magno cons.[2]. »]

## CXVII
[1272 — 519.]
### MARINUS,
praef. praet. Orientis iterum sub Justino seniore.

Marinus Syrus, praefectus praetorio iterum, nam fuit primum sub Anastasio[3].

Imp. Justinus A. Marino P. P.

An. 519. — Justino A. et Eutharico conss.

V id. Nov. Dat. Constantinopoli[4].

Kal. Dec. Dat. Constantinopoli[5].

[Il ne faut pas confondre le préfet d'Orient Marinus avec le préfet de la ville de Rome, Marianus, qui vécut également sous le règne d'Anastase et dont Suidas a conservé le souvenir :]

— «Marianus, Marsi causidici filius, praefectus urbis Romae. Nam
«genere Romanus erat : olim vero pater ejus Eleutheropolim Palae-
«stinae primae urbem migravit. Idem consularis et expraefectus, et

---

[1] Theophan. [*Chronogr.*] p. 255 : [Ἀνεκαλέσατο δὲ ὁ βασιλεὺς πάντας τοὺς ἀδίκως ἐξορισθέντας ὑπὸ Ἀναστασίου καὶ Ἀππίωνα τὸν πατρίκιον, ὃν ἐν Νικαίᾳ πρεσβύτερον βίᾳ ἐχειροτόνησαν· ὃν ὁ βασιλεὺς ὡς ἐχέφρονα ἐποίησεν ὕπαρχον τῶν πραιτωρίων. Voir plus haut, p. 381.]

[2] [*Cod. Just.* lib. VII, tit. LXIII, c. 3. *De temporibus et reparationibus appellationum.*]

[3] Alemannus ad *Hist. arc.* Procopii, p. 449. [Voir plus haut, p. 375.]

[4] *Cod. Just.* lib. V, tit. XXVII, c. 7. *De naturalibus liberis.*

[5] *Ibid.* lib. II, tit. VIII (VII), c. 6 (25). *De advocatis.*

« quod illustrius est patricius creatus est sub imperatore Anastasio.
« Scripsit libros plurimos... ¹. »

## CXVIII

[1274 = 521 — 1276 = 523 (?).]

[FL. THEODORUS PETRUS] DEMOSTHENES,
praef. praet. Orientis sub Justino seniore.

— «Noster vero Demosthenes, qui et ipse praefectus praetorio
« erat... ². »

L'Alemanno, nelle note all' Istoria arcana di Procopio, fa Demostene prefetto del pretorio per la prima volta sotto Giustino seniore dal 522 al 523 per un anno ³.

An. 521. — Imp. Justinus A. Demostheni P. P.

Kal. Jun. Dat. Constantinopoli ⁴.

Sine die et conss... ⁵.

[Démosthène avait été précédemment préfet de Constantinople ⁶. Il établit, en qualité de préfet du prétoire, un règlement περὶ ἐπιβολῶν qui figure dans le recueil des Novelles de Justinien ⁷ :

— Φλάβιος Θεοδώρος Πέτρος Δημοσθένης ὁ μεγαλοπρεπέσ]ατος

---

¹ Suidas, v° Μαριανός. [Μαριανός, Μάρσου δικηγόρου, τῶν ὑπάρχων Ῥώμης· Ῥωμαῖος γὰρ τὸ ἀρχαῖον, μετοικήσαντος δὲ τοῦ πατρὸς Ἐλευθερόπολιν, μίαν τῶν τῆς πρώτης Παλαισ]ίνης· ἀπὸ ὑπάτων καὶ ὑπάρχων καὶ πατρίκιος γεγονώς, τὸ ἐπιφανέσ]ερον, κατὰ τὸν βασιλέα Ἀνασ]άσιον. Ἔγραψε βιβλία τοσαῦτα...]

² Lydus, De magistr. lib. III, c. XLII : [Ὁ δὲ καθ' ἡμᾶς Δημοσθένης, ὃς καὶ αὐτὸς ὕπαρχος ἦν.] Hasius, praef. ad Joh. Lydum, p. VI. [Mortreuil (Hist. du droit byzantin, t. I, p. 263) pense que ce préfet ne doit pas être confondu avec le jurisconsulte du même nom cité dans une scolie de Thalélée.]

³ P. 488.

⁴ Cod. Just. lib. VI, tit. XXII, c. 8. Qui testamenta facere possunt.

⁵ Ibid. lib. V, tit. IV, c. 23. De nuptiis. — Lib. VII, tit. LXII, c. 34. De appellationibus.

⁶ [Nov. CLXVI.]

⁷ [Ibid. — Heimbach, Reiseberichte aus Italien, dans Zeitschrift für geschichtliche Rechtswissenschaft, t. VIII, p. 342, pense que Faustus et Stephanus furent préfets du prétoire en même temps que Démosthène. Mais Zachariae (Ἀνέκδοτα, p. 249, n. 67) a fait remarquer qu'il n'y avait à cette époque que deux préfets du prétoire, l'un en Orient, l'autre en Illyrie. Faustus et Stephanus sont peut-être des chefs de service du préfet du prétoire.]

ἔπαρχος τῶν ἱερῶν πραιτωρίων, καὶ ἀπὸ ἐπάρχων τῆς βασιλίδος πόλεως, καὶ ἀπὸ ὑπάτων, Φλάβιος Φαῦσ7ος καὶ Φλάβιος Στέφανος [1] Φλαβίῳ Ὡρταλίνῳ, τῷ λαμπροτάτῳ ὑπατικῷ Λυδίας. — Sine die et conss.

Le texte n'indiquant pas que Démosthène était préfet pour la seconde fois lorsqu'il fit ce règlement, on s'accorde à en fixer la date à l'année 521 [2].]

*

[1277 = 524.]

[FL.] THEODORUS [PHILOXENUS SOTERICUS],
sub Justino seniore.

Imp. Justinus A. Theodo[r]o [3] P. P. [?].

An. 524. — Justino A. II et Opilione conss.

Id. Febr. Dat. Constantinopoli [4].

An. 526. — Olybrio v. c. cons.

Kal. Dec. Dat. Constantinopoli [5].

Sine die et conss... [6].

L'Alemanno fa per la prima volta Teodoro prefetto del pretorio sotto Giustino seniore nel 524 citando la legge 7 Cod. *de advoc. fisci* e la legge 8, *eod.*; gli da per successore Archelao e fa ritornare Teodoro nel 526 [7].

---

[1] [Cf. l'index des éparchiques du prétoire. *Cod. Marc.* I. *Cod. Bodl.* I.]

[2] [Heimbach, *loc. cit.* p. 345. Zachariae, p. 249, n. 65.]

[3] [Au lieu de Theodorus, on lit Theodotus dans *Cod. Just.* lib. IV, tit. xxx, c. 13, et dans Procope, p. 64.] — [Mais il ne peut subsister aucun doute sur la forme du nom *Theodorus*, les noms complets de ce personnage étant inscrits sur des diptyques consulaires. L'un de ces diptyques, provenant de l'abbaye de Saint-Corneille de Compiègne, existe à la Bibliothèque nationale de Paris (Chabouillet, *Catalogue*, n. 3266); un second est conservé à Milan dans la collection du marquis de Trivulce (*Corp. inscr. Latin.* vol. V, n. 8120, 4); le troisième, où le nom manque, est à Liverpool. (Cf. W. Meyer, *Zwei antike Elfenbeintafeln*, p. 71. n. 26, 27, 28.) HÉRON DE VILLEFOSSE.]

[4] *Cod. Just.* lib. II, tit. viii (vii), c. 7 (26). *De advocatis div. judic.*

[5] *Ibid.* lib. IX, tit. xix, c. 6. *De sepulcro violato.*

[6] *Ibid.* lib. IV, tit. xxx, c. 13. *De non numerata pecunia.*

[7] Ad *Hist. arc.* Procopii, p. 448. Hasius, *Praef.* ad Joh. Lydum, p. vi.

## PRAEFECTI PRAETORIO ORIENTIS.

[Borghesi a été induit en erreur par d'anciennes éditions du Code. Theodorus a été, non pas préfet du prétoire, mais préfet de la ville, comme l'a démontré Cujas[1]. Il fut consul d'Orient en 525. C'est à lui que se rapporte cette épigramme[2]:

Ἐν τῇ Μελίτῃ.
Νηὸς ἐγὼ κύδισ7ος Ἰουσ7ίνοιο ἄνακτος,
Καί μ' ὕπατος Θεόδωρος, ὁ καρτερὸς, ὁ τρὶς ὕπαρχος,
Ἄνθετο καὶ βασιλῆϊ, καὶ υἱέϊ ϖαμβασιλῆος,
Ἰουσ7ινιανῷ, σ7ρατιῆς ἡγήτορι ϖάσης.

In Melita.
Ecclesia ego celeberrima Justini imperatoris,
ac me consul Theodorus, fortis vir, ter praefectus,
dicavit et imperatori, et filio summi imperatoris,
Justiniano, exercitus duci cuncti.]

### CXIX
[1277 = 524 — 1278 =] 525.

ARCHELAUS,
praef. praet. Orientis sub Justino seniore.

L'Alemanno[3] pone questo Archelao prefetto sotto Giustino seniore nel 525 e nel 526 dandolo successore a Teodoro, e dopo lui facendo tornare lo stesso Teodoro.

[Theodorus n'ayant pas été préfet du prétoire, il est probable qu'Archelaus a succédé à Démosthène.]

Imp. Justinus A. Archelao P. P.
An. 524. — Justino A. II et Opilione conss.
[XIII kal. Dec. (?). Dat. Constantinopoli[4].]
XII kal. Sept. Dat. Constantinopoli[5].

---

[1] [Observ. lib. XIII, c. 1 (t. III, col. 335).]
[2] [Anthol. Palat. c. 1, 97, t. I, p. 11.]
[3] Ad Hist. arc. Procopii, p. 488.
[4] [Cod. Just. lib. I, tit. III, c. 40 (41). De episcopis. — Lib. VI, tit. XXIII, c. 23. De testamentis. Dans certains manuscrits cette constitution est datée: XVI kal. Jul.]
[5] Cod. Just. lib. II, tit. VIII (VII), c. 8 (27). De advocatis. Cf. Praef. ad Joh. Lydum, p. VI.

An. 525. — Philoxeno et Probo conss.
[Kal. Dec. Dat. Constantinopoli[1].
— «Archelaus... vir patricius, ac prius quidem functus praefec-
«tura praetorii tum Byzantii, tum in Illyrico, tunc autem creatus
«quaestor exercitus...[2].»

Archelaus est-il resté en charge sous le règne de Justin et de Justinien? Le doute vient du rapprochement des deux dernières constitutions insérées au titre *De donationibus ante nuptias* au Code de Justinien. La première[3] contient l'inscription : *Imp. Justinus Archelao P. P.* La suscription manque, mais, la constitution étant de Justin, elle doit être de 523-525, comme les autres constitutions adressées au même préfet du prétoire. D'autre part, dans la constitution subséquente[4], rendue à une date inconnue, mais antérieure à 533[5], Justinien, visant la constitution adressée à Archelaus, dit : *Ea constitutio quam pro augendis tam dotibus quam ante nuptias donationibus fecimus*. Ce serait donc Justinien et non Justin qui serait l'auteur de la constitution adressée à Archelaus. Il faudrait corriger l'inscription de cette dernière et lire : *Impp. Justinus [et Justinianus]* ou *Imp. Justi[nia]nus*. Archelaus aurait été préfet du prétoire en 527 ou dans l'une des années suivantes avant 533. Archelaus était-il à cette époque préfet d'Orient, d'Illyrie ou d'Afrique? On l'ignore. S'il était préfet d'Orient, on devrait préférer la date 527, car on connaît les préfets d'Orient de 528 à 532[6].

L'index des éparchiques du prétoire signale six édits du préfet Archelaus :

κζ′. Περὶ τοῦ μὴ ἐμβάλλειν τινὰ ἐν εἱρκτῇ δίχα ἄρχοντος καὶ ἐκδίκου, καὶ περὶ τοῦ ποιεῖν τὸν ἄρχοντα ν′ ἡμέρας μετὰ διαδοχάς, Ἀρχελάου ὑπάρχου πραιτωρίων Ἀλεξάνδρῳ ὑπατικῷ Κιλικίας[7].

---

[1] *Cod. Just.* lib. VII, tit. xxxix, c. 7. *De praescr. xxx vel xl ann.* [La suscription manque dans Borghesi comme dans Haloander.]

[2] [Procop. *De bello Vandal.* lib. I, c. xi : Ἀρχέλαος ἀνὴρ ἐς πατρικίους τελῶν, ἤδη μὲν τῆς αὐλῆς ὕπαρχος ἔν τε Βυζαντίῳ καὶ Ἰλλυριοῖς γεγονώς, τότε δὲ τοῦ στρατοπέδου καταστὰς ὕπαρχος.]

[3] [*Cod. Just.* lib. V, tit. iii, c. 19.]

[4] [*Ibid.* c. 20.]

[5] [Arg. *Inst.* lib. II, tit. vii, c. 3.]

[6] [La difficulté n'est pas résolue par l'inscription bilingue d'Ali-Faradin, découverte en 1889, et qui contient un rescrit de Justin et Justinien du 1ᵉʳ juin 527. En publiant le texte de cette inscription (*Bull. de corresp. hellénique*, 1893, p. 509), Diehl affirme, sans preuve, qu'Archelaus était préfet d'Orient en 527. Il cite en effet la constitution non datée dont nous venons de nous occuper, puis l'une des constitutions portant la date du 1ᵉʳ décembre 525.]

[7] [*Cod. Marc.* XXVII. De eo, ut ne quis

κη'. Τοῦ αὐτοῦ, ὅτι ἐπὶ χρήμασιν αἰτιαθεὶς καὶ ἐγγυῶν ἀπορῶν περαιτέρω ί ἡμερῶν ἐν εἱρκτῇ οὐκ ἀποκείσεται[1].

κθ'. Τοῦ αὐτοῦ περὶ νομῆς καὶ παραδόσεως αὐτῆς[2].

λ'. Τοῦ αὐτοῦ, περὶ τοῦ τὸν ἐχόμενον ὁδοῦ ἀφίεσθαι ἐξομνύμενον, ὅτι ὑποστρέψει[3].

λα'. Τοῦ αὐτοῦ, περὶ τοῦ τὸν ἀντεναγόμενον, ἐγγύας διδόναι τῶν ζημιῶν, καὶ περὶ τοῦ τὴν ἀκίνητον οὐσίαν ἐκεῖ συμβάλλεσθαί τινι, ἔνθα διάκειται[4].

λϐ'. Τοῦ αὐτοῦ, περὶ δημοσίων, περὶ προστάξεων, καὶ περὶ τοῦ ὀφείλειν ἐντάτ7εσθαι τοῖς πρατ7ομένοις πάντα τὰ δικαιώματα[5].

Archelaus figure sur la liste des préfets du prétoire d'Illyrie et sur celle des préfets d'Afrique, aussi bien que sur la liste des préfets d'Orient. Les édits qui précèdent ont eu pour auteur le préfet d'Orient. Le premier de ces édits est en effet adressé à Alexandre, *consularis* d'une province dépendant de la préfecture d'Orient, la Cilicie[6].]

✶

[1280 =] 527 — [1281 =] 528.

[FL.] THEODORUS [PHILOXENUS SOTERICUS],
iterum sub Justino seniore.

L'Alemanno[7] fa di nuovo succedere Teodoro ad Archelao nel 527, appellandosi altra legge « quam Justinus anno imperii octavo ad eum re-« scripsit *De sepulchro violato*[8] », e conservandolo nel posto anche nel 528.

aliquem conjiciat in carcerem absque praeside et defensore, et ut faciat praeses ι dies post successiones, Archelai praefecti praetorio ad Alexandrum consularem Ciliciae. Cf. *Cod. Bodl.* XXVII et XXVIII.]

[1] [*Cod. Marc.* XXVIII. Ejusdem, quod, qui ob pecuniarias causas conventus est et fidejussorum copiam non habet, ultra quam x dies in carcere non detinebitur.]

[2] [*Ibid.* XXIX. Ejusdem de possessione et traditione ejus. Cf. *Cod. Bodl.* XXIX.]

[3] [*Ibid.* XXX. Ejusdem, ut is, qui iter facturus est, dimittatur juramento praestito, quod revertet. Cf. *Cod. Bodl.* XXX.]

[4] [*Cod. Marc.* XXXI. Ejusdem, ut reconventus fidejussores det de damno, et ut immobilis substantia cuique ibi computetur, ubi sita est. *Cod. Bodl.* XXXI.]

[5] [*Ibid.* XXXII. Ejusdem, de publicis, de commonitoriis, et quod gestis omnia documenta inseri debeant. Cf. *Cod. Bodl.* XXXII.]

[6] [Zachariae, p. 457.]

[7] Ad *Hist. arc.* Procopii, p. 448.

[8] [Voir plus haut, p. 390. La constitution citée est du 1ᵉʳ décembre 526.]

## CXX

[Circa 1280 = 527.]

*EULOGIUS*,

sub Justiniano.

Dieci otto, dice Teofano [1], essere stati quelli che essendosi trovati aver manifestamente aderito ad Ipazio, nella sedizione Nica del $532$ furono proscritti.

« Quos inter memoratur a Johanne, Carpathi episcopo, in narrationibus ineditis de anachoretis Aegyptiis, quidam Eulogius qui ex latrone anachoreta factus, invento forte in spelunca thesauro, Constantinopolim venit, et a Justiniano patricius et praefectus praetorio factus, orta deinde Victoriatorum seditione, Hypatii partes secutus, ac fuga elapsus, bonis omnibus publicatis, rursus in eremum reversus, acta poenitentia, sancte obiit. Vide notas nostras [2] ad Zonarae Annales [3]. »

L'Alemanno non cosnosce questo prefetto ne sotto Giustino ne sotto Giustiniano.

[L'existence de ce préfet ne peut être tenue pour certaine, sur la foi du seul témoignage invoqué par Ducange. S'il y a eu réellement un préfet du nom d'Eulogius, il a dû occuper la préfecture du prétoire pendant un temps très court, vers le début du règne de Justinien, avant le 1er janvier 528, époque où Menas était en charge. Après cette date et jusqu'en 532, la série des préfets est bien connue, grâce aux nombreuses constitutions qui leur ont été adressées.]

## CXXI

[1281 = 528.

MENAS,

praef. praet. Orientis sub Justiniano.

**Imp. Justinianus A. Menae P. P.**

---

[1] [*Chronogr.* p. 286.] — [2] Ducangio, nella nota al Cronaco [t. II], p. 460. — [3] [Lib. XIV, c. vi, éd. de Venise, t. II, p. 64. Le texte cité porte seulement : Εὐλόγιος ὁ ὕπαρχος.]

An. 528. — Dn. Justiniano pp. A. II cons.
Kal. Jan. Dat. Constantinopoli [1].

Menas avait été précédemment préfet de Constantinople [2]. Appelé à la préfecture d'Orient au commencement du règne de Justinien, il fut bientôt après remplacé par Atarbius.]

## CXXII

[1281 = 528.]

ATARBIUS,
praef. praet. Orientis sub Justiniano.

— «Αὐτοκράτωρ Ἰουστινιανὸς A. Ἀταρβίῳ ἐπάρχῳ πραιτωρίων.»
— «Dat. kal. Mart. Constantinopoli, Dn. Justiniano pp. A. II cons. (528) [3].»

L'Hasio [4] lo fa succedere a Mena nel 529.

Nota l'Alemanno [5] che quest' Atarbio non è conosciuto che per una costituzione pubblicata da Antonio Conzio, che supponga la legge sopra citata. Sara dunque stato l'antecessore di Mena per che, tra le leggi a costui dirette, non se ne ha che una data *kal. Jan.* che dovra corregersi *kal. Jun.* [6].

[La correction proposée par Borghesi et acceptée par Krueger ne nous paraît pas nécessaire. L'inscription d'une constitution du 7 avril 529 prouve qu'à cette date Menas était préfet du prétoire pour la seconde fois [7]. La préfecture d'Atarbius se place entre le 1er janvier et le 1er juin 528. Il n'est pas vraisemblable, comme l'a établi Krueger [8], que ce préfet ait administré l'Illyrie. Le contenu de la constitution qui lui est adressée et surtout l'exception faite en faveur d'Epiphanius, archevêque de Constantinople, prouvent qu'Atarbius fut préfet d'Orient.]

---

[1] *Cod. Just.* lib. V, tit. xxvii, c. 8. *De naturalibus liberis.*

[2] [*Cod. Just.* c. de novo Cod. confirmando.]

[3] *Cod. Just.* lib. I, tit. iii, c. 42 (41). *De episcopis.*

[4] *Loc. cit.*

[5] Ad *Hist. arc.* Procopii, p. 488.

[6] [Voir plus haut, note 1.]

[7] [Lib. V, tit. xxvii, c. 8. Voir plus bas, p. 398.]

[8] [*Zeitschr. f. Rechtsgesch.* t. XI, p. 171.]

## CXXIII

[1281 = 528 — 1282 = 529.]

### MENAS,

praef. praet. Orientis [iterum] sub Justiniano.

L'Alemanno[1] pone prefetto nel 528 il patricio Mena «qui praefec-«turam gessit usque ad mensem Augustum sequentis consulatus».

L'Hasio[2] lo determina prefetto nel 528, e gli fa succedere Atarbio nel 529.

[Un grand nombre de constitutions ont été adressées par Justinien au préfet du prétoire Menas :]

Imp. Justinianus A. Menae P. P.

An 528. — Dn. Justiniano pp. A. II cons.

Kal. Jun. Dat. Constantinopoli[3].

III id. Dec. Dat. Constantinopoli[4].

Sine die et cons...[5].

---

[1] Ad *Hist. arc.* Procopii, p. 448.

[2] *Loc. cit.*

[3] *Cod. Just.* lib. I, tit. IV, c. 21. *De episcop. audientia.* — Lib. IV, tit. II, c. 17. *Si certum petatur;* tit. XX, c. 17 et 18. *De testibus;* tit. XXI, c. 17. *De fide instrumentorum;* tit. XXX, c. 14. *De non numerata pecunia.* — Lib. V, tit. XV, c. 3. *De dote cauta et non numerata;* tit. XXVII, c. 8. *De naturalibus liberis.* — Lib. III, tit. XXVIII, c. 30. *De inoff. test.* — Lib. VI, tit. XX, c. 19. *De collationibus;* tit. XXIII, c. 24. *De testamentis;* tit. XLI, c. 1. *De his quae poenae nomine;* tit. LV, c. 12. *De suis et legitimis;* tit. LVI, c. 7. *Ad Sc. Tertull.* — Lib. VII, tit. III, c. 1. *De lege Fusia Caninia tollenda;* tit. XXXIII, c. 11. *De praescr. longi temp.;* tit. LXX, c. 1. *Ne liceat ... tertio provocare.* — Lib. VIII, tit. XIII, c. 27. *De pign. et hypoth.;* tit. LIII, c. 33. *De donationibus;* tit. LVIII, c. 2. *De jure liberorum.* — Lib. X, tit. XXII, c. 4. *De apochis publicis;* tit. XXXV, c. 3. *Quando et quibus quarta pars debeatur.*

[4] *Cod. Just.* lib. I, tit. LIII, c. 1. *De contractibus judicum.* — Lib. III, tit. XXVIII, c. 31. *De inoff. test.* — Lib. IV, tit. XXXII, c. 26. *De usuris.* — Lib. V, tit. IX, c. 8. *De secundis nuptiis;* tit. XII, c. 29. *De jure dotium;* tit. XVI, c. 25. *De donat. int. vir. et uxor.;* tit. XVII, c. 10. *De repudiis.* — Lib. VI, tit. XXIII, c. 25. *De testamentis;* tit. XXVI, c. 9. *De impuberum et aliis substitutionibus;* tit. XXXVII, c. 22. *De legatis.* — Lib. VII, tit. XVII, c. 1. *De assertione tollenda.* — Lib. VIII, tit. XVI, c. 9. *Quae res pignori obligari possunt;* tit. XXXVII, c. 11. *De contrah. et committ. stipulatione.*

[5] *Ibid.* lib. I, tit. II, c. 19. *De sacros.*

An 529. — Decio v. c. cons.
XV kal. Febr. Dat... [1].
XV kal. Febr. Dat. Constantinopoli [2].
II kal. April. Dat. Constantinopoli [3].
Kal. April. Dat. Constantinopoli [4].
VIII id. April. Dat. Constantinopoli [5].
VII id. April. Dat. Constantinopoli [6].
VI id. April. Dat. Constantinopoli [7].
IV id. April. Dat. Constantinopoli [8].

*eccles.* — Lib. IV, tit. xxx, c. 15. *De non numerata pecunia.* [Cette constitution, qui se rattache par son objet à la c. 14, doit être de la même année ou au plus tard de l'an 529.] — Lib. X, tit. xliv, c. 4. [Cette constitution, relative aux *curiales*, doit être de la même date que c. 3, tit. xxxiv, qui a le même objet.] — Lib. XII, tit. xxxiv, c. 1. — *Negotiatores ne militent.* [Lib. III, tit. xxii, c. 6. Cette constitution porte, d'après Haloander, la suscription : *Dat. iii Non. Aug....* L'année manque. Krueger, *Cod. Just.* p. 130, n. 3, doute de l'exactitude du fragment de Haloander, parce qu'il n'y a pas d'autre exemple d'une constitution adressée à Menas à cette date.]

[1] *Cod. Just.* lib. I, tit. iii, c. 43. *De episcopis.*

[2] *Ibid.* lib. I, tit. iv, c. 22, 23. *De episcop. audientia.* — Lib. IX, tit. iv, c. 6. *De custodia reorum;* tit. v, c. 2. *De privatis carceribus inhibendis.* [Tit. xlvii, c. 26. *De poenis.* L'inscription et la suscription manquent dans les manuscrits : Krueger les a restituées d'après I, iv, 22, 23.]

[3] *Ibid.* lib. III, tit. xxviii, c. 32. *De inoff. test.*

[4] *Ibid.* lib. I, tit. xx, c. 2. *Quando libellus principi datus litisc. faciat.* — Lib. IV,
tit. xxxii, c. 27. *De usuris.* — Lib. VII, tit. xxxv, c. 8. *Quibus non objiciatur longi temp. praescr.* — Lib. VIII, tit. xxi, c. 1. *De praetorio pignore.* — Lib. IX, tit. xliv, c. 3. *Ut intra certum tempus criminalis quaestio terminetur.*

[5] *Cod. Just.* lib. II, tit. xliv, c. 3. *De his qui veniam aetatis impetraverunt.* — Lib. IV, tit. xxi, c. 18. *De fide instrum.* — Lib. V, tit. xiv, c. 10. *De pactis conventis tam super dote quam super donat. a. nupt...* Tit. xvi, c. 26. *De donat int. vir. et uxorem;* tit. lx, c. 3. *Quando tutores vel curatores esse desinant.* — Lib. VI, tit. xx, c. 20. *De collationibus;* tit. xxiv, c. 13. *De heredib. instituendis.* — Lib. VII, tit. lxii, c. 37. *De appellationibus;* tit. lxiv, c. 10. *Quando provocare necesse non est.* — Lib. VIII, tit. xxxvii, c. 12. *De contrah. et committ. stipulatione.* — Lib. X, tit. viii, c. 3. *De fisc. usuris.* — Lib. XII, tit. xxxiii, c. 6. *Qui militare possunt.*

[6] *Ibid.* De novo Cod. confirm. — Lib. VII, tit. liv, c. 2. *De usuris rei judicatae.*

[7] *Ibid.* lib. II, tit. l, c. 8. *De restitutione militum.*

[8] *Ibid.* lib. VI, tit. xxi, c. 17. [Voir, sur la date de plusieurs de ces constitutions, Krueger, *Zeitschrift f. Rechtsgeschichte*, t. XI, p. 174.]

## PRAEFECTI PRAETORIO ORIENTIS.

[La constitution du 7 avril 529 contient l'adresse suivante:]

« Imperator Justinianus pius felix inclitus victor ac triumphator sem-
« per augustus Menae viro illustri praefecto praetorio II ex praefecto
« hujus almae Urbis ac patricio. »

### CXXIV
[1282=] 529 — [1283=] 530.

[FL. THEODORUS PETRUS] DEMOSTHENES,
praef. praet. Orientis iterum sub Justiniano.

— « Noster vero Demosthenes, qui et ipse praefectus praetorio
« erat, ut ne post jussionem imperatoris quidem, sine litteris prae-
« fectura, nisi si pragmatica lex dedisset, licentiam haberet civibus
« largiendi, effecit, non ipse tantum, ne civibus bene faceret, cavens,
« verum alios quoque in posterum impediens[1]. »

L'Alemanno fa Demosthene prefetto per la seconda volta nel 529 e
lo pone meta nel 530 in cui gli da per successore Giuliano[2].

[Démosthène avait déjà été préfet du prétoire d'Orient sous Justin. Il fut rappelé
à cette fonction par Justinien en remplacement de Menas, vers le milieu de 529.
Un assez grand nombre de constitutions lui furent adressées en cette qualité:]

Imp. Justinianus A. Demostheni P. P.
An. 529. — Decio v. c. cons.
XV kal. Oct. Dat. Chalcedone[3].

---

[1] Lydus, *De mag. Rom.* [lib. III, c. xlii:
Ὁ δὲ καθ' ἡμᾶς Δημοσθένης, ὃς καὶ αὐτὸς
ὕπαρχος ἦν, οὐδὲ μετὰ κέλευσιν τῆς βασιλείας, γραμμάτων χωρίς, εἰ μὴ πραγμα-
τικὸς ἡγήσατο νόμος, ἄδειαν ἔχειν τὴν
ἐπαρχότητα ἐπιδοῦναι τοῖς ὑπηκόοις, κατ-
επράξατο, μὴ μόνος αὐτὸς εὖ ποιῆσαι τοὺς
ὑποτελεῖς παραφυλαξάμενος, ἀλλὰ καὶ ἄλλοις τὸ λοιπὸν ἀποκλείσας].

[2] Ad *Hist. arc.* Procopii, p. 448.

[3] *Cod. Just.* lib. I, tit. iv, c. 24. *De
episc. audientia.* — Lib. VIII, tit. li, c. 3. *De
infantibus expositis.* — Lib. II, tit. lviii, c. 1.
*De jurejur. propter calumniam dando.* —
— Lib. III, tit. xxviii, c. 33. *De inoff. test.*
— Lib. IV, tit. i, c. 11. *De reb. cred. et
jurejurando;* tit. lxvi, c. 2. *De jure emphyt.*
— Lib. V, tit. xxvii, c. 10. *De natur. lib.*
— Lib. VI, tit. xliii, c. 1. *Communia de
legatis;* tit. lvii, c. 5. *Ad Sc. Orphit.;* tit. lix,
c. 11. *Communia de successionibus.* —
Lib. IX, tit. lxi, c. 18. *De quaestionibus.*

XII kal. Oct. Dat. Chalcedone[1].
X kal. Oct. Dat. Chalcedone[2].
V Kal. Oct. Dat. Chalcedone[3].
Kal. Oct. Dat. Chalcedone[4].
III kal. Nov. Recitata septimo milliario hujus inclitae civitatis in novo consistorio palatii Justiniani[5].
Sine die et cons...[6].
An. 530. [?] — Lampadio et Oreste vv. cc. conss.
XV kal. April. Dat. Constantinopoli[7].
X kal. Dec. Dat...[8].

[La plupart des constitutions adressées à Démosthène sont de 529; trois seulement appartiennent, d'après les manuscrits, à l'an 530 et à une époque où Démosthène avait reçu un successeur. Il y a lieu de penser ou qu'il y a erreur dans le nom du destinataire, ou que l'on a maladroitement rattaché à ces constitutions une suscription qui s'appliquait à un texte subséquent ou aujourd'hui perdu[9].]

---

[1] *Cod. Just.* lib. IV, tit. xxi, c. 19. *De fide instrum.*

[2] *Ibid.* lib. I, tit. iv, c. 25. *De episc. audientia.* — Lib. III, tit. xliii, c. 1. *De aleatoribus.*

[3] *Ibid.* lib. I, tit. li, c. 14. *De assessoribus.*

[4] *Ibid.* lib. IV, tit. xxxii, c. 28. *De usuris.*

[5] *Ibid.* lib. I, tit. xiv, c. 12. *De legibus.* — Lib II, tit. lv, c. 4. *De receptis.* — Lib. IV, tit. i, c. 12. *De reb. cred. et jurej.;* tit. xxxiv, c. 11. *Depositi.* — Lib. V, tit. xii, c. 30. *De jure dotium;* tit. xxx, c. 5. *De legit. tutela.* — Lib. VI, tit. iv, c. 3. *De bonis libertorum;* tit. xxx, c. 19. *De jure deliberandi;* tit. xlii, c. 30. *De fideicom.;* tit. lxi, c. 6. *De bonis quae liberis.* — Lib. VII, tit. xlv, c. 13. *De sententiis.* — Lib. VIII, tit. liii, c. 34. *De donationibus.* — Lib. XI, tit. xlviii, c. 20. *De agricolis, censitis et colonis.* [La date manque dans la suscription.]

[6] *Cod. Just.* lib. I, tit. ii, c. 21. *De sacros. eccles.* — Lib. VII, tit. xxxiii, c. 9. *De praescr. longi temp.;* tit. lxii, c. 38. *De appellat.* — Lib. X, tit. xxxii, c. 67. *De decurionibus.*

[7] *Ibid.* lib. VIII, tit. xxxiii, c. 3. *De jure dominii.* — Lib. VII, tit. xlv, c. 14. *De sententiis.*

[8] *Ibid.* lib. I, tit. v, c. 19. *De haereticis.*

[9] [Krueger, *Zeitschrift f. Rechtsgeschichte,* t. XI, p. 183.]

## CXXV

[1283 = 530 — 1284 = 531.]

### JULIANUS,
praef. praet. Orientis sub Justiniano.

Nota, nel Cronaco, il Ducangio [1] che costui fu diverso dell'altro Giuliano segretario di Giustiniano, fratello di Summo, di cui parla Procopio « in Persicis ».

L'Alemanno [2] fa Giuliano prefetto dopo Demostene nel 532, e nello stesso anno verso la fine gli fa succedere Giovanni Cappadoce.

[L'époque à laquelle se place la préfecture de Julien est fixée par les textes ci-après:]

Imp. Justinianus A. Juliano P. P.

An. 530. — Lampadio et Oreste vv. cc. conss.

XV kal. April. Dat. Constantinopoli [3].
XIV kal. April. Dat. Constantinopoli [4].
XII kal. April. Dat. Constantinopoli [5].
VII kal. April. Dat. Constantinopoli [6].
VI kal. April. Dat. Constantinopoli [7].
V kal. April. Dat. Constantinopoli [8].

---

[1] P. 458.

[2] Ad *Hist. arc.* Procopii, p. 446. Hasio, loc. cit.

[3] *Cod. Just.* lib. IV, tit. xx, c. 19 : *De testibus;* tit. xxi, c. 20. *De fide instrum.;* tit. xxix, c. 22. *Ad Sc. Vell.;* tit. lxvi, c. 3. *De jure emphyt.* — Lib. V, tit. xxvii, c. 11. *De naturalibus liberis;* tit. xxix, c. 4. *De confirmando tutore;* tit. xxxv, c. 3. *Quando mulier tutelae officio fungi potest.* — Lib. VI, tit. xxxiii, c. 27. *De testamentis.* — Lib. VII, tit. xv, c. 1. *Communia de manumissionibus;* tit. xl, c. 1. *De annali exceptione Italici contractus tollenda.* — Lib. VIII, tit. liii, c. 35. *De donationibus;* tit. lv, c. 10. *De revocandis donationibus.*

[4] *Cod. Just.* lib. IV, tit. xxi, c. 20. *De fide instrum.*

[5] *Ibid.* lib. V, tit. xii, c. 31. *De jure dotium.* — Lib. VI, tit. xxxiii, c. 3. *De edicto D. Hadriani tollendo;* tit. lxi, c. 7. *De bonis quae liberis.*

[6] *Ibid.* lib. II, tit. lv, c. 5. *De receptis arbitris.* — Lib. III, tit. i, c. 13. *De judiciis.* — Lib. IV, tit. xx, c. 20. *De testibus.* — Lib. VI, tit. xxiii, c. 28. *De testamentis.* — Lib. VII, tit. lxii, c. 39. *De appellationibus.* — Lib. VIII, tit. xl, c. 26. *De fidejussoribus.*

[7] *Ibid.* lib. I, tit. ii, c. 23. *De sacros. eccles.* — Lib. III, tit. ii, c. 3. *De sportulis.*

[8] *Ibid.* lib. I, tit. iii, c. 44, 45. *De episcopis.*

## PRAEFECTI PRAETORIO ORIENTIS.

IV kal. April. Dat. Constantinopoli[1].
VIII kal. Jul. Dat. Chalcedone[2].
Kal. Aug. Dat. Constantinopoli.
Kal. Sept. Dat. Constantinopoli[3].
XVIII kal. Oct. Dat... [4].
XV kal. Oct. Dat... [5].
Kal. Oct. Dat. Constantinopoli[6].
XV kal. Nov. Dat. Constantinopoli[7].
XIII kal. Nov. Dat. Constantinopoli[8].

---

[1] *Cod. Just.* lib. I, tit. iv, c. 26. *De episc. audientia.* — Lib. III, tit. ii, c. 4. *De sportulis.* [Cf. sur l'adresse de c. 5, Krueger, *Cod. Just.* p. 124, n. 3. C'est à tort que Cujas (*Observ.*, xii, 22) datait la c. 5 du 1er juin 533. La suscription qu'il cite se rapporte à une constitution subséquente aujourd'hui perdue.] — [Lib. X, tit. xxx, c. 4. *De discussoribus.* — Lib. XII, tit. xl, c. 12. *De metatis.* L'adresse de cette constitution et de la précédente a été restituée par Krueger, d'après I, iv, 26. — Lib. XII, tit. lxiii, c. 2. *Publicae laetitiae vel consulum nuntiatores.* Cf. Krueger, *Cod. Just.* p. 487, n. 18.]

[2] *Ibid.* lib. III, tit. xxxiii, c. 12. *De usufructu.* — Lib. IV, tit. v, c. 10. *De condictione indebiti.*; tit. xxix, c. 24. *Ad Sc. Vell.*; tit. xxxviii, c. 15. *De contrah. emptione.* — Lib. V, tit. xx, c. 2. *Ne fidejussores... dotium dentur*; tit. li, c. 13. *Arbitrium tutelae.* — Lib. VI, tit. ii, c. 20. *De furtis.* — Lib. VII, tit. vii, c. 1. *De communi servo manumisso*; tit. xv, c. 2. *Communia de manumissionibus.* — Lib. VIII, tit. xxi, c. 2. *De praetorio pignore*; tit. xxxvii, c. 13. *De contrah. et committ. stipulatione.*

[3] *Ibid.* lib. I, tit. iv, c. 27. *De episc. audientia.* — Lib. V, tit. lxx, c. 6, 7. *De curatore furiosi.* — Lib. VI, tit. xxii, c. 9. *Qui testamenta facere possunt.*

[4] *Cod. Just.* lib. III, tit. xxxiii, c. 13. *De usufructu.*

[5] *Ibid.* c. 14. [Cette constitution et la précédente sont plutôt du 1er octobre comme les suivantes. Cf. Krueger, *Zeitschrift f. Rechtsgeschichte*, t. XI, p. 178.]

[6] *Ibid.* lib. I, tit. iv, c. 28. *De episc. audientia.* — Lib. III, tit. xxxiii, c. 16. *De usufructu.* — Lib. IV, tit. v, c. 11. *De condictione indebiti.* — Lib. V, tit. iv, c. 26. *De nuptiis.* — Lib. VI, tit. ii, c. 21. *De furtis*; tit. lvii, c. 6. *Ad Sc. Orphit.* — Lib. VII, tit. iv, c. 14, 15. *De fideic. libertat.*

[7] *Ibid.* lib. I, tit. ii, c. 25. *De sacros. eccles.*

[8] *Ibid.* lib. I, tit. iii, c. 46. *De episcopis.* — [Lib. II, tit. xviii, c. 24. *De negot. gest.* — Lib. IV, tit. xxvii, c. 2. *Per quas personas nobis acquiritur.*] — Lib. VI, tit. ii, c. 22. *De furtis*; tit. xxvii, c. 4. *De necessariis heredibus*; tit. xxix, c. 3, 4. *De postumis heredibus*; tit. xxxvii, c. 23. *De legatis.* — Lib. VII, tit. iv, c. 16, 17. *De fideic. libertat.*; tit. vii, c. 2. *De communi servo*; tit. xlv, c. 16. *De sententiis.*

XV kal. Dec. Dat. Constantinopoli[1].
Sine die et cons...[2].
An. 531. — Post cons. Lampadii et Orestae vv. cc. conss.
X kal. Mart. Dat. Constantinopoli.
X kal... Dat. Constantinopoli[3].
Kal. Mart. Dat. Constantinopoli[4].

In seditione quae vocatur Νίκα Prasini, «Hypatio patricio et «Juliano ex praefecto praetorio arreptis, ipsum Hypatium usque ad «imperatorium thronum adduxere ut... illum in imperatorem coro-«narent[5].»

Probabilmente sara stato ucciso poco dopo insieme con Ipazio.

— «Eodem tempore (531 circa) Julianus, praetorio praefectus, «dignitate sua exutus est : et Johannes Cappadox in locum ejus suf-«fectus[6].»

---

[1] *Cod. Just.* lib. I, tit. II, c. 24. *De sacros. eccles.* — Lib. IV, tit. XXVIII, c. 7. *Ad Sc. Macedon.*

[2] *Ibid.* lib. II, tit. LVIII, c. 2. *De jurejur. propter calumniam dando.* — Lib. III, tit. I, c. 15, 16. *De judiciis.* — [Lib. IV, tit. XVIII, c. 2. *De constituta pecunia*]; tit. XXI, c. 21. *De fide instrum.* — Lib. V, tit. XXXVII, c. 25. *De admin. tutorum*; [tit. LIX, c. 4. *De auctoritate praestanda*]. — Lib. VI, tit. XXII, c. 10. *Qui testamenta facere possunt;* tit. XXVIII, c. 3. *De liberis praeteritis;* tit. XL, c. 2. *De indicta viduitate et de lege Julia miscella tollenda;* tit. XLIII, c. 2. *Communia de legatis.* — Lib. VII, tit. LXXI, c. 7. *Qui bonis cedere possunt.* — [Lib. VIII, tit. XL, c. 27, *De fidejussoribus*, où il est fait mention de l'*advocatio Palaestina* et des *generalia edicta sublissimae praetorianae sedis.* A ces constitutions il faut peut-être joindre c. 28 qui est adressée, d'après Haloander, à Johannes, ou, d'après certains manuscrits, à Julien. La suscription, il est vrai, est du XV kal. Nov., mais peut-être Haloander a-t-il rattaché à cette constitution une suscription se rapportant à la constitution grecque qui suit. Cf. Krueger, *Zeitschrift f. Rechtsgeschichte,* t. XI, p. 178.]

[3] *Cod. Just.* lib. VI, tit. XXIII, c. 29. *De testamentis;* tit. XXXVIII, c. 3. *De verborum et rerum significatione.*

[4] *Ibid.* lib. XI, tit. XLVIII, c. 22. *De agricolis censitis vel colonis.*

[5] *Chron. Pasch.* [p. 624 : Καὶ λαβόντα τὰ τοῦ δήμου πλήθη τὸν αὐτὸν Ὑπάτιον καὶ Πομπήϊον τὸν πατρίκιον καὶ Ἰουλιανὸν τὸν ἀπὸ ἐπάρχων πραιτωρίων ἀπήγαγον τὸν αὐτὸν Ὑπάτιον εἰς τὸ βασιλικὸν κάθισμα, βουλόμενοι... στέψαι αὐτὸν εἰς βασιλέα. Cf. Marcell. *Chron.* a. 532].

[6] Jo. Malala, lib. XVIII [p. 465 : Ἐν αὐτῷ δὲ τῷ καιρῷ διεδέχθη Ἰουλιανός, ἔπαρχος πραιτωρίων, καὶ ἐγένετο ἀντ' αὐτοῦ Ἰωάννης ὁ Καππάδοξ. Cf. p. 477].

## CXXVI
[1284=]531.
### [FL.] JOHANNES CAPPADOX,
praef. praet. Orientis sub Justiniano.

L'Alemanno fa succedere a Giuliano nel 530 Giovanni Cappadoce, nota nel 531 che « ab hoc anno Procopius incipit numerare decen- « nalem praefecturam Johannis nempe ad consulatum Basilii », e che nel 532 successe « seditio Victoriatorum in qua Johannes removetur « officio mense januario, indictione decima, et substituuntur ad paucos « menses Phocas et Bassus [1] ».

[Fl. Johannes Cappadox était, en 528-529, *exquaestore sacri palatii, consularis atque patricius* [2]. Il succéda à Julianus entre le 1ᵉʳ mars et le 29 avril 531. Il y a, il est vrai, plusieurs constitutions qui, d'après les manuscrits, auraient été adressées à Johannes en 530 et au commencement de 531. On verra plus loin que la suscription de ces constitutions doit être corrigée.]

An. 531. — Post cons. Lampadii et Orestae vv. cc.
    Prid. kal. Mart. [?] Dat. Constantinopoli [3].
    Prid. kal. Maii. Dat. Constantinopoli [4].
    IX kal. Aug. Dat. Constantinopoli [5].
    VI kal. Aug. Dat. Constantinopoli [6].
    V kal. Aug. Dat. Constantinopoli [7].
    IV kal. Aug. Dat. Constantinopoli [8].

---

[1] Ad *Hist. arc.* Procopii, p. 448. Hasio, *loc. cit.*

[2] [Const. *De novo Cod.* 1; *De Just. Cod. confirm.* 2.]

[3] *Cod. Just.* lib. VI, tit. xlii, c. 31. *De fideicommissis.* [*Mart.*, dans la suscription, a sans doute été mis par erreur pour *Maii*. La constitution paraît en effet un fragment de c. 33 (lib. VI, tit. xxxvii) qui est de *prid. kal. Maii.*]

[4] *Ibid.* lib. VI, tit. xxvii, c. 5. *De necessariis servis heredibus;* tit. xxx, c. 20, 21. *De jure deliberandi;* tit. xxxv, c. 11. *De his quibus ut indignis;* tit. xxxvii, c. 24. *De legatis;* tit. xxxviii, c. 4. *De verborum et rerum signific.* tit. xlvi, c. 6. *De conditionibus.*

[5] *Cod. Just.* lib. VI, tit. xxv, c. 8. *De institutionibus.*

[6] *Ibid.* c. 9; tit. xxvi, c. 10. *De impuberum et aliis substitutionibus.*

[7] *Ibid.* lib. I, tit. v, c. 21. *De haereticis.*

[8] *Ibid.* lib. I, tit. iii, c. 47. *De episcopis;* tit. iv, c. 30. *De episc. audientia.* — Lib. VI,

III kal. Aug. Dat. Constantinopoli [1].
II kal. Aug. Dat. Constantinopoli [2].

[Il est vraisemblable que toutes ces constitutions, datées *IX-II kal. Aug.*, sont du même jour : 29 juillet [3].]

X kal. Sept. Dat. Constantinopoli [4].
III kal. Sept. Dat. Constantinopoli [5].
Kal. Sept. Dat. Constantinopoli [6].
Kal. Oct. Dat. Constantinopoli [7].
XV kal. Nov. Dat. Constantinopoli [8].
XII kal. Nov. Dat. Constantinopoli [9].

---

tit. xxii, c. 11. *Qui testamenta facere possunt;* tit. xxvi, c. 11. *De impuberum et aliis substitutionibus;* tit. lxi, c. 8. *De bonis quae liberis.*

[1] *Cod. Just.* lib. III, tit. xxviii, c. 34. *De inoff. test.* — Lib. VI, tit. xxiv, c. 14. *De hered. instituendis;* tit. xxv, c. 10. *De institut.;* tit. xlvi, c. 7. *De conditionibus.*

[2] *Ibid.* lib. VI, tit. xxvii, c. 6. *De necess. servis heredibus.*

[3] [Cf. Krueger, *Zeitschrift f. Rechtsgeschichte*, t. XI, p. 178.]

[4] *Cod. Just.* lib. I, tit. iii, c. 49. *De episcopis.* — Lib. V, tit. xxxvii, c. 26. *De admin. tutorum.*

[5] *Ibid.* lib. II, tit. xlvi, c. 3. *Ubi et apud quem cognitio.*

[6] *Ibid.* lib. I, tit. iii, c. 49, 50. *De episcopis;* tit. v, c. 22. *De haereticis.* — Lib. II, tit. iii, c. 29. *De pactis;* tit. xli, c. 2. *Qui et adversus quos in integrum restitui non possunt;* tit. lii, c. 7. *De temporibus in integ. restit.;* tit. lv, c. 6. *De receptis.* — Lib. III, tit. xxviii, c. 35, 36, 37. *De inoff. test.* — Lib. V, tit. lix, c. 5. *De auctoritate praestanda.* — Lib. VI, tit. xxii, c. 12. *Qui test. facere possunt;* tit. xxviii, c. 4. *De liberis praeteritis;*

tit. xliii, c. 3. *Communia de legatis.* — Lib. VII, tit. xlvii, c. 1. *De sententiis quae pro eo quod interest proferuntur.* — Lib. VIII, tit. x, c. 13. *De aedificiis privatis;* tit. xxxix, c. 4. *De duobus reis.* — Lib. XII, tit. xxxiii, c. 7. *Qui militare possunt.*

[7] *Cod. Just.* lib. I, tit. iv, c. 31. *De episcopali audientia.* — Lib. VII, tit. xl, c. 2. *De annali exceptione Italici contractus.* [Krueger, *Zeits. f. R.-G.*, t. XI, p. 172, pense qu'il faut corriger cette suscription, due à une erreur d'Haloander et lire *XV kal. Nov.*]

[8] *Ibid.* lib. III, tit. xxxiii, c. 17. *De usufructu;* tit. xxxiv, c. 13. *De servitutibus.* — Lib. IV, tit. i, c. 13. *De rebus creditis;* tit. xi, c. 1. *Ut actiones et ab heredibus et contra heredes incipiant;* tit. liv, c. 9. *De pactis inter emptorem et venditorem.* — Lib. VI, tit. xxiii, c. 30. *De testamentis;* tit. lviii, c. 12. *De legit. hered.* — Lib. VII, tit. xl, c. 3. *De annali exceptione Italici contractus.* — Lib. VIII, tit. xl, c. 28 [?]. *De fidejussoribus* [cf. Krueger, *Cod. Just.* p. 353, n. 17]; tit. liii, c. 36. *De donationibus.*

[9] *Ibid.* lib. V, tit. xxxvii, c. 28. *De administr. tutorum.*

XI kal. Nov. Dat. Constantinopoli[1].
X kal. Nov. Dat. Constantinopoli[2].
Kal. Nov. Dat. Constantinopoli[3].
V kal. Dec. Dat. Constantinopoli[4].
Sine die...[5].
An. 530. — Lampadio et Oreste vv. cc. conss.
X kal. Sept. Dat. Constantinopoli[6].
Kal. Sept. Dat. Constantinopoli[7].
X kal. Nov. Dat. Constantinopoli[8].
Kal. Nov. Dat. Constantinopoli[9].
Id. Nov. Dat. Constantinopoli[10].
V kal. Dec. Dat. Constantinopoli[11].

---

[1] *Cod. Just.* lib. III, tit. xxxiv, c. 14. *De servitutibus.*

[2] *Ibid.* lib. VI, tit. xlix, c. 7. *Ad Sc. Trebell.* [Cette constitution est plutôt de 532. Cf. Krueger *Zeitschrift f. Rechtsgeschichte*, t. XI, p. 180.] — Lib. V, tit. xxxvii, c. 27. *De administr. tutorum.*

[3] *Ibid.* lib. I, tit. iii, c. 51. *De episcopis.* — Lib. II, tit. iii, c. 30. *De pactis;* tit. xl, c. 5. *In quibus causis in integr. restit. necessaria non est.* — Lib. III, tit. i, c. 17. *De judiciis.* — Lib. IV, tit. xviii, c. 3 [La suscription porte : *Id. Nov.*] *De constituta pecunia;* tit. xxvii, c. 3. *Per quas pers. nobis acquiritur;* tit. xxxi, c. 14. *De compensationibus;* tit. xxxix, c. 9. *De hereditate vel actione vendita.* — Lib. V, tit. xiv, c. 11. *De pactis conventis tam super dote...* tit. xxvii, c. 12 : *De naturalibus liberis.* — Lib. VI, tit. xxxvii, c. 25. *De legatis;* tit. xl, c. 3. *De indicta viduitate;* tit. l, c. 18. *Ad leg. Falcid;* tit. lviii, c. 13. *De legit. heredibus.* — Lib. VII, tit. vi, c. 1 : *De Latina libertate tollenda.* tit. xv, c. 3. *Communia de manumiss.* — Lib. VIII, tit. xxxvii, c. 14. *De contrah. et committ. stipulat.;* tit. xlvii, c. 11. *De adoptionibus;* tit. xlviii, c. 6. *De emancipationibus.*

[4] *Cod. Just.* lib. I, tit. iii, c. 52. *De episcopis.* — Lib. VI, tit. lviii, c. 14. *De legit. hered.* — Lib. VII, tit. xxxiii, c. 12. *De praescr. longi temp.;* tit. liv, c. 3. *De usuris rei judic.* — Lib. VIII, tit. xvii, c. 12. *Qui potiores in pignore.*

[5] *Ibid.* lib. IV, tit. xxxvii, c. 7. *Pro socio.*

[6] *Ibid.* lib. I, tit. iii, c. 48. *De episcopis.*

[7] *Ibid.* lib. III, tit. xxxi, c. 12. *De petitione hereditatis.* — Lib. VIII, tit. xlvii, c. 10. *De adoptionibus.*

[8] *Ibid.* lib. VI, tit. xlix, c. 7. *Ad. Sc. Trebell.*

[9] *Ibid.* lib. V, tit. xi, c. 7. *De dotis promissione.*

[10] *Ibid.* lib. VI, tit. xlii, c. 32. *De fideicommissis.*

[11] *Ibid.* lib. III, tit. i, c. 18. *De judiciis.*

Kal. Dec. Dat. Constantinopoli[1].

[Ces suscriptions sont inexactes : en 530, c'est Julien qui était préfet du prétoire d'Orient. Les copistes ont omis les lettres *p. c.* avant l'indication du consulat[2].]

An. 532. — Post cons. Lampadii et Orestae vv. cc. anno secundo.
XV kal. Nov. Dat. Constantinopoli[3].
XIII kal. Nov. Dat. Constantinopoli[4].
XII kal. Nov. Dat. Constantinopoli[5].
V kal. Nov. Dat. Constantinopoli[6].

Della vita e della cattiveria di questo Giovanni Cappadoce tratta ampiamente Giovanni Lido[7]. Era nativo di Cesarea nella Cappadocià. Vedi le schede consolari del 538 in cui fu console.

— « Anno imperii Justiniani quinto (532), mense januario, seditio, « quae Νίκα (Vincas) vulgo appellatur... facta est... (Populus clamavit) « contra praefectum praetorio Joannem Cappadocem, et Rufinum quaes- « torem, ac praefectum urbis Felicem. Quibus auditis (et Justinianus, « imperator) extemplo Joannem praefectum praetorio exauctoravit, « illique successorem designavit Phocam Craterum patricium[8]. »

---

[1] *Cod. Just.* lib. V, tit. xvi, c. 27. *De donat. int. vir. et uxor.*

[2] [Cf. Krueger, *Zeitschrift f. Rechtsgeschichte*, t. XI, p. 169, 178, 180, 185.]

[3] *Cod. Just.* lib. III, tit. x, c. 3. *De plus petitionibus.* [Cette constitution serait, d'après Borghesi et les anciens éditeurs, de 530; mais la véritable suscription a été, par mégarde, reportée dans les manuscrits à la fin de c. 1 (lib. III, tit. ix), c'est-à-dire de la dernière constitution latine qui précède la nôtre. Cette suscription n'est pas à sa place, puisqu'elle suit un rescrit de Sévère et Caracalla : elle s'applique exactement à notre texte.] — Lib. VI, tit. xx, c. 21. *De collation.;* tit. xxi, c. 18. *De testamento militis;* tit. xxxi, c. 6. *De repudianda vel abstinenda hereditate;* tit. xxxv, c. 12. *De his quibus ut indignis;* tit. xxxvii, c. 26. *De legatis;* tit. xxxviii, c. 5. *De verb. signific.;* tit. xlix, c. 8. *Ad Sc. Trebell.;* tit. l, c. 19. *Ad leg. Falcid.* — Lib. VII, tit. lxxii, c. 10. *De bonis auctoritate judicis possidendis.* — Lib. VIII, t. xiv, c. 7. *In quibus causis pignus tacite contrahitur;* tit. xxv, c. 11. *De remissione pignoris;* tit. xxxvi, c. 5. *De litigiosis;* tit. xxxvii, c. 15. *De contrah. vel committ. stipulatione.*

[4] *Ibid.* lib. VIII, tit. iv, c. 11. *Unde vi.* [Cf. Krueger, *Zeitschrift f. Rechtsgeschichte*, t. XI, p. 181.]

[5] *Cod. Just.* lib. VIII, tit. x, c. 14. *De novi operis nuntiatione.*

[6] *Ibid.* lib. IX, tit. ix, c. 35. *Ad leg. Jul. de adult.*

[7] *De mag. Rom.* lib. III, c. xxxvi e seguenti.

[8] *Chron. pasch.* [p. 620 : Πέμπτῳ ἔτει τῆς

Indict. X, Januarii XXII, cum jam seditio aliquot ante diebus fervesceret, « exclamavit autem turba adversus Joannem Cappadocem, «Tribonianum quaestorem, praefectumque urbis Eudaemonem.... «Itaque e vestigio Johannes, Tribonianus et Eudaemon, dignitatibus «quisque suis abdicati sunt [1]. »

Al tempo della sedizione Νίκα « erat praefectus praetorio Johannes «Cappadox... ingenuarum disciplinarum atque eruditionis expers. «Nam apud ludi magistrum nihil aliud nisi litteras scribere, et «quidem prave atque ineleganter didicerat. At ingenii vi... polle-«bat». Siegue un quadro della sua avarizia e della sua lascivia. Per quietare la sedizione « eum imperator nulla interposita mora a magis-«tratu submovit [2] ».

Compresse la sedizione Giovanni, ricuperò la prefettura che tenne in tutto per dieci anni finchè fu poi deposito ed esigliato. Lo stesso Procopio narra a lungo e detagliamente la sua istoria [3].

## CXXVII

[1285 = 532.]

PHOCAS CRATERUS,
praef. praet. Orientis sub Justiniano.

— «(Imperator) extemplo Johannem praefectum praetorio exauc-«toravit illique successorem designavit Phocam Craterum patricium [4] ».

[1] Jo. Malala, lib. XVIII [p. 475 : Κατέ-κραξε γὰρ τὸ πλῆθος Ἰωάννου τοῦ ἐπίκλην βασιλείας Ἰουστινιανοῦ, μηνὶ Ἰανουαρίῳ, γέγονε τοῦ λεγομένου Νίκα ἡ ἀνταρσία... Καὶ ἔκραξαν κατὰ τοῦ ἐπάρχου τῶν πραι-τωρίων Ἰωάννου τοῦ Καππάδοκος καὶ Ῥου-φίνου τοῦ κυαίστωρος καὶ τοῦ ἐπάρχου τῆς πόλεως Εὐδαίμονος. Καὶ ταῦτα ἀκηκο-ότες... εὐθέως διεδέξατο τὸν ἔπαρχον τῶν πραιτωρίων Ἰωάννην, καὶ ἐποίησεν ἀντ' αὐτοῦ τὸν πατρίκιον Φωκᾶν τὸν Κρα-τεροῦ.]

Καππάδοκος καὶ Τριβουνιανοῦ τοῦ κυαί-στωρος καὶ τοῦ ἐπάρχου τῆς πόλεως Εὐ-δαίμονος... Καὶ εὐθέως διεδέχθησαν τῆς ἀρχῆς ὅ τε Ἰωάννης καὶ Τριβουνιανὸς καὶ Εὐδαίμων].

[2] Procopius, De Bello Persico, lib. I, c. XXIV. [Τότε τῆς μὲν αὐλῆς ἔπαρχος Ἰωάννης ἦν ὁ Καππαδόκης... λόγων μὲν τῶν ἐλευθερίων καὶ παιδείας ἀνήκοος ἦν... Τῆς ἀρχῆς ἐν τῷ παραυτίκα παρέλυσε.]

[3] Nel lib. I, De Bell. Pers. c. XXV.

[4] [Loc. cit. p. 406, n. 8.] [Le musée

« Phocas vir fuit nobili genere (Salvii justissimi nepos, et Cra-
« teri longe piissimi filius,) qui cum primo inter quos silentiarios aulae
« vocant, eminuisset, magnitudine animi et donorum immensa copia,
« quotquot unquam fuere, vincens, ad patres imperii pro merito
« pervenit, opibus splendidus, egentesque juvans, sibi uni parsimo-
« niam servans[1]. »

Da cui detti quantumque frammentati ben si comprende che fu il successore di Giovanni Cappadoce.

— (Johannis) « loco, praefecturam praetorii Phocae patricio quem
« in primis cordatum et servantissimum aequi noverat, ... mandavit
« (Justinianus)[2]. »

— « Qui per id tempus (praefecturam) consecuti sunt ita in infi-
« nitas opes repente omnes creverunt. Duos excipio Phocam, cujus
« antea memini, virum aequi justique observantissimum, in eoque
« munere et omni questu purum et vacuum, et Bassum in eodem
« gradu postea successorem qui veluti non bonae frugi homines neque
« morum ejus aetatis ad paucos menses eam sibi dignitatem servare
« integram non potuerunt[3]. »

du Louvre possède un poids en bronze portant l'inscription suivante :

+ DN IVSTINIANO PERP AVG EXAG FACTSV ||
BVILL PhOCA PRAEF PRAET EX CONS AC
PATRIC || S

(A. de Longpérier, *Bulletin arch. de l'Athenaeum français*, 1855, p. 84). Cet exagium a été fabriqué en 532 pendant que Phocas était préfet du prétoire. Il faut transcrire D(omino) n(ostro) Justiniano perp(etuo) Aug(usto) exag(ium) fac(tum) sub v(iro) ill(ustri) Phoca praef(ecto) praet(orio) ex cons(ule) ac patric(io), s..... Héron de Villefosse.]

[1] Lydus, *De magistr.* lib. III, c. LXXII. [Φωκᾶς γέγονεν ἀνὴρ εὐπατρίδης, Σαλϐίου μὲν τοῦ δικαιοτάτου ἔγγονος, Κρατέρου δὲ τοῦ πάντων εὐσεϐεσ7άτου παῖς, ὃς τὰ πρῶτα τοῖς λεγομένοις σιλεντιαρίοις τῆς αὐλῆς διαπρέψας, τοὺς πώποτε ἐπὶ τῇ μεγαλότητι ψυχῆς μετὰ δόσεων ἀμετρίας ὑπερϐαλλόμενος, ἐπὶ τοὺς πατέρας τῆς βασιλείας κατ' ἀξίαν ἀνελήλυθε, πλούτῳ κομῶν καὶ τοῖς δεομένοις ἐπαρκῶν, αὐτὸς ἑαυτῷ μόνῳ φειδωλίαν διέσωζεν.]

[2] Procopius, *Bell. Pers.* lib. I, c. XXIV. [Καὶ Φωκᾶν μὲν ἄνδρα πατρίκιον, ἔπαρχον τῆς αὐλῆς κατεσ7ήσατο, ξυνετώτατόν τε καὶ τοῦ δικαίου ἐπιμελεῖσθαι ἱκανῶς πεφυκότα...]

[3] Procopius, *Hist. arc.* c. XXI. [Ἄπαν7ες οὖν ἀμέλει ὅσοι τῆς τιμῆς ὑπὸ τὸν χρόνον τοῦτον ἐλάμϐανον, πλούσιοι ἐξαπιναίως οὐδενὶ γεγένηνται μέτρῳ· δυοῖν μέντοι χωρίς, Φωκᾷ τε, οὕπερ ἐν τοῖς ἔμπροσθεν

[En 528 et 529, Phocas était *magister militum, consularis atque patricius* [1]. En 539, la novelle LXXXII cite, parmi les *majores judices* qui ont rempli de hautes fonctions, *Focam gloriosissimum*.]

Conviene l'Alemanno che Foca successe a Giovanni Cappadoce nel 532, dopo la sedizione Nica accaduta in gennaio [2].

## CXXVIII
[1286 =] 533.
BASSUS,
praef. praet. Orientis sub Justiniano.

Vedi il passo di Procopio nelle schede dell' antecessore Foca. Conviene l'Alemanno che Basso gli succedesse nel 533 e che tenne pochi mesi la prefettura [3].

« Bassi ecclesia dicebatur ea, quam Bassus patricius in domo propria condiderat sub Justiniano Magno, cui oculos avulsit Theodora Augusta, nervo bovino a fronte ad aures circumducto, qui forte idem est qui praetorianam gessit praefecturam, ut auctor est Procopius [4] ».

## CXXIX
1287 = 534 — 1294 = 541.
[FL.] JOHANNES CAPPADOX [*QUI ET* ORIENTALIS [5]],
praef. praet. Orientis iterum sub Justiniano.

Conviene l'Alemanno che Giovanni Cappadoce torno ad essere

λόγοις ἐμνήσθην, (ἅτε τοῦ δικαίου ἐς τὸ ἀκρότατον ἐπιμελητοῦ γεγονότος· κέρδους γὰρ ὁτουοῦν οὗτος ὁ ἀνὴρ ἐν τῷ ἀξιώματι καθαρὸς ἔμεινε) καὶ Βάσσου, ὃς δὴ ἐν χρόνῳ τῷ ὑστέρῳ τὴν ἀρχὴν ἔλαβεν. Ὧνπερ οὐδέτερος ἐνιαυτὸν διασώσασθαι τὴν τιμὴν ἔσχεν, ἀλλ' ἀχρεῖοί τε, καὶ τοῦ καιροῦ τὸ παράπαν ἀλλόκοτοι, μηνῶν που ὀλίγων τοῦ ἀξιώματος ἔξω γεγένηνται.]

[1] [C. *De novo Cod*. 1. *De Just. Cod. confirm.* 2.]
[2] Ad *Hist. arc.*, p. 448. Hasio *loc. cit.*
[3] [Voir plus haut, p. 408, n. 3.]
[4] *Hist. arc.* c. xvii. Alemanno, p. 434. Ex Codino Ducangius, *Constantinop. Chr.* p. 153, b. Hasius, *praef.* ad Jo. Lydum, p. vi.
[5] [Sur une épitaphe chrétienne de Rome,

prefetto nel 534 [1] : « Nam hoc anno coepta est expeditio Africana; a qua cum in dignitate esset, revocare Justinianum Johannes nitebatur. »

— [« Tunc praeter Joannem Cappadocem, praefectum praetorio, « audacissimum hominem, atque ingeniosissimum aevi sui, nemo quis- « quam quo expeditionem dissuaderet, imperatori dicere ausus est [2]. »]

Nel 538 era console e prefetto. Nel 541 «Johannes, Theodorae factione, insimulatus perduellionis, exulatur, succeditque Theodotus. »

— « Mense Augusto (indictionis III) Johannes cognomento Cappa- « dox, qui secunda jam vice praefecturae munus obiisset et exaucto- « ratus demum bonisque publicatis, in Cyzicum relegatus est, et « Artacae diaconus factus. Heic vero cum quibusdam civibus, inita « conspiratione, Eusebium episcopum Cyzicenum, de medio sustulit. « Quo audito, indignatus imperator mittit qui Joannem Cappadocem « istius caedis postularent : qui deinde jussu imperatoris in Antinoem « ablegatus est, unde postea revocatus, Byzantii diem suum obiit [3]. »

[L'époque à laquelle Johannes Cappadox fut pour la seconde fois préfet du prétoire est fixée par le Code et par les Novelles de Justinien. Diverses constitutions lui furent adressées dès le mois de juin 534.

**Imp. Justinianus A. Johanni P. P.**

de l'année 538, la date est ainsi indiquée : FL·IOHANNE·ORIENTALE·V̅C̅L̅Ⓒ C̅O̅N̅ (J. B. de Rossi, *Inscr. christ.* vol. I, n. 1064). L'éditeur pense que la promulgation de ce consul d'Orient à Rome parut une chose si extraordinaire, après un long temps passé sans nouvelles des consuls d'Orient, qu'on le désigna, en Occident, et particulièrement à Rome, sous le nom d'*Orientalis*. Héron de Villefosse.]

[1] Ad *Hist. arc.* p. 448. Hasius; *ibid.* p. vi.

[2] [Procop., *De Bello Vandal.* lib. I, c. x : Βασιλεῖ μέντοι εἰπεῖν τι ἐπὶ κωλύμῃ τῆς σ]ρατιᾶς οὐδείς, ὅτι μὴ ὁ Καππαδόκης Ἰωάννης, ἐτόλμησεν, ὁ τῆς αὐλῆς ἔπαρχος, θρασύτατός τε ὢν καὶ δεινότατος τῶν κατ' αὐτὸν ἁπάντων.]

[3] Jo. Malala, lib. XVIII [p. 480 : Μηνὶ αὐγούστῳ ἀπεζώσθη Ἰωάννης ὁ ἐπίκλην Καππάδοξ, δὶς διανύσας τὴν τῶν ἐπάρχων ἀρχήν. Καὶ δημευθεὶς ἐπέμφθη ἐν Κυζίκῳ, κληρωθεὶς διάκονος ἐν Ἀρτάκῃ· κἀκεῖσε φρατριάσας μετά τινων κτητόρων ἀνεῖλον Εὐσέβιον τὸν ἐπίσκοπον τῆς αὐτῆς Κυζικηνῶν πόλεως. Μαθὼν δὲ ὁ βασιλεὺς καὶ ἀγανακτήσας κατὰ τοῦ αὐτοῦ Ἰωάννου, πέμψας ἐξῄτασεν αὐτὸν ἐκεῖ διὰ τὸν γενόμενον φόνον. Καὶ κατὰ κέλευσιν τοῦ αὐτοῦ βασιλέως ἐκεῖθεν ἐξωρίσθη ἐν Ἀντίνῳ. Καὶ μετὰ χρόνον ἀνακληθεὶς τελευτᾷ ἐν Βυζαντίῳ.]

An. 534. — Dn. Justiniano pp. A. IV et Paulino v. c. conss.
XVII kal... Dat...[1].
Kal. Jun. Dat. Constantinopoli[2].
III non. Jul. Dat. Constantinopoli[3]..
III id. Aug. Dat. Constantinopoli[4].
Prid. id. Sept. Dat. Constantinopoli[5].
Id. Oct. Dat. Constantinopoli[6].

Αὐτοκράτωρ Ἰουσ]ινιανὸς Αὔγουσ]ος Ἰωάννῃ, τῷ ἐνδοξοτάτῳ ἐπάρχῳ τῶν ἱερῶν τῆς Ἕω ϖραιτορίων τὸ β', ἀπὸ ὑπάτων, καὶ ϖατρικίῳ[7].

An. 535. — Indict. XIII, Belisario v. c. cons.
Kal. Jan. Dat. Constantinopoli[8].
XVII kal. April. Dat...[9].
XV kal. Maii. Dat. Constantinopoli[10].
XV kal. Jun. Dat. Constantinopoli[11].
XVII kal. Jul. Dat. Constantinopoli[12].
XVII kal. Aug. Dat. Constantinopoli[13].
[XVI] id. Aug. Dat. Constantinopoli[14].
XV kal. Sept. Dat. Constantinopoli[15].
An. 536. — Post cons. Belisarii v. c.

[1] [Nov. CLI, édit. Schoell.-Kroll, p. 727, 11.]
[2] [Nov. CLII.]
[3] Cod. Just. lib. VI, tit. xxiii, c. 31. De testamentis.
[4] Ibid. lib. V, tit. xvii, c. 12. De repudiis.
[5] Ibid. lib. 1, tit. iii, c. 35. De episcopis.
[6] Ibid. lib. VI, tit. lviii, c. 15. De legitimis heredibus.
[7] [Sur les variantes que présentent les divers recueils de novelles, cf. Zachariae von Lingenthal, Zeitschrift der Savigny-Stiftung, R.-A., t. XII, p. 94; XV, p. 366.]
[8] [Nov. I. De heredibus et Falcidia.]
[9] [Nov. VI. Quomodo episcopi... creandi sint. — C'est une copie de la novelle adressée à l'archevêque Epiphanius.]
[10] [Nov. VIII. Ut magistratus sine ulla donatione fiant.]
[11] [Nov. XXIV. De praetore Pisidiae; XXV. De praetore Lycaoniae; XXVI. De praetore Thraciae; XXVII. De comite Isauriae.]
[12] [Nov. IV. Ut creditores primo debitores principales conveniant.]
[13] [Nov. XXVIII. De moderatore Helenoponti; XXIX. De praetore Paphlagoniae.]
[14] [Nov. XV. De defensoribus.]
[15] [Justin. Edict. XII. De Hellesponto. — L'adresse manque, mais Justinien appelle le destinataire Tua sublimitas.]

XV kal. Mart. Dat. Constantinopoli[1].
Kal. Mart. Dat. Constantinopoli[2].
XVI kal. April. Dat. Constantinopoli[3].
XV kal. April. Dat. Constantinopoli[4].
XV kal. Maii. Dat. Constantinopoli[5].
VI kal. Jun. Dat. Constantinopoli[6].
Kal. Jul. Dat. Constantinopoli[7].

An. 537. — Imp. Dn. Justiniani pp. Aug. anno XI, post Belisarii v. c. cons. anno II.

Kal. Jan. Dat. Constantinopoli[8].
XVII kal. Sept. Dat. Constantinopoli[9].
XVI kal. Sept. Dat. Constantinopoli[10].
XV kal. Sept. Dat. Constantinopoli[11].
Prid. kal. Sept. Dat. Constantinopoli[12].
Kal. Sept. Dat. Constantinopoli[13].
Kal. Oct. Dat. Constantinopoli[14].

[1] [*Nov.* XXXVIII. De decurionibus ut filiis suis decurionibus relinquant novem uncias.]

[2] [*Nov.* XVIII. Ut legitima portio liberorum, si usque ad IV sint liberi.]

[3] [*Nov.* XIX. De liberis ante dotalia instrumenta natis.]

[4] [*Nov.* XX. De officiis ministrantibus in sacris appellationibus; XXII. De iis qui secundas nuptias contrahunt; XXX. De proconsule Cappadociae; XXXI. De descriptione IV praesidum Armeniae.]

[5] [*Nov.* XXXIX. De restitutione rerum dotalium.]

[6] [*Nov.* CII. De moderatore Arabiae.]

[7] [*Nov.* CIII. De proconsule Palestinae.]

[8] [*Nov.* LXII. De Senatoribus. — Biener, Zachariae et Schoell pensent qu'avant *Kal.* il y avait un chiffre qui a disparu : la novelle serait de décembre au lieu d'être du 1ᵉʳ janvier.]

[9] [*Nov.* XLV. Ne Judaei et Samaritae haeretici nomine religionis eorum a curiali condicione liberentur; XLVIII. De jurejurando a moriente de modo substantiae suae praestito; XLIX. De reis qui appellationem interponunt; LII. Ne aut personae, aut rei, aut pecuniae pignoratio fiat; LIV. Ut constitutio de adscripticiis lata locum habeat.]

[10] [*Nov.* XLIV. De tabellionibus.]

[11] [*Nov.* XLVI. De eccles. rerum immobilium alienatione. — D'après certains manuscrits, cette novelle serait de 536.]

[12] [*Nov.* XLVII. Ut nomen imperatoris instrumentis et actis praeponatur.]

[13] [*Nov.* LI. Ne a scaenicis mulieribus aut fidejussio aut jusjurandum perseverantiae exigatur.]

[14] [*Nov.* LIII. Ut is qui quem in provinciis in extraneum judicium exhibet, fidejussorem det.]

III non. Nov. Dat. Constantinopoli[1].
Kal. Dec. Dat. Constantinopoli[2].
V kal. Jan. Dat. Constantinopoli[3].

An. 538. — Imp. Dn. Justiniani pp. Aug. anno XII, Johanne v. c. cons., indict. I.

Kal. Maii. Dat. Constantinopoli[4].
VIII kal. Jun. Dat...[5].
Kal. Jun. Dat. Constantinopoli[6].
Prid. non. Jun. Dat. Constantinopoli[7].
Id. Oct. Dat. Constantinopoli[8].

An. 539. — Imp. Dn. Justiniani pp. A. anno XIII, Apione v. c. cons.

XV kal. Febr. Dat. Constantinopoli[9].
VI id. Mart. Dat. Constantinopoli[10].
XVII kal. Apr. Dat. Constantinopoli[11].
VI id. Apr. Dat. Constantinopoli[12].
XV kal. Jun. Dat. Constantinopoli[13].

---

[1] [*Nov.* LIX. De impensis in exequias defunctorum faciendis.]

[2] [*Nov.* LX. Ne morientes vel corpora eorum injuria afficiantur a creditoribus; LXI. Ut res immobiles donationis ante nuptias...]

[3] [Nov. CV. De consulibus. — Cette novelle fut adressée à Strategius, *comes sacrarum largitionum*, mais un exemplaire fut expédié au préfet du prétoire Johannes : Ἐγράφη τὸ ἰσότυπον Ἰωάννῃ, κ. τ. λ.]

[4] [*Nov.* LXVI. Ut novae quae fiunt constitutiones postquam insinuatae sunt, post duos menses alios valeant.]

[5] [*Nov.* LXVIII. Ut const. piissimi imperatoris quae in successionibus in lucra nuptialia ex orbitatis casu lucra introducit valeat.]

[6] [*Nov.* LXX. De curialibus, ut dignitate praefectoria potiti ita demum a curia liberentur, si in acta positi acceperint; LXXI. Ut illustres in litibus pecuniariis omnino per procuratores causam agant; LXXII. De curatoribus et tutoribus.]

[7] [*Nov.* LXXIII. Quomodo instrumentis quae apud judices insinuantur fidem addere oporteat; LXXIV. De liberis quomodo legitimi aut naturales existimandi sint.]

[8] [*Nov.* LXXVI. Haec constitutio interpretatur priorem constitutionem de iis qui monasteria ingrediuntur.]

[9] [*Nov.* LXXVIII. Ne liberti in posterum indigeant jure aureorum anulorum et restitutionis natalium.]

[10] [*Nov.* LXXXII. De judicibus.]

[11] [*Nov.* LXXXIII. Ut clerici apud episcopos respondeant; LXXXIV. De consanguineis et uterinis fratribus; LXXXVII. De mortis causa donatione a curialibus facta.]

[12] [*Nov.* CI. De curialibus.]

[13] [*Nov.* LXXX. De quaesitore.]

Kal. Aug. Dat. Constantinopoli[1].
Kal. Sept. Dat. Constantinopoli[2].
Kal. Oct. Dat. Constantinopoli[3].
VI id. Oct. Dat. . . .[4].
V id. Oct. Dat. Constantinopoli[5].
Kal. Nov. Dat. Constantinopoli[6].
XV kal. Dec. Dat. Constantinopoli[7].
XVIII kal. Jan. Dat. Constantinopoli[8].
XIII kal. Jan. Dat. Constantinopoli[9].

An. 540. — Imp. Dn. Justiniani pp. A. anno XIV, Justino v. c. cons.
VII id. Sept. Dat. Constantinopoli[10].

An. 541. — Imp. Dn. Justiniani pp. A. anno XV, Basilio v. c. cons.
VI kal. Maii. Dat. Constantinopoli[11].
Non. Maii. Dat. Constantinopoli[12].

Il y a enfin trois édits de Justinien[13], adressés au préfet d'Orient Johannes : l'un remonte vraisemblablement à sa première préfecture, il est en tout cas antérieur à la novelle VIII qui est d'avril 535[14]; l'autre est postérieur à cette novelle et doit être de la même époque que les novelles XXIV et CII, c'est-à-dire de l'année 535 ou 536[15]; le troisième paraît avoir été rendu entre le mois de septembre 538 et le mois d'août 539[16].]

---

[1] [*Nov.* CXXXIII. De monachis.]

[2] [*Nov.* LXXXVIII. De deposito et denuntiatione inquilinorum; LXXXIX. De naturalibus liberis.]

[3] [*Nov.* XC. De testibus; XCI. Ut cum dotis prioris et secundae exactio fit.]

[4] [*Nov.* XCII. De immodicis donationibus in liberos collatis.]

[5] [*Nov.* XCIII. De appellationibus; XCIV. Ut matres sine impedimento tutelam gerant liberorum.]

[6] [*Nov.* XCV. Ut praesides L dies post magistratum depositum in provinciis commorentur; XCVI. De executoribus.]

[7] [*Nov.* XCVII. De aequalitate dotis et ante nuptias donationis.]

[8] [*Nov.* XCIX. De reis promittendi.]

[9] [*Nov.* C. De tempore non numeratae pecuniae dotis.]

[10] [*Nov.* CVI. De nautico fœnore.]

[11] [*Nov.* CX. De usuris.]

[12] [*Nov.* CIX. De mulieribus fide haereticis.]

[13] [Justin. *Edict.* II. Ne praesides in fiscalibus causis asyli jus dent. — *Edict.* IV. De magistratu Phoeniciae Libanicae. (Cf. Zachariae, *Zeitschrift der Savigny-Stiftung*, R.-A., t. XV, p. 367, 368). — *Edict.* XIII. De urbe Alexandrinorum.

[14] [Edit. Schoell-Kroll, p. 760, 22.]

[15] [*Ibid.* p. 763, 6.]

[16] [*Ibid.* p. 795, 7. Voir cep. Zachariae, *loc. cit.* p. 371.]

✶
1292 = 539.

*DOMINICUS*,
sub Justiniano.

Ad hunc exstat Justiniani novella CLXII.

[Dominicus n'a pas été préfet d'Orient. La suscription de cette novelle, *Dat. V id. Sept. Constantinopoli, imp. Dn. Justiniani pp. Aug. anno XIII, Appione v. c. cons.* (539), le démontre. En 539, c'est Johannes Cappadox qui était préfet d'Orient. Dominicus fut préfet d'Illyrie.]

### CXXIX bis

[1294 = 541.

BASSUS,
agens vices praef. praet. Orientis sub Justiniano.

Deux novelles du 1$^{er}$ février 541 sont adressées à Bassus, *comes domesticorum*, faisant fonctions de préfet à la place de Johannes Cappadox :

Ὁ αὐτὸς βασιλεὺς Βάσσῳ τῷ μεγαλοπρεπεσ]άτῳ κόμητι τῶν καθωσιωμένων δομεσ]ίκων ἐπέχοντι τὸν τόπον Ἰωάννου τοῦ ἐνδοξοτάτου ἐπάρχου ϖραιτωρίων τὸ β′ . . .

An. 541. — Imp. Dn. Justiniani pp. A. anno XV, Basilio v.c. cons. Kal. Febr. Dat. Constantinopoli[1].]

### CXXX

[1294 =] 541 — [1295 = 542.]

THEODOTUS,
praef. praet. Orientis sub Justiniano.

— «Posteaquam Justinianus Theodoraque Joannem Cappadocem «perdiderunt, successorem loci quæsierunt alium... perversissimum. «Interim Theodotum in eo gradu collocant, haud laudandis moribus

---

[1] [*Nov.* CVII. De ultimis voluntatibus in liberos factis. CVIII. De restitutionibus.]

« virum, non iis tamen, quibus prorsus illis perplaceret... Quare « Theodoto Cappadocis successore a dignitate amoto, Petrum eidem « praeficiunt, a quo sibi omnia ex sententia constituerentur [1]. »

[Evagrius rapporte, sans se porter garant du fait, que Theodotus périt par les artifices magiques d'un de ceux qui devaient bientôt après lui succéder, Addaeus [2]. Plusieurs novelles ont été adressées à Theodotus en qualité de préfet d'Orient :

Ὁ αὐτὸς βασιλεὺς Θεοδότῳ ἐπάρχῳ πραιτωρίων.
 An. 541. — Dn. Justiniani perp. Aug. anno XV, Basilio v. c. cons.
  Kal. Jun. Dat. Constantinopoli [3].
  IV id. Sept. Dat... [4].
  Kal. Nov. Dat. Constantinopoli [5].
  X kal. Dec. Dat. Constantinopoli [6].

Ὁ αὐτὸς Βασιλεὺς Θεοδότῳ, ἐπάρχῳ τῶν ἀνατολικῶν ἱερῶν πραιτωρίων.
 An. 542. — Imp. Dn. Justiniani pp. Aug. anno XVI, post Basilii v. c. cons.
  Kal. Febr. Dat. Constantinopoli [7].
  V id. Apr. Dat. Constantinopoli [8].
  XV kal. Jan. Dat. Constantinopoli [9].

---

[1] Procop. *Hist. arc.*, c. xxii. [Ἡνίκα δὲ βασιλεύς τε καὶ Θεοδώρα τὸν Καππαδόκην Ἰωάννην ἀνεῖλον, ἀντικαθιστάναι μὲν ἐς τιμὴν τὴν αὐτοῦ ἤθελον· ἄνδρα δέ τινα πονηρότερον εὑρεῖν... ἐποιοῦντο·... Ἐν μὲν οὖν τῷ παραυτίκα Θεόδοτον ἀντ' αὐτοῦ ἐπὶ τῆς ἀρχῆς κατέστησαν, ἄνδρα οὐ κακοήθη μέν, οὐ σφόδρα δὲ ἀρέσκειν αὐτοῖς ἱκανὸν γεγονότα... Διὸ δὴ Θεόδοτον μέν, ὄνπερ μετὰ τὸν Καππαδόκην κατεστήσαμενοι ἔτυχον, τῆς τιμῆς αὐτίκα παρέλυσαν, Πέτρον δὲ ταύτῃ ἐπέστησαν, ὅσπερ αὐτοῖν διεπράξατο κατὰ νοῦν ἅπαντα.] Alemannus, p. 449. Hasius, *praef.* ad Lydum, p. vi.

[2] [*Hist. Eccles.*, lib. V, c. iii. Αὐτὸν γὰρ γοητείᾳ τὸν Θεόδοτον ὕπαρχον τῆς αὐλῆς ἀνελεῖν. Ἐγὼ δὲ εἰ μὲν ταῦθ' οὕτως ἔχοι οὐκ ἔχω λέγειν.]

[3] [*Nov.* CXI. Constitutio quae C annorum praescriptionem in aedibus sacris abrogat.]

[4] [*Nov.* CXII. De litigiosis.]

[5] [*Nov.* CXIV. Ut divinae jussiones subscriptionem habeant gloriosi quaestoris.]

[6] [*Nov.* CXIII. Constitutio ne in media lite sacrae sanctiones vel sacrae jussiones fiant.]

[7] [*Nov.* CXV. Ut cum de appellatione cognoscitur secundum illas leges debeat judicari quae tempore datae sententiae obtinebant.]

[8] [*Nov.* CXVI. De militibus.]

[9] [*Nov.* CXVII. De diversis capitibus

## PRAEFECTI PRAETORIO ORIENTIS.

L'index des éparchiques du prétoire cite un édit de Theodotus :

λδ'. Θεοδότου ἐπάρχου, περὶ νομῆς[1].

— « Theodotus sub Justiniano fuit praefectus praetorio; qui cum « dignitate hominem movisset, Petrum cognomento Barsyamen ei suc- « cessorem dedit[2]. »

## CXXXI
[1296 = 543 — 1298 = 545.]

### PETRUS BARSYAMES,
praef. praet. Orientis sub Justiniano.

« S. Petri templum, quod vetus appellatum est, condidit Petrus patricius, cognomento Barsimianus, natione Syrus, Justiniano M. imperante, ut apparet ex Codino qui addit Barsimianum multa obiisse munera et magistratus. Praefecturam aerarii administravit, teste Procopio in *Historia arcana* : praefecturam praetorii et comitivam largitionum diversi Novellarum tituli gessisse demonstrant[3]. »

— Inter perversissimos, « forte oblatus illis est Petrus quidam « genere Syrus, cognomento Barsyames nummularius; is apud mensam « aerariam olim assidens, quaestus ex aere circumforaneo foedissimos « fecerat... Hic inter praetorianos milites adscriptus eo improbitatis « pervenit, ut Theodorae si quis unquam arrideret, facilemque se « praeberet ad viam nefariis ejus consiliis inveniendam. Quare Theo- « doto Cappadocis successore a dignitate amoto, Petrum eidem prae- « ficiunt[4] ».

et solutione matrimonii. — Cf. Mortreuil, *Histoire du droit byzantin*, t. I, p. 75.]

[1] [*Cod. Marc.* XXXIV. Theodoti prae- fecti, de possessione.]

[2] [Suidas, v° Θεόδοτος· Οὗτος ἐπὶ Ἰουσ- τινιανοῦ ὕπαρχος ἦν τῶν σ7ρατευμάτων, ὃν παραλύσας τῆς ἀρχῆς Πέτρον ἐπέσ7ησε Βαρσυάμην καλούμενον.]

[3] Ducangius, *Constantinopolis christiana*, p. 116, b.

[4] Procop., *Hist. arc.*, c. XXII. [Εὗρον δὲ παρὰ δόξαν ἀργυραμοιβόν τινα Πέτρον ὀνόματι, Σύρον γένος, ὅνπερ ἐπίκλησιν Βαρσυάμην ἐκάλουν· ὃς πάλαι μὲν ἐπὶ τῆς τοῦ χαλκοῦ τραπέζης καθήμενος, κέρδη αἰσχρότατα ἐκ ταύτης δὴ ἐπορίζετο τῆς ἐργασίας... Ἐν δὲ τοῖς τῶν ὑπάρχων σ7ρατιώταις καταλεχθεὶς, ἐς τοσοῦτον ἀτοπίας ἐλήλακεν, ὥσ7ε Θεοδώρᾳ ἀρέσκειν τε ἐν τοῖς μάλισ7α, καὶ ἐς τῶν ἀδίκων αὐτῇ

418                PRAEFECTI PRAETORIO ORIENTIS.

Continua poi a narrare le sue ribalderie, e conchiude ch'essendo stato sollicitato Giustiniano a rimoverlo per motivo di una sedizione fatta da lui nascere per la fame, ad istanza di Teodora fu fatto invece prefetto dell'erario.

[Petrus fut préfet du prétoire d'Orient de 543 à 545 : c'est dans cet intervalle que Justinien lui adressa plusieurs novelles :

Ὁ αὐτὸς βασιλεὺς Πέτρῳ, τῷ ἐνδοξῷτάτῳ ἐπάρχῳ τῶν ἱερῶν τῆς Ἑῴ πραιτωρίων.

An. 543. — Imp. Dn. Justiniani anno XVII, post cons. Basilii v. c. anno II.

XVII kal. Aug. Dat... [1].

An. 544. — Imp. Dn. Justiniani anno XVIII, post cons. Basilii v. c. cons. anno III.

XIII kal. Febr. Dat. Constantinopoli [2].

VII id. Maii. Dat. Constantinopoli [3].

An. 545. — Imp. Dn. Justiniani pp. Aug. anno XIX, post Basilii v. c. cons. anno IV, indict. VIII.

Kal. Mart. Dat. Constantinopoli [4].

XV kal. Apr. Dat. Constantinopoli [5].

VIII id. Jun. Dat... [6].

XVII kal. Jul. Dat... [7].

Sine die et conss... [8].

βουλημάτων ῥᾷστα ὑπουργεῖν τὰ ἀμήχανα. Διὸ δὴ Θεόδοτον μὲν, ὅνπερ μετὰ τὸν Καππαδόκην καταστησάμενοι ἔτυχον, τῆς τιμῆς αὐτίκα παρέλυσαν, Πέτρον δὲ ταυτῇ ἐπέστησαν.]

[1] [Nov. CXVIII. Constitutio quae jura agnatorum tollit et successiones ab intestato definit.]

[2] [Nov. CXIX. Ut donatio propter nuptias specialis contractus sit.]

[3] [Nov. CXX. De alienatione et emphyteusi rerum ecclesiasticarum.]

[4] [Nov. CXXX. De transitu militum.]

[5] [Nov. CXXXI. De ecclesiasticis canonibus et privilegiis.]

[6] [Nov. CXXVIII. De publicorum tributorum exactione et solutione.]

[7] [Nov. CXXIV. De litigantibus. — D'après certains manuscrits, cette novelle serait de 544.]

[8] [Nov. CXXXIII. De monachis et sanctimonialibus et vita eorum. — Cette novelle a été adressée le 1er mai à Petrus τῷ μαγίστρῳ τῶν θείων ὀφφικίων : mais, d'après

PRAEFECTI PRAETORIO ORIENTIS. 419

L'index des éparchiques du prétoire cite un édit de Petrus, mais on ignore si cet édit fut rendu pendant que Petrus était préfet pour la première ou pour la seconde fois:

λε'. Ἴδικτον Πέτρου τοῦ ἐνδοξοτάτου ἐπάρχου πραιτωρίων [1].]

## CXXXII

[Post 1296 = 543].

GABRIEL,
praef. praet. Orientis sub Justiniano.

Dopo la prefettura di Costantinopoli, Gabriele «praefectura «praetorii potito, annonae munus, iterum ad majus judicium rediit: «omnibus ut prorsus manifestum fuerit imperatorem, cum Gabriele «pro ejus merito delectaretur, indulsisse. Etenim necesse erat, eum, «cum esset vir bonus et virtutibus incomparabilis, apud imperatorem «justitiam et sanctitatem et generis splendorem honorantem plus «valere [2].»

[L'une des novelles de Justinien est adressée d'après certains manuscrits au préfet du prétoire Gabriel, d'après d'autres à Petrus [3]. Cette dernière indication est seule exacte : la novelle est en effet datée du 18 octobre (ou suivant quelques-uns du 18 décembre) 543 :]

Dat. id. Oct. (*vel* XV kal. Jan.) Constantinopoli. Imp. Dn. Justiniani pp. A. anno XVII, p. c. Basilii v. c. anno II.

[Or, à cette époque, c'est Petrus qui était préfet d'Orient, tandis que Gabriel un manuscrit, un exemplaire en fut envoyé à Petrus, préfet du prétoire. Voir Schoell, p. 625, 16.]

[1] [*Cod. Marc.* XXXV. Edictum Petri gloriosissimi praefecti praetorio.]

[2] Lyd. lib. III, c. xxxviii. [Αὐτοῦ δὲ Γαβρηλίου τὴν ἀρχὴν ἀπο(δεξα)μένου, αὖθις πρὸς τὸ μεῖζον ἡ φροντὶς τῆς εὐθηνίας δικαστήριον ἐπανῆλθεν· ὡς δῆλον ἀντικρὺ πᾶσιν ἀπoδειχθῆναι, ὅτι Γαβρηλίῳ κατ' ἀξίαν χαίρων ὁ βασιλεὺς ἐνδέδωκεν. Ἔδει γὰρ αὐτὸν, ἄνδρα ἀγαθὸν ὄντα καὶ ταῖς ἀρεταῖς ἀσύγκριτον, τὸ πλέον εὑρεῖν παρὰ βασιλεῖ τιμῶντι δικαιοσύνην τε καὶ θεοφιλίαν καὶ γένους λαμπρότητα.]

[3] [*Nov.* CXXV. De judicibus.]

était encore préfet de la ville. Si donc Gabriel a été préfet du prétoire, c'est après l'an 543. — L'anthologie grecque contient une épigramme Γαβριηλίου ὑπάρχου[1] :

Εἰς Ἔρωτα καθεύδοντα ἐν πιπεροπάστῃ.

Οὐδὲ κατακνώσσων, οὐδ' ἄπνοος, οὐδ' ἐνὶ δαιτὶ
νόσφι πυρισπάρτου δήγματός ἐστιν Ἔρως[2].]

## CXXXIII

[Circa 1298 = 545.

EUGENIUS,

praef. praet. Orientis sub Justiniano.

L'index des éparchiques du prétoire cite un édit du préfet Eugenius :

λϛ'. Τύπος Εὐγενίου ἐπάρχου, περὶ ἀποδείξεως δημοσίων[3].

Un édit de Justinien περὶ τοῦ βικαρίου τῆς Ποντικῆς est adressé, d'après la Vulgate[4], sinon d'après le texte grec, au préfet du prétoire Eugenius[5]. Il paraît être de 547 ou de 548; une incorrection du manuscrit rend la date incertaine[6].

Théophane mentionne également Eugenius, en lui donnant le titre d'ex-préfet du prétoire en l'année 545[7] :

— «Eugenius ex praefectus curatorem palatiorum Marinae Geor- «gium et Antiochi curatorem Aetherium quasi magistri Petri filium

---

[1] Alemannus, ad Procopii *Hist. arc.* p. 449 : Gabriel, de quo extat Graecum epigr. l. XVI, [208] *Anthol.* [Hasius], de Jo. Lydo, p. VI.

[2] [«In Amorem dormientem in piperis asperculo : Nec dormiens, nec sine habitu, nec in convivio, absque ignem spargente morsu est Amor.»]

[3] [*Cod. Marc.* XXXVI. Forma Eugenii praefecti, de probationibus publicorum. *Cod. Bodl.* III.]

[4] [Édition Schoell-Kroll, p. 768, 4.]

[5] [Justin. *edict.* VIII.]

[6] [Cet édit est daté *Justiniani anno XXII c. Basilii anno VI.* Zachariae et Kroll lisent *anno VII.* Cf. édit. Schoell, p. 772, 2.]

[7] [*Chronogr.* p. 363 : Εὐγένιος ὁ ἀπὸ ἐπάρχων διέβαλε Γεώργιον τὸν κουράτορα τῶν Μαρίνης καὶ Αἰθέριον τὸν κουράτορα τῶν Ἀντιόχου, ὡς θελήσαντας ποιῆσαι βασιλέα Θεόδωρον τὸν υἱὸν Πέτρου τοῦ μαγίστρου, οἷς συνεφώνησεν καὶ Γερόντιος, ὁ ἔπαρχος τῆς πόλεως. Ζητηθείσης δὲ τῆς ὑποθέσεως καὶ μὴ ἀποδειχθείσης, ἠγανακτήθη Εὐγένιος, καὶ ἐδημεύθη ὁ οἶκος αὐτοῦ. Προσφυγὼν δὲ ἐκεῖνος τῇ ἐκκλησίᾳ ἐσώθη. Cf. Biener, *Geschichte der Novellen*, p. 533. Zachariae, Ἀνέκδοτα, p. 261, n. 40.]

« Theodorum ex Gerontii, urbis praefecti, consilio imperatorem creare
« attentassent, accusavit. Facto de crimine diligenti examine, nec eo
« comprobato, Eugenius invidia non plene liberatus domum publice
« proscriptam amisit: is vero ad ecclesiam confugiens saluti consuluit. »]

## CXXXIV
[1301 = 548].
### BASSUS,
praef. praet. Orientis sub Justiniano.

[Vedi] Alemanno, nelle note ad Procopium [1].

[Une novelle et un édit de Justinien de 548 sont adressés au préfet du prétoire Bassus :

Ὁ αὐτὸς βασιλεὺς Βάσσῳ, τῷ ἐνδοξοτάτῳ ἐπάρχῳ πραιτωρίων.

An. 548. — Imp. Dn. Justiniani pp. A. anno XXII, p. c. Basilii v. c. anno VII, ind. XI.

Kal. Sept. Dat. Constantinopoli [2].
XV kal. Oct. Dat. Contantinopoli [3].

On a en outre un édit de Bassus lui-même, alors qu'il était préfet du prétoire; c'est la novelle CLXVII :

— Γενικὸς μέγιστος τύπος περὶ τοῦ πῶς δεῖ στέλλεσθαι ἐπὶ νομῆς, Βάσσου τοῦ ἐνδοξοτάτου ὑπάρχου.

Le début de cette novelle donne lieu à une difficulté. On lit dans le manuscrit :

Φλάβιος Κομίτας Θεόδωρος Βάσσος οἱ μεγαλοπρεπέστατοι ἔπαρχοι τῶν ἱερῶν πραιτωρίων λέγουσιν.

L'emploi du pluriel a donné à penser que le texte désigne trois préfets du prétoire, Flavius Comitas, Theodorus et Bassus. C'est l'opinion de Beck et d'Osenbrüggen. Heimbach [4] et Zachariae [5] croient au contraire que le pluriel est le résultat d'une erreur : d'après la rubrique, le règlement est l'œuvre exclusive de Bassus,

[1] [*Hist. arc.* p. 449.]
[2] [*Nov.* CXXVII. De fratris filiis succedentibus una cum ascendentibus. — Cf. l'index des éparchiques du prétoire. *Cod. Marc.* XXIV. *Cod. Bodl.* II.]
[3] [Justiniani *Edictum*, VIII. De Pontici tractus vicario.]
[4] [*Reiseberichte aus Italien*, in *Zeitschrift für gesch. Rechtswissenschaft*, t. VIII, p. 343.]
[5] [Ἀνέκδοτα, p. 253, n. 34.]

422    PRAEFECTI PRAETORIO ORIENTIS.

dont le nom complet serait Fl. Comitas Theodorus Bassus. Suivant Kroll, Fl. Comitas et Theodorus sont tout simplement des chefs de service de la préfecture, comme ceux dont les noms figurent dans la novelle CLXVI[1].]

✶
?
*FL. CYRUS,*
sub Justiniano.

Fu ignoto all' Alemanno[2].

[Fl. Cyrus est cité par Hase dans la liste qu'il a dressée des préfets du prétoire de Justinien[3]. Mais le personnage mentionné par Lydus[4], sous le simple nom de Cyrus, fut préfet d'Orient sous Théodose le jeune, de 439 à 442[5].]

## CXXXV
[1304 = 551.]
ADDAEUS[6],
praef. praet. Orientis sub Justiniano.

[Addaeus était préfet du prétoire en 551 : c'est à lui que fut adressée la novelle CXXIX sur les Samaritains :

Ὁ αὐτὸς βασιλεὺς Ἀδδαίῳ ἐπάρχῳ πραιτωρίων.

An. 551. — Imp. Dn. Justiniani pp. Aug. anno XXV, p. c. Basilii v. c. anno X.

XVII kal. Jul. Dat. Constantinopoli[7].

L'index des éparchiques du prétoire mentionne un édit d'Addaeus[8] :

κγ'. Ἴδικτον Ἀδδαίου ὑπάρχου πραιτωρίων, περὶ τῶν ἀπολυομένων εἰς δημοσίας (?) ἀποδείξεις.

---

[1] [Édit. Schoell-Kroll, p. 754, 16.]
[2] Ad *Hist. arc.* Procopii, p. 449.
[3] Comment. de Joanne Lydo, p. vi.
[4] [Lydus, *De mag. Rom.* lib. II, c. xii.]
[5] [Voir plus haut, p. 327.]
[6] Ut in codice Vaticano 1185 legebam (Alemannus, in notis ad *Hist. arc.* Procopii, p. 451).
[7] [*Nov.* CXXIX. De Samaritis. — La vulgate rapporte par erreur cette novelle à Areobindus qui fut préfet du prétoire seulement en 553.]
[8] [*Cod. Marc.* XXIII. Edictum Addaei praefecti praetorio de his qui liberantur secundum publicas probationes (?)].

— « Non longo tempore post, Aetherium et Addaeum, utrumque
« ex ordine senatorio, qui principem locum apud Justinianum diu tenue-
« runt, in judicium ob piaculum quoddam adducit Justinus. Quorum
« alter, Aetherium dico, confessus est se animo instituisse, impera-
« torem veneno conficere, habuisseque Addaeum illius conatus socium,
« et in omnibus adjutorem. Addaeus vero gravi cum jurejurando affir-
« mavit se earum rerum penitus ignarum esse. Uterque securi per-
« cussus est[1]. »

Addaeus était alors préfet de la ville. Il fut mis à mort en 577 (le 3 octobre),
suivant Eustathius[2]; en 559, suivant Théophane[3].]

## CXXXVI

[1305 = 552.]

### HEPHAESTUS,

praef. praet. Orientis sub [Justiniano[4]].

— [« Cum in tribunal praefecturae ascendissem, juxta consuetudinem
« illam videlicet gratias potiori acturus, magistratumque positurus],
« primum honorans me praefectus (erat autem optimus ille Hephaestus,
« vir bonus, solo nomine nobilitatem suam ostendens : ab Hephaesto

---

[1] Evagrius [Hist. Eccles], lib. V, c. III. [Οὐ μετ' οὐ πολὺ δὲ καὶ Αἰθέριον καὶ Ἀδδαῖον, τῆς μὲν συγκλήτου βουλῆς καθεστῶτε, μεγάλα δὲ καὶ πρωτεῖα παρ' Ἰουστινιανῷ ἐσχηκότε, ἐς κριτήριον ἐπὶ καθοσιώσει ἐκδέδωκεν. Ὧν ὁ μὲν Αἰθέριος συγκατετίθετο φαρμάκοις βουληθεῖς τὸν βασιλέα διαχρήσασθαι, τῆς τοιαύτης κοινωνὸν ἐγχειρήσεως, καὶ ἐν πᾶσιν συνεργὸν ἔχειν εἰπὼν τὸν Ἀδδαῖον. Ὁ δὲ, ὅρκοις δεινοῖς διώμνυτο μηδὲν τούτων παντάπασιν εἰδέναι.] Cf. Procop. [Hist. arc. c. xxv], p. 139.

[2] [Vita Eutychii, c. VIII, 76 : Ἐν ἡμέρᾳ Κυριακῇ καὶ μηνὶ Ὀκτωβρίῳ τρίτη γεγένηται, ἐν ᾗ καὶ οἱ τὴν κατ' αὐτοῦ συσκευὴν τορεύσαντες ἀπετμήθησαν, Αἰθέριος, φημί, καὶ Ἀδδαῖος. Ὁ μὲν γὰρ Ἀδδαῖος ἔπαρχος πόλεως ἦν.]

[3] [Théophane appelle Audius le complice d'Aetherius. Chronogr. p. 373 : Τούτῳ τῷ ἔτει Αἰθέριος καὶ ὁ Αὔιος, καὶ ὁ σὺν αὐτοῖς ἰατρὸς ἐπεβούλευσαν τῷ βασιλεῖ Ἰουστίνῳ, καὶ γνωσθέντες ἀπέθανον ξίφει.]

[4] [Borghesi avait écrit : « Sub Anastasio ». Il y a là une inadvertance : le seul texte qu'il cite à l'appui se rapporte au règne de Justinien.]

« enim, primo Aegyptiorum rege secundum Siculum, genus ducere
« ferebatur) surrexit meque suaviter resalutavit[1]. »

[Hephaestus était préfet du prétoire lorsque Johannes Lydus dut se démettre de ses fonctions après quarante ans de services. La date de la préfecture d'Hephaestus se trouve par là même fixée. Lydus dit en effet qu'il avait soixante-deux ans et qu'il était né en 490. Hephaestus était donc préfet en 552.
L'index des éparchiques du prétoire cite un édit d'Hephaestus :

λζ΄. Τύπος Ἡφαίστου τοῦ ἐνδοξοτάτου[2]. — Dat. kal. Sept. Constantinopoli, Dn. Justini(ani perpetui Augusti, anno XXV *vel* XXVI), P(ost consulatum) Basili v. c (anno X *vel* XI)[3].]

## CXXXVII
[1306 = 553.]

### AREOBINDUS,
praef. praet. Orientis sub Justiniano.

Areobindus qui et Orientis fuit praefectus et Africae, ubi diem obivit[4].

[L'époque où Areobindus fut préfet d'Orient est fixée par plusieurs novelles de Justinien :

Ὁ αὐτὸς Βασιλεὺς Ἀρεοβίνδῳ ἐπάρχῳ πραιτωρίων καὶ ἀπὸ ἐπάρχων τῆς εὐδαίμονος πόλεως καὶ στρατηλάτῃ.

---

[1] Lydus, *De magistr.* lib. III, c. xxx. [Πρῶτον μὲν γὰρ ἀναβάντα με ἐπὶ τοῦ βήματος τῆς ἐπαρχότητος, κατὰ τοῦτο δὴ τὸ σύνηθες, εὐχαριστῆσαι τῷ κρείτ7ονι, καὶ τὴν ἀρχὴν ἀπώσασθαι, τιμήσας ὑπαρχος (Ἡφαίστος δὲ ἦν ὁ χρηστὸς, ἀνὴρ ἀγαθὸς, καὶ ἐκ μόνης τῆς προσηγορίας τὴν οὖσαν εὐγένειαν αὐτῷ δεικνύς· Ἡφαίστου γὰρ, τοῦ πρώτου βασιλεύσαντος Αἰγύπτου κατὰ τὸν Σικελιώτην, ἀπόγονος εἶναι διεφημίζετο ἐγερθεὶς ἀντησπάσατό με λιπαρῶς.]

[2] [*Cod. Marc.* XXXVII. Forma Hephaesti gloriosissimi.]

[3] [*Cod. Bodl.* IV.]

[4] Alemannus, ad *Hist. arc.* Procopii, Lugduni, 1623, p. 13 et 69. [Hasius], comment. de Joanne Lydo, p. vi. — [Areobindus, premier mari de Prejecta, fut assassiné en Afrique par Gontharis en 545, l'an 19 du règne de Justinien (Procop. *De Bello Vandal.* lib. II, c. xxiv-xxvi). Il ne faut donc pas le confondre avec le préfet du prétoire de 553. Héron de Villefosse.]

PRAEFECTI PRAETORIO ORIENTIS.   425

An. 553. — Imp. Dn. Justiniani pp. Aug. anno XXVII, post cons. Basilii v. c. anno XII.

⟨VI⟩ id. Febr. Dat. Constantinopoli[1].

Ὁ αὐτὸς βασιλεὺς Ἀρεοβίνδῳ, τῷ ἐνδοξοτάτῳ ἐπάρχῳ τῶν ἱερῶν πραιτωρίων τῆς Ἕω, καὶ ἀπὸ ἐπάρχων τῆς εὐδαίμονος ταύτης πόλεως, καὶ σ[τ]ρατηλάτῃ.

An. 554 (?). — Imp. Dn. Justiniani pp. Aug. anno XXVIII, post cons. Basilii v. c. anno XIII[2].

XVII kal. Maii. Dat. Constantinopoli[3].

L'index des éparchiques du prétoire mentionne un édit d'Areobindus :

λη'. Τύπος Ἀρεοβίνδου[4].

D. K. Augus. Dn. Justin. pp. A. Basili v. c. p. cs.]

## CXXXVIII

[1308 = 555 — 1312 = 559].

**PETRUS BARSYAMES**,
praef. praet. Orientis iterum sub Justiniano.

[Vedi] le note dell' Alemanno.

[La novelle CLIX de Justinien est adressée à Petrus, préfet du prétoire pour la seconde fois :

Ὁ αὐτὸς βασιλεὺς Πέτρῳ ἐνδοξοτάτῳ ἐπάρχῳ τῶν ἱερῶν πραιτωρίων τὸ β'.

---

[1] [*Nov.* CXLV. Ut nullam in posterum licentiam dux seu biocolyta habeat in utramque Phrygiam veniendi. *Nov.* CXLVI. De Hebraeis.]

[2] [Biener, *Geschichte der Novellen*, p. 527. Osenbrüggen, p. 646.]

[3] [*Nov.* CXLVII. Ut reliqua quae praefectis... debentur... usque ad praeteritam septimam indictionem et ipsam remittantur. — Zachariae, *Novellae*, t. II, p. 354, n. 22, reporte cette novelle à l'année 553 : «Anno imperii XXVII, p. c. Basilii anno XII, ind. I constitutionem datam esse ex c. 2 colligitur; XVII kal. Maii id factum esse verisimile fit eo, quod plerumque ejusmodi remissiones sub festum paschae datas esse constat». Cf. Schoell-Kroll, p. 721, 30.]

[4] [*Cod. Marc.* XXXVIII. Forma Areobindi. *Cod. Bodl.* V.]

PRAEFECTI PRAETORIO ORIENTIS.

An. 555. — (Imp.) Dn. Justiniani (pp. Aug.) anno XXIX, p. c. Basilii anno XIV, ind. XIII.

Kal. Jun. Dat. Constantinopoli[1].

An. 556. — Imp. Dn. Justiniani pp. Aug. anno XXX, p. c. Basilii v. c. anno XV.

Kal. Mai. Dat...[2].

Un édit de Justinien de 559 est adressé à Petrus, préfet du prétoire pour la seconde fois[3] :

Ὁ αὐτὸς βασιλεὺς Πέτρῳ, τῷ ἐνδοξοτάτῳ ἐπάρχῳ τῶν ἀνατολικῶν ἱερῶν praetoriων τὸ δεύτερον, καὶ ἀπὸ κομήτων τῶν θείων λαργιτιόνων τὸ δεύτερον, καὶ ἀπὸ ὑπάτων.

An. 559. — Imp. Dn. Justiniani pp. Aug. anno XXXIII, post Basilii v. c. cons. anno XVIII.

VI Kal. Jan. Dat. Constantinopoli.]

## CXXXIX

[1316 = 563.

AREOBINDUS,

praef. praet. Orientis sub Justiniano.

Idem Aug. Areobindo (P. P.).

An. 563. — Imp. Dn. Justiniani pp. Aug. anno XXXVII, p. c. Basilii v. c. anno XXII.

XII kal. Jun. Dat. Constantinopoli[4].]

---

[1] [Cf. Biener, *Geschichte der Novellen*, p. 529. Osenbrüggen, p. 666, n. 1. Zachariae, *Zur Geschichte des Authenticum* (Berliner Akademie *Sitzungsberichte*, 1882, p. 3. Schoell-Kroll, p. 743, 35.]

[2] [*Nov.* CXXXIV. Ut nulli judicum liceat habere loci habitatorem. Un exemplaire de cette novelle fut adressé au préfet de la ville Musonius. Cf. Schoell, p. 676, 23; 689, 23.]

[3] [Justiniani *Edict.* XI. Ut nullam licen-tiam habeant ponderatores et monetarii apud Aegyptios de reliquo quidquam pro obryzo exigendi.]

[4] [*Nov.* CXLIII. De raptis mulieribus et quae raptoribus nubunt. — Cf., sur la date de cette novelle, Zachariae, *Sitzungsber. d. Berlin. Akad.*, 1882, p. 998. Schoell-Kroll, p. 708, 18. Un exemplaire de cette novelle fut adressé au préfet Léon en 563. (*Nov.* CL.)]

## CXL
[1319 =] 566.
*JULIANUS*,
sub Justino juniore.

[L'existence de ce préfet est, d'après Ducange, attestée par cette épigramme[1] qui lui donne le titre de δίκης θρόνον ἡνιοχεύων.

Εἰς βάσιν τοῦ Ὡρολογίου τοῦ εἰς τὴν ἀψῖδα τὴν κειμένην εἰς τὴν βασιλικήν.]

Δῶρον Ἰουσ7ίνοιο τυραννοφόνου βασιλῆος,
Καὶ Σοφίης ἀλόχου, φέγγος ἐλευθερίης,
Ὡράων σκοπίαζε σοφὸν σημάντορα χαλκὸν
Αὐτῆς ἐκ μονάδος μέχρι δυωδεκάδος,
Ὅντινα συληθέντα Δίκης θρόνον ἡνιοχεύων
Εὗρεν Ἰουλιανὸς χερσὶν ἀδωροδόκοις.

Id est interprete v. cl. Petro Menardo Turonensi:

In basi horologii positi in fornice Basilicae.

Dona tyrannorum victor Justinus et uxor,
Lux libertatis, collocat haec Sophia;
Æs horas monstrans veraci conspicis umbra
Primum unam bis sex ultima signa notant.
Subreptum latitabat opus : sed repperit illud
Praeses Julianus, restituitque loco.

— «Eo anno [566 (?)] Prasini apud regiam urbem civile bellum «faciunt, multosque reipublicae viros gladio frequenti congressione «prosternunt : sed eorum atroces plurimi postea a Juliano praefecto «exstincti sunt[2].»

[1] Constantinopoli. [Extat] in *Anthologia*, lib. IV, c. xxxiv [éd. Dübner, cap. ix, 779, t. II, p. 154]. Ex quo colligitur horologium confecisse Justinum juniorem et Sophiam Augustam, curante Juliano praefecto praetorio. [Ducangius, *Constantinop. christ.* p. 74.]

[2] Victoris Tunn[ensis *Chronica*, édit. Mommsen (*Mon. Germ. hist.* t. XI), p. 205].

## CXLI

[Intra 1318 = 565 et 1322 = 569.]

*THEODORUS,*

sub Justino juniore.

[D'après une épigramme gravée sur le socle d'une statue de Justin [1], le *portus Sophiae* ou *portus Juliani* à Constantinople est dû au préfet Theodorus :

Εἰς σlήλην Ἰουσlίνου βασιλέως ἐν τῷ λιμένι.]

Τοῦτο παρ' αἰγιαλοῖσιν ἐγὼ Θεόδωρος ὕπαρχος
Στῆσα φαεινὸν ἄγαλμα Ἰουσlίνῳ βασιλῆϊ,
Ὄφρα καὶ ἐν λιμένεσσιν ἐὴν πετάσειε γαλήνην.

[In statuam Justini imperatoris in portu.]

Haec ego littoreas rector Theodorus ad oras
Justino regi statui fulgentia signa,
Omnes ad portus expandat ut ora serena.

[Le texte ne dit pas si Theodorus était alors préfet d'Orient ou préfet de la ville. C'est sans doute le même qui fut préfet d'Afrique en 569.]

## CXLII

[1325 = 572.]

DIOMEDES,

praef. praet. Orientis sub Justino juniore.

Diomedes de quo mentio est in constitutionibus [2] :

[Αὐτοκράτωρ Ἰουσlῖνος Διομήδει, ἐπάρχῳ τῶν ἱερῶν πραιτωρίων.

An. 572. — Imp. Dn. Justini pp. A. anno VII, p. c. ejusdem anno VI. XV kal. Jun. Dat. Constantinopoli [3].]

---

[1] Epigramma Justini statuae basi inscriptum, quod legitur in *Anthologia*, lib. IV, c. IV, [éd. Dübner, cap. XVI, 64, t. II, p. 539. Cf.] Ducangius, *Constantinopolis christiana*, p. 59.

[2] Alemann., in notis ad Procop. *Hist. arc.* p. 449. [Hase], *Comment.* de Jo. Lydo, p. VI.

[3] [*Nov.* CXLIV. *De Samaritis.* Cf. sur la date de cette novelle : Pagi, *Dissertatio hypat. de conss.*, p. 333. Biener, *Geschichte der Novellen*, p. 527. Mortreuil, *Histoire du droit byzantin*, t. I, p. 69.]

## CXLIII

[Circa 1346 = 593.

**GEORGIUS,**
praef. praet. Orientis sub Mauricio.

— « Imperator Mauricius in Persiam mittit legatum Georgium, qui
« tributis ex urbibus Orientalibus cogendis praefectus erat : hunc
« Romani praefectum praetorio vocant[1]. »]

## CXLIV

[1355 =] 602.

**CONSTANTINUS LARDIS,**
praef. praet. Orientis sub Mauricio.

— [« Constantinum ... praefecturam tributorum Orientis paulo
« ante ab imperatore (Mauricio) accepit, quem praefectum praeto-
« riorum solent nominare Romani[2]. »]

Postquam Phocas tyrannidem arripuit, occisus est Mauricius. « Inter-
« fecti perinde ad Diadromos juxta Acritam Constantinus Lardis ex
« praefecto praetorio et logotheta et curator palatii Hormisdae, et
« Theodosius Mauricii filius[3]. »

---

[1] [Theophylactus Simocatta, *Histor.*, lib. VIII, c. 1, éd. Teubner, p. 283 : Ὁ αὐτοκράτωρ Μαυρίκιος εἰς τὴν Περσίδα ἐξέπεμψε πρέσβιν Γεώργιον, ὃς τῆς τῶν ἑῴων πόλεων φορολογίας τὴν ὁπισ1ασίαν ἐκέκτητο· τοῦτον πραιτωρίων ὕπαρχον ἀποκαλοῦσι Ῥωμαῖοι.]

[2] [*Ibid.*, c. IX, p. 300 : Τὴν ἡγεμονίαν τῶν φόρων τῆς ἑῴας πρό τινος καιροῦ ὑπὸ τοῦ αὐτοκράτορος ἀπειλήφει, ὃν ἔπαρχον πραιτωρίων εἰώθασιν ὀνομάζειν Ῥωμαῖοι.]

[3] *Chron. Pasch.* p. 694 : [Ἐσφάγησαν δὲ εἰς Διαδρόμους πλησίον τοῦ Ἀκρίτα Κωνσ1αντῖνος ὁ Λάρδυς, ἀπὸ ἐπάρχων γενόμενος πραιτωρίων καὶ λογοθέτης, καὶ κουράτωρ τῶν Ὁρμίσδου, καὶ Θεοδόσιος ὁ υἱὸς Μαυρικίου.]

## CXLV

[1358 =] 605.

### THEODORUS,
praef. praet. Orientis sub Phoca.

An. 605. — « Hoc anno, mense Desio, secundum Romanos Junio, « die VII, capite plectitur Theodorus praefectus praetorio (cum aliis), « cum deprehensi essent conspirasse in imperatorem Phocam[1]. »

— « Comprehensus est autem Theodorus, Orientis praefectus, « quem Phocas interemit[2]. »

## CXLVI

[1368 =] 615.

### OLYMPIUS,
praef. praet. Orientis (?) sub Heraclio.

An. 615. — « Missi (sunt ad Chosroem) ... legati tres, Olympius « praefectus praetorio...[3]. »

In epistola Heraclii, dicitur « gloriosissimus Olympius ex consule, « patricius, ex praefecto praetorio ».

## CXLVII

[1379 =] 626.

### ALEXANDER,
praef. praet. Orientis sub Heraclio.

An. 626. — Alexander, praefectus praetorio, seditionem placat in urbe[4].

---

[1] *Chron. Pasch.* p. 696 : [Τούτῳ τῷ ἔτει μηνὶ δαισίῳ, κατὰ Ῥωμαίους ἰουνίῳ, ἡμέρᾳ ζ΄ ἀποτέμνεται Θεόδωρος ὁ ἔπαρχος πραιτωρίων... ὡς εὑρεθέντες ἐπίβουλοι τοῦ βασιλέως Φωκᾶ.]

[2] *Hist. miscella*, p. 123. [Theodorus était originaire de Cappadoce. Theoph., p. 458.]

[3] *Chron. Pasch.* p. 706 : [Καὶ δὴ ἐπέμφθησαν ἐξ ἡμῶν πρεσβευταὶ τρεῖς, τουτέστιν Ὀλύμπιος ἔπαρχος πραιτωρίων...]

[4] *Ibid.* p. 715 : [Ἀλέξανδρος ὁ ἔπαρχος τῶν πραιτωρίων.]

[Après Heraclius, on ne trouve plus trace de la préfecture du prétoire[1]. Elle n'existait certainement plus au commencement du x⁰ siècle[2]. Dans l'*Epanagoge* publié vers 885 par Basile le Macédonien et où l'on cite les magistrats chargés du recouvrement des tributs, de l'administration des provinces et du jugement des causes d'appel, il n'est pas fait mention du préfet du prétoire[3]. Zachariae conjecture que la préfecture du prétoire a disparu vers l'époque ainsi désignée par Constantin Porphyrogénète :

— «Cum Romanum imperium angustius esset factum, et extremis «aliquot provinciis tam Orientem quam Occidentem versus mutilatum «ab imperio Heraclii Libyci, qui post eum regnarunt, cum non «haberent ubi aut quomodo potentiam suam exercerent, in parvas «aliquot partes imperium suum ac militum turmas secuerunt, et tunc «maxime sermonem graecum affectarunt, patrium vero ac Romanum «repudiarunt[4]. »]

[1] [Zachariae, *op. cit.*, p. 230, n. 3a : «Qui passim a recentioribus laudatur προεστώς τοῦ πραιτωρίου, non est confundendus cum praefecto praetorio, sed est praepositus carceris publici, cui nomen praetorii Constantinopoli erat.»]

[2] [Constantin. Porphyr., *De thematibus*, lib. I, p. 4 : Ὕπαρχοι δὲ ἦσαν διτ7οί, ἕτεροι μὲν πραιτωρίων, ἕτεροι δὲ πόλεων.]

[3] [P. LXXXI.]

[4] [Lib. I, p. 2 : Στενωθείσης τῆς Ῥωμαίων ἀρχῆς... καὶ ἀκρωτηριασθείσης κατά τε ἀνατολὰς καὶ δυσμὰς ἀπὸ τῆς ἀρχῆς Ἡρακλείου τοῦ Λίϐυος, οἱ ἀπ' ἐκείνου κρατήσαντες οὐκ ἔχοντες ὅποι καὶ ὅπως καταχρήσονται τῇ αὐτῶν ἐξουσίᾳ, εἰς μικρά τινα μέρη κατέτεμον τὴν ἑαυτῶν ἀρχὴν καὶ τὰ τῶν σ7ρατιωτῶν τάγματα μάλισ7α, καὶ ἑλληνίζοντες καὶ τὴν πάτριον καὶ Ῥωμαϊκὴν γλῶτ7αν ἀποϐαλόντες.]

## II

### PRAEFECTI PRAETORIO ILLYRICI.

Il Pagi, nella critica Baroniana all' anno 380[1], il Ritter, nelle note al commentario di Gotofredo, ed il Tillemont, nella nota sopra Graziano[2], hanno dimostrato che quando quest' imperatore si scelse a collega Teodosio, al 19 di gennaio del 379, a Sirmio, capitale dell' Illirico, oltre l' impero dell' Oriente gli cedè anche una porzione dell' Illirico. Onde da quel tempo incomminciò la divisione dell' Illirico in Orientale colla capitale Tessalonica soggetta all' Imperatore di Costantinopoli, ed in Occidentale, appartenente all' impero d'Italia.

[Cette opinion a été révoquée en doute. D'après Mommsen[3], la séparation administrative de l'Illyrie orientale et de l'Illyrie occidentale n'a pas commencé avec la division de l'Empire, mais appartient déjà à l'organisation de Constantin. Deux faits viennent à l'appui de cette manière de voir : la liste de Vérone met en évidence le double ressort d'Illyrie; elle distingue le diocèse de Mésie qui correspond à ce qu'on a appelé plus tard l'Illyrie orientale, et le diocèse de Pannonie qui est l'Illyrie occidentale. D'autre part, Zosime, indiquant la composition du ressort du préfet du prétoire d'Illyrie sous Constantin, omet l'Illyrie occidentale[4].

Mais, si l'on retrouve déjà dans la deuxième moitié du III° siècle une division administrative de l'Illyrie analogue à celle du IV° siècle, il y a une période intermédiaire où cette division est supprimée : elle comprend, suivant Mommsen, l'intervalle qui s'est écoulé entre la mort de Constance et l'avènement d'Arcadius et d'Honorius.

---

[1] [*Critica historico-chronologica* dans *Annales ecclesiasticae Baronii*] n. IV-VII [éd. 1689, p. 234]. Cf. la sua nota all' anno 390, n. VI [p. 259], ripetuta dal Ritter nell' appendice del commentario alla legge 13 del Codice Teodosiano, lib. IV, tit. XL.

[2] Nota XIV, *Hist. des Empereurs*, t. V, p. 716 e seg.

[3] [*Mémoire sur les provinces romaines*, trad. p. 18 et 33.]

[4] [Lib. II, c. XXXIII. Voir plus haut, p. 186.]

Il y aurait donc trois périodes à distinguer dans l'histoire des préfets d'Illyrie :

1° Pendant la première, qui commence à Constantin et finit en 361, l'Illyrie (orientale) serait administrée par un préfet du prétoire spécial;

2° Depuis Julien jusqu'à la division de l'Empire en 395, l'Illyrie tout entière avec l'Afrique et l'Italie dépendrait du préfet du prétoire d'Italie[1];

3° Enfin, à partir d'Arcadius et d'Honorius, il y aurait de nouveau un préfet spécial à l'Illyrie orientale, l'Illyrie occidentale continuant à être administrée par le préfet d'Italie[2].

Mais c'est là une conjecture qui est en partie seulement confirmée par les textes. Si l'on trouve, entre 361 et 395, quelques préfets chargés à la fois de l'Italie, de l'Illyrie et de l'Afrique, comme Cl. Mamertinus sous Julien, Virius Nicomachus Flavianus sous Gratien, puis sous Théodose, il en est d'autres qui paraissent avoir administré exclusivement l'Illyrie, comme Vettius Agorius Praetextatus, lors de sa première préfecture. Il est probable que, pendant cette période, la réunion des préfectures d'Italie et d'Illyrie a été accidentelle et déterminée à certaines époques par des raisons particulières[3].

D'autre part, on a vu plus haut[4] que la découverte récente d'une inscription de Tropaea, rapprochée d'un texte antérieurement connu, donne lieu de penser que la création de la préfecture d'Illyrie ne remonte pas au début du règne de Constantin.]

Dei prefetti del pretorio dell' Illirico, vedi il Gotofredo nel commentario al Codice Teodosiano[5].

---

[1] [Mommsen, p. 19, n. 1, reconnaît que les textes n'indiquent pas toujours *in extenso* la réunion des trois ressorts d'Italie, d'Illyrie et d'Afrique sous les ordres d'un même préfet. Mais, dit-il, le titre est abrégé : *praef. praet. Illyrici et Italiae* ou *Illyrici et Africae*.]

[2] [Après le mariage de Valentinien III avec la fille de Théodose en 437, l'Illyrie occidentale passa sous l'autorité de l'empereur d'Orient. Cf. Tillemont, *Hist. des Emp.* t. VI, p. 215.]

[3] [Il convient de remarquer que, parmi les arguments que Mommsen a autrefois invoqués, il en est un qui, aujourd'hui, a perdu, à ses yeux, une partie de sa valeur: dans le *Polemii Silvii laterculus*, l'Illyrie apparaît comme un diocèse unique. S'appropriant les paroles de Tillemont (V, 699), Mommsen a écrit récemment : «L'auteur de la notice vivoit en Occident et ne savoit pas trop l'estat où estoit l'Orient : *eis juvenis contradixi, hodie subscribo*». (*Mon. Germ. histor., Auct. antiq.*, t. IX, p. 533.)]

[4] [P. 190.]

[5] Lib. I, tit. 1, l. 2; e nel Codice Teodosiano, t. VI, pars II.

# PRAEFECTI PRAETORIO ILLYRICI.

I

[1071 = 318 (?) — 1073 = 320 (?)].

RUFINUS,
praef. praet. sub Constantino.

Imp. Constantinus A. ad Rufinum P. P.
An. 313.[?] — Constantino A. III et Licinio III coss.[1].
PP. IV id. Aug. Sirmio.

Il Gotofredo, nella nota, vuol sostituire *Constantino A. IV et Licinio IV*, per riportarla al 315, giacchè nel 313 il Sirmio non obbediva a Costantino. Egli vorrebbe pure, nella Prosopografia[2], cambiare il *P. P.* in *P. U.*, il che non si gli accorda degli altri. Se constasse a quell' età che già esistessero i quattro prefetti del pretorio, il *PP. Sirmio* mostrerebbe che spettasse al prefetto dell' Illirico.

An. 319. [?] — Constantino A. V et Licinio conss.
V kal. Maii. Dat. Sirmio[3].
IV kal. Maii. Dat. Sirmio[4].
Kal. Dec. Dat. Sirmio[5].

[Il y a bien des erreurs dans la chronologie des constitutions adressées à Rufinus. Tout d'abord il y a trois constitutions antidatées : Borghesi l'a démontré après Godefroy, pour celle de 313; mais, au lieu de la reporter à 315, il nous paraît préférable de la dater de 319 (*Constantino A. V et Licinio V conss.*). L'erreur des compilateurs du Code s'explique aisément : ils ont lu *III* au lieu de *V*.

Quant aux deux constitutions des 26 et 27 avril 319, elles sont d'une date bien postérieure : elles ont été adressées, non pas au préfet de Constantin, mais au préfet du même nom sous le règne de Constance. Il faut, il est vrai, admettre qu'il y a erreur et dans l'inscription et dans la suscription, mais les erreurs de ce genre ne

---

[1] *Cod. Theod.* lib. VII, tit. xxi, c. 1. *De testimoniali ex-tribunis et protectoribus.*

[2] Sub v° *Rufinus*.

[3] *Ibid.* lib VI, tit. xxxv, c. 3. *De privilegiis eorum qui in S. palatio militarunt.* Cod. Just., lib. XII, tit. i, c. 3; tit. xxviii, c. 2.

[4] *Cod. Theod.* lib. II, tit. ix, c. 1. *De pactis et transactionibus.* — Lib. III, tit. v, c. 1. *De spousalibus.*

[5] *Ibid.* lib. V, tit. ii, c. 1. *De bonis decur.*

## 436   PRAEFECTI PRAETORIO ILLYRICI.

sont pas rares au Code Théodosien[1], et il est facile d'en prouver ici l'existence. Les deux textes font allusion à une règle posée par le père de l'empereur sur les formes des donations[2]; or, cette règle est de Constantin[3]. Les deux constitutions ne peuvent donc être l'œuvre de Constantin lui-même : elles ont été rendues par son fils Constance. Le texte original devait sans doute être daté : *Ipso A. V et C. conss.* Les compilateurs ont maladroitement complété cette formule abrégée en suppléant ici *Licinio*, là *Constantino*, alors qu'ils auraient dû lire : *Constantio A. V et Constante C. conss.* (352)[4].

La dernière suscription, *Kal. Dec. Dat. Sirmio*, est également inexacte. Constantin était, le 26 novembre 319, à Serdica; il ne pouvait être, le 1er décembre, à Sirmium. Au lieu de : *Constantino A. V et Licinio C. conss.*, l'original devait porter : *Ipso A. V et C. conss.* (318)[5].

Il y a encore une constitution d'une date très rapprochée et qu'il faut sans doute rapporter à notre préfet du prétoire. Elle est datée : ]

XII kal. Jun. Dat... Constantino A. VII et Constantio C. coss. (326).

[La suscription devait être : *Constantino A. VI et Constantino C. conss.* (320)[6].

Rufinus a donc été préfet du prétoire, non pas en 315, comme le pensait Borghesi, mais en 318-320. C'est peut-être le même personnage qui avait été préfet de la ville en 312-313[7] et consul en 316 avec Sabinus. C'est à lui sans doute que se rapporte ce passage de Malalas :]

— «(Constantinus) Rufini etiam basilicam condidit. Fuerat haec «olim Mercurii fanum quod Rufinus, praetoriorum sacrorum prae-«fectus, demolitus fuerat; eodem in loco inchoata ante bellum (Per-«sicum) basilica; quam postea a bello redux, imperatoris jussu, «Romam repetentis, Antiochiae relictus, ad exitum perduxit[8].»

---

[1] [Seeck, *Zeitschrift der Savigny-Stiftung*, R.-A., t. X, p. 17.]

[2] [«Pater noster nullam voluit libera-«litatem valere, si actis inserta non esset.»]

[3] [*Cod. Theod.* lib. VIII, tit. XII, c. 1, *De donationibus.* — *Vat. fr.* 249.]

[4] [Godefroy, t. I, p. 286. Seeck, p. 28. En sens contraire Wenck, ad *Cod. Theod.* lib. III, tit. v, c. 1. Haenel, col. 293, n. *l.*]

[5] [Cf. Seeck, p. 221.]

[6] *Cod. Theod.* lib. XIII, tit. III, c. 2. *De medicis.* [Cf. Seeck. p. 225.]

[7] [Voir plus haut, t. IX, p. 392. Cf. *Corp. inscr. Lat.* vol. VIII, n. 14688.]

[8] Jo. Malalas, lib. XIII, p. 318 et 319. [Ὁμοίως δὲ ἔκτισε καὶ τὴν λεγομένην Ῥουφίνου βασιλικήν· ἦν γὰρ τοῦτο ἱερὸν τοῦ Ἑρμοῦ καὶ ἔλυσεν αὐτὸ Ῥουφῖνος ὁ

Malala, nel luogo sopra citato, assegna alla prefettura di Rufino il consolato d'*Illo et Albino*, e l'anno Antiocheno 383, che corrisponderebbe al 335 dell' era volgare. È facile di vedere che si può fider poco nella sua autorità.

*
?

### VALERIUS CATULLINUS,
sub Constantino.

Presso l'Orelli[1] si riferisce la seguente iscrizione di Warasdin in Croazia :

IMP. CAES. FL. VAL. CONSTANTINVS. PIVS. FELIX. MAXIMVS. AVG
AQVAS. IASAs. OLIM. VIIIGNIS. CONSVMPTAS. CVM. PoRTICIBVS
E. OMNIB. ORNAMENTIS. AD. PRISTINAM. FACIEM. RESTITVIT
PROVISIONE. ETIAM. PIETATIS. SVE. NVNDINAS
DIE. SOLIS. PERPETI. ANNO. CONSTITVIT
CVRANTE. VAL. CATVLLINO. V. P. P. P. P. P. SVPER

Le ultime note sono interpretate dal Fleetwood : P(*raefecto*) P(*raetorio*) P(*er*) P(*rovinciam*) P(*annoniam*).

[Mommsen pense au contraire qu'on doit lire : p(*rae*)p(*osito*) ou plutôt pr(*aesidi*) p(*rovinciae*) P(*annoniae*) super(*ioris*). Il faut donc rayer Valerius Catullinus de la liste des préfets du prétoire d'Illyrie.]

### II

[1099=]346 — [1102=]349.

ANATOLIUS [*QUI ET* ADJUTRIO],
praef. praet. Illyrici sub Constante.

Eunapio, nella vita di Proeresio, ci insegna diverse cose di un' Ana-

ἔπαρχος τῶν ἱερῶν πραιτωρίων. Ἀπελθὼν δὲ μετὰ τοῦ βασιλέως ἐν τῷ πολέμῳ ἐκελεύσθη ὑπ' αὐτοῦ περιμεῖναι ἐν Ἀντιοχείᾳ τῇ μεγάλῃ· καὶ ἐπλήρωσε τὴν αὐτὴν βασιλικήν, ἐπανερχομένου τοῦ αὐτοῦ βασιλέως ἐπὶ Ῥώμην.]

[1] N. 508. [*Corp. inscr. Lat.* vol. III, n. 4121.]

tolio di Berito, che fu prefetto dell' Illirico sotto Costante[1]. Egli era zelante pel paganesimo. Amava di sacrificare, ed essendo venuto in Atene, ivi offri pubblicamente dei sacrificii, e visitò tutti i templi. Si mentova anche la sua prefettura dell' Illirico.

— [« Hac tempestate imperatoris aula tulit virum et gloriae et
« eloquentiae appetentem, Beryto Phoeniciae urbe oriundum, Anatolium
« nomine, cui A[dj]utrionis[2] cognomen imposuerant invidi, quod nomen
« quid significat relinquo investigandum insano scenicorum gregi. Iste
« itaque gloriae pariter et eloquentiae amator, utramque est assecutus,
« juris civilis scientia exacta clarissimus; nec mirum quippe cui patria
« Berytus fuerit, ejusmodi studiorum mater et alumna. Is Romam pro-
« fectus cum et consilio valeret et verba cum majestate quadam pondus
« haberent... brevi admodum primas obtinuit atque omnibus regiae
« honoribus muneribusque perfunctus... ad praefecti praetorio munus
« tandem provectus est... siquidem Illyrici limitis praefectura illi fuit
« commissa[3]. »]

Lo memora parimente Vittore come essendo in questa carica.

— « (A Trajano) simul noscendis ocius quae ubique a Republica
« gerebantur, admota media publici cursus. Quod equidem munus satis
« utile in pestem orbis Romani vertit posteriorum avaritia, insolentiaque

---

[1] Vedi sullo stesso Gotofredo nella Prosopografia [t. VI, p. 29] e la nota di Valesio ad Ammiano, lib. XIX, c. xi, [t. I, p. 343].

[2] [Ducange, *Add. ad Gloss. gr.* p. 8, admet la conjecture d'Et. le Moyne qui propose de lire ἰστρίωνα. Le sobriquet *Adjutrio* peut être rapproché du mot *adjutor* qui désigne un acteur en sous-ordre. HÉRON DE VILLEFOSSE.]

[3] Eunap. éd. Didot, p. 490: [Κατὰ δὲ τούτους τοὺς χρόνους ἤνεγκεν ὁ βασιλικὸς τῆς αὐλῆς ὅμιλος ἄνδρα καὶ δόξης ἐραστὴν καὶ λόγων. Ἦν μὲν γὰρ ἐκ Βηρυτοῦ πόλεως, καὶ Ἀνατόλιος ἐκαλεῖτο· οἱ δὲ βασκαίνοντες αὐτῷ καὶ Ἀζουτρίωνα ἐπίκλησιν ἔθεντο, καὶ ὅ τι μὲν τὸ ὄνομα σημαίνειν βούλεται ὁ κακοδαίμων ἴσ]ω τῶν Θυμελῶν χορός. Δόξης δὲ ἐρασ]ὴς ὁ Ἀνατόλιος καὶ λόγων γενόμενος, ἀμφοτέρων ἔτυχε· καὶ τῆς τε νομικῆς καλουμένης παιδείας εἰς ἄκρον ἀφικόμενος, ὡσὰν πατρίδα ἔχων τὴν Βηρυτὸν ἢ τοῖς τοιούτοις μήτηρ ὑποκάθηται παιδεύμασι, καὶ διαπλεύσας εἰς Ῥώμην, καὶ φρονήματος ἐμπλησθεὶς καὶ λόγων ὕψος ἐχόντων καὶ βάρος... ταχὺ μάλα πρῶτος ἦν, καὶ διὰ πάσης ἐλθὼν ἀρχῆς, ἐν πολλαῖς τε ἀρχαῖς εὐδοκιμήσας... προϊὼν καὶ εἰς τὸν ἔπαρχον τῆς αὐλῆς ἤλασεν... Τὸ γὰρ καλούμενον Ἰλλυρικὸν ἐπετετράπ]ο.]

## PRAEFECTI PRAETORIO ILLYRICI.

«nisi quod his annis suffectae vires Illyrico sunt, praefecto medente «Anatolio [1].»

[Anatolius, surnommé Adjutrio, était originaire de Beyrouth en Phénicie [2]. Sa connaissance approfondie du droit lui fit acquérir rapidement une grande réputation dans une cité où la science du droit était fort en honneur et qui comptait des jurisconsultes comme Domnio son contemporain [3]. D'un passage des lettres de Libanius [4], il semble résulter qu'Anatolius écrivit une satire contre un professeur de droit ou un sophiste phénicien. Anatolius quitta de bonne heure sa patrie pour aller à Rome où il fut reçu à la cour impériale [5]. Vicaire d'Asie en 339 [6], il devint préfet d'Illyrie en 346.]

Ad esso sono dirette due leggi del Codice Teodosiano :
[Idem] (impp. Constantius et Constans) AA. ad Anatolium P. P.
An. 346. — Constantio IV et Constante III AA. conss.
X. kal. Jun. Dat. Caesenae [7].
An. 349. — Limenio et Catulino conss.
Kal. April. Dat. Antiochiae [8].

### III

[1102 = 349 — 1105 = 352].

[FL. VULCATIUS] RUFINUS,
praef. praet. Illyrici sub Constante et Constantio.

Io penso che costui [9] succedesse ad Anatolio nella prefettura del pre-

---

[1] *De Caesarib.*, in Trajano, c. XIII.
[2] [Liban. *ep.* 1280; 394ª, 993.]
[3] [Liban. *ep.* 567.]
[4] [*Ep.* 494ª, cbn. *ep.* 817.]
[5] [Eunap. *loc. cit.*]
[6] [*Cod. Theod.* lib. XI, tit. XXX, c. 9. C'est à tort qu'il est qualifié vicaire d'Afrique dans *Cod. Theod.* lib. XII, tit. 1, c. 28, comme l'a établi Godefroy (t. IV, p. 321). Mais faut-il l'identifier avec le *consularis Phoeniciae* à qui furent adressées plusieurs lettres de Libanius (*ep.* 555, 556, 566, 596)? Sievers (*Das Leben des Libanius*, p. 235) ne le croit pas, malgré l'opinion contraire de Godefroy.]
[7] *Cod. Theod.* lib. XII, tit. 1, c. 38. *De decurionibus.* [Godefroy, *ad h. loc.*, pense que cette constitution est plutôt de 353 : il l'attribue à Constance et non à Constant.]
[8] *Ibid.* lib. XII, tit. 1, c. 39.
[9] [Rufinus fut consul en 347 avec Eusebius. Cf. J. B. de Rossi, *Inscr. christ.* vol. I,

torio dell' Illirico, nella qual regione lo troviamo di fatti nell' anno seguente per testimonianza di Pietro Patrizio, e dove ammette il Tillemont, dietro un passo di S. Epifanio, ch' egli occupasse il medesimo ufficio nel 351 e nel 352[1].

Dice S. Epifanio che gli atti della disputa avuta nel 351 al Concilio Sirmiense fra Fotino, vescovo del Sirmio, e Basilio, vescovo di Ancira furono trascritti dai «velociter scribendi peritis notariis, Anysio diacono «Basilii, Callycrate exceptore Rufini praesidis provinciae [2]». Ma il Pagi, riferendo il concilio Sirmiense al 351[3], asserisce che questo Rufino era allora prefetto del pretorio dell' Illirico, onde converrebbe vedere la frase originale greca di S. Epifanio[4]. Aggiunge che questo Rufino passi poi prefetto del pretorio delle Gallie, ove troverai qualche legge che può ben spettare alla sua prefettura dell' Illirico. Anche il Tillemont conviene[5] che il passo di S. Epifanio appartiene al 351.

[Vulcatius Rufinus fut préfet du prétoire dès l'année 349. Deux textes le prouvent: une constitution du 28 décembre 349[6], et une inscription trouvée dans la Pannonie supérieure, à Savaria, dédiée à Constant par notre préfet. Constant étant mort au commencement de 350, la préfecture de Rufinus remonte à 349[7].

BEATITVDINE·D·N·CONSTANTIS·VICTORIS
AC TRIVMFATORIS SEMPER·AVG
PROVISA COPIA QVAE HORREIS DEERAT
POSTEA QVAM CONDENDIS HORREA DEESSE COEPERVNT
HAEC·VVLC·RVFINVS·V·C·PRAEF·PRAET·PER·SE·COEPTA
IN SECVRITATEM PERPETEM REI ANNONARIAE DEDICAVIT]

p. 61. Une de nos inscriptions chrétiennes de la Gaule, conservée aujourd'hui dans l'église de Valcabrère, près Saint-Bertrand de Comminges (E. Le Blant, *Inscr. chrét. de la Gaule*, n. 596), est datée de cette année. Héron de Villefosse.]

[1] [Voir plus haut, t. III, p. 467.]

[2] Negli *Annales Ecclesiastici* di Baronio, all' anno 357, n. 1.

[3] Nella *Critica* all' anno 351, n. IX [p. 157].

[4] *Adv. haeres.* LXXI (51), t. I, p. 829, edit. 1682. [Le texte grec, qualifiant Rufinus ἔπαρχος, confirme l'opinion de Pagi.]

[5] *Hist. des empereurs*, t. IV, p. 377.

[6] [*Cod. Just.* lib. VI, tit. LXII, c. 3.]

[7] [*Corp. inscr. Lat.* vol. III, n. 4180.]

## II
### PRAEFECTI PRAETORIO ILLYRICI.

Il Pagi, nella critica Baroniana all' anno 380[1], il Ritter, nelle note al commentario di Gotofredo, ed il Tillemont, nella nota sopra Graziano[2], hanno dimostrato che quando quest' imperatore si scelse a collega Teodosio, al 19 di gennaio del 379, a Sirmio, capitale dell' Illirico, oltre l' impero dell' Oriente gli cedè anche una porzione dell' Illirico. Onde da quel tempo incomminciò la divisione dell' Illirico in Orientale colla capitale Tessalonica soggetta all' Imperatore di Costantinopoli, ed in Occidentale, appartenente all' impero d'Italia.

[Cette opinion a été révoquée en doute. D'après Mommsen[3], la séparation administrative de l'Illyrie orientale et de l'Illyrie occidentale n'a pas commencé avec la division de l'Empire, mais appartient déjà à l'organisation de Constantin. Deux faits viennent à l'appui de cette manière de voir : la liste de Vérone met en évidence le double ressort d'Illyrie; elle distingue le diocèse de Mésie qui correspond à ce qu'on a appelé plus tard l'Illyrie orientale, et le diocèse de Pannonie qui est l'Illyrie occidentale. D'autre part, Zosime, indiquant la composition du ressort du préfet du prétoire d'Illyrie sous Constantin, omet l'Illyrie occidentale[4].

Mais, si l'on retrouve déjà dans la deuxième moitié du IIIe siècle une division administrative de l'Illyrie analogue à celle du IVe siècle, il y a une période intermédiaire où cette division est supprimée : elle comprend, suivant Mommsen, l'intervalle qui s'est écoulé entre la mort de Constance et l'avènement d'Arcadius et d'Honorius.

---

[1] [*Critica historico-chronologica* dans *Annales ecclesiasticae Baronii*] n. IV-VII [éd. 1689, p. 234]. Cf. la sua nota all' anno 390, n. VI [p. 259], ripetuta dal Ritter nell' appendice del commentario alla legge 13 del Codice Teodosiano, lib. IV, tit. XL.

[2] Nota XIV, *Hist. des Empereurs*, t. V, p. 716 e seg.

[3] [*Mémoire sur les provinces romaines*, trad. p. 18 et 33.]

[4] [Lib. II, c. XXXIII. Voir plus haut, p. 186.]

Il y aurait donc trois périodes à distinguer dans l'histoire des préfets d'Illyrie :

1° Pendant la première, qui commence à Constantin et finit en 361, l'Illyrie (orientale) serait administrée par un préfet du prétoire spécial;

2° Depuis Julien jusqu'à la division de l'Empire en 395, l'Illyrie tout entière avec l'Afrique et l'Italie dépendrait du préfet du prétoire d'Italie[1];

3° Enfin, à partir d'Arcadius et d'Honorius, il y aurait de nouveau un préfet spécial à l'Illyrie orientale, l'Illyrie occidentale continuant à être administrée par le préfet d'Italie[2].

Mais c'est là une conjecture qui est en partie seulement confirmée par les textes. Si l'on trouve, entre 361 et 395, quelques préfets chargés à la fois de l'Italie, de l'Illyrie et de l'Afrique, comme Cl. Mamertinus sous Julien, Virius Nicomachus Flavianus sous Gratien, puis sous Théodose, il en est d'autres qui paraissent avoir administré exclusivement l'Illyrie, comme Vettius Agorius Praetextatus, lors de sa première préfecture. Il est probable que, pendant cette période, la réunion des préfectures d'Italie et d'Illyrie a été accidentelle et déterminée à certaines époques par des raisons particulières[3].

D'autre part, on a vu plus haut[4] que la découverte récente d'une inscription de Tropaea, rapprochée d'un texte antérieurement connu, donne lieu de penser que la création de la préfecture d'Illyrie ne remonte pas au début du règne de Constantin.]

Dei prefetti del pretorio dell' Illirico, vedi il Gotofredo nel commentario al Codice Teodosiano[5].

---

[1] [Mommsen, p. 19, n. 1, reconnaît que les textes n'indiquent pas toujours *in extenso* la réunion des trois ressorts d'Italie, d'Illyrie et d'Afrique sous les ordres d'un même préfet. Mais, dit-il, le titre est abrégé : *praef. praet. Illyrici et Italiae* ou *Illyrici et Africae*.]

[2] [Après le mariage de Valentinien III avec la fille de Théodose en 437, l'Illyrie occidentale passa sous l'autorité de l'empereur d'Orient. Cf. Tillemont, *Hist. des Emp.* t. VI, p. 215.]

[3] [Il convient de remarquer que, parmi les arguments que Mommsen a autrefois invoqués, il en est un qui, aujourd'hui, a perdu, à ses yeux, une partie de sa valeur: dans le *Polemii Silvii laterculus*, l'Illyrie apparaît comme un diocèse unique. S'appropriant les paroles de Tillemont (V, 699), Mommsen a écrit récemment : «L'auteur de la notice vivoit en Occident et ne savoit pas trop l'estat où estoit l'Orient : *eis juvenis contradixi, hodie subscribo*». (*Mon. Germ. histor., Auct. antiq.*, t. IX, p. 533.)]

[4] [P. 190.]

[5] Lib. I, tit. I, l. 2; e nel Codice Teodosiano, t. VI, pars II.

I

[1071 = 318 (?) — 1073 = 320 (?)].

RUFINUS,
praef. praet. sub Constantino.

Imp. Constantinus A. ad Rufinum P. P.

An. 313.[?] — Constantino A. III et Licinio III coss.[1].

PP. IV id. Aug. Sirmio.

Il Gotofredo, nella nota, vuol sostituire *Constantino A. IV et Licinio IV*, per riportarla al 315, giacchè nel 313 il Sirmio non obbediva a Costantino. Egli vorrebbe pure, nella Prosopografia[2], cambiare il *P. P.* in *P. U.*, il che non si gli accorda degli altri. Se constasse a quell' età che già esistessero i quattro prefetti del pretorio, il *PP. Sirmio* mostrerebbe che spettasse al prefetto dell' Illirico.

An. 319. [?] — Constantino A. V et Licinio conss.

V kal. Maii. Dat. Sirmio[3].

IV kal. Maii. Dat. Sirmio[4].

Kal. Dec. Dat. Sirmio[5].

[Il y a bien des erreurs dans la chronologie des constitutions adressées à Rufinus. Tout d'abord il y a trois constitutions antidatées : Borghesi l'a démontré après Godefroy, pour celle de 313; mais, au lieu de la reporter à 315, il nous paraît préférable de la dater de 319 (*Constantino A. V et Licinio V conss.*). L'erreur des compilateurs du Code s'explique aisément : ils ont lu *III* au lieu de *V*.

Quant aux deux constitutions des 26 et 27 avril 319, elles sont d'une date bien postérieure : elles ont été adressées, non pas au préfet de Constantin, mais au préfet du même nom sous le règne de Constance. Il faut, il est vrai, admettre qu'il y a erreur et dans l'inscription et dans la suscription, mais les erreurs de ce genre ne

---

[1] *Cod. Theod.* lib. VII, tit. xxi, c. 1. *De testimoniali ex-tribunis et protectoribus.*

[2] Sub v° *Rufinus.*

[3] *Ibid.* lib VI, tit. xxxv, c. 3. *De privilegiis eorum qui in S. palatio militarunt. Cod. Just.*, lib. XII, tit. i, c. 3; tit. xxviii, c. 2.

[4] *Cod. Theod.* lib. II, tit. ix, c. 1. *De pactis et transactionibus.* — Lib. III, tit. v, c. 1. *De sponsalibus.*

[5] *Ibid.* lib. V, tit. ii, c. 1. *De bonis decur.*

sont pas rares au Code Théodosien [1], et il est facile d'en prouver ici l'existence. Les deux textes font allusion à une règle posée par le père de l'empereur sur les formes des donations [2]; or, cette règle est de Constantin [3]. Les deux constitutions ne peuvent donc être l'œuvre de Constantin lui-même : elles ont été rendues par son fils Constance. Le texte original devait sans doute être daté : *Ipso A. V et C. conss.* Les compilateurs ont maladroitement complété cette formule abrégée en suppléant ici *Licinio*, là *Constantino*, alors qu'ils auraient dû lire : *Constantio A. V et Constante C. conss.* (352) [4].

La dernière suscription, *Kal. Dec. Dat. Sirmio*, est également inexacte. Constantin était, le 26 novembre 319, à Serdica; il ne pouvait être, le 1er décembre, à Sirmium. Au lieu de : *Constantino A. V et Licinio C. conss.*, l'original devait porter : *Ipso A. V et C. conss.* (318) [5].

Il y a encore une constitution d'une date très rapprochée et qu'il faut sans doute rapporter à notre préfet du prétoire. Elle est datée : ]

XII kal. Jun. Dat... Constantino A. VII et Constantio C. coss. (326).

[La suscription devait être : *Constantino A. VI et Constantino C. conss.* (320) [6].

Rufinus a donc été préfet du prétoire, non pas en 315, comme le pensait Borghesi, mais en 318-320. C'est peut-être le même personnage qui avait été préfet de la ville en 312-313 [7] et consul en 316 avec Sabinus. C'est à lui sans doute que se rapporte ce passage de Malalas :]

— «(Constantinus) Rufini etiam basilicam condidit. Fuerat haec « olim Mercurii fanum quod Rufinus, praetoriorum sacrorum prae- «fectus, demolitus fuerat; eodem in loco inchoata ante bellum (Per- «sicum) basilica; quam postea a bello redux, imperatoris jussu, «Romam repetentis, Antiochiae relictus, ad exitum perduxit [8]. »

---

[1] [Seeck, *Zeitschrift der Savigny-Stiftung*, R.-A., t. X, p. 17.]

[2] [«Pater noster nullam voluit libera-«litatem valere, si actis inserta non esset.»]

[3] [*Cod. Theod.* lib. VIII, tit. XII, c. 1, *De donationibus.* — *Vat. fr.* 249.]

[4] [Godefroy, t. I, p. 286. Seeck, p. 28. En sens contraire Wenck, ad *Cod. Theod.* lib. III, tit. V, c. 1. Haenel, col. 293, n. *l*.]

[5] [Cf. Seeck, p. 221.]

[6] *Cod. Theod.* lib. XIII, tit. III, c. 2. *De medicis.* [Cf. Seeck. p. 225.]

[7] [Voir plus haut, t. IX, p. 392. Cf. *Corp. inscr. Lat.* vol. VIII, n. 14688.]

[8] Jo. Malalas, lib. XIII, p. 318 et 319. [Ὁμοίως δὲ ἔκτισε καὶ τὴν λεγομένην Ῥουφίνου βασιλικήν· ἦν γὰρ τοῦτο ἱερὸν τοῦ Ἑρμοῦ καὶ ἔλυσεν αὐτὸ Ῥουφῖνος ὁ

Malala, nel luogo sopra citato, assegna alla prefettura di Rufino il consolato d'*Illo et Albino*, e l'anno Antiocheno 383, che corrisponderebbe al 335 dell' era volgare. È facile di vedere che si può fider poco nella sua autorità.

*
?

VALERIUS CATULLINUS,
sub Constantino.

Presso l'Orelli[1] si riferisce la seguente iscrizione di Warasdin in Croazia :

IMP·CAES·FL·VAL·CONSTANTINVS·PIVS·FELIX·MAXIMVS·AVG
AQVAS·IASAs·OLIM·VIIIGNIS·CONSVMPTAS·CVM·PoRTICIBVS
E·OMNIB·ORNAMENTIS·AD·PRISTINAM·FACIEM·RESTITVIT
PROVISIONE·ETIAM·PIETATIS·SVE·NVNDINAS
DIE·SOLIS·PERPETI·ANNO·CONSTITVIT
CVRANTE·VAL·CATVLLINO·V·P·P·P·P·P·SVPER

Le ultime note sono interpretate dal Fleetwood : P(raefecto) P(raetorio) P(er) P(rovinciam) P(annoniam).

[Mommsen pense au contraire qu'on doit lire : p(rae)p(osito) ou plutôt pr(aesidi) p(rovinciae) P(annoniae) super(ioris). Il faut donc rayer Valerius Catullinus de la liste des préfets du prétoire d'Illyrie.]

## II

[1099 =]346 — [1102 =]349.

ANATOLIUS [QUI ET ADJUTRIO],
praef. praet. Illyrici sub Constante.

Eunapio, nella vita di Proeresio, ci insegna diverse cose di un' Ana-

ἔπαρχος τῶν ἱερῶν πραιτωρίων. Ἀπελθὼν δὲ μετὰ τοῦ βασιλέως ἐν τῷ πολέμῳ ἐκελεύσθη ὑπ' αὐτοῦ περιμεῖναι ἐν Ἀντιοχείᾳ τῇ μεγάλῃ· καὶ ἐπλήρωσε τὴν αὐτὴν βασιλικήν, ἐπανερχομένου τοῦ αὐτοῦ βασιλέως ἐπὶ Ῥώμην.]

[1] N. 508. [*Corp. inscr. Lat.* vol. III, n. 4121.]

tolio di Berito, che fu prefetto dell' Illirico sotto Costante[1]. Egli era zelante pel paganesimo. Amava di sacrificare, ed essendo venuto in Atene, ivi offrì pubblicamente dei sacrificii, e visitò tutti i templi. Si mentova anche la sua prefettura dell' Illirico.

— [« Hac tempestate imperatoris aula tulit virum et gloriae et
« eloquentiae appetentem, Beryto Phoeniciae urbe oriundum, Anatolium
« nomine, cui A[dj]utrionis[2] cognomen imposuerant invidi, quod nomen
« quid significat relinquo investigandum insano scenicorum gregi. Iste
« itaque gloriae pariter et eloquentiae amator, utramque est assecutus,
« juris civilis scientia exacta clarissimus; nec mirum quippe cui patria
« Berytus fuerit, ejusmodi studiorum mater et alumna. Is Romam pro-
« fectus cum et consilio valeret et verba cum majestate quadam pondus
« haberent... brevi admodum primas obtinuit atque omnibus regiae
« honoribus muneribusque perfunctus... ad praefecti praetorio munus
« tandem provectus est... siquidem Illyrici limitis praefectura illi fuit
« commissa[3]. »]

Lo memora parimente Vittore come essendo in questa carica.

— « (A Trajano) simul noscendis ocius quae ubique a Republica
« gerebantur, admota media publici cursus. Quod equidem munus satis
« utile in pestem orbis Romani vertit posteriorum avaritia, insolentiaque

---

[1] Vedi sullo stesso Gotofredo nella Prosopografia [t. VI, p. 29] e la nota di Valesio ad Ammiano, lib. XIX, c. xi, [t. I, p. 343].

[2] [Ducange, *Add. ad Gloss. gr.* p. 8, admet la conjecture d'Et. le Moyne qui propose de lire Ἰστρίωνα. Le sobriquet *Adjutrio* peut être rapproché du mot *adjutor* qui désigne un acteur en sous-ordre. HÉRON DE VILLEFOSSE.]

[3] Eunap. éd. Didot, p. 490 : [Κατὰ δὲ τούτους τοὺς χρόνους ἤνεγκεν ὁ βασιλικὸς τῆς αὐλῆς ὅμιλος ἄνδρα καὶ δόξης ἐραστὴν καὶ λόγων. Ἦν μὲν γὰρ ἐκ Βηρυτοῦ πόλεως, καὶ Ἀνατόλιος ἐκαλεῖτο· οἱ δὲ βασκαίνοντες αὐτῷ καὶ Ἀζουτρίωνα ἐπί- κλησιν ἔθεντο, καὶ ὅ τι μὲν τὸ ὄνομα σημαίνειν βούλεται ὁ κακοδαίμων ἴσ]ω τῶν θυμελῶν χορός. Δόξης δὲ ἐραστὴς ὁ Ἀνατόλιος καὶ λόγων γενόμενος, ἀμφοτέρων ἔτυχε· καὶ τῆς τε νομικῆς καλουμένης παιδείας εἰς ἄκρον ἀφικόμενος, ὡσὰν πατρίδα ἔχων τὴν Βηρυτὸν ἢ τοῖς τοιούτοις μήτηρ ὑποκάθηται παιδεύμασι, καὶ διαπλεύσας εἰς Ῥώμην, καὶ φρονήματος ἐμπλησθεὶς καὶ λόγων ὕψος ἐχόντων καὶ βάρος... ταχὺ μάλα πρῶτος ἦν, καὶ διὰ πάσης ἐλθὼν ἀρχῆς, ἐν πολλαῖς τε ἀρχαῖς εὐδοκιμήσας... προϊὼν καὶ εἰς τὸν ἔπαρχον τῆς αὐλῆς ἤλασεν... Τὸ γὰρ καλούμενον Ἰλλυρικὸν ἐπετετραπ]ο.]

## PRAEFECTI PRAETORIO ILLYRICI.

« nisi quod his annis suffectae vires Illyrico sunt, praefecto medente
« Anatolio [1]. »

[Anatolius, surnommé Adjutrio, était originaire de Beyrouth en Phénicie [2]. Sa connaissance approfondie du droit lui fit acquérir rapidement une grande réputation dans une cité où la science du droit était fort en honneur et qui comptait des jurisconsultes comme Domnio son contemporain [3]. D'un passage des lettres de Libanius [4], il semble résulter qu'Anatolius écrivit une satire contre un professeur de droit ou un sophiste phénicien. Anatolius quitta de bonne heure sa patrie pour aller à Rome où il fut reçu à la cour impériale [5]. Vicaire d'Asie en 339 [6], il devint préfet d'Illyrie en 346.]

Ad esso sono dirette due leggi del Codice Teodosiano :
[Idem] (impp. Constantius et Constans) AA. ad Anatolium P. P.
An. 346. — Constantio IV et Constante III AA. conss.
X. kal. Jun. Dat. Caesenae [7].
An. 349. — Limenio et Catulino conss.
Kal. April. Dat. Antiochiae [8].

### III

[1102 = 349 — 1105 = 352].

[FL. VULCATIUS] RUFINUS,
praef. praet. Illyrici sub Constante et Constantio.

Io penso che costui [9] succedesse ad Anatolio nella prefettura del pre-

---

[1] *De Caesarib.*, in Trajano, c. XIII.
[2] [Liban. *ep.* 1280; 394², 993.]
[3] [Liban. *ep.* 567.]
[4] [*Ep.* 494², cbn. *ep.* 317.]
[5] [Eunap. *loc. cit.*]
[6] [*Cod. Theod.* lib. XI, tit. XXX, c. 9. C'est à tort qu'il est qualifié vicaire d'Afrique dans *Cod. Theod.* lib. XII, tit. 1, c. 28, comme l'a établi Godefroy (t. IV, p. 321). Mais faut-il l'identifier avec le *consularis Phoeniciae* à qui furent adressées plusieurs lettres de Libanius (*ep.* 555, 556, 566, 596)? Sievers (*Das Leben des Libanius*, p. 235) ne le croit pas, malgré l'opinion contraire de Godefroy.]
[7] *Cod. Theod.* lib. XII, tit. 1, c. 38. *De decurionibus.* [Godefroy, *ad h. loc.*, pense que cette constitution est plutôt de 353 : il l'attribue à Constance et non à Constant.]
[8] *Ibid.* lib. XII, tit. 1, c. 39.
[9] [Rufinus fut consul en 347 avec Eusebius. Cf. J. B. de Rossi, *Inscr. christ.* vol. I,

torio dell' Illirico, nella qual regione lo troviamo di fatti nell' anno seguente per testimonianza di Pietro Patrizio, e dove ammette il Tillemont, dietro un passo di S. Epifanio, ch' egli occupasse il medesimo ufficio nel 351 e nel 352 [1].

Dice S. Epifanio che gli atti della disputa avuta nel 351 al Concilio Sirmiense fra Fotino, vescovo del Sirmio, e Basilio, vescovo di Ancira furono trascritti dai « velociter scribendi peritis notariis, Anysio diacono « Basilii, Callycrate exceptore Rufini praesidis provinciae [2] ». Ma il Pagi, riferendo il concilio Sirmiense al 351 [3], asserisce che questo Rufino era allora prefetto del pretorio dell' Illirico, onde converrebbe vedere la frase originale greca di S. Epifanio [4]. Aggiunge che questo Rufino passi poi prefetto del pretorio delle Gallie, ove troverai qualche legge che può ben spettare alla sua prefettura dell' Illirico. Anche il Tillemont conviene [5] che il passo di S. Epifanio appartiene al 351.

[Vulcatius Rufinus fut préfet du prétoire dès l'année 349. Deux textes le prouvent: une constitution du 28 décembre 349 [6], et une inscription trouvée dans la Pannonie supérieure, à Savaria, dédiée à Constant par notre préfet. Constant étant mort au commencement de 350, la préfecture de Rufinus remonte à 349 [7].

BEATITVDINE·D·N·CONSTANTIS·VICTORIS
AC TRIVMFATORIS SEMPER·AVG
PROVISA COPIA QVAE HORREIS DEERAT
POSTEA QVAM CONDENDIS HORREA DEESSE COEPERVNT
HAEC·VVLC·RVFINVS·V·C·PRAEF·PRAET·PER·SE·COEPTA
IN SECVRITATEM PERPETEM REI ANNONARIAE DEDICAVIT]

p. 61. Une de nos inscriptions chrétiennes de la Gaule, conservée aujourd'hui dans l'église de Valcabrère, près Saint-Bertrand de Comminges (E. Le Blant, *Inscr. chrét. de la Gaule*, n. 596), est datée de cette année. HÉRON DE VILLEFOSSE.]

[1] [Voir plus haut, t. III, p. 467.]
[2] Negli *Annales Ecclesiastici* di Baronio, all' anno 357, n. I.
[3] Nella *Critica* all' anno 351, n. IX [p. 157].
[4] *Adv. haeres.* LXXI (51), t. I, p. 829, edit. 1682. [Le texte grec, qualifiant Rufinus ἔπαρχος, confirme l'opinion de Pagi.]
[5] *Hist. des empereurs*, t. IV, p. 377.
[6] [*Cod. Just.* lib. VI, tit. LXII, c. 3.]
[7] [*Corp. inscr. Lat.* vol. III, n. 4180.]

## IV

[1109 = 356 (?) — 1113 =] 360.

### ANATOLIUS [*QUI ET* ADJUTRIO],
praef. praet. Illyrici [iterum] sub Constantio.

[C'est le même que le préfet de 346[1]. Relevé de ses fonctions peu de temps après 349, il accepta quelques années plus tard, vers 353, le proconsulat de Constantinople[2]. Il fut ensuite rappelé à la préfecture d'Illyrie, peut-être dès le commencement de l'année 356[3].]

Anatolio fu nel 359 prefetto del pretorio dell' Illirico[4] e muori fungendo questa carica[5] nell' anno 360.

Un' orazione a quest' Anatolio prefetto fu indirizzata dal sofista Imerio che visse ai tempi di Costanzo e di Giuliano, insegnando la rettorica ad Atene, ed' è citata dal Fozio[6] : Ἐκ τοῦ εἰς Ἀνατόλιον ὕπαρχον[7].

## V

[1114 = 361.

### FL. FLORENTIUS,
praef. praet. Illyrici sub Juliano et Valentiniano.

— « Fama vero... per Illyrios omnes celebrior fundebatur, Julia-
« num strata per Gallias multitudine regum et gentium, numeroso exer-
« citu et successibus tumidum variis adventare. Quo rumore perculsus
« praefectus praetorio Taurus, ut hostem vitans exterum mature discessit
« vectusque mutatione celeri cursus publici, transitis Alpibus Juliis
« eodem ictu Florentium itidem praefectum secum abduxit[8]. »

D'après ce passage d'Ammien, Fl. Florentius fut préfet d'Illyrie en 361, Taurus

---

[1] [Eunap. p. 121-123. Voir plus haut, p. 437.]
[2] [Lib. I, p. 57. Cf. Sievers, *Das Leben des Libanius*, p. 213.]
[3] [Liban. *ep.* 463, 466. Cf. Sievers, p. 237.]
[4] Ammian. lib. XIX, c. xi, 2.
[5] *Ibid.* lib. XXI, c. vi, 5.
[6] Nella *Bibliotheca*, cod. 243.
[7] [Himer. *Eclog.* xxxii, p. 35, édition Didot.]
[8] [Ammian. lib. XXI, c. ix.]

étant préfet d'Orient. Il fut consul la même année avec Fl. Taurus. Il ne faut pas le confondre avec le fils de Nigrinianus, son homonyme, qui fut *magister officiorum* en 360-361[1]. Avant d'être préfet d'Illyrie, Florentius avait été préfet des Gaules en 357[2]. Ennemi de Julien, il fut condamné à mort, mais il réussit à s'échapper[3].

Voir la série des préfets des Gaules.]

## VI

[1114=]361 — [1118=]365.

[CLAUDIUS] MAMERTINUS,

praef. praet. [Italiae] Illyrici [et Africae] sub Juliano et Valentiniano.

[En 361, Claudius Mamertinus fut nommé par Julien *praefectus aerarii*, puis *comes largitionum*[4], enfin préfet d'Illyrie. Il fut consul en 362 avec Fl. Nevitta[5]. Une inscription du règne de Julien, trouvée à Concordia, lui donne le titre de *praefectus praetorio per Italiam et Inlyricum*[6].

(sic) AB · INSIGNEM · SINGVLA
REMQVE · ERGA · REM · PVBLICAM
SVAM · FABOREM
D · N · IVLIANVS · INVICTISSIMVS · PRIN
CEPS · REMOTA · PROVINCIALIBVS · CVRA
CVRSVM · FISCALEM · BREVIATIS · MVTATIONVM · SPA
TIIS · FIERI · IVSSIT
DISPONENTE · CLAVDiO · MAMERTINO · V · C · PER · ITA
LIAM · ET · IN · LYRICVM · PRAEFECTO · PRAETORIO
CVRANTE · VETVLENIO · PRAENESTIO · V · P · CORR
VENET · ET · HISTR ·]

Mamertino, nel 364, fu conservato dall' Imperatore Valentiniano nella prefettura dell' Illirico, che Giuliano gli aveva data nel 361, ed anche in quella dell' Italia e dell'Africa, che il medesimo Giuliano gli aveva aggiunto dopo.

[1] [Am. Marcel. lib. XX, c. II, 2; XXII, c. III, 6. Cf. Sievers, *op. cit.*, p. 219.]
[2] [Am. Marcel. lib. XVI, c. XII, 14.]
[3] [*Ibid.* lib. XXII, c. III, 6.]
[4] [*Ibid.* lib. XXI, c. VIII, 1.]
[5] [Am. Marcel. lib. XXII, c. VII.]
[6] [*Corp. inscr. Lat.* vol. V, n. 8987=8658. Voir la série des préfets d'Italie où Borghesi a rapporté la plupart des textes relatifs à ce préfet.]

PRAEFECTI PRAETORIO ILLYRICI.            443

Ammiano Marcellino narra all' anno 361 : « (Julianus) Mamertinum, « praefectum praetorio per Illyricum, designavit consulem [1] ».

## VII
[1118 = 365 — 1121 = 368.
### FL. VULCATIUS RUFINUS,
praef. praet. Italiae Illyrici et Africae sub Valentiniano et Valente.

Voir la série des préfets d'Italie.]

## VIII
[1121 = 368 — 1128 = 375.]
### SEX. PETRONIUS PROBUS,
praef. praet. Illyrici sub Valentiniano et Valente.

[Probus est un des principaux personnages du iv⁰ siècle[2]. Né vers 334, il mourut à soixante ans[3] après avoir rempli les plus hautes charges de l'État[4]. Proconsul d'Afrique de 356 à 358, il fut, après un intervalle de dix ans, appelé à la préfecture d'Illyrie et conserva ce poste pendant huit ans, de 368 à 375. En 371, il reçut l'honneur du consulat avec l'empereur Gratien pour collègue. Rentré dans la vie privée de 376 à 378 ou 379[5], on le retrouve au commencement de 380 à la préfecture des Gaules[6], mais il semble n'y être resté que peu de temps. En 383, il est nommé pour la troisième fois préfet du prétoire, et il est chargé de l'Italie[7]. Mis en disponibilité, il est bientôt, et pour la quatrième fois, rétabli dans les fonctions de préfet du prétoire. Il exerçait cette charge à la fin de l'année 387 lorsque Maxime envahit l'Italie, et il s'enfuit avec l'empereur à Thessalonique[8].

---

[1] Am. Marcel., lib. XXI, c. xii.

[2] [Tillemont, *Hist. des Emp.* t. V, p. 42; Seeck, *Symmachus*, p. xc.]

[3] [*Corp. inscr. Lat.* vol. VI, n. 1756 a, l. 9 :

NAM·CVM·SEXDENOS·MENSIS·SVSPENDERET·ANNOS
DILECTAE·GREMIO·RAPTVS·IN·AETHRA·PROBAE]

[4] [Claudian., *De cons.* Olyb. et Prob., 55.]
[5] [Voir plus bas l'inscription gravée sur le piédestal de la statue qui lui fut érigée par les habitants de la Vénétie et de l'Histrie en 378; cette base est conservée à Rome, au musée du Capitole, *Corp. inscr. Lat.* vol. VI, n. 1751.]
[6] [*Corp. inscr. Lat.* vol. V, n. 3344.]
[7] [Socrat., *Hist. eccles.* lib. V, c. xi.]
[8] [Sozomen., *Hist. eccles.* lib. VII.]

c. xiii.] — [Sur Petronius Probus, cf. J. B. de Rossi, *Inscr. christ.* vol. I, p. 238, et Otto Seeck, *Chronologia Symmachiana*, p. xc à cvi. Aux documents épigraphiques trouvés à Rome et réunis dans le vol. VI du *Corpus* sous les n. 1751 à 1756, il faut ajouter une inscription de Calderio près de Vérone :

PETRONIO
PROBO · V · C
TOTIVS ADMIRA
TIONIS · VIRO · PRO
CONS · AFRICAE · PRAEF
PRAETORIO · ILLYRICI
PRAEF · PRAET · GAL
LIAE · II · PRAEF · PRAET
ITALIAE · ATQVE · AFRICAE
III · CONS · ORDINARIO
CIVI · EXIMIAE · BONI
TATIS · DISERTISSIMO
ATQVE · OMNIBVS
REBVS · ERVDITISSIMO
PATRONO
NEPOTI · PROBIANI
FILIO · PROBINI · VV · CC
PRAEF f· VRBIS · ET · CONSS

(*Corp. inscr. Lat.* vol. V, n. ?344.) C'est une inscription publique, élevée officiellement à son patron par une communauté; les titres doivent donc y être inscrits exactement. Si ce texte est fidèlement reproduit, il a une importance particulière pour déterminer l'ordre chronologique des préfectures de Probus. Il a été gravé de son vivant, probablement en 383 ou 384 pendant sa troisième préfecture, et en tout cas avant l'automne de 387, époque de sa quatrième préfecture. La préfecture d'Illyrie est mentionnée la première; elle n'est pas réunie à celle d'Italie et d'Afrique. Avant l'année 387, Probus aurait donc été successivement : 1° préfet du prétoire d'Illyrie; 2° préfet du prétoire des Gaules; 3° préfet du prétoire d'Italie et d'Afrique. Otto Seeck (*Chronologia Symmachiana*, p. xcix) n'admet pas que le texte de Calderio soit correct; il suppose une erreur du lapicide. Il me semble difficile de croire que le collège ou la municipalité qui a fait élever le monument, à Vérone ou à la porte de cette grande ville, n'avait pas fait remettre au lapicide un modèle exact de l'inscription à graver. L'ouvrier peut commettre une erreur de lettre; il peut omettre un mot ou le déplacer; mais un changement aussi important serait singulier. Otto Seeck est, du reste, obligé de supposer que l'Illyricum était mentionné avant l'Italie. Les deux inscriptions de Rome (*Corp. inscr. Lat.* vol. VI, n. 1752 et 1753), qui indiquent les quatre préfectures de Probus. *praefecto praetorio quater*, ont été gravées très probablement après sa mort, au plus tôt en 395, année où ses deux fils parvinrent au consulat; les préfectures y sont énumérées en bloc, peut-être dans l'ordre de leur importance, mais certainement pas dans l'ordre où elles ont été exercées. — Une inscription de Gortyne (*Corp. inscr. Graec.* n. 2596) a été gravée après sa troisième préfecture et lui a été élevée comme ancien préfet d'Illyrie. Cf. le fragment de Lorbeus (*Corp. inscr. Lat.* vol. VIII, n. 1783). Héron de Villefosse.]

---

[1] [*Corp. inscr. Lat.* vol. VI, n. 1756, *b*, l. 23 :
VIVIT · IN · AETERNA · PARADISI · SEDE · BEATVS
QVI · NOVA · DECEDENS · MVNERIS · AETHERII
VESTIMENTA · TVLIT . . . ]

PRAEFECTI PRAETORIO ILLYRICI.

Egli è il Sesto Petronio Probo di cui parla alcune volte Ammiano Marcellino[1] e del quale si ha una iscrizione esistente a Roma[2].

SEXTO PETRONIO PROBO·V̄·C̄·
PROCONSVLI·AFRICAE
PRAEFECTO PRAETORIO
QVATER ITALIAE ILLYRICI
AFRICAE GALLIARVM
CONSVLI ORDINARIO
PATRI CONSVLVM
ANICIVS PROBINVS·V·C·
CONSVL ORDINARIVS
ET ANICIVS PROBVS·V̄·C̄·
QVAESTOR CANDIDATVS·FILII
MVNVS SINGVLARI RELIGIONI
DEBITVM DEDICARVNT

Vedi su lui la nota del Gotofredo[3], la Prosopografia del Codice Teodosiano, e le nostre schede consolari del 371.

Nella cronaca di S. Girolamo, leggesi all'anno 9 di Valentiniano, in molti codici[4]: «Probus praefectus Illyrici, iniquissimis tributorum exac«tionibus ante provincias, quas regebat, quam a barbaris vastarentur «erasit». In altri codici invece si legge «Equitius, comes Illyrici[5]».

Il Gibbon crede che S. Girolamo così realmente scrivesse da prima,

---

[1] [An. 368. «Per haec tempora Vulcatio Rufino absoluto vita dum administrarat; ad regendam praefecturam praetorianam ab Urbe Probus accitus, claritudine generis et potentia et opum amplitudine cognitus orbi romano per quem universum paene patrimonia sparsa possedit...» (Lib. XXVII, c. xi).
En 371, Probus est à Sirmium au moment où les barbares envahissaient la Pannonie : «Per omnia itaque propinqua malorum similium dispersa formidine, praefectus praetorio agens tunc apud Sirmium Probus, nullis bellorum terroribus adsuetus, rerum novarum lugubri visu praestrictus, oculosque vix attollens, haerebat diu quid capesseret ambigens : et cum paratis velocibus equis noctem proximam destinasset in fugam, monitus tutiore consilio mansit immobilis (Lib. XXIX, c. vi; cf. XXVIII, c. i).]

[2] Presso il Gruter, p. 450. [*Corp. inscr. Lat.* vol. VI, n. 1752. Cf. n. 1753.]

[3] [T. V, p. 84.]

[4] P. 513.

[5] Vedi il Tillemont, *Hist. des Empereurs*, t. V, p. 21.

ma che sostituisse Equitio dopo che ebbe contratto amicizia con S. Paola, vedova di Probo[1].

Una legge del Codice Teodosiano porta l'indirizzo :
— «Impp. Valentinianus et Valens AA. ad Probum P. P. Illyrici», e la data : «Dat. prid. kal. Oct., Agrippinae. Valentiniano et Valente «AA. coss. (365)[2]».

Vedi la nota del Gotofredo relativa ad essa, che vuole correggere *AA. II* o *III* e riferirla al 368 o 370[3].

Alquante altre leggi, dirette a *Probo P. P.* sono date, secondo i manoscritti, a Treviri nello stesso anno 365 colla sottoscrizione «Dat. «Treviris, Valentiniano et Valente AA. coss.».

IV id. Mart. Dat. Treviris[4].
XII kal. April. Dat. Treviris[5].
XV kal. Jul. Dat. Treviris[6].

[Le point de départ de la préfecture de Sex. Petronius Probus offre des difficultés, par suite des erreurs commises par les compilateurs du Code Théodosien dans la suscription des constitutions de Valentinien et Valens[7]. A s'en tenir aux textes, Probus aurait été en charge dès le 12 mars 365. Mais Godefroy a fait observer qu'en cette année Valentinien n'était pas à Trèves, mais à Milan où on le trouve le 17 juin[8]. Il propose de lire en conséquence *Valentiniano II et Valente II AA. coss.*, et de reporter à 368 la préfecture d'Illyrie de Sex. Petronius Probus[9].]

Un' altra legge porta la sottoscrizione : «Dat. XIV kal. Febr. Sir- «mio, Valentiniano NB. P. et Victore coss. (369)[10]».

---

[1] *History of the Declin,* etc., c. xxv, n. 151.

[2] *Cod. Theod.* lib. XI, tit. xi, c. 1. *Ne damna provincialibus infligantur.* Cf. *Cod. Just.* lib. XI, tit. lv, c. 2.

[3] [Krueger reporte cette constitution de Valentinien à l'an 368. Voir cep. Haenel, col. 1082.]

[4] *Ibid.* lib. X, tit. xxiv, c. 1. *De his qui cum dispensatore contraxerunt.* — *Cod. Just.* lib. X, tit. vi, c. 1. [Godefroy, Beck, Haenel reportent la date de cette constitution à l'an 368. Krueger hésite entre 368 et 370.]

[5] *Cod. Theod.* lib. X, tit. xii, c. 1. *Si vagum petatur mancipium.* [Cf. Haenel, col. 1010, n. r.]

[6] *Cod. Theod.* lib. X, tit. xii, c. 2.

[7] [Voir plus haut, p. 238.]

[8] [*Cod. Just.* lib. X, tit. xvi, c. 6.]

[9] [Cf. Tillemont, t. V, p. 686.]

[10] *Cod. Theod.* lib. XIII, tit. iii, c. 7. *De medicis et professoribus.* — *Cod. Just.* lib. X, tit. liii, c. 8. [Krueger propose de lire : (Acc...) *Sirmio.*]

È da intendere un prefetto del pretorio dell' Illirico in quel Probo P. P., al quale è diretta una legge del Codice Giustinianeo *de colonis Illyricianis*[1], colla sottoscrizione « Dat. III id. Jul., Gratiano A. II. et « Probo coss. (371) ».

Manca della data una legge del Codice Giustinianeo diretta a *Probo P. P.*[2].

[Voir la série des préfets d'Italie.]

✶

[Post 1123 =] 370.
*LEONTIUS*,
sub Valentiniano et Valente.

In una lapide Vindobonense[3] che porta la data del 370, leggesi :

D·D·D·N·N·N·VALENTINIANI·VALENTI
S·ET·GRATIANI·PERENNIVM·AVGVSTOR
VM · SALVBERRIMA · IVSSIONEM · HVNC
BVRGVM A FVNDAMENTIS ORDINANTE
VIRO CLARISSIMO · EQVITIO·COMITE · ET
VTRIVSQVAE·MILITIAE·MAGISTRO·I
NSISTENTE·ETIAM·LEONTIO·P·P·MILI
TES·AVXILIARES·LAVRIACENSES·CV
RE·EIVS·CONMISSI·CONSVLATVS
EORVNDEM · DOMINORVM · PRIN
CIPVMQVE·NOSTRORVM·TERTII·AD
SVMMAM · MANVM · PERDVXSERVNT
PERFECTIONES

[C'est à tort que Borghesi explique les sigles P. P. par *P(raefecto) P(raetorio)*. Il faut lire *P(rae)p(osito)*. L'inscription a été gravée en l'honneur de Leontius, *praepositus militum auxiliarium Lauriacensium*.]

[1] *Cod. Just.* lib. XI, tit. LIII, c. 1.
[2] *Ibid.* lib. XI, tit. XLVIII, c. 8. *De agricolis, censitis et colonis.*
[3] Che troverai nei nostri *Monum. Hypat.* an. 1123. Cf. il Gotofredo, t. V, p. 264. [*Corp. inscr. Lat.* vol. III, n. 5670 a.]

Sara quel Leonzio di cui parla Fozio :

— « Quidam vero Leontius vir pius (postea praefecturam, qua Illy-
« ricum administravit, adeptus) locum expians, in quo Sancti Martyris
« Demetrii reliquiae conquieverant adeptus et amplians, templum eo
« loco excitavit martyri, commune propitiatorium et perfugium non
« Thessalonicae solum, sed et omnibus finitimis[1]. »

[L'identification, proposée par Borghesi, ne saurait être accueillie, puisque le personnage mentionné dans l'inscription n'est pas un préfet du prétoire. Dans le texte de Photius, il s'agit soit du préfet d'Illyrie de 412[2], soit d'un autre préfet dont le souvenir n'a pas été conservé.]

## IX

[1129 = 376].

### Q. CLODIUS HERMOGENIANUS OLYBRIUS,
praef. praet. Illyrici sub Valente, Gratiano et Valentiniano.

Dal panegirico di Ausonio[3] consta che Olibrio, quando fu, insieme con Ausonio, designato console nel 378 da Graziano, residente a Sirmio, era prefetto ed ivi presente : « clarissimum virum collegam « meum quem praesentem habebat occasio.... »

E dopo (parole di Graziano) : « Quid de duobus consulibus desi- « gnatis quaeritis, quis ordo sit nuncupationis? Anne alius quam quem « praefectura constituit ? »

Era dunque allora prefetto del pretorio dell' Illirico, come lo chiama la sua lapide[4].

Vedi lo prefetto dell' Oriente e la nostra serie consolare del 379.

[Olybrius était en 378 préfet d'Orient et non préfet d'Illyrie. Il avait été appelé

---

[1] Photius, nella *bibliotheca*, cod. 255. [Λεόντιος δέ τις ἀνὴρ θεοφιλέσ]ατος χρόνοις, ὕσ]ερον τῆς ἐπιρχότητος, ἣ διεῖπε τὸ Ἰλλυρικὸν τὸν θρόνον λαχών, περικαθάρας τὸ χωρίον ἐν ᾧ τὸ τοῦ μάρτυρος ἀπέκειτο λείψανον, καὶ εὐρύνας ἀνεγείρει τὸν περιώνυμον οἶκον τῷ μάρτυρι, κοινὸν ἰλασ]ή-ριον καὶ προσφύγιον οὐ τῇ Θεσσαλονικέων μόνῃ πόλει, ἀλλὰ καὶ πᾶσι τοῖς πέρασιν.]

[2] [Voir plus bas, p. 465.]

[3] *Grat. Act.* XII, 55 e segg.

[4] Gruter, p. 353, 2. [*Corp. inscr. Latin.* vol. VI, n. 1714. Voir plus haut, p. 247.]

à cette dernière préfecture à une époque antérieure, comme le prouve son *cursus honorum*. Cette époque ne peut remonter au delà de 371, puisque Olybrius était auparavant préfet de la ville (369-370). D'autre part, la préfecture d'Illyrie fut occupée par Probus de 368 à 375 et par Hesperius en 377. Il ne reste donc que l'année 376. C'est en cette année qu'Olybrius a dû être préfet d'Illyrie[1].

Voir la série des préfets d'Orient, n. xxiv.]

✳

[Ante 1131 = 378.

JULIUS AUSONIUS,
sub Gratiano.

Ausone donne a son père le titre de préfet d'Illyrie[2] :

Ipse nec affectans nec detrectator honorum
Praefectus magni nuncupor Illyrici.

Néanmoins Borghesi n'a pas inscrit le nom de Julius Ausonius sur la liste des préfets d'Illyrie. Il est vraisemblable que c'est un titre purement honorifique qui lui fut décerné[3].]

✳
?
[*VALERIUS LATINUS EUROMIUS*,
sub Gratiano.

Euromius était gendre d'Ausone. Il fut *patronus fisci*, *praeses* de Dalmatie. Un passage d'Ausone mal interprété a donné à penser qu'il avait été préfet du prétoire d'Illyrie[4] :

Tu procerum de stirpe natus, praegressus et ipsos
Unde genus clarae nobilitatis erat,
Ore decens, bonus ingenio, facundus et omni
Dexteritate vigens praecipuusque fide.
Hoc praefecturae sedes, hoc Illyris ora
Praeside te experta est fiscus et ipse cliens.

[1] [Cf. Seeck, *Symmach.* p. xcvi.]
[2] [*Epicedion in patrem*, xi, 2, 51.]
[3] [Cf. Schenckl, *Ausonii opuscul.* p. viii.]
[4] [*Parentalia*, XV, 16, 5. Cf. Schenckl, p. xiv (*Monum. Germaniae histor.*, Auct. antiq., t. V, p. 2ᵃ).]

Ces derniers vers signifient que le préfet du prétoire, dans le ressort duquel Euromius exerça la fonction de *praeses*, avait approuvé son administration. Il est d'ailleurs difficile d'admettre qu'Euromius ait été appelé à une charge aussi importante que celle de préfet du prétoire, puisqu'il est mort *in primo flore juventae*[1].]

Il Pagi, all' anno 380, prova che la divisione dell' Illirico in Orientale ed Occidentale data dall' elezione al trono di Teodosio nel 379, e che, da quel tempo, il Prefetto, che risiedeva a Sirmio quando l'Illirico era indiviso, trasporti la sua residenza a Tessalonica[2].

## X
[1133 =] 380 — [1134 =] 381.

### EUTROPIUS,
praef. praet. Illyrici sub Gratiano et Theodosio.

[Eutrope était *magister memoriae* de Valens, lorsqu'il composa son *Breviarium historiae romanae*[3]. Il devint proconsul d'Asie[4] peu de temps après. Après la mort de Valens, il fut nommé *comes rerum privatarum* en 379, puis préfet du prétoire en 380. Mis en disponibilité vers la fin de 381[5], il fut appelé une seconde fois à la préfecture du prétoire en 385 et devint consul avec l'empereur Valentinien en 387[6].]

---

[1] [Cf. Seeck, *Symmach.*] p. LXXVII.

[2] N. IV e segg. [Voir plus haut, p. 431.]

[3] [Cf. epist. dedicatoriam : «Valenti... Eutropius v. c. magister memoriae».]

[4] [Ammian., lib. XXIX, c. 1, 36.]

[5] [Saint-Grégoire de Nazianze, *ep.* 138, dit qu'au moment où Eutrope venait d'être mis en disponibilité, il alla au-devant de lui en Asie. Valesius (*ad* Ammian.) et Ritter (praef. *Cod. Theod.* t. III) prétendent que ce voyage se place non pas en 381, mais en 371, lorsque Eutrope reçut un successeur comme proconsul d'Asie. Mais cette interprétation ne concorde pas avec les expressions par lesquelles l'auteur de la lettre caractérise la fonction d'Eutrope : ἡνίκα τὸν ὑψηλότατον εἶχες θρόνον. Cf. Godefroy, *Prosopog.* Sievers, *Das Leben des Libanius*, p. 147; Seeck, *Symmachus*, p. CXXXIII.]

[6] [Une curieuse inscription trouvée dans les déblais de l'amphithéâtre de Capoue (*Corp. inscr. Latin.* vol. X, n. 3792) est datée de cette année, VALENTINIANO III ET EVTROPIO. Deux inscriptions chrétiennes de Rome (J. B. de Rossi, *Inscr. christ.* vol. I, n. 366-368) portent la même date, ainsi que la base d'une statue de Vettius Agorius Praetextatus (*Corp. inscr. Latin.* vol. VI, n. 1778). HÉRON DE VILLEFOSSE.]

## PRAEFECTI PRAETORIO ILLYRICI.

Ad eum exstant duae Gregorii Nazianzeni epistolae quibus clare ostendit eum praefectum praetorio fuisse [1].

Gli sono indirizzate una legge dell' anno 380 nel Codice Giustinianeo [2] :

— « Imppp. Gratianus, Valentinianus et Theodosius AAA. Eutropio « P. P. — Dat. VIII id. Jan., Gratiano V et Theodosio AA. coss. »

Più alquante datate : « XV kal. Jul., Thessalonica, Gratiano V et « Theodosio coss. [3]. »

Ed altre di questo anno e del seguente.

An. 380. — Gratiano V et Theodosio I AA. coss.

VI kal. Aug. Dat. Constantinopoli [4].
XVI kal. Sept. Dat. Hadrianopoli [5].
XVI kal. Dec. Dat. Thessalonica [6].
III kal. Jan. Dat. Constantinopoli [7].

An. 381. — Eucherio et Syagrio coss.

III id. Jan. Dat. Constantinopoli [8].
III non. Febr. Dat. Constantinopoli [9].

---

[1] Ep. 137, 138. [LXX, LXXI, éd. Caillau, vol. II, p. 62, 63.]

[2] *Cod. Just.* lib. I, tit. LIV, c. 4. *De modo multarum.*

[3] [Neuf constitutions portent cette date] : 1° *Cod. Theod.* lib. III, tit. v, c. 10. *De sponsalibus* [cf. Haenel, col. 303, n. r.]. *Cod. Just.* lib. V, tit. c. 1, 3. — 2° *Cod. Theod.* lib. III, tit. v, c. 11. — 3° *Ibid.* tit. vi, c. 1. *Si provinciae rector vel ad eum pertinentes sponsalia dederint. Cod. Just.* lib. V, tit. II, c. 1. — 4° *Cod. Theod.* lib. IV, tit. XIX, c. 1. *De usuris rei judicatae.* — 5° *Cod. Theod.* lib. VI, tit. x, c. 1. *De primicerio. Cod. Just.* lib. XII, tit. VII, c. 1. — 6° *Cod. Theod.* lib. IX, tit. XXVII, c. 2. *Ad leg. Jul. repetund.* — 7° *Ibid.* tit. XLII, c. 8. *De bonis proscriptorum. Cod. Just.* lib. IX, tit. XLIX, c. 8. — 8° *Cod. Theod.* lib. IX, tit. XLII, c. 9. —

9° *Cod. Just.* lib. VI, tit. XXIII, c. 16. *De testamentis.*

[4] *Cod. Theod.* lib. XII, tit. XII, c. 7. *De legatis.* [Cf. Zosim. lib. IV, c. xxv.]

[5] *Ibid.* lib. XV, tit. I, c. 21. *De operibus publicis.*

[6] *Ibid.* lib. X, tit. x, c. 15. *De petitionibus.* — *Cod. Just.* lib. X, tit. XII, c. 1.

[7] *Cod. Theod.* lib. IX, tit. II, c. 3. *De exhibendis vel transmittendis reis.* — *Cod. Just.* lib. IX, tit. III, c. 2. — *Cod. Theod.* lib. IX, tit. III, c. 6. *De custodia reorum.* — *Cod. Just.* lib. IX, tit. IV, c. 5.

[8] *Cod. Theod.* lib. XVI, tit. v, c. 6. *De haereticis.* — *Cod. Just.* lib. I, tit. I, c. 2. [Cf. Godefroy, t. VI, 1, p. 111.]

[9] *Cod. Theod.* lib. VI, tit. XXXV, c. 11. *De privilegiis eorum qui in S. palatio militarunt.* — *Cod. Just.* lib. XII, tit. XXVIII, c. 3.

VI non. Maii. Dat. Constantinopoli[1].
VIII id. Maii. Dat. Constantinopoli[2].
III kal. Jun. Dat. Constantinopoli[3].
Prid. non. Jun. Dat. Constantinopoli[4].
XII kal. Aug. Dat. Heracleae[5].
Non. Sept. Dat. Hadrianopoli[6].
IV kal. Oct. Dat. Constantinopoli[7].

Il Ritter prova estesamente[8] contro il Gotofredo, che quest' Eutropio non fu prefetto del pretorio dell' Oriente, ma sibbene dell' Illirico Orientale, e lo crede il proconsole di Asia circa al 373 ed il console del 387[9].

[Eutropius était alors pour la seconde fois préfet du prétoire. Il est probable qu'il conserva sa charge au moins jusqu'en 387, date de son consulat[10].]

---

[1] *Cod. Theod.* lib. XVI, tit. vii, c. 1. *De apostatis.*

[2] *Ibid.* lib. XVI, tit. v, c. 7. *De haereticis.*

[3] *Ibid.* lib. III, tit. viii, c. 1. *De secundis nuptiis.* — *Cod. Just.* lib. V, tit. ix, c. 2.

[4] *Cod. Theod.* lib. II, tit. ix, c. 2. *De pactis et transactionibus.* — *Cod. Just.* lib. II, tit. iv, c. 40. — *Cod. Theod.* lib. XIII, tit. xi, c. 1. *De censitoribus.* — *Cod. Just.* lib. XI, tit. lviii, c. 2.

[5] [*Cod. Theod.* lib. XII, tit. i, c. 85. *De decurionibus.* — *Cod. Just.* lib. X, tit. xxxii, c. 33. — *Cod. Theod.* lib. XII, tit. i, c. 86.]

[6] *Cod. Theod.* lib. VII, tit. xiii, c. 10. *De tironibus.*

[7] *Cod. Just.* lib. V, tit. xxxiv, c. 12. *Qui dare tutores vel curatores et qui dari possunt.*

[8] Nella prefazione al tomo III del codice Teodosiano. [Eutrope a été préfet d'Illyrie; je partage l'avis de Ritter et de Borghesi sur ce point. L'inscription de Calderio, relative à Sex. Petronius Probus, qui est citée plus haut, et les deux inscriptions urbaines de Vettius Agorius Praetextatus semblent prouver qu'entre les années 361 et 393 la préfecture d'Illyrie a eu parfois un titulaire particulier et qu'on ne peut pas formuler une règle absolue au sujet de la réunion de la préfecture d'Illyrie à celle d'Italie et d'Afrique pendant cette période. Si l'on n'admet pas cette solution, il faut supposer qu'Eutrope a été préfet d'Orient en même temps que Neoterius, en 380-381, ce qui me semble improbable. Héron de Villefosse.]

[9] Vedi su lui il Valesio, in Marcellin., lib. XXIX, c. 1, [36, t. ii,] p. 281; ed il Tschukio, nella prefazione al Breviario di Eutropio, c. iii, p. xiii e segg.

[10] [Voir plus bas, p. 455, n° XV.]

## XI

[Intra 1131 = 378 et 1136 = 383.]

**VETTIUS AGORIUS PRAETEXTATUS,**
praef. praet. Illyrici sub Gratiano.

La prefettura del Illirico di Pretestato si mentova in due sue iscrizioni, l'una degli orti Matteiani di Roma[1] :

                D        M
VETTIVS AGORIVS PRAETEXTATVS
AVGVR · PoNTIFEX VESTAE
PONTIFEX SOL*is* ⚘ QVINDECEMVIR
CVRIALIS HERC*u*LIS ⚘ SACRATVS
LIBERO ET ELEVSI*ni*S ⚘ HIEROPHANTA
NEOCORVS TAVROBOLIATVS
PATER PATRVM ⚘ IN *r*E PVBLICA VER*o*
QVAESTOR CANDIDATVS
PRETOR VRBANVS
CORRECTOR TVSCIAE ET VMBRIAE
CONSVLARIS LVSITANIAE
PROCONSVLE ACHAIAE
PRAEFECTVS VRBI
LEGATVS A SENATV MISSVS V*ii*
PRAEFECTVS PRAETORIO II ITALIAE
ET ILLYRICI·CONSVL·ORDINARIVS
DESIGNATVS
ET ACONIA FABIA PAVLINA C·F
SACRATA CERERI ET ELEVSINIIS
SACRATA APVD EGINAM HECATAE
TAVROBOLIATA·HIEROPHANTRIA
HI CONIVNCTI SIMVL VIXERVNT ANN · XL

---

[1] Gruter, p. 1102, n. 2; Orelli, n. 2354. cf. *Suppl.* p. 196. [*Corp. inscr. Lat.* vol. VI, n. 1779. Cf. n. 1778.]

## 454   PRAEFECTI PRAETORIO ILLYRICI.

Ed' un' altra di Roma [trovata in monte Aventino[1] : ]

VETTIO · AGORIO · PRAETEXTATO · V · C · ET · INL
CORRECTORI · TVSCIAE ET VMBRIAE
CONSVLARI LVSITANIAE PROCONSVLI
ACHAIAE · PRAEF · VRB  PRAEF · PRAETORII
ILLYRICI ITALIAE ET AFRICAE · CONS · DESIGNATO
LEGATO AMPLISSIMI ORDINIS SEPTIES
ET AD IMPETRANDVM REB · ARDVIS
SEMPER OPPOSITO
PARENTI PVBLICE PRIVATIMQ · REVERENDO
VT ETIAM STATVAE IPSIVS DOMVS
HONORARET INSIGNIA CONSTITVI
LOCARIQVE CVRAVIT

[Avant d'être préfet du prétoire d'Illyrie, Vettius Agorius Praetextatus avait donc été *corrector Tusciae et Umbriae*, *consularis* de Lusitanie, proconsul d'Achaïe en 362-364[2], préfet de la ville en 367-368[3]. Il avait également rempli diverses fonctions sacerdotales. Il fut un des grands soutiens du paganisme à son déclin. C'était un lettré[4]; il traduisit en latin un ouvrage d'Aristote[5].

Voir la série des préfets d'Italie.]

---

[1] Gruter, p. 486, n. 3. [*Corp. inscr. Latin.* vol. VI, n. 1777.]

[2] [Amm. lib. XXII, c. vii, 6. *Cod. Theod.* lib. IX, tit. xvi, c. 7. Zosim., lib. IV, c. iii.]

[3] [*Corp. inscr. Lat.* vol. VI, n. 102. Cf. l'inscription de Gortyne, *Corp. inscr. Graec.* n. 2594. Voir plus haut, t. VII, p. 83; t. IX, p. 395.]

[4] [Symmach. lib. I, ep. liii.]

[5] [Boèce, comment. in Arist. de interpr. Cf. O. Seeck, *Chron. Symm.* p. lxxxiii.] [Les inscriptions urbaines qui concernent Vettius Agorius Praetextatus ont été réunies dans le vol. VI du *Corp. inscr. Lat.* sous les n. 1777 à 1781; cf. n. 102, et la note sur ce personnage, p. 398. Deux de ces textes, les n. 1778 et 1779 indiquent qu'il a été deux fois préfet du prétoire, PRAEF · PRAET · II · ITALIAE · ET · ILLYRICI; les deux préfectures sont distinctes; cela est évident, et la préfecture d'Italie est mentionnée la première comme étant la plus importante. Dans un autre texte (n. 1777), le titre de préfet du prétoire n'est pas suivi du chiffre II, mais la préfecture d'Illyrie est mentionnée avant celle d'Italie, PRAEF · PRAETORII ILLYRICI · ITALIAE · ET · AFRICAE. Il faut en conclure que les honneurs y sont indiqués dans l'ordre de leur obtention; la préfecture d'Illyrie, citée la première, doit être indépendante de celle d'Italie et d'Afrique. S'il en était autrement, il y aurait dans le texte *praefectus praetorii Italiae, Illyrici et Africae*. Sur Praetextatus, voir Tillemont, *Hist. des Empereurs*, t. V, p. 736, note xx sur Théodose; O. Jahn, *Ueber die Subscriptionen in den Handschriften römischer Classiker* (dans *Sitzungsberichte*

## XII

[1135 = 382 — 1136 = 383.]

[VIRIUS NICOMACHUS] FLAVIANUS,
praef. praet. [Italiae] Illyrici [et Africae] sub Gratiano.

[Une constitution du Code Théodosien donne à Flavianus le titre de *PP. Illyrici et Italiae* le 18 août 382. L'inexactitude de cette suscription a été démontrée par J. B. de Rossi[1].

Une inscription de Rome qualifie Flavianus *P.P. Italiae et Illyrici et Africae iterum*[2]. On établira plus loin qu'il fut préfet pour la première fois en 383.

Voir la série des préfets d'Italie.]

## XIII et XIV

[1137 = 384.

SEX. PETRONIUS PROBUS,
NONIUS ATTICUS MAXIMUS,
praeff. praet. Italiae Illyrici et Africae sub Gratiano.

Voir la série des préfets d'Italie.]

## XV

[1138 = 385.]

EUTROPIUS,
praef. praet. Illyrici [iterum], sub Theodosio[3].

L'indirizzo, «Imppp. Valentinianus, Theodosius et Arcadius AAA. «ad Eutropium P. P.», si ha in una legge senza data[4], che dall' Haenel

---

*der König. Sächs. Ges. der Wissenschaften zu Leipzig*, phil. hist. cl., 1851, p. 338 à 342; O. Seeck, *Chronol. Symmach.* p. LXXXII à XC, qui place sa mort à la fin de l'année 384. HÉRON DE VILLEFOSSE.]

[1] *Cod. Theod.* lib. IX, tit. XL, c. 13. *De poenis.* — *Cod. Just.* lib. IX, tit. XLVII, c. 20. [J. B. de Rossi, *Annali dell' Instituto*, 1849, p. 297 à 298, exprime des doutes sur la date de cette loi et, par conséquent,

sur la date de la première préfecture de Nicomachus. Cf. O. Seeck, *Chronologia Symmachiana*, p. CXVI-CXVII. HÉRON DE VILLEFOSSE.]

[2] [*Corp. inscr. Lat.* vol. VI, n. 1783. Voir plus bas, p. 459.]

[3] [Voir plus haut, p. 450, n° X.]

[4] Const. Sirmond., VII. [*Ut, exceptis v solitis criminibus, aliorum omnium rei carceris custodia propter paschalem solemnitatem*

si pone fra 384 e 387[1], ed un simile nella legge del Codice Giustinianeo[2] colla data: «XVI kal. Aug. Arcadio A. et Bautone coss. (385)».

## XVI
[1139 = 386 — 1140 = 387.

**EUSIGNIUS,**
praef. praet. Italiae et Illyrici sub Gratiano.

Voir la série des préfets d'Italie.]

## XVII
[1141 = 388.

*TRIFOLIUS,*
sub Theodosio.

Voir la série des préfets d'Italie.]

## XVIII
[1142 =] 389.

**FLORUS,**
praef. praet. Illyrici sub Arcadio.

Iidem (imppp. Valentinianus, Theodosius et Arcadius) AAA. Floro P. P.

An. 389. — Timasio et Promoto conss. »

IX kal... Dat. Constantinopoli[3].

Floro non può essere stato il prefetto d'Oriente perchè quella prefettura era tenuta allora da Taziano, chi era successo a Cinegio. Abbiamo, è vero, un Floro che fu ivi prefetto; ma questo lo fu nel 382[4]. Quindi il Wenckio l'ha creduto prefetto dell' Illirico Orientale. Certo

---

*liberentur.* L'empereur appelle Eutropius : «parens carissime atque amantissime»].

[1] [Ed. Haenel, col. 459, n. *h.*]

[2] [*Cod. Just.* lib. IX, tit. xxix, c. 3. *De crimine sacrilegii.*]

[3] *Cod. Taurin.* p. 140. — *Cod. Theod.* lib. V, tit. xiii, c. 31. [C'est une disposition relative aux *saltuenses fundi jurisque patrimonii, in Orientis regionibus siti.*]

[4] [Voir plus haut, p. 251.]

la legge dicendosi data da Costantinopoli dev' essere d'Arcadio, perchè Teodosio in quest' anno fu in Italia [1].

[Une constitution du 21 janvier 389 adressée *Epinecio P. P. per Orientem* contient une disposition relative à la préfecture d'Illyrie :

— «Cum ante placuisset, ut a primipilaribus secundum dispositionem divi Gratiani species horreis erogandae comitatensibus militibus ex more deferrentur, limitaneis vero pretia darentur, nunc placuit, ut aurum ad officium illustris per Illyricum praefecturae cum certa taxatione, id est pro octoginta libris laridae carnis, pro octogenis etiam libris olei, et pro duodenis modiis salis singuli solidi perferantur [2]. »]

### XIX
[1142 = 389 — 1143 =] 390.

**POLEMIUS,**
praef. praet. Illyrici et Italiae sub Gratiano et Theodosio.

An. 390. — «Iidem (imppp. Gratianus, Valentinianus et Theodosius) AAA. Polemio P. P. Illyrici. — Dat. X kal. Jan., Mediolani. [Acc...] post consulatum Timaici et Promoti [3]. »

[Voir la série des préfets d'Italie.]

### XX
[1143 =] 390.

**NEOTERIUS,**
praef. praet. Illyrici sub Theodosio.

Imppp. Valentinianus, Theodosius et Arcadius AAA. Neoterio P. P. VI non. Mart. Dat. Constantinopoli [4].

---

[1] [Cf. Haenel, col. 485, n. *b.*]
[2] [Voir plus haut, p. 264, n. 6.]
[3] *Cod. Just.* lib. I, tit. xl, c. 9. *De off. rect. prov.* [Cette constitution a été rendue le 22 décembre 389 et reçue par Polemius en 390. Cf. Krueger, *Add.*]
[4] *Cod. Theod.* lib. X, tit. xviii, c. 3. *De thesauris.*

An. 390. — Valentiniano A. IV et Neoterio coss.

V kal. Jun. Dat...[1].

[Neoterio] era stato console nel principio di quell'anno, su cui è da vedere anche Simmaco[2].

Vedi il Pagi[3] che sospetta ragionevolmente che egli sia stato prefetto del pretorio « Illyrici Orientalis ».

[Neoterius avait été préfet d'Orient de 380 à 381[4], puis préfet d'Italie, en 385.]

## XXI

[1143=]390 — [1147=]394.

[VIRIUS NICOMACHUS] FLAVIANUS,

praef. praet. Italiae, Illyrici et Africae iterum sub Valentiniano.

[Deux monuments épigraphiques urbains nous renseignent sur la carrière de ce célèbre et savant personnage, chef de la faction païenne à Rome, à la fin du IVe siècle[5].

### 1.

Le premier a été découvert en 1617 sur le mont Coelius où se trouvait la maison des Symmaque[6]] :

```
VIRIO NICOMACHO FLAVIANO VC
QVAEST · PRAET · PONTIF · MAIORI ·
CONSVLARI ✠ SICILIAE ·
VICARIO ✠ AFRICAE
QVAESTORI · INTRA · PALATIVM
PRAEF · PRAET · ITERVM · COS · ORD ·
HISTORICO · DISERTISSIMO
Q · FAB · MEMMIVS SYMMACHVS · VC
PROSOCERO OPTIMO
```

[1] *Cod. Theod.* lib. VI, tit. XXIX, c. 7. *De curiosis.*

[2] Lib. V, ep. 38, in qua ejus consulatus meminit, necnon septem alios subsequentes.

[3] [*Crit. Annal. Eccles.* an. 390.]

[4] [Voir plus haut, p. 248, n° XXV.]

[5] [Sur son origine, voir t. V, p. 449.]

[6] Fabretti, p. 119, 3. Vedi il nostro anno 394 in cui fu console. [*Corp. inscr. Lat.* vol. VI, n. 1782.]

## PRAEFECTI PRAETORIO ILLYRICI.

### 2.

[Le second a été trouvé en 1849, sur le forum de Trajan, devant l'entrée de la basilique Ulpia; il est gravé sur la base d'une statue. Nous ne reproduisons ici que les six premières lignes qui, sur le marbre original, sont suivies d'une longue lettre des empereurs Théodose II et Valentinien III, adressée au sénat romain et faisant l'éloge de notre personnage [1] :

NICOMACHO FLAVIANO · CONS · SICIL · VICAR AFRIC · QVAEST AVLAE
DIVI THEODOSI · PRAEF PRAET · ITAL · ILLYR ET AFRIC ITERVM
VIRTVTIS AVCTORITATISQ SENATORIAE ET IVDICIARIAE ERGO
REDDITA IN HONOREM FILII NICOMAGHI FLAVIANI CONS CAMP
PROCONS · ASIAE PRAEF VRBI SAEPIVS NVNC PRAEF · PRAET
ITALIAE · ILLYRICI ET · AFRICAE ·

(*Suivent 32 lignes; sur le côté droit est gravée la date de 431.*)

La carrière de Nicomachus Flavianus a été l'objet d'importants travaux [2]. Entré assez tard dans la vie publique, il reçut en 364 le gouvernement de la Sicile; en 376, il devint vicaire d'Afrique [3]; vers 382, il fut nommé *quaestor sacri palatii*; la même année ou au commencement de l'année 383, il remplit pour la première fois les fonctions de préfet du prétoire d'Italie, d'Illyrie et d'Afrique; en 390, on le retrouve préfet d'Italie pour la seconde fois et chargé, en outre, de l'Illyrie; il exerçait encore cette fonction en 392, au moment de la mort de Valentinien II.

Il prit le parti de l'usurpateur Eugène qui le fit consul en 394 [4]; la même année, il gouvernait Rome et l'Italie en qualité de préfet du prétoire; au mois de septembre, il se donna la mort pour ne pas tomber entre les mains des vainqueurs [5].

---

[1] [*Corp. inscr. Lat.* vol. VI, n. 1783.]

[2] Vedi l'ampia illustrazione che di lui e della sua famiglia ha dato il com. de Rossi, illustrando la base, trovata nel foro Romano : [*Iscrizione onoraria di Nicomaco Flaviano* (dans les *Annali dell' Instituto di corr. arch.* 1849, t. XXI, p. 283 à 363, tav. d'agg. L), avec deux lettres de Borghesi qui ont été reproduites plus haut, t. VIII, p. 193 à 201; Otto Seeck, *Chronologia Symmachiana*, p. CXII à CXXV; Pallu de Lessert, *Vicaires et comtes d'Afrique*, p. 99 à 103; *Corp. inscr. Lat.* vol. VI, p. 401.]

[3] [Pallu de Lessert, *loc. cit.*]

[4] [Sur ce consulat, voir J. B. de Rossi, *Inscr. christ.* vol. I, p. 183-184. Avant le mois de septembre Nicomachus Flavianus est seul consul dans la partie de l'empire soumise à Eugène; mais, après la défaite d'Eugène par Théodose, Honorius et Arcadius sont reconnus comme consuls dans tout l'empire. HÉRON DE VILLEFOSSE.]

[5] [J. B. de Rossi (*Bulletin d'arch. chrét.* éd. française, VI° année, 1868, p. 49 à 59,

460    PRAEFECTI PRAETORIO ILLYRICI.

La base découverte sur le forum de Trajan prouve que sa mémoire ne fut pas condamnée. C'était un historien distingué; malheureusement ses ouvrages ne sont pas parvenus jusqu'à nous. Quatre-vingt-onze lettres de Symmaque, auquel il était allié, lui sont adressées [1]. Sur ses dignités sacerdotales nous n'avons pas de renseignements précis.]

Due leggi del Codice Teodosiano portano l'indirizzo *Imppp. Valentinianus, Theodosius et Arcadius AAA. Flaviano P. P.*, e la sottoscrizione *Dat. V id. Mai. Concordiae, Tatiano et Symmacho conss.* [2] [391].

La carica di Flaviano si determina più esattamente in due leggi datate *VI kal. Jun. Vincentiae* [3] (391), coll' indirizzo : *Imppp. Valentinianus Theodosius et Arcadius AAA. Flaviano P. P. Illyrici et Italiae* [4].

Gli è diretta anche una legge del 392 :

Imppp. Theodosius, Arcadius et Honorius AAA. Flaviano P. P.
An. 392. — Arcadio A. II et Rufino coss.

61 à 74) a magistralement dépeint la lutte religieuse et l'état des esprits à cette époque; il a exposé en outre très complètement les faits relatifs à la grande bataille de 394 après laquelle le christianisme triompha d'une manière définitive comme religion d'État dans l'empire romain. La découverte faite par Léopold Delisle, dans les dernières feuilles d'un manuscrit de Prudence appartenant à la Bibliothèque nationale (*Note sur le manuscrit de Prudence, n. 8084 du fonds latin de la Bibliothèque impériale*, dans la *Bibliothèque de l'École des Chartes*, 6ᵉ série, t. III, p. 297 à 303), d'un petit poème déclamatoire inédit, dirigé contre les derniers efforts du paganisme, a été l'origine du mémoire de J. B. de Rossi. Ce poème, réimprimé dans la *Revue archéologique* (1868, nouvelle série, t. XVII, p. 450 à 459; cf. t. XVIII, p. 44 à 55), vise en particulier, ainsi que l'a démontré le second éditeur, Ch. Morel, Nicomachus Flavianus, restaurateur du culte païen en 394. Ce personnage n'y est pas nommé, mais les circonstances historiques auxquelles fait allusion l'auteur du poème s'appliquent à merveille à sa personne et à ses actions. Cf. Th. Mommsen, *Carmen codicis Parisini 8084*, dans l'*Hermes*, t. IV, p. 350 à 363. HÉRON DE VILLEFOSSE.]

[1] [O. Seeck, *Chronologia Symmachiana*, CXIX à CXXV.]

[2] *Cod. Theod.* lib. XVI, tit. VII, c. 4 et 5. *De apostatis.* [Cf. *Cod. Just.* lib. I, tit. VII, c. 3, et *Cod. Theod.* lib. XI, tit. XXXIX, c. 11.]

[3] [Il faut lire sans doute *Vicetiae* ou *Vicentiae*.]

[4] *Cod. Theod.* lib. I, tit. I, c. 2. *De constitutionibus.* — *Cod. Just.* lib. I, tit. XVIII, c. 12. [Cf. Godefroy, t. I, p. 7.] — *Cod. Theod.* lib. III, tit. I, c. 6. *De contrah. emptione.* — *Cod. Just.* lib. IV, tit. XXXVIII c. 14. [Cf. Godefroy, t. I, p. 72.]

VI id. April. P. P...[1].

La Storia miscella[2] ricorda la legge, diretta da Teodosio *Flaviano praefecto praetorio Illyrici*, con cui sospende per trenta giorni l'esecuzione delle sentenze[3].

## XXII

[1145 =] 392 — [1146 =] 393.

### APODEMIUS,

praef. praet. Illyrici sub Theodosio Magno.

Gli sono indirizzate tre leggi del 392.

Imppp. Valentinianus, Theodosius et Arcadius AAA. Apodemio P. P. Illyrici et Africae[4].

An. 392. — Arcadio A. II et Rufino coss.
    XV kal. Mart. Dat. Constantinopoli[5].
    V kal. Aug. Dat. Constantinopoli[6].
    IV id. Sept. Dat. Constantinopoli[7].

Al seguente anno si riferisce una legge :

Iidem AAA. Apodemio P. P. Illyrici et Italiae II.

An. 393. — Theodosio A. III et Abundantio coss.

---

[1] *Cod. Theod.* lib. X, tit. x, c. 20. *De petitionibus et ultro datis et delatoribus.*

[2] Lib. XIII, [c. vii].

[3] Vedi il Codice Teodosiano, t. III, p. 311.

[4] Nei manoscritti [*Cod. Theod.* XIII, v, 21] si aggiunge per isbaglio *et Africae*. [Voir en sens contraire Mommsen (*Mémoire sur les provinces romaines*, p. 19, n. 1) : «La conjecture de Haenel (reproduite par Borghesi), qui retranche *et Africae* et suppose qu'Apodemius fut d'abord préfet de l'Illyrie orientale, puis de l'Italie et de l'Illyrie occidentale, est tout à fait violente et inadmissible. C'est sans doute une grave difficulté que le rescrit émané de Constantinople, c'est-à-dire de Théodose, et adressé aux préfets du prétoire d'Italie, d'Illyrie et d'Afrique, porte la date du *XV kal. Mart.* 392, tandis que l'empereur d'Occident ne mourut que le 15 mai de cette année; mais cette date est assurément fausse, puisque, d'une part, le rescrit précédent est daté *prid. id. April.* et que, d'autre part, le prédécesseur d'Apodemius, Flavianus, était encore en charge le *VI id. April.* de cette année».]

[5] *Cod. Theod.* lib. XIII, tit. v, c. 21. *De naviculariis.*

[6] *Ibid.* lib. XII, tit. xii, c. 12. *De legatis.* — *Cod. Just.* lib. X, tit. lxv, c. 5.

[7] *Cod. Theod.* lib. XII, tit. xii, c. 13.

V id. Jun. Dat. Constantinopoli[1].

Il numero *II* dopo *Italiae* indica, secondo l'Haenel, il secondo anno della prefettura.

Il Pagi[2] avverte che Apodemio fu prefetto del pretorio dell' Illirico orientale, finchè dopo la destituzione di Flaviano gli fu affidata l'Italia e l'intero Illirico.

## XXIII
### [1150=] 397 — [1152=] 399.
#### ANATOLIUS,
praef. praet. Illyrici sub Arcadio et Honorio.

[Suivant une conjecture de Sievers[3], cet Anatolius serait celui à qui Libanius écrivit plusieurs lettres vers l'an 390[4]. Il occupait dès cette époque une haute situation. Il avait deux frères, Gemellus et Apollinarius, qui vivaient en Cilicie[5]. Leur père, qui s'appelait Anatolius[6], exerçait lui-même une fonction très importante au temps où Helpidius et Modestus étaient préfets du prétoire[7]; c'était sans doute le préfet d'Illyrie qui mourut en 360[8].]

Gli sono dirette una legge del 397 :

— « Iidem AA. Anatolio P. P. Illyrici. — Dat. XV kal. Jul. Con-« stantinopoli, Caesario et Attico coss.[9]; »

Un' altra dello stesso anno : « Dat. VII id. Jul., Constantinopoli[10] »;

Una colla data 398 : « Dat. II non. Mart., Constantinopoli, Honorio A. IV; et Eutychiano coss.[11] »;

Ed una del 399 : « Dat. prid. id. Nov. Theodoro v. c. cons.[12] ».

---

[1] *Cod. Theod.* lib. XI, tit. xxx, c. 51. *De appellationibus.*

[2] Nella *Critica*, all' anno 390, n. VII.

[3] [*Das Leben des Libanius*, p. 238.]

[4] [Liban. *ep.* 846, 993, 943, 945.]

[5] [Liban. *ep.* 943, 234. Cf. lib. I, p. 167.]

[6] [Liban. *ep.* 211, 306, 307, 551 et 552.]

[7] [Liban. *ep.* 307, 551.]

[8] [Voir plus haut, p. 441.]

[9] *Cod. Theod.* lib. XVI, tit. VIII, c. 12. *De Judaeis.*

[10] *Ibid.* lib. XI, tit. XIV, c. 3. *De conditis in publ. horr. Cod. Just.* lib. X, tit. xxvi, c. 3.

[11] *Cod. Taurin.* p. 109. — *Cod. Theod.*, lib. IV, tit. XI, c. 8. *Ad Sc. Claudianum* [lib. IV, tit. IX, c. 7, dans les anciennes éditions. Cf. Haenel, col. 393, n. s.].

[12] *Cod. Theod.* lib. VI, tit. xxvIII, c. 6. *De principibus agentum in rebus.*

✳
[1161 = 408.]
*JOVIUS*,
sub Honorio.

Leggesi nella *Storia miscella*[1] :

— « Tunc ergo agens (Stilico) cum Honorio Alaricum, regem Gotho-
« rum, fecit ordinari magistrum militum, et accessit adversus Illyricum
« eique Jovium praefectum constituit, ut arma contra Romanos attolle-
« ret, ac provinciales Honorii subderet dicioni. »

[Le projet de Stilicon, auquel fait allusion l'auteur de l'*Historia miscella*, est exposé d'une manière plus précise par Sozomène :

— « Stilico, magister militum Honorii... cum adversus Arcadii
« comites inimicitias suscepisset, utrumque imperium mutuo inter se
« committere decrevit. Cumque Alarico, Gothorum duci, dignitatem
« magistri militum ab Honorio impetravisset, eum adversus Illyrios
« direxit. Praemissoque Jovio, qui praefectus praetorii creatus fuerat,
« pollicitus est se cum romanis militibus adventurum ut eam provinciam
« Honorii dicioni adjungeret[2]. »

Il suit de là que Jovius était préfet d'Occident. Nous savons, d'autre part, qu'il fut, en 409, préfet d'Italie. Il n'est donc pas exact de classer Jovius parmi les préfets de l'Illyrie orientale. D'ailleurs, en 408, c'est Herculius qui administrait cette partie de l'empire[3].

Voir la série des préfets d'Italie.]

---

[1] Lib. XIII [c. xx].
[2] [Lib. VIII, c. xxv : Στελίχων δὲ ὁ Ὁνωρίου σ]ρατηγὸς... εἰς ἔχθραν καταστὰς τοῖς Ἀρκαδίου ἄρχουσιν, ἐβεβούλευτο πρὸς ἑαυτὰ συγκροῦσαι τὰ βασίλεια, καὶ σ]ρατηγοῦ Ῥωμαίων ἀξίωμα περὶ Ὁνωρίου προξενίσας Ἀλαρίχῳ τῷ ἡγουμένῳ τῶν Γότθων, Ἰλλυριοῖς ἐπανέσ]ησεν· ὑπαρχόν τε αὐτῶν καταστάντα Ἰόβιον προπέμψας, συνέθετο συνδραμεῖσθαι μετὰ τῶν Ῥωμαίων στρατιωτῶν, ὥσ]ε δῆθαν καὶ τοὺς τῇδε ὑπηκόους ὑπὸ τὴν Ὁνωρίου ἡγεμονίαν ποιῆσαι. Cf. l. IX, c. iv.]
[3] [Cf. Tillemont, *Hist. des Empereurs*, t. VI, p. 558 et 816.]

## XXIV

[Intra 1148 = 395 et 1154 = 401.

### CLEARCHUS,
praef. praet. Illyrici sub Arcadio.

— «Idem (Arcadius et Honorius) AA. Clearcho P. P. Illyrici. — Sine die et conss[1]. »]

## XXV

[1161 =] 408 — [1165 =] 412.

### HERCULIUS,
praef. praet. Illyrici sub Honorio et Theodosio juniore.

Impp. Honorius et Theodosius AA. Herculio P. P. (Illyrici)[2].
An. 408. — Basso et Philippo conss.
III id. April. Dat. Constantinopoli[3].
Sono dirette ad esso pure due leggi del 410 ed una del 412, tutte coll' indirizzo *Herculio P. P. Illyrici*:
An. 410. — Varane v. c. cons.
IX kal. Jun. Dat. Constantinopoli[4].
VIII kal. Jul. Dat. Constantinopoli[5].
An. 412. — DD. NN. Honorio IX et Theodosio V AA. coss.
V id. April. Dat. Constantinopoli[6].
Nota il Gotofredo nella Prosopografia che a lui è diretta la lettera 201 di Giovanni Crisostomo[7].

---

[1] [*Cod. Just.* lib. XII, tit. LVII, c. 9.]

[2] È omesso *Illyrici* nei manoscritti del Codice Teodosiano.

[3] *Cod. Theod.* lib. XI, tit. XVII, c. 4. *De equorum collatione*. [Cf. lib. XV, tit. I, c. 49.] *Cod. Just.* lib. X, tit. XLIX, c. 1. [Cf. sur cette constitution motivée par les *Illyricianae necessitates*, Zosim. lib. V, c. XXVI; Socrat. lib. VII, c. X; Sozom. lib. IX, c. IV.]

[4] *Cod. Theod.* lib. XII, tit. I, c. 172. *De decurionibus*.

[5] *Ibid.* lib. XI, tit. XXII, c. 5. *Ne collationis translatio postuletur.*

[6] *Ibid.* lib. XV, tit. I, c. 49. *De operibus publicis.*

[7] Ἑρκουλίῳ... μὴ κάμνε... δέσποτα μὲν θαυμασιώτατε καὶ μεγαλοπρεπέστατε κ. τ. λ.

## PRAEFECTI PRAETORIO ILLYRICI.

[Une inscription de Mégare mentionne un ἔπαρχος du nom d'Herculius qui n'est autre, comme l'a établi Waddington, que notre préfet du prétoire d'Illyrie [1].

ΕΡΚΟΛΙΟΝΤΟΝΕΠΑΡΧΟΝΑΝΕCΤΗCΑΝΜΕΓΑΡΗC
ΠΑΝΤΟΙΩ.....ΙCΩΚΑΙΠΟΛΕΩΝΦΥΛΑΚΑ
ΤΕΙΧΕΑΔΕΙΜΑΙ⌣ΙΑΙ⌣.ΟΝΕΜΠΕΔΟΝΩΠΑΕΝΥΜΦ
ΑCΤΕΑΚΑΙΒΟΥΛΑCΠΑ⌣ ⌣⌣ΒΡΟΤΩΝCΟΦΙΗ

Ἑρκόλιον τὸν ἔπαρχον ἀνέσ]ησαν Μεγαρῆ[ε]ς
παντοίω[ν νή]σω[ν] καὶ πόλεων φύλακα.
Τείχεα δείμα[τ]ο [κ]αὶ [πόρ]ον ἔμπεδον ὤπα[σ]ε Νύμφ[αις],
ἄσ]εα καὶ βουλὰς πλ[ῆ]σ[ε] βροτῶν σοφίῃ.]

## XXVI

[1165 =] 412 — [1166 =] 413.

### LEONTIUS,

praef. praet. Illyrici sub Theodosio juniore.

È diretta ad esso una legge del 412 ed un'altra colla data 413: Iidem (impp. Honorius et Theodosius) AA. Leontio, viro illustri, P. [P.] [2] Illyrici.

An. 412. — Honorio IX et Theodosio V AA. coss.

XVI kal. Sept. Dat. Constantinopoli [3].

Iidem AA. Leontio P. P. Illyrici.

An. 413. — Lucio v. c. cons.

XVI kal. Maii. Dat. Constantinopoli [4].

---

[1] [Le Bas-Waddington. *Voyage archéologique*, t. II, n. 60; *Explic.* p. 37. *Corp. inscr. Graec. Graeciae septentr.* vol. I, n. 93. Cf. *Corp. inscr. Attic.* vol. III, n. 637 et 638.]

[2] P manca per isbaglio nei manoscritti.

[3] *Cod. Theod.* lib. VII, tit. IV, c. 32. De erogat. milit. ann.

[4] *Cod. Theod.* lib. XII, tit. I, c. 177. De decurionibus. [C'est une décision spéciale à l'Illyrie : « ... Vastato Illyrico consulentes, apud omnes duntaxat Illyrici civitates, praecipimus observari, ut... » Cf. Tillemont, *Histoire des Empereurs*, t. VI, p. 10 et 13.]

Leonzio, prefetto del pretorio dell' Illirico, fabbrica una chiesa a S. Demetrio[1].

## XXVII
[1168=] 415.

**STRATEGIUS,**
praef. praet. Illyrici sub Theodosio juniore.

Impp. Honorius et Theodosius AA. Urso P. U. et Aureliano comiti Orientis[2] et Strategio P. P. Illyrici.

An. 415. — Honorio X et Theodosio VI AA. coss.
Prid. kal. Nov. Dat. Constantinopoli[3].

## XXVIII
[1171=] 418(?) — [1174=] 421.

**PHILIPPUS,**
praef. praet. Illyrici sub Honorio et Theodosio juniore.

Iidem (Honorius et Theodosius) AA. Philippo P. P. per Illyricum.
An. 412. [?] — Honorio IX et Theodosio V AA. coss.
VIII id. Aug. Dat. Constantinopoli[4].

Cosi spetterebbe al 412, ma il Gotofredo corregge *Honorio XII et Theodosio VIII* per riportarla al 418.

Iidem AA. Philippo P. P. Illyrici.
An. 421. — Eustathio et Agricola coss.
Prid. Id. Jul. Dat...[5].

---

[1] Tillemont, *Mém. ecclés.* t. V, p. 150. [Voir plus haut, p. 448, n. 1.]

[2] Si hanno le variante *com. ord. pr.* e *P. P. Orientis.* [Voir cep. Haenel, col. 556 : «In codice abcissum est v. *Comite.* Krueger lit : *P. P. Orientis.* Voir plus haut, p. 306, n. 9.]

[3] *Cod. Theod.* lib. VI, tit. XXIII, c. 1.

*De decurionibus et silentiariis.* — *Cod. Just.* lib. XII, tit. XVI, c. 1.

[4] *Cod. Theod.* lib. XVI, tit. VIII, c. 21. *De Judaeis.* [Cf. Tillemont, *Hist. des Emp.* t. VI, p. 34.] *Cod. Just.* lib. 1, tit. IX, c. 14.

[5] *Cod. Theod.* lib. XVI, tit. II, c. 45. *De episcopis.* — *Cod. Just.* lib. I, tit. II, c. 6.

## XXIX
[1174 —] 421.

GESIUS,
praef. praet. Illyrici sub Theodosio juniore.

Atenaide ossia Eudocia essendo divenuta moglie dell' imperatore Teodosio, il suo fratello Gesio fu nominato prefetto del pretorio dell' Illirico. Vedi la Cronaca Pasquale all' anno 421 [1].

« Leontius, philosophus Atheniensis, vir ditissimus, filios duos adultos habuit Valerium et Gesium, ac praeterea filiam Athenaidem. Masculos heredes ex asse reliquit, filiae C tantum numismata; quae cum a fratribus tertiam hereditatis paternae partem peteret, ab iis ex aedibus paternis, ubi cum eis convixerat, ejecta est. Ad materteram confugit, quae eam duxit Constantinopolim, causam suam Pulcheriae Augustae commendatura, ubi Theodosio Augusto placuit qui eam, postquam christianam fecisset, nomine in Eudociam mutato, uxorem duxit. »

— « At vero fratres Eudociae imperatricis, ubi sororem suam
« regnare intellexissent, metu perculsi in Helladem profugerunt : quo
« Eudocia, cautione indemnitatis data, Constantinopolim ex Athenis
« accersitos, summos ibi ad honores provexit. Gesium enim imperator
« praefectum praetorio gentis Illyricae, Valerium vero magistrum
« (officiorum) constituit; dicente fratribus suis Eudocia imperatrice :
« Quod nisi vos male me tractassetis, ego non... imperatrix fieri
« coacta fuissem [2]. »

[« Canones pristinos ecclesiasticos... per omnes Illyrici provincias servari praecipimus, ut si quid dubietatis emerserit, id oporteat non absque scientia viri reverentissimi sacrosanctae legis antistitis urbis Constantinopolitanae, quae Romae veteris praerogativa laetatur, conventui sacerdotali sanctoque judicio reservari. » Cf. Tillemont, t. VI, p. 44.]

[1] Ἰνδ. δ' ιγ'. ὑπ. Εὐσ7αθίου καὶ Ἀγρεκόλα (p. 578 c seg., ed. Donn) : Καὶ τὸν μὲν λεγόμενον Γέσιον ὕπαρχον πραιτωρίων ἐποίησεν τοῦ Ἰλλυριῶν ἔθνους κ. τ. λ. [Cf. Tillemont, t. VI, p. 39.]

[2] Cf. Io. Malal. lib. XIV, p. 355. [Ἀκούσαντες δὲ οἱ τῆς Αὐγούσ7ας Εὐδοξίας ἀδελφοὶ ὅτι βασιλεύει, προσέφυγον ἐν τῇ Ἑλλάδ φοβηθέντες· καὶ πέμψασα ἤνεγκεν αὐτοὺς

## XXX

1175 = 422.

**NESTORIUS,**
praef. praet. Illyrici sub Theodosio juniore.

— «Impp. Honorius et Theodosius AA.Eustathio P. P. (Orientis) et Nestorio P. P. Illyrici[1]. — Sine die et conss.»

[Eustathius fut préfet d'Orient de 420 à 422. Il succéda à Monaxius entre le 5 mai et le 18 septembre 420 et resta en charge au moins jusqu'au 20 juin 422. C'est pendant cette période que Nestorius fut préfet d'Illyrie. Il faut même exclure l'année 420 et peut-être l'année 421 tout entière. Philippus était encore préfet d'Illyrie le 14 juillet 421, et la préfecture de Gesius se place en cette même année. Nestorius fut donc probablement préfet d'Illyrie pendant le premier semestre de 422.]

＊

[1176 =] 423.

*VENANTIUS,*
sub Theodosio juniore.

Iidem (Honorius et Theodosius) AA. Venantio P. P. An. 423. — Asclepiodoto et Mariniano coss.
VII id. Mart. Dat. Ravenna[2].

In questo tempo era certamente prefetto dell' Oriente Asclepiodoto, a cui molte leggi nel febbraio e nel marzo di quest' anno si trovano

ἐκ τῆς πόλεως Ἀθηνῶν ὑπὸ λόγον ἐν Κωνσταντινουπόλει, καὶ ἐποίησεν αὐτοὺς ἀξιωματικοὺς προαγαγόντος αὐτοὺς τοῦ βασιλέως τὸν μὲν λεγόμενον Γέσιον ἔπαρχον πραιτωρίων τοῦ Ἰλλυριῶν ἔθνους, τὸν δὲ Οὐαλέριον μάγιστρον εἰρηκυίας αὐτοῖς τῆς αὐτῆς βασιλίσσης Εὐδοκίας, ἀδελφῆς αὐτῶν, ὅτι Εἰ μὴ ὑμεῖς κακῶς ἐχρήσασθέ μοι, οὐκ ἠναγκαζόμην ἐλθεῖν καὶ βασιλεῦσαι.]

[1] [*Cod. Just.* lib. XII, tit. XLVI, c. 4. *De veteranis.*]

[2] *Cod. Theod.* lib. VI, tit. XXIII, c. 2. *De decurion. et silentiariis.* Eadem in *Cod. Just.* lib. XII, tit. XVI, c. 2, *sine die et conss.* [L'édition de Krueger reproduit la suscription du Code Théodosien.]

dirette[1], onde se questo fu veramente prefetto del pretorio, non potra esserlo stato che dell' Illirico.

Il Gotofredo, nella nota *b*, dubita se sia forse da restituire la carica di *comes R. P.* che gli si da in una legge del 422[2].

[Borghesi est revenu sur l'opinion qu'il a émise ici; il a classé Venantius parmi les préfets des Gaules.
Voir la série des préfets des Gaules.]

## XXXI
[1177=] 424 — [1179=] 426.
[FL. ANTHEMIUS] ISIDORUS,
praef. praet. Illyrici sub Theodosio juniore.

Gli sono indirizzate due leggi del 424 :
Imp. Theodosius A. Isidoro P. P. Illyrici.
An. 424. — Victore v. c. cos.
    X kal. Maii. Dat. Constantinopoli[3].
    VI id. Oct. Dat. Constantinopoli[4].
Ed una legge del 426 :
Imp. Theodosius et Valentinianus AA. Isidoro P. P.
An. 426. — Theodosio XII et Valentiniano II AA. coss.
    XVIII kal. Dec. Dat. Constantinopoli[5].

[D'après les manuscrits, cette constitution, qui défend de sacrifier aux dieux du paganisme, porte la date *Theodosio XV et Valentiniano IV AA. coss.* Elle serait par suite de l'an 435, c'est-à-dire d'une époque où Isidore était préfet d'Orient. Les éditeurs s'accordent en général à admettre la correction reproduite par Borghesi[6].]

---

[1] [Voir plus haut, p. 312.]

[2] *Cod. Theod.* lib. XI, tit. xxviii, c. 13. *De indulgentiis debitorum.*

[3] *Cod. Theod.* lib. XV, tit. v, c. 4. [«Delphorum curiae facultates novis damnis frequenter attritas relatio tui culminis intimavit. Ideoque praeceptis ad universas Illyrici civitates judicesque transmissis notum omnibus faciat, nullum penitus spectacula oportere solennia urbis aeternae populis exhibere...»]

[4] *Cod. Theod.* lib. XI, tit. i, c. 33. *De annona et tributis.* — *Cod. Just.* lib. I, tit. ii, c. 8. *De sacros. eccles.* lib. X, tit. xvi, c. 12. [Voir plus haut, p. 144.]

[5] *Cod. Theod.* lib. XVI, tit. x, c. 25. *De paganis.* [Voir plus haut, p. 323, n. 1.]

[6] [Cf. Haenel, col. 1627, n. *l.*]

## XXXI bis.

[Intra 1177 = 424 et 1178 = 425.

. . . . . . .

agens vices praeff. praet.

SALVIS DD NN THEOD*osio*.................*muros*
CVNCTASQVE TVRRE*s*.............*reliquasque*
RES MVNIMENI · CIVITAT*is necessarias*.............
AGENS V̄IC̄ IMINENTIV*m virorum praefectorum praetorio*
QVAE LAB

Cette inscription mutilée, trouvée à Salone en Illyrie, fait allusion au siège de cette ville sous Théodose II et Valentinien III. La date en est par là même fixée : 424-425[1].]

## XXXII

[1180 =] 427[?].

*EUDOXIUS*,

sub Theodosio juniore[?].

Una legge del Codice Giustinianeo colla sottoscrizione *Dat. XII kal. Jun., Hierio et Ardaburio coss.* (427) ha l'indirizzo : *Impp. Theodosius et Valentinianus AA. Eudoxio P. P.*[2].

[S'il est certain qu'Eudoxius fut préfet du prétoire, on ne peut pas affirmer qu'il ait été préfet du prétoire d'Illyrie ni qu'il ait exercé cette fonction en 427. L'inscription de la constitution insérée au Code de Justinien est incomplète; elle ne fait pas connaître dans quelle partie de l'empire Eudoxius fut préfet du prétoire. La suscription renferme également une lacune; elle n'indique pas en quel lieu fut rendue la constitution impériale. Enfin, la partie finale est altérée et varie suivant les manuscrits. Le manuscrit de Pistoia porte : *D. XIII k. Jan. Ardaburio coss.*; celui de Bamberg : *XIII k. Jul. Ardaburio coss.* Si la leçon de ces deux manuscrits est exacte, la constitution serait alors de l'an 447 et non de 427[3].]

---

[1] [*Corp. inscr. Lat.* vol. III, n. 1984. Cf. Tillemont, t. VI, p. 183.]

[2] *Cod. Just.* lib. I, tit. vIII, c. 1. *Nemini liceat signum salvatoris Christi vel in silice, vel in marmore aut sculpere aut pingere.*

[3] [Cf. Krueger, p. 61, n. 7.]

## XXXIII
[1188 =] 435.

**FL. SIMPLICIUS REGINUS,**
praef. praet. Illyrici sub Theodosio juniore.

An. 435. — « Impp. Theodosius et Valentinianus AA. Valerio ma-
« gistro officiorum. — Dat. IV kal. Febr. Constantinopoli, Theodosio
« A. XV et qui fuerit nuntiatus. — Eodem exemplo Isidoro P. P., Re-
« gino P. P. Illyrici, Leontio P. U. etc.[1]. »

Regino emanò insieme con prefetti Isidoro et Basso un editto contra
gli scritti di Nestorio :

— « Edictum praefectorum de Nestorii libris non legendis. Flavius
« Anthemius Isidorus, Flavius Bassus, Flavius Simplicius Reginus
« praefecti edicunt, etc.[2]. »

Isidoro è il prefetto dell' Oriente, Basso dell' Occidente, Regino
dell' Illirico[3].

## XXXIV
[1189 =] 436.

**EUBULUS,**
praef. praet. Illyrici sub Theodosio juniore.

Gli si trovano dirette due leggi del Codice Teodosiano della stessa data.

Iidem (Theodosius et Valentinianus) AA. Isidoro P. P. Post alia :
Eodem exemplo Eubulo P. P. Illyrici.

An. 436. — Isidoro et Senatore coss.

III non. April. Dat. Constantinopoli[4].

[Dans une constitution de 429, Eubulus est qualifié *vir spectabilis, ex magistro scriniorum*. Il figure parmi les rédacteurs du Code Théodosien[5].]

---

[1] *Cod. Theod.* lib. VI, tit. xxviii, c. 8. *De principibus agentum in rebus.* [Voir plus haut, p. 322, n. 8.]

[2] Labbe, t. III, p. 1211. Mansi, *Concilia*, t. V, p. 416. [Voir plus haut, p. 323, n. 9.]

[3] Vedi il Zirardini, *Novellae*, p. 357.

[4] *Cod. Theod.* lib. VIII, tit. iv, c. 30. *De cohortalibus.* — *Cod. Just.* lib. XII, tit. lvii, c. 12. — *Cod. Theod.* lib. XII, tit. i, c. 187. *De decurionibus.*

[5] [*Cod. Theod.* lib. I, tit. i, c. 5.]

[XXXV

1190 = 437.

ANICIUS ACILIUS GLABRIO FAUSTUS,
praef. praet. Italiae, Africae et Illyrici sub Theodosio juniore.

Voir la série des préfets d'Italie.]

XXXVI

[1191 = 438(?) — 1192 = 439.]

THALASSIUS,
praef. praet. Illyrici sub Theodosio juniore.

A Talassio, prefetto del pretorio di Illirico sono dirette due novelle di Teodosio [juniore], ed una legge del Codice Giustinianeo.

Impp. Theodosius et Valentinianus AA. Florentio P. P. Eodem exemplo viro illustri P. P. Illyrici[1].

[An. 438.] — Theodosio A. XVI cos. et qui fuerit nuntiatus.

Prid. kal. Febr. Dat. Constantinopoli[2].

Impp. Theodosius et Valentinianus AA. Thalassio P. P. Illyrici.

An. 439. — Theodosio A. XVII et Festo v. c. coss.

III id. Aug. Dat. Constantinopoli[3].

VII id. Sept. Dat. Constantinopoli[4].

Nell' annotazione alla novella XIII (che presso lui è il titolo VI), osserva il Ritter[5] che Talassio, nel 430, fu *comes rei privatae*, come consta dal codice Teodosiano[6]; che nell' anno 439, essendo venuto

---

[1] [Le nom du préfet d'Illyrie manque. Borghesi restitue par voie de conjecture *Thalassio*.]

[2] *Nov. Theod.* tit. III. *De Judaeis.* [Certains éditeurs reportent cette novelle à l'an 439 : ils lisent *Theodosio A. XVII et Festo coss.* Mais les plus anciens manuscrits et le Code de Justinien (lib. I, tit. v, c. 7) confirment la leçon : *Theodosio A. XVI*, reproduite au texte. Cf. Haenel et Krueger.]

[3] *Nov. Theod.* tit. XIII. *Contra sententias praefectorum praetorio injustas post successionem intra biennium supplicandum.* [*Cod. Just.* lib. VII, tit. XLII, c. 1. Cf. Tillemont, *Hist. des Emp.* t. VI, p. 79.]

[4] *Cod. Just.* lib. II, tit. VII, c. 7. *De advocatis diversorum judiciorum.*

[5] [T. V, p. 339.]

[6] *Cod. Theod.* lib. V, tit. x, c. 34. *De petitionibus.*

in Costantinopoli, fu fatto vescovo di Cesarea in Cappadocia, come narra Socrate; che nel 449, intervenne al sinodo di Efeso, ma riceve perdono, e nel 451, nel concilio di Calcedone, sottoscrisse alla condanna di Dioscoro.

— «Firmo, episcopo Caesareae Cappadociae, mortuo, Caesarienses «Constantinopolim adventant, episcopum poscituri. At cum Proclus, «episcopus Constantinopolis, lustraret animo quem ad eum episcopatum «designaret, forte postremo die sabbati, dum aliquem despicere conabantur omnes senatores, illum salutaturi ad Ecclesiam accedunt, «in quorum numero fuit Thalassius, qui gentium et civitatum Illyrici «praefecturam gesserat. Cui partium versus Orientem administrandarum curam, ut fama est, imperatoris jussu suscepturo, Proclus «manus imponit et pro praefecto episcopum Caesareae declarat[1]. »

*

[1192 =] 439.

*CYRUS*,

sub Theodosio juniore.

La novella di Teodosio *de lenonibus*[2], colla data : *Dat. VIII id. Dec. Constantinopoli, Theodosio A. XVII et Festo v. c. conss.* (439) ha, secondo due manoscritti, l'indirizzo : «Impp. Theodosius et Valentinianus AA. Cyro P. P.,» secondo uno[3]; secondo un' altro, «.. Cyro et Alypio P. PO. P. M.[4]»

---

[1] Socrat. *H. E.* lib. VII, c. xlviii. [Φίρμου γὰρ τοῦ ἐπισκόπου τῆς ἐν Καισαρείᾳ Καππαδοκίας τελευτήσαντος, παρῆσαν Καισαρεῖς ζητοῦντες ἐπίσκοπον. Ὡς δὲ διεσκέπτετο τίνα πρὸς τὴν ἐπισκοπὴν προχειρίσαιτο, συνέβη κατὰ θέαν αὐτοῦ ἐν ἡμέρᾳ Σαββάτων, πάντας τοὺς τῆς γερουσίας συγκλητικοὺς ἐπὶ τὴν ἐκκλησίαν παρεῖναι. Ἐν οἷς ἦν καὶ Θαλάσσιος, ἀνὴρ τὴν ὑπαρχον χειρίσας ἀρχὴν τῶν ἐν Ἰλλυρικοῖς ἐθνῶν τε καὶ πόλεων. Μέλλοντι δὲ αὐτῷ, ὡς φήμη ἐκράτει, τὴν τῶν Ἑῴων μερῶν ἐγχειρίζεσθαι παρὰ τοῦ βασιλέως φροντίδα, ἐπιβαλὼν χεῖρα ὁ Πρόκλος, ἀντὶ ὑπάρχου ἐπίσκοπον τῆς Καισαρείας ἀνέδειξεν.]

[2] *Nov. Theod.* tit. xviii.

[3] [Codex Ottobonianus.]

[4] [Codex Regius Parisiensis.]

Il Ritter[1] ha sospettato che si abbia da correggere : « . . . Cyro Illyr. P. PO. et P. U. »

[Cette correction est difficile à admettre. Cyrus fut préfet de la ville en même temps que préfet du prétoire[2]. Il occupait la première charge dès le 23 mars 439. Il est peu vraisemblable que, résidant à Constantinople, on l'ait chargé de la préfecture d'Illyrie. En présence des variantes que contiennent les manuscrits, Haenel estime qu'on doit donner la préférence à ceux dont l'autorité est le moins contestable. Or, au *Codex Ottobonianus*, on lit : *Ciro ppo.*

Voir la série des préfets d'Orient, n. LXIII.]

## XXXVII

[Circa 1195 = 442.

### APRAEEMIUS,

praef. praet. Illyrici sub Theodosio juniore.

— « Cum enim in antiquis temporibus Sirmii praefectura fuerit
« constituta, ibique omne fuerit Illyrici fastigium tam in civilibus
« quam in episcopalibus causis, postea autem Attilanis temporibus
« ejusdem locis devastatis Apraeemius praefectus praetorio de Sirmi-
« tana civitate in Thessalonicam profugus venerat, tunc ipsam praefec-
« turam et sacerdotalis honor secutus est, et Thessalonicensis episcopus,
« non sua auctoritate, sed sub umbra praefecturae meruit aliquam
« praerogativam[3]. »

Sirmium fut pris et saccagé par Attila vraisemblablement au moment où il envahit l'Illyrie en 441-442. C'est à cette époque que se place, d'après Justinien, la préfecture d'Apraeemius.]

✶

[1195 = 442 — 1197 = 444.]

*APOLLONIUS,*

sub Theodosio juniore et Valentiniano.

Impp. Theodosius et Valentinianus AA. Apollonio P. P. An. 442. — Eudoxio et Dioscoro conss.

---

[1] [T. V, p. 365.] — [2] [Voir plus haut, p. 331, n. 1.] — [3] [*Nov. Just.* XI.]

PRAEFECTI PRAETORIO ILLYRICI. 475

XII kal. Sept. Dat. Constantinopoli[1].
Vi si parla dell' Illiriciana prefettura.
V kal. Jan. Dat...[2].
An. 443. — Maximo II et Paterio conss.
VIII id. Mart. Dat. Constantinopoli[3].
XI kal. Jul. Dat. Aphrodisiadae[4].
Vi si parla di Eraclea di Tracia.
XVII[?] kal. Jan. Dat. Constantinopoli[5].

«Apollonio, comiti S. L., inscripta est l. ult. *de murilegulis*, an. 436[6]. An hic idem sit, non liquet. Sed nullum est dubium, quin id idem sit Apollonius, cui, an. 442, inscribitur lex 3, *de discussor.*, et sine die et conss., lex 16, *de dignitat.*[7] cujus inscriptio mendosissima, quamque ego aut ad annum 442 aut sequentem referendum censeo[8].»

Di questo prefetto, vedi il Zirardini[9], che lo vuole prefetto non dell' Illirico, ma dell' Oriente.

[Une série de constitutions ont été adressées à ce préfet du prétoire, et, bien qu'elles soient datées de Constantinople, la mention qu'on trouve dans l'une d'elles

---

[1] *Cod. Just.* lib. II, tit. vii, c. 9. *De advocatis*.

[2] *Ibid.* lib. X, tit. xxx, c. 3. *De discussoribus*.

[3] *Ibid.* lib. X, tit. xxxv, c. 2. *Quando et quibus debetur quarta pars ex bonis decurionum.* — Lib. X, tit. xxxvi, c. 1. *De imponenda lucrativis descriptione.* [*Nov. Theod.* tit. xxii, 2.]

[4] *Nov. Theod.* tit. xxiii. *De locis rei publicae quoquo modo possessis civitatibus restituendis.*

[5] *Cod. Just.* lib. V, tit. xxvii, c. 3. [*Nov. Theod.* tit. xxii, 1. *De bonis decurionum et de naturalibus filiis eorum in curiam mittendis heredibusque scribendis.* Au Code, la constitution est datée «post consulatum Eudoxii et Dioscori». Cette constitution, par laquelle Théodose introduit la légitimation par oblation à la curie, est-elle du 16 septembre 443? Beck et Haenel pensent qu'elle est plutôt de 1ᵉʳ janvier. «Beck om. *XVI*, recte; nam apposito numero aliquo ante kal. Jan. haec Nov. perturbaret temporum rationem et recentior fieret sequenti et Nov. tit. xxiii et xxiv, quod hac de causa admitti non potest, quia in sequenti Nov. (xxii, 2, § 11) ad hanc provocatur.» Haenel, ad *Nov. Theod.*, col. 87, n. *h.*]

[6] *Cod. Theod.* lib. X, tit. xx, c. 18. [*Cod. Just.* lib. XI, tit. ix, c. 5.]

[7] *Ibid.* lib. XII, tit. i, c. 16.

[8] Ritterus.

[9] *Novellae*, p. 68, c. 435.

de la préfecture d'Illyrie a décidé Borghesi à classer Apollonius parmi les préfets d'Illyrie :

— « Si quis de togatis fori celsitudinis tuae vel Illyricianae seu urbi-
« cariae praefecturae sive de his, qui in provincialibus judiciis causa-
« rum patrocinium profitentur, electione tuae sedis regendae provinciae
« munus potestatemque susceperit, post peractam integre ac sine ulla
« opinionis labe administrationem ad illud officium, unde abstractus est
« et unde sibi vitae subsidia comparabat, remeandi habeat facultatem
« nec causas orare denuo quadam prohibeatur invidia [1]. »

La lecture de ce texte montre avec évidence l'inexactitude de la conclusion qu'en a tirée Borghesi. Théodose distingue les avocats exerçant près le tribunal du préfet du prétoire Apollonius et ceux qui exercent près le tribunal du préfet d'Illyrie ou du préfet de la ville. Apollonius n'était donc pas préfet d'Illyrie. Il faut le rétablir dans la série des préfets d'Orient [2].

Apollonius assista, en 451, au concile de Chalcédoine [3].]

✶

[1196 = 443.
*ALBINUS*,
sub Theodosio juniore et Valentiniano.

— « Impp. Theodosius et Valentinianus AA. Albino P. P. Illyrici.
« — Dat. XIII kal. Sept. Ravennae, Maximo II et Paterio conss. [4]. »

Albinus étant à cette époque préfet d'Italie, les éditeurs s'accordent à corriger le mot *Illyrici* [5].]

## XXXVIII
[1197 =] 444.
THEODORUS,
praef. praet. Illyrici sub Theodosio juniore.

Nella novella di Teodosio *de relevatis*, [*adaeratis vel donatis posses-sionibus*] [6], coll' indirizzo : « Impp. Theodosius et Valentinianus AA.

---

[1] [*Cod. Just.* lib. II, tit. VII, c. 9.]
[2] [Voir plus haut, p. 334, n. LXV.]
[3] [Mansi, *Concil.* VI, 565, 939; VII, 3.]
[4] [*Nov. Val.* tit. II, 3. *De postulando*.]
[5] [Haenel, col. 135, n. *b*.]
[6] *Nov. Theod. II*, tit. XXVI.

PRAEFECTI PRAETORIO ILLYRICI. 477

Hermocrati P. P. Orientis,» alla sottoscrizione : «Dat. III id. Dec.
«Constantinopoli, Theodosio A. XVIII et Albino v. c. conss. (444),»
aggiungesi nel manoscritto Ottoboniano, come attesta il Zirardini[1]:
— «Eodem exemplo Theodoro, viro illustri, praefecto praetorio
«Illyrici.»

Lo stesso Zirardini osserva che questo Teodoro si mentova fra i senatori intervenuti alla prima sessione del concilio di Calcedone tenuta il VIII id. Oct. 451, ed egualmente alla seconda del VI id. Oct. :
— «Et magnificentissimo et gloriosissimo ex praefecto Illyrici
«Theodoro[2].»

## XXXIX
Ante [1204 =] 451.

EULOGIUS,
praef. praet. Illyrici sub Theodosio et Valentiniano.

Fra gli intervenuti al concilio di Calcedone, che ebbe luogo *die VIII idus Octobris* del 451, si nomina nella prima azione *magnificentissimus et gloriosissimus ex praefectus Illyrici* Eulogius, ch'era uno dei senatori[3].

## XL
[1205 =] 452.

*JULIUS*,
sub Marciano.

Vedi la scheda di Taziano, prefetto di Costantinopoli all'anno 450, in cui ho ricopiato per esteso il raconto di Zonara[4]. Da cui apparisce che Giulio e Taziano furono due fratelli della Licia, i quali avevano predetto l'impero a Marciano. Questo fatto imperatore, « statim fratres

---

[1] *Novell.* p. 76. [V. précéd. p. 335, n. 2.]
[2] Labbaeus, t. IV, [p. 78 et 325.] Mansi, *Concilia*, t. VI, p. 566 et 940 : Καὶ τοῦ μεγαλοπρεπεσ7άτου, καὶ ἐνδοξοτάτου ἀπὸ ἐπάρχων τοῦ Ἰλλυρικοῦ Θεοδώρου.
[3] Labb. t. IV, p. 78. Mansi, *Concilia*, t. VI, p. 566. [Καὶ τοῦ μεγαλοπρεπεσ7άτου καὶ ἐνδοξοτάτου ἀπὸ ἐπάρχων τοῦ Ἰλλυρικοῦ Εὐλογίου.]
[4] Lib. XIII, c. xxiv. [Τὸν μὲν Τατιανὸν ἔπαρχον τῆς πόλεως ἀναδείκνυσιν, Ἰουλίῳ δὲ τὴν τῶν Ἰλλυριῶν ἀρχὴν ἐνεχείρισε.]

478  PRAEFECTI PRAETORIO ILLYRICI.

« hospites qui principatum ei gratulati fuerant, vocat, ac Tatianum
« praefectum urbis creat, Julio Illyricam tradit provinciam (τῶν Ἰλλυ-
« ριῶν ἀρχὴν)[1]. »

## XLI

[1205 =] 452.

### VALENTINIANUS,
praef. praet. Illyrici sub Marciano.

Gli fu diretto un esemplare di un editto di Marciano *de confirmatione
concilii Chalcedonensis* del 452, nella cui fine si legge :

— « Dat. III id. Mart. Constantinopoli, Sporacio v. c. et qui fuerit
« nuntiatus coss. Et eodem exemplo scriptum Valentiniano, viro illustri,
« praefecto praetorio Illyrici[2]. »

A Valentiniano ed ad altri personnaggi furono pure diretti due editti
dello stesso anno :

Valentinianus et Marcianus AA. Palladio, praefecto praetorio Orientis,
Valentiniano, praefecto Illyrici, etc.

An. 452. — Sporacio v. c. et qui fuerit nuntiatus coss.

Prid. non. Jul. Dat. Constantinopoli[3].

V kal. Aug. Dat. Constantinopoli[4].

---

[1] È da notare che presso il Teofano, *Chronogr.* p. 162 e seg. ove si narra la stessa cosa, in fine alcuni manoscritti hanno : τῷ δὲ Ἰουλίῳ τὴν τῶν Λιβύων ἐνεχείρισεν ἀρχήν. [Le *Codex Vatic.* 154 porte τῶν Λυκίων. Cf. éd. de Boor, p. 105.]

[2] Labb. t. IV, p. 843. Mansi, *Concilia*, t. VII, p. 477 e seg. [Haenel, *Corpus legum*, p. 256 : Ἐδόθη πρὸ τριῶν εἰδῶν Μαρτίων ἐν Κωνσταντινουπόλει, ὑπατείᾳ Σφωρακίου καὶ τοῦ δηλωθησομένου. Ἐγράφη Παλλαδίῳ ἐπάρχῳ τῶν κατὰ τὴν ἀνατολὴν πραιτωρίων, Οὐαλεντινιανῷ ἐπάρχῳ τῶν κατὰ τὸ Ἰλλυρικὸν πραιτωρίων, Τατιανῷ ἐπάρχῳ τῆς πόλεως, Βηκομάλῳ μαγίστρῳ τῶν θείων ὀφφικίων καὶ ὑπάτῳ δεσιγνάτῳ. Voir plus haut, p. 348, n. 4.]

[3] Labb. t. IV, p. 865. Mansi, *Concilia*, t. VII, p. 447 e seg. Haenel, *Corp. leg.* p. 256 e seg. [Οἱ βασιλεῖς Παλλαδίῳ τῷ μεγαλοπρεπεστάτῳ ἐπάρχῳ τῶν πραιτωρίων, Οὐαλεντινιανῷ ἐπάρχῳ τοῦ Ἰλλυρικοῦ... Ἐδόθη πρὸ μιᾶς νονῶν Ἰουλίων, ἐν Κωνσταντινουπόλει, ὑπατείᾳ Σφωρακίου τοῦ λαμπροτάτου καὶ τοῦ δηλωθησομένου.]

[4] Labb. t. IV, p. 871. Mansi, *Concilia*, t. VII, p. 505 e seg. Haenel, *loc. cit.*, p. 257 e seg. [Ἐδόθη δὲ πρὸ πέντε καλανδῶν Αὐγούστων ἐν Κωνσταντινουπόλει

## XLII
[1216 =] 463.
### EUSEBIUS,
praef. praet. Illyrici sub Leone.

[Idem A.] (imp. Leo) Eusebio P. P. Illyrici.
An 463. — Basilio et Viviano coss.
X kal. Mart. Dat. Constantinopoli[1].

[C'est vraisemblablement cet Eusebius qui fut *magister officiorum* d'après une constitution non datée du Code de Justinien[2] et qui est due, suivant certains manuscrits, à l'empereur Léon, suivant d'autres, à Zénon[3].]

## XLIII
[1221 =] 468 — [1222 =] 469.
### CALLICRATES,
praef. praet. Illyrici sub Leone et Anthemio.

Una legge del Codice Giustinianeo, colla data *Dat. kal. Septemb., Anthemio A. II cos.* (466), porta, nelle edizioni, l'indirizzo :
— « Imp. Leo A. Callistrato P. P. per Illyricum[4]. »
All' incontro, in un' altra legge dello stesso Codice, colla data : *Dat. V kal. April. Constantinopoli, Zenone et Marciano coss.* (469), si legge l'indirizzo :
— « Impp. Leo et Anthemius AA. Callicrati P. P. Illyrici[5]. »
In ambedue le leggi, il nome dell' indirizzato varia molto nei manoscritti. L'Haenel[6] corregge nella seconda *Callistrato*; l'Hermann[7] vorrebbe scrivere anche nella prima *Callicrati*.

[La leçon *Callicrati* est seule donnée par Krueger dans son édition du Code de Justinien.]

ὑπατείας Σφωρακίου τοῦ λαμπροτάτου καὶ τοῦ δηλωθησομένου.]
[1] *Cod. Just.* lib. II, tit. VII, c. 12. *De advoc.*
[2] [*Ibid.* lib. XII, tit. XXIX, c. 2.]
[3] [Cf. Krueger, p. 467, n. 2.]
[4] *Cod. Just.* lib. VI, tit. LX, c. 4. *De bonis maternis.*
[5] *Ibid.* lib. II, tit. VII, c. 14. *De advocatis.*
[6] [*Corpus Legum*, Index, p. 80 et 130.]
[7] [*Ad h. loc.* p. 442, n. 22.]

## XLIV

[1226 =] 473 vel [1227 =] 474.

*PROTADIUS,*

sub Leone.

Editto che sembra essere del 473 o forse 474 :

— « Felix Himelco P. P., Dioscorus, Aurelianus, Protadius[1] vv. cc. « P. P. — Dat. III kal. Mai. Romae[2]. »

Il Zirardini[3] osservando che Imelcone fu prefetto del pretorio d'Italia, Dioscoro dell' Oriente, e Aureliano e Protadio lo debbono essere stati delle Gallie e dell' Illirico, sospetta che Protadio lo fu dell' Illirico.

[La conjecture de Zirardini est contestée. Haenel range Protadius parmi les préfets des Gaules; Aurelianus aurait été préfet d'Illyrie. Mommsen considère Aurelianus Protadius comme un seul personnage[4].]

## XLV

?

ONOUL[PH]US,

praef. praet. Illyrici sub Basilisco vel Zenone.

Suida[5], avendo narrato che egli fu potente sotto Basilisco e fu ucciso sotto Zenone dice :

— « Onoul[ph]us Armatum interfecit quem ipse pauperem et a bar- « baris recens venientem, humanitate susceptum, primum quidem « comitem fecerat, deinde vero praefectum Illyriorum et ad convicia « aulam argenteam praebuerat. An vero barbaricam perfidiam ipsi pro « gratia retulit[6]. »

---

[1] [Mommsen (*Arch. epigr. Mittheil. aus OEsterreich-Ungarn*, XVII, p. 116) supprime la virgule avant Protadius.]

[2] [Voir plus haut, p. 360, n. 1.]

[3] *Novell.* p. 358.

[4] [Cf. Haenel, *Corpus Legum*, Index, p. 100 et 127.]

[5] V° Ἀρμάτιος.

[6] Ὀνόουλφος δὲ αὐτὸν διεχρήσατο, ὄντινα ὁ Ἀρμάτιος πένητα καὶ ἄρτι ἐκ

## XLVI
[1227 = 474.]

PAULUS,

praef. praet. Illyrici sub [Leone juniore et] Zenone.

Idem (Imp. Leo junior et Zeno) AA. Paulo P. P. per Illyricum.
An. 486. [?] — Decio et Longino coss.
VI kal. Jan. Dat. Constantinopoli [1].

[L'inscription et la suscription de cette constitution, telles qu'elles sont rapportées par Borghesi d'après d'anciennes éditions du Code de Justinien, ne sont pas exactes. Le manuscrit du Mont-Cassin et l'un des manuscrits de Leipzig [2] portent *id. ā á*, ce qui désigne les auteurs de la constitution précédente, c'est-à-dire Léon le jeune et Zénon. D'autre part, la suscription se réfère non pas à notre constitution, mais aux deux constitutions grecques subséquentes que les copistes ont négligé de transcrire dans divers manuscrits. On ignore donc le jour et le mois où la constitution a été rendue; on sait seulement qu'elle date de l'année où Léon le jeune régnait avec Zénon, c'est-à-dire de 474 [3].]

## XLVII
[Intra 1227 = 474 et 1253 = 500.

*HELIODORUS*,

sub Zenone et Anastasio.

Voir la série des préfets d'Orient [4].]

## XLVIII
[1253 =] 500.

THOMAS,

praef. praet. Illyrici sub Anastasio.

Imp. Anastasius A. Thomae P. P. Illyrici.

βαρβάρων ἥκοντα προσλαβὼν φιλοφρόνως τὸ μὲν πρῶτον κόμητα ἐποίησεν, ἔπειτα καὶ σΊρατηγὸν Ἰλλυριῶν, καὶ εἰς ἑσΊίασιν ἔχειν πολὺν ἄργυρον παρέσχε κ. τ. λ.

[1] *Cod. Just.* lib. II, tit. VII, c. 17. *De advoc.*
[2] [Codex bibliothecae universitatis Lipsiensis Paulinae, 884.]
[3] [Krueger, *ad h. loc.* et p. 507.]
[4] [Voir plus haut, p. 369.]

An. 500. — Patricio et Hypatio coss.
XV kal. Dec. Dat . . . [1].
XII kal. Dec. Dat . . . [2].
Sine die et coss. [3]

## XLIX
[1270 =] 517.
### JOHANNES,
praef. praet. Illyrici sub Anastasio.

Nella cronaca di Marcellino, all' anno 517 (*indictione X, Anastasio et Agapeto coss.*), leggesi :

— « Olla illa, quae in Hieremia vate ab aquilone adversum nos « nostraque delicta saepe succenditur, tela ignita fabricavit maximam- « que partem Illyrici iisdem jaculis vulneravit. Duae tunc Macedoniae « Thessaliaque vastatae et usque Thermopylas veteremque Epirum « Getae equites depredati sunt. Mille tunc librarum auri denarios per « Paulum Anastasius imperator pro redimendis Romanorum captivis « Johanni praefecto Illyrici misit: deficiente pretio vel inclusi suis cum « domunculis captivi Romani incensi sunt vel pro muris clausarum « urbium trucidati [4]. »

## L
[Intra 1244 = 491 — 1271 = 518.
### SPARTIATIUS,
praef. praet. Illyrici sub Anastasio.

— « Imp. Anastasius A. Spartiatio P. P. Illyrici. — Sine die et « conss. [5] ».]

---

[1] *Cod. Just.* lib. II, tit. IV, c. 43. *De transactionibus.*

[2] *Ibid.* tit. VIII, c. 2, [tit. VII, c. 21]. [Anastase accorde aux avocats *amplissimae tuae sedis* des privilèges antérieurement accordés *tam advocatis amplissimae praetorianae per Orientem quam magnificae urbicariae praefecturae.*]

[3] *Cod. Just.* lib. VII, tit. XXXIX, c. 5. *De praescr. XXX vel XL annorum.* [Cette constitution et les précédentes sont vraisemblablement de la même date, 18 novembre 500. Cf. Krueger, p. 100, n. 8, et p. 508.]

[4] [Éd. Mommsen, p. 99. Cf. Tillemont, VI, 581.]

[5] [*Cod. Just.* lib. XII, tit. XLIX, c. 12.

## LI

[Ante 1286 = 533.

### ARCHELAUS,
praef. praet. Illyrici sub Justino vel Justiniano.

— «Archelaus quoque profectionem suscipiebat, vir Patricius, ac «prius quidem functus praefectura praetorii tum Byzantii, tum in «Illyrico, tunc autem creatus quaestor exercitus [1].»

Voir la série des préfets d'Orient, n. CXX.]

## LII

[1272 =] 519.

. . . . .
praef. praet. Illyrici sub Justino.

Nel 519, il Papa Ormista scrive al prefetto del pretorio di Tessalonica per raccomandargli i legati che mandava a Costantinopoli per la concordia della Chiesa :

— «Hormisda praefecto praetorio Thessalonicensi et ceteris illus-«tribus, etc. [2].»

Apparisce dunque che il prefetto del pretorio dell' Illirico risiedeva a Tessalonica.

## LIII

[1281 = 528(?) — 1282 =] 529.

### BASILIDES,
praef. praet. Illyrici sub Justiniano.

Fra i compilatori del Codice Giustinianeo si memora nella legge *De*

---

[1] [Procop. de B. Vandal. lib. I, c. xi : Ἐστέλλετο δὲ καὶ Ἀρχέλαος, ἀνὴρ ἐς πατρικίους τελῶν, ἤδη μὲν τῆς αὐλῆς ὕπαρχος ἔν τε Βυζαντίῳ καὶ Ἰλλυριοῖς γεγονὼς, τότε δὲ τοῦ στρατοπέδου κατάστας ὕπαρχος. Voir plus haut, p. 391.]

[2] Mansi, *Concilia*, t. VIII, p. 448. n. xxxix.

484    PRAEFECTI PRAETORIO ILLYRICI.

*Justiniano codice confirmando*[1] data *VII id. April. Constantinopoli, Decio viro clarissimo consule* (529) :

— « Vir excellentissimus ex praefecto praetorio per Orientem et « patricius et nunc praefectus praetorio per Illyricum Basilides. »

Ma nell' anno precedente, nella legge *De novo Codice componendo*[2] data *id. Febr. Constantinopoli, Dn. Justiniano pp. A. II. cons.* (528), si dice soltanto :

— « Basilidem virum excellentissimum ex praefecto praetorio « Orientis et patricium. »

Dal che se ne conchiude che gli fu dato l'Illirico in qual frattempo.

[Voir la série des préfets d'Orient, n. CXIV.]

## LIV
[1288 = 535 — 1293 = 540.

### DOMINICUS,
praef. praet. Illyrici sub Justiniano.

On a vu plus haut[3] que Borghesi avait classé Dominicus dans la série des préfets d'Orient. Plusieurs textes donnent expressément à Dominicus le titre de préfet d'Illyrie.

En 535, un exemplaire de la novelle adressée à l'archevêque Epiphanius, sur l'inaliénabilité des biens immobiliers des églises, fut expédié Δομνίκῳ τῷ ἐνδοξοτάτῳ ἐπάρχῳ τῶν παρὰ Ἰλλυριοῖς πραιτωρίων :

Idem (Justinianus) A. Dominico, viro illustri praefecto pretorio per Illyricum.

An. 535. — Belisario v. c. cons.

XIII kal. Jul. Dat. Constantinopoli[4].

Il en fut de même pour la novelle vi du 16 mars 535, qui fut communiquée au préfet d'Orient Johannes Cappadox[5] et Δομνίκῳ τῷ ἐνδοξοτάτῳ ἐπάρχῳ τῶν

---

[1] [§ 2. Voir plus haut, p. 385.]
[2] [§ 1.]
[3] [P. 415.]
[4] [*Nov.* XXXIII. Ut nullus mutuans agricolae teneat ejus terram.]
[5] [Voir plus haut, p. 411, n. 9.]

παρὰ Ἰλλυριοῖς ἱερῶν praetoriωv [1], et pour la novelle vııı adressée à Johannes Cappadox en 535 [2] et qui se termine ainsi :

— « Scriptum exemplar hujus Dominico gloriosissimo praefecto per Illyricum [3]. »

La novelle clxıı, rendue par Justinien en 539, est adressée au préfet du prétoire Dominicus.

— Θεῖος τύπος καταπεμφθεὶς Δομνίκῳ, τῷ ἐνδοξοτάτῳ ἐπάρχῳ, περὶ διαφόρων κεφαλαίων [4].

Bien que ce titre n'indique pas dans quelle partie de l'Empire Dominicus était préfet du prétoire, le texte de la novelle prouve qu'il était préfet d'Illyrie :

Ἐπύθετο ἡμῶν ἡ σὴ ἐνδοξότης περὶ τινῶν ἀμφισβητουμένων παρὰ τῶν ἐλλογιμωτάτων τῆς παρὰ Ἰλλυριοῖς ἀγορᾶς τῆς δίκης ἀγωνιστῶν... [5].

Une constitution de l'an 540, *De adscripticiis et colonis*, n'est pas moins décisive :

Imp. Justinianus A. Dominico praefecto praetorii Illyrici. — Dat. vıı id. April. Constantinopoli, Imp. Dn. Justiniani A. anno XIV, Justino cons. (540) [6].

Cette constitution contient le passage suivant :

— « ...Praesentem dispositionem disposuimus, quam observare
« tuam celsitudinem sancimus in omnibus Illyricianis partibus... »

---

[1] [*Nov.* VI. Quomodo oporteat episcopos et reliquos clericos ad ordinationem deduci et de expensis ecclesiarum. Cf. éd. Schoell, p. 47.]

[2] [Voir plus haut, p. 411, n. 10.]

[3] [*Nov.* VIII. Ut judices sine quoquo suffragio fiant. Cf. éd. Schoell, p. 91.]

[4] [Sacra forma transmissa Dominico gloriosissimo praefecto *De variis capitibus.* — Dat. V id. Sept. (Jun.?) Constantinopoli. Imp. Dn. Justiniano PP. Aug. an. XIII. Apione v. c. cons. (539). Cf. Kroll, p. 749, 14.]

[5] [« Interrogavit nos gloria tua de quibusdam controversiis agitatis inter disertissimos Illyrici fori causarum patronos quas decisione nostra egere dixisti ne in perpetuum moveantur. »]

[6] [Const. II Justiniani (p. 738, éd. Osenbrüggen). *Nov.* CXXIII, éd. Zachariae. P. 796, édit. Kroll.]

Il y a encore une novelle non datée [1] adressée à Dominicus :

— Γενικὸς τύπος περὶ ἀπόψεως θαλάσσης, γραφεὶς Δομνίκῳ, τῷ ἐνδοξοτάτῳ ἐπάρχῳ [2].

## LV

[1294 = 541.

### ELIAS,

praef. praet. Illyrici sub Justiniano.

La novelle CXI de Justinien est adressée, d'après certains manuscrits, à Theodotus, préfet du prétoire d'Orient, d'après d'autres, *Eliae, praefecto Illyrici* [3]. Elle porte la suscription :

— « Dat. kal. Jun. Constantinopoli, Imp. Dn. Justiniani PP. Aug. an. XV, Basilio v. c. cons. (541) ».

Il est vraisemblable que cette novelle fut adressée simultanément au préfet d'Orient et au préfet d'Illyrie [4].

La novelle CLIII, *De infantibus expositis*, est adressée Μηνᾷ, τῷ ἐνδοξοτάτῳ ἐπάρχῳ τοῦ Ἰλλυρικοῦ. Elle est datée du 12 décembre 541 suivant certains manuscrits ou, suivant d'autres, du 13 décembre.

— « Dat. prid. id. Dec. Constantinopoli (imp.) Dn. Justiniani pp. Aug. (anno XV) Basilio v. c. cons. (541). »

Si l'inscription de cette novelle est exacte, Elias serait resté très peu de temps à la tête de la préfecture d'Illyrie, puisque Dominicus était encore préfet le 13 avril 540. Mais il est possible qu'il y ait une erreur dans le nom du destinataire de la novelle et qu'on ait écrit Menas pour Elias. Ce doute est confirmé par le commentaire d'Athanase qui lit Ἠλίᾳ au lieu de Μηνᾷ [5].]

---

[1] [Elle paraît postérieure à la novelle XIII du 9 mars 538. Cf. Kroll, p. 752, 26.]

[2] [*Nov.* CLXV. Generalis sanctio de prospectu in mare scripta Dominico gloriosissimo praefecto (praetorio). — Il est très vraisemblable que le destinataire de cette novelle est notre préfet d'Illyrie. Le texte de la novelle est perdu, on n'en connaît qu'un abrégé contenu dans le *Breviarium Novellarum* Theodori Scholastici Thebani Hermopolitani (Zachariae, Ἀνέκδοτα, p. 165.]

[3] [Cf. Athanasii Scholastici Emisani *epitome Novellarum* : Ὁ αὐτὸς Βασιλεὺς Ἠλίᾳ ἐπάρχῳ Ἰλλυρικοῦ.]

[4] [Cf. Osenbrüggen, p. 480, n. 1. Zachariae, *Nov.* t. II, p. 428. Schoell, p. 521.]

[5] [Osenbrüggen, p. 653. Kroll, p. 728, 15.]

## LVI
[1309 = 556.

. . . . .

praef. praet. Illyrici sub Justiniano.

La novelle cxxxiv du 1ᵉʳ mai 556[1] contient un ensemble de dispositions applicables au préfet du prétoire d'Illyrie :

— «...Nunc vero perfecte juvare nostros subjectos studentes
«sancimus nullam licentiam habere pro tempore praefectos tam Orientis
«quam Illyrici praetoriorum aut comitem largitionum aut comitem
«privatarum loci servatores destinare in provinciis, aut ipsos provin-
«ciarum judices facere et proprii cinguli loci servatores, sed neque
«vicaneos judices in creditis eis provinciis loci servatores emittere in
«qualibet civitate.... [2]. »]

## LVII
[1344 = 591 — 1345 = 592.

### JOBINVS,
praef. praet. Illyrici sub Mauricio.

Dans une lettre, datée du mois de mai 591 et adressée aux évêques d'Illyrie, le pape Grégoire le Grand dit :

— «Jobinus excellentissimus vir filius noster, praefectus praetorio
«per Illiricum scriptis suis nobis indicasse dinoscitur ad se sacris
«apicibus destinatis jussum fuisse episcopos, quos e propriis locis
«hostilitatis furor expulerat, ad eos episcopos qui nunc usque in locis

---

[1] [Voir plus haut, p. 426, n. 2.]

[2] [Cap. 1. Νῦν δὲ τελειότερον βοηθῆναι τοῖς ἡμετέροις ὑποτελέσι σπουδάζοντες θεσπίζομεν, μηδεμίαν ἄδειαν ἔχειν τοὺς κατὰ καιρὸν ἐπάρχους τῶν τε ἀνατολικῶν τῶν τε παρὰ Ἰλλυριοῖς πραιτωρίων ἢ κόμητα largitionum ἢ κόμητα πριβάτων τοποτηρητὰς ἐκπέμπειν ἐν ταῖς ἐπαρχίαις, ἢ αὐτοὺς τοὺς τῶν ἐπαρχιῶν ἄρχοντας ποιεῖν καὶ τῆς ἰδίας ἀρχῆς τοποτηρητάς· ἀλλὰ μηδὲ τοὺς ἐπιχωρίους ἄρχοντας ἐν ταῖς ἐμπιστευθείσαις αὐτοῖς ἐπαρχίαις τοποτηρητὰς προβάλλεσθαι ἐν οἱᾳδή-ποτε πόλει.]

« propriis degunt, pro sustentatione ac stipendiis praesentis esse vitae
« jungendos[1]. »

Une autre lettre du mois de mars 592 est adressée *Jobino praefecto praetorio Yllirici* :

— « Licet ad reddenda paternae caritatis officia hostilitate itine-
« ris (*sic*) occupatis, raritas portitorum impediat, quotiens tamen occasio
« inciderit, excellentiam vestram non desistimus scriptis discurrentibus
« visitare, quatenus hos, quorum aspectum praesentium videre non pos-
« sumus, eos aliquatenus scriptis valeamus alternantibus intueri. Gau-
« demus itaque, quod eminentiae vestrae regimine adflictae Dominus
« voluit provinciae consulere, ut quam ex una parte flagello barba-
« ricae vastationis ulcerat, hanc ex alia per eminentiam vestram quasi
« per superductam salutem curet[2]. »]

---

[1] [Gregorii I papae registr. *Epist.* I, 43 (éd. Ewald, t. I, p. 69).] — [2] [*Ibid.* II, 23 (t. I, p. 120).]

# III
## PRAEFECTI PRAETORIO ITALIAE.

### I
### 1067 = 314.

*NICASIUS*,
sub Constantino[1].

Nel 314, Ablavio[2], che sembra il vicario dell' Africa, scrive intorno ai Donatisti al Nicasio, che pare prefetto del pretorio, e Costantino n'ebbe conoscenza per questo mezzo.

— «Constantinus Augustus [Ælafio]: ... sed cum dictationis tuae «scripta legissem, quae ad Nicasium et ceteros super hisdem simula- «tionibus gravitas tua mittenda crediderat, evidenter agnovi quod neque «respectus salutis suae, neque, quod est majus, Dei omnipotentis vene- «rationem ante oculos suos velint ponere[3]. »

[Il paraît difficile d'admettre que Constantin ait désigné ses préfets du prétoire par les mots *Nicasium et ceteros*. Il s'agit plutôt, croyons-nous, de chefs de service de la chancellerie impériale.]

### I bis.
### [1067 = 314.

DIONYSIUS,
vice praeff. agens sub Constantino et Licinio.

— «Exemplum sacrarum litterarum Constantini et Licinii AA. ad

---

[1] [Pour les préfets d'Italie sous Constantin, voir l'observation, p. 186.]

[2] [On a vu plus haut, p. 202, que le destinataire du rescrit s'appelait Ælafius.]

[3] Concil., t. I, p. 1432. Tillemont, [*Mémoires ecclésiastiques*], t. VI, p. 36. [*Corp. script. eccles. Latin.* t. XXVI, p. 205.]

490        PRAEFECTI PRAETORIO ITALIAE.

«Dionysium vice praefectorum agentem. — Dat. III kal. Maii. Volu-
«siano et Anniano conss (314)[1].»

Cette constitution du 29 avril 314 est le seul texte qui attribue à Dionysius la qualité de *vice praefectorum (praetorio) agens*. L'indication du lieu où les *sacrae litterae* ont été signées manque; on ignore dès lors dans quelle partie de l'empire Dionysius fit fonction de préfet du prétoire.]

## II
### 1068 = 315.

[FL.] *CONSTANTIUS*,
sub Constantino.

Il Gotofredo penso che costui sia il Costanzio fratello di Costantino[2].
Imp. Constantinus A. ad Constantium P. P.
An. 315. — Constantino A. IV et Licinio IV conss.
IV kal. Maii. Dat...[3].
Sine die et conss...[4].
XI kal. Febr. Act. Caralis[5].

[Des trois textes invoqués par Borghesi, le dernier n'indique pas la dignité dont Constantius était revêtu; le second reproduit une constitution du code Théodosien datée de 325[6]. Il est par suite étranger à la question de savoir si Constantius fut préfet en 315. Le premier seul qualifie Constantius préfet du prétoire. Fl. Constantius fut certainement préfet de 324 à 327[7]. Avait-il déjà rempli la même fonction dix ans auparavant? Les avis sont partagés[8].]

---

[1] [*Cod. Just.* lib. VII, tit. xxii, c. 3. Cf. lib. III, tit. 1, c. 8. Mommsen, *Nuove Memorie dell' Instituto*, p. 315.]

[2] [J. B. de Rossi a établi au contraire qu'il ne faut pas confondre ce Constantius, qui est vraisemblablement le consul de 327, avec Julius Constantius, frère de l'empereur, consul en 335 (*Inscr. christ.* vol. I, p. 40).]

[3] *Cod. Theod.* lib. VIII, tit. iv, c. 1. *De cohortalibus.*

[4] *Cod. Just.* lib. XI, tit. lxviii, c. 1. *De agricolis.*

[5] *Cod. Theod.* lib. VIII, tit. v, c. 1. *De cursu publico.*

[6] [*Cod. Theod.* lib. XII, tit. 1, c. 11. *De decurionibus.*]

[7] [Voir plus haut, p. 191.]

[8] [Seeck, *Zeitschrift der Savigny-Stiftung*, R.-A., X, p. 213, n'admet pas que Constantius ait été préfet du prétoire en 315. Les rédacteurs du Code auraient commis une erreur, en donnant cette qualité à Constantius dans la constitution de 315. Voir plus haut, p. 192. n. 1.]

# PRAEFECTI PRAETORIO ITALIAE.

## III
1069 = 316.

*MAXIMUS*,
sub Constantino.

Imp. Constantinus P. ad Maximum P. P. (alias P. U.).
An. 316. — Sabino et Rufino conss.
VI non. Febr. Dat. Romae[1].
III non. Febr. Dat. Romae[2].

Tutte queste leggi provengono della costituzione [ relata nel § 249, *Vat. fr.*], che non puo dubitarsi essere stata diretta a un magistrato di Roma, dicendosi *PP. in foro divi (Trajani)*. Il Gotofredo ed il Mai corressero la data in *Severo et Rufino conss.* per portarla cosi al 323, in cui Massimo fu realmente prefetto di Roma; ma i nuovi editori hanno reclamato il consenso generale dei manoscritti in favore di Sabino. Ma se cio è, non vi è altro rimedio allora se non chè di correggere *P. U.* in *P. P.*[3], certo essendo dall' Anonimo che, al principio del 316, era prefetto Vezzio Rufino[4].

[Borghesi cite également à l'occasion de ce Maximus une constitution :]

« PP. kal. Jan. Volusiano et Anniano conss. (314)[5]. »

E certo che non è diretta a un vicario perchè nel testo della costi-

---

[1] *Consultatio veteris cujusd. jcti*, IX, 13. *Cod. Theod.* Gothofredi, lib. II, tit. IX, c. 1.

[2] *Vat. fr.* 249. (PP... in foro divi...) *Cod. Theod.* lib. VIII, tit. XII, c. 1. *De donationibus. Cod. Just.* lib. VIII, tit. LIII, c. 25, che aveva *P. U.* — *Cod. Theod.* lib. III, tit. XXX, c. 2. *Cod. Just.* lib. V, tit. XXXVII, c. 21 (*De administratione tutorum*) che aveva *P. U.*

[3] [Cf. Haenel, col. 214. — Borghesi rectifie ici l'opinion qu'il a exprimée plus haut, p. 195, et qu'il avait déjà exposée dans son mémoire *Sul Digesto Antegiustinianco* di Monsignor Mai. L'opinion nouvelle de Borghesi est aussi celle de Mommsen et de J. B. de Rossi (voir plus haut, t. III, p. 135, n. 1). Seeck, p. 210, pense que Maximus était simplement *vicarius Urbis* en 316.]

[4] [*Chronographus* anni 354, dans *Monum. Germ. histor.* t. IX, fasc. I, p. 67. Voir plus haut, t. IX, p. 392.]

[5] *Cod. Theod.* lib. IX, tit. V, c. 1. *Cod. Just.* lib. IX, tit. VIII, c. 3. *Ad leg. Jul. majestatis.*

tuzione di Costantino di cui procede, si dice : «De istis tam ad prae-
«fectos nostros quam ad praesides scripta direximus.»

[Mais cette constitution, dont le texte a été conservé plus complètement par une inscription de Padoue[1], est certainement d'une date postérieure : elle cite une décision du 29 mars 319[2]. D'ailleurs, Maximus n'a pas été préfet de la ville avant le 1er septembre de cette année. Notre constitution est donc de la fin de 319 ou de 320. Seeck conjecture[3] qu'elle a été rendue le 4 décembre 320 en même temps qu'une autre constitution dont la disposition est analogue[4].]

✱

[1069 =] 316.

*PETRONIUS PROBIANUS,*
sub Constantino.

— «Imp. Constantinus A. ad Probianum proconsulem Africae. — Dat. VIII kal. Sept. Romae. Constantino A. IV et Licinio IV conss. (315)[5].»

— «Imp. Constantinus A. Petronio Probiano suo salutem. — Dat. id. Aug. Arelate. PP. id. Oct. Theveste. Sabino et Rufino conss. (316)[6].»

Era allora proconsole d'Africa[7].

— «Exemplum epistolae praefectorum praetorio ad Celsum vica-«rium. Petronius Annianus et Julianus Domitio Celso vicario Africae. «— [Hilarius princeps obtulit] IV kal. Mai. Triberis[8]».

— «Imp. Constantinus A. Petronio Probiano. — Dat. III kal. Mart. Serdicae. Crispo II et Constantino II CC. conss. (321)[9].»

Era console nel 322[10].

---

[1] [*Corp. inscr. Lat.* vol. V, n. 2781.]
[2] [*Cod. Theod.* lib. IX, tit. xxxiv, c. 1.]
[3] [P. 226.]
[4] [*Cod. Theod.* lib. IX, tit. xxxiv, c. 3.]
[5] *Cod. Theod.* lib. XI, tit. xxx, c. 3. *De appellationibus.*
[6] *Ibid.* c. 5 et 6. *Cod. Just.* lib. I, tit. xxi, c. 2. *Ut lite pendente.* — Lib. VII, tit. lxii, c. 11. *De appellationibus.*
[7] [Cf. *Corp. inscr. Lat.* vol. VIII, n. 1277.]
[8] Labbaeus, t. I, p. 1471. App. ad t. IX D. Augustini, p. xxvi. [Voir plus haut, p. 190, n. 1.]
[9] *Cod. Theod.* lib. IX, tit. xlii, c. 1. *De bonis proscriptorum.* — *Cod. Just.* lib. V, tit. xvi, c. 24. *De donat. inter virum et uxorem.*
[10] [Voir plus haut, t. V, p. 449 et 470.]

[Le préfet du prétoire Petronius est distinct du proconsul d'Afrique de ce nom : il s'appelait Annianus et non Probianus[1]. C'est le consul de 314 et non celui de 322. L'identité du préfet du prétoire Petronius Annianus et du consul de 314 est aujourd'hui confirmée par un papyrus grec trouvé en Égypte et daté du 27 mai 314[2] :

Ὑπατίας Ῥουφίου Ἀλουσιανοῦ καὶ Πετρωνίου Ἀννιανοῦ
τῶν λαμπροτάτων   Παῦνι β.]

IV

[1073 = 320 — 1074 = 321]

*SEPTIMIUS* [?] BASSUS,
praef. praet. sub Constantino.

Imp. Constantinus A. ad Bassum P. P.
An. 313 [?]. — Constantino A. III et Licinio III conss. [?].
Kal. Oct. Dat... [3].

[Les sigles *P. P.* manquent dans la plupart des manuscrits. Le destinataire de cette constitution est sans doute Septimius Bassus, qui fut préfet de la ville de 317 à 319. Il devait remplir auparavant une charge assez élevée. D'après l'objet des constitutions qui lui ont été adressées et d'après le lieu où elles ont été promulguées, Bassus paraît avoir été vicaire de Rome. Toutes ces constitutions sont de l'an 315 : telle était aussi vraisemblablement la date de celle qui est citée par Borghesi. Les compilateurs du Code ont écrit *Constantino III et Licinio III* au lieu de *Constantino IIII et Licinio IIII*[4]. C'est pourtant sur ce texte que s'est fondé Borghesi pour affirmer que Septimius Bassus fut nommé préfet d'Italie par Constantin à la place de Ruricius Pompeianus, préfet du prétoire de Maxence[5].]

An. 314. — Volusiano et Anniano conss.
VII kal. April. Dat. Treviris[6].

[Le nom du destinataire manque dans les manuscrits.]

---

[1] [Voir plus haut, p. 189-190.]
[2] [*Ægyptische Urkunden aus den königlichen Museen zu Berlin*, Gr. Urk. t. II, 411.]
[3] *Cod. Just.* lib. I, tit. xxii, c. 3. *Si contra jus.*
[4] [Seeck, p. 215.]
[5] [Voir plus haut, t. V, p. 501.]
[6] *Cod. Theod.* lib. III, tit. xxx, c. 1. *Cod. Just.* lib. V, tit. xxxvii, c. 20. *De administratione tutorum.*

Un solo codice[1] riempie questa lacuna : *Basso ppo.* Il codice Giustinianeo ha *Eufenianae*, che non si sa donde sia nata.

[Haenel ne croit pas que le témoignage d'un seul manuscrit suffise pour prouver que la constitution a été adressée à Bassus, alors surtout que, d'après les autres textes, Bassus a été préfet du prétoire à une date ultérieure.]

An. 317. — Gallicano et Basso conss.
[VIII id. Jun. Dat. Sirmio[2].

La suscription manque dans Haloander, transcrit par Borghesi. C'est à tort que l'un et l'autre rapportent ce texte au préfet du prétoire Bassus : les manuscrits du Code Théodosien portent *Basso P. U.*]

An. 319. — Constantino A. V et Licinio C. conss.
V id. Mai. Dat. [?] Romae[3].
Id. Jul. PP...[4].
VII kal. Aug. Dat. Naïsso. PP. non. Oct. Romae[5].

[C'est par erreur que Borghesi rapporte ici ces textes qui concernent le préfet de la ville Bassus. Les manuscrits le qualifient *P. U.* ou omettent son titre.

Borghesi cite encore une constitution non datée adressée *Basso P. P.*[6]. La suscription existe : *XV kal. Apr. Dat...*, mais il y a des variantes. Il y en a aussi dans l'adresse où Bassus est qualifié *P. U.* Il est vraisemblable que cette qualification est seule exacte et que le texte est un fragment d'une constitution de 319 adressée, d'après le Code Théodosien, *ad Bassum P. U.*[7].]

---

[1] [N. 3362 de la Bodléienne. Cf. Haenel, col. 345, n. *t.*]

[2] *Cod. Just.* lib. VII, tit. LXII, c. 14. *De appellationibus.* [*Cod. Theod.* lib. XI, tit. XXX, c. 7.]

[3] *Cod. Just.* lib. IX, tit. XIV, c. 1. *De emendatione servorum.*

[4] *Ibid.* lib. VII, tit. X, c. 7. *De his qui non a domino manumissi sunt.*

[5] *Ibid.* lib. II, tit. LII, c. 5. *De temporibus in integrum restitutionis.* [Borghesi date ici cette constitution de 312, mais il ajoute :] vide Bassum ad an. 329. [Voir plus bas, p. 502, n. 7.]

[6] *Cod. Just.* lib. VII, tit. LVII, c. 7. *Communitationes, epistolas, programmata, subscriptiones auctoritatem rei judicatae non habere.*

[7] *Cod. Theod.* lib. XI, tit. XXX, c. 8. [Seeck, p. 219, rapprochant ces deux textes, croit préférable de les reporter à 318. La décision ayant été prise le 18 mars et promulguée à Rome le 29, Constantin devait être en Italie. Or, en mars 319, il était à Sirmium.]

## PRAEFECTI PRAETORIO ITALIAE.

[An. 320. — Constantino A. VI et Constantino C. conss.
  XV kal. Sept. Dat...[1].]
An. 321. — Crispo II et Constantino II conss.
  XIII kal. Jun. Dat. Sirmio [2].
  X kal. Jun. Dat. Aquileiae [3].

[Il y a une erreur dans cette dernière suscription : Constantin n'a pas pu être le 20 mai à Sirmium et le 23 à Aquilée. C'est en 318 qu'il résida à Aquilée pendant les mois d'avril à juillet. Il faut lire *Licinio V et Crispo C. conss.*[4]. La constitution était par suite adressée au préfet de la ville Bassus.

Borghesi joint à cette liste une constitution promulguée le 18 juillet 320[5] :]

« XV kal. Aug. PP... Constantino A. VI et Constanti[n]o C. conss. »

[Mais ce texte fait allusion à une constitution antérieure qui figure au même titre sous la date du 1ᵉʳ juin 326[6]. Il y a donc une erreur dans la suscription : il faut lire *Constantino A. VII*. Il s'agit dès lors d'un autre préfet du prétoire du nom de Bassus, à moins que le même préfet n'ait été appelé deux fois à cette fonction.

Si l'on tient compte des diverses rectifications qui viennent d'être faites, Bassus aurait été préfet du prétoire en 320-321. Mais rien n'autorise à croire qu'il puisse être confondu avec Septimius Bassus, le préfet de la ville de 317 à 319, ni même qu'il ait été préfet d'Italie.]

---

[1] [*Cod. Just.* lib. I, tit. LI, c. 2. Borghesi a omis ce texte où Bassus est qualifié *P. U.* suivant certains éditeurs, mais contrairement aux manuscrits.]

[2] *Cod. Theod.* lib. II, tit. VI, c. 3. *De temporum cursu.* — Lib. V, tit. I, c. 1. *De legitimis heredibus.* — Lib. XI, tit. XXXV, c. 1. *Si pendente appellatione mors intervenerit.* — *Cod. Just.* lib. III, tit. XXXVI, c. 26, *Familiae erciscundae*, [où la suscription est incomplète].

[3] *Cod. Theod.* lib. IX, tit. XVI, c. 3. *De maleficis et mathematicis.*

[4] [Seeck, p. 220.]

[5] *Cod. Theod.* lib. XVI. tit. II, c. 3. *De episcopis.*

[6] *Ibid.* c. 6. [Seeck, p. 235.]

.V

[1074 = 321.]

[C. CAEIONIUS RUFIUS] VOLUSIANUS,
praef. praet. sub Constantino.

Vedi lo nelle schede dei *Praefecti Urbis* all' anno 314.

    RELIGIOSISSIMOQVE
C·CAEIONIO·RVFIO·VOLVSIANO·V·C
  CORR·ITALIAE·PER·ANNOS·OCTO
    PROCONSVLI·AFRICAE
    COMITI·DOMINI·NOSTRI
  CONSTANTINI·INVICTI·ET
  PERPETVI·SEMPER·AVGVSTI
PRAEFECTO·VRBI·IVDICI·SACRARVM
    COGNITIONVM·CONSVLI [1]

[Volusianus fut *corrector* d'Italie en 282-283 [2] et conserva cette charge pendant huit ans. Il fut ensuite proconsul d'Afrique, *comes* de Constantin, préfet de la ville en 310-311, consul en 311. Ici s'arrête le *cursus honorum* de Volusianus d'après notre inscription qui fut gravée entre 311 et 314, puisqu'elle ne mentionne que son premier consulat. Volusianus fut ensuite préfet de la ville pour la seconde fois en 313-315 [3], et consul également pour la seconde fois en 314. Il fut enfin appelé à la préfecture du prétoire, vraisemblablement en 321, mais on ignore où il exerça cette fonction.]

Imp. Constantinus A. Volusiano P. P.

Sine die et conss. [4].

An. 321. — Crispo II et Constantino II conss.

Kal. Aug. P. P. Sirmio [5].

---

[1] [*Corp. inscr. Latin.* vol. VI, n. 1707.]

[2] [*Ibid.* vol. X, n. 1655.]

[3] [*Chronogr.* an. 354. Voir plus haut, t. IX, p. 392.]

[4] *Cod. Just.* lib. IV, tit. xxxv, c. 21. — [Lib. XII, tit. 1, c. 2.]

[5] *Cod. Theod.* lib. XIII, tit. III, c. 1. *De medicis. Cod. Just.* lib. X, tit. LIII, c. 6. [D'après Krueger, cette dernière constitution est adressée *ad populum*; elle fut promulguée à Constantinople, le 27 septembre 333.]

# PRAEFECTI PRAETORIO ITALIAE.

Mens Gothofredi est Volusianum hoc tempore praefectum praetorio fuisse, at cujus praefecturae statuere non audet.

[Le Code Théodosien n'indique pas la qualité de Volusianus, mais l'objet de la constitution rend très plausible l'opinion de Godefroy et de Borghesi [1]. Le titre de préfet du prétoire est d'ailleurs donné à Volusianus par les constitutions précitées.]

An. 326. — Constantino A. VII et Constantio C. conss.
Prid. kal. Jan. Dat. Sirmio [2].

[Cette constitution doit être écartée; le nom du destinataire manque dans les manuscrits.]

## VI

1074 = 321 — 1075 = 322.

### MENANDER,
praef. praet. sub Constantino.

Imp. Constantinus A. Menandro...
An. 321. — Crispo II et Constantino II CC. conss.
III id. April. Dat. Sirmio [3].
Consta di qui, che gli erano soggetti i giudici.
III id. Jul. [?] Dat.... [4].
Kal. Aug. Dat.... [5].
Vi si parla dell' Africa, imperocchè vi si ricordano i Tertii Augustani.
An. 322. — Probiano et Juliano conss.
Prid. non. Jul. Dat. [?] Romae [6].

---

[1] [Seeck, p. 228, et *Symmachus*, p. CLXXVI.]
[2] *Cod. Just.* lib. X, tit. I, c. 7 : ad Volusianum P. U. (*corrige* P. P.).
[3] *Cod. Theod.* lib. XV, tit. I, c. 2. *De operibus publicis.*
[4] *Ibid.* lib. IV, tit. XII, c. 2. *De vectigalibus. Cod. Just.* lib. IV, tit. LXI, c. 5. [Il faut lire dans la suscription *Jan.* et non *Jul.* Il est dit en effet dans la constitution suivante, datée du 17 août, que la loi nouvelle était violée par les soldats de la 3ᵉ légion Augusta. Cette légion étant établie en Afrique (*Corp. inscr. Lat.* vol. VIII, p. XIX), une loi du 13 juillet n'aurait pu parvenir en Afrique et donner lieu à des abus motivant un règlement nouveau dans un aussi court intervalle.]
[5] *Cod. Theod.* lib. IV, tit. XII, c. 3.
[6] *Ibid.* lib. XI, tit. XXVII, c. 2. *De alimentis.* [Cette constitution a été *accepta*,

**498**   PRAEFECTI PRAETORIO ITALIAE.

Si vede che di lui dipendevano «proconsules praesidesque et rationales per universam Africam[1]».

An. 326 [?] Constantino A. VII et Constantio C. conss.

X kal. Jul. Dat. . . .[2].

Gli ordina di ammonere «Proconsules, rectores provinciarum, praefectos vehiculorum».

Il Peyron lo crede Conte dell'Africa per la memoria dei Tertii Augustani, ma se gli oppose il Wenckio, e con ragione, perchè i giudici non dipendevano mai dai conti. Resta dunque che fosse o prefetto del pretorio d'Italia, come pensi il Gotofredo, o vicario dell'Africa.

[Bien que les rédacteurs du Code Théodosien aient omis d'indiquer la charge confiée à Menander, le contenu des constitutions rend très vraisemblable l'opinion de Godefroy. Menander fut préfet du prétoire en 321 et 322. Était-il encore en fonctions en 326? On ne peut invoquer en ce sens qu'un texte isolé daté «Constantino A. VII et Constantio C. conss.». Il est probable que l'original portait «Constantino A. VI...», et que la constitution est du 22 juin 320 et non du 22 juin 326[3].]

VI *bis.*

[1074 = 321.

HELPIDIUS,

agens vicem praeff. praet. sub Constantino.

— «Imp. Constantinus A. Helpidio agenti vicem P.P. — Dat. VI kal. Jun. Viminacii. Crispo II et Constantino II conss. (321)[4].»]

---

[1] [Sur la question de savoir si les préfets du prétoire furent affectés sous Constantin à une région déterminée, voir plus haut, p. 186.]

mais non *data* à Rome : plusieurs textes prouvent qu'en mai, juin et juillet 322, Constantin était à Sirmium. Cf. Seeck, p. 229.]

[2] *Cod. Theod.* lib. VIII, tit. v, c. 4. *De cursu publico.*

[3] [Seeck, p. 226.]

[4] [*Cod. Just.* lib. VIII, tit. x. c. 6.]

## VII

[1075 = 322 — 1077 = 324.

*SEVERUS*,
sub Constantino.

Aucun texte ne donne à Severus le titre de préfet du prétoire. Seeck[1] croit cependant qu'il remplit cette fonction après celle de vicaire d'Italie[2]. C'est à ce titre que Constantin lui aurait adressé quatre constitutions :

An. 322. — Probiano et Juliano conss.
XV kal. Jan. Dat. Serdicae[3].
An. 323. — Severo et Rufino conss.
Id. Apr. Dat... [4].
An. 321 (?). — Crispo II et Constantino II CC. conss.
X kal. Febr. Dat. Sirmio. Acc. non. Apr.[5]
An. 336 (?). — Nepotiano et Facundo conss.
XIV kal. Jan Dat...[6].

La dernière constitution a une suscription inexacte : elle ne saurait être de l'an 336, car c'est une simple copie d'une constitution qu'un autre texte attribue à 324[7]. Dans la troisième, Severus est qualifié préfet de la ville : il y a eu, en effet, un préfet du nom d'Acilius Severus, mais il n'est entré en fonctions qu'en 325. Il est vraisemblable que les compilateurs du Code ont écrit P. U. pour P. P. D'autre part, en 321, Severus n'était que vicaire d'Italie : il faut sans doute lire « Crispo III et Constantino III CC. conss. », et reporter cette constitution à 324[8].]

---

[1] [P. 229].

[2] [Deux constitutions de 316 et 321 sont adressées à Julius Verus, d'abord *praeses Tarraconensis*, puis vicaire d'Italie (*Cod. Theod.* lib. II, tit. vi, c. 2. — Lib. VI, tit. xxv, c. 4). Une constitution de 319 est adressée à un vicaire d'Italie, dénommé Severus (*ibid.* lib. XI, tit. xxx, c. 9. Cf. lib. VIII, tit. xviii, c. 2). Seeck (p. 213) pense que tous ces textes se rapportent au même personnage, dont le nom exact serait Julius Severus.]

[3] [*Cod. Theod.* lib. III, tit. xxxii, c. 1. *De praediis minorum.*]

[4] [*Cod. Just.* lib. III, tit. xii, c. 3. *De feriis.*]

[5] [*Cod. Theod.* lib. VI, tit. xxii, c. 1.]

[6] [*Ibid.* lib. XIII, tit. v, c. 8.]

[7] [*Ibid.* c. 4.]

[8] [Voir cep. Haenel, col. 550, n. *a*.]

✶

[1071 — 318.]

*FLORIANUS*,

sub Constantino.

Imp. Constantinus A. Floriano P. P.

An. 318. — Licinio V et Crispo C. conss.

IV id. Apr. PP...[1].

[Florianus n'est pas un préfet du prétoire : *P. P.* est une correction de Cujas. Les manuscrits portent *Praes(idi)* [2]].

✶

[1072 = 319 — 1074 = 321.]

*JANUARINUS*,

sub Constantino.

Imp. Constantinus A. Januarino P. P. [?]

An. 319. — Constantino A. V et Licinio C. conss.

Id. Jan. Dat... Acc. V kal. Aug. Corintho [3].

[XVI kal. Mart. Dat...[4].]

VI kal. Dec. Dat. Serdicae [5].

---

[1] *Cod. Theod.* lib. VII, tit. xx, c. 1. *De veteranis.* [«Edictum... ad devotionem tuam misimus», dit Constantin.]

[2] [Haenel, col. 672, n. *u*. La suscription est d'ailleurs inexacte. Constantin parle d'une victoire qu'il a remportée sur Licinius, le 3 juillet 324 suivant Hydace. La constitution est donc postérieure à cette date. Seeck, p. 23 et 234, conjecture qu'elle fut rendue en 325 et promulguée à Beauvais en 326.]

[3] *Cod. Theod.* lib. IX, tit. 1, c. 2. *De accusationibus. Cod. Just.* lib. IX, tit. xL, c. 2. [La qualité de Januarinus n'est pas indiquée.]

[4] *Cod. Just.* lib. XI, tit. lxviii, c. 2. *De agricolis.* [Les sigles *P. P.* ne se trouvent que dans les éditions de Russard et de Le Conte. On lit dans les manuscrits : *Januario, comiti Or(ientis)*. La date manque, mais il y a au code une autre constitution, également adressée à Januarinus et dont la nôtre paraît être un fragment : lib. VI, tit. 1, c. 5. Cf. Krueger, p. 233, n. 1.]

[5] *Cod. Theod.* lib. IX, tit. xxxvii, c. 1. *De abolitionibus. Cod. Just.* lib. IX, tit. xLii. c. 2. [Januarinus est désigné comme *P. U.*, mais, à la fin de 319, c'est Valerius Maximus qui était préfet de la ville.]

PRAEFECTI PRAETORIO ITALIAE.     501

An. 320. — Constantino A. VI et Constantino C. conss.
Prid. non. Dec. PP. Romae[1].

An. 321. — Crispo II et Constantino CC. conss.
XII kal. Dec. Dat. [?] Romae[2].

[Il n'existe aucun texte précis qui permette de maintenir Januarinus sur la liste des préfets du prétoire : il fut *comes Orientis*, puis *vicarius urbis*[3].]

## VIII

[1076 =] 323.

*FLORENTIUS*,
sub Constantino.

Imp. Constantinus A. ad Florentium P. P.
An. 323. — Severo et Rufino conss.
Id. April. Dat. Constantinopoli[4].

[Il n'est pas certain que Florentius ait été préfet du prétoire, bien que cette qualité lui soit attribuée au Code de Justinien : en 320, il était *rationalis*[5]. D'après l'objet de la constitution précitée, il est vraisemblable qu'il l'était encore en 323[6].]

## VIII bis.

[1078 = 325.

SILVIUS,
vices praeff. ag. sub Constantino.

Imp. Constantinus A. ad Silvium . . . . . . . . Paullum mag. Italiae.

---

[1] *Cod. Theod.* lib. IX, tit. xxxiv, c. 3. *De famosis libellis.* [La constitution est adressée *ad Januarinum agentem vicariam praefecturam.* Cf. Mommsen, *Nuove Memorie dell' Inst.*, p. 310.]

[2] *Cod. Theod.* lib. IX, tit. xxi, c. 2. *De falsa moneta. Cod. Just.* lib. IX, tit. xxiv, c. 1. [La qualité de Januarinus n'est pas indiquée.]

[3] [Voir cependant Seeck, p. 221.]

[4] *Cod. Just.* lib. I, tit. lvi, c. 1. *De magistratibus municipalibus.* [La suscription est interpolée : *Constantinopoli* au lieu de *Byzantio; Dat.* au lieu de *PP.,* car, ce jour-là, Constantin était à Sirmium. (*Cod. Just.* lib. III, tit. xii, c. 3.) Cf. Krueger, p. 91. n. 20.] *Cod. Theod.* lib. XII, tit. i, c. 8. *De decurionibus.*

[5] [*Cod. Theod.* lib. IX, tit. iii, c. 1.]

[6] [Cf. Hoenel, col. 1135, n. *g.*]

502    PRAEFECTI PRAETORIO ITALIAE.

An. 325. — Paullino et Juliano conss.
V kal. Mart. Dat. Nicomediae[1].

Haenel constate qu'il y a une lacune de neuf lettres après Silvius. Il conjecture que l'original portait *pm*, ce que le copiste aurait traduit par *Paullum mag̅*. Silvius aurait été préfet d'Italie. Il y a cependant une difficulté : on ne connaît pas d'exemple, à cette date, de l'affectation d'un préfet du prétoire à une région déterminée. Peut-être Silvius fut-il seulement *vices praefectorum agens per Italiam*. La teneur du rescrit *De officio vicarii* prouve qu'il occupait une haute situation[2].]

## IX

[1079 = 326.]

BASSUS,

praef. praet. sub Constantino.

Imp. Constantinus A. ad Bassum P. P.

An. 326. — Constantino A. VII et Constantio C. conss.

[XV kal. Aug. PP...[3].]

VII kal. Oct. Dat. Spoleti[4].

VIII kal. Dec. Dat...[5].

An. 329 [?]. — Constantino A. VIII et Constantino C. IV conss.

VIII Id. Mart. PP. Constantinopoli[6].

VII kal. Aug. Dat. Naïsso. PP. Romae. Non. Oct.[7].

---

[1] [*Cod. Theod.* lib. I, tit. xv, c. 1.]

[2] [«Ne tua gravitas occupationibus aliis districta hujusmodi rescriptorum cumulis oneretur, placuit, has solas causas gravitati tuae injungere in quibus persona potentior inferiorem aut minorem judicem premere potest, aut tale negotium emergit, quod in praesidali judicio terminari fas non est, ut, quod per eosdem praesides diu tractatum, apud te debeat terminari.» Cf. Mommsen, *Nuove Memorie*, p. 315; Cantarelli, *Bullettino della comm. archeol. municip. di Roma*, 1892, p. 112 et suiv.]

[3] [*Cod. Theod.* lib. XVI, tit. ii, c. 3. *De episcopis.* Voir plus haut, p. 495, n. 5.]

[4] *Cod. Theod.* lib. XVI, tit. v, c. 2. *De haer.*

[5] *Ibid.* lib. XII, tit. i, c. 4. *De decurionibus.* [La constitution est adressée «ad... P. P.»] I nuovi editori suppliscono Basso, perchè vi si parla del senato di Roma, dicendo che in quest'anno egli era il prefetto d'Italia. [Cf. Haenel, col. 1200, n. *k*.]

[6] *Cod. Theod.* lib. II, tit. x, c. 4. *De postulando.* [La plupart des éditeurs reportent cette constitution à l'an 326, ils lisent *A. VII* au lieu de *A. VIII*. Il n'y a en effet aucun document sûr qui permette d'affirmer que Bassus ait été préfet du prétoire en 329. Voir cep. Haenel, col. 221, n. *v*.]

[7] *Cod. Theod.* lib. II, tit. xvi, c. 2. *De*

## X
[1081 =] 328.

**AEMILIANUS**,
praef. praet. sub Constantino.

Imp. Constantinus A. Aemiliano P. P.
An. 328. — Januario et Justo conss.
VII id. Maii. Lecta Romae[1].

## XI
[1083 = 330 — 1084 = 331.]

**BASSUS**,
praef. praet. sub Constantino.

Imp. Constantinus A. ad Bassum P. P.
An. 330. — Gallicano et Symmacho conss.
XII kal. Jul. Lecta apud acta...[2].
An. 331. — Basso et Ablabio conss.
Prid. kal. Mart. Dat....[3].
Convien ricordarsi che abbiamo un Basso vicario d'Italia, nel 320[4].

[Des textes cités (art. IX et XI) il résulte qu'il y eut un préfet du prétoire du nom de Bassus en 326 (8 mars-25 septembre), puis en 330-331. Rien ne prouve que ce soit le même personnage. On peut conjecturer que le préfet de 330-331 est

---

*integri restitutione. Cod. Just.* lib. II, tit. LII, c. 5. Sed ibi : «PP. Non. Oct. Romae. Constantino A. et Licinio utrisque II conss.,» nempe an. 312. [La qualité de Bassus n'est pas indiquée (Haenel, col. 235, n. r.). Krueger, p. 116, n. 12, reporte cette constitution à l'an 319 et au préfet de la ville Septimius Bassus.]

[1] *Cod. Theod.* lib. XI, tit. XVI, c. 4. *De extraord. sive sordidis muneribus. Cod. Just.* lib. XI, tit. XLVIII, c. 1. *De agricolis.* [Voir plus haut, t. III, p. 514, où la préfecture d'Aemilianus est reportée par erreur à l'année 348.]

[2] *Cod. Theod.* lib. II, tit. XXVI, c. 2. *Finium regundorum. Cod. Just.* lib. III, tit. XXXIX, c. 4.

[3] *Cod. Theod.* lib. IV, tit. VIII, c. 7. *De liberali causa.*

[4] *Cod. Theod.* lib. IX, tit. VIII, c. 1. *Si quis eam cujus tutor fuerit corruperit.* [*Cod. Just.* lib. IX, tit. X, c. 1. Seeck, p. 220, reporte le vicariat de Bassus à 317-318.]

Annius Bassus, consul en 331. Il est tout aussi difficile de dire dans quelle partie de l'empire Bassus fut préfet; les textes qui avaient déterminé Borghesi à le ranger parmi les préfets d'Italie s'appliquent non pas au préfet du prétoire Bassus, mais au préfet de la ville ou au vicaire d'Italie.]

## XII

[1085 = 332 et 1087 = 334 — 1088 = 335.]

[PAPINIUS][1] PACATIANUS,
praef. praet. sub Constantino.

Imp. Constantinus A. ad Pacatianum P. P.

An. 332. — Pacatiano et Hilariano conss.

Prid. id. April. Dat. Marcianopoli[2].

Malgrado che i nuovi editori non si siano saputi risolver a cambiare la lezione P. U.[3] e malgrado ciò che ne ha detto il Corsini[4], io sono interamente dell' avviso del Gotofredo che si abbia da sostituire P. P. a motivo dell' Anonimo che attesta Anicio Paulino essere stato *praefectus urbis*, del 331 fino a « VII idus Aprilis » del 333 [5].

An. 334. — Optato et Paulino conss.

VIII id. Mart. Dat. [?] Romae[6].

III non. Jul. Dat. Singiduno[7].

An. 335. — Constantio et Albino conss.

XV kal. Maii. Dat. Constantinopoli[8].

[Pacatianus avait été *vicarius Britanniae* en 319[9]. Il fut consul en 332 avec Maecilius Hilarianus[10].]

---

[1] [Le gentilice de Pacatianus est connu par Athanasii ep. IV *Papinio Pacatiano et Maecilio Hilariano consulibus*.]

[2] *Cod. Theod.* lib. III, tit. v, c. 4 et 5. *De sponsalibus.*

[3] [Plusieurs manuscrits portent p̄p̄ō.]

[4] [*Series praef. Urbis*], p. 184.

[5] [*Chronogr.* an. 354, p. 68. Voir plus haut, t. IX, p. 393.]

[6] *Cod. Theod.* lib. XIV, tit. iv, c. 1. *De suariis.*

[7] *Ibid.* lib. X, tit. xv, c. 2. *De advocato fisci.*

[8] *Ibid.* lib. VIII, tit. ix, c. 1. *De lucris officiorum.*

[9] [*Cod. Theod.* lib. XI, tit. vii, c. 2.]

[10] [Athanas. ep. IV. Cf. De Rossi, *Inscr. christ.* vol. I, p. 38.]

## XIII

[1086 = 333 — 1088 =] 335.

FELIX,
praef. praet. sub Constantino.

Imp. Constantinus A. ad Felicem P. P.

An. 333. — Dalmatio et Zenophilo conss.

[XIV kal. Maii. Dat. Constantinopoli [1].

... Kal. Nov. Dat. Aquis [2].]

An. 334. — Optato et Paulino conss.

Prid. non. Aug. Dat. Viminacio [3].

[VII id. Sept. PP. Karthagine [4].]

An. 335. — Constantio et Albino conss.

XII kal. Nov. Dat. Constantinopoli. PP. VII id. Mart. Karthagine. Nepotiano et Facundo conss. [5].

Sine die et conss... [6].

[L'adresse de cette constitution est incomplète dans Haloander et la suscription est omise. Il faut lire :

—«Imp. Constantinus A. ad Felicem praesidem Corsicae. — Dat. VIII kal. Nov. Sirmi. Constantino A. V et Licinio C. conss. (319).]

---

[1] [*Cod. Theod.* lib. III, tit. xxx, c. 5. — *Cod. Just.* lib. V, tit. xxxvii, c. 23. La fonction de Félix n'est pas indiquée.]

[2] [*Cod. Theod.* lib. I, tit. xxxii, c. 1. — Lib. VII, tit. iv, c. 1.] *Cod. Just.* lib. XI, tit. viii, c. 2. *De murilegulis.* [La qualité de Félix n'est pas indiquée, mais l'empereur l'appelle : «carissime nobis».]

[3] *Cod. Theod.* lib. XII, tit. 1, c. 21. *De decurionibus.*

[4] [*Ibid.* lib. XIII, tit. iv, c. 1; tit. v, c. 6. Le texte n'indique pas la fonction remplie par Félix.]

[5] *Cod. Theod.* lib. XVI, tit. viii, c. 5. *De Judaeis.* Tit. ix, c. 1. *Ne christianum mancipium.* — *Cod. Just.* lib. IV, tit. lxii, c. 4. *Vectigalia nova institui non posse.* [Dans ce dernier texte, le consulat manque. Dans les autres, les manuscrits offrent des variantes.] Const. Sirmondi IV, *Non debere servos a Judaeis circumcidi.* [Constantin appelle Félix : «Parens carissime» et «Excellens sublimitas tua».]

[6] *Cod. Just.* lib. VII, tit. xlix, c. 2. *De poena judicis qui male judicavit.* — *Cod. Theod.* lib. I, tit. xvi, c. 3. *De off. rector. prov.*

## XIII bis.

[Ante 1090 = 337.

**L. ARADIUS VALERIUS PROCULUS *QVI ET* POPULONIUS,**
perfunctus officio praef. praet. (per Africam) sub Constantino.

Valerius Proculus fut préfet de la ville en 337-338 et consul en 340. Il avait été auparavant chargé successivement de fonctions très diverses, à la suite desquelles il fut nommé proconsul d'Afrique *vice sacra judicans*. Pendant son proconsulat, un décret impérial le chargea à titre exceptionnel de faire fonction de préfet du prétoire dans les six provinces qui composent le diocèse d'Afrique. Une inscription trouvée à Rome donne le *cursus honorum* de Valerius Proculus[1] :

P O P V L O N I I

· L · ARADIO · VAL · PROCVLO · V · C
AVGVRI
PONTIFICI MAIORI
QVINDECEMVIRO SACRIS FACIVNDIS
PONTIFICI FLAVIALI·
PRAETORI TVTELARI
LEGATO PRO PRAETORE PROVINCIAE NVMIDIAE
PERAEQVATORI CENSVS PROVINCIAE CALLECIAE
PRAESIDI PROVINCIAE BYZACENAE
CONSVLARI PROVINCIAE EVROPAE ET THRACIAE
CONSVLARI PROVINCIAE SICILIAE
COMITI ORDINIS SECVNDI
COMITI ORDINIS PRIMI
PROCONSVLI PROVINCIAE AFRICAE · VICE SACRA · IVDICANTI · EIDEMQ · IVDICIO SACRO PER PROVINCIAS PROCONSVLAREM · ET · NVMIDIAM · BYZACIVM · AC TRIPOLIM ITEMQVE MAVRETANIAM SITIFENSEM · ET · CAESARIENSEM
PERFVNCTO · OFFICIO PRAEFECTVRAE PRAETORIO
COMITI·ITERVM ORDINIS PRIMI INTRA PALATIVM
PRAEFECTO VRBI VICE SACRA · ITERVM IVDICANTI
CONSVLI·ORDINARIO·

HVIC CORPVS SVARIORVM ET CONFECTVARIORVM
AVCTORIBVS PATRONIS EX AFFECTV EIDEM IVRE DEBITO
STATVAM PATRONO DIGNO PONENDAM CENSVIT

Une autre inscription de même provenance appelle Aradius *praefectus Libyae*[2].]

---

[1] [*Corp. inscr. Lat.* vol. VI, n. 1690; cf. n. 1691, inscription conçue dans les mêmes termes et élevée par les habitants de la ville de Pouzzoles dont il était le patron.]

[2] [*Corp. inscr. Lat.* vol. VI, n. 1693; cf. 1692, 1694. Aradius fut une seconde

## XIV
[1089=] 336 — [1090=] 337.

### GREGORIUS,
praef. praet. Italiae sub Constantino.

Il Tillemont lo fa prefetto nel 336 e nel 337[1].

Si ha una lettera di Donato scismatico di Africa a questo prefetto Gregorio :

— [« Quis negare potest... imperatorem Constantem Paulum et « Macarium... misisse... cum eleemosynis...? Qui cum ad Dona-« tum patrem tuum venirent et, quare venerant, indicarent, ille « solito furore succensus in haec verba prorupit : Quid est imperatori « cum ecclesia? Et de fonte levitatis suae multa maledicta effudit non « minus quam in Gregorium aliquando] ad quem, inquit, sic scribere « minime dubitavit : Gregori, macula senatus et dedecus praefectorum, « et cetera talia, cui Donato praef(ec)tus patientia episcopali rescrip-« sit[2]. »

Imp. Constantinus A. ad Gregorium P. P.

336. — Nepotiano et Facundo conss.

XII kal. Aug. Lecta Karthagine[3].

VII id. Oct. Dat...[4].

337. — Feliciano et Titiano conss.

Prid. non. Febr. Dat. Constantinopoli[5].

Vedi le note del Gotofredo, il quale prova che fu prefetto d'Italia[6].

[Les *Vaticana fragmenta* contiennent la copie d'une constitution de Constantin fois préfet de la ville en 351-352 (*Mon. Germ. hist.* t. IX, p. 68).]

[1] [*Mém. Ecclés.*], t. VI, p. 67.

[2] S. Optati Milevitani lib. III, [c. 3]. Ad an. 331.

[3] *Cod. Theod.* lib. IV, tit. VI, c. 3. *De naturalibus filiis. Cod. Just.* lib. V, tit. XXVII, c. 1. [Cf. *Nov.* LXXXIX, c. XV pr.]

[4] *Cod. Theod.* lib. XI, tit. 1, c. 3. *De annona.*

[5] *Ibid.* lib. III, tit. 1, c. 2. *De contrahenda emptione.*

[6] [*Chronol.* p. XXXVI. Cf. Gotofred. ad *Cod. Theod.* lib. XI, tit. 1, c. 3. C'est le seul texte du Code qui donne à Gregorius le titre de préfet du prétoire.]

transmise au *corrector* du Picenum par un préfet du prétoire qui est vraisemblablement notre Gregorius :

— «Augg. [et Caess]. — Data IV kal. Sept. a praefecto [praetorio] «ad correctorem Piceni, Aquileia. Accepta XIV kal. Oct. Albae. Constan-«tino Aug. III cons[1].»

Le consulat est celui de l'an 313; mais au Code Théodosien figure un extrait de cette constitution[2] avec la suscription : *Dat. prid. non. Febr. Constantinopoli. Feliciano et Titiano conss.* (337). Cette dernière date paraît la plus exacte : l'indication d'un préfet unique ayant autorité sur l'Italie convient mieux à cette époque qu'à l'année 313 où il n'existait pas de préfecture régionale.

Trompé par une mauvaise lecture du cardinal Maï (*ap. ff.* au lieu de $\overline{a.\,pff}$), Borghesi avait pensé qu'il s'agissait d'un simple *praeses*, bien que la qualification de *parens karissime* lui parût mieux convenir à un préfet du prétoire. La véritable leçon a été rétablie par Mommsen[3].]

## XV

[Intra 1176 = 323 et 1191 = 338.]

C. CAELIUS SATURNINUS *QVI ET* DOGMATIVS,

praef. praet. [sub Constantino (?)]

[Le préfet du prétoire C. Caelius Saturninus est connu par une inscription trouvée à Rome au pied du Quirinal[4] :]

```
        C·CAELIO SATVRNINO·V·C
           PRAEFECTO PRAETORIO
         C·CAELIVS·VRBANVS·VC
           CONSVLARIS·PATRI
```

Si attribuisce questa lapide ad Urbano console nel 987 [= 234] e del padre di lui disse il Reinesio : «Ejus tamen nec historicorum quisquam, nec illi qui indiculos praefectorum praetorio confecerunt,

---

[1] [*Vatic. fr.* § 35].

[2] [Voir plus haut, p. 507, n. 5.]

[3] [Voir plus haut, t. III, p. 103. Mommsen, *Collectio librorum juris antejustiniani*, t. III, p. 26, n. 3.]

[4] Fabretti, 713, 348. Reinesius, cl. VI, n. 27. Donius, cl. V, n. 90. Donatus, p. 248, 5. [De Rossi, *Inscr. christ.* vol. I, p. 10. *Corp. inscr. Lat.* vol. VI, n. 1705.]

meminerunt». Egli crede che fosse prefetto sotto Settimio e sotto i suoi figli, ma se la lapide gli fu eretta quando il figlio era già stato console morì adunque dopo il 987, onde pote egualmente esserlo sotto alcuno dei seguenti imperatori.

Ma che il Reinesio sia stato in inganno... si è reso in oggi manifesto da quest'altra lapide parimente romana, trovata... nella piazza della Pilotta... Ella è incisa sopra una base che sosteneva la statua dell'onorato, insieme rinvenuta[1].

```
            ⚜ DOGMATII ⚜
           ─────────────
              HONORI
       ·C·CAELIO·SATVRNINO·V·C
     ALLECTO PETITV·SENATVS INTER
     CONSVLARES COMITI·D·N·CONSTANTINI
     VICTORIS AVG·VICARIO PRAEFECTVRAE
     VRBIS IVDICI SACRARVM COG·VICARIO
     PRAEFF. PRAETORIO· BIS IN VRBE ROMA
     ET PER MYSIAS·EXAMINATORI PER ITA
     LIAM PRAEFECTO ANNONE VRBIS RATIO
     NALI PRIVATE VICARIO SVMMAE REI
     RATIONVM  RATIONALI  VICARIO  PER
     GALLIAS  MAGISTRO  CENSVM  VICARIO
     A  CONSILIIS  SACRIS  MAGISTRO  STV
     DIORVM  MAGISTRO  LIBELLORVM  DVCE
     NARIO A CONSILIIS·SEXAG·A CONSILIIS
     SACRIS · SEXAG · STVDIORVM  ADIVTORI
     FISCI  ADVOCATO  PER  ITALIAM
         C·FL·CAELIVS VRBANVS·V·C
             CONSVLARIS PATRI[2]
```

La nuova base di Celio Saturnino... mi è stata carissima perchè mi espelle dei fasti consolari del 986 il di lui figlio Celio Urbano

---

[1] [Ces lignes sont empruntées au mémoire de Borghesi *Sull' imperatore Pupieno*. Voir plus haut, t. V, p. 499.]

[2] Trovata a Roma nella piazza della Pilotta nel 1856 e mandatomi da P. E. Visconti. [*Corp. inscr. Lat.* vol. VI, n. 1704.]

intrusovi dal Reinesio, e mantenutovi dai successori fastografi col dissenso del solo Morcelli[1].

[Borghesi a laissé indécise la question de savoir où et quand C. Caelius Saturninus fut préfet du prétoire. Il s'est contenté de le ranger dans la série des préfets d'Italie après Gregorius, ce qui semble indiquer que, dans sa pensée, Saturninus fut l'un des derniers préfets du prétoire de Constantin ou l'un des premiers de Constance[2].]

## XVI

[1091=338 — 1092=339.]

[AURELIUS] CELSINUS,
sub Constante.

Imp. Constantius A.[3] Celsino P. P.

An. 338. — Urso et Polemio conss.

Dat. prid. id. Jun. Viminacii[4].

Impp. Constantinus et Constans AA. Have Celsine, karissime nobis.

An. 339. — Constantio II et Constante AA. conss.

VII id. Jan. Dat. Treviris[5].

Vi si parla dell' Africa.

Il Gotofredo lo crede l'Aurelio Celsino che l'Anonimo fa prefetto di Roma nel 341[6].

---

[1] [Ces lignes sont empruntées à une lettre de Borghesi à Henzen publiée dans les *Memorie dell' Inst. di corrisp. archeol. di Roma*, vol. II, p. 294 à 297, et réimprimée plus haut, t. V, p. 499-501 (en note).]

[2] [Il y a quelques divergences sur la date de l'inscription de la Pilotta. Borghesi la croyait antérieure à 318. Mommsen, dans son célèbre commentaire, *De C. Caelii Saturnini titulo ad Eduardum Gerhardum epistula*, pense qu'elle est postérieure à 323 et antérieure à 337 (*Memorie dell' Inst. archeol.* vol. II, p. 299. Cf. Édouard Cuq, *Le Conseil des Empereurs*, p. 467; *Études d'épigraphie juridique*, p. 33.) Ce qui est certain, c'est que Caelius Saturninus n'était pas encore préfet du prétoire au moment où fut gravée cette inscription. Voir encore, sur cette inscription, R. Garrucci (trad. du général Creuly), *Explication d'une inscription du musée de Latran* (dans la *Revue archéol.* nouv. série, V, 384-393; VI, 31 et suiv.)]

[3] [Cf. Haenel, col. 1205, n. p.]

[4] *Cod. Theod.* lib. X, tit. x, c. 4. *De petitionibus.*

[5] *Ibid.* lib. XII, tit. 1, c. 27. *De decurionibus.*

[6] [Voir plus haut, t. IX, p. 393 et 394.]

## PRAEFECTI PRAETORIO ITALIAE.

[Celsinus pourrait bien n'avoir été en 338-339 qu'un simple proconsul d'Afrique[1]. Une inscription d'Henchir bu Ftis mentionne le proconsulat d'Aurelius Celsinus[2].]

### XVII

[1092 =] 339.

#### MAECILIUS HILARIANUS,
praef. praet. Italiae sub Constantio.

Nella legge del codice Teodosiano del 353 [*prid. id. Mart.*] diretta ad Orfito prefetto di Roma, si scrive :

« Litteris ad Hilarianum P. P. destinatis praecepimus senatores ad « urbem Romam venire compelli[3]. »

Per cui alcuni pensano che ci abbiamo da riferirsi a questo tempo anche le due leggi che trovansi nelle schede di Mecilio Hilariano prefetto di Roma nel 338, nella seconda delle quali realmente si ordinò : « Omnes clarissimi... Romam venire cogantur ».

Imp. Constantius A. ad Mecilium Hilarianum P. P.
An. 339. — Constantio II et Constante AA. conss.
    VIII... April. Dat...
    IV kal. Jul. Dat...[4].

[Maecilius Hilarianus fut préfet de la ville depuis le 13 janvier 338 jusqu'au 14 juillet 339. S'il a réellement occupé la charge qui lui est attribuée dans ces deux textes, il aurait été en même temps préfet du prétoire et préfet de la ville, comme le furent dix ans plus tard Limenius et Hermogenes. Maecilius Hilarianus avait été consul en 332 avec Papinius Pacatianus[5].]

---

[1] [Cf. Tillemont, *Hist. des Emp.* t. IV, p. 315; Tissot, *Fastes de la province d'Afrique*, p. 223.]

[2] [*Corp. inscr. Lat.* vol. VIII, n. 12272.]

[3] *Cod. Theod.* lib. VI, tit. iv, c. 7. De praetoribus. [Borghesi date cette loi «Constantio A. VI et Constantio C. II conss.» Voir cep. Haenel, *ad h. loc.*]

[4] *Cod. Theod.*, eod., c. 3 et 4.

[5] [Voir plus haut, p. 504.]

## XVIII

1093 = 340 — [1094 = 341].

[ANTONIUS] MARCELLINUS,
praef. praet. Italiae sub Constante.

Imp. Constantinus A. (*corrige* Constans) ad Marcellinum.

340. — Acyndino et Proculo conss.

III kal. Maii. Dat...[1].

Imp. Constantius A. ad Marcellinum P. P.

IV kal. Jul. Dat...[2].

Il Gotofredo crede che si debbe cambiare il *P. P.* in *Com(item) (Sacrarum) L(argitionum)*.

[L'existence de ce préfet, attestée jusqu'ici par l'adresse d'une constitution du Code Théodosien, était révoquée en doute[3]. Elle est confirmée par une inscription récemment découverte aux environs de Nova Zágora, dans la Thrace[4].

```
   pACIFICOPIISSIMOQVEPrINCIPi
     DNFLCLCONSTANTIVICTORi
    eTtRIVMFATORIpERPETVOAVg
   ANTMARCELLINVSetDOMLEONTIus
   eTFABTITIANVSVVCCPRAEFFPRAET
     NMQEORVMSEMPERDEVOTISSIMi
    pROCVRANTEPALLADIOVPPRAESIde
       pROVINCIAE THRACIAE
       ✛ CONSECRAVERVNT ✛
```

Antonius Marcellinus fut préfet d'Italie en avril 340; il l'était encore pendant

---

[1] *Cod. Theod.* lib. XI, tit. XII, c. 1. *De immunitate concessa*.

[2] *Ibid.* lib. VI, tit. XXII, c. 3. *De honorariis codicillis.*

[3] [Haenel, col. 1083, n. c.]

[4] [*Corp. inscr. Lat.* vol. III, n° 12330. Voir plus haut, p. 208, n. 4. L'inscription de Nova Zágora confirme l'authenticité du décret de patronage découvert en Calabre, à Nardo, et daté de 341 :

ANTONIO·MARCELLINO
ET·PETRONIO·PROBINO·CONS

(*Corp. inscr. Lat.* vol. IX, n. 10). Elle dissipe tous les doutes formulés par J. B. de Rossi au sujet du nom de famille de Marcellinus. HÉRON DE VILLEFOSSE.]

que Domitius Leontius était préfet d'Orient et Fabius Titianus préfet des Gaules, c'est-à-dire pendant le premier semestre de 341. Fabius Titianus était en effet préfet de la ville pendant le second semestre de 340[1].

Antonius Marcellinus fut consul en 341 avec Petronius Probinus[2].

Un Antonius Marcellinus fut *praeses provinciae Lugdunensis primae* sous Constantin[3]. Il est possible que ce soit le même personnage, bien que le rescrit qui lui est adressé soit daté de 319 : tous les éditeurs s'accordent à reconnaître que cette suscription est inexacte[4].

Un Marcellinus fut *comes sacrarum largitionum* sous Constant[5] et *magister officiorum* sous Magnence[6].]

## XIX
[1094=] 341.

### [FABIUS (?) ACO] CATUL[L]INUS [PHILOMATIUS.]
praef. praet. in Occidente sub Constante.

Impp. Constantius et Constans AA. ad Catulinum P. P.

An. 341. — Lauriaco, Marcellino et Probino conss.

VIII kal. Jul. Dat... [7].

[Ce préfet du prétoire n'est autre sans doute que Aco[8] Catullinus qui était en 338 vicaire d'Afrique[9], et qui fut préfet de la ville en 342-344[10] et consul en 349[11].]

---

[1] [*Chronogr. anni 354.*]

[2] [Cf. J. B. de Rossi, *Inscr. christ.* vol. I, n° 61. Voir la note 4 de la page précédente.]

[3] [*Cod. Theod.* lib. XI, tit. III, c. 1. *Cod. Just.* lib. IV, tit. XLVII, c. 2.]

[4] [Haenel, col. 1059, n. n.]

[5] [Zosim. lib. II, c. XLII : Μαρκελλίνῳ τῷ τοῦ ταμιείου προσσ]ηκότι.]

[6] [*Ibid.* c. XLIII : Ἡγουμένου Μαρκελλίνου τοῦ τὴν ἀρχὴν ἐπιτετραμμένου τῶν περὶ τὴν αὐλὴν τάξεων, ὃν μάγισ]ρον ὀφφικίων καλοῦσιν, ἀνεῖλε. Cf. c. XLVI. Tillemont, *Hist. des Emp.*, t. IV, p. 331.]

[7] *Cod. Theod.* lib. VIII, tit. II, c. 1. De tabulariis. *Cod. Just.* lib. X, tit. LXXI, c. 1. — *Cod. Theod.* lib. XII, tit. I, c. 31. De decurionibus.

[8] [Au Code Théodosien Catullinus est appelé Aconius; mais le Chronographe de l'an 354 et les monuments épigraphiques l'appellent toujours Aco. Cf. Cagnat, *Mélanges de l'École française de Rome*, 1887, t. VII, p. 258.]

[9] [*Cod. Theod.* lib. XII, tit. I, c. 24 et 26. Cf. lib. VI, tit. XXII, c. 2; — lib. XV, tit. I, c. 5. *Cod. Just.* lib. VIII, tit. XI, c. 1. — Lib. X, tit. XLVIII, c. 7.]

[10] [Voir, plus haut, t. IX, p. 393.]

[11] [Cf. Pallu de Lessert, *Vicaires et comtes d'Afrique*, p. 66.]

## XX

[1097 —] 344.

**M. MAECIUS MEMMIUS FURIUS BABURIUS CAECILIANUS PLACIDUS,**
praef. praet. [Italiae] sub Constantio II.

Placidum praefectum ignoti praetorii, sed tamen in Occidente, statuit Gotofredus ad annum 344[1].

Impp. Constantius et Constans AA. ad Placidum P. P.

An. 344. — Leontio et Sallustio conss.

V kal. Jul. Dat...[2].

La sua lapide[3] postagli in congratulazione della sua promozione al consolato del 343 già lo dice prefetto del pretorio, onde può esserlo stato nel 342, prima di essere console nel 343.

```
M·MAECIO·MEMMIO·FVRIO·BABVRIO
CAECILIANO·PLACIDO·C·V
PONTIFICI·MAIORI·AVGVRI·PV
BLICO·P·R·QVIRITIVM·QVINDECEM
VIRO·SACRIS·FACIVNDIS·CORREC
TORI·VENETIARVM·ET·HISTRIAE
PRAEFECTO·ANNONAE·VRBIS
SACRAE·CVM·IVRE·GLADII·COMITI
ORDINIS·PRIMI·COMITI·ORIENTIS
AEGYPTI·ET·MESOPOTAMIAE·IVDI
CI·SACRARVM·COGNITIONVM
TERTIO·IVDICI·ITERVM·EX·DE
LEGATIONIBVS·SACRIS·PRAE
FECTO·PRAETORIO·ET·IVDICI
SACRARVM·COGNITIONVM
TERTIO·CONSVLI·ORDINARIO
PATRONO·PRESTANTISSIMO
REGIO·PALATINA
POSVIT
```

---

[1] Notitia dignit. Cod. Theod.

[2] Cod. Theod. lib. XII, tit. 1, c. 37. De decurionibus.

[3] Vide ejus lapidem in nostris *Monum.* Hypat., 1096, an. 343. [*Corp. inscr. Lat.* vol. X, n. 1700. Cf. de Rossi, *Annali dell' Inst. di corrisp. arch.*, 1849, p. 341. Borghesi, *Bullet.*, 1850, p. 141.]

[Dans sa lettre au professeur C. Ramelli, du 15 août 1850[1], Borghesi reconnaît que Placidus fut préfet du prétoire d'Italie en 344 après avoir été consul en 343 et qu'il fut ensuite préfet de Rome du 26 décembre 346 au 12 juin 347[2].]

## XXI
[1100] = 347 — [1102] = 349.

**ULPIUS LIMENIUS,**
praef. praet. Italiae sub Constantio.

An. 347. — « Rufino et Eusebio.

« Pridie idus Junias, Limenius praefectus praetorio et urbis. »

An. 348. — « Filippo et Salia.

« Ulpius Limenius praefectus praetorio et urbis. »

An. 349. — « Limenio et Catulino.

« Limenius praefectus praetorio et urbis.

« Cessaverunt praefecturae dies XLI a die VI idus April. usque in « XV kal. Jun.[3] »

Imp. Constantinus A. ad Limenium P. P.
An. 349. — Limenio et Catulino conss.
   Prid. id. Febr. PP . . .[4].
   V kal. April. Dat . . .[5].

✷

[1102—] 349.

*EUSTATHIUS,*
sub Constantio.

Imp. Constantius A. ad Eustathium P. P.
An. 349. — Limenio et Catulino conss.
PP. Romae VIII id. Mart.[6]

---

[1] [Voir, plus haut, t. VIII, p. 252.]
[2] [Voir, plus haut, t. IX, p. 393.]
[3] Anonimo, *De praefectis Urbis*. [*Chron. anni 354*, p. 68.]
[4] *Cod. Theod.* lib. IX, tit. xxi, c. 6. *De falsa moneta.*
[5] *Cod. Theod.* tit. xvii, c. 2. *De sepulcris violatis. Cod. Just.* lib. IX, tit. xix, c. 3.
[6] *Cod. Theod.* lib. II, tit. i, c. 1. *De jurisdictione.* — Lib. XI, tit. vii, c. 6. *De exactionibus. Cod. Just.* lib. X, tit. xix, c. 4. Vi si parla della *res privata.*

Essendo certissimo che nel marzo del 349 era prefetto del pretorio a Roma Limenio, tutti convengono che invece di *P. P.* si era da correggere *C. R. P.*, sapendosi di fatti[1] che nel 345 Eustatio era appunto conte delle cose private, e da Filostorgio, ch'egli occupava quest'ufficio presso l'imperatore Costante :

— [« Ait Athanasium, cum ad occidentalium partium imperatorem
« venisset, ejusque palatii proceres, ac praecipue Eustathium comitem
« rerum privatarum, qui auctoritate plurimum valebat apud principem,
« donis ac muneribus sibi conciliasset, litteras a Constante ad Constan-
« tium attulisse[2]. »]

## XXII
[1102=] 349 — [1103=] 350.

### HERMOGENES,
praef. praet. Italiae [sub Constantio et Constante.]

[Après une vacance de quarante et un jours, la préfecture d'Italie fut confiée à Hermogenes.]

An. 349. — « Limenio et Catulino. XIV kal. Jun. »
« Hermogenes praefectus praetorio et urbis[3]. »
An. 350. — « Sergio et Nigriniano. »
« Hermogenes praefectus praetorio et urbis. Ante III kal. Mar.[4]. »

Nel 342, nota Idazio nel fasti[5] :

1. « His conss. [Constantio III et Constante II], victi Franci a Con-
« stante Aug. seu pacati. »

2. « Tractus Hermogenes. »

Non intendo bene cosa voglia dire.

---

[1] *Cod. Theod.* lib. X, tit. x, c. 7. *De petitionibus.*

[2] Lib. III, c. XII. [Ὅτι, φησὶν, Ἀθανάσιος πρὸς τὸν ἑσπέριον ἀφικόμενος βασιλέα, καὶ δώρων τοὺς αὐτῷ παραδυναστεύοντας ὑπαγαγὼν ἀφθονίᾳ μάλιστα δὲ Εὐστάθιον, ὃς κόμης ἦν τῶν λεγομένων πριουάτων, καὶ τῷ βασιλεῖ πιθανώτατος, ἐπιστολὴν πρὸς Κωνστάντιον κομίζεται.]

[3] Anonym. *De praefectis Urbis*, p. 68.

[4] [*Ibid.* p. 69; plus haut, t. IX, p. 394.]

[5] [*Mon. Germ. hist.* t. IX, p. 236.]

[Prosper Tiro est plus explicite :

— «Hermogenes magister militiae Constantinopoli tractus a populo «ob episcopum Paulum quem regio imperio et Arianorum factione «pollebat[1].»]

✻
?

### CLEARCHUS,
sub Constantio et Constante.

Impp. Constantius et Constans AA. ad Clearchum [P. U.] Sine die et conss[2].

La legge tratta dei prefetti di Roma e sta fra una indirizzata a Filippo che fu il prefetto del pretorio nel' 347, e ad Orfito che fu il prefetto di Roma del 354. Non potra poi essere un prefetto *urbis*, perchè la serie dei prefetti di Roma fino ad Orfito è piena e appoggiata all' Anonimo, quella di Costantinopoli non era ancora istituita.

[Godefroy et Krueger reportent cette constitution au temps de Valens et Théodose. Hermann conjecture qu'il faut peut-être lire *Cerealis* au lieu de Clearchus.]

### XXIII
1103 = 350.

### ANICETUS,
praef. praet. sub Magnentio.

— «Anicetus, quem Magnentius praefectum praetorio constituerat, «quosdam e plebe armavit et eduxit Urbe cum Nepotiano dimica-«turos[3].»

---

[1] [*Mon. Germ. hist.* t. IX, p. 453.]
[2] *Cod. Just.* lib. XII, tit. I, c. 5. *De dignitatibus.*
[3] Zosim. lib. II, c. XLIII. [Ἀνικήτου δὲ τοῦ παρὰ Μαγνεντίου κατασταθέντος ὑπάρχου τῆς αὐλῆς τῶν ἀπὸ τοῦ δήμου τινὰς ἐξοπλίσαντος καὶ τῆς πόλεως ἐξαγαγόντος ὡς δὴ Νεπωτιανῷ πολεμήσοντας....... Cf. Tillemont, *Hist. des Empereurs*, t. IV, p. 361.]

## XXIV

[Ante 1107 = 354.]

**VULCATIUS RUFINUS,**
praef. praet. [Italiae et Illyrici] sub Constantio.

[Dans une constitution de l'an 354, concernant *omnes Itali nostri*, l'empereur maintient l'application d'un règlement établi par Rufinus «vir clarissimus et illustris praefectus praetorio, parens amicusque noster». L'inscription et la suscription sont ainsi conçues :]

«Impp. Constantius et Constans AA. ordini Caesenatium. — Dat. XI kal. Jun. Mediolano. Constantio VII et Constante III AA. conss. (354)[1].»

La legge spetta certamente a Constante perchè vi si fa memoria «Constantii fratris mei». I nuovi editori però correggono «Constantis», e allora andra bene la data. Il Gotofredo lo giudica Volcazio Rufino, console nel 347, di cui ha raccolto le geste[2].

Imp. Constantius A. ad Rufinum P. P.

An. 349. — Limenio et Catulino conss.

V kal. Jun. Dat...[3].

An. 352. — Constantio A. V et Constantio C. conss.

V kal. Mart. Dat. Sirmio[4].

Era prefetto dell' Illirico, e a lui possono spettare alcune di queste leggi.

Vedi le schede del prefetto dell' Illirico che fosse la stessa persona[5].

[Borghesi considère comme un seul et même personnage les préfets d'Illyrie, d'Italie et des Gaules qui, au milieu du IVe siècle, portent le nom de Rufinus. Il est difficile de déterminer l'époque où Rufinus fut préfet d'Italie, si l'on n'admet avec Godefroy qu'il fut chargé en même temps de l'Illyrie.

On a vu plus haut qu'il fut préfet d'Illyrie dès l'année 349 sous le règne de Constant. Il aurait succédé à Hermogenes comme préfet d'Italie au début du règne

---

[1] *Cod. Theod.* lib. XI, tit. I, c. 6. *De annona.* [Cf. Haenel, col. 1044, n. b.]

[2] [T. V, p. 13.]

[3] *Cod. Just.* lib. VI, tit. LXII, c. 3.

[4] *Ibid.* lib. VI, tit. XXII, c. 5.

[5] [Voir, plus haut, p. 439.]

PRAEFECTI PRAETORIO ITALIAE.     519

de Constance et aurait administré les deux préfectures de 350 à 352, et peut-être même jusqu'à sa nomination à la préfecture des Gaules.]

## XXV
[1108 =] 355.

**C. CAEIONIUS RUFIUS VOLUSIANUS [*QUI ET* LAMPADIUS],**
praef. praet. Italiae sub [Constantio][1].

[Volusianus fut préfet du prétoire en 355 et préfet de la ville en 365.]

Imp. Constantius A. ad Volusianum P. P.
An. 355. — Arbitione et Lolliano conss.
  Kal. jan. Dat. Mediolano[2].
  XII kal. Mart. Dat. Mediolano[3].
  IV kal. Aug. Dat...[4].
  III kal. Aug. Dat...[5].

[Une inscription de Rome, en partie brisée, mentionnait la double préfecture confiée à Rufius Volusianus[6] :

| | |
|---:|:---|
| FLORENT | *issimo* |
| ET · PIISSI | *mo* |
| D · N · VALE | *ntiniano* |
| MAXIM | *o principi* |
| SEMPER | *augusto* |
| C · CEIONIV | *s rufius volusianus* |
| V · C · PRAE | *f · praetorio* |
| PRAEF · VRB | *i iterum vice sacra* |
| IVDIC · D · N | *m · q · ejus* |

[1] [Borghesi avait écrit ici *Maximiano* : c'est un lapsus. Il n'a certainement pas entendu attribuer des inscriptions du règne de Valentinien à Rufius Volusianus qui fut préfet du prétoire de Maxence en 311. Voir, plus haut, p. 156 et 157, n. 1.]

[2] *Cod. Theod.* lib. XI, tit. xxxiv, c. 2. *De his qui per metum judicis non appellaverunt.*

[3] *Cod. Just.* lib. VI, tit. xxii, c. 6. *Qui facere testamentum.* [L'adresse porte :] «ad Volusianum P. U.» corrige «Vicarium P.U.», aut «P. P.».

[4] *Cod. Theod.* lib. XI, tit. xxxvi, c. 12. *Quorum appellationes.*

[5] *Ibid.* lib. XI, tit. xxx, c. 26. *De appellationibus. Cod. Just.* lib. VII, tit. lxii, c. 22.

[6] Gruter, p. 280, 1. Muratori, p. 88, 4. [*Corp. inscr. Lat.* vol. VI, n. 1173. Cf. vol. VI, pars V*, n. 774*.]

Mais Rufius Volusianus ne fut pas appelé simultanément à ces deux préfectures. L'inscription suivante, conservée au Musée du Capitole, qui date de l'époque où il était préfet de Rome, le qualifie *ex praefectus praetorio :* [1]]

> DD NN·VALENTINIANVS
> ET VALENS AVGVSTI
> ORNATVI PVBLICO
> CONSTITVI LOCARIQVE
> IVSSERVNT
> ADMINISTRANTE RVFIO
> VOLVSIANO V C EX PRAEF
> PRAET PRAEF·VRBI IVD
> ITERVM SACRAR COG*nit*

Cheche ne venga delle leggi, certo è da questa lapide che Volusiano fu prefetto del pretorio innanzi di essere prefetto di Roma [2].

[Un texte, découvert sur la route d'Ostie, à la porte de Rome, confirme ce fait [3] :

> CASTELLVM AQVAE CLAVDIAE REGIONI PR*imae*
> DISPOSITIO DEDIT ET VSVI TRADIDIT IVSS*u*
> RATIONIS AVGVSTAE · DD·NN · VALENTIN*iani*
> ET VALENTIS VICTORVM·
> GAI CAEIONI RVFI·VOLVSIANI VC·EX PRAE*f.praet*
> PRAEF·VRBI IVDICIS ITER·SACRAR COGN*itionum*
> CVRANTE EVSTOCHIO VC·CONSVIARE AQVAR*um* (*sic*)

---

[1] Romae exscripsit Donii amanuensis Gorius in Don., cl. 3, 72. Vedi la copia datane dal Fabretti, p. 208, 515. Muratori, 464, 5. Gudius, p. 83, 1. Donatus, p. 231, qui eam a Sponio hausit, sect. VIII. p. 276, et perperam legit COS pro COG. Corsini, *Series praefectorum Urbis*, p. 229. [*Corp. inscr. Lat.* vol. VI, n. 1170.]

[2] Vedi lo stesso Corsini, il Gotofredo in *Prosopogr.*, e l'Oderico, *Sylloge*, p. 243. Donatus, p. 151, 9. [Cf. Seeck, *Hermes*, t. XVIII, p. 294; *Symmachus*, p. CLXXVIII.]

[3] [*Corp. inscr. Lat.* vol. VI, n. 3866.]

Une inscription de Rome, de l'an 390, fournit d'intéressants renseignements sur la famille de ce personnage[1].]

```
    m. d. m. i. et attidi menotyranno dis magnis eT
         tVtATORIBVS · SVIS
```

```
CEIONIVS · RVFIVS  VOLVsi
ANVS · V · C · ET · INLVSTRis
EX  VICARIO  ASIE  ET  CEIO
NI  RVFI  VOLVSIANI · V · C·
ET INLVSTRIS EX PREFECTO pre
TORIO · ET EX PREFECTO VRbi
ET CECINE LOLLIANE CLARissi
ME  ET  INLVSTRIS · FEMINe
DEAE ISIDIS SACERDOTIS FIlius
ITERATO VIGINTI ANNIS EXPle
TIS TAVROBOLII SVI ARAM CONSTITVit
```

```
ET CONSECRAVIT · X · KAL · IVN · D · N · VAlen
```

```
TINIANO AVG IIII ET NEOTERIO Conss
```

[Plusieurs inscriptions le mentionnent comme préfet de Rome[2].]

### XXV bis.

### LAMPADIUS,

praef. praet. Italiae sub Constantio II.

— « Particeps autem facinoris et Lampadius erat, praefectus prae-
« torii, qui vir apud imperatorem plus aliis omnibus auctoritatis et
« potentiae semper habere cupiebat[3]. »

Ammiano da per subornatore e conscio della rovina di Silvano Lampadio prefetto del pretorio[4], dal che Valesio trae motivo di credere che fosse ingannato Zosimo, quando invece di Silvano ha nominato Costanzo Giulio.

Questo Lampadio fu prefetto di Roma nel 367.

---

[1] Gruter, p. 28, 5. Vedi la al nostro anno 390. [Corp. inscr. Lat. vol. VI, n. 512.]

[2] [Corp. inscr. Lat. vol. VI, n. 1171, 1172 et 1174. Cf. n. 794, et pars V<sup>a</sup>, n. 773*.]

[3] Zosim. lib. II, c. LV. [Ἐκοινώνει δὲ αὐτοῖς τῆς πράξεως καὶ Λαμπάδιος ὁ τῆς αὐλῆς ὕπαρχος, ἀνὴρ δύνασθαι παρὰ τῷ βασιλεῖ πάντων ἀεὶ πλέον ἐπιθυμῶν.]

[4] Am. Marcel. lib. XV, c. v, 4.

Ammiano lo dice ambiziosissimo :

— [« Advenit post hunc urbis moderator Lampadius ex praefectus
« praetorio, homo indignanter admodum sustinens si, etiam cum spue-
« ret, non laudaretur ut, id quoque, prudenter praeter alias faciens,
« sed nonnunquam severus et frugi[1]. »]

Riempì Roma delle sue iscrizioni. Era ancora vivo e stava a Roma nel 368, quando suo figlio Lolliano, « primae lanuginis adolescens », fu condannato a morte[2].

[Ce préfet du prétoire se confond avec le précédent : Lampadius est simplement un surnom de Volusianus[3].]

## XXVI

[1108 = 355.]

**Q. FLAVIUS MAESIUS EGNATIUS LOLLIANUS *QUI ET* MAVORTIUS,**
praef. praet. Italiae sub Constantio II.

Imp. Constantius A. ad Lollianum P. P.
An. 355. — Arbetione et Lolliano conss.
XI kal. Aug. Dat. Mediolano. Acc. XII kal. Sept...[4].
VIII kal. Aug. Dat. Messadensi, PP. Capuae[5].

— « Jubetur Mavortius tunc praefectus praetorio, vir sublimis con-
« stantiae, crimen acri inquisitione spectare, juncto ad audiendi socie-
« tatem Ursulo largitionum comite... Ursulus... ingressus consis-
« torium ore et pectore libero docuit gesta : hacque fiducia linguis
« adulatorum occlusis, et praefectum et se discrimine gravi subtraxit[6]. »

[« Is, ut opinor, est] Mavortius Lollianus, cui Julius Firmicus Astronomicorum libros dicavit : et in lib. VIII, c. xv, severitatis merito ordinarii consulatus insignia consecutum esse dicit... Idem praefectus

---

[1] Am. Marcel. lib. XXVII, c. III, 5.
[2] *Ibid.* lib. XXVIII, c. I, 26.
[3] [Seeck, *Hermes*, t. XVIII, p. 294.]
[4] *Cod. Theod.* lib. VI, tit. XXIX, c. 1. *De curiosis. Cod. Just.* lib. XII, tit. XXII. c. 1.
[5] *Cod. Theod.* lib. XI, tit. XXX, c. 25. *De appellationibus. Cod. Just.* lib. VII, tit. LXII, c. 21. — *Cod. Theod.* lib. XI, tit. XXXVI, c. 11. *Quorum appellationes.*
[6] Am. Marcel. lib. XVI, c. VIII, 5 et 7.

PRAEFECTI PRAETORIO ITALIAE.    523

urbis fuerat Constantio III et Constante II conss[1]. Fuit autem praefectus praetorio per Italiam eodem anno quo consul[2]. »

[Borghesi s'est occupé à diverses reprises de ce préfet[3] qui fut *comes Orientis*, proconsul d'Afrique[4], préfet de Rome en 342, préfet du prétoire et consul en 355[5].]

## XXVII
[1107 = 354 — 1114 =] 361.

[PALLADIUS RUTILIUS] TAURUS [ÆMILIANUS],
praef. praet. Italiae sub Constantio et Constante.

Libanio fra coloro « qui sub Constantio a sordidis paene natalibus ad summum fastigium pervenere, « memora » Philippum, Tatianum Taurum, Helpidium Domitianum, Dulcitium »[6].

[Taurus commença par être *notarius*[7]. Borghesi a démontré que le préfet du prétoire Taurus n'est autre que Palladius Rutilius Taurus Æmilianus, l'auteur du *De re rustica*[8]. Ses fils, Fl. Caesarius et Aurelianus, furent préfets d'Orient sous Arcadius[9].]

An. 354. — « Taurus quaestor ad Armeniam missus[10]. »

An. 359. — Tauro prefetto d'Italia assisteva al concilio di Rimini :

« Constantius apud Ariminum... synodum congregari jubet idque « Tauro praefecto imperat ut collectos in unum non ante dimitteret « quam in unam fidem consentirent, promisso eidem consulatu, si « rem effectui tradidisset[11]. »

---

[1] Corsini, *Series praef. Urbis*, p. 399.
[2] Valesius [*ad h. loc.* t. II, p. 201.]
[3] [Voir, plus haut, t. III, p. 419, 507, 512; t. IV, p. 519 et s.; t. VIII, p. 261.]
[4] [Cf. Tissot, *Fastes*, p. 225.]
[5] [Sur ce personnage, voir le mémoire de Gervasio, *Osservazioni sulla iscrizione onoraria di Mavorzio Lolliano*, 1846; *Corp. inscr. Latin.* vol. X, n. 1695 et 1696; et, dans les *Notizie degli scavi*, 1885, p. 393, le piédestal trouvé à Pouzzoles avec une statue drapée dont la tête manquait malheureusement; cf. *Ephem. epigr.* vol. VIII, n. 365. Héron de Villefosse.]
[6] Libanio citato dal Gotofredo, t. IV, p. 7, nell' orazione inedita ὑπερ θαλασσίου.
[7] [Liban. II, p. 401.]
[8] [Voir, plus haut, t. III, p. 513-515.]
[9] [Voir, plus haut, p. 280.]
[10] Am. Marcel. lib. XIV, c. xi, § 14.
[11] Sulpic. Sever. lib. II, [41, 3.]

Idem [imp. Constantius¹] A. ad Taurum P. P.

An. 353 [?] — Constantio A. VI et Constante [sic]² C. II conss.

XII kal. Aug. Dat. Ravennae³.

An. 354. — Constantio A. VII et Constante [sic] C. III conss.

Kal. Dec. Dat...⁴.

Imp. Constantius A. ad Taurum P. P.

An. 355. — Arbitione et Lolliano conss.

VIII id. April Dat...⁵.

XVI kal. Aug. Dat. Mediolani⁶.

XII kal. Aug. Dat. Mediolani⁷.

VIII kal. Aug. Dat. Mediolano⁸.

Kal. Aug. Dat. Mediolano⁹.

IV non. Sept. Dat. Dinummae. Acc. prid. id. Nov. Karthagine¹⁰.

Imp. Constantius A. et Julianus C. ad Taurum P. P.

An. 356. — Constantio A. VIII et Juliano C. conss.

III non. Jul. Dat. Mediolano¹¹.

IV non. Dec. Dat ... Acc. Romae, VIII id. Febr.¹².

An. 357. — Constantio A. IX et Juliano C. II conss.

Kal. April. Dat. Mediolano¹³.

XV kal. Maii. Dat. Mediolano¹⁴.

---

¹ [Cf. Haenel, col. 1212, n. *d*.]

² [Les consuls d'Orient en 353 et 354 étaient Fl. Jul. Constantius et Fl. Claudius Constantius Gallus.]

³ *Cod. Theod.* lib. XII, tit. I, c. 40. *De decurionibus.* [Godefroy pense qu'il faut peut-être reporter cette constitution à 354 et lire C. A. VII et C. III.]

⁴ *Ibid.* lib. XVI, tit. x, c. 4. *De paganis. Cod. Just.* lib. I, tit. xi, c. 1. [Nous avons rétabli, d'après Krueger, la suscription de cette constitution que Borghesi, avec les anciens éditeurs, datait de 353.]

⁵ *Cod. Theod.* lib. VII, tit. iv, c. 2. *De erogat. milit. annonae.*

⁶ *Cod. Theod.* lib. XII, tit. I, c. 43. *De decurionibus.*

⁷ *Ibid.* lib. I, tit. v, c.5. *De off. praef. praet.*

⁸ *Ibid.* lib. II, tit. I, c. 2. *De jurisdict.*

⁹ *Ibid.* lib. XII, tit. xii, c. 1. *De legatis.*

¹⁰ *Ibid.* lib. XI, tit. vii, c. 8. *De exact.*

¹¹ *Ibid.* lib. I, tit. ii, c. 7. *De diversis rescriptis.* [*Consultatio veteris cujusdam jurisconsulti*, VIII, 7.]

¹² *Ibid.* lib. XIII, tit. I, c. 1. *De lustrali collatione.*

¹³ *Ibid.* lib. XI, tit. xvi, c. 8. *De extraord. muneribus. Cod. Just.* lib. X, tit. xlviii, c. 8.

¹⁴ *Cod. Theod.* lib. VI, tit. xxix, c. 2. *De curiosis. Cod. Just.* lib. XII, tit. xxii, c. 2.

Prid. non. Maii. Dat. Romae[1].
VIII kal. Jul. Dat. Mediolano[2].
VIII kal. Oct. Dat. et acc...[3].
VIII id. Dec. Dat. Mediolano[4].
XV kal. Jan. Dat. Sirmio[5].
... Dat. Sirmio[6].

An. 358. — Datiano et Cereale conss.

Prid. non. Jan. Dat. Sirmio. Acc. VI kal. Sept...[7].
V non. Mart. Dat. Sirmii[8].
XIV kal. April. Dat. Mediolano[9].
XI kal. Jun. Dat. Mediolano, praefecto cui haec sacra (epistola) fuerat antelata[10].
VI kal. Jun. Dat. Mediolano. Acc... VIII id. Jul.[11].
III Non. Jul. Dat. [?] Arimini[12].

An. 359. — Eusebio et Hypatio conss.

VII kal. Mart. PP. Romae[13].
XIV kal. Jul. Dat. Singiduno. PP. X kal. Aug. Romae[14].

An. 360. — Constantio A. X et Juliano C. III conss.

Prid. kal. Jul. Dat. epistola Mediolani[15].

---

[1] *Cod. Theod.* lib. VIII, tit. I, c. 5. *De numerariis.*
[2] *Ibid.* lib. VIII, tit. v, c. 8. *De cursu publico. Cod. Just.* lib. XII, tit. L, c. 3.
[3] *Cod. Theod.* lib. II, tit. I, c. 3. *De jurisdictione.*
[4] *Ibid.* lib. VIII, tit. v, c. 9. *De cursu publico.*
[5] *Ibid.* lib. VII, tit. IV, c. 3. *De erogat. milit. annonae.*
[6] *Ibid.* lib. XI, tit. xxx, c. 27. *De appellationibus.*
[7] *Ibid.* lib. IX, tit. XLII, c. 4. *De bonis proscriptorum.*
[8] *Cod. Just.* lib. III, tit. xxvi, c. 8. *Ubi causae fiscales.* [Nous avons rétabli d'après Krueger la suscription de cette constitution que Borghesi, suivant Haloander, avait datée de 355.]
[9] *Cod. Theod.* lib. X, tit. xx, c. 2. *De murilegulis.*
[10] *Ibid.* lib. VIII, tit. IV, c. 6. *De cohortalibus.*
[11] *Ibid.* lib. VIII, tit. VII, c. 7. *De diversis officiis. Cod. Just.* lib. XII, tit. LVII, c. 2. *De cohortalibus.*
[12] *Cod. Theod.* lib. IX, tit. xvi, c. 6. *De maleficiis. Cod. Just.* lib. IX, tit. xviii, c. 7.
[13] *Cod. Theod.* lib. XI, tit. xvi, c. 9. *De extraord. muneribus.*
[14] *Ibid.* lib. XI, tit. xxx, c. 28. *De appellationibus.*
[15] *Ibid.* lib. XVI, tit. II, c. 15. *De episcopis. Cod. Just.* lib. I, tit. III, c. 3.

VI id. Jul. Acc. Karthagine [1].
An. 361. — Tauro et Florentio conss.
IV kal. Sept. Dat... [2].

An. 361. — « Habita est iisdem diebus etiam Florentii ratio e
« Galliis novitatis metu digressi, et Anatolio recens mortuo praefecto
« praetorio per Illyricum, ad ejus mittitur locum : cumque Tauro itidem
« praefecto praetorio per Italiam, amplissimi suscepit insignia magis-
« tratus [3] » (cioè del consolato).

— « Quo rumore perculsus praefectus praetorio Taurus, ut hostem
« vitans externum mature discessit : vectusque mutatione celeri cursus
« publici, transitis Alpibus Juliis, eodem ictu Florentium itidem prae-
« fectum secum abduxit [4]. »

— « Dein Taurum ex praefecto praetorio in exilium egere Vercel-
« lum : cujus factum apud judices justorum injustorumque distinctores
« videri potuit veniae plenum. Quid enim deliquit, si ortum turbinem
« veritus, ad tutelam principis sui confugit ? Et acta super eo gesta non
« sine magno legebantur horrore, cum id voluminis publici contineret
« exordium : Consulatu Tauri et Florentii, inducto sub praeconibus
« Tauro [5]. »

— « [Et quia] Taurus ac Florentius ejus anni consules qui a Con-
« stantio stabant, simul atque cognovissent Julianum Alpes transgres-
« sum in Pannoniam pervenisse, fuga semet ex Urbe subduxerant,
« consules fugitivos in perscribendis publicis instrumentis eos appellari
« jussit [6]. »

---

[1] Cod. Theod. lib. XIII, tit. I, c. 2. De lustrali collatione.

[2] Ibid. lib. VIII, tit. IV, c. 7. De cohortalibus. Cod. Just. lib. I, tit. III, c. 4. — Cod. Theod. lib. XI, tit. I, c. 49. De annona.

[3] Am. Marcel. lib. XXI, c. VI, 5. [Voir, plus haut, p. 441.]

[4] Ibid. lib. XXI, c. IX, 4.

[5] Am. Marcel. lib. XXII, c. III, 4.

[6] Zosim. lib. III, c. X. [Ἐπεὶ δὲ Ταῦρος καὶ Φλωρέντιος οἱ κατ' ἐκεῖνον τὸν ἐνιαυτὸν ὕπατοι, τῆς Κωνσταντίου μερίδος ὄντες, ἅμα τῷ μαθεῖν ὅτι Ἰουλιανὸς ὑπερβὰς τὰς Ἄλπεις εἰς Παιονίαν ἀφίκετο φυγῇ τὴν Ῥωμαίων ἀπέλιπον, φυγάδας μὲν αὐτοὺς ὑπάτους ἐν τοῖς συμβολαίοις ἐκέλευε γράφεσθαι.]

[Le point de départ de la préfecture de Taurus donne lieu à une difficulté. Ce préfet du prétoire figure dans des constitutions de 354 et même de 353, suivant certains éditeurs. Il est également cité dans des constitutions d'avril, juillet et août 355. Nous avons vu cependant que Volusianus figure aussi dans un texte du 30 juillet 355 et Lollianus dans un texte du 21 août. D'autre part, Ammien Marcellin donne à Taurus le titre de *quaestor* en 353-354. Il y a donc une erreur dans quelques-unes des suscriptions du Code Théodosien : Taurus n'a pas dû entrer en fonctions, du moins comme préfet d'Italie, avant le mois de septembre. Il a remplacé Lollianus qui avait rempli la charge de préfet du prétoire pendant quelques semaines.]

## XXVIII

[Intra 1103 = 350 — 1114 = 361].

FL. EUGENIUS,
praef. praet. sub Constantio A. et Juliano C.

Vedi le schede dei nostri consoli incerti [1].

[FL·EVGENIO V C EX PRAEFECTO PRAETORIO
CONSVLI ORDINARIO DESIGNATO MAGISTRO
OFFICIORVM OMNIVM COMITI DOMESTICO
ORDINIS PRIMI OMNIBVSQVE PALATINIS
DIGNITATIBVS FVNCTO OB EGRAEGIA EIVS
IN REMPVBLICAM MERITA · HVIC
DD · NN CONSTANTIVS VICTOR · AC
TRIVMFATOR SEMPER AVGVSTVS · ET
IVLIANVS NOBILISSIMVS CAESAR
STATVAM SVB AVRO IN FORO DIVI
TRAIANI QVAM ANTE SVB DIVO
CONSTANTE VITAE ET FIDELISSIMAE
DEVOTIONIS GRATIA MERVIT
ADPROBANTE AMPLISSIMO SENATV
SVMPTV PVBLICO LOCO SVO
RESTITVENDAM CENSVERVNT ☙

Eugenius avait rempli les fonctions de *magister officiorum* sous le règne de Constance [2].

— «Potest idipsum testificari Eugenius tunc magister : qui quo-

---

[1] [*Corp. inscr. Lat.* vol. VI, n. 1721.] — [2] [Cf. Liban. I, 424.]

«niam ante velum tum temporis stabat, cum postulata nostra, tum
«quae nobis ille dignatus est dare responsa, audire potuit[1]»]

*
?

*GRATIANUS,*
sub Constantio.

— «Gratianus imperator, Valentiniani pater, mediocri stirpe ortus
«apud Cibalas... ascitus in militiam usque ad praefecturae praeto-
«rianae potentiam ascendit. Ob cujus apud milites commendationem
«Valentiniano imperium allatum est[2].»

«Cui tamen minime credo : neque enim id Marcellinum hoc in
loco[3] praetermisisset. Adde quod praefectura praetorio hominibus
militaribus deferri eo tempore vix solebat[4].»

## XXIX
1114 = 361 — 1118 = 365.

CLAUDIUS MAMERTINUS,
praef. praet. Italiae, [Illyrici et Africae] sub Juliano, Joviano et Valentiniano.

An. 361. — Mamertino fu uno dei giudici destinati da Giuliano
per sentenziare a Calcedone i fautori di Costanzo[5].

Gli atti apocrifi dei ss. Girolamo e Paolo payano per prefetto di Roma
nel 362 un Tercapiano, pel quale è chiaro che non può esservi luogo :
a Tauro essendo successo Mamertino.

— «Julianus Mamertinum praefectum praetorio per Illyricum desi-
«gnavit consulem[6].»

[1] [S. Athanasii ad imp. Constantium *Apolog.*, c. III (éd. Migne, *P. G.*, t. XXV, c. 600) : Δύναται καὶ Εὐγένιος ὁ γενόμενος μάγιστρος μαρτυρῆσαι· αὐτὸς γὰρ εἰστήκει πρὸ τοῦ βηλοῦ, καὶ ἤκουεν ἅπερ ἠξιοῦμεν αὐτὸν, καὶ ἅπερ αὐτὸς κατηξίου λέγειν ἡμῖν.]

[2] Aur. Vict. *Epist.* c. XLV.
[3] Am. Marcel. lib. XXX, c. VII, 3.
[4] Valesius, *ad h. loc.* [t. III, p. 340]. Tillemont [*Histoire des Empereurs*], t. V, p. 670.
[5] Am. Marcel. lib. XXII, c. III, 1-3.
[6] *Ibid.* lib. XXI, c. XII, 25.

Mamertino fu console nel 362, e prima era già prefetto del pretorio[1], per chè nel suo panegirico a Giuliano imperatore dice :

— «Nam quod tum me aerarium publicum curare voluisti, cum «quaereres virum animi magni adversus pecuniam, liberi adversus «offensas, constantis adversus invidiam, meque qui tibi viderer ejus- «modi, delegisti, idque eo tempore quo exhaustae provinciae partim «depredatione barbarica, partim non minus exitialibus quam pudendis «praesidentium rapinis, ultro opem imperatoris exposcerent, milites «saepe anteactis temporibus ludo habiti, praesens stipendium flagita- «rent, quoquo modo videbat honorem onere pensare. At cum me prae- «toriis praefecisti et provincias de te egregie meritas meae fidei tutelae- «que mandasti»; e parla dopo del consolato[2].

E di nuovo : «Quid? quod nihil speranti mihi de honoris augmento «(neque enim ultra praefecturam se votorum meorum modestia por- «rigebat), perfertur nuntius consulem me creatum sine impendio, «quod jam diu paucis, sine labore, quod nunquam, sine petitione, «quod nemini[3].»

— «Discedens... Julianus a Rauracis... Mamertino largitiones «curandas (commisit)[4].»

Della comitiva delle largizioni da lui sostenuta è testimonio lo stesso Claudio Mamertino, che nella sua orazione[5], dice: «Nam cum me «aerarium publicum curare voluisti.» E di nuovo : «Mihi certe tertia «unius anni ubertas est consulatus. Primum thesaurorum omnium man- «data custodia, et dispensatio largiendi; secundum locum teneris hono- «rem meorum fructibus praefectura; additus his... proventuum tuo- «rum tertius consulatus[6].»

Constantio defuncto, «Mamertino tum judicante praefecto praetorio, «Nigrinus ut acerrimus belli instinctor exustus est vivus[7]».

---

[1] [Voir plus haut, p. 442, la série des préfets d'Illyrie.]

[2] In *Claudii Mamertini pro consulatu gratiarum actione*, c. I.

[3] *Ibid.* c. xv.

[4] Am. Marcel. lib. XXI, c. viii, 1.

[5] In *Claudii Mamertini pro consulatu gratiarum actione*, c. I.

[6] *Ibid.* c. xxii.

[7] Am. Marcel. c. xii, 20; c. x, 8.

— «Brevi postea Mamertino in consulatu junxit Nevittam [1].»

— «Brevi deinde Secundo Sallustio, promoto praefecto praetorio, «summam quaestionum agitandarum ut fido commisit: Mamertino et «Arbitione et Agilone atque Nevitta adjunctis [2].»

— «Cum ambo fratres Sirmium introissent... Valentinianus Medio-«lianum, Constantinopolim Valens discessit. Et... quidem regebat po-«testate praefecti... Italiam... cum Africa et Illyrico Mamertinus [3].»

Sub divo Juliano, «Mamertinus... (praetorianae) praefecturae honore pollebat. (In Terracinensium et Puteolanorum causa) arbitrium imperiale consuluit, neque ullum responsum quod eo tempore bello Persico rector imperii tenebatur, accepit [4]».

Nel 364 Mamertino fu conservato dal nuovo imperatore Valentiniano nella prefettura dell' Illirico che Giuliano gli aveva data nel 361, ed anche in quella dell' Africa e dell' Italia, che il medesimo Giuliano gli aveva aggiunto dopo [5].

Nel 365 Mamertino era ancora prefetto d'Italia e d'Illirico : «Et «Orientem regebat potestate praefecti Sallustius. Italiam vero cum «Africa et Illyrico Mamertinus, et Gallias provincias Germanianus [6].»

Ma fu deposto quest' anno, e apparamente fra il 6 d'agosto ed il 23 di settembre.

All' anno 367, dopo Graziano dichiarato Augusto, Ammiano ci assicura ch'ebbe per successore Volcazio Rufino.

— «Imperator... Gratianum filium suum adulto jam proximum, «insignibus principatus ornare meditabatur... Vix dies intercessere «pauci, cum Mamertinum praefectum praetorio ab Urbe regressum «quo quaedam perrexerat correcturus, Avitianus ex vicario peculatus «detulerat reum. Cui ideo Vulcatius successit Rufinus omni ex parte «perfectus [7].»

---

[1] Am. Marcel. lib. XXII, c. III, 1.
[2] Ibid. lib. XXVI, c. v, 4.
[3] Ibid. c. v, 5.
[4] Symmach. [Relationes] lib. X, ep. XL [LIII].
[5] Am. Marcel. lib. XXVI, c. IV, 5. Tillemont [Histoire des Empereurs], t. V, p. 21.
[6] Am. Marcel. lib. XXVI, c. v, 5.
[7] Ibid. lib. XXVII, c. VII, 1.

## PRAEFECTI PRAETORIO ITALIAE.

Si mentova la sua prefettura anche da Simmaco : « Tarracinenses «judicio Lupi et Mamertini praefecti...[1]. »

[Gratien fut proclamé empereur en 367 et non en 365. Mamertinus était-il encore préfet à cette date? C'est peu probable, car Ammien lui-même dit qu'il eut pour successeur Rufinus. Or, Rufinus est qualifié préfet dans des constitutions de 365 à 368.]

Imp. Julianus A. ad Mamertinum P. P.
An. 362. — Mamertino et Nevitta conss.
 VIII kal. Mart. Acc. Syracusis [2].
 VIII id. Jun. Acc . . . [3].
Non nego agli editori che l'*Accepta* permette di riportare questa legge al 361, in cui era ancor vivo Costanzo, ma vi è che Mamertino era allora conte delle largizioni e che non fu fatto prefetto se non che da Giuliano. Convien dunque cambiare il *Constantius* in *Julianus* [4].
 XII kal. Jul. Acc... [5].
 V id. Sept. Dat... [6].
An. 363. — Juliano A. IV et Sallustio conss.
 IV kal. Mart. Dat... [7].
 X kal. April... [8].
 IX kal. Maii. Dat. Salonae [9].
Imp. Jovianus A. ad Mamertinum P. P.
 XI kal. Dec. Dat. Antiochiae [10].
 VII kal. Dec. Dat. Antiochiae [11].

---

[1] Lib. X, ep. xl [liii].
[2] *Cod. Theod.* lib. VIII, tit. v, c. 12. *De cursu publico.*
[3] *Ibid.* lib. I, tit. xv, c. 4. *De off. vicarii.*
[4] [Cf. Haenel, col. 150, n. *n.*]
[5] *Cod. Theod.* lib. VIII, tit. v, c. 13.
[6] *Ibid.* lib. VIII, tit. v, c. 14. *Cod. Just.* lib. XII, tit. l, c. 4.
[7] *Cod. Theod.* lib. III, tit. xiii, c. 2. *De dotibus.*
[8] *Cod. Theod.* lib. XI, tit. xxx, c. 31. *De appellationibus.*
[9] *Ibid.* lib. XII, tit. vii, c. 2. *De ponderatoribus. Cod. Just.* lib. X, tit. lxxiii, c. 2. [Au lieu de *Salonae*, Kiessling propose de lire *Pirisaborae* à cause de Am. Marcel lib. XXIV, c. ii, 9. Cf. Krueger, p. 427, n. 9.]
[10] *Cod. Theod.* lib. VIII, tit. v, c. 16.
[11] *Ibid.* lib. I, tit. xxvi, c. 3. *De off. judicum omnium.* [Cette constitution et la pré-

## 532 PRAEFECTI PRAETORIO ITALIAE.

.... Data epistula PP. [?] V kal. Dec. Viminacii [1].
An. 364. — Joviano et Varroniano conss.
    III id. Jan. Dat. . .[2].
    X kal. Maii. Dat. Sirmio [3].
    VI kal. Maii. Dat. . .[4].
    Non. Maii. Dat. . .[5].
    III id. Maii. Dat. Hadrianopoli [6].
    VII kal. Jun. Dat. . .[7].
    III kal. Jun. Dat. Serdicae [8].
    IV kal. Aug. Dat. Sirmio [9].
    V kal. Sept. Dat. Emonae [10].
    VII id. Sept. Dat. Aquileia [11].
    Prid. kal. Oct. Dat. Altino [12].
    Id. Oct. Dat. Veronae [13].
    VI kal. Nov. Dat. et PP. Romae [14].
    Prid. kal. Nov. Dat. Philippopoli [15].
    V id. Dec. Dat. Naïssi [16].
    Id. Dec. Dat. Treviris [17].

cédente sont très vraisemblablement de la même date. Cf. Haenel, col. 721.]

[1] *Cod. Theod.* lib. VIII, tit. 1, c. 8. *De numerariis.* [Cf. Haenel, col. 691, n. 9.]

[2] *Cod. Theod.* lib. XIII, tit. III, c. 6. *De medicis.*

[3] *Ibid.* lib. X, tit. VII, c. 2. *De caesarianis.*

[4] *Ibid.* lib. XI, tit. XX, c. 2. *De collatione collatarum.*

[5] *Ibid.* lib. XII, tit. 1, c. 57. *De decurionibus.*

[6] *Ibid.* lib. VIII, tit. IV, c. 8, *De cohortalibus*; tit. V, c. 18, *De cursu publico;* lib. XII, tit. I, c. 58.

[7] *Ibid.* lib. V, tit. XIII, c. 14; *Cod. Just.* lib. XI, tit. LIX, c. 3. *De omni agro deserto.*

[8] *Cod. Theod.* lib. XII, tit. XII, c. 3. *De leg.*

[9] *Ibid.* lib. V, tit. XIII, c. 15.

[10] *Cod. Theod.* lib. XII, tit. XIII, c. 2. *De auro coronario.*

[11] *Ibid.* lib. XII, tit. XII, c. 4.

[12] *Ibid.* lib. IX, tit. XXX, c. 1. *Quibus equorum usus.*

[13] *Ibid.* lib. XI, tit. XXX, c. 1. *De appellationibus.*

[14] *Ibid.* lib. V, tit. XIII, c. 17.

[15] *Ibid.* lib. VI, tit. XXXVI, c. 1. *De equestri dignitate. Cod. Just.* lib. XII, tit. XXXI, c. 1. [Krueger corrige : *VIII kal. Jun.*]

[16] *Cod. Theod.* lib. XIV, tit. XVII, c. 2. *De annonis civicis.* [Peut-être faut-il lire *Jun.* au lieu de *Dec.*, comme le propose Godefroy. Valentinien n'a pas été à Naïssum en décembre 364.]

[17] *Ibid.* lib. VII, tit. IV, c. 11. *De erogatione militaris annonae.*

X kal. Jun. Dat. Mediolani [1].

An. 365. — Valentiniano et Valente AA. conss.

Kal. Jan. Dat. Mediolano [2].

III kal. Febr. Dat. Mediolano [3].

Prid. non. Mart. Dat. Treviris[?] [4].

VI id. Mart. Dat. Mediolano [5].

Id. Mart. Dat. Senigallia [6].

Prid. non. April. PP. . . [7].

[XII kal. April. Dat. . . [8].]

XIV kal. Maii. Dat. Mediolano [9].

VI kal. Maii. Dat. . . [10].

XIV kal. Jul. Dat. . . [11].

XV kal. Aug. Dat. . . [12].

Prid. non. Aug. Dat. Sirmio [13].

Prid. kal. Nov. Romae [?] [14].

An. 369 [?] — Valentiniano NB. P. et Victore conss.

Id. Febr. Missa a P. P. Mediolano [15].

---

[1] *Cod. Theod.* lib. V, tit. xiv, c. 3. [Cf., sur la date de cette constitution, Haenel, col. 493, n. *o*.]

[2] *Ibid.* lib. XV, tit. i, c. 14. *De operibus publicis.*

[3] *Ibid.* lib. VIII, tit. vii, c. 8. *De diversis officiis. Cod. Just.* lib. XII, tit. lii, c. 1. *De apparitoribus praeff. praet. Cod. Theod.* lib. XII, tit. i, c. 70.

[4] *Ibid.* lib. XI, tit. i, c. 9. *De annona.* [Au lieu de *Treviris*, il faut peut-être lire *Med.* Cf. Haenel, col 1045, n. *n.*]

[5] *Ibid.* lib. VIII, tit. v, c. 23. *De cursu publico.*

[6] *Ibid.* lib. XV, tit. i, c. 26.

[7] *Ibid.* lib. XIV, tit. xvii, c. 4. *De annonis civicis.*

[8] [*Consultatio veteris cujusdam jurisconsulti*, ix. 3.]

[9] *Cod. Theod.* lib. VII, tit. vi, c. 1. *De militari veste.*

[10] *Ibid.* lib. VIII, tit. v, c. 26. *De cursu publico.*

[11] *Ibid.* lib. XII, tit. vi, c. 4. *De susceptoribus.*

[12] *Ibid.* c. 6. *Cod. Just.* lib. XII, tit. liv, c. 2. *De apparitoribus magistrorum militum.*

[13] *Cod. Theod.* lib. XII, tit. vi, c. 7.

[14] *Ibid.* c. 10. *Cod. Just.* lib. X, tit. lxxii, c. 3. [La date est inexacte: en octobre 365, Mamertinus avait déjà reçu un successeur. Il faut lire «Prid. kal. Nov. Dat... (Acc...) Romae». La constitution rendue le 30 octobre 364 a été reçue à Rome au commencement de 365. Cf. Krueger, p. 426, n. 12.]

[15] *Cod. Theod.* lib. VIII, tit. xi. c. 3. *Ne quid publicae laetitiae.* [Krueger, *Comm.*

## 534  PRAEFECTI PRAETORIO ITALIAE.

Conviene dire che questa legge dormisse alcuni anni negli scrini del prefetto del pretorio e che non fosse indirizzata se non che a Probo, essendo certo che Mamertino cessò d'essere prefetto nel 365.

### XXIX bis.
[1115 = 362.]

### CLAUDIUS AVITIANUS,
agens pro praefectis in Africa sub [Juliano].

[Une inscription trouvée à Constantine, en triple exemplaire, concerne ce personnage][1] :

CLAVDIVS AVITIANVS
COMES PRIMI
ORDINIS AGENS PRO
PRA*efe*CTIS BASILICA*m*
*cons*TANTIANAM CVM
PORTICIBVS ET TETRA
*py*LO *con*STITVEND*am*
*a* SOLO PERFI*ciendam*
Q*ue c*VR*avit*[2]

[Claudius Avitianus était vicaire d'Afrique en 362[3]. C'est pendant son vicariat qu'il fut chargé de faire fonctions de préfet du prétoire. Cette mission extraordinaire était confiée tantôt au vicaire d'Afrique, tantôt au proconsul[4].]

---

*in honor. Mommseni*, p. 80, reconnaît que la date est inexacte, mais il fait remarquer que la constitution n'a pas pu être adressée à Probus qui résidait non à Milan, mais à Sirmium.]

[1] [Sur Claudius Avitianus, voir Pallu de Lessert, *Vicaires et comtes d'Afrique*, p. 82-84. — Cf. plus haut, p. 530, n. 7.]

[2] Dal parallelo di due iscrizioni consimili esistenti a Costantina. *Excursions dans l'Afrique septentrionale*, n. 80 e 81. [*Corp. inscr. Lat.* vol. VIII, n. 7037. Cf. n. 7038.]

[3] [*Cod. Theod.* lib. VIII, tit. v, c. 15. — Lib. XI, tit. xxviii, c. 1. — Lib. XV, tit. iii, c. 2. («Dat. VII kal. Nov. Antiochiae. Acc. XV kal. April. Karthagine. Juliano A. IV et Sallustio conss. (363).») — *Cod. Just.* lib. VIII, tit. x, c. 7. — Am. Marcel. lib. XXVII, c. vii, 1.]

[4] [Voir plus haut, p. 152 et note 2.]

✶

[1117 = 364.]

*EUGRAMMIMUS*,
sub Valente.

Impp. Valentinianus et Valens AA. ad Eugrammimum.
An. 364. — Divo Joviano et Varroniano conss.
XVII kal. Jan. Dat. Constantinopoli[1].

In questa legge si parla di multa imposta ai *Rectores provinciarum*, per cui è conseguente che costui, il quale non è già nominato, fosse un prefetto o almeno un vicario del pretorio[2].

[Cette dernière hypothèse est la plus vraisemblable. En 364, la préfecture d'Italie était occupée par Mamertinus.]

## XXX
1118 = 365 — 1121 = 368.

VULCATIUS RUFINUS,
praef. praet. Italiae, Illyrici et Africae sub Valentiniano et Valente.

Ammiano assicura che fu dato per successore a Mamertino Volcazio Rufino :

— « Mamertinum praefectum praetorio... Avitianus ex vicario « peculatus detulerat reum. Cui ideo Vulcatius successit Rufinus omni « ex parte perfectus, et velut apicem senectutis honoratae praetendens, « sed lucrandi opportunas occasiones occultationis spe numquam prae- « termittens. Qui nanctus copiam principis, Orfitum ex praefecto Urbis « solutum exilio, patrimonii redintegrata jactura, remitti fecit in « lares[3]. »

[Vulcatius Rufinus fut vraisemblablement chargé, comme son prédécesseur

---

[1] *Cod. Theod.* lib. VIII, tit. xi, c. 1. *Ne quid publicae laetitiae nuntii ex descriptione vel ab invitis accipiant.*

[2] [Cf. Haenel, col. 762, n. *u*. : «Dignitas deest : latet autem ni fallor, in ultima hujus nominis syllaba.» Les manuscrits portent *Eugrammimum.*]

[3] Am. Marcel. lib. XXVII, c. vii, 2.

Mamertinus, des préfectures d'Italie et d'Illyrie réunies. Dans la série des préfets d'Illyrie, il y a une lacune correspondant précisément à la période pendant laquelle Rufinus fut préfet d'Italie[1].]

Volcazio Rufino può essere restato in carica fino al principio o alla metà del 368[2]. Egli morì nel 368 essendo ancora prefetto, ed ebbe Probo per successore fino alla fine dell' impero di Valentiniano[3].

— « Per haec tempora Vulcatio Rufino absoluto vita, dum admi-« nistrarat, ad regendam praefecturam praetorianam ab urbe Probus « accitus[4]. »

— « (Julianus) Maximum urbi praefecit aeternae, ad Rufini Vulcatii « gratiam, cujus sororis eum filium norat[5]. »

Dovrebbe essere il figlio dell' altro Volcazio Rufino, zio di Costanzo Julio, e piuttosto egli è lo stesso perchè in lui si avvene l'avarizia di cui [Ammiano] l'ha tacciato per l'innanzi, e perchè dice che quando ottenne quest' altra prefettura era già vecchio[6].

Imp. Valentinianus et Valens AA. ad Rufinum P. P.
An. 365. — Valentiniano et Valente AA. conss.
   VIII id. Aug. Dat. Mediolani[7].
   IX kal. Oct. Dat. Luceriae[8].
   Prid. id. Dec. Dat. Parisiis[9].
An. 366. — Gratiano NB. P. et Dagalaïpho conss.
   IV id. Nov. Dat. . . [10].
An. 367. — Lupicino et Jovino conss.
   XIV kal. Jun. Dat. Remis[11].

---

[1] [Voir plus haut, p. 443.]
[2] Tillemont [*Hist. des Empereurs*], t. V, p. 29, [678].
[3] *Ibid.* p. 42.
[4] Am. Marcel. lib. XXVII, c. xi, 1.
[5] *Ibid.* lib. XXI, c. xii, 24.
[6] [Mommsen (ad *Corp. inscr. Lat.* vol. III, n. 4180) pense au contraire que ce sont deux personnages différents.]
[7] *Cod. Theod.* lib. V, tit. xv, c. 8.
[8] *Ibid.* lib. VII, tit. vii, c. 2. *De pascuis. Cod. Just.* lib. XI, tit. lxi, c. 1.
[9] *Cod. Theod.* lib. VIII, tit. i, c. 11. *De numerariis. Cod. Just.* lib. XII, tit. xlix, c. 3.
[10] *Cod. Theod.* lib. XII, tit. vi, c. 12. *De susceptoribus.*
[11] *Ibid.* lib. X, tit. xv, c. 4. *De advocato fisci.* [Cf. Haenel, col. 1014, n. zz.]

## PRAEFECTI PRAETORIO ITALIAE.

An. 368. — Valentiniano II et Valente II AA. conss. VIII kal. Febr. Missa Romam[1].

✶

[1119 = 366.]

*ORICUS,*
sub Valentiniano et Valente.

— « Iidem AA. ad Oricum P. P. — Sine die et conss.[2]. »

[L'adresse de cette constitution n'est pas exacte. Krueger lit : « ad Oricum praesidem Tripolitanae ».]

### XXX bis.

[1119 = 366.

ANTONIUS DRACONTIUS,
agens vices praeff. praet. sub Valentiano.

Une inscription trouvée dans la province proconsulaire d'Afrique, à Henchir-el-Msaadin, est relative à ce personnage.

```
       CLEMENTISSIMo
       PRINCIPI·AC·TO
       TIVS·OrbiS·AVG
       d·N·VALENTINI
       aNO·PROCONS
       iVL·FESTI·V C SIMVL
       CVM ANTONIO DRA
       CONTIO VC AG VPP
       ORDO  FVRNITA
       NVS   CNSECRAVIT
```

Julius Festus Hymetius fut proconsul d'Afrique en 366-367[3]; Dracontius, vicaire

---

[1] *Cod. Theod.* lib. VIII, tit. vi, c. 1. *De tractoriis et stativis.* [Cf., sur la suscription, Haenel, col. 743, n. v.]

[2] *Cod. Just.* lib. XI, tit. xlviii, c. 8. *De agricolis censitis vel colonis.*

[3] *Cod. Just.* lib. III, tit. xvi, c. 1. *Ubi de possessione agi oportet. Cod. Theod.* lib. IX, tit. xix, c. 3. *Ad leg. Corneliam de falsis.* — [*Corp. inscr. Lat.* vol. VIII, n. 12527. Cf. Tissot, *Fastes,* p. 246 et 306.]

d'Afrique en 364-367[1]. C'est pendant son vicariat, et alors que Festus était proconsul, qu'Antonius Dracontius fut chargé de faire fonction de préfet du prétoire[2].]

## XXXI
[1121 = 368 — 1128 = 375.]

### SEX. PETRONIUS PROBUS,
praef. praet. Italiae, Illyrici et Africae sub Valentiniano et Valente.

Essendo morto Rufino fu fatto suo successore Sesto Petronio Probo[3]. Egli continua nella prefettura fino al 375 nel quale verisimilmente mori[4].

— « Interea cum ad bellum Sarmaticum Valentinianus de Galliae « partibus venisset Illyricum, ibi vixdum coepto bello, aegritudine su- « bita oppressus diem obiit, relictis heredibus in imperio filiis, Gratiano « Augusto Valentinianoque admodum parvulo, et nondum regiis insi- « gnibus initiato. Quem tamen necessitas eorum, qui tanquam vacuum « imperii locum conabantur invadere, compulit etiam absente fratre, « purpura indui, Probo tunc praefecto fideliter rem gerente[5]. »

— « In Italia puero satis existente Valentiniano rerum curam Probus « ex consule atque praefectus habebat[6]».

Imppp. Valentinianus, Valens et Gratianus AAA. ad Probum P. P. An. 368. — Valentiniano II et Valente II AA. conss.
IV id. Mart. Dat. Treviris[7].
III non. Nov. Dat . . .[8].

---

[1] [*Cod. Theod.* lib. I, tit. xv, c. 5. — Lib. XII, tit. vii, c. 3. Cf. Pallu de Lessert. *Vicaires et Comtes d'Afrique*, p. 91-94.]

[2] [*Corp. inser. Lat.* vol. VIII, n. 14752; cf. n. 7014, inscription trouvée à Constantine dans laquelle on lit : [*Antonius*] *Dracontius v. c.* [*vices agens p*]*er Africanas* [*provincias.*]

[3] Am. Marcel. lib. XXVII, c. xi. — Tillemont [*Hist. des empereurs*], t. V, p. 412. Vedi il passo del Ammiano nelle schede dell' antecessore.

[4] Am. Marcel. t. V, p. 686.

[5] Rufin. *Hist. eccl.* lib. II, c. xii.

[6] *Historia miscella*, lib. xii, [c. xxii].

[7] *Cod. Theod.* lib. X, tit. xxiv, c. 1. *De his qui cum dispensatore contraxerunt. Cod. Just.* lib. X, tit. vi, c. 1. [Cette constitution est peut-être de 370. Nous avons déjà fait observer qu'il y a une grande incertitude sur la date des constitutions de 364 à 373. Les consulats des années 365, 368, 370, 373 sont souvent confondus.]

[8] *Cod. Theod.* lib. I, tit. xxix, c. 3. *De*

## PRAEFECTI PRAETORIO ITALIAE.

An. 369. — Valentiniano NB. P. et Victore conss.
 VII id. Jan. Dat. Sabariae[1].
 XIV kal. Feb. Dat. Sirmio[2].
 Kal. April. PP. Karthagine[3].
 III non. Maii. Dat. Treviris[4].
 Prid. non. Jun. Dat. Mattiatici[5].
 VIII id. Jun. Dat. Sirmio[6].
 III kal. Sept. Dat. Brisiaci[7].
 Prid. id. Oct. Dat. Treviris[8].
 X kal. Jan. Dat. Treviris[9].
An. 370. — Valentiniano [III] et Valente III AA. conss.
 XIV kal. April. Dat. Treviris[10].
 VI id. April. Dat. [?] Sirmio[11].
An. 371. — Gratiano A. II et Probo conss.
 XII kal. Febr. Dat... [12].
 III kal. Jul. Dat. Contionaci[13].
 III id. Jul. Dat... [14].

---

*defensoribus civitatum. Cod. Just.* lib. I, tit. LV, c. 2. [Date incertaine : 368, 370 ou 373.]

[1] *Cod. Theod.* lib. XII, tit. VI, c. 15. *De susceptoribus.*

[2] [Voir plus haut, p. 446, n. 10.]

[3] *Cod. Theod.* lib. XIII, tit. I, c. 7. *De lustrali collatione.*

[4] *Ibid.* lib. IX, tit. XLII, c. 7. *De bonis proscriptorum. Cod. Just.* lib. IX, tit. XLIX, c. 7.

[5] *Cod. Theod.* lib. X, tit. XIX, c. 6. *De metallis.*

[6] *Ibid.* lib. VII, tit. XXIII, c. 1. *De oblatione equorum.*

[7] *Ibid.* lib. VI, tit. XXXV, c. 8. *De privilegiis eorum qui in sacro palatio militarunt.*

[8] *Ibid.* lib. IX, tit. XXXVII, c. 2. *De abolitionibus. Cod. Just.* lib. IX, tit. XLII, c. 3.

[9] *Cod. Theod.* lib. VII, tit. XX, c. 10. *De veteranis.*

[10] *Ibid.* lib. X, tit. XIX, c. 7. *De metallis.*

[11] *Ibid.* lib. VII, tit. IV, c. 16. *De erogatione militaris annonae. Cod. Just.* lib. XII, tit. XXXVII, c. 5. Aggiunge III ondè sia del 370, o piuttosto IV, onde spetta al 373. Certo che la legge anteriore essendo dal 369, questa ha da essere posteriore.

[12] *Cod. Just.* lib. VII, tit. XLIV, c. 2. *De sententiis ex periculo recitandis.*

[13] *Cod. Theod.* lib. IX, tit. III, c. 5. *De custodia reorum. Cod. Just.* lib. IX, tit. IV, c. 4.

[14] *Cod. Just.* lib. VI, tit. III, c. 13, *De operis libertorum;* lib. XI, tit. LIII, c. 1, *De colonis Illyricianis.*

An. 372. — Modesto et Arintheo conss.
  XV kal. Mart. PP. Romae[1].
  VII kal. Maii. Dat. Treviris[2].
  XVI kal. Jun. Dat. Patavione[3].
  VI kal. Jul. Dat. Treviris[4].
An. 374. — Gratiano A. III et Equitio conss.
  VII kal. Febr. PP. Sirmio[5].
  VII id. Febr. PP. Romae[6].
  III non. Mart. Dat. . . .[7].
  III non. Dec. Dat. Treviris[8].
An 365 [?] — Valentiniano et Valente AA. conss.
  VIII kal. April. Dat. Treviris[9].
  IX kal. Jul. Dat. Sabariae[10].
  III non. Aug. Dat. Sirmio[11].
  V kal. Jan. Directa Sirmio[12].
An. 366 [?]. — Gratiano NB. P. et Dagalaïpho conss.
  XIV kal. Jun. Dat. Remis[13].

[1] *Cod. Theod.* lib. VII, tit. xxii, c. 8. *De filiis militar. apparitorum.*

[2] *Ibid.* lib. XV, tit. v, c. 1. *De spectac.*

[3] *Ibid.* lib. VIII, tit. iv, c. 12. *De cohortalibus. Cod. Just.* lib. XII, tit. lvii, c. 4. — *Cod. Theod.* lib. XII, tit. i, c. 78. *Cod. Theod.* lib. XII, tit. i, c. 78. [Godefroy lit : *Acc. Patavione.* Cf. Haenel, col. 1230, n. *y.*] — [Il faut lire *Poetovione.* Dans l'Itinéraire d'Antonin, n. 129, on retrouve cette mauvaise transcription. Une route importante mettait *Poetovio* en communication directe avec *Sirmium*, où résidait le préfet d'Illyrie. Héron de Villefosse.]

[4] *Cod. Theod.* lib. X, tit. iii, c. 2. *De locat. fundorum juris emphyteutici.*

[5] *Cod. Theod.* lib. XV, tit. i, c. 18. *De operibus publicis.*

[6] *Ibid.* lib. IX, tit. xiv, c. 1. *Ad leg. Cornel. de sicariis. Cod. Just.* lib. IX, tit. xvi, c. 7.

[7] *Cod. Just.* lib. VIII, tit. li, c. 2. *De infantibus expositis.*

[8] *Cod. Theod.* lib. IV, tit. xvii, c. 1. *De sententiis ex periculo recitandis. Cod. Just.* lib. VII, tit. xliv, c. 3. — [Lex Rom. Visigoth. App. I, 21.]

[9] *Cod. Theod.* lib. VIII, tit. iv, c. 9. *De cohortalibus.* Adde III ut sit anni 370.

[10] *Ibid.* lib. XII, tit. xiii, c. 3. *De auro coronario.*

[11] *Ibid.* lib. VIII, tit. xv, c. 5. *De iis quae administrantibus.*

[12] *Ibid.* tit. v, c. 28. *De cursu publico.*

[13] *Ibid.* lib. XI, tit. i, c. 15. *De annona.* Il Gotofredo in quest' anno lo crede prefetto delle Gallie. [C'est une erreur; Probus ne fut préfet des Gaules qu'en 380.]

[Les suscriptions datées de 365 et 366 sont inexactes : Probus a succédé à Vulcatius Rufinus entre le 25 janvier et le 12 mars 368. Les constitutions de 365 doivent être reportées à 368 ou à 370 : les compilateurs ont omis l'indication du nombre des consulats des empereurs. Pour la constitution de 366, l'erreur porte sur le nom du destinataire et non sur les consulats : la date et le lieu de la suscription ne conviennent qu'à 366 ou 367 [1].

Comme ses prédécesseurs, Sex. Petronius Probus fut chargé d'administrer l'Illyrie et l'Afrique en même temps que l'Italie. L'inscription suivante, gravée en 378 [2], lui donne le titre de *praefectus praetorio per Illyricum, Italiam et Africam* [3]. Il fut donc appelé à la préfecture des Gaules à une date postérieure.

NOBILITATIS CVLMINI
LITTERARVM ET ELOQVENTIAE LVMINI
AVCTORITATIS EXEMPLO
PROVISIONVM AC DISPOSITIONVM MAGISTRO
HVMANITATIS AVCTORI
MODERATIONIS PATRONO
DEVOTIONIS ANTISTITI
PETRONIO
PROBO ❦ V C ❦ PROCONSVLI AFRICAE
PRAEFECTO PRAETORIO
PER ILLYRICVM ITALIAM ET AFRICAM
CONSVLI ORDINARIO
OB INSIGNIA ERGA SE REMEDIORVM GENERA
VENETI ADQVE HISTRI PECVLIARES EIVS
PATRONO PRAESTANTISSIMO

*in latere :*

DEDICATA
VI ❦ IDVS ❦ AVG ❦
❦ DD·NN ❦
VALENTE ❦ VI ❦ ET
VALENTINIANO ❦ II
AVGG ❦ CONS ❦]

---

[1] [Krueger, *Comm. in honor. Mommseni*, p. 81.]

[2] [L'inscription de Calderio (voir p. 444, note 2) offre toujours une difficulté, mais il faut reconnaître qu'il y a d'autres raisons à faire valoir en sens contraire. HÉRON DE VILLEFOSSE.]

[3] [*Corp. inscr. Lat.* vol. VI, n. 1751.]

✳

[1122 = 369.]

*CLAUDIUS*,
sub Valentiniano seniore.

Iidem (Valentinianus, Valens et Gratianus) AAA. ad Claudium P. P. An. 369. — Valentiniano NB. P. et Victore conss.

VI id. Jul. Dat. . [1].

Nel Codice Teodosiano[2] si scrive invece *P. U.* Ma anche i nuovi editori convengono che devesi correggere *PC.*, e che va riferita a Claudio proconsole di Africa in quest' anno[3].

✳

[1125 = 372.]

[*P.*] *AMPELIUS*,
sub Valentiniano seniore.

Tuttoche il Corsini[4] ammette che Ampelio della prefettura di Roma passasse alla prefettura del pretorio, io sono di diverso avviso, perchè in questo tempo Petronio Probo era prefetto d'Italia e dell' Illirico, Modesto dell' Oriente, e perchè Ampelio era a quel tempo veramente prefetto di Roma, onde in tutte quelle leggi[5] ed in altri che sono nel codice Teodosiano devesi rescrivere *P. U.* in luogo di *P. P.*

[Le titre de préfet du prétoire n'est donné à Ampelius que dans l'adresse d'une constitution du Code de Justinien[6]. Mais c'est une correction de Cujas : les manuscrits portent ici, comme dans tous les autres textes législatifs, *ad Ampelium P. U.* Ammien Marcellin parle plusieurs fois d'Ampelius et toujours comme préfet de la

---

[1] *Cod. Just.* lib. I, tit, IV, c. 2. *De episcopali audientia.*

[2] Lib. XI, tit. XXXVI, c. 20. *Quorum appellationes.*

[3] [Haenel, col. 1173, n. *x*. Krueger, Add.] — [Il s'agit de Q. Clodius Hermogenianus Caesarius. Tissot, *Fastes*, p. 252. Héron de Villefosse.]

[4] [Corsini, *Series praefectorum Urbis*, p. 250.]

[5] [*Cod. Theod.* lib. VI, tit. VII, c. 1; tit. IX, c. 1; tit XI, c. 1; tit. XIV, c. 1; tit. XXII, c. 4.]

[6] [*Cod. Just.* lib. XII, tit. IV, c. 1. *De praefectis praetorio sive urbis et magistris militum in dignitatibus exaequandis.*]

ville. Les renseignements que l'on possède sur Ampelius sont d'ailleurs assez nombreux pour qu'on puisse reconstituer sa carrière avec certitude : nulle part il n'est question de la préfecture du prétoire. Originaire d'Antioche[1], il fut successivement *praeses* de la Cappadoce[2], *magister officiorum*[3], proconsul d'Achaïe en 354[4], proconsul d'Afrique en 364[5], préfet de la ville en 370-372[6]. Il était mort en 397[7].]

*

1131 = 378.

[*CLAUDIUS*] *ANTONIUS*,<br>
sub Valentiniano juniore.

Era prima prefetto delle Gallie.

Impp. Valens, Gratianus et Valentinianus AAA. ad Antonium P. P. An. 378. — Valente VI et Valentiniano II AA. conss.

Prid. id. Jan. Dat. Treviris[8].

XV kal. Sept. Dat. Ravennae[9].

Prid. kal. Dec. Dat. Treviris[10].

Vi si tratta dei consolari della Campania.

[Il est difficile d'admettre qu'Antonius ait été préfet du prétoire d'Italie. Aux dates indiquées, c'est Ausone et Hesperius qui administraient l'Italie et les Gaules. Ce n'est pas la seule erreur que contiennent les textes cités : alors qu'ils affirment la présence de Gratien à Ravenne (18 août) et à Trèves (30 novembre), les auteurs anciens nous apprennent que cet empereur était en Illyrie ou même en Thrace[11].]

---

[1] [Am. Marcel. lib. XXVIII, c. iv, 3. Cf. Tillemont, *Hist. des Empereurs*, t. V, p. 51.]

[2] [Liban. ep. 108.]

[3] [Am. Marcel. *loc. cit.*]

[4] [*Bull. de corresp. hellénique*, t. XVI, p. 103. Himerius, *Eclog.* xxxi.]

[5] [*Cod. Theod.* lib. XIII, tit. v, c. 10. *Corp. inscr. Lat.* vol. VIII, n. 5337.]

[6] [Am. Marcel. lib. XXVIII, c. 1, 22.]

[7] [Symmach. ep. v, 54, 66. Cf. Seeck, p. clxx.]

[8] *Cod. Theod.* lib. IX, tit. xx, c. 1. *Victum civiliter. Cod. Just.* lib. IX, tit. xxxi, c. 1. *Quando civilis actio criminali praejudicet. Cod. Theod.* lib. IX, tit. xxxix, c. 7. *De fide testium. Cod. Just.* lib. IV, tit. xix, c. 24. *De probationibus.*

[9] *Cod. Just.* lib. II, tit. vii, c. 2. *De advocatis diversorum judiciorum.*

[10] *Cod. Theod.* lib. IX, tit. xl, c. 12. *De poenis.*

[11] [Am. Marcel. lib. XXXI, c. xi, 6. Auson. *Grat. act.* XVIII, 82. Cf. Seeck, *Symmachus*, n. cix.]

## XXXII

[1130 = 377 — 1131 = 378.]

[DECIMIUS HILARIANUS] HESPERIUS,

praef. praet. Italiae sub Valentiniano et Valente.

[Hesperius, second fils d'Ausone [1], fut élevé aux honneurs dès que l'élève de son père devint seul empereur d'Occident. Proconsul d'Afrique [2] et *vice sacra judicans* [3], il était préfet du prétoire d'Italie le 21 janvier 377. A la fin de 378 ou au début de 379, il partagea avec son père l'administration de l'Occident tout entier; les deux préfectures des Gaules et d'Italie furent exceptionnellement réunies et confiées à leurs soins collectifs. Lorsque, au bout de peu de temps, Ausone rentra dans la vie privée, on rétablit la division ancienne, et Hesperius conserva comme auparavant la préfecture d'Italie jusqu'en 380 [4].]

Impp. Valens, Gratianus et Valentinianus AAA. ad Hesperium P. P.
An. 376. — Valente V et Valentiniano AA. conss.

X kal. Maii. Dat. Treviris [5].

Il Gotofredo supplì «Valente VI et Valentiniano II conss.» assegnandola al 378. Io la riporto al 376, perchè, in maggio, Ausonio era già stato trasportato della prefettura delle Gallie a quella d'Italia.

An. 377. — Gratiano A. IV et Merobaude c. v. conss.

XII kal. Febr. Dat... [6].

Era certamente prefetto, non proconsole, come pensa il Tillemont perchè si predice «illustris censura tua», e perchè la legge tratta della relazione dei vicari del pretorio.

III kal. Mart. Dat. Treviris [7].

---

[1] [*Symmach. Ep.* lib. I, xvi.]

[2] Pallu de Lessert (*Bulletin de l'Acad. d'Hippone*, n. 27, 1894, p. 97-99) a démontré que les autres noms d'Hesperius étaient fournis avec certitude par des inscriptions africaines. Voir la notice d'Hesperius dans la série des préfets des Gaules. Héron de Villefosse.]

[3] [Am. Marc. lib. XXVIII, c. vi, 28. Auson. *Epiced. in patr.* 45. Il succéda à Constantius entre le 7 septembre 375 (*C. Th.* IV, 12, 7) et le 10 mars 376 (*C. Th.* XV, 7, 3) et fut remplacé après le 8 juillet (*C. Th.* I, 32, 2.)]

[4] [*Cod. Theod.* lib. X, tit. xx, c. 10.]

[5] *Cod. Theod.* lib. XVI, tit. v, c. 4. *De haereticis.* [Cf. sur la date de cette constitution, Haenel, col. 1524, n. *t.* Il propose de lire, dans l'adresse, $\overline{PC}$ au lieu de $\overline{P.P}$, car Hesperius était encore proconsul le 8 juillet.]

[6] *Ibid.* lib. I, tit. xv, c. 8. *De off. vicarii.* Cod. Just. lib. I, tit. xxxviii, c. 2.

[7] *Cod. Theod.* lib. VIII, tit. v, c. 34. *De cursu publico. Cod. Just.* lib. XII, tit. L, c. 7.

# PRAEFECTI PRAETORIO ITALIAE.

Consta da questa [legge] che era prefetto d'Italia perchè vi si tratta delle provincie proconsolari, ossia dell' Africa.

## XXXIII
[1131 = 378 — 1132 = 379.]
**DECIMIUS MAGNUS AUSONIUS [AEONIUS],**
praef. praet. Italiae [et Galliarum] sub Valentiniano et Valente.

[Le poète Ausone, précepteur de Gratien, fils de Valentinien, fut comblé d'honneurs par son élève reconnaissant. Appelé au commencement de 378 à la préfecture des Gaules, il fut bientôt après chargé avec son fils d'administrer en même temps l'Italie, l'Illyrie et l'Afrique (*praefecturam duplicem*[1]). Il se démit de ses fonctions vers la fin de 379[2]. Il était consul en cette même année, avec Olybrius pour collègue.]

## XXXIV
1132 = 379 — 1133 = 380.
**[DECIMIUS HILARIANUS] HESPERIUS,**
praef. praet. Italiae iterum sub Gratiano.

Impp. Gratianus, Valentinianus et Theodosius AAA. ad Hesperium P.P. An. 379. — Ausonio et Olybrio conss.

VI non Jul. Dat. Aquileia[3].

III non. Jul. Dat. Aquileia[4].

Vi si parla dell' Illirico, dell' Italia e delle Gallie[5].

XII kal. Aug. Acc. Constantinae[6].

III kal. Aug. Dat. Mediolano[7].

Prid. kal. Aug. Dat... Acc. IV kal. Sept[8].

---

[1] [Auson. *Protrep. ad nepot.* Ed. IV, 91.]

[2] Vide [Guthofredi] *Cod. Theod.* t. 1, p. 9. [Schenckl, *Ausonius*, p. xiv. Seeck, *Symmachus*, p. lxxx.]

[3] *Cod. Theod.* lib. VII, tit. xviii, c. 2. *De desertoribus.*

[4] *Ibid.* lib. XIII, tit. i, c. 11. *De lustrali collatione.*

[5] [«Etsi omnes mercatores spectat lustralis auri depensio, clerici tamen intra Illyricum et Italiam in denis solidis, intra Gallias in quinis denis solidis, immunem usum conversationis exerceant...»]

[6] *Cod. Theod.* tit. v, c. 15. *De naviculariis.*

[7] *Cod. Just.* lib. VI, tit. xxxii, c. 4. *Quemadmodum aperiantur testamenta.*

[8] *Cod. Theod.* lib. VIII, tit. xviii, c. 6. *De maternis bonis.*

III non. Aug. Dat. Mediolano. Acc. XIII kal. Sept [1].
VIII id. Dec. Dat. Sirmio [2].
An. 380. — Post cons. Ausonii et Olybrii.
Prid. id. Mart. Dat. Aquileia [3].

✶

[Ante 1117 = 364.]

L. *AURELIUS AVIANIUS SYMMACHUS* QUI ET *PHOSPHORIUS*,
[sub Juliano (?)]

Scrive il Mai [4] che il padre [di Simmaco] « consul suffectus circa annum CCCLXXVI rogante senatu, praefectus autem praetorio in Italia eodem anno fuisse videtur quo lapis ille positus est, quandoquidem exstat lex Augustorum illo anno data ad Symmachum P. P. [5] quamquam alii legunt ad Gracchum ».

[Le père de Symmaque fut simplement vicaire du préfet du prétoire, comme il résulte de l'inscription citée par Borghesi [6]; c'est la fonction plus ordinairement désignée sous le nom de *vicarius Urbis*. Quant à la constitution de Valentinien et Valens, elle donne à Symmaque le titre de préfet de la ville et non celui de préfet du prétoire. Les manuscrits portent *P. U.* et non *P. P.*]

PHOSPHORII
LVCIO AVR ⊷ AVIANIO SYMMACHO V C
PRAEFECTO VRBI CONSVLI PRO PRAEFECTIS
PRAETORIO IN VRBE ROMA FINITIMISQVE
PROVINCIIS PRAEFECTO ANNONAE VR
BIS ROMAE PONTIFICI MAIORI QVINDE

---

[1] *Cod. Theod.* lib. XVI, tit. v, c. 5, *De haereticis. Cod. Just.* lib. I, tit. v, c. 2.

[2] *Ibid.* lib. VI, tit. xxx, c. 4. *De palatinis sacr. largit.*

[3] *Ibid.* lib. X. tit. xx, c. 10. *De murilegulis. Cod. Just.* lib. XI, tit. viii, c. 7. [Borghesi cite encore *Cod. Just.* lib. XI, tit. lxvi, c. 3, mais d'après les manuscrits cette constitution est adressée «ad Hesperium proc. Africae». — Sur ce personnage, voir la série des préfets des Gaules.]

[4] Nella prefazione delle nuove orazioni del figlio Simmaco, p. xxvii.

[5] *Cod. Just.* lib. XII, tit. 1, c. 9. *De dignitatibus.* [Cf. Hermann, p. 724, n. 18. Krueger lit : *ad Symmachum P. U.*]

[6] Vidi in Museo Vaticano et exscripsi. [*Corp. inscr. Lat.* vol. VI, n. 1698. Cf. Mom. *Nuov. Mem. dell' Inst.* p. 315 et 316.]

CEMVIRO·S·F·MVLTIS LEGATIONIBVS
PRO AMPLISSIMI ORDINIS DESIDERIIS
APVD DIVOS PRINCIPES FVNCTO QVI
PRIMVS IN SENATV SENTENTIAM ROGA
RI SOLITVS AVCTORITATE PRVDENTIA ATQ
ELOQVENTIA PRO DIGNITATE TANTI ORDI
NIS MAGNITVDINEM LOCI EIVS INPLEVE
RIT AVRO INLVSTREM STATVAM QVAM
A DOMINIS AVGVSTISQ·NOSTRIS SENATVS
AMPLISSIMVS DECRETIS FREQVENTIB IN
PETRABIT IDEM TRIVMFATORES PRINCIPES
NOSTRI CONSTITVI ADPOSITA ORATIONE IVS
SERVNT QVAE MERITORVM EIVS ORDINEM
AC SERIEM CONTINERET QVORVM PERENNE
IVDICIVM TANTO MVNERI HOC QVOQVE AD
DIDIT VT ALTERAM STATVAM PARI SPLEN
DORE ETIAM APVD CONSTANTINOPOLIM
CONLOCARET

*in latere dextro :*

DEDICATA III KAL·MAIAS·
D·N·GRATIANO IIII ET MEROBAVDE COS

[Une inscription récemment découverte à Rome lui donne aussi le titre d'ancien préfet de la ville [1], fonctions qu'il exerça du 24 mai 364 au 9 mars 365 [2].]

## XXXV
1133 = 380 — 1135 = 382.

[FL. AFRANIUS] SYAGRIUS,
praef. praet. Italiae sub Gratiano.

Sidonio scrive una epistola[3] a Ferreolo chi era stato prefetto delle Gallie nato da una figlia del console Afranio Siagrio, e gli dice : « Issex
« per avitas tibi stilus noster curules, patricias nihilominus infulas
« enumeraturus; non tacuisset triplices praefecturas et Syagrio tuo pro
« totiens mutatis praeconibus praeconia non negasset; patrem inde
« patruosque minime silendos percucurrisset. »

---

[1] [*Notizie degli scavi*, 1891, p. 251; *Bullettino della com. arch. com.*, 1892, p. 73.] —
[2] [Voir plus haut, t. IX, p. 395.] — [3] Ep. 12 del lib. VII.

## PRAEFECTI PRAETORIO ITALIAE.

Nota il Sirmondo : « Afranii Syagrii praefecturam commemorat Ambrosius in concilio Aquileiensi. De Syagrio enim accipi debent illa ejus verba de episcopis orientalibus. Denique etiam praefectus Italiae litteras dedit ut si vellent convenire in potestate haberent. Meminit et Ammianus Marcellinus[1]. At Sidonius triplicem vocat praefecturam, quia tribus annis eam continuavit, anno videlicet 380, ut docent leges codicis Theodosiani ad Syagrium P. P. Italiae, tum anno 381, item anno 382, quo anno consul etiam fuit. Ante praefecturam vero magister officiorum fuerat anno 379 [2].

« Ad Syagrium eumdem complures sunt epistulae Symmachi[3], Ausonii quoque epigramma operis initio praefixum quod summam utriusque benevolentiam et necessitudinem declarat[4]. »

[Afranius Syagrius commença par être *notarius*[5]. Envoyé en mission auprès d'Arator en 369, il fut bientôt après privé de sa charge par Valentinien[6]. L'amitié d'Ausone lui valut, en 379, d'être nommé par Gratien *magister officiorum*, puis préfet du prétoire d'Italie : les constitutions qui lui furent adressées ont été *propositae* ou *lectae* à Rome, à Carthage, à Capoue, etc. Il succéda à Hesperius entre le 14 mars et le 18 juin 380. L'année suivante il devint consul d'Occident, Eucherius étant consul d'Orient. Fl. Afranius Syagrius était vraisemblablement d'origine gauloise[7].]

Impp. Gratianus, Valentinianus II et Theodosius I AAA. ad Syagrium P. P.

An. 380. — Gratiano V et Theodosio AA. conss.

XIV kal. Jul. Dat...[8].

Id. Jul. PP. Romae[9].

---

[1] Lib. XXVIII, c. II, 5.

[2] [*Cod. Theod.* lib. VIII, tit. XII, c. 2. *Cod. Just.* lib. XII, tit. XLII, c. 2.]

[3] Lib. I, [94-107. Cf. Seeck, p. CIX].

[4] [Lib. III, 42.]

[5] [Am. Marcel. lib. XXVIII, c. II, 5 : « Per Syagrium tunc notarium, postea praefectum et consulem, Aratorem monuit ducem. »]

[6] [*Ibid.* 9 : « Nec indicaturus gesta superfuit quisquam praeter Syagrium : qui deletis omnibus ad comitatum reversus, irati sententia principis sacramento exutus abiit ad lares, id commeruisse saevo judicatus arbitrio, quod evaserit solus. »]

[7] [C'est lui sans doute qui fut inhumé à Lyon. Sidon. ep. V, 17. Cf. Seeck, n. 524.]

[8] *Cod. Theod.* lib. XI, tit. XXX, c. 38. *De appellationibus. Cod. Just.* lib. VII, tit. LXII, c. 25.

[9] *Cod. Theod.* lib. VII, tit. XVIII, c. 4. *De*

## PRAEFECTI PRAETORIO ITALIAE.

An. 381. — Eucherio et Syagrio conss.
III kal. Mart. Dat...[1].
III non. Jul. Dat. Viminacio[2].
VII id. Oct. Dat...[3].
An. 382. — Antonio et Syagrio conss.
V id. April. PP. Karthagine[4].
III non. Jul. Dat. Viminacio[5].
III kal. Sept. Lecta Capuae[6].

[Borghesi a cru pouvoir rapporter à Fl. Afranius Syagrius une autre constitution :]

Impp. Gratianus, Valentinianus et Theodosius AAA. ad Syagrium.
An. 379. — Ausonio et Olybrio conss.
VII kal. Sept. Dat...[7].

Il pronto supplemento sarebbe *magister officiorum*, ma non parè comportarlo la natura di questa legge che parla dei vicarii dell' Africa.

[La constitution est donc adressée à un autre Syagrius qui fut proconsul d'Afrique pendant que le nôtre était *magister officiorum*. Cet homonyme du préfet d'Italie est, comme l'a établi J. B. de Rossi[8], le consul de l'an 382[9]. Tous deux portent le prénom Flavius[10], mais le préfet d'Italie est seul appelé Afranius.]

---

*desertoribus. Cod. Just.* lib. VII, tit. XIII, c. 4, *Pro quibus causis servi praemium accipiunt libertatem;* lib. XII, tit. XLV, c. 1.

[1] *Cod. Theod.* lib. VIII, tit. v, c. 36. *De cursu publico.*

[2] *Ibid.* lib. I, tit. x, c. 1. *De off. com. sacr. largit.*

[3] *Ibid.* lib. VIII, tit. VII, c. 15. *De div. officiis.*

[4] *Ibid.* lib. XII, tit. 1, c. 88. *De decurion.*

[5] *Ibid.* c. 89. [La constitution est datée: *post. cons. Eucherii et Syagrii.* Seeck, p. 538, en conclut qu'il faut lire *Jun.* et non *Jul.* C'est seulement pendant les premiers mois de l'année que les noms des nouveaux consuls pouvaient être ignorés en Occident. Cf. J. B. de Rossi, *Inscr. christ.* vol. I, p. XXVIII. Il y a une autre erreur dans la suscription : la constitution a été *proposita* mais non *data* à Viminacium où aucun des empereurs ne résidait à cette époque.]

[6] *Cod. Theod.* lib. XI, tit. XVI, c. 14. *De extraord. muneribus.*

[7] *Ibid.* lib. I, tit. xv, c. 10. *De off. vic.*

[8] [*Inscr. christ.* vol. I, p. 139.]

[9] [Il était allié de Théodose. Themistius l'appelle τὸν πατράδελφον καὶ τὸν κηδεστὴν de Théodose. Cf. Seeck, p. cx.]

[10] [Voir, pour le consul de 381, De Rossi, *Inscr. christ.* vol. I, n. 303, 304, 306; pour le consul de 382, collègue de Cl. Antonius, *ibid.* n. 312.]

## XXXV bis.

[Intra 1132 = 379 et 1136 = 383.]

**VALERIUS ANTHIDIUS,**

agens vice praeff. praet. [Italiae sub Gratiano.]

✿ SALVIS ✿ DDD ✿ NNN ✿
GRATIANO · VALENTINIANO ET THEODOSIO
✿ VICTORIBVS SEMPER AVGVSTIS ✿
VALERIVS ANTHIDIVS VC · A V PRAEF PRAET
STABVLVM NE ANIMALIA CVRSVS PVBLICI
LONGI ITINERIS LABORE DIVTIVS DEPERIRENT
PROVIDIT CONSTITVIT AEDIFICAVIT ✿
✿ ATQVE DEDICAVIT ✿ IVDIXMEIS[1]
✿ CVRANTE FL ASTERIO DEPVTATO ✿ IIX[2]

[Valerius Anthidius n'a pas été préfet du prétoire, mais seulement *a(gens) v(ice) praef(ectorum) praet(orio)*, comme l'avaient déjà vu Marini et Gudio[3]. Une constitution de Gratien, datée de 381, donne à Anthidius le titre de *vicarius*[4].]

## XXXVI

1135 = 382 — 1136 = 383.

**T. FLAVIUS HYPATIUS,**

praef. praet. [Italiae, Illyrici et Africae] sub Gratiano.

— « Inter quos omnes ex adulescentia virtutum pulchritudine com-
« mendabilis noster Hypatius praeminebat, vir quieti placidique consilii,
« honestatem lenium morum velut ad perpendiculum librans : qui et
« majorum claritudini gloriae fuit, et ipse posteritatem mirandis artibus
« praefecturae geminae decoravit[5]. »

---

[1] IVDIX MESIS mendum forte lapicidae pro IV IDVS MAII.

[2] Lapis repertus in via Cassia loco *la Storta*, in domum Sfortianam translatus. — Exscripsit Romae in hortis Barberinis Spon, *Misc.* p. 276. Vidit et exscripsit Donius, cl. II, n. 40. Murat. 465, 1. Fleetwood, p. 126, 1. Marinius; *I. chr.* p. 143,

2. Gudius, *Indic.* p. 58, et Murat. legunt : V · C · A · V · PRAEF · PRAET. Orellius, n. 3329. [*Corp. inscr. Lat.* vol. VI, n. 1774.]

[3] [Voir plus haut, t. VIII, p. 350, une lettre de Borghesi à J. B. de Rossi du 3 octobre 1852.]

[4] [*Cod. Theod.* lib. IX, tit. XXXVIII, c. 6.]

[5] Am. Marcel. lib. XXIX, c. II, 16.

## PRAEFECTI PRAETORIO ITALIAE.

[Hypatius avait été *vicarius Urbis* en 363 [1]. Il fut appelé à la préfecture du prétoire d'Italie vers la fin de 382, et partagea cette charge l'année suivante avec Flavianus [2]. Il fut sans doute, comme son collègue, chargé en même temps de l'Illyrie. Plusieurs fois déjà, on a vu la préfecture d'Italie et d'Afrique réunie à celle d'Illyrie; mais ici elle est confiée, non plus à un préfet unique, mais à deux préfets qui exercent le pouvoir collectivement.]

Impp. Gratianus, Valentinianus et Theodosius AA. ad Hypatium P. P.
An. 382. — Post cons. Eucherii et Syagrii.
Id. April. [?] PP. Karthagine [3].
V id. Dec. Dat. . . [4].
XVIII kal. Jan. Dat. Patavi [5].
An. 383. — Merobaude II et Saturnino conss.
IV id. Jan. Dat. . . [6].
XI kal. Mart. Dat. Mediolano [7].

[Au Code Théodosien, cette constitution est adressée *ad Hilarium. P. P.*]

Nel codice Giustinianeo, scrivesi invece *ad Hilarianum P. U.* [8]. Ma in ambedue i luoghi deve leggersi *ad Hypatium P. P.*, come ben vide il Gotofredo.

XIV [*vel* XIII] kal. Maii. Dat. Mediolano [9].
III kal. Maii. Dat. Constantinopoli [10].
VI non. Maii. Dat. Mediolano [11].

---

[1] [*Cod. Theod.* lib. III, tit. v, c. 8.]
[2] [Cf. Seeck, p. ciii.]
[3] *Cod. Theod.* lib. XI, tit. xvi, c. 13. [Hypatius était-il dès cette époque préfet d'Italie? Il est permis d'en douter: d'autres constitutions indiquent Syagrius comme étant alors investi de cette fonction.]
[4] *Ibid.* lib. XI, tit. xvi, c. 15.
[5] *Ibid.* lib. VI, tit. xxvi, c. 3. *De proximis.*
[6] *Ibid.* lib. VI, tit. ii, c. 8. *De senatoribus.*
[7] *Ibid.* lib. V, tit. i, c. 3. *De legit. heredibus. Cod. Just.* lib. VI, tit. lvii, c. 4. *Ad Sc. Orfitianum.*
[8] [D'après Haloander. Les manuscrits portent *P. P.*]
[9] *Cod. Theod.* lib. XII, tit. i, c. 95 et 100. *De decurionibus. Cod. Just.* lib. I, tit. ix, c. 5. *De Judaeis.*
[10] *Cod. Theod.* lib. XII, tit. i, c. 17. *Cod. Just.* lib. X, tit. lxxii, c. 7. *De susceptoribus.*
[11] *Cod. Theod.* lib. III, tit. i, c. 4. *De contrahenda emptione. Cod. Just.* lib. IV, tit. xliv, c. 15. *De rescindenda venditione.*

XV kal. Jun. Dat. Patavi[1].
V kal. Jun. Dat. Patavi[2].

[T. Flavius Hypatius est qualifié ex-préfet du prétoire dans une inscription de Gortyne[3] :]

Τ·ΦΛ·ΥΠΑΤΙΟΝ ΤΟΝ ΛΑΜΠΡΟΤΑ
ΤΟΝ ΑΠΟ ΥΠΑΤΩΝ ΚΑΙ ΑΠΟ ΕΠΑΡ
ΧΩΝ ΠΡΑΙΤΩΡΙΟΥ ΔΟΓΜΑΤΙ ΤΟΥ
ΚΟΙΝΟΥ ΠΑCΗC ΤΗC ΕΠΑΡΧΙΑC
ΟΙΚΟΥΜΕΝΙΟC ΔΟCΙΘΕΟC ΑC
ΚΛΗΠΙΟΔΟΤΟC Ο ΛΑΜΠΡΟΤΑΤΟC
ΥΠΑΤΙΚΟC ΤΗC ΚΡΗΤΩΝ ΕΠΑΡ
ΧΙΑC ΑΝΕCΤΗCΕΝ

[Une épigramme de Julien fait allusion à ce préfet du prétoire[4] :]

Ὑπατίου τάφος εἰμι· νέκυν δ' οὔ φημί καλύπτειν
Τόσσου τόσσος ἐὼν Αὐσονίων προμάχου·
Γαῖα γὰρ αἰδομένη λιτῷ μέγαν ἀνέρα χῶσαι
Σήματι, τῷ πόντῳ μᾶλλον ἔδωκεν ἔχειν.

## XXXVII
[1136 =] 383.

**VIRIUS NICOMACHUS FLAVIANUS,**
praef. praet. Italiae Illyrici et Africae sub Gratiano.

Imppp. Gratianus, Valentinianus et Theodosius AAA. ad Flavianum P. P.

An. 383. — Merobaude II et Saturnino conss.

III kal. Mart. Dat. . . .[5].

---

[1] *Cod. Theod.* lib. XVI, tit. vii, c. 3. *De apostatis. Cod. Just.* lib. I, tit. vii, c. 2.

[2] *Cod. Theod.* lib. II, tit. xix, c. 5. *De inofficioso testamento.*

[3] Gortynae. Gruter, p. 1094, 9 : T. Flavium Hypatium clarissimum ex praefectum praetorii decreto communitatis universae Oecumenius Dositheus Asclepiodotus clarissimus consularis provinciae Cretae erexit. [*Corp. inscr. Graec.* vol. II, n. 2596.]

[4] In *Anthol. graec.* [cap. vii, epigr. 591. Vol. II, p. 387, éd. Dübner.] Hypatii tumulus sum : cadaver autem non dico occultare. | Tanti tantulus quum sim Ausonorium defensoris. | Terra enim verita parvo magnum virum condere | Sepulcro, mari potius eum habere dedit.

[5] *Cod. Theod.* lib. VII, tit. xviii, c. 8. *De desertoribus.* — Lib. IX, tit. xxix, c. 2. *De his qui latrones . . . occultaverint.*

## PRAEFECTI PRAETORIO ITALIAE.

[Suivant Borghesi, Flavianus aurait été préfet d'Italie dès le 18 août 382 :]

— «Iidem AA. Flaviano P. P. Illyrici et Italiae. — Dat. XV kal.
«Sept. Verona. Antonio et Syagrio conss[1]. »

[Il est difficile d'admettre l'exactitude de cette suscription[2]. Avant d'être nommé préfet d'Italie, Flavianus fut *quaestor sacri palatii*, en même temps que Rufinus était appelé à une charge non moins élevée, celle de *magister officiorum*. Or, Palladius, le prédécesseur de Rufinus, était encore en fonctions le 21 mars 382. C'est donc à une date postérieure que Flavianus fut questeur, et dès lors il n'est guère vraisemblable qu'il ait été préfet d'Italie dès le 18 août[3]. Nous savons d'ailleurs que, le 30 août, Syagrius était encore préfet d'Italie.]

È il Virio Nicomaco Flaviano, che fu nuovamente prefetto d'Italia nel 392 e 393[4].

## XXXVIII
[1136 = 383 — 1137 = 384.]

### SEX. PETRONIUS PROBUS,

praef. praet. Italiae, Illyrici et Africae [iterum] sub Valentiniano juniore.

[Probus avait été déjà préfet d'Italie pendant huit ans de 368 à 376[5]. Il avait

---

[1] *Cod. Theod.* lib. IX, tit. XL, c. 13. *De poenis. Cod. Just.* lib. IX, tit. XLVII, c. 20. [Cf. *Historia miscella*, p. 298, 26.]

[2] [Cf. De Rossi, *Annali*, 1849, p. 297 : «Maraviglieranno forse i lettori com'io per si lieve difficoltà stimi lecito a chicchessia cangiar temerariamente le note cronologiche delle costituzioni imperiali, ma cesserà la maraviglia quando avrò accennato le ragioni che pur vi sarebbero di farlo. Io veramente non mai senza evidente ragione mi arrogherò il diritto di emendare ad arbitrio cosa alcuna nelle leggi, ma non posso negare, che se tra le inserite nel Teodosiano ve ne sono molte, nelle date delle quali non deesi avere gran fede, tra queste debbono forse annoverarsi quelle che dissi a Flaviano dirette. Imperocchè chi volesse accettare per genuine tutte le iscrizioni e le date delle leggi spettanti ai prefetti d'Italia, Illirico ed Africa negli a. 382, 383, si avvilupperebbe in quelle inestricabili difficoltà; dalle quali non seppe in niun modo distrigarsi il Tillemont. Aggiungi l'errore evidente di quasi tutte le leggi degli anni 383, 384, 385, che portano in fronte il nome di Graziano già morto, e tacciono quello d'Arcadio.»]

[3] [Seeck, *Symmach.* n. 579, pense que cette constitution est de décembre 389 ou de janvier 390; elle fut rendue après le désastre de Salonique, alors que l'empereur était à Milan.]

[4] Vedi il De Rossi nel suo Nicomaco [*loc. cit.*, p. 283. Cf. *Bullet. di arch. crist.* 1868, p. 29. Voir plus bas, p. 567.]

[5] [Voir plus haut, p. 538.]

ensuite été préfet des Gaules. Créé pour la troisième fois préfet du prétoire, il exerça cette fonction en Italie avec Atticus, mais ne la conserva que fort peu de temps : en février 385, la préfecture d'Italie était confiée à Neoterius et à Principius[1]. Dans le second semestre de 387, Probus était pour la quatrième fois préfet du prétoire. Borghesi n'a pas distingué la troisième et la quatrième préfecture de Probus. Le premier texte qu'il cite a trait à la quatrième préfecture.]

An. 387. — «In Italia cum Valentinianus adhuc admodum puer «esset, rerum cura penes Probum erat virum consularem, qui tum «praefecturam praetorii administrabat... Probus tamen Maximi po- «tentiam reformidans ad partes Orienti propiores secedere constituit. «Confestim igitur ex Italia digressus in Illyricum et in urbe Macedo- «niae Thessalonica sedem fixit[2].»

An. 390. — «Per idem tempus duo potentissimi et sapientissimi «viri Persarum ad famam sacerdotis (Ambrosii) venere Mediolanum... «Alia die valefacientes imperatori profecti sunt ad urbem Romam, illic «volentes cognoscere potentiam illustris viri Probi, qua cognita ad «propria remearunt[3].»

[Le Code Théodosien renferme deux constitutions adressées à Probus pendant sa troisième préfecture :]

Impp. Valentinianus, Theodosius et Arcadius AA. ad Probum P. P.
VII kal. Nov. Dat. Mediolano. Post cons. Merobaudis II et Saturnini (384)[4].
XIV kal. Febr. Dat. Mediolano. Merobaude II et Saturnino conss. (383)[5].

Consta da questa legge che la sua autorita si estendeva « per omnem

---

[1] [Seeck, n. 466.]
[2] Socrat. lib. V, c. xi. [Ἐν δὲ τῇ] Ἰταλίᾳ κομιδῇ νέου τυγχάνοντος Οὐαλεντινιανοῦ, τὴν τῶν πραγμάτων εἶχε φροντίδα Πρόβος ἀπὸ ὑπάτων τὴν ὑπάρχων τότε χειρίζων ἀρχήν... Τότε ὁ Πρόβος φοβηθεὶς τὴν Μαξίμου δύναμιν, ἐπὶ τὰ ἀνατολικώτερα μέρη ἀναχωρεῖν πειρᾶται. Εὐθὺς οὖν ὡς εἶχεν ἀναχωρεῖ ἀπὸ τῆς Ἰταλίας καὶ ἐπὶ τὴν Ἰλλυρίδα γενόμενος γῆν, ἐν Θεσσαλονίκῃ τῆς Μακεδονίας διέτριβεν.]

[3] Paulinus, in Vita S. Ambrosii, [25, éd. Migne, t. XIV, col. 35].
[4] Cod. Theod. lib. VI, tit. xxx, c. 6. De palatinis sacr. largit. Cod. Just. lib. XII. tit. xxiii, c. 6.
[5] Cod. Theod. lib. XI, tit. xiii, c. 1. Si per obreptionem fuerint impetrata.

## PRAEFECTI PRAETORIO ITALIAE.

« Italiam, tum etiam per urbicarias Africanasque regiones ac per omne
« Illyricum ».

[Ces deux suscriptions sont inexactes. Probus n'a pu être préfet d'Italie le
19 janvier 383, pendant que Flavianus et Hypatius étaient en fonctions. Les compilateurs du Code ont, dans la deuxième suscription, omis sans doute *p. c.* avant les noms de consuls : la constitution est du 19 janvier 384. Quant à la première suscription, il n'est pas croyable que, le 26 octobre, les noms des consuls de l'année n'aient pas été connus en Occident : la constitution a dû être rendue le 26 octobre 383, mais n'est parvenue à Probus qu'en 384 [1].

L'inscription de Calderio déjà citée [2] mentionne la troisième préfecture du prétoire de Probus. Une inscription de Gortyne fait également allusion à cette troisième préfecture [3] :

```
    ✥ ΠΕΤΡΩΝΙΟΝ ΠΡΟΒΟΝ ✥
       ΤΟΝ ΛΑΜΠΡΟΤΑΤΟΝ
       ΑΝΘΥΠΑΤΟΝ ΚΑΙ ✥
       ΑΠΟ ΕΠΑΡΧΩΝ ΠΡΑΙΤΩΡΙΩΝ
    ✥ Γ' ✥ ΔΟΓΜΑΤΙ ΤΗΣ ΛΑΜΠΡΑΣ
       ΓΟΡΤΥΝΙΩΝ ΒΟΥΛΗΣ
       ΟΙΚΟΥΜΕΝΙΟΣ ΔΟΣΙΘΕΟΣ
       ΑΣΚΛΗΠΙΟΔΟΤΟΣ ✥
       Ο ΛΑΜΠΡΟΤΑΤΟΣ ΥΠΑΤΙ
       ΚΟΣ ΑΝΕΣΤΗΣΕΝ ✥
```
]

## XXXIX
### 1137 = 384.

[NONIUS] [4] ATTICUS [MAXIMUS] [5],
praef. praet. [Italiae, Illyrici et Africae] sub Valentiniano juniore.

[Atticus fut préfet du prétoire avec Probus. Il a dû, comme son collègue, être chargé de l'Italie, de l'Illyrie et de l'Afrique. Atticus était chrétien [6].]

---

[1] [Krueger, p. 464, n. 3. Seeck, *Symmachus*, p. LV.]

[2] [Voir plus haut, p. 444.]

[3] [*Corp. inscr. Graec.* vol. II, n. 2593.]

[4] [Cf. J. B. de Rossi, *Inscr. christ.* vol. I, n. 442, 443, 445, 450, 451, 455. *Corp. inscr. Lat.* vol. X, n. 4493.]

[5] [Cf. l'inscription chrétienne citée par J. B. de Rossi, n. 454, et datée CONSS· FL · CAESARI ET MAXIMI VV CC (année 397).]

[6] [Comme le démontre J. B. de Rossi (*Ibid.* p. 198) à l'aide d'une lampe en bronze.]

Iidem AAA. ad Atticum P. P.

An. 384. — Richomere et Clearcho conss.

III id. Mart. Dat. Mediolano[1].

A questo Attico sono dirette [alcune] epistole di Simmaco[2], nella prima delle quale gli promette di intervenire al suo consolato del 397.

## XL

[1137 = 384.]

VETTIUS AGORIUS PRAETEXTATUS,
praef. praet. Italiae sub Valentiniano juniore.

[Praetextatus fut deux fois préfet du prétoire. Il fut d'abord préfet d'Illyrie à une date que l'on ne peut fixer avec certitude, mais qui est comprise entre l'année 378 et l'année 383[3]. Il faut toutefois exclure les années 380 et 381, pendant lesquelles Eutropius occupait cette charge. Il reste donc soit les années 378-379, soit l'année 382. Cette dernière date est la plus vraisemblable. Dans une inscription de Gortyne qui lui fut dédiée par OEcumenius Dositheus Asclepiodotus, *consularis Cretae*, il est qualifié ex-préfet de la ville. Or, les diverses inscriptions gravées par les soins de ce magistrat sont des années 382 à 384 :

ΑΓΟΡΙΟΝ ΠΡΑΙΤΕΣΤΑΤΟΝ ΤΟΝ ΛΑΜΠΡΟΤΑΤΟΝ ΑΠΟ
ΕΠΑΡΚΩΝ ΤΗΣ ΒΑΣΙΛΕΥΟΥΣΗΣ [Ρ]Ω[Μ]ΗΣ [ϑ]
ΔΟΓΜΑΤΙ ΤΗΣ ΛΑΜΠΡΑΣ ΓΟΡΤΥΝΙΩΝ ΒΟΥΛΗΣ
ΟΙΚΟΥΜΕΝΙΟΣ ΔΟΣΙΣΘΕΟΣ ΑΣΚΛΗΠΙΟΔΟΤΟΣ
Ο ΛΑΜΠΡΟΤΑΤΟΣ ΥΠΑΤΙΚΟΣ ΑΝΕΣΤΗΣΕΝ[4]

Appelé à la préfecture d'Italie en 384, Praetextatus mourut au bout de quelques mois.]

Vedi le schede dei nostri consoli incerti, dalla cui lapide constà che fu prefetto due volte[5].

Si hanno tre lettere di Simmaco attualmente prefetto di Roma : la prima[6] con cui annunzio la sua morte all' imperatore Teodosio; la

---

[1] *Cod. Theod.* lib. XIII, tit. 1, c. 12. *De lustrali collatione.*

[2] Ep. xxx-xxxiv [lib. VII].

[3] [Voir plus haut, p. 453.]

[4] [*Corp. inscr. Graec.* vol. II, n. 2594.]

[5] [*Corp. inscr. Lat.* vol. VI, n. 1779; cf. n. 1778 et 1777.]

[6] Ep. xxiii, [p. 288, éd. Seeck].

seconda[1], con cui fa altrettanto all'imperatore Valentiniano giuniore; la terza[2], con cui chiude à Teodosio il promesso di erigergli una statua decretagli dal senato, in cui dice : «Ille est Praetextatus quem «jure consulem feceratis.»

Molte lettere sono a lui dirette da Simmaco[3]; e si memora da Macrobio :

— [«Saturnalibus apud Vettium Praetextatum romanae nobilitatis «proceres doctique alii congregantur[4].»

— «... Quia princeps religiosorum putatur, nonnulla etiam «superstitionis admiscet : quasi vero nobis fas non sit, Praetextato «aliquando non credere[5].»]

Simmaco[6] dice che anche le Vestali volevanno erigergli una statua, e attesta della sua prefettura del pretorio : «Suggestionibus viri ex- «cellentis et de re publica bene meriti Praetextati praefecti praetorio «abusus existimor[7].»

Importante è l'epistola di S. Girolamo a Marcella[8], della quale apparisce ch' egli era in Roma e che aveva incomminciato a leggere il psalmo 72 : «Repente nobis nuntiatum est sanctissimam Leam exisse «de corpore»; il che appare essere successo poco dopo ch' era morto un console che pote essere evidentemente Pretestato. Ciò gli da occasione di fare il seguente parallelo : «Nunc igitur pro brevi labore «aeterna beatitudine fruitur (Lea); excipitur Angelorum choris, «Abrahae sinibus confovetur, et cum paupere quondam Lazaro, divi- «tem purpuratum et non palmatum Consulem, sed atratum, stillam «digiti minoris cernit inquirere. O quanta rerum mutatio! Ille quem «ante paucos dies dignitatum omnium culmina praecedebant, qui, «quasi de subjectis hostibus triumpharet, Capitolinas ascendit arces, «quem plausu quodam et tripudio populus Romanus excepit, ad

---

[1] Ep. xxiv, [p. 289].
[2] Ep. xxv, [p. 289].
[3] Lib. I, ep. xxxviii e seguenti, [p. 22-27].
[4] *Saturnalia*, lib. I, c. i.
[5] [*Saturn.* lib. I, c. xi. Cf. c. vii et xvii.]
[6] Nell' ep. xxxvi del lib. II, [p. 54].
[7] Nell' ep. xxxiv del lib. X, [p. 295].
[8] [Ep. xxiii, 2, 3 (éd. Migne, t. XXII col. 426). Cf. xxxix, 3.]

« cujus interitum urbs universa commota est, nunc desolatus et nudus,
« non in lacteo coeli palatio, ut uxor mentitur infelix, sed in sordentibus
« tenebris continetur. »

È da notarsi che il martirologio fa la festa di S. Lea a. d. XI kalend. Aprilis.

Il Baronio lo fa morto nel 384 e quindi designato pel 385[1].

— [« Miserabilis Praetextatus, qui designatus consul est mortuus,
« homo sacrilegus et idolorum cultor, solebat ludens beato papae Da-
« maso dicere : « Facite me Romanae ecclesiae episcopum et ero pro-
« tinus christianus[2]. »]

A lui essendo prefetto del pretorio sono dirette una legge del Codice
Teodosiano ed un' altra del Codice Giustinianeo.

Impp. Gratianus, Valentinianus et Theodosius AAA. ad Praetextatum P. P.

An. 384. — Ricomere et Clearcho conss.

XII kal. Jun. Dat. Mediolano[3].

V id. Sept. Dat. Aquileia[4].

[Voir la série des préfets d'Illyrie.]

## XLI

[Intra 1132 = 379 et 1137 = 384.]

*ARYNTHEUS*,
sub Gratiano.

— « Impp. Gratianus Valentinianus et Theodosius AAA. Aryntheo
« P. P. — Sine die et conss[5]. »

---

[1] [Seeck, p. LXXXVI. Voir plus haut, t. III, p. 486.]

[2] [Hieron. contra Johannem Hierosol. 8.]

[3] *Cod. Theod.* lib. VI, tit. v, c. 2. *Ut dignit. ord. serv. Cod. Just.* lib. XII tit. VIII, c. 1.

[4] *Cod. Just.* lib. I, tit. LIV, c. 5. *De modo multarum.*

[5] *Cod. Just.* lib. XI, tit. XI, c. 3. *De veteris numismatis potestate.* Vide Gothofredum in *Prosopogr.*

[Si l'adresse de cette constitution est exacte, Aryntheus aurait été préfet entre 379 et 384. Il ne se confondrait pas avec Fl. Aryntheus, le consul de 372, qui mourut avant 379.]

✶

1138 = 385.

*PELAGIUS*,
sub Gratiano.

Impp. Gratianus, Valentinianus et Theodosius AAA. ad Pelagium P. P. — Sine die et cons.[1].

È stata corretta :

— «Iidem AAA. et Arcadius A. ad Pelagium comitem rerum privatarum. — Dat. XV kal. Mart. Mediolano. Arcadio A. 1 et Bautone conss. (385).»

## XLII

1138 = 385 — 1139 = 386.

PRINCIPIUS,
praef. praet. [Italiae] sub Gratiano.

[Principius partagea avec Neoterius la préfecture d'Italie en 385-386. Il avait été préfet de la ville en 373[2].]

Impp. Gratianus, Theodosius et Arcadius AAA. ad Principium P. P. An. 385. — Arcadio A. et Bautone v. c. conss.

Kal. Jun. Dat...[3].
Prid. kal. Sept. Dat. Aquileia[4].
XIV kal. Oct. Dat. Aquileia[5].
VIII kal. Oct. Dat. Aquileia[6].

---

[1] *Cod. Just.* lib. VII, tit. LXII, c. 26. *De appellationibus.*

[2] [Voir plus haut, t. IX, p. 395.]

[3] *Cod. Theod.* lib. IX, tit. XL, c. 14. *De poenis. Cod. Just.* lib. IX, tit. XLVII, c. 21.

[4] *Cod. Theod.* lib. VI, tit. XXX, c. 10. *De palatinis sacr. largit.*

[5] *Cod. Theod.* lib. VIII, tit. VII, c. 16. *De diversis officiis. Cod. Just.* lib. XII, tit. LIII, c. 1. *De apparitoribus praef. Urbis.*

[6] *Cod. Theod.* lib. I, tit. II, c. 9. *De diversis rescriptis.* — Lib. XI, tit. I, c. 20. *De annona. Cod. Just.* lib. X, tit. XVI, c. 7.

VI kal. Oct. Dat. Aquileia[1].
Prid. non. Nov. Dat. Veronae[2].
Non. Nov. Dat. Aquileia[3].
IV id. Dec. Dat. Aquileia[4].
III id. Dec. Dat. Aquileia[5].
An. 386. — Honorio NB. P. et Evodio conss.
XII kal. Maii. Dat. Aquileia[6].
III non. Nov. PP. Aquileiae. Acc. VIII kal. Dec. Romae[7].

## XLIII
1138 = 385.

### NEOTERIUS,
praef. praet. [Italiae sub Valentiniano juniore.]

Nel 380, era stato prefetto d'Oriente[8].
Imppp. Valentinianus, Theodosius et Arcadius AAA. ad Neoterium P. P.
An. 384 [?]. — Richomere et Clearcho conss.
Kal. Febr. Dat... [9].

[Toutes les constitutions adressées à Neoterius étant de 385, il est peu vraisemblable que cette suscription soit exacte. Les compilateurs ont sans doute omis *p. c.* avant l'indication des consuls. Cette constitution doit être du 1er février 385 [10].]

An. 385. — Arcadio A. et Bautone v. c. conss.
V kal. Mart. Dat. Mediolano [11].

---

[1] *Cod. Theod.* lib. X, tit. xx, c. 12. *De murilegulis. Cod. Just.* lib. XI, tit. viii, c. 9.

[2] *Cod. Theod.* lib. XIII, tit. i, c. 14. *De lustrali collatione.*

[3] *Ibid.* lib. XII, tit. xii, c. 10. *De legatis.*

[4] *Ibid.* lib. VIII, tit. vii, c. 17. *De diversis officiis. Cod. Just.* lib. XII, tit. xlix, c. 5.

[5] *Cod. Theod.* lib. XI, tit. xvi, c. 17. *De extraord. muneribus.*

[6] *Ibid.* lib. XIII, tit. v, c. 17. *De naviculariis.*

[7] *Cod. Theod.* lib. II, tit. viii, c. 18. *De feriis.* — Lib. VIII, tit. viii, c. 3. *De exsecutoribus.* — Lib. XI, tit. vii, c. 13. *De exactionibus.*

[8] [Voir plus haut, p. 243.]

[9] *Cod. Theod.* lib. VIII, tit. v, c. 43. *De cursu publico.*

[10] [Seeck, p. cliv.]

[11] *Cod. Theod.* lib. IX, tit. xxxviii, c. 8. *De indulgentiis criminum. Cod. Just.* lib. I, tit. iv, c. 3. *De episcopali audientia.*

## PRAEFECTI PRAETORIO ITALIAE.

XVIII kal. Maii. Dat. Mediolano [1].
Prid. kal. Maii. Dat. Mediolano [2].
IV non. Maii. PP...[3].
V kal. Jun. Dat. Mediolano [4].
Prid. id. Jun. Dat. Mediolano [5].
VI id. Jul. Dat. Mediolano [6].
VII kal. Aug. Dat...[7].
Interpolata in Codice Giustinianeo [8] : «PP. VIII kal. Aug. Arcadio A. II et Rufino conss.» [392].

[Cette suscription, rapportée par Haloander, n'est pas conforme aux manuscrits. On lit : «PP. Alexandriae VII kal. Aug. Arcadio A. et Bautone v. c. conss.»[9]].

L'intitolazione di questa legge PF. PO. C. N va interpretata *praefecto praetorio carissimo nobis*, non *praefecto praetorio Orientis*, come è stato fatto da molti, poichè Neoterio in questo tempo fu prefetto d'Italia.

Il prefetto del pretorio (Neoterio) nel 385 era a Milano [10]. È questo fu una supposizione del Tillemont perche S. Ambrosio dice soltanto : il prefetto del pretorio, senza nominarlo [11].

[Neoterius fut pour la troisième fois préfet du prétoire en 390. D'après Borghesi, il aurait été à cette date préfet d'Illyrie [12]. Seeck pense, au contraire, qu'il fut préfet d'Italie comme en 385 [13].]

---

[1] *Cod. Theod.* lib. XI, tit. xvi, c. 16. *De extraord. muneribus. Cod. Just.* lib. X, tit. xlviii, c. 13. *De excusationibus munerum.*

[2] *Cod. Theod.* lib. II, tit. i, c. 6. *De jurisdictione.*

[3] *Ibid.* lib. XI, tit. xxii, c. 2. *Ne collationis translatio.*

[4] *Ibid.* lib. XII, tit. i, c. 110. *De decurionibus.*

[5] *Ibid.* lib. VIII, tit. iv, c. 15. *De cohortalibus. Cod. Just.* lib. XII, tit. lvii, c. 6.

[6] *Cod. Theod.* lib. VII, tit. ii, c. 2. *Quid probare debeant.*

[7] *Cod. Theod.* lib. II, tit. xxvi, c. 4. *Finium regundorum.*

[8] *Cod. Just.* lib. III, tit. xxxix, c. 5. *Finium regundorum.*

[9] [Lachmann, *Gromat. vet.* 1, 267.]

[10] Tillemont [*Mém. eccl.*], t. X, p. 168.

[11] [*Ep.* I, 20, éd. Migne, t. XVI, p. 995 : «Etiam praefectus eo venit; coepit suadere vel ut basilica Portiana cederemus. Populus reclamavit. Ita tunc discessum est, ut intimaturum se imperatori diceret.»]

[12] [Voir plus haut, p. 457.]

[13] [*Symmach.* n. 786.]

## XLIV

1138 = 385 — 1140 = 387.

EUSIGNIUS,

praef. praet. Italiae et Illyrici sub Valentiniano juniore.

[Eusignius fut proconsul d'Afrique en 383 [1]. Il succéda à Neoterius comme préfet du prétoire d'Italie[2], entre le 26 juillet 385 et le 23 janvier 386, et il exerçait encore cette fonction le 19 mai 387. Il fut en même temps chargé de l'Illyrie, comme le prouve l'un des textes ci-après indiqués par Borghesi :]

Imppp. Gratianus Valentinianus et Theodosius AAA. ad Eusignium P. P.

An. 386. — Honorio NB. P. et Evodio conss.

X kal. Febr. Dat. Mediolano [3].
XV kal. Mart. Dat. Ticini [4].
Prid. id. Jul. Dat. Mediolano [5].
[IV kal. Aug. Dat. Mediolani [6].]

Vi si parla di cose spettanti alla Macedonia, Mesia, etc., ond' è certe diretta al prefetto dell' Illirico [7].

---

[1] [*Cod. Theod.* lib. I, tit. III, c. 1. Dans *Cod. Just.* lib. I, tit. xv, c. 1, les manuscrits portent par erreur : «ad Eusignium P. P.» ou même «ad Eugenium P. P.» Cf. Tissot, *Fastes*, p. 266.]

[2] [Symmaque lui recommande une de ses parentes qui avait déféré à son tribunal un procès relatif à la location de certains *horrea in Aquileiensi sita.* «Quid enim tam «familiare justitiae, quam ut circumscriptor «clarissimae et laudabilis feminae parentis «meae astutiae suae privetur effectu, ne com-«motis inludat alienis provincialium patro-«norum fretus auxilio? Quorum impotentia «compulit, ut matrona litium fugitans ad judicium praetoriani culminis convolaret.» (Lib. IV, ep. LXVIII).]

[3] *Cod. Theod.* lib. XVI, tit. I, c. 4, *De fide catholica;* tit. IV, c. 1, *De his qui super religionem contendunt.*

[4] *Cod. Theod.* lib. XII, tit. XII, c. 11. *De legatis.*

[5] *Ibid.* lib. VIII, tit. VII, c. 18. *De diversis officiis. Cod. Just.* lib. XII, tit. LIX, c. 2.

[6] *Cod. Just.* lib. XI, t. VII, c. 4. *De metallariis.* [*Cod. Theod.* lib. I, tit. XXXII, c. 5. Nous avons rétabli la suscription qui manque dans Borghesi comme dans les anciennes éditions du Code.]

[7] [«Cum procuratores metallorum intra

XIV kal. Dec. Dat. Mediolano [1].
III non. Dec. Dat. Mediolano [2].
VIII kal. Jan. Dat... [3].
An. 387. — Valentiniano A. III et Eutropio conss.
VIII kal. Febr. Dat... [4].
IV kal. Mart. Dat... [5].
Prid. non Mart. Dat. Mediolano [6].
XVIII kal. Maii. Dat... [7].
XIV kal. Jun. Dat. Mediolano [8].

## XLV

[1140 = 387.

### SEX. PETRONIUS PROBUS,
praef. praet. Italiae tertium, sub Valentiniano juniore.

Pendant l'automne de l'année 387. lorsque Maximin envahit l'Italie, Probus était pour la quatrième fois préfet du prétoire et pour la troisième fois préfet du prétoire d'Italie [9]. Sozomène rapporte qu'il partit avec Valentinien II et s'enfuit à Thessalonique [10].

Macedoniam, Daciam mediterraneam, Moesiam seu Dardaniam soliti ex curialibus ordinari, per quos solemnis profligatur exactio, simulato hostili metu huic se necessitati subtraxerint, ad implendum munus retrahantur... »]

[1] *Cod. Theod.* lib. XI, tit. xxxvii, c. 1. *Si de momento fuerit appellatum. Cod. Just.* lib. VII. tit. lxix, c. 1.

[2] *Cod. Theod.* lib. VIII, tit. viii, c. 4. *De exsecutoribus. Cod. Just.* lib. XII, tit. lix, c. 3.

[3] *Cod. Theod.* lib. XII, tit. i, c. 114. *De decurionibus. Cod. Just.* lib. X, tit. xxxii, c. 39.

[4] *Cod. Theod.* lib. I, tit. xx, c. 1. *De defensoribus civitatum.*

[5] *Cod. Theod.* lib. XV, tit. iii, c. 3. *De itinere muniendo.*

[6] *Ibid.* lib. VI, tit. xxiv, c. 4. *De domesticis et protectoribus. Cod. Just.* lib. XII, tit. xvii, c. 1.

[7] *Cod. Theod.* lib. XI, tit. xxii, c. 3. *Ne collationis translatio.* [Le lieu de la suscription manque, mais on s'accorde à suppléer *Mediolan.* Cf. Haenel, col. 1111, n. *l.*]

[8] *Cod. Theod.* lib. XI, tit. xxx, c. 48. *De appellationibus.*

[9] [Voir plus haut, p. 443, 538, 553.]

[10] [Lib. VII, 13 : Δείσας δὲ μή τι πάθοι, φεύγων ἐξ Ἰταλίας εἰς Θεσσαλονίκην ἧκε, σὺν αὐτῷ δὲ καὶ ἡ μήτηρ καὶ Πρόβος ὁ ὕπαρχος. Cf. Zosim. lib. IV, c. xliii, et Socrate, cité plus haut, p. 443, n. 7.]

Une inscription de Rome de l'année 395 lui donne le titre de *praefectus praetorio quater Italiae, Illyrici, Africae, Galliarum*[1].

> SEXTO PETRONIO PROBO
> ANICIANAE DOMVS
> CVLMINI PROCONSVLI
> AFRICAE PRAEFECTO
> PRAETORIO QVATER
> ITALIAE ILLYRICI AFRI
> CAE GALLIARVM CON
> SVLI ORDINARIO CON
> SVLVM PATRI ANICIVS
> HERMOGENIANVS
> OLYBRIVS V·C· CONSVL
> ORDINARIVS ET ANI
> CIA IVLIANA · C F · EIVS
> DEVOTISSIMI FILII
> DEDICARVNT.

Voir la série des préfets d'Illyrie, n° VIII.]

\*

?

*ANTHEMIUS*,
sub Valente et Gratiano.

— « Impp. Valens, Gratianus et Valentinianus AAA. ad Anthe-
« mium P. P. — Sine die et conss.[2]. »

[Au lieu d'Anthemius, il faut lire Antonius[3]. La constitution est adressée au préfet des Gaules de ce nom.]

## XLVI

1141 = 388 — 1142 = 389.

TRIFOLIUS,
praef. praet. Italiae sub Theodosio.

Impp. Valentinianus, Theodosius et Arcadius AAA. Trifolio P. P.

[1] [*Corp. inscr. Lat.* vol. VI, n. 1753. Cf. n. 1752.] — [2] *Cod. Just.* lib. XI, tit. LIX, c. 5. *De omni agro deserto.* — [3] [Krueger, p. 445.]

PRAEFECTI PRAETORIO ITALIAE. 565

An. 388. — Theodosio A. II et Cynegio conss.
 XVIII kal. Jul. Dat. Stobis[1].
 X kal. Oct. Dat. Aquileiae[2].
 VI id. Oct. Dat. Mediolano[3].
An. 389. — Timasio et Promoto conss.
 XIV kal. Febr. Dat. Mediolano[4].

[Trifolius avait été *comes sacrarum largitionum* d'Orient en 384[5]. Tillemont conjecture qu'il fut préfet de l'Illyrie orientale sous Théodose en 388, et préfet d'Italie en 389, lorsque Théodose eut vaincu l'usurpateur Maxime. La loi du 14 juin 388 est datée de Stobi, ville située sur la route que suivit Théodose dans sa campagne contre Maxime. D'autre part, la loi du 19 janvier 389 *De decuriis urbis Romae* concerne évidemment l'Italie.]

## XLVII

[1142 = 389] — 1143 = 390.

### POLEMIUS,

praef. praet. Illyrici et Italiae sub Valentiniano juniore.

Imppp. Valentinianus, Theodosius et Arcadius AAA. Polemio PP. Illyrici et Italiae.

An. 390. — Valentiniano A. IV et Neoterio conss.
 XVII kal. Feb. Dat. Mediolano[6].
 Prid. non. April. Dat. Mediolano[7].
 X kal. Jan. Dat. Mediolano. [Acc...] post. cons. Timasii et Promoti[8].

[Le Code de Justinien contient encore une constitution adressée « ad Pole-

---

[1] *Cod. Theod.* lib. XVI, tit. v, c. 15. *De haereticis.*

[2] *Ibid.* lib. XV, tit. xiv, c. 6. *De infirmandis his quae sub tyrannis aut barbaris gesta sunt.*

[3] *Ibid.* c. 7.

[4] *Ibid.* lib. XIV, tit. i, c. 3. *Cod. Just.* lib. XI, tit. xiv, c. 1.

[5] [*Cod. Theod.*, lib. VI, tit. xxx, c. 7-9; lib. X, tit. xx, c. 11. Cf. Tillemont, *Hist. des Empereurs*, t. V, p. 226, 754.].

[6] *Cod. Theod.* lib. XV, tit. i, c. 26. *De operibus publicis.*

[7] *Ibid.* c. 28.

[8] *Cod. Just.* lib. I, tit. xl, c. 9. *De officio rectoris provinciae.* [Voir plus haut, p. 457. n. 3.]

566    PRAEFECTI PRAETORIO ITALIAE.

mium PP. » et datée « III kal. Maii. Arcadio A. et Bautone v. c. conss. (385)[1]». Il y a là une erreur; en avril 385, les préfets d'Italie étaient Principius et Neoterius. Les compilateurs du Code ont sans doute écrit par inadvertance Polemius pour Principius.]

✶

[1144 =] 391.

[*CEIONIUS RUFIUS*] ALBINUS,
sub Valentiniano juniore.

—— « Imppp. Valentinianus Theodosius et Arcadius AAA. ad Albinum « P. P. [?]. —— Dat. VI kal. Mart. Mediolano. Tatiano et Symmacho « conss. (391)[2]. »

Era stato prima prefetto di Roma.

Correggi col Gotofredo *P. U.* perchè Albino fu veramente a quel tempo prefetto di Roma, e perchè allora era prefetto del pretorio Flaviano.

[Albinus avait été précédemment proconsul d'Afrique entre 381 et 388[3]. Il était préfet de la ville le 17 juin 389[4]; il l'était encore le 4 avril 390[5], et très probablement à la date de notre constitution. Plusieurs manuscrits portent *P. U.* au lieu de *P. P.* Il est difficile dès lors d'affirmer, sur la foi d'un seul texte, et d'un texte douteux, qu'Albinus ait été préfet du prétoire[6].]

---

[1] [*Cod. Just.* lib. III, tit. xxvi, c. 11.]

[2] *Cod. Theod.* lib. XVI, tit. x, c. 10. *De paganis.*

[3] [Mommsen, *Nuove Memorie*, p. 311. Seeck, p. clxxxi.]

[4] [*Cod. Theod.* lib. XVI, tit. v, c. 18. *De haereticis.*]

[5] *Ibid.* lib. XV, tit. 1, c. 27. *De operibus publicis.* [Deux inscriptions, trouvées à Rome au forum, furent gravées en l'honneur de Valentinien et d'Arcadius par Ceionius Rufius Albinus *v(ir) c(larissimus), praef(ectus) Urbi, iterum vice sacra judicans* (*Corp. inscr. Lat.* vol. VI, n. 3791); cf. O. Seeck, *Hermes*, t. XIX, p. 186, et l'inscription du piédestal d'une statue d'Arcadius, récemment découverte à Rome. (*Bull. della comm. arch. comun.* xiii, p. 165.)]

[6] [Cf. Tillemont, *Hist. des Empereurs*, t. V, p. 759.]

## XLVIII

[1143 = 390 — 1147 = 394.]

### VIRIUS NICOMACHUS FLAVIANUS [1],
praef. praet. Italiae, Illyrici et Africae iterum sub Gratiano et Eugenio.

Era stato prefetto d'Italia la prima volta nel 382 e 383 [2].
È uno degli interlocutori presso Macrobio [3].

[Lorsque, après le meurtre de Valentinien II, Arbogast eut fait proclamer empereur l'ancien grammairien Eugène, Flavianus conserva la charge de préfet du prétoire sous cet usurpateur [4].]

Al principio dell' impero di Eugenio « sperabat se principatum fir-
« miter retenturum, inductus verbis quorumdam hominum, qui se
« futura nosse jactabant ex victimis quibusdam extorumque inspectione
« et observationis siderum. Cui superstitioni addicti erant eo tempore,
« tum alii plures ex proceribus Romanorum tum Flavianus praefectus
« praetorii, vir eximius, et in republica gerenda prudentissimus, et
« qui insuper omnium divinandi artium peritus, res futuras certissime
« praenoscere putabatur. Hac enim ratione Eugenium impulit ut bellum
« pararet, imperium fato ei destinatum esse affirmans, commissoque
« praelio victoriam ei cessuram, et mutationem religionis christianorum
« secuturum [5] ».

---

[1] Venusti filius. [Macrob. *Sat.* lib. I, 5, 13.]

[2] [Voir plus haut, p. 459, l'inscription qui mentionne la première préfecture de Flavianus et le n. xxxvii des préfets d'Italie.]

[3] [*Sat.* lib. III, 1-9.]

[4] [Cf. De Rossi, *Bull. di arch. crist.* t. VI, p. 49.]

[5] Sozomen. lib. VII, c. xxii. [Ὤετο δὲ τοῦ ἐπιχειρήματος ἀσφαλῶς κρατήσειν, ὑπαγόμενος λόγοις ἀνθρώπων εἰδέναι τὸ μέλλον ὑπισχνουμένων σφαγίοις τισὶ καὶ ἡπατοσκοπίαις καὶ καταλήψει ἀστέρων· ἐσπούδαζον δὲ περὶ ταῦτα ἄλλοι τε πολλοὶ τῶν ἐν τέλει Ῥωμαίων καὶ Φλαβιανὸς ὁ τότε ὕπαρχος, ἀνὴρ ἐλλόγιμος καὶ περὶ τὰ πολιτικὰ ἐχέφρων εἶναι δοκῶν· προσέτι δὲ καὶ τὰ μέλλοντα ἀκριβοῦν λογιζόμενος ἐπιστήμῃ παντοδαπῆς μαντείας. Ταύτῃ γὰρ μάλιστα τὸν Εὐγένιον ἔπεισε εἰς πόλεμον παρασκευάσεσθαι, μοιρίδιον εἶναι αὐτῷ τὴν βασιλείαν ἰσχυριζόμενος καὶ νίκην ἐπὶ τῇ μάχῃ συμβήσεσθαι καὶ μεταβολὴν τῆς χριστιανῶν θρησκείας.]

« Non multo post (Eugenius) petentibus Flaviano tunc praefecto
« et Arbogaste comite, aram Victoriae et sumptus caerimoniarum, quod
« Valentinianus augustae memoriae adhuc in junioribus annis constitu-
« tus, petentibus denegaverat, oblitus fidei suae concessit [1] ».

— « Pagani... securam Eugenio victoriam nuntiare. Superstitiosius
« haec agente et cum omni animositate, Flaviano tunc praefecto, cujus
« adsertionibus (magna enim erat ejus in sapientia praerogativa), Eu-
« genium victorem fore pro certo praesumpserat [2]. »

— « Ubi Theodosius Alpium fauces coepit urgere, primi illi, quibus
« nequicquam litatae sunt tot victimae, de fallaciae conscientia trepidi
« daemones, in fugam versi. Post etiam magistri horum, et doctores
« errorum praecipue Flavianus, plus pudoris, quam sceleris reus, cum
« potuisset evadere eruditus admodum vir, mereri se mortem pro er-
« rore justius, quam pro crimine judicavit. Coeteri vero instruunt
« aciem et collocatis in superiori jugo insidiis, ipsi pugnam in descensu
« montis expectant [3]. »

La bataglia in cui fu vinto Eugenio successe nel settembre del 394 [4].

## XLIX
[1145 = 392 — 1146 = 393.

### APODEMIUS,
praef. praet. Italiae, Illyrici et Africae sub Gratiano.

Dans les constitutions des années 392 et 393, Apodemius est qualifié tantôt
*praefectus Illyrici et Africae;* tantôt *praefectus per Illyricum;* tantôt enfin *praefectus Illyrici et Italiae* [5]. Il fut désigné par Théodose pour succéder à Flavianus, lorsque celui-ci se fut rangé du parti de l'usurpateur Eugène.

Voir la série des préfets d'Illyrie, n° XXI.]

---

[1] Paulinus, in *vita Ambrosii*, [26, éd. Migne, t. XIV, col. 36].

[2] Rufinus, [*Hist. eccles.*], lib. II, c. XXXIII, [éd. Migne, t. XXI, col. 539].

[3] Rufinus, [*Hist. eccles.*], lib. II, c. XXXIII, [éd. Migne, t. XXI, col. 539].

[4] [Cf. De Rossi, *loc. cit.* p. 308.]

[5] [Voir plus haut, p. 461.]

## XLIX bis.

[1147 = 394.

### FABIUS PASIPHILUS,
agens vicem praeff. praet. et urbi sub Theodosio.

Après la victoire de Théodose et la mort d'Eugène, Fabius Pasiphilus fut nommé commissaire extraordinaire en Italie pour remplir momentanément les fonctions de préfet du prétoire et de préfet de la ville [1].]

```
        PRO BEATITVDINE TEMPORVM
        FELICITATEMQVE PVBLICI STATVS · IMP
        D·D·D·N·N·N·THEODOSI·ARCADI·ET HONORI
        PERENNIVM · AVGVSTORVM
        RIPAM MACELLI DEXTRA LEBAQVE
        AD GRATIAM · SPLENDOREMQVE
        CIVITATIS PVTEOLANAE INSTRVCTVM (sic)
        DEDICAVIT · FABIVS · PASIPHILVS · V · C ·
(sic)   AGIS·VICEM PRAEFECTORVM PRAETORIO
              ET · VRBI
```

[C'est en septembre 394 que Pasiphilus remplaça les magistrats rebelles [2].]

## L

[1147 = 394 (?)] — 1148 = 395.

### [FL. LUCIUS] DEXTER,
praef. praet. Italiae sub Arcadio et Honorio.

De eo Hieronymus[3] : «Ante annos ferme decem cum Dexter amicus «meus, qui praefecturam administravit praetorii, me rogasset ut Auctorum nostrae religionis ei indicem texerem...»

Idem ei inscripsit opus suum *De Scriptoribus Ecclesiasticis*, quod ad xv Theodosii Magni annum perduxit, id est usque ad a. D. 393, ut testatur capite ultimo [cxxxv].

Scripserat ante idem Dexter ad ipsum Hieronymum historiam quod

---

[1] [*Corp. inscr. Lat.* vol. X, n. 1692. Cf. Mommsen, *Nuove memorie dell'Inst.* p. 309. J. B. de Rossi, *Bull. di archeol. crist.* 1868, p. 65. Voir plus haut, t. VIII, p. 413.]

[2] [Le fragment d'une seconde inscription relative à Pasiphilus (*Corp. inscr. Lat.* vol. X, n. 1694) se trouve au Musée de Naples. Cf. De Rossi, *Bull. arch. napoletano*, nuova serie, anno secundo (1854), p. 154. HÉRON DE VILLEFOSSE.]

[3] *Apol. adversus Rufinum*, lib. II, [c. 23 éd. Migne, t. XXIII, col. 446.]

ipse testatur his verbis [*op. cit.* c. cxxxii] : «Dexter Paciani de quo supra «dixi filius clarus apud saeculum et Christi fidei deditus, fertur ad me «historiam texuisse, quam nècdum legi.»

Impp. Arcadius et Honorius AA. Dextro P. P.

An. 395. — Olybrio et Probino conss.

XV kal. April. Dat. Mediolano[1].
IX kal. April. Dat. Mediolano[2].
Prid. id. April. Dat. Mediolano[3].
VI kal. Maii. Dat. Mediolano[4].
XVII kal. Jun. Dat. Mediolano[5].
XVII kal. Jul. Dat. Mediolano[6].
Kal. Nov. Dat. Brixiae[7].

[Suivant l'opinion de Godefroy et de Tillemont, Borghesi identifie le préfet du prétoire Dexter, mentionné au Code Théodosien, avec l'auteur de la Chronique dont parle saint Jérôme. Celui-ci, qui s'appelait Flavius Julius Dexter, était fils de saint Pacien, évêque de Barcelone[8]. Attaché de bonne heure à la cour de Théodose, il devint *comes rerum privatarum* en 387[9]. Deux faits paraissent confirmer l'opinion de Borghesi : 1° en 403, saint Jérôme écrivait que la nomination de Fl. Lucius Dexter à la préfecture remontait à dix ans environ; 2° dans une lettre de 393[10], il ne lui donnait pas encore le titre de préfet. Le préfet dont parle saint Jérôme a donc été en charge à l'époque indiquée au Code Théodosien, et par suite il y a lieu de penser que les deux personnages se confondent. Il y a cependant une raison de douter. Le préfet cité au Code fut préfet d'Italie : toutes les constitutions qui lui sont adressées sont datées de Milan ou de Brescia; il en est une qui concerne la Campanie[11]. L'auteur de la Chronique dit au contraire dans son épître dédicatoire à Paul Orose : «Postquam ex Oriente ubi, sicut nosti, «praefectus praetorio fui, domum redii, coepit me vehementer taedere munium

---

[1] *Cod. Theod.* lib. VIII, tit. v, c. 53. *De cursu publico Cod. Just.* lib. XII, tit. l, c. 15.

[2] *Cod. Theod.* lib. XI, tit. xxviii, c. 2. *De indulg. debitorum.*

[3] *Ibid.* lib. IX, tit. xxiii, c. 2. *Si quis pecunias conflaverit.*

[4] *Ibid.* lib. VIII, tit. v, c. 54.

[5] *Ibid.* tit. viii, c. 5. *De exsecutoribus.*

[6] *Cod. Theod.* lib. XII, tit. i, c. 146. *De decurionibus.*

[7] *Ibid.* lib. VI, tit. iv, c. 27. *De praetoribus.*

[8] [Voir plus haut, t. VIII, p. 199, et Tillemont, *Mém. Ecclés.* t. VIII, p. 540.]

[9] [*Cod. Just.* lib. VII, tit. xxxviii, c. 2].

[10] [*De viris illustr.* Prolog., *P. L.,* XXIII, 601.]

[11] [Voir plus haut, note 2.]

publicorum[1]. » Il semble difficile de concilier l'affirmation de Dexter qui vise l'Orient avec les renseignements fournis par des textes qui se rapportent à l'Italie. Peut-être Dexter fut-il préfet d'Italie, d'Illyrie et d'Afrique, alors que l'Illyrie orientale était encore comprise dans cette préfecture? Il aurait succédé à Apodemius, à la fin du règne de Théodose.]

## LI

[1148 = 395 — 1149 = 396.]

EUSEBIUS,

praef. praet. Italiae sub Arcadio et Honorio.

— « Cum consulatus sui (tertii) tempore imperator Honorius, in urbe « Mediolanensium, Libycarum ferarum exhiberet munus, populo illuc « concurrente, data copia est missis militibus tunc ab Stilichone comite, « hortatu Eusebii praefecti, ut Cresconius quidam de Ecclesia raperetur[2]. » Anche il Gotofredo conviene ch' egli è questo Eusebio.

[Eusebius fut *comes sacrarum largitionum* avant d'être préfet d'Italie. Si les suscriptions du Code Théodosien sont exactes, Eusebius aurait été préfet dès le 17 juin 395. Mais Dexter était encore en charge le 1er novembre. Il y a donc ici une erreur de date. Le Code fournit lui-même la preuve que la première adresse est inexacte. Eusebius, qui est dit préfet le 17 juin, n'est plus que *comes sacrarum largitionum* le 21[3], et il ne reparaît avec le titre de préfet que le 19 décembre. La nomination d'Eusebius doit se placer entre le 1er novembre et le 19 décembre 395[4].]

Imp. Arcadius et Honorius AA. Eusebio P. P.

An. 395. — Olybrio et Probino conss.

XV kal. Jul. [?] Dat. Mediolano[5].

XIV kal. Jan. Dat. Romae[6].

An. 396. — Arcadio IV et Honorio III AA. conss.

---

[1] [Flavii Lucii Dextri *Chronicon*, éd. Migne, *P. L.*, t. XXXI, col. 49.]

[2] Paulinus, in *Vita Ambrosii*, [34, *P. L.*, t. XIV, 39].

[3] [Seeck, *Chron. Symm.* p. ccvi, accepte la date du 17 juin, mais il reporte au 22 mai la date de la constitution adressée à Eusebius en qualité de *comes sac. larg.* Cf. Tillemont, *Hist. des Empereurs*, t. V, p. 791.]

[4] [*Cod. Theod.* lib. XV, tit. 1, c. 32. Eusebius est mentionné dans Symmach. IX, 55, 59.]

[5] *Ibid.* tit. xiv, c. 12. *De infirmandis.*

[6] *Ibid.* lib. I, tit. xv, c. 14. *De off. vicarii.*

IV kal. April. Dat. Mediolano[1].
VII id. Jul. Dat. Mediolano[2].
X kal. Jan. Dat. Mediolano[3].

## LII

[1149 = 396.

HILARIUS,

praef. praet. Italiae sub Gratiano et sub Honorio.

Voir la série des préfets des Gaules.]

## LIII

[1150 =] 397 – [1152 =] 399.

[FL. MALLIUS[4]] THEODORUS,

praef. praet. Italiae sub Arcadio et Honorio.

Teodoro era cristiano, e di lui scrive S. Agostino[5] : «Vir et in-«genio et eloquentia et ipsis insignibus muneribusque fortunae et, quod «ante omnia est, mente praestantissimus.»

Lo stesso Agostino «apud Mediolanum ruri dum ageret» a lui «libros «scripsit de vita beata». Lo ricordò pure in Retractationum commentario[6] : «Displicet autem illic quod Mallio Theodoro ad quem librum «istum scripsi quamvis docto et christiano viro, plus tribui quam debe-«rem.»

Claudiano scrisse un carmen pel suo consolato[7] da cui si rileva che aveva scritto alcune cose sulla Genesi, e sulla parte dell' anima, che ora sono perdute.

Rubenius vitam scripsit Fl. Mallii Theodori v. c. quaestoris sacri

---

[1] *Cod. Theod.* lib. XIII, tit. xi, c. 8. *De censitoribus. Cod. Just.* lib. XI, tit. lviii, c. 6.

[2] *Cod. Theod.* lib. XIV, tit. iii, c. 19. *De pistoribus.*

[3] *Ibid.* lib. XIII, tit. v, c. 26. *De naviculariis. Cod. Just.* lib. XI, tit. ii, c. 2.

[4] [Une inscription honorifique de Rome est ainsi datée :

DEDICATA
V IDVS NOVEMB
CONS·FL·MALLIO
THEODORO·V·C

*Corp. inscr. Lat.* vol. VI, n. 1715.]

[5] *De ord.* lib. I, c. xi.

[6] Lib. I, c. ii.

[7] [*Panegyricus* dictus Manlio Theodoro consuli, éd. Birt, p. 175.]

palatii, comitis sacrarum largitionum, praefecti praetorio Galliarum, praefecti praetorio Italiae, Africae, Illyrici quem Graevius nuper publicavit[1].

Al contrario nota il Gotofredo[2]: « Gentilis hic Theodorus fuit, seu paganus. Hicque est ille Manlius Theodorus quem Manilium vulgo Augusti coetaneum portentoso errore faciunt, quippe *Astronomica* scripsit ante an. 397, ut ex Claudiano liquet[3]. »

[Theodorus était originaire de Milan[4]. Il fut successivement avocat près la préfecture du prétoire[5], *praeses* en Afrique[6], *consularis* de Macédoine[7], *magister epistularum*[8], *comes rerum privatarum* en 380[9], préfet du prétoire des Gaules[10]. Il fut appelé en 397 à la préfecture d'Italie, qu'il conserva jusqu'à l'année de son consulat. Il fut consul d'Occident en 399, l'eunuque Eutropius étant consul d'Orient. Plusieurs inscriptions chrétiennes, datées de cette année 399, confirment le prénom et le gentilice de Theodorus[11].]

**Impp. Arcadius et Honorius AA. Theodoro P. P.**

An. 395. — Olybrio et Probino conss.

XIII kal. Febr. Dat . . .[12].

IV kal. Oct. Dat. Mediolano[13].

[Theodorus n'était pas préfet d'Italie en 395, comme semble le croire Borghesi en rapportant ici ces deux constitutions. C'est Dexter qui était alors préfet. Ces textes sont relatifs à la première préfecture confiée à Theodorus, la préfecture des Gaules. Borghesi l'a d'ailleurs reconnu plus loin[14].]

---

[1] Pagius, ad an. 399, n. 1.

[2] T. VI, p. 65.

[3] [*Panegyric.* v. 100-112.]

[4] [L'épitaphe métrique de sa sœur, Manlia Daedalia, existe encore à Milan. Theodorus y est mentionné (*Corp. inscr. Latin.* vol. V, n. 6240; cf. n. 6211). Voy. ce que dit J. B. de Rossi au sujet de cette inscription (*Inscr. christ.* vol. II, p. 162). HÉRON DE VILLEFOSSE.]

[5] [Claudian. *Panegyr.* v. 18.]

[6] [*Ibid.* v. 24.]

[7] [*Ibid.* v. 28.]

[8] [*Ibid.* v. 34.]

[9] [*Cod. Theod.* lib. XI, tit. XVI, c. 12. D'après Claudien (v. 38), Theodorus aurait été *comes sacrarum largitionum*. Son affirmation ne saurait prévaloir sur le témoignage qui résulte de la constitution précitée. Cf. Haenel, col. 1093, n. *f.* Seeck, *Chronol. Symmach.* p. CLI.]

[10] [Claudian. *Panegyr.* v. 50-53.]

[11] [De Rossi, *Inscr. christ.* vol. I, n. 471 à 482, cf. n. 553.]

[12] *Cod. Theod.* lib. XII, tit. 1, c. 140. *De decurionibus.*

[13] *Ibid.* c. 148. *Cod. Just.* lib. X, tit. XXXII, c. 46.

[14] [Voir la série des préfets des Gaules, n° XXIX.]

An. 397. — Caesario et Attico conss.
 Prid. kal. Febr. Dat. Mediolano[1].
 VIII kal. Oct. Dat. Patavi[2].
An. 398. — Honorio A. IV et Eutychiano conss.
 Kal. Jan. Dat. Mediolano[3].
 Id. Febr. Dat. Mediolano[4].
 Prid. id. April. Dat. Mediolano[5].
 VII kal. Maii. Dat. Mediolano[6].
 IX kal. Jun. Dat. Mediolano[7].
 Id. Sept. Dat. Mediolano[8].
 XII kal. Jan. Dat. Mediolano[9].
An. 399. — Theodoro cons.
 VII id. Jun. Dat. Mediolano[10].
 VIII kal. Nov. Dat. Mediolano[11].

✳

[1150 =] 397.

*FLORUS*,

sub Arcadio et Honorio.

Impp. Arcadius et Honorius AA. Floro P. P.
An. 397. — Caesario et Attico conss.
 XII kal. Aug. Dat. Mediolano[12].

---

[1] *Cod. Theod.* lib. XI, tit. xvi, c. 21. *De extraord. muneribus.* Lib. XVI, tit. ii, c. 30. *De episcopis.*

[2] *Ibid.* lib. VII, tit. xiii, c. 13. *De tironibus.*

[3] *Ibid.* lib. XV, tit. i, c. 37. *De op. publ.*

[4] *Ibid.* lib. XII, tit. i, c. 157. *Cod. Just.* lib. X, tit. xxxii, c. 49. *De decurionibus.*

[5] *Cod. Theod.* lib. XIV, tit. xix, c. 1, *De pretio panis Ostiensis;* tit. xv, c. 4, *De canone frum. urb. Romae.*

[6] *Ibid.* lib. XIV, tit. iii, c. 20. *De pistoribus.* Lib. XVI, tit. ii, c. 31. *De episcopis.* *Cod. Just.* lib. I, tit. iii, c. 10.

[7] *Cod. Theod.* lib. II, tit. i, c. 11. *De jurisdictione. Cod. Just.* lib. X, tit. xix, c. 6. *De exactoribus tributorum.*

[8] *Cod. Theod.* lib. XII, tit. i, c. 158. *De decurionibus.*

[9] *Cod. Just.* lib. I, tit. xxiv, c. 1. *De statuis et imaginibus.* Lib. VIII, tit. xi, c. 13. *De operibus publicis.*

[10] *Cod. Theod,* lib. XI, tit. xxx, c. 58. *Cod. Just.* lib. VII, tit. lxii, c. 30. *De appellationibus.*

[11] *Cod. Theod.* lib. VI, tit. xxvii, c. 12. *De agentibus in rebus.*

[12] *Cod. Just.* lib. III, tit. xxiii, c. 1. *Ubi quid de curiali.*

Nelle nuove edizioni si è corretta l'intestatura. «Florentino P. U.», e riportata a Florentino prefetto di Roma[1].

### LIII bis.

[Intra 1148 = 395 et 1155 = 402.

**UMBONIUS JUVAS,**
agens per Africam pro praefectis praetorio sub Arcadio et Honorio.

Une inscription mutilée, trouvée à Constantine, fait connaître ce personnage[2]:

```
···COIVGI    C················ad pris
tinAM FACIEM RES tituit
··VMBONIVS IVVAS agens
per AFRICAM PRO PRaefectis curante
 AC DEDICANTE FL BARBaro donatiano
 IVL·VERO APVLEIO ET············
 PECVNIA PVBLIca
```

En rapprochant cette inscription d'une autre qui mentionne le même Fl. Barbarus Donatianus dédiant une basilique à Arcadius et Honorius[3], Léon Renier a établi que Umbonius Juvas avait dû faire fonction de préfet du prétoire sous le règne de ces deux empereurs, par conséquent entre 395 et 402.]

### LIV

1152 = 399 — 1153 = 400.

[RUFIUS VALERIUS] MESSALA,
praef. praet. Italiae sub Arcadio et Honorio.

Costui è nominato fra i poete del suo tempo da Sidonio[4].

> Sed ne tu mihi comparare temptes,
> Quos multo minor ipse plus adoro,
> Paulinum Ampeliumque Symmachumque,
> Messalam ingenii satis profundi.

---

[1] [Hermann, p. 188, n. 23, d'après Godefroy. Krueger, p. 130, n. 6, propose de corriger aussi la suscription et de lire xii kal. Jan. En sens contraire, Haenel, col. 1258, n. v.]

[2] [*Corp. inscr. Lat.* vol. VIII, n. 7068.]

[3] [*Ibid.* n. 7017. Cf. L. Renier, *Inscriptions romaines de l'Algérie*, n. 1854 et 1855.]

[4] *Carm.* IX, 302.

# PRAEFECTI PRAETORIO ITALIAE.

Nota il Sirmondo che costui è il Messala memorato da Namaziano «de Tauri thermis» nel primo libro dell' Itinerario[1].

> Haec quoque Pieriis spiracula conparat antris
> Carmine Messalae nobilitatus ager;
> Intrantemque capit discedentemque moratur
> Postibus adfixum dulce poema sacris.
> Hic est qui primo seriem de consule ducit,
> Usque ad Publicolas si redeamus avos.
> Hic et praefecti nutu praetoria rexit,
> Sed menti et linguae gloria major inest.
> Hic docuit, qualem ponat facundia legem:
> Ut bonus esse velit quisque, disertus erit.

Nota [anche] il Sirmondo: «Praefecturam ejus praetorianam quam anno 399 sequentique gessit testantur variae leges Codicis, et Symmachus aliorum simul ejus laudum adstipulator[2].»

[Un fragment d'inscription provenant du Colisée et conservé au Musée Kircher fournit les noms de ce préfet et ceux de son collègue Hadirianus[3]:]

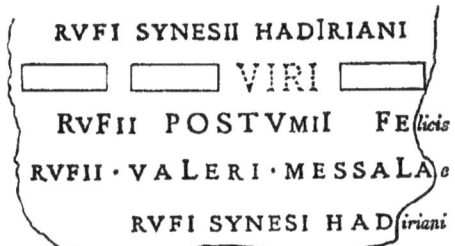

Un Messala fu console nel 506, ed un Messala, spedito dal senato legato al principe, si fa certo da Simmaco[4], il quale gli scrisse l'epistola 81 e seg. del libro VII, in cui si parla della sua prefettura.

[Rufius Valerius Messala fut aussi préfet de la ville[5].]

---

[1] [Rutil. Namat. *De red.* I, 267.]
[2] Lib. VII, ep. 81-92.
[3] [*Corp. inscr. Lat.* vol. VI, p. 860, n. 99.]
[4] [Lib. VI, ep. xlix. «...Res admonet, «ut profectum Messalam nocte ea, quam «consecutae sunt nonae Martiae noveritis. «Legati ceteri mox sequentur.»]
[5] [*Corp. inscr. Lat.* vol. VI, n. 1775. Cf. *Bull. di arch. crist.* 1867, p. 57.]

Impp. Arcadius et Honorius AA. Messalae P. P.

An. 388 [?]. — Theodosio A. II et Cynegio conss.

XII kal. Sept. Dat... [1].

Vi si parla del prefetto dell' Egitto e del conte dell' Oriente, onde è diretta al prefetto d'Oriente. Potrebbe esservi un pasticio di piu leggi, onde non fa maraviglia, se non quadra ne il nome ne l'anno.

[La suscription rapportée par Borghesi d'après les anciens éditeurs est inexacte. Il faut lire : «Theodoro cons.». La constitution est de 399.]

An. 396. — Arcadio IV et Honorio III AA. conss.

XIV kal. Jun. Dat... [2].

[Si cette suscription n'est pas inexacte, la constitution se rapporte à une autre préfecture confiée à Messala. On n'a d'ailleurs sur ce point aucun renseignement. C'est seulement au commencement de 399 que Messala devint préfet du prétoire d'Italie avec Theodorus pour collègue. Un assez grand nombre de textes rappellent cette préfecture qui durait encore le 1er décembre 400. Il était alors le collègue de Hadirianus[3].]

An. 399. — Theodoro cons.

XIV kal. Mart. Dat. Mediolano [4].

Non. April. Dat. Mediolano [5].

III id. April. Dat. Mediolano [6].

III kal. Maii. Dat. Mediolano [7].

XVI kal. Jun. Dat. Mediolano [8].

XIII kal. Aug. Dat... [9].

---

[1] *Cod. Just.* lib. I, tit. LIV, c. 6. *De modo multarum.*

[2] *Cod. Theod.* lib. XI, tit. XXX, c. 55. *De appellationibus.*

[3] [Cf. Seeck, *Symmach.* p. CLXXXVI.]

[4] *Cod. Theod.* lib. XIII, tit. V, c. 28. *De naviculariis.* — Lib. XIII, tit. VI, c. 8. *De praedüs naviculariorum. Cod. Just.* lib. XI, tit. III, c. 3.

[5] *Cod. Theod.* lib. XIII, tit. XI, c. 10. *De censitoribus.*

[6] *Cod. Theod.* lib. XVI, tit. VIII, c. 14. *De Judaeis.*

[7] *Ibid.* lib. XV, tit. III, c. 4. *De itinere muniendo.*

[8] *Ibid.* lib. XII, tit. IX, c. 3. *Cod. Just.* lib. X, tit. LXXV, c. 3. *De his quae ex publica collatione.* — Lib. XI, tit. LXV, c. 5. *De collatione fundorum patrimonalium.*

[9] *Cod. Theod.* lib. VII, tit. XIX, c. 1. *De Saturianis.*

XII kal. Sept. Dat... [1].
Prid. non. Sept. Dat. Altino [2].
IV kal. Oct. Dat. Altino [3].
V id. Oct. Dat... [4].
XII kal. Dec. Dat... [5].
XI kal. Jan. Dat. Mediolano [6].
V kal. Jan. Dat. Mediolano [7].
Sine die et cons... [8].
An. 400. — Stilicone et Aureliano conss.
VI kal. April. Dat. Altino [9].
III kal. Oct. Dat. Aquileia [10].
XV kal. Dec. Dat. Mediolano [11].
VI kal. Dec. Dat. Mediolano [12].
V kal. Dec. Dat. Mediolano [13].
Kal. Dec. Dat. Mediolano [14].

[1] *Cod. Theod.* lib. III, tit. i, c. 8. *De contrahenda emptione. Cod. Just.* lib. IV, tit. xliv, c. 17. — *Cod. Theod.* lib. IX, tit. xxxv, c. 6. *De quaestionibus. Cod. Just.* lib. IX, tit. xli, c. 17. — *Cod. Theod.* lib. XII, tit. i, c. 161. *Cod. Just.* lib. X, tit. xxxii, c. 51. *De decurionibus.*

[2] *Cod. Theod.* lib. XIV, tit. xv, c. 5. *De canone frumentario urbis Romae. Cod. Just.* lib. XI, tit. xxiii, c. 3.

[3] *Cod. Theod.* lib. I, tit. xii, c. 7. *De off. proconsulis. Cod. Just.* lib. XII, tit. liv [lv], c. 3. — *Cod. Theod.* lib. XI, tit. vii, c. 15. *De exactionibus.* — Lib. XIV, tit. xv, c. 6.

[4] *Cod. Theod.* lib. I, tit. v, c. 12. *De off. praef. praet.*

[5] *Ibid.* lib. II, tit. vii, c. 4. *De dilationibus. Cod. Just.* lib. III, tit. xi, c. 7.

[6] *Cod. Theod.* lib. VI, tit. xxx, c. 16. *De palatinis sacr. largit.*

[7] *Ibid.* lib. XV, tit. ii, c. 8. *De aquaeductu.*

[8] *Cod. Just.* lib. XII, tit. lviii, c. 2. *De apparitoribus praefecti annonae.*

[9] *Cod. Theod.* lib. XIV, tit. xxiii, c. 1. *De patroni shorreorum Portuensium.* [Voir cependant Tillemont, *Hist. des empereurs*, t. V, p. 801.]

[10] *Cod. Theod.* lib. VI, tit. xix, c. 1. *De consularibus et praesidibus.*

[11] *Ibid.* lib. II, tit. xiv. c. 1. *De his qui potentiorum nomina. Cod. Just.* lib. II, tit. xiv, c. 1.

[12] *Cod. Theod.* lib. X, tit. iii, c. 5. *De locat. fundorum juris emphyteutici.*

[13] *Cod. Theod.* lib. XI, tit. xxvi, c. 2. *De discussoribus. Cod. Just.* lib. X, tit. xxx, c. 2. — *Cod. Theod.* lib. VIII, tit. v, c. 59, 60. *De cursu publico. Cod. Just.* lib. XII, tit. l, c. 18.

[14] *Cod. Theod.* lib. I, tit. v, c. 13. *De offic. praefect. praetor. Cod. Just.* lib. XI, tit. lxxiv, c. 2. *De collatione fundorum fiscalium.*

## PRAEFECTI PRAETORIO ITALIAE.

An. 403 [?]. — Theodosio A. et Rumorido conss.
VI kal. Jan. Dat. Mediolano [1].
Haec lex huic tempori convenire non potest.

[La suscription ne repose que sur le témoignage d'Haloander; elle est en désaccord avec l'inscription. En 403, régnaient trois empereurs. Il est très vraisemblable que l'on a confondu le consulat de Théodose avec celui de Théodore et que notre constitution est de 399 comme la plupart de celles que nous avons citées [2].]

## LV

1153 = 400 — 1158 = 405.

### [RUFIUS SYNESIUS] HADIRIANUS,
praef. praet. Italiae sub Arcadio et Honorio.

[Originaire d'Alexandrie [3], Hadirianus fut *comes sacrarum largitionum* de l'empire d'Occident en 395 [4], *magister officiorum* en 397-399 [5]. Il fut appelé à la préfecture du prétoire d'Italie, comme collègue de Messala, en 400 et resta en fonctions jusqu'en 405. Ses noms nous sont fournis par le fragment d'inscription reproduit à l'article précédent [6].]

Extat ad hunc Hadirianum Claudiani epigramma [7]:

[Manlius indulget somno noctesque diesque;
Insomnis Pharius sacra profana rapit.
Omnibus hoc, Italae gentes, exposcite votis,
Manlius ut vigilet, dormiat ut Pharius.

---

[1] *Cod. Just.* lib. I, tit. LI, c. 3. *De adsessoribus.*

[2] [Cf. J. Godefroy, *Chronol. Cod. Theod.* p. CLX; Hermann, ad *Cod. Just.* p. 122, n. 12; Krueger, p. 88, n. 7.]

[3] [Claudian. *Deprec. ad Hadrian.* 20, 55.]

[4] [*Cod. Theod.* lib. V, tit. XIII, c. 35. La constitution est du 6 août. Hadirianus avait, dès cette époque, succédé dans cette charge à Eusebius, qui était encore en fonctions le 17 juin (*Cod. Theod.* lib. XV, tit. XIV, c. 12).]

[5] [*Cod. Theod.* lib. VI, tit. XXVI, c. 11; tit. XXVII, c. 11.]

[6] [Au Code Théodosien et au Code de Justinien, il est appelé Hadrianus.]

[7] [*Carm. minor.* XXI.]

Le préfet se vengea de cette épigramme, et Claudien dut lui adresser une supplique :

    Usque adeone tuae producitur impetus irae ?
    . . . . . . . . . . Sequitur feralis egestas ;
    Desolata domus, caris spoliamur amicis :
    Hunc tormenta necant, hic undique traditur exul.
    Quid superest damnis ? quae saeva pericula restant ?[1]]

Impp. Arcadius et Honorius AA. Hadriano P. P.

An. 400. — Stilichone et Aureliano conss.
 [Prid. non. Febr. Dat. Ravennae[2].]
 V kal. Mart. Dat. Ravenna[3].
 VI kal. Sept. Dat. . . .[4].
 III non. Oct. Dat. Ravenna[5].

An. 401. — Vincentio et Fravitta conss.
 III kal. Mart. Dat. Mediolani[6].
 VIII kal. April. Dat. Mediolano[7].
 IV non. Jul. Dat. Mediolano[8].
 III id. Jul. Dat. Mediolano[9].

Imppp. Arcadius, Honorius et Valentinianus AAA. Hadriano P. P.

An. 403. — Theodosio A. I et Romorido conss.
 VI kal. Mart. Dat. Ravenna[10].

---

[1] [*Carm. minor.* XXII, v. 1, 23-26.]

[2] *Cod. Theod.* lib. II, tit. VIII, c. 24. *De feriis.* — [Const. Sirmond. II, *Episcopos judicio episcoporum damnatos centum milibus civitate in qua fuerunt debere excludi.*] Lib. XVI, tit. II, c. 35. *De episcopis. Cod. Just.* lib. I, tit. III, c. 14.

[3] *Cod. Theod.* lib. XVI, tit. v, c. 37. *De haereticis.*

[4] *Cod. Just.* lib. XI, tit. XIX, c. 11.

[5] *Cod. Theod.* lib. XI, tit. XX, c. 3. *De collatione donatarum.* [« . . . Per omnes au- « tem civitates, municipia, vicos, castella ex « horreis . . . quae populi Romani lavacris « inserviunt . . . unius anni . . . pensio con- « feratur, excepta scilicet aeternabili urbe, « quam ab hujusmodi munere reverentia « propriae majestatis excusat. »]

[6] *Cod. Theod.* lib. I, tit. x, c. 6. *De off. com. sacr. largit. Cod. Just.* lib. X, tit. XVI, c. 11.

[7] *Cod. Theod.* lib. VIII, tit. II, c. 5. *De tabulariis. Cod. Just.* lib. X, tit. LXXI, c. 3.

[8] *Cod. Theod.* lib. XV, tit. I, c. 41. *De operibus publicis.*

[9] *Ibid.* lib. XI, tit. VII, c. 16. *De exactionibus. Cod. Just.* lib. X, tit. XIX, c. 7.

[10] *Cod. Theod.* lib. VII, tit. XVIII, c. 11.

## PRAEFECTI PRAETORIO ITALIAE.

Kal. Jul. Dat. Ravenna[1].
VIII kal. Aug. Dat. Ravenna[2].
VI non. Oct. Dat...[3].
An. 404. — Honorio A. VI et Aristaeneto conss.
IV kal. Mart. Dat. Romae[4].
IX kal. April. Dat. Romae[5].
VIII kal. Aug. Dat. Romae[6].
XV kal. Sept. Dat...[7].
An. 405. — Stilichone II et Anthemio conss.
Prid. id. Febr. Dat. Ravenna[8].
VIII kal. Oct. Dat. Ravenna[9].
Sine die et conss...[10].

---

*De desertoribus. Cod. Just.* lib. XII, tit. XLV, c. 2.

[1] *Cod. Theod.* lib. VI, tit. XXVII, c. 13. *De agentibus in rebus.*

[2] *Ibid.* lib. VII, tit. XVIII, c. 12. *De desertoribus.*

[3] *Ibid.* c. 13 et 14. *Cod. Just.* lib. III, tit. XXVII, c. 2 [où la constitution est datée de *V non. Oct.*].

[4] *Cod. Theod.* lib. VIII, tit. v, c. 65. *De cursu publico.*

[5] *Ibid.* lib. VII, tit. v, c. 2. *De excoctione et translatione annonarum. Cod. Just.* lib. XII, tit. XXXVIII, c. 2.

[6] *Cod. Theod.* lib. XVI, tit. VIII, c. 17. *De Judaeis.*

[7] *Ibid.* lib. XIII, tit. v, c. 31. *De naviculariis.*

[8] *Ibid.* lib. XVI, tit. VI, c. 4, 5. *Ne sanctum baptisma.* [Const. Sirmond. II.] App. *Cod. Theod.* p. 319, ubi apocryphus demonstratur[(?)]. Cf., sur la date de cette constitution, Haenel, *Novell.* col. 451, n. m.]

[9] *Ibid.* lib. XV, tit. I, c. 43. *De operibus publicis.*

[10] *Cod. Just.* lib. XI, tit. LXXI, c. 3. *De locatione praediorum civilium.* — Lib. II. tit. LXI, c. 4. *De lucris advocatorum.*

## LVI

[1159 =] 406 — [1161 =] 408.

### FL. MACROBIUS LONGINIANUS,
praef. praet. Italiae sub Arcadio et Honorio.

[Au moment de la guerre des Goths, Fl. Macrobius Longinianus, en qualité de préfet de Rome, restaura les murailles de la ville. Son nom figurait dans les inscriptions placées à cette époque au-dessus des portes dites Tiburtine, Prénestine et *Portuensis*. L'inscription de la porte Prénestine, reproduite ci-dessous, est la seule où ce nom n'ait pas été martelé [1] :]

```
              S             P           Q            R
IMPP·CAESS·DD·NN·INVICTISSIMIS·PRINCIPIB·ARCADIO·ET·HONORIO·VICTORIB·AC·TRIVMFATORIB·SEMP·AVGG
OB·INSTAVRATOS·VRBI·AETERNAE·MVROS·PORTAS·AC·TVRRES·EGESTIS·INMENSIS·RVDERIB·EX·SVGGESTIONE·VC
ET·INLVSTRIS·COM·ET·MAG·VTRIVSQ·ᴇ·MILITIAE · STILICHONIS · AD · PERPETVITATEM · NOMINIS · EORVM
                 SIMVLACRA        ·        CONSTITVIT
         CVRANTE·FL·MACROBIO·LONGINIANO·VC·PRAEF·VRB·D·N·M·Q·EORVM
```

Longinianus iste anno 403 urbana praefectura functus est.

[Longinianus fut un des correspondants de l'orateur Symmaque. Il débuta au *scrinium memoriae* où il obtint le grade de *proximus* vers 398 [2]; en 399, il était *comes sacrarum largitionum* [3]. Il fut nommé préfet de la ville à la fin de 402 ou au commencement de 403 [4]. Préfet du prétoire d'Italie au début de 406, il fut tué par les soldats, étant encore en charge, en août 408. Son nom fut effacé sur les monuments publics.]

---

[1] [*Corp. inscr. Latin.* vol. VI, n. 1189.]

[2] [Symmach. *Ep.* lib. VII, xciv : «Honor *militiae* vestrae *dandis beneficiis* enitescit. Cum igitur te meritorum ratio summis *proximum* faciat, famae et gratiae decus benignitate conquire.» Cf. Otto Seeck, p. CLXXXVIII; L. Duchesne, *Notes sur la topographie de Rome au Moyen Age* (*Mélanges d'archéologie et d'histoire*, 1887, t. VII, p. 394).]

[3] [*Cod. Theod.* lib. VI, tit. xxx, c. 17.]

[4] [*Corp. inscr. Lat.* vol. VI, n. 1188-1190.]

Imppp. Arcadius, Honorius et Valentinianus AAA. Longiniano P. P.
An. 406. — Arcadio A. VI et Probo conss.
  III id. Jan. Dat. Ravenna[1].
  V id. Febr. Dat. Ravenna[2].
  IX kal. April. Dat. Ravenna[3].

— « (Ticini milites seditiosi) Longinianum interim repertum, qui « erat praefectus praetorii Italiae, necant[4]. »

## LVII
[1160 =] 407 — [1161 =] 408.

### CURTIUS,
praef. praet. Italiae sub Honorio.

[Si le témoignage de Zosime sur la date de la mort de Fl. Macrobius Longinianus est exact, Curtius fut son collègue à la préfecture d'Italie, comme Synesius Hadirianus avait été le collègue de Valerius Messala[5].]

Imppp. Arcadius, Honorius et Theodosius AAA. Curtio P. P.
An. 407. — Honorio VII et Theodosio II AA. conss.
  VII id. April. Dat. Ravennae[6].
An. 408. — Basso et Philippo conss.
  III non. Febr. Dat. Romae[7].
  PP. Carthagine in foro sub programmate Porphyrii proconsulis. Non. Jun. Dat. VIII kal. Dec. Romae[8].
  E la stessa della susseguente.

---

[1] *Cod. Theod.* lib. XIII, tit. vii, c. 2. *De navibus non excusandis.*

[2] *Ibid.* tit. xi, c. 11. *De censitoribus.*

[3] *Ibid.* lib. VII, tit. xviii, c. 15. *De desertoribus.*

[4] Zosim. lib. V, c. xxxii. [Εὑρόντες ἐν μέσῳ Λογγινιανόν ὃς τῆς κατὰ τὴν Ἰταλίαν αὐλῆς ὕπαρχος ἦν, ἀναιροῦσι καὶ τοῦτον.]

[5] [Cf. Tillemont, *Hist. des Empereurs*, t. V, p. 808.]

[6] *Cod. Theod.* lib. XIV, tit. i, c. 5. *De decuriis urbis Romae.*

[7] *Ibid.* lib. I, tit. xvii, c. 1. *De off. jud. civil.* Cod. Just. lib. I, tit. xlv, c. 1.

[8] Const. Sirmond. XII. *Adversus haereticos et gentiles.*

Impp. Honorius et Theodosius II AA. Curtio P. P.

XVII kal. Dec. Dat. Romae [1].

È sbagliata la data, come consta della superiore, da cui proviene.

## LVIII

[1160 =] 407.

### SENATOR,

praef. praet. Italiae sub Honorio.

Impp. Arcadius, Honorius et Theodosius AAA. Senatori P. P.

An. 407. — Honorio VII et Theodosio II AA. conss.

VIII kal. Mart. Dat. Romae [2].

De eo Symmachus [3] :

— [« Quotiens parentum beneficiis obligamur, necesse est ad heredes
« nexum debiti pertinere. Ad filium meum Senatorem praeclarum atque
« ornatissimum virum pertinet praefata generalitas; cujus pater om-
« nibus rebus inlustris et mihi eximia veneratione recolendus plurimum
« domui meae honorificentiae et religionis exhibuit. Cujus ego devinc-
« tus officiis filio opto persolvere quod de parente contraxi. »]

## LIX

[1161 =] 408.

### THEODORUS,

praef. praet. iterum Italiae sub Honorio.

[Ce Theodorus est le fils de Fl. Mallius Theodorus, qui fut lui-même préfet d'Italie en 397-399 [4]. Il avait été *praeses* en 390 [5], proconsul d'Afrique en dé-

---

[1] *Cod. Theod.* lib. XVI, tit. v, c. 43, *De haereticis;* tit. x, c. 19, *De paganis.* [La constitution, rendue à Rome le 16 ou le 25 novembre 407, fut promulguée à Carthage le 5 juin 408.]

[2] *Cod. Theod.* lib. XVI, tit. V, c. 40. *De haereticis. Cod. Just.* lib. I, tit. V, c. 4.

Vedi il Tillemont, [*Hist. des Empereurs,*] n. XXIII sopra Onorio [t. V, p. 807.]

[3] Lib. II, ep. XCI.

[4] [Voir plus haut, p. 572. Son père lui dédia son *libellus de metris*. Keil, *Gramm. Lat.* VI, p. 585.]

[5] [Symmach. *ep.* V; 36.]

cembre 396[1]. Il fut préfet du prétoire d'Italie en 408; il l'était encore en janvier 409. On ignore où et quand il fut pour la première fois préfet du prétoire[2].]

Sarebbe mai l'AVRELIVS·THEODORVS·EMINENTISSIMAE·MEMORIAE·VIR del Muratori?[3].

Impp. Honorius et Theodosius II AA. Theodoro P. P.
An. 408. — Basso et Philippo conss.
   Id. Sept. Dat. Mediolano[4].
   VIII kal. Oct. Dat. Mediolano[5].
   XVII kal. Nov. Dat. . .[6].
   VIII kal. Nov. Dat. . .[7].
   X kal. Dec. Dat. Ravenna[8].
   VIII kal. Dec. Dat. Ravenna[9].
   V kal. Dec. Dat. Ravenna[10].
   IV id. Dec. Dat. Ravenna[11].
   Id. Dec. Dat. Ravennae[12].
   [III Non. Dec. Dat. Ravennae. Acc. XVI kal. Jan[13].]
An. 409. — Honorio VIII et Theodosio III AA. conss.
   XVIII kal. Febr. Dat. Ravennae[14].

---

[1] [Augustinus, *Contra Crescon.* III, 62.]
[2] [Seeck, *Symmachus*, p. CLI.]
[3] P. 1839, n. 4.
[4] *Cod. Theod.* lib. XI, tit. XXVIII, c. 4. *De indulgentiis debitorum.*
[5] *Ibid.* lib. IX, tit. XLII, c. 20. *De bonis proscriptorum.*
[6] *Cod. Just.* lib. IV, tit. II, c. 16. *Si certum petatur.*
[7] *Cod. Theod.* lib. IX, tit. XLII, c. 21.
[8] *Ibid.* lib. VII, tit. XXI, c. 4. *De testimoniali.* — Lib. IX, tit. XL, c. 20. *De poenis.* — Lib. IX, tit. XLII, c. 22. *De bonis proscriptorum.*
[9] *Ibid.* lib. I, tit. XVI, c. 14. *De off. rect. prov. Cod. Just.* lib. I, tit. IV, c. 11.
[10] *Cod. Theod.* lib. XVI, tit. II, c. 39. *De episcopis.* — Lib. XVI, tit. V, c. 45. *De haereticis. Const. Sirmond.* IX. *Ut damnatos ab episcopis clericos... curia sibi vindicat.*
[11] *Cod. Theod.* lib. VII, tit. XVI, c. 1. *De litorum et itinerum custodia.* — Lib. X, tit. X, c. 25. *De petitionibus.*
[12] *Cod. Just.* lib. I, tit. IV, c. 8. *De episcopali audientia.*
[13] *Const. Sirmond.* XIV. *De episcopis in Africa vexatis.*
[14] [*Const. Sirmond.* XVI. *Lex quae redemptos de captivitate jubet aut restituere pretium aut, si pauperes sunt, quinquennio redemptoribus suis obsequi.*]

586        PRAEFECTI PRAETORIO ITALIAE.

XVII kal. Febr. Dat. Ravenna[1].
[...] kal. Febr. Dat. Ravenna[2].
III id. Dec. [?] Dat. Ravennae[3].

[Cette suscription est inexacte : Theodorus avait reçu un successeur dès la fin de janvier 409. Il faut lire : «Dat. III non. Dec. Ravennae. Basso et Philippo vv. cc. conss. Acc. XVI kal. Jan... » (408)[4].]

Sine die et conss...[5].

— «Theodoro praefectura praetorii dejecto, Caeciliano eam tra-
«didit[6].»

✶
?

*FLAVIANUS,*
sub Honorio et Theodosio juniore.

— «Impp. Honorius et Theodosius AA. Flaviano P. P. — Dat. III kal. Dec. Ravennae. Basso et Philippo conss. (408)[7].»

— «Impp. Honorius et Theodosius AA. Flaviano P. P. — Dat. III non. Mart. Mediolani. AA. conss.[8].»

An. 414 memorantur Flavianus et Caecilianus viri inlustres in Africam missi audientiam cunctis praebituri[9].

[Borghesi a emprunté la seconde de ces suscriptions à Haloander : elle est inexacte. Au lieu de «AA. conss.», il faut lire : «Stilichone et Aureliano conss.» (400).

---

[1] *Cod. Theod.* lib. XVI, tit. v, c. 46. *De haereticis.*

[2] *Ibid.* lib. III, tit. x, c. 1. *Si nuptiae ex rescripto petantur. Cod. Just.* lib. V, tit. iv, c 20, *De nuptiis;* tit. viii, c. 1, *De secundis nuptiis.* [Cf. Haenel, col. 318, n. *l.*]

[3] *Cod. Theod.* lib. V, tit. v, c. 2. *De postliminio. Cod. Just.* lib. I, tit. iv, c. 11. *De episcopali audientia.* Lib. VIII, tit. L, c. 20. *De postliminio.*

[4] [Krueger, p. 361, n. 15, d'après Const. Sirmond. XVI.]

[5] *Cod. Just.* lib. IV, tit. LXIII, c. 3. *De commerciis.*

[6] Zosim. lib. V, c. XLIV. [Παραλύσης Θεόδωρον τῆς τῶν ὑπάρχων ἀρχῆς Κεκιλιανῷ ταύτην παρέδωκεν.]

[7] *Cod. Just.* lib. II, tit. xv, c. 1. *Ut nemo privatus titulos praediis suis vel alienis imponat.*

[8] *Ibid.* lib. V, tit. LXII, c. 24. *De excusationibus.*

[9] Lib. VII, tit. iv, c. 33. *De erogat. milit. annonae.* [Voir plus bas, p. 589, n. 3.]

## PRAEFECTI PRAETORIO ITALIAE. 587

A cette date Flavianus était préfet de la ville. Au Code Théodosien, la constitution est adressée : *Flaviano P. U.*[1]. La première suscription est également fautive : au Code Théodosien[2], on lit : *Stilichone et Aureliano conss.*[3]. La constitution fut adressée comme la précédente *Flaviano P. U.* Flavianus fut préfet d'Italie en 431.]

?

*LAMPADIUS*,
sub Arcadio.

— « Idem AA. Lampadio P. P. — Sine die et conss.[4]. »

[Lampadius fut, sous le règne d'Arcadius, préfet de la ville[5] en 398. Il était le frère du préfet du prétoire Theodorus et ne doit pas être confondu avec Postumius Lampadius qui fut préfet de la ville entre 403 et 408[6]. Il faut corriger ici *P. P.* et lire *P. U.* La constitution adressée à Lampadius règle une question rentrant dans la compétence du préfet de la ville[7].]

## LX
1162 = 409.

LAMPADIUS,
praef. praet. Italiae sub Prisco Attalo.

— « (Attalus) extemplo Lampadium praefectum praetorii declarat « et Marcianum praefectum Urbis constituit[8]. »

[Ce Lampadius est le même que le précédent. Préfet de la ville sous Arcadius, il devint préfet du prétoire sous Attale[9].]

---

[1] [*Cod. Theod.* lib. XIII, tit. v, c. 29. *De naviculariis.* Cf. Krueger, p. 106, n. 9.]

[2] [*Cod. Theod.* lib. III, tit. xxxi, c. 1.]

[3] [D'après le manuscrit de Turin, édité par Peyron. Cf. Haenel, col. 352, n. r.]

[4] *Cod. Just.* lib. IV, tit. LXI, c. 11. *De vectigalibus.*

[5] [Symmach. lib. VI, ep. LXIV.]

[6] [*Corp. inscr. Lat.* vol. VI, n. 9920; vol. X, n. 3860.]

[7] [Krueger, p. 187, n. 23. Seeck, *Chron. Symmach.* p. cc.]

[8] Zosim. lib. VI, c. VII. [Ὁ δὲ παραχρῆμα Λαμπάδιον μὲν τῆς αὐλῆς ἀναδείκνυσιν ὕπαρχον, Μαρκιανὸν δὲ τῆς πόλεως ἔταξεν ἄρχειν.]

[9] *Ibid.* lib. V, c. XXIX. [C'est lui qui, en 408, alors que Stilichon proposait au sénat de faire la paix avec Alaric, osa dire : «Non est ista pax, sed pactio servitutis.»]

## LXI

1162 = 409.

### CAECILIANUS,

praef. praet. Italiae sub Honorio.

[Caecilianus avait été, en 397[1], préfet de l'annone[2]. Il fut vicaire d'Afrique en 404[3].]

Ceciliano [successore di Teodoro] era andato a Ravenna ambasciatore del senato affine il far confermare la pace fatta con Alarico.

— « Ceterum pace cum Alaricho nondum confirmata... ab senatu « legati Ravennam mittuntur Caecilianus, Attalus et Maximianus qui... « nihil his rebus perfecerunt... Itaque dimissis ita legatis ut eas res « quarum causa venerant, non impetrarent, Theodoro praefectura prae- « torii dejecto, Caeciliano eam tradidit, et Attalum fisco praeesse jussit[4]. »

Impp. Honorius et Theodosius II AA. Caeciliano P. P. An. 409. — Honorio VIII et Theodosio III AA. conss. XII kal. Febr. Dat. Ravenna[5].

---

[1] [Symmach. ep. III, 36 : « Caecilianus, vir clarissimus qui nunc communis patriae gubernat annonam. » Cf. Seeck, *Symmachus*, p. cxciv.]

[2] [*Cod. Just.* lib. I, tit. li, c. 4.]

[3] [S. August. ep. 86.]

[4] [Zosim. lib. V, c. xliv : Οὔπω δὲ τῆς πρὸς Ἀλάριχον βεβαιωθείσης εἰρήνης... ἐπέμποντο παρὰ τῆς γερουσίας εἰς τὴν Ῥάβενναν πρέσβεις Κεκιλιανὸς καὶ Ἄτ7αλος καὶ Μαξιμιανός, οἱ...ἤνυσαν πλέον οὐδέν...Ταύτῃ τοι τοὺς πρέσβεις ἐάσας ἀπράκτους ἐφ' οἷς ἐληλύθασι, παραλύσας Θεόδωρον τῆς τῶν ὑπάρχων ἀρχῆς Κεκιλιανῷ ταύτην παρέδωκεν, Ἄτ7αλον δὲ προεσ7άναι τῶν θησαυρῶν ἔταξεν.]

[5] *Cod. Theod.* lib. IX, tit. ii, c. 5. *De exhibendis vel transmittendis reis.* [La même constitution est reproduite au *Cod. Just.* lib. I, tit. xv, c. 7, avec la suscription : « Dat. prid. kal. Jun. Mediolani, Stilichone et Anthemio conss. 405. » Il y a là certainement une erreur. Cf. Krueger, p. 91, n. 12.] *Cod. Theod.* lib. IX, tit. ii, c. 6. — Lib. IX, tit. iii, c. 7. *De custodia reorum. Cod. Just.* lib. I, tit. iv, c. 9. — *Cod. Theod.* lib. IX, tit. xvi, c. 12. *De maleficis. Cod. Just.* lib. I, tit. lv, c. 8. — *Cod. Theod.* lib. IX, tit. xxxi, c. 1. *Ne pastoribus dentur filii nutriendi.* — *Ibid.* lib. IX, tit. xxxvi, c. 2. *Ut intra annum. Cod. Just.* lib. IX, tit. xliv, c. 2. — *Cod. Theod.* lib. IX, tit. xxxvii, c. 4. *De abolitio-*

Kal. Febr. Dat. Ravenna[1].

[Le préfet Caecilianus est mentionné dans une inscription trouvée en Campanie, près d'Avellino, inscription dont la seule copie connue est incorrecte[2] :

```
        GIAMNALIVISTEDICI  mAgISTro
        VTRIVSQVE MILITIAE IN   PER
        PE ETIAM AD REIPVB N CAECI
        LIANO PRAEFECTO PRAETORIO
        DI GRATIA AD ORNATVM CENS
        SERVNT CVRANTE PEREN
             O PAVLINO V C C
```

[En 414, Caecilianus fut envoyé avec Flavianus en Afrique en qualité de commissaire extraordinaire :

— «Iidem (Honorius et Theodosius) AA. Hadriano P. P. : Ne inter«jecti aequoris tractus querelae provincialium pereant, Flavianum et «Caecilianum, viros illustres, per Africam audientiam cunctis praebere «decernimus. Militarem quoque annonam, quae intra Africam contu«bernalibus erogatur, eorum diligentia indagari praecipimus, ut nihil «his post eorum examen addatur[3]. »

En cette même année, Caecilianus se convertit au christianisme[4].]

## LXII

[1161 = 408 — 1162 =] 409.

JOVIUS,

praef. praet. Italiae sub Honorio.

— « Attalus contra Honorium imperans ad Ravennam castrametatus « est missusque ad illum tanquam ab Honorio imperatore ad impera-

---

nibus. — *Cod. Theod.* lib. XI, tit. vIII, c. 3. *De superexactionibus. Cod. Just.* lib. I, tit. Lv, c. 9. — *Cod. Theod.* lib. XI, tit. xxxix, c. 13. *De fide testium. Cod. Just.* lib. IV, tit. xx, c. 11.

[1] *Cod. Just.* lib. I, tit. IV, c. 10. *De episcopali audientia.*

[2] Atripaldae. Mommsen ex Pionati, lib. II, c. 38. [*Corp. inscr. Lat.* vol. X, n. 1128.]

[3] [*Cod. Theod.* lib. VII, tit. IV, c. 33. *De erogatione militaris annonae.* Une mission analogue fut confiée à la même époque à Valerius, Theodorus et Arsacius pour l'Égypte. Cf. Édouard Cuq, l'*Examinatio per Ægyptum.* Voir plus haut, p. 406.]

[4] [S. August. *ep.* 151, 14. J. B. de Rossi, *Roma sotterranea*, t. II, p. 138, l'identifie avec Octavius Caecilianus mentionné dans une inscription chrétienne.]

«torem Jovinianus praefectus atque patricius, et Valens utriusque
«militae dux... ut cum illo de imperii societate tractent... Verum
«Jovianus saepenumero legatione obita, neque quidquam proficiens,
«mansit tandem apud Attalum illiusque patricius est appellatus[1]. »

Nota il Labbe[2] che costui ora dicesi Jovius, ora Jobianus, ora Jovinianus.

La sedizione dei soldati di Ravenna contro i loro generali Turpillione e Vigilanzio fu mossa da Jovio «qui et praetorii praefectus erat et patricia dignitate cohonestatus[3]».

Tratta intorno la pace con Alarico[4] e seguì dopo il partito di Attalo e fu nominato da lui prefetto del pretorio[5].

Non si sa bene se questo sia lo stesso conte Giovio che insieme col conte Bonifacio fece eseguire nel 399 la legge di Onorio di chiudere i tempi pagani[6]. Ed essendo diverso, chi di loro sara il padre di Giasone che Alarico donnò in ostaggio ad Onorio insieme con Regio figlio di Gaudenzio ?

[Seeck pense que c'est bien ce Jovius qui, le 19 mars 399, détruisit les temples et les statues des gentils à Carthage[7] :

— «In civitate notissima et eminentissima Carthagine Africae Gau-
«dentius et Jovius comites imperatoris Honorii quarto decimo Kalendas
«Apriles falsorum deorum templa everterunt et simulacra fregerunt[8]. »

---

[1] Olympiodorus apud Photium, cod. LXXX. [Éd. Migne, t. CIII, col. 259. Ὅτι Ἄτ7α-λος βασιλεύσας κατὰ Ὀνωρίου ἐπὶ Ῥάβενναν ἐκσ7ρατεύεται, καὶ πέμπεται πρὸς αὐτὸν, ὡς ἐκ βασιλέως Ὀνωρίου πρὸς βασιλέα, Ἰοβιανὸς ἔπαρχος καὶ πατρίκιος, καὶ Οὐά-λης σ7ρατηγὸς ἑκατέρας δυνάμεως... οἳ ἐδήλουν Ἀτ7άλῳ ἐπὶ κοινωνίᾳ τῆς βασι-λείας ἀπεσ7άλθαι παρὰ Ὀνωρίου... Ἀλλὰ Ἰοβιανὸς μὲν πολλάκις πρεσβεύσας καὶ μηδὲν ἀνύσας καταμένει πρὸς Ἄτ7αλον, πατρίκιος Ἀτ7άλου ὀνομασθείς.] Vide Zosim. lib. V, c. XLVII, et Sozomen. lib. IX, c. VII.

[Historia miscella, p. 307, 27, éd. Eyssenhardt.]

[2] P. 563 al passo superiore di Olimpiodoro.

[3] Zosim. loc. cit : [Ἰόβιος ὁ τῆς αὐλῆς ὕπαρχος, ἅμα καὶ τῇ τοῦ πατρικίου τετι-μημένος ἀξίᾳ.]

[4] Zosim. lib. V, c. XLIX.

[5] Ibid. lib. VI, c. VIII.

[6] Tillemont [Hist. des Emp.], t. V, p. 514.

[7] [Symmachus, p. CXCVII.]

[8] [Augustin. De civitate Dei, lib. XVIII, c. LIV.]

— « His conss. (Manilio et Theudoro[1] v̄. c̄.) templa gentilium demo-
« lita sunt Joviano et Gaudentio comitibus[2]. »

Avant d'être *comes*, Jovius avait rempli d'autres fonctions publiques. Symmaque lui écrit :

— « Interfuit publicae utilitatis, ut tibi majora negotia crede-
« rentur... Opto igitur ut tibi suscepti officii cursus adrideat...[3]. »

Jovius fut préfet d'Italie en 409.]

Impp. Honorius et Theodosius II AA. Jovio P. P.
An. 409. — Honorio VIII et Theodosio III AA. conss.
  Kal. April. Dat. Ravenna[4].
  VI kal. Jul. Dat. Ravenna[5].

[Voir la série des préfets d'Illyrie[6].]

## LXIII

[1162 = 409 (?).]

LIBERIUS,
praef. praet. Italiae sub Honorio.

Impp. Honorius et Theodosius II AA. Liberio P. P.
An. 409. — Honorio VIII et Theodosio III AA. conss.
  VI kal. Dec. Dat. Ravenna[7].
An. 412. — Honorio IX et Theodosio V AA. conss.
  VI kal. Dec. Dat. Ravenna[8].

---

[1] [Il faut supprimer « et » et lire « Manlio Theodoro ». Le consul d'Orient n'est pas nommé. Héron de Villefosse.]

[2] [Fast. Hydat. ad an. 399. *Mon. Germ. hist.* t. IX, p. 246.]

[3] [Symmach. lib. VIII, ep. xxx.]

[4] *Cod. Theod.* lib. II, tit. viii, c. 25. *De feriis.* — Lib. XVI, tit. viii, c. 19. *De Jud. Cod. Just.* lib. I, tit. ix, c. 12; tit. xii, c. 2. *De his qui ad Eccl. confug. vel ibi exclam.*

[5] *Cod. Theod.* lib. II, tit. iv, c. 7. *De denunt. vel edit. rescriptorum.* — Lib. XVI, tit. v, c. 47. *De haereticis.*

[6] [Voir plus haut, p. 463.]

[7] *Cod. Theod.* lib. XII, tit. i, c. 170. *De decurionibus.* Corrige « Honorio IX et Theodosio V ».

[8] *Ibid.* lib. VIII, tit. iv, c. 25. *De cohortalibus.* — Lib. XIV, tit. vii, c. 3. *De collegiatis.*

# PRAEFECTI PRAETORIO ITALIAE.

[Toutes ces constitutions ont sans doute été rendues le même jour de la même année. C'est l'opinion de Borghesi, mais il pense qu'elles sont de 412. Nous inclinons à placer à la fin de 409 la préfecture de Liberius; en 412, c'est Johannes qui était préfet d'Italie.

C'est pendant la préfecture de Liberius que Rome fut prise par Alaric, et Attale élu empereur[1].]

*

[1163 =] 410.

[FL. JUNIUS QUARTUS] PALLADIUS,
sub Honorio.

Impp. Honorius et Theodosius AA. Palladio P. P.
An. 410. — Varane cons.
VIII id. Aug. Dat. Ravennae[2].

Per me[3] ho gran sospetto che si debbe correggere « Palladio procos. Africae », la qual provincia egli reggeva in quest' anno medesimo nel settembre, come constà della legge settima del Codice Teodosiano[4]. Ma fu certamente prefetto d'Italia del 415 al 421[5].

## LXIV

[1163 =] 410.

FAUSTINUS,
praef. praet. [Italiae sub Honorio.]

[D'après Godefroy[6], ce préfet du prétoire serait le même que le préfet de ville Pompeius Appius Faustinus, mentionné dans une inscription de Tiano[7]. C'est une erreur: Pompeius Faustinus fut préfet de Rome en l'an 300[8].]

---

[1] [Cf., sur la date de ces événements, Tillemont, *Hist. des Empereurs*, t. V, p. 811. J. B. De Rossi, *Inscr. christ.* vol. I, p. 250.]

[2] *Cod. Theod.* lib. IX, tit. xxxviii, c. 12. *De indulg. criminum.*

[3] [Cf. Godefroy. t. III, p. 290. Tillemont, *Hist. des Empereurs*, t. V, p. 813.]

[4] *Cod. Theod.* lib. VI, tit. xxviii, c. 7. *De princip. agentum in rebus. Cod. Just.* lib. XII, tit. xxi, c. 3. [Cf. Tissot, *Fastes*, p. 485.]

[5] [Voir plus bas, p. 597.]

[6] [*Prosopogr.* p. 41. Cf. Tillemont, t. V, p. 602 et 813.]

[7] [*Corp. inscr. Lat.* vol. X, n. 4785.]

[8] [*Chronogr.* an. 354. Cf. Corsini, *Series praef. Urbis*, p. 156. Voir plus haut, t. VI, p. 281; t. IX, p. 392.]

PRAEFECTI PRAETORIO ITALIAE. 593

Idem AA. (che sarebbero Onorio e Teodosio giuniore) Faustino P. P.

An. 410. — Varane conss.

XVIII kal. Sept. Dat. Ravennae[1].

Impp. Honorius et Theodosius AA. Faustino P. P.

Sine die et conss.[2].

## LXV
[1165 =] 412 — [1166 =] 413.

### JOHANNES,
praef. praet. Italiae sub Honorio.

[An. 394.] — Dopo la vittoria sopra Eugenio, da Teodosio fu mandato a Milano «Johannes tunc tribunus et notarius qui nunc praefectus est, ad tuitionem eorum qui ad Ecclesiam confugerant», cioè coloro che avevano seguiti il partito di Eugenio, e siccome ricorrenti in chiesa[3].

[En 408, Johannes fut député par le sénat auprès d'Alaric[4]. Nommé *magister officiorum* en 409 par Attale[5], il fut, après la chute du tyran, appelé en 412 à la préfecture d'Italie et demeura en fonctions jusqu'en 413[6].]

Impp. Honorius et Theodosius II AA. Joanni P. P.

An. 412. — Honorio IX et Theodosio V AA. conss.

XIII kal. Mart. Dat. Ravenna[7].

VIII id. Jun. Dat. Ravenna[8].

---

[1] *Cod. Theod.* lib. XIII, tit. v, c. 34. *Cod. Just.* lib. XI, tit. II, c. 6. *De naviculariis.*

[2] *Cod. Just.* lib. IV, tit. XL, c. 4. *Quae res venire non possunt.* [Cette constitution pourrait également être de 413, année où Faustinus fut de nouveau préfet d'Italie.]

[3] Paulinus, in *vita Ambrosii*, [31]. Tillemont [*Hist. des Empereurs*], t. V, p. 385.

[4] [Zosim. lib. V, c. XL.]

[5] [Sozom. lib. IX, c. VIII.]

[6] [C'est probablement le même personnage qui se fit proclamer empereur en 423, à la mort d'Honorius. Une seule inscription nous a conservé le souvenir de son consulat de 425 (De Rossi, *Inscr. christ.* vol. I, n. 644) : CONSVLATV IOHANNI AVG. HÉRON DE VILLEFOSSE.]

[7] *Cod. Theod.* lib. VIII, tit. XVII, c. 4. *De jure liberorum.*

[8] *Ibid.* lib. XIII, tit. XI, c. 13. *De censitoribus.*

X kal. Jul. Dat. Ravenna[1].

VII kal. Aug. Dat. Ravenna[2].

VII kal. Aug. Dat. Constantinopoli. Honorio IX et Theodosio V AA. conss. (409)[3].

In tutte queste leggi si parla del sabato degli Ebrei, onde non vi è dubbio che provenghino da una stessa costituzione, specialmente confessandosi nella nota *post alia*. O in un luogo o nell' altro vi è dunque errore. Se vorra ritenersi la data del 409, conviene allora cambiare il Joanni in Giovio, perchè sappiamo da Zosimo chè a Giovio non successe già Gioanni ma Ceciliano. Per me vero penso col Gotofredo che dell' ultima legge debbono corregersi le corrotte, il che si fara ripetendo in tutte : «Honorio VIII et Theodosio V», e riportandole al 412.

[On trouve encore le nom du préfet d'Italie Johannes dans plusieurs constitutions de 422 : «Id. Jul. Dat. Ravenna. Honorio XIII et Theodosio X AA. conss.» D'après Seeck, il y a peut-être une erreur dans le chiffre des consulats des empereurs; ces constitutions seraient de la même date que les précédentes, c'est-à-dire de l'an 412[4].]

An 413. — Post cons. Honorii IX et Theodosii V.

XVI kal. Mart. Dat. Ravenna[5].

VIII id. Maii. Dat. Ravenna[6].

VII id. Jun. [?] Dat. Ravenna[7].

Prid. id. Jun. [?] Dat. Ravenna[8].

---

[1] *Cod. Theod.* lib. III, tit. vIII, c. 3. *De secundis nuptiis.*

[2] *Cod. Theod.* lib. II, tit. vIII, c. 26. *De feriis.* — *Cod. Just.* lib. I, tit. IX, c. 13. — *Cod. Theod.* lib. XVI, tit. vIII, c. 20. *De Judaeis.*

[3] *Cod. Theod.* lib. VIII, tit. vIII, c. 8. *De exsecutoribus.*

[4] [Voir plus bas, p. 600, note 3.]

[5] *Cod. Theod.* lib. I, tit. II, c. 12. *De div. rescriptis.* — Lib. II. tit. XIX, c. 6. *De inoff. testamento. Cod. Just.* lib. VI, tit. XXIII, c. 19. *De testamentis.* [*Lex Rom. Wisig.* App. I, 25.]

[6] *Cod. Theod.* lib. XI, tit. xxvIII, c. 7. *De indulgentiis debitorum.* [«Campaniae, Tusciae, Piceno, Samnio, Apuliae, Calabriae, sed et Bruttiis et Lucaniae ex omni praestationis modo quae antiqua solemnitas detinebat, quatuor partes jubemus auferri...». La constitution est datée *Lucio v. c. cos.*]

[7] *Ibid.* lib. VI, tit. xxx, c. 20. *De palatinis sacr. largit. Cod. Just.* lib. XII, tit. xxIII, c. 10.

[8] *Cod. Theod.* lib. VII, tit. vIII, c. 10. *De metatis.*

# PRAEFECTI PRAETORIO ITALIAE.

[Dans ces deux dernières inscriptions, il faut peut-être lire *Jan.* au lieu de *Jun.* Il serait bien surprenant qu'au mois de juin on ignorât encore en Occident les noms des consuls de l'année[1]. D'autre part, une constitution du 6 juin[2] prouve que Joannes avait été remplacé à cette date par Faustinus[3].]

✷

1165 = 412.

*FELIX*,
sub Honorio.

Impp. Honorius et Theodosius AA. Felici P. P.

An. 412. — Honorio IX et Theodosio V conss.

Prid. non. Mart. Dat. Mediolano[4].

Vi si parla di cacciare da Roma l'eretico Gioviano. Quindi credesi che malamente si dice *P. P.* invece di *P. U.*, tanto più che a questo tempo era prefetto d'Italia Seleuco.

Lo sbaglio di questa legge è indubitato perchè l'eretico Gioviano era morto prima del 406, come ben osserva il Tillemont[5]; onde come pote ben dirsi nel 412? Penso adunque che abbia da corregersi «Honorio VII et Theodosio II», nel qual caso spetterebbe al 397, e potrebbe riferirsi al Felice, prefetto di Roma nel 398[6].

## LXVI

[1165 =] 412 [et 1167 = 414 — 1168 =] 415.

SELEUCUS,
praef. praet. Italiae sub Honorio.

Impp. Honorius et Theodosius AA. Seleuco P. P.

---

[1] [Seeck, *Chron. Symmach.* n. 1005.]

[2] [*Cod. Theod.* lib. VI, tit. XXVI, c. 16.]

[3] [Tillemont, *Hist. des Empereurs*, t. V, p. 813.]

[4] *Cod. Theod.* lib. XVI, tit. v, c. 53. *De haereticis.*

[5] [*Hist. des Empereurs,*] t. V, p. 815.

[6] Vedi il Corsini, *Series praef. Urbis*, p. 302, ed il Tillemont, nota IV e XXXIV sopra Onorio. [Borghesi est revenu sur cette opinion : Rufius Postumius Felix fut préfet des Gaules et non préfet de la ville en 398. On ignore si c'est le même que le préfet de 412. Cf. Seeck, p. CLV.]

## PRAEFECTI PRAETORIO ITALIAE.

An. 412. — Honorio IX et Theodosio V AA. conss.
III kal. Febr. Dat. Ravenna [1].
Prid. kal. Febr. Dat. Ravenna [2].
Prid. kal. Mart. Dat. Ravenna [3].
Prid. non. Mart. Dat. Ravenna [4].
An. 414. Constantio et Constante conss.
III non. April. Dat. Ravenna [5].
An. 415. — Honorio X et Theodosio VI AA. conss.
XII kal. Febr. Dat. Ravenna [6].
III id. Dec. Dat. . . . [7].

[Si ces suscriptions sont exactes, Seleucus aurait été collègue de Johannes, puis de Hadirianus, dans la préfecture du prétoire d'Italie. Plusieurs des constitutions qui lui sont adressées sont relatives à l'Afrique.]

## LXVII

1166 = 413.

FAUSTINUS,

praef. praet. [iterum] Italiae sub Honorio [8].

Impp. Honorius et Theodosius AA. Faustino P. P.
An. 413. — Lucio v. c. cons [9].
VIII id. Jun. Dat. Ravenna [10].

---

[1] *Cod. Theod.* lib. XVI, tit. v, c. 52. *De haereticis.*

[2] *Ibid.* lib. XI, tit. 1, c. 31. *De annona. Cod. Just.* lib. XI, tit. LIX, c. 12.

[3] *Cod. Theod.* lib. VIII. tit. IV, c. 22. *De cohortalibus.*

[4] *Ibid.* lib. XIII, tit. v, c. 35. *De naviculariis.*

[5] *Ibid.* lib. XI, tit. XXVIII, c. 8. *De indulgentiis debitorum.* [« Naviculariis intra Africam . . . . . omnia reliqua indulgemus. »]

[6] *Cod. Theod.* lib. XII, tit. 1, c. 178 et 179. *De decurionibus.*

[7] *Cod. Just.* lib. I, tit. LI, c. 5. *De assessoribus.*

[8] [Voir plus haut, p. 592.]

[9] [Cf., sur cette suscription et celle de la p. 594, n. 6, Mommsen, *Ostgothische Studien* (*Neues Archiv der Gesellschaft für ältere deutsche Geschichtskunde*), t. XIV, p. 228, n. 3.]

[10] *Cod. Theod.* lib. VI, tit. XXVI, c. 16. *De proximis. Cod. Just.* lib. XII, tit. XIX, c. 5.

## LXVIII

1166 = 413 — 1169 — 416.

[RUFIUS SYNESIUS] HADRIANUS,
praef. praet. [iterum] Italiae sub Honorio [1].

Impp. Honorius et Theodosius AA. Hadriano P. P.

An. 413. — Lucio v. c. cons.

III non. Aug. Dat. Ravenna [2].

Vi si abolisse la memoria di Eracliano.

An. 414. — Constantio et Constante conss.

V non. Mart. Dat. Ravenna [3].

An. 416. — Theodosio A. VII et Palladio conss.

III kal. Febr. Dat. . . [4].

Questa sottoscrizione è giustamente sospetta al Tillemont [5].

## LXIX

1168 = 415 — 1174 = 421.

[FL.] JUNIUS QUARTUS PALLADIUS,
praef. praet. Italiae sub Honorio.

[Fl. [6] Junius Quartus Palladius avait été proconsul d'Afrique en 410 [7]. Préfet d'Italie le premier semestre de l'année 415, il fut, l'année suivante, consul d'Occident, Théodose le jeune étant consul d'Orient [8].]

---

[1] [Voir plus haut, p. 579.]

[2] *Cod. Theod.* lib. XV, tit. xiv, c. 13. *De infirmandis.*

[3] *Ibid.* lib. VI, tit. xxix, c. 11. *De curiosis.* — Lib. VII, tit. iv, c. 33. *De erogat. milit. annonae.* — Lib. VII, tit. viii, c. 12. *De metatis.*

[4] *Ibid.* lib. VII, tit. xiii, c. 21. *De tironibus.*

[5] [*Hist. des Empereurs*, t. V, p. 819.]

[6] [Une inscription, découverte dans le cimetière de Saint-Valentin sur la voie Flaminienne, démontre que ce personnage portait le prénom *Flavius* (*Notizie degli scavi*, 1888, p. 450); *Bull. della com. arch. com.*, 1888, p. 251): FL· PALLADIO VC CONSS. Héron de Villefosse.

[7] [Voir plus haut, p. 592. Suivant Tillemont (t. V, p 631), ce serait le même qui fut *comes sacrarum largitionum* en 381. C'est à lui que s'appliquerait, alors qu'il était tribun et notaire, l'épithalame de Claudien (*Carm. min.* xxv). Il serait le fils d'un préfet de Constantinople. Cf. sur le personnage dont parlent Claudien, Symmaque et saint Grégoire de Nazianze, Seeck, *Symmach.* p. ccii; Birt, *Claudian.* p, xcvi et 450.]

[8] [Cf. J. B. de Rossi, *Inscr. christ.* vol. I, n. 602, 603; cf. n. 718-729.]

Impp. Honorius et Theodosius AA. Palladio. P. P.

An. 415. — Honorio X et Theodosio VI AA. conss.

VI id. Jan. Dat. Ravenna [1].

An. 416. — Theodosio A. VII et Palladio conss.

VII id. Jan. Dat. Ravenna [2].

Id. Mart. Dat. Ravenna [3].

V non. Maii. Dat. Ravenna [4].

V id. Sept. Dat. Ravenna [5].

X kal. Oct. Dat. Ravenna [6].

[Sine die.[7]]

An. 417. — Honorio A. XI et Constantio II conss.

VII kal. Jun. Dat. Ravenna [8].

An. 418. — Honorio XII et Theodosio VIII AA. conss.

VI id. Mart. Dat. Ravennae [9].

Prid. kal. Maii. Dat. Ravennae [10].

Sacrum rescriptum contra Pelagium et Caelestium.

« Exemplar edicti Junii Quarti Palladii. Junius Quartus Palladius, « Monaxius et Agricola iterum, praefecti praetorio [11], edixerunt [12]. »

X kal. Jul. Dat. Ravenna [13].

---

[1] *Cod. Theod.* lib. VI, tit. xxix, c. 12. *De curiosis.*

[2] *Ibid.* lib. XI, tit. v, c. 2. *De indictionibus. Cod. Just.* lib. X, tit. xvii, c. 1.

[3] *Cod. Theod.* lib. IX, tit. xxvi, c. 4. *Ad leg. Juliam de ambitu.*

[4] *Ibid.* lib. XII, tit. 1, c. 181. *De decurionibus. Cod. Just.* lib. X, tit. xxxii, c. 54.

[5] *Cod. Theod.* lib. XI, tit. xxix, c. 6. *De relationibus.* — Lib. XII, tit. 1, c. 147.

[6] *Ibid.* lib. VIII, tit. viii, c. 9. *De executoribus. Cod. Just.* lib. XII, tit. lx, c. 3.

[7] [*Nov. Valent.* tit. xxxi, 1 pr. : «Lex divi Honorii ad Palladium P. P. missa, in Theodosianum redacta corpus.» Cf. Haenel, col. 784, n. *x*.]

[8] *Cod. Theod.* lib. XIV, tit. iii, c. 22. *De pistoribus. Cod. Just.* lib. XII, tit. liii, c. 2. — *Cod. Theod.* lib. XIV, tit. iv, c. 9. *De suariis.*

[9] *Cod. Theod.* lib. XVI, tit. vi, c. 24. *De Judaeis.*

[10] Appendix ad d. August., t. X, l. xi, p. 105. Labbaeus, t. III, p. 466. [Haenel, *Corpus legum*, p. 238. Voir plus haut, p. 308.]

[11] [Monaxius était préfet d'Orient, Agricola était préfet des Gaules. Le préfet d'Illyrie manque. Cf. Tillemont, *Hist. des Empereurs*, t. V, p. 823.]

[12] Labbaeus, *loc. cit.* [Haenel, *loc. cit.* p. 239.]

[13] *Cod. Theod.* lib. IV, tit. iv, c. 6. *De testam. et codicillis.*

XVII kal. Dec. Dat. Ravenna¹.
An. 419. — Monaxio et Plinta conss.
VI kal. Jul. Dat. Ravenna².
IV kal. Aug. Dat. Ravenna³.
An. 420. — Theodosio A. IX et Constantio III conss.
VIII id. Maii. Dat. Ravenna⁴.

Impp. Honorius, Theodosius et Constantius AAA. Palladio P. P.
An. 421. — Eustathio et Agricola conss.
VI id. Mart. Dat. Ravenna⁵.
VIII id. Jul. Dat. Ravenna⁶.
V kal. Aug. Dat. Ravenna⁷.
An. 423 [?]. — Asclepiodoto et Mariniano conss.
XII kal. Jan. Dat. Constantinopoli⁸.

[C'est à tort que Borghesi, sur la foi de Haloander, a inséré ici une constitution adressée à Palladius, préfet du prétoire d'Orient en 451. L'inscription et la suscription sont ainsi conçues d'après les manuscrits :

«Imp. Marcianus A. Palladio P. P. — Dat. XII kal. Jan. Constantinopoli. Marciano A. cons⁹».]

---

¹ *Cod. Theod.* lib. XI, tit. xxvIII, c. 12. *De indulgentiis debitorum.* [«Praeter censuales functiones Campania... nonam partem tantummodo praeteriti assis publicarum toleret functionum. Picenum vero et Tusciam, suburbicarias regiones, septimam tributorum... jubemus agnoscere...»]

² *Ibid.* lib. V, tit. x, c. 1. *De inquilinis et colonis. Cod. Just.* lib. XI, tit. xLvIII, c. 16.

³ *Cod. Theod.* lib. XIV, tit. IV, c. 10. *De suariis.*

⁴ *Ibid.* lib. IX, tit. xxv, c. 3. *De raptu vel matrimonio sanctimonalium.* — Lib. XVI, tit. II, c. 44. *De episcopis. Cod. Just.* lib. I, tit. III, c. 19.

⁵ *Cod. Theod.* lib. III, tit. xvi, c. 2. *De repudiis. Cod. Just.* lib. IX, tit. Ix, c. 34.

⁶ *Cod. Theod.* lib. IV, tit. xv, c. 1. *De quinquennii praescriptione.* — Lib. IX, tit. xLII, c. 23. *De bonis proscriptorum.* — Lib. X, tit. x, c. 29 et 30. *De petitionibus. Cod. Just.* lib. IX, tit. xL, c. 3. *De requirendis.* — Lib. X, tit. I, c. 10, *De jure fisci;* tit. x, c. 4.

⁷ *Cod. Theod.* lib. II, tit. xxvII, c. 1. *Si certum petatur de chirographis.*

⁸ *Cod. Just.* lib. IX, tit. xxxIx, c. 2. *De his qui latrones... occultaverint.*

⁹ [Cujas, t. X, p. 730.]

## PRAEFECTI PRAETORIO ITALIAE.

✶

[1173 =]420.

*MAXIMUS*,
sub Honorio.

Impp. Honorius et Theodosius AA. Maximo P. P.

An. 420. — Theodosio A. IX et Constantio III conss.

V kal. Oct. Dat. Ravennae[1].

Deve correggersi *P. U.* perchè appartengono a Petronio Massimo, che in quest' anno fu veramente prefetto di Roma, mentre al contrario prefetto del pretorio era in quest' anno Palladio.

### LXX

[1175 =] 422.

*JOHANNES*,
sub Honorio[2].

Impp. Honorius et Theodosius AA. Joanni P. P.

An. 422. — Honorio XIII et Theodosio X AA. conss.

V id. Jul. Dat. Ravenna[3].

Il Baronio l'ha confuso col Giovanni che usucapì l'impero nell'anno seguente[4].

---

[1] *Cod. Just.* lib. VI, tit. LV, c. 10. *De suis et legitimis liberis.*

[2] [Voir plus haut, p. 594.]

[3] *Cod. Theod.* lib. II, tit. XIII, c. 1. *De actionibus ad potentes translatis. Cod. Just.* lib. II, tit. XIII, c. 2. *Ne liceat potentioribus patrocinium litigantibus praestare.* — *Cod. Theod.* lib. II, tit. XVIII, c. 1. *De pecuniae sequestratione prohibita. Cod. Just.* lib. IV, tit. IV, c. 1. — *Cod. Theod.* lib. II, tit. XXX, c. 2. *De pignoribus. Cod. Just.* lib. VIII, tit. XV, c. 8; lib. XI, tit. XLVIII, c. 17. *De agricolis censitis.* — *Cod. Theod.* lib. II, tit. XXXI, c. 1. *Quod jussu. Cod. Just.* lib. IV, tit. XXVI, c. 13. — *Cod. Theod.* lib. II, tit. XXXII, c. 1. *De peculio.* — *Ibid.* lib. VIII, tit. VIII, c. 10. *De exsecutoribus. Cod. Just.* lib. XII, tit. LX, c. 4.

[4] Tillemont, [*Hist. des Empereurs*,] t. VI, p. 178. [Cf. p. 593, note 6.]

## LXXI
[1175=] 422.

[FL. AVITUS] MARINIANUS,
praef. praet. Italiae sub Honorio.

Impp. Honorius et Theodosius AA. ad Marinianum P. P.
An. 422. — Honorio XIII et Theodosio X AA. conss.
IV non. Nov. Dat. Ravennae[1].
[III non. Nov. Dat. Ravennae[2].]
Consul [fuit] anno 1176 = 423[3].

[Marinianus fut consul d'Occident en 423, Asclepiodotus étant consul d'Orient[4]. Son fils Rufius Praetextatus Postumianus fut préfet de la ville et consul d'Occident en 448. Une inscription de Rome rappelle les titres de ces deux personnages[5] :]

```
RVFIVS  PRAETEXTATVS
POSTVMIANVS V̄C̄ · FILIVS
MAGNIFICI VIRI MARINIANI
PRAEFECTI PRAETORIO
ET CONSVLIS ORDINARII
QVAESTOR CANDIDATVS
PRAETOR VRBANVS TRIBVNVS
ET NOTARIVS PRAETORIANVS
PRAEFECTVS VRBI SECVNDO
CONSVL ORDINARIVS QVOS
TANTOS AC TALES HONORES
PRIMO AETATIS SVAE FLORE
PROMERVIT
```

[Cette inscription est conservée aujourd'hui au Musée de Florence[6].]

---

[1] *Cod. Theod.* lib. III, tit. v, c. 12. [Cf. Haenel, col. 304ᵉ, n. y.] *Cod. Just.* lib. V, tit. 1, c. 4. *De sponsalibus.* — *Cod. Theod.* lib. III, tit. xIII, c. 3. *De dotibus.* — *Cod. Just.* lib. V, tit. xvIII. c. 11, *Soluto matrimonio*; tit. xIx, c. 1, *Si dos constante matrimonio soluta fuerit.*

[2] *Cod. Just.* lib. V, tit. Ix, 4. *De secundis nuptiis.* [La suscription manquait dans les schede de Borghesi comme dans Haloander.]

[3] [Marinianus est l'un des personnages cités dans les *Gesta de Xysti purgatione.*

Cf. Duchesne, *Liber Pontificalis*, p. cxxvi.]

[4] [Une épitaphe chrétienne de Rome lui donne les noms de Fl(avius) Avitus Marinianus.

```
HIC  QVIECIT   AGNE · INNOCENS
QVE · VIXIT · ANNVS CII DEPOSITA
IN PACE GIII F · IVLIAS · FL☧AVITO
MARINIANO ☧ V ⳽ C · CONSVLE
```

J. B. de Rossi, *Inser. christ.* vol. I, n. 635.]

[5] Vedi la inserta al nostro anno 1201. [*Corp. inscr. Lat.* vol. VI, n. 1761.]

[6] [Marinianus porte le titre d'ancien

## LXXII

[1176=] 423.

PROCULUS,

praef. praet. Italiae sub Honorio.

[Avant d'être préfet du prétoire, Proculus avait été *comes rerum privatarum*. Il occupait cette charge le 25 août 422[1].]

Impp. Honorius et Theodosius AA. Proculo P. P.
An. 423. — Asclepiodoto et Mariniano conss.
XV kal. Jun. Dat. Ravenna[2].

[La constitution est relative à l'Afrique :

« Si quod praedium in quolibet Africani cespitis loco per quinqua-
« ginta annorum curricula ad navalem functionem nulla sollicitudo
« revocavit..., nullis patimur sollicitudinibus agitari... »]

Impp. Theodosius et Valentinianus AA. Proculo P. P.
Sine die et conss[3].

[Hermann[4] et Krueger[5] pensent qu'il faut lire dans ce dernier texte *P. U.* au lieu de *P. P.* Le destinataire de la constitution serait le préfet de la ville de 428[6].]

préfet [du prétoire] dans une inscription rappelant la part qu'il prit à la restauration de la basilique Vaticane. Ce texte est détruit depuis longtemps, mais J. B. de Rossi en a retrouvé une ancienne copie qu'il rétablit ainsi :

MARINAINVS VIR INL·EX PF *praet*·ET CONS·ORD·
CVM ANASTASIA INL·FE*m·eius*·DEBITA VOTA
BEATISSIMO PETRO APOSTOLO PERSOLVIT
QV*a*E PRECIBVS PAP*a*E LEONIS MEI
*pro*VOCATA SVNT ATQ·PERFECTA

(*Inscr. christ.* vol. II, p. 55).

Cette copie est conservée dans un manuscrit du Vatican, Pal. 591. L'inscription avait été probablement exécutée en mosaïque et elle était sans doute déjà dégradée lorsqu'elle fut relevée à la fin du vii<sup>e</sup> siècle. Héron de Villefosse.]

[1] [*Cod. Theod.* lib. X, tit. x, c. 31.]

[2] *Cod. Theod.* lib. XIII, tit. vi, c. 10. *De praediis naviculariorum.*

[3] *Cod. Just.* lib. XII, tit. v, c. 2. *De praepositis sacri cubiculi.*

[4] [P. 727, n. 20.]

[5] [P. 455, n. 11.]

[6] [*Cod. Theod.* lib. VI, tit. ii, c. 21; tit. xxvii, c. 22.]

## PRAEFECTI PRAETORIO ITALIAE.

★[1]

1176 = 423.

*SEVERINUS*,

sub Honorio.

Impp. Honorius et Theodosius AA. Severino P. P.

An. 423. — Asclepiodoto et Mariniano conss.

III kal. Oct. Dat...[2].

[Godefroy pense qu'il faut lire *P. U.* au lieu de *P. P.* Severinus fut préfet de la ville et non préfet du prétoire [3].]

## LXXIII

[1179 =] 426.

[FL. ANICIUS AUCHENIUS] BASSUS,

praef. praet. Italiae sub Valentiniano.

Basso, nel 425, era *comes rerum privatarum* e fu console nel 431[4].

[Dans l'intervalle Bassus avait été préfet d'Italie.]

Impp. Theodosius et Valentinianus AA. Basso P. P.

An. 425. [?] — Theodosio A. XI et Valentiniano C. conss.

VIII id. Oct. Dat. Aquileia[5].

An. 426. — Theodosio XII et Valentiniano II AA. conss.

Prid. non. Mart. Dat. Ravenna[6].

---

[1] [Borghesi a intercalé dans ses *schede*, entre Proculus et Severinus, le préfet Asclepiodotus, qui figure déjà parmi les préfets d'Orient. (Voir plus haut, p. 312.) Asclepiodotus fut préfet d'Orient et non préfet d'Italie: toutes les constitutions qui lui sont adressées sont datées de Constantinople ou d'Eudoxiopolis; quelques-unes visent manifestement l'Orient. Cf. *Cod. Theod.* lib. XVI, tit. v, c. 59; tit. viii, c. 25.]

[2] *Cod. Just.* lib. VIII, tit. x, c. 11. *De aedificiis privatis.*

[3] [C'est aussi l'opinion de Hermann et de Krueger. Cf. *Cod. Theod.* lib. XV, tit. 1, c. 52: Severino P. U. du 8 janvier 424.]

[4] [*Cod. Theod.* lib. XVI, tit. v, c. 64.]

[5] *Ibid.* tit. II, c. 47. *De episcopis.* [L'adresse porte:] «Basso comiti R. P.» (*correggi P. P.*) [Voir, en sens contraire, Haenel, Praef. *Cod. Theod.* p. xlii, et col. 1516, n. *f.*]

[6] *Cod. Theod.* lib. X, tit. xxvi, c. 1. *De conductoribus et hominibus domus Augustae.* *Cod. Just.* lib. XI, tit. lxxii, c. 1.

III kal. April. Dat. Ravenna[1].
VII id. April. Dat. Ravenna[2].
Sine die et conss...[3].

[Ce préfet du prétoire appartenait à deux familles très puissantes : la *gens Anicia* et la *gens Auchenia*[4]. Une inscription chrétienne de Rome donne au consul de 431 les noms d'Anicius Auchenius Bassus[5].

INNOCVS PVER ʍOMINES IDDL HIC BIXIT ʍESES
QVATOR DIES BIϚINTI QVATOR PETITVS IN PACE III ID
APRILIS AÑICIO AVCHENIO BASO CONSVLE

Anicius Auchenius Bassus eut pour collègue dans le consulat, en 431, Antiochus; il ne faut pas le confondre avec son père qui fut consul en 408[6].]

## LXXIV

[1181=]428—[1182=]429.

[RUFIUS ANTONIUS AGRYPNIUS] VOLUSIANUS,

praef. praet. Italiae sub Theodosio et Valentiniano.

[Volusianus était fils de Ceionius Rufius Albinus, préfet de la ville en 389-391[7]. Il était encore enfant lorsqu'il fut nommé proconsul d'Afrique[8]. Il devint

---

[1] *Cod. Theod.* lib. IV, tit. x, c. 3. *Cod. Just.* lib. VI, tit. vii, c. 4. *De libertis.*

[2] *Cod. Theod.* lib. XVI, tit. vii, c. 7, *De apostatis*; tit. viii, c. 28, *De Judaeis. Cod. Just.* lib. I, tit. vii, c. 4. *De apostatis.*

[3] *Cod. Theod.* lib. IV, tit. vi, c. 7. *De naturalibus liberis.* — *Cod. Just.* lib. XI, tit. xlviii, c. 18. *De agricolis censitis.* — Lib. XII, tit. i, c. 14. *De dignitatibus.* Lib. V, tit. iv, c. 21. *De nuptiis.* Si crede che sia una parte della legge del codice Teodosiano : lib. IV, tit. x.

[4] [Cf. Seeck, *Chron. Symmach.* p. xci.]

[5] [J. B. De Rossi, *Inscr. christ.* vol. I, n. 666, et p. 291 et 581.]

[6] [Le prénom *Fl(avius)* appartient probablement à notre préfet. Il est fourni par l'inscription d'un couvercle de sarcophage découvert à Rome dans le cimetière de Saint-Valentin (*Bull. della com. arch. mun.* 1888, p. 448 et 465). Le père et le fils étaient chrétiens ainsi que le démontre l'inscription d'Ostie (*Corp. inscr. Lat.* vol. XIV, n. 1875; cf. plus haut, t. VIII, p. 260). Héron de Villefosse.]

[7] [Cl. Rutilius Namatianus, I, 168. Voir plus haut, p. 566.]

[8] [*Ibid.* «Rexerat ante puer populos proconsule Poenos.» Cf. Tissot, *Fastes*, p. 285-286.]

ensuite *quaestor sacri palatii*, puis préfet de la ville en 416 et en 421[1]. Une inscription trouvée à Rome au forum de Trajan nous fait connaître les noms de ce préfet[2].

```
         DN · HONORIO
         FLORENTISSIMO
         INVICTISSIMO Q·
            PRINCIPI
            S · P · Q · R ·
       CVRANTE RVFIO ANTONIO
       AGRYPNIO VOLVSIANO
         VC  PRAEF · VRB ·
         ITERVM VICE SACRA
             IVDICANTE
```

De 428 à 429, Rufius Antonius Agrypnius Volusianus fut préfet du prétoire d'Italie.]

Impp. Theodosius et Valentinianus AA. ad Volusianum P. P.

An. 428. — Felice et Tauro conss.

III kal. Mart. Dat. Ravenna[3].

An. 429. — Florentio et Dionysio conss.

[III kal. Mart. Dat. Ravenna[4].]

III id. Jun. Dat. Ravenna[5].

Sine die et conss[6].

✶

[1183 =] 430.

*MAXIMUS*,
sub Valentiniano.

Impp. Theodosius et Valentinianus AA. Maximo P. P.

---

[1] [Rut. Nam. I, 417. Haenel, *Corpus leg*. p. 240. Seeck, *Chron. Symmach.* p. CLXXXI.]

[2] [*Corp. inscr. Lat.* vol. VI, n. 1194. Cf. n. 1661.]

[3] *Cod. Theod.* lib. I, tit. X, c. 8. *De off. comit. sacr. largit.* — Lib. VII, tit. XIII, c. 22. *De tironibus.*

[4] *Ibid.* lib. XI, tit. I, c. 35. *De annona.* — Lib. XII, tit. VI, c. 32. *De susceptoribus. Cod. Just.* lib. X, tit. LXXII, c. 15. — Lib. XII, tit. LX, c. 5. *De exsecutoribus.* [La suscription manque dans les éditions anciennes et dans Borghesi.]

[5] *Cod. Just.* lib. I, tit. XIV, c. 4. *De legib.*

[6] *Ibid.* lib. XI, tit. LXXI, c. 5. *De locatione praed. civilium vel fiscalium.*

An. 43o. — Theodosio XIII et Valentiniano III AA. conss. XV kal. Oct. Dat. Ravennae¹.

[L'inscription et la suscription, rapportées par Borghesi, d'après Haloander, sont fausses. Il faut lire, d'après le Code Théodosien² et d'après les manuscrits du Code de Justinien :

Impp. Honorius et Theodosius AA. Maximo P. U.
An. 42o. — Theodosio A. IX et Constantio III conss. XV kal. Oct. Dat. Ravennae.]

## LXXV
1183 = 430.

THEODOSIUS,
praef. praet. Italiae sub [Theodosio] et Valentiniano.

Iidem AA. Theodosio P. P.
An. 43o. — Theodosio XIII et Valentiniano III AA. conss. XV kal. Mart. Dat. Ravenna³.

[La constitution est relative à la Byzacène et à la province proconsulaire, par conséquent au diocèse d'Afrique⁴.

Ce Theodosius est vraisemblablement le même qui était *primicerius notariorum* en 426 :

— «(Impp.) Theodosius et Valentinianus AA. ad senatum (urbis) Ro-
«mae. — Dat. VI kal. M͞TE (*sic*). Recitata in senatu per Theodosium
«primicerium (notario)rum. DD. NN. Theodosio XII et Valentiniano II
«AA. conss. (426)⁵. »]

---

¹ *Cod. Just.* lib. VI, tit. LV, c. 10. *De suis et legitimis liberis.*
² [*Cod. Theod.* lib. V, tit. I, c. 6.]
³ *Ibid.* lib. XII, tit. VI, c. 33. *De suscept.*
⁴ [Voir cep. Haenel, col. 1293, n. *x*, qui propose de lire *consularis* au lieu de *proconsularis provinciae.*]
⁵ [*Cod. Theod.* lib. VI, tit. II, c. 20.]

✱
?
*POSTUMIANUS*,
[sub Valentiniano (?)].

```
POSTVMIANI·V·C
EX·PRAEF·PRAET·
ET· FESTI · V ·C·
TRIB·ET·NOTARI
DE PRAET·SOTERI
    N·N·
```

[Le texte est gravé sur une tablette de bronze[1].]

Non mi pare che costui debbe essere il Postumiano prefetto del pretorio d'Oriente nel 383, che ha l'apparenza di un' Orientale, mentre costui era certamente un Romano, e della gente Rufia come apparisce dalla compagnia di Festo. Volontieri lo crederò il Rufio Postumiano console nel 448, ma la sua lapide non parla che di due prefetture urbane[2]. Qui poi mi fa grandissima cosa che si dice *vir spectabilis*[3] quando il titolo dei prefetti era di *vir illustris*.

[On a vu plus haut que, suivant J. B. de Rossi, ce Postumianus n'est autre que le préfet d'Orient de l'an 383[4].]

## LXXVI
[1184 =]431 — [1185 =432].
[NICOMACHUS] FLAVIANUS,
praef. praet. Italiae [Illyrici et Africae] sub Theodosio et Valentiniano.

S'incontra un Flaviano prefetto d'Italia anche nel 401.

[Nicomachus Flavianus est le fils de Virius Nicomachus Flavianus, préfet du

---

[1] Rom., in lam. aen. Marin. *Is. cr.* p. 173, 3. [De Rossi, *Inscr. christ.* vol. I, p. 376.]
[2] [Voir plus haut, p. 601.]
[3] [Borghesi avait lu, après *Postumiani* V·S au lieu de V·C]
[4] [Voir plus haut, p. 254.]

prétoire d'Italie en 383, puis en 390-394[1]. Il fut lui-même *consularis* de Campanie, proconsul d'Asie en 383, préfet de la ville en 394, puis en 399-401. Il fut appelé en 431 à la préfecture du prétoire d'Italie, d'Illyrie et d'Afrique. Cela résulte d'une inscription de Rome précédemment citée[2], qui est datée de l'année 431 :

dedicata.......... SEPTB·
basso et antiocHO·V̄V̄ C̄C̄ CONSS

Nicomachus Flavianus y est ainsi désigné : NVNC PRAEF · PR̄AET ‖ ITALIAE·ILLYRICI ET·AFRICAE·]

Impp. Theodosius et Valentinianus AA. Flaviano P. P.
An. 431. — Basso et Antiocho vv. cc. conss.
III kal. Maii. Dat. Ravenna[3].
An. 432. — Aetio et Valerio vv. cc. conss.
IX kal. April. Dat. Ravenna[4].
Sine die et conss.[5]

## LXXV.II

[1188 =] 435.

FL. BASSUS,
praef. praet. Italiae sub Valentiniano.

— «Edictum praefectorum de Nestorii libris non legendis. Flavius «Anthemius Isidorus, Flavius Bassus, Flavius Simplicius Reginus «praefecti edicunt...[6].»
Isidoro è il prefetto dell' Oriente, Basso dell' Occidente, Regino

---

[1] [Voir plus haut, p. 567.]
[2] [*Annali dell' Instituto*, 1849, t. XXI, p. 323. *Corp. inscr. Latin.* vol. VI, n. 1783. Voir plus haut, p. 459.]
[3] *Cod. Theod.* lib. XI, tit. 1, c. 36. *De annona. Cod. Just.* lib. XI, tit. LXXV, c. 5. *De privilegiis domus Augustae.*
[4] *Cod. Theod.* lib. VI, tit. XXIII, c. 3. *Cod. Just.* lib. XII, tit. XVI, c. 3. *De decurionibus et silentiariis.*
[5] *Cod. Just.* lib. IV, tit. LXI, c. 13. *De vectigalibus.* [Borghesi a joint à ces textes *Cod. Theod.* lib. XVI, tit. VII, c. 5 : *Dat. prid. kal. Febr. Theodosio A. XV et qui fuerit nunciatus conss.*, avec cette note : «Correggi *Theodosio A. XIV* e riportola al 433, perchè nel 435 era prefetto Flavio Basso.» Mais la suscription précitée, que Borghesi a empruntée à la chronologie de Godefroy, n'est pas exacte : la constitution est de 391 et non de 435. Voir plus haut, p. 460, n. 2.]
[6] Labbaeus, t. III, p. 1731. [Voir plus haut, p. 323, n. 9.]

## PRAEFECTI PRAETORIO ITALIAE.

dell' Illirico[1]. Nel testo greco è scritto poco rettamente Φλήσβασσος, e nell' antica versione data del Labbe[2] «Flavius Bacchus».

[Cet édit a été rendu à la suite du troisième synode tenu à Éphèse en 431[3], et en exécution de la constitution de Théodose et Valentinien de 435[4].

Borghesi rapporte au même Fl. Bassus un texte non daté du Code de Justinien[5], texte que les éditeurs modernes font remonter à l'année 426, au moment où Anicius Auchenius Bassus était préfet d'Italie[6].]

### LXXVIII
[1190=]437 — [1191=]438.

#### ANICIUS ACILIUS GLABRIO FAUSTUS,
praef. praet. Italiae, Africae et Illyrici [sub Valentiniano].

In Anicio Acilio Glabrione Fausto, che fu prefetto di Roma[7] nell' anno 400[8] di Cristo io scoprii ancora la dignità di prefetto del pretorio d'Italia coll' aiuto della novella IV inedita *de indulgentiis reliquorum*[9], e recai nello stesso tempo un' iscrizione antica inedita al medesimo appartenente, che fu nella villa Peretti ora Negroni sul Quirinale[10].

Impp. Theodosius et Valentinianus AA. Fausto P. P.
An. 438. — Theodosio A. XVI et Fausto conss.
VIII id. Jul. Dat. Ravenna[11].

---

[1] Vedi il Zirardini, *Novelle*, p. 357.
[2] T. IV, p. 175. [Mansi, t. V, col. 661.]
[3] [Haenel, *Corpus legum*, p. 242.]
[4] [*Ibid.* p. 247.]
[5] Lib. XII, tit. 1, c. 14. *De dignitatibus*.
[6] [Voir plus haut, p. 604, n. 3.]
[7] [*Cod. Theod.* lib. XVI, tit. v, c. 62: «Dat. XVI kal. Aug. Aquileia. Theodosio A. XI et Valentiniano C. conss. (425).»]
[8] [Cette date, donnée par Corsini (*Series praefectorum Urbis*, p. 308), est inexacte. Ce personnage a été trois fois préfet de la ville : la première fois, entre les années 408 et 423 (*Corp. inscr. Latin.* vol. VI, n. 1676);

la seconde fois, en 425 (*ibid.* n. 1677); la troisième fois, avant l'année 437. Cf. J. B. de Rossi, *Annali dell' Instituto*, 1849, p. 336. HÉRON DE VILLEFOSSE.]
[9] Amaduzzi, *Lettera sulla difesa del Corsini*, p. 351. — *Leges novellae V anecdotae*, 2, p. 39.
[10] [*Corp. inscr. Lat.* vol. VI, n. 1678.]
[11] Nov. anecd. p. 37. Zirardinius, *Novellae*, p. 283, qui de hoc praefecto et consule fuse disseruit, admonens eumdem praefecturam rursus occupasse an. 442. Haenel, [*Corpus legum*, p. 75 et 110. *Nov. Valentin.* tit. ι, 1.]

## 610  PRAEFECTI PRAETORIO ITALIAE.

— «Anicius Acilius Glabrio Faustus v. c. et illustris, tertio ex
«praefecto urbis, praefectus praetorio et consul ordinarius[1].»

Consul fuit anno 438 = 1191.

Dev' essere stato prefetto anche nel 437[2] perchè aveva accompagnato a Costantinopoli Valentiniano pel suo sposalizio con Eudossia. Tanto a lui quanto al prefetto dell' Oriente fu consegnato il Codice da pubblicarsi[3]:

— [«Proximo superiore anno, cum felicissimam sacrorum omnium
«conjunctionem pro devotione comitaremur,... hanc quoque orbi suo
«sacratissimus princeps dominus noster Theodosius adjicere voluit
«dignitatem ut, in unum collectis legum praeceptionibus, sequenda per
«orbem sedecim librorum compendio, quos sacratissimo suo nomine
«voluit consecrari, constitui juberet.»

Le préfet Faustus était le fils d'Acilius Glabrio Sibidius, dont les titres sont mentionnés dans une inscription de Rome[4]. Une autre inscription découverte, en 1857, à Aricia, donne le *cursus honorum* de notre préfet.]

ANICIO·ACHILIO·GLABRI
ONI FAVSTO·CLARIS
SIMO VIRO QVAESTORI
CANDIDATO·PRAETORI
TVTILARI COMITIS IN (sic)
TRA CONSISTORIVM
TERTIO PRAEFECTO VR
BI VTRIVSQVE INPE
RII ✠ IVDICII SVBLIMITA (sic)
TO PRAEFECTO PRAETO
RIO ITALIAE AFRICE ET ✠

---

[1] Clossius, p. 3. [Gesta in senatu urbis Romae de recipiendo Codice Theodosiano. (Haenel, col. 81.)]

[2] [*Ibid.* col. 82-83.]

[3] [Cette remarque est confirmée par l'inscription d'Aricia citée plus bas, qui mentionne la préfecture du prétoire et ne fait pas mention du consulat; elle doit appartenir à l'année 437. Si cette inscription avait été gravée en 438, le titre de *consul ordinarius* figurerait certainement dans le texte. Héron de Villefosse.]

[4] [Voir plus haut, t. III, p. 508, et t. IV, p. 32.]

# PRAEFECTI PRAETORIO ITALIAE.

```
         INLYRICI QVOD ET PRÆ
         SENTIBVS GLORIAE ET
         FVTVRIS INTCITAMEN (sic)
         TO AD VIRTVTEM FORE Ro
         GANTIBVS ARICINIS &
         QVI BENEFICIIS ET RE
         MEDIIS EIVSDEM AMPL
         ISSIMI VIRI AB INORA (sic)
         BILIBVS NECESSITATI
         BVS FVERANT VINDICA
         TI OB PRAESTITA CIRCA
         SE BENEFICIA ORDO
         ET CIVES STATVAM
            CONLOCAVERVNT
```

[Faustus fut successivement *quaestor candidatus, praetor tutelaris, comes intra consistorium*, trois fois préfet de Rome, enfin préfet d'Italie, d'Afrique et d'Illyrie [1]. C'est le dernier préfet d'Italie qui ait été en même temps chargé de l'Illyrie occidentale. Valentinien III, en épousant la fille de Théodose à la fin de l'année 437, céda à son beau-père cette portion de l'Illyrie qui fut rattachée à l'empire d'Orient [2].]

## LXXIX

1192 = 439 — 1194 = 441.

### PETRONIUS MAXIMUS,

praef. praet. iterum Italiae sub Valentiniano.

[Le *cursus honorum* de Petronius Maximus est donné par diverses inscriptions découvertes à Rome. L'une d'elles, conservée au Musée de Florence, est la base

---

[1] [Henzen, *Bull. de l'Instit.*, 1857, p. 37; *Corp. inscr. Lat.* vol. XIV, n. 2165. Voir plus haut, t. VIII, p. 569, la lettre de Borghesi à Henzen.]

[2] [Cassiodor. *Var.* lib. XI, ep. I : «... «Placidiam mundi opinione celebratam, «aliquorum principum prosapia gloriosam «purpurato filio studuisse percepimus, «cujus dum remisse administrat imperium, «indecenter cognoscitur imminutum. Narum «denique sibi amissione Illyrici comparavit «factaque est conjunctio regnantis divisio «dolenda provinciis.» Jordanis *Romana et Getica*, 329 (éd. Mommsen, p. 42, 16 : «Post haec III anno Valentinianus imperator a Roma Constantinopolim ob suscipiendam in matrimonio Eudoxiam Theodosii principis filiam venit datamque pro munere soceri sui totam Illyricum celebratis nuptiis ad sua regna cum uxore secessit.» Cf. Tillemont, *Hist. des Emp.* t. VI, p. 215 et 625. J. B. de Rossi, *Inscr. christ.* vol. I, p. 305.]

d'une statue élevée à Petronius Maximus, en l'année 421, sur le forum de Trajan; elle rappelle toutes les dignités qu'il avait déjà reçues à cette époque [1] :

PETRONII · MAXIMI ✥

DDD NNN INVICTISSIMI PRINCIPES HONORIVS
THEODOSIVS ET CONSTANTIVS CENSORES
REMVNERATORESQVE VIRTVTVM
PETRONIO MAXIMO VC·PRAEF·VRB ADPETITIONE
SENATVS AMPLISSIMI POPVLIQ ROMANI STATVAM
MERITORVM PERENNE MONVMENTVM IN FORO
VLPIO CONSTITVI IVSSERVNT CVIVS A PROAVIS
ATABISQ NOBILITAS PARIB TITVLORVM INSIGNIB
ORNATVR QVI PRIMAEVVS IN CONSISTORIO
SACRO TRIBVNVS ET NOTARIVS MERVIT NONO DECIM
AETATIS ANNO SACRARVM REMVNERATIONVM
PER TRIENNIVM COMES POST PRAEF VRB ANNO ET SEX
MENSIB HASQVE OMNES DIGNITATES INTRA VICE
SIMVM QVINTVM ADSECVTVS AETATIS ANNVM
PVBLICVM IN SE TESTIMONIVM ET AETERNORVM
PRINCIPVM IVDICIVM PROVOCAVIT·

Petronius Maximus fut donc, à dix-neuf ans, tribun et notaire du consistoire impérial, puis *comes rei privatae* pendant trois ans : un texte du Code Théodosien prouve qu'il remplissait cette fonction en 415[2]. Il fut ensuite appelé à la préfecture de la ville qu'il occupa pendant dix-huit mois. Il était déjà en charge le 27 septembre 420, date d'une constitution qui lui fut adressée par Honorius[3]. L'inscription précitée prouve qu'il était encore préfet de la ville sous le règne de Constance III, qui fut proclamé Auguste le 8 février 421. Il n'avait pas encore achevé sa vingt-cinquième année[4].

La suite du *cursus honorum* de Petronius Maximus est fournie par deux autres inscriptions relatives aux travaux publics exécutés à Rome sous les ordres de ce personnage. La première se compose de deux fragments[5].

*a.* DOMINO RERVM HVMANARVM VALENTINIANO P·P·AVGVS
*b.* PETRONIVS·MAXIMVS IIII PRAEFECTVS ET BIS CONSVL ORD·SQVALORE
[SVMMOTO

[1] [*Corp. inscr. Lat.* vol. VI, n. 1749; cf. n. 1660.]
[2] [Lib. X, tit. x, c. 26.]
[3] [Voir plus haut, p. 600.]
[4] [Cf. Tillemont, *Histoire des Empereurs*, t. V, p. 645, 821; t. VI, p. 256-260.]
[5] [*Corp. inscr. Lat.* vol. VI, n. 1197.]

La seconde est plus complète[1] :

DOMINO RERVM HVMANARVM VALEnTINIANO AVGVSTO PETRONIVS MAXIMVS
[V·C·FORI·CONDITOr
POST QVAttVOR PRAEFECTVRAS ET DVOS ORDINARIOS CONSVLATVS AVCTORI
[SIBI TOT HONORVM LOCAVit

Petronius fut donc deux fois consul : la première fois en 433 avec Théodose pour collègue[2], la seconde fois en 443 avec Paterius[3]. C'est sans doute à cette occasion que Valentinien attribua à ceux qui auraient été deux fois consul la préséance sur tous les consulaires, même sur les patrices[4]. Bientôt après Petronius Maximus reçut la dignité de patrice : il l'avait tout au moins en 445[5].

C'est dans l'intervalle de ses deux consulats qu'il fut appelé à la préfecture du prétoire. D'après la suscription de plusieurs novelles de Valentinien, Petronius Maximus fut préfet du prétoire, pour la seconde fois, en 439, 440 et 441. Il avait probablement rempli ces fonctions pour la première fois vers l'année 435[6].]

Impp. Theodosius et Valentinianus AA. Maximo P. P. II.
An. 439. — Theodosio A. XVII et Festo conss.
V kal. Sept. Dat. Ravenna[7].
An. 440. — Valentiniano A. V et Anatolio v. c. conss.
VIII kal. Febr. Dat. Romae[8].
Prid. non. Jun. Dat. Ravenna[9].

---

[1] [Corp. inscr. Lat. vol. VI, n. 1198.]
[2] [De Rossi, Inscr. christ. vol. I, n. 679, 680 ; Gatti, Bullettino della comm. arch. munic. di Roma, t. XV (1887), p. 153.]
[3] [De Rossi, ibid. n. 711 à 714 ; Corp. inscr. Latin. vol. IX, n. 1368.]
[4] [Nov. Valentin. tit. xi, c. 1, 1.]
[5] [Ibid. tit. xix : «Maximo PP. II et patricio.»]
[6] [C'est du moins l'opinion de L. Cantarelli qui a étudié, dans un mémoire spécial, la carrière de Petronius Maximus, Il Cursus honorum dell' imperatore Petronio Massimo (Bullettino della commis. archeol. munic. di Roma, t. XVI (1888), p. 47. Il résulte d'un passage de la lettre de Sidoine Apollinaire, reproduite plus loin, que Petronius Maximus fut deux fois préfet de la ville et deux fois préfet du prétoire : ainsi se trouve expliquée la mention des quatre préfectures dans l'inscription de Rome citée plus haut. La question a été traitée par Cantarelli, p. 54. Héron de Villefosse.]

[7] Nov. Valentin. tit. iii. De successionibus curialium qui ad clericatum transierunt.
[8] Ibid. tit. iv. In damnum publicum elicitum non valere rescriptum.
[9] Ibid. tit. vii. De palatinis.

614        PRAEFECTI PRAETORIO ITALIAE.

An. 441. — Cyro v. c. conss.

 X kal. Mart. Dat. Ravenna. Acc. ubi sup. prid. id. Mart.[1].
Sine die et conss.[2].

 Impp. Theodosius et Valentinianus AA. Maximo P. P. II et patricio.

An. 445. — Valentiniano A. VI et Nomo v. c. conss.

 VI id. Dec. Dat. Romae P. P. Pridie id. Dec. in foro Trajani[3].

[Dans tous ces textes, Maximus est qualifié préfet du prétoire pour la seconde fois. Il y a certainement une erreur dans l'adresse ou dans la suscription de l'an 445. Maximus n'a pas été en charge sans interruption de 439 à 445. Entre le 20 février 441 et le 8 décembre 445, il ne figure plus comme préfet du prétoire, et l'on trouve à sa place quatre personnages qui se sont succédé à la préfecture d'Italie : Faustus, Paterius, Quadratianus et Albinus.

Dix ans après sa dernière préfecture, Petronius Maximus fit mettre à mort Valentinien III et se fit proclamer empereur à sa place, le 17 mars 455. Trois mois à peine après cet événement, il était tué à son tour à l'instigation de la veuve de Valentinien, Eudoxie, qu'il avait contrainte à l'épouser.

— « . . . . . Maximus vir gemini consulatus    Levatur Maximus
« et patriciae dignitatis sumpsit imperium.      XVI kal. April.
« Qui cum periclitanti rei publicae profuturus per omnia crederetur,
« non sero documento, quid animi haberet, probavit, si quidem inter-
« fectores Valentiniani non solum non plecterit, sed etiam in amicitiam
« receperit uxoremque ejus Augustam, amissionem viri lugere prohibi-
« tam intra paucissimos dies in conjugium suum transire coegerit. Sed

---

[1] *Nov. Valentin.* tit. 1, 2. *De indulgentiis reliquorum.* [La suscription manque, mais les faits qui ont donné lieu à la novelle sont indiqués assez clairement pour qu'on puisse déterminer l'année où elle a été rendue : « Unde illustris et praecelsa magnitudo tua pragmatici nostri tenore comperto sciat... Siculum possessorem cum circumjectis insulis, barbaricae vastitatis intuitu, de eo censu, qui praesentibus chartis tenetur, septimam partem tributis fiscalibus oportere dissolvere. » C'est en 440 que la Sicile fut dévastée par Genseric. La novelle est donc vraisemblablement comme la précédente de l'an 441. Cf. Haen. col. 124, n. *l.*]

[2] *Nov. Valentin.* tit. x. *Neque domum divinam neque ecclesiam aut aliquam personam a quolibet munere publico excusandam.* [Post consulatum Valentiniani A. V et Anatolii v. c.]

[3] *Ibid.* tit. xix. *De homicidiis casu an voluntate factis.*

« hac incontinentia non diu potitus est. Nam post alterum mensem
« nuntiato ex Africa Gisirici regis adventu multisque nobilibus ac popu-
« laribus ex urbe fugientibus cum ipse quoque data cunctis abeundi
« licentia trepide vellet abscedere, [septuagesimo septimo adepti im-
« perii die] a famulis regiis dilaniatus est et membratim dejectus in
« Tiberim sepultura quoque caruit[1].     Et occiditur prid. kal. Jun. »

Dans une lettre à Serranus, Sidoine Apollinaire trace le portrait de Petronius Maximus avant et après son avènement à l'empire :

— « Quem (Petronium Maximum imperatorem) tu pertinacius aut
« amabilius quam rectius veriusque felicissimum appellas, propter hoc
« quippe, cur per amplissimos fascium titulos fuerit evectus usque ad
« imperium. Sed sententiae tali numquam ego assentior... Solus iste
« peculiaris tuus Maximus maximo nobis documento poterit esse, qui
« quamquam in arcem praefectoriam patriciam consularemque intre-
« pidus ascenderat eosque quos gesserat magistratus ceu recurren-
« tibus orbitis inexpletus iteraverat, cum tamen venit omnibus viribus
« ad principalis apicis abruptum, quandam potestatis immensae verti-
« ginem sub corona patiebatur nec sustinebat dominus esse, qui non
« sustinuerat esse sub domino. Denique require in supradicto vitae
« prioris gratiam potentiam diuturnitatem eque diverso principatus
« paulo amplius quam bimenstris originem turbinem finem : profecto
« invenies hominem beatiorem prius fuisse quam beatissimus nomi-
« naretur. Igitur ille, cujus anterius epulae mores, pecuniae pompae,
« litterae fasces, patrimonia patrocinia florebant, cujus ipsa sic de-
« nique spatia vitae custodiebantur, ut per horarum disposita clepsydras
« explicarentur, is nuncupatus Augustus ac sub hac specie Palatinis
« liminibus inclusus ante crepusculum ingemuit, quod ad vota perve-
« nerat. Cumque mole curarum pristinæ quietis tenere dimensum
« prohiberetur, veteris actutum regulae legibus renuntiavit atque per-

---

[1] [Prosperi Tironis *Chronic.* ad an. 455. Cf. Marcellini, Cassiodori, Victoris Tonnen-nensis *Chronic.* ad an. 455. Theophan. *Chronogr.* p. 168.]

« spexit pariter ire non posse negotium principis et otium senatoris.
« Nec fefellerunt futura maerentem; namque cum ceteros aulicos honores
« tranquillissime percurrisset, ipsam aulam turbulentissime rexit inter
« tumultus militum popularium fœderatorum; quod et exitus prodidit
« novus celer acerbus, quem cruentavit Fortunæ diu lenocinantis per-
« fidus finis, quæ virum ut scorpius ultima sui parte percussit. Dicere
« solebat vir litteratus atque ob ingenii merita quaestorius, partium
« certe bonarum pars magna, Fulgentius ore se ex ejus frequenter
« audisse, cum perosus pondus imperii veterem securitatem desideraret:
« felicem te, Damocles, qui non uno longius prandio regni necessitatem
« toleravisti [1]. »]

## LXXX
### 1195 = 442.

**ANICIUS ACILIUS GLABRIO FAUSTUS,**
praef. praet. Italiae iterum sub Valentiniano.

Impp. Theodosius et Valentinianus AA. Fausto P. P.
An. 442. — Dioscoro et Eudoxio vv. cc. conss.
Id. Aug. PP. Romae in foro Trajani [2].

## LXXXI
### 1195 = 442.

**PATERIUS,**
praef. praet. Italiae sub Valentiniano.

Impp. Theodosius et Valentinianus AA. Paterio P. P.
An. 442. — Dioscoro et Eudoxio vv. cc. conss.
V kal. Oct. Dat. Spoleti [3].

[Valentinien abroge une disposition qu'il avait prise deux ans auparavant dans une novelle adressée à Petronius Maximus [4] et, par conséquent, applicable à

---

[1] [*Ep.* lib. II, xiii. Cf. *Carm.* VII, 360, 376, 464, 545.] — [2] *Nov. Valent.* tit. II, 2. *De postulando.* — [3] *Ibid.* tit. VII, 2. *De palatinis.* — [4] [Voir plus haut, p. 613, n. 9.]

## PRAEFECTI PRAETORIO ITALIAE.

l'Italie. Paterius fut donc préfet d'Italie comme l'avait été Maximus. L'année suivante (443), Paterius fut consul d'Orient, Maximus étant consul d'Occident[1].

Paterius était célèbre par son éloquence :

— « Ecce Paterius et Severus, ornamenta curulium et parentiva
« vocabula purpurarum, eruditionem originariam in ipsis vitae praes-
« tulantur exordiis, dedignantes non studiorum diligentiam cum sapore
« lucis haurire, quos indiscretis temporibus die natura donavit et
« litteris... Mecum Severum et Paterium et aula veneratur et curia :
« quorum quamvis familia meruit scipiones et trabeas, seposita tamen
« ad tempus dote sanguinis, quod occasum per dignitates et post se-
« pulcra nesciunt, moribus exegerunt. Mentior, nisi vivit Paterius in
« opinione doctorum et perenni aere formatus illam eloquentiae palmis
« nobilem inter peritos praesentat effigiem[2]. »]

✱
?

PROBUS,
sub Theodosio et Valentiniano.

— « Impp. Theodosius et Valentinianus AA. Probo P. P. — Sine die et conss.[3] »

[Au lieu de *Probo*, les manuscrits les meilleurs portent *Basso*[4]. La constitution fut adressée au préfet d'Italie de 426[5].]

## LXXXII
1196 = 443.

QUADRATIANUS,
praef. pract. Italiae sub Valentiniano.

Impp. Theodosius et Valentinianus AA. Quadratiano P. P.

---

[1] [De Rossi, *Inscr. christ.* vol. I, n. 711 à 714.]

[2] [Ennodii *op.* Dictio 13, ed. Vogel, p. 309-310.]

[3] *Cod. Just.* lib. XI, tit. XLVIII, c. 18. *De agricolis censitis.*

[4] [Cujas et Krueger, *ad. h. loc.*]

[5] [Voir plus haut, p. 604, n. 3.]

## PRAEFECTI PRAETORIO ITALIAE.

An. 443. — Maximo II et Paterio vv. cc. conss.
VIII kal. Jun. Dat. Ravenna[1].

[La teneur de cette novelle[2], le lieu où elle a été rendue prouvent que Quadratianus fut préfet de l'empire d'Occident. La préfecture des Gaules étant confiée à Marcellus en 443, Quadratianus a dû être préfet d'Italie.

Une inscription de Rome mentionne un préfet de la ville du nom de Petronius Perpenna Magnus Quadratianus, qui restaura les thermes de Constantin [3]. Corsini a conjecturé que c'est le même que notre préfet du prétoire [4].

PETRONIVS PERPENNA MAGNVS QVADRATIANVS VC ET INL PRAEF VRB CONSTANTINIANAS THERMAS LONGA INCVRIA ET ABOLENDAE CIVILIS VEL POTIVS FERALIS CLADIS VASTATIONE VEHEMENTER ADFLICTAS ITA VT AGNI TIONEM SVI EX OMNI PARTE PERDITA DESPERATIONEM CVNCTIS REPA RATIONIS ADFERRENT DEPVTATO AB AMPLISSIMO ORDINE PARVO SVMPTV QVANTVM PVBLICAE PATIEBANTVR ANGVSTIAE AB EXTREMO VINDICAVIT OCCASV ET PROVISIONE LARGISSIMA IN PRISTINAM FACIEM SPLENDOREMQVE RESTITVIT]

### LXXXIII
1196 = 443 — 1198 = 445.

### CAECINA DECIUS ACINATIUS ALBINUS,
praef. praet. Italiae sub Valentiniano.

[Acinatius Albinus[5] fut deux fois préfet de la ville en 414[6] et en 426[7], pré-

---

[1] *Nov. Valentin.* tit. VI, 2. *De tironibus.*

[2] [« ... Quid enim magis professis est desideriis expetendum, quam ut adjectis viribus per delectum roboris militaris Romanus augeatur exercitus?... Quisquis in hac parte cessaverit, sese quodammodo confitetur non esse Romanum. »]

[3] [*Corp. inscr. Lat.* vol. VI, n. 1750.]

[4] [*Series praefectorum Urbis*, p. 348.]

[5] [*Corp. inscr. Lat.* vol. VI, n. 1659 : Salvis d(ominis) n(ostris) Honorio et Theodosio p(iis) f(elicibus) semp(er) Aug(ustis) Caecina Decius Acinatius Albinus v(ir) c(larissimus) praef(ectus) urbis facto a se adjecit ornatui. Cf. n. 1703.]

[6] *Cod. Theod.* lib. XIII, tit. v, c. 38. *De naviculariis.* [Albinus succéda à Claudius Rutilius Namatianus. (Olymp. apud Photium, *Bibl.* cod. LXXX.) Albinus était alors très jeune :

Albini patuit proxima villa mei.
Namque meus, quem Roma meo subjunxit honori,
Per quem jura meae continuata togae.
Non expectatos pensavit laudibus annos,
Vitae flore puer, sed gravitate senex.

Rutil. Namat. I, p. 466.]

[7] [*Cod. Theod.* lib. V, tit. I, c. 7.]

fet des Gaules en 440[1], préfet d'Italie de 443 à 448, consul en 444 avec Théodose[2], patrice en 446[3].]

Impp. Theodosius et Valentinianus AA. Albino II P. P.

An. 443. — Maximo II et Paterio vv. cc. conss.

XIII kal. Sept. Dat. Ravennae[4].

XIV kal. Nov. Dat. Ravenna[5].

An. 444. — Theodosio A. XVIII et Albino v. c. conss.

III id. Sept. Dat. Ravennae[6].

An. 445. — Valentiniano A. VI et Nomo v. c. conss.

XIII kal. Jul. Dat. Romae[7].

XI kal. Jul. Dat. Romae[8].

[Si la suscription de la Novelle 19 de Valentinien est exacte, Albinus aurait été temporairement remplacé par Maximus entre le 21 juin et le 8 décembre 445[9]. Son nom reparaît dans une Novelle du 21 octobre 446.]

Impp. Theodosius et Valentinianus AA. Albino II PP. et patricio.

An. 446. — Aetio III et Symmacho vv. cc. conss.

XII kal. Nov. Dat. Romae. PP. in foro divi Trajani. Antelata edicto Albini iterum P. P. et patricii[10].

XVIII kal. Jan. Dat. Romae[11].

VII kal. Jun. Dat. Romae. Acc. VI kal. Jan. Romae. PP. V kal. Jan. in foro Trajani[12].

An. 447. — Calypio et Ardabure vv. cc. conss.

III id. Mart. Dat. Romae. Acc. VI kal. April. Romae. PP. in foro Trajani VIII id. April. Antelata edicto Albini viri illustris II PP. et patricii[13].

---

[1] [Prosperi *Chron.* an. 440.]

[2] [De Rossi, *Inscr. christ.* vol. I, p. 314.]

[3] [*Nov. Valentin.* tit. xx, 1. Cf. Seeck, *Symmachus*, p. CLXXIX. Voir plus loin, p. 624, note 3, la petite tessère de bronze sur laquelle est inscrit le nom d'Albinus.]

[4] *Nov. Valentin.* tit. II, 3. *De postulando.*

[5] *Ibid.* tit. XII. *De pecunia Afris.*

[6] *Nov. Valentin.* tit. XIII. *De fructibus.*

[7] *Ibid.* tit. XVII. *De Manichaeis.*

[8] *Ibid.* tit. XVIII. *De tributis fiscalibus.*

[9] [Voir plus haut, p. 614, n. 3.]

[10] *Nov. Valentin.* tit. xx, 1. *De testamentis.*

[11] *Ibid.* tit. XXI. *De officio et numerariis.*

[12] *Ibid.* tit. xx, 2. *De testamentis.*

[13] *Ibid.* tit. XXII. *De sepulcri violatoribus.*

III non. Jun. Dat. Romae. PP. in foro Trajani V id. Jun. Antelata edicto Albini v. c. ¹.

An. 448. — Postumiano et Zenone vv. cc. conss.

III non. Maii. Dat. Ravenna ².

### LXXXIV
[1198 = 445.

**PETRONIUS MAXIMUS,**
praef. praet. tertium (?) Italiae sub Valentiniano.

Voir les nᵒˢ LXXIX et LXXXIII.]

### LXXXV
[1199 = 446 — 1201 = 448.

**CAECINA DECIUS ACINATIUS ALBINUS,**
praef. praet. iterum Italiae sub Valentiniano.

Voir le nᵒ LXXXIII.]

### LXXXVI
1202 = 449 — 1205 = 452.

**FIRMINUS,**
praef. praet. Italiae sub Valentiniano.

Impp. Theodosius et Valentinianus AA. Firmino P. P.

An. 449. — Asturio et Protogene vv. cc. conss.

XV kal. Jul. Dat. Ravenna. PP. in foro Trajani XIII kal. Aug. sub edicto Firmini viri illustris P. P. ³.

Imp. Valentinianus AA. Firmino P. P. et patricio.

An. 451. — Adelphio v. c. cons.

Prid. kal. Febr. Dat. Romae. Acc. III non. Febr. Romae. PP. in foro Trajani ⁴.

---

¹ *Nov. Valentin.* tit. xxiv. *De libertis.*
² *Ibid.* tit. xxv. *De confirmatione legum D. Theodosii A.*
³ *Nov. Valentin.* tit. xxvi. *De triginta annorum praescriptione.*
⁴ *Ibid.* tit. xxx, *De colonis vagis;* tit. xxxi,

[La seconde des novelles rendues à cette date est relative à l'Italie : « Statuo « itaque a tempore quo Italiam Alaricus intravit, nullam moveri quaestionem his, « quae curiales taliter de facultatibus propriis vendiderunt. »]

III id. Jul. Dat. Romae[1].
An. 452. — Herculano v. c. cons.
XVII kal. Maii. Dat. Romae[2].
III kal. Jul. Dat. Romae[3].

Firmini, Arverna oriundi, in Galliis fuerunt illustres, ut patet ex Gregorio Turonensi[4].

## LXXXVII

1205 = 452.

*TRYGETIUS,*

sub Valentiniano.

Il Cronico integro di Prospero riferisce che nel 452 fu mandato a trattare della pace con Attila, Papa Leone « cum viro consulari Avieno et viro praefectorio Trygetio[5]. » S'ignora quale Prefettura abbia costui occupato.

---

*De confirmandis his quae administrantibus... distracta sunt vel donata.* [La novelle est adressée *Albino P. P. Illyrici.* Il y a là une erreur (voir plus haut, p. 476, n. 4). Valentinien ne pouvait avoir un préfet d'Illyrie puisqu'il avait cédé à Théodose la portion de ce pays qui avait jusqu'alors appartenu à l'empire d'Occident. D'ailleurs la novelle concerne les avocats d'Afrique et, par suite, elle a dû être adressée au préfet d'Italie. « ...Unde illustris et praecelsa magnificentia tua pragmatici nostri tenore comperto sciat, Afros, qui infortunio hostilis cladis expulsi ejectique fortunis omnibus spem sui actus et conversationis solitae perdiderunt, et imbuti studiis litterarum causas agere destinarunt sive agere jam coeperunt apud omnes judices his advocationis copiam remoto legis vinculo, esse permissam.» Cf. Tillemont, *Hist. des Emp.* t. VI, p. 627.]

[1] *Nov. Valentin.* tit. XXXIII. *De praediis pistoriis Afris deputandis.*

[2] *Ibid.* tit. XXXIV. *De episcopali judicio.* [La novelle est relative à l'Italie et à l'Afrique : §§ 12 et 16. Cf. Tillemont, t. VI, p. 245.]

[3] *Ibid.* tit. XXXV. *De suariis.* [La novelle est relative à l'Italie, §§ 1 et 4.]

[4] Lib. IV [c. XII, XIX, XXXV,] XL. Vide et Sirmondum ad Sidonium, *ep.* lib. IX, 1 et 16. [Le Firminus dont parle Grégoire de Tours vivait au temps de Justin II.]

[5] [*Mon. Germ. hist.* t. IX, p. 482.]

## 622   PRAEFECTI PRAETORIO ITALIAE.

Ad un Trigezio, che si ritiene questo medesimo[1], è diretta l'epistola 12 del lib. VIII di Sidonio. Si vede ch'egli aveva conseguito anche un' amministrazione militare, per cui era stato fino à Gadice, e che allora abitava nella «civitas Vasatium», e precisamente dodici miglia lontano di Burdigala, ov'era aspettato[2].

Nota il Sirmondo : «Praefectus ergo fuerat. Militarem quoque administrationem gesserat, ut ex Sidonii verbis colligitur. Prosper idem quarto Valentiniani consulatu pacem cum Vandalis per Trygetium factam docet, quod Pauli quoque Diaconi confirmat historia[3]. »

### LXXXVIII
1207 = 454.

S[P]ORACIUS,
praef. praet. Italiae sub Valentiniano.

Impp. Valentinianus et Marcianus AA. Storacio P. P.
An. 454. — Aetio et Studio vv. cc. conss.
V kal. Nov. Dat. Roma[4].

[Au lieu de *Storacio*, il faut lire sans doute *Sporacio*[5]. Sporacius est l'un des consuls de l'an 452[6].
Voir la série des préfets d'Orient[7].]

---

[1] [Voir cep. Luetjohann, *Sidonii op.* dans *Mon. Germ. hist.* t. VIII, p. 437 : «Vix idem est.»]

[2] [«Tantumne te Vasatium civitas non caespiti imposita sed pulveri, tantum Syrticus ager ac vagum solum et volatiles ventis altercantibus harenae sibi possident, ut te magnis flagitatum precibus, parvis separatum spatiis, multis exspectatum diebus attrahere Burdigalam non potestates, non amicitiae, non opimata vivariis ostrea queant?... Et post haec portum Alingonis (*Langon*) tam piger calcas, ac si tibi nunc esset ad limitem Danuvinum contra incursaces Massagetas proficiscendum... Et cum nec duodecim milium objectu sic retarderis, quid putamus cum exercitu Marci Catonis in Leptitana Syrte fecisses?»]

[3] [Lib. XIII, c. xi, éd. Droysen, p. 199.]

[4] *Nov. Valentin.* tit. ii, 4. *De postulando.*

[5] [Cf. Haenel, col. 136, n. n.]

[6] [Cf. Tillemont, t. VI, p. 293, 295.]

[7] [Les textes relatifs à ce personnage ont été cités p. 349-350.]

## LXXXIX
1207 = 454.

### BOETHIUS,
praef. praet. Italiae sub Valentiniano.

— «Aetio et Studio conss. Aetius patricius Valentiniani Augusti
« manu intra palatium primo percussus circumstantium gladiis crudeli
« morte extinguitur Boethiusque praefectus nihilominus occiditur[1]. »

— «Aetii et Studii. Aetius a Valentiniano imperatore cum Boethio
« amico in palatio trucidatur[2]. »

— «Aetio et Studio... Aetius imperatoris manu et circumstantium
« gladiis intra palatii penetralia crudeliter confectus est, Boetio praetorii
« praefecto simul perempto, qui eidem multa amicitia copulabatur[3]. »

— «Aetius et Studius conss. Aetius patricius in palatio manu Valen-
« tiniani imp. extinctus est. Boetius vero praefectus praetorio amicis ejus
« circumstantibus interemptus[4]. »

## XC
1211 = 458.

### FL. CAECINA DECIUS BASILIUS,
praef. praet. Italiae sub Majoriano.

Impp. Leo et Majorianus AA. Basilio P. P.
An. 458. — Leone et Majoriano AA. conss.
VI id. Mart. Dat. Ravenna. Acc. V id. suprascriptis Ravennae[5].

---

[1] Victoris Tonnennensis *Chron.* Vedi il Tillemont, t. VI, p. 251 et 252.

[2] Marcellin. com. *Chron.*

[3] Prosperi Tironis *Chron.*

[4] Cosi ha Cassiodoro nel Cronaco, ma il Caspiniano legge : «amicus ejus circumstantium gladiis interemptus». [Cf. éd. Mommsen, p. 157. D'après les *Fasti Vindobonenses posteriores*, le nom du préfet serait Venetius. (*Ibid.* p. 303.)] — La date de la mort de Boethius est fixée par les annales de Ravenne au 21 septembre. Cf. Holder-Egger, *Neues Archiv der Gesellschaft für ältere deutsche Geschichtskunde*, 1, 356.]

[5] Nov. Major. tit. II. *De indulg. reliquorum.* Apud Ritter Nov. IV, ubi perperam inscribitur «Palladio P. P.» Mendam tamen etiam ex eo apparebat quod in legis corpore dicitur : «Basili, parens, carissime atque amantissime.» [Cf. Haenel, col. 294, n. a.]

VII kal. Nov. Dat. Ravenna[1].
VIII id. Nov. Dat. Ravenna[2].

[Une petite tessère de bronze portant, sur chaque face, une inscription en lettres niellées sur fond d'argent, est conservée à Venise au musée Correr; elle est ainsi conçue :]

```
DD NN LEONE            CAECINA DECI
ET IVL' MAIORI   ==   VS BASILIVS
AN' PP AAGG            PP   FECIT[3]
```

Praefectus praetorio fuit iterum et consul ordinarius, anno 463[4].

[Sidoine Apollinaire trace, dans une de ses lettres, le portrait de Caecina Basilius :

— «...In senatu... duo fastigatissimi consulares, Gennadius
« Avienus et Caecina Basilius, prae ceteris conspiciebantur. Hi in am-
« plissimo ordine seposita praerogativa partis armatae facile post purpu-
« ratum principem principes erant... Avienus ad consulatum felicitate,
« Basilius virtute pervenerat. Itaque dignitatum in Avieno jucunda velo-
« citas, in Basilio sera numerositas praedicabatur. Utrumque quidem,
« si fors Laribus egrediebantur, artabat clientum praevia pedisequa cir-

---

[1] *Nov. Major.* tit. VI (Haenel). Apud Ritter, Nov. VIII. *De sanctimonialibus.*

[2] *Ibid.* tit. VII (Haenel). Apud Ritter, Nov. I. *De curialibus.*

[3] Utini apud Spiridionem Minotti, tessera aerea litteris argenteis. Vedi *Mon. hyp.* an. 463, n. 2. [*Corp. inscr. Lat.* vol. V, n. 8119, 2. Ce petit texte a été commenté par J. B. de Rossi, *Inscr. christ.* vol. I, p. 491. Le musée du Louvre possède une tessère analogue avec la légende :

```
saLVIS DD         . . . . . . . . . . .
NN ALBI   ==   BASILIVS
NVS FECIt         REPARAVIT
```

Basilius est probablement le préfet de 458-465; Albinus est sans doute celui de 443-448. Tous deux s'appelaient *Caecina Decius* et étaient unis par un lien de parenté: c'est ce qui explique la mention de leurs deux noms sur la même tessère. Il existe, du reste, plusieurs exemplaires de cette tessère. Cf. plus haut, t. VII, p. 293; Caylus, *Rec. d'antiquités*, t. VI, pl. 99; *Corp. inscr. Latin.* vol. X, n. 8072, 5 et 6. Toutes ces petites tessères sont contemporaines. Sur leur emploi, cf. Borghesi, *loc. cit.* et De Rossi, *Bull. dell' Istit.* 1886, p. 125. HÉRON DE VILLEFOSSE.]

[4] [Une épitaphe chrétienne portant la date IIII·KAL·MAI·FL·BASILIO VC COns fait connaître le prénom de ce préfet. De Rossi, *Inscr. christ.* vol. I, n. 810; cf. p. 491.]

« cumfusa populositas... Avienus, si quid poterat, in filiis generis fra-
« tribus provehendis moliebatur... Qualia impetrabat cinctus Avienus
« suis, talia conferebat Basilius discinctus alienis. Avieni animus totis et
« cito, sed infructuosius, Basilii paucis et sero, sed commodius aperie-
« batur... Si utrumque coluisses, facilius ab Avieno familiaritatem,
« facilius a Basilio beneficium consequebare[1]. »]

\*

[1211 =] 458.

*AEMILIANUS*,
sub Majoriano.

Impp. Leo et Majorianus Aemiliano P. P.
An. 458. — Ipsis AA. conss.
V id. Jul. Dat. Ravennae[2].

Coll' autorita del codice Ottoboniano l'Amaduzzi corresse *P. U.*
ov'era *P. P.* nella novella[3], e al suo giudizio si uniformanno il Marini[4],
e l'Haenel[5]. Se n'era già accorto il Tillemont[6].

## XCI

Circa [1214 =] 461.

CAELIUS ACONIUS PROBIANUS,
praef. praet. Italiae sub Leone et Severo.

[Une petite tessère en bronze avec lettres niellées, analogue à celle qui est reproduite à l'article précédent, était autrefois conservée au Palais Barberini et portait
l'inscription suivante :]

```
    SALVIS DD NN          CELIVS   ACONIV
    LEONE  ET  LIBIO  ==  PROBIANVS PRAE
    SEVERO PP AVGG        PRAET·FECIT[7]
```

[1] [*Ep.* lib. I, ix. Cf. Tillemont, t. VI, p. 311.]
[2] *Nov. Majoriani*, tit. iv. De aedificiis publicis.
[3] P. xliii, p. 107.
[4] Nella *Difesa del Corsini*, p. 78.
[5] [Col. 302, n. c.]
[6] [*Hist. des Empereurs*], nota II sopra Maioriano, [t. VI, p. 635].
[7] In lamina aenea, Romae. Maffei, *Mus.*

Libio Severo fut eletto dal 461 e mori dal 465. Venne esclusi il 463 ed il 465, perchè in essi fu prefetto Decio Basilio.

Probiano fu console nel 471[1].

## XCII

[1216 =] 463 — [1218 =] 465.

### FL. CAECINA DECIUS BASILIUS,
praef. praet. iterum Italiae sub Leone et Severo.

Fu prefetto del pretorio d'Italia tre volte, cioè nel 458, nel 463 e nel 465. Vedi il suo consolato del 463.

Impp. Leo et Severus AA. Basilio P. P. et patricio.
An. 463. — Basilio v. c. cons.
X kal. Mart. Dat. Romae [2].
An. 465. — Hermenericho et Basilisco cons.
VII kal. Oct. Dat...[3].

Dalla prima di queste leggi si cita un'altra « quae ad amplitudinem « tuam *primae praefecturae* administratione data est »; con che allude alla prefettura da lui occupata nel 458.

*Ver.* p. 254, 6. Donatus, p. 152, 5. Vedi l'anno 471. [Un second exemplaire, exactement pareil, appartenait, d'après Marini,

salvis dd. nn.<br>
LEONE ET LIBIO<br>
SEBERO PP AVGG

*Catalogue des bijoux du musée Napoléon III*, n. 738; cf. plus haut, t. VII, p. 291. HÉRON DE VILLEFOSSE.]

[1] [Probianus fut consul d'Occident. Il eut pour collègue l'empereur Léon. Le consulat de Probianus est mentionné dans plusieurs inscriptions chrétiennes. De Rossi, *Inscr.*

au professeur Bianconi, de Bologne. Le musée du Louvre possède un troisième exemplaire, provenant de la collection Campana:

CAELIVS ACONIV<br>
= PROBIANVS PRA<br>
PRAET FECIT

*christ.* vol. I, n. 811, 832 à 839. Cf. Tillemont, t. VI, p. 359 et 408. D'après De Rossi, *Inscr. christ.* vol. I, p. 356, Probianus fut préfet du prétoire en 462.]

[2] *Nov. Severi*, tit. I. *De abrogatis capitibus.*

[3] *Ibid.* tit. II. *De corporatis.*

Il Tillemont[1] tiene che Basilio continuasse nella prefettura del 458 al 463, ma la prima prefettura, nominata nella legge del 463, distrugge questa opinione. Questa legge costa quella che gli era stata diretta da Maioriano nel 458[2].

### XCIII

[1221=]468.

#### LUPERCIANUS,
praef. praet. Italiae sub Anthemio.

Impp. Leo et Anthemius AA. Luperciano P. P.
An. 468. — Anthemio A. II cons.
X kal. Mart. Dat. Romae. Acc. Id. Mart. Romae[3].
XIV kal. April. Dat. Romae[4].

[Lupercianus fut préfet d'Italie. Un passage de la novelle III ne laisse aucun doute sur ce point.

— «...Pius ac triumphator semper Augustus filius noster Anthemius, licet divina majestas et nostra creatio pietati ejus plenam imperii commiserit potestatem, tamen prudenti et cauta, qua pollet, aequitate per sacros affatus nos credidit consulendos, asserens in Italiae partibus multa exorta negotia ex donationibus, quas de alienis rebus principes contra legum cauta fecere...»]

### XCIV

[1226=]473.

#### FELIX HIMELCO,
praef. praet. Italiae sub Glycerio.

An. 473. — «Exemplum sacri edicti Glycerii imperatoris datum ad

---

[1] [*Hist. des Empereurs*], t. VI, p. 311.
[2] Presso l'Haenel, lit. VI. Vedi di nuovo il Tillemont, p. 333.
[3] *Nov. Anthemii*, tit. I. *De mulieribus*.
[4] *Ibid.* tit. II, *De confirmatione legis D. N. Leonis Augusti;* tit. III, *De bonis vacantibus.*

« Himelconem v. c. praefectum praetorio Italiae[1] contra ordinationes «simoniacas. — Dat. Ravennae. V id. Mart. Domino Leone perpetuo « Augusto V[2] cons.[3]. »

— « An. 473 vel 474, Felix Himelco P. P., Dioscurus, Aurelianus Protadius vv. cc. P. P. DD. edictum proposuerunt, datum III kal. Maii Romae, quod habetur in operibus S. Leonis a Ballerinis fratribus curatis[4], et memoratur a Zirardinio[5]. »

[Après la déposition du dernier empereur d'Occident, Romulus Augustule, la liste des préfets d'Italie devrait être close. Borghesi l'a cependant continuée jusqu'à la fin du vi[e] siècle. Odoacre, en effet, et les rois ostrogoths Théoderic, Athalaric et Vitigès ne supprimèrent pas les préfets chargés d'administrer l'Italie[6]. Lorsque, en 540, Justinien eut vaincu Vitigès et soustrait l'Italie à la domination des Ostrogoths, les préfets d'Italie relevèrent désormais des empereurs d'Orient. La préfecture d'Italie avait d'ailleurs, à cette époque, une étendue moins grande que par le passé. Elle ne comprenait plus l'Afrique qui, depuis l'an 430, était occupée par les Vandales, et qui, après leur expulsion en 534, forma une préfecture distincte, créée par Justinien.]

## XCV

Circa [1230=] 477.

PELAGIUS,

praef. praet. sub Odoacre.

Dopo che Odoacre ebbe preso e sacchegiato Pavia nel 476, il vescovo di lei, S. Epifanio, ottenne di lui «quinquennii vacationem fiscalium tributorum». Ma pote poco vantaggio averne per l'avarizia di Pelagio «qui ea tempestate praetorio praefectus erat». Il quale duplicò i tributi[7].

---

[1] [Dans *Cod. Vat. Reg.* 1997, on lit : *ad Himelconem p̄c p̄p īi*. Cf. Reifferscheid, *Bibl. Patrum Latinorum Italica*, p. 334.]

[2] [Dans le manuscrit de Diessen, on lit : *Dat. kl. Mar. Ravenna D. Leoni papa cc cc.*]

[3] Zirardini, *Novellae*, p. 577. [Haenel, *Corp. legum*, p. 260.]

[4] [Voir plus haut, p. 360 et 480.]

[5] *Novellae*, p. 358.

[6] [Anon. Vales. 60 : «(Theodericus) militiam Romanis sicut sub principes esse praecepit.»]

[7] Ennodio, nella vita de S. Epifanio [éd. Vogel, *Mon. Germ. hist.* t. VII, p. 97, 97.]

## XCVI
[1236=]483.

**BASILIUS,**
praef. praet. Italiae sub Odoacre.

Negli atti del Sinodo romano celebrato l'anno 502 fu recitata e proscritta una memoria che nel 483 dicevasi avesse al clero romano presentata « sublimis et eminentissimus vir praefectus praetorio atque patricius, agens etiam vices praecellentissimi regis Odoacris, Basilius[1] ».

Dagli atti pero dello stesso sinodo apparisce chè quel Basilio era già morto nel 502, imperocchè poco prima si dice « illustris memoriae Basilius[2] ».

[De cette remarque de Borghesi il résulte que ce Basilius ne saurait être confondu avec celui qui fut préfet d'Italie sous Théoderic. Est-ce le même personnage qui avait été préfet d'Italie en 458, puis en 463-465 ? Tillemont incline à le croire, tout en faisant remarquer qu'on aurait dû rappeler son titre d'*ex consule ordinario*[3].]

## XCVII
Ante [1240=]487 [?].

[FL.] NAR... MANLIUS BOETHIUS,
praef. praet. Italiae.

[On conserve au musée de Brescia un diptyque consulaire portant l'inscription suivante[4] :]

NAR MANL BOETHIVS V C ET INL
EX P P P V SEC CONS ORD ET PATRIC

[La date à laquelle remonte, d'après Borghesi, la préfecture de Boethius prouve que, dans la pensée de l'auteur, ce Boethius est le consul de l'an 487. Mommsen est moins affirmatif : on ignore, dit-il, s'il s'agit du consul de 487 ou

---

[1] *Concil.* t. V, p. 478. Marini, *Papiri*, p. 273, e *Frat. Arv.* p. 548.

[2] Labbaeus, t. V, p. 472.

[3] [T. VI, p. 444. M. l'abbé Duchesne (*Liber Pontificalis*, t. II, p. 254, n. 16) suit l'opinion de Tillemont : il donne à notre préfet les noms de Caecina Basilius.]

[4] Dal suo dittico. [*Corp. inscr. Lat.* vol. V, n. 8120, 1 : Nar.... Manl(ius) Boethius v(ir) c(larissimus) et inl(ustris) ex p(raefecto) p(raetorio), p(raefectus) u(rbi) sec(undo), cons(ul) ord(inarius) et patric(ius).]

de son fils, le consul de 510, ou de son petit-fils, le consul de 522[1]. J. B. de Rossi ne se prononce pas[2].]

## XCVIII

[1246 = 493 (?) — 1253 =] 500.

[PETRUS MARCELLINUS FELIX[3]] LIBERIUS,
praef. praet. Italiae sub Theoderico.

— « (Theodericus) Liberium praefectum praetorii, quem fecerat in « initio regni sui, fecit patricium et dedit ei successorem[4]. »

Patricius Liberius fu prima fedele ad Odoacre : « Non enim ad nos « vilissima transfugae condicione migravit nec proprii domini finxit « odium, ut alterius sibi procuraret affectum : expectavit integer divina « judicia, nec passus est sibi regem quaerere, nisi rectorem primitus « perdidisset... Cui mox ut praefecturae praetorianae concessimus « dignitatem... Sensimus auctas illationes, vos addita tributa nescitis. « Ita utrumque sub ammiratione perfectum est, ut et fiscus cresceret « et privata utilitas damna nulla perferret. Juvat nos referre quemad- « modum in tertiarum deputatione Gothorum Romanorumque et pos- « sessiones junxit et animos... Debet ergo Romana res publica et « memorato Liberio tranquillitatem suam, qui nationibus tam prae- « claris tradidit studia caritatis[5]. »

In premio di che fu conte dei domestici suo figlio Venanzio.

Dagli antecedenti narrati dall'Anonimo Valesiano apparisce che Liberio fu tolto della prefettura, ed invece eletto patrizio quando Teoderico andò a Roma. Ora ciò avvenne, secondo il Baronio, nell'anno 500, ed anzi secondo la cronaca di Cassiodoro.

Essendo prefetto, preside con lode alla difficile[6] impresa di asse-

---

[1] [Ad *Corp. inscr. Lat.* loc. cit.]
[2] [*Inscr. christ.* vol. I, p. 443.]
[3] [Ex actis concilii Arausicani an. 529. *Concil. Gall.* I, p. 946.]
[4] Anonymi Valesiani [pars posterior], § 68. [*Monum. German. histor.* t. IX, p. 324.]
[5] Cassiodor. *Var.* lib. II, ep. XVI.
[6] Vedi il suo epitaffio nelle schede dei patrizii.

gnare ai Goti una terza parte delle terre. Quindi nel suo epitaffio si legge :

HVMANO GENERI LEGEM NATVRA CREATRIX
  HANC DEDIT VT TVMVLI MEMBRA SEPVLTA TEGANT
LIBERII SOBOLES PATRI MATRIQVE SEPVLCHRVM
  TRISTE MINISTERIVM MENTE DEDERE PIA
HIC SVNT MEMBRA QVIDEM SED FAMAM NON TENET VRNA
  NAM DVRAT TITVLIS NESCIA VITA MORI
REXIT RVMVLEOS FASCES CVRRENTIBVS ANNIS
  SVCCESSV PARILI GALLICA IVRA TENENS
HOS NON IMBELLI PREtIO MERCATVS HONORES
  SED PREtIO MAIVS DETVLIT ALMA FIDES
AVSONIAE POPVLIS GENTILES RITE COHORTES
  DISPOSVIT SANXIT FOEDERA IVRA DEDIT
CVNCTIS MENTE PATER TOTO VENERABILIS AEVO
  TER sENIS lusTRIS PROXIMVS OCCVBVIT
O QVANTVM BENE GESTA VALENT CVM MEMBRA RECEDVNT
  NESCIT FAMA MORI LVCIDA VITA MANEt

[Cette épitaphe métrique existait autrefois à Rimini [1].]

— « Quid quod illas innumeras Gothorum catervas vix sentientibus Romanis larga praediorum collatione, ditasti [2]. »

Fu poi prefetto del pretorio delle Gallie.

[Voir la série des préfets des Gaules.]

## XCIX

[1253 = 500.

THEODORUS,
praef. praet. sub Theoderico.

— « Successit (Liberio) in administratione praefecturae itaque Theodorus filius Basili [3]. »

C'est probablement Fl. Theodorus, le consul de l'an 505, mentionné dans une

---

[1] [*Corp. inscr. Lat.* vol. XI, n. 382; cf. De Rossi, *Inscr. christ.* vol. II, p. 404.] —
[2] Ennodio, lib. IX, ep. xxiii. — [3] [Anonym. Valesian. *loc. cit.*]

inscription chrétienne de Rome datée E̅L̅·THEODORO V̅C̅·C̅O̅N̅S̅·[1]. Dans une lettre de Théodoric de l'an 509, il est qualifié *patricius*[2]. En 525, il fut envoyé en mission à Constantinople avec le pape Jean[3].]

## C

[Ante 1264 = 511.

### CAECINA MAVORTIUS BASILIUS DECIUS,
praef. praet. Italiae sub Theoderico.

Dans une inscription de Terracine[4], Caecina Mavortius Basilius Decius, *vir clarissimus et inlustris*, est qualifié *ex praefecto urbis*, *ex praefecto praetorio*, *ex consule ordinario*, *patricius* :

D̅N̅ G̅L̅R̅S̅MVS ADQ·INCLY̅T̅·REX THEODERICVS VICT·AC TRI VMF̅ SEMPER AV̅G̅ BONO R̅P̅ NATVS CVSTOS LIBERTA TIS ET PROPAGATOR ROM̅ NOM̅ DOMITOR G̅·TIVM DECEN NO VII VIAE APPIAE ID·A TRIP̅ VSQ·TARRI̅C̅·IT̅ ET LOCA QVAE CONFLVENTIB̅ AB VTRAQ·PARTE PALV̅D̅ PER OMN̅ RETRO PRINCIP̅· INVNDAVERANT VSVI PV̅B̅CO ET SECVRITATE VIANTIVM AD MIRANDAM PROPITIO DEO FELI̅C̅·TE RESTITVIT OPERI INIVNCTO NAVITER INSVDANTE ADQ CLEMENTISSIMI PRINCIP FELICITER DESERVIENTE P·CONIIS EX PROSA PIE DECIORVM CAE̅C̅·MAV̅·BASILIO DECIO V̅ C̅ ET IN L·EX·P̅·V̅·EX P̅P̅O EX CON̅S̅ ORD·PAT̅·QVI AD PERPETV ANDAM TANTI DOMINI GLORIAM PER PLVRIMOS QVI ANTE NON ALBEOS DEDVCTA IN MARE AQ VA IGNOTAE ATAViIS ET NIMIS ANTIQVAE RED DIDIT SICCITATI P

Ce Decius est vraisemblablement celui qui fut consul en 486 avec Longinus[5]. Marini[6] rapproche de cette inscription une lettre de Théoderic au même Decius : *Decio v. i. patricio Theodericus rex*. L'empereur annonce qu'il lui concède les étangs et les marais de Decemnovium pour les dessécher et les mettre en culture.

[1] [J. B. de Rossi, *Inscr. christ.* vol. I, n. 929.]

[2] [Cassiodor. *Var.* lib. I, ep. xxvii.]

[3] [Anonym. Valesian. 15, 90 : «Jubet rex iratus navem fabricari et super impositum eum cum aliis episcopis, id est Ecclesium Ravennatem et Eusebium Fanestrem et Sabinum Campanum et alios duos, simul et senatores Theodorum Inportunum Agapitum et alium Agapitum.»]

[4]. [*Corp. inscr. Lat.* vol. X, n. 6850.]

[5] [Mommsen, *Ostgothische Studien* (*Neues Archiv*, t. XIV), p. 244.]

[6] [*Difesa del Corsini*, p. 58.]

— «....Vobis itaque desideria justa poscentibus praesenti auctori-
« tate concedimus, ut stagnis Decemnovii paludibusque siccatis sine
« fisco possideas in solum rura revocata, nec ullam metuas liberatis
« rebus exhibere culturam, quas sub testimonio generalitatis absolvimus.
« Hinc etiam ad amplissimum senatum praecepta transmisimus, ut defi-
« nito nunc spatio ad tuum pulchre transeat dominium, quod est a foedis
« gurgitibus vindicatum... Illud etiam... aspeximus ut, si quis hunc
« laborem juncta tecum societate subire delegerit, habita operis aesti-
« matione habeat juris proprii spatia pro parte quam suscipit, ut nec
« solus immensis oneribus praegraveris et animosius peragatur, quod
« sub collegii adjuvatione suscipitur[1]. »

L'inscription précitée constate les bons résultats de ce desséchement.
Marini estime que la lettre de Théoderic à Decius est de 510-512; suivant
Mommsen, elle serait de 507-511. C'est sans doute quelque temps auparavant que
Decius fut préfet du prétoire.]

## CI

[Intra 1253 = 500 et 1260 = 507.]

### [AURELIUS] CASSIODORUS[2],
praef. praet. Italiae sub Theodorico.

Da un' epistola di Teoderico apparisce che il «magnificus vir Cassiodorus patricius», era stato prefetto del pretorio prima di Fausto[3] :
— [«Fausto p̄p̄o Theodericus rex :... Unde quia religiosi studii
« reverentia commonemur, ut quae dudum ecclesiae viri venerabilis
« Unscilae antistitis praestitimus, valere in perpetuum censeamus, nunc
« quoque illustrem magnificentiam tuam duximus admonendam, qua-
« tenus superindicticiorum onera titulorum praefata ecclesia in ea sum-
« ma non sentiat, qua usque a magnifici viri patricii Cassiodori, pura
« nobis fide et integritate comperti, temporibus est soluta. »]
Si hanno due lettere di Teoderico l'una « viro illustri atque patri-

[1] [Cassiodor. *Var*. lib II, ep. xxxiii; cf. xxxii.] — [2] [Cf., sur l'orthographe de ce mot,
Mommsen, *Cassiodorus*, p. vii, n. 2.] — [3] Cassiodor. *Var*. lib. I, ep. xxvi.

« cio Cassiodoro », l'altra « Senatui urbis Romae »[1], colle quali gli conferisce il patriziato dopo aver detto che sotto Odoacre[2] egli era stato *comes privatarum*[3], e poi *comes sacrarum largitionum*[4], che sotto di lui aveva al principio del suo regno conciliato i Siculi al suo governo[5], che dopo era stato correttore della Lucania e dei Bruzzi[6] e in fine prefetto del pretorio.

— [« Oblectat igitur nos actus praefecturae recolere, totius Italiae « notissimum bonum, ubi cuncta provida ordinatione disponens osten- « disti, quam leve sit stipendia sub judicis integritate dependere[7]. »

— « Meministis... qua moderatione praetoriano culmini locatus « insederit et evectus in celsum inde magis despexerit vitia prospe- « rorum... Fuit... militibus verendus, provincialibus mitis, dandi « avidus, accipiendi fastidiosus, detestator criminis, amator aequi- « tatis[8]. »]

Nota il Sirmondo[9]: « Refellendi sunt qui Cassiodorum, cui patriciatus post praefecturam a Theoderico rege defertur, et de quo ejusque avo et patre multa[10], ipsum auctorem *Variarum* esse credunt, cum de ejus patre accipi omnia debeant. Ad quem scripta est etiam ep. xxvIII,

---

[1] *Var.* lib. I, ep. III, IV.

[2] [Ep. IV, 6: « His itaque sub praecedenti rege gymnasiis exercitatus emeritis laudibus ad palatia nostra pervenit. »]

[3] [Ep. IV, 4: « Primus... amministrationis introitus comitivae privatarum mole fundatus est, ubi non tirociniorum infirmitate titubans novitatis vitio vel innocenter erravit, sed abstinentiae firmato vestigio imitando vixit exemplo. »]

[4] [« Qui mox deinde sacrarum largitionum honore suscepto crevit (tantum) conversationis laude, quantum profecerat dignitate. Quid provinciis redditam disciplinam, quid diverso generi hominum monimenta justitiae infusa referamus? »]

[5] [*Var.* lib. I, ep. III, 3: « ... In ipso quippe imperii nostri devotus exordio, cum adhuc fluctuantibus rebus provinciarum corda vagarentur et neglegi rudem dominum novitas ipsa pateretur, Siculorum suspicacium mentes ab obstinatione praecipiti deviasti, culpam removens illis, nobis necessitatem subtrahens ultionis. Egit salubris persuasio, quod vehemens poterat emendare districtio. »]

[6] [*Var.* lib. I, ep. III, 5: « Bruttiorum et Lucaniae tibi dedimus mores regendos, ne bonum, quod peregrina provincia meruisset, genitalis soli fortuna nesciret. » Cette nomination était contraire aux usages: *Cod. Just.* lib. IX, tit. xxix, c. 3.]

[7] [*Var.* lib. I, ep. III, 6.]

[8] [*Ibid.* ep. IV, 6 et 8.]

[9] Ad Ennodium, lib. III, ep. I.

[10] *Var.* lib. I, ep. III, IV.

lib. III. Senatori siquidem filio praefecturam, ac deinde patriciatum detulit non Theodericus, sed Athalaricus ejus nepos [1]. »

Infatti dice [Teoderico] : « Quamvis habeas paternam praefecturam « Italico orbe praedicatam [2] », dal che apparisce chiaro l'errore di coloro che hanno fatto Senatore prefetto due volte.

Il padre di Senatore fu conte delle cose private, e poi delle sacre largizioni sotto Odoacre il quale l'anno 476 anche fosse signore d'Italia [3].

L'anno 493 [4], al tempo delle conquiste di Teoderico, acquietò i Siciliani, che tumultuavano [5], e poco poi [6] fu fatto correttore della Lucania e degli Abruzzi sua patria [7]. Venne poscia elevato e prefetto del pretorio, dignità che amministrò con tanta equità e saggessa che da Teoderico ed Atalarico il suo governo venne proposto come modello [8]. Finalmente fu onorato della somma dignità del patriziato, mentre suo figlio era già questore [9].

## CII

[1260 = ] 507 — [1264 = ] 511.

### FAUSTUS,
praef. praet. sub Theoderico.

[Deux personnages du nom de Faustus ont été consuls, l'un en 483, l'autre en 490. Le premier s'appelait Anicius Acilius Aginatius Faustus et fut préfet de la ville [10], Ennodius l'appelle Faustus Albus [11]. Le second est dénommé Fl. Faustus Junior ou Probus Faustus [12]. On le distingue parfois du premier en l'appelant

---

[1] Lib. IX, ep. xxiv, xxv.
[2] Nella citata ep. xxiv, [9].
[3] Var. lib. I, ep. iv.
[4] [En 489, suiv. Momm. Cassiod. p. viii.]
[5] Var. lib. I, ep. iii.
[6] [Vers 495, suivant Mommsen.]
[7] Var. lib. I, ep. iii, non degli Abruzzi, ma dei Bruzzi : « Bruttiorum et Lucaniae. »
[8] Ibid. ep. iii; lib. III, ep. xxviii.

[9] Baudi di Vesme, nella vita di Senatore nel t. VIII, p. 2ª, degli Atti dell' Accad. di Torino, p. 172.
[10] [Corp. inscr. Lat. vol. VI, n. 1664; cf. 1796. De Rossi, Inscr. christ. vol. I, n. 882.]
[11] [Ep. vi, 34.]
[12] [De Rossi, Inscr. christ. vol. I, p. 399 et 412.]

# PRAEFECTI PRAETORIO ITALIAE.

Faustus Niger [1]. Est-ce le premier ou le second qui fut préfet d'Italie? On l'ignore [2]. Notre préfet paraît être le même que celui dont parle Ennodius [3] son contemporain et son allié [4]. Il était le fils d'un consul [5], le père de Rufius Magnus Faustus Avienus consul en 501 [6] et de Messalla Ennodius, consul en 506 [7]. Il fut consul et questeur [8].

Les *Variarum libri* de Cassiodore contiennent une série de lettres du roi Théoderic au préfet du prétoire Faustus : ]

Dall' ep. xxvi del lib. I apparisce che Cassiodoro era prefetto del pretorio prima di Fausto.

Coll' ep. xli, lib. I, «Fausto adulto, filio illustris Fausti [9], decernat attribui, quae circa referendos curiae priscus ordo dictavit».

Nell' ep. ix del lib. II, [Teoderico] concede una pensione ad un' auriga.

L'ep. xxvi parla dei negozianti della Puglia e della Calabria.

La xxx parla di una esenzione data ad un negoziante della chiesa Milanese.

Ep. xxxvii. — Vi si parla delle terme di Spoleto.

Ep. xxxviii [10]. — Gli ordinò di assolvere per due anni da ogni imposte i Sipontini «hostium depopulatione vastati». Questo saccheggio a quelle spiaggie fu dato dalle flotte di Anastasio nel 508, come appare dalla Cronaca di Marcellino [11].

Nell' ep. xx del lib. III annulla un suo giudicato.

---

[1] [Anonym. Valesian. 12, 57 (*Mon. Germ. hist.* t. IX, p. 322).]

[2] [Cf. Mommsen, *Cassiodor.* p. 492.]

[3] [*Ibid.* IX, 16, 18, 21.]

[4] [Ep. 1, 5.]

[5] [*Ibid.* p. 14, 16, éd. Vogel.]

[6] [*Ibid.* Voir plus bas, p. 640.]

[7] [*Ibid.* VIII, 9; IX, 12.]

[8] [*Ibid.* II, 25.]

[9] [Il n'est pas démontré que ce soit le fils du préfet d'Italie. Cf. Mommsen, *Cassiodor.* p. 493.]

[10] [C'est à tort que Vogel (*praef.* Ennodii, p. xx) a conclu de cette lettre et de la lettre li que la durée de la préfecture du prétoire était limitée à deux ans. Cf. Mommsen, *Cassiodor.* p. 493.]

[11] [*Celeris et Venantii.* — «Romanus comes domesticorum et Rusticus comes scholariorum cum centum armatis navibus totidemque dromonibus octo milia militum armatorum secum ferentibus ad devastanda Italiae litora processerunt et usque ad Tarentum antiquissimam civitatem aggressi sunt, remensoque mari inhonestam victoriam, quam piratico ausu Romani ex Romanis rapuerunt, Anastasio Caesari reportarunt.» Cf. Mommsen, *Ostgothische Stud.* p. 248, n. 3.]

Ep. xxi. — Gli concede di assentarsi di Roma per quattro mesi ed andare in provincia.

Nell' ep. xlvii commuta la pena di morte ad un esiglio all' isola di Lipari.

Ep. li. — Parla dei giochi del Circo.

Lib. IV, ep. xxxvi. — Gli significa di aver rilasciato agli abitanti delle « Alpes Cottiae » i tributi per la terza indizione. Spetta dunque al 510 [1].

Ep. xxxviii. — Decreta che i Gravassiani e i Pontonati non paghino altro che qualco che solevano pagare sotto Odoacre. Sembra dunque che questa lettera risguardi il principio del regno di Teoderico.

Ep. l. — Lettera di Teoderico con cui gli commette di far stimare i danni dati dell' eruzione del Vesuvio.

*Fausto ppo* sono pure date le epistole xiv, xxxiv, xxxv del primo libro, così pure l' epistola v del secondo.

## CIII

[Ante 1274 = 521.]

[RUFIUS] OPILIO,

praef. praet. [Italiae sub Theoderico.]

[Une inscription, conservée dans l'église de Sainte-Justine à Padoue, nous fait connaître un *vir clarissimus et inlustris, praefectus praetorio atque patricius* du nom d'Opilio [2] :]

```
      + OPILIO · V̄C̄ ·
     ET · ĪNL̄ · P̄ · P̄ · ADQ̄ ·
     PATRICIVS · HANC
     BASILICAM · VEL · ORA
     TORIVM · IN HONORE
     SC̄A · Ē · IVSTINAE · MAR
     TYRIS · A · FVNDAMENTIS
      COEPTAM · DEO · IV
         VANTE · PERFE
          + CIT +
```

[1] [Avant le 1ᵉʳ septembre 509, suivant Mommsen.]

[2] Patavii in templo S. Justinae. Ursatus, *Mon. Pat.* p. 68, n. 46. Marini, *Iscr. crist.* p. 70, 1. Mi la collazionò il Furlanetto. [*Corp. inscr. Lat.* vol. V, n. 3100.]

Non è ben chiaro, se sia il console del 453 o quello del 524 [1].

[Il s'agit plutôt du consul de 524 qui portait probablement le nom de Rufius [2]. Le signe de la croix à la première ligne caractérise les inscriptions du vi[e] siècle [3]. De plus Ennodius, s'adressant à lui pour lui demander justice, emploie les expressions *magnitudo vestra, amplitudo, culmen* [4]. Il l'appelle *sublimis et magnificus vir* [5]. Ennodius étant mort en 521, Opilio fut préfet du prétoire avant cette date.

Dans une lettre à Furlanetto, Borghesi a rappelé ce que l'on sait sur ce personnage [6]:

« Il secondo poi, che prende il titolo di *vir illustris,* sottoscrisse nel 529 al concilio tenuto per la dedicazione della basilica Arausicana presso il Labbe [7], il quale riferisce pure [8] una lettera che a lui e ad altri senatori diresse nel 534 Giovanni II papa. Procopio c'insegna [9] che fu uno dei legati mandati dal re Teodato a Giustiniano. Da Ennodio [10] apparisce che i suoi genitori abitavano nell'Africa. A lui pure sono dirette due epistole [11] dello stesso Ennodio, e sono poi da vedersi le note del Sirmondo alla seconda di esse, ove parla di lui e di altri Opilioni vissuti in quell'età [12]. »]

---

[1] [Voir plus haut, t. VII, p. 340 et 407. Cf. Tillemont, *Hist. des Emp.* t. VI, p. 247. Il existe aussi plusieurs inscriptions chrétiennes datées du consulat d'Opilio. De Rossi, *Inscr. christ.* vol. I, n. 991-1002. Le Blant, *Inscr. chrét.* n. 435 et 694; *Nouveau recueil*, n. 106.]

[2] [De Rossi, *Inscr. christ.* vol. I, n. 993. Cf. Mommsen, *Cassiodorus*, p. 497 et 493, v° Flavius.]

[3] [De Rossi, *loc. cit.* p. 451. «Sane ad conjecturas heic deducta res est; et inscriptionum indoles atque adjuncta omnia consideranda. Itaque epitaphia 991 et 992 sexto saeculo adsignavi, quoniam in iis crux primi versus caput obtinet; quod solemne hoc saeculo fuit epitaphiorum initium: ante hoc saeculum rarius, neque in ipso plerumque primi versus capite crux incisa.»]

[4] [*Ep.* I, 22: «...Sed per occupationum forsitan amplitudo vestra praepedientium incrementa significet ad haec vos officia non venire.»]

[5] *Ep.* [v, 3].

[6] [Voir plus haut, t. VII, p. 408.]

[7] *Concil.* t. V, p. 814.

[8] *Ibid.* p. 895.

[9] *Bell. Goth.* lib. III, c. iv.

[10] Lib. IV, *ep.* xviii.

[11] *Ep.* I, 22; v, 3.

[12] [Le *comes sacrarum largitionum* nommé par Athalaric en 527/528 (Cassiodor. *Var.* VIII, 16) n'est pas le même que notre préfet. Athalaric justifie sa nomination, non par les services qu'il a déjà rendus, mais par ceux de sa famille. «Sed tam frequens est familiae vestrae felicissimus provectus, tam in multis personis declarata prudentia, ut licet aliquis vos eligat ad subitum, nihil fecisse videatur incertum... Pater his fascibus praefuit: sed et frater eadem resplenduit claritate.»]

## CIV

[1278 = 525 — 1280 = 527.]

### ABUNDANTIUS,
praef. praet. sub Theoderico et Athalarico.

Memoratur in Cassiodori *Variarum* libris.

— «Abundantio praefecto praetorio Theodericus rex [1].» — Sancit ut Frontosum absque mora adigat ad solutionem pecuniae publicae quem decoxerat et quam multoties redditurum se promiserat.

— «Abundantio praefecto praetorio Theodericus rex [2].» — Jubet ut sagittariis ad Comitem Viliarium destinatis annonas et navigia praebeat.

— «Abundantio praefecto praetorio Athalaricus rex [3].» — Decernit ut Agenantiam uxorem Campaniani viri disertissimi in Lucania provincia constitutam filiosque eorum ex albo curialium expurgat, et in possessorum numero collocet.

Memoratur etiam in lib. V, ep. xvi [a. 525/526], xvii, xviii, xx [a. 523/526.]

[Abundantius fut révoqué de ses fonctions et remplacé par Avienus.]

## CV

[1280 = 527] — 1281 = 528.

### AVIENUS,
praef. praet. sub Athalarico.

— «Albiano (*vel potius* Albieno) [4] [.v.i.] praefecto praetorio Athalaricus rex.»

Amoto praefecto praetorio propter improbitatem in ejus locum substituit Albienum per VI indictionem (an. 528).

---

[1] Cassiodor. *Var.* lib. V, ep. xxxiv. [Anno 523/526.] — [2] *Ibid.* lib. V, ep. xxiii. [Anno 525/526.] — [3] *Ibid.* lib. IX, ep. iv. [Anno 527.] — [4] [Il faut lire : Avienus.]

— [« Assertio meritorum est potuisse eligi post improbitatem judicis
« accusati, quando excessus praecedentium non corrigitur, nisi cum
« successor optimus invenitur... Ille calumniis odiosus : tu stude, ut
« justitia reddaris acceptus. Rapax ille : tu continens... Atque ideo
« praefecturae tibi fasces per sextam feliciter indictionem, deo auxi-
« liante, conferimus... Redeat ad nomen antiquum praefectura illa
« praetorii toto orbe laudabilis : cujus si principium quaeramus, per
« Joseph a beneficiis inchoavit. Nec inmerito a legibus nostris pater
« provinciarum, pater etiam praedicatur imperii, quia sic juste, sic pro-
« vide agi voluerunt, ut non districtum judicis nomen, sed vocabulum
« illi pietatis imponerent. Justis ac debitis compendiis nostrum per
« te crescat aerarium. Lucra rennuimus, quae legum cauta profanant :
« pecunias illas volumus, quibus libra justitiae suffragatur... Praesta
« opinioni tuae, praesta nostro judicio, ut impar non sis meritis quo-
« rum aequasti per nostra beneficia dignitates[1]. »]

Constat ex eadem epistula[2] patrem ejus eamdem praefecturam
obtinuisse :

— [« Tu post patris praefecturam laudabilem aliquid quod melius
« praedicetur adjunge, quia diligentior semper debet esse qui sequitur,
« dum bona parentum probabiliter et imitari cupimus et vincere festi-
« namus. »]

Il padre era probabilmente [Rufio Magno] Avieno Fausto console
nel 501, figlio di Fausto che fu realmente prefetto del pretorio di
Teoderico nel 510[3].

Un altro argomento può essere che niuno ci ha detto che l'Avieno
del 501 fosse patrizio, mentre si conosce che lo fu l'Avieno giuniore
console nel 502, fratello di Albino.

---

[1] [Cassiodor. *Var.* lib. VIII, ep. xx.] — [2] [*Ep.* xx, 5.] — [3] [Voir plus haut, p. 636,
n. 6. Cf. Mommsen, *Cassiodor.* p. 416 et 489.]

# PRAEFECTI PRAETORIO ITALIAE.

## CVI
[1286 = 533 — 1291 = 538.]

### [FL.[1] MAGNUS AURELIUS] CASSIODORUS SENATOR,
praef. praet. Italiae sub Athalarico, [Theodabatho] et Vitige.

Senatore, nel 533, fu creato prefetto del pretorio[2], dignità che ritenne fino a tutto l'anno 538, ossia fino alla caduta di Vitige[3].

[Fils du préfet d'Italie Cassiodore, Senator fut d'abord membre du conseil de son père[4], puis *corrector Lucaniae et Bruttiorum*[5], *quaestor palatii*[6], consul en 514[7], *magister officiorum* en 526 sous Théoderic, puis sous Athalaric. Créé préfet du prétoire par Athalaric en 533, il resta en fonctions sous Théodabath en 534 et sous Vitigès en 536. En 537, lors de la publication des *Variarum libri*, il avait la dignité de patrice. Le recueil *Variarum* porte le titre suivant:

— « Magni Aurelii Cassiodori Senatoris v̄. c̄. et īn̄l. exquaest. pal. excōns. ord. exmag. off. ppō atque pat. »

En 533, Senator eut pour auxiliaire Ambrosius, qui avait été précédemment *quaestor*[8] et qui est qualifié *vir inlustris, agens vices praefecti praetorio*[9].]

## CVII
[1289 = 536.]

### FIDELIS,
praef. praet. Italiae sub Justiniano.

Mentre che Vitige assediava in Roma Belisario, rispose ai legati mandati dai Goti per intimare la resa « Fidelis, tunc a Belisario creatus τῆς αὐλῆς ὕπαρχος ». Il traduttore ha sostituito *praetorii praefectus*[10].

Fu poco dopo ucciso in un fatto d'arma, a Pavia[11].

---

[1] [Une lettre du pape Symmaque est datée *III id. Jun. Flavio Senatore v.c. cos.* (Thiel, *Epist. pontific.* I, p. 729.)]

[2] Cassiodor. *Var.* lib. IX, ep. xxiv.

[3] Baudi di Vesme, nella vita di Cassiodoro (*loc. cit.*), p. 175.

[4] [Anecdoton Holderi, cité par Mommsen, p. ix.]

[5] [*Var.* ep. IX, 39.]

[6] [*Var.* inscriptio. Cf. Mommsen, p. x.]

[7] [Mommsen, p. xi.]

[8] [*Var.* lib. VIII, ep. xiii.]

[9] [*Ibid.* lib. XI, ep. iv, v; XII, ep. xxv. Cf. Mommsen, *Ostgothische Studien*, p. 463.]

[10] Procop. *De bello Goth.* lib. I, c. xx. [Cf. *De bello Vandal.* lib. I, c. x. Ὅ τε τῆς αὐλῆς ὕπαρχος, ὃν δὴ πραίτωρα καλοῦσι Ῥωμαῖοι.]

[11] *Ibid.* lib. II, c. xii.

Ennodio, scrivente a Beato chi era allora a Roma [1], gli commette di salutare « Fidelem, Marcellum » ed altri.

Nota il Sirmondo : « Huic inter ceteros senatores scripta exstat anno 534 [Mart. 21] epistola [2] Joannis papae II cujus haec inscriptio :

— « Joannes episcopus romanus illustribus ac magnificis viris Avieno, « Senatori, Liberio, Severino, Fideli, Avito, Opilioni, Joanni, Silverio, « Clementiano, et Ampelio. »

Sed illo tempore quaestor Athalarici jam fuerat [a. 536]. Postea vero praefectura etiam praetorio functus est ut testatur Procopius [3], a quo postea Mediolanensi patria Fidelem fuisse didicimus legatumque a Romanis missum ut Belisarium in Urbem evocaret. »

## CVIII
[Circa 1291 = 538.]
### REPARATUS,
praef. praet. Italiae sub Justiniano.

Dopo Fidelio, ucciso presso a Pavia, si trova essere stato prefetto del pretorio Reparato che fu tagliato a pezzi dei Goti, quando ripresero Milano [4].

[Comme Fidelis, Reparatus fut, d'après Procope, ὁ τῆς αὐλῆς ὕπαρχος. Frère du pape Vigile [5], il avait été préfet de la ville vers l'an 527. Dans une lettre que lui écrit à ce titre Athalaric, le roi rappelle les services rendus par le père de Reparatus, *functus vicibus praefectorum* [6].]

## CIX
[1293 = 540.]
### ATHANASIUS,
praef. praet. Italiae sub Justiniano.

Procopio nomina come prefetto del pretorio Atanasio « qui Byzantio recens advenerat », dopo Reparato [7].

---

[1] L'epistola XXIX dal lib. VII.
[2] Edita dal Labbe t. IV, p. 1751 [(éd. Paris, 1671). Mansi, VIII, 803.]
[3] Lib. I, c. XX.
[4] Procopio, *De bell. Goth.* lib. II, c. XXI.
[5] [*Ibid.* lib. I, c. XXVI.]
[6] [Cassiodor. *Var.* lib. IX, ep. VII.]
[7] *De bell. Goth.* lib. II, c. XXIX [p. 270.

## PRAEFECTI PRAETORIO ITALIAE.

[Athanasius fut l'un des députés envoyés par Justinien à Theodat[1]. Il était préfet du prétoire lors de la capitulation de Ravenne et de la soumission de Vitigès. Voir la série des préfets d'Afrique, n° VI.]

### CX
[1295 = 542.]

**MAXIMINUS,**
praef. praet. Italiae sub Justiniano.

Nell' ottavo anno della guerra Gotica quando Totila aveva ricuperato tutto quasi il regno di Napoli, «Justinianus praefectum praetorio «Italiae Maximinum creavit, ut et ducibus in bello praeesset, et mili- «tibus praeberet annonas prout reposceret... Maximinus... rei bel- «licae plane rudis, et ea re meticulosus maxime erat et cunctator[2].»

### CXI
[1305 = 552 — 1307 = 554.

**ANTIOCHUS,**
praef. praet. Italiae sub Justiniano.

An. 552. — «Istius vero temporibus pugna facta est inter Gothos «et milites exercitus Narsis in (sic) kal. Octobris in Campania; et caesi «sunt Gothi, et corpora hominum Gothorum multa mortua sunt, et «occisus est Theia rex Gothorum a Narsi. Et reversus est in pace et «venit Lucam, expulit inde Gothos mensis Septenbris. Et restituta est «civitas Foro Cornelii ab Antiocho praefecto[3].»

Καὶ οἱ μὲν κατὰ ταῦτα ἐποίουν, ξὺν Ἀθανασίῳ τῷ τῶν πραιτωρίων ὑπάρχῳ, ἄρτι ἥκοντι ἐκ Βυζαντίου, αὐτὸς δὲ τῷ ἄλλῳ στρατεύματι ξὺν Γότθων τοῖς πρέσβεσιν ἐς Ῥάβενναν ᾔει.]

[1] [Procopio, *De bello Gothico*, lib. I, c. VI.]

[2] *Ibid.* lib. III, c. VI. [Βασιλεὺς... τῶν Ἰταλίας πραιτωρίων ἔπαρχον Μαξιμῖνον ὡς τάχιστα κατεστήσατο, ἐφ' ᾧ τοῖς τε ἄρχουσιν ἐς τὸν πόλεμον ἐπιστάτης εἴη καὶ τοῖς στρατιώταις τὰ ἐπιτήδεια κατὰ τὴν χρείαν πορίζηται... Μαξιμῖνος... ἦν... πολεμίων ἔργων οὐδαμῶς ἔμπειρος καὶ ἀπ' αὐτοῦ δειλός τε καὶ μελλητής.]

[3] [Agnelli *Liber pontificalis ecclesiae Ravennatis*, 79, éd. Waitz, p. 331. Cf. sur la date de cet événement, Holder-Egger, *Neues Archiv der Gesellschaft für ältere deutsche Geschichtskunde*, t. I, p. 367.]

— « Excusationes quasdam praetendebant et causas, quod videlicet
« necessitate coacti statione sua cessissent...; neque Antiochum
« praefectum, cui ea cura commissa erat, ipsis adfuisse; sed neque
« stipendia consueta ipsis persoluta [1]. »

Lorsque Justinien eut achevé la conquête de l'Italie, il s'empressa d'y faire publier les recueils législatifs, composés sur son ordre pour assurer l'unité de législation. Il rendit en même temps une *Sanctio pragmatica* pour ordonner la promulgation en Italie des Novelles qui avaient complété son œuvre législative [2]. Cette *Sanctio pragmatica*, que l'on désigne habituellement par les premiers mots qu'elle contient, *Pro petitione Vigilii*, porte cette suscription :

— « Pragmatica dat. id. August. Constantinopoli, imp. Dn. Justi-
« niani pp. Aug. anno xxviii, post cons. Basilii v. c. an. xiii, Narsi
« viro ill. praeposito sacri cubiculi, Antiocho viro magnifico praefecto
« per Italiam (554). »]

## CXII

[1320 = 567 — 1325 = 572.

LONGINUS,
praef. praet. Italiae sub Justino II.

An. 567 [3]. — « Tunc Augustus in tantum adversus Narsetem com-
« motus est, ut statim in Italiam Longinum praefectum mitteret, qui
« Narsetis locum obtineret [4]. »

— « Redeamus ad antiquam historiam, quod in tempore istius Petri
« pontificis, ut aiunt quidam, factum. Eo namque tempore post fun-
« damentum ecclesiae positum tota Italia vexatione maxima exagitata

---

[1] [Agathiae *Hist.* lib. I, c. xviii : Σκή-
ψεις δέ τινας προίσχοντο καὶ αἰτίας, ὡς ἄρα
πρὸς ἀνάγκης μετανασ7αῖεν... μηδὲ γὰρ
παρεῖναι Ἀντίοχον ἐνταῦθα τὸν ὕπαρχον,
ᾧ τὰ τοιάδε ἀνεῖται. Οὐ μέντοι ἀλλ' οὐδὲ τὸ
χρυσίον τὸ εἰωθὸς αὐτοῖς διανενεμῆσθαι.]

[2] [Plusieurs novelles avaient déjà été adressées isolément aux préfets d'Italie. Cf. l'épilogue de *Nov.* LXXIII (538) : « Etenim
« (ad) alios gloriosissimos praefectos et qui
« in Hesperia sunt et in Libya, et qui in sep-
« tentrionalibus (dicimus autem in Illyrico)
« scripsimus, ut omnis nobis respublica
« plena fiat hac lege... »]

[3] [La date 567 n'est pas certaine. Quelques auteurs placent le rappel de Narsès en 568.]

[4] [Pauli *Historia Langobardorum*, lib. II, 5, éd. Waitz, p. 75.]

PRAEFECTI PRAETORIO ITALIAE. 645

« est. Tunc illis temporibus in Caesarea juxta Ravenna a Longino prae-
« fecto palocopiam (*sic*) in modum muri propter metum gentis extructa
« est [1]. »

— « Tertia autem indictione factus est dominus Italiae. Regnavit
« Albuin in Italia annos tres, et occisus est in Verona in palatio ab Hil-
« michis et Rosemunda uxore sua per consilium Peritheo. Voluit re-
« gnare Hilmichis, et non potuit, quia volebant eum Langobardi oc-
« cidere. Tunc mandavit Rosemunda ad Longinum praefectum, ut eam
« reciperet Ravenna [2]. »

An. 572. — « Igitur imperante Justino II, anno 6... mense Au-
« gusti Ravennam venit (regina) et honorifice a Longino praefecto sus-
« cepta est cum omni ope regia. Post aliquantos autem dies misit ad
« eam praefectus, dicens : Si caritati mea copulata fuerit et se lateri
« meo adhaerere voluerit et connubio junxerit, amplius erit post, quam
« modo regina est. Nonne ei melius est, ut regnum et principatus totius
« Italiae teneat, quam hoc perdat et regnum amittat?... Tunc Longi-
« nus praefectus abstulit omnes Langobardorum thesauros et cunctas
« opes regias, quas Rosmunda de Langobardorum regno attulerat, una
« cum Rosmundae et Alboini regis filia ad (Justinum) imperatorem
« Constantinopolim transmisit; et gavisus est imperator et auxit prae-
« fecto plurima [3]. »

Une inscription de Ravenne de 574 [4] mentionne un *cancell(arius) pr(a)e(fecti)
Longini* [5].

---

Vers la fin du vi[e] siècle, après l'invasion des Lombards et leur établissement
en Italie, les empereurs d'Orient confièrent le gouvernement de la portion de ter-
ritoire, qu'ils avaient conservée dans la péninsule, à un chef suprême, l'exarque.

---

[1] [Agnelli *Lib. pontific. ecclesiae Ravennatis*, 95, éd. Waitz, p. 338.]
[2] [*Origo gentis Langobardorum*, 5, éd.
Waitz, p. 4. Cf. *Historia Langobardorum
codicis Gothani*, *ibid.* p. 9.]
[3] [Agnelli *Lib. pontific.* 96, p. 341.]
[4] [Cf. Mommsen, *Neues Archiv*, t. XIV,
p. 479, n. 4.]
[5] [*Corp. inscr. Latin.* vol. XI, n. 317 :
CANCELL · PRE ⊕ LONGINI.]

Ce personnage, qui réunit entre ses mains les pouvoirs civils et militaires, eut sous ses ordres le préfet du prétoire d'Italie [1]. Tous deux résidaient à Ravenne.]

## CXIII

[Ante 1344=591.

*MAURILIO*,
praef. praet. Italiae sub Mauricio.

Dans une lettre du mois de mars 591, le pape Grégoire le Grand mande à l'évêque de Ravenne de prêter son appui à l'ex-préfet Maurilio. Bien qu'il ne soit pas dit expressément de quelle préfecture il était chargé, il y a lieu de croire que Maurilio fut le prédécesseur de Georgius dans la préfecture d'Italie.

— «... Quoniam ergo gloriosum virum Maurilionem ex praefecto
« in Fossa Sconii[2] residere cognovimus, vestra ei fraternitas, in quan-
« tum possibilitas subest, opem ferre festinet. Non quia, quod absit, de
« viri excellentissimi domini Georgii praefecti justitia dubitamus, aut
« in aliquo putamus, eum rationis tramitem declinare, virum quem et
« ante dignitatis hujus administrationem in bonis omnibus habemus
« expertum, sed quo et gloriosus vir Maurilio expraefecto rationes suas
« absque suspicione oppressionis exponat, et praedictus excellentissimus
« vir domnus Georgius praefectus rationes sine laceratione suae opi-
« nionis exequatur[3]. »

Quelques années plus tard, en novembre ou décembre 598, saint Grégoire écrit *Maurilioni ex praefecto*, et le prie de lui donner des nouvelles de sa santé toutes les fois qu'il aura l'occasion de lui écrire. Maurilio résidait alors en Sicile[4].]

---

[1] [L'exarque est mentionné pour la première fois dans une lettre de Pélage II du 4 octobre 584 (*Patr. Lat.* t. LXXII, col. 703.) Cf. Savigny, *Geschichte des röm. Rechts im Mittelalter*, t. I, p. 338 et 374. Diehl, *Études sur l'administration byzantine dans l'exarchat de Ravenne*, p. 157. Voir plus haut une lettre de Borghesi à Furlanetto, t. VII, p. 341.]

[2] [Probablement *Fossa Asconis*. C'était le nom d'un des canaux de dérivation du Pô, qui entouraient Ravenne. Héron de Villefosse.]

[3] [Gregorii I papae registr. *Epist.* I, 35 (éd. Ewald, t. I, p. 49).]

[4] Gregorii I papae registr. *Epist.* IX, 64 (t. II, p. 84). Corsini, *Series praef. Urb.* p. 375, a classé Maurilio parmi les préfets de la Ville, mais en exprimant des doutes. Hartmann dit : «Praefectus praetorio fuisse videtur.»]

## CXIV

[1344=591.

### GEORGIUS,
praef. praet. Italiae sub Mauricio.

Une lettre du pape Grégoire le Grand, datée du mois de février 591, est adressée *Georgio praefecto praetorio Italiae*. Elle commence ainsi :

— « Bonitatem vestrae excellentiae, quam semper cognitam habui, « nunc experimento superaddito recognovi. Unde omnipotentem Do- « minum deprecor, ut sua vos protectione custodiat vobisque et apud « se gratiam et apud serenissimos principes largiatur... [1]. »

Dans une lettre du mois de mars, adressée à l'évêque de Dalmatie, saint Grégoire parle de Johannes *vir eloquentissimus, consiliarius viri excellentissimi domni Georgii praefecti per Italiam*[2].

Le préfet d'Italie résidait dès cette époque à Ravenne. Saint Grégoire écrit à l'évêque de cette ville :

— « Sed per excellentissimum patricium et per eminentissimum « praefectum atque per alios civitatis suae nobiles viros importune « expetit, ut hoc debeat concedi[3]. »]

## CXV

[1346=593.

. . . . . . .
praef. praet. Italiae sub Mauricio.

Une lettre du pape Grégoire le Grand, en date du mois d'avril 593, est adressée *praefecto praetorio per Italiam*. Le nom du préfet manque dans les manuscrits[4].]

---

[1] [Gregorii I papae registr. *Epist.* I, 22 (t. I, p. 26). Cf. la lettre du mois de mars citée p. 646, n. 3.]

[2] [*Ibid.* I, 36.]

[3] [*Ibid.* V, 11 (t. I, p. 292).]

[4] [Gregorii I papae registr. *Epist.* III, 28 (t. I, p. 185). Ewald conjecture que ce préfet était l'homonyme du pape Grégoire et qu'il se confond avec le préfet suivant.]

## CXVI

[1348 = 595.]

### GREGORIUS [1],
praef. praet. Italiae [sub Mauricio].

[Le préfet Gregorius est mentionné dans une lettre du pape Grégoire Ier à l'empereur Maurice, datée du mois de juin 595 :

— « Sed de gloriosis viris Gregorio praefecto praetorio et Casto ma-
« gistro militum non mediocriter sum afflictus, qui et omnia quae po-
« tuerunt fieri nullo modo facere neglexerunt... et post haec omnia
« gravi dominorum indignatione percussi sunt[2]. »

Gregorius n'était plus en charge en 598. Dans une lettre de septembre ou octobre de cette année, saint Grégoire écrit :

— « Gloriosum etenim Gregorium expraefecto vel alios qui in
« saeptis ecclesiasticis residebant, hortari studiose curavimus ut exirent
« et rationes suas debuissent exponere[3]. »

Voir la série des préfets d'Orient, n° CXLII.]

## CXVII

[Ante 1353 = 600.

### JOHANNES,
praef. praet. Italiae sub Mauricio.

Dans une lettre adressée au préfet de l'an 600, saint Grégoire fait allusion à un acte de son prédécesseur dans la préfecture d'Italie :

— « ...Fertur itaque, quod annonas atque consuetudines dia-
« coniae, quae Neapolim exhibetur, eminentia vestra subtraxerit. Quod

---

[1] Vedi l'Amaduzzi nella *Lettera* [scritta a Mgre M. Guarnacci] *sopra la Difesa* [per la serie de' Prefetti di Roma] del Corsini. [Cette lettre est imprimée à la fin de *Delle origini Italiche* di Mgre Mario Guarnacci *Esame critico* con una apologetica risposta. Venezia, 1773], p. 353.

[2] [Gregorii I papae registr. *Epist.* V, 36. Cf. Hartmann, t. I, p. 320, n. 2.]

[3] [*Ibid.* IX, 4, t. II, p. 43.]

« minus fortasse fuerat obstupendum, si Iohannis decessoris vestri non
« fuissent tempore ministratae. Si igitur haec ille, cujus cunctis notum
« est quam fuerit gravis actio, non negavit, quale sit sapientia vestra
« consideret, si vel in aliquo bono opere malus homo vos superet[1]. »

Dans une autre lettre du mois de septembre ou octobre 598, saint Grégoire mentionne également un préfet du prétoire du nom de Johannes. On ignore s'il s'agit de notre préfet ou de son successeur :

— « Excellentissimo filio nostro exarcho per suprascriptum excu-
« bitorem qui ad eum profectus est scripsimus, et cautiones agentium
« vices Johannis praefecti simul et palatini hic transmittere debeat[2]. »]

## CXVIII
[1353 = 600.

### JOHANNES,
praef. praet. Italiae sub Mauricio.

Une lettre du mois de mars 600 est adressée par saint Grégoire *Johanni praefecto praetorio Italiae*, et mentionne l'*agens vices* de ce préfet :

— « Scripsistis autem nobis, ut Dulcitio viro magnifico agenti vices
« vestras dicere deberemus, ne quid super diatiposin auderet expen-
« dere... Haec itaque eminentia vestra potentia qua pollet inspicere
« atque hoc quod sub decessoribus ejus non est ademptum, ut solite
« valeat ministrari[3]. »

Par une lettre du mois de novembre de la même année, saint Grégoire mande au sous-diacre de Ravenne *apud eminentissimum filium nostrum praefectum modis quibus valueris agere ut ipsa una statio quae in Romana civitate remansit, ejus temporibus claudi non debeat*[4].]

---

[Le préfet d'Italie subsista quelque temps à côté de l'exarque. Mais celui-ci recueillit peu à peu la plupart des attributions du préfet du prétoire, même les

---

[1] [Gregorii I papae registr. *Epist.* X, 8, éd. Hartmann, t. II, p. 243.]

[2] [*Ibid.* IX, 5, t. II, p. 44.]

[3] [Gregorii I papae registr. *Epist.* X, 8.]

[4] [*Ibid.* XI, 16, t. II, p. 278.]

attributions financières qu'on avait voulu, dans le principe, soustraire à son influence. Dès lors, la préfecture d'Italie a dû promptement disparaître. Deux documents du viie siècle mentionnent cependant des personnages qui paraissent avoir rempli les fonctions de préfet d'Italie.]

## CXIX

[Ante 1395 = 642.

### THEODORUS QUI ET CALLIOPAS,
sub Heraclio.

Un papyrus de Ravenne, publié par Marini, mentionne ce personnage et lui donne le titre de *glor(iosus) praef(ectus)* ou *praefectur[ius?]*. Il était le fils d'Apollinaris, qui avait lui-même occupé une haute situation dans l'État (*eminentissimae memoriae vir*). Théodore, surnommé Calliopas, devint ensuite exarque d'Italie[1] :

— «...e ex jura qd. Apollenaris eminentis(simae) memor(iae) *viri* «genitoris vestri per piam ejus dispositionem *ad nostram* scam per- «vener Ecclesiam secundum notiti*am subter* adnexa, *enfete*uticario *modo* «*postu*lastis largiri, si minime cuiquam a vobis antea per enfeteus sunt «largita vobis quem supra THEODORO glor Praef q. et Calliopa et «ANNAE *ju*galibus et FILIIS tuis legitimis, cui supra Theodoro, qui et «Calliopa glorios Praefectur donec vos, divinitus, in hac luce jusserit «permanire sub SEPTINOS aureos infiguratos[2]. »

Un sceau, qui paraît être du viie siècle, mentionne un Theodorus, en lui donnant les titres d'ἀποεπάρχων καὶ ἔξαρχος Ἰταλίας :

ΘΕΟΤΟΚΕ ΒΟΗΘΕΙ ΤΩ ΣΩ ΔΥΛΩ ΘΕΟΔΩΡΥ (sic) ΑΠΟΕΠΑΡΧΩΝ ΚΑΙ ΕΞΑΡΧΟΥ ΙΤΑΛΙΑΣ.

C'est sans doute le même personnage qui est mentionné dans le papyrus de Ravenne.

---

[1] [*Liber Pontificalis*, éd. Duchesne, t. Ier, p. 332 et 338.] — [2] [Marini, *I papiri diplomatici raccolti e illustrati*, n° CXXXII, p. 199 et 364.]

Salinas, premier éditeur de ce petit monument, lisait ΕΠΑΡΧΟΥ ΙΤΑΛΙΑC. En le reproduisant, Schlumberger propose de corriger cette transcription. Il pense qu'on doit lire ΕΞΑΡΧΟΥ, n'admettant pas que le même personnage puisse être à la fois *ex-éparque* et *éparque*. La forme bizarre du Ξ sur les monuments de cette époque prête à la confusion avec un Π[1].

## CXX

[Ante 1434=681.

*FLAVIUS PARSINUS*,

sub Constantino IV (?)

Fantuzzi, dans ses *Monumenti Ravennati de secoli di mezzo*[2], a publié un document daté du 1er mars 681 et qui fait connaître un autre personnage, qualifié comme Theodorus Calliopas, *gloriosus praefecturius*. C'est encore vraisemblablement un ancien préfet du prétoire[3]. A côté de lui figure un certain Flavius Mastallus, qualifié *illustris*.

— « In nomine Domini Dei Salvatoris nostri Jesu Christi a vobis
« Reverendissimis defensoribus S. Aquiliensis Ecclesiae uti nobis

---

[1] [Schlumberger, *Sigillographie de l'empire byzantin*, p. 211.]

[2] [T. VI, n° XCVIII, p. 263.]

[3] [L'expression *vir praefectorius* désigne un ancien préfet dans les documents juridiques des IIIe et Ve siècles (Ulp. 62 ad Ed. *Dig.* lib. I, tit. IX, 1 pr.; *Cod. Just.* lib. XII, tit. XL, c. 10, § 3) et dans Sidoine Apollinaire (lib. I, ep. VII, 6 et IX). Voir plus haut, p. 621, n. 5. Il en est de même dans Sulpice Sévère (*Vita S. Martini*, 19, 1) et dans Fortunat (*ibid.* II, 19; IV, 305). Dans un document de la fin du VIIIe siècle (*Liber Pontificalis*, t. Ier, p. 519), le mot *praefecturius* est pris dans un sens différent. D'après L. Duchesne (note 76), ce titre ne signifie pas un ancien préfet, mais un employé de la préfecture; c'est l'analogue du terme *praefectianus* du Ve siècle (et même du IVe. Cf. *Cod. Just.* lib. I, tit. XL, c. 8; lib. XII, tit. LII, c. 2). Cette signification ne paraît pas convenir aux documents concernant Theodorus Calliopas et Flavius Parsinus. (Cf. Marini, *op. cit.* p. 364.) Le qualificatif *gloriosus* est appliqué par saint Grégoire aux préfets du prétoire et aux anciens préfets. La désignation exacte des employés de préfecture se trouve dans un document du milieu du VIe siècle, la vie de saint Césaire, évêque d'Arles : « In praedicta Ra-
« vennatium civitate quaedam vidua habebat
« filium adolescentem *praefecturiis officiis*
« *militantem*, qui indigentiam genetricis
« emolumentis ac propriis stipendiis sus-
« tentabat. » (Lib. I, c. 39, éd. Krusch, p. 472).]

« Parsino glorioso *praefecturio*, seu Mastallo *mag.* illustri [*militum?*]
« locare jubeatis rem juris S. vestrae Ecclesiae id est *casale*...

« Imperantibus Dominis nostris piissimis perpetuo Augustis *Constan-*
« *tino* Deo jubente majore Imperatore anno septimo decimo post con-
« sulatum ejusdem tranquillitatis anno primo Heraclio Vero et Tiberio a
« Domino conservandis ejus fratribus anno duodecimo die kal. Mar-
« tiarum. *Ravenne.*

« Flavius Parsinus in Dei nomine Praefecturius hos libellos a nobis
« factos sicut superius legitur manu propria subscripsi.

« Flavius Mastallus in Dei nomine illustris hos libellos a nobis factos
« sicut superius legitur manu propria subscripsi. Finis. »]

# IV

## PRAEFECTI PRAETORIO AFRICAE.

[La préfecture du prétoire d'Afrique fut établie par Justinien après l'expulsion des Vandales qui occupaient cette contrée depuis un siècle[1].

Anno 534 (Paulino jun. Ind. XII). — « Eo anno Africa Romano
« imperio post nonaginta et duos annos per Belesarium patricium res-
« tituitur : et Gelimer rex Vandalorum captivus Constantinopoli exhi-
« betur et Justiniano Augusto cum uxoribus et thesauris a supra scripto
« patricio praesentatur[2]. »

— « Multas quidem et antea a Deo meruimus largitates et innume-
« rabilia circa nos ejus beneficia confitemur pro quibus nihil dignum
« nos egisse cognoscimus : prae omnibus tamen hoc,... excedit omnia
« mirabilia opera, quae in saeculo contigerunt, ut Africa per nos tam
« brevi tempore reciperet libertatem, ante centum et quinque (*sic*)
« annos a Vandalis captivata, qui animarum fuerant simul hostes et
« corporum[3]. »

Le siège de la préfecture d'Afrique fut fixé à Carthage :

— « Cujus sedem jubemus esse Carthaginem et in praefatione pu-
« blicarum chartarum praefecturis aliis ejus nomen adjungi, quam nunc
« tuam excellentiam gubernare decernimus[4]. »

Le diocèse d'Afrique comprit sept provinces :

— « Et... auxiliante Deo septem provinciae cum suis judicibus
« disponantur, quarum Zeugi quae proconsularis antea vocabatur Car-

---

[1] [Procop. *De bell. Vandal.* lib. II, c. vii.]
[2] [Marii Aventicensis *Chronic.* (*Chron. min.* t. II) p. 235. Cf. Victoris Tonn. *Chronic.*, ibid. p. 198. Marcellini *Chronic.*, ibid. p. 103.
[3] [*Cod. Just.* lib. I, tit. xxvii, c. 1 pr., § 1. Cf. *Nov.* VIII, c. x, 2; *Nov.* XXX, c. xi, 2.]
[4] [*Cod. Just.* eod. § 1 (11).]

## 654   PRAEFECTI PRAETORIO AFRICAE.

« thago[1], et Byzacium ac Tripolis rectores habeant consulares : reliquae
« vero, id est Numidia et Mauritania [2] et Sardinia, a praesidibus cum
« Dei auxilio gubernentur [3]. »

La série des préfets d'Afrique établie par Borghesi ne comprenait que quatre noms.]

### I
### 1287 = 534.
### ARCHELAUS,
praef. praet. Africae sub Justiniano.

Archelaus primus fuit praefectus praetorio Africae, anno 534[4].

— « Imp... Justinianus... Archelao praefecto praetorio Africae :
[« ... Deo itaque auxiliante pro felicitate rei publicae nostrae per hanc
« divinam legem sancimus, ut omnis Africa, quam Deus nobis prae-
« stitit, per ipsius misericordiam optimum suscipiat ordinem et propriam
« habeat praefecturam, ut sicut Oriens atque Illyricum, ita et Africa
« praetoriana maxima potestate specialiter a nostra clementia deco-
« retur... Emissa lex Constantinopoli (id. April.?) Dn. Justiniano pp.
« A. IV et Paulino v. c. conss. » (534)[5].

Voir la série des préfets d'Orient, n° CXIX, et celle des préfets d'Illyrie, n° LI.]

### II
### [1287 =] 534 — [1289 = 536.]
### SOLOMON,
praef. praet. Africae sub Justiniano.

« Archelao, qui primus in Africa praefecturam praetorii administravit,

---

[1] [Le texte est ici rapporté d'après l'édition du Code d'Hermann. Dans l'édition de Krueger, au lieu de *Zeugi quae* on lit : *Tingi, et quae*. C'est une erreur : Mommsen (*Corp. inscr. Lat.* vol. VIII, p. xvii) a établi que *Zeugi* et *Carthago proconsularis* formaient une seule circonscription administrative.]

[2] [Mommsen lit *Mauritaniae*. C'est une correction nécessaire pour retrouver les sept provinces annoncées.]

[3] *Cod. Just.* lib. I, tit. xxvii, c. 1 [§ 2. *De officio praefecti praetorio Africae et de omni ejusdem dioeceseos statu.*]

[4] Morcellius, *Afr. christ.* t. III, p. 272. [Cf. Procop. *De bello Vandal.* I, 10, 15, 17, 20.]

[5] [*Cod. Just. loc. cit.* § 10.]

viro patricio magnisque honoribus recte perfuncto Solomon successerat magister militum[1]. »

— [« Solomon, quem Belisarius magisterii militiae administrum ha-
« bebat (domesticum Romani vocant) erat spado, non consilio, sed
« casu... Erat patria Solomonis in Oriente, ad ipsum imperii Romani
« limitem, ubi nunc urbs Dara colitur[2]. »

— « Belisarius... Solomoni regendam Africam tradidit, delec-
« tuque habito, partem maximam praetorianorum suorum reliquit[3]. »

Deux novelles de Justinien des 1er janvier et 1er août 535 sont adressées au préfet d'Afrique Solomon.

Idem (Justinianus) Salomoni[4] P. P. Africae.
An. 535. — Belisario v. c. cons.
 Kal. Jan. Dat. Constantinopoli[5].
 Kal. Aug. Dat. Constantinopoli[6].

Dans une novelle du 1er mai 538, Justinien rappelle une constitution antérieure rédigée en grec et en latin, et dont le second exemplaire avait été adressé le 1er avril à Solomon[7].

Solomon fut écarté de la préfecture d'Afrique en 536[8].]

---

[1] Morcellius, *Afr. christ.* t. III, p. 285.

[2] [Procop. *De bello Vandal.* lib. I, c. xi. Σολόμων, ὃς τὴν Βελισαρίου ἐπετρόπευε σρατηγίαν· (δομέσλικον τοῦτον καλοῦσι Ῥωμαῖοι. Ὁ δὲ Σολόμων οὗτος εὐνοῦχος μὲν ἦν, οὐκ ἐξ ἐπιβουλῆς δὲ ἀνθρώπου τὰ αἰδοῖα ἐτύγχανεν ἀποτμηθείς, ἀλλά τις αὐτῷ τύχη ἐν σπαργάνοις ὄντι τοῦτο ἐβράβευσε.) ... Σολόμων ἔφος μὲν ἐτύγχανεν ὢν ἐκ τῆς Ῥωμαίων ἐσχατιᾶς αὐτῆς, οὗ νῦν πόλις οἰκεῖται Δάρας. Cf. Theophilact. Simoc. lib. II, c. iii.]

[3] [Procop. lib. II, c. viii. Βελισάριος... Σολόμωνι διέπειν τὸ Λιβύης κράτος παρείχετο, ἀπολέξας τῶν ὑπασπιστῶν καὶ δορυφόρων τῶν αὐτοῦ μέρος πλεῖστον.]

[4] [Au lieu de *Solomoni.*]

[5] [*Nov.* xxxvi. Ut hi qui in Africa sunt intra quinquennium competentes sibi res usque ad certum gradum debeant vindicare.]

[6] [*Nov.* xxxvii. De Africana ecclesia.]

[7] [*Nov.* LXVI, c. 1, 2 : ... Ἡ δὲ τῇ Ῥωμαίων φωνῇ γεγραμμένη πρὸς Σολομῶντα τὸν ἐνδοξότατον τῶν ἐν Ἄφροις ἱερῶν ἡγούμενον πραιτωρίων καλάνδας Ἀπριλλίας προσγεγραμμένας ἔχει.]

[8] [Cf., sur les causes de cet événement, Procop. *De bello Vandal.* lib. II, c. xiv et xv.]

## III

[1289 =] 536 — [1292 = 539].

### GERMANUS,
praef. praet. Africae sub Justiniano.

« Justinianus Germanum, fratris sui filium, in Africam miserat, qui Solomoni succederet et praetorii praefectura fungeretur[1]. »

— [« De his certior factus Imperator Germanum fratris sui filium, e « patriciorum ordine, cum exiguo comitatu misit. Eum Symmachus et « Domnicus, senatores ambo, sequebantur; ille quidem praefecturam « et quaesturam castrensem gesturus, hic vero magister futurus pedi- « tum[2]... Dixit se ab Augusto missum in Africam, ut oppressis mili- « tibus afferret opem, eorumque oppressoribus poenas imponeret[3]. »

An. 536. — XIV. Post consulatum Belisarii.

— « In Africa vero Solomone itidem cum exercitu dissidente Ger- « manus succedit, Solomonem remittens ad principem[4]. »

— « Germanus in Africa feliciter administrat[5]. »

An. 537. — XV. Iterum post consulatum Belisarii.

— « In Africa Germanus rebelliones milites cum Stotza tyranno « inter Maurorum deserta bellando effugat[6]. »

---

[1] Morcellius, p. 289.

[2] [Symmaque, l'un des auxiliaires de Germanus, fut spécialement chargé de l'administration des finances. Procope lui donne le titre de ὑπαρχός καὶ χορηγὸς τῆς δαπάνης. Il paraît difficile d'y voir un préfet du prétoire, comme le propose Diehl, *L'Afrique byzantine*, p. 117 et 596. Germanus, comme son prédécesseur, réunit les pouvoirs de *magister militum* et de préfet du prétoire. C'est du reste l'opinion exprimée par Diehl lui-même, p. 122 et 628.]

[3] [Procop. *De bello Vandal.* lib. II, c. XVI. Ταῦτα ἐπεὶ βασιλεὺς ἤκουσε, Γερ- μανὸν τὸν ἀνεψιὸν αὐτοῦ, ἄνδρα πατρί- κιον, ξὺν ὀλίγοις τισὶν ἔπεμψε. Καὶ Σύμ- μαχος δὲ αὐτῷ καὶ Δόμνικος, ἄνδρες ἐκ βουλῆς, εἵποντο, ἅτερος μὲν ὑπαρχός τε καὶ χορηγὸς τῆς δαπάνης ἐσόμενος, Δόμ- νικος δὲ τῷ πεζῷ στρατῷ ἐπιστατήσων... Καὶ σταλῆναι πρὸς βασιλέως ἐς Λιβύην αὐτὸς ἔφασκεν, ἐφ' ᾧ ἠδικημένοις μὲν στρατιώταις ἀμυνεῖ, κολάσει δὲ τοὺς ἀδι- κίας τινὸς ἐς αὐτοὺς ἄρξαντας.]

[4] [Marcellini *Chron.* dans *Mon. Germ. hist.* t. XI, p. 104.]

[5] [*Ibid.* p. 105. Coripp. *Joh.* III, 28- 34; 283-292; 320-336.]

[6] [Marcellin. *loc. cit.*]

## PRAEFECTI PRAETORIO AFRICAE.

An. 539. — II. Appionis solius.

— « Germanus de Africa Constantinopolim evocatur. Solomon « ibi rursus dirigitur [1]. »

Deux novelles du 1ᵉʳ juin 538 [2] et une novelle du 10 mars 539 [3] contiennent des instructions à l'adresse τοῦ ἐνδοξοτάτου ἐπάρχου τῶν ἡμῶν πραιτωρίων... ἐπὶ Λιβύης. Une autre novelle du 1ᵉʳ juin 538 mentionne le tribunal du préfet d'Afrique [4]. Quelques années plus tard, Germanus devint *magister militum per Thracias*. Il mourut en charge en 551 [5].]

### IV

[ 1292 = 539 — 1296 = 543.]

SOLOMON,

praef. praet. Africae iterum sub Justiniano.

« Germano ex Africa revocato ei Justinianus Solomonem successorem dedit, quo iterum rectore provinciae... [6]. »

— [« Imperator vero Germanum cum Symmacho ac Domnico Byzan- « tium revocavit, resque omnes Africae iterum Solomoni commisit, « anno imperii sui XIII... Appulsus Carthaginem Solomon, jam « Stozae factione discussa, moderate Africam rexit, ac tuto custodiit... « Singulas urbes moenibus cinxit, et diligenti legum observatione rem « ibi publicam tenuit ac servavit. Fuit Africa, quamdiu rationes ejus « hic procuravit, pecuniae proventu potens et omnino fortunata [7]. »

---

[1] [Marcellin. *loc. cit.* p. 106.]
[2] [*Nov.* LXIX, epilog.; LXXIII, epilog.]
[3] [*Nov.* LXXIX, c. II.]
[4] [*Nov.* LXX, c. I : ... Ἐπὶ τῶν πραιτωριανῶν βημάτων... τῶν τε Λιβύης.]
[5] [Procop. *De bell. Goth.* lib. III, c. XL. Jornand. 148, 7.]
[6] Morcellius, *Afr. christ.* t. III, p. 290.
[7] [Procop. *De bello Vandal.* lib. II, c. XIX. Γερμανὸν δὲ ξύν τε Συμμάχῳ καὶ Δομνίκῳ μεταπεμψάμενος βασιλεὺς Σολόμωνι αὖθις ἅπαντα Λιβύης τὰ πράγματα ἐνεχείρισε, τρισκαιδέκατον ἔτος τὴν αὐτοκράτορα ἔχων ἀρχήν·... Σολόμων δὲ καταπλεύσας ἐς Καρχηδόνα καὶ τῆς Στότζα στάσεως ἀπαλλαγεὶς μετρίως τε ἐξηγεῖτο καὶ Λιβύην ἀσφαλῶς διεφύλασσε... Πόλιν τε ἑκάστην περιέβαλλε τείχει καὶ τοὺς νόμους ξὺν ἀκριβείᾳ φυλάξας πολλῇ τὴν πολιτείαν ὡς μάλιστα διεσώσατο. Καὶ ἐγένετο Λιβύη ἐπ' ἐκείνου χρημάτων τε προσόδῳ δυνατὴ καὶ τὰ ἄλλα εὐδαίμων.]

— «Ab eo tempore Afri omnes, quicumque Romanis parebant, «stabilem adepti pacem, sub moderato ac valde commodo Solomonis «regimine, belli cogitatione omni deposita, mortalium omnium felicis- «simi videbantur[1]. »

An. 540. — III. Justini jun. solius.

— «Solomon in Africa feliciter dimicans rebelliones proturbat[2]. »

Plusieurs inscriptions rappellent le souvenir de ce préfet d'Afrique[3].

L'une d'elles était encastrée dans la maçonnerie byzantine qui fermait en partie la porte septentrionale de l'arc de triomphe de Tebessa[4] :]

## 1

✠ NVTV·DIVINO·FELICISS·TEMPORIB·PIISSIMOR·DOM
INOR · NOSTROR · IVSTINIANI · ET · THEODORAE
AVGG·POST·ABSCISOS·EX·AFRICA·VANDALOS
EXTINCTAMQVE·PER·SOLOMONEM·GLORIOSISS·
ET EXCELL·MAGISŘO· MILITVM·EX·CONSVL·PRAEFECT·
LIBYAE · AC · PATRICIo VNIVERSAM MAVRVSIAM GENTEM
PROVIdentia ejusDEM AEMINENTISSIMI VIRI THE
VESTE civitas A fVNDAMENT · AEDIFICATA · EST

---

[1] [Procop. *De bello Vand.* lib. II, c. xx. Καὶ ἀπ' αὐτοῦ Λίβυες ἅπαντες, οἱ Ῥωμαίων κατήκοοι ἦσαν, εἰρήνης ἀσφαλοῦς τυχόντες καὶ τῆς Σολόμωνος ἀρχῆς σώφρονός τε καὶ λίαν μετρίας, ἔς τε τὸ λοιπὸν πολέμιον οὐδὲν ἐν νῷ ἔχοντες, ἔδοξαν εὐδαιμονέσ]ατοι εἶναι ἀνθρώπων ἁπάντων. Cf. Coripp. *Joh.* III, 289.]

[2] [Marcellin. *Chron.* p. 106.]

[3] [L'inscription de Ksar-Sbohi (n. 3) est la seule qui mentionne expressément la seconde préfecture de Solomon. Les autres, pour la plupart très mutilées, sont citées dans la présente notice. H. DE VILLEFOSSE.]

[4] A Tebessa nell' Africa. Mandatami dalla commissione di Parigi del Corpus inscriptionum Latinarum. [*Corp. inscr. Lat.* vol. VIII, n. 1863. Une autre inscription de Tebessa, dont il ne reste qu'un fragment, rappelle aussi le préfet Solomon. Cf. n. 1864.]

## PRAEFECTI PRAETORIO AFRICAE.

[2

Une seconde, malheureusement très abîmée, est gréco-latine; elle surmonte la porte de la citadelle byzantine de Mdaourouche, l'antique *Madaura* [1] :

................... ᾠκοδομήθΗ ΕΠΙ ΤШν
ΕΥΣΙβεσ1άτων Ἰουσ7ιΝΙΑνοῦ καὶ ΘΕΔШρας
ΠΡΠνοίᾳ ἐνδοξοτάτου ὑΠΑτικ ΣΤΡΑτηγοῦ
ΚΑὶ ἐπάρχου τῆς ἈΦρικΗΣ ΣΟΛΟΜωνος

✠ CUM ........ aEDIFICATA EST ✠ TEMPO
RIBVS dominor. noSTRORVM IVSTINIANI
ET THEOdorae providentia sOLOMONIS GLORIOs·EX
CONSVle magistri milituM ET PRAEFECTI AFRIcaE ✠

3

Une troisième était placée au-dessus de la porte du fort byzantin de Ksar-Sbohi, l'antique *Gadiaufala* [2] :

⳨ DEO IVBANTE TEMPORIBVS
IVSTINIANI ET THEODORAE PIIS
M̄ M̄ DoMINoRVM NoSTRoRVM

PROVIDENTIA SoLoMoNIS ExCELLEN
TISSIMI MAGISTRI MILITVM EX CoNSVLE
BIS PREFECTo prAEToRIoRVM AFRICAE HAC
PATRICIo FAbricATVM EST BuRGum

4 à 7

Une quatrième a été retrouvée, en double exemplaire, dont un gréco-latin, dans la citadelle byzantine de Bordj-Halal, près de Chemtou. Le texte diffère peu des précédents [3].

Une cinquième, également en double exemplaire, était encastrée dans les murailles de la citadelle de Gafsa, l'antique *Capsa* [4].

[1] [*Corp. inscr. Lat.* vol. VIII, n. 4677. Ligne 1 : *cum* [*dei auxilio?*] — [2] [*Ibid.* vol. VIII, n. 4799.] — [3] [*Ibid.* n. 1259 et n. 14547.] — [4] [*Ibid.* n. 101 et n. 102.]

Le fragment d'une sixième inscription gréco-latine a été trouvé à Kissera, l'antique *Chusira*, dans les murs de la citadelle byzantine [1].

Une septième existait au fort byzantin d'Aïn-bou-Driès, au sud de Tebessa, sur la frontière de Tunisie [2].

An. 543. — « Post consulatum Basilii v. c. anno III. Stuzas tyran-
« nus gentium multitudine adunata Solomoni magistro militiae ac pa-
« tricio Africae ceterisque Romanae militiae ducibus Cillio occurrit.
« Ubi congressione facta peccatis Africae Romanae rei publicae militia
« superatur, Solomon utriusque potestatis vir strenuus proelio mori-
« tur [3]. »

D'après l'*Auctarium Marcellini*, Solomon aurait succombé en 541 [4].]

V

[1296 = 543 (?) — 1298 = 545.

SERGIUS,

praef. praet. Africae sub Justiniano.

Sergius avait été d'abord gouverneur de la Tripolitaine.

— « Imperii decimum septimum (annum) agens (543) Justinianus
« Cyrum ac Sergium filios Bacchi, fratris Solomonis, praefecit urbibus
« Africae; Pentapoli quidem Cyrum majorem natu, Tripoli vero Ser-
« gium [5]. »

A la mort de Solomon, Sergius lui succéda à la préfecture d'Afrique et fut comme lui investi des pouvoirs militaires.

---

[1] [*Corp. inscr. Lat.* n. 700.]

[2] [*Ibid.* n. 2095. Sur les constructions de Solomon à Calama et à Sitifis, cf. les n. 5352, 5353 et 8483.]

[3] [Victoris Tonnennensis *Chronic.* p. 201. Cf. le récit de la mort de Solomon, dans Procop. *De bello Vandal.* lib. II, c. xxi. Sur la date de cet événement, cf. Partsch, *Corippi* proemium, p. xvii et xix.]

[4] [*Monum. Germ. histor.* t. XI, p. 106.

La chronologie de cette époque présente quelque incertitude. Cf. Partsch, p. xxiv.]

[5] [Procop. *De bello Vandal.* lib. II, c. xxi. Ἔτος γὰρ ἕβδομόν τε καὶ δέκατον Ἰουστινιανοῦ βασιλέως τὴν αὐτοκράτορα ἀρχὴν ἔχοντος, Κῦρός τε καὶ Σέργιος, οἱ Βάκχου τοῦ Σολόμωνος ἀδελφοῦ παῖδες, πόλεων τῶν ἐν Λιβύῃ πρὸς βασιλέως ἄρχειν ἔλαχον, Πενταπόλεως μὲν ὁ Κῦρος ὁ πρεσβύτερος, Τριπόλεως δὲ Σέργιος.]

— « Defuncto Solomone, Sergium, qui... ejus erat ex fratre ne-
« pos, Africae praeposuit imperator. Multarum is calamitatum, quibus
« Afri sunt conflictati, praecipuus auctor extitit[1]. »

An. 541 (?). — IV. Basilii solius anno primo.

— « Solomon in Africa interficitur. Sergius loco ejus dux suc-
« cessit belli moderatorque provinciae[2]. »

An. 543. — VI. Post consulatum Basili anno III.

— « In Oriente Persis adhuc tenentibus conflictum cum nostris Ser-
« gius in Africa inquietatur a rebellionibus cum Stotza et Mauris[3]. »

— « (Justinianus Aug.) ne tum quidem Sergium revocavit, sed pariter
« cum Areobindo magisterium militare Africae gerere jussit, provinciis
« et numeris militum divisis bifariam. Ac Sergio cum Numidiae bar-
« baris, Areobindo cum Mauris Byzacenis bellum perpetuum injunxit[4]. »

— « ... Imperator dolorem magnum ex infelici Joannis virtute
« capiens, ac secum reputans militiae magisterium bifariam dividi sine
« maximo detrimento non posse, evocatum protinus Sergium, in Italiam
« cum exercitu misit; Areobindum universae Africae praefecit[5]. »

An. 546. — IX. Post consulatum Basili anno sexto.

— « De Africa Sergius evocatur et Ariovinda neptem impera-
« toris acceptam ibi judex dirigitur[6]. »

---

[1] [Procop. *De bello Vandal.* lib. II, c. xxii. Τελευτήσαντος δὲ Σολόμωνος, Σέργιος αὐτοῦ, ... ἀδελφιδοῦς ὤν, δόντος βασιλέως, παρέλαβε τὴν Λιβύης ἀρχήν. Ὃς δὴ φθορᾶς πολλῆς αἰτιώτατος τῷ Λιβύων γένει ἐγένετο.]

[2] [Marcellini *Auctarium*, ibid. D'après Partsch, p. xx, c'est en 544 que Sergius aurait succédé à Solomon.]

[3] [*Ibid.* p. 107.]

[4] [Procop. *De bello Vandal.* lib. II, c. xxiv. Οὐ μὴν οὐδὲ Σέργιον μετεπέμπετο, ἀλλ' αὐτόν τε καὶ Ἀρεόβινδον Λιβύης σ1ρατηγοὺς ἐκέλευεν εἶναι, τήν τε χώραν καὶ τῶν σ1ρατιωτῶν τοὺς καταλόγους διελομένους. Ἐπέβαλλε δὲ Σεργίῳ μὲν τὸν πόλεμον διενεγκεῖν πρὸς τοὺς ἐν Νουμιδίᾳ βαρβάρους, Ἀρεοβίνδῳ δὲ τοῖς ἐν Βυζακίῳ Μαυρουσίοις ἀεὶ διαμάχεσθαι.]

[5] [Procop. *De bello Vandal.* lib. II, c. xxiv. Βασιλεὺς δὲ... περιώδυνός τε τῇ τοῦ Ἰωάννου γεγονὼς ἀρετῇ, μάλισ1α ἀξύμφορόν τε νομίσας εἶναι τοῖν δυοῖν σ1ρατηγοῖν τὴν ἀρχὴν ἔχειν, τὸν μὲν Σέργιον εὐθὺς μεταπεμψάμενος ἐς Ἰταλίαν ξὺν σ1ρατῷ ἐσ1ελλεν, Ἀρεοβίνδῳ δὲ ἅπαν τὸ Λιβύης παρέδωκε κράτος. Areobindus fut seulement *magister militum.* Cf. Partsch, p. xxii.]

[6] [Marcellini *Auctarium*, p. 107.]

An. 560. — Post consulatum Basilii v. c. anno xx.

— « Bulgares Thraciam pervadunt et usque ad Scycas Constan-
« tinopolim veniunt, Sergium patricium, qui dudum Africanae fuerat
« dux militiae, capiunt simulque et distrahunt[1]. »]

## VI

[1299 = 546.

### ATHANASIUS,

praef. praet. Africae sub Justiniano.

Athanasius, préfet d'Italie en 540[2], fut préfet d'Afrique en 546[3].

— « Misit (imperator) cum ipso (Areobindo) praefectum Athana-
« sium qui ex Italia non ita pridem venerat[4]. »

> Nam pater ille bonus summis Athanasius Afros
> Consiliis media rapuit de caede maligni.
> Hic potuit Libyam Romanis reddere fastis
> Solus, et infestum leto damnare tyrannum[5].

— « Gontharis, plenam adeptus victoriam... Areobindum et Atha-
« nasium in palatio coenae adhibuit. Ac caenanti quidem Areobindo
« ... Ulitheum immisit cum nonnullis aliis, qui illum plorantem eju-
« lantemque, et miserabiliter deprecantem obtruncarunt. Abstinuere
« manus ab Athanasio, senectuti hominis, ut interpretor, per contemp-
« tum parcentes[6]. »]

---

[1] [Victoris Tonnennensis episcopi *Chronic.* p. 205.]

[2] [Voir plus haut, p. 642.]

[3] [Cf., sur cette date, Partsch, p. xxiv.]

[4] [Procop. *De bello Vandal.* lib. II, c. xxiv. Καὶ ξὺν αὐτῷ Ἀθανάσιον ὕπαρχον ἄρτι ἐξ Ἰταλῶν ἥκοντα ἔσ7ελλε.]

[5] [Coripp. *Johannidos*, lib. IV, 232. Cf. VII, 199.]

[6] [Procop. c. xxvi. Γόνθαρις δὲ κατὰ κράτος νενικηκὼς... Ἀρεόβινδόν τε καὶ Ἀθανάσιον δειπνεῖν ξὺν αὐτῷ ἐν τῷ παλατίῳ ἐκέλευε. Καὶ δειπνοῦντα μὲν τὸν Ἀρεόβινδον ἔτιμα... οὗ δὴ τὸν Οὐλίθεον ξὺν ἑτέροις τισὶν ἐπ' αὐτὸν ἔπεμψεν. Ὅπερ αὐτὸν κωκύοντα τε καὶ ὀλολυγαῖς συχναῖς χρώμενον πολλά τε πρὸς ἔλεον ἐπαγωγὰ φθεγγόμενον ἐς αὐτοὺς κτείνουσιν. Ἀθανασίου μέντοι ἐφείσαντο, τὸ γῆρας, οἶμαι, τοῦ ἀνθρώπου ὑπεριδόντες.]

## VII

[1305 = 552.

**PAULUS**,
praef. praet. Africae sub Justiniano.

Une Novelle de Justinien, conservée dans le *Codex Utinensis*[1] est adressée *Paulo P. P. Africae*. Elle porte cette suscription : «Dat. VIII id. Septembris Constantino-«poli, imp. Dn. Justiniani pp. Aug. (an. XXVI), post cons. Fl. Basilii anno XI, «indictione prima (552)».

Dans une lettre de l'an 552, adressée par les *clerici provinciae Mediolanensis* au légat d'un roi mérovingien lors de son départ pour Constantinople, on signale la conduite du préfet d'Afrique : «Praefectus vero Africae, si quos invenit in Africa «episcopos aut causas proprias habentes aut simplices vel ignarus aut venalis et «paratus ad praemium, collegit et direxit inde unumquemque[2].»]

## VIII

[Intra 1308 = 555 et 1313 = 560.

**BOETIUS**,
praef. praet. Africae sub Justiniano.

Une lettre du pape Pélage Ier est adressée *Boetio praefecto praetorio Africae*[3]. Cette lettre, dont il ne reste qu'un court fragment, ne fournit aucune indication sur la carrière de ce préfet.]

---

[1] [Haenel, *Juliani epitome*, p. 225. Zachariae, *Novellae*, tit. II, p. 341. Schoell-Kroll, app. VI, p. 799.]

[2] [*Mon. Germ. hist. Epist. aevi Merowingici*, t. I, p. 440.] — [Le R. P. Delattre (*Les Missions catholiques*, t. XIX, 1887, p. 508) dit qu'il a vu à Tunis, chez un marchand d'antiquités, une bulle de plomb portant cette légende : ✠ ΠΑΥΛΟ. ‖ ΑΠΟ ΕΠ ‖ ΑΡΧѠΝ. Un *Paulus*, contemporain de Solomon et chargé par lui de la reconstruction des murs de Calama, est cité avec la qualité de *comes* dans une inscription africaine (*Corp. inscr. Lat.* vol. VIII, n. 5353) un peu antérieure à 552. Cf. Ficoroni, *I piombi antichi*, XII, 3. Héron de Villefosse.]

[3] [Pelagii papae I *Epist.* fragment, édition Migne, *Patr. Latin.* t. LXIX, col. 417.]

## IX

[1311 = 558.

### JOHANNES,
praef. praet. Africae sub Justiniano.

Une Novelle de Justinien, conservée dans le *Codex Utinensis*, est adressée: *Johanni P. P. per Africam*. Elle est ainsi datée[1]: «Dat. X k. Octobris Chalcedone, imp. Dn. «Justiniani (pp.) Aug. an. XXXII, post cons. Fl. Basilii v. c. anno XVII, ind. VII. «(558).»]

## X

[1315 = 562.

### JOHANNES QUI ET ROGATHINUS,
sub Justiniano.

— «Mense eodem (januario, indictionis XI), Africae quaedam re-
«giones a Mauritanis occupatae sunt. Cutzines enim, gentis ejus exar-
«chus, ex quo Maurorum dominium susceperat, auri quantitatem
«quamdam a Romanorum pro tempore praefecto accipere solitus
«fuerat. Ceterum Joanne, cognomine Rogathino [in Africam] adve-
«niente, nec pecuniam ei pro more solvente, quin e contra dolo
«illum interficiente, Cutzinae ipsius filii, paternam caedem ulturi,
«arma sumpserunt[2].»

— «Cutzinae nomine quidam ex ipsa gente exarchus Mauritano-
«rum habebat consuetudinem accipiendi a principe Africae, qui per

---

[1]. [Haenel, p. 225. Zachariae, p. 392. Édition Schoell.-Kroll, appendice IX, p. 803.]

[2] [Joh. Malal. *Chronogr.* p. 495 (éd. de Bonn): Καὶ τῷ αὐτῷ μηνὶ παρελήφθη μέρη τινὰ τῆς Ἀφρικῆς ὑπὸ τῶν Μαυριτανῶν· Κουτζίνης γὰρ ὁ ἔξαρχος τοῦ αὐτοῦ ἔθνους ἔθος εἶχε λαμβάνειν ἀπὸ Ῥωμαίων διὰ τοῦ κατὰ καιρὸν ἄρχοντος πόσον τι χρυσίον, ἐπειδὴ ἦρχε τοῦ ἔθνους τῶν Μαύρων. Καὶ κατελθόντος Ἰωάννου τοῦ ἐπίκλην Ῥογαθινοῦ, καὶ μηδὲν αὐτῷ δεδωκότος κατὰ τὸ πρώην ἔθος, ἀλλὰ τοὐναντίον καὶ δολοφονήσαντος αὐτόν, ἀνέσ]ησαν τὰ τέκνα τοῦ αὐτοῦ Κουτζίνη, ἐκδικοῦντες τὸ πατρῷον αἷμα.]

« tempus erat, certam quantitatem auri. Cum autem venisset, ut acci-
« peret illud, Johannes princeps Africae occidit eum[1]. »

Bien que ces textes ne donnent pas à Johannes le titre de préfet du prétoire, il est vraisemblable qu'il en a rempli les fonctions[2].]

## XI

[Intra 1318 = 565 et 1331 = 578.

*LUCIUS MAP.....,*
sub Justino juniore.

D · N · IVSTINO
FELICI · SEMPER
AVG · DEDICANTE
LVCIO MAP......
V · C · P..... P.....
DEVOTA · KAR · pos

Les éditeurs du *Corpus* latin (vol. VIII, p. 1067, aux *indices*) proposent de lire P[raef.?] P[raet.? Africae]. Après le texte de l'inscription, ils ajoutent : « Ad Justinum II pertinere videtur, nam sub priore Carthago in potestate Vandalorum erat[3]. »]

## XII

[Intra 1318 = 565 et 1323 = 570.]

THOMAS,
praef. praet. Africae sub Justino juniore.

Et Thomas, Libycae nutantis destina terrae,
Qui lapsam statuit, vitae spem reddidit Afris,
Pacem composuit, bellum sine milite pressit,
Vicit consiliis quos nullus vicerat armis[4].

---

[1] [Anastasii *Chronogr.* éd. de Boor, t. II, p. 148.]

[2] [Cf. Partsch, p. xxxviii. Diehl (*op. cit.* p. 596) est d'un avis différent : Rogathinus aurait été *magister militum*, le préfet du prétoire de 563 serait Areobindus (?). Les arguments qu'il invoque d'après Zachariae ont été réfutés par Kroll dans son édition de la Novelle CXLIII (p. 707 et 708). Areobindus fut en 563 préfet d'Orient. Voir plus haut, p. 426.]

[3] [*Corp. inscr. Lat.* vol. VIII, n. 1020.]

[4] Corippus, *De laud. Just. min.* lib. I, 18.

[Ces vers sont extraits du premier livre du panégyrique de Justin par Corippe. Faggini a établi que la rédaction des trois premiers livres n'est pas antérieure à la fin de 566 ni postérieure à 567. Thomas fut donc préfet dès cette époque [1].

Une inscription atteste que la citadelle byzantine de Teboursouk (*Thibursicum Bure*) a été construite par les ordres de ce préfet [2] :]

⳨ SALVIS DOMINIS NOSTRIS XRISTIANISSIMIS
ET INVICTISSIMIS IMPERATORIBVS
IVSTINO ET SOFIA AVGVSTIS HANC MVNITIONEM ✣
TOMAS EXCELLENTISSIMVS PREFECTVS FELICITER AEDIFICAVIT [3]

## XIII

[1323 = 570.

THEODORUS,

praef. praet. Africae sub Justino juniore.

Une novelle de Justin II est adressée à Théodore. Bien que l'adresse soit incomplète et que l'indication de la dignité dont ce personnage était revêtu manque, il est certain, d'après la teneur de la constitution, que Théodore fut préfet d'Afrique [4]. L'empereur l'appelle *parens carissime atque amantissime*, et lui dit :

— « ... Suggessit autem tua magnitudo, maximam partem posses-
« sorum Africanae provinciae precibus suis intimare desolatos agros
« remansisse, quum divina lex [5] promulgata fuisset, constituens creatos

---

[1] [Corporis historiae Byzantinae nova Appendix. Corripi *in laud. Justini* editionis praef. Cf. Partsch, *Mon. Germ. hist.* t. III, pars posterior, p. XLVI.]

[2] Maffei *Mus. Ver.* 460, 7. Donatus, p. 229, 2, staccano le ultime righe che non li appartengono. [*Corp. inscr. Lat.* vol. VIII, n. 1434.]

[3] [En même temps qu'il était préfet du prétoire, Thomas eut, comme ses prédécesseurs Solomon et Sergius, le commandement en chef de l'armée d'Afrique. C'est sans doute à ce préfet que se rapporte un plomb publié par Garucci (*Dissertazioni archeologiche di vario argomento*, II, p. 74) et portant la légende suivante : ✣ ΘΩΜΑ ‖ σΤΡΑ ‖ ΤΗΛΑ ‖ ΤΟΥ — ✣ ΤΗΟ ‖ ΜΑΕ ‖ ΜΑGΙ ‖ STRO ‖ MIL. Il aurait été *magister militum* avant l'arrivée de Gennadius. HÉRON DE VILLEFOSSE.]

[4] [Cf. la novelle XIII de Tibère. Voir plus bas, p. 669, n. 2.]

[5] [Voir plus haut, p. 485, n. 6.]

« ex libera matre et adscriptitio marito liberos esse (quod contrarium
« est legibus antiquis)... Unde sancimus, in Africana provincia
« filios ex libera matre et adscriptitio patre productos liberos
« quidem esse et res proprias habere, in ordine tamen colonorum
« esse...[1]. »

Cette novelle est du 1er mars 570. On lit dans la suscription : *Dat. kal. Mart. Constantinopoli, Dn. pp. Aug. Justini anno V, Indict. III.*

C'est sans doute ce même préfet qui fut tué par les Maures, bien que, d'après Jean de Biclar, le fait se rapporte à l'an 569. Mais la chronologie de cet auteur n'est rien moins que certaine.

— « Theodorus praefectus Africae a Mauris interfectus est[2]. »]

## XIV

[1327 = 574 et 1335 = 582.

### THOMAS,

praef. praet. Africae iterum sub Justino juniore et Tiberio Constantino.

Une inscription bilingue, trouvée à la koubba de Sidi Gherib, près de Mahrès en Tunisie et conservée aujourd'hui au musée du Louvre[3], mentionne un préfet des dernières années de Justin II. Le nom manque.

✢ ΧΡΙϹΤΟϹ ΙΟΥϹΤΙΝѠ ϹΟΦ

ΤΙΒΕΡΙѠ Τ'ΕΠΙ ΤΟΙϹΙΝΟΛ

ΝΕΥϹΕΝ ΑΝΑϹΤΗϹΑΙ ΤΑΔΕ

OBTYLLITIMPERIO PRAEFECT

---

[1] [*Nov.* VI Justini *de filiis adscriptitiorum et liberarum* (éd. Zachariae, p. 13). Cf. Mortreuil, *Hist. du droit byzant.* t. III, p. 76.]

[2] [*Mon. Germ. hist.* t. XI, p. 212.]

[3] [*Corp. inscr. Lat.* vol. VIII, n. 10498. La partie droite du marbre est perdue et le texte publié dans le Corpus doit être légèrement modifié. Ma copie a été prise au Louvre sur l'original même. Il me paraît possible de compléter ainsi la dernière ligne :

*Obtyllit* (sic) *imperio praefect*[*us Libyae Thomas*]

L'inscription pourrait donc concerner le

84.

Les éditeurs du *Corpus* proposent de compléter ce texte de la manière suivante :

✚ Χριστὸς Ἰουστίνῳ Σοφ[ίῃ τ᾽ ἀγνῇ βασιλίσσῃ]
Τιβερίῳ τ᾽, ἐπὶ τοῖσιν ὁλ[ῆς χθονὸς ἔτραπε κῦδος,]
νεῦσεν ἀναστῆσαι τάδε [τείχεα, κάλλος ἄμετρον.]

Obtu[l]it imperio praefectus [Zozimianus?]

préfet Thomas et se rapporter à sa seconde préfecture.

Thomas semble avoir été rappelé à la préfecture d'Afrique à la fin du règne de Justin II, à l'époque où Tibère Constantin fut associé à l'empire. Il y resta sous cet empereur, comme le prouve une inscription de Khenchela (l'antique *Mascula*) dont j'ai trouvé, en 1874, le premier fragment

(*Corp. inscr. Latin.* vol. VIII, n. 2245 = 17671).

Le second fragment, beaucoup plus considérable, vient d'être mis au jour lors du percement d'une rue et rapproché du premier par Gsell (*Bulletin des Antiquaires de France*, 1895, p. 170). Il s'agit de la construction des murs de la citadelle byzantine de Mascula :

```
✚ HÆC QVOQVE prAEFECTVS CONS
TRVXIT MOenia THOMAS SEDDECVS HIS
ALIVD MELIORIS ROBORIS ADDENS
TIBERIAM dIXIT DE NOMINE
CAESARIS VRBEM ✚ DOMINO XPO A
IVBANESPOSCOFIRMANEIPRDITIBERIOA
GSGENNDiOMGMLARPAGDVCI BIGOR TRBNS
```

✚ *Haec quoque* [pr]*aefectus construxit mœ*[nia] *Thomas,*
*Sed decus his aliud melioris roboris addens,*
*Tiberiam* [d]*ixit de nomine Caesaris urbem.*

✚ *Domino Chr*(ist)*o a*[d]*jubante s*[uos](?) *pos*(uit)*, co*(n)*firmante i*(m)*p*(e)*r*(atore)
*d*(omino) *i*(nvictissimo) *Tiberio A*(u)*g*(u)*s*(to)*, Gennad*[i]*o, m*(a)*g*(istro)
*m*(i)*l*(itum)*, Arpag*(io) *duc*[e]*, Bigor tr*(i)*b*(u)*n*(u)*s.*

Ce préfet aurait ainsi contribué d'une manière active à la construction ou au relèvement d'un certain nombre de citadelles africaines. Sa seconde préfecture devrait se placer entre les années 574 et 582. Héron de Villefosse.]

## XV

[1335 = 582.

### THEODORUS,
praef. praet. Africae sub Tiberio Constantino.

Une novelle de Tibère est adressée à Théodore et mentionne un de ses prédécesseurs dans la préfecture d'Afrique :

— «Suggestionem viri beatissimi Publiani, antistitis Carthaginen-
«sium civitatis et possessorum ejusdem Africanae proconsularis pro-
«vinciae libenter suscepimus, per quas pragmaticam sanctionem
«Justini divae memoriae patris nostri pro conditione sobolis ad-
«scriptitio patre et ingenua matre ad Theodorum tunc praefecturam
«tuam agentem[1] ante tempus emissam firmam illibatamque nostris
«etiam affatibus constitui supplicaverunt....[2].»

La novelle se termine ainsi :

— «Theodore parens carissime atque amantissime. Illustris igitur
«et magnifica auctoritas tua hanc pragmaticam sanctionem in aeter-
«num valituram edictis propositis omnibus habitatoribus Africanarum
«partium innotescat, ut omnibus pateat, qualem pro utilitate eorum
«providentiam gerimus... Dat. III id. Aug. Constantinopoli. Imp.
«Dn. Tiberii Constantini pp. Aug. anno VIII, et post cons. ejus
«anno III et Nob. Fl. Tiberii Mauritii, felicissimi Caesaris, anno I.»
(582)[3].]

---

[Vers la fin du vi[e] siècle, l'Afrique fut placée sous l'autorité suprême d'un exarque[4]. Le préfet du prétoire fut désormais sous ses ordres.]

---

[1] [Voir plus haut, p. 666, n° xiii.]
[2] [*Nov.* XIII Tiberii, *De filiis adscriptitiorum et liberarum* (éd. Zachariae, p. 30).]
[3] [Cf. Mortreuil, *Histoire du droit byzantin*, t. I, p. 84.]

[4] [L'exarque d'Afrique apparaît pour la première fois dans une lettre du pape Grégoire le Grand du mois de juillet 591 (1, 59). Cf. Diehl, *L'Afrique byzantine*, p. 478.]

## XVI

[Intra 1343 = 590 et 1353 = 600.

JOHANNES,

praef. praet. Africae sub Mauricio.

Une inscription récemment découverte en Tunisie, à l'henchir Aïn Lemsa, donne le nom d'un préfet du prétoire d'Afrique, sous le règne de Maurice et sous l'exarchat de Gennadius [1].

```
ıııNOMINE ΔON EΔIFIKBIMVS TVRR ᴄIMPORIB ΔNI M
ₐVRICI I̅M̅P̅R̅S̅ SVB PATRCO GENNAẒIO ET IOANNI PREFECTO
EΔIFIKBERVNT I̅I̅I̅ FF MAXIMIANVS ISTFANVS ET MELLOSVS
```

[*In*] *nomine do*(*mi*)*ni* (*a*)*edifik*(*a*)*bimus turr*(*im*) [*te*]*mporib*(*us*) *d*(*omi*)*ni* M[*a*]*urici imp*(*e*)*r*(*ato*)*r*(*i*)*s sub patr*(*i*)*c*(*i*)*o Gennazio et Ioann*[*e*] *pr*(*a*)*efecto.* (*A*)*edifik*(*a*)*berunt* (*tres*) *F*(*lavii*) *Maximianus*, *Ist*(*e*)*fanus et Mellosus*.

Gennadius était exarque en juillet 591 [2]; il l'était encore en octobre 598 [3]. C'est dans cet intervalle que se place la préfecture de Johannes. On ne peut d'ailleurs affirmer qu'il ait été préfet avant ou après Pantaleon.]

## XVII

[1347 = 594.

PANTALEON,

praef. praet. Africae sub Mauricio.

Une lettre du pape Grégoire le Grand, en date du mois de juillet 594, est adressée *Pantaleoni praefecto praetorio Africae*. Elle commence ainsi :

— « Hereticorum nefandissimam pravitatem qualiter lex persequa-
« tur instantius, excellentiae vestrae non habetur incognitum . . . [4]. »]

---

[1] [*Corp. inscr. Lat.* vol. VIII, n. 12035.]
[2] [Gregorii papae registr. *Epist.* I, 59, (éd. Ewald, t. I, p. 82).]
[3] [Gregorii I papae registr. *Epist.* IX, 9, 11, (t. II, p. 47-48).]
[4] [*Ibid.* IV, 32, t. I, p. 267.]

## XVIII

[1353 = 600.

**INNOCENTIUS**,

praef. praet Africae sub Mauricio.

Deux lettres du pape Grégoire le Grand, l'une du mois de juillet, l'autre du mois d'octobre 600, sont adressées *Innocentio praefecto Africae*. Dans ces deux lettres le pape appelle le préfet *eminentia vestra*[1]. La première fut écrite à l'occasion de la nomination d'Innocentius à la préfecture :

— « ...Praefecturae autem vos suscepisse cingula cognoscentes,
« laetitiae se miscuit nostrae tristitia. Nam ex una parte laetati de pro-
« vectu dulcissimi filii contristati sumus ab altera, quia, quam grave
« sit confusis temporibus locis majoribus esse praepositos, ex nostro
« prorsus dolore sentimus... [2]. »

Dans la seconde lettre, le pape demande au préfet : « Ne Victoris, episcopi Fau-
« sianensis, diocesim contra edicti morem ab Africanis judicibus vexari patiatur;
« duplicia tributa exigi vetet[3]. »]

## XIX

[1380 = 627.

**GREGORIUS**,

praef. praet. Africae sub Heraclio.

Ce préfet est mentionné dans une lettre du pape Honorius Ier au sous-diacre Sergius :

— « ...Et post haec misso barbaro defensore regionario sanctae
« nostrae Ecclesiae ad eamdem civitatem Caralitanam ut praedictos
« clericos debuisset deducere, actum est ut Theodorus quidam per-
« versus praeses Sardiniae diabolica intentione abreptus, violenter abla-
« tos in Africanam provinciam destinavit. Scripsimus itaque filio nostro

---

[1] [Cf. Gregorii I papae registr. *Epist.* X, 17 : « Testantur... eminentissimi filii nostri Innocentii praefecti epistolae. »]

[2] [Gregorii I papae registr. *Epist.* X, 16, (t. II, p. 251).]

[3] [*Ibid.* XI, 7, (t. II, p. 267).]

« Gregorio praefecto tale tantumque facinus Theodoro ejusdem insulae
« praesidi jubere corrigere, et ipsas personas nostrae jurisdictionis sup-
« positas nobis in hanc civitatem Romanam dirigere. Propterea expe-
« rientia tua eidem eminentissimo praefecto imminendum deproperet,
« ut tanti viri facinus ulciscendum studeat...[1]. »]

## XX

[1394 = 641.

### GEORGIUS,

praef. praet. Africae sub Heraclio.

Ce préfet d'Afrique est plusieurs fois mentionné dans les épîtres de Maxime, qui fait un grand éloge de ses vertus et de son zèle pour la religion [2]. Il l'appelle : Γεώργιος, ὁ φιλόχριστος ἔπαρχος [3].

La première épître est adressée :

πρὸς τὸν δοῦλον τοῦ Θεοῦ κύριον Γεώργιον, τὸν πανεύφημον ἔπαρχον Ἀφρικῆς [4].

La dix-huitième épître a pour titre :

Τοῦ αὐτοῦ, ἐκ προσώπου Γεωργίου τοῦ πανευφήμου ἐπάρχου Ἀφρικῆς, πρὸς ἀσκητρίας ἀποστάσας τῆς καθολικῆς Ἐκκλησίας ἐν Ἀλεξανδρείᾳ [5].]

---

[La préfecture d'Afrique a dû disparaître bientôt après, lors de l'occupation de cette contrée par les Arabes dans la seconde moitié du viie siècle.]

---

[1] [Honorii I papae *Epist.*, éd. Migne, *Patr. Lat.* t. LXXX, col. 478.]

[2] [Maximi confessoris *Epist.* XLIV, éd. Migne, *Patr. Gr.* t. XCI, col. 642.]

[3] [Maximi conf. *Epist.* XLV, col. 648.]

[4] [*Ibid. Epist.* I, col. 364.]

[5] [*Ibid.* col. 584. Sur le préfet Georges, cf. Diehl, *L'Afrique byzantine*, p. 537, 543.]

# V

## PRAEFECTI PRAETORIO GALLIARUM.

Dei prefetti del pretorio delle Gallie parlano diffusamente Egidio Lacarry[1], Gio. Daniele Schoepflino[2].

Dal principio questi prefetti residevano a Treviri, poscia ad Arles. Questa traslazione, dal Tillemont[3] si determina al principio del quinto secolo.

Il Pagi[4] prova che i prefetti delle Gallie residevano a Treviri finchè da Onorio furono trasferiti ad Arles.

Il de Boissieu[5] ha dato un semplice elenco dei prefetti del pretorio delle Gallie, ma senza notare da chi gli abbia tratto.

[Voir aussi la *Notitia* et l'*Indiculus praefectorum praetorio Galliarum* de Godefroy[6].]

## I

[1069 =] 316.

[JULIUS] JULIANUS,
praef. praet. sub Constantino.

— « Exemplum epistolae praefectorum praetorio ad Celsum vica«rium. Petronius Annianus et Julianus Domitio Celso vicario Afri«cae[7]. »

---

[1] *Historia Galliarum sub praefectis praetorio Galliarum.* Claromonti, 1672, in-4°.

[2] Nella sua *Alsatia illustrata*, [*celtica, romana, francica*. Colmar, 1751], t. I, p. 298, [cap. III, § xxxvi. Les notices de Schoepflin ne sont qu'un résumé du travail de Lacarry. Elles s'arrêtent à l'année 408.]

[3] [*Hist. des Empereurs*], t. IV, p. 15. [Cf. Böcking, *Not. dignit.* t. II, p. 162.]

[4] All' an. 332, n. V e VI, [*Critica historica-chronologica in Annales C. Baronii*, I, p. 498.]

[5] Nelle *Inscriptions antiques de Lyon*, p. 230-231.

[6] [T. VI, pars 2ª, p. 6.]

[7] Labb. t. I, p. 1471. [Haenel, *Corpus legum*, p. 193. Voir précédemment, à la page 189.]

674        PRAEFECTI PRAETORIO GALLIARUM.

Petronio è il prefetto d'Italia, Anniano dell' Oriente. È dubbioso se Giuliano lo fosse delle Gallie o dell' Illirico; ma io crederei piuttosto delle Gallie, perchè non essendovi che tre prefetti, molte volte si trova che l'Illirico fu unito all' Italia. Certo è poi che quella lettera proviene della Gallia; anzi si conchiude: «Hilarius Princeps obtulit IV kalendas Maias, Treviris.» Il prefetto del pretorio delle Gallie non poteva essere dimenticato.

[On a vu plus haut[1] que la conjecture de Borghesi doit être écartée. Le collègue de Petronius Annianus s'appelait Julius Julianus. Il était, d'après l'inscription de Tropaea, *vir eminentissimus*. Rien ne prouve que ces deux préfets aient été chargés d'administrer une région déterminée de l'empire.]

?

[FL.] *PHILIPPUS*,
sub Constantino.

— «Idem (Constantinus) A. ad Philippum P. P. — Dat. III. non. «Nov. Arelato. Constantino A. VII et Constantio conss. (326)[2].»

Questa legge ha recato gran noie, come potrai vedere dal commento dell' Haenel[3] il quale avendola trovata tal quale nel palimpsesto di Torino conchiude che non si abbia da fare alcun cambiamento. Potrebbesi dunque attribuire al Filippo che fu *vicarius urbis* nel 313[4], e la data di Arles potrebbe altresi dare un motivo di sospettare che si parlasse di un prefetto delle Gallie.

[L'opinion d'Haenel a été écartée par Borghesi dans ses notes sur les préfets d'Orient[5]. Fl. Philippus fut préfet d'Orient de 346 à 351 et consul en 348.

Aux textes déjà cités il faut joindre un document trouvé en Égypte et récem-

---

[1] [P. 186.]
[2] *Cod. Theod.* lib. VIII, tit. VII, c. 2. De *diversis officiis*.
[3] [Col. 744, n. *m*.]
[4] [*Cod. Theod.* lib. X, tit. IV, c. 1: «Dat. III non. Mart. Heracleae, Constantino A. III et Licinio conss.» — Seeck (*Zeitschrift der Savigny-Stiftung*, t. X, p. 234) lit: «Constantino A. VII et Constantio C. conss. (326).» Cette constitution est le complément d'une décision du 17 septembre 325. *Cod. Theod.* lib. IX, tit. 1, c. 4.]
[5] [Voir la série des préfets d'Orient, p. 212.]

## PRAEFECTI PRAETORIO GALLIARUM.

ment publié dans la collection des papyrus grecs du musée de Berlin. C'est un papyrus daté du 6 mars 348 et qui mentionne la double fonction remplie à cette époque par Fl. Philippus[1] :

Ὑπατείας Φλαουίου Φιλίππου τοῦ λαμπροτάτου
ἐπάρχου τοῦ ἱεροῦ πραιτωρίου καὶ Φλαουίου Σαλιᾶ
τοῦ λαμπροτάτου μαγίστρου τῶν ἱππέων Φαμενὼθ ι.]

### I bis.

[Intra 1070 — 317 et 1079 = 326 (?)

**SEPTIMIUS ACINDYNUS,**
agens per Hispanias vicem praeff. praet. (?) sub Constantino.

Une inscription de Tarragone a fait connaître ce personnage[2] :

```
    PIO ADQVE INCLyTO
    D N IIIIIIIIIIIINOBILIS
    SIMO AC FORTISSI
    MO ET FELICISSIMO
    CAESARI SEPTIMIVS
    ACINDYNVS · V · C · A
    GENS PER HISPANIAS
    V·C·P·T·VICE·SACRA COG
    NOSCENS · NVMINI
    MAIESTATIQVE · EIVS
    SEMPER · DICATISSI
            MVS
```

C'est probablement à lui que fut adressé un rescrit de Constantin de 326[3].]

### II
1085 = 332 — 1086 = 333.

**MAXIMUS,**
praef. praet. sub Constantino.

Imp. Constantinus A. ad Maximum P. P.

---

[1] [*Ægyptische Urkunden aus den königlichen Museen zu Berlin. Gr. Urk.*, t. II, n° 405. Cf. n° 456.]

[2] [*Corp. inscr. Lat.* vol. II, n. 4107. La pierre portait vraisemblablement (l. 8) : VIC · P · P · vic(em) p(raefectorum) p(raetorio).]

[3] [Voir plus haut, p. 207, n. 1.]

An. 332. — Pacatiano et Hilariano conss.

III... Jun. Dat...[1].

An. 333. — Dalmatio et Zenophilo conss.

III Non. Maï. Emissa...[2].

[Sous le règne de Constantin, on rencontre trois fois un préfet du prétoire du nom de Maximus, en 316, en 327-328, en 332-333. Il y a aussi un préfet de la ville de ce nom en 319-323, un *rationalis Africae* en 320, et un vicaire d'Orient en 325. On a vu plus haut que Borghesi considère le préfet de la ville comme le même personnage que le préfet du prétoire et le consul de 327[3].]

## II bis

[Intra 1059 = 306 et 1090 = 337.

### Q. AECLANIUS HERMIAS,

agens vices praeff. praet. sub Constantino.

Une inscription de Cordoue fournit le nom de ce personnage[4] :

```
        D · N · IMP · CAES
   FLAV · val. CONSTANTINO · MAX
     PIO · FELICI · AETERNO · AVG
    Q · AECLANIVS · HERMIAS · V · P
     A · V · PRAEF · PRAET · ET
        IVDEX · SACRARVM
         COGNITIONVM
       NVMINI · MAIESTATI Q
           EIVS · SEMPER
          DICATISSIMVS
```

Cette inscription est aujourd'hui perdue.]

## III

[1090 =] 337.

### TIBERIANUS,

praef. praet. Galliarum sub Constantino.

Hieronymus ait : « Constantini anno XXX Tiberianus, vir disertus, « praefectus praetorio, Gallias regit[5]. »

---

[1] *Cod. Just.* lib. VI, tit. xxxvi, c. 7. *De codicillis.*

[2] *Cod. Theod.* lib. VIII, tit. 1, c. 3. *De numerariis.*

[3] [Au sujet de ce consul, voir plus haut, p. 196.]

[4] [*Corp. inscr. Lat.* vol. II, n. 2203.]

[5] In Chronico ad an. cccxxxvii [éd.

Il Gotofredo[1] sospetta che S. Girolamo abbia equivocato e che Tiberiano non sia stato che pro prefetto, vedendo che chiamasi vicario delle Spagne, in una legge del Codice Teodosiano[2].

Memoratur a Valentiniano seniore[3] [(an. 385) :

«Tiberianus, ad possibilitatem singulorum quorumque locorum «intuens statuit certas possessiones, quae ad limitem frumenta con- «veherent. Quocirca generali lege sancimus Tiberiani dispositionem «oportere servari... »

On trouve mentionné au Code Théodosien en 325[4] et 327[5] un *comes per Africam* du nom d'Annius Tiberianus. Un Tiberianus fut *comes Hispaniarum* en 322[6], *vicarius Hispaniarum* en 335[7] : c'est vraisemblablement le même que le préfet des Gaules. Mais on ignore si c'est le même que le comte d'Afrique[8].]

IV

Circa [1093 =] 340.

AMBROSIUS,

praef. praet. Galliarum [sub Constante.]

«Ambrosius primus[?] praefectus praetorio Galliarum fuit, quod novimus, circa an. 334 quo natus ipsi filius S. Ambrosius. Paulinus[9] ait: «Posito in administratione Galliarum patre ejus Ambrosio, natus est

Schoene, vol. II, p. 192.] Schoepflinus, p. 300.

[1] Di cui note su questa legge consulterai a proposito di Tiberiano, [t. I, p. 293].

[2] Lib. III, tit. v, c. 6, [du 15 juillet 335].

[3] *Cod. Just.* lib. XI, tit. LX, c. 1. *De fundis limitrophis.*

[4] [*Cod. Theod.* lib. XII, tit. v, c. 1. Cf. sur la date de cette constitution, Haenel, col. 1277, n. *b;* Seeck, *Zeitschrift der Savigny-Stiftung*, t. X, p. 232.]

[5] [*Cod. Theod.* lib. XII, tit. 1, c. 15.]

[6] [*Cod. Just.* lib. VI, tit. 1, c. 6.]

[7] [*Cod. Theod.* lib. III, tit. v, c. 6.]

[8] [Cf. Tillemont, *Hist. des Emp.* t. IV, p. 263. Seeck, *loc. cit.* p. 232. Pallu de Lessert, *Vicaires et comtes d'Afrique*, p. 61. — Le préfet Tiberianus est-il le même que le poète cité par Servius (*Æn.* VI, 135) et par F. Planciades Fulgentius (*De abstrusis sermonibus*, v° *Sudum*)? Cf. *Hist. litt. de la France*, t. 1, 2ᵉ, p. 105. Quicherat, *Bibl. de l'École des Chartes*, IV, 267. Teuffel, *Gesch. d. röm. Literatur*, 401, 8.]

[9] Nella vita di S. Ambrozio. [*P. L.*, XIV, 28.]

« Ambrosius qui infans in area praetorii in cunabulis positus, etc. » Praetorium tum non alibi quam Treviris fuit[1]. »

[« Cum ipse Ambrosius litteris ad Severum testetur attigisse se aetatis annum tertium supra quinquagesimum, cum Maximus tyrannus in Italiam irrupit, irruperit autem Maximus in Italiam ex Annalibus, anno Christi 387, Valentiniano III et Eutropio consulibus, si ex anno 387 detrahas annos 53 residuus erit annus 334 quo natus est Ambrosius, quoque ejus pater praefecturam Galliarum gessit[2]. »]

Il Pagi[3] lo crede nato circa il 340, ed altrettantopensa il Tillemont[4].

## V
[1094 = 341 — 1102 = 349.]
### FABIUS TITIANUS[5],
praef. praet. Galliarum sub Constante.

« Hunc quoque nobis vindicat Hieronymus in Chronico Eusebiano ad an. 346, ubi ait[6] : « Constantii anno IX, Titianus, vir eloquens prae« fecturam praetorio aput Gallias administrat[7]. »

[Quelques constitutions du Code Théodosien et du Code de Justinien sont adressées à Titianus, mais le titre de préfet du prétoire ne lui est donné que dans un seul texte[8].]

Imp. Constantius A. ad Titianum P. P.
An. 343. — Placido et Romulo conss.
Prid. kal. Jul. Dat...[Acc...] Treviris[9].

---

[1] Schoepflinus, p. 300.
[2] [Lacarry, op. cit. p. 23.]
[3] All' anno 369, n. XIII.
[4] [Mém. ecclés.] t. X, art. 3, sopra S. Ambrozio, [p. 729. Tillemont a établi que la lettre 59 de S' Ambroise fait allusion à la guerre contre Eugène en 394 et non à celle contre Maxime].
[5] [Deux inscriptions, reproduites par Gruter (p. 193, 4 et 8), lui donnent le prénom Tib(erius) adopté par Borghesi dans ses schede. Ce sont des copies interpolées par Panvinius, des inscriptions du Corp. inscr. Lat. vol. VI, n. 1653. Ce prénom ne peut donc être admis. H. DE VILLEFOSSE.]
[6] Schoepflinus, p. 300.
[7] [Éd. Schoene, vol. II, p. 193.]
[8] [Loc. cit. p. 679, note 1.]
[9] Cod. Just. lib. X, tit. LXV, c. 4. De legationibus. Il Gotofredo pro. Dat. crede che

## PRAEFECTI PRAETORIO GALLIARUM. 679

An. 349. — Limenio et Catulino conss.
III kal. Jun. Dat...[1].
II id. Nov. Dat...[2].

[Fabius Titianus fut consul en 337[3]. Il avait été précédemment *corrector Flaminiae et Piceni, consularis* de la Sicile, proconsul d'Asie et *comes primi ordinis*. Il fut ensuite deux fois préfet de la ville, en 339-341[4], puis en 350-351[5]. C'est dans l'intervalle qu'il fut appelé à la préfecture des Gaules[6].

Deux inscriptions récemment découvertes sont relatives à ce personnage. La première a été trouvée à Cumes[7] :

*f*ABIVS TITIANVS V·C·X·V·VI *r.s.f.*
CONS·ORD·ITERVM PRAEF*ectus*
VRBI
V·OTVM LIBENS · *Solvit*

La seconde, trouvée en Thrace près de Nova Zágora, et déjà citée[8], nous apprend que Fabius Titianus fut préfet du prétoire en même temps que Domitius Leontius et Antonius Marcellinus, pendant le premier semestre de l'an 341[9].]

✱

[1102=] 349.

*EUSTATHIUS*,
sub Constantio II.

— « Imp. Constantius A. ad Eustathium P. P.[?] — Dat. VIII id. Mart. PP. Romae. Limenio et Catulino conss. (349)[10]. »

---

debbe leggersi *Acc.* — *Cod. Theod.* lib. XII, tit. I, c. 36. *De decurionibus.*

[1] *Cod. Theod.* lib. VII, tit. I, c. 3. *Cod. Just.* lib. XII, tit. xxxv, c. 10. *De re militari.*

[2] *Cod. Theod.* lib. IX, tit. xxiv, c. 2. *De raptu virginum.* [Cf. Haenel, 896, *e.*]

[3] [*Corp. inscr. Lat.* vol. VI, n. 1653, 1717. Voir plus haut, t. III, p. 466. Borghesi considère ce Titianus comme un descendant du consul de l'an 245. Maesius Fabius Titianus. Cf. Tillemont, *Hist. des Emp.* t. IV, p. 265 et 686; De Rossi, *Bull. di arch. crist.* 1867, p. 68; Tomasetti, *Museo italiano di antichità classica*, t. III, p. 481; *Corp. inscr. Lat.* vol. III, n. 11157.]

[4] [Voir plus haut, t. IX, p. 393; *Corp. inscr. Latin.* vol. VI, n. 1653, 1717.]

[5] [*Corp. inscr. Latin.* vol. VI, n. 1166, 1167, 1654. Cf. Tillemont, p. 360, 369.]

[6] [Borghesi a émis l'avis (t. III, p. 467) que Titianus resta préfet des Gaules jusqu'en 350.]

[7] [J.-P. Waltzing, *Revue de l'Instruction publique en Belgique*, 1893, p. 278; Cagnat, *Année épigraphique*, 1893, n. 124.]

[8] [Voir plus haut, p. 512.]

[9] [*Corp. inscr. Lat.* vol. III, n. 12330.]

[10] *Cod. Just.* lib. X, tit. xix, c. 4. *Cod. Theod.* lib. XI, tit. vii, c. 6. *De exactionibus.* — *Cod. Theod.* lib. II, tit. I, c. 1. *De*

Questo non può essere stato prefetto d'Italia, perche dal 348 al 350 fu Limenio per fede dell' Anonimo[1] *de praefectis Urbis*. Al contrario non sembra potersi negare ch' egli sia l'Eustazio, conte delle largizioni nel 345 sotto Costante, di cui dice Filostorgio[2] : « Eustathium comitem « rerum privatarum, qui auctoritate plurimum valebat apud principem. »

Sembra dunque un' uomo dell' impero occidentale, ed è percio che, in aspettazione di meglio, gli attribuisco in tanto la prefettura vacante delle Gallie.

[« Les lois de l'an 349, dit Tillemont, marquent six préfets du prétoire, Eustathe, Limène, Anatole, Titien, Philippe et Rufin, outre Hermogène connu par le catalogue des préfets de Rome : et cependant il n'y avait que quatre préfectures Limène et Hermogène ne font pas de peine, parce que nous savons qu'ils ont été préfets d'Italie l'un après l'autre. Ils ont occupé toute l'année, et ainsi il y a faute dans les lois adressées à Eustathe, qui le qualifient préfet du prétoire. Car, l'une de ces lois ayant été publiée à Rome, il s'ensuivrait qu'il aurait été préfet du prétoire d'Italie, ce qui ne se peut. Au lieu de *P. F. P.*, il faut lire *C. R. P.*, c'est-à-dire *comitem rei privatæ*, comme Godefroy paraît l'avoir cru. Car nous savons qu'Eustathe a eu cette charge sous Constant; et les deux lois qui lui sont adressées cette année regardent les officiers qui en dépendaient[3]. »

On a vu plus haut[4] que Borghesi s'est rallié à l'opinion de Tillemont.]

## VI

1106 = 353 — 1107 = 354.

*EVAGRIUS,*

sub Constantio.

Imp. Constantius A. ad Evagrium P. [P.]
An 353. — Constantio A. VI et Constante II conss.
III id. Aug. Dat... [5].

*jurisdictione.* [*PP. Romae* manque dans ce dernier texte.]

[1] [Voir plus haut, t. IX, p. 393-394.]
[2] Lib. III, c. xii.
[3] [*Hist. des Empereurs*, t. IV, p. 673.]
[4] [P. 515-516.]
[5] Cod. Just. lib. XII, tit. xlvi, c. 3. *De veteranis.*

[Dans la plupart des anciennes éditions, on lit P. U. au lieu de P. P.[1]]

Il titolo *P. U.* non può stare perchè, a quest' anno, il prefetto di Costantinopoli non era ancora istituito e in Roma occupavano in quest' anno una tal carica Cereale ed Orfito. Quindi il Gotofredo crede di dover correggere *P. P.*, quantunque egualmente si legga, quando è riferita nel codice Teodosiano[2]. In tanto questo non può essere il prefetto di Oriente perchè sappiamo da Ammiano che ivi a Talassio successe Domiziano, e a questo Musoniano. Anche l'Italia sembra essere allora impedita, onde resterebbe o l'Illirico o la Gallia, per cui inchina il Gotofredo.

An. 354. — Constantio A. VII et Constant[io C.] III conss.

X kal. Oct. Dat. Aquileiae[3].

[On a vu plus haut[4] que, d'après Seeck, la date de ces constitutions doit être reportée à l'an 326.]

## VII

1107 = 354 — 1109 = 356.

FL. VULCATIUS RUFINUS,
praef. praet. Galliarum [sub Constantio].

Constantii Galli avunculus[5], consul [fuit] an. 347[6].

An. 354, «quo a Constantio imperatore missus Cabillonum seditionem militum opportuna frumenti evectione sedavit [Rufinus, praefectus praetorio]. Exercitus hic parabatur contra Gundomadum et Vadomarium, Alemannorum reges, qui limitem Rheni nostrum incursabant[7]»; teste Ammiano[8]:

— «Unde Rufinus ea tempestate (Constantio VII et Caesare III conss.) praefectus praetorio ad discrimen trusus est ultimum.»

---

[1] [Cf. Hermann, p. 766, n. 30.]
[2] *Cod. Theod.* lib. VII, tit. xx, c. 7. *De veteranis.*
[3] *Cod. Just.* lib. II, tit. xix, c. 11. *De his quae vi metusve causa gesta erunt.*
[4] [P. 197.]
[5] [Am. Marcel. lib. XIV, c. xi, 27.]
[6] [Voir plus haut, p. 439, n. 9.]
[7] Schoepflinus, p. 300.
[8] Lib. XIV, c. x, 4.

An. 356. — « Sub hoc enim ordinum singulorum auctores infi-
« nita cupidine divitiarum arserunt sine justitiae distinctione vel recti,
« inter ordinarios judices Rufinus primus praefectus praetorio, et inter
« militares equitum magister Arbitio. »]

Imp. Constantius A. et Julianus C. ad Rufinum P. P.
An. 356. — Constantio A. VIII et Juliano C. conss.
VIII id. Mart. Acc. Constantinae [1].

Vedi la nota del Gotofredo, il quale confessa che il Petavio [2] ha aggiudicato questa legge al prefetto dell' Illirico.

[Tillemont [3] dit que Rufin était « préfet peut estre des Gaules après Titien » en 349. Il serait resté en charge jusqu'en 354. Par suite il serait distinct du préfet d'Illyrie, député par Vetranio et Magnence auprès de Constance. Cette opinion ne peut plus être soutenue depuis la découverte de l'inscription de Savaria dédiée à Constant par Vulcatius Rufinus. Rufinus était en 349-350 préfet d'Illyrie et d'Italie [4] et non préfet des Gaules. A la mort de Constant, Vetranio s'étant fait proclamer empereur à Sirmium, Rufinus dut conserver ses fonctions. Dans un fragment de Pierre le Patrice [5], il figure, avec le titre de préfet, au nombre des ambassadeurs envoyés par Vetranio et Magnence et qui furent reçus par Constance à Héraclée en décembre 350. Le texte ne dit pas dans quelle région Rufinus était préfet, mais deux faits tendent à prouver qu'il n'était pas le délégué de Magnence : d'abord, c'est Nunechius qui parle au nom de ce prince; puis, lorsque Constance, effrayé par un songe, se prépare à venger le meurtre de son frère par Magnence et fait jeter dans les fers les ambassadeurs, il laisse Rufinus en liberté. Il y a donc lieu de croire que Rufinus était le délégué de Vetranio et qu'il était resté préfet d'Illyrie.]

---

[1] *Cod. Theod.* lib. IX, tit. XXIII, c. 1. *Si quis pecunias conflaverit.* [D'après Godefroy, la ville désignée dans la suscription serait *Constantia castra* mentionnée par Am. Marcel. lib. XV, c. XI, 3.]

[2] [*Diatrib. de folle.*]

[3] [*Hist. des Empereurs*, t. IV, p. 348.]

[4] [Voir plus haut, p. 440 et 518.]

[5] [Édition Müller, fragment 16, t. IV, p. 190 : Ὅτι Μαγνέντιος καὶ Βετρανίων πέμπουσι πρέσβεις πρὸς Κωνστάντιον. Πέμπονται δὲ Ῥουφῖνος καὶ Μαρκελλῖνος, ὁ μὲν ὕπαρχος ὢν τῶν πραιτωρίων, ὁ δὲ ἕτερος στρατηλάτης, καὶ Νουνέχιος συγκλητικὸς ὕπαρχος, καὶ Μάξιμος πρὸς τούτοις.]

## VIII

[Intra 1109 = 356 et 1110 = 357.]

[MAEVIUS[1]] HONORATUS,
praef. praet. [Galliarum sub Constantio.]

« Honoratus brevissimo tempore praefecturam praetorianam gessit, si modo gessit; anno nimirum 360, quo Julianus, apud Argentoratum proclamatus Augustus, Florentio, qui praefecturam ante gesserat, et proclamatione testis interesse noluerat, recedente Viennam[2]. Anno 361, Florentium praefectum praetorio in Illyrico creatum ex Ammiano[3] similiter docemur[4]. »

[Le doute, élevé par Schoepflin sur l'existence de ce préfet du prétoire, ne saurait subsister en présence d'une inscription conservée au Musée d'Alexandrie[5] :

```
   HONORATVM
   PRAEF· PRAETOR
        EM · V
   P· ACILIVS TYCHIANVS
   >LEGIITRFGSEVER]
```

An. 359. — « Constantii anno XXIII, Honoratus ex praefecto praetorio « Galliarum primus Constantinopoli praefectus urbi factus est[6]. »

[L'opinion de Lacarry et de Schoepflin, qui placent en 360 la préfecture de Honoratus, est en contradiction avec le témoignage d'Eusèbe et avec celui d'Ammien Marcellin. C'est Nebridius qui a succédé à Florentius comme préfet des Gaules. Honoratus a rempli cette charge avant 359 et même avant 357, puisqu'en cette année Florentius était déjà préfet du prétoire.

Avant d'être appelé à la préfecture des Gaules, Honoratus avait été *consularis*

---

[1] [La restitution *Maevius* est due à Mommsen.]
[2] Liban. *Epist.* 376. Am. Marcel. lib. XX, c. VIII, 20.
[3] Lib. XXI, [c. VI, 5].
[4] Schoepflinus, p. 300.

[5] [*Revue Égyptienne*, an. 1893, p. 241. Cagnat, dans *Année épigraphique*, 1893, n° 125.]
[6] Euseb. *Chron.* [éd. Schoene, vol. II, p. 195. Hieronym. *Chron.* ad an. 363. Cf. Sozomen. *H. E.* lib. IV, c. XXIII].

*Syriae*[1], puis, en 353-354, *comes Orientis*[2]; en 354, il était revêtu d'une haute fonction, peut-être le proconsulat de Constantinople[3].]

※

[1110=]357.

*CONSTANTIUS*,

sub Constantio.

All' anno 357 si riferisce dal Baronio[4] uno squarcio di S. Isidoro sulla morte del vescovo Osio, in cui si dice che Gregorio, vescovo Illiberitano, era accusato in faccia a Clementino, « Constantii praefecti vicario ». Il fatto essendo accaduto a Cordova, questo Clementino non potrebbe essere se non che il vicario delle Spagne soggetto al prefetto delle Gallie.

[Le passage d'Isidore de Séville, visé par Borghesi, a été emprunté à Marcellinus (« Italiæ presbyter »). Il est ainsi conçu : « Commotus Osius dicit Clementino « Constantii praefecto vicario ut mitteret eum in exilium[5]. » Il est peu vraisemblable que Constantius soit le nom du préfet dont Clementinus était le vicaire : c'est Florentius qui, en 357, était préfet des Gaules. Constantius est le nom de l'empereur régnant. Clementinus fut vicaire du préfet du prétoire de l'empereur Constance.]

## IX

[1110=]357 — [1112=]359.

FL. FLORENTIUS[6],

praef. praet. Galliarum [sub Constantio.]

Hic praefectus praetorio interfuit praelio Argentoratensi, an. 357, contra Alammanos, tradente Ammiano[7] :

— [« Accessit huic alacritati plenus celsarum potestatum adsensus,

---

[1] [Am. Marcel. lib. XIV, c. 1, 3 ; c. VII, 2.]

[2] [Cf. Tillemont, *Hist. des Empereurs*, t. IV, p. 391, 394.]

[3] [Liban. Ep. 389 : λαμπροτέρα δύναμις. Cf. Sievers, *Das Leb. des Lib.* p. 288.]

[4] N° XXIX [t. IV, éd. 1739].

[5] [*De viris illustribus*, c. XIV, éd. Migne, *Patr. Lat.* t. LXXXIII, col. 1091.]

[6] [De Rossi, *Inscr. christ.* I, n. 148].

[7] Schoepflinus, p. 300.

« maximeque Florentii praefecti praetorio, periculose quidem sed
« ratione secunda pugnandum esse (prope urbem Argentoratum) cen-
« sentis, dum instarent barbari conglobati...[1]. »]

An. 359, praefecturam hanc adhuc gessit, eodem referente Ammiano ubi ait :

— « Et civitates occupatae sunt septem : Castra Herculis, Quadri-
« burgium, Tricensimae, Novesium, Bonna, Antunnacum, et Bingio ubi
« laeto quodam eventu etiam Florentius praefectus apparuit subito, par-
« tem militum ducens, et commeatuum perferens copiam sufficientem
« usibus longis[2]. »

— « Florentius qui apud transalpinas gentes praefectus praetorii
« fuerat id temporis quo magnus ille Julianus dignitatem Caesaris ob-
« tinebat, filium habuit Lucianum. Is vero comitem Orientis fecit[3]. »

[Pendant qu'il était préfet des Gaules, Florentius se signala par son opposition aux mesures prises dans l'intérêt des Gaulois par Julien qui n'était encore que César :

— « Hisque perfectis acturus hiemem revertit Parisios Caesar...
« Cumque Florentius praefectus praetorio cuncta permensus, ut con-
« tendebat quidquid in capitatione deesset, ex conquisitis se supplere
« firmaret, talium gnarus, animam prius amittere quam hoc sinere
« fieri memorabat... Ob quae praefecto praetorio ferri non posse cla-
« mante, se repente factum infidum, cui Augustus summam commi-
« serit rerum, Julianus eum sedatius leniens, scrupulose computando
« et vere, docuit non sufficere solum, verum etiam exuberare capita-
« tionis calculum ad commeatuum necessarios apparatus[4]. »

Lorsque Julien devint Auguste, Florentius, redoutant sa colère, quitta les Gaules et se réfugia en Orient auprès de Constance.

---

[1] Lib. XVI, [c. xii, 14].
[2] [Lib. XVIII, c. II, 4.]
[3] Zosim. lib. V, c. ii. [Φλωρεντίῳ τῆς αὐλῆς ἐν τοῖς ὑπὲρ τὰς Ἄλπεις ἔθνεσιν ὑπάρχῳ γενομένῳ κατὰ τοὺς χρόνους ἐν οἷς Ἰουλιανὸς ὁ μέγας τὴν τοῦ Καίσαρος εἶχε τιμήν, Λουκιανὸς ἦν υἱός... Ὁ δὲ κόμητα τῆς ἑῴας πεποίηκεν.]
[4] [Am. Marcel. lib. XVII, c. ii, 4 ; c. iii, 2, 4. Cf. Tillemont. H. E. t. IV, p. 432, 502.]

— « Auxerat inter haec coeptorum invidiam Florentii fuga praefecti
« ... adpetebat[1]. »

Constance lui confia la préfecture d'Illyrie[2]. Mais, à sa mort, Julien étant devenu seul empereur, Florentius fut condamné à la peine capitale.

— « Alter enim Florentius ex praefecto praetorio consul etiam tum,
« rerum mutatione subita territus, cum conjuge periculis exemptus diu
« delituit, nec redire ante mortem potuit (Juliani) : capitis crimine
« tamen damnatus est absens[3]. »]

— « Imp. Constantius A. ad. Florentinum. — Sine die et conss.[4]. »

[Les manuscrits portent : «Iidem AA. et Gratianus ad Florianum comitem rerum privatarum. » Ce texte n'a aucun rapport avec le préfet des Gaules Florentius.]

X

[1113=]360 — 1114=361.

NEBRIDIUS,

praef. praet. Galliarum [sub Constantio].

«Nebridius, an. 360, ex quaestore Juliani ad praefecturam praetorianam promotus, Constantio jubente, qui inique tulerat Julianum Augusti titulum a militibus oblatum accepisse. Admisit eum Julianus cum reliquos omnes a Constantio promotos repudiasset[5]. »

Ammiano dice espressamente che Nebridio da questore del palazzo di Giuliano fu fatto prefetto del pretorio delle Gallie nel 360 in luogo di Florenzio, e attesta che nel 361 non avendo voluto prestar giuramento a Giuliano fu rimandato in Toscana a casa sua.

— [« In locum Florentii praefectum praetorio Nebridium tum
« quaestorem ejusdem Caesaris promoverat[6]. »

---

[1] [Am. Marcel. lib. XX, c. viii, 20, 21. Cf. Tillemont, t. IV, p. 452.]

[2] [Voir plus haut, p. 441.]

[3] [Am. Marcel. lib. XXII, c. iii, 6. Cf. c. vii, 5. Tillemont, t. IV, p. 456, 461, 501.]

[4] *Cod. Just.* lib. XI, tit. lxviii, c. 4. *De agricolis et mancipiis.*

[5] Schoepflinus, p. 300.

[6] Ammian. Marcellin. lib. XX, c. ix, [5, 8].

«— «Solus omnium licet proposito stabili, audacter tamen praefec-
« tus repugnavit Nebridius, jurisjurandi nexu contra Constantium ne-
« quaquam se constringi posse commemorans, cujus beneficiis obligatus
« erat crebris et multis[1]. »]

Fu poi prefetto del pretorio d'Oriente nel 365, ove vedrai ciò ch'è raccolto di lui[2].

## XI
[1114=] 361 — [1116=] 363.

### FL. SALLUSTIUS,
praef. praet. Galliarum [sub Juliano.]

«Secundus Sallustius Promotus[3] anno 361 quoque praefecturam gessit. Ammianus ait[4] : « Discedens inter haec Julianus a Rauracis...
« Sallustium praefectum promotum remisit in Gallias, Germaniano jusso
« vicem tueri Nebridii. »

«Anno 363 officium hoc adhuc gessit Sallustius. Idem enim Ammianus scribit[5] : « Julianus jam ter consul, adscito in collegium trabeae
« Sallustio praefecto per Gallias, quater ipse amplissimum inierat ma-
« gistratum : et videbatur novum adjunctum esse Augusto privatum,
« quod post Diocletianum et Aristobulum nullus meminerat gestum. »
Quartus hic Juliani consulatus, quem cum Sallustio gessit, incidit in annum 363 quo periit Sallustius[6]. »

Sallustio fu dato da Costanzo per compagno a Giuliano, quando venne nella Gallia attribuendogli molta autorità[7]. Ma poco dopo credendo Costanzo che le cose ben operate da Giuliano provenissero dalla sagacità di Sallustio « qui unus ex attributis ei consiliariis erat », hunc ipsum arcessit, velut Orientalibus praeficiendum[8].

---

[1] Am. Marcel. lib. XXI, c. v, 11.
[2] [Voir plus haut, p. 232.]
[3] [C'est à tort que Schoepflin donne à Sallustius les surnoms de Secundus et de Promotus. Voir l'inscription de Rome reproduite ci-après.]
[4] Lib. XXI, c. viii, 1.
[5] Lib. XXIII, c. i, 1.
[6] Schoepflinus, p. 301.
[7] Zosim. lib. III, c. ii. [Tillemont, *Hist. des Empereurs*, t. IV, p. 505.]
[8] Zosim. lib. III, c. v. [Οἰηθεὶς δὲ τὴν

Imp. Julianus A. Sallustio P. P.

An. 362. — Mamertino et Nevitta vv. cc. conss.

VIII id. Jan. Dat... [1].

[Fl. Sallustius fut successivement vicaire des cinq provinces, vicaire des Espagnes, vicaire de Rome, *comes consistorii*, préfet du prétoire, enfin consul avec Julien en 363 [2].]

FL · SALLVSTIO · V · C
CONS · ORDINARIO
PRAEF · PRAET · COMITI ·
CONSISTORII · VICARIO ·
VRBI · ROMAE · VICARIO ·
HISPANIARVM · VICARIO ·
QVINQ · PROVINCIARVM ·
PLENO · AEQVITATIS ·
AC FIDEI · OB VIRTVTIS ·
MERITORVMQ · GLORIAM ·
MISSIS · LEGAT · IVS · SAC ·
HISPANIAE · DICAVERVNT ·

*In latere:*

DEDICATA · V · KAL · IVN.
DIVO · IOVIANO · AVG · ET · VARRONIANo.
COSS · ☙

Questo marmo è molto importante, perchè termina di distinguere il console Sallustio dal Sallustio Saturninio Secondo, contemporaneamente prefetto del pretorio di Oriente, con cui è stato confuso, prima che il Ritter si avvedesse ch' erano due distinte persone, quantunque

Σαλουσ7ίου, τῶν δεδομένων αὐτῷ συμβού-
λων ἑνός... μεταπέμπεται τοῦτον ὡς δὴ
τοῖς κατὰ τὴν ἑῴαν αὐτὸν ἐπισ7ήσων.]

[1] *Cod. Theod.* lib. VII, tit. IV, c. 7. *De erogat. milit. annonae.*

[2] [*Corp. inscr. Lat.* vol. VI, n. 1729.]

anche adesso da molti si continui malamente ad attribuire al console pure il cognome di Secondo, che la nostra iscrizione gli nega[1].

[Fl. Sallustius, successeur de Symmaque comme préfet de la ville, exerçait cette fonction en 386[2].

Fl. Sallustius était un lettré. Julien lui dédia deux de ses discours[3]. En tête du manuscrit d'Apulée, conservé à la Laurentienne, on lit cette inscription : «Ego «Sallustius legi et emendavi Romae felix, Olybrio et Probino v. c. conss. (395), «in foro Martis controversiam declamans oratori Eudelechio. Rursus Constantino- «poli recognovi, Caesario et Attico conss. (397)[4].»]

## XII

[1117 =] 364.

### MENANDER,
praef. praet. Galliarum sub Valentiniano.

«Hic, an. 364, praefectus praetorio fuisse creditur. Lex enim tum missa ad Menandrum a Valentiniano et Valente AA.»

Impp. Valentinianus et Valens AA. ad Menandrum.
An. 364. — Divo Joviano et Varroniano conss.
Prid. id. Ma[ii. Dat.[5] Nico]med[6].

«Ex legibus 28 et 30 ejusdem tituli evidens satis est, legem hanc Gallis datam, quod ibi praefecto praetorio Italiae Probo scribit, eam Gallis profuisse. Sancitur ibi, ut nemo amplius rhedae, quam mille pondo imponat[7].»

---

[1] [Voir plus haut, t. VIII, p. 192, et t. X, p. 224.]

[2] [*Cod. Theod.* lib. XIV, tit. 1, c. 2; tit. III, c. 18.]

[3] [Juliani *orat.* IV. (Le discours sur les Saturnales est perdu. Cf. *Orat.* VIII.) Voir Boissier, *La fin du paganisme*, t. I, p. 122.]

[4] [Cf. Seeck, *Chron. Symm.* p. CLVI.]

[5] Jac. Gotofredo, not. ad leg. 17 *Cod. Theod.* lib. VIII, tit. v.

[6] *Cod. Theod.* lib. VIII, tit. v, c. 17. *De cursu publico.*

[7] Schoepflinus, p. 301. [Cf. Godefroy, *Prosop.* p. 52.]

## XIII

[1117 = 364 — 1119 =] 366.

GERMANIANUS,

praef. praet. Galliarum [sub Valentiniano.]

« An. 361 jussus est a Juliano vicem tueri Nebridii in praefectura Galliarum, ut loquitur Ammianus[1]. Anno sequenti ad praefecturam praetorii Orientis promotus[2]; unde non nisi brevissimo tempore, circa mensem decembrem, hoc officio functus est[3]. »

Germaniano era prefetto delle Gallie alla fine del 364. Non si dice da chi avesse ricevuto la sua carica, ma fu da Gioviano e da Valentiniano, poi chè Sallustio era ancora prefetto delle Gallie allorche Giuliano entrò in Persia. Giuliano gli avesse fatto esercitare la medesima carica nel 361, ma per una semplice commissione fino a che l'avesse data a Sallustio[4].

[Borghesi rectifie ici l'opinion de Lacarry et de Schoepflin, qu'il a précédemment rapportée[5]. Germanianus ne fut pas deux fois préfet des Gaules : il fut sans doute vice-préfet en 361, mais ce n'est qu'à la fin de 364 qu'il reçut le titre de préfet du prétoire des Gaules.]

« Germanianus iterum praefectus praetorio an. 365. Ad hunc annum enim, Valentiniano et Valente A A. conss., Ammianus ait[6] : « Et Orien-
« tem quidem regebat potestate praefecti Sallustius, Italiam vero cum
« Africa et Illyrico Mamertinus, et Gallicas provincias Germanianus. »

---

[1] Lib. XXI, c. VIII, [1. Cf. Tillemont, t. V, p. 675].

[2] *Cod. Just.* lib. VII, tit. LXVII. c. 2. *De his qui per metum judicis.*

[3] Patet ex *Cod. Theod.* lib. XI, tit. XXX, c. 30. Schoepflinus, p. 300. [On a vu plus haut, p. 223, que Germanianus n'a pu être préfet d'Orient à la date indiquée : c'est Sallustius Secundus qui était en charge. Vraisemblablement Germanianus fut en 362 vice-préfet d'Orient, comme il avait été, l'année précédente, vice-préfet des Gaules. Cf. Reiche, *Chronologie der letzten 6 Büchern des Ammianus Marcellinus*, p. 40.]

[4] Tillemont, [*Hist. des Empereurs*], t. VI, p. 21, 678.

[5] [Borghesi exprimait encore la même opinion dans sa lettre du 30 août 1849 à l'abbé Matranga. Voir plus haut, t. VIII, p. 192.]

[6] Lib. XXVI, c. V, [5].

## PRAEFECTI PRAETORIO GALLIARUM.

« Sunt codices manuscripti ubi Germanus appellatur et ita quoque in codice Justinianeo[1]. In Theodosiano autem[2], Geminianus appellatur[3]. »

Impp. Valentinianus et Valens A A. ad Germanianum P. P. Galliarum.
An. 365. — Valentiniano et Valente AA. conss.
III id. Oct. Dat...[4].
An. 366. — Gratiano et Dagalaipho conss.
VII id. April. Dat. Remis[5].
XIII kal. Jan. Dat...[6].
Sine die...[7].

✶

[1119 =] 366 et circa [1128 =] 375.

### SEX. PETRONIUS PROBUS,
praef. praet. Galliarum.

« Sex. Petronius Probus circa 375 inter praefectos nostros haud dubie reputandus est, auctoritate legis *Cod. Just.* sine die et consule data ad Probum praefectum praetorio Galliarum a Valente et Valentiniano AA.[8] »

— « Idem AA. Probum P. P. — Dat. XIV kal. Jun. Remis. Gratiano et Dagalaipho conss. (366)[9]. »

---

[1] [Éd. Spangenberg, Beck ad] lib. X, tit. xxxii, c. 29.

[2] Godefroy ad lib. VIII, tit. vii, c. 9. [Mais voir Haenel, col. 746.]

[3] Schoepflinus, p. 301.

[4] *Cod. Just.* lib. X, tit. xxxii, c. 29.

[5] *Cod. Theod.* lib. VIII, tit. vii, c. 9. *De diversis officiis.*

[6] *Cod. Just.* lib. I, tit. lvi, c. 2. *De magistratibus municipalibus.* [La qualité de Germanianus manque.]

[7] *Cod. Just.* lib. XI, tit. xlviii, c. 6, *De agricolis censitis;* tit. xi, c. 1, *De veteris numismatis potestate;* tit. lxv, c. 4, *De collat. fundorum patrimonalium.* [Ce dernier texte, qui est du 19 juin 366, s'applique à Germanianus *comes sacrarum largitionum.* Il en est de même du précédent d'après Godefroy. Reiche, *Chronol.* p. 41, pense que les constitutions adressées à Germanianus *comes sacrarum largitionum* doivent être reportées à 367 et 373.]

[8] Lib. VII, tit. xxxviii, c. 1. *Ne rei dominicae vel templorum vindicatio temporis exceptione submoveatur.* Accedit inscriptio, Gruter, p. 450, n. 1, 2 et 3. Schoepflinus, p. 301. Vedi la nostra serie consolare all' an. 371. [Voir plus haut, p. 443.]

[9] *Cod. Theod.* lib. XI, tit. i, c. 15. *De annona.*

Il Gotofredo osserva che Probo non divenne prefetto del pretorio d'Italia se non che nell' an. 368, onde crede che qui abbia da intendersi della sua prefettura delle Gallie che quindi dovrebbe interporsi tra Germaniano memorato per ultimo ai VII id. Apr. del 366 [1] e Florenzio, III non. Jul. [?] del 367 [2].

[Sex. Petronius Probus n'a pas été préfet des Gaules en 366, avant d'être préfet d'Italie. Ammien Marcellin affirme que la préfecture d'Italie est la première dont il ait été chargé [3]. La constitution citée est de 371 et non de 366. Au lieu de « Iidem AA. » plusieurs manuscrits portent « Gratianus Valentinianus et Valens AAA. » Il faut dès lors lire dans la suscription : « Gratiano et Probo. »

Probus n'a pas non plus été préfet des Gaules en 375 : le texte cité n'étant pas daté ne peut servir de preuve. D'ailleurs, en 375, Probus était encore préfet d'Italie. C'est seulement en 380 qu'il fut appelé à la préfecture des Gaules.]

## XIV
[1120 = 367.]

### FLORENTIUS,
praef. praet. Galliarum [sub Valentiniano].

[Ce Florentius, qu'il ne faut pas confondre avec son homonyme le préfet des Gaules de 357, est sans doute le même que le *comes sacrarum largitionum* de 364-366 [4].]

« Florentius II, a priore diversus, an. 368 praefecturam Galliarum per breve temporis spatium tenuit, adeoque Viventii praefecturam interrupit. Colligimus hoc ex Ammiano ubi Valentiniani iram eum sedasse enarrat [5]. »

— [« Cujus salutarem fiduciam praefectus imitatus Florentius, cum « in re quadam venia digna audisset, eum percitum ira jussisse itidem

---

[1] *Cod. Theod.* lib. VIII, tit. VII, c. 9. *De diversis officiis.*

[2] *Cod. Theod.* lib. XIII, tit. x, c. 5. *De censu.*

[3] [Am. Marcel. lib. XXX, cap. v, 4 : « Praefecturam praetorio tunc primitus nactus. »]

[4] [*Cod. Theod.* lib. XIII, tit. I, c. 6; lib. XII, tit. VI, c. 11.]

[5] Schoepflinus, p. 301.

«ternos per ordines urbium interfici plurimarum. «Ecquid agetur,
«ait, si oppidum aliquod curiales non haberet tantos? Inter reliqua
«id quoque suspendi debet, ut, cum habuerit, occidantur[1].»]

Impp. Valentinianus et Valens AA. ad Florentium P. P. Galliarum.
An. 367. — Lupicino et Jovino couss.

III non. Jun. Dat. Remis[2].

Il Gotofredo al contrario lo crede quello stesso che fu prefetto delle
Gallie e vi manda ad Ammiano[3].

## XV

[1121 = 368 — 1124 = 371.]

### [RUFIUS] VIVENTIUS [GALLUS],
praef. praet. Galliarum [sub Valentiniano].

«An. 365, Valentinianus in Galliis subsistens legem de sacris virgi-
nibus ad Viventium dedit. Eo ipso enim anno Alemanni, Rheni limitem
aggressi, Valentinianum ex Italia Parisios vocarunt, ubi cum fuisset, de
perrupto limite allatus est nuntius[4]. Viventius an. 367 ad praefecturam
urbis Romae translatus est[5]. An. 368, Viventius iterum Galliarum fuit
praefectus[6].»

[Viventius, *quaestor sacri palatii* en 364[7], était originaire de Pannonie. Il fut
nommé préfet de la ville en 365 ou 366[8] et conserva cette charge jusqu'au milieu
de 367. L'année suivante, on le retrouve à la préfecture des Gaules qu'il garda

---

[1] Am. Marcel. lib. XXVII, c. vii, [7].

[2] *Cod. Theod.* lib. XIII, tit. x, c. 5. *De
censu.*

[3] Lib. XVI, c. xii, [14]; XVII, c. iii,
[2: XX, c. iv, 2], xxvii, c. vii, [7].

[4] Am. Marcel. lib. XXVI, c. v, [8].

[5] *Cod. Theod.* lib. IX, tit. xxxviii, c. 3.

[6] Schoepflinus, p. 301.

[7] [Am. Marcel. lib. XXVI, c. iv, 4: «Con-
stricti rabidis febribus imperatores ambo
diu, spe vivendi firmata... suspectas mor-
borum causas investigandis acerrime...
Viventio Sisciano quaestori tunc commi-
serunt.»]

[8] Ut ex lege 11 *Cod. Theod.* lib. IX,
tit. xl, a Valentiniano data colligimus. [Voir
plus haut, t. IX, p. 395. Cf. Am. Marcel.
lib. XXVII, c. iii, 11, 12. Seeck, *Hermes*,
t. XVIII, p. 299. Krueger, *Comment. Mommseni*, p. 80-81.]

694 PRAEFECTI PRAETORIO GALLIARUM.

jusqu'en 371[1]. Quelques constitutions sont datées de 365, mais il ne faut pas oublier que les compilateurs du Code Théodosien et du Code de Justinien ont confondu les dates de 365, 366, 370 et 373. Une inscription du Vatican, restituée par De Rossi, a fait connaître les noms de ce préfet :

RVFIVS·VIVENTIVS·GALLVS
V·C·ET·INL·EXPF·VRB
PRO·BENEFICIIS·DOMINI·APOSTOLI
VOTVM·SOLVIT[2]]

Impp. Valentinianus et Valens AA. ad Viventium P. P. Galliarum.
An. 365 [?]. — Valentiniano et Valente AA. conss.

VI kal. Maii. Dat. Treviris[3].

Il Gotofredo vuol che si aggiunge *III* e si riporti al 370.

X kal. Dec. Dat. . .[4].

Gothofredus addit *II* et refert ad an. 368, nam Viventius an. 367 fuit praefectus Urbis.

III kal. Jan. Dat. Treviris[5].

An. 368. — Valentiniano II et Valente II AA. conss.

IX kal. Oct. Dat. . .[6].

An. 369. — Valentiniano NP et Victore conss.

X kal. Mart. Dat. Treviris[7].

III id. Mart. Dat. Ravennae[8].

Kal. Apr. Dat. Treviris[9].

---

[1] [D'après Am. Marcel. lib. XXX, c. v, 11, Faustinus, *filius sororis Viventii praefecti praetorio*, fut mis à mort en 376. Cf., sur cette date, Reiche, *Chronologie*, p. 42.]

[2] [*Inscr. christ.* vol. II, p. 54.]

[3] *Cod. Theod.* lib. VII, tit. xiii, c. 5. *De tironibus.*

[4] *Ibid.* lib. XIII, tit. x, c. 4. *De censu.*

[5] *Ibid.* lib. XI, tit. xxix, c. 3. *Cod. Just.* lib. VII, tit. lxi, c. 2. *De relationibus.* [A la fin de 365, Valentinien était à Paris et non à Trèves; aussi Godefroy propose-t-il de reporter cette constitution à l'an 368.]

[6] *Cod. Theod.* lib. VIII, tit. v, c. 30. *De cursu publ.* lib. XV, tit. vii, c. 1. *De scenicis.*

[7] *Ibid.* lib. XI, tit. x, c. 1. *Cod. Just.* lib. X, tit. xxiv, c. 1. *Ne operae a collatoribus exigantur.*

[8] [C'est la suscription donnée par Cujas d'après ses manuscrits. Il y a des variantes : *Cod. Theod.* lib. X, tit. xvii, c. 1 (*III non. Nov*); *Vat. fr.* 37 (*IV id. Nov.*); *Cod. Just.* lib. X, tit. iii, c. 5 (*III id. Nov.*). Cf. Haenel, 1018, n. t.]

[9] *Cod. Theod.* lib. I, tit. xvi, c. 11. *De off. rect. prov.*

XVI kal. Jun. Dat. Complati[1].
III non. Nov. Dat. Treviris[2].
An. 370. — Valentiniano et Valente III AA. conss.
III kal. April. Dat. Treviris[3].
An. 371. — Gratiano A. II et Probo conss.
III id. Febr. Dat. Treviris[4].
IV kal. Jul. Dat. Treviris[5].

## XVI

[Ante 1130 = 377.]

**AUSPICIUS,**
praef. praet. Galliarum sub Valentiniano et Valente.

Conviene che S. Martino fosse ben celebre nel 377 poi chè Auspicio ch'era stato prefetto del pretorio gli deputò in questo tempo una persona per pregarlo di soccorrere un cantone della diocesi di Sens, ch'era, tutti gli anni, rovinato dalla grandine.

— [«Pagum quemdam in Senonico annis singulis grando vexabat. «Compulsi extremis malis incolae a Martino auxilium poposcerunt : «missa per Auspicium praefectorium virum satis fida legatio, cujus «agros specialiter gravior quam ceterorum adsueverat procella popu-«lari[6].»]

## XVII

[1125 =] 372 — [1129 =] 376.

**MAXIMINUS,**
praef. praet. Galliarum [sub Valentiniano].

[Originaire de Pannonie, Maximinus fut successivement gouverneur de Corse

---

[1] *Cod. Theod.* lib. VIII, tit. vii, c. 10. *De diversis officiis.*

[2] [Voir p. 694, n. 8.]

[3] *Cod. Theod.* l. XIII, t. x, c. 6. *De censu.*

[4] *Ibid.* lib. XV, tit. vii, c. 1. *De scenicis.* [Les manuscrits portent *P. U.*] Corrige *P. P.* [La date de cette constitution, le lieu où elle a été donnée rendent très plausible cette correction admise par la plupart des éditeurs.]

[5] *Cod. Theod.* lib. XII, tit. 1, c. 75. *De decurionibus.*

[6] Sulpicio Severo, *Dialog.* III, c. vii. Tillemont, [*Mém. Ecclés.*] t. X. p. 317.

## PRAEFECTI PRAETORIO GALLIARUM.

et de Sardaigne[1], *corrector Tusciae* en 366[2], préfet de l'annone en 368-370[3]. D'après Ammien Marcellin, il cumula pendant quelque temps cette dernière charge avec la précédente[4]. Tout en restant préfet de l'annone, il fit également fonction de préfet de la ville, au temps de la préfecture d'Olybrius, puis d'Ampelius (369-372)[5]. Il fut enfin nommé préfet des Gaules au commencement de 372, peut-être même à la fin de 371. Il était en effet remplacé à la préfecture de l'annone tout au moins en février 372[6].]

Maximinus, ex praefecto annonae et vicario Urbis a Valentiniano praefectura praetoriana Galliarum auctus est.

Maximini dignitates et scelera narrat Ammianus:

An. 368. — « Ad principis comitatum Maximinus accitus, auctusque « praefectura praetoriana, nihilo lenior fuit, et jam longius nocens, ut « basilisci serpentes[7]. »

Alibi porro annotat eum Valentinianum ad crudelitatem impulisse[8]:

« Sed et ipse sub Gratiano, intoleranter se efferens, damnatorio jugulatus est ferro[9]. »

[An. 371. — « His et mihi, vertenti stilum in Gallias, confunditur « ordo seriesque gestorum, inter multa et saeva Maximinum reperiens « jam praefectum[10]. »]

De eo agit Symmachus[11]:

— [« Ferox ille Maximinus ob res secundas, incubator judiciorum, « difficilis decidendis simultatibus, promptus ineundis, poena capitali « exitio cunctorum lacrimasque expiavit. »]

---

[1] [Am. Marcel. lib. XXVIII, c. 1, 5.]
[2] [Cod. Theod. lib. IX, tit. 1, c. 8.]
[3] [Ibid. lib. XIV, tit. xvii, c. 6. Cf. Haenel, 1410, n. k.]
[4] [Am. Marcel. lib. XXVIII, c. 1, 6.]
[5] [Ibid. c. 1, 5, 12, 22: «Regens Romae vicariam praefecturam, propraefectis vicarius.» Il s'agit ici d'une mission extraordinaire plutôt que du vicariat proprement dit. Cf. Tillemont, *Hist. des Emp.* t. V, p. 56; Seeck, *Die Reihe der Stadtpraefecten bei Am.*

Marcellinus* (*Hermes*, t. XVIII, p. 295); Reiche, *Chronologie*, p. 37.]
[6] [Cod. Theod. lib. XIV, tit. iii, c. 14.]
[7] Am. Marcel. c. 1, [41].
[8] Ibid. lib. XXIX, c. iii, 1.
[9] Ut idem refert Amm. lib. XXVIII, c. 1, [57.]
[10] [Am. Marcel. lib. XXIX, c. iii.]
[11] [Ep. lib. X, 2; in orat. IV, *pro patre* ap. Majum. p. 44 et 45. (Cf. éd. Otto Seeck, p. 334, et *Chron. Symmach.* p. ccix.)]

Nacque in Roma sedizione dopo la morte di Papa Liberio fra i due partiti che volevano surrogargli S. Damaso e Ursicino. « Quam ob « causam complures tam laici quam clerici a Maximino qui tunc prae- « fectus fuit, acerbis afficiebantur suppliciis [1]. »

— « Quae res factione Maximini praefecti saevi hominis ad invidiam « boni et innocentis versa est sacerdotis (Damasi) ita ut causa ad cleri- « corum usque tormenta deduceretur [2]. »

In due marmi riferiti dal Marini [3] si legge T · F · MAXIMO · P · P nel primo e T · FL · MAXIMO nel secondo; il quale nota : « Se « questi nomi appartengono a Massimino detto anche Massimo, pre- « fetto del pretorio sotto Graziano, e notissimo per le leggi, per gli « storici, e molto ancora per la sua crudeltà, sappiamo per essi, che « si disse Tito Flavio, e che fu un solenne cacciatore. »

Imppp. Valentinianus, Valens et Gratianus AAA. ad Maximinum P. P.
An. 371. — Gratiano A. II et Probo conss.
VII id. Aug. Dat. Contionaci [4].

[Cette constitution, adressée *ad Maximum* (*sic*) sans indication de dignité, est antérieure à l'époque où il fut préfet des Gaules [5].]

An. 374. — Gratiano A. III et Equitio conss.
XVIII kal. Dec. Dat... [6].

---

[1] Socrat. lib. IV, c. 29. [Καὶ διὰ τοῦτο πολλοὺς λαϊκούς τε καὶ κληρικοὺς ὑπὸ τοῦ τότε ἐπάρχου Μαξιμίνου τιμωρηθῆναι.]

[2] Rufin. continuatio *H. E.* Euseb. lib. II, c. x. [éd. Migne, *P. L.*, t. XXI, col. 521.]

[3] *Iscr. Albane*, p. 53. [Cf. B. Passionei, *Iscriz. antiche*, p. 95, n. 71-72, que Marini reproduit d'ailleurs inexactement. Le n. 71 de Passionei porte, en effet, T · F · MAXIMINO et non pas T · FL · MAXIMO. La supposition de Marini gagnerait à être appuyée par la preuve de l'authenticité des deux monuments. Il est impossible d'en tenir compte. Héron de Villefosse.]

[4] *Cod. Just.* lib. VI, tit. xxii, c. 7. *Qui facere testamentum possunt.* [*Contionaci* est une correction d'Hermann (p. 385, n. 37) approuvée par Krueger. Le manuscrit de Vérone porte *Cornionaci*.]

[5] [La décision est d'ailleurs intéressante ; c'est une réponse de Valentinien à une tentative faite par Maximin pour accaparer des successions au profit de l'empereur. Maximin en faisait autant pour son propre compte. Cf. Am. Marcel. lib. XXVIII, c. 1, 34, 35.]

[6] *Cod. Theod.* lib. IX, tit. xxiv, c. 3. *De raptu virginum vel viduarum.*

An. 376. — Valente et Valentiniano AA. conss.
Id. Mart. Dat... [1].
XVI kal. Maii. PP. Romae [2].
Sine die et conss... [3].

## XVIII

[1129=]376—[1131=]378.

[CL.] ANTONIUS,
praef. praet. Galliarum [sub Valente].

« Hujus praefecturam per Gallias ad an. 376 declarant Valens, Gratianus et Valentinianus AAA. qui X kal. Jun. Valente V et Valentiniano AA. conss. legem de rhetoribus et grammaticis ad Antonium P. P. Galliarum dirigunt. Continuata ejus praefectura per an. 377 quo Gratiani pugna apud Argentariam pugnata est [4]. »

[Cl. Antonius avait été précédemment *magister scrinii* et *quaestor sacri palatii* [5]. Il succéda à Maximinus dans la préfecture des Gaules entre le 16 avril et le 23 mai 376 [6], et fut lui-même remplacé par Ausone entre le 12 janvier et le 20 avril 378. Il devint consul en 382 avec Fl. Afranius Syagrius [7].]

Iidem [Valens, Valentinianus et Gratianus] AAA. ad Antonium P. P. Galliarum.

---

[1] *Cod. Just.* tit. VI, c. 1 et 2. *Ne praeter crimen majestatis servus dominum accuset.* [Cf. Godefroy, t. III, p. 55.]

[2] *Ibid.* lib. IX, tit. XIX, c. 4. — Lib. IX, tit. XXII, c. 23. *Ad leg. Cornel. de falsis.* Vedi qui la nota del Ritter [t. III, p. 174, n. b. «... Toto autem quadriennio praefectum praetorio fuisse ex dictis legibus simul et Ammiano colligere licet, id est a. 373, 374, 375 et 376.»]

[3] *Ibid.* lib. XI, tit. XLVIII, c. 7. *De agricolis censitis vel colonis.*

[4] Schoepflinus, p. 302.

[5] [Symmach. lib. I, ep. LXXXIX. Cf. Seeck, *Chronol. Symmach.* p. CVIII. « On croit, dit Tillemont, qu'il était le père d'Ælia Flacilla, femme du grand Théodose et Espagnole comme lui. » (*Hist. des Empereurs*, t. IV, p. 143, 192 et 727.)]

[6] [Voir les textes cités note 2 et p. 699, n. 1.]

[7] [De Rossi, *Inscr. christ.* vol. I, n. 312 et 318, où il est désigné sous le nom de CL(audius).]

An. 376. — Valente V et Valentiniano AA. conss.
X kal. Jun. Dat... [1].
XV kal. Oct. Dat. Treviris[2].
An. 377. — Gratiano A. IV et Merobaude conss.
VIII id. Jan. Dat... [3].
V kal. Aug. Dat. Mogontiaci[4].
[Sine die et conss.[5].]
An. 378. — Valente VI et Valentiniano II AA. conss.
Prid. id. Jan. Dat. Treviris[6].
XV kal. Sept. Dat. Ravennae[7].
Prid. kal. Dec. Dat. Treviris[8].

[Ces deux dernières suscriptions ne sont pas exactes. Antonius avait été remplacé par Ausonius dès le 20 avril[9].]

## XIX

[1131 = 378 — 1132 = 379.]

D[ECIMIUS] MAGNUS AUSONIUS [AEONIUS],
praef. praet. Galliarum [et Italiae sub Gratiano].

« Gratiani imperatoris praeceptor a discipulo ad praefecturam Galliarum promotus est circa an. 378. Hoc sane anno Valens, Gratianus et Valentinianus ad Ausonium P. P. legem de numero veredorum et vehiculorum dederant Treviris :

— « Imppp. Valens, Gratianus et Valentinianus AAA. ad Ausonium

---

[1] *Cod. Theod.* lib. XIII, tit. III, c. 11. *De medicis et professoribus.* [Cf. Haenel, col. 1325, n. c.]

[2] *Cod. Theod.* lib. IX, tit. xxxv, c. 2. *Cod. Just.* lib. IX, tit. xli, c. 16. *De quaestionibus.*

[3] *Cod. Just.* lib. I, tit. xxxviii, c. 1. *Cod. Theod.* lib. I, tit. xv, c. 7. *De off. vicarii.*

[4] *Cod. Theod.* lib. I, tit. xvi, c. 13. *De off. rect. prov.* [Cf. Haenel, 165, n. c.]

[5] [Voir plus haut, p. 564, n. 3.]

[6] *Cod. Theod.* lib. IX, tit. xx, c. 1, *Victum civiliter;* lib. XI, tit. xxxix, c. 7, *De fide testium. Cod. Just.* lib. IV, tit. xix, c. 24, *De probationibus;* lib. IX, tit. xxxi, c. 1, *Quando civilis actio criminali praejudicet.*

[7] *Cod. Just.* lib. II, tit. vii, c. 2. *De advocatis diversorum judiciorum.*

[8] *Cod. Th.* lib. IX, tit. xl, c. 12. *De poenis.*

[9] [Voir plus haut, p. 543, n. 11.]

« P. P. — Dat. XII kal. Maii. Treviris. Valente VI et Valentiniano II
« AA. conss. (378)[1]. »

Gratianus, anni sequentis initio, ait[2] : « Agant et pro me gratias voces
« omnium Galliarum, quarum praefecto hanc honorificentiam detulisti »
(consulatum intelligit). Ausonii consulatus autem in an. 379 incidit.

Cum praefectura Galliarum praefecturam praetorio Italiae administravit, cui Africa et praefectura Illyrici tum fuit annexa. Duplicem praefecturam praetorio ipse indicat Ausonius[3]. »

[Quaestor ut Augustis, patri natoque, crearer;
Ut Praefecturam duplicem, sellamque curulem,
Ut trabeam, pictamque togam, mea praemia, consul
Induerer[4]...........................
Praefectus Gallis, et Libyae, et Latio[5].]

## XX

[1132 =] 379.

[DECIMIUS HILARIANUS] HESPERIUS,

praef. praet. Galliarum [et Italiae sub Gratiano].

« Hic filius Ausonii an. 379 praefectus praetorio fuit Galliarum, uti ex lege a Gratiano, Valentiniano et Theodosio AAA. ad eum hoc anno data elucet[6]. Ibi enim et sermo de clericis intra Gallias est, quos ut et Italiae et Illyrici clericos, immunes esse volunt imperatores a lustralis auri depensione. Filius nimirum, ut pater, Illyrici, Italiae et Galliarum praefecturas administravit indivisas, uti Jac. Gothofredus judicat in commentariis ad legem allegatam[7]. »

---

[1] *Cod. Theod.* lib. VIII, tit. v, c. 35. *De cursu publico.*

[2] *Gratiarum act.* [VIII, 40].

[3] Schoepflinus, p. 302.

[4] *Liber protrepticus ad nepotem*, [v. 91].

[5] [*Epicedion in patrem*, v. 42. Voir plus haut, p. 545.]

[6] *Cod. Theod.* lib. XIII, tit. I, c. 11. *De annona.* [*III* vel *VI non. Jul.* Dat. Aquileiae. Cf. les autres textes cités, p. 545 et 546.]

[7] Schoepflinus, p. 302. [Cf. Godefroy, *Prosop.* p. 46. *Histoire littéraire de la France*, t. II, p. 47. Brandes, *Corp. script. eccles. Lat.* XVI, 270.]

[Lorsque Ausone rentra dans la vie privée, Hesperius conserva quelque temps encore la préfecture d'Italie. Celle des Gaules fut confiée à Siburius.

Voir la série des préfets d'Italie, n°ˢ XXXII et XXXIV[1].]

## XXI

[1132=] 379.

SIBURIUS,

praef. praet. Galliarum [sub Gratiano].

« Hunc quoque praefectum Galliarum nobis indicat constitutio Gratiani, Valentiniani et Theodosii ad Siburium P. P. data an. 379, Treviris, ubi Galliae praefecturam intelligi debere iterum docet Gothofredus[2]. »

Imppp. Gratianus, Valentinianus Theodosius AAA. ad Siburium P. P. An. 379. — Ausonio et Olybrio conss.
III non. Dec. Dat. Treviris[3].

---

[1] [Plusieurs inscriptions, comme on l'a dit plus haut (p. 544, note 2), mentionnent le proconsulat d'Afrique de *Decimius Hesperius*. Pallu de Lessert (*Bulletin de l'Académie d'Hippone*, n. 27, 1894, p. 97-99) a démontré, en rapprochant ces textes les uns des autres, qu'il faut lire dans l'inscription de Béja (*Corp. inscrip. Latin.* vol. VIII, n. 1219 = 14398), à la seconde ligne :
DECIMIVS HILARIANVS HIsp*e*RIVS · V · C ·
et non pas HI*la*RIVS, comme le proposait Tissot (*Fastes de la province romaine d'Afrique*, p. 262) et comme l'ont cru après lui les éditeurs du *Corpus*. Ainsi les noms de ce personnage étaient *Decimius Hilarianus Hesperius*.

Il a été deux fois préfet d'Italie (voir p. 544 et 545). C'est à sa seconde préfecture que se rapporte probablement un petit fragment d'inscription trouvé en 1877, à Aquilée, dans la tour de la basilique, fragment pour lequel on peut proposer les compléments suivants :

*florente imperio ddd. nnn. gratiani valentiniani et* tH E O D *osi semper aug*ggg
*decimius hil*A R I A N *us hesperius v. c.*
........*prae*FECTVS · PR*aetorio italiae*....
...........MVROS AC *turres*.......
...........TII.............*reparavit.*

(Otto Hirschfeld, *Arch. epigr. Mittheil. aus Oesterreich*, 1878, p. 84, n. 6; Ettore Païs, *Corp. inscr. Latin. suppl. Italica, fasc. I, addit. ad vol. V Galliae Cisalpinae*, n. 178.) Le fragment d'Aquilée est contemporain de l'inscription d'Antium (*Corp. inscr. Latin.* vol. X, n. 6656) qui mentionne une réparation analogue. Héron de Villefosse.]

[2] Schoepflinus, p. 302. Tillemont [*Hist. des Empereurs*], t. V, p. 162.

[3] *Cod. Theod.* lib. XI, tit. XXXI, c. 7. *De reparationibus appellationum.*

[Siburius était Gaulois d'origine; son fils fut gouverneur de la Palestine vers l'an 390[1]. Symmaque lui écrit au début du règne de Gratien :

— «Debebatur hoc teneris temporum bonis, ut consilio publico «vir laudatus accederes[2].»

Siburius occupait sans doute au consistoire l'un des premiers rangs. Symmaque lui dit :

«Perage operam judicio tanti principis congruentem. Urguet te ex-«pectatio bonis semper onerosa. Nam etsi dignos respicit, periculo ta-«men proxima est, dum sibi amplius pollicetur... Habes saeculum «virtuti amicum, quo nisi optimus quisque gloriam parat, hominis est «culpa non temporis. Vides certe : ut ille ipse, qui Romanis rebus «antistat, ad bonum publicum natus est, non tibi adverso nunc amne «nitendum est.»

Seeck[3] conjecture, d'après ces passages de Symmaque, que Siburius fut d'abord *magister officiorum* : il aurait succédé à Léon en 378 et aurait lui-même été remplacé par Syagrius en 379[4]. Successeur d'Ausone à la préfecture des Gaules, il resta en fonctions à peine six mois. Symmaque fait allusion à une accusation dirigée contre lui et dont il fut d'ailleurs absous.

Un des successeurs de Siburius dans la charge de *magister officiorum*, Marcellus[5], le cite dans son traité *De medicamentis empiricis, physicis ac rationabilibus*[6] parmi les personnages illustres qui, peu de temps avant lui, avaient composé des ouvrages de médecine.]

## XXII

[1133 =] 380.

[SEX. PETRONIUS] PROBUS,

praef. praet. Galliarum sub Valentiniano juniore.

Imppp. Gratianus, Valentinianus et Theodosius AAA. ad Probum P. P.

---

[1] [Cf. *Histoire littéraire de la France*, t. I, 2° p., p. 246. Sievers, *Das Leben des Libanius*, p. 269.]

[2] [Symmach. lib. III, ep. xliii].

[3] [*Chronol. Symmach.* p. cxxx].

[4] [*Cod. Theod.* lib. VII, tit. xii, c. 2.]

[5] [En 395 : *ibid.* lib. VI, tit. xxix, c. 8; lib. XVI, tit. v, c. 29. Cf. Cujas, t. III, col. 202.]

[6] [Édit. de Bâle, 1536, p. 13.]

An. 380. — Gratiano V et Theodosio AA. conss.
IV id. Mart. PP. Hadrumeto[1].
V kal. Jul. Dat. Aquileia[2].
Probo non puo esser stato il prefetto d'Italia perchè al XIV kal. Jul. era già prefetto Siagrio[3], e il prid. id. Mart. continuava ad esserlo Esperio[4].

[Il est certain que Probus n'a pas été en même temps préfet d'Italie et des Gaules. Mais le préfet des Gaules de l'an 380 est bien le même qui avait été préfet d'Italie en 368-375 et qui le fut encore en 384[5].

Voir la série des préfets d'Italie, n°˙ XXXVIII et XLV.]

✶

Circa [1134 =] 381.

[FL. AFRANIUS] SYAGRIUS,
[sub Gratiano].

«Hunc ex Gothofredi conjectura hic ponimus circa annum 381, qui praefecturam praetorii Gallicam Syagrii ex Symmachi epistolis extorquere studet[6].»

[Godefroy a été conduit à cette conjecture par la préoccupation de donner un sens à un passage de Sidoine Apollinaire[7]. Sidoine fait allusion aux *triplices praefecturae* de Syagrius. D'après Godefroy, Syagrius aurait été préfet d'Italie en 380, préfet des Gaules en 381, et de nouveau préfet d'Italie en 382. Mais rien dans les textes ne justifie cette manière de voir. Les lettres 95 et 98 de Symmaque[8] citées par Godefroy n'ont pas trait à la question. C'est plutôt la lettre 96 qui lui a suggéré l'idée de sa conjecture. Symmaque dit que la renommée lui avait appris

---

[1] *Cod. Theod.* lib. VI, tit. xxviii, c. 2. *De principibus agentum in rebus.*
[2] *Ibid.* tit. xxxv, c. 10. *De privilegiis eorum qui in sacro palatio militarunt.*
[3] *Ibid.* lib. XI, tit. xxx, c. 38. *De appellationibus.* [Voir plus haut, p. 548, n. 8.]
[4] *Cod. Theod.* lib. X, tit. xx, c. 10. *De murilegulis.* [Voir plus haut, p. 546, n. 3.]
[5] [Voir plus haut, p. 541 et p. 553.]
[6] Schoepflinus, p. 302. [Lacarry, p. 74.]
[7] [Voir plus haut, p. 547, n. 3, et p. 548, n. 2.]
[8] [Lib. I, ep. ci et cii, éd. Seeck.]

l'arrivée de Syagrius à Milan et son retour des Gaules avant d'avoir reçu sa lettre. Le séjour de Syagrius en Gaule s'explique, non parce qu'il y avait rempli les fonctions de préfet, mais parce qu'il y avait accompagné l'empereur en qualité de *magister officiorum*. La lettre de Symmaque doit être datée, non pas de 381, mais de 380, au moment où Syagrius fut appelé à la préfecture d'Italie[1].

Voir la série des préfets d'Italie, n° XXXV.]

## XXIII

[1136 = 383.]

[PROCULUS] GREGORIUS,
praef. praet. Galliarum [sub Gratiano].

« Praefectura hujus circa an. 382 certiore nititur fundamento. Notitiam ejus debemus Sulpicio Severo, qui ubi de Prisciliano hereseos in Hispania emergentis auctore loquitur, Gregorium hunc Galliarum praefectum turbarum auctores imperatori detulisse scribit. At Macedonius, comes sacrarum largitionum per Occidentem, grandi pecunia corruptus, fecit ut auctoritas eriperetur praefecto, causaeque cognitio traderetur Hispaniarum vicario[2]. »

— « (Sub Gratiano in Hispania) haeretici corrupto Volventio pro-
« consule vires suas confirmaverant... Ithacius... trepidus profugit
« ad Gallias : ibi Gregorium praefectum adiit... Igitur haeretici suis
« artibus grandi pecunia Macedonio (magistro officiorum) data, optinent
« ut imperiali auctoritate praefecto erepta, cognitio Hispaniarum vicario
« [deferatur][3] ».

Gregorius praefectus praetorio postea episcopus factus est :

An. 388 — « Augustali in sede Baetica Illiberitana succedit Grego-
« rius ex praefecto praetorio Galliae, jam confectae et gravioris aeta-
« tis; vir apprime pius, et egregie bonas artes doctus. » Et ad an. 423 :

---

[1] [Cf. Seeck, *Chron. Symmach.* p. cxii. — [2] Schoepflinus, p. 302. [Cf. *Hist. littéraire de la France*, t. I, 2ᵉ p., p. 320.] — [3] Sulp. Sev. *Chron.* lib. II, c. xlix.

"Obiit Gregorius Baeticus, cum prius dicasset librum de Fide vel de
"Trinitate Gallae Placidiae Augustae feminae lectissimae[1]."

[Proculus Gregorius[2] fut préfet de l'annone en 377[3], *quaestor sacri palatii* en 378-379[4], préfet des Gaules en 383. C'était un ami d'Ausone[5].]

## XXIV
1136 = 383 — 1138 = 385.

...........

praef. praet. sub Magno Maximo.

Magno Massimo che si ribellò in Inghilterra nel 383 e che passò tantosto nelle Gallie, fece uccidere Graziano al 25 di luglio o di agosto dello stesso anno[6], e restò padrone della Gallia e della Spagna. Sulla fine di quell'anno, o sul principio del seguente fece pace con Theodosio. Ma nell'agosto del 387 passò le Alpi[7], e cacciò dell'Italia Valentiniano II, che si ritirò prima ad Aquileia poscia a Tessalonica insieme con Probo, ma nel 388 fu vinto alla battaglia di Siscia e di Pettau[8], e preso ad Aquileia fu decapitato al 28 di luglio secondo Idazio[9], o al 27 di Agosto dello stesso anno 388 secondo Socrate[10]. I prefetti dunque dal luglio del 383 fino all'agosto del 388 debbono avere ubbedito a Magno Massimo.

---

[1] Fl. Lucii Dextri [*Chronicon*, Migne, *Patrologie latine*, t. XXXI, col. 525 et 549. Cette chronique est apocryphe. Cf. Potthast, *Bibl. hist. medii aevi*, 2° éd., II, 375].

[2] [Gregorius porte le nom de Proculus dans une inscription d'Ostie. *Corp. inscr. Lat.* vol. XIV, n. 137 : *Thermas maritimas intresecus refectione cellarum, foris soli adjectione, d(omini) n(ostri) Valens Gratianus et Valentinianus victor(es) ac triumf(atores) semper Au[g(usti), Fl(avio)?] Proculo Gregorio v(iro) c(larissimo) praefecto annon(ae) urbis Romae curante, decorarunt.*]

[3] [*Cod. Theod.* lib. XIV, tit. III, c. 15.]

[4] [Tillemont, *Hist. des Emp.* t. V, p. 147,

171 et 722. Cf. Seeck, *Chronol. Symmach.* p. CXXVI.]

[5] [Voir l'inscription du *Carm.* XXII : "Consulari libro subjiciendi quem ego ex "cunctis consulibus unum coegi Gregorio "ex praef."]

[6] [VIII kal. Septembris = 25 août, d'après les *Fasti Vindob. priores* dans les *Chronica minora*, vol. II, p. 297.]

[7] [De Rossi, *Inscr. christ.* vol. I, p. 163.]

[8] [Latini Pacati Drepanii *Panegyr.* c. XXXIV-XXXVI.]

[9] [*Chron. min.* t. I, p. 245.]

[10] [*Hist. eccles.* lib. V, c. XIV : Ὃς ἀνῃρέθη ἐν τῇ αὐτῇ ὑπατείᾳ, ἑϐδομῇ καὶ εἰκάδι τοῦ Αὐγούσ]ου μηνός.]

✱

[Intra 1136 = 383 et 1141 = 388 (?).]

*AVITIANUS,*
sub Magno Maximo [?].

Il Baronio cita per incidenza all' anno 398 [1] « S. Martinum intercessisse pro damnatis apud Avitianum Galliarum praefectum ».

Un Aviziano barbaro e fiero si ricordò dal Sulpicio Severo [2], mà ivi non è detto se non che conte :

— « [Avitiani quondam comitis noveratis barbaram nimis et ultra omnia cruentam feritatem. »

Fortunat, dans sa Vie de saint Martin [3], donne également à Avitianus le titre de *comes*. C'est donc à tort que Baronius en a fait un préfet des Gaules. Il le cite d'ailleurs parmi les *praesides* qui furent sollicités par des évêques en faveur de condamnés à mort, et à côté d'un *praefectus Cappadociae*. Le personnage dont parlent Sulpice Sévère et Fortunat est probablement le même qui avait été vicaire d'Afrique en 362-363 [4].]

✱

[1138 =] 385.

*LICINIUS*,
sub Magno Maximo.

« Licinius inter praefectos praetorio Galliarum quoque refertur circa an. 385, quod in Codice [Justinianeo] lege prima *De fundis limitrophis* a Valentiniano, Valente et Gratiano jubetur ut Tiberiani dispositio observetur. Hic autem inter praefectos Galliarum supra relatus cum fuerit, Licinium hunc quoque ex idonea conjectura inter eosdem recenseri putat Ægidius Lacarry [5]. Notandum est Licinii nomen in codicibus

---

[1] T. V, n. 92, all' anno 398.
[2] *Dial.* III, 4 e 8. [Cet Avitianus était chrétien ainsi que sa femme. *Dial.* III, 3, 2.]
[3] [Lib. IV, v. 101.]
[4] [Voir plus haut, p. 534.]
[5] *Hist. Galliarum sub praefectis praetorio*, p. 45. [D'après Lacarry, Licinius aurait été préfet des Gaules en 373.]

diverso modo exprimi : sunt qui Linicium, sunt qui Latinum appellant[1]. »

Imppp. Valentinianus, Valens et Gratianus AAA. ad Licinium P. P.
An. 385. — Arcadio A. et Bautone conss.
XVIII kal. Oct. Dat. Aquileiae[2].

Il Gotofredo corregge « ad Principium P. P. », trasportandolo all' Italia, e giustamente perchè nel 385, la Gallia era soggetta a Magno Massimo.

[Les doutes de Borghesi sur l'existence de ce préfet des Gaules sont fondés. Un passage de Symmaque prouve que, deux ans après la date de cette constitution, Licinius n'avait pas encore été élevé à la dignité de préfet du prétoire[3]. En 385, Licinius occupait sans doute un emploi supérieur dans l'administration de la province confiée jadis aux soins de Tiberianus[4]; il était probablement vicaire d'Afrique[5].]

## XXV
[1138 =] 385 — 1139 = 386.

[FL.[6]] EVODIUS,
praef. praet. Galliarum [sub Magno Maximo].

« Evodius eodem anno 385 praefecturam Galliarum exercuit. Hic enim Treviris Priscillianum sub Maximo imperatore tyranno audivit, qui eum cum Euchrotia Delphini oratoris conjuge gladio addixit, ut idem Sulpitius Severus testatur[7]. [An. 386,] Evodius hic interfuit quoque convivio quo S. Martinus a Maximo tyranno exceptus est[8]. Maxi-

---

[1] Schoepflinus, p. 302.
[2] *Cod. Just.* lib. XI, tit. LX, c. 1. *De fundis limitrophis.*
[3] [Lib. V, ep. LXXVI : « Ergo amore rei « publicae cujus utilitates inter praecipua et «prima complecteris, clarissimo et inlustri «viro praefecto dignare... conferre.»]
[4] [Voir plus haut, p. 677, n. 4.]
[5] [Seeck, *Chron. Symmach.* p. CLVIII.]
[6] [Le prénom FL(*avius*) est connu par plusieurs inscriptions. De Rossi, *Inscr. christ.* vol. I, n. 361; cf. II. 360; *Corp. inscr. Lat.* vol. XIV, n. 231.]
[7] [*Chron.*] lib. II, [c.L, 7].
[8] Sulp. Sever. in *vita sancti Martini*, c. XX, 4.

mus hic an. 388 a Theodosio Magno apud Aquileiam victus et capite truncatus est[1]. »

Sub eodem Arcadii et Bautonis consulatu : (385) : « Priscillianus in « synodo Burdigalensi damnandum se intellegens ad imperatorem (Maxi- « mum) provocavit, auditusque Treviris ab Euvodio praefecto praeto- « rio Maximi gladio addictus est[2]. »

— « Convivae autem aderant, velut ad diem festum evocati, summi « adque inlustres viri, praefectus idemque consul Evodius, vir quo nihil « umquam justius fuit, comites duo summa potestate praediti, frater « regis et patruus : medius inter hos Martini presbyter accubuerat, ipse « autem (Martinus) in sellula juxta regem (Maximum) posita conse- « derat[3]. »

— « Maximus imperator Priscilliani causam praefecto Evodio per- « misit, viro acri et severo[4]. »

[Fl. Evodius fut consul en 386 avec l'empereur Honorius[5].]

## XXVI

[1142=] 389.

### CONSTANTIANUS,

praef. praet. Galliarum [sub Valentiniano juniore].

« Hunc prodit nobis lex data ad praefectum praetorio Galliarum Constantianum XIX kal. Febr. Timasio et Promoto conss., hoc est an. 389. Legis auctores : Valentinianus II, Theodosius et Arcadius. Huic adde legem eorumdem imperatorum, iisdemque conss. missam ad Constantium praefectum praetorio Galliarum, et Treveris datam. Alibi Constantinus vocatur[6]. »

---

[1] Schoepflinus, p. 302.
[2] Prosperi Tironis *Epitome Chronic.* an. 385 a Baronio citat. § 22 [éd. Mommsen, p. 462].
[3] Sulp. Sever. in *vita S. Martini*, c. xx, 4.
[4] Sulp. Sever. *Chron.* lib. II, [c. l, 7].
[5] [Cf. Tillemont, *Hist. des Empereurs*, t. V, p. 254.]
[6] Vide Jac. Gothofredum, in comment. ad allegatam legem. Schoepflinus, p. 303.

PRAEFECTI PRAETORIO GALLIARUM.     709

Iidem [imppp. Valentinianus, Theodosius et Arcadius] AAA. Constantiano P. P. Galliarum.

An. 389. — Timasio et Promoto conss.

XIX kal. Febr. Dat. Mediolano [1].

Vi si cassano gli atti di Magno Massimo.

V kal. Mart. Dat. Mediolani [2].

VI id. Nov. Dat. [.. Acc...] Treveris [3].

[C'est probablement le même personnage qui fut vicaire du Pont en 383 [4].]

## XXVII
[1143 =] 390.

### FLORUS,
praef. praet. Galliarum [sub Valentiniano juniore].

« Hujus praefecturam nobis indicat lex ab iisdem imperatoribus Treviris ad Florum P. P. data, Valentiniano A. IV et Neobario (scribendum « Neoterio ») conss., hoc est an. 390. Eadem lex in Codice Theodosiano occurrit, sed Flori nomen ibi intercidit [5]. »

Impp. Theodosius, Valentinianus et Arcadius AAA. Floro P. P.

An. 390. — Valentiniano A. IV et Neoterio conss.

XV kal. Jul. PP. Treviris [6].

Vedi la nuova edizione ove si trovano delle difficoltà per ammettere il supplemento « Floro », suggerito dal Codice Giustinianeo [7], e piuttosto ammetterebbesi Constanziano prefetto dell'anno avanti [8].

---

[1] *Cod. Theod.* lib. XV, tit. xiv, c. 8. *De infirmandis his quae sub tyrannis vel barbaris gesta sunt.*

[2] *Ibid.* lib. V, tit. i, c. 4. *De legitimis heredibus. Cod. Just.* lib. VI, tit. lv, c. 9.

[3] *Cod. Theod.* lib. VI, tit. xxvi, c. 5. *De proximis. Cod. Just.* lib. I, tit. xlviii, c. 3. *De off. divers. judicum.* Lib. XII, tit. xix, c. 2. *De proximis sacr. scriniorum.* [Cf. Krueger, *Add.* et p. 459, n. 9.]

[4] [*Cod. Theod.* lib. XII, tit. i, c. 94; lib. IX, tit. vii, c. 12; lib. XVI, tit. v, c. 10; lib. VII, tit. xviii, c. 7. Cf. Tillemont, *Hist. des Empereurs*, t. V, p. 731.]

[5] Schoepflinus, p. 303.

[6] *Cod. Just.* lib. XII, tit. i, c. 13. *De cursu publico. Cod. Theod.* lib. VIII, tit. v, c. 50, ove però manca il nome del prefetto.

[7] [*Cod. Oxoniensis Bodleianus* 3361 saec. XIII.]

[8] [Haenel, col. 735, n. *e*.]

## XXVIII
[1148=] 395.

### FL. MALLIUS THEODORUS,
praef. praet. Galliarum [sub Honorio].

« Fl. Manlius vel Mallius Theodorus, vir clarissimus et doctissimus[1]. Ad hunc praefectum Arcadius et Honorius impp. legem dederunt XIII kal. Febr. Olybrio et Probino conss., id est an. 395. Praefecturam hanc indicat Claudianus in panegyrico super Theodori hujus consulatum qui in an. 399 incidit[2], ubi inter alia praefecturae Gallicae limites Hispaniis Britannia Galliisque circumscribit his verbis [v. 50] :

> Hispana tibi Germanaque Tethys
> Paruit et nostro diducta Britannia mundo,
> Diversoque tuas coluerunt gurgite voces
> Lentus Arar Rhodanusque ferox et dives Hiberus.
> O quotiens doluit Rhenus, qua barbarus ibat,
> Quod te non geminis frueretur judice ripis!

Indubium ergo praefecti praetorio Galliarum jurisdictionem Rheno nostro terminatam fuisse. Per Germaniam duas Germanias cis Rhenum et per synecdochen partis Galliam universam intelligit[3]. »

Impp. Arcadius et Honorius AA. Theodoro P. P.
An. 395. — Olybrio et Probino conss.
   XIII kal. Febr. Dat... [4].
   IV kal. Oct. Dat. Mediolano[5].

[L'exactitude de ces suscriptions est contestée par Seeck : elles donnent des dates différentes à deux constitutions dont l'une est la reproduction textuelle de l'autre[6]. Puis il résulte d'un passage de Claudien que les deux préfectures exercées par Theodorus, celle des Gaules et celle d'Italie[7], ont été séparées par un assez long inter-

---

[1] [Boissier, *La fin du paganisme*, II, 297, 408.]
[2] [Voir précéd. p. 572, n. 4; p. 573, n. 11.]
[3] Schoepflinus, p. 303.
[4] *Cod. Theod.* lib. XII, tit. 1, c. 140.
[5] *Cod. Theod.* lib. XII, tit. 1, c. 148.
[6] [Elles ont été réunies dans *Cod. Just.* lib. X, tit. xxxii, c. 46. Cf. Krueger, p. 413, n. 15.]
[7] [Voir plus haut, p. 572.]

valle, puisque Theodorus a, dit-il, presque oublié l'art de juger[1]. Enfin Claudien dit que Theodorus s'adonna aux études philosophiques après avoir été rendu à la vie privée; or, saint Augustin, dans son traité *De beata vita* écrit en 386, présente Theodorus comme un admirateur de Platon tout en faisant allusion à la haute situation qu'il avait occupée. Seeck[2] conclut de là que Theodorus fut préfet des Gaules dans l'intervalle qui s'est écoulé entre l'année 380, où il était encore *comes rei privatae*, et l'année 386.

D'autre part, on voit, dit Tillemont, que «Symmaque voulant se préparer pour la préture de son fils, sous le règne de Stilicon et ainsi après 394, obtint des lettres de Théodore pour faire acheter des chevaux en Espagne et demanda la confirmation de ces lettres à Vincent son successeur, *mutato judice*, avec un sergent pour les faire exécuter. Il est difficile ou plutôt impossible d'entendre autre chose par là, sinon que Théodore a été préfet des Gaules dont l'Espagne dépendait, immédiatement avant Vincent qu'on voit par le Code avoir eu cette charge en 397[3].»]

## XXIX

[1149=] 396.

*HILARIUS*,
sub Arcadio et Honorio.

Impp. Arcadius et Honorius AA. Hilario P. P.
An. 396. — Arcadio IV et Honorio III AA. conss.
XIV kal. April. Dat. Mediolano[4].
V kal. Jun. Dat. Mediolano[5].

---

[1] [*Carm.* XVII, v. 138 :

Jam satis indultum studiis, Musaeque tot annos
Eripuere mihi :

Cf. v. 174 :

Agrestem dudum me, diva, reverti
Cogis, et infectum longi rubigine ruris
Ad tua signa vocas? Nam quæ mihi cura tot annis
Altera...]

[2] [*Chronol. Symmach.* p. cl. Seeck reconnaît d'ailleurs que la question est très difficile, p. cxlviii.]

[3] [Tillemont, *Hist. des Empereurs*, t. V, p. 796.]

[4] *Cod. Theod.* lib. XIII, tit. xi, c. 7. *De censitoribus.* [La constitution est adressée *Hilariano*. Godefroy a proposé de lire *Hilario*, et cette correction est acceptée par tous les éditeurs. Cf. Haenel, col. 1364, n. *u*. La qualité du destinataire manque, mais il n'est pas douteux qu'il s'agit d'un préfet du prétoire : l'empereur parle de *judicium culminis tui*.]

[5] *Ibid.* lib. XI, tit. xxi, c. 2. *De collatione*

III kal. Jun. Dat. Mediolano [1].
XVI kal. Jul. Dat... [2].

[Hilarius fut préfet du prétoire en 396, préfet de la ville en 408[3]. Symmaque lui adressa plusieurs lettres, dont la date ne peut être fixée avec certitude[4].

Hilarius fut préfet d'Occident : la teneur de la constitution du 30 mai le prouve. L'empereur établit pour la prestation des *annonae militares* un règlement qui est tout l'opposé de celui qui avait été édicté, le mois précédent, pour l'Orient[5].

Hilarius fut-il préfet des Gaules ou préfet d'Italie? Borghesi l'a classé parmi les préfets des Gaules; mais il paraît résulter d'une lettre de Symmaque que Theodorus eut pour successeur Vincentius[6]. Il est dès lors vraisemblable qu'Hilarius fut préfet d'Italie. Mais, à la date des constitutions qui lui furent adressées, Eusebius était aussi préfet d'Italie[7]. Il faudrait donc admettre la dualité des préfets d'Italie au début du règne d'Honorius[8], comme on a admis la dualité des préfets d'Orient au début du règne d'Arcadius[9]. Les mêmes causes ont dû produire les mêmes effets. Honorius, comme son frère Arcadius, n'était qu'un enfant à la mort de Théodose; et Stilicon eut, sur le gouvernement de l'empire d'Occident, une influence analogue à celle d'Eutrope sur l'empire d'Orient.]

*aeris. Cod. Just.* lib. X, tit. xxix, c. 1. [Les manuscrits du Code de Justinien portent *Jan.* au lieu de *Jun.* La correction de Borghesi est admise par Krueger, p. 409, n. 12. Godefroy et Seeck (*Symmach.* n. 634) préfèrent corriger le nom du destinataire et lire *Hypatio* au lieu de *Hilario.* Cf. Haenel, col. 625, n. *c*, et 1110, n. *q*.]

[1] *Cod. Theod.* lib. VII, tit. iv, c. 22. *De erog. milit. annonae.*

[2] *Ibid.* c. 23. *Cod. Just.* lib. XII, tit. xxxvii c. 8.

[3] [*Cod. Theod.* lib. XIV, tit. iv, c. 8. C'est à tort que Tissot (*Fastes*, p. 262) et les éditeurs du *Corpus* ont fait d'Hilarius un proconsul d'Afrique. Voir plus haut, p. 701.]

[4] [Lib. III, ep. 38-42. Cf. Seeck, *Chron. Symmach.* p. cxxx.]

[5] [Voir plus haut, p. 282, n. 9.]

[6] [Symmach. lib. IX, *Ep.* xxv : «... Oro praeterea, ut equorum tractoriis, quas vir inlustris Theodorus emisit, confirmationem per epistulam praestes, ne mutato judice beneficii lentescat auctoritas.» Voir plus haut, p. 711, n. 3, et Tillemont, t. V, p. 489 et 792. D'après Seeck, n. 330, la lettre de Theodorus aurait été écrite en 399, alors qu'il était préfet d'Italie. «Et quod praefecto Galliarum confirmatio tractoriarum poscitur, quas praefectus Italiae emisit, nullam difficultatem praebet, cum omnis judex praetorianus per totum Occidentem ejusmodi diplomata et praestare et confirmare potuerit.»]

[7] [Voir plus haut, p. 571.]

[8] [Dexter, qui paraît avoir été en charge à la fin du règne de Théodose, ne conserva la préfecture que pendant les premiers mois du règne d'Honorius. Voir plus haut, p. 570.]

[9] [Voir plus haut, p. 279.]

## XXX

[1150 =] 397 — 1153 =] 400.

[FL.[1]] VINCENTIUS,

praef. praet. Galliarum [sub Arcadio et Honorio].

« Vincentius praefectus Galliarum dicitur in inscriptione legis Arcadii et Honorii, Mediolani datae, Caesario et Attico conss., hoc est an. 397. Item in alia constitutione eorumdem imperatorum data Theodoro consule, hoc est an. 399, quae in Codice Theodosiano occurrit, ubi Gothofredus annotat[2] eum per triennium, ad annum 400 usque, praefecturam Galliarum gessisse[3]. »

Impp. Arcadius et Honorius AA. Vincentio P. P. Galliarum.

An. 397. — Caesario et Attico conss.

    XV kal. Jan. Dat. Mediolani[4].

An. 398. — Honorio IV et Eutychiano conss.

    III id. Febr. Dat. Mediolani[5].

    XII kal. Mart. Dat. Mediolani[6].

    XI kal. Mart. Dat. Mediolani[7].

An. 399. — Theodoro cons.

    XIII kal. Jul. Dat. Mediolano[8].

    Id. Sept. Dat. Mediolano[9].

---

[1] [Cf. J. B. de Rossi, *Inscr. christ.* vol. I, n. 494 à 497, 500 donnant le prénom FL(*avius*), comme l'inscription de Castellamare, *Corp. inscr. Latin.* vol. X, n. 8189.]

[2] Adde Turetum ad Symmachum. Miscellan. ad Symmachi epistolas, lib. IX, ep. xxv.

[3] Schoepflinus, p. 303. [Cf. *Histoire littéraire de la France*, t. II, p. 63.]

[4] *Cod. Just.* lib. III, tit. xiii, c. 5. *De jurisdictione.*

[5] *Cod. Theod.* lib. I, tit. v, c. 11. *De off. praeff. praet.*

[6] *Ibid.* lib. VIII, tit. v, c. 58. *Cod. Just.* lib. XII, tit. l, c. 17. *De cursu publico.*

[7] *Cod. Theod.* lib. VII, tit. xiv, c. 1. *De burgariis.*

[8] *Cod. Theod.* lib. XI, tit. i, c. 26. *De annona.*

[9] *Ibid.* lib. XII, tit. xv, c. 1. *De centurionibus.*

## PRAEFECTI PRAETORIO GALLIARUM.

An. 400. — Stilichone et Aureliano conss.
XVI kal. Febr. Dat. Mediolano[1].
XVI kal. Jun. Dat. Mediolano[2].
XIV kal. Jul. Dat. Mediolani[3].
III kal. Jul. Dat. Mediolano[4].
IV id. Jul. Dat. Mediolano[5].
III id. Jul. Dat. Mediolano[6].
V id. Dec. Dat. Mediolano[7].

[Avant d'être préfet du prétoire, Vincentius occupait un poste élevé dans l'administration de l'empire, comme le prouve une constitution de l'an 395 :]

— «Iidem AA. Have Vincenti, carissime nobis. — Dat. III non. «Jul. Mediolano, Olybrio et Probino conss.[8].»

[Fl. Vincentius était en relations d'amitié avec saint Martin de Tours :]

— «Memini Vincentium praefectum, virum egregium et quo nullus «sit intra Gallias omni virtutum genere praestantior, dum Turonos «praeteriret, a Martino saepius poposcisse, ut ei convivium in suo «monasterio daret[9].» S. Martino è morto nel 397 o nel 400.

[Fl. Vincentius fut consul en 401 avec Fl. Fravita [10].]

---

[1] *Cod. Theod.* lib. VII, tit. viii, c. 6. *Cod. Just.* lib. XII, tit. xl, c. 3. *De metatis.*

[2] *Cod. Theod.* lib. VII, tit. xviii, c. 10. *De desertoribus.*

[3] *Ibid.* lib. I, tit. xv, c. 15. *De off. vicarii.*

[4] *Ibid.* lib. XII, tit. xix, c. 3. *De his qui conditionem propriam reliquerunt. Cod. Just.* lib. XI, tit. lxvi, c. 6. *De fundis rei priv.*

[5] *Cod. Just.* lib. XI, tit. xlviii, c. 13. *De agricolis censitis.*

[6] *Cod. Just.* c. 14. [Il y a probablement une erreur dans cette suscription et dans la précédente : les constitutions correspondantes au Code Théodosien sont de «III kal. Jul.»]

[7] *Ibid.* lib. VIII, tit. v, c. 51. *De cursu pub.*

[8] *Cod. Theod.* lib. XV, tit. i, c. 33. *De operibus publicis. Cod. Just.* lib. XI, tit. lxx, c. 3. *De div. praediis urbanis vel rusticis templorum.* [Cette dernière constitution, dont l'objet est le même que celle qui est adressée à Vincentius, a pour destinataire «Hadriano, comiti sacrarum largitionum». Il est probable que Vincentius avait une situation d'égale importance. Seeck, p. cciii, pense au contraire que Vincentius fut préfet dès l'an 395.]

[9] Sulp. Sever. *Dial.* 1, [25, 6]. Tillemont [*Mém. ecclés.*] t. X, p. 332.

[10] [Plusieurs inscriptions chrétiennes sont datées de ce consulat. Voir J. B. de Rossi, *Inscr. christ.* vol. I, p. 212-215; *Inscr. Graecae, Siciliae et Italiae*, n. 2300.]

## XXXI

[1151 =] 398.

[RUFIUS POSTUMIUS[1]] FELIX,

praef. praet. Galliarum [sub Arcadio et Honorio].

«Triennium praefecturae Vincentianae interrupit aliquantum Felix, uti Jac. Gothofredus recte judicat ex inscriptione legis Arcadii et Honorii ad Felicem P. P. scriptae, Honorio IV et Eutychiano conss. hoc est an. 398. Cum enim Hispaniae de quibus ibi agitur, sub praefecto praetorio Galliarum fuerint, lex haec non ad alium mitti potuit[2].»

Impp. Arcadius et Honorius AA. Felici P. U. (corrige P. P.)[3].
An. 398. — Honorio A. IV et Eutychiano conss.
IV kal. April. Dat. Mediolano[4].

[Fl. Vincentius a-t-il été temporairement remplacé par Felix, comme le pense Godefroy? Nulle part il n'est qualifié *P. P. II.* Peut-être Fl. Vincentius a-t-il été le collègue de Felix. On a déjà constaté qu'après la mort de Théodose le système de la dualité des préfets du prétoire fut pendant quelque temps appliqué soit en Orient, soit en Italie[5].

Rufius Postumius Felix avait été précédemment *quaestor sacri palatii* de 395 à 397[6]. Il était originaire de Rome[7] et paraît avoir rempli en 393 un emploi à la cour de l'usurpateur Eugène[8].]

[1] [*Corp. inscr. Lat.* vol. VI, p. 860, n. 99 reproduit plus haut, p. 576.]

[2] Schoepflinus, p. 303. [Cf. Tillemont, *Hist. des Empereurs*, t. V, p. 793.]

[3] [Voir plus haut, p. 595, n. 6.]

[4] *Cod. Theod.* lib. VI, tit. II, c. 16. *De senatoribus.*

[5] [Voir plus haut, p. 279, 577, 579, 583.]

[6] [Sym. lib. V, ep. LIV : «Quaeso te, cogites, quid de augusto adyto, cujus loqueris oracula, deceat impetrari... Rescriptorum omnium fama te respicit.» Cf. ep. XLVII.]

[7] [Symmach. lib. V, ep. LIV : «Ampelium clarae et inlustris recordationis virum parvas aedes, quas pretioso auxit ornatu, sub clivo Salutis emisse, ut civis, ut collega reminisceris.»]

[8] [*Ibid.* ep. XLIX : «Quas si eximia unanimitas tua et probata mihi amicitiae fides jucunda atque oportuna insinuaverit lectione, non videbor ingratus, cum probaverit, sicuti opto, invictissimus princeps, beneficia se hujusmodi apud memorem conlocasse.»]

## XXXII

[1153 = 400.

#### FL. PISIDIUS ROMULUS,
praef. praet. Galliarum sub Arcadio et Honorio.

Romulus fut *consularis* d'Émilie et de Ligurie en 385 [1], *comes sacrarum largitionum* de Théodose en 392 [2], préfet du prétoire en 400, préfet de Rome en 405 [3]. Ami de saint Augustin, il fut aussi en relation avec Symmaque [4].

Une constitution du 6 août 400, adressée au préfet Romulus, figure au Code Théodosien :

Iidem (Arcadius et Honorius) AA. Romulo P. P.

An. 400. — Stilichone et Aureliano conss.

VIII id. Aug. Dat. Ravennae [5].

Godefroy et Tillemont corrigent l'inscription de la constitution citée : ils lisent P. U. au lieu de P. P. C'est sans doute pour le même motif que Borghesi a omis Romulus dans la liste des préfets du prétoire.

Il n'est pas spécifié que Romulus ait été préfet des Gaules, mais le lieu d'où est datée la constitution prouve qu'elle se rapporte à l'empire d'Occident. D'autre part, les préfets d'Italie de l'an 400 étaient Messala et Hadirianus. Romulus n'a donc pu être que préfet des Gaules [6].]

## XXXIII

[1154 =] 401.

#### ANDROMACHUS,
praef. praet. Galliarum sub Arcadio et Honorio.

Impp. Arcadius et Honorius AA. Andromacho P. U.

An. 401. — Vincentio et Fravitta conss.

VII kal. Jul. Dat. Mediolano [7].

---

[1] [*Cod. Theod.* lib. II, tit. IV, c. 4.]

[2] [*Ibid.* lib. X, tit. XIX, c. 2. — Lib. IX, tit. XIV, c. 2.]

[3] [*Corp. inscr. Lat.* vol. VI, n. 1731; *Ephem. epigr.* t. IV, p. 294, n. 849, 850.]

[4] [Augustini epist. 247. Symmach. lib. VIII, ep. XXXVIII.]

[5] [*Cod. Theod.* lib. IX, tit. XXXVIII, c. 10.]

[6] [Cf. Seeck, *Chron. Symmach.* p. CXCVIII.]

[7] *Cod. Theod.* lib. XI, tit. XXVIII, c. 3. *De indulgentiis debitorum.*

Il Gotofredo e l'Haenel, nella nota su questa legge, non che il Tillemont¹, e il De Rossi² convengono che si ha da correggere *P. P.*, e giacchè è certo che dal 400 al 405 fu prefetto d'Italia Adriano, gli hanno conferito la prefettura delle Gallie.

Era stato *comes rerum privatarum* nel 392 [?]³, prefetto di Roma nel 395⁴, e vien lodato da Simmaco⁵.

## XXXIV
### [1157=] 404.
### ROMULIANUS,
praef. praet. Galliarum sub Honorio.

Impp. Arcadius et Honorius AA. Romuliano P. P.

An. 404. —Honorio A. VI et Aristaenaeto conss.

X kal. Maii. Dat. Romae⁶.

Questa legge dell'impero occidentale non può essere che diretta al prefetto delle Gallie, perchè quello d'Italia in quest'anno fu Adriano. Si crede che il Romuliano fu prefetto di Costantinopoli nel 398⁷.

## XXXV
### Intra [1155=] 402 et [1161=] 408.
### PETRONIUS,
praef. praet. Galliarum [sub Honorio].

[Petronius fut vicaire d'Espagne de 395 à 397⁸. Il fut ensuite rappelé à Milan

---

¹ [*Hist. des Empereurs,*] nota xv sopra Onorio,[p. 803].

² *Annali dell' Istit.* t. XXI, p. 37.

³ [*Cod. Just.* lib. V, tit. v, c. 4. La suscription est mutilée. On lit seulement : *d. v. k. Mart.* Les consuls manquent.]

⁴ [*Cod. Theod.* lib. XV, tit. xiv, c. 9, 11; lib. XI, t. xxx, c. 54; lib. VII, tit. xii, c. 3; lib. II, tit. xii, c. 6; lib. VII, tit. viii, c. 7.]

⁵ Lib. II, ep. lxxviii [lxxix].

⁶ *Cod. Theod.* lib. XVI, tit. viii, c. 16. De Judaeis. [Cf. Tillemont, t. V, p. 777.]

⁷ [*Cod. Theod.* lib. VII, tit. i, c. 17.]

⁸ [*Ibid.* lib. IV, tit. xxi, c. 1; — lib. IV, tit. xxii, c. 5.]

auprès de l'empereur et devint vraisemblablement *magister scrinii*[1] en même temps que son frère Patruinus, puis préfet du prétoire des Gaules.]

— « Idem (Imppp. Arcadius, Honorius) et Theodosius AAA. Petronio P. P. — Sine die et conss.[2]. »

« Novimus praefectum hunc ex Codice [Justinianeo] ubi Arcadius Honoriusque et Theodosius junior legis ad Petronium auctores dicuntur, ut sine die et consule. Quum autem Arcadius kal. Maii an. 408 obierit et an. 402 ab eo Theodosius junior creatus fuerit Augustus, IV id jan., necesse est Petronium inter 402 et 408 praefecturam gessisse. Adde quod Honorius ipse Petronii, ut veteris Galliarum praefecti meminerit in constitutione an. 418 edita et Agricolae praefecto praetorio Galliarum inscripta, quam correctam edidit Sirmondus[3]. »

Le parole della costituzione citata dallo Schoepflino[4], e con cui si ordina che ogni anno debba tenersi ad Arles il convento delle sette provincie, sono queste :

— « Siquidem hoc rationabili plane probatoque consilio jam et vir
« inlustris, praefectus Petronius, observari debere praeceperit, quod,
« interpolatum vel incuria temporum, vel desidia tyrannorum, reparari
« solita prudentiae nostrae auctoritate decernimus. »

[*A partir de l'an 407, les préfets des Gaules ont leur résidence à Arles*[5].]

« Sub hoc praefecto magnam Galliae suae partem Honorius amisit, undique irruentibus barbaris, Rhenique limes in perpetuum amissus, quippe quis Alammanis cessit in praedam et possessionem perpetuam. Treviri quater tunc direpti, licet restituti deinceps, ab hoc tamen

---

[1] [Symmach. lib. VII, ep. CIX: « Reducitur (filius meus Caecilianus) in longinqua judicia, quibus facile, si suffragium tuleris, eruetur. Est enim in te atque fratre portus omnium quos fortuita sollicitant. » Cf. Seeck, p. CLXXXIX.]

[2] *Cod. Just.* lib. XI, tit. LXXIV, c. 3. *De collatione fundorum fiscalium.*

[3] Not. ad Sidonii *Epithal.* v. 151. [Quam legem] Bertherius (*Philanor. diatr.* I, p. 34) a Constantino tyranno scriptam [408] ab Honorio imp. renovatam existimat. [Haenel, *Corpus legum*, p. 238. Cf. Esmein, *Hist. du droit français*, p. 15.]

[4] Schoepflinus, p. 304. [Cf. *Mon. Germ. hist. Epistolae Merovingici et Karol. aevi*, t. I, p. 14.]

[5] [*Ibid.* t. I, p. 19, 18.]

tempore praefectorum praetorio ut et vicariorum sedes esse desierant. Arelas in Trevirorum locum successit, quo Constantinus, illius aevi tyrannus, victor Galliarum, Vandalis fusis, imperii sui sedem transtulerat, nec urbi honorem Honorius, tyranno oppresso, abstulit, adeoque et praefecti et vicarii sedes permansit[1]. »

## XXXVI
[1161 =]408.

### LIMENIUS,
praef. praet. Galliarum sub Honorio.

An. 408. — «[Tum illi (milites) quodammodo ad furorem redacti] «Limenium, apud Transalpinas gentes praefectum praetorii, cum «Chariobaudo, militum in iisdem locis magistro, jugulant[2]. »

Ciò successe a Pavia, e si conosce che tanto Limenio quanto Chariobaude vi erano venuti, perchè cacciati dalle Gallie dal tiranno Costantino[3].

[Avant d'être préfet des Gaules, Limenius avait été *comes sacrarum largitionum*[4].]

## XXXVII
[Intra 1160 = 407 et 1166 = 413.]

### APOLLINARIS, avus Sidonii,
praef. praet. Galliarum sub Constantino tyranno.

— «Itaque Constans in Hispaniam transiit, cum ducem Terentium «et Apollinarem praefectum praetorii haberet[5]. »

---

[1] Sirmondo, *loc. cit.* [Haenel, *loc. cit.*]
[2] Zosim. lib. V, c. xxxii. [Οἱ δὲ τρόπον τινὰ παράφοροι γεγονότες Λιμένιον τε τὸν ἐν τοῖς ὑπὲρ τὰς Ἄλπεις ἔθνεσιν ὄντα τῆς αὐλῆς ὕπαρχον ἀποσφάτ7ουσι, καὶ ἅμα τούτῳ Χαριοβαύδην τὸν σ7ρατηγὸν τῶν ἐκεῖσε ταγμάτων.]
[3] Ægidius Lacarry, [p. 111]. Schoepfli-
nus, p. 304. [Cf. Tillemont, *Hist. des Emp.* t. V, p. 807. Fustel de Coulanges, *L'invasion germanique*, édit. C. Jullian, p. 419.]
[4] [*Cod. Just.* lib. I, tit. xl, c. 10.]
[5] Zosim. lib. VI, c. iv. [Ἐπὶ τούτοις ὁ Κώνσ7ας εἰς τὴν Ἰϐηρίαν διέϐη, σ7ρατηγὸν μὲν Τερέντιον ἔχων, Ἀπολλινάριον δὲ τῆς αὐλῆς ὕπαρχον.]

Ecco l'epigrafe che Sidonio Apollinare fece porre sul tumulo di suo nonno[1], che i ladri avevano tentato di riblare, com' egli lo riporta[2] :

> Serum post patruos patremque carmen
> Haud indignus avo nepos dicavi,
> Ne fors tempore postumo, viator,
> Ignorans reverentiam sepulti
> Tellurem tereres inaggeratam.
> Praefectus jacet hic Apollinaris
> Post praetoria recta Galliarum
> Maerentis patriae sinu receptus,
> Consultissimus utilissimusque
> Ruris militiae forique cultor,
> Exemploque aliis periculoso
> Liber sub dominantibus tyrannis.
> Haec sed maxima dignitas probatur,
> Quod frontem cruce, membra fronte purgans
> Primus de numero patrum suorum
> Sacris sacrilegis renuntiavit.
> Hoc primum est decus, haec superba virtus,
> Spe praecedere quos honore jungas
> Quique hic sunt titulis pares parentes,
> Hos illic meritis supervenire.

Sidonio scrive ad Aquilino[3] : «[Testes mihi in praesentiarum] avi
«nostri [super hoc negotio] Apollinaris et Rusticus [advocabantur,
«quos] laudabili familiaritate conjunxerat litterarum, dignitatum,
«periculorum, conscientiarum similitudo, cum in Constantino inconstan-
«tiam, in Jovino facilitatem, in Gerontio perfidiam, singula in singulis,
«omnia in Dardano crimina simul execrarentur.»

An. 410. — «Constantinus... cum... Constantem filium...
«pro Caesare dixisset Augustum, Apollinari abrogata potestate, alte-
«rum ejus loco praefectum praetorii designavit[4].»

---

[1] [Cf. Mommsen, *Praef.* in Sidonium, p. xlvii.]
[2] Nell' epistola xii del lib. III.
[3] Nell' epistola ix del lib. V.
[4] Zosim. lib. VI, c. xiii. [Κωνσταντῖνος δὲ τῷ παιδὶ Κώνσταντι τὸ διάδημα περιθεὶς,

## XXXVIII

[1164 =] 411.

### DECIMIUS RUSTICUS,
praef. praet. Galliarum sub Constantino tyranno.

Sidonio, scrivendo ad Aquilino, gli dice[1] : «... Avi nostri Apolli-
«naris et Rusticus... laudabili familiaritate conjunxerat litterarum,
«dignitatum, periculorum, conscientiarum similitudo. »

Rustico ebbe un figlio da cui nacque Aquilino, perchè parlando dei
loro padri aggiunge Sidonio : «In principatu Valentiniani imperatoris
«unus Galliarum praefuit parti, alter soliditati.» Dal chè si arguisce
che il padre di Aquilino fu consolare o preside di alcuna delle provincie
Galliche[2].

Nota il Sirmondo : «Rusticus Aquilini avus est. Decimius Rusticus is
quem scripserat Renatus Frigeridus, ex magistro officiorum, praefectum
item ab iisdem tyrannis creatum fuisse post Apollinarem. Ita par
utriusque dignitas.»

— [«Constans et praefectus jam Decimius Rusticus ex officiorum
«magistro petunt Gallias[3].»]

Occisus est ab Honorio[4].

De morte, idem Frigeridus apud Gregorium Turonensem[5] : «Iisdem,
«inquit, diebus praefectus tyrannorum Decimius Rusticus, Agrarius ex
«primicerio notariorum Jovini multique nobiles, apud Arvernos capti

καὶ ἀντὶ τοῦ Καίσαρος βασιλέα πεποιη-
κώς, Ἀπολλινάριον παραλύσας τῆς ἀρχῆς
ἕτερον ἀντ' αὐτοῦ ὕπαρχον ἀπέδειξεν. ]

[1] [Voir plus haut, p. 720, n. 3.]

[2] [Lacarry, p. 124 : «Titulum soliditatis
Galliarum interpretor cum Sirmondo, titulum illustrissimae praefecturae Galliarum
(ita ut fuerit pater Sidonii praefectus praetorio Galliarum) titulum vero partis, praefecturae titulum praetoriae partiariae, id
est vicariatus Galliarum, qui titulus secundus dicitur.»]

[3] [Frigerid. apud Gregor. *Hist. Francorum*], lib. II, c. IX.

[4] Lacarry, [p. 123]. Schoepflinus,
p. 304. [Tillemont, *Hist. des Empereurs*,
t. V, p. 609.]

[5] [Lib. II, c. IX.]

« a ducibus Honorianis crudeliter interempti sunt, post debellatam
« Constantini tyrannidem. »

Idem praeterea Rusticus videtur, quem testatur Olympiodorus apud Photium in nuptiis Placidiae et Athaulfi [a. 414] epithalamium cum Attalo et Phochatio cecinisse[1].

[Mommsen[2] ne croit pas que le Rusticus dont parlent Sidoine Apollinaire et Olympiodore soit le personnage mentionné par Grégoire de Tours. Ce Rusticus fut évêque de Lyon sous Honorius; son fils, *praeses provinciae* sous Valentinien III.]

## XXXIX

[1162 = 409 — 1166 =] 413.

### CL. POSTUMUS DARDANUS,

praef. praet. Galliarum sub Honorio.

Nelle schede degli antecessori Apollinare e Rustico, vedi il passo di Sidonio[3], in cui parla di lui. Al quale nota il Sirmondo : « Claudius Postumus Dardanus, praefectus praetorio Galliarum, cujus maxime industria Jovinus tyrannus, avulso ab ejus societate Ataulfo rege, oppressus est, ut Tiro Prosper in Chronico tradit[4] quod etiam confirmat Olympiodorus[5]. Dardani praefecturae testis est Honorii lex, et vetus inscriptio quae haud procul Sisterone provinciae II Narbonensis cer-

---

[1] [Müll. fr. 24, t. IV, p. 62: Ὅτι Ἀδαούλ-φῳ σπουδῇ καὶ ὑποθήκῃ Κανδιδιανοῦ ὁ πρὸς Πλακιδίαν συντελεῖται γάμος, μὴν ὁ Ἰανουάριος ἐνεισ7ήκει, ἐπὶ δὲ τῆς πόλεως Νάρϐωνος... Εἶτα λέγονται καὶ ἐπιθαλάμιοι, Ἀτ7άλου πρῶτον εἰπόντος, εἶτα Ῥουσ7ικίου καὶ Φοιϐαδίου.]

[2] [*Index Sidon.* p. 435.]

[3] [Voir, plus haut, n. XXXVII, p. 720, n. 3.]

[4] [La chronique citée est attribuée à tort à Prosper (cf. *Mon. Germ. hist.* t. IX, p. 617). — *Chronica Gallica*, 69. An. 411 : « Industria viri strenui, qui solus tyranno non cessit, Dardani Atavulphus, qui post Alaricum Gothis imperitabat, a societate Jovini avertitur. »]

[5] [Müll. fr. 19, t. IV, p. 61 : Ἰοϐῖνος δὲ ὑπὸ Ἀδαούλφου πολιορκούμενος, ἑαυτὸν ἐκδίδωσι, καὶ πέμπεται κἀκεῖνος τῷ βασιλεῖ, ὃν αὐθεντήσας Δάρδανος ὁ ἔπαρχος ἀναιρεῖ (a. 413).]

nitur in rupe, opere humano divisa, quam vulgo Petram Scissam vocant[1]. "

      CL✿ POSTVMVS DARDANVS V̄ INL ✿ ET PA
      TRICIAE DIGNITATIS EX CONSVLARI PRO
      VINCIAE VIENNENSIS EX MAGISTRO SCRI
      NII LIB ✿ EX QVAEST ✿ EX PRAEF ✿ PRET ✿ GALL ✿ ET
      NEVIA GALLA CLAR ✿ ET INL ✿ FEM ✿ MATER FAM
      EIVS LOCO CVI NOMEN THEOPOLI EST
      VIARVM VSVM CAESIS VTRIMQVE MON
      TIVM LATERIB ✿ PRAESTITERVNT MVROS
      ET PORTAS DEDERVNT QVOD IN AGRO
      PROPRIO CONSTITVTVM TVETIONI OM
      NIVM VOLVERVNT ESSE COMMVNE ADNI
(sic) TENTE ETIAN V ✿ INL✿COM ✿ AC FRATRE ME
      MORATI VIRI CL ✿ LEPIDO EX CONSVLARI
      GERMANIAE PRIMAE EX MAG MEMOR
      EX COM ✿ RERVM PRIVAT ✿ VT ERGA OMNI
                 VM SALVTEM EORV
                 M STVDIVM E
*infra in saxo proeminente :*   T   DEVO
  TIONIS PVBLIC*ae*           TI
                      STENDI
  TVLVS POSSI*t*      O

— "Jovinus tyrannus missus ad imperatorem est quem Dardanus "praefectus, sua manu percutiens, interimit[2]. "

— "Cum in Constantino inconstantiam, in Jovino facilitatem, in "Gerontio perfidiam, singula in singulis, omnia in Dardano crimina "simul execrarentur[3]. "

---

[1] [Borghesi a transcrit dans ses *schede* deux copies plus ou moins incorrectes de cette importante inscription. Elle est reproduite ici d'après le *Corp. inscr. Lat.* vol. XII, n. 1524.]

[2] Photius, *Bibl.* cod. LXXX. [Voir, plus haut, la note 5 de la page 722. Cf. *Histoire générale du Languedoc*, t. I, p. 398; t. II, p. 52?.]

[3] [Sidon. lib. V, ep. IX.]

S. Girolamo gli scrisse un' epistola[1] : «Dardane, christianorum «nobilissime, et nobilium christianissime... Haec tibi, vir eloquen- «tissime, in duplicis praefecturae honore transacto nunc in Christo «honoratior.»

[Saint Augustin lui écrivit également une longue lettre en réponse à deux questions que le préfet lui avait posées. Il l'appelle *frater dilectissime, illustrior in charitate Christi quam in hujus saeculi dignitate.* Et il ajoute pour s'excuser d'un retard : «Nec «tua me dignitas terruit fecitque cunctantem, cum sit humanitas tua gratior quam «illa suspectior[2].»]

Iidem (Honorius et Theodosius) AA. Dardano P. P. Galliarum. An. 409. — Honorio VIII et Theodosio III AA. conss.
Id. Dec. Dat. Ravenna[3].

Il Tillemont[4] corregge : «Honorio IX et Theodosio V» e la riporta al 412.

[Cette correction n'est appuyée par aucun manuscrit. Tillemont allègue que Honorius ne régnait pas en Gaule en 409. Mais, comme le fait observer Otto Hirsch-feld[5], la paix était faite avec Constantin au moment où la constitution fut rendue; Honorius a donc pu écrire au préfet des Gaules.

Dardanus remplit cette charge à la fin de 409. Il en était encore investi en 411, 412 et 413, d'après les *Chronica Gallica* et Olympiodore[6]. Était-il alors préfet des Gaules pour la première ou pour la seconde fois? Saint Jérome parle en effet d'une *duplex praefectura*. Sur ce point, on ne peut qu'émettre une conjecture. Mommsen pense que la première préfecture de Dardanus est antérieure à 409, et que la seconde a duré de 409 à 413 sans interruption. Il y a toutefois une raison de douter, s'il est vrai que Melitius ait été préfet des Gaules en 410 et 412.]

---

[1] Ad Dardanum [129, Migne, *Pat. Lat.* XXII, 1669].

[2] [Ep. CLXXXVII, Migne, *Pat. Lat.* XXXIII, 832. Sur la contradiction entre l'appréciation de Sidoine et celle de saint Jérôme et de saint Augustin, cf. *Hist. littéraire de la France*, t. II, p. 129.]

[3] *Cod. Theod.* lib. XII, tit. 1, c. 171.

[4] [*Hist. des Empereurs*], t. V, p. 610 et 809.

[5] [Ad *Corp. inscr. Lat.* vol. XII, p. 186, sub n. 1524.

[6] [Voir plus haut, p. 722, n. 4 et 5. Cf. Lacarry, p. 119.]

## XL

[1165 =] 412.

MELITIUS,

praef. praet. Galliarum [(?)] sub Honorio.

Impp. Honorius et Theodosius AA. Melitio P. P.

An. 410. — Varane v. c. cons.

XVI kal. Dec. Dat. Ravenna [1].

An. 412. — Honorio IX et Theodosio IV [*lire* V] AA. conss.

XV kal. Mart. Dat. Ravenna [2].

XIV kal. April. Dat. Ravenna [3].

VIII kal. Jun. [?] Dat. Ravenna [4].

VIII kal. Jul. Dat. Ravenna [5].

Id. Dec. Dat. Ravenna [6].

Ad an. 412 statuit Gothofredus [7], sed quaerit an Italiae an Galliarum? — Il Gotofredo decide al fine che costui fu prefetto delle Gallie [8].

[D'après Godefroy, les faits qui ont motivé cette constitution seraient ceux que rapporte la chronique de Prosper Tiro :

«Honorio VIIII et Theodosio V (a. 412). — Eodem tempore Heros

---

[1] *Cod. Theod.* lib. VI, tit. xxvi, c. 15. *De proximis.*

[2] *Ibid.* lib. XI, tit. xvi, c. 23. *De extraordinar. sive sordidis muneribus. Cod. Just.* lib. X, tit. xlviii, c. 16. *De excusationibus munerum.*

[3] *Cod. Theod.* lib. V, tit. vii, c. 2. *De expositis. Cod. Just.* lib. VIII, tit. li, c. 2, sed mutata inscriptione et suscriptione. [La majeure partie de la constitution est extraite d'une constitution de Valentinien, Valens et Gratien «ad Probum P. P. Dat. III non. Mart. Gratiano A. III et Equitio conss. (374).»]

[4] *Cod. Theod.* lib. XVI, tit. ii, c. 40. *De episcopis. Cod. Just.* lib. I, tit. ii, c. 5. *De sacros. ecclesiis.*

[5] [Const. Sirmondi XI. *A quibus oneribus ecclesiae habeantur immunes.* La constitution citée à la note précédente n'est qu'un extrait de celle-ci. Elle doit avoir la même date : *VIII kal. Iul.* Cf. Haenel, col. 465.]

[6] *Cod. Theod.* lib. XVI. tit. ii, c. 41. [Const. Sirmondi XV. *Eos infamiae notam subire qui objecta clericis crimina probare non possunt.* L'adresse porte : *ad Melitium virum illustrem P.P.*]

[7] T. VI, p. 6.

[8] T. VI, p. 52. [Voir cependant Tillemont, *Hist. des Empereurs*, t. V, p. 815, qui reporte à 411 les constitutions adressées à Melitius.]

«vir sanctus et beati Martini discipulus cum Arelatensi oppido epi-
«scopus praesideret, a populo ejusdem civitatis insons et nulli insi-
«mulationi obnoxius pulsus est, inque ejus locum Patroclus ordina-
«tus amicus et familiaris Constantii magistri militum, cujus per
«ipsum gratia quaerebatur, eaque res inter episcopos regionis illius
«magnarum discordiarum materia fuit [1].»]

✳

[1170 = 417 vel 1171 = 418.]

*JULIUS*,
sub Honorio.

[«Sedit habuitque praetorium Æduae sive Augustoduni proxime antequam Sanctus Germanus Autissiodorensis ordinaretur episcopus. Constantius presbyter, in *Vita* ejusdem *sancti Germani* Autisiodorensis apud Surium [2], ait Amatorem decessorem Germani in episcopatu Autisiodorensi, non longe ante obitum, Æduam profectum esse, et a Julio praefecto praetorio Galliarum, Germanum successorem in episcopatu expetiisse [3], nec longo post tempore Amatorem vivere desiisse kal. Maii feria quarta [4], quae temporum notae feria scilicet quarta adhaerens kal. Maii, soli anno 418, competunt litera Dominicali F; nec alteri anno convenire possunt, si initia et exitus Episcopatus Sancti Germani Autisiodorensis, apud eumdem Constantium et Sirmondum accurate expendantur. Quippe prodit Sirmondus (t. I Conciliorum Galliae, p. 86), Sanctos Germanum Autisiodorensem et Lupum Trecensem Episcopos, in Britanniam ad profligandam haeresim Pelagianam missos fuisse

[1] [*Monument. German. histor.* t. IX, p. 466.]

[2] [*De probatis Sanctorum historiis*, éd. 1579, t. IV, p. 427. *Acta Sanctorum*, 31 juillet, t. VII, p. 202.]

[3] [Lib. I, c. 1-2. «(Amator)... divina re-«velatione suae discessionis tempus agnos-«cens et Germanum sibi futurum successo-«rem praevidens, Heduam profectus est, «ubi Julius reipublicae rector ac Galliæ gu-«bernator praesidebat. Tunc Simplicius... «ejusdem civitatis episcopus... ei cum or-«dine clericatus necnon et cum Julio prae-«fecto, officii sui turmis stipato ire obviam «non neglexit.»]

[4] [Lib. I, c. 5.]

anno 446... et paulo post, alteram profectionem in Britanniam suscepisse Germanum. Ad haec ex Constantio presbytero duo accedunt, primum statim post secundam profectionem sanctum Germanum esse mortuum, hoc est circa annum 448... Iterum est vixisse in Episcopatu Germanum annos triginta et dies 15[1], qui, si deducantur ab annis 448, confiet et residuus erit annus 418, quo successit Amatori, iniitque Episcopatum Autisiodorensem Germanus : cuique anno 418 concordant characteres quartae feriae et calendarum Maii. Quare cum Amator paulo ante quam moreretur, adierit Julium Praefectum, Æduae necesse est fuisse Praefectum Galliarum anno 417 aut anno 418, ipso principio et ante XV kal. Maias, quibus ut infra scribimus erat Agricola Galliarum praefectus....[2]. »

Le préfet Julius n'est connu que par un passage de la Vie de saint Germain d'Auxerre[3], reproduit dans la Vie de saint Amateur[4]. Quelle est la valeur de ce document? La Vie de saint Germain est attribuée, par Isidore de Séville[5], à Constance, l'ami de Sidoine Apollinaire[6]. Elle aurait été rédigée très peu de temps après les événements dont elle contient le récit. Mais, en supposant exacte l'attribution de cette œuvre à un personnage réputé comme poète[7] et non comme hagiographe, avons-nous aujourd'hui le texte original de l'auteur? On s'accorde à reconnaître que la Vie de saint Germain, telle qu'elle nous est parvenue, a subi des remaniements successifs, qu'il y a eu des additions au texte primitif[8]. Il suffit pour s'en convaincre de rapprocher le texte publié par les Bollandistes de celui qu'on trouve soit dans le *Sanctuarium seu vitae Sanctorum* de Mombritius[9], soit dans un manuscrit du XIe siècle conservé à la Bibliothèque nationale (Nouvelles acqui-

---

[1] [Lib. II, c. 25.]
[2] Lacarry [p. 111]. Schoepflinus, p. 304. [Cf. Tillemont, *Mém. Ecclés.* t. XV, p. 833].
[3] [Voir plus haut, p. 726, n. 3.]
[4] [*Acta Sanctorum*, 1er mai, c. IV, n° 28, t. I, p. 58.]
[5] [*De viris illustribus*, c. XXI.]
[6] [Sidoine a dédié à Constance les huit premiers livres de ses lettres. Cf. *Ep.* I. 1. Dans *Ep.* III, 2, Sidoine l'appelle : « ... persona aetate gravis, infirmitate fragilis, nobilitate sublimis, religione venerabilis. »]

[7] [Sidon. II, IV, 3 : «Ab hexametris eminentium poetarum Constantii et Secundini vicinantia altari basilicae latera clarescunt.» Tillemont, *Mém. Eccl.* XVI, 267.]
[8] [Kohler, *Étude critique sur le texte de la vie latine de sainte Geneviève de Paris*, p. LXXIII et p. 87. Gaston Paris, *C. R. Acad. des Inscr.* 1882, p. 238. Cf. l'appréciation de Mombritius par les Bollandistes : *Acta SS. Julii*, VII, 202.]
[9] [Milan, v. 1480, f[os] 305 et suiv. de l'exemplaire de la Bibliothèque nationale.]

sitions lat. 2178, grand format, 2 col.) et provenant de l'abbaye de Silos en Espagne. Les paragraphes 2 à 8 du chap. 1, liv. I, des Bollandistes n'existent ni dans Mombritius, ni dans le manuscrit de Silos[1]. Or, c'est précisément au paragraphe 2 que se trouve le passage relatif à Julius. Ce passage a donc pu être interpolé, et, dès lors, la valeur du document est singulièrement diminuée. Les Bollandistes ont d'ailleurs reconnu la difficulté d'admettre l'existence de ce préfet à une date où la préfecture des Gaules était occupée par Agricola. Ils l'ont résolue en disant que les deux personnages se confondent et que le préfet des Gaules de 418 devait s'appeler Julius Agricola[2].

Si aucun texte en dehors de la vie de saint Germain ne mentionne le préfet Julius, il existe un autre document contemporain, dont l'authenticité n'est pas suspecte, et qui fait allusion à un personnage du nom de Julius : ce document est inséré au code Théodosien[3] et au code de Justinien[4]. En 404, ce Julius était l'un des *decuriales* qui, suivant un antique usage, étaient délégués par la métropole de chaque province pour faire partie des décuries de la ville de Rome. Il avait pour collègue un certain Exuperantius. Une constitution d'Honorius leur fut adressée pour confirmer les privilèges de leur décurie. Or, il est à remarquer que, suivant une conjecture qui paraît très plausible, le collègue de Julius est le même personnage qui, vingt ans plus tard, fut appelé à la préfecture des Gaules.]

## XLI

[1171=] 418.

AGRICOLA,

praef. praet. iterum Galliarum sub Honorio.

Impp. Honorius et Theodosius AA. v. i.[5] Agricolae praefecto Galliarum.

---

[1] [Dans Mombritius, f° 305 r°, 2° col., et dans le ms. de Silos, f° 6 v°, 2° col., après le dernier mot (*castitatis*) du c. 1, lib. I des Bollandistes, on lit les premiers mots (*tum subito*) du chapitre II des Bollandistes.]

[2] [*Acta SS.* Julii, t. VII, p. 203, n. 4 : «Necesse est Julium hunc fuisse binominem vocatumque etiam fuisse Agricolam.» Cf. Tillemont, *Mémoires ecclésiastiques*, t. XV, p. 833.]

[3] [Lib. XIV, tit. 1, c. 4.]

[4] [Lib. XI, tit. xiv, c. 2.]

[5] [Il y a des variantes suivant les manuscrits. Dans les uns on lit : *viro Julio*; dans d'autres : *ad virum inlustrem.* Cf. *Mon. Germ. hist. Epistolae Merovingici et Karolini aevi*, t. I, p. 13.]

PRAEFECTI PRAETORIO GALLIARUM.

An. 418. — DD. NN. Honorio XII et Theodosio VIII.

XV kal. Maii. Dat... Acc. Arelate X kal. Jun.[1].

— «Exemplar edicti Junii Quarti Palladii, Junius Quartus Palladius, Monaxius et Agricola iterum, praefecti praetorio, edixerunt[2].»

È una costituzione, in cui si ordina che ogni anno debba tenersi ad Arles il convento delle sette provincie[3].

Era stata pubblicata prima da altri con falsa intestattura, ma fu corretta dal Sirmondo sopra un codice del Peirescio e pubblicata nelle note al carme XV del suo Sidonio. La diede anche lo Spangenberg[4] e il Zell[5].

[Agricola fut consul d'Occident en 421[6], Eustathius étant consul d'Orient.]

## XLII

[1176 =] 423.

VENANTIUS,

praef. praet. Galliarum sub Honorio.

Impp. Honorius et Theodosius AA. Venantio P. P.

An. 423. — Asclepiodoto et Mariniano conss.

VII id. Mart. Dat. Ravenna[7].

Il Gotofredo[8] sospettò che si avesse da restituire *com. r. p.* perchè si trova che costui nel 422 occupava quella carica[9], ma niente impedisce che l'anno dopo sia stato promosso ad ufficio maggiore. Certo è ch'egli non può essere stato prefetto d'Oriente perchè lo era allora

---

[1] [Haenel, *Corpus legum*, p. 238.]

[2] [*Ibid.* p. 239. Voir plus haut, p. 239, n. 1.]

[3] [Cf. *Histoire générale du Languedoc*, t. I, p. 417.]

[4] *Monumenta legalia*, p. 296.

[5] P. 1729. Lacarry, p. 127. Schoepflinus, p. 304.

[6] [Sidon. *Carm.* XV, 151. — Aucune inscription n'a fourni les noms de ces deux consuls (De Rossi, *Inscript. christ.* vol. I, p. 266].

[7] *Cod. Theod.* lib. VI, tit. XXIII, c. 2. *Cod. Just.* lib. XII, tit. XVI, c. 2. *De decur. et silentiariis.*

[8] [T. II, p. 120.]

[9] *Cod. Theod.* lib. XI, tit. XXVIII, c. 13. *De indulg. debitorum.*

Asclepiodoto, ma può esserlo ben stato delle Gallie, che ci è ignoto chi fosse a quel tempo.

[On a vu plus haut (p. 468) que Borghesi a également songé à classer Venantius dans la série des préfets d'Illyrie.]

## XLIII
[1177 =] 424.

### EXUPERANTIUS,
praef. praet. Galliarum sub Honorio.

[Exuperantius était originaire du Poitou. C'était un lettré. Parent du poète Cl. Rutilius Namatianus, il est vraisemblablement l'auteur d'un abrégé de Salluste : *Julii Exuperantii opusculum de Marii Lepidi ac Sertorii bellis civilibus* [1]. C'est sans doute le même personnage qui, en 404, fut délégué par la métropole de sa province pour faire partie des décuries de Rome [2] : on ne pouvait choisir pour *princeps decuriae* que des personnes d'une supériorité reconnue, *studiorum liberalium usu atque exercitatione* [3]. Plus tard il remplit de hautes fonctions en Armorique :

> Cujus Aremoricas pater Exuperantius oras
> Nunc postliminium pacis amare docet;
> Leges restituit, libertatemque reducit,
> Et servos famulis non sinit esse suis [4].

Appelé à la préfecture des Gaules, il périt à Arles pendant une émeute :]

— « In Gallia Exuperantius praefectus a militibus interficitur [5]. »

---

[1] [Salluste, éd. Burnouf, p. 507. Cf. Lemaire, *Poetae latini minores*, t. IV, p. 183. Cette conjecture est écartée par Bursian [*Julii Exuperantii opusculum*, 1868), mais sans raison décisive. Il confond le fils d'Exuperantius qui s'appelait Palladius avec l'auteur du *De re rustica*. Or, le jeune Palladius étudiait le droit à Rome en 414, pendant que Rutilius était préfet de la ville; tandis que l'auteur du *De re rustica* écrivait vers la fin du IV° siècle (voir plus haut, t. III, p. 515). L'argument que Bursian tire de la façon dont les destinataires du rescrit d'Honorius sont dénommés a peu de valeur pour qui sait combien les compilateurs du Code se sont fait peu de scrupules d'abréger l'adresse des constitutions.]

[2] [Voir plus haut, p. 728, n. 3. Les auteurs de l'*Hist. littéraire de la France*, t. II, p. 142, pensent qu'Exuperantius fut en relations avec saint Jérôme. Voir, sur cette question, Lemaire, *loc. cit.*]

[3] [*Cod. Theod.* lib. XIV, tit. 1, c.1. Cf. Cassiodor. *Var.* lib. V, ep. XXI, XXII.]

[4] [Rutil. Namat. *Itiner.* lib. I, v. 213.]

[5] Così si legge nel *Chronicon integrum*

Castino et Victore (an. 424). — «Exuperantius Pictavus praefectus «praetorio Galliarum in civitate Arelatense militum seditione occisus «est, idque apud Johannem inultum fuit[1].»

## XLIV

[1178=] 425.

### AMATIUS,

praef. praet. Galliarum sub Valentiniano III.

Impp. Theodosius et Valentinianus C. Amatio v. inl. P. P. Galliarum.
An. 425. — Theodosio A. XI et Valentiniano C. conss.
VII id. Jul. Dat. Aquileiae[2].

✷

1183 = 430.

### VIRUS,

sub Theodosio.

Da una legge citata dal Sirmondo[3] come inedita:
Impp. Theodosius et Valentinianus AA. ad Virum P. P.
An. 430. — Theodosio XIII et Valentiniano III conss.
XV kal. Jan. Dat...

del Prospero nell' edizione del Labbe. In altre si ommette. [*Chronica Gallica*, éd. Mommsen, p. 658.]

[1] Tironis *Chronicon* in anno II Theodosii junioris. Schoepflinus, p. 304. Lacarry, p. 131. Tillemont, t. VI, p. 187. [*Mon. Germ. hist.* t. IX, p. 470. *Histoire générale du Languedoc*, t. I, p. 424.]

[2] App. *Cod. Theod.* lib. VI, et apud Labb. t. III, p. 543. [Haenel, Const. Sirmondi VI. *Non licere clericos judicio litigare.* Cf. Tillemont, *Histoire des Empereurs*, t. VI, p. 185. La même décision se retrouve dans *Cod. Theod.* lib. XVI, tit. v, c. 62 et 64, adressées l'une à Faustus, préfet de la ville, l'autre à Bassus, *comes rei privatae* (Haenel, col. 456, n. s.). Krueger (*Geschichte der Quellen*, p. 294 et 289) conjecture que le texte de notre constitution a été tiré des *Regesta* du préfet des Gaules, tandis que les textes du code Théodosien ont été tirés des *Regesta* impériaux.]

[3] Nelle note all' ep. xi del lib. IX di Sidonio. [*De accusatione episcopi presbyteri vel diaconi et quod obnoxios cum illis ambulantes retinere non liceat.* Haenel, *Corpus legum*, p. 241.]

## PRAEFECTI PRAETORIO GALLIARUM.

L'abbiamo riferito alle Gallie, perchè ci è parso che in quell' anno fosse prefetto a Costantinopoli Antioco, e nell' Italia Massimo.

[Au lieu de *Virum*, Haenel pense qu'il faut lire *Albinum*[1]. Cette constitution fut sans doute adressée à Albinus pendant qu'il était préfet de la ville en 426[2]. La constitution devait être vraisemblablement datée : «Theodosio XII et Valentiniano II[3].»]

## XLV

[1184 = 431 (?) — 1188 = 435.]

### AUXILIARIS,

praef. praet. Galliarum sub Valentiniano III.

[L'existence de ce préfet est attestée par une colonne milliaire de l'an 435, conservée au musée lapidaire d'Arles, et qui lui donne le titre de préfet des Gaules[4].]

```
    SALVIS  DD  NN
    THEODOSIO    ET
    VALENTINIANO
    P·F·V· AC TRIVMPh
    SEMPER· AVG·XVet iv
    CONS ·VIR · IN L
    AVXILIARIS·PRIm
    PRAETO GALLIArum
    DE ARELATE MAssil
    MILIARIA·PONI·Statuit?

       (duo versus vacui)
         M   P   I
```

[Le préfet Auxiliaris est également mentionné dans la vie de saint Germain, évêque d'Auxerre :

— «Auxiliaris etiam tum regebat per Gallias apicem praefecturae.

---

[1] [Dans le manuscrit de Florence on lit : «Constantinus imperator ad Albinum.» Cf. Maassen, *Geschichte der Quellen und der Literatur des canonischen Rechts*, t. I, p. 321.]

[2] [Voir plus haut, p. 618, n. 7.]

[3] [Seeck, *Chronol. Symmach.* n. 908.]

[4] Arelate, in columna, in aedibus dominae Vallensis. Lacarry, p. 138. Schoepflinus, p. 304. Sponius, *Miscell.* p. 979. Marinius, *Inscr. christ.* p. 120, 4. Orellius, n. 3330. [*Corp. inscr. Lat.* vol. XII, n. 5494.]

«Qui praesentiam sacerdotis duplicata gratulatione suscepit, quod et
«insignem virtutibus virum desiderabat agnoscere, et quod uxor ejus-
«dem longo jam tempore quartano tabescebat incommodo[1].»

Ce passage n'a pas été interpolé. Il se retrouve dans le texte de la Vie de saint Germain, publié par Mombritius (f° 308 v°, 2° col.), et dans celui du ms. de Silos (f° 12 v°, 1re col.). Il serait important pour fixer le point de départ de la préfecture d'Auxiliaris. Le voyage de saint Germain d'Auxerre à Arles eut lieu non pas en 444, comme l'ont cru quelques auteurs, mais, comme l'ont établi les Bollandistes[2], après son retour de l'île de Bretagne où il avait été avec saint Loup de Troyes en 430. Si le calcul est exact, Auxiliaris aurait été préfet des Gaules dès l'année 431 ou 432.

Hirschfeld pense que ce préfet des Gaules est le même que le *vir inlustris* Auxiliaris mentionné dans deux novelles de Valentinien III de 440 et 441[3].]

Il Tillemont[4] lo fa prefetto, ma d'Italia, nel 445 con una citazione ch' io non ho potuto trovare.

[Il s'agit d'un passage de la vie de saint Hilaire d'Arles où est rapportée une sentence rendue par *Auxiliaris tunc praefectus*[5]. Mais Auxiliaris n'était plus en charge à cette date : le préfet des Gaules était alors Marcellus, celui d'Italie était Caecina Decius Acinatius Albinus.]

## XLVI

[1192 =] 439.

### EPARCHIUS AVITUS,

praef. praet. Galliarum sub Fl. Valentiniano.

[Sidoine Apollinaire[6] donne des renseignements assez précis sur la carrière d'Avitus dont il avait épousé la fille[7]. Arverne de naissance[8], Avitus était de grande

---

[1] [*De probatis Sanctorum historiis* collectis per L. Surium, t. IV, p. 440. *Acta Sanctorum*, 31 juillet, t. VII, p. 215.]
[2] [*Loc. cit.* t. VII, p. 197.]
[3] [Tit. VIII, c. 1, 3, et c. 2.]
[4] [Tillemont, *Histoire des Empereurs*], t. VI, p. 232 et 627. [*Mémoires ecclésiastiques*, t. XVI, p. 193.]
[5] [*Acta Sanctorum*, 5 mai, t. II, p. 31, n. 23. *Vita* Hilarii Arelatensis, apud Sirmond. *Concil. Galliae*, t. I, p. 80. Migne, *Patr. Lat.* t. L, col. 1238, et n. *h*.]
[6] *Carm.* VII, v. 280. Lacarry, p. 139. Schoepflinus, p. 304.
[7] [*Carm.* XXIII, 430.]
[8] [*Ibid.* VII, 248.]

famille[1]. Vers l'an 420, il fut député par ses concitoyens auprès de l'empereur pour solliciter la remise d'une partie de l'impôt:

> Nec minus haec inter civilia jura secutus
> Eligitur primus, juvenis, solus, mala fractae
> Alliget ut patriae poscatque informe recidi
> Vectigal[2].

Bientôt après, l'empereur lui confia successivement trois charges de cour, et enfin le nomma préfet du prétoire des Gaules.

> ...Optassem patriis securus in arvis
> Emeritam, fateor, semper fovisse quietem,
> Ex quo militiae post munia trina superbum
> Praefecturae apicem quarto jam culmine rexi[3].
> .............................................
> Haec post gesta viri (temet, Styx livida, testor)
> Intemerata mihi praefectus jura regebat:
> Et caput hoc sibimet solitis defessa ruinis
> Gallia suscipiens Getica pallebat ab ira[4].]

Avito era prefetto delle Gallie, e fece la pace con Teodorico, re dei Goti, dopo la vittoria ch' egli aveva riportata sopra Litorio.

[La défaite de Litorius eut lieu, d'après la chronique de Prosper Tiro, en 439 : par là même se trouve fixée la date de la préfecture d'Avitus.

Theodosio XVII et Festo (a. 439). — « Litorius qui secunda ab Aetio « patricio potestate Chunis auxiliaribus praeerat... pugnam cum Gothis « imprudenter conseruit...[5]. »

Après avoir rempli la charge de préfet des Gaules, Avitus se retira à la campagne : ce ne fut pas pour longtemps.

> Jam praefecturae perfunctus culmine tandem
> Se dederat ruri (numquam tamen otia, numquam
> Desidia imbellis : studiumque et cura quieto
> Armorum semper): subito cum rupta tumultu
> Barbaries totas in te transfuderat arctos,
> Gallia[6].

---

[1] [*Carm.* VII, 153-157.] — [2] [*Ibid.* 207-211.] — [3] [*Ibid.* 460-463.] — [4] [*Ibid.* 295-298.] — [5] [Prosperi Tironis *Epit. chronic.* ed. Mommsen, p. 476.] — [6] [Sidon. Apoll. *Carm.* VII, 316-321.]

Aëtius qui, avec son concours, avait en 430 libéré la Belgique des Burgondes[1], le sollicite de l'aider à repousser Attila[2]. Avitus cède à ses instances; Attila est battu en 451[3]. Quelques années après, en 454, Petronius Maximus, devenu empereur, le nomme *magister utriusque militiae*.

> Sed perdita cernens
> Terrarum spatia princeps jam Maximus, unum
> Quod fuit in rebus, peditumque equitumque magistrum
> Te sibi, Avite, legit[4].

A la mort de Petronius Maximus en 455, Avitus fut proclamé empereur[5]. Consul d'Occident l'année suivante[6], il fit approuver son élection à l'empire par Marcien et régna dès lors avec lui[7]. Mais le Sénat, offensé, dit Grégoire de Tours[8], par sa vie déréglée, prononça sa déchéance. Avitus mourut en cette même année[9].

Sur certaines monnaies, Avitus porte les noms de *M. Maecilius Avithus*. Toutefois l'authenticité de ces monnaies est très douteuse[10].

---

[1] [Sidon. Apoll. *Carm.* 230-235.]

[2] [*Ibid.* 339 et suiv.]

[3] [Cf. Tillemont, t. VI, p. 269 et suiv.]

[4] [Sidon. Apollin. *Carm.* VII, 375-378.]

[5] [Cassiodor. Senator. *Chron.* 1264. Victoris Tonnennensis *Chron.* : «Valentiniano VIII et Anthemio conss. (455)... Avitus vir totius simplicitatis in Galliis imperium sumit.»]

[6] [De Rossi, *Inscr. christ.* vol. I, n. 795.]

[7] [*Chronica Gallica*, 625.]

[8] [*Hist. Francorum*, lib. II, c. xi, éd. Arndt et Krusch, p. 79, 15. Cf. Tillemont, t. VI, p. 278 et 630.]

[9] [*Chronica Gallica*, 628 : «Et Avitns occisus est a Majoriano comite domesticorum.»]

[10] [Cf. Paulys *Real-Encyclop.* vol. II, p. 2155 v°, *Avitus*, 14.] — [De Rossi (*Inscr. christ.* vol. I, p. 345) remarque que la forme AVITHVS, constatée par lui sur une inscription chrétienne de Rome, se retrouve sur les monnaies. Ainsi, dit-il, rien n'empêche d'admettre que ce personnage ait été appelé *Maecilius Eparchius Avitus*. Eckhel (*Doctrina num. vet.* VIII, p. 193) admet aussi ces noms. Mais les monnaies sur lesquelles on les a relevés ne sont connues que par Banduri (*Numismata imperatorum*, II, p. 583) qui les signale comme appartenant au Cabinet Foucault. La première aurait porté la légende M·MAECIL·AVITHVS P·F·AVG·; la seconde aurait porté la légende D·N·AVITHVS P·F·AVG. Ces monnaies sont devenues introuvables et ne sont pas arrivées à la Bibliothèque nationale avec les autres antiquités de cet amateur. Il est donc impossible de porter un jugement sur leur authenticité. — Cohen (*Monnaies impériales*, 2ᵉ éd., VIII, p. 222, n. 8) signale un petit bronze du Cabinet de France, qui, d'après lui, porterait D·N·M·AVITVS. M. Maurice Prou qui, sur ma prière, a bien voulu examiner cette monnaie, m'assure que la transcription de Cohen est plus que douteuse.

Une inscription chrétienne de Rome donne le nom d'Eparchius à Avitus :

LOCVS GERONTI ✣ PRESB ✣...
DEPOSITVS ✣ XIIII ✣ KAL ✣ IVL ✣...
CONS ✣ EPARCHI AVITH*i* (*aug*)[1]

En Occident, à la fin d'octobre et au commencement de novembre 456, l'année a été désignée par le consulat d'*Eparchius Avitus Aug(ustus)*[2].]

## XLVII

[1193 =] 440.

[*CAECINA DECIUS ACINATIUS*] *ALBINUS*,
sub Fl. Valentiniano.

Nota il cronaco di Prospero[3] che si sospese in quest' anno l'elezione del papa nuovo per aspettare il ritorno del diacono S. Leone «quem «tunc inter Aetium et Albinum amicitias redintegrantem Galliae deti-«nebant», dal che si sospetta che Albino vi occupasse in qual tempo la prefettura del pretorio.

Il Tillemont[4] ammette questa congettura[5].

[Voir la série des préfets d'Italie, n. LXXXIII.]

## XLVIII

[1197 =] 444 — [1198 =] 445.

MARCELLUS,
praef. praet. Galliarum sub Valentiniano III.

Memoratur in lapide anni 1197 in nostris monumentis hypaticis[6],

---

Il y a bien sur la pièce DNM...; le reste est illisible. Il est fort possible que la monnaie ne soit pas d'Avitus, mais d'un autre empereur contemporain dont le nom commencerait par un M, comme Majorien. Pour les noms d'Avitus, il n'y a donc pas lieu de faire état de ces documents numismatiques. HÉRON DE VILLEFOSSE.]

[1] [De Rossi, *loc. cit.* n. 795.]
[2] [*Ibid.* p. 345.]
[3] [Ad an. 440.]
[4] [*Hist. des Empereurs*], t. VI, p. 222.
[5] [Sur les différentes préfectures confiées à Acinatius Albinus, voir plus haut, p. 618.]
[6] N. 1.

PRAEFECTI PRAETORIO GALLIARUM. 73

ejusque administratio ad biennium praefinitur. Munus ergo suum obiisse videtur an. 443 et 444.

[C'est dans une grande inscription de Narbonne que le préfet Marcellus est mentionné :

MRCELLVS · GALL · PREF · DI · CVLTOR ·

Nous donnons ici la transcription complète de ce texte auquel Borghesi fait allusion :

+ *Deo et Christo miserante lim(en) hoc c(ol)l(o)k(a)t(um) e(st) anno IIII, c(on)s(ule) Valentiniano Aug(usto) sextum, III k(a)l(endas) D(ecembres) XVIIII anno ep(iscopa)tus Rustic[i]..... Rusticus ep(iscopu)s ep(iscop)i Bonosi filius, ep(iscop)i Aratoris de sorore nepus, ep(iscop)i Veneri(i) soci(us) in monasterio, conpr(es)b(yter) eccl(esia)e Massiliens(is), anno XV ep(iscopa)tus sui, d(ie) ann(i) V, III id(us) Oct(o)b(res), c(urantibus) Urso pr(es)b(yter)o, Hermete diac(on)o et eor(um) seq(uen)tib(us), coep(it) depon(ere) pariet(em) eccl(esiae) dud(um) exustae. XXXVII d(ie) quad(rata) in fundam(entis) poni coepi(t). Anno II, VII id(us) Oct(o)b(res), absid(em) p(er)f(ecit) Montanus subd(iaconus). Marcellus Gall(iarum) pr(a)ef(ectus), Dei cultor, prece exegit ep(iscopu)m hoc on(u)s suscip(ere), inpendia necessar(ia) repromittens, quae per bienn(ium) administrat(ionis) suae pr(a)ebui(it) artifi(ci)b(us) merced(em) sol(idos) DC, ad oper(a) et cetera(a) sol(idos) ĪD (mille quingentos?). Hinc oblat(iones), s(an)c(t)i ep(iscop)i Veneri(i) sol(idi) C..., ep(iscop)i Dynami(i) L..., Oresi(i) CC.... Agroeci... et Deconia[ni?] ..., Saluti[ani?]....*

Cette inscription [1] est du 29 novembre 445, comme l'établit Mommsen d'accord avec Le Blant. C'est par erreur que Borghesi la place en 444.]

## XLIX
[1201 = 448 — 1202 = 449.]

. . . . . .

APOLLINARIS FILIUS [2], C. SOLLII APOLLINARIS SIDONII PATER,
praef. praet. Galliarum sub Valentiniano III.

« In principatu Valentiniani imperatoris (dei due padri di Sidonio e di Aquilino), unus Galliarum praefuit parti, alter soliditati [3]. »

[1] [*Corp. inscr. Lat.* vol. XII, n. 5336, avec une note de Mommsen. Cf. Le Blant, *Inscriptions chrétiennes de la Gaule*, t. II, n. 617, p. 465-471.]

[2] [Voir, plus haut, le numéro XXXVII, p. 719.]

[3] Sidon. lib. V, ep. IX. Lacarry, p. 145. Schoepflinus, p. 304.

Nota il Sirmondo : « Consularem aut praesidem in aliqua provincia Galliae fuisse oportet patrem Aquilini. Nam Sidonii pater praefectus praetorio Galliae praefuit ut infra lib. VIII, ep. 6 : »

— « Audivi eum adulescens atque adhuc nuper ex puero, cum « pater meus praefectus praetorio Gallicanis tribunalibus praesideret, « sub cujus videlicet magistratu consul Asterius anni sui fores votivum « trabeatus aperuerat. »

Patris sui nomen Sidonius nusquam prodit.

[Le père de Sidoine Apollinaire avait été *tribunus* et *notarius* sous le règne d'Honorius [1], c'est-à-dire avant 423.]

## L
[1206 = 453.]

### TONANTIUS FERREOLUS,
praef. praet. Galliarum sub Valentinano III.

La Gallia deputò ad accusare presso Antemio il prefetto del suo pretorio, Arvando [2], tre legati alla testa dei quali era « Tonantius Ferreolus praefectorius, Afranii Syagrii consulis e filia nepos [3] ».

Sidonio ne parla di nuovo nel *Propempticon ad libellum* [4] :

> Ibis Trevidon et calumniosis
> Vicinum nimis, heu, jugum Rutenis.
> Hic docti invenies patrem Tonanti,
> Rectorem columenque Galliarum,
> Prisci Ferreolum parem Syagri,
> Conjunx Papianilla quem pudico
> Curas participans juvat labore.

Ferreolus praefectorius vir, rusticabatur in agro Nemausensi [5]. Paulo infra dicitur Tonantius [6].

---

[1] [Sidon. lib. V, ep. IX. Cf. Mommsen, *Praef.* p. XLVII.]

[2] [Ce fait se rapporte à l'an 469. Cassiodor. *Chron.* ad an. 469.]

[3] Sidon. lib. I, ep. VII [4].

[4] *Carm.* XXIV, [v. 32].

[5] Sidon. lib. II, ep. IX [3].

[6] [*Ibid.* 7. Cf., sur la famille de Ferreolus, *Hist. littéraire de la France*, t. II, p. 540; *Hist. gén. du Languedoc*, t. I, p. 447.]

— « Praetermisit Gallias tibi administratas tunc, cum maxume in-
« columes erant. Praetermisit Attilam Rheni hostem, Thorismodum
« Rhodani hospitem, Aetium Ligeris liberatorem sola te dispositionum
« salubritate tolerasse, propterque prudentiam tantam providentiamque
« currum tuum provinciales... spontaneis subisse cervicibus, quia sic
« habenas Galliarum moderarere, ut possessor exhaustus tributario
« jugo relevaretur[1]. »

Nota il Sirmondo : « Tonantium Ferreolum, Syagrii consulis ex filia nepotem, Praefectum Praetorio Galliarum fuisse intelligi licuit ex ep. VII, lib. I. Ex hac vero docemur eo magistratu functum esse post annum 450[2]. In haec enim tempora res Attilae inciderunt, quocum pro Romanis conflixere Aetius, quem ob liberatos obsidione Aurelianos Ligeris liberatorem vocat, et Thorismodus Gothus Theuderici regis in acie caesi filius. »

[D'après Sidoine Apollinaire, Tonantius Ferreolus aurait exercé une *triplex praefectura*. Il eut la dignité de patrice :

— « Isset per avitas tibi stilus noster curules, patricias nihilominus
« infulas enumeraturus; non tacuisset triplices praefecturas...[3]. »]

Fu poi vescovo, o almeno prete, soggiungendo lo stesso Sidonio :
« Haec omnia praetermisit, sperans congruentius tuum salve pontificum
« quam senatorum jam nominibus adjungi; censuitque justius fieri,
« si inter perfectos Christi quam si inter praefectos Valentiniani con-
« stituere[4]. »

Pare che sia suo figlio il Tonantio, cui Sidonio scrisse l'ep. XIII del lib. IX e che cita nell. ep. XV dello stesso libro[5].

[Ferreolus est mentionné dans la vie de saint Apollinaire, évêque de Valence[6].]

---

[1] Sidon. lib. VII, ep. XII [3].
[2] [En 451, suivant Tillemont, *Mém. Ecclés.* t. XVI, p. 198. Mommsen, *Index* Sidon. p. 437, fixe la date de 453.]
[3] [Sidon. lib. VII, ep. XII, 1.]
[4] Sidon. lib. VII, ep. XII [4].
[5] [Cf. Tillemont, *Hist. des Empereurs*, t. VI, p. 242. *Mém. Ecclés.* t. XVI, p. 270.]
[6] [*Vita Apollinaris episcopi Valentinensis*, ed. Krusch, p. 201.]

## LI
### Post 1193 = 440.

. . . . .

**AGRICOLAE FILIUS, ARANEOLAE PATER,**
praef. praet. Galliarum sub Valentiniano III (?)

Sidonio, nell' epitalamio per Polemio et Araneola, scrive[1].

> Palmatam parat ipsa patri, qua consul et idem
> Agricolam contingat avum doceatque nepotes
> Non abavi solum, sed avi quoque jungere fasces.
> Texuerat tamen et chlamydes, quibus ille magister
> Per Tartesiacas conspectus splenduit urbes
> Et quibus ingestae sub tempore praefecturae
> Conspicuus sanctas reddit se praesule leges.

Lo sposalizio di Polemio successe certamente dopo il consolato di Magno nel 460, cio apparendo dalla lettera proemiale[2]. Agricola nonno è il console del 421[3]. Il di lui figlio e padre rispettivamente di Araneola, che si dice essere stato *magister militum* in Spagna e poi prefetto del pretorio, ma di cui s'ignora il nome, avrebbe dovuto conseguire il secondo ufficio dopo il 440.

## LII
### [1208 = 455 — 1209 = 456.]

**PRISCUS VALERIANUS,**
praef. praet. Galliarum sub [Avito].

[Priscus Valerianus était parent de l'empereur Avitus et de saint Eucher, évêque de Lyon, qui essaya de le convertir au christianisme[4]. C'était un lettré : il goû-

---

[1] [*Carm.* XV], v. 151.

[2] [*Ibid.* XIV, ep. 2.]

[3] [Voir plus haut, à la page 728, le numéro XLI.]

[4] [Eucherii *epist. paraenetica ad Valerianum cognatum*, Migne. *P. L.* t. L, col. 712 : «Quamvis autem in maximos saeculi apices «patre soceroque elatus, illustribus ex utro-«que titulis ambiaris; ego tamen longe su-«perioris in te honoris fastigia concupisco; «teque non ad terrenarum, sed ad coeles-«tium, nec ad saeculi, sed ad saeculorum «dignitatem voco.» Cf. Tillemont, *Mém. Eccl.* t. XV, p. 124.]

tait les vers [1] et la philosophie [2], et paraît avoir composé des annales de l'empire Romain [3]. Il fut préfet des Gaules sous le règne d'Avitus.]

— «Hunc (Pragmatium) olim perorantem et rhetorica sedilia plau-
«sibili oratione frangentem socer eloquens ultro in familiam patriciam
«adscivit... Hunc quoque manente sententia Galliis post praefectus
«Priscus Valerianus consiliis suis tribunalibusque sociavit, judicium
«antiquum perseverantissime tenens, ut cui scientiae obtentu junxerat
«sobolem, jungeret et dignitatem [4].»

Nota il Sirmondo: «Jam praefectorius erat Aviti Augusti principatu, ut docet titulus carminis VIII [5]. In eo magistratu adsessore usus est genero suo Pragmatio.»

## LIII

1209 = 456 — 1210 = 457.

PAEONIUS,

praef. praet. Galliarum interregni tempore post [Avitum].

— «Paeonius... (Arelatensis) municipaliter natus... cum de
«capessendo diademate conjuratio Marcelliana coqueretur, nobilium
«juventuti signiferum sese in factione praebuerat, homo adhuc novus
«in senectute, donec aliquando propter experimenta felicis audaciae
«natalium ejus obscuritati dedit hiantis interregni rima fulgorem. Nam
«vacante aula turbataque republica solus inventus est, qui ad Gallias
«administrandas fascibus prius quam codicillis ausus accingi mensibus
«multis tribunal industrium potestatum spectabilis praefectus escenderet,

---

[1] [Sidon. *Carm.* VIII, 13 : «Cognitor «hoc nullus melior.»]

[2] [Eucherii *ep.* col. 724 : «Quin tu re-«pudiatis illis philosophorum praeceptis «quorum lectioni operam ac ingenium ac-«comodabas ad imbibenda Christiani dog-«matis studia, animum adjicis.»]

[3] [*Ibid.* col. 722 : «Itaque ut tua apud «to proferam... quidquid vel sub illa «dominatione regum vetusta, vel sub illa «deinde administratione consulum Romano «accessit imperio, omnia Christi adventui «praeparata et diffundendae fidei provisa «potest, si quis idoneus est assertor, osten-«dere.»]

[4] Sidon. lib. V, ep. x [2].

[5] [«Ad Priscum Valerianum virum prae-fectorium.»]

« anno peracto militiae extremae terminum circa vix honoratus, nume-
« rariorum more seu potius advocatorum, quorum cum finiuntur ac-
« tiones, tunc incipiunt dignitates[1]. »

Vuol dire che non ebbe i codicilli imperiali di nomine se non alla fine dell' anno della sua prefettura. L'interregno di cui qui si parla, secondo il Sirmondo, non è quello dopo la morte di Massimo, cui successe Avito, ma quello « post ereptum Avito imperium ». — « Quod (interregnum) fuit amplius sex mensium nimirum a 13 kal. Octobris anni 456 ad kalendas Aprilis quibus renunciatus est Majorianus Augustus Aviti successor, anno 457[2]. »

## LIV

[1211 =] 458.

### MAGNUS,
praef. praet. Galliarum sub Majoriano.

Al convito dato dall' imperatore Majoriano ad Arles pei giochi circensi nel 461, cui intervenne Sidonio, « primus jacebat cornu sinistro
« consul ordinarius Severinus...; juxta eum Magnus, olim ex praefecto,
« nuper ex consule, par honoribus persona geminatis, recumbente post
« se Camillo, filio fratris, qui duabus dignitatibus et ipse decursis pariter
« ornaverat proconsulatum patris, patrui consulatum; Paeonius hinc
« propter atque hinc Athenius, homo litium temporumque varietatibus
« exercitatus[3]. »

L'imperatore disse : « Vere habes patruum, frater Camille, propter
« quem me familiae tuae consulatum unum gratuler contulisse. Tunc
« ille, qui simile aliquid optaret, tempore invento : non unum, inquit,
« domine Auguste, sed primum[4]. »

---

[1] Sidon. lib. I, ep. xi [6. Cf. sur les rapports de Sidoine et de Paeonius, Tillemont, *Mémoires ecclésiastiques*, t. XVI, p. 201].

[2] Lacarry, p. 155. Schoepflinus, p. 304.

Tillemont [*Hist. des Empereurs*], t. VI, p. 308 [et 330. *Hist. gén. du Languedoc*, t. 1, p. 459].

[3] Sidon. lib. I, ep. xi [10].

[4] *Ibid.* [11].

Credesi che questo Magno sia il prefetto che nella fine del 458[1] accompagnava Majoriano quando era a Lione, e di cui si fa cenno da Sidonio nel panegirico di Majoriano[2] :

> Si praefecturae quantus moderetur honorem
> Vir quaeras, tendit patulos qua Gallia fines,
> Vix habuit mores similes, cui teste senatu
> In se etiam tractum commiserat Ulpius ensem.

[Magnus était originaire de Narbonne[3]. Il fut consul d'Occident en 460[4], Apollonius étant consul d'Orient[5].]

## LV
[Ante 1218 = 465.]

. . . . . . . .

[AUXANII PATER],
praef. praet. Galliarum sub Majoriano vel Severo [?].

[« Interruptum et intercissum fuisse quinquennium Praefecturae praetorianae Arvandi, clare ostendit Sidonius... cum ait geminas illum praefecturas in Galliis gessisse, primam quidem *cum magna popularitate*, alteram, *cum maxima populatione*, sive grassatione. Intercalatum fuisse Auxanii patrem, quem Auxanium appello (neque enim ejus nomen refert Sidonius), suadet series Praefectorum, quae non patitur alio loco ascribi patrem Auxanii quam ante annum 468. Praefuisse Galliis docet Sidonius. Nempe scribens anno 468 de Arvandi casu, annotat jam tunc Auxanium patre praefectorio oriundum[6]. »]

« Auxanius, praestantissimus vir », insieme con Sidonio Apollinare, vollero consigliare Arvando quando fu accusato di maiesta, ma egli si rispinse dicendo : « Abite, degeneres,... et praefectoriis patribus indigni[7]. »

---

[1] [Cf., sur cette date, Cantarelli, *Studi e documenti di storia e diritto*, 1896, p. 71, n. 4.]

[2] *Carm.* V, v. 558.

[3] [*Carm.* XXIII, 37 et 455. Cf. *Hist. génér. du Languedoc*, t. I, p. 462.]

[4] [De Rossi, *Inscr. christ.* vol. I, n. 738, et p. 583.]

[5] [*Ibid.* n. 806.]

[6] Lacarry, p. 167.

[7] Sidon. lib. I, ep. VII [6].

Consta di qui che un Aussanio è stato prefetto, ma certamente sara stato diverso di quello che lo Schoepflino[1] fa successore di Arvando.

[Le père de Sidoine Apollinaire fut préfet en 448-449; le père d'Auxanius a dû également remplir cette fonction vers le milieu du v<sup>e</sup> siècle.]

## LVI
[1218 = 465 — 1222 = 469.]

### ARVANDUS,
bis praef. praet. Galliarum sub Anthemio.

Arvandi hujus praefecti praetorio Galliarum et judicii quo majestatis Romae damnatus est ab Anthemio meminere plerique, sed nomine interpolato. Cassiodorus, Marianus et Hermannus[2] Arabundum vocant. Paulus Diaconus Servandum, quo etiam modo Sigibertus Otto Conradus abbas, etc. Verum nomen cum integra historia Sidonio debetur. Vi si dice:

— « Praefecturam primam gubernavit cum magna popularitate con-« sequentemque cum maxima populatione[3]. »

E più abasso si ripete: « Confestim privilegiis geminae praefecturae, « quam per quinquennium repetitis fascibus rexerat, exauguratus... « [publico carceri adjudicatus est[4]]. »

Cumulato dall' odio publico, dai legati della Gallia fu accusato di segretti trattati con Eurico, re dei Goti, contro Antemio[5], e dal senato condannato a morte. Ma da Cassiodoro e da Paolo Diacono pare che Antemio, ai preghi di Sidonio, si contentasse di mandarlo in esiglio[6]:

— [« His conss. (Marciano et Zenone) Arabundus imperium temptans « jussu Anthemii exilio deportatur[7]. »]

---

[1] P. 304.

[2] [Cf., sur ces chroniqueurs, Mommsen, Cassiodori praef. p. 118.]

[3] Lib. I, ep. VII, [3. Cf. Tillemont. dans son Histoire des Empereurs, t. VI, p. 349.]

[4] Ibid. [11].

[5] [Cf. Fustel de Coulanges, L'invasion germanique, p. 434.]

[6] [Cf. Tillemont, t. VI, p. 638. Mém. Ecclés. t. XVI, p. 212.]

[7] Chron. ad an. 469, [éd. Mommsen, p. 158. Cf. Hist. gén. du Languedoc, t. I, p. 485].

PRAEFECTI PRAETORIO GALLIARUM. 745

— "Post Severi mortem jura imperii Anthemius suscepit. Servan-
"dus Galliarum praefectus imperium temptans invadere jussu Anthemii
"principis in exilium trusus est [1]."

## LVII
[Circa 1223 = 470.]

### EUTROPIUS,
praef. praet. Galliarum sub Anthemio.

["Obtinuit Praefecturam praetorianam post impletam militiam seu
officia palatina, quae quindecim annis decurrebantur. Anno 455 cum
Romam proficisceretur Sidonius (imperatore creato Avito), literis sollicitavit Eutropium, ut privata relicta aulam frequentaret et officia
palatina obiret, quod et praestitisse tunc Eutropium indicat Sidonius
epistola ad illum data, cum Praefecturam postea gerebat Eutropius [2]."]

Ad Eutropio non ancora prefetto scrive Sidonio ove vien detto
"senatorii seminis homo [3]" :

— ["Scribendi causa vel sola vel maxima, quo te scilicet a profundo
" domesticae quietis extractum ad capessenda militiae Palatinae munia
" vocem [4]."

La lettre à Eutropius, citée par Lacarry, fut écrite au cours du second voyage
que Sidoine fit à Rome, en 467 [5]. Celle où Sidoine le félicite d'avoir été appelé à la
préfecture des Gaules fait partie du livre III, qui paraît avoir été édité avec les
deux premiers livres vers 472 [6].]

Un' epistola gli fu diretta in gratulazione della prefettura delle Gallie
conferitagli. Si vede ch' era un filosofo seguace di Plotino, e che pro-
veniva "ex Sabini familia" :

— ["Quibus vix potuistis adduci, ut praefecturam philosophiae

---

[1] *Hist. miscella*, lib. XV, 2, [p. 208, éd. Droysen. Cf. Holder-Egger, *Neues Archiv der Gesellschaft für ältere deutsche Geschichtskunde*, t. I, p. 306].

[2] Lacarry, p. 169.

[3] Lib. I, ep. VI, [2]. Schoepflinus, p. 304.

[4] [Lib. I, ep. VI, 1.]

[5] [Cf. Tillemont, *Mém. Ecclés.* t. XVI, p. 209; *Hist. littéraire de la France*, t. II, p. 438.]

[6] [Cf. Mommsen, *Praef.* in Sidonium, p. L et LI.]

« jungeretis, cum vos consectanei vestri Plotini dogmatibus inhaerentes
« ad profundum intempestivae quietis otium Platonicorum palaestra
« rapuisset, cujus disciplinae tunc fore adstruxi liberam professionem,
« cum nil familiae debuisses[1]. »]

✶

[1224 = 471.

*SERONATUS*,

sub Anthemio.

Sidoine Apollinaire parle dans plusieurs lettres des exactions commises dans la perception des impôts par un personnage du nom de Seronatus[2]. Il n'indique pas la fonction dont il était revêtu. Adrien de Valois a fait de Seronatus un préfet des Gaules[3]. Le Nain de Tillemont, qui adopte cette opinion dans son *Histoire des Empereurs*[4], est moins affirmatif dans ses *Mémoires pour servir à l'histoire ecclésiastique*. « Sidoine, dit-il, paroît le craindre peu; et sans doute que sa dignité de patrice le mettoit au dessus du pouvoir de cet officier qui tout au plus estoit prefet du prétoire[5]. » Même réserve dans Dom Vaissette[6].

Un passage de Sidoine semble à première vue donner raison à Adrien de Valois : *Indicit ut dominus; exigit ut tyrannus; addicit ut judex*[7]. Or, au Bas-Empire, l'une des fonctions principales des préfets du prétoire avait trait à la répartition et à la levée de l'impôt; mais il leur était interdit de délivrer les *indictiones tituli* sans l'autorisation spéciale de l'empereur qui seul avait le droit de fixer la quotité de l'impôt et d'exiger des contributions extraordinaires[8]. En disant que Seronatus *indicit ut dominus*, Sidoine paraît lui reprocher de contrevenir à cette défense adressée aux préfets du prétoire et d'empiéter sur les pouvoirs de l'empereur[9].

Cette interprétation n'est pas admissible. Sidoine continue, en effet, en reprochant à Seronatus de se moquer des préfets (*inludens praefectis*[10]). Il n'était donc pas préfet lui-même. C'était, comme le prouve la suite de la lettre, un de ces

---

[1] Lib. III, ep. vi, [2].
[2] [Lib. II, ep. 1; V, 13; VII, 7.]
[3] [*Rerum francicarum* lib. IV, p. 214. Cf. Longnon, *Géographie de la Gaule au VI<sup>e</sup> siècle*, p. 44.]
[4] [T. VI, p. 352.]
[5] [T. XVI, p. 214.]
[6] [*Histoire générale du Languedoc*, t. I, 2<sup>e</sup> part., p. 487, éd. 1874.]
[7] [Ep. II, 1, 2.]
[8] [*Cod. Theod.* lib. XI, tit. vi, c. 1; tit. xvi, c. 7 et 8.]
[9] [Cf. Godefroy, t. IV, p. 55.]
[10] [Ep. II, 1, 3 *in fine*.]

*truculenti compulsores* dont parlent Cassiodore[1] et les constitutions impériales[2], et qui, en dépit de règlements vingt fois renouvelés, étaient le fléau des provinces. Chargés de contraindre les contribuables en retard au payement de l'impôt, ils se croyaient autorisés à les pressurer. Avec Seronatus, dit Sidoine, aucune sécurité. Chicaneur comme un barbare, sans cesse il soulève des difficultés. Avec la complicité des *numerarii* (*conludens numerariis*)[3], il ne se fait aucun scrupule de faire payer deux fois ceux qui ne peuvent reproduire leur quittance (*securitates*)[4], ou d'exiger des impôts dont il a été fait remise ou qui n'ont pas été régulièrement établis (*veteres culpas, nova tributa perquirit*[5]). Tous ces traits, relevés par Sidoine, caractérisent un agent subalterne et non un préfet du prétoire.]

## LVIII

[1226 =] 473.

*AURELIANUS,*

sub Glycerio.

— «[Exemplum sacri edicti Glycerii imperatoris datum ad Himelconem v. c. praefectum praetorio Italiae contra ordinationes Simoniacas. — Dat. V id. Mart. Ravennae. Dn. Leone perpetuo A. V cons.]»
«Felix Himelco P. P., Dioscurus, Aurelianus Protadius, vv. cc. P. P. dd. — Dat. III kal. Maii. Romae (473)[6].»

[Haenel[7] pense qu'Aurelianus fut préfet d'Illyrie en 473; Protadius aurait été à cette date le préfet des Gaules[8]. Otto Seeck supprime la difficulté : d'après

[1] [*Var.* lib. II, ep. xxv, 2; lib. V, ep. xxxix, 2, 5; lib. VII, ep. xlv, 1; lib. IX, ep. iv, 3; lib. XI, ep. vii, 2; ep. viii, 8; lib. XII, ep. viii, 3.]

[2] [*Cod. Theod.* lib. XI, tit. 1, c. 34; lib. XII, tit. 1, c. 186.]

[3] [Sidon. lib. II, ep. 1, 3.]

[4] [*Ibid.* lib. V, ep. xiii, 2, 4 : «... (Gabalitanos) nunc flexuosa calumniarum fraude circumretit, ne tum quidem domum laboriosos redire permittens, cum tributum annuum datavere... Contra lites jurgiosorum, si quae moventur, pactionibus consule, contra tributa securitatibus, ne malus homo rebus bonorum vel quod noceat vel quod praeotet inveniat.»]

[5] [Sidon. lib. V, ep. 11, 1, 3.]

[6] Edictum repertum in operibus S. Leonis a Ballerinis curatis, t. III, p. 677, et memoratur a Zirardinio, *Novellae*, p. 358. [Haenel, *Corpus legum*, p. 260.]

[7] [*Index*, p. 100.]

[8] [Voir plus haut, préfets d'Illyrie, n° XLIV, p. 480.]

lui, Dioscurus Aurelianus Protadius serait le nom du préfet du prétoire de Glycerius[1].]

## LIX

[Intra 1227 = 474 et 1228 = 475 (?).]

MAGNUS [FELIX],

praef. praet. Galliarum sub Julio Nepote.

Felice Magno fu di Narbona e figlio di Magno, console nel 460, come consta dal propempticon di Sidonio[2] :

> Hinc ad consulis ampla tecta Magni
> Felicemque tuum veni, libelle.

Nell' ep. III del libro II si congratula seco lui ch' era stato fatto patrizio.

— [« Gaudeo te, domine major, amplissimae dignitatis infulas consecutum... Nam licet in praesentiarum sis potissimus magistratus et in Lares Philagrianos patricius apex tantis post saeculis tua tantum felicitate remeaverit, invenis tamen, vir amicitiarum servantissime, qualiter honorum tuorum crescat communione fastigium, raroque genere exempli altitudinem tuam humilitate sublimas[3]. »]

Ciò si conferma da Gennadio[4] da cui si ricava, che poscia abbandonò il secolo, o si fece religioso : « Faustus ex abbate Lerinensis monasterii, apud Regium Galliae episcopus... scripsit postea ad Felicem praefectum praetorii, et patriciae dignitatis virum filium Magni consulis jam religiosam epistulam ad Domini timorem hortatoriam[5]. »

[« Tempus praetorianae praefecturae Felicis non obscure declarat

---

[1] [Paulys, *Real-Encyclopädie*, vol. II, col. 2430. En sens contraire, Krüger, *Gesch. der Quellen*, p. 277.]

[2] *Carm.* XXIV, v. 90. Schoepflinus, p. 304. Vedi le schede dei patricii. [Magnus Felix avait été le condisciple de Sidoine Apollinaire. *Carm.* IX, 330.]

[3] [Sidonii *Epist.* lib. II, 3.]

[4] [*Vir. ill.* c. 86], in Fausto.

[5] [D'après Tillemont, *Mémoires ecclésias-*

*tiques*, t. XVI, p. 430, Magnus Felix aurait reçu le titre de patrice en 472 ou 473; il aurait été préfet du prétoire à une date antérieure. Suivant les auteurs de l'*Histoire générale du Languedoc*, t. II, p. 115, Magnus Felix aurait été patrice en 474, préfet en 472-473. La lettre de Sidoine qui va être citée ne permet guère d'accueillir l'une ou l'autre opinion pour la date de la préfecture.]

Sidonius, ep. 7, lib. III, in qua officium literarum a Felice, requirit medio, ait, vel inter libros, vel inter togatos, hoc est... advocatos Praetorianos, et quidem eo tempore quo Licinianus quaestor ad Gothos Ravenna missus est a Nepote imperatore, ut Sidonius scribit (ep. 16, lib. V) Papianillae, qui imperavit ab anno 474 ad annum 475 [1]. »]

Il suo nome di Magno apparisce dal carme IX [v. 1-5] che gli è indirizzato, e che comincia :

<pre>
        Dic, dic quod peto, Magne, dic, amabo,
    Felix nomine, mente, honore, forma,
    Natis, conjuge, fratribus, parente,
    Germanis genitoris atque matris
    Et summo patruelium Camillo...
</pre>

Uno dei fratelli è Probo, marito di Eulalia, soror patruelis di Sidonio, come apparisce dal v. 332 dello stesso carme [2] :

<pre>
        Germanum tamen ante sed memento,
    Doctrinae columen, Probum advocare.
</pre>

Sua moglie poi fu Attica per la seguente inscrizione [3] :

<pre>
    Quisquis plena d(e)o mysteria mente riquiris
        Huc accede, domus religiosa pat(et),
    Haec sunt tecta pio semper devota timori
        Auditumq(ue) d(e)us commodat hic p(re)cibus.
    Ergo la(eth)iferos propera conpescere sensus,
        Jam p(ro)pera sacras la(e)tus adire fores
    Ut transacta quaeas deponere crimina vit(a)e
        Et quicquid scelerum noxius error hab(et).
    Attica Felicis Magni clarissima conjunx
        Sumptibus hoc propriis aedificavit opus.
</pre>

---

[1] Lacarry, p. 173. [Cf. Mommsen, *Praef.* in Sidonium, p. LII. Cantarelli, *Annali d'Italia dalla morte di Valentiniano III alla deposizione di Romolo Augustolo* (Studi e documenti di storia e diritto, 1896, t. XVII, p. 112).]

[2] E dall' ep. 1 del lib. IV. Gli sono anche dirette l'ep. IV del lib. III, la VII dello stesso libro e la V del lib. XV.

[3] Romae, in eccl. S. Laurentii in Damasio. Sirmondus, in not. ad carm. IX Sidon. [De Rossi, *Inscr. chr.* vol. II, p. 151, n. 25.]

## LX

[1228 = 475 — 1230 = 477 (?).]

POLEMIUS,

praef. praet. Galliarum sub Anthemio.

[« Polemii nobilitatem et originem a Cornelio usque Tacito historico et consulari Sidonius repetit, ad quem etiam C. Tacitum, genus suum Tacitus et Florianus ejus frater, imperatores ambo referebant[1]. »]

Sidonio scrisse pure un epitalamio[2] pel suo sposalizio con Araneola nepote di Agricola, console nel 421. Della lettera proemiale apparisce che queste nozze seguirono dopo il 460, in cui Magno fu console ed anteriori alla sua prefettura non facendosene ivi alcun cenno. Si vede pure ch' era dedito alla filosofia platonica e che suo nonno si chiamava Nimfidio[3].

Sidonio gli scrive l'ep. xiv del quarto libro, e vi dice : « Biennium « prope clauditur, quod te praefectum praetorio Galliarum non nova « vestra dignatione sed nostro affectu adhuc vetere gaudemus qui, si Ro- « manarum rerum sineret adversitas, aegre toleraremus, nisi singulae « personae, non dicam provinciae, variis per te beneficiis amplifica- « rentur. Et nunc, cum id, quod possibilitas tua non habet, verecundia « non petatur, dicas velim; qualiter futurus fueris humanus in factis, « qui perduras avarus in verbis. Nam tuorum peritiae comparatus non « solum Cornelios oratores sed Ausonios quoque poetas vincere potes[4]. »

---

[1] Lacarry, p. 171.

[2] *Carm.* XIV e XV. Schoepflinus, p. 304.

[3] [*Carm.* XV], v. 118, 185. [Cf. *Hist. littéraire de la France*, t. II, p. 514.]

[4] [Dans la même lettre, Sidoine dit à Poleme : « Si te hactenus philosophantem « nova subito ob jurisdictionem gloria capit : « *Et nos aliquod nomenque decusque gessimus.* » Plus loin, il ajoute : « Si futura magni pen- « sitas, scribe clerico, si praesentias scribe « collegae. » Mommsen (*Praef.* in Sidon. p. xlviii) en a conclu que Sidoine Apollinaire fut préfet des Gaules sous Majorien : « Ad haec tempora pertinet... quod factus est praefectus praetorio Galliarum quo referri poterit quod est in epitaphio *fori judex.* » Cette conclusion nous paraît forcer le sens des termes employés par Sidoine. Le premier texte cité ne contient rien de précis; le dernier convient aussi bien, sinon mieux, au préfet de la ville qu'au préfet du prétoire; et l'on sait que Sidoine occupa la

PRAEFECTI PRAETORIO GALLIARUM. 751

[« On ne peut pas, ce me semble, dit Tillemont [1], mettre plus tôt qu'à la fin de 477 la lettre à Poleme préfet des Gaules depuis près de deux ans entiers, et à qui néanmoins Sidoine n'avoit pas de grâces à demander à cause du malheureux état des affaires des Romains, ce qui marque fort bien le temps auquel l'Auvergne n'estant plus sous la puissance des Romains, Sidoine n'avoit point de grâces à demander à leurs magistrats, qui n'en avoient guère eux mesmes à accorder dans les Gaules, où il ne restoit presque plus rien à l'Empire. Il y a donc apparence que Jules Nepos après avoir fait la paix avec Euric, en luy cédant l'Auvergne[2], envoya Poleme gouverner ce qui lui restoit dans les Gaules, et qui se reduisoit peut estre à une partie de la Provence[3], et que Poleme continua dans cette dignité depuis mesme que Nepos eut esté chassé par Oreste, et Oreste par Odoacre. »]

## LXI

[1261 = 508.

. . . . . . .

praef. praet. Galliarum sub Theoderico Italiae rege.

Après Polemius, il existe dans la liste des préfets des Gaules une lacune de trente années[4]. La préfecture des Gaules reparaît en 508. Une lettre du roi Theoderic prouve qu'à cette date il existait dans les Gaules un *vicarius praefectorum*. Le roi écrit au *vir spectabilis* Gemellus :

— « Hinc est quod praesenti tempore in Gallias nobis Deo auxiliante subjectas vicarium te praefectorum nostra mittit auctoritas[5]. »]

charge de *praefectus urbi* en 468. Quant au second texte, à quel titre Sidoine peut-il se dire, dans le présent, collègue de Poleme ? A titre de patrice, et c'est bien ainsi que l'entend Tillemont, *Mém. Ecclés.* t. XVI, p. 263.]

[1] [*Mém. Ecclés.* t. XVI, p. 262.]
[2] [Cf. Geffroy, *Rome et les barbares*, 1874, p. 365-371, 391-392.] ·
[3] [Cf., sur l'étendue de la préfecture des Gaules à la fin du siècle précéd., Desjardins, *Géogr. de la Gaule rom.* t. III, p. 488. Esmein, *Cours élém. d'hist. du droit franç.* 1895, p. 6.]

[4] [Fustel de Coulanges (*La monarchie franque*, p. 184) a émis l'avis que la préfecture des Gaules avait disparu avant l'arrivée des Francs. Contrairement à cet avis, P. Viollet (*Hist. des institutions politiques et administratives de la France*, t. I, p. 293, n. 2) a fait remarquer que c'est bien plutôt aux barbares qu'il faut attribuer la déformation de l'administration romaine dans les Gaules. Cette opinion est confirmée par la survivance des préfets des Gaules dans la première moitié du vi° siècle.]
[5] [Cassiodori *Var.* lib. III, c. XVI.]

## LXII

[Ante 1274 = 521 — 1287 = 534.]

[PETRUS MARCELLINUS FELIX] LIBERIUS,

praef. praet. Galliarum sub [Theoderico et sub] Athalarico Italiae regibus.

S. Avito, vescovo di Vienna, scrive un' epistola «Liberio praefecto», la quale incomincia. «Postquam multiplices Galliarum labores felicissimus potestatis vestrae visitavit adventus, etc.[1]»; e vi si indica che era suo vicario Gemello già conosciuto per un' epistola di Cassiodoro[2].

Ennodio, nell' epistola a Liberio, gli dice : «Nemo est qui tam mul- «tiplices necessitates praeter celsitudinem vestram possit avertere. «Generis mei patronus, quod in Italia positis praestitit, non neget in «Gallia[3].» Egli adunque fu prefetto delle Gallie al meno innanzi il 521, in cui mori Ennodio.

[«Ex epistola Ennodii colligimus Liberium Galliis multis annis praefuisse longe ante quam scriberet Ennodius; scripsit autem ante annum Christi 521, quo anno mortuum esse Ennodium testatum est etiam atque etiam... Unde conjectura et suspicione auguror iniisse praefecturam Galliarum Liberii illo ipso anno 511, quo a Theoderico Italiae rege restaurata est praefectura in Galliis, quae dominantibus Visigothis desierat[4].»]

[An. 526, post Aug. 30,] «Liberio praefecto Galliarum Athalaricus rex renuntiat se a Theoderico dum adhuc viveret regno donatum sibique Gothos Romanosque fidem sub jurisjurandi religione promisisse. Tum petit ut qui versantur in Galliis illos imitentur[5].»

Concilium Carpentoractense sub die VIII idus novembris, Mavortio v. c. cons. (527), tempore Liberii praefecti[6].

---

[1] [Ep. xxxv, éd. Peiper, p. 65.]
[2] [Var. lib. III, ep. xvi. Cf. Neues Archiv, t. XIV, p. 461; XV, p. 181.]
[3] Lib. IX, ep. xxix.
[4] Lacarry, p. 183.
[5] Cassiodori Var. lib. VIII, epist. vi [2].
[6] Labbaeus, t. V, p. 768.

## PRAEFECTI PRAETORIO GALLIARUM.

In alcuni codici si nota che il concilio Arelatense IV tenuto «VIII idus julias» del 529 fu celebrato «tempore Liberii praefecti[1]», e aggiunge il Sirmondo : «Quod verum est, praefecturam enim per eos annos pro Theoderico ac deinceps pro Athalarico egit Arelate, et in vicinis provinciae locis, quae Italiae regibus hoc tempore parebant.»

Si sottoscrisse al concilio Arausicano secondo l'anno 529 con queste parole : «Petrus Marcellinus Felix Liberius v. c. et inl., praefectus «praetorio Galliarum atque patricius consentiens subscripsi[2].»

An. 529. — Concilium Valense III Liberii patricii et praefecti praetorio tempore celebratum sub die nonas novembris, Decio juniore v. c. cons.[3].

[L'auteur de la vie de saint Apollinaire, évêque de Valence, cite également *Liberius praefectus*[4].]

Liberio era prefetto del pretorio delle Gallie sotto Athalarico re d'Italia nel 533[5].

Cassiodoro, fatto nuovamente prefetto del pretorio, scrive al senato : «Respicite... patricium Liberium, praefectum etiam Galliarum, exer-«citualem virum, communione gratissimum, meritis clarum, forma «conspicuum, sed vulneribus pulchriorem, laborum suorum munera «consecutum, ut nec praefecturam, quam bene gessit, amitteret et «eximium virum honor geminatus ornaret : confessus meritum, cui «solus non sufficit ad praemium. Accepit enim et praesentaneam di-«gnitatem[6], ne de re publica bene meritus diu absens putaretur in-«gratus[7].»

[Liberius figure parmi les *magnifici viri* auxquels le pape Jean II écrivit le 24 mars 534 au sujet de l'hérésie des Nestoriens[8].]

---

[1] Labbaeus, t. V, p. 805.
[2] [*Concil. Gall.* I, 937.]
[3] Labbaeus, t. V, p. 823. [Cf. Baronii *Ann. Eccl.* éd. Theiner, t. IX, p. 376.]
[4] [*Vita Apollinaris episcopi Valentinensis*, éd. Krusch, p. 201.]
[5] Pagi, *Dissert. hypat.* cap. XV, n. 4.

Baronio, an. 533, n. 44; an. 534, n. 24, in epistola Johannis Papae. Cassiodori, *Var.* lib. VIII, ep. VI. [Voir plus haut, p. 630.]
[6] [Cf. Mommsen, *Neues Archiv,* XIV, 506.]
[7] Cassiodori *Var.* lib. XI, ep. I [16].
[8] [Voir plus haut, p. 642, 2.]

754        PRAEFECTI PRAETORIO GALLIARUM.

[An. 534], fu mandato ambasciatore a Costantinopoli da Teodaado¹.
— « Liberius vir honestis moribus et bonitate praeditus singulari,
« qui veritatem contaminare mendacio nesciebat². »

[De 538 à 541, Liberius gouverna l'Égypte³. Dans les dernières années de la guerre des Goths, il fut envoyé par Justinien contre Totila⁴. En 551, Justinien lui confia le commandement de la flotte qu'il envoya en Espagne, lors de la défection d'Athanagildus⁵.]

Nel secondo libro della vita di S. Cesario, vescovo di Arles, scritta da Cipriano⁶ si narra « Liberium patricium letali lanceae vulnere con-
« fossum ac paene exanimem, admota Caesarii veste curatum fuisse⁷ ».

L'iscrizione sepolcrale di questo patrizio⁸ Liberio ch'esisteva a Rimini fu riferita dal Baronio nell' appendice al t. X⁹.

[Voir la série des préfets d'Italie, n° XCVIII.]

## LXIII

[Intra 1289 = 536 et 1293 = 540.]

*MARTIAS*,

sub Vitige, Italiae rege.

[« Notitiam hujus praefecti praetorio Galliarum omnium ultimi, acceptam referimus Procopio referenti Martiam administrasse Gallias

---

¹ Labbaeus, t. V, p. 819.
² [Procop. *De Bello Goth.* lib. I, c. iv. Ἦν γὰρ ὁ ἀνὴρ καλός τε καὶ ἀγαθὸς διαφερόντως, λόγου τε τοῦ ἀληθοῦς ἐπιμελεῖσθαι ἐξεπιστάμενος.]
³ [Procop. *Hist. arc.* 27, 29.]
⁴ [Procop. *Bell. Goth.* lib. III, c. xxxiii-xl; lib. IV, c. xxiv. Jordanes, *Rom.* 385. Cf., sur la date de cette expédition, Mommsen, *Praef.* in Jordan. p. xv.]
⁵ [Jordanes, *Get.* LVIII, 303.]
⁶ [Cf. Krusch, *Scriptores rerum Merovingicarum*, t. III, p. 451.]

⁷ Ad Ennod. lib. IX, ep. xxxiii. [*Vita Caes. episc. Arelat.* lib. II, p. 487-488, éd. Krusch.]
⁸ Vedi ciò che dietro il Sirmondo è notato nelle schede dei patrizii. [Cette inscription, qui figure au *Corpus inscriptionum Latinarum* vol. XI, n. 382, a été rapportée plus haut, p. 631. Outre les références indiquées, on trouvera le texte dans Fr. Buecheler, *Anthol. latina*, n. 1376. Héron de Villefosse.]
⁹ [P. 961, éd. 1602; t. IX, p. 400, ad an. 529, éd. 1741.]

cum reliquae a Vitige, rege in Italia Gotho, Francis traditae sunt anno 536[1]... »

— « Deinde Theodatus Gothorum rex, de Belisarii in Siciliam ad-
« ventu certior factus, cum Germanis paciscitur, ut ipsi eorum reges
« ad hoc bellum auxilio veniant, ubi Galliae partem, in ditione Gothica
« sitam, ac duo millia auri pondo acceperint. Verum is vitae fatum prius
« implevit, quam pacta conventa. Quamobrem multi iique fortissimi
« Gothorum in illis erant partibus praesidiarii, duce Marcia[2]. »

« Nimirum post haec (ut moris fuit) Franci et Visigothi Gallias per
duces et comites rexerunt, regimine hoc deducto ab antiqua Germania
unde profecti erant[3]. »

Le texte de Procope n'est pas assez explicite pour qu'on puisse affirmer avec Lacarry que Martias ait été préfet d'Italie; c'était plutôt un chef d'armée, comme le prouve le passage suivant :

— « Ita Romani ad pugnam se compararunt. Vitigis vero, cum
« arma Gothis imperasset omnibus, nemine, praeter causarios, in cas-
« tris relicto, Marciae quidem copias in campo Neronis haerere jussit
« et in custodiam pontis diligenter incumbere, ne inde ab hostibus
« peterentur[4]. »]

[1] Lacarry, p. 189.
[2] [Procop. *De bello Gothico*, lib. I, c. XIII. Χρόνῳ δὲ τῷ ὑστέρῳ Θευδάτος, ὁ τῶν Γότθων ἀρχηγὸς, ἐπειδὴ Βελισάριον ἐς Σικελίαν ἥκειν ἐπύθετο, ξυνθήκας πρὸς Γερμανοὺς ποιεῖται, ἐφ' ᾧ ἄρχοντάς τε αὐτοὺς καὶ τὴν Γότθοις ἐπιβάλλουσαν ἐν Γάλλοις μοῖραν καὶ χρυσοῦ κεντηνάρια λαβόντας εἴκοσι πόλεμον σφίσι τόνδε ξυνάρασθαι. Οὔπω τε τὰ ξυγκείμενα ἔργῳ ἐπιτελέσας μοῖραν τὴν πεπρωμένην ἀνέπλησε. Διὸ δὴ Γότθων πολλοί τε καὶ ἄριστοι ἐνταῦθα, ὧν Μαρκίας ἡγεῖτο, φυλακὴν εἶχον.]

[3] Lacarry, p. 189.

[4] [Procop. lib. I, c. XXIX : Ῥωμαίοις μὲν τὰ ἐς τὴν ξυμβολὴν παρεσκεύαστο ὧδε. Οὐίτιγις δὲ Γότθους ἐξώπλισεν ἅπαντας, οὐδένα ἐν τοῖς χαρακώμασιν, ὅτι μὴ τοὺς ἀπομάχους, ἀπολιπών. Καὶ τοὺς μὲν ἀμφὶ Μαρκίαν ἐν Νέρωνος πεδίῳ μένειν ἐκέλευε, φυλακῆς τε τῆς ἐν γεφύρᾳ ἐπιμελεῖσθαι, ὅπως δὴ μὴ ἐνθένδε οἱ πολέμιοι ἐπὶ σφᾶς ἴωσιν. Cf. c. XVI, XIX.]

## PRAEFECTI PRAETORIO ANNI INCERTI.

### I
[Ante 1270 = 517.

#### MAJORINUS,
praef. praet. Orientis.

Inscription métrique conservée dans la petite église de Busr-El-Harîri, en Syrie [1].

> SEDE IUb hAC RECUbAI CLARUS PRAETORI
> QUE PRAEFECTUS MAIORINOS VIRTU
> TE CAELEbRATUS MAGNA PER ORbEM
> hAEC ILLI NUC REQUIES FATI hAEC SEDIS
> AETERN FILIPPI EXTRUCTA STU
> DIIS GRATIQUE NEPOTIS

*Sede [s]ub hac recuba[t] clarus praetorique praefectus*
*Majorin[u]s, virtute caelebratus magna per orbem.*
*Haec illi nu(n)c requies fati, haec sedis aetern(a),*
*Filippi extructa studiis Gratique nepotis.*

D'après Waddington, ce préfet du prétoire n'est pas postérieur au v[e] siècle, car, dans une inscription datée de l'an 517, il est question d'un membre de sa famille [2]. Majorinus est encore cité dans deux autres textes de la même localité [3].

---

[1] [Waddington, *Voyage archéologique*, t. III, n. 2475. Explic. p. 566. Corp. inscr. Lat. vol. III, n. 124; Fr. Buecheler, *Anthol. latina*, n. 622.] — [2] [Waddington, n. 2477.] — [3] [*Ibid.* n. 2474 et 2476.]

## II

[Intra 1280 — 527 et 1318 = 565.

. . . . . . . .

praef. praet. Orientis sub Justiniano.

— « Quidam Orientis praefectus, quoniam nonnullos scelere tali
« res novas molientes comprehendisset, et nervis protervitatem eorum
« castigasset, contumeliosa pompa per mediam urbem tractus, nervis
« est concisus [1]. »]

## III

. . . . . . . .

[praef. praet. Illyrici.

Une inscription grecque de Gortyne fait allusion à un préfet d'Illyrie dont le nom est inconnu [2].

ΕΙΚΟΝΑ ΤΑΝΔΕΣΑΘΡΕΙ ΠΕΛΕΤΑΙ ΔΕ ΤΟΥ ΑΓΝΟΥ ΥΠΑΡΧΟΥ
ΕΣ ΚΡΗΤΩΝ ΠΟΛΙΝ ΗΝ ΜΟΥΝΟΣ ΕΘΗΚΑ ΝΕΗΝ
ΑΓΧΙΘΥΡΟΣ ΔΕΣΤΗΚΑ ΔΙΚΗΣ ΠΕΛΑΣ ΕΙΜΙ ΚΡΙΤΗΣ ΓΑΡ
ΗΠΙΟΣ ΙΘΥΔΙΚΟΙΣ ΤΟΙΣ ΔΑΔΙΚΟΥΣΙ ΔΕΟΣ
ΣΤΗΣΕ ΔΕ ΚΑΛΛΕΙΝΙΚΟΣ ΕΝΗΗΣ ΔΟΓΜΑΤΙ ΝΗΣΟΥ
ΓΑΙΗΣ ΙΛΛΥΡΙΔΟΣ ΔΕΥΤΕΡΟΝ ΗΕΛΙΟΝ.

Εἰκόνα τὴν δ'ἐσάθρει· πέλεται δὲ τοῦ ἁγνοῦ ὑπάρχου
Ἐς Κρητῶν πόλιν, ἣν μοῦνος ἔθηκα νέην.
Ἀγχίθυρος δ'ἔστηκα Δίκης πέλας· εἰμὶ κριτὴς γὰρ
Ἤπιος ἰθυδίκοις, τοῖς δ'ἀδικοῦσι δέος.
Στῆσε δὲ Καλλείνικος ἐνηὴς δόγματι νήσου,
Γαίης Ἰλλυρίδος δεύτερον ἠέλιον.]

---

[1] [Nicephori Callisti *Hist. eccles.* lib. XVII, c. xxi (éd. Migne, *Patr. Gr.* t. CXLVII, col. 272) : Ὅθεν καί τις τῶν τὴν Ἑῴαν ἐπιτετραμμένων ἀρχὴν, ἐπεί τινὰς περὶ τὰ εἰρημένα νεωτερίζοντας συσχὼν νεύροις τὸν ἀκόλαστον ἐσωφρόνιζε τρόπον, ἀτίμῳ πομπῇ αὐτὸς ἐκεῖνος νεύροις ἠκίσθη κατὰ μέσην τὴν πόλιν περιενεχθείς.]

[2] [*Corpus inscriptionum Graecarum*, vol. II, n. 2592.]

## IV

........

**FL. GORGONIUS,**
praef. praet. [Italiae?

Sur un sarcophage en marbre, conservé dans la cathédrale d'Ancône :]

FL·GORGONIVS·VC·
EX COMITE LARGI
TIONVM PRIVATA
R/M·EX·P·PRET·FIE·SIBI IVS [1]

## V

........

**FL. JULIUS CATERVIUS,**
praef. praet. [Italiae?

Sur un grand sarcophage dans l'église de S. Catervio, à Tolentino :]

FL·IVL·CATERVIVS VC EX PRAEF PRAETORIO QVI
VIXIT CVM SEPTIMIA SEVERINA·C F·DVLCISSIMA
CONIVGE ANNIS· XVI MINVS D· XIII QVIEVIT IN PACE
ANNORVM L·VI·DIERVM·XVIII·XVI·KAL·NOB DEPO
SITVS EST IIII·KL·DCB·SEPTIMIA SEVERINA C F
MARITO DVLCISSIMO AC SIBI SARCOFAGVM
ET PANTEVM CVM TRICORO DISPOSVIT
ET PERFECIT [2]

---

[1] Anconae in S. Cyriaci [ecclesia], in operculo arcae marmoreae. Marinius, *Inscr. chr.* p. 463, 2. Maffeius, *Mus. Ver.* p. 362, 4. Donatus, p. 251, 2. [*Corp. inscr. Lat.* vol. IX, n. 5897.]

[2] In latere sarcophagi. In Tolentinata canonicorum regularium ecclesia. Fabretius, c. x, p. 791, n. 505. Mabillonius, *Mus. Ital.* p. 223. Reinesius, cl. 20, 304. Vide t. I, Inscript. ms. Amadutii, p. 83. [*Corp. inscr. Lat.* vol. IX, n. 5566. Nous ne reproduisons qu'une partie de l'inscription. Cf. De Rossi, *La Roma sotterranea christiana*, vol. III, p. 472.]

Baronius putat Catervium esse comitem sacrarum largitionum ad quem extat Gratiani rescriptum[1].

— [«Idem (Imppp. Gratianus, Valentinianus et Theodosius) AAA. Catervio comiti s. l.

An. 379. — Ausonio et Olybrio coss.

XIV kal. Sept. Dat. Bauxare[2].]

## VI

. . . . . . .

[praef. praet. Galliarum.

Sur un cippe trouvé à Narbonne, en 1786, dans la chapelle de la vicomté[3] :

PONEM·PORTAS·AQVIDVCT·QVARV·Rerum
VSVS·LONGA·INCVRIA ET VETVSTATE CO
RAT·CIVITATI·RESTAVRAVIT AC REDDidit
ET AD PRAETVRIANAM·GALL·PREFECTuram
(sic) IVDICIO·AGVSTE    REMVNERATIOnis causa
                                    EVECTus est]

✶

. . . . . . .

[*PONTIUS PAULINUS*,

sub Constantino (?).

D'après Sidoine Apollinaire, la petite ville de Bourg, située près du confluent de la Dordogne et de la Garonne, fut fortifiée par Pontius Paulinus, l'un des ancêtres de son ami Pontius Leontius :

Quem generis princeps Paulinus Pontius olim,
Cum Latius patriae dominabitur, ambiet altis
Moenibus, et celsae transmittent aera turres.. [4].

---

[1] *Cod. Theod.* [lib. VI, tit. xxx, c. 3. Mommsen (ad *Corp. inscr. Lat.* loc. cit.) pense, au contraire, que le préfet du prétoire et le comte des largesses sont deux personnages distincts.]

[2] [Godefroy (t. II, p. 201) lit *Bauzanis* ou *Bauzano*. Ce serait la ville moderne de Botzen.]

[3] [Cippus litteris quarti saeculi. Ligne 2 : *co[nruentibus aedificiis esse desie]rat, Corp. inscr. Lat.* vol. XII, n. 4355.]

[4] [*Carm.* XXII, 117.]

## PRAEFECTI PRAETORIO ANNI INCERTI.

L'auteur de la biographie de Paulin de Nole, dans la patrologie de Migne [1], a émis l'avis que le père du poète aurait été préfet des Gaules. Tel serait le sens des mots : *cum latius patriae dominabitur* [2]. Tillemont avait déjà exprimé une opinion analogue, mais avec quelque réserve [3]. Cette opinion repose sur une interprétation inexacte du mot *latius*. Si ce mot désignait l'étendue du gouvernement confié à Pontius Paulinus, si c'était un adverbe, le vers serait faux. *Latius* est un nom propre, et le texte cité fait allusion à la domination des Latins ou Romains sur la Gaule [4].]

[1] [T. LXI, col. 17.]
[2] [Cf. C. Jullian, *Inscriptions romaines de Bordeaux*, t. II, p. 158; G Boissier, *La fin du paganisme*, 2ᵉ édit. t. II, p. 60.]
[3] [*Mém. Ecclés.* t. XIV, p. 2.]
[4] [Cf. Mommsen, *Index* Sidon. p. 443.]

## [PRAEFECTI PRAETORIO REGIONIS INCERTAE.]

### I

. . . . . . .

[praef. praet. Italiae?

Sur un fragment d'inscription, engagé dans un mur, à Terracine [1].

```
    ...STVSIASSII
  PRAEFEC PRAET(orio]
```

### II

. . . . . . .

[agens vices praeff. praet.

Fragment d'une inscription d'Ostie [2] :

bVS PIVS FELIX INVICTVS AVGVS tus

thermas?...deFORMATAS RVINOSA LABE

OSTIENSIBVS INTEGRAVit

↶O ANNONAE V A PRAEFF

C'est un préfet de l'annone qui est ici qualifié v(ices) a(gente) pra(efectorum prae-torio).]

---

[1] [Litteris infimi aevi. Corp. inscr. Lat. vol. X, n. 8396.] — [2] [Corp. inscr. Lat. vol. XIV, n. 134.]

## III

.......

[agens vices praeff. praet.

Sur une pierre trouvée à Cordoue en 1627, mais perdue aujourd'hui[1] :

AELIAE·VITALI
CONIVGI
................
AG·VIC·PRAEF

*Aeliae Vitali conjugi*....... *ag(entis) vic(es) praef(ectorum praetorio).*]

## IV

.......

[agens vices praeff. praet.

Fragment d'inscription trouvé à Henchir Buscha dans la province proconsulaire d'Afrique[2].

\A ...SSII
.....AGENS IBI VICE
..........OR VRBA
................IV I
................VIII
.................I I]

## V

[1094 = 341.

L. CREPEREIUS MADALIANUS,
agens vices praeff. praet. sub Constantio.

Un rescrit de Constance[3] est adressé *ad Madalianum agentem vicem P. P.* La suscription est mutilée. On lit cependant : *Acc... Marcellino et Probino coss.*[4], ce qui permet de fixer l'année où le rescrit a été rendu; c'est en 341. En cette année, Antonius Marcellinus était préfet d'Italie, Domitius Leontius préfet d'Orient, Fabius Titianus préfet des Gaules[5].

Une inscription de Rome, conservée au Musée du Capitole, a fait connaître le

---

[1] [*Corp. inscr. Lat.* vol. II, n. 2209.]
[2] [*Ibid.* vol. VIII, n. 824.]
[3] [Cf. Haenel, col. 1612, n. v.]
[4] [*Cod. Theod.* lib. XVI, tit. x, c. 2. *De paganis.*]
[5] [Voir plus haut, p. 512.]

## PRAEFECTI PRAETORIO REGIONIS INCERTAE.

nom et le prénom de Madalianus : il s'appelait L. Crepercius[1]. Cela est confirmé par une inscription de Guelma qui nous renseigne sur toute sa carrière jusqu'à son proconsulat d'Afrique[2] :

> MIRAE IVSTITIAE ATQ EXI
> MIAE MODERATIONIS
> L·CREPEREIO MADALIANO V·C·
> PROCOS·P·A·ET VICE SACRA IV
> DICANTI COMITI ORDINIS PRI
> MI VICARIO ITALIAE PRAEF ANN
> VRB CVM IVRE GLADII CON
> SVLARI PONTI ET BITHYNIAE
> CORRECTORI FLAMINIAE ET
> COMITi ORDINIS SECVN
> di............................

Avant de faire fonction de préfet du prétoire, Madalianus avait été préfet de l'annone sous les fils de Constantin, entre les années 337 et 341[3].]

### VI

........
praef. praet. [Orientis (?).

Fragment d'inscription trouvé à Rome et conservé au Musée du Capitole :]

> ..........................   ......comiti ori
> ENTIS·V·S·IVDICANT    PROCONS
> PROV·AFRICAE·ET·V·S·IVDICANTI
> PRAEF·VRBIS·ET·V·S·IVDICANTI·ITE
> RVM COMITI·ORD·PRIMI·INTRA·PA
> LATIVM·PRAEF·PRAET·CONSVLI·ORD
> PLACIDVS·SEVERVS·V·C·FILIVS·PATRI·RELIGIOSO
> ET·ANTONIA·MARCIANILLA·C·F·NVRVS·
> SOCERO · SANCTISSIMO[4]

---

[1] [Corp. inscr. Lat. vol. VI, n. 1151.]
[2] [Ibid. vol. VIII, n. 5348. Cf. Tissot, Fastes, p. 228.]
[3] [Voir plus haut, t. III, p. 161, où le texte de l'inscrip. de Rome a été reproduit.]
[4] Cod. Vat. 5234, p. 321. Vedi le schede dei nostri consoli incerti. Grut. 1094, 6 et 493, 5. [Corp. inscr. Lat. vol. VI, n. 1757.]
J. B. de Rossi (Annali dell' Inst. 1849, p. 341, 1) rapporte cette inscription à Caecilianus Placidus, consul en 343 et préfet de la ville en 347. Mais, fait observer Henzen, «neque tamen satis conspirant utriusque honorum cursus». Cf. Mommsen, Nuove memorie dell' Instit. 1865, p. 314, n. 2; Tissot, Fastes, p. 297.]

## VII

[1149=396.

HILARIUS,

praef. praet. sub Arcadio et Honorio.

Voir la série des préfets des Gaules, n° XXIX.]

## VIII

[Circa 1150==397.

PROTADIUS,

praef. praet. sub Arcadio et Honorio.

Protadius était un ami de Symmaque. C'était lui-même un lettré; Symmaque fait plusieurs fois allusion à l'œuvre qu'il avait entreprise d'écrire une histoire des Gaules[1]. Protadius arriva à une haute situation ainsi que ses frères Minervius et Florentinus : Minervius devint *comes sacrarum largitionum*[2], Florentinus préfet de la ville en 395[3], Protadius préfet du prétoire :

— « Nam etsi secundum mores ac natales tuos honorum culmen in-
« deptus es, necdum tamen perfectum praemium debitamque mercedem
« tibi fortuna restituit[4]. »

Le *culmen honorum* désigne la préfecture que Protadius avait obtenue. La récompense qu'il ambitionnait était le consulat.

Bien qu'on ait tout lieu de croire qu'il fut attaché à l'empire d'Occident, on ignore s'il fut préfet d'Italie ou préfet des Gaules, et en quelle année il remplit cette fonction[5].]

---

[1] [Symmach. lib. IV, ep. xviii et xxxvi.]
[2] [*Cod. Just.* lib. XI, tit. lxxi, c. 4.]
[3] [*Cod. Theod.* lib. VI, tit. ii, c. 11.]
[4] [Symmach. ep. xxiii.]

[5] [Seeck, *Chronol. Symmach.* p. cxliii, conjecture qu'il fut préfet vers l'an 397, alors que son frère Florentinus était préfet de la ville.]

## IX
[Intra 1149 = 396 et 1161 = 408.
### THEODORUS,
praef. praet. sub Arcadio et Honorio.

Theodorus fut préfet du prétoire pour la seconde fois en 408.

Voir la série des préfets d'Italie, n° LIX.]

## X
[1165 = 412.
### MELITIUS,
praef. praet. sub Arcadio et Honorio.

Voir la série des préfets des Gaules, n° XL.]

## XI
[1178 = 425.
### AETIUS,
praef. praet. sub Theodosio juniore.

Voir la série des préfets d'Orient, n° LIV.]

## XII
[1180 = 427.
### ANTIOCHUS,
praef. praet. sub Theodosio juniore et Valentiniano.

Voir la série des préfets d'Orient, n° LVII.]

## XIII
[1180 = 427 vel 1200 = 447.
### EUDOXIUS,
praef. praet. sub Theodosio juniore et Valentiniano.

Voir la série des préfets d'Illyrie, n° XXXII.]

## XIV

[Circa 1188 = 435.
### PETRONIUS MAXIMUS,
praef. praet. sub Theodosio et Valentiniano.

Petronius Maximus fut préfet du prétoire pour la seconde fois en 439.

Voir la série des préfets d'Italie, n° LXXIX.]

## XV

[Intra 1178 = 425 et 1203 = 450.]
### PROTOGENES,
praef. praet. sub Theodosio juniore.

— « Idem (Theodosius et Valentinianus) AA. Protogeni P. P. — Sine die et conss. [1]. »

## XVI

[Intra 1227 = 474 et 1253 = 500.
### HELIODORUS,
praef. praet. sub Zenone et Anastasio.

Voir la série des préfets d'Illyrie, n° XLVII.]

## XVII

. . . . . . .
### [LEO,
praef. praet. Orientis(?) sub Justiniano.

Ce préfet est l'auteur d'un édit mentionné dans l'index des éparchiques du prétoire :

λθ´. Τύπος Λέοντος τοῦ ἐνδοξοτάτου[2]. — D. K. Ni(?) Cp. Justiniani p. c. Basilii v. c.[3].

---

[1] [Cod. Just. lib. XII, tit. XLIX, c. 8. La constitution concerne *scriniarios vel numerarios officii magnitudinis tuae*.]

[2] [Cod. Marc. XXXIX. Forma Leonis gloriosissimi.]

[3] [Cod. Bodl. VI. Zachariae, Ἀνέκδοτα,

## PRAEFECTI PRAETORIO REGIONIS INCERTAE.

Un scoliaste des Basiliques[1] fait allusion à τύπος τὶς Λεοντὸς τῶν ἐπάρχων [2]. Mitteis[3] a établi que ce règlement a été inspiré par une coutume relatée dans un recueil de droit syro-romain du ve siècle. Comme cette coutume déroge à une règle de la législation romaine, il y a lieu de penser que le règlement de ce préfet en a simplement autorisé l'observation dans les régions où elle était précédemment usitée[4]. Il faudrait alors en conclure que Léon fut préfet d'Orient.]

### XVIII

[1316 = 563.

LEO,

praef. praet. sub Justiniano.

Une novelle latine *De raptis mulieribus quae raptoribus nubunt*, qui figure deux fois dans le recueil des 168 novelles sous les n[os] CXLIII et CL, est adressée à Areobindus d'après l'*Authenticum*[5], à Léon suivant divers manuscrits de l'*Epitome* de Julien. Cette divergence s'explique aisément : un exemplaire de la constitution a dû être expédié à chacun de ces préfets.

Le texte qui nous a été conservé ne donne pas à Léon le titre de préfet, mais la qualité de ce personnage ne saurait être douteuse en présence de l'*Epilogus* de la novelle ainsi conçu :

— « Quae igitur per hanc legem nostra statuit aeternitas, celsitudo « tua effectui mancipari observarique praecipiat. Vale Leo parens ka-« rissime atque amantissime. »

Les éditeurs fixent généralement au 21 mai 563 la date de la novelle CL. La suscription est ainsi conçue :

— « Dat. XII. kal. Jun. CP. imp. dn. Justiniani pp. Aug. anno « XXXVII, p. c. Basilii v. c. anno XXII. »

---

p. 269, n. 66, identifiant ce préfet avec le suivant, propose de lire ainsi la suscription : «Data kalendis (Sept. ?) Constantinopoli, Justiniani (an. XXXV vel XXXVI), post consulatum Basilii viri clarissimi (an. XXI vel XXII.)

[1] [Theodorus, *ad Basilic.* lib. XXVIII, tit. VIII, n. LXXIII (éd. Heimbach, t. III, p. 295).]

[2] [Zachariae croit que cet édit pourrait être également attribué à un autre Léon, préfet sous Anastase; mais on a vu (p. 371, n. 1) que ce préfet n'a pas existé.]

[3] [*Reichsrecht und Volksrecht*, p. 435.]

[4] [*Syrisch-römisches Rechtsbuch aus dem fünften Jahrhundert*, P. § 78.]

[5] [Voir plus haut, p. 426.]

## PRAEFECTI PRAETORIO REGIONIS INCERTAE.

Zachariae a conjecturé, en s'appuyant sur Athanasius et sur le Bréviaire de Théodore, que l'exemplaire destiné à Areobindus fut expédié en 543[1]. Cette conjecture est écartée par Kroll qui maintient la date de 563[2].

Dans quelle partie de l'empire Léon exerçait-il ses fonctions? La novelle ayant été exclusivement rédigée en latin, Zachariae exclut la préfecture d'Orient; il incline à penser que Léon fut préfet d'Illyrie[3]. Kroll hésite entre la préfecture d'Italie et celles d'Illyrie ou d'Afrique.]

---

[1] [*Monatsber. der k. pr. Akademie d. Wiss. zu Berlin*, 1882, p. 998.]

[2] [P. 708 et 725. «Alterum exemplar (*Nov.* 143) mense Januario (anno imperii xxxvi) ad Areobindum, alterum (*Nov.* 150) mense Junio (anno imperii xxxvii) ad Leonem missum esse opinatur Zachariae in ed.; idem postea, mutata sententia, prius exemplar secundum Athanasium (ubi pro τὸ κϚʹ scribendum putat τὸ βʹ) kal. Januariis, anno imperii xvi, p. c. Basilii anno ii (a. 543) datum esse statuit ad Areobindum praef. praet. Africae (diversum illum ab Areobindo praef. praet. Orientis cui inscriptae sunt novellae 145-147 a. 552-553)... Quod scite excogitatum quamquam ex ipsa forma latina novellae aliquam commendationem habet, tamen neque leves codicum in numeris corruptelas ad duos annos diversos referre licet neque fieri potuisse putamus, ut novella a. 543 scripta post viginti annos mutata inscriptione tamquam nova constitutio denuo emitteretur. Probabilius est novellam Leoni pr. pr. sive Italiae, sive Illyrici, sive Africae inscriptam esse, simul exemplum missum ad Areobindum pr. pr. Orientis.»]

[3] [Biener, *Gesch. d. Nov.* p. 26, n. 59, pensait, au contraire, que Léon avait été préfet d'Italie.]

## [PRÆFECTI PRÆTORIO HONORARII.]

[Suivant un usage très répandu au Bas-Empire, le titre de préfet du prétoire a été attribué à des fonctionnaires d'un rang inférieur, pour les récompenser de leurs services. Ils avaient le titre sans la fonction (*sine cingulo*)[1]. C'étaient les ἄζωσ7οι par opposition aux ἔμπρακτοι. Cette distinction leur était accordée par des *honorarii codicilli*[2].

Dans une de ses novelles de l'an 538, Justinien fait allusion à cet usage :

— « Novimus enim quia antiquitus erat quaedam praefecturae figura « quam honorariam vocabant, codicillis ab imperio super ea collatis; « hanc autem ita nominabant, ut nihil aliud nisi purum honorem his « quibus praebebatur conferret[3]. »

Ces titres honorifiques étaient fort recherchés[4]. Il y eut des abus que les empereurs s'efforcèrent de réprimer[5]. Une constitution adressée, en 383, par Théodose Ier au préfet d'Orient Postumianus régla la situation de ces préfets du prétoire honoraires[6].

Théodose le Jeune confirma en 425 le règlement établi par son grand-père[7]; mais, quinze ans plus tard, il y apporta diverses modifications, dans une constitution adressée au préfet d'Orient Fl. Cyrus[8], et qui seule a été insérée au Code de Justinien[9].

---

[1] [Cf., sur les insignes du préfet du prétoire et spécialement sur le *cingulum*, Joh. Lyd. *De magistr*. lib. II, c. ix et xiii, et les textes cités par Godefroy (*Cod. Theod.* lib. II, tit. x, c. 3), t. I, p. 157.]

[2] [Voir le titre du Code Théodosien *De honorariis codicillis*, lib. VI, tit. xxii. Cf. Édouard Cuq, *Dict. des Antiquités* de Daremberg et Saglio, t. III, p. 238, v° *Honorarius*.]

[3] [*Nov.* LXX, pr. Ut ordinariae praefecturae urbanae duae et praetorianae praefecturae quae in cingulo et in actu sunt solae, non etiam honorariae liberent a curiali fortuna :... Ἴσμεν γὰρ ὡς τὸ ἀρχαῖον ἦν τινος ἐπαρχότητος σχῆμα, ἣν ὀνομασίαν ἐκάλουν, κωδικίλλων ἐκ τῆς βασιλείας ἐπ' αὐτῇ παρεχομένων.]

[4] [Il en était de même des *ornamenta consularia* ou *praetoria* aux premiers siècles de l'empire. Les préfets du prétoire, qui étaient alors de l'ordre équestre, s'honoraient de les recevoir. Voir plus haut, p. 8, 9, 13, 14, 23, etc. Cf. Bloch, *De decreta adlectione in ordines functorum magistratuum*, p. 44 et 61.]

[5] [*Cod. Theod.* lib. VI, tit. xxii, c. 1, 2, 3, 5.]

[6] [*Ibid.* c. 7.]

[7] [*Ibid.* c. 8; tit. x, c. 4.]

[8] [Cette constitution n'est pas datée, mais Cyrus fut préfet d'Orient de la fin de 439 au commencement de l'année 442. Voir plus haut, p. 331.]

[9] [*Cod. Just.* lib. XII, tit. viii, c. 2 pr.,

# I

On ne connaît qu'un petit nombre des personnages ayant obtenu la préfecture honoraire. L'exemple le plus célèbre est celui de Libanius[1]. Les successeurs de Julien lui décernèrent le titre de préfet honoraire, qu'il refusa d'ailleurs d'accepter :

— « Non erat impar administrandae reipublicae et causis civilibus; « idoneus etiam ad audendum perficiendumque (ut de orationibus ta-« ceam) alia nonnulla ad theatralem oblectationem accomodata. Quum « autem subsequentes imperatores amplissimum illi dignitatis gradum « detulissent (nam honoraria palatii praefectura illum frui jusserant), « noluit accipere, dictitans sophistam majorem esse; quae non modica « laus est, quod, gloriae cupidissimus, oratoriae tantum servierit, alte-« rum illum honorem vulgarem, sordidum atque illiberalem ducens[2]. »

# II — III

A cet exemple, on peut joindre celui du père d'Ausone, qui reçut de l'empereur Gratien le titre de préfet d'Illyrie[3], et celui d'Eutrope, sous Arcadius[4]. Claudien est le seul auteur qui mentionne cette distinction accordée à Eutrope[5] :

Gestis pro talibus annum
Flagitet Eutropius, ne quid non polluat unus,
Dux acies, judex praetoria, tempora consul[6]!

§§ 1-2. Cf. une autre constitution de Théodose de l'an 442 : *Cod. Just.* lib. I, tit. III, c. 21.]

[1] [Cf. Tillemont, *Hist. des Empereurs*, t. V, p. 186 et 226.]

[2] [Eunap. *Vitæ sophistarum*, éd. Didot, p. 496 : ἱκανὸς δὲ ἦν καὶ πολιτικοῖς ὁμιλῆσαι πράγμασι, καὶ παρὰ τοὺς λόγους ἕτερα ἀνασυντολμῆσαι καὶ ῥᾳδιουργῆσαι πρὸς τέρψιν θεατρικωτέραν. Τῶν δὲ μετὰ ταῦτα βασιλέων καὶ τῶν ἀξιωμάτων (τὸν γὰρ τῆς αὐλῆς ἔπαρχον μέχρι προσηγορίας ἔχων ἐκέλευον) οὐκ ἐδέξατο, φήσας τὸν σοφιστὴν εἶναι μείζονα. Καὶ τοῦτό γέ ἐστιν οὐκ ὀλίγος ἔπαινος, ὅτι δόξης ἐλάττων ἀνηρμόνης ἥτητό τῆς περὶ τοὺς λόγους, τὴν δὲ ἄλλην δημώδη καὶ βάναυσον ὑπελάμβανεν.]

[3] [Voir plus haut, p. 449.]

[4] [Voir plus haut, p. 279. Cf. Tillemont, t. V, p. 186.]

[5] [Dans la constitution du 17 janvier 399, adressée au préfet Aurelianus, Arcadius se borne à dire : « Patriciatus etiam dignitate atque omnibus inferioribus spoliatum esse cognoscat, quas morum polluit scaevitate. » *Cod. Theod.* lib. IX, tit. XL, c. 17.]

[6] [Claudian. *in Eutrop.* 1, 284.]

## PRAEFECTI PRAETORIO HONORARII.

Dans un autre passage, Claudien représente Eutrope qui,

> Eous rector consulque futurus
> Pectebat dominae crines et saepe lavanti
> Nudus in argento lympham gestabat alumnae[1].

### IV

On trouve enfin la mention du préfet honoraire Pentadius dans une constitution de Théodose le Jeune, adressée au préfet en titre Fl. Cyrus :

— « Cur excellentissimus Pentadius non egisse dicitur praefec- « turam, cujus illustribus cincti dispositionibus vice praetorianae prae- « fecturae miles in expeditione copia commeatuum abundavit[2]. »

La même distinction paraît avoir été plusieurs fois accordée à des *ex-vicariis*[3].]

---

[1] [Claudian. *in Eutrop.* I, 105. Birt (Claudiani *praef.* p. xxx) pense qu'Eutrope fut réellement préfet du prétoire, mais qu'il a dû remplir très peu de temps ces fonctions. Cette manière de voir ne concorde guère avec ce que l'on sait sur la durée de l'influence d'Eutrope à la cour d'Arcadius et sur la succession des préfets du prétoire à la fin du IV° siècle.]

[2] [*Cod. Just.* lib. XII, tit. VIII, c. 2, § 4.]

[3] [*Cod. Theod.* lib. VI, tit. XXII, c. 7.]

# ADDITIONS ET CORRECTIONS
## AU VOLUME X.

P. 6, ligne 2. Lisez : [*C. CILNIUS MAECENAS.*]

P. 10, ligne 3. Lisez : [M.] ARRECINUS CLEMENS. Une inscription de Rome (*Corp. inscr. Lat.* vol. VI, n. 12355), dédiée par la fille d'Arrecinus (Suet. *Tit.* 4) à un de ses affranchis *M. Arrecinus Melior*, permet de rétablir le prénom de ce préfet. Cf. P. v. Rohden, Paulys *Real. Encycl.* t. II, 1225.

P. 15, note 1. Ajoutez : et n. 1531.

P. 16, ligne 11. Lisez : OFONIUS TIGELLINUS. — Dans la notice consacrée à ce préfet, remplacez partout *Sophonius* ou *Sofonius* par *Ofonius*.

Dans une note communiquée à l'Académie des Inscriptions, le 14 mai 1897, M. Fabia, professeur à la Faculté des lettres de l'Université de Lyon, a exposé les raisons qui lui font rejeter le gentilice *Sofonius* donné à Tigellinus par les éditeurs de Tacite et celles qui le déterminent à lui substituer le gentilice *Ofonius* qui, quoique rare, se retrouve dans une inscription du musée de Spalato, *P. Offonio Satrio* (*Corp. inscr. Lat.* vol. III, n. 2450), et dans une inscription trouvée près de Catanzaro, *Ofonia Primigenia* (*Ibid.* vol. X, n. 4261 *add.*). Héron de Villefosse.

P. 18, n° XVI. Lisez : [C.] NYMPHIDIUS SABINUS. Le prénom est donné par une inscription de Rome, *Corp. inscr. Lat.* vol. VI, n° 6621 :

```
        DIIS · MANIBVS
    IVLIAE · MASVETAE(sic)
      ET · GRAECINI · FILII
    MARTIALIS · ABASCANTI
     C · NYMPHIDI · SABINI
          PRAEF · PR
      SER · VICARIVS
     CONIVGI · ET · FILIO
```

P. 26, note 1. Ajoutez : Petri Patricii frg., éd. Didot, t. IV, p. 185.

P. 36 et 40, n°ˢ XXXII et XXXIV. D'après Harnack (*Die Chronologie der altchristlichen Litteratur bis Eusebius*, 1897, t. I, p. 129), le préfet Sex. Attius Suburanus serait le même que le préfet Septimius, à qui Suétone dédia ses *Vies des Césars*.

(Voir plus haut, p. 40, n. 1. Borghesi était plutôt tenté d'identifier Septimius avec C. Septicius Clarus. C'est aussi l'avis d'Hirschfeld, *Verwaltungsgeschichte*, p. 225.) Ce serait aussi le même que le légat de Syrie Atticus qui condamna au supplice saint Siméon. (Hegesipp. ap. Euseb. *Hist. eccles.* lib. III. c. xxii, *Patr. Gr.* t. XX, col. 281 : Καὶ οὕτω μαρτυρεῖ ἐτῶν ὢν ἑκατὸν εἴκοσιν, ἐπὶ Τραϊανοῦ Καίσαρος, καὶ ὑπατικοῦ Ἀττικοῦ. Cf. sur ce texte, Marquardt, *Handb. der Staatsverwaltung*, 2ᵉ éd. t. I, p. 420, n. 1.) Si cette conjecture était fondée, comme le martyre de saint Siméon eut lieu la dixième année du règne de Trajan (Euseb. *Chron.* p. 163, éd. Schoene), Suburanus n'aurait pas été préfet du prétoire avant l'année 107. Mais rien ne prouve l'exactitude de cette assertion, et, bien qu'on ne puisse dire d'une façon précise à quelle date Suburanus exerça les fonctions de préfet du prétoire, il paraît résulter du récit d'Aurelius Victor, rapproché de celui de Zonaras (voir plus haut, p. 37, n. 3, et p. 38, n. 3) qu'il fut préfet au commencement et non à la fin du règne de Trajan. On sait d'ailleurs que Borghesi a proposé d'identifier le légat de Syrie mentionné par Eusèbe avec Ti. Claudius Atticus, le père du célèbre Hérode Atticus. (Voir plus haut, t. V, p. 534.)

Contrairement à l'opinion de Mommsen et de Hirschfeld, Klebs (*Prosopographia imperii Romani saec. I. II. III.* 1897, t. I, p. 181) ne croit pas que le préfet Suburanus soit le même que le consul Sex. Attius Suburanus. Les préfets du prétoire, à cette époque, appartenaient en règle générale à l'ordre équestre.

P. 44, note 2. Ajoutez : P. Meyer (*Hermes*, 1897, p. 215) a établi que le préfet du prétoire Sulpicius Similis est distinct du préfet d'Égypte C. Sulpicius Simius qui était en charge sous Trajan en 106 ou 107 (*Corp. inscr. Graec.* 4714. Cf. Schwarz, Fleckeisens *Jahrb.* 1895, p. 640).

P. 45, n° XXXVII. Sur Q. Marcius Turbo, cf. Pallu de Lessert, *Fastes des provinces africaines*, 1897, t. I, p. 481.

P. 48-50, n° XL. H. Dressel propose de reconnaître le nom du préfet du prétoire d'Antonin, *Petronius Mamertinus*, sur une brique conservée autrefois à Besançon et qui paraît perdue :

EX PR M PET MAM O GAVI
PROCVLI SAL

(*Corp. inscr. Lat.* vol. XV, n. 523.) — *Ex pr(aediis) M(arci) Pet(ronii) Mam(ertini?) o(pus) Gavi Proculi Sal(arese)*. Pour appuyer cette identification, il faudrait d'abord prouver que le préfet d'Égypte de l'année 134 n'est pas le même que le préfet du prétoire, ou que l'inscription tracée sur le pied gauche de la statue de Memnon (*Corp. inscr. Lat.* vol. III, n. 44) a été mal lue et qu'il y a un M là où on a re-

## ADDITIONS ET CORRECTIONS.

connu, à l'aide d'un estampage, un X, reste du prénom *Sextus*. Il s'agit plutôt, sur la brique de Besançon, du fils aîné du préfet, consul avec son frère en 182 et dont le nom complet était *M. Petronius (Sura) Mamertinus*, ainsi que l'établit l'inscription du *Corp. inscr. Lat.* vol. VI, n. 21756. HÉRON DE VILLEFOSSE.

P. 52, ligne 30. Lisez : Sur un *sceau* trouvé à Mesagne.

P. 54, note 3. Ajoutez : La maison des *Cornelii Repentini* se trouvait à Saint-Alexis. Cf. G. B. Lugari, *Bull. della com. arch. comun.* 1893, p. 238. HÉRON DE VILLEFOSSE.

P. 58, note 3. Ajoutez : Cf., sur la bataille antérieurement livrée par Vindex aux Lombards, Petri Patricii frg., éd. Didot, t. IV, p. 186. Tillemont, *Hist. des Empereurs*, t. II, p. 398.

P. 62, n° XLVII. Ajoutez à la fin : P. Meyer (*Hermes*, 1897, p. 226) conjecture que le préfet du prétoire, nommé par Avidius Cassius, est Flavius Calvisius, qui fut préfet d'Égypte sous Marc-Aurèle (Dio Cass. LXXI, 28. Cf. Tillemont, II, 414).

P. 68, n° XLIX. Ajoutez à la fin : La date de l'entrée en charge et celle de la mort du préfet Perennis sont indiquées dans un passage des annales arabes d'Eutychius (Migne, *Patr. Gr.* t. CXI, col. 989-990) :

— « Imperante... Romae Commodo Caesare... floruit in Grae-
« corum ditione, urbe Pergamo, Galenus sapiens, artis medicae auctor.
« Porro meminit Galenus... sermone primo libri qui *De animi moribus*
« inscribitur, fuisse tempore Commodi imperatoris virum nomine Pe-
« rennium, qui cum ad necem a Commodo quaesitus fugisset, atque
« imperator duos qui illi fuerant servos verberaret, qui ubi esset ipso-
« rum dominus ipsi indicarent, illi prae animi generositate ac domini
« sui servandi desiderio illud facere recusarunt, et ab Alexandro ad
« Perennium anno fuisse D et XVI, idque anno imperii Commodi
« Caesaris nono. Haec Galenus. »

L'avènement d'Alexandre le Grand remonte à 336 avant notre ère; pour reconstituer l'intervalle de 516 ans qui le sépare de l'entrée en charge de Perennis, il faut compter 180 ans après notre ère. D'autre part, la neuvième année du règne de Commode correspond à l'année 185. (Cf. Harnack, *op. cit.* t. I, p. 317.)

P. 77, n° LIX. Dessau (*Prosop.* II, 68) pense que le préfet Flavius Genialis est le même que *T. Flavius Genialis*, tribun d'une cohorte prétorienne en 185, mentionné dans *Corp. inscr. Lat.* vol. VI, n. 214.

P. 81, note 2. Ajoutez : Une inscription découverte en 1893, sur l'emplacement de la ville antique de *Tuficum*, aujourd'hui Albacina, en Ombrie, a également échappé au martelage (*Notizie degli Scavi*, 1893, p. 135; Cagnat, *L'année épigraphique*, 1894, p. 144) :

```
           C · FVLVIO  C · F
         QVIR PLAVTIANo
         PR·PR·C·V·COS·II·AD
         SVMPTO·INTer·PATR
         FAMIL·NECESSARIo
         DD·NN·AVGG·SEVE
         RI·ET·ANTONINI·DI
         CATO·NVMINI·AEOR    (sic)
         PATRI·PLAVTILLAE
         AVG·OMNIVM PRAE
         CEDENTIVM·PRAEF
         EXCELLENTISSIMO
            D    D    P
```

Le nom de Plautien et celui de sa fille Plautille subsistent sur cette inscription. Ce texte confirme le prénom *G(aius)* et apprend que Plautien appartenait à la tribu *Quirina*. HÉRON DE VILLEFOSSE.

P. 86. Ajoutez à la fin du n° LXIV : Klebs (*Prosop.* I, 36) pense que le préfet Æmilius Saturninus est le même personnage qui est mentionné sous le nom d'Αἰμιλ[ιος] Σατορνῖλος dans un papyrus grec trouvé en Égypte (*Ægypt. Urk. aus den k. Museen zu Berlin*, I, 152). Il aurait été, en 197, *epistrategus septem nomorum*.

P. 86, n. LXIV *bis*. Sur Sex. Varius Marcellus, cf. Pallu de Lessert, *Fastes des provinces africaines*, p. 417.

P. 88, n° LXV. Lisez : 958 [= 205 — 965 = 212].

P. 89, note 1. Ajoutez : Dessau (*Prosop.* II, 319) pense que le récit de Spartien doit être rectifié d'après celui de Dion Cassius (LXXVII, 5) : une maladie grave aurait fait échapper Maecius Laetus à l'exécution de sa peine. Il serait devenu *cos. II* en 215 (*Corp. inscr. Lat.* vol. IX, n. 4972). Il avait sans doute obtenu les ornements consulaires pendant qu'il était préfet du prétoire, et cette décoration lui fut comptée pour un premier consulat, suivant l'usage inauguré par Septime Sévère (voir plus haut, p. 83, n. 1).

P. 89, ligne 18. Ajoutez en note : Baronii *Ann. Eccles.* t. II, p. 485, ed. Theiner; Surius, *De probatis SS. historiis*, 15 novembre, t. VII, p. 176; cf. *Histoire littéraire de la France*, éd. Paulin Paris, t. I, p. 415.

P. 118. Ajoutez :         LXXXII *bis*.

. . . . . .

HONORATUS

praef. praet. sub Alexandro Severo (?)

Ce préfet n'est connu que par un fragment d'inscription, reproduit p. 683 et qui doit être reporté ici (voir plus bas, p. 801). Cette inscription est du IIIe siècle, comme le prouve le qualificatif *Severiana* donné à la légion II *Trajana Fortis*. Dessau (*Prosop.* II, 374) pense que ce personnage est peut-être le même qui fut préfet d'Égypte vers 232, et que divers documents appellent Mevius Honoratianus (*C. I. Gr.* III, 4705. Papyrus grec publié par Parthey, *Nuove Memorie*, p. 451. Wilcken, *Philologus*, t. LIII, p. 83).

P. 129, ligne 6. Ajoutez : Au sujet de Timésithée, voir les notes de Monfalcon et de Léon Renier dans la nouvelle édition de J. Spon, *Recherches des antiquités et curiosités de la ville de Lyon*, p. 160-172. — Mommsen a signalé (*Bullett. dell' Istituto archeol. Germ.* 1890, p. 91) un manuscrit du XVe siècle contenant une nouvelle copie de l'inscription de Rome, *Corp. inscr. Lat.* vol. VI, n. 1611 :

    ...IS·TIMESITHEVS
    ...AEFF PRETO LL MM VV
    ...MO FORTISSIMOQVE

La ligne 3 manque, mais le nom est donné correctement. Mommsen a conclu de cette inscription que Timésithée avait eu un collègue dans la charge de préfet du prétoire. Suivant Dessau (*Prosop.* II, 101), « fortasse Timesitheus per aliquod tempus vices egerat praefectorum praetorio eminentissimorum virorum ». Cette conjecture paraît également soutenable. Il est difficile, en face de ce fragment, d'adopter l'une plutôt que l'autre de ces deux opinions. Héron de Villefosse.

P. 132, n. XCVI. Au sujet du fragment de Rome (*Corp. inscr. Lat.* vol. VI, n. 1638), cf. Pallu de Lessert, *Fastes des provinces africaines*, p. 540.

P. 138, note 2. Ajoutez : Ingenuus fut gouverneur de Pannonie sous Gallien (*Trig. tyr.* 9. Victor, *De Caes.* 33). Il fut proclamé empereur en 258 par les légions de Mésie et se tua bientôt après. Cf. Tillemont, III, 394 et 447.

P. 138, n° CVIII. Les noms M. ACILIUS ne peuvent être adoptés; ils ne se trouvent que sur une monnaie suspecte. Cf. Eckhel, *Doctr. num. vet.* VII, 465. Cohen (2e édit. VI, 90) n'admet pas l'authenticité d'une seule monnaie d'Aureolus. Héron de Villefosse.

780    ADDITIONS ET CORRECTIONS.

P. 140, ligne 5. Au lieu de : [*postea cognomento*], lisez : [*qui et postea*].

P. 140, note 5. Ajoutez : Cf., sur le martyre de saint Valentin, prêtre romain, qu'il ne faut par confondre avec son homonyme l'évêque de Terni, Marucchi, *Il cimitero e la basilica di S. Valentino e guida archeologica della via Flaminia dal campidoglio al ponte Milvio*, 1890, p. 29-42; *Analecta Bollandiana*, 1892, t. XI, p. 471.

P. 142, note 1. Ajoutez : Dans l'édition des *Fasti consulares* imprimée par les soins de L. Renier, Borghesi désigne un des consuls ordinaires de 273 sous les «noms de Furius Placidus [*vel* Placidianus]». C'est évidemment à cause du passage de Vopiscus (Aurelian. 15) : «Vidimus proxime consulatum Furii Placidi «tanto ambitu in circo editum, ut non praemia dari aurigis sed patrimonia vide«rentur... etc.» De Rossi (*Roma sotterranea*, II, 140) admet aussi que l'un des consuls ordinaires de 273 s'appelait Furius Placidus. Mais il faut remarquer que Vopiscus écrivait la vie d'Aurélien en 291 pour le préfet de Rome Junius Tiberianus, et que, dans ce texte, il s'agit d'un consul suffect tout récent. Depuis la découverte de l'inscription de Grenoble il est certain que le personnage désigné dans les fastes par son seul surnom Placidianus, qui fut consul en 273 avec Tacitus, ne peut être que Julius Placidianus. Héron de Villefosse.

P. 144, n° CXIX. Le préfet Aper s'appelait-il réellement Arrius? Les manuscrits ne permettent pas de l'affirmer. Cf. Paulys *Real-Encyclopädie*, vol. II, col. 1257.

P. 145, n° CXX. Ajoutez : Le prénom du préfet Aurelius Aristobulus est M(*arcus*). Il est donné par une inscription trouvée à Henchir Midid, l'antique Mididi (*Corp. inscr. Lat.* VIII, n. 11774) :

*felicissimo saeculo dd. nn. c. aureli vale*RI D I O C L E T I A N I ✜ P I I ✜ F E L I C I S ✜

*invicti aug. et m. aureli valeri maximiani* ✜ P I I ✜ F E L I C I S ✜ I N V I C T I ✜ A V G Q V O

*rum virtute ac providentia omnia in mel*IVS REFORMANTVR ✜ CVRIA A SOLO EX

*tructa cum gradibus et porticibus co*NTINVIS CONFERENTIBVS VNIVERSIS

*curialibus civitat. mididit. dedicante* M ✜ AVR ✜ ARISTOBVLO ✜ C ✜ V ✜ PROCOS ✜ AFRICAE

*una cum macrinio sossiano c. u. leg. curan*TE REM ✜ P ✜ RVPILIO PISONIANO ✜ E ✜ V ✜ ORDO

*splendidissimus epulum plebi p*RESTANTIBVS CVRIALIBVS VNIVERSIS ✜ D ✜ D ✜

P. 145, note 6. Ajoutez : Aristobulus fut consul d'abord avec Carin pour collègue, puis avec Dioclétien (Mommsen, *Chron. min.* I, 229) :

—«Diocletiano II et Aristobulo. — His conss. occisus est Carinus «Margo, qui ipso anno cum Aristobulo consul processerat.»

Aristobulus fut préfet de la ville du 11 janvier 295 au 19 février 296 (*Chronogr.* an. 354. Voir plus haut, t. IX, p. 392).

P. 146. Ajoutez :  CXXI *bis*.
Ante 1041 = 288.
BASSUS,
vice praeff. praet.

Une inscription très mutilée de Miliana est ainsi restituée par les éditeurs du *Corp. inscr. Lat.* vol. VIII, n° 9611 :

*...Basso v(iro)... vice prae[fectorum praetorio], homini int[egerrimo] ...fori. Vixit an[nis]... a Bass[i]na pa[tri fecit et] d(e)di(cavit). P(rovinciae) CCV...*

Si le chiffre de l'ère provinciale a été exactement transcrit, la mort de ce Bassus remonterait au plus tôt à l'année 244 et au plus tard à 248. Mais ce qui a été pris pour la moitié d'un V pourrait appartenir à la barre transversale d'un X : dans ce cas, il faudrait placer sa mort entre 249 et 286. De toute façon, il appartient à la période antérieure à Constantin. Héron de Villefosse.

P. 148, note 3. Ajoutez : Holder-Egger (*Neues Archiv*, t. XVII, 1892, p. 485-487) cite un manuscrit du Vatican (Palat. 482, f. 63, fin du xi° s.) commençant par ces mots : «Rictiovarus Maximiani imperatoris praefectus legionem Thebeam jussu ipsius circumquaque persecutus...»

P. 148, note 5. Ajoutez : *Historia martyrum Treverorum* (*Mon. Germ.* Script. VIII, 220; Migne, *P. L.* t. CLIV, 1267); *Gesta Treverorum* (*Mon. Germ.* Script. VIII, 150, 157, 163, 166, 198). La date de cette persécution est contestée. La tradition de l'église de Trèves la place en 286 ou 287 (cf. Allard, *La persécution de Dioclétien*, t. II, p. 335). Waitz (*Mon. Germ.* Script. VIII, 117) reporte à 306 le martyre de Tirsus et de Palmatius (cf. Görres, *Westdeutsche Zeitschrift für Geschichte*, t. VII, p. 22). La restitution par Borghesi des noms du préfet du prétoire *R(ufius) C(e)io(nius) Varus*, que des copistes ignorants ont réunis en un seul mot (*Riciovarus* ou *Rictiovarus*), fournit un argument en faveur de la tradition.

P. 148, note 6. Ajoutez : Migne, *P. L.* t. CXX, 1496.

P. 148, note 7. Ajoutez : Bosquet, *Ecclesiae Gallicanae historiarum* 2ª pars, 1636, p. 156; Ghesquière, *Acta sanctorum Belgii selecta*, 1783, t. I, p. 166.

782 ADDITIONS ET CORRECTIONS.

P. 148, note 9. Ajoutez : *Acta SS.* 25 octobre, t. XI, 535.

P. 149, ligne 14. Ajoutez :   CXXVI *bis*
Circa 1041 = 288.
*FL. CONSTANTIUS CHLORUS,*
sub Maximiano.

D'après Seeck (*Geschichte des Untergangs der antiken Welt,* t. I, p. 408 et 422), Fl. Constance Chlore aurait été préfet du prétoire de Maximien. C'est à ce titre qu'il aurait vaincu les Francs en 288 ou 289. Seeck cite à l'appui le passage suivant du panégyrique de Maximien (éd. Arntzen, p. 55) :

— «Tu quidem certe, imperator, tantum esse in concordia bo-
«num statuis, ut etiam eos, qui circa te potissimo funguntur officio,
«necessitudine tibi et affinitate devinxeris : id pulcerrimum arbitratus
«adhaerere lateri tuo non timoris obsequia, sed vota pietatis, quorum
«ductu proxime, cum felicissimis vestris auspiciis uterentur, lubrica
«illa fallaxque gens barbarorum, ut merebatur affecta est.»

P. 149, note 7. Ajoutez : Dans le ms. 53 de la Bibl. publ. de Namur (*Analecta Bollandiana,* t. II, p. 317), Asterius et Euticius (*sic*) sont qualifiés *praesides*.

P. 149, note 8. Ajoutez : Migne, *P. L.* t. CXXIV, 1111.

P. 151, note 2. Ajoutez : *Acta SS.* 30 octobre, t. XIII, 281.

P. 153, n. CXXXI. Ajoutez : Asclepiodotus est le consul de 292. D'après Seeck (Paulys *Real. Encycl.* vol. II, 1637), il aurait été préfet du prétoire en 293-296. C'est à lui qu'auraient été adressées quatre constitutions du Code de Justinien (lib. V, tit. xxx, c. 2; tit. xxxi, c. 9; tit. lxx, c. 4; lib. VIII, tit. xvii, c. 9).

P. 153, note 4. Ajoutez : Eumen. *Panegyr.* Caes. Constantii, c. v et xiv.

P. 154, note 4. Ajoutez : Prudent. *Peristephanon* Hymn. X, 41 : «Praefectus istis imminens negotiis Asclepiades.»

P. 155, note 1. Ajoutez : Migne, *P. L.* t. CXXIX, 727.

P. 158, note 5. Ajoutez : Il s'agit plutôt du gouvernement d'une province. Theotecnus avait été antérieurement curateur d'Antioche (Euseb. lib. IX, c. ii, xi; cf. Lactant. *De morte persecut.* c. l).

P. 159, note 2. Au lieu de : «Borghesi lisait», lisez : «Borghesi acceptait la lecture ancienne et traditionnelle PRF·PRT. Les deux pierres sont perdues.»

P. 159, n. II. Supprimez la ligne de points qui précède l'inscription. — Ajoutez après l'inscription : Une inscription nouvelle relative à *C. Attius Alcimus Felicianus* a été découverte, en 1893, à Henchir-en-Naâm, en Tunisie, par M. le capitaine Toussaint (*Bull. arch. du Comité des trav. hist. et scientif.* 1893, p. 214, n. 25) :

    C·ATTIO ALCIMO FELICIA
    NO P·V·PRAEF·ANNONAE PRAEF·
    PRAET·VICE PRAEF·VIG·MAGISTRO
    SVMMAE PRIVATAE MAGISTRO
    SVMMARVM RATIONVM CVR·
    OPERIS AMPHITHEATRI PROC·HE
    REDITATIVM ROMAE PROC·SACRAE
    MONETAE PROC·FERR·PROC·ANN
    PROV·NARBON·PROC·PRIVATAE
    PER SALARIAM TIBVRTINAM
    VALERIAM THVSCIAM PROC·PER
    FLAMINIAM VMBRIAM

Grâce à cette nouvelle inscription, les restitutions proposées par les éditeurs du *Corp. inscr. Lat.* (vol. VIII, n. 822) pour l'inscription d'Henchir Bou-Cha doivent subir quelques modifications. La copie de la partie subsistante a pu être également améliorée au moyen d'un estampage pris par le capitaine Toussaint. Il en résulte que le texte de l'inscription d'Henchir Bou-Cha reproduit plus haut (p. 159, n. II) doit être ainsi rectifié (*Bull. arch. du Comité des trav. hist. et scientif.* 1893, p. 209, n. 11) :

À la fin de la ligne 4............................ MAGISTRO·
À la ligne 7................. PROC·HEREDITATIVM·R*omae.proc.*
À la ligne 8............... SACRAE·MONETAE·P*roc. ferr. proc. ann.*
À la ligne 15....................... ORDO·CIVIT·PATRONO·

Il faut toutefois remarquer que, dans le nouveau texte, les fonctions ne sont pas mentionnées chronologiquement : il serait contraire à la hiérarchie établie que notre personnage ait été préfet du prétoire avant de parvenir à la préfecture de l'annone. En outre, il est appelé *vice praefectorum praetorio* dans l'inscription d'Henchir Bou-Cha, tandis qu'il est qualifié *praefectus praetorio* dans l'inscription d'Henchir-en-Naâm. Il est fort possible que, dans ce dernier texte, il y ait une erreur de rédaction et une qualification inexacte.

Pour compléter ce qui a trait à la carrière d'Attius Alcimus, il est nécessaire de rappeler encore l'inscription d'un piédestal engagé extérieurement dans le mur de l'abside de l'église Saint-Jean, à Lyon, derrière un contrefort qui n'en laisse voir que les cinq premières lignes :

ATTIO ALCIMO

V·E·PROC·FERRAR*i*

ÁRVM

COGITATINIVS I*u*

VENISB·F·LEG·LE*g*

*ī. m . alexandrianae*

*patrono*

(J. Spon, *Recherche des antiquités et curiosités de la ville de Lyon*, édit. L. Renier, p. 217; de Boissieu, *Inscr. antiques de Lyon*, p. 276; Bégule, *Monographie de la cathédrale de Lyon*, p. 4, fig. 1, fac-similé; cf. Allmer et Dissard, *Musée de Lyon, inscriptions antiques*, I, p. 188). Attius Alcimus a donc résidé à Lyon, en qualité de procurateur des mines de fer (*procurator ferrariarum*). Cette fonction n'est pas la seule qu'il ait exercée en Gaule. HÉRON DE VILLEFOSSE.

P. 160, ligne 11. Lisez : *praef*. VRBI.

P. 160. Ajoutez sous le n° IV : Un préfet du prétoire, dont le nom est inconnu, est mentionné dans un fragment d'inscription de la fin du III° ou du début du IV° siècle, relevé à Héraclée de Thrace par Cyriaque d'Ancône et publié par De Rossi (*Inscr. christ.* vol. II, p. 369) d'après un manuscrit du Vatican :

*Diis auctoribus ad reipublicae amplificandae*

*gloriam procreato pi*     *uro iovio*

*maximo*

*ti. nobilissimo caesari*     *us v c m praef. praet.*

[Au sujet de ce préfet, voir plus loin, p. 802.]

P. 160. Ajoutez à la fin : Il est difficile de reconnaître avec H. Dressel (*C. I. L.*

vol. XV, p. 152) la mention d'un préfet du prétoire du commencement du IIIe siècle, dans l'inscription de Tarragone, relative à *T. Flavius Titianus* :

```
         T·FL·TITIANO
         LEG·AVGG·NN☬
           PR·PR·C·V☬
          PROCONSVLI
         PROV☬AFRICAE
           PRAESIDI
          PROV·HISP
          CITERIORIS
         M·AVRELIVS
          MODESTINVS
         . . . . . . . . . . . . . .
```

(*Corp. inscr. Lat.* vol. II, n. 4118). H. Dressel transcrit : *T. Flavio Titiano, legato Augg. nn., pr(aefecto) pr(aetorio), c(larissimo) v(iro)*... etc. Je ne puis être de son avis; il faut lire : *legato Augg. nn. pr(o) pr(aetore), c(larissimo) v(iro)*... etc. Sur ce personnage, cf. Pallu de Lessert, *Fastes des provinces africaines*, p. 300-303. HÉRON DE VILLEFOSSE.

P. 173, ligne 19. Lisez : [*c. sentius reppulus.*], au lieu de : [*licinius.*]

P. 174, ligne 21. Lisez : [*c. mevius plenus.*]

P. 185, ligne 7. Lisez : Armenios. — Note 1. Ajoutez à la fin : Cf., sur la création de la préfecture d'Orient par Constantin, Joh. Lyd. *De magistr.* lib. III, c. xxxiii et xxxv; lib. II, c. x.

P. 190, dernière ligne. Lisez : ivlianvs, au lieu de : ivnianvs. Cf. le fac-similé de l'inscription donnée par Tocilesco, Benndorf et Niemann, *Das Monument von Adamklissi, Tropaeum Traiani*, p. 107-108. HÉRON DE VILLEFOSSE.

P. 203, note 2. Ajoutez : Eunapii Sardiani frg. 7, éd. Müller, t. IV, p. 14.

P. 205, note 3. Ajoutez : Renan, *Mission de Phénicie*, p. 340.

P. 205, note 4. Après le mot «Paestum», ajoutez : qui donne le prénom *Fl(avius)*. — À la fin de la note, ajoutez : Le consulat de Fl. Leontius est mentionné dans un papyrus d'Égypte conservé au musée de Genève. Cf. *Revue de philologie*, 1896, p. 46.

P. 216, ligne 6. Lisez : STRATEGIUS [*QUI ET*] MUSONIANUS.

P. 230, note 7. Ajoutez : *Corp. inscr. Lat.* vol. III, n. 459; *Bullet. di corrisp. archeol. di Roma*, 1852, p. 45.

P. 230, note 14, et p. 503, note 2. Ajoutez à la fin : L'expression *Lecta apud acta* se rencontre plusieurs fois dans la suscription des constitutions du Bas-Empire (*C. Theod.* II, 12, 1; II, 26, 2; XI, 16, 2; XVI, 2, 14. — *C. Theod.* XIII, 9, 2, présente la variante *Lecta actis*, à moins qu'on ne lise *Aquis*, ce qui désignerait, suivant Godefroy, une localité voisine de Carthage). Dans la plupart des textes qui mentionnent la lecture d'une constitution, on désigne le lieu où cette lecture a été faite : *Lecta in senatu* (IX, 1, 13; X, 19, 8; XV, 1, 19); *in ecclesiis* (XVI, 2, 20); *in Pantheo* (XIV, 3, 10); *recitata in Palatio* (X, 8, 3). Quel est le lieu désigné par les mots *apud acta*? C'est le prétoire du magistrat siégeant assisté de son greffier. Cette acception est confirmée par des documents des III° et IV° siècles. Toute déclaration, faite devant un magistrat pour être enregistrée par son greffier, est dite *apud acta*. « Ad decurionatum filii pater non consentit, si contrariam voluntatem vel apud acta « praesidis vel apud ipsum ordinem vel quo alio modo contestatus sit. » (Paul, *Sent.* I, 1, 15. *Dig.* L, 2, 7. Cf. Macer *Dig.* XLIX, 1, 2; Alex. Sev. *C. Just.* IV, 21, 3; Diocl. *C. Just.* VII, 18, 24.) Le jurisconsulte Paul distingue la promesse faite *apud acta* de l'engagement contracté *apud officium* (*Sent.* I, 13ª, 1; *Dig.* II, 4, 17). L'insinuation des donations se faisait *apud acta* (*C. Just.* VIII, 53, 25 *in fine*, 27, 1). La lecture *apud acta* de certaines constitutions s'explique par leur objet : dans l'une, il s'agit d'une règle de procédure relative aux *procuratores;* une autre édicte une déchéance de procédure contre celui qui, ayant intenté une action en bornage, a empiété sur le champ d'autrui sans attendre l'issue du procès; d'autres enfin édictent certaines exemptions d'impôts qu'il était utile de faire enregistrer par les magistrats compétents.

P. 247, note 3, ligne 6. Lisez : anse trouée; elle est inscrite. — Ligne 22 de la seconde colonne. Ajoutez : Corsini, *Series praef. Urbis*, p. 246.

P. 250, ligne 10. Effacez : «*Ulpiana* et *Ulpiani*», et lisez : «appelées toutes deux *Ulpiana*». — Ajoutez à la fin de la note : Sur l'emplacement de *Ulpiana* en Dardanie et sur la légende METALLI VLPIANI des monnaies minières, voir l'article de R. Mowat, *Éclaircissements sur les monnaies des mines* (dans la *Revue numismatique*, 1894). Héron de Villefosse.

P. 256, n° XXVIII. Ajoutez : Aux constitutions adressées à Cynegius, il faut joindre un rescrit non daté, publié dans la *Collectio Avellana* (*Corp. Script. eccles. Lat.*, ed. Guenther, t. XXXV, p. 45).

P. 272, note 6, ligne 3. Lisez : 403. — Note 8, ligne 2. Lisez : ἀκόρεσ7ον.

P. 278, note 3, ligne 1. Lisez : ὁπωσοῦν.

P. 293, note 2, et p. 305, note 2. Ajoutez : D'après Seeck (Paulys *Real-Encycl.* vol. II, 2421, n° 12), cet Aurelianus serait le proconsul d'Asie à qui fut adressé *Cod. Theod.* lib. XVI, tit. v, c. 28.

## ADDITIONS ET CORRECTIONS.

P. 308, n° LI. Ajoutez à la fin : Monaxius avait été préfet de Constantinople en 408-409 (*Chron. Pasch.* p. 571. Cf. Tillemont, *Hist. des Empereurs*, t. VI, p. 6 et 599). Waddington pense qu'il était le petit-fils de Fl. Quintilius Eros Monaxius, *praeses Cariae* sous Constant II (*Voyage archéol.* t. III, p. 384, n° 1626).

P. 316, ligne 1. Lisez : «Topiro» au lieu de «Topiso». Malgré les hésitations de Godefroy et de Haenel, la correction n'est pas douteuse. Topirus est une ville de Thrace citée par Ptolémée, Pline, Procope, mentionnée dans l'Itinéraire d'Antonin, et dont il existe des monnaies impériales à légendes grecques (ΤΟΠΕΙΡΕΙΤΩΝ ou ΟΥΑΠΙΑC ΤΟΠΕΙΡΟΥ) depuis Antonin le Pieux jusqu'à Géta (Eckhel, *Doctrina num. vet.* II, 47; Mionnet, *Description de médailles antiques*, I, 422; Barclay V. Head, *Historia numorum*, 245). Héron de Villefosse.

P. 321, ligne 6. Lisez : LIX au lieu de LXI.

P. 327, ligne 6. Lisez : FL·CYRUS. Le prénom du préfet Cyrus vient d'être révélé par un fragment récemment publié des papyrus gréco-égyptiens du Musée de Berlin (*Ægyptische Urkunden aus den k. Museen zu Berlin*, Gr. Urk., t. II, n° 609). Le document porte la date du 12 novembre 441, sous le consulat de *Fl(avius) Cyrus* :

Ὑπατίᾳ Φλ(αουίου) Κύρου τοῦ λαμπροτάτου Ἀθὺρ ιϛ̄ τῆς ἑνδεκάτης (sic)
ἰνδικτίωνος.

P. 329, note 3. Ajoutez : Cf., sur la restauration par Cyrus des murs de Constantinople, détruits par un tremblement de terre, Leonis grammatici *Chronogr.* p. 108-109 (éd. de Bonn).

P. 327 à 332, n. LXIII. Une ancienne biographie de saint Daniel Stylite, qui doit être prochainement publiée dans les *Analecta Bollandiana*, contient sur le préfet Fl. Cyrus de précieux détails qui précisent et complètent les données des autres sources. C'est à l'influence de l'eunuque Chrysaphius qu'il faut attribuer la disgrâce de Cyrus. Envoyé comme évêque à Cotyée en Phrygie, Cyrus réussit, par sa présence d'esprit, à vivre en paix avec le peuple turbulent du pays. Mais il ne finit pas ses jours au milieu de ce dangereux troupeau. À la mort de Théodose (450), il renonça à la dignité épiscopale ainsi qu'à la vie ecclésiastique, et vécut jusqu'au règne de l'empereur Léon (457-474). Le R. P. Hipp. Delehaye a fait connaître ces détails en étudiant récemment dans la *Revue des Études grecques* (t. IX, p. 216 à 224) une épigramme de l'Anthologie grecque qui rappelle la mémoire d'un insigne bienfait obtenu par les prières de saint Daniel. Il s'agit d'une inscription gravée sur la colonne du saint en 462. Cette inscription paraît avoir été composée par Cyrus lui-même en souvenir de la guérison de sa fille. Cyrus était un des poètes les plus renommés de son temps; quelques spécimens de ses poésies nous ont été conservés dans l'Anthologie. HÉRON DE VILLEFOSSE.

P. 330, note 1, ligne 1. Lisez : p. 148. — Ligne 5. Lisez : ἀνανεώσαντα.

P. 334, ligne 8. Lisez : LXVI au lieu de LXVII.

P. 345, à la fin de la note 2. Ajoutez : Cette inscription a été publiée plus haut, t. VIII, p. 608, dans une lettre de Borghesi à Cavedoni. HÉRON DE VILLEFOSSE.

P. 355, n° LXXXVI, et p. 479, n° XLIII. Ajoutez : Un fragment de Candide, cité par Suidas et relatif à l'expédition de Léon contre les Vandales en 468, mentionne les sommes payées par les préfets du prétoire : Ἦσαν γὰρ, ὡς οἱ ταῦτα ἐφανέρωσαν κεχειρικότες, διὰ μὲν τῶν ὑπάρχων χρυσίου λίτραι τετρακισμύριαι πρὸς ἐπ]ακισχιλίαις. (Frg. Historic. Graec. éd. Didot, t. IV, p. 137.) Cf. Tillemont, *Hist. des Empereurs*, t. VI, p. 396.

P. 356, ligne 17. Lisez : 457 au lieu de : 447.

P. 358, ligne 12. Lisez : *Leone cos.*

P. 359, ligne 5. Lisez : DIOSCURUS.

P. 359, lignes 12 et 14; p. 360, lignes 12 et 16. Lisez : Dioscurus.

P. 360, note 2. Lisez : p. 480, note 2, au lieu de : p. 477, note 8.

P. 365. Ajoutez : XCIV *bis.*
Circa 1234 = 481.
DIONYSIUS,
praef. praet. Orientis sub Zenone.

Quelque temps après la révolte et la défaite de Marcien, Zénon découvrit un complot dirigé contre lui. D'après Jean d'Antioche, les auteurs de ce complot étaient Épinicus, Dionysius le préfet du prétoire et Thraustelas, maître de la milice. Ἐν ᾧ χρόνῳ συνωμοσίαν ποιησάμενοι Ἐπίνικός τε καὶ Διονύσιος ὕπαρχος τῆς αὐλῆς ὤν, καὶ Θραυσ]ήλας σ]ρατηγικὴν ἀξίωσιν ἔχων, ἁλόντες ὑπὸ τοῦ βασιλέως ἐτιμωρήθησαν (Müller, frg. 211, 4, t. IV, p. 619).

L'expression ὕπαρχος τῆς αὐλῆς désigne, chez les écrivains du vi° siècle, le préfet du prétoire (voir plus haut, p. 641, note 10; cf. Joh. Lyd. *De magistr.* lib. II, c. vi). Jean d'Antioche n'indique pas la date du complot, ni par conséquent l'époque où Dionysius fut préfet du prétoire; mais, comme la révolte de Marcien eut lieu à la fin du consulat de Zénon (479), il est probable que Dionysius fut préfet vers l'an 481. On a vu plus haut qu'en 480 cette charge fut occupée par Sebastianus, puis par Aelianus.

ADDITIONS ET CORRECTIONS.  789

P. 370, n° C. D'après Hartmann (Paulys, *Real-Encycl.* vol. II, col. 1153), le préfet Arcadius est peut-être le même qui avait déjà été préfet en 486.

P. 376, note 1, ligne 18. Lisez : Ἠρυθρία.

P. 381, note 4. Ajoutez : Eustathii Epiphaniensis frg. 7, éd. Müller, t. IV, p. 142.

P. 394, n° CXXII, et p. 396, n° CXXIII. Deux exemplaires d'une petite tessère rectangulaire en bronze (*exagium?*) portant, incrusté en lettres d'argent, le nom d'un préfet Ménas, ont été trouvés, l'un près d'Alghero en Sardaigne (*Corp. inscr. Latin.* vol. X, n. 8072,7), l'autre à Tabarka en Afrique (*Bull. de la Soc. des Antiq. de France*, 1896, p. 125). On lit sur ces deux petits monuments :

D'un côté :

| MENA |
| TIS |
| PREF |

De l'autre :

| TIBE |
| RIANI |
| PROC |

Cagnat pense qu'il s'agit peut-être du préfet du prétoire Ménas, titulaire à deux reprises de la préfecture d'Orient en 528 et en 528-529. Héron de Villefosse.

P. 407, note 3. Ajoutez : Marcellini *Auctarium*, p. 107.

P. 408, note 3, ligne 3. Lisez : ἐλάμβανυν. — Ligne 9, lisez : ἐν.

P. 409, n° CXXVIII. Ajoutez à la fin : Le préfet d'Orient est cité dans une constitution du 17 novembre 533 ; il est qualifié *vir excelsus* (*Cod. Just.* I, 3, 53, 2 ; IX, 13, 1, 1).

P. 411, après la ligne 12. Intercalez : XVI Kal. Mai. dat. Constantinopoli. (*Nov.* VII epilog. Cf. Schoell, p. 63, n. 35).

P. 428, n° CXLII. Ajoutez à la fin : Le nom du préfet Diomède figure sur plusieurs sceaux et sur une marque de brique de l'époque byzantine :

α) Sur une brique trouvée à Constantinople dans un jardin, près de la mosquée du sultan Bajazet, on lit cette légende circulaire : ΕΠΙ ΔΙΟΜΗΔΟΥC ΕΠΑΡΧΟΥ, et au centre ΡѠΜΗC en monogramme. (Sorlin-Dorigny, *Revue archéologique*, t. XXXII, p. 90.)

β) Un sceau byzantin de la collection Schlumberger (*Sigillographie de l'empire byzantin*, p. 510) donne à Diomède le titre d'ex-préfet :

ΔΙΟ   ΑΠΟ
ΜΙΔ   ΕΠΑΡ
ΟΥC   ΧѠΝ

γ) Un autre sceau byzantin de Syrie, publié par Mordtmann (Ἑλληνικὸς Φιλολογικὸς Σύλλογος, t. XI) et par Sorlin-Dorigny (*loc. cit.*) donne à Diomède les titres d' «illustrissime ex-préfet et commerciaire de Tyr».

✢ ΔΙΟΜΗΔΟΥC Ε

ΔΟΞ S ΑΠΟ ΥΠΑΡΧ

S ΚΟΜΜΕΡΚΙΑ

ΑΠΟΘΗΚΗ

ΤΥΡΟΥ

Au-dessus de cette légende (Σφραγὶς) Διομήδους ἐ(ν)δοξ(οτάτου) ἀπὸ ὑπάρχ(ων) καὶ κομμερκια(ρίου) ἀποθήκη(ς) Τύρου, on remarque trois bustes de face, dont deux nimbés. Sorlin-Dorigny pense que le buste du milieu représente l'empereur Justin II, celui de droite l'impératrice Sophie, et le troisième, qui n'est pas nimbé, Tibère Constantin. Celui-ci ayant été associé à l'empire de 574 à 578, c'est pendant cette période que Diomède, probablement tombé en disgrâce, aurait été envoyé à Tyr en qualité de commerciaire.

Le préfet Diomède, mentionné dans ces trois petits monuments, est donc contemporain du préfet d'Orient de l'an 572. Est-ce le même personnage? L'affirmative ne paraîtrait pas douteuse, si, au centre de la brique trouvée à Constantinople, on ne lisait le mot Ῥώμης en monogramme. Diomède aurait-il été préfet de Rome? Mais la présence du nom de la ville de Rome associé au titre d'éparque et d'illustrissime sur des monuments de provenance orientale paraît étrange (Cf. Schlumberger, *Revue des études grecques*, 1895, p. 61). Elle s'explique cependant, si l'on remarque qu'au Bas-Empire le nom de Romain et celui de Rome n'ont pas conservé leur acception primitive. L'historien Priscus Panites (éd. Didot, frg. 15 et 16, t. IV, p. 98 et 99) désigne ceux à qui jadis on réservait le nom de Romains par l'expression οἱ ἑσπέριοι Ῥωμαῖοι par opposition à οἱ ἑῷοι Ῥωμαῖοι. Justinien les appelle οἱ πάλαι Ῥωμαῖοι (*Nov.* XXIV, pr.; XXV, c. 11). Dans le style de la chancellerie orientale, on donne le nom de Romains à tous les magistrats de l'empire. Justinien écrit en 536 au proconsul d'Arménie : Τὴν Ἀρμενίων χώραν ... ἀρχαῖς Ῥωμαϊκαῖς ἐκοσμήσαμεν, τῶν προτέρων αὐτὴν ἀπαλλάξαντες ὀνομάτων, σχήμασί τε χρῆσθαι τοῖς Ῥωμαίων συνειθίσαμεν. De même, lorsqu'on veut distinguer les deux préfets de la ville, on les désigne sous les noms de *préfet de l'ancienne Rome* et de *préfet de la nouvelle Rome*. Dans la novelle LXX, c. 1, Justinien parle des σύμβολα τῆς πολιαρχίας τῆς ἐν τῇ πρεσβυτέρᾳ Ῥώμῃ καὶ τῇ νέᾳ δὴ ταύτῃ τῇ καθ' ἡμᾶς. Mais, lorsqu'il n'y avait pas utilité à les opposer l'un à l'autre, on supprimait tout qualificatif. Justinien, donnant des instructions aux préfets de Rome et de Constantinople, les appelle : οἱ ἐνδοξότατοι ἔπαρχοι τῆς ἑκάτερας

ADDITIONS ET CORRECTIONS. 791

Ῥώμης (*Nov.* LXXIX, c. ιι). Il existe donc à cette époque deux villes portant le nom de Rome[1], et le préfet de chacune d'elles est un ἔπαρχος Ῥώμης.

Dès lors il faut admettre que, au moins pendant un certain temps, Diomède a cumulé les fonctions de préfet de la ville et celles de préfet du prétoire.

Mordtmann a cru pouvoir (Ἑλληνικὸς Φιλολογικὸς Σύλλογος, Παράρτημα, t. XIII, p. 23) fixer la date de son entrée en charge comme préfet de la ville en rapprochant une marque de brique d'un passage de Cédrène. Sur la brique on lit le nom d'un certain Diomède, dont la qualité n'est pas indiquée, puis le chiffre d'une indiction :

✠ ΔΙΟΜΗ
Α
ΙΝΔꙊ ΙΕ'

c'est-à-dire Διομή(δους) Ἰνδ(ίκτ)ου ΙΕ'. Dans Cédrène (éd. Bekker, t. I, p. 680-683), il est question d'un préfet de la ville qui, au début du règne de Justin II, succéda à Abdius, mais dont le nom n'est pas rapporté. Mordtmann pense que le nom qui manque dans Cédrène est celui qu'on lit sur la brique. Diomède aurait été en fonctions pendant l'indiction ΙΕ' et la première année (Α). Or, Justin II est monté sur le trône le 14 novembre de l'indiction ΙΔ (565). L'indiction ΙΕ' correspond à l'année 566 : c'est à cette date et pendant la première année du règne de Justin II que Diomède aurait été nommé préfet de la ville.

P. 428. Ajoutez à la fin :  CXLII *bis*.
1328 = 575.
. . . . .
praef. praet. Orientis sub Justino juniore et Tiberio Constantino Caesare.

Un édit de l'an 575 accorde la remise de l'arriéré de l'impôt aux contribuables de la préfecture d'Orient :

— «Sancimus ut nulla priorum tributorum a nobis condonatorum «exactio fiat, sive ad maximum magistratum haec pertinent sacri «Orientis praetorii . . .[2].»

P. 429, n° CXLIII. Ajoutez à la fin : D'après de Muralt (*Essai sur la chronologie byzantine*, p. 260), Georgius aurait été préfet du prétoire en l'an 600. — Dans sa

---

[1] *C. Just.* VIII, 14, 7 : *In utraque Roma.* Ibid. II, 52, 7 pr. : *In antiqua Roma.* Ibid. I, 3, 51, 2 : *In vetere Roma.* Cf. ibid. I, 1, 7, 1.
[2] *Nov.* CLXIII, c. ιι : . . . Θεσπίζομεν μηδεμίαν εἴσπραξιν γενέσθαι τῶν παρ' ἡμῶν φιλοτιμηθέντων εὐσεβῶν τελεσμάτων, εἴτε τὴν μεγίστην ἀρχὴν ὁρᾷ ταῦτα τῶν ἀνατολικῶν ἱερῶν πραιτωρίων . . .

*Sigillographie de l'empire byzantin*, p. 509, G. Schlumberger a publié le sceau d'un certain Georgius ἀποεπάρχων.

```
    ✠           ΓΕѠΡ
  ΘΕΟΤ         ΓΙѠΑΠ
  ΟΚΕΒ         ΟΕΠΑΡ
  ΟΗΘΙ          ΧѠΝ
```

G. Schlumberger pense qu'il s'agit du préfet du prétoire mentionné par Theophilactus Simocatta.

P. 429, n° CXLIV. Lisez : CONSTANTINUS [*QUI ET*] LARDYS. Cf. Theophylact. Simoc. lib. VIII, c. ix : Κωνσταντῖνος, ὃν τὰ πλήθη Λαρδὺν κατωνόμαζον. Ajoutez à la fin :

— « Et plebs undequaque concurrens, et mali ejus tempestate fluc« tuans, in aedes Constantini, cui Lardy cognomen erat, impetum « facit : quem virum Mauricius inter reliquos patricios carum maxime « habebat : illustris enim erat, et ex primariis senatoribus unus ad « patriciatus dignitatis sublimitatem evectus, tributis etiam Orientalium « regionum praepositus : eum Romanis praefectum praetorio appellare « mos est. Hujus aedibus omnivoro igni traditis... inde abiere[1]. »

P. 429, note 1. Ajoutez à la fin : Cf. Nicephori Callisti *Hist. Eccles.* lib. XVIII, c. xxxvii, Migne, *Patr. Gr.* t. CXLVI, col. 401.

P. 431, note 1. Ajoutez : D'après Zachariae (*Geschichte des Griechisch-römischen Rechts*, 3ᵉ édit. 1892, p. 365), le document le plus récent qui mentionne la préfecture d'Orient est une novelle d'Héraclius de l'an 629 (*Nov.* xxv, 2) : Εἰ δέ τινες ἑτέρας διοικήσεως ὁσιώτατοι πρόεδροι ἢ εὐλαβεῖς κληρικοὶ ἢ μοναχικὸν μεταδιώκοντες βίον, κατὰ τὴν ἡμῶν ἀφιγμένοι πανευδαίμονα πόλιν, παρ' οὑτινοσοῦν τῶν πάντων χρηματικὰς ὑποσταῖεν ἐναγωγάς, θεσπίζομεν καὶ τούτους εἴ γε βούλοιντο παρὰ μόνῃ τῇ σῇ μακαριότητι τὸν ὅμοιον ἀποκρίνεσθαι τρόπον, καὶ μηκέτι τὸ

---

[1] Nicephori Callisti *Hist. eccl.* lib. XVIII, c. xxxix (Migne, *Patr. Gr.* t. cxlvii, col. 405) : Καὶ πανταχόθεν οἱ δῆμοι τῷ σάλῳ τοῦ κακοῦ κυμαινόμενοι, τῇ τοῦ Λαρδοῦ Κωνσταντίνου οἰκίᾳ προσρήγνυνται· ὃν διαφερόντως ἐν τοῖς μάλιστα εἶχε πατρίκιον. Ἐπιφανής τε γὰρ ἦν ὁ ἀνὴρ καὶ τῶν ἐς συγκλήτου τελούντων βουλήν, καὶ ἐς τὸ πατρικίων πεφθακὼς ὕψος καὶ τῶν ἑῴων κλιμάτων τοῦ φόρου ἡγήσατο· ὃν ἔπαρχον τῶν πραιτωρίων ἔθος Ῥωμαίοις καλεῖν. Ἦν δῆτα οἰκίαν τῷ παμφάγῳ παραδόντες πυρί... ᾤχοντο αὖθις. Cf. Theophylact. Simoc. lib. VIII, c. xiii.

## ADDITIONS ET CORRECTIONS.

λοιπὸν (τοῦτο γὰρ τῆς προτέρας ἐπανορθούμεθα νομοθεσίας) παρὰ τοῖς ἐνδοξοτάτοις ἄκοντας ἀπολογεῖσθαι τῶν ἀνατολικῶν ἱερῶν πραιτωρίων ὑπάρχοις...

P. 433, note 2. Ajoutez : Cf. Sozomen. *H. E.* lib. VII. c. IV.

P. 439, ligne 20. Lisez : VULCACIUS RUFINUS.

P. 442, ligne 1. Au lieu de «préfet d'Orient», lisez «préfet d'Italie». Il s'agit de Fl. Palladius Taurus Aemilianus. — *Ibid.*, note 3. Ajoutez : Le prénom FL(*avius*) est fourni par des inscriptions chrétiennes, De Rossi, *Inscr. christ.* vol. I, n. 148, 150.

P. 443, ligne 6. Lisez : VULCACIUS RUFINUS.

P. 451, note 1. Ajoutez : On a également plusieurs lettres de Symmaque à Eutrope (lib. III, c. XLVI-LIII). L'identité du correspondant de Symmaque et de l'historien résulte de la lettre 47 rapprochée d'Eutrop. X, 18, 3. Cf. Seeck, *Chron. Symm.* p. CXXXII. Teuffel, *Gesch. der röm. Literatur*, 415, 1.

P. 480, notes 5 et 6. Au lieu de Ἀρμάτιος, lisez : Ἁρμάτιος.

P. 481. Ajoutez :

### XLVI *bis.*
### 1232 = 479.
### JOHANNES,
praef. praet. Illyrici sub Zenone.

— «Ut vero nuntiatum est barbarum (Theuderichum) Thessalo-
«nicen petere, statim urbis incolae ad fraudem faciendam litteras pri-
«die recitatas esse suspicati, et Zenonem ipsumque praefectum habere
«in animo, urbem barbaro tradere, seditione facta, ejus statuas de-
«jiciunt, et praefectum aggressi, ad ipsum mulctandum parati erant,
«et praetorium, igne illato, incendissent, nisi ordo sacra procuran-
«tium et magistratus praevenientes, populi irae praefectum subduxis-
«sent et furorem plebis blandis verbis compescuissent... Itaque claves
«civitatis a praefecto acceperunt et archiepiscopo tradiderunt[1].»

— «Dedit (imperator) Adamantio proficiscenti ducentas auri libras,
«quas jussit regionis illius praefecto tradere, ut eas ad convehendos
«in Pautaliam commeatus, qui illis alendis satis essent, impenderet.

---

[1] Malchi Philadelphensis frg., éd. Müller, t. IV, p. 125 : Ὡς δὲ τῇ Θεσσαλονίκῃ ἐγγύθεν ἐφεδρεύων ἠγγέλθη ὁ βάρβαρος, αὐτίκα οἱ πολῖται νομίσαντες ἐκ δόλου τὰ ἐν

« Quum legatus adhuc esset Byzantii, milites, qui Thessalonicae in
« praesidiis erant, Joannem praefectum, qua exiret, observantes gladiis
« aggressi sunt[1]. »

— « Scribunt et Sabinianus et Joannes praefectus res a se gestas,
« et omnia in majus extollentes, suadebant ut pacem cum barbaro non
« faceret[2]. »

P. 483, note 1, ligne 2. Lisez : ἀνήρ.

P. 483, ligne 8. Au lieu de n° CXX, lisez : n° CXIX.

P. 484, à la fin du n° LIII. Ajoutez : Une constitution du 17 novembre 533 mentionne le *vir eminentissimus praefectus praetorio per Illyricum* (*Cod. Just.* I, 3, 53, 2; IX, 13, 1, 1).

P. 486. Ajouter à la fin du n° LIV : Le préfet d'Illyrie est mentionné dans trois novelles des 1ᵉʳ juin 538 et 10 mars 539 (*Nov.* LXIX, Epilog.; LXXIII, Epilog.; LXXIX, c. 11. Cf. *Nov.* LXX, c. 1).

C'est sans doute pendant que Dominicus était préfet que le siège de la préfecture d'Illyrie fut de nouveau déplacé. (Voir plus haut, p. 474, n. 3.) Dans la novelle XI du 14 avril 535 adressée *Catelliano archiepiscopo Primae Justinianae*, Justinien dit :

— « Cum igitur in praesenti Deo auctore ita nostra respublica aucta
« est, ut utraque ripa Danubii jam nostris civitatibus frequentaretur
« et tam Viminacium quam Recidiva et Litterata, quae trans Danubium
« sunt, nostrae iterum dicioni subactae sint, necessarium duximus

τῇ προτεραίᾳ ἀνεγνῶσθαι γράμματα καὶ τὴν πόλιν βούλεσθαι Ζήνωνά τε καὶ αὐτὸν ἐκείνῳ παραδοῦναι, συσΊραφέντες ἐν σφίσιν αὐτοῖς τὰς τοῦ Ζήνωνος σΊήλας κατα-6άλλουσι πάσας, καὶ αὐτὸν ὁρμήσαντες τὸν ἔπαρχον ἕτοιμοι διασπάσαι ἦσαν. Οἱ δὲ κομισάμενοι πῦρ ἐπὶ τὸ ἀρχεῖον ἐμπιπράναι ἔμελλον, εἰ μὴ ὑποφθάσαντες τά τε ἱερὰ γένη καὶ οἱ ἐν ταῖς ἀξίαις ἐξήρπασάν τε αὐτὸν τῆς ὀργῆς τῆς τοῦ δήμου... Οἱ δὲ τὰς κλεῖς τῶν πυλῶν ἐκ τοῦ ὑπάρχου λαβόντες τῷ ἀρχιερεῖ ἔδοσαν. Cf. Tillemont, *Hist. des Empereurs*, t. VI, p. 499.

[1] Malchi Philadelphensis frg., éd. Mülle,

t. IV, p. 126 : Ἔδωκε λίτρας χρυσίου ἀπιόντι διακοσίας, ἃς ἐκέλευε δόντα τῷ ὑπάρχῳ τῷ ἐκεῖ ποιῆσαι τὴν δαπάνην αὐτοῖς εἰς Πανταλίαν χορηγῆσαι τὴν ἐπαρκοῦσαν. Ἔτι δὲ τοῦ πρεσ6ευτοῦ ὄντος ἐν Βυζαντίῳ, σΊρατιῶται συσΊάντες ἐν Θεσσαλονίκῃ τὸν ὕπαρχον Ἰωάννην προϊόντα φυλάξαντες ξιφήρεις ὥρμησαν.

[2] Ibid. p. 130 : Γράφει δὲ καὶ Σα6ινιανὸς καὶ Ἰωάννης ὁ ὕπαρχος τὰ γεγενημένα ἐπὶ μεῖζον ὀγκοῦντες καὶ λέγοντες, μὴ χρῆναί τι τῷ βαρ6άρῳ συνθέσθαι. C.f Tillemont, *Hist. des Empereurs*, t. VI, p. 501.

« ipsam gloriosissimam praefecturam, quae in Pannonia fuerat con-
« stituta, juxta Pannoniam in nostra felicissima patria collocare, cum
« nihil quidem magni distat a Dacia mediterranea secunda Pannonia,
« multis autem spatiis separatur prima Macedonia a Pannonia secunda.
« Et quia homines semper bellicis sudoribus inhaerentes non erat
« utile reipublicae ad primam Macedoniam per tot spatia tantasque
« difficultates venire, ideo necessarium nobis visum est ipsam prae-
« fecturam ad superiores partes trahere, et juxta eam provinciae con-
« stitutae facilius sentiant illius medicinam... »

P. 486, note 3, ligne 2, Lisez : αὐτὸς.

P. 487, note 2, ligne 1. Lisez : βοηθῆσαι.

P. 487. Ajoutez :

LVI bis.

1319 = 566.

. . . . .

praef. praet. Illyrici sub Justino juniore.

Un édit, rendu la première année du règne de Justin II, accorde la remise de l'arriéré de l'impôt aux contribuables dépendant de la préfecture d'Illyrie.

— « Commune igitur hoc quoque beneficium nostrum in omnes ex-
« tendentes... sancimus nullam fieri exactionem eorum quae in reliquis
« usque ad modo dictam indictionem debentur, sive generalem sive
« specialem mensam gloriae tuae spectant, vel praefecturam sacri apud
« Illyrios praetorii...[1]. »

LVI ter.

1331 = 578.

*JOHANNES*,

sub Justino juniore et Tiberio Constantino Caesare.

— « Circa quartum imperii Caesaris Tiberii Constantini annum,

---

[1] *Nov.* CXLVIII, c. 1 : Κοινὴν τοίνυν καὶ ταύτην ἡμῶν τὴν εὐεργεσίαν εἰς ἅπαντας ἐπεκτείνοντες... θεσπίζομεν μηδεμίαν εἴσπραξιν γενέσθαι τῶν ἐν λοιπάσιν ὀφειλομένων ἄχρι τῆς εἰρημένης ἐπινεμήσεως, εἴτε τὴν γενικὴν εἴτε τὴν ἰδικὴν τράπεζαν τῆς σῆς ἐνδοξότητος ταῦτα ὁρᾷ ἢ τὴν ἀρχὴν τῶν παρὰ Ἰλλυριοῖς ἱερῶν πραιτωρίων...

« centum fere millia Sclavorum in Thraciam irruperunt... Tiberius
« legatum misit ad Baianum, Avarum ducem... Joannes mittitur.
« Huic tum insularum, quae in eo tractu erant, praefectura et Illyri-
« carum urbium administratio erat demandata[1]. »

Menander semble désigner ici un préfet du prétoire d'Illyrie, qui aurait eu en même temps autorité sur les îles. Dans un édit rendu en 575, ces deux gouvernements étaient distincts[2].

P. 487, ligne 17. Lisez : JOBINUS.

P. 498, note 1. Ajoutez : D'après Tissot (*Fastes de la province romaine d'Afrique*, p. 210), Borghesi aurait, dans ses *schede*, émis l'avis que Menander fut en 321-322 proconsul d'Afrique : ce serait Verinus qui, à cette époque, aurait été préfet d'Italie. Cette note de Borghesi n'a pu être retrouvée. Il est probable que Tissot l'avait mal lue; elle serait en contradiction avec l'opinion consignée par Borghesi dans les *schede* que nous publions. D'ailleurs, Verinus ne figure pas sur la liste des préfets du prétoire : Verinus fut préfet de la ville. (Voir plus haut, t. IX, p. 393.)

P. 511, n° XVII. Ajoutez à la fin : Maecilius Hilarianus avait été proconsul d'Afrique en 324 (*Cod. Theod.* lib. XII, tit. 1, c. 9). Cf. *Corp. inscr. Lat.* vol. VIII, n. 1179; Tissot, *Fastes de la province d'Afrique*, p. 213.

P. 518, ligne 4. Lisez : VULCACIUS RUFINUS. — Ajoutez à la fin du n° XXIV : Une inscription relative à Vulcacius Rufinus a été découverte à Rome, en 1883, dans les terrains du Ministère de la Guerre (*Bull. della com. arch. comun. di Roma*, 1884, p. 45, et 1885, p. 18). Elle est gravée sur le piédestal d'une statue élevée par les *Ravennates*, à l'entrée de la maison de ce personnage, *in vestibulo domus*, et elle fournit sur sa carrière de précieux renseignements :

---

[1] Menandri protectoris frg. 47-48 (Müller, t. IV, p. 251) : Κατὰ δὲ τὸ τέταρτον ἔτος Τιβερίου Κωνσταντίνου Καίσαρος βασιλείας ἐν τῇ Θρᾴκῃ ξυνηνέχθη τὸ Σκλαβηνῶν ἔθνος μέχρι που χιλιάδων ἑκατὸν Θρᾴκην... ὁ Τιβέριος... πρεσβεύεται ὡς Βαϊανὸν τὸν ἡγεμόνα τῶν Ἀβάρων... Ἐκπέμπεται δ'οὖν ἐπὶ τούτῳ Ἰωάννης, ὃς δὴ τῶν νήσων διήνυε τὴν ἀρχὴν τηνικαῦτα καὶ τὰς Ἰλλυρίδας ἰθύνειν ἔλαχε πόλεις.

[2] *Nov.* CLXIII, c. II... Εἴτε τὴν παρ' Ἰλλυριοῖς ἐπαρχότητα ἢ τὴν ἀρχὴν τῶν νήσων καὶ τῶν ἐπὶ Σκυθίας τε καὶ Μυσίας στρατιωτικῶν ταγμάτων...

SINGULARI AUCIORITATIS·SPLENDORE POLLEN
TI ADMIRABILISQUE ELOQUENTIAE BENI
UOLENTIE FELICITATE GLORIOSo CUNC
TARUMQ·DIGNITAIUM·FASTIGIA FABO
RABILI MODERATIoNE IUSIIIIAE SUPER
GRESSO UULCACIO RUFINO·U·C·CONS
ORDIN·PRAEI·PRAETORIO COMITI
(sic) PER ORIENTEM AECYPTI ET MESOPOTAMIAE
(sic) PER PASDEM VICE SACRA IVDICANTI
COMITI ORDINIS PRIMI INTRA CONSISTORI
VM NVMIDIAE CONSVLARI PoNTIFICI MAIORI
(sic) OB INNVMRRABILES SVBLIMIS BENIGTATIS TIIVLoS
(sic) RAVENNATES MONVMENTVM PFRENNIS
MEMoRIAE IN VESTIBVLO DOMVS STATVALI VENE
RATIoNE DICAVERVNT VT ❦

Ce piédestal a été retrouvé à la place qu'il occupait dans la maison de Vulcacius Rufinus. L'inscription est incorrecte et mal gravée, mais elle fixe un point de la topographie de Rome, l'emplacement de la demeure de cet illustre personnage; elle fait connaître, en outre, son *cursus honorum*. C'est le préfet du prétoire d'Italie que les *Ravennates* ont voulu honorer. La mention de son gouvernement de Numidie, *consularis Numidiae*, explique le titre de patron qui lui fut décerné par la ville de Thamugadi, titre sous lequel il figure en tête de l'*albus* de cette colonie, conservé au Musée du Louvre (*Corp. inscr. Lat.* vol. VIII, n. 2403 = 17824). — Sur Vulcacius Rufinus, voir aussi plus haut, p. 439, 443, 535, 681. Cf. Ferrero, *Bulletin des antiquités africaines*, III, 137; Pallu de Lessert, *Les Fastes de la Numidie*, p. 197-200. Au sujet de son consulat, ajoutez aux documents déjà signalés (p. 439, note 9) l'inscription de Castel nuovo dell' abbate (*Corp. inscr. Lat.* vol. XI, n. 2599) et surtout le décret découvert à Paestum en 1876 et daté de l'année 347, VVLCACIO RVFINO ET FL·EVSEBIO CONSS· (*Corp. inscr. Lat.* vol. X, n. 477). Cette mention a fait cesser l'incertitude qui planait sur le Rufinus, consul en 347. Héron de Villefosse.

P. 521, ligne 19. Ajoutez : Une inscription récemment découverte à Bir-Tersas par le docteur Carton (*Découvertes épigraphiques et archéologiques faites en Tunisie, région de Dougga*, p. 112, n. 158) prouve que le préfet Volusianus possédait un grand domaine en Afrique, et permet de compléter les renseignements donnés sur sa famille par l'inscription de Rome, de l'an 390 :

```
            IN HIS        PRAEDiis
      R V F I  V O L V S I A N I  C V  E T
      CAECINAE LOLLIANAE CF ET FILIO
      RVM CCCC VVVV THIASVS PROC FECIT
```

Sa femme s'appelait *Caecinia Lolliana* (et dans l'inscription de Rome dont l'original est perdu, il y a lieu de lire CECINE); il était père de quatre fils. Héron de Villefosse.

P. 523, note 3. Ajoutez : Teuffel (*Geschichte der römischen Literatur*, éd. Schwabe, 1890, t. II, § 410) ne considère pas la question comme définitivement résolue par Borghesi; et cependant il aboutit, comme lui, à placer la rédaction du *De re rustica* vers la fin du iv<sup>e</sup> siècle. Otto Seeck (*Philologus*, 1893, t. LII, p. 445) a confirmé, par de nouveaux arguments, l'opinion de Borghesi.

P. 523, ligne 8. Lisez : [FL. PALLADIUS RUTILIUS] TAURUS [AEMILIANUS]. — Ajoutez à la fin du n. XXVII : Il fut consul en 361 avec Fl. Florentius. Cf. De Rossi, *Inscr. christ.* vol. I, n. 148, FLAVIIS TAVRO ET FLORENTIO CONSS, et n. 149, 150. Héron de Villefosse.

P. 535, ligne 16. Lisez : VULCACIUS RUFINUS.

P. 538, note 4. Au lieu de : Am. Marcel, lisez : Tillemont.

P. 540, note 12. Ajoutez : Ce texte prouve qu'à cette date Probus était préfet d'Illyrie et d'Italie :

— «Quod jam Gallis prodest, ad Illyricum etiam Italiaeque regiones convenit redundare...»

P. 541. Ajoutez à la fin : Pendant sa préfecture d'Italie, Probus eut pour conseiller Ambroise, le fils de l'ancien préfet des Gaules, le futur évêque de Milan (Paulin. *Vita* Ambrosii, *Patr. Lat.* XIV, 28):

— «Ita splendide causas peroravit ut eligeretur a viro illustri «Probo nunc praefecto praetorio ad consilium tribuendum.»

Par une singulière confusion, l'auteur anonyme de la vie gréco-latine de saint Ambroise (Migne, *Patr. Lat.* t. XIV, 48) a fait de saint Ambroise un préfet d'Italie sous Constantin et Constant (337-340).

# ADDITIONS ET CORRECTIONS.

P. 544, note 6. Ajoutez : D'après Brandes (*Corpus scriptorum ecclesiasticorum Latinorum*, t. XVI, p. 268 et suiv.), le fils d'Ausone n'aurait pas été préfet du prétoire avant le milieu de l'année 379. Reprenant l'opinion de Tillemont (*Hist. des Empereurs*, t. V, p. 188) et des auteurs de l'*Histoire littéraire de la France* (t. II, p. 46), il pense qu'Hesperius fut vice-préfet d'Illyrie au commencement de 376. Ce serait le père de Paulin de Pella, l'auteur de l'*Eucharisticos*, qui décrit en ces termes les premiers mois de sa vie (v. 26-30) :

> ...Editus ut Pellis inter cunabula quondam
> Regis Alexandri prope moenia Thessalonices
> Patre gerente vices industris praefecturae,
> Orbis ad alterius discretas aequore terras
> Perveherer, trepidis nutricum creditus ulnis...

D'après Otto Seeck (*Chron. Symm.* p. LXXVI), Paulin de Pella serait le fils de Thalassius, le gendre d'Ausone. C'est lui et non Hesperius qui aurait été vice-préfet d'Illyrie.

P. 569, note 1. Ajoutez : C'est sans doute le même personnage à qui fut adressée une constitution d'Arcadius et d'Honorius, du 25 décembre 395 (*Cod. Theod.* II, 1, 8; *Cod. Just.* VIII, 4, 8; IX, 2, 16; IX, 36, 1).

P. 569, n° L. Supprimez : FL. LUCIUS.

P. 571, note 1. Ajoutez : Le doute fondé sur le texte de la lettre de Fl. Lucius Dexter disparaît, si l'on admet avec Potthast (*Bibliotheca historica medii aevi*, 1896, II, 375) que la chronique publiée sous le nom de Dexter est apocryphe. Par suite, les noms *Fl. Lucius* ne sauraient être maintenus.

P. 572, note 4. Ajoutez : Cf. *Inscr. graecae Siciliae et Italiae*, n. 1075.

P. 572, note 7. Ajoutez : Fl. Mallius Theodorus est l'auteur d'un petit ouvrage *De metris* qui nous a été conservé (Keil, VI, 579).

P. 573, note 11. Ajoutez : *Corp. inscr. Lat.* vol. X, n. 4493 *a*.

P. 576, ligne 16. Lisez : Kircher.

P. 588, note 4, ligne 4. Lisez : πρέσβεις.

P. 601, note 4. Ajoutez : Un fragment découvert dans le Colisée (*Corp. inscr. Lat.* vol. VI, p. 857, *d* 14), FL✡AVITI✡MA*riniani*, se rapporte à ce préfet et donne également tous ses noms. HÉRON DE VILLEFOSSE.

P. 619, note 2. Ajoutez : Cf. *Corp. inscr. Lat.* vol. V, n. 6195, 6254.

# 800   ADDITIONS ET CORRECTIONS.

P. 619, note 3. Ajoutez : Il existe une série de petites tessères, en bronze, avec le nom d'Albinus. Toutes ces tessères portaient-elles, à l'origine, une inscription sur chaque face, présentant d'un côté le nom d'*Albinus* avec le mot *fecit*, et, de l'autre côté, le nom de *Basilius* avec le mot *reparavit?* Il est difficile de se prononcer sur ce point. Que ce soit par suite de dégradations, par suite de la négligence des copistes ou pour un autre motif, quelques-unes de ces tessères ne nous sont connues que par une seule inscription, celle qui contient le nom d'Albinus. C'est sous cette forme que nous est parvenue la copie d'une tessère appartenant en 1726 à Ph. Buonarotti (Gori, *Inscript. antiquae*, I, p. 213); Marini en signale une autre chez le cardinal Borgia (*Corp. inscr. Lat.* vol. X, n. 8072, 5); il en existe une troisième au Musée Kircher (P. G. Secchi, *Illustrazione di antica bilibra romana*, p. 31; *Musei Kircheriani inscriptiones ethnicae et christianae*, p. 105, n. CCXLII). Dans certaines copies on paraît avoir confondu des lignes appartenant aux faces différentes de la même tessère. C'est ainsi que les noms d'Albinus et de Basilius se trouvent réunis, sur une seule face, dans les copies publiées par Spon (*Miscellanea eruditae antiquitatis*, p. 303) et par Cl. du Molinet (*Le Cabinet de la bibliothèque Sainte-Geneviève*, p. 66, pl. 18, n. XIV).

Quatre exemplaires au moins de ces tessères, avec une inscription sur chaque face, existent encore ou sont connus par des copies correctes :

1° Celui qui appartenait, en 1734, au chanoine Piombi, de Nocera (Lupi, *Epitaphium Severae martyris illustratum*, p. 149) :

```
SALVISD         BASILI
DNNALBI   ===   VSREPA
NVSFECIT        RAVET    (sic)
```

Lupi a dû commettre une erreur. Le D de la ligne 2 doit être reporté à la fin de la ligne 1. Cet exemplaire paraît être celui qui passa à Ficoroni dont Muratori (*Novus thesaurus*, MMXII, 4) en tenait une copie avec l'indication « in Thermis Titi effossa ». Il est aujourd'hui au Musée Kircher (P. G. Secchi, *op. cit.* p. 31; *Musei Kircheriani inscr...* etc., p. 105, n. CCXLIII).

2° Celui qui a été publié par Caylus (*Rec. d'antiquités*, VI, p. 309, pl. 99, n. 4 et 5) sans indication de provenance :

# ADDITIONS ET CORRECTIONS.

C'est probablement le même que Buonarotti (*Osservazioni sopra tre dittici antichi d'avorio*, p. 255) signalait en 1716 comme se trouvant à Rome dans le Cabinet de Marco Antonio Sabbatini. (Voir plus haut, t. VII, p. 293.)

3° L'exemplaire publié par Cl. du Molinet (*Le Cabinet de la Bibliothèque Sainte-Geneviève*, p. 66, pl. 18, n. XV et XVI) :

4° L'exemplaire du Louvre, publié plus haut, p. 624, note 3.

Toutes ces tessères sont plates et rectangulaires. Sur chaque face, trois petites bandes d'argent, parallèles, ont été incrustées dans le sens de la longueur; les lettres sont gravées sur les bandes et niellées. L'exemplaire du Louvre mesure 0,023 de longueur sur 0,011 de largeur; il pèse exactement 3 gr. 07. — La tessère du Louvre portant le nom du préfet *Probianus*, publiée plus haut, p. 625, note 7, a les mêmes dimensions et pèse exactement 3 grammes. Cf. p. 624, note 3. Héron de Villefosse.

P. 629, note 1. Ajoutez : cf. Pfeilschifter, *Der Ostgotenkönig Theoderich der Grosse und die katholische Kirche*, 1896, p. 19.

P. 644, note 2. Ajoutez : cf. Gaudenzi, *Sui rapporti tra l'Italia e l'impero d'Oriente fra gli anni 476 e 554 d. C.*, p. 166 et suiv.

P. 681, ligne 18. Lisez : VULCACIUS RUFINUS.

P. 683, ligne 3. Supprimez MAEVIUS.

P. 683, ligne 12. Lisez : en présence de ce passage de la chronique d'Eusèbe. — Reportez l'inscription du Musée d'Alexandrie à la page 779. Le préfet mentionné dans cette inscription n'a de commun que le nom avec le préfet des Gaules Honoratus.

P. 698, ligne 8. Lisez : [CLAUDIUS] ANTONIUS.

P. 700, note 7. Ajoutez : Les *illustres viri praefecti praetorio Galliae atque Italiae* (378-379) sont cités dans un rescrit adressé *Aquilino vicario* (*Corp. script. eccles. Lat.*, t. XXXV, p. 57, 22).

P. 722, ligne 12. Lisez : CLAUDIUS POSTUMUS DARDANUS.

P. 751, note 5. Ajoutez : cf. Pfeilschifter, *op. cit.*, p. 133, n. 2.

P. 755, note 2. Ajoutez : Les empereurs byzantins essayèrent à diverses reprises de rétablir leur pouvoir en Gaule. En 583, Maurice Tibère conféra à Gondovald *omnem principatum Galliarum* (Greg. Tur. VIII, 2). En 587, le même empereur nomma le comte franc Syagrius patrice des Gaules (Fredeg. Scholastic. *Chron.* c. vi). Cf. M. Deloche, *Mémoires sur le monnayage en Gaule au nom de l'empereur Maurice Tibère*, extrait des *Mém. de l'Acad. des Inscr. et Belles-Lettres*, t. XXX, 2ᵉ partie.

P. 757. Avant la notice consacrée à Majorinus. Lisez :

I

Ante 1077 = 324
................US
praef. praet. Orientis (?)

[ *Reportez ici l'addition insérée plus haut, p. 784, lignes 23-24, en supprimant le n. IV.*]

Il s'agit probablement d'un préfet d'Orient. Le dernier des tétrarques qui ait porté l'agnomen *Jovius* est Licinius, définitivement vaincu au mois de septembre 323. L'inscription est nécessairement antérieure à cette date. Le préfet mentionné dans l'inscription pourrait appartenir à la période comprise entre 317 et 324, pour laquelle les renseignements font jusqu'ici défaut. Héron de Villefosse.

# INDEX CHRONOLOGIQUE
## DES PRÉFETS DU PRÉTOIRE[1].

### PREMIÈRE PARTIE.
#### PRÉFETS DU PRÉTOIRE AVANT CONSTANTIN.

### I
#### PRÉFETS DU PRÉTOIRE À DATE CERTAINE.

| | | |
|---|---|---|
| ............... | *C. Cilnius Maecenas*............... | n. I et *Add.* |
| 2 ante J.-C. ...... | Q. Ostorius Scapula............... | n. II. |
| 2 ante J.-C. ...... | P. Salvius Aper............... | n. III. |
| Circa 14 p. J.-C. .... | Valerius Ligur............... | n. IV. |
| 14 (?)-16 ........ | L. Seius Strabo............... | n. V. |
| 15-31 ........... | L. Aelius Seianus............... | n. VI. |
| 31-37 ........... | Naevius Sertorius Macro............... | n. VII. |
| Circa 40........... | M. Arrecinus Clemens............... | n. VIII et *Add.* |
| 41-44........... | Rufrius Pollio............... | n. IX. |
| 43............. | *Pompeius Rufus*............... | n. IX bis. |
| 41-43........... | Catonius Justus............... | n. X. |
| 47-51........... | Rufrius Crispinus............... | n. XI. |
| 48-51........... | Lusius Geta............... | n. XII. |
| ............... | *Valerius Capito*............... | * |
| ............... | *Licinius Gabolus*............... | * |
| 51-62........... | Sex. Afranius Burrus............... | n. XIII. |
| 62-65........... | L. Faenius Rufus............... | n. XIV. |
| 62-69........... | Ofonius Tigellinus............... | n. XV et *Add.* |
| 65-69........... | C. Nymphidius Sabinus............... | n. XVI et *Add.* |
| 69............. | Cornelius Laco............... | n. XVII. |
| 69............. | C. Plotius Firmus............... | n. XVIII. |
| 69............. | Licinius Proculus............... | n. XIX. |
| 69............. | Publilius Sabinus............... | n. XX. |
| 69............. | Julius Priscus............... | n. XXI. |
| 69............. | Alfenus Varus............... | n. XXII. |

[1] Les Préfets dont les noms sont imprimés en caractères italiques avec un numéro d'ordre sont incertains; ceux dont les noms sont imprimés en caractères italiques mais sans numéro d'ordre sont à rejeter. — L'abréviation *Add.* renvoie aux «Additions et corrections», p. 775 à 802.

## INDEX CHRONOLOGIQUE

| | | |
|---|---|---|
| 69-70 | Arrius Varus | n. XXIII. |
| 70-71 | M. Arrecinus Clemens | n. XXIV. |
| | Ti. Iulius Alexander | * |
| 71-79 | T. Flavius Vespasianus | n. XXV. |
| 86 (?)-88 | Cornelius Fuscus | n. XXVI. |
| Circa 87 | Crispinus | n. XXVII. |
| 92-(?) | L. Casperius Aelianus | n. XXVIII. |
| 96 | Norbanus | n. XXIX. |
| 96-97 | T. Petronius Secundus | n. XXX. |
| 97-98 | L. Casperius Aelianus II | n. XXXI. |
| Circa 99 | Sex. Attius Suburanus | n. XXXII et *Add.* |
| 101-(?) | Ti. Claudius Livianus | n. XXXIII. |
| | *L. Poblicius Celsus* | * |
| | *Septimius* | n. XXXIV et *Add.* |
| Circa 117 | Caelius Attianus | n. XXXV. |
| Circa 117 | Sulpicius Similis | n. XXXVI et *Add.* |
| 119(?)-135(?) | Q. Marcius Turbo Fronto Publicius Severus | n. XXXVII et *Add.* |
| Circa 119-121 | C. Septicius Clarus | n. XXXVIII. |
| | (?) | n. XXXIX. |
| 138(?) | Sex. Petronius Mamertinus | n. XL et *Add.* |
| 138(?)-158(?) | M. Gavius Maximus | n. XLI et *Add.* |
| 158 | C. Tattius Maximus | n. XLII. |
| Circa 159 | Sex. Cornelius Repentinus | n. XLIII et *Add.* |
| Circa 159-167 | *Fabius* Victorinus | n. XLIV. |
| 168-177 | M. Bassaeus Rufus | n. XLV. |
| 168-172 | M. Macrinius Vindex | n. XLVI. |
| | *T. Vitrasius Pollio* | * |
| 175 | *Flavius Calvisius* (?) | n. XLVII et *Add.* |
| 179-183 | Tarrutenius Paternus | n. XLVIII. |
| 180-185 | *Tigidius* (?) Perennis | n. XLIX et *Add.* |
| 185 | Niger | n. L. |
| 185 | Marcius Quartus | n. LI. |
| 185 | [*post Marcium Quartum*] | n. LII. |
| 187 | Aebutianus | n. LIII. |
| 187-189 | M. Aurelius Cleander | n. LIV. |
| 189 | L. Julius Vehilius Gratus Julianus | n. LV. |
| 189 | Regillus | n. LVI. |
| Circa 190 | Metilenus | n. LVII. |
| 192 | Q. Aemilius Laetus | n. LVIII. |
| 193 | T. Flavius Genialis | n. LIX et *Add.* |
| 193 | Tullius Crispinus | n. LX. |
| 193 | Veturius Macrinus | n. LXI. |

## DES PRÉFETS DU PRETOIRE.

| | | |
|---|---|---|
| 193-200 (?)...... | Flavius Juvenalis...................... | n. LXII. |
| 197-205......... | C. Fulvius Plautianus.................. | n. LXIII et *Add.* |
| (?)-200.......... | Aemilius Saturninus................... | n. LXIV et *Add.* |
| Post 197......... | Sex. Varius Marcellus, *vice praeff.*......... | n. LXIV *bis* et *Add.* |
| ............... | *Julianus*............................ | * |
| 205-212......... | Maecius Laetus....................... | n. LXV et *Add.* |
| 205-212......... | Aemilius Papinianus................... | n. LXVI. |
| ............... | *Metrodorus*.......................... | * |
| ............... | *Theocritus*........................... | * |
| 212-217......... | M. Opellius Macrinus.................. | n. LXVII. |
| 217............. | Oclatinius Adventus................... | n. LXVIII. |
| 217............. | Ulpius Julianus....................... | n. LXIX. |
| Circa 218........ | Nestor Julianus....................... | n. LXX. |
| ............... | *Basilianus*........................... | * |
| Circa 217........ | M. Aurelius Julianus................... | n. LXXI. |
| Ante 220........ | P. Valerius Eutychianus *qui et* Comazon..... | n. LXXII. |
| (?)-221.......... | Antiochianus......................... | n. LXXIII. |
| 222............. | (?).................................. | n. LXXIV. |
| Intra 218 et 222... | (?).................................. | n. LXXV. |
| 222............. | Flavianus............................ | n. LXXVI. |
| 222............. | Chrestus............................. | n. LXXVII. |
| 222-228......... | Domitius Ulpianus.................... | n. LXXVIII. |
| 228............. | Decimus............................. | n. LXXIX. |
| Circa 225........ | Julius Paulus......................... | n. LXXX. |
| ............... | *Severus*............................. | * |
| 228............. | Sosianus............................. | n. LXXXI. |
| ............... | M. Aurelius Volo (?)................... | n. LXXXII. |
| ............... | Honoratus........................... | n. LXXXII *bis* et *Add.* |
| ............... | M. Attius Cornelianus................. | n. LXXXIII. |
| 235............. | (?).................................. | n. LXXXIV. |
| Ante 238........ | M. Aedinius Julianus.................. | n. LXXXV. |
| 237............. | *Vitalianus*........................... | n. LXXXVI. |
| 238............. | Anullinus............................ | n. LXXXVII. |
| ............... | M. *Antonius Gordianus Africanus*.......... | * |
| 238............. | Pinarius Valens....................... | n. LXXXVIII. |
| ............... | *Herodotus*........................... | * |
| 239............. | Celer................................ | n. LXXXIX. |
| 240............. | Ammonius........................... | n. XC. |
| ............... | *Fabianus*............................ | * |
| 240............. | Domitius............................ | n. XCI. |
| ............... | *Claudius*............................ | * |
| Circa 240........ | Felicio............................... | n. XCII. |

## INDEX CHRONOLOGIQUE

| | | |
|---|---|---|
| 241-243......... | C. Furius Sabinius Aquila Timesitheus..... | n. XCIII et *Add.* |
| Circa 241......... | Valerius Valens, *vices agens praeff*......... | n. XCIII *bis.* |
| 243.............. | M. Julius Philippus................... | n. XCIV. |
| 244.............. | Maecius Gordianus.................... | n. XCV. |
| ............... | (?)................................ | n. XCVI. |
| Intra 254 et 260... | Ablavius [*vel* Ablabius] Muraena.......... | n. XCVII. |
| ............... | Censorinus........................... | n. XCVIII. |
| Intra 254 et 260... | Mulvius Gallicanus.................... | n. XCIX. |
| Intra 255 et 260... | *Achillinus*.......................... | n. C. |
| 258.............. | Baebius Macer....................... | n. CI. |
| 258.............. | Successianus........................ | n. CII. |
| Circa 261......... | Balista [*vel* Ballista].................. | n. CIII. |
| Intra 254 et 260... | Ragonius Clarus...................... | n. CIV. |
| Circa 261......... | L. Petronius Taurus Volusianus.......... | n. CV. |
| Circa 260......... | *Ingenuus*........................... | n. CVI et *Add.* |
| Circa 260......... | *Valentinus*.......................... | n. CVII. |
| ............... | Aureolus............................ | n. CVIII et *Add.* |
| 268.............. | Heraclianus......................... | n. CIX. |
| Ante 268......... | M. Aurelius Claudius *qui et postea* Gothicus.. | n. CX. |
| Circa 268......... | *Calpurnius*.......................... | n. CXI et *Add.* |
| Intra 270-274.... | (?)................................ | n. CXII. |
| Intra 269-273.... | Julius Placidianus..................... | n. CXIII et *Add.* |
| 275.............. | Maesius Gallicanus.................... | n. CXIV. |
| 276.............. | M. Annius Florianus................... | n. CXV. |
| 276.............. | Capito.............................. | n. CXVI. |
| 282.............. | M. Aurelius Carus..................... | n. CXVII. |
| ............... | *Praesidorus*......................... | * |
| 283.............. | Matronianus......................... | n. CXVIII. |
| 284.............. | Aper................................ | n. CXIX et *Add.* |
| 284-(?).......... | M. Aurelius Aristobulus................ | n. CXX et *Add.* |
| 285 (?).......... | *Plautianus*.......................... | n. CXXI. |
| Ante 288......... | Bassus.............................. | n. CXXI *bis* et *Add.* |
| Circa 293......... | *Pompeianus*......................... | n. CXXII. |
| ............... | Verconius Herennianus................. | n. CXXIII. |
| 303.............. | (?)................................ | n. CXXIV. |
| 286-288......... | C. Geionius Rufius Varus [*errore* Rictiovarus]. | n. CXXV et *Add.* |
| 288-290 (?)...... | *Julianus*............................ | n. CXXVI. |
| Circa 288......... | Flavius Constantius Chlorus............. | n. CXXVI *bis* et *Add.* |
| Circa 290......... | *Asterius*............................ | n. CXXVII et *Add.* |
| Circa 290......... | *Eutychius*........................... | n. CXXVIII et *Add.* |
| 294 (?).......... | *Tryphonianus*........................ | n. CXXIX. |
| 295.............. | Septimius Valentio, *agens vices praeff*..... | n. CXXIX *bis.* |

## DES PRÉFETS DU PRÉTOIRE.

| | | |
|---|---|---|
| 298............ | Aurelianus Auriculanus [vel Agricolanus], *agens vices praeff*.................. | n. CXXIX *ter*. |
| 301............ | Eugenius Hermogenianus.............. | n. CXXX. |
| Circa 300........ | Asclepiodotus..................... | n. CXXXI et *Add*. |
| 303............ | Asclepiades...................... | n. CXXXII et *Add*. |
| 305............ | Flaccinus........................ | n. CXXXIII. |
| Circa 306........ | Anullinus........................ | n. CXXXIV. |
| Circa 308........ | L. Domitius Alexander, *agens vicem praeff*.. | n. CXXXIV *bis*. |
| 311............ | C. Caeionius Rufius Volusianus.......... | n. CXXXV. |
| 312............ | Ruricius Pompeianus................ | n. CXXXVI. |
| Circa 311........ | Peucedius....................... | n. CXXXVII. |
| 311............ | Sabinus......................... | n. CXXXVIII. |
| ............ | *Theotecnus* ..................... | n. CXXXIX et *Add*. |

## II

### PRÉFETS DU PRÉTOIRE À DATE INCERTAINE.

| | | |
|---|---|---|
| ............ | Q. Herennius Potens................ | n. I. |
| ............ | C. Attius Alcimus Felicianus, *vice praeff*... | n. II et *Add*. |
| ............ | (?).......................... | n. III. |

# DEUXIÈME PARTIE.
## PRÉFETS DU PRÉTOIRE DEPUIS CONSTANTIN.

### I
### PRÉFETS DU PRÉTOIRE D'ORIENT.

| | | |
|---|---|---|
| 315............ | *Evagrius*........................ | n. I. |
| Intra 315 et 316... | Petronius Annianus ................ | n. II et *Add*. |
| 317............ | *Leontius* ....................... | n. III. |
| 324-327........ | Fl. Constantius ................... | n. IV. |
| 325-326........ | Dracilianus, *agens vices praeff*.......... | n. IV *bis*. |
| 326-328........ | Valerius Maximus Basilius............. | n. V. |
| 326-331........ | *Evagrius*........................ | n. VI. |
| 326-337........ | Ablabius ....................... | n. VII. |
| ............ | *Secundus*....................... | * |
| 338............ | Fl. Domitius Leontius............... | n. VIII et *Add*. |
| 338-340........ | Septimius Acindynus ............... | n. IX. |
| 340(?)-344...... | Fl. Domitius Leontius II............. | n. X. |

# INDEX CHRONOLOGIQUE

|  |  |  |
|---|---|---|
| .............. | *Severus* .................................... | * |
| 346-351 ........ | Fl. Philippus ............................ | n. XI. |
| 351-353 ........ | Thalassius ................................ | n. XII. |
| 353 ............ | Domitianus ............................... | n. XIII. |
| 354-358 ........ | Strategius *qui et* Musonianus ............ | n. XIV et *Add.* |
| 358-359 ........ | Hermogenes ............................... | n. XV. |
| 359-361 ........ | Helpidius ................................. | n. XVI. |
| .............. | *Germanianus* .............................. | * |
| 361-365 ........ | Sallustius Saturninius Secundus .......... | n. XVII. |
| 365 ............ | Nebridius ................................. | n. XVIII. |
| 365-366 ........ | Araxius ................................... | n. XIX. |
| 365-367 ........ | Sallustius Saturninius Secundus II ....... | n. XX. |
| .............. | *Julianus* ................................. | * |
| 367-369 ........ | Auxonius .................................. | n. XXI. |
| 370-378 ........ | Fl. Domitius Modestus .................... | n. XXII. |
| 378 ............ | Marianus .................................. | n. XXIII. |
| 378-379 ........ | Q. Clodius Hermogenianus Olybrius ........ | n. XXIV. |
| 380-381 ........ | Neoterius ................................. | n. XXV et *Add.* |
| 381-383 ........ | Florus .................................... | n. XXVI. |
| .............. | *Pancratius* ............................... | * |
| 383 ............ | Rufius (?) Postumianus .................... | n. XXVII. |
| .............. | *Antiochus Chuzon* ......................... | * |
| 384-388 ........ | Maternus Cynegius ......................... | n. XXVIII. |
| 386 ............ | *Fl. (?) Clearchus* ........................ | n. XXIX. |
| 389 ............ | Epinecius ................................. | n. XXX. |
| .............. | *Theophilus* ............................... | * |
| 389-392 ........ | Fl. Eutolmius Tatianus .................... | n. XXXI. |
| 392-395 ........ | Fl. Rufinus ............................... | n. XXXII. |
| 395-397 ........ | Fl. Caesarius ............................. | n. XXXIII. |
| 395-397 ........ | Fl. Eutychianus ........................... | n. XXXIV. |
| 399-400 ........ | Aurelianus ................................ | n. XXXV. |
| 399-400 ........ | *Fl. Eutychianus* ......................... | n. XXXVI. |
| .............. | *Asterius* ................................. | * |
| 400-402 ........ | Fl. Caesarius II .......................... | n. XXXVII. |
| 400-402 ........ | *Fl. Eutychianus* ......................... | n. XXXVIII. |
| .............. | *Remigius* ................................. | * |
| 402 (?)-404 .... | Aurelianus II ............................. | n. XXXIX et *Add.* |
| 402-404 ........ | Fl. Eutychianus ........................... | n. XL. |
| 404-405 ........ | Anthemius ................................. | n. XLI. |
| 404-405 ........ | Fl. Eutychianus ........................... | n. XLII. |
| 405-412 ........ | Anthemius ................................. | n. XLIII. |
| 405-412 ........ | *Aurelianus* .............................. | n. XLIV. |

## DES PRÉFETS DU PRÉTOIRE.

|  |  |  |
|---|---|---|
| .............. | *Nicaenus*.................... | * |
| 412-414....... | Anthemius.................... | n. XLV. |
| 412-414....... | Monaxius..................... | n. XLVI. |
| 414-416....... | Anthemius.................... | n. XLVII. |
| 414-416....... | Aurelianus II................. | n. XLVIII. |
| 416........... | Aurelianus II................. | n. XLIX. |
| 416........... | Monaxius II................... | n. L. |
| 417-420....... | Monaxius II................... | n. LI et *Add*. |
| .............. | *Maximus*..................... | * |
| 420-422....... | Eustathius.................... | n. LII. |
| .............. | *Anatolius*................... | * |
| .............. | *Fl. Boethus Theodulus*....... | * |
| 423-425....... | Asclepiodotus................. | n. LIII. |
| 425........... | Aetius........................ | n. LIV. |
| 425-428....... | Hierius....................... | n. LV. |
| 428-429....... | Florentius.................... | n. LVI. |
| 430-431....... | Fl. Antiochus Chuzon.......... | n. LVII. |
| 432........... | Hierius II.................... | n. LVIII. |
| 433-434....... | Taurus........................ | n. LIX. |
| 435-436....... | Fl. Anthemius Isidorus........ | n. LX. |
| 436-437....... | Darius........................ | n. LXI. |
| 438-439....... | Florentius II................. | n. LXII. |
| 439-442....... | Fl. Cyrus..................... | n. LXIII et *Add*. |
| .............. | *Antiochus, Antiochi f., Chuzon*. | * |
| .............. | *Rufinus*..................... | * |
| 442........... | Thomas........................ | n. LXIV. |
| 442-444....... | Apollonius.................... | n. LXV. |
| 444........... | Zoilus........................ | n. LXVI. |
| 444........... | Hermocrates................... | n. LXVII. |
| 445........... | Florentius III................ | n. LXVIII. |
| 445........... | Taurus II (?)................. | n. LXIX. |
| 447........... | Fl. Constantinus.............. | n. LXX. |
| 448........... | Hormisdas..................... | n. LXXI. |
| 448........... | Antiochus..................... | n. LXXII. |
| 448........... | Eutrechius.................... | n. LXXIII. |
| 448-449....... | Fl. Protogenes................ | n. LXXIV. |
| .............. | *Tatianus*.................... | * |
| Ante 451...... | *Tryphon*..................... | n. LXXV. |
| Ante 451...... | *Parnasius*................... | n. LXXVI. |
| Ante 451...... | *Anatolius*................... | n. LXXVII. |
| Ante 451...... | *Augustus*.................... | n. LXXVIII. |
| Intra 425-450.. | Eutychianus................... | n. LXXIX. |

| | | |
|---|---|---|
| 449-450 | Hormisdas II (?) | n. LXXX. |
| 450-455 | Palladius | n. LXXXI. |
| ............ | *Sporacius* | * |
| 456-459 | Fl. Constantinus II | n. LXXXII. |
| 459-460 | Vivianus | n. LXXXIII. |
| ............ | *Julianus* | * |
| Intra 460 et 464 | Fl. Constantinus III | n. LXXXIV. |
| 465-467 | Pusaeus | n. LXXXV. |
| 468 | Nicostratus | n. LXXXVI. |
| 469-470 | Armasius | n. LXXXVII. |
| 471 | Constantinus | n. LXXXVIII. |
| 471-472 | Erythrius | n. LXXXIX. |
| 472-475(?) | Fl. Aelianus Dorotheus (?) Dioscurus | n. XC et *Add*. |
| 475 | *Epinicus* | n. XCI. |
| Circa 476 | Erythrius II | n. XCII. |
| 477-480 | Sebastianus | n. XCIII. |
| 480 | Aelianus | n. XCIV. |
| Circa 481 | Dionysius | n. XCIV *bis* et *Add*. |
| 484 | Sebastianus II | n. XCV. |
| ............ | *Caecina Mavortius Basilius Decius* | * |
| 486 | Arcadius | n. XCVI. |
| 486 | Basilius | n. XCVII. |
| 487 | *Lilianus (?) [vel Aelianus II]* | n. XCVIII. |
| ............ | *Chryseros* | * |
| ............ | *Constantinus* | * |
| ............ | *Heliodorus* | * |
| ............ | *Adamantius* | * |
| 491 | Matronianus | n. XCIX. |
| Intra 491 et 518 | Arcadius | n. C et *Add*. |
| ............ | *Leo* | * |
| Intra 491 et 518 | Leontius | n. CI. |
| ............ | *Asclepiodotus* | * |
| (?)-496 | Hierius | n. CII. |
| 496 | Anthemius | n. CIII. |
| 496 | *Euphemius* | n. CIII *bis*. |
| Intra 491 et 518 | *Armenius* | n. CIII *ter*. |
| 497 | Theodorus | n. CIV. |
| 498 | Polycarpus | n. CV. |
| Intra 499 et 502 | Marinus | n. CVI. |
| 502-505 | Aspar Alypius Constantinus | n. CVII. |
| 505-506 | Eustathius | n. CVIII. |
| ............ | *Erythrius* | * |

## DES PRÉFETS DU PRÉTOIRE. 811

|  |  |  |
|---|---|---|
| .............. | *Suus*.................... | * |
| Intra 506 et 510... | Appio..................... | n. CIX. |
| 512............ | Zoticus................... | n. CX. |
| 517............ | Sergius................... | n. CXI. |
| .............. | *Adamantius*................ | * |
| Ante 522........ | Asclepiodotus.............. | n. CXII. |
| Ante 527........ | Basilides.................. | n. CXIII. |
| Intra 491 et 518... | Illus..................... | n. CXIV. |
| .............. | Parnasius.................. | n. CXV. |
| 518-519........ | Appio..................... | n. CXVI. |
| 519............ | Marinus II................. | n. CXVII. |
| 521-523 (?)...... | Fl. Theodorus Petrus Demosthenes......... | n. CXVIII. |
| .............. | *Fl. Theodorus Philoxenus Sotericus*........... | * |
| 524-525........ | Archelaus.................. | n. CXIX. |
| .............. | *Fl. Theodorus Philoxenus Sotericus*........... | * |
| Circa 527........ | *Eulogius*................... | n. CXX. |
| 528............ | Menas..................... | n. CXXI et *Add*. |
| 528............ | Atarbius................... | n. CXXII. |
| 528-529........ | Menas II................... | n. CXXIII. |
| 529-530........ | Fl. Theodorus Petrus Demosthenes II...... | n. CXXIV. |
| 530-531........ | Julianus................... | n. CXXV. |
| 531............ | Fl. Johannes Cappadox....... | n. CXXVI. |
| 532............ | Phocas Craterus............ | n. CXXVII. |
| 533............ | Bassus.................... | n. CXXVIII. |
| 534-541........ | Fl. Johannes Cappadox *qui et* Orientalis II..... | n. CXXIX. |
| .............. | *Dominicus*................ | * |
| 541............ | Bassus, *agens vices praef*............ | n. CXXIX *bis*. |
| 541-542........ | Theodotus................. | n. CXXX. |
| 543-545........ | Petrus Barsyames........... | n. CXXXI. |
| Post 543........ | Gabriel................... | n. CXXXII. |
| Circa 545........ | Eugenius.................. | n. CXXXIII. |
| 548............ | Bassus.................... | n. CXXXIV. |
| .............. | *Fl. Cyrus*................. | * |
| 551............ | Addaeus................... | n. CXXXV. |
| 552............ | Hephaestus................ | n. CXXXVI. |
| 553............ | Areobindus................ | n. CXXXVII. |
| 555-559........ | Petrus Barsyames II......... | n. CXXXVIII. |
| 563............ | Areobindus................ | n. CXXXIX. |
| 566............ | *Julianus*.................. | n. CXL. |
| Intra 565 et 569... | *Theodorus*................ | n. CXLI. |
| 572............ | Diomedes.................. | n. CXLII et *Add*. |
| 575............ | (?)....................... | n. CXLII *bis* et *Add*. |

# INDEX CHRONOLOGIQUE

| | | |
|---|---|---|
| Circa 593........ | Georgius................................ | n. CXLIII et *Add.* |
| 602............. | Constantinus *qui et* Lardys................. | n. CXLIV et *Add.* |
| 605............ | Theodorus............................... | n. CXLV. |
| 615............ | Olympius................................ | n. CXLVI. |
| 626............ | Alexander............................... | n. CXLVII. |

## II
### PRÉFETS DU PRÉTOIRE D'ILLYRIE.

| | | |
|---|---|---|
| 318(?)-320(?).... | Rufinus................................. | n. I. |
| ................ | *Valerius Catullinus*...................... | * |
| 346-349......... | Anatolius *qui et* Adjutrio................. | n. II. |
| 349-352......... | Vulcacius Rufinus........................ | n. III et *Add.* |
| 356(?)-360...... | Anatolius *qui et* Adjutrio II............... | n. IV. |
| 361............. | Fl. Florentius........................... | n. V. |
| 361-365......... | Claudius Mamertinus..................... | n. VI. |
| 365-368......... | Vulcacius Rufinus II..................... | n. VII et *Add.* |
| 368-375......... | Sex. Petronius Probus.................... | n. VIII. |
| ................ | *Leontius*............................... | * |
| 376............. | Q. Clodius Hermogenianus Olybrius......... | n. IX. |
| ................ | *Julius Ausonius*......................... | * |
| ................ | *Valerius Latinus Euromius*................ | |
| 380-381......... | Eutropius............................... | n. X et *Add.* |
| Intra 378 et 383... | Vettius Agorius Praetextatus............... | n. XI. |
| 382-383......... | Virius Nicomachus Flavianus............... | n. XII. |
| 384............. | Sex. Petronius Probus II................... | n. XIII. |
| 384............. | Nonius Atticus Maximus................... | n. XIV. |
| 385............. | Eutropius II............................. | n. XV. |
| 386-387......... | Eusignius............................... | n. XVI. |
| 388............. | *Trifolius*............................... | n. XVII. |
| 389............. | Florus.................................. | n. XVIII. |
| 389-390......... | Polemius............................... | n. XIX. |
| 390............. | Neoterius............................... | n. XX. |
| 390-394......... | Virius Nicomachus Flavianus II............. | n. XXI. |
| 392-393......... | Apodemius.............................. | n. XXII. |
| 397-399......... | Anatolius............................... | n. XXIII. |
| ................ | *Jovius*................................. | * |
| Intra 395 et 401... | Clearchus............................... | n. XXIV. |
| 408-412......... | Herculius............................... | n. XXV. |
| 412-413......... | Leontius................................ | n. XXVI. |
| 415............. | Strategius.............................. | n. XXVII. |
| 418(?)-421...... | Philippus............................... | n. XXVIII. |

## DES PRÉFETS DU PRÉTOIRE.

| | | |
|---|---|---|
| 421............ | Gesius................ | n. XXIX. |
| 422............ | Nestorius............. | n. XXX. |
| ............ | *Venantius*........... | * |
| 424-426........ | Fl. Anthemius Isidorus... | n. XXXI. |
| Intra 424 et 425... | (?)..., *agens vices praeff*. | n. XXXI *bis*. |
| 427(?).......... | *Eudoxius*............ | n. XXXII. |
| 435............ | Fl. Simplicius Reginus.... | n. XXXIII. |
| 436............ | Eubulus.............. | n. XXXIV. |
| 437............ | Anicius Acilius Glabrio Faustus. | n. XXXV. |
| 438(?)-439...... | Thalassius............ | n. XXXVI. |
| ............ | *Cyrus*.............. | * |
| Circa 442........ | Apraeemius........... | n. XXXVII. |
| ............ | *Apollonius*.......... | * |
| ............ | *Albinus*............ | * |
| 444............ | Theodorus............ | n. XXXVIII. |
| Ante 451........ | Eulogius............. | n. XXXIX. |
| 452............ | *Julius*.............. | n. XL. |
| 452............ | Valentinianus......... | n. XLI. |
| 463............ | Eusebius............. | n. XLII. |
| 468-469........ | Callicrates........... | n. XLIII. |
| 473 vel 474...... | *Protadius*........... | n. XLIV. |
| ............ | Onoulphus........... | n. XLV. |
| 474............ | Paulus.............. | n. XLVI. |
| 479............ | Johannes............ | n. XLVI *bis* et *Add*. |
| Intra 474-500..... | *Heliodorus*.......... | n. XLVII. |
| 500............ | Thomas.............. | n. XLVIII. |
| 517............ | Johannes............ | n. XLIX. |
| Intra 491 et 518... | Spartiatius........... | n. L. |
| Ante 533........ | Archelaus............ | n. LI. |
| 519............ | (?)................. | n. LII. |
| 528(?)-529...... | Basilides............ | n. LIII. |
| 535-540........ | Dominicus........... | n. LIV et *Add*. |
| 541............ | Elias............... | n. LV. |
| 556............ | (?)................. | n. LVI. |
| 566............ | (?)................. | n. LVI *bis* et *Add*. |
| 578............ | Johannes............ | n. LVI *ter* et *Add*. |
| 591-592........ | Jobinus............. | n. LVII. |

## III

### PRÉFETS DU PRÉTOIRE D'ITALIE.

| | | |
|---|---|---|
| 314 | Nicasius | n. I. |
| 314 | Dionysius, *vice praeff. agens* | n. I *bis*. |
| 315 | Fl. Constantius | n. II. |
| 316 | Maximus | n. III. |
| | Petronius Probianus | * |
| 320-321 | Septimius (?) Bassus | n. IV. |
| 321 | C. Caeionius Rufius Volusianus | n. V. |
| 321-322 | Menander | n. VI et *Add*. |
| 321 | Helpidius, *agens vicem praeff.* | n. VI *bis*. |
| 322-324 | Severus | n. VII. |
| | Florianus | * |
| | Januarinus | * |
| 323 | Florentius | n. VIII. |
| 325 | Silvius, *vices praeff. agens* | n. VIII *bis*. |
| 326 | Bassus | n. IX. |
| 328 | Aemilianus | n. X. |
| 330-331 | Bassus | n. XI. |
| 332-335 | Papinius Pacatianus | n. XII. |
| 333-335 | Felix | n. XIII. |
| Ante 337 | L. Aradius Valerius Proculus *qui et* Populonius, *perfunctus officio praeff. praet.* | n. XIII *bis*. |
| 336-337 | Gregorius | n. XIV. |
| Intra 323-338 | C. Caelius Saturninus *qui et* Dogmatius | n. XV. |
| 338-339 | Aurelius Celsinus | n. XVI. |
| 339 | Maecilius Hilarianus | n. XVII et *Add*. |
| 340-341 | Antonius Marcellinus | n. XVIII. |
| 341 | Fabius (?) Aco Catullinus Philomatius | n. XIX. |
| 344 | M. Maecius Memmius Furius Baburius Caecilianus Placidus | n. XX. |
| 347-349 | Ulpius Limenius | n. XXI. |
| | Eustathius | * |
| 349-350 | Hermogenes | n. XXII. |
| | Clearchus | * |
| 350 | Anicetus | n. XXIII. |
| Ante 354 | Vulcacius Rufinus | n. XXIV et *Add*. |
| 355 | C. Caeionius Rufius Volusianus *qui et* Lampadius | n. XXV et *Add*. |
| 355 | Lampadius | n. XXV *bis*. |

## DES PRÉFETS DU PRÉTOIRE

| | | |
|---|---|---|
| 355 | Q. Flavius Maesius Egnatius Lollianus *qui et* Mavortius | n. XXVI. |
| 355-361 | Fl. Palladius Rutilius Taurus Aemilianus | n. XXVII et *Add*. |
| Intra 350 et 361 | Fl. Eugenius | n. XXVIII. |
| | *Gratianus* | * |
| 361-365 | Claudius Mamertinus | n. XXIX. |
| 362 | Claudius Avitianus, *agens pro praeff* | n. XXIX *bis*. |
| | *Eugramminus* | * |
| 365-368 | Vulcacius Rufinus II | n. XXX et *Add*. |
| | *Oricus* | * |
| 366 | Antonius Dracontius, *agens vices praeff* | n. XXX *bis*. |
| 368-375 | Sex. Petronius Probus | n. XXXI et *Add*. |
| | *Claudius* | * |
| | *P. Ampelius* | * |
| | *Claudius Antonius* | * |
| 377-378 | Decimius Hilarianus Hesperius | n. XXXII et *Add*. |
| 378-379 | Decimius Magnus Ausonius Aeonius | n. XXXIII. |
| 379-380 | Decimius Hilarianus Hesperius II | n. XXXIV. |
| | *L. Aurelius Avianius Symmachus* qui et *Phosphorius* | * |
| 380-382 | Fl. Afranius Syagrius | n. XXXV. |
| Intra 379 et 383 | Valerius Anthidius, *agens vices praeff* | n. XXXV *bis*. |
| 382-383 | T. Flavius Hypatius | n. XXXVI. |
| 383 | Virius Nicomachus Flavianus | n. XXXVII. |
| 383-384 | Sex. Petronius Probus II | n. XXXVIII. |
| 384 | Nonius Atticus Maximus | n. XXXIX. |
| 384 | Vettius Agorius Praetextatus | n. XL. |
| Intra 379 et 384 | Aryntheus | n. XLI. |
| | *Pelagius* | * |
| 385-386 | Principius | n. XLII. |
| 385 | Neoterius | n. XLIII. |
| 385-387 | Eusignius | n. XLIV. |
| 387 | Sex. Petronius Probus III | n. XLV. |
| | *Anthemius* | * |
| 388-389 | Trifolius | n. XLVI. |
| 389-390 | Polemius | n. XLVII. |
| | *Ceionius Rufius Albinus* | * |
| 390-394 | Virius Nicomachus Flavianus II | n. XLVIII. |
| 392-393 | Apodemius | n. XLIX. |
| 394 | Fabius Pasiphilus, *agens vicem praeff* | n. XLIX *bis* et *Add*. |
| 394(?)-395 | Dexter | n. L et *Add*. |
| 395-396 | Eusebius | n. LI. |

| | | |
|---|---|---|
| 396............ | *Hilarius*............................ | n. LII. |
| 397-399........ | Fl. Mallius Theodorus................. | n. LIII et *Add.* |
| ............... | *Florus*............................ | * |
| Intra 395 et 402... | Umbonius Juvas, *agens pro praeff*........ | n. LIII *bis*. |
| 399-400........ | Rufius Valerius Messala............... | n. LIV. |
| 400-405........ | Rufius Synesius Hadirianus............ | n. LV. |
| 406-408........ | Fl. Macrobius Longinianus............. | n. LVI. |
| 407-408........ | Curtius............................ | n. LVII. |
| 407............ | Senator............................ | n. LVIII. |
| 408............ | Theodorus II....................... | n. LIX. |
| ............... | *Flavianus*......................... | * |
| ............... | *Lampadius*........................ | * |
| 409............ | Lampadius......................... | n. LX. |
| 409............ | Caecilianus......................... | n. LXI. |
| 408-409........ | Jovius............................. | n. LXII. |
| 409 (?)........ | Liberius............................ | n. LXIII. |
| ............... | *Fl. Junius Quartus Palladius*........... | * |
| 410............ | Faustinus.......................... | n. LXIV. |
| 412-413........ | Johannes........................... | n. LXV. |
| ............... | *Felix*............................. | * |
| 412-415........ | Seleucus........................... | n. LXVI. |
| 413............ | Faustinus II........................ | n. LXVII. |
| 413-416........ | Rufius Synesius Hadirianus II.......... | n. LXVIII. |
| 415-421........ | Fl. Junius Quartus Palladius........... | n. LXIX. |
| ............... | *Maximus*.......................... | * |
| 422............ | Johannes........................... | n. LXX. |
| 422............ | Fl. Avitus Marinianus................ | n. LXXI et *Add.* |
| 423............ | Proculus........................... | n. LXXII. |
| ............... | *Severinus*......................... | * |
| 426............ | Fl. Anicius Auchenius Bassus.......... | n. LXXIII. |
| 428-429........ | Rufius Antonius Agrypnius Volusianus.... | n. LXXIV. |
| ............... | *Maximus*.......................... | * |
| 430............ | Theodosius......................... | n. LXXV. |
| ............... | *Postumianus*....................... | * |
| 431-432........ | Nicomachus Flavianus................ | n. LXXVI. |
| 435............ | Fl. Bassus......................... | n. LXXVII. |
| 437-438........ | Anicius Acilius Glabrio Faustus........ | n. LXXVIII. |
| 439-441........ | Petronius Maximus II................ | n. LXXIX. |
| 442............ | Anicius Acilius Glabrio Faustus II...... | n. LXXX. |
| 442............ | Paterius........................... | n. LXXXI. |
| ............... | *Probus*............................ | * |
| 443............ | Quadratianus....................... | n. LXXXII. |

## DES PRÉFETS DU PRÉTOIRE.

| | | |
|---|---|---|
| 443-445 | Caecina Decius Acinatius Albinus | n. LXXXIII et *Add.* |
| 445 | *Petronius Maximus III* (?) | n. LXXXIV. |
| 446-448 | Caecina Decius Acinatius Albinus II | n. LXXXV. |
| 449-452 | Firminus | n. LXXXVI. |
| 452 | *Trygetius* | n. LXXXVII. |
| 454 | Sporacius | n. LXXXVIII. |
| 454 | Boethius | n. LXXXIX. |
| 458 | Fl. Caecina Decius Basilius | n. XC. |
| 458 | *Aemilianus* | * |
| Circa 461 | Caelius Aconius Probianus | n. XCI. |
| 463-465 | Fl. Caecina Decius Basilius II | n. XCII. |
| 468 | Lupercianus | n. XCIII. |
| 473 | Felix Himelco | n. XCIV. |
| Circa 477 | Pelagius | n. XCV. |
| 483 | Basilius | n. XCVI. |
| Ante 487 (?) | Fl. Nar(ses?) Manlius Boethius | n. XCVII. |
| 493 (?)-500 | Petrus Marcellinus Felix Liberius | n. XCVIII. |
| 500 | Theodorus | n. XCIX. |
| Ante 511 | Caecina Mavortius Basilius Decius | n. C. |
| Intra 500 et 507 | Aurelius Cassiodorus | n. CI. |
| 507-511 | Faustus | n. CII. |
| Ante 521 | Rufius (?) Opilio | n. CIII. |
| 525-527 | Abundantius | n. CIV. |
| 527-528 | Avienus | n. CV. |
| 533-538 | Fl. Magnus Aurelius Cassiodorus Senator | n. CVI. |
| 536 | Fidelis | n. CVII. |
| Circa 538 | Reparatus | n. CVIII. |
| 540 | Athanasius | n. CIX. |
| 542 | Maximinus | n. CX. |
| 552-554 | Antiochus | n. CXI. |
| 567-572 | Longinus | n. CXII. |
| Ante 591 | *Maurilio* | n. CXIII. |
| 591 | Georgius | n. CXIV. |
| 593 | (?) | n. CXV. |
| 595 | Gregorius | n. CXVI. |
| Ante 600 | Johannes | n. CXVII. |
| 600 | Johannes | n. CXVIII. |
| Ante 642 | *Theodorus* qui et *Calliopas* | n. CXIX. |
| Ante 682 | *Fl. Parsinus* | n. CXX. |

## IV
### PRÉFETS DU PRÉTOIRE D'AFRIQUE.

| | | |
|---|---|---|
| 534 | Archelaus | n. I. |
| 534-536 | Solomon | n. II. |
| 536-539 | Germanus | n. III. |
| 539-543 | Solomon II | n. IV. |
| 543(?)-545 | Sergius | n. V. |
| 546 | Athanasius | n. VI. |
| 552 | Paulus | n. VII. |
| Intra 555 et 560 | Boetius | n. VIII. |
| 558 | Johannes | n. IX. |
| 562 | Johannes qui et *Rogathinus* | n. X. |
| Intra 565 et 578 | *Lucius Map*...(?) | n. XI. |
| Intra 565 et 570 | Thomas | n. XII. |
| 570 | Theodorus | n. XIII. |
| Intra 574 et 582 | Thomas II | n. XIV. |
| 582 | Theodorus | n. XV. |
| Intra 590 et 600 | Johannes | n. XVI. |
| 594 | Pantaleon | n. XVII. |
| 600 | Innocentius | n. XVIII. |
| 627 | Gregorius | n. XIX. |
| 641 | Georgius | n. XX. |

## V
### PRÉFETS DU PRÉTOIRE DES GAULES.

| | | |
|---|---|---|
| 316 | Julius Julianus | n. I et *Add.* |
| | *Fl. Philippus* | * |
| Intra 317-326 (?) | Septimius Acindynus, *agens vicem praeff.* | n. I *bis.* |
| 332-333 | Maximus | n. II. |
| Intra 306 et 337 | Q. Aeclanius Hermias, *agens vices praeff.* | n. II *bis.* |
| 337 | Tiberianus | n. III. |
| Circa 340 | Ambrosius | n. IV. |
| 341-349 | Fabius Titianus | n. V. |
| | *Eustathius* | * |
| 353-354 | *Evagrius* | n. VI. |
| 354-356 | Vulcacius Rufinus | n. VII et *Add.* |
| Intra 356-357 | Honoratus | n. VIII et *Add.* |
| | *Constantius* | * |

## DES PRÉFETS DU PRÉTOIRE.

| | | |
|---|---|---|
| 357-359 | Fl. Florentius | n. IX. |
| 360-361 | Nebridius | n. X. |
| 361-363 | Fl. Sallustius | n. XI. |
| 364 | Menander | n. XII. |
| 364-366 | Germanianus | n. XIII. |
| | *Sex. Petronius Probus* | * |
| 367 | Florentius | n. XIV. |
| 368-371 | Rufius Viventius Gallus | n. XV. |
| Ante 377 | Auspicius | n. XVI. |
| 372-376 | Maximinus | n. XVII. |
| 376-378 | Claudius Antonius | n. XVIII et *Add.* |
| 378-379 | Decimius Magnus Ausonius Aeonius | n. XIX. |
| 379 | Decimius Hilarianus Hesperius | n. XX. |
| 379 | Siburius | n. XXI. |
| 380 | Sex. Petronius Probus | n. XXII. |
| | *Fl. Afranius Syagrius* | * |
| 383 | Proculus Gregorius | n. XXIII. |
| 383-385 | (?) | n. XXIV. |
| | *Avitianus* | * |
| | *Licinius* | * |
| 385-386 | Fl. Evodius | n. XXV. |
| 389 | Constantianus | n. XXVI. |
| 390 | Florus | n. XXVII. |
| 395 | Fl. Mallius Theodorus | n. XXVIII. |
| 396 | *Hilarius* | n. XXIX. |
| 397-400 | Fl. Vincentius | n. XXX. |
| 398 | Rufius Postumius Felix | n. XXXI. |
| 400 | Fl. Pisidius Romulus | n. XXXII. |
| 401 | Andromachus | n. XXXIII. |
| 404 | Romulianus | n. XXXIV. |
| Intra 402 et 408 | Petronius | n. XXXV. |
| 408 | Limenius | n. XXXVI. |
| Intra 407 et 413 | Apollinaris, avus Sidonii | n. XXXVII. |
| 411 | Decimus Rusticus | n. XXXVIII. |
| 409-413 | Claudius Postumus Dardanus | n. XXXIX. |
| 412 | *Melitius* | n. XL. |
| | *Julius* | * |
| 418 | Agricola | n. XLI. |
| 423 | Venantius | n. XLII. |
| 424 | Exuperantius | n. XLIII. |
| 425 | Amatius | n. XLIV. |
| | *Virus* | * |

431/2-435....... Auxiliaris........................ n. XLV.
439............ Eparchius Avitus................. n. XLVI.
440............ Caecina Decius Acinatius Albinus............ n. XLVII.
444-445........ Marcellus...................... n. XLVIII.
448-449........ (?)..., Apollinaris filius, Apollinaris Sidonii pater. n. XLIX.
453............ Tonantius Ferreolus.................. n. L.
Post 440........ (?)..., Agricolae filius, Araneolae pater........ n. LI.
455-456........ Priscus Valerianus.................. n. LII.
456-457........ Paeonius....................... n. LIII.
458............ Magnus........................ n. LIV.
Ante 465........ (?)..., Auxanii pater................ n. LV.
465-469........ Arvandus...................... n. LVI.
Circa 470....... Eutropius...................... n. LVII.
............... *Seronatus*..................... *
473............ *Aurelianus*..................... n. LVIII.
Intra 474 et 475(?). Magnus Felix.................... n. LIX.
475-477(?)..... Polemius....................... n. LX.
508............ (?).......................... n. LXI.
Ante 521-533.... Petrus Marcellinus Felix Liberius............ n. LXII.
Intra 536-540.... *Martias*...................... n. LXIII.

### PRÉFETS DU PRÉTOIRE À DATE INCERTAINE.

Ante 324......... (?).....us, P. P. Orientis................ n. I et *Add.*
Ante 517......... Majorinus, P. P. Orientis.............. n. I *bis*.
Intra 527 et 565.... (?)..... P. P. Orientis.................. n. II.
............... (?)..... P. P. Illyrici..................... n. III.
............... Fl. Gorgonius, P. P. Italiae............... n. IV.
............... Fl. Julius Catervius, P. P. Italiae............ n. V.
............... (?)..... P. P. Galliarum................. n. VI.
............... *Pontius Paulinus*.................... *

### PRÉFETS DU PRÉTOIRE DE RÉGION INDÉTERMINÉE.

............... (?)........................... n. I.
............... (?)...., *agens vices praeff. praet*............. n. II.
............... (?)...., *agens vices praeff. praet*............. n. III.
............... (?)...., *agens vices praeff. praet*............. n. IV.
341............ L. Crepereius Madalianus............... n. V.
............... (?)........................... n. VI.
396............ Hilarius....................... n. VII.
Circa 397........ Protadius...................... n. VIII.

## DES PRÉFETS DU PRÉTOIRE.

| | | |
|---|---|---|
| Intra 396 et 408... | Theodorus................................ | n. IX. |
| 412............ | Melitius.................................. | n. X. |
| 425............ | Aetius................................... | n. XI. |
| 427............ | Antiochus................................ | n. XII. |
| 427 vel 447...... | Eudoxius................................. | n. XIII. |
| Circa 435........ | Petronius Maximus........................ | n. XIV. |
| Intra 425 et 450... | Protogenes............................... | n. XV. |
| Intra 474 et 500... | Heliodorus............................... | n. XVI. |
| ............... | Leo...................................... | n. XVII. |
| 563............ | Leo...................................... | n. XVIII. |

### PRÉFETS DU PRÉTOIRE HONORAIRES.

| | |
|---|---|
| Libanius..................................................... | n. I. |
| Julius Ausonius............................................. | n. II. |
| Eutropius.................................................... | n. III. |
| Pentadius................................................... | n. IV. |

# INDEX ALPHABÉTIQUE

## DES PRÉFETS DU PRÉTOIRE

### CONNUS PAR DES INSCRIPTIONS LIGORIENNES

#### OU DE PROVENANCES SUSPECTES [1].

| | |
|---|---|
| M. Aburius Silvanus.................................................... | 1* |
| Q. Acutius Treius...................................................... | 2* |
| T. Aelius Malcus (?).................................................... | 3* |
| L. Aelius Trepulus (?).................................................. | 4* |
| M. Aemilius Paullus Severianus......................................... | 5* |
| M. Aerumnius Torvus................................................... | 6* |
| M. Allius Allienus..................................................... | 7* |
| L. Ampsanius Merenda................................................. | 8* |
| Sex. Anneius Crepusus................................................. | 9* |
| A. Aponius Volscus.................................................... | 10* |
| M. Arbacius Licinus................................................... | 11* |
| M. Arbuscolus Volusianus.............................................. | 12* |
| L. Argirius Caldus.................................................... | 13* |
| T. Aterius Phronimus (?).............................................. | 14* |
| L. Avenius Curio..................................................... | 15* |
| M. Avidius Canidianus................................................ | 16* |
| L. Aurelius Amatianus................................................. | 17* |
| L. Aurelius Annius Verus.............................................. | 18* |
| P. Aurelius Caricus................................................... | 19* |
| Sex. Aurelius Procianus................................................ | 20* |
| M. Aurelius Severianus................................................ | 21* |
| C. Autronius Albinus.................................................. | 22* |
| L. Axidius Corythus.................................................. | 23* |
| T. Baebius Balbillus.................................................. | 24* |
| C. Balburius Albanus................................................. | 25* |
| C. Blaesius Paullinus................................................. | 26* |
| M. Caelius Curianus.................................................. | 27* |
| M. Caesonius Gratianus............................................... | 28* |

[1] Voir p. 161 à 182.

## INSCRIPTIONS LIGORIENNES. 823

| | |
|---|---|
| L. Calpurnius Fabatus. | 30* |
| L. Calpurnius Sabinianus. | 31* |
| C. Calpurnius Sextilianus. | 29* |
| L. Cispius Modestinus. | 32* |
| Ti. Claudius Cyrillus. | 34* |
| Q. Cocidius Probus. | 35* |
| C. Curius Suffenas. | 36* |
| T. Flavius Rubrius Varinianus. | 37* |
| M. Fouri[u]s Ferox. | 38* |
| M. Fourius Surdinus. | 39* |
| M. Furfanius Latinus. | 40* |
| L. Furius Victor. | 41* |
| A. Gabinius Priscus. | 42* |
| C. Julius Niger. | 43* |
| C. Laudius Antiquo. | 33* |
| L. Longinius Macerus. | 45* |
| L. Lucceius Vatinus Ferox. | 46 |
| L. Lucrecius Junianus Asper. | 47* |
| C. Memmius Sepullus. | 48* |
| C. Mevius Plenus. | 49* et Add. |
| M. Nebuleius Victor. | 50* |
| M. Odanius Verissimus. | 51* |
| Odanius Verissimus. | 52* |
| P. Olius Scaeva. | 53* |
| M. Ostorius Flaccus. | 54* |
| L. Paedanius Saenianus. | 55* |
| P. Papirius Procus. | 56* |
| P. Petronius. | 57* |
| Plabius Silvanus. | 58* |
| Q. Popillius Avitus. | 59* |
| P. Poplisius Marcianus. | 60* |
| T. Prassius Varianus Puccin[us] (?). | 61* |
| Q. Rabirius Titilinus. | 62* |
| Rust. | 63* |
| C. Sentius Reppulus. | 44* et Add. |
| L. Sipullius Ctestus. | 64* |
| M. Statilius Albinus. | 65* |
| M. Statilius Saturninus. | 66* |
| Cn. Stellenius Auctus. | 67* |
| C. Tenatius Plancus. | 68* |
| C. Tinius Sabinianus. | 69* |
| C. Turpilius Naeus. | 70* |

## INSCRIPTIONS LIGORIENNES.

T. Tuscinius Urgulanus............................................. 71*
M. Valerius Nomenius.............................................. 72*
C. Vatinius Albinianus............................................. 73*
Sex. Veirius....................................................... 74*
L. Veratius Levinus................................................ 76*
Q. Vitorius Argaeus................................................ 75*

# INDEX ALPHABÉTIQUE
## DES PRÉFETS DU PRÉTOIRE.

### A

Ablabius, 199, 785.
Ablavius Muraena, 133.
Abundantius, 639.
*Achillinus*, 134.
Acilius v. Anicius.
Acinatius v. Caecina.
Acindynus v. Septimius.
Aco Catullinus Philomatius (Fabius?), 513.
Aconius v. Caelius.
*Adamantius*, 369, 384.
Addaeus, 422.
Adjutrio v. Anatolius.
Adventus v. Oclatinius.
Aebutianus, 69.
Q. Aeclanius Hermias, 676.
M. Aedinius Julianus, 119.
Aelianus, 364, 368, v. Casperius.
Fl. Aelianus Dorotheus (?) Dioscurus, 359, 788.
L. Aelius Seianus, 8.
Aemilianus, 503, 625*, v. Palladius.
Q. Aemilius Laetus, 74.
Aemilius Papinianus, 92.
Aemilius Saturninus, 85, 778.
Aeonius v. Decimius.
Aetius, 314, 767.
Sex. Afranius Burrus, 13.
Fl. Afranius Syagrius, 547, 703*.
*Africanus* v. *Antonius*.
Agorius v. Vettius.

Agricola, 728.
(?)...Agricolae filius, 740.
Agricolanus v. Aurelianus.
Agrypnius v. Rufius.
Albinus, 476*, 711, v. Caecina, Ceionius.
Alcimus v. Attius.
Alexander, 430, v. Domitius, *Julius*\*.
Alfenus Varus, 22.
Alypius Constantinus (Aspar), 378.
Amatius, 731.
Ambrosius, 677, 794*.
*Ammonius*, 125.
P. *Ampelius*, 542.
Anatolius, 311*, 344, 462.
Anatolius *qui et* Adjutrio, 437, 441.
Andromachus, 716.
Anicetus, 517.
Anicius Acilius Glabrio Faustus, 472, 609, 616.
Fl. Anicius Auchenius Bassus, 603.
Annianus v. Petronius.
M. Annius Florianus, 143.
Anthemius, 295, 297, 303, 305, 373, 564*.
Fl. Anthemius Isidorus, 322, 469.
Anthidius v. Valerius.
Antiochianus, 109.
Antiochus, 339, 643, 767.
*Antiochus Chuzon*, 254, 332.
Fl. Antiochus Chuzon, 319.

Antonius, 629, v. Claudius, Rufius.
Antonius Dracontius, 537.
M. *Antonius Gordianus Africanus*, 123.
Antonius Marcellinus, 512.
Anullinus, 122, 155.
Aper, 144, 780, v. Salvius.
Apodemius, 461, 568.
Apollinaris, 719, v. *Sollius*.
(?)...Apollinaris filius, 737.
Apollonius, 334, 474*.
Appio, 381, 387, 789.
Apraeemius, 474.
Aquila v. Furius.
L. Aradius Valerius Proculus *qui et* Populonius, 506.
Araxius, 233.
Arcadius, 366, 370, 789.
Archelaus, 391, 483, 654.
Areobindus, 424, 426.
Aristobulus v. Aurelius.
Armasius, 355.
*Armenius*, 374.
M. Arrecinus Clemens, 10, 23, 775.
Arrius Varus, 22.
Arvandus, 744.
*Aryntheus*, 558.
Asclepiades, 154, 782.
Asclepiodotus, 153, 312, 372*, 385, 782.
Aspar v. Alypius.
*Asterius*, 149, 291*, 782.
Atarbius, 395.
Athanasius, 642, 662.
Attianus v. Caelius.
Atticus v. Nonius.

C. Attius Alcimus Felicianus, 159, 783.
M. Attius Cornelianus, 118.
Sex. Attius Suburanus, 36, 775.
Auchenius v. Anicius.
*Augustus*, 345.
Aurelianus, 121, 288, 292, 297, 305, 307, 747, 786.
Aurelianus Agricolanus, 151.
M. Aurelius Aristobulus, 145, 780.
L. *Aurelius Avianius Symmachus* qui et *Phosphorius*, 546.
M. Aurelius Carus, 143.
Aurelius Cassiodorus, 633.
Aurelius Celsinus, 510.
M. Aurelius Claudius *qui et postea* Gothicus, 140, 780.
M. Aurelius Cleander, 69.
M. Aurelius Julianus, 106.
M. Aurelius Volo(?).., 118.
Aurelius v. Magnus.
Aureolus, 138, 779.
Auriculanus v. Aurelianus.
Ausonius, 545, 699, v. Decimius, *Julius*.
Auspicius, 695.
(?).. Auxanii pater, 743.
Auxiliaris, 732.
Auxonius, 237.
*Avianius* v. *Aurelius*.
Avienus, 639.
*Avitianus*, 706*.
Avitianus v. Claudius.
Avitus v. Eparchius.
Fl. Avitus Marinianus, 601, 799.

B

Baburius v. Maecius.
Baebius Macer, 134.
Balista, 135.
Barsyames v. Petrus.

*Basilianus*, 105.
Basilides, 385, 483.
Basilius, 367, 623, 626, 629, v. Caecina, Valerius.

## DES PRÉFETS DU PRÉTOIRE.

M. Bassaeus Rufus, 57.
Fl. Bassus, 608.
   Bassus, 409, 415, 421, 502, 503, 781, 786, v. Anicius, *Septimius* (?).

Boethius, 623, v. Manlius.
Fl. *Boethus Theodulus*, 311.
Boetius, 663.
Burrus v. Afranius.

## C

Caecilianus, 588, v. Maecius.
Caecina Decius Acinatius Albinus, 618, 620, 736, 800.
Fl. Caecina Decius Basilius, 623, 626.
Caecina Mavortius Basilius Decius, 365*, 632.
C. Caeionius Rufius Volusianus, 156, 496.
C. Caeionius Rufius Volusianus *qui et* Lampadius, 519, 797, v. Ceionius.
Caelius Aconius Probianus, 625.
Caelius Attianus, 41.
C. Caelius Saturninus *qui et* Dogmatius, 508.
Fl. Caesarius, 279, 291.
Callicrates, 479.
*Calliopas* v. *Theodorus*.
*Calpurnius*, 140, 780.
*Calvisius* v. *Flavius*.
Capito, 143.
*Capito* v. *Valerius*.
Cappadox v. Johannes.
Carus v. Aurelius.
L. Casperius Aelianus, 33, 35.
Cassiodorus v. Aurelius Magnus.
Catervus, 759.
Catonius Justus, 11.
Catullinus v. Aco.
*Catullinus* v. *Valerius*.
*Ceionius Rufius Albinus*, 566.
C. Ceionius Rufius Varus, 148, 781, v. Caeionius.
Celer, 124.
Celsinus v. Aurelius.

*Celsus* v. *Poblicius*.
Censorinus, 133.
*Chlorus* v. *Constantius*.
Chrestus, 110.
*Chryseros*, 368.
Chuzon v. Antiochus.
*C. Cilnius Maecenas*, 6, 775.
Clarus v. Ragonius, Septicius.
*Claudius*, 126, 542.
Claudius Antonius, 543*, 698.
Claudius Avitianus, 534.
Ti. Claudius Livianus, 38.
Claudius Mamertinus, 442, 528.
Claudius Postumus Dardanus, 722.
Claudius v. Aurelius.
Cleander v. Aurelius.
Fl.(?) Clearchus, 262.
Clearchus, 464, 517*.
Clemens v. Arrecinus.
Q. Clodius Hermogenianus Olybrius, 246, 448, 786.
Comazon v. Valerius.
Fl. *Comitas*, 421.
Constantianus, 588, 708.
Constantinus, 356, 368*, v. Alypius.
Fl. Constantinus, 337, 350, 352, 378.
Constantinus *qui et* Lardys, 429, 792.
Fl. Constantius, 191, 490.
*Constantius*, 684.
Fl. *Constantius Chlorus*, 782.
Cornelianus v. Attius.
Cornelius Fuscus, 25.
Cornelius Laco, 19.
Sex. Cornelius Repentinus, 54, 777.

*Cornelius* Victorinus, 56.
Craterus v. Phocas.
L. Crepereius Madalianus, 764.
Crispinus, 28, v. Rufrius, Tullius.

Curtius, 583.
Cynegius v. Maternus.
Fl. Cyrus, 327, 422*, 787.
*Cyrus*, 473.

## D

Dardanus v. Claudius.
Darius, 324.
Decimius Hilarianus Hesperius, 544, 545, 700, 799, 801.
Decimius Magnus Ausonius Aeonius, 545, 699, 801.
Decimius Rusticus, 721.
*Decimus*, 115.
Decius, 632, v. Caecina.
Demosthenes v. Theodorus.
Dexter, 569, 799.
Diomedes, 428, 789.
Dionysius, 489, 788.

Dioscurus v. Aelianus.
Dogmatius v. Caelius.
Dominicus, 415*, 484, 795.
Domitianus, 214.
Domitius, 125.
L. Domitius Alexander, 155.
Fl. Domitius Leontius, 204, 207, 785.
Fl. Domitius Modestus, 239.
Domitius Ulpianus, 112.
Dorotheus (?) v. Aelianus.
Dracilianus, 194.
Dracontius v. Antonius.

## E

Egnatius v. Flavius.
Elias, 486.
Eparchius Avitus, 733.
Epinecius, 264.
*Epinicus*, 361.
Erythrius, 357, 362, 380*.
Eubulus, 471.
Eudoxius, 470, 767.
Eugenius, 420.
Fl. Eugenius, 527.
Eugenius Hermogenianus, 152.
*Eugrammimus*, 535.
Eulogius, 394, 477.
Euphemius, 373.

*Euromius* v. *Valerius*.
Eusebius, 479, 571.
Eusignius, 456, 562.
Eustathius, 310, 380, 515*, 679.
Fl. Eutolmius Tatianus, 266.
Eutrechius, 340.
Eutropius, 450, 455, 745, 772, 793.
Eutychianus, 345, v. Valerius.
Fl. Eutychianus, 279, 288, 291, 292, 295.
*Eutychius*, 149, 782.
Evagrius, 189, 197, 680.
Fl. Evodius, 707.
Exuperantius, 730.

## F

*Fabianus*, 125.
Fabius v. Aco.

Fabius Pasiphilus, 569, 799.
Fabius Titianus, 678.

*Fabius* Victorinus, 56.
L. Faenius Rufus, 15.
Faustinus, 592, 596.
Faustus, 635, v. Anicius.
Fl. *Faustus*, 389, n. 7.
Felicianus v. Attius.
Felicio, 126.
Felix, 505, 595*, 694.
Felix Himelco, 627.
Felix v. Magnus, Petrus, Rufius.
Ferreolus v. Tonantius.
Fidelis, 641.
Firminus, 620.
Firmus v. Plotius.
Flaccinus, 154.
Flavianus, 110, 586*, v. Nicomachus, Virius.
*Flavius Calvisius*, 777.
T. Flavius Genialis, 77, 777.

T. Flavius Hypatius, 550.
Flavius Juvenalis, 78.
Q. Flavius Maesius Egnatius Lollianus qui et Mavortius, 522.
T. *Flavius Titianus*, 785.
T. Flavius Vespasianus, 25.
Florentius, 317, 324, 335, 501, 692.
Fl. Florentius, 441, 684.
Florianus, 506*, 568, v. Annius.
Florus, 251, 456, 574*, 666, 684, 709.
Fronto v. Marcius.
C. Fulvius Plautianus, 80, 778.
Furius v. Maecius.
C. Furius Sabinius Aquila Timesitheus, 127, 779.
*Furius* Victorinus, 57.
Fuscus v. Cornelius.

# G

*Gabolus* v. *Licinius*.
Gabriel, 419.
Gallicanus v. Maesius, Mulvius.
Gallus v. Rufius.
M. Gavius Maximus, 50.
Genialis v. Flavius.
Georgius, 429, 647, 672, 792.
Germanianus, 223*, 690.
Germanus, 656.
Gesius, 467.

Geta v. Lusius.
Glabrio v. Anicius.
*Gordianus* v. *Antonius*.
Gordianus v. Maecius.
Gorgonius, 759.
Gothicus v. Aurelius.
*Gratianus*, 528.
Gratus (?) v. Julius.
Gregorius, 507, 648, 671, v. Proculus.

# H

Hadirianus v. Rufius.
Heliodorus, 369*, 481, 768.
Helpidius, 219, 498.
Hephaestus, 423.
Heraclianus, 139.
Herculius, 464.
Herennianus v. Verconius.

Q. Herennius Potens, 159, 783.
Hermias v. Aeclanius.
Hermocrates, 335.
Hermogenes, 218, 516.
Hermogenianus v. Clodius, Eugenius.
*Herodotus*, 124.
Hesperius, v. Decimius.

Hierius, 315, 320, 372, 787.
Hilarianus v. Decimius, Maecilius.
Hilarius, 572, 711, 766.
Himelco v. Felix.

Honoratus, 683, 779, 801.
Hormisdas, 339, 346.
Hypathius v. Flavius.

I

Illus, 386.
*Ingenuus*, 138, 779.

Innocentius, 671.
Isidorus v. Anthemius.

J

Januarinus, 500*.
Jobinus, 487.
Johannes, 482, 593, 600, 648, 649, 664, 670, 793, 795.
Fl. Johannes Cappadox *qui et* Orientalis, 403, 409, 789.
*Johannes* qui et *Rogathinus*, 664.
Jovius, 463*, 589.
Julianus v. Aedinius, Aurelius, Julius, Nestor, Ulpius.
Julianus, 87*, 148, 237*, 352*, 400, 427.
*Julius*, 477, 726*.

Ti. *Julius Alexander*, 24.
Julius Ausonius, 449*, 772.
Fl. Julius Catervius, 759.
Julius Julianus, 673, 785.
Julius Paulus, 116.
M. Julius Philippus, 130.
Julius Placidianus, 141, 780.
Julius Priscus, 21.
L. Julius Vehilius Gratus Julianus, 72.
Fl. Junius Quartus Palladius, 592*, 597.
Justus v. Catonius.
Juvas v. Umbonius.
Juvenalis v. Flavius.

L

Laco v. Cornelius.
Laetus v. Aemilius, Maecius.
Lampadius, 521, 587*, 587, v. Caeionius.
Lardys v. Constantinus.
*Latinus* v. *Valerius*.
Leo, 371*, 768, 769.
Leontius, 191, 371, 447*, 465, v. Domitius.
Libanius, 772.
Liberius, 591, v. Petrus.
*Licinius*, 706*.

*Licinius Gabolus*, 13.
Licinius Proculus, 20.
Ligur v. Valerius.
Lilianus (?), 367, cf. Aelianus.
Limenius, 719, v. Ulpius.
Livianus v. Claudius.
Lollianus v. Flavius.
Longinianus v. Macrobius.
Longinus, 644.
*Lucius Map...*, 665.
Lupercianus, 627.
Lusius Geta, 12.

## M

Macer v. Baebius.
M. Macrinius Vindex, 57, 777.
Macrinus v. Opellius, Veturius.
Macro v. Naevius.
Fl. Macrobius Longinianus, 582.
Madalianus v. Crepereius.
*Maecenas* v. *Cilnius*.
Maecilius Hilarianus, 511, 796.
Maecius Gordianus, 132.
Maecius Laetus, 88, 778.
M. Maecius Memmius Furius Baburius Caecilianus Placidus, 514.
Maesius v. Flavius.
Maesius Gallicanus, 142.
Magnus, 742, v. Decimius.
Fl. Magnus Aurelius Cassiodorus Senator, 641.
Magnus Felix, 748.
Majorinus, 757.
Fl. Mallius Theodorus, 572, 710, 799.
Mamertinus v. Claudius, Petronius.
Fl. Manlius Boethius (Nar...), 629.
Marcellinus v. Antonius, Petrus.
Marcellus, 736, v. Varius.
Marcius Quartus, 68.

Q. Marcius Turbo Fronto Publicius Severus, 45.
Marianus, 245.
Marinianus v. Avitus.
Marinus, 375, 388.
*Martius*, 754.
Maternus Cynegius, 256.
Matronianus, 144, 370.
*Maurilio*, 646.
Mavortius v. Caecina, Flavius.
Maximinus, 643, 695.
Maximus, 309*, 491, 600*, 605*, 607, 675, v. Atticus, Gavius, Petronius, Tattius, Valerius.
Melitius, 725, 767.
Memmius v. Maecius.
Menander, 497, 689, 796.
Menas, 394, 396, 789.
Messala v. Rufius.
Metilenus, 74
*Metrodorus*, 98.
Modestus v. Domitius.
Monaxius, 303, 307, 308, 786.
Mulvius Gallicanus, 134.
Muraena v. Ablavius.
Musonianus v. Strategius.

## N

Naevius Sertorius Macro, 9.
Nar(ses?), v. Manlius.
Nebridius, 232, 686.
Neoterius, 248, 457, 560, 786.
Nestor Julianus, 105.
Nestorius, 457, 468.
*Nicaenus*, 302.
*Nicasius*, 489.

Nicomachus v. Virius.
Nicomachus Flavianus, 607.
Nicostratus, 355.
Niger, 68.
Nonius Atticus Maximus, 455, 555.
Norbanus, 34.
C. Nymphidius Sabinus, 18, 775.

## O

Oclatinius Adventus, 101.
Ofonius Tigellinus, 16, 775.
Olybrius v. Clodius.
Olympius, 430.
Onoulphus, 480.

M. Opellius Macrinus, 99.
Opilio v. Rufius.
*Oricus, 537.
Orientalis v. Johannes Cappadox.
Q. Ostorius Scapula, 6.

## P

Pacatianus v. Papinius.
Paeonius, 741.
Palladius, 346.
Palladius v. Junius.
Fl. Palladius Rutilius Taurus Aemilianus, 523, 798.
*Pancratius, 252.
Pantaleon, 670.
Papinianus v. Aemilius.
Papinius Pacatianus, 504.
*Parmasius, 343.
Parnasius, 386.
Fl. *Parsinus*, 651.
Pasiphilus v. Fabius.
Paterius, 616.
Paternus v. Tarrutenius.
*Paulinus v. Pontius.*
Paulus, 481, 663, v. Julius.
Pelagius, 559*, 628.
Pentadius, 773.
Perennis v. *Tigidius*.
Petronius, 717.
Petronius Annianus, 189.
Sex. Petronius Mamertinus, 48, 776.
Petronius Maximus, 611, 620, 768.
*Petronius Probianus*, 492*.
Sex. Petronius Probus, 443, 455, 538, 553, 563, 691*, 702, 798.
T. Petronius Secundus, 35.
L. Petronius Taurus Volusianus, 137.
Petrus Barsyames, 417, 425.

Petrus Marcellinus Felix Liberius, 591, 630, 752.
Petrus v. Theodorus.
Peucedius, 157.
Fl. Philippus, 209, 674*.
Philippus, 466, v. Julius.
Philomatius v. Aco.
*Philoxenus v. Theodorus*.
Phocas Craterus, 407.
*Phosphorius v. Aurelius*.
Pinarius Valens, 124.
Fl. Pisidius Romulus, 716.
Placidianus v. Julius.
Placidus v. Maecius.
*Plautianus*, 146.
Plautianus v. Fulvius.
C. Plotius Firmus, 20.
L. *Poblicius Celsus*, 39.
Polemius, 457, 565, 750.
Pollio v. Rufrius, *Vitrasius*.
Polycarpus, 374.
*Pompeianus*, 146.
Pompeianus v. Ruricius.
*Pompeius Rufus*, 11.
*Pontius Paulinus*, 760.
Populonius v. Aradius.
Postumianus, 253, 607*, v. Rufius(?)
Postumius v. Rufius.
Postumus v. Claudius.
Potens v. Herennius.
*Praesidorus*, 144.

Praetextatus v. Vettius.
Principius, 559.
Priscus v. Julius.
Priscus Valerianus, 740.
Probianus v. Caelius.
*Probianus* v. *Petronius.*
*Probus*, 617.
Prōculus, 602, v. Aradius, Licinius, Petronius.

Proculus Gregorius, 704.
Protadius, 480, 766.
Fl. Protogenes, 341, 768.
Publicius v. Marcius.
Publilius Sabinus, 21.
Pusaeus, 353.

## Q

Quadratianus, 617.

Quartus v. Junius, Marcius.

## R

Ragonius Clarus, 136.
Regillus, 73.
Reginus v. Simplicius.
*Remigius*, 292.
Reparatus, 642.
Repentinus v. Cornelius.
*Riciovarus, Rictiovarus,* v. Rufius Ceionius Varus.
*Rogathinus* v. *Johannes,* 663.
Romulianus, 717.
Romulus v. Pisidius.
Fl. Rufinus, 271, 439, 443, 518, 535, 681.
Rufinus, 333*, 435.
Rufinus v. Vulcacius.
Rufius Antonius Agrypnius Volusianus, 604.

Rufius Ceionius Varus, 148, 781, cf. Ceionius, *Riciovarus.*
Rufius (?) Opilio, 637.
Rufius (?) Postumianus, 253, 607.
Rufius Postumius Felix, 576, 715.
Rufius Synesius Hadirianus, 579, 597.
Rufius Valerius Messala, 575.
Rufius Viventius Gallus, 693.
Rufrius Crispinus, 12.
Rufrius Pollio, 10.
Rufus v. Bassaeus, Faenius, Pompeius.
Ruricius Pompeianus, 157.
Rusticus v. Decimius.
Rutilius v. Palladius.

## S

Sabinius v. Furius.
Sabinus, 158, v. Nymphidius, Publilius.
Sallustius Saturninius Secundus, 223, 235, 785.
Fl. Sallustius, 687.
P. Salvius Aper, 6.

Saturninius v. Sallustius.
Saturninus v. Aemilius, Caelius.
Scapula v. Ostorius.
Sebastianus, 363, 365.
*Secundus*, 204.
Secundus v. Petronius, Sallustius.
Seianus v. Aelius.

L. Seius Strabo, 7.
Seleucus, 595.
Senator, 584, v. Magnus.
C. Septicius Clarus, 47, 776.
*Septimius, 40, 775.
Septimius Acindynus, 205, 675.
Septimius (?) Bassus, 493.
Septimius Valentio, 150.
Sergius, 383, 660.
*Seronatus, 746.
Sertorius v. Naevius.
*Severinus, 603.
Severus v. Marcius.
Severus, 117*, 208*, 499.
Siburius, 701.
Sidonius v. Sollius.
Silvius, 501.
Similis v. Sulpicius.
Fl. Simplicius Reginus, 471.

*C. Sollius Apollinaris Sidonius, 750, n. 4.
Solomon, 654, 657.
Sophonius v. Ofonius.
Sosianus, 117.
Sotericus v. Theodorus.
Spartiatius, 482.
Sporacius, 349*, 622.
*Fl. Stephanus, 389, n. 7.
Strabo v. Seius.
Strategius, 466.
Strategius qui et Musonianus, 216, 785.
Suburanus v. Attius.
Successianus, 135.
Sulpicius Similis, 42, 776.
*Suus, 381.
Syagrius v. Afranius.
Symmachus v. Aurelius.
Synesius v. Rufius.

# T

Tarrutenius Paternus, 62.
*Tatianus, 342.
Tatianus v. Eutolmius.
C. Tattius Maximus, 53.
Taurus, 321, 336, 523, v. Palladius, Petronius.
Thalassius, 213, 472.
*Theocritus, 98.
Theodorus, 374, 421*, 428, 430, 476, 584, 631, 666, 669, 767, v. Mallius.
Theodorus qui et Calliopas, 650.
Fl. Theodorus Petrus Demosthenes, 389, 398.
Fl. *Theodorus Philoxenus Sotericus, 390, 393.
Theodosius, 606.

Theodotus, 415.
*Theodulus v. Boethius.
*Theophilus, 265.
Theotecnus, 158, 782.
Thomas, 333, 481, 665, 667.
Tiberianus, 676.
Tigellinus v. Ofonius.
Tigidius (?) Perennis, 64, 777.
Timesitheus v. Furius.
Titianus v. Fabius.
Tonantius Ferreolus, 738.
Trifolius, 456, 564.
Trygetius, 621.
Tryphon, 343.
Tryphonianus, 150.
Tullius Crispinus, 77.
Turbo v. Marcius.

# U

Ulpianus v. Domitius.
Ulpius Julianus, 103.

Ulpius Limenius, 515.
Umbonius Juvas, 575.

## V

Valens v. Pinarius, Valerius.
Valentinianus, 478.
*Valentinus*, 138.
Valentio v. Septimius.
Valerianus v. Priscus.
Valerius v. Aradius, Rufius.
Valerius Anthidius, 550.
*\*Valerius Capito*, 13.
*\*Valerius Catullinus*, 437.
P. Valerius Eutychianus Comazon, 107.
*Valerius Latinus Euromius*, 449\*.
Valerius Ligur, 7.
Valerius Maximus Basilius, 195.
Valerius Valens, 129.
Sex. Varius Marcellus, 86.
Varus v. Alfenus, Arrius, Ceionius.
Vehilius v. Julius.
Venantius, 468\*, 729.
Verconius Herennianus, 147.

Vespasianus v. Flavius.
Vettius Agorius Praetextatus, 453, 556.
Veturius Macrinus, 78.
Victorinus v. *Cornelius*, Fabius, *Furius*.
Fl. Vincentius, 713.
Vindex v. Macrinius.
Virius Nicomachus Flavianus, 455, 458, 552, 567.
*\*Virus*, 731.
*Vitalianus*, 121.
L. *\*Vitrasius Pollio*, 61.
Viventius v. Rufius.
Vivianus, 351.
Volo... (?) v. Aurelius.
Volusianus v. Caeionius, Petronius, Rufius.
Vulcacius Rufinus, 439, 443, 518, 535, 681, 796.

## Z

Zoilus, 334.

Zoticus, 382.

# PUBLICATIONS
## DE
## L'ACADÉMIE DES INSCRIPTIONS ET BELLES-LETTRES.

MÉMOIRES DE L'ACADÉMIE. Tomes I à XII épuisés; XIII à XXXV, 1<sup>re</sup> et 2<sup>e</sup> partie; chaque tome en 2 parties ou volumes in-4°. Prix du volume......... 15 fr.

Le tome XXII (demi-volume), contenant la table des dix volumes précédents................................................ 7 fr. 50

A la 1<sup>re</sup> partie du tome XXXII est joint un atlas in-fol. de 11 planches, qui se vend............................................... 7 fr. 50

Table des tomes XLV à L de l'ancienne série des Mémoires..... 15 fr.

MÉMOIRES PRÉSENTÉS PAR DIVERS SAVANTS À L'ACADÉMIE :

    1<sup>re</sup> série : Sujets divers d'érudition. Tomes I à IV; tomes V à X, 1<sup>re</sup> et 2<sup>e</sup> partie.

    2<sup>e</sup> série : Antiquités de la France. Tomes I à III; tomes IV à VI, 1<sup>re</sup> et 2<sup>e</sup> partie.

A partir du tome V de la 1<sup>re</sup> série et du tome IV de la 2<sup>e</sup> série, chaque tome forme deux parties ou volumes in-4°. Prix du volume....... 15 fr.

NOTICES ET EXTRAITS DES MANUSCRITS DE LA BIBLIOTHÈQUE NATIONALE ET AUTRES BIBLIOTHÈQUES, publiés par l'Institut de France. Tomes I à X épuisés; XI à XXVI; XXVII, 1<sup>er</sup> et 2<sup>e</sup> fascicule de la 1<sup>re</sup> partie, et XXVII, 2<sup>e</sup> partie; XXVIII à XXX, 1<sup>re</sup> et 2<sup>e</sup> partie (contenant la table des tomes XVI à XXIX); XXXI à XXXIV, 1<sup>re</sup> et 2<sup>e</sup> partie; XXXV, 1<sup>re</sup> et 2<sup>e</sup> partie.

A partir du tome XIV, chaque tome est divisé en deux parties; du tome XIV au tome XXIX, la première partie de chaque tome est réservée à la littérature orientale. Prix des tomes XI, XII, XIII et de chaque partie des tomes suivants.................................... 15 fr.

Le tome XVIII, 2<sup>e</sup> partie (Papyrus grecs du Louvre et de la Bibliothèque nationale), avec atlas in-fol. de 52 planches de fac-similés, se vend.. 45 fr.

Le premier fascicule de la première partie du tome XXVII (Inscriptions sanscrites du Cambodge), avec un atlas in-fol. de 17 planches de fac-similés, se vend................................................ 20 fr.

Le second fascicule, avec un atlas in-fol. de 28 planches de fac-similés, se vend................................................ 30 fr.

DIPLOMATA, CHARTÆ, EPISTOLÆ, LEGES ALIAQUE INSTRUMENTA AD RES GALLO-FRANCICAS SPECTANTIA, nunc nova ratione ordinata, plurimumque aucta, jubente ac moderante Academia inscriptionum et humaniorum litterarum. Instrumenta ab anno CDXVII ad annum DCCLI. 2 volumes in-fol. Prix du volume.... 30 fr.

TABLE CHRONOLOGIQUE DES DIPLÔMES, CHARTES, TITRES ET ACTES IMPRIMÉS CONCERNANT L'HISTOIRE DE FRANCE. Tomes I à IV épuisés; V à VIII, in-fol. (L'ouvrage est terminé.) Prix du volume............................. 30 fr.

## PUBLICATIONS DE L'ACADÉMIE.

Ordonnances des rois de France de la troisième race, recueillies par ordre chronologique. Tomes I à XXI (tomes I à XIX épuisés) et volume de table, in-fol. Prix du volume.................................... 30 fr.

Recueil des historiens des Gaules et de la France. Tomes I à XXIII (tomes I à XX épuisés), in-fol. Prix du volume...................... 30 fr.

Recueil des historiens des croisades :
 Lois. (*Assises de Jérusalem.*) Tomes I et II, in-fol. Prix du volume. 30 fr.
 *Historiens occidentaux.* Tome I, en 2 parties, in-fol............. 45 fr.
 ——————— Tomes II, III et IV, in-fol. Prix du volume.. 30 fr.
 ——————— Tome V, en 2 parties, in-fol. Prix du volume. 55 fr.
 *Historiens arabes.* Tomes I et III, in-fol. Prix du volume......... 45 fr.
 ——————— Tome II, 1<sup>re</sup> et 2<sup>e</sup> partie, in-fol. Prix du demi-volume............................... 22 fr. 50
 *Historiens arméniens.* Tome I, in-fol. Prix du volume.......... 45 fr.
 *Historiens grecs.* Tomes I et II, in-fol. Prix du volume......... 45 fr.

Histoire littéraire de la France. Tomes XI à XXXI (tomes XI à XXIX épuisés), in-4°. Prix du volume.................................... 21 fr.

Gallia christiana. Tome XVI, in-fol. Prix du volume............ 37 fr. 50

Œuvres de Borghesi. Tomes VII et VIII, in-4°. Prix du volume...... 20 fr.
——————— Tome IX, 1<sup>re</sup> et 2<sup>e</sup> partie. Prix du demi-volume. 12 fr.
——————— Tome X, 1<sup>re</sup> et 2<sup>e</sup> partie. Prix du demi-volume.. 15 fr.
——————— Tome IX, 3<sup>e</sup> partie (contenant la table des tomes VI, VII et VIII). Prix du demi-volume............. 4 fr.

Corpus inscriptionum semiticarum
 1<sup>re</sup> partie, tome I, fasc. i et ii. Prix du fasc... 25 fr.
 *Idem*, tome I, fasc. iii et iv. Prix du fasc... 37 fr. 50
 *Idem*, tome II, fasc. i. Prix du fascicule...... 25 fr.
 2<sup>e</sup> partie, tome I, fasc. i et ii. Prix de chaque fasc. 50 fr.
 4<sup>e</sup> partie, tome I, fasc. i. Prix du fascicule. 37 fr. 50
 *Idem*, tome I, fasc. ii. Prix du fascicule..... 25 fr.

### EN PRÉPARATION :

Mémoires de l'Académie. Tome XXXVI, 1<sup>re</sup> partie.
 Une 3<sup>e</sup> partie du tome XXXIII contiendra la table des tomes XXIII à XXXIII.

Notices et extraits des manuscrits. Tome XXXV, 2<sup>e</sup> partie.

Recueil des historiens des Gaules et de la France. Tome XXIV.
 Nouvelle série, in-4° : *Obituaires, Pouillés,* etc.

Recueil des historiens des croisades : *Historiens orientaux.* Tome IV.
————————————————— *Historiens arméniens.* Tome II.

Histoire littéraire. Tome XXXII.

Corpus inscriptionum semiticarum, 1<sup>re</sup> partie, tome II, fasc. ii ; - 2<sup>e</sup> partie, tome I, fasc. iii ; - 4<sup>e</sup> partie, tome I, fasc. iii.

# TIRAGES À PART

DES

## PUBLICATIONS DE L'ACADÉMIE DES INSCRIPTIONS ET BELLES-LETTRES

EN VENTE

À LA LIBRAIRIE C. KLINCKSIECK, RUE DE LILLE, 11, A PARIS.

---

AMÉLINEAU (É.). Notice des manuscrits coptes de la Bibliothèque nationale renfermant des textes bilingues du Nouveau Testament, avec six planches (1895)........... 4 fr. 70

BABIN (C.). Rapport sur les fouilles de M. Schliemann à Hissarlik (Troie), avec deux planches (1892).................................................... 2 fr.

BARTHÉLEMY (A. DE). Note sur l'origine de la monnaie tournois (1896)........ 0 fr. 80

BERGER (S.). Notice sur quelques textes latins inédits de l'Ancien Testament (1893). 1 fr. 70

— Un ancien texte latin des Actes des Apôtres, retrouvé dans un manuscrit provenant de Perpignan (1895)....................................................... 2 fr.

DELISLE (L.). Notice sur un psautier latin-français du XIIe siècle (ms. latin 1670 des nouvelles acquisitions de la Bibliothèque nationale), avec fac-similé (1891)........... 1 fr. 10

— Anciennes traductions françaises du traité de Pétrarque *sur les remèdes de l'une et l'autre fortune* (1891)................................................. 1 fr. 40

— Notice sur la chronique d'un anonyme de Béthune du temps de Philippe Auguste (1891). 1 fr. 70

— Fragments inédits de l'histoire de Louis XI par Thomas Basin, tirés d'un manuscrit de Goettingue, avec trois planches (1893).................................. 2 fr. 60

— Sur les manuscrits originaux d'Adémar de Chabannes, avec six planches (1896).. 6 fr. 50

— Notice sur un livre annoté par Pétrarque (ms. latin 2201 de la Bibliothèque nationale), avec deux planches (1896)................................................ 1 fr. 70

— Notice sur les sept psaumes allégorisés de Christine de Pisan (1896)........... 0 fr. 80

DELOCHE (M.). Saint-Remy de Provence au moyen âge, avec deux cartes (1892)... 4 fr. 40

— De la signification des mots *pax* et *honor* sur les monnaies béarnaises et du *s* barré sur des jetons de souverains du Béarn (1893)..................................... 1 fr. 10

— Le port des anneaux dans l'antiquité et dans les premiers siècles du moyen âge (1896). 4 fr. 40

— Des indices de l'occupation par les Ligures de la région qui fut plus tard appelée la Gaule (1897)....................................................... 0 fr. 80

FOUCART (P.). Recherches sur l'origine et la nature des mystères d'Éleusis (1895).. 3 fr. 50

FUNCK-BRENTANO (Fr.). Mémoire sur la bataille de Courtrai (1302, 11 juillet) et les chroniqueurs qui en ont traité, pour servir à l'historiographie du règne de Philippe le Bel (1891)....................................................... 4 fr. 40

HAURÉAU (B.). Notices sur les numéros 3143, 14877, 16089 et 16409 des manuscrits latins de la Bibliothèque nationale, quatre fascicules (1890-1895). 0 fr. 80, 1 fr. 40, 1 fr. 70 et 2 fr.
— Le poème adressé par Abélard à son fils Astralabe (1893).................... 2 fr.
HELBIG (W.). Sur la question Mycénienne (1896)........................ 3 fr. 50
LANGLOIS (Ch.-V.). Formulaires de lettres du xii<sup>e</sup>, du xiii<sup>e</sup> et du xiv<sup>e</sup> siècle, cinq fascicules (1890-1896).................................................... 4 fr. 40
LASTEYRIE (R. de). L'église Saint-Martin de Tours, étude critique sur l'histoire et la forme de ce monument du v<sup>e</sup> au xi<sup>e</sup> siècle (1891)........................ 2 fr. 60
LE BLANT (Edm.). De l'ancienne croyance à des moyens secrets de défier la torture (1892).................................................... 0 fr. 80
— Note sur quelques anciens talismans de bataille (1893).................... 0 fr. 80
— Sur deux déclamations attribuées à Quintilien, note pour servir à l'histoire de la magie (1895).................................................... 1 fr. 10
— 750 inscriptions de pierres gravées inédites ou peu connues, avec deux planches (1896). 8 fr. 75
LUCE (S.). Jeanne Paynel à Chantilly (1892)............................ 4 fr. 70
MAS LATRIE (Comte de). De l'empoisonnement politique dans la république de Venise (1893).................................................... 2 fr. 90
MENANT (J.). Kar-Kemish, sa position d'après les découvertes modernes, avec carte et figures (1891).................................................... 3 fr. 50
— Éléments du syllabaire hétéen (1892)................................ 4 fr. 40
MEYER (P.). Notices sur quelques manuscrits français de la bibliothèque Phillipps à Cheltenham (1891).................................................... 4 fr. 70
— Notice sur un recueil d'*Exempla* renfermé dans le ms. B. IV. 19 de la bibliothèque capitulaire de Durham (1891).............................................. 2 fr.
— Notice sur un manuscrit d'Orléans contenant d'anciens miracles de la Vierge en vers français, avec planche (1893).............................................. 1 fr. 70
— Notice sur le recueil de miracles de la Vierge, ms. Bibl. nat. fr. 818 (1893)...... 1 fr. 70
— Notice de deux manuscrits de la vie de saint Remi, en vers français, ayant appartenu à Charles V, avec une planche (1895).................................... 2 fr.
— Notice sur le manuscrit fr. 24862 de la Bibliothèque nationale, contenant divers ouvrages composés ou écrits en Angleterre (1895)................................ 2 fr.
— Notice du manuscrit Bibl. nat. fr. 6447 : traduction de divers livres de la Bible; légende des Saints (1896).................................................... 3 fr. 20
MORTET (V.) et TANNERY (P.). Un nouveau texte des traités d'arpentage et de géométrie d'Epaphroditus et de Vitruvius Rufus, avec deux planches (1896).......... 2 fr. 60
MUNTZ (E.). Les collections d'antiques formées par les Médicis au xvi<sup>e</sup> siècle (1895). 3 fr. 50
NOLHAC (P. de). Le *De viris illustribus* de Pétrarque, notice sur les manuscrits originaux, suivie de fragments inédits (1890)........................................ 3 fr. 80

## PUBLICATIONS DE L'ACADÉMIE.

OMONT (H.). Journal autobiographique du cardinal Jérôme Aléandre (1480-1530), publié d'après les manuscrits de Paris et Udine, avec deux planches (1895)................ 5 fr. 30

RAVAISSON (F.). La Vénus de Milo, avec neuf planches (1892).................... 6 fr.
— Une œuvre de Pisanello, avec quatre planches (1895)...................... 2 fr. 30
— Monuments grecs relatifs à Achille, avec six planches (1895)................... 4 fr.

ROBIOU (F.). L'état religieux de la Grèce et de l'Orient au siècle d'Alexandre, deux fascicules (1893-1895)............................................. 4 fr. et 4 fr. 40

SCHWAB (M.). Vocabulaire de l'Angelologie, d'après les manuscrits hébreux de la Bibliothèque nationale (1897).............................................. 12 fr.

SPIEGELBERG (W.). Correspondances du temps des rois-prêtres, publiées avec d'autres fragments épistolaires de la Bibliothèque nationale, avec huit planches (1895).... 7 fr. 50

TOUTAIN (J.). Fouilles à Chemtou (Tunisie), sept.-nov. 1892, avec plan (1893)... 1 fr. 70

VIOLLET (P.). Mémoire sur la *Tanistry* (1891)................................ 2 fr.
— La question de la légitimité à l'avènement de Hugues Capet (1892)............ 1 fr. 40
— Comment les femmes ont été exclues en France de la succession à la couronne (1893). 2 fr. 60
— Les États de Paris en février 1358 (1894)................................ 1 fr. 70

WEIL (H.). Des traces de remaniement dans les drames d'Eschyle (1890)......... 1 fr. 10

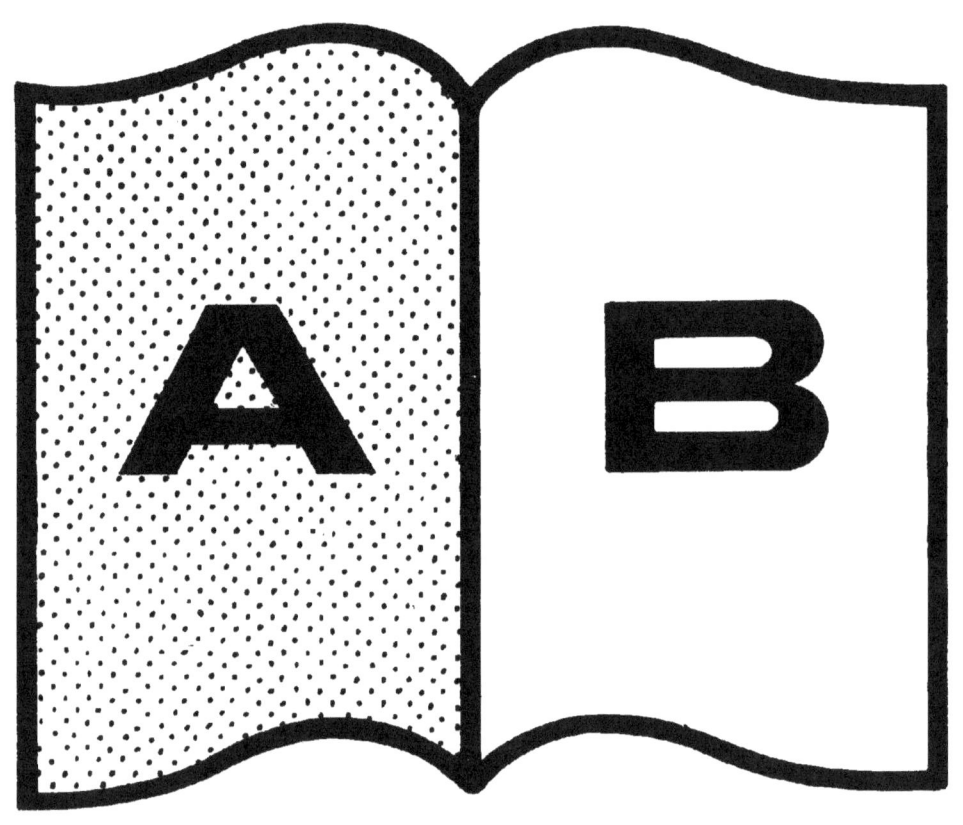

Contraste insuffisant

**NF Z 43**-120-14

www.ingramcontent.com/pod-product-compliance
Lightning Source LLC
Chambersburg PA
CBHW070900300426
44113CB00008B/903